Kaunas
Königsberg
Gumbinnen
Generalbe
Litauen
DEUTSCHES
REICH
Ostpreußen
Allenstein
ldauer
ebiet
Suwałki
Druskieniki
Lida
Augustów
Generalbezirk
Weißruthenien
Grodno
Nowogródek
Memel
Sokolka
Bezirk Bialystok
(seit August 1941)
Łomża
Białystok
Wołkowysk
Baranowicze
Mława
Ostrołęka
erungsbezirk
Zichenau
Maków Maz.
Zichenau
(Ciechanów)
Pułtusk
Ostrów
Mazowiecka
Bielsk
Płońsk
Treblinka
Pružana
Sokołów
Warschau
Bug
Pińsk
Sochaczew
Mińsk
Mazowiecki
Otwock
Siedlce
Brest
Biała Podlaska
kierniewice
Pripjet
Grójec
Generalgouvernement
szów Maz.
REICHSKOMMISSARIAT
UKRAINE
Sobibor
Puławy
Radom
Lublin
Majdanek
Kowel
Chełm
Starachowice
Krasnystaw
Kielce
Hrubieszów
Łuck
Szczebrzeszyn
Zamość
Jędrzejów
Tarnobrzeg
Biłgoraj
Nisko
Belzec
ów
Mielec
San
Bug
Weichsel
Rzeszów
Dębica
zow
Tarnów
Przemyśl
Lemberg
Jasło
Distrikt Galizien
(seit August 1941)
Nowy Sącz
Tarnopol
Drohobycz
0 20 40 60 80 100 km

Verfolgung und Ermordung der Juden 1933–1945

Die Verfolgung und Ermordung der europäischen Juden durch das nationalsozialistische Deutschland 1933–1945

Herausgegeben im Auftrag des
Bundesarchivs, des Instituts für Zeitgeschichte,
des Lehrstuhls für Neuere und Neueste Geschichte
an der Albert-Ludwigs-Universität Freiburg
von
Susanne Heim, Ulrich Herbert, Michael Hollmann,
Horst Möller, Dieter Pohl, Sybille Steinbacher,
Simone Walther-von Jena und Andreas Wirsching

Die Verfolgung und Ermordung der europäischen Juden durch das nationalsozialistische Deutschland 1933–1945

Band 10

Polen: Die eingegliederten Gebiete August 1941–1945

Bearbeitet von Ingo Loose

DE GRUYTER
OLDENBOURG

ISBN 978-3-11-036497-2
e-ISBN (PDF) 978-3-11-041263-5
e-ISBN (EPUB) 978-3-11-041268-0

Library of Congress Control Number: 2019955440

Bibliografische Information der Deutschen Nationalbibliothek
Die Deutsche Nationalbibliothek verzeichnet diese Publikation in der Deutschen Nationalbibliografie; detaillierte bibliografische Daten sind im Internet über http://dnb.dnb.de abrufbar.

Endredaktion: Angelika Königseder, Berlin
Karte: Peter Palm, Berlin
Einband und Schutzumschlag: Frank Ortmann und Martin Z. Schröder
Satz: Meta Systems Publishing & Printservices GmbH, Wustermark
Druck & Bindung: Hubert & Co. GmbH & Co. KG, Göttingen

MIX
Papier aus verantwortungsvollen Quellen
FSC® C016439

www.degruyter.com

Inhalt

Vorwort der Herausgeber

Die Edition „Die Verfolgung und Ermordung der europäischen Juden durch das nationalsozialistische Deutschland 1933–1945“ ist auf insgesamt 16 Bände angelegt, deren Erscheinen in diesem Jahr abgeschlossen sein wird. In den Bänden wird eine thematisch umfassende, wissenschaftlich fundierte Auswahl von Quellen publiziert. Der Schwerpunkt liegt auf den Regionen, in denen bei Kriegsbeginn die meisten Juden lebten: insbesondere auf Polen und den besetzten Teilen der Sowjetunion.

Der vorliegende zehnte Band der Edition dokumentiert die Situation der Juden in den sogenannten eingegliederten polnischen Gebieten von Sommer 1941 bis Frühjahr 1945.

Im Vorwort zum ersten Band der Edition sind die Kriterien der Dokumentenauswahl detailliert dargelegt. Die wichtigsten werden im Folgenden noch einmal zusammengefasst: Quellen im Sinne der Edition sind Schrift- und gelegentlich auch Tondokumente aus den Jahren 1933 bis 1945. Fotografien wurden nicht einbezogen, vor allem weil sich die Umstände ihrer Entstehung oft nur schwer zurückverfolgen lassen. Auch Lebenserinnerungen, Berichte und juristische Unterlagen, die nach Ende des Zweiten Weltkriegs entstanden sind, werden aus quellenkritischen Gründen nicht in die Edition aufgenommen. Allerdings wird von ihnen in der Kommentierung vielfältig Gebrauch gemacht. Dokumentiert werden die Aktivitäten und Reaktionen von Menschen mit unterschiedlichen Lebenserfahrungen, Überzeugungen und Absichten, an verschiedenen Orten, mit jeweils begrenzten Horizonten und Handlungsspielräumen – Behördenschreiben ebenso wie private Briefe und Tagebuchaufzeichnungen, Zeitungsartikel und die Berichte ausländischer Beobachter. Innerhalb des Bandes sind die Dokumente chronologisch angeordnet; von wenigen Ausnahmen abgesehen, werden die Quellen ungekürzt wiedergegeben.

Die Dokumentation wechselt vom Tagebucheintrag eines Juden im Getto Litzmannstadt über die Deportation der Geisteskranken aus dem Getto über einen Bericht der Treuhandstelle Kattowitz betreffend die Zerstörung jüdischer Friedhöfe zu einem Brief mit ersten Informationen über die Massenmorde im Vernichtungslager Kulmhof. Der Tätigkeitsbericht des Judenrats in Białystok steht neben einem Zeitungsartikel der Londoner Times über den Mord an mehr als einer Million Juden im besetzten Polen oder den Aufzeichnungen eines im Versteck lebenden Juden über seinen eintönigen Tagesablauf. Der häufige Perspektivenwechsel ist gewollt, da er das widersprüchliche Nebeneinander der Ereignisse wiedergibt, wie es sich den Zeitgenossen darstellte. Ein Sachgruppenindex soll die thematische Zuordnung der Dokumente erleichtern und Zusammenhänge verdeutlichen.

Die Herausgeber danken der Deutschen Forschungsgemeinschaft für die großzügige Förderung des Editionsprojekts. Ferner schulden sie einer großen Zahl von Fachleuten und Privatpersonen Dank, die durch Quellenhinweise, biographische Informationen über die in den Dokumenten erwähnten Personen und Auskünfte zur Kommentierung die Arbeit unterstützt oder Teile des Manuskripts kritisch gelesen haben.

Die polnischsprachigen Dokumente haben Ruth Henning und Dr. Andrea Rudorff ins Deutsche übertragen, die jiddischsprachigen haben Sabine Boehlich und Martin Wiesche, die hebräischsprachigen Doron Oberhand und Gil Shohat sowie die englischsprachigen Dr. Britta Grell übersetzt. Daneben hat auch der Bandbearbeiter Dokumente aus

dem Jiddischen, Polnischen, Russischen und Englischen ins Deutsche übertragen. Das Übersetzungslektorat besorgte Dr. Angelika Königseder.
Als studentische oder wissenschaftliche Hilfskräfte haben an diesem Band mitgearbeitet: Johannes Breit, Florian Danecke, Carolin von der Heiden, Lea von der Hude, Anne-Christin Klotz, Niklas Lämmel, Laura Löbner, Anselm Meyer, Laura Pörzgen, Sarah Scherzer, als wissenschaftliche Mitarbeiter Romina Becker, Johannes Gamm, Stefanie Haupt, Sonja Knopp, Carolin Raabe und Maria Wilke.
Sollten sich trotz aller Sorgfalt an einzelnen Stellen Ungenauigkeiten ergeben haben, sind der Bandbearbeiter und die Herausgeber für entsprechende Mitteilungen dankbar. Die Adresse des Herausgeberkreises lautet: Institut für Zeitgeschichte München-Berlin, Edition Judenverfolgung, Finckensteinallee 85/87, D-12205 Berlin oder vej@ifz-muenchen.de.

Berlin, München, Freiburg i. Br., Frankfurt a. M., Klagenfurt im Februar 2020

Editorische Vorbemerkung

Die Quellenedition zur Verfolgung und Ermordung der europäischen Juden soll in der wissenschaftlichen Literatur als VEJ abgekürzt zitiert werden. Das geschieht im Fall von Querverweisen zwischen den einzelnen Bänden auch in dem Werk selbst. Die Dokumente sind – mit jedem Band neu beginnend – fortlaufend nummeriert. Demnach bedeutet „VEJ 1/200“ Dokument Nummer 200 im ersten Band dieser Edition. Die Drucklegung der einzelnen Schriftzeugnisse folgt dem Schema: Überschrift, Kopfzeile, Dokument, Anmerkungen.

Die halbfett gesetzte, von den Bearbeiterinnen und Bearbeitern der Bände formulierte Überschrift gibt Auskunft über das Entstehungsdatum des nachfolgenden Schriftstücks, dessen Kernbotschaft, Verfasser und gegebenenfalls Adressaten. Die darunter platzierte Kopfzeile ist Teil des Dokuments. Sie enthält Angaben über die Gattung der Quelle (Brief, Gesetzentwurf, Protokoll usw.), den Namen des Verfassers, den Entstehungsort, gegebenenfalls Aktenzeichen, Geheimhaltungsvermerke und andere Besonderheiten. Die in Berlin seinerzeit ansässigen Ministerien und zentralen Behörden, etwa das Reichssicherheitshauptamt oder die Kanzlei des Führers, bleiben ohne Ortsangabe. Die Kopfzeile enthält ferner Angaben über den Adressaten, gegebenenfalls das Datum des Eingangsstempels, sie endet mit dem Entstehungsdatum und Hinweisen auf Bearbeitungsstufen der überlieferten Quelle, etwa „Entwurf“, „Durchschlag“ oder „Abschrift“. Dem schließt sich der Text an. In der Regel wird er vollständig ediert. Anrede- und Grußformeln werden mitgedruckt, Unterschriften jedoch nur einmal in die Kopfzeile aufgenommen. Hervorhebungen der Verfasser in den Originaltexten werden übernommen. Sie erscheinen unabhängig von der in der Vorlage verwendeten Hervorhebungsart im Druck immer kursiv. Fallweise erforderliche Zusatzangaben finden sich im Anmerkungsapparat.

Während die von den Editoren formulierten Überschriften und Fußnoten sowie die Übersetzung fremdsprachiger Dokumente der heutigen Rechtschreibung folgen, gilt für die Quellen die zeitgenössische. Offensichtliche Tippfehler in der Vorlage und kleinere Nachlässigkeiten werden stillschweigend korrigiert, widersprüchliche Schreibweisen und Zeichensetzungen innerhalb eines Dokuments vereinheitlicht. Die sprachlichen Eigenheiten deutscher Texte, die von Nicht-Muttersprachlern verfasst wurden, werden beibehalten. Versehentlich ausgelassene Wörter oder Ergänzungen infolge unlesbarer Textstellen fügen die Editoren in eckigen Klammern ein. Bilden jedoch bestimmte orthographische und grammatikalische Eigenheiten ein Charakteristikum der Quelle, vermerken sie „Grammatik und Rechtschreibung wie im Original“. Abkürzungen, auch unterschiedliche (z. B. NSDAP, N.S.D.A.P. und NSDAP.), werden im Dokument nicht vereinheitlicht. Sie werden im Abkürzungsverzeichnis erklärt. Ungebräuchliche Abkürzungen, vor allem in privaten Briefen, werden bei einmaliger Nennung in eckigen Klammern oder in den Anmerkungen aufgelöst, ansonsten im Abkürzungsverzeichnis aufgeführt.

Handschriftliche Zusätze in maschinenschriftlichen Originalen übernehmen die Editoren ohne weitere Kennzeichnung, sofern es sich um formale Korrekturen und um Einfügungen handelt, die mit hoher Wahrscheinlichkeit vom Verfasser stammen. Verändern sie die Aussage in beachtlicher Weise – schwächen sie ab oder radikalisieren sie –, wird dies in den Fußnoten vermerkt und, soweit feststellbar, der Urheber mitgeteilt. Auf die in den Originalen häufigen, von den Empfängern oder auch von späteren Lesern vorgenommenen Unterstreichungen mit Blei- oder Farbstift wird im Allgemeinen pauschal, in interessanten Einzelfällen speziell in der Fußnote hingewiesen.

In der Regel werden die Dokumente im vollen Wortlaut abgedruckt. Lediglich in Ausnahmefällen, sofern einzelne Dokumente sehr umfangreich sind, erfolgt der Abdruck nur teilweise. Dasselbe gilt für Sitzungsprotokolle, die nicht insgesamt, sondern nur in einem abgeschlossenen Teil von der nationalsozialistischen Judenpolitik oder den damit verbundenen Reaktionen handeln. Solche Kürzungen sind mit eckigen Auslassungsklammern gekennzeichnet; der Inhalt wird in der Fußnote skizziert. Undatierte Monats- oder Jahresberichte erscheinen am Ende des jeweiligen Zeitraums. Von der strikten Chronologie der Dokumente nach ihrer Entstehungszeit wird nur dann abgewichen, wenn eine Einordnung nach dem Datum des geschilderten Ereignisses für wichtiger erachtet wurde.In der ersten, der Überschrift angehängten Fußnote stehen der Fundort und, sofern er ein Archiv bezeichnet, auch die Aktensignatur. Handelt es sich um gedruckte Quellen, etwa Zeitungsartikel oder Gesetzestexte, finden sich in dieser Fußnote die üblichen bibliographischen Angaben. Wurde eine Quelle schon einmal in einer Dokumentation veröffentlicht, wird sie nach dem Original ediert, doch wird neben dem ursprünglichen Fundort auch auf die Publikation verwiesen. Ursprünglich nicht auf Deutsch verfasste Quellen erhalten einen Hinweis, aus welcher Sprache der Text übersetzt wurde. In einer weiteren Fußnote werden die Entstehungsumstände des Dokuments erläutert, gegebenenfalls damit verbundene Diskussionen, die besondere Rolle von Verfassern und Adressaten, begleitende oder sich unmittelbar anschließende Aktivitäten.

Die dann folgenden Fußnoten erläutern sachliche und personelle Zusammenhänge. Sie verweisen auf andere – unveröffentlichte, andernorts oder in der Edition publizierte – Dokumente, sofern das für die geschichtliche Einordnung hilfreich erscheint. Weiterhin finden sich in den Fußnoten Erläuterungen zu einzelnen Details, etwa zu handschriftlichen Randnotizen, Unterstreichungen, Streichungen. Bearbeitungsvermerke und Vorlageverfügungen werden entweder in der weiteren Fußnote als vorhanden erwähnt oder aber in den späteren Fußnoten entschlüsselt, sofern sie wesentliche Aussagen enthalten. Für die im Quellentext genannten Abkommen, Gesetze und Erlasse werden die Fundorte nach Möglichkeit in den Fußnoten angegeben, Bezugsdokumente mit ihrer Archivsignatur. Konnten diese nicht ermittelt werden, wird dies angemerkt.

Für die in den Schriftstücken angeführten Absender und Adressaten wurden, soweit möglich, die biographischen Daten ermittelt und angegeben. Dasselbe gilt für die im Text erwähnten Personen, sofern sie als handelnde Personen eingestuft werden. Die Angaben stehen in der Regel in der Fußnote zur jeweils ersten Nennung des Namens innerhalb eines Bandes und lassen sich so über den Personenindex leicht aufsuchen.

Die Kurzbiographien beruhen auf Angaben, die sich in Nachschlagewerken und in der speziellen Fachliteratur finden. In vielen nur schwer zu klärenden Fällen wurden im In- und Ausland Personalakten und -karteien eingesehen, Standesämter befragt, Gerichts-, Wiedergutmachungs- und Entnazifizierungsakten geprüft. Für denselben Zweck wurden die speziellen, auf die NS-Zeit bezogenen Personenkarteien und -dossiers einschlägiger Archive benutzt: in erster Linie die des ehemaligen Berlin Document Center und der Zentralen Stelle der Landesjustizverwaltungen (Ludwigsburg), die heute im Bundesarchiv verwahrt werden, sowie die der ausländischen Nationalarchive und die der Spezialarchive zum Zweiten Weltkrieg und der Verfolgung der Juden in den jeweiligen Ländern.

Trotz aller Mühen gelang es nicht immer, die biographischen Daten vollständig zu ermitteln. In solchen Fällen enthält die jeweilige Fußnote nur die gesicherten Angaben, wie z. B. das Geburtsjahr. Waren Personen nicht zu identifizieren, wird auf eine entsprechende Anmerkung verzichtet; desgleichen bei allseits bekannten Personen wie beispielsweise Adolf Hitler, Thomas Mann oder Albert Einstein.

In der Regel setzen die Editoren die zeitüblichen Begriffe des nationalsozialistischen Deutschlands nicht in Anführungszeichen. Dazu gehören Wörter wie Altreich (gemeint ist das Deutsche Reich in den Grenzen von 1937), Führer, Judenfrage, Judenrat etc. Der Kontext macht deutlich, dass keines der Wörter affirmativ verwendet wird. Die Begriffe Jude, Jüdin, jüdisch werden folglich, den Umständen der Zeit entsprechend, auch für Menschen verwandt, die sich nicht als jüdisch verstanden haben, aber aufgrund der Rassengesetze so definiert wurden und daher der Verfolgung ausgesetzt waren. Begriffe wie „Mischling“, „Mischehe“ oder „Arisierung“, die eigentlich auch Termini technici der Zeit waren, werden dagegen in Anführungszeichen gesetzt. Ein solcher nicht klar zu definierender Gebrauch der Anführungszeichen lässt sich nicht systematisch begründen. Er bildet einen gewiss anfechtbaren Kompromiss zwischen historiographischer Strenge und dem Bedürfnis, wenigstens gelegentlich ein Distanzsignal zu setzen.

Ein großer Teil der Dokumente wurde aus dem Polnischen übersetzt. Dabei ist bei Straßennamen an den polnischen Namen der Zusatz „-Straße“ angefügt worden. Orte in den bis 1945 zu Deutschland gehörigen Gebieten werden mit ihren deutschen Namen bezeichnet, desgleichen Orte, für die seit alters ein deutscher Name gebräuchlich ist (z. B. Posen, Tschenstochau, Bromberg, Kalisch, Lemberg). Die von den deutschen Besatzern eingerichteten Lager werden mit den in der zeitgenössischen deutschen Behördenkorrespondenz üblichen Namen bezeichnet, die Orte, an denen sie errichtet wurden, hingegen mit ihrem polnischen Namen; so heißt beispielsweise die Ortschaft Chełmno nad Nerem mit den korrekten polnischen Sonderzeichen, der Name des dort befindlichen Vernichtungslagers aber Kulmhof. Einen Sonderfall stellt jedoch der Bezirk Bialystok dar, der stets ohne Sonderzeichen geschrieben wird, wohingegen die Stadt (und das Getto) zur Unterscheidung stets mit Sonderzeichen, also Białystok, steht.

In deutschen Dokumenten, deren Verfasser von der polnischen Sprache und Kultur in der Regel keine Kenntnis hatten, stehen polnische Ortsnamen häufig in einer mehr oder weniger verballhornten Form. Diese wird nur dann in einer Fußnote verbessert, wenn sich schon die ersten Buchstaben – ungeachtet der polnischen Sonderzeichen – von der richtigen Schreibweise unterscheiden. Letztere ist dann, einschließlich der Sonderzeichen, im Register vermerkt, das auch als Konkordanz der deutschen und polnischen Ortsnamensformen dient. In Anführungszeichen steht die im damaligen Polen diskutierte „jüdische Frage“ (kwestia żydowska), die – auch um eine Unterscheidung zur nationalsozialistischen Judenfrage zu treffen – im Allgemeinen so übersetzt wird.

Ein besonderes Problem bildet die wechselnde Schreibweise des Begriffs Getto bzw. Ghetto. Im Deutschen waren damals beide Formen gebräuchlich. Sie werden daher wie im Original belassen. In übersetzten Dokumenten wird die Schreibweise Getto benutzt, desgleichen in der Einleitung und im Kommentierungstext.

Hebräische, jiddische und zeitgenössische polnische Begriffe werden in einer Fußnote, bei Mehrfachnennung im Glossar erläutert.

Einleitung

Nach dem deutschen Angriff auf die Sowjetunion und angesichts des erwarteten Sieges der Wehrmacht über die Rote Armee schien das nationalsozialistische Deutschland im Sommer 1941 seine Herrschaft in Europa endgültig festigen zu können. Nach der Besetzung weiter Teile West- und Nordeuropas 1940 sowie dem Angriff auf Jugoslawien und Griechenland im Frühjahr 1941 war die Sowjetunion in Hitlers Strategie der letzte Gegner, den es zu bezwingen galt, um die uneingeschränkte Herrschaft Deutschlands auf dem Kontinent zu sichern. Der territoriale Zugewinn der Deutschen in Osteuropa brachte die Juden im besetzten Polen in eine ausweglose Lage. Nachdem sie im Generalgouvernement und in den vom Reich annektierten polnischen Gebieten von Herbst 1939 an unter deutscher Besatzung eine beispiellose Verfolgung und Gewalt erlebt hatten, waren ihre Existenzbedingungen in Hunderten Gettos und Zwangsarbeitslagern katastrophal. Jüdisches Leben und die jahrhundertealte jüdische Kultur in diesen Gebieten waren vollständig zerstört.[1] Und dennoch lag es im Sommer 1941 für die polnischen Juden außerhalb des Vorstellbaren, dass ihre systematische Ermordung unmittelbar bevorstand.

Der vierte Band dieser Edition dokumentiert die Verfolgung der polnischen Juden auf dem gesamten deutsch besetzten Territorium Polens, das heißt in den eingegliederten Gebieten und im Generalgouvernement, zwischen September 1939 und Juli 1941, Band 9 den Mord an den Juden im Generalgouvernement von Sommer 1941 bis 1945. Der vorliegende Band 10 versammelt zeitgenössische Dokumente über die Verfolgung und Ermordung der Juden in den eingegliederten Ostgebieten von Sommer 1941 bis zur Befreiung durch die vorrückende Rote Armee zwischen Winter 1944/45 und Frühjahr 1945.

Zu den vom Deutschen Reich annektierten Teilen West- und Nordpolens gehörten von Oktober 1939 an die Reichsgaue Danzig-Westpreußen und Wartheland,[2] die Regierungsbezirke Kattowitz und Zichenau an der Grenze zu Ostpreußen sowie nach dem deutschen Angriff auf die Sowjetunion von August 1941 an der Bezirk Bialystok, der ähnlich wie Zichenau von Ostpreußen aus verwaltet wurde. Die Region um Białystok war bis September 1939 polnisch gewesen und infolge des geheimen Zusatzprotokolls zum deutsch-sowjetischen Nichtangriffspakt im September 1939 von der Sowjetunion besetzt worden. Während die größte jüdische Bevölkerungsgruppe Vorkriegspolens im Generalgouvernement ansässig war, lebte in den Annexionsgebieten im Sommer 1939 über eine halbe Million polnischer Juden, im Bezirk Bialystok zählte die jüdische Bevölkerung im Sommer 1941 ca. 200 000 Personen.

Anders als das Generalgouvernement, das während des Krieges nicht annektiert wurde, sondern als „Nebenland des Reiches“ einen unklaren staatsrechtlichen Status behielt, waren die eingegliederten Ostgebiete formal Teile des Deutschen Reiches. Dieser

1 Martin Broszat, Nationalsozialistische Polenpolitik 1939–1945, Stuttgart 1961; Jacek Andrzej Młynarczyk/Jochen Böhler (Hrsg.), Der Judenmord in den eingegliederten polnischen Gebieten 1939–1945, Osnabrück 2010; Wolf Gruner/Jörg Osterloh (Hrsg.), Das „Großdeutsche Reich“ und die Juden. Nationalsozialistische Verfolgung in den „angegliederten“ Gebieten, Frankfurt a. M. u. a. 2010.

2 Bis Januar 1940 war die offizielle Bezeichnung Reichsgau Posen.

Entscheidung lagen drei Motive zugrunde: Erstens sollte die Eingliederung die „Schmach von Versailles", also die Gebietsverluste nach dem Ersten Weltkrieg in Osteuropa, tilgen, wobei die 1939 einverleibten polnischen Territorien sehr viel größer waren als die abgetretenen Gebiete von 1918/19. Zweitens benötigten die Deutschen im Rahmen ihrer Autarkiepolitik zusätzliches agrarisches und industrielles Potenzial für die Versorgung der Bevölkerung und der Rüstungsindustrie im Krieg. Drittens waren die eingegliederten Gebiete von Beginn an für eine möglichst rasche Eindeutschung vorgesehen, stellten also den ersten Schritt einer von Hitler schon von den 1920er-Jahren an geforderten deutschen „Ostsiedlung" dar.[3] Die dort eingesetzten Reichsstatthalter und Gauleiter versuchten diese Pläne noch während des Krieges mit allen Mitteln voranzutreiben.

Ihre Handlungsspielräume waren weitreichend, so dass sie die Politik in ihren Gauen einschließlich der Behandlung der jüdischen Bevölkerung sehr eigenständig bestimmen konnten. Albert Forster in Danzig-Westpreußen war ein Günstling Hitlers, Arthur Greiser im Wartheland stand zu Himmler in einer freundschaftlichen Beziehung. Auch Erich Koch als Gauleiter von Ostpreußen, dem die Verwaltung der Bezirke Zichenau und Bialystok unterstand, genoss in Berlin Protektion. Wie Greiser ein Vertrauter Himmlers, konnte Fritz Bracht als Gauleiter und Oberpräsident in Schlesien seinen Einfluss durch die wachsende Kriegswichtigkeit des schlesischen Industriereviers allmählich steigern. Im Gau Oberschlesien, der erst 1941 aus der Teilung des Gaus Schlesien hervorgegangen war, befanden sich auch das Konzentrations- und Vernichtungslager Auschwitz-Birkenau und die meisten seiner Außenlager.[4]

Der vorliegende Band dokumentiert die folgenden politischen Entwicklungen, die in den einzelnen Gebieten ähnlich, wenn auch nicht immer zeitgleich verliefen: erstens die Eigeninitiative der Reichsstatthalter und Gauleiter in der antijüdischen Politik, aber auch ihr stetes Bemühen, die in Berlin getroffenen Entscheidungen umzusetzen und auf die Gegebenheiten in ihrem Machtbereich anzuwenden. Zweitens werden die Reaktionen der Juden und der Judenräte in den Gettos nachgezeichnet, ihre Versuche, die minimalen Handlungsspielräume zu nutzen und die Schikanen der deutschen Behörden durch den umfangreichen Arbeitseinsatz der Juden abzumildern, unterzutauchen und schließlich sogar den Tätern bewaffneten Widerstand entgegenzusetzen. Drittens kam es im Lauf des Jahres 1942 in der deutschen Besatzungspolitik zu einem Wandel: Während zunächst die angeblich arbeitsunfähigen Juden den systematischen Massenmorden zum Opfer fielen, wurden die Mordaktionen 1943 dann auch auf die arbeitsfähigen Gettobewohner ausgedehnt. Schließlich werden viertens die Reaktionen der nichtjüdischen Polen sowie die Verbreitung des Wissens über die Verbrechen nachgezeichnet.

Der Reichsgau Wartheland wird ausführlicher als die anderen Gebiete analysiert, weil hier der Zusammenhang von Germanisierung, dem Zwangsarbeitseinsatz von Juden und schließlich der Ermordung der jüdischen Bevölkerung besonders augenfällig ist.

3 Hitler, Mein Kampf. Eine kritische Edition, hrsg. von Christian Hartmann u. a., München 2016, 2 Bde., S. 386–399, 1657.

4 Band 16 der Edition ist dem Konzentrations- und Vernichtungslager Auschwitz-Birkenau 1942–1945 sowie den Todesmärschen 1944/45 gewidmet, so dass Dokumente mit Bezug auf Auschwitz im vorliegenden Band nur in Ausnahmefällen aufgenommen wurden.

Ferner weist der Warthegau die beste Aktenüberlieferung der eingegliederten Gebiete auf, sowohl hinsichtlich der Täter als auch für die Perspektive der jüdischen Opfer. Zudem werden die Entstehung des Vernichtungslagers Kulmhof im Warthegau und die dort begangenen Massenverbrechen untersucht.

Vor allem drei Prämissen deutscher Besatzungspolitik bestimmten in den eingegliederten Ostgebieten das Schicksal der jüdischen Bevölkerung: Die Germanisierung solcher Territorien, die überwiegend oder sogar vollständig von „Fremdvölkischen" bewohnt waren, planten die deutschen Behörden zu realisieren, indem sie die polnische und jüdische Bevölkerung in das Generalgouvernement abschoben, die übrigen Juden an wenigen Orten bzw. in Gettos isolierten und schließlich sogenannte Volksdeutsche aus Ostmittel- und Osteuropa in den eingegliederten Gebieten ansiedelten.[5] Die Ansiedlung von mehreren Hunderttausend Auslandsdeutschen infolge bilateraler Abkommen zwischen dem Deutschen Reich, der Sowjetunion, Rumänien und den baltischen Staaten, die geplante Ostsiedlung von etwa 300 000 reichsdeutschen Bauern sowie die Anlage riesiger Truppenübungsplätze im besetzten Polen führten bereits zu Beginn der deutschen Besatzung zu Deportationsvorhaben riesigen Ausmaßes. Von diesen sollten in den eingegliederten Ostgebieten die gesamte jüdische sowie dann sukzessive auch große Teile der polnischen Bevölkerung betroffen sein. Zwar wurden allein aus dem Warthegau bis Kriegsende mehrere Hunderttausend Polen und Juden in das Generalgouvernement deportiert, dennoch blieben die Pläne weit hinter den Erwartungen der Reichsstatthalter zurück, da Generalgouverneur Hans Frank dagegen opponierte. Das Ende der „Aussiedlungen" von Juden in das Generalgouvernement hatte zur Folge, dass im Sommer 1941 in der Reichsstatthalterei und im Umfeld von Gauleiter Greiser im Warthegau nicht länger über weitere Vertreibungen, sondern über die Ermordung der Juden diskutiert wurde. Die Germanisierung der eingegliederten Gebiete sollte durch die systematische Tötung der jüdischen Bevölkerung vorangetrieben werden.
Zum Zweiten besaßen sowohl Greiser in Posen als auch Forster in Danzig und Koch in Zichenau von 1939/40 an Erfahrungen mit Mordaktionen an mehreren Tausend Psychiatriepatienten. Allein im Warthegau waren bis 1941 etwa 7000 bis 8000 Menschen den Krankenmorden zum Opfer gefallen.[6] Dieser regional initiierte Massenmord, der von der Führung in Berlin zweifelsfrei gebilligt wurde, stand in einem zeitlichen und personellen Zusammenhang mit der „Euthanasie"-Aktion im Altreich von Januar 1940 an, wurde aber nicht von der „Euthanasie"-Zentrale in Berlin organisiert.

5 Robert Lewis Koehl, RKFDV: German Resettlement and Population Policy 1939–1945, Cambridge/Mass. 1957; Diemut Majer, „Fremdvölkische" im Dritten Reich. Ein Beitrag zur nationalsozialistischen Rechtssetzung und Rechtspraxis in Verwaltung und Justiz unter besonderer Berücksichtigung der eingegliederten Ostgebiete und des Generalgouvernements, Boppard am Rhein 1981; Hans Mommsen, Umvolkungspläne des Nationalsozialismus und der Holocaust, in: Helge Grabitz/Klaus Bästlein/Johannes Tuchel (Hrsg.), Die Normalität des Verbrechens. Bilanz und Perspektiven der Forschung zu den nationalsozialistischen Gewaltverbrechen, Berlin 1994, S. 68–84; Götz Aly, „Endlösung". Völkerverschiebung und der Mord an den europäischen Juden, 2. Aufl., Frankfurt a. M. 1995.

6 Zdzisław Jaroszewski (Red.), Zagłada chorych psychicznie w Polsce 1939–1945. Die Ermordung der Geisteskranken in Polen 1939–1945, Warszawa 1993; Ingo Loose, Eksterminacja chorych w Kraju Warty. Stan badań i kontrowersje, in: Michał Musielak/Katarzyna B. Głodowska (Hrsg.), Medycyna w cieniu nazizmu/Medicine in the shadow of Nazism, Poznań 2015, S. 155–167.

Von den Patientenmorden im besetzten Polen führte ein direkter Weg zur Ermordung der jüdischen Bevölkerung in den annektierten polnischen Gebieten eineinhalb Jahre später.
Zum Dritten war die Situation der Juden in den eingegliederten Gebieten gekennzeichnet von einer intensiven Ausbeutung als Zwangsarbeiter, wie sie in den größeren Gettos, in Ostoberschlesien dagegen durch ein umfängliches Lagersystem der SS organisiert wurde.
Die Ermordung der Juden in den eingegliederten polnischen Gebieten verlief in mehreren Phasen. Bis Ende 1941 setzten die Deutschen jüdische Zwangsarbeiter zunehmend profitabler ein. Zugleich wuchs jedoch durch die zumeist mörderischen Arbeitsbedingungen und den Hunger in den Lagern und Gettos auch die Zahl der kranken und solcher Juden, die von den deutschen Verwaltungs- und Polizeibehörden oder auch den Betrieben als arbeitsunfähig kategorisiert wurden. Von 1942 an wurden in allen Territorien die als arbeitsunfähig geltenden Juden in die Vernichtungslager deportiert. Die Entwicklung in den verschiedenen annektierten polnischen Gebieten war dabei nicht einheitlich. Im Reichsgau Wartheland hatten die Deutschen bereits mehrere Zehntausend Juden, im Regierungsbezirk Kattowitz bis August 1942 mindestens 20 000 Juden ermordet sowie die ersten Selektionen nach dem Kriterium der Arbeitsfähigkeit begonnen. Während dort aber nach wie vor der Arbeitseinsatz an erster Stelle stand, herrschte in Zichenau und Bialystok nach den ersten Mordaktionen im Sommer 1941 eine trügerische Ruhe vor dem Sturm, der dann im Herbst 1942 auch dort die jüdische Bevölkerung traf. Mit Ausnahme des Warthegaus formierte sich von Sommer bzw. Herbst 1942 an in den annektierten polnischen Gebieten zunehmend Widerstand seitens der Juden, der sich 1943 in Aufständen im Getto Białystok, in Ostoberschlesien und noch später sogar im Vernichtungslager Kulmhof zeigte. Spätestens 1943 weiteten die deutschen Besatzer die Mordaktionen dann auf die längst in wenigen Gettos isolierte jüdische Bevölkerung aus und lösten die Gettos bis Mitte 1944 endgültig auf.

Der Reichsgau Wartheland

Vor dem deutschen Angriff auf Polen am 1. September 1939 lebten etwa 400 000 Juden auf dem Gebiet des wenige Wochen später geschaffenen Reichsgaues Wartheland. Als das Deutsche Reich im Herbst 1939 mit mehreren Staaten Ostmittel- und Osteuropas sowie der Sowjetunion vertraglich die Aussiedlung der „volksdeutschen" Minderheiten regelte, wurde der Warthegau zum zentralen Ansiedlungsgebiet erklärt, das so rasch wie möglich vollständig germanisiert werden sollte. Über eine halbe Million sogenannte Volksdeutsche siedelten während der Besatzungszeit dorthin um.[7] Um für die Eintreffenden Platz zu schaffen, organisierten die Zivilbehörden, Himmler als Reichskommissar für die Festigung deutschen Volkstums sowie die ebenfalls Himmler unterstehende,

7 Czesław Madajczyk, Polityka III Rzeszy w okupowanej Polsce, Warszawa 1970 (gekürzt dt.: Die Okkupationspolitik Nazideutschlands in Polen 1939–1945, Berlin 1987), Bd. 1, S. 245, 440–447; Czesław Łuczak, Dzień po dniu w okupowanej Wielkopolsce i Ziemi Łódzkiej (Kraj Warty). Kalendarium wydarzeń 1939–1945, Poznań 1993; Ingo Loose, Wartheland, in: Gruner/Osterloh (Hrsg.), Das „Großdeutsche Reich" (wie Anm. 1), S. 229–258, bes. S. 229 f.

in Litzmannstadt ansässige Umwandererzentralstelle von Herbst 1939 an die Abschiebung einer sehr viel größeren Zahl von Polen und Juden. Insgesamt ließen sie bis 1944 über 300 000 Polen in das Generalgouvernement, weitere 450 000 zur Zwangsarbeit in das Reich deportieren.[8] Daneben wurden allein bis Oktober 1941 knapp 140 000 Juden aus dem Warthegau vertrieben, die meisten von ihnen in das Generalgouvernement, bis der dortige Machthaber Hans Frank weitere Abschiebungen blockierte. Gauleiter Arthur Greiser[9] und die mit der Ansiedlung befassten Dienststellen sahen mit Franks Einschreiten die Eindeutschung des Warthelands gefährdet.

Fortan sollte die jüdische Bevölkerung durch die Einrichtung zahlreicher Gettos so weitgehend wie möglich isoliert werden. Etwa 250 000 Juden waren im Warthegau Ende 1941 noch am Leben, die meisten von ihnen im Getto in Litzmannstadt (wie die Stadt Łódź von 1940 an hieß) sowie in einer Reihe kleinerer Gettos.[10] Zu den Besonderheiten im Warthegau gehörte eine Anzahl offener, das heißt nicht eingezäunter Dorfgettos, in die die jüdische Bevölkerung vor allem der ländlichen Kreise getrieben wurde. Das größte Dorfgetto bestand in Kowale Pańskie, ca. 65 km nordwestlich von Litzmannstadt, mit etwa 4000 Bewohnern.[11]

Im Warthegau, wie auch in den anderen eingegliederten Gebieten, war die Lage der Juden im Frühsommer 1941 zwar prekär, doch hielt die ansässige jüdische Bevölkerung ihre Situation irrtümlich für vergleichsweise stabil und sicher. Der Reichsgau Wartheland war das erste Gebiet im deutsch besetzten Polen, in dem NS-Dienststellen über einen systematischen Massenmord an Juden zu diskutieren begannen. Am 16. Juli 1941 informierte Rolf-Heinz Höppner, der Leiter der Umwandererzentralstelle in Posen, Adolf Eichmann, den Leiter des Umsiedlungsreferats im Reichssicherheitshauptamt, über Besprechungen in der Reichsstatthalterei, die die „Lösung der Judenfrage" betrafen. Da im kommenden Winter die Gefahr bestünde, dass die Juden nicht mehr ausreichend ernährt werden könnten, sei „ernsthaft zu erwägen, ob es nicht die humanste Lösung ist, die Juden, soweit sie nicht arbeitseinsatzfähig sind, durch irgendein schnellwirkendes Mittel zu erledigen".[12] Damit wurde im Warthegau erstmals die klare Absicht, die jüdische Bevölkerung zu ermorden, in der Binnenrationalität der Täter mit einem Sachargument „gerechtfertigt". Dieser Begründungszusammenhang enthielt bereits die Unterscheidung zwischen arbeitsfähigen Juden, die zur Zwangsarbeit einzusetzen waren, und als arbeitsunfähig beurteilten, die getötet werden sollten. Eine Woche vor Höppners Telegramm hatte das Landesernährungsamt in Posen die Lebensmittelrationen für wartheländische Juden vereinheitlicht und denen „polnischer Normalverbraucher" gleichgestellt (Dok. 2 vom 9.7.1941). Im Juli und August erließ die Reichsstatthalterei mehrere Verordnungen über die Entlohnung und arbeitsrechtliche Behandlung jüdischer Arbeiter im Warthegau,[13] die keineswegs auf eine erwartete Versorgungslücke,

8 Czesław Łuczak, Pod niemieckim jarzmem (Kraj Warty 1939–1945), Poznań 1996, S. 56, 77.

9 Catherine Epstein, Model Nazi. Arthur Greiser and the Occupation of Western Poland, Oxford 2010.

10 Łuczak, Pod niemieckim jarzmem (wie Anm. 8), S. 71, 83.

11 Siehe VEJ 4, S. 48.

12 VEJ 4/314.

13 Landesernährungsamt, Abt. B 418/42, Runderlass B9 betr. Rationssätze für die im Reichsgau Wartheland lebenden Juden vom 9. Juli 1941; APP, Akta miasta Poznania, Nr. 16 069, Bl. 84–86.

sondern vielmehr auf die steigende Produktivität der jüdischen Zwangsarbeiter in den Gettos und Arbeitslagern hindeuteten.[14] Im Reichsgau Wartheland wurde der systematische Mord an arbeitsunfähigen Juden nicht nur besonders früh diskutiert, sondern auch bereits seit geraumer Zeit Giftgas als Mordmethode eingesetzt. Gleich zu Beginn der Besatzung tötete die Sicherheitspolizei im Spätherbst 1939 im Internierungslager Fort VII in Posen 800 bis 900 Patienten zweier nahe gelegener Pflegeanstalten mit Kohlenmonoxid. Mitte Dezember 1939 war Himmler Zeuge einer solchen Mordaktion. Einer Zeugenaussage zufolge gab es dort auch erste Versuche mit dem Giftgas Zyklon B, das später in den Gaskammern des Vernichtungslagers Auschwitz-Birkenau eingesetzt wurde.[15] Es ist nicht zu belegen, jedoch wahrscheinlich, dass die Versuche in Posen unmittelbare Impulse für die Durchführung der Krankenmorde – in der Nachkriegszeit nach dem Sitz der Zentraldienststelle in der Berliner Tiergartenstraße 4 als „Aktion T4" bezeichnet – gaben, in deren Verlauf von Januar 1940 bis Sommer 1941 in mehreren Anstalten in Deutschland und Österreich über 70 000 Patienten getötet wurden.

Nur wenige Wochen später hatte sich die Mordmethode im Warthegau bereits verändert. In umgebauten Last- oder Möbelwagen tötete ein Sonderkommando Patienten verschiedener Anstalten nun direkt vor Ort mit Giftgas, ohne sie zuvor nach Posen zu bringen. Das Sonderkommando stand unter der Leitung von Kriminalkommissar und SS-Hauptsturmführer Herbert Lange, der im September 1939 als Angehöriger der Einsatzgruppe VI nach Posen gekommen war. Mit seinen Männern ermordete er in den folgenden Wochen und Monaten in warthеländischen Pflegeanstalten mehrere Tausend Patienten. Im Mai/Juni 1940 wurde das Sonderkommando an den ostpreußischen Gauleiter Erich Koch „ausgeliehen", um in Soldau, etwa 60 km südwestlich von Allenstein an der Grenze zum Regierungsbezirk Zichenau, weitere 1500 bis 2000 überwiegend deutsche Patienten zu töten.[16] Als Höppner also Mitte Juli 1941 an Eichmann schrieb, ein „schnellwirkendes Mittel" müsse erst noch gefunden werden, hatte das Sonderkommando tatsächlich bereits eineinhalb Jahre lang Tausende von Anstaltspatienten in Gaswagen getötet. Den Massenmord an Patienten setzten die deutschen Täter im Herbst 1941 unmittelbar mit dem Massenmord an der jüdischen Bevölkerung fort.[17] Höppners Telegramm an Eichmann steht in einem direkten zeitlichen Zusammenhang mit dem Bemühen von Gauleiter Greiser, von Hitler bzw. Himmler die Zustimmung zu erhalten, in einer Art regionaler „Endlösung der Judenfrage" im Reichsgau Wartheland 100 000 arbeitsunfähige Juden zu ermorden.[18] Vermutlich erhielt Greiser am 18. Juli 1941 während eines Treffens mit Hitler hierzu die Erlaubnis.[19] Greisers Initiative rückte den

14 Peter Klein, Die „Gettoverwaltung Litzmannstadt" 1940 bis 1944. Eine Dienststelle im Spannungsfeld von Kommunalbürokratie und staatlicher Verfolgungspolitik, Hamburg 2009, S. 342.

15 Volker Rieß, Die Anfänge der Vernichtung „lebensunwerten Lebens" in den Reichsgauen Danzig-Westpreußen und Wartheland 1939/40, Frankfurt a. M. 1995, S. 243–353, hier S. 300.

16 Sascha Topp, Krankentötungen in Ostpreußen. Ein Vergleich der „Aktion Lange" und der „Aktion T4" und ihre Opfer, in: Maike Rotzoll/Gerrit Hohendorf/Petra Fuchs u. a. (Hrsg.), Die nationalsozialistische „Euthanasie"-Aktion „T4" und ihre Opfer. Geschichte und ethische Konsequenzen für die Gegenwart, Paderborn 2010, S. 169–174.

17 Siehe für das Generalgouvernement Sara Berger, Experten der Vernichtung. Das T4-Reinhardt-Netzwerk in den Lagern Belzec, Sobibor und Treblinka, Hamburg 2013, S. 31–36.

18 Ian Kershaw, Improvised Genocide? The Emergence of the „Final Solution" in the Warthegau, in: Transactions of the Royal Historical Society, 6th Series, 2 (1992), S. 51–78.

19 VEJ 4, S. 55; Klein, „Gettoverwaltung" (wie Anm. 14), S. 336–352.

Warthegau sogleich stärker in das Blickfeld der Berliner Dienststellen. Gauleiter wie Joseph Goebbels in Berlin oder Baldur von Schirach in Wien hatten bereits von Kriegsbeginn an wiederholt die Deportation der jüdischen Bevölkerung aus dem Reich „in den Osten“ gefordert. Über eine Besprechung mit Hitler schrieb Goebbels am 24. September 1941 in sein Tagebuch, dass auch der „Führer“ der Meinung sei, „daß die Juden nach und nach aus ganz Deutschland herausgebracht werden müssen. Die ersten Städte, die nun judenfrei gemacht werden sollen, sind Berlin, Wien und Prag.“[20]
Als Himmler den wartheländischen Behörden am 18. September 1941 mitteilen ließ, das Getto Litzmannstadt habe demnächst mit der „Einsiedlung“ von 60 000 Juden zu rechnen, begründete er dies damit, dass das Getto „an Raum aufnahmefähig“ sei – womit er die geplante Tötung von Gettobewohnern meinte.[21] In einem späteren Schreiben Greisers an Himmler vom Mai 1942 erwähnte der Gauleiter die im Einvernehmen mit dem Chef der Sicherheitspolizei und des SD, Heydrich, „genehmigte Aktion der Sonderbehandlung von rund 100 000 Juden in meinem Gaugebiet“, was darauf hinweist, dass der Massenmord an den wartheländischen Juden auf Greisers Initiative zurückging (Dok. 95 vom 1.5.1942).[22]

Das Getto Litzmannstadt bis Frühjahr 1942

Das größte Getto im Warthegau – und nach Warschau das zweitgrößte Getto überhaupt – wurde im Februar 1940 in der zentralpolnischen Industriemetropole Łódź eingerichtet, die im April 1940 in Litzmannstadt umbenannt wurde. Mit über 230 000 Mitgliedern war hier die zweitgrößte jüdische Gemeinde in Europa (bezogen auf die Zeit vor September 1939) beheimatet. Unmittelbar nach der Besetzung begannen die Deutschen in der Stadt damit, die jüdische Bevölkerung zu verfolgen und zu drangsalieren. Von Mitte November 1939 an mussten Juden zunächst gelbe Armbinden, von Dezember 1939 an einen gelben Stern auf Brust und Rücken tragen. Sie wurden beraubt, schikaniert und öffentlich gequält, aus ihren Wohnungen vertrieben, willkürlich zur Zwangsarbeit eingesetzt, viele wurden hingerichtet, nicht selten einfach erschossen; die Synagogen der Stadt wurden zerstört.
Das Getto entstand im ärmsten Stadtteil Bałuty. Auf einer Fläche von wenig mehr als vier Quadratkilometern wurden im April 1940 über 160 000 Menschen zusammengedrängt.[23] An die Spitze des Gettos stellten die Deutschen einen Judenältesten, der für die Ausführung ihrer Befehle verantwortlich war und zugleich eine Scheinautonomie

20 Die Tagebücher von Joseph Goebbels, Teil II: Diktate 1941–1945, Bd. 1: Juli–September 1941. Bearb. von Elke Fröhlich, München 1996, S. 485 (Eintrag vom 24.9.1941); siehe VEJ 6, S. 17 f.

21 VEJ 3/223. Zur Rolle des Höheren SS- und Polizeiführers in Posen, Wilhelm Koppe, bei der Wahl von Litzmannstadt als Deportationsort siehe Michael Alberti, Die Verfolgung und Vernichtung der Juden im Reichsgau Wartheland 1939–1945, Wiesbaden 2006, S. 387–389.

22 Położenie ludności polskiej w tzw. Kraju Warty w okresie hitlerowskiej okupacji, Poznań 1990, S. 40–46, hier S. 43; Peter Longerich, Politik der Vernichtung. Eine Gesamtdarstellung der nationalsozialistischen Judenverfolgung, München 1998, S. 451 f.; Alberti, Verfolgung und Vernichtung (wie Anm. 21), S. 404 f.

23 Im Sommer 1941 lag die Zahl der im Getto Litzmannstadt eingeschlossenen Juden bei knapp 145 000 Personen; Uebelhoer an RFSS, 9.10.1941; BArch, NS 19/2655, Bl. 32 f., hier Bl. 33 RS.

suggerieren sollte: Mordechai Chaim Rumkowski, einen Kaufmann und Versicherungsvertreter.[24] In der zionistischen Bewegung aktiv, hatte er seit Anfang der 1930er-Jahre ein jüdisches Waisenheim in Łódź geleitet. Im Herbst 1939 wurde er von den Deutschen als Judenältester eingesetzt und behielt diesen Posten bis zur Auflösung des Gettos. Machtbewusst und autokratisch, umstritten und verhasst, aber auch mit viel Geschick vermochte „König Chaim I.", wie er unter Juden genannt wurde, das Getto bis August 1944 vor der Auflösung und vollständigen Vernichtung zu bewahren.

Rumkowski setzte von Anfang an auf den Arbeitseinsatz für die Deutschen, mit dem Ziel, auf diesem Wege den Unterhalt und die Lebensmittelversorgung des Gettos zu gewährleisten. „Unser einziger Weg ist Arbeit", lautete seine oftmals wiederholte Losung. Er verband damit die Hoffnung, dass die deutsche Gettoverwaltung schon aus eigenem wirtschaftlichen Interesse die Juden ausreichend versorgen würde. Rumkowski hatte den deutschen Behörden bereits Anfang April 1940 vorgeschlagen, 8000 bis 10 000 jüdische Facharbeiter gegen Lebensmittellieferungen arbeiten zu lassen. Die Gettoverwaltung vermittelte an Kommunen und Privatfirmen von Ende 1940 an gegen eine „Judenleihgebühr" auch mehrere Tausend Gettobewohner als Zwangsarbeiter für zahlreiche Bauprojekte im Warthegau. Ende 1940 waren bereits 19 verschiedene sogenannte Arbeitsressorts bzw. Werkstätten mit 7000 Arbeitern im Getto tätig. 1943 arbeiteten über 60 000 Menschen in beinahe 100 Ressorts.[25]

Von Mitte 1941 an warf die Produktion für die Deutschen tatsächlich ansehnliche Gewinne ab. Vor allem ließen mehrere Heeresbekleidungsämter hier und in anderen Gettos Uniformen, Mützen, Schuhe und Rucksäcke fertigen. Aber auch zahlreiche Privatfirmen wie Josef Neckermann, das Hamburger Alsterhaus oder Felina Mannheim verlagerten einen Teil ihrer Produktion ins Getto.[26]

Aufgrund seines Verhandlungsgeschicks gegenüber den deutschen Behörden und insbesondere gegenüber der im Sommer 1940 eingerichteten Gettoverwaltung unter Leitung des Bremer Kaffeehändlers Hans Biebow konnte Rumkowski eine umfangreiche Selbstverwaltung aufbauen. Mit Hilfe von Abgaben, Gebühren, auch mittels einer eigens eingeführten Gettowährung finanzierte er ein Verwaltungs-, Bildungs-, Gesundheits- und Sozialfürsorgesystem für 160 000 Menschen. Hierzu gehörten Krankenhäuser, Suppenküchen, Waisen- und Altenheime sowie ein Kindererholungsheim. Ein Gericht, ein Ge-

24 Julian Baranowski, Chaim Mordechaj Rumkowski – Kollaborateur oder Retter?, in: Młynarczyk/Böhler (Hrsg.), Judenmord (wie Anm. 1), S. 301–310; Monika Polit, Mordechaj Chaim Rumkowski – Wahrheit und Legende, Osnabrück 2017; siehe zu Judenräten allgemein Isaiah Trunk, Judenrat. The Jewish Councils in East Europe under Nazi Occupation, New York 1972.

25 Isaiah Trunk, Lodzher geto. A historishe un sotsiologishe shtudie mit dokumentn, tabeles un mape, New York 1962, S. 87 f., 152–179; Gordon J. Horwitz, Ghettostadt. Łódź and the Making of a Nazi City, Cambridge/Mass. u. a. 2008, S. 57–59; Anna Ziółkowska, Obozy pracy przymusowej dla Żydów w Wielkopolsce w latach okupacji hitlerowskiej (1941–1943), Poznań 2005, S. 76, 82; Alberti, Verfolgung und Vernichtung (wie Anm. 21), S. 283–291; Julian Baranowski, Das Getto Litzmannstadt, in: Berliner Juden im Getto Litzmannstadt 1941–1944. Ein Gedenkbuch. Bearb. von Ingo Loose, Berlin 2009, S. 32–43, hier S. 40; Hans-Jürgen Bömelburg/Marlene Klatt (Hrsg.), Lodz im Zweiten Weltkrieg. Deutsche Selbstzeugnisse über Alltag, Lebenswelten und NS-Germanisierungspolitik in einer multiethnischen Stadt, Osnabrück 2015.

26 Alberti, Verfolgung und Vernichtung (wie Anm. 21), S. 277–283. Neckermann ließ auch im Getto Białystok produzieren; siehe Thomas Veszelits, Die Neckermanns. Licht und Schatten einer deutschen Unternehmerfamilie, Frankfurt a. M. u. a. 2005, S. 150–153.

fängnis, eine Feuerwehr und ein Rumkowski direkt unterstellter Ordnungsdienst (intern auch als „Gettopolizei" bezeichnet) waren für die Aufrechterhaltung von Ruhe und Ordnung zuständig.[27] Je reibungsloser das Getto funktionierte, desto geringer schien der jüdischen „Selbstverwaltung" die Gefahr unberechenbarer Eingriffe durch die deutschen Behörden oder gar die Gestapo. Wenn Juden zum Nutzen deutscher Firmen arbeiteten, so die Annahme, hätten auch die Nationalsozialisten ein Interesse, sie arbeiten zu lassen.

Dieser Erfolg jüdischer Selbstorganisation brachte ein trügerisches Gefühl der Sicherheit mit sich, das sich ungeachtet der völlig unzureichenden Versorgungslage und der unbeschreiblichen Enge im Getto einstellte. Infolge von Unterversorgung und Seuchen starben zwischen Mai 1940 und Sommer 1942 beinahe 30 000 Menschen im Getto.[28] Die Lebensmittelversorgung war so schlecht, dass Gettobewohner verstorbene Angehörige in den Wohnungen beließen, um deren Lebensmittelkarten weiterhin nutzen zu können. Sara Plager-Zyskind erinnerte sich später, in welche Zwangssituationen der allgegenwärtige Hunger die Gettobewohner brachte. Eine Freundin erklärte ihr, warum sie den Tod ihres kleinen Bruders nicht umgehend gemeldet hatte: „Er ist tot, und es gibt nichts, was ich daran ändern könnte. Aber morgen wird die wöchentliche Zuteilung fällig. Hätte ich seinen Tod gestern gemeldet, hätten sie mir auch seine Talons[29] weggenommen. So kriege ich wenigstens noch einen extra Laib Brot."[30] In den zahlreichen kleineren warthe-ländischen Gettos und in den Zwangsarbeitslagern für Juden im Regierungsbezirk Posen war die Lage zumeist noch schlechter als in Litzmannstadt. Oftmals gab es keinerlei medizinische Versorgung. Das Getto in einer ehemaligen Zuckerfabrik in Kutno, in die die einheimische jüdische Bevölkerung im Frühsommer 1940 umsiedeln musste, bezeichnete der Bürgermeister der Stadt als ein „Krepierlager für Juden".[31]

Wie groß trotz der katastrophalen Lebensumstände im Getto Litzmannstadt der Wille seiner Bewohner war, ihre Kultur zu bewahren, zeigen die vielfältigen Aktivitäten, die sich seit der Abschließung des Gettos entwickelt hatten. Neben der Arbeit und alltäglichen Sorge um das Überleben gab es auch Kunst, Musikkonzerte, Theateraufführungen und ein gut ausgebautes Bildungssystem.[32] Von der Volksschule bis zum Gymnasium wurden in beinahe 40 Schulen weit über 10 000 Kinder unterrichtet, für die mit der Zeit jedoch nicht mehr der Unterricht, sondern vor allem die Schulspeisung im Vordergrund stand. Dennoch zeugen diese Bemühungen von dem bemerkenswerten Versuch, sich unter den extremen Bedingungen im Getto ein Kulturleben zu erhalten. Zugleich verfolgte

27 Svenja Bethke, Tanz auf Messers Schneide. Kriminalität und Recht in den Ghettos Warschau, Litzmannstadt und Wilna, Hamburg 2015.

28 Übersicht der Statistischen Abt. im Getto Litzmannstadt „Todesfälle nach Sterbedatum" (1942); YIVO, RG 241, Nr. 800.

29 Lebensmittelmarken.

30 Sara Plager-Zyskind, Auf immer verlorene Jahre. Ein junges Mädchen überlebt den Holocaust in Polen, München 1993, S. 67 f.; Josef Salomonovic erinnert sich daran, dass es hierüber sogar eine Liedstrophe im Getto gab; LBINY, AR 11 649, S. 3.

31 Anonymer Lagebericht „Die Hölle der polnischen Juden unter der Nazi-Besatzung" (Warschauer Getto, Juni 1942); AŻIH, 45. Ring I/144, Bl. 4. Abdruck in deutscher Übersetzung: Ruta Sakowska (Hrsg.), Die zweite Etappe ist der Tod. NS-Ausrottungspolitik gegen die polnischen Juden, gesehen mit den Augen der Opfer, Berlin 1993 (poln. Ausgabe: Warszawa 1993), S. 202.

32 Lernen half uns überleben. Jüdische Bildungstraditionen in Europa: Getto Litzmannstadt 1940–1944. Red. Joanna Podolska, Łódź 2007.

der Judenrat die Absicht, mittels eines geheim angelegten Archivs die jüdische Selbstverwaltung, aber mehr noch die Verbrechen der Deutschen zu dokumentieren. In der Statistischen Abteilung des Judenrats entstanden, ähnlich dem Ringelblum-Archiv im Warschauer Getto,[33] die wichtigsten Dokumente, die auch heute noch Aufschluss über die Geschichte des Gettos Litzmannstadt und seiner Bewohner bieten: die Getto-Chronik, zahlreiche Statistiken und Reportagen, aber auch Tausende Fotografien vom Leben im Getto (siehe Dok. 93, 190, 231).[34] Am 6. Juni 1941 kam Himmler ins Getto Litzmannstadt und führte auch ein kurzes Gespräch mit Rumkowski. Einerseits verdeutlicht Himmlers Besuch die wachsende wirtschaftliche Bedeutung des Gettos, andererseits ergab sich für Gauleiter Greiser vermutlich die Gelegenheit, bei Himmler seinen Plan zur Ermordung arbeitsunfähiger Juden im Warthegau anzusprechen.[35]

Als Himmler Greiser einige Wochen später die Deportation von 60 000 Juden aus dem Altreich und dem Protektorat ankündigte, änderte sich die Lage für die Juden in Litzmannstadt grundlegend.[36] Damit wurden der Reichsgau Wartheland und kurz darauf auch weitere besetzte Gebiete „im Osten“ in die von Berlin geplante und organisierte „Entjudung“ des Altreichs und des Protektorats Böhmen und Mähren mit einbezogen. Nach Protesten der überraschten deutschen Gettoverwaltung und des zuständigen Regierungspräsidenten Friedrich Uebelhoer wurde die Zahl von 60 000 Juden zwar einige Tage später auf 20 000 reduziert, ohne dass jedoch den anderen 40 000 die Deportation erspart geblieben wäre. In Himmlers Planung sollten die Juden „als erste Stufe“ nach Litzmannstadt gebracht werden, um „sie im nächsten Frühjahr noch weiter nach dem Osten abzuschieben“.[37] Anfang Oktober 1941 wählte Hitler weitere Deportationsorte aus. Namentlich waren dies Minsk, Kaunas und Riga, wo noch im Herbst 1941 etwa 6000 deutsche Juden (5000 in Kaunas, 1000 in Riga) sofort nach ihrer Ankunft ermordet wurden.[38]

33 Im Getto von Warschau sammelte der Gettochronist und Historiker Emanuel Ringelblum Zeugnisse der Verfolgung, um diese für die Nachwelt zu dokumentieren. Das Ringelblum-Archiv „Oneg Shabat“ ist heute UNESCO-Weltkulturerbe; siehe VEJ 9, S. 15 f., 30.

34 Lucjan Dobroszycki (Hrsg.), The Chronicle of the Lodz Ghetto 1941–1944, New York u. a. 1984; Oskar Singer, „Im Eilschritt“. Reportagen und Essays aus dem Getto Lodz, Berlin u. a. 2002; Sascha Feuchert/Erwin Leibfried/Jörg Riecke u. a. (Hrsg.), Die Chronik des Gettos Lodz/Litzmannstadt, 5 Bde., Göttingen 2007; Das Gesicht des Gettos. Bilder jüdischer Photographen aus dem Getto Litzmannstadt 1940–1944/The Face of the Ghetto. Pictures taken by Jewish Photographers in the Litzmannstadt Ghetto 1940–1944. Bearb. von Ingo Loose, Berlin 2010.

35 Shlomo Frank, Togbukh fun lodzsher geto, Buenos Aires 1958, S. 112; Der Dienstkalender Heinrich Himmlers 1941/42. Bearb., kommentiert und eingeleitet von Peter Witte/Michael Wildt/Martina Voigt u. a., Hamburg 1999, S. 166 f., bes. S. 167, Anm. 7; VEJ 4, S. 55.

36 VEJ 3/223, bes. Anm. 7.

37 Ebd.; Alberti, Verfolgung und Vernichtung (wie Anm. 21), S. 395; Peter Witte, Zwei Entscheidungen in der „Endlösung der Judenfrage“: Deportation nach Lodz und Vernichtung in Chelmno, in: Theresienstädter Studien und Dokumente, Prag 1995, S. 38–68; Wolf Gruner, Von der Kollektivausweisung zur Deportation der Juden aus Deutschland. Neue Perspektiven und Dokumente (1938–1945), in: Birthe Kundrus/Beate Mayer (Hrsg.), Die Deportation der Juden aus Deutschland. Pläne, Praxis, Reaktionen 1938–1945, Göttingen 2004, S. 21–62, hier S. 46–51; Klein, „Gettoverwaltung“ (wie Anm. 14), S. 355.

38 VEJ 6, S. 28 f.; VEJ 7, S. 55; Christian Gerlach, Die Wannsee-Konferenz, das Schicksal der deutschen Juden und Hitlers politische Grundsatzentscheidung, alle Juden Europas zu ermorden, in: Werkstatt Geschichte, 18 (1997), S. 7–44, bes. S. 12–14; Peter Klein, Die Erlaubnis zum grenzenlo-

In der zweiten Oktoberhälfte 1941 trafen insgesamt 20 Transporte mit ca. 20 000 Juden aus Berlin und Emden, Wien, Prag, Luxemburg und Trier, Frankfurt am Main, Köln, Hamburg und Düsseldorf in Litzmannstadt ein. Damit übertraf das Getto den Bevölkerungsstand vom April 1940 um einige Tausend. Mit den fünf Transporten aus Prag gelangte auch eine unbekannte Zahl reichsdeutscher Juden ins Getto, die in den 1930er-Jahren vor der nationalsozialistischen Verfolgung nach Österreich und später in die Tschechoslowakei geflüchtet waren: „Es gab darunter Menschen", schrieb der Wiener Journalist und Gettobewohner Oskar Rosenfeld, „die bereits dreimal emigriert waren – von Berlin nach Wien, von Wien nach dem Sudetengebiet, vom Sudetengebiet nach Prag –, jedesmal von neuem ein Leben begonnen hatten mit der stillen Hoffnung, endlich Ruhe zu finden, und mit dem bescheidensten Winkel zufrieden."[39]

Ohne vorherige Ankündigung des Reichssicherheitshauptamts für die deutsche Stadtverwaltung und den Judenrat in Litzmannstadt wurden zwischen dem 5. und 9. November 1941 auch 5007 Roma und Sinti – mehr als die Hälfte von ihnen Kinder – aus dem Burgenland und dem Gau Niederdonau nach Litzmannstadt deportiert und im nordöstlichen Teil des Gettos in einem eigens abgezäunten und von der Schutzpolizei bewachten Gebiet unter furchtbaren Bedingungen eingepfercht.[40] Über 60 Prozent von ihnen waren solche Frauen und Kinder, die aus der Sicht der Deutschen für einen Arbeitseinsatz von vornherein nicht in Frage kamen. Die Roma und Sinti wurden vom Judenrat und der jüdischen Gettobevölkerung als Bedrohung empfunden, weil ihre Unterbringung den ohnehin sehr knappen Platz weiter schmälerte. Auf weniger als zwei Hektar mussten sie in nur 15 Gebäuden leben – ohne Möbel, Küchen, Öfen und sanitäre Anlagen. Bereits nach zwei Wochen brach im „Zigeunerlager" eine Typhusepidemie aus, an der binnen kurzer Zeit 700 bis 800 Menschen, vorwiegend Kinder, starben. Der Arzt und Gettobewohner Arnold Mostowicz, der im Herbst 1941 die Kranken zu behandeln versuchte, schrieb in seinen Erinnerungen: „Selten hat es irgendwann, irgendwo günstigere Voraussetzungen für die Verbreitung einer Flecktyphusepidemie gegeben. Anfangs wurde im Lager noch eine Art Statistik geführt. Später gab man auch das auf. Nicht einmal Totenscheine wurden ausgestellt."[41]

Die polnischen Juden im Getto dachten, aus Deutschland würden überwiegend areligiöse oder zum Christentum konvertierte Juden („nichtarische" Christen) kommen, die lediglich durch die Nürnberger Gesetze zu Juden gemacht worden waren. Im Getto befanden sich im Herbst 1941 tatsächlich nur etwa 260 Christen beider Konfessionen. Die Mehrheit der Katholiken stammte aus den Wiener, die Protestanten aus den reichsdeutschen sowie

sen Massenmord – Das Schicksal der Berliner Juden und die Rolle der Einsatzgruppen bei dem Versuch, Juden als Partisanen „auszurotten", in: Rolf-Dieter Müller/Hans-Erich Volkmann (Hrsg.), Die Wehrmacht. Mythos und Realität, München 1999, S. 923–947, bes. S. 931–936.

39 Oskar Rosenfeld, Wozu noch Welt. Aufzeichnungen aus dem Getto Lodz, hrsg. von Hanno Loewy, Frankfurt a. M. 1994, S. 40; siehe auch Richard Seeman (Hrsg.), Ghetto Litzmannstadt 1941–1944. Dokumenty i výpovědi o životě českých židů v lodžském ghettu, Praha 2000.

40 Dok. 40 vom 13.11.1941, Bl. 6 f.; AŻIH, 205/145; Frank Sparing, Das „Zigeunerwohngebiet" im Getto Lodz 1941/42, in: Christoph Dieckmann/Babette Quinkert (Hrsg.), Im Ghetto 1939–1945. Neue Forschungen zu Alltag und Umfeld, Göttingen 2009, S. 136–170.

41 Arnold Mostowicz, Der blinde Maks oder Passierschein durch den Styx, Berlin 1992, S. 38.

den Prager Transporten.[42] Rumkowski kam ihnen in ihrem Wunsch entgegen, ihr religiöses Leben ungehindert zu praktizieren: „Juden-Christen! Weder wolltet Ihr hierher kommen, noch haben wir Euch eingeladen“, so Rumkowski in einer Ansprache am 1. Februar 1942. „Da Ihr nun aber bei uns seid, betrachten wir Euch als unsere Brüder. Bei uns habt Ihr auf alles dieselben Anrechte wie wir selbst.“[43] Die „nichtarischen“ Christen wahrten ihr Zusammengehörigkeitsgefühl bis zum Ende: Als sie im Mai 1942 zur „Aussiedlung“ bestimmt wurden, äußerten sie den Wunsch, als geschlossene Gruppe das Getto verlassen zu dürfen. Am 9. Mai 1942 wurden sie in das Vernichtungslager Kulmhof deportiert und dort ermordet.[44]

Die „Einsiedlung“ von 25 000 Menschen im Herbst 1941 vergrößerte das Platzproblem im Getto drastisch. Rumkowski sah sich daher gezwungen, sämtliche Schulen zu schließen, um die Neuankömmlinge dort unterbringen zu können, gegliedert nach ihrer Herkunft in einzelne Kollektive: „Ihr seid Euch bewusst“, so Rumkowski in einer Ansprache an die Juden aus Deutschland, dem Protektorat und Luxemburg am 1. November 1941, „dass zwischen Euch und uns immer große Distanz herrschte. Heute ist diese Distanz nicht mehr aktuell. Es gibt zwischen uns keine Unterschiede! Denn wir alle sind Brüder, vereint durch ein gemeinsames Unglück. [...] Noch vor Eurer Ankunft habe ich an Eure Brüder appelliert, damit sie ohne Murren zusammenrücken, um für die neue Bevölkerung ein Dach über dem Kopf zu finden.“[45]

Allen Bemühungen zum Trotz gelang die Integration der Neuankömmlinge jedoch nur teilweise. Die „eingesiedelten“ Juden waren mit Ausnahme der aus Prag Deportierten im Durchschnitt deutlich älter als die Bewohner des Gettos und konnten den Erwartungen an ihre Arbeitsleistung nur unzureichend gerecht werden. Unterschiedliche Mentalitäten, religiöse Differenzen, gegenseitige Ressentiments und nicht zuletzt die Sprachbarrieren standen zwischen den Neuankömmlingen und der polnischen Mehrheit der Gettobevölkerung. „Nein, zum Organisieren brauchte der Präses keine deutschen Juden“, schrieb der aus Prag nach Litzmannstadt deportierte Publizist Oskar Singer in seinen Aufzeichnungen hinsichtlich des deutlich höheren Durchschnittsalters der aus dem Reich Deportierten: „Nur zur Arbeit brauchte er frische Kräfte, und diese Kräfte wollten nicht recht heran. [...] Der Herr Rechtsanwalt aus Frankfurt oder der Herr

42 Jakub Poznański, Tagebuch aus dem Ghetto Litzmannstadt. Aus dem Polnischen übersetzt und hrsg. von Ingo Loose, Berlin 2011, S. 28; Isaiah Trunk, Mayrekh-europeishe yidn in di mizrekh-europeishe getos, in: Di goldene keyt [Tel Aviv], 4 (April 1953) 15, S. 80–102, hier S. 94 f.; Moshe Pulaver, Geven iz a geto, Tel Aviv 1963, S. 54; Danuta Dąbrowska, Wysiedleni Żydzi Zachodnioeuropejscy w getcie łódzkim, in: Biuletyn Żydowskiego Instytutu Historycznego, 65–66 (1968), S. 105–139, hier S. 131; Lucille Eichengreen, Frauen und Holocaust. Erlebnisse, Erinnerungen und Erzähltes, Bremen 2004, S. 36–42; Andrea Löw, Juden im Getto Litzmannstadt. Lebensbedingungen, Selbstwahrnehmung, Verhalten, Göttingen 2006, S. 236 f., 240 f.; APŁ, PSŻ, Nr. 19, Bl. 213; Überlebendenbericht von Ruth Alton; LAB, B Rep. 058, Nr. 41, Bl. 24.

43 „Dozgonna wdzięczność nowej ludności Prezesa.“ Mowa na uroczystej konferencji z mężami zaufania Żydów z Zachodu z dnia 1 lutego 1942 r.; APŁ, PSŻ, 1090, Bl. 77–93, hier Bl. 92.

44 Die Chronik des Gettos Lodz/Litzmannstadt, 1942 (wie Anm. 34), S. 151 (Tageschronik vom 6. Mai 1942); Julian Baranowski, Chrześcijanie w getcie łódzkim, in: Ośrodek zagłady Żydów w Chełmnie nad Nerem w świetle najnowszych badań, Konin 2004, S. 76–80, hier S. 80.

45 „Brüderlich teilen wir mit Euch Dach und Brot.“ Rede des Herrn Präses an die Flüchtlinge aus Deutschland, Tschechien und Luxemburg vom 1. November 1941; APŁ, PSŻ, 1090, Bl. 36–48, hier Bl. 45 f.

Bankdirektor aus Berlin konnten nicht recht aus Überzeugung sich vor den schweren Gemüsewagen spannen."[46]

Ungeachtet der organisatorischen Erfolge, die die jüdische Verwaltung mit Rumkowski an der Spitze erzielte, um der notorischen Probleme im Getto wie Mangelernährung, Enge und Seuchen Herr zu werden, änderte dies nichts daran, dass sich durch Entscheidungen der deutschen Behörden die Lebensbedingungen der Gettobewohner schlagartig verschlechtern konnten. Vor allem aber hatte Rumkowski keinerlei Einfluss auf die Deportationspläne der Deutschen, die im Herbst 1941 konkrete Gestalt annahmen.

Das Vernichtungslager Kulmhof

Die Vorbereitungen für die Umsetzung von Greisers Mordprogramm hatten zu diesem Zeitpunkt längst begonnen. Am 16. Dezember 1941, sechs Monate nach Höppners zitiertem Schreiben an Eichmann, in dem er ihm die Ermordung der arbeitsunfähigen Juden vorgeschlagen hatte, teilte die deutsche Gettoverwaltung bzw. die Gestapo Litzmannstadt[47] dem Judenältesten Rumkowski mit, dass demnächst 20 000 Juden das Getto verlassen müssten. In einer öffentlichen Rede informierte Rumkowski die Bewohner des Gettos am 20. Dezember 1941 darüber, dass es ihm gelungen sei, die Zahl auf 10 000 zu reduzieren. Diese Deportationen seien sogar „nützlich" für das Getto, da er das Recht von der Gestapo erhalten habe, die Betreffenden in Eigenregie auszusuchen, und nur „Kriminelle, Störenfriede und soziale Schädlinge" abschieben werde. Umgekehrt sei ihm zugesichert worden, dass 10 000 Handwerker aus anderen warthelandischen Gettos nach Litzmannstadt „umgesiedelt" würden (Dok. 53 vom 20.12.1941).[48]

Angesichts der unbeschreiblichen Enge im Getto erschien es vielen glaubhaft, wenn die Gestapo Rumkowski versicherte, die 10 000 „Aussiedler" würden in kleinere Städte des Generalgouvernements gebracht, da dort die Ernährungslage besser sei. Mit der Aussiedlung von „Schädlingen" und der „Einsiedlung" dringend benötigter Handwerker aus anderen Gettos übernahm Rumkowski unwissentlich eine fatale Strategie, die für die deutschen Dienststellen zum leitenden Prinzip des Mordes an den Juden im Warthegau wurde: Die arbeitsfähigen Juden in den Gettos und Lagern sollten nach Litzmannstadt gebracht und alle arbeitsunfähigen Personen einschließlich der Alten, Kranken und Kinder getötet werden. Dieser perfide Selektionsmechanismus galt jedoch sehr bald auch für das Getto Litzmannstadt selbst. Rumkowskis Losung „Unser einziger Weg ist Arbeit" bekam nun eine andere Bedeutung: Hatten die Bewohner des Gettos bislang arbeiten müssen, um an Lebensmittel zu gelangen, hieß dies von Ende 1941 an, dass allen „Arbeitsunfähigen" die Deportation und Ermordung drohte.

46 Singer, „Im Eilschritt" (wie Anm. 34), S. 189.

47 Klaus-Michael Mallmann, „… durch irgendein schnellwirkendes Mittel zu erledigen". Die Stapo-Stelle Litzmannstadt und die Shoah im Warthegau, in: Młynarczyk/Böhler (Hrsg.), Judenmord (wie Anm. 1), S. 143–166.

48 „Słuchają słów Prezesa …" Księga przemówień Chaima Mordechaja Rumkowskiego. Redakcja i opracowanie naukowe Adam Sitarek i Michał Trębacz, Łódź 2011, S. 55–58, hier S. 56 f.; siehe auch Svenja Bethke, Regeln und Sanktionen im Getto Litzmannstadt. Die Bekanntmachungen des Judenratsvorsitzenden Rumkowski, in: Zeitschrift für Genozidforschung, 1–2 (2013), S. 30–52.

Der systematische Mord an Juden im Warthegau begann im Oktober 1941 mit der Räumung der ersten Gettos. Etwa 3500 Juden wurden in den Wäldern von Kazimierz Biskupi erschossen bzw. in den Gaswagen des von Herbert Lange befehligten Sonderkommandos getötet. Die deutschen Täter führten dabei auch grauenhafte Experimente durch, indem sie etwa Juden in Gruben jagten, die mit ungelöschtem Kalk gefüllt waren.[49] Zu diesem Zeitpunkt galt Lange weit über die Grenzen des Reichsgaues Wartheland hinaus als Experte für Morde mit Giftgas. Als die Deutschen im Generalkommissariat Weißruthenien neue Mordtechniken erprobten, forderte der zuständige Höhere SS- und Polizeiführer Erich von dem Bach-Zelewski Lange im August 1941 an, um sich „das Verfahren von L einmal persönlich vorführen" zu lassen. Im November wurde Lange auf Anfrage des Oberkommandos des Heeres nach Nowgorod gesandt, um die Patienten dreier psychiatrischer Anstalten zu töten.[50]

Im Spätherbst 1941 hatte Greisers Statthalterei als Standort für ein Vernichtungslager bereits das 200-Seelen-Dorf Kulmhof am Ner (Chełmno nad Nerem) ausgemacht, das 60 km nordwestlich von Litzmannstadt lag, unweit der Bahnstrecke Posen–Warschau sowie der nordsüdlich verlaufenden Kohlenmagistrale, die die oberschlesischen Kohlegruben mit den Ostseehäfen in Gdingen und Danzig verband. Das Sonderkommando Kulmhof setzte sich aus etwa 15 Angehörigen der Sicherheitspolizei und des SD aus Posen sowie insgesamt 120 bis 130 Angehörigen zweier Polizeibataillone der Ordnungspolizei Litzmannstadt zusammen. Die Kommandostärke betrug 70 bis 80 Mann. Die Zuständigkeit für Kulmhof lag jedoch nicht bei der Sicherheitspolizei, sondern direkt bei der Behörde von Reichsstatthalter Greiser in Posen, namentlich bei Regierungsdirektor und SS-Oberführer Herbert Mehlhorn.[51] Erster Kommandant wurde Lange, der aber bereits im April 1942 ins Reichssicherheitshauptamt versetzt wurde. Seine Position übernahm Hans Bothmann, der erst Mitte 1941 aus Leipzig zur Staatspolizeileitstelle Posen gewechselt war.

Obwohl die meisten Angehörigen des Sonderkommandos in Kulmhof bereits mehrjährige Erfahrungen mit Mordaktionen an Kranken und Juden besaßen, wurden einige Ordnungspolizisten auch völlig unvorbereitet nach Kulmhof abgestellt. Sie erhielten lediglich die Information, sie würden zu einem „Einsatz" gebracht. Erst vor Ort erfuhren sie, dass sie an der „ehrenvollen Pflicht teilhätten, feindliche Elemente auszuschalten".[52] In Kulmhof nahm das Sonderkommando Lange ein leerstehendes Herrenhaus („Schloss") in Beschlag und bereitete dieses sowie ein nahe gelegenes Waldstück („Waldlager") für die Mordaktion vor.[53] Vom 8. Dezember 1941 an wurden hier die Juden aus

49 Alberti, Verfolgung und Vernichtung (wie Anm. 21), S. 412 f.

50 Christian Gerlach, Kalkulierte Morde. Die deutsche Wirtschafts- und Vernichtungspolitik in Weißrußland 1941 bis 1944, Hamburg 1999, S. 648; Dienstkalender Heinrich Himmlers (wie Anm. 35), S. 225, Anm. 4.

51 United Nations War Crimes Commission, Liste 1, Nr. 372; YVA, JM 3775, Bl. 76; Klein, „Gettoverwaltung" (wie Anm. 14), S. 148–151.

52 Zeugenaussage von Rozalia Peham vom 27.6.1945; AIPN, GK 165/271/2, Bl. 64–66, hier Bl. 64.

53 Władysław Bednarz, Obóz straceń w Chełmnie nad Nerem, Warszawa 1946; Shmuel Krakowski, Das Todeslager Chełmno/Kulmhof. Der Beginn der „Endlösung", Jerusalem u. a. 2007; Peter Klein, Kulmhof/Chełmno, in: Wolfgang Benz/Barbara Distel (Hrsg.), Der Ort des Terrors. Geschichte der nationalsozialistischen Konzentrationslager, Bd. 8, München 2008, S. 301–328; Patrick Montague, Chełmno and the Holocaust. The History of Hitler's First Death Camp, London u. a. 2012; Christian Jänsch/Alexander Walther, Kulmhof/Chełmno nad Nerem, in: Jörg Ganzenmüller/Raphael Utz

den Gettos der näheren Umgebung in Gaswagen ermordet. Die Opfer wurden zunächst mit Zügen oder mit Lastwagen bis zur etwa 13 km von Kulmhof entfernten Stadt Warthbrücken (Koło) gebracht. In der Anfangszeit mussten sie dort in der Synagoge oder im Gebäude der Jüdischen Gemeinde übernachten, bevor sie tags darauf mit Lkw nach Kulmhof transportiert wurden. Einige ahnten schon frühzeitig, welches Schicksal ihnen bevorstand: „Juden, wartet nicht, hier bleibt ihr nur einen Tag, dann fahrt ihr in den Ofen – 13. Transport", lautet eine Inschrift an der Wand der Synagoge vom 28. Januar 1942.[54] Von März 1942 an mussten die in Warthbrücken eintreffenden Juden direkt auf dem Bahnhof in offene Waggons einer Schmalspurbahn umsteigen, mit der sie in die Nähe des Lagers, von August 1942 an direkt bis Kulmhof fuhren.

In Kulmhof versuchten Angehörige des sogenannten Schloss- oder Hauskommandos, die Menschen vor dem „Schloss" zu beruhigen. Angeblich sollten sie baden und dann in ein Arbeitslager weitertransportiert werden. Zum vermeintlichen Duschen betraten sie das Schlossgebäude, mussten sich dort entkleiden und durch einen langen Korridor gehen, an dessen Ende treppauf an einer Art Rampe einer der drei Gaswagen mit geöffneten Türen stand, in den sie hineingepfercht wurden. Die meisten schöpften bis zum Schluss keinen Verdacht, andere wiederum wussten, dass sie getötet werden sollten. Wer vor oder auf der Rampe zögerte, wurde von Angehörigen des SS-Kommandos mit Gewalt in den Wagen getrieben. Befanden sich genügend Menschen in dem Gaswagen (je nach der Größe des Lkw 60 bis 100 Menschen), wurden die Türen verschlossen und der Motor angelassen. Die Auspuffgase des Benzinmotors konnten durch eine flexible Leitung durch den Boden in das Innere des Kastenaufbaus der Gaswagen geleitet werden. Waren die Opfer erstickt, fuhr der Gaswagen zu dem etwa vier Kilometer entfernten „Waldlager".

Dort arbeitete ein Ausladekommando deportierter Juden, die man zu Beginn der Aktion noch jeweils am selben Abend tötete, später für einige Tage am Leben ließ, bis das SS-Kommando auch sie ermordete und aus neu eintreffenden Transporten ersetzte. Das Ausladekommando musste die Getöteten aus dem Gaswagen ziehen, den Leichen die Goldzähne herausbrechen und sie nach Wertgegenständen durchsuchen, bevor die Opfer in riesige, langgestreckte, mehrere Meter tiefe Gruben geworfen und dort systematisch aufgeschichtet wurden. Die Gaswagen wurden zwischenzeitlich gereinigt und fuhren zurück zum „Schloss".

Waren die Toten im Wald von Kulmhof in den ersten Monaten des Jahres 1942 vergraben worden, wurde der Lagerleitung bereits im Frühsommer klar, dass andere Wege zur Beseitigung der Leichen gefunden werden mussten. Von Anfang Juni an experimentierte das Sonderkommando Kulmhof mit unterschiedlichen Methoden der Leichenverbrennung. Ein Versuch mit Brandbomben verursachte dabei einen Waldbrand. Mitte September 1942 inspizierte der Kommandant des Konzentrationslagers Auschwitz, Rudolf Höß, den Mordvorgang sowie die Leichenverbrennung in Kulmhof. Anwesend war auch Paul Blobel, der im Reichssicherheitshauptamt von 1942 an für die Spurenbeseitigung

(Hrsg.), Orte der Shoah in Polen. Gedenkstätten zwischen Mahnmal und Museum, Köln 2016, S. 67–98; Ingo Loose, Das Vernichtungslager Kulmhof am Ner (Chełmno nad Nerem) 1941 bis 1945, in: Beate Meyer (Hrsg.), Deutsche Jüdinnen und Juden in Ghettos und Lagern (1941–1945). Łódź. Chełmno. Minsk. Riga. Auschwitz. Theresienstadt, Berlin 2017, S. 54–75.

54 AIPN, GK 165/271, Bd. 6, Bl. 17RS.

des Massenmords, das heißt für die Verbrennung der Leichen aus den Massengräbern („Aktion 1005"), zuständig war (Dok. 151 vom 16.9.1942).[55] Eine Zeugin sagte später aus, „die Herren aus Berlin" hätten den Gestank an den aufgelassenen Gräbern nicht länger als fünf Minuten aushalten können.[56] Die Leichen aus den neu eintreffenden Transporten in Kulmhof wurden nun unmittelbar verbrannt. Dies geschah in zwei eigens konstruierten Feldkrematorien unter freiem Himmel. Unvollständig verbrannte Knochenreste wurden in einer Knochenmühle zermahlen, die Asche in einen nahen Fluss geschüttet.

Die Bewohner des Gettos Litzmannstadt wurden von Januar 1942 an nach Kulmhof deportiert. Wegen der Typhusepidemie im „Zigeunerlager" entschied die Kriminalpolizei Litzmannstadt, zunächst die burgenländischen Roma und Sinti zu ermorden; eine unbekannte Zahl wurde vermutlich noch im Dezember 1941 auf Lastwagen nach Kulmhof gebracht und dort getötet.[57] Zwischen dem 5. und 12. Januar 1942 deportierte die Sicherheitspolizei dann die noch verbliebenen ca. 4300 Roma und Sinti aus dem Getto ebenfalls nach Kulmhof. Die Polizei löste das „Zigeunerlager" auf und gliederte das Terrain einige Zeit später wieder dem Gettogebiet an. „Die Deutschen", erinnerte sich der Arzt Arnold Mostowicz, „machten nicht einmal ein Geheimnis aus dem Schicksal dieser Menschen. Vor wem hätten sie auch ein Geheimnis daraus machen sollen? Vor anderen Untermenschen, die ein ähnliches Schicksal erwartete?"[58] Keiner der burgenländischen Roma und Sinti überlebte.

Vom 16. Januar 1942 an folgten Juden aus dem Getto Litzmannstadt. Allein bis Ende Januar wurden 10 000 von ihnen in 14 Transporten nach Kulmhof gebracht und dort in den Gaswagen ermordet. Auch aus anderen wartheländischen Gettos wurden Zehntausende im Vernichtungslager Kulmhof mit Gas getötet. In der nächsten Mordphase zwischen dem 22. Februar und 2. April fanden 34 000 Juden aus Litzmannstadt in Kulmhof den Tod. Bis zu diesem Zeitpunkt waren ausschließlich polnische Juden deportiert worden. Der Leiter der Gettoverwaltung, Hans Biebow, vermerkte am 23. Februar 1942 die hohe Zahl „arbeitsunfähiger" Personen unter den im Herbst 1941 in das Getto Litzmannstadt deportierten Juden aus Westeuropa.[59] Demnach waren von ursprünglich knapp 20 000 Menschen nur 3132 im Getto beschäftigt, weitere 3389 arbeitsfähig, aber noch nicht eingesetzt, wohingegen die übrigen 11 925 „Westjuden", die im Getto lebten, als krank und arbeitsunfähig eingestuft wurden. Die Arbeitsunfähigen unter den „Westjuden" im Getto blieben auf einen nicht überlieferten Befehl hin von den Deportationen jedoch vorerst ausgenommen.

Offenbar fiel in Berlin im April 1942 dann die Entscheidung, auch die reichsdeutschen Juden in Litzmannstadt in die Vernichtung einzubeziehen,[60] denn in der ersten Maihälfte wurden etwa 10 000 Juden, die erst im Herbst 1941 aus Städten des Altreichs, aus Luxemburg, Wien und Prag ins Getto deportiert worden waren, in Kulmhof getötet.

55 Andrej Angrick, Aktion 1005. Spurenbeseitigung von NS-Massenverbrechen 1942–1945, Göttingen 2018, S. 69–120.

56 Zeugenaussage von Rozalia Peham vom 27.6.1945; AIPN, GK 165/271/2, Bl. 64–66, hier Bl. 65.

57 Sparing, „Zigeunerwohngebiet" (wie Anm. 40), S. 161 f.

58 Mostowicz, Der blinde Maks (wie Anm. 41), S. 38.

59 Aktennotiz 60/42 der Getto-Verwaltung Litzmannstadt, 23.2.1942; APŁ, AmŁ, Nr. 29 589, Bl. 2; David Cesarani, „Endlösung". Das Schicksal der Juden 1933–1948, Berlin 2016, S. 556–566.

60 Siehe auch VEJ 6, S. 63 f.

Insgesamt ermordete das Sonderkommando in Kulmhof bis Mitte Mai 1942 etwa 55 000 Juden.[61]

Für die Organisation der Transporte nach Kulmhof, besonders aber für die Auswahl und die Gestellung der Opfer auf dem Güterbahnhof Radegast in Litzmannstadt bediente sich die Gestapo von Beginn der Deportationen an auch des jüdischen Ordnungsdienstes. Dieser erhielt nicht nur von Rumkowski in seiner Funktion als Judenältester Befehle, sondern auch von den deutschen Besatzungsbehörden. Entsprechend warfen viele Gettobewohner dem Ordnungsdienst vor, mit den Deutschen zu kollaborieren. So berichtete der Leiter des Ordnungsdienstes, Leon Rozenblat, in einem Gespräch mit dem linksnationalen Publizisten Friedrich Hielscher, der sich unter einem Vorwand im Getto aufhielt, weil er die dort herrschenden Zustände kennenlernen wollte, im Mai 1942 über die Morde in Kulmhof: „Sooft ein neuer Judenzug eintrifft, muß ich binnen einer Woche ebensoviel Juden zum Umsiedeln benennen, wie neu eingetroffen sind. [...] Weigere ich mich, so werde ich erschossen. [...] Bleibe ich aber, so kann ich die Freiwilligen nehmen. Oft drängen sie sich. Und manchmal habe ich soviel beisammen, wie ich melden muß. Manchmal auch sind es weniger. Dann kann ich die Sterbenden nehmen, die mir von den jüdischen Ärzten benannt werden, und reichen die nicht aus, dann die Todkranken. Aber wenn die auch nicht reichen, was dann?“[62]

Der Massenmord in Kulmhof ließ Greiser Überlegungen anstellen, auf die gleiche Weise auch andere Menschen zu ermorden. Anfang Mai 1942 schlug er Himmler vor, etwa 35 000 an Tuberkulose erkrankte Polen im Warthegau der „Sonderbehandlung“ in Kulmhof zuzuführen. Himmler zeigte sich Ende Juli 1942 grundsätzlich einverstanden, hielt Greiser dann aber doch zurück: „Wenn die Garantie einer restlosen Geheimhaltung gegeben wäre“, so Himmler, „könnte man Bedenken – gleich welcher Art – zurückstellen.“[63] An anderen Orten im Reich wurden „fremdvölkische“ Tuberkulosekranke hingegen ermordet. So wurden im Sommer 1944 polnische Zwangsarbeiter im Reich, die eine offene Tuberkulose entwickelt hatten, in der Tötungsanstalt der Aktion „T4“ Hadamar bei Limburg umgebracht. Bereits am 28. Juli 1941 waren 575 an Tuberkulose erkrankte Häftlinge des Konzentrationslagers Auschwitz in die Tötungsanstalt in Pirna-Sonnenstein bei Dresden deportiert worden. Bei ihrer Ermordung handelte es sich um die erste Tötung von Auschwitz-Häftlingen mit Giftgas.[64]

61 Das Sonderkommando sammelte dabei Kleidungsstücke in der Menge von etwa 370 Güterwaggons; Faschismus – Getto – Massenmord. Dokumentation über Ausrottung und Widerstand der Juden in Polen während des zweiten Weltkrieges, hrsg. vom Jüdischen Historischen Institut Warschau, Frankfurt a. M. 1962, S. 396 (Dok. 307).

62 Friedrich Hielscher, Fünfzig Jahre unter Deutschen, Hamburg 1956, S. 362.

63 Greiser an Himmler, 21.11.1942; BArch, NS 19/1585, Bl. 17; Hauptamt für Volksgesundheit der NSDAP (gez. Blome) an Greiser betr. Tuberkulose-Aktion im Warthegau, 18.11.1942; ebd., Bl. 18–24, hier Bl. 20. Abdruck in: Położenie ludności polskiej w tzw. Kraju Warty w okresie hitlerowskiej okupacji, Poznań 1990, S. 40–46, hier S. 43.

64 Hugo Jensch, Euthanasie-Verbrechen auf dem Sonnenstein bei Pirna, Pirna 1990, S. 9.

Die Verbreitung von Nachrichten über das Vernichtungslager Kulmhof

Die von Himmler für den Mord an Tuberkulosekranken geforderte „restlose Geheimhaltung" hielten die deutschen Täter bei der Tötung der Juden für weniger wichtig. Im Februar und März 1942 wurden in mehreren Städten in der Umgebung von Litzmannstadt – in Brzeziny, Lentschütz, Zduńska Wola, Sieradz, Warta, Ozorków und anderen – zahlreiche Juden wahllos aus den Gettos heraus verhaftet und in aller Öffentlichkeit hingerichtet.[65] In seinem Monatsbericht vermerkte der Kreisamtsleiter aus Lentschütz, eine „Vollstreckung dieser Art würde [...] im Altreich nicht zur Schau getragen werden".[66] Die Ortsbevölkerung im östlichen Warthegau erkannte ohne nähere Kenntnisse von Kulmhof, dass in der nationalsozialistischen „Judenpolitik" eine entscheidende Wende eingetreten war, die mit der Räumung der ersten Gettos und der Deportation ihrer Bewohner offensichtlich wurde. Von Frühjahr 1942 an meldeten die vorliegenden Polizeiberichte zudem regelmäßige Erschießungen angeblich flüchtender Juden.[67] Nach dem Beginn des Mordens in Kulmhof vereinfachten sich die Polizeibehörden die Arbeit, indem sie Juden kurzerhand „auf der Flucht" erschossen, zumal mit der Anfang Dezember 1941 in Kraft getretenen Polenstrafrechtsverordnung ohnehin auf praktisch alle Vergehen die Todesstrafe stand (Dok. 46 vom 4.12.1941). Juden und Polen waren davon gleichermaßen bedroht.

Die deutschen Behörden versuchten allerdings, den Massenmord in Kulmhof geheim zu halten. Das „Schloss" war von einem hohen Bretterzaun umgeben, das „Waldlager" wurde systematisch bewacht und von der nahen Straße abgeschirmt. Auch ortsansässige Deutsche, die von den Verbrechen erfuhren, wie etwa der Revierförster Heinrich May, wurden unter Androhung der Todesstrafe zu Stillschweigen verpflichtet. „Im schlimmsten Falle müssen wir auch die [in Kulmhof getöteten Juden] noch als ermordete Volksdeutsche ausgeben",[68] teilte der zuständige SS-Oberführer Herbert Mehlhorn May in der Posener Reichsstatthalterei im Frühjahr 1942 mit (Dok. 280 vom Febr. 1945). Unter den noch in Gettos lebenden Juden versuchten die Deutschen, aufkommende Gerüchte zu zerstreuen, um die Durchführung der Deportationen nicht durch Unruhen oder gar Widerstand zu gefährden. So mussten vor allem aus Litz-

65 Danuta Dąbrowska, Zagłada skupisk żydowskich w „Kraju Warty" w okresie okupacji hitlerowskiej, in: Biuletyn Żydowskiego Instytutu Historycznego, 13–14 (1955), S. 122–184, hier S. 137–139, 164 f.; Alberti, Verfolgung und Vernichtung (wie Anm. 21), S. 438 f.; eine solche Hinrichtung schilderte der deutsche Bürgermeister in Poddębice, Franz Heinrich Bock, im März 1942: Alexander Hohenstein [Pseudonym Bocks], Wartheländisches Tagebuch aus den Jahren 1941/42, Stuttgart 1961, S. 234–243; Trunk, Lodzher geto (wie Anm. 25), S. 274, Anm. 105.

66 Gauamt für Volkstumspolitik – Berichte der Kreisamtsleiter für März 1942; AIPN, NTN, Nr. 36, Bl. 435–450, hier Bl. 439.

67 Amtskommissar der Stadt Belchatow an den Landrat des Kreises Lask, 11.2.1942. Abdruck in: Belchatow, Yizkor-bukh, Buenos Aires 1951, S. 497.

68 Nach dem deutschen Überfall auf Polen Anfang Sept. 1939 kam es in Bromberg und andernorts zu antideutschen Ausschreitungen, bei denen nach unterschiedlichen Schätzungen zwischen einigen Hundert und bis zu 4000 Menschen ums Leben kamen. Der „Bromberger Blutsonntag" zog brutale Vergeltungsaktionen nach sich, und die NS-Propaganda verkündete bald, Polen hätten 58 000 sog. Volksdeutsche ermordet. Siehe Markus Krzoska, Der „Bromberger Blutsonntag" 1939, in: VfZ, 60 (2012), S. 237–248.

mannstadt deportierte Juden wiederholt vorgefertigte Postkarten an Bekannte und Verwandte im Getto schicken, um diese in Sicherheit zu wiegen und zu vermeiden, dass sie sich der Deportation – angeblich in ein Arbeitslager mit besseren Lebensbedingungen als im Getto – widersetzten.

Dennoch sprachen sich die Verbrechen in Kulmhof in der näheren Umgebung rasch herum, insbesondere weil die geleerten Gettos in den folgenden Wochen und Monaten reihenweise aufgelöst wurden, worüber wiederholt sogar die Litzmannstädter Zeitung berichtete.[69] Bereits Ende Januar 1942 sandte Stanisław Kaszyński, der vor 1939 Gemeindesekretär und Leiter der Freiwilligen Feuerwehr in Chełmno gewesen war, an die polnische Widerstandsbewegung einen ersten Bericht über das Vernichtungslager Kulmhof. Bevor Kaszyński auch an das Internationale Rote Kreuz schreiben konnte, wurde er verhaftet und kurz darauf von Angehörigen des Sonderkommandos erschossen.[70]

Charakteristisch für die schrankenlose Willkür und den Terror gegen Juden war im Reichsgau Wartheland wie in den anderen besetzten polnischen Gebieten die Alltäglichkeit der Verbrechen. Im Januar 1942 meldete die NSDAP-Kreisleitung Hohensalza, ca. 80 km nordwestlich von Kulmhof gelegen, in ihrem Monatsbericht, dass die Polenstrafrechtsverordnung unter der polnischen Bevölkerung einen Schock ausgelöst habe, „insbesondere in den Gegenden, in denen in letzter Zeit gegen Juden Sondermaßnahmen getroffen worden sind. Die Polen sagen sich heute: ‚Zur Zeit werden die Juden erledigt, und wenn die weg sind, kommen wir dran.'"[71] Einzelne Bürgermeister nutzten die Gunst der Stunde, um auch andere unliebsame Personen durch das Sonderkommando Kulmhof loszuwerden. So ließ der Bürgermeister von Leslau im April 1942 das Gebäude eines Siechenheims mit polnischen Patienten requirieren und die Kranken gemeinsam mit den Juden deportieren.[72]

Auch außerhalb des Warthegaus verbreiteten sich bald Nachrichten vom Einsatz der Gaswagen zur Tötung von Juden. Kaum drei Wochen nach Beginn des Vernichtungsbetriebs wurde in einem Brief aus Warthbrücken nach Izbica Lubelska im östlichen Generalgouvernement darüber berichtet, dass „in einem entlegenen Dorf namens Chełmno in speziellen Diesel-Lastwagen Tausende von Juden mit Gas getötet" würden.[73] Sichere Detailinformationen lagen im Warschauer Getto Anfang Februar 1942 durch den Bericht des jüdischen Augenzeugen Szlamek Winer vor, dem am 19. Januar die Flucht erst aus Kulmhof und später ins Generalgouvernement und nach Warschau gelungen war (Dok. 74 vom Febr. 1942). Im „Warthelândischen Tagebuch" enthüllte der Bürgermeister der Stadt Poddębice, Franz Heinrich Bock, unter dem Pseudonym Alexander Hohenstein genaue Details der Mordmaschinerie in Kulmhof.[74] Im Juli 1942 notierte Wilm Hosenfeld, ein Offizier einer Wehrmachtssportschule in Warschau, in sein Tagebuch

69 Litzmannstädter Zeitung, Nr. 16 vom 16.1.1942 (Zgierz), Nr. 88 vom 29.3.1942 (Kutno) und öfter.
70 Montague, Chełmno and the Holocaust (wie Anm. 53), S. 213–218.
71 Stimmungsbericht der NSDAP-Kreisleitung Hohensalza an den Stellvertretenden Gauleiter, 13.1.1942; APP, 888/14, Bl. 66–77, hier Bl. 73.
72 Aktenvermerk der Abt. III -S- der Gauselbstverwaltung Posen, 29.4.1942; APP, 301/573, Bl. 20 f.
73 Zit. nach Thomas T. Blatt, Nur die Schatten bleiben. Der Aufstand im Vernichtungslager Sobibór, Berlin 2000, S. 32.
74 Hohenstein, Warthelândisches Tagebuch (wie Anm. 65), S. 253–262 (Einträge vom 5.–12.5.1942).

präzise Informationen über die Tötung wartheländischer Juden in Gaswagen in der näheren Umgebung von Litzmannstadt (Dok. 133 vom 23.7.1942).[75]
Auch aufseiten der Alliierten wurde nur wenige Monate nach dem Beginn des Massenmords bereits in der Presse über Kulmhof berichtet. In einem Artikel der New York Times war am 2. Juli 1942 zu lesen, dass in Chełmno bei Koło in speziellen mobilen Gaskammern 90 Personen auf einmal getötet wurden, 1000 Menschen pro Tag.[76] Schließlich beschrieb der polnische Exilpolitiker Szmul Zygielbojm die Judenvernichtung in Kulmhof in einer Rede am 2. September 1942 auf einer Tagung der Labour-Partei in London (Dok. 142 vom 2.9.1942).[77]
Die Gettoisierung der Juden im Warthegau hatte deren Möglichkeiten für Kontakte mit der polnischen Bevölkerung erschwert, im Falle des hermetisch abgeschlossenen Gettos in Litzmannstadt sogar praktisch unmöglich gemacht. Die Beziehungen beschränkten sich zwar überwiegend auf den Handel mit Lebensmitteln, waren aber im Falle offener oder Dorfgettos für das Überleben vieler Juden von zentraler Bedeutung. Allerdings wurden diese Gettos im Lauf des Jahres 1942 allesamt geräumt und ihre Bewohner entweder in das Getto Litzmannstadt gebracht oder in Kulmhof ermordet. Daneben war das Verstecken von aus Gettos geflüchteten Juden für polnische Helfer im Warthegau wegen des höheren deutschen Bevölkerungsanteils und der damit einhergehenden Gefahr, verraten zu werden, ungleich schwieriger und daher auch seltener als im Generalgouvernement.[78] Dementsprechend überlebten nur sehr wenige Juden die Besatzungszeit unter einer falschen – nichtjüdischen – Identität.

Die Meldungen, die die Leitung der polnischen Heimatarmee (Armia Krajowa) in den eingegliederten Ostgebieten an die polnische Exilregierung in London sandte, zeugen zwar einerseits von einer recht genauen Kenntnis der Widerstandsbewegung über den Massenmord an den Juden in den Gettos, von Winter 1941/42 an auch im Vernichtungslager Kulmhof (Dok. 91 vom 29.4.1942) sowie ab Frühjahr 1942 im KZ Auschwitz. Andererseits verdeutlichen die Berichte der Heimatarmee jedoch den geringen Stellenwert, der der Gettoisierung und später der Deportation und Ermordung der jüdischen Bevölkerung aufseiten der polnischen Exilregierung beigemessen wurde.[79] In den Monatsberichten über die Lage der Juden im besetzten Polen fanden die eingegliederten Gebiete im Gegensatz zum Generalgouvernement nur selten Erwähnung. Auch waren vor Ort die Möglichkeiten der Untergrundpresse bzw. allgemein einer polnischen oder gar jüdischen Widerstandsbewegung eng gesteckt. So berichtete die polnische Untergrundpres-

75 Wilm Hosenfeld, „Ich versuche jeden zu retten." Das Leben eines deutschen Offiziers in Briefen und Tagebüchern, München 2004, S. 626 f., 653 ff. (Einträge vom 23. 7. und 6.9.1942); Władysław Szpilman, Das wunderbare Überleben. Warschauer Erinnerungen, München 1998, S. 193, 197 f.

76 VEJ 9/89.

77 German Atrocities in Poland and Czechoslovakia. Labour's Protest, London 1942, S. 5; siehe Michael Alberti, „Nikczemna perfidia, niska, bezmierna chciwość oraz zimne, wyrachowane okrucieństwo" – ostateczne rozwiązanie kwestii żydowskiej w Kraju Warty, in: Aleksandr a Namysło (Hrsg.), Zagłada Żydów na polskich terenach wcielonych do Rzeszy, Warszawa 2008, S. 69–84, hier S. 82 f.

78 Dorota Siepracka, Postawy Polaków wobec ludności żydowskiej w Kraju Warty, in: Namysło (Hrsg.), Zagłada Żydów na polskich terenach wcielonych do Rzeszy (wie Anm. 77), S. 195–210, bes. S. 198–203.

79 Siehe VEJ 4/90.

se im Warthegau nur selten über das Schicksal der jüdischen Bevölkerung.[80] Allerdings wurde besonders seit 1942 die Frage intensiv reflektiert, was mit dem Eigentum der ermordeten Juden nach der Niederlage Deutschlands und dem Wiedererstehen eines souveränen polnischen Staates geschehen sollte. Von Sommer 1943 an, das heißt nach dem Abschluss der ersten Mordphase in Kulmhof und der Auflösung praktisch aller wartheländischen Gettos mit Ausnahme von Litzmannstadt, verschwand in Schlesien – abgesehen vom Konzentrations- und Vernichtungslager Auschwitz-Birkenau – sowie im Bezirk Bialystok auch das Schicksal der jüdischen Bevölkerung weitgehend aus dem Blickfeld der polnischen Widerstandsbewegung im besetzten Westpolen.[81]

Die katholische Kirche, die im Generalgouvernement für die Herausbildung der polnischen Widerstandsbewegung eine wichtige Rolle spielte, konnte im Reichsgau Wartheland keine vergleichbare Initiative entwickeln. Vielmehr waren die christlichen Kirchen selbst massiven Unterdrückungsmaßnahmen ausgesetzt. Zu Beginn der deutschen Besatzung noch Institutionen öffentlichen Rechts, mussten sie sich in der ersten Jahreshälfte 1941 in Privatvereine umwandeln. Insbesondere gegenüber der römisch-katholischen Kirche gingen die Besatzer radikaler als im Altreich vor, weil Gauleiter Greiser sich in seiner Kirchenpolitik frühzeitig von jeglicher Weisungsbefugnis des Berliner Reichskirchenministeriums zu lösen gewusst hatte. Allein im Regierungsbezirk Posen wurden bis Ende 1942 von 384 Kirchen alle bis auf etwa zwei Dutzend geschlossen. Von den ca. 700 katholischen Priestern und Ordensgeistlichen waren in der Zwischenzeit rund 425 „aus präventivpolizeilichen Gründen [...] in ein Konzentrationslager eingewiesen" worden. Die meisten der inhaftierten Priester gelangten ins KZ Dachau, die Übrigen waren zum überwiegenden Teil geflohen.[82] Versuche des Breslauer Erzbischofs Adolf Kardinal Bertram oder des Vatikans, sich für die Pfarrer oder gar für die zum Christentum konvertierten Juden einzusetzen, waren von vornherein zum Scheitern verurteilt.[83]

Das Getto Litzmannstadt von Sommer 1942 bis 1944

Die Politik, Juden im Warthegau systematisch als Zwangsarbeiter heranzuziehen, beendeten die deutschen Behörden im Sommer 1942 und setzten sie lediglich im Getto Litzmannstadt noch fort. Bis zu diesem Zeitpunkt waren immer mehr Juden bei Bauprojekten eingesetzt worden, allein mehrere Tausend Juden bei Bauten der Reichsbahn, beim Bau der Reichsautobahn zwischen Frankfurt an der Oder und Posen sowie von Privatfirmen. Dagegen scheiterten Greisers Pläne, Juden aus dem Warthegau auch im Reichsgebiet zu beschäftigen. Nach 1940 entstanden im Warthegau insgesamt über 170 Arbeitslager

80 Encyklopedia Konspiracji Wielkopolskiej. Pod redakcją Mariana Woźniaka, Poznań 1998; Roman Macyra, Prasa konspiracyjna w Kraju Warty w latach 1939–1945, Poznań 2006.

81 Raporty z ziem wcielonych do III Rzeszy (1942–1944). Pod redakcją Zbigniewa Mazura/Aleksandry Pietrowicz/Marii Rutowskiej, Poznań 2004.

82 RMdI an Reichsminister für die kirchlichen Angelegenheiten, 16.1.1943; BArch, R 5101/22437, Bl. 24 f., hier Bl. 25. Insgesamt wurden bis Ende 1940 etwa 1800 Priester aus Polen nach Dachau deportiert; siehe Stanislav Zámečník, Das war Dachau, Frankfurt a. M. 2007, S. 170–180, bes. S. 173.

83 Hilarius Breitinger, Als Deutschenseelsorger in Posen und im Warthegau 1934–1945, Mainz 1984; Kazimierz Śmigiel, Die katholische Kirche im Reichsgau Wartheland 1939–1945, Dortmund 1984.

unterschiedlicher Größe. Die jüdischen Zwangsarbeiter stammten in erster Linie aus dem Getto Litzmannstadt sowie – vor allem 1942 – aus den übrigen aufgelösten Gettos im Warthegau. Allein für den Reichsautobahnbau im Regierungsbezirk Posen stieg die Zahl der eingesetzten jüdischen Zwangsarbeiter von 1689 im Januar 1941 auf über 6000, bis die Gestapo in Posen im August 1942 die Schließung der Lager anordnete. Die hygienischen Zustände in den Arbeitslagern des Regierungsbezirks Posen waren dermaßen schlecht, dass Krankheiten wie Typhus und Tuberkulose weit verbreitet waren. Einige Tausend jüdische Zwangsarbeiter überlebten den Lageraufenthalt nicht.[84] Da jedoch die Auftraggeber für die Arbeitsbedingungen, Unterbringung und Ernährung zuständig waren, mussten sie auch die Kosten tragen, wenn Arbeiter arbeitsunfähig wurden. Der Gesundheitszustand der Gettobewohner in Litzmannstadt war mittlerweile aber so schlecht, dass oftmals Juden zum Arbeitseinsatz geschickt wurden, die schon bei ihrer Ankunft als arbeitsunfähig gelten mussten. Dies führte – vermutlich bereits seit Frühjahr 1942 – dazu, dass arbeitsunfähige Juden nicht mehr nach Litzmannstadt in das Getto zurückgebracht, sondern direkt in das Vernichtungslager Kulmhof deportiert und dort ermordet wurden.[85]

Epidemien, Unterernährung und nicht zuletzt die Deportationen von Januar 1942 an belasteten in besonderer Weise auch die Familienbeziehungen in den Gettos. Die Zahl der Waisenkinder in Litzmannstadt stieg stark an, viele konnten nicht mehr auf die Unterstützung durch ihre Angehörigen zählen, die ermordet worden oder verhungert waren. Im Jahr 1944 schrieb ein unbekannter Verfasser für die Gettoenzyklopädie, eine Sammlung, in der Informationen über bekannte Persönlichkeiten und besondere Geschehnisse im Getto Litzmannstadt dokumentiert wurden: „Eltern und Kinder, Geschwister und fernere Anverwandte opfern ihre Gesundheit, ja ihr Leben, einer für den anderen, umso tragischer, daß es häufig erfolglos geschieht. Ganze Familien – und eine Unzahl von solchen – sind so ausgerottet worden“[86] (Dok. 276 von 1944).

Das Leben und der Alltag im Getto waren überwiegend von den Arbeitsressorts und den dort herrschenden Bedingungen geprägt. Dort wurden von Frühjahr 1942 an auch Kinder systematisch beschäftigt. Diese trugen angesichts der schlechten Lebensmittelversorgung zum Überleben der Familien bei, darüber hinaus bot ein Arbeitsplatz einen gewissen Schutz vor den Deportationen. Viele Ressorts intensivierten die Ausbildung von Kindern und Jugendlichen, um diese möglichst lange vor dem Abtransport zu bewahren, denn die Deutschen zielten auf die Schaffung eines reinen Arbeitsgettos, in dem nur noch diejenigen Juden am Leben gelassen wurden, die für die deutsche Kriegswirtschaft arbeiten konnten.

Rumkowski teilte mit den Judenräten anderer Gettos das Dilemma, einerseits die Befehle von Polizei, SS und deutschen Behörden ausführen, andererseits aber für das Leben der Gettobewohner Sorge tragen und die Deutschen davon überzeugen zu müssen, dass

84 Wolf Gruner, Jewish Forced Labor under the Nazis. Economic Needs and Racial Aims (1938–1944), New York 2006, S. 177–195; Ziółkowska, Obozy pracy przymusowej dla Żydów (wie Anm. 25), S. 188–196.

85 Anna Ziółkowska, Transporty powrotne (Rücktransporte). Eliminacja więźniów niezdolnych do pracy z obozów pracy przymusowych dla Żydów w Wielkopolsce, in: Ośrodek zagłady Żydów w Chełmnie nad Nerem w świetle najnowszych badań, Konin 2004, S. 37–43.

86 Artikel „Familienleben“; APŁ, 278/1103, Bl. 64–66.

die Juden ihnen nützten und deshalb nicht ermordet werden sollten.[87] Kinder, Kranke und alte Menschen konnte er jedoch nicht vor der Deportation bewahren. Am 4. September 1942 hielt Rumkowski eine öffentliche Rede, die sich allen Gettobewohnern tief einprägte: „Da wir aber nicht von dem Gedanken beherrscht sind: ‚Wieviel werden verlorengehen?', sondern von dem Gedanken: ‚Wieviele wird man retten können?', sind wir, das heißt ich und meine engsten Mitarbeiter, zu dem Schluß gekommen, daß wir die Ausführung dieses Verhängnisses in unsere Hände nehmen müssen, wie schwer uns dies auch fallen sollte. Ich muß diese schwere und blutige Operation durchführen, ich muß Glieder amputieren, um den Körper zu retten! Ich muß Kinder nehmen, denn andernfalls könnten – Gott behüte – andere genommen werden …" (Dok. 143 vom 4.9.1942).

Während der Ausgangssperre vom 3. bis zum 12. September 1942 trieb der jüdische Ordnungsdienst auf Befehl der Deutschen im Rahmen der sogenannten Aktion Gehsperre fast 16 000 Menschen – 5862 Kinder unter zehn Jahren, Kranke und alte Menschen – aus ihren Behausungen zum Bahnhof Radegast, von wo sie weiter nach Kulmhof deportiert wurden. War im Getto das Schicksal der Deportierten in den ersten Monaten des Jahres 1942 zunächst unbekannt geblieben, so kamen bald Gerüchte von ihrer Ermordung auf. Angesichts der Deportationen im September 1942 war es dann unter den Gettobewohnern bereits zur Gewissheit geworden, dass die Verschleppten getötet werden sollten, denn während der „großen Gehsperre" spielten sich in Litzmannstadt infernalische Szenen ab. Der im Herbst 1941 aus Berlin deportierte Erich Radomsky, der im Getto Angehöriger der Feuerwehr war, erinnerte sich später: „Hunderte sprangen aus den Fenstern, hunderte wurden auf der Stelle erschossen. […] Säuglinge, Kinder, Kranke, Greise wurden auf die Autos geworfen wie Säcke, und die Gesunden krochen nach oben, so dass der größte Teil auf dem Auto erstickte oder zertreten wurde. Ohrenbetäubendes Geschrei erfüllte die Nacht."[88]

Mit der „Aktion Gehsperre" endeten die Deportationen aus dem Getto Litzmannstadt nach Kulmhof vorerst – bis zum Juni 1944 –, da es von Herbst 1942 an praktisch keine als „arbeitsunfähig" eingestuften Juden im Getto mehr gab. Der Statistiker der SS, Richard Korherr, nannte in seinem Bericht für Ende 1942 die Zahl von 87 180 Juden, davon 83 133 mit polnischer Staatsangehörigkeit, die sich zu diesem Zeitpunkt noch dort befanden.[89] Aus den wenigen anderen Gettos wurden die Transporte fortgesetzt und betrafen im Herbst 1942 zunehmend auch die jüdischen Zwangsarbeiter.

Dass alle Bemühungen Rumkowskis und der anderen Judenräte, die Deutschen durch Arbeit von der Existenzberechtigung der Juden zu überzeugen, letztlich fehlschlugen, lag keineswegs daran, dass die Gettos ökonomisch nicht leistungsfähig waren.[90] Zwar gab es aufseiten der Stadtverwaltungen und der Privatwirtschaft ein erhebliches Interesse am systematischen Arbeitseinsatz der jüdischen Gettobewohner – und im Falle von

87 Siehe Gordon J. Horwitz, An Overwhelming Presence: Reflections on Mordechai Chaim Rumkowski and His Place in Our Understanding of the Łódź Ghetto, in: Norman J. W. Goda (Hrsg.), Jewish Histories of the Holocaust: New Transnational Approaches, Oxford/New York 2014, S. 55–72.

88 Bericht von Erich Radomsky (1946). Abdruck in: Ingo Loose (Bearb.), Berliner Juden im Getto Litzmannstadt 1941–1944. Ein Gedenkbuch, Berlin 2009, S. 154.

89 VEJ 6/239.

90 Götz Aly/Susanne Heim, Vordenker der Vernichtung. Auschwitz und die deutschen Pläne für eine neue europäische Ordnung, Frankfurt a. M. 1993, S. 319; Klein, „Gettoverwaltung" (wie Anm. 14), S. 517–529.

Litzmannstadt konnte sich die Stadtverwaltung zusammen mit Gauleiter Greiser auch durchsetzen. In vielen kleineren Gettos gelang eine vergleichbare „Produktivierung" jedoch nur im Ansatz oder überhaupt nicht. Hier waren die Behörden daran interessiert, die Gettos und die mit ihnen verbundenen Kosten so schnell wie möglich loszuwerden.[91]

Im Frühjahr 1943 kamen nur noch wenige Transporte in Kulmhof an; im „Waldlager" war das jüdische Kommando überwiegend mit der Verbrennung der Leichen und dem Zerkleinern und Mahlen der Knochen beschäftigt. Im März 1943 wurden schließlich die Gaswagen auf die Bahn verladen und nach Berlin geschickt, am 7. April 1943 wurde das „Schloss" gesprengt. Einige Tage später rückte Hans Bothmann mit seinem Kommando ab und wurde zur 7. SS-Freiwilligen-Gebirgs-Division „Prinz Eugen" nach Jugoslawien zur Partisanenbekämpfung versetzt.[92] Bothmanns Kommando hinterließ nur wenige Spuren: Lediglich eine Ruine und eine verwüstete Waldlichtung erinnerten daran, dass an diesem Ort in den vorangegangenen 16 Monaten über 145 000 Menschen ermordet worden waren. Gauleiter Greiser, der das Sonderkommando am 8. März 1943 in Kulmhof besuchte, bescheinigte Bothmann und seinen Männern in einem Brief an Himmler vom 19. März 1943, diese hätten „haltungsmäßig bestes Soldatentum repräsentiert" (Dok. 195 vom 19.3.1943).

Im Lauf des Jahres 1943 hatte Himmler noch Überlegungen angestellt, das Getto Litzmannstadt in ein Konzentrationslager umzuwandeln und auf diese Weise aus der Zuständigkeit der Stadtverwaltung herauszulösen. Dabei sollten die jüdischen Arbeitskräfte in Zwangsarbeitslager der SS im Generalgouvernement verlegt werden.[93] Angesichts der Kriegsentwicklung verfolgte das Reichssicherheitshauptamt diese Planungen nicht weiter. Nachdem auf Befehl Himmlers unter dem Decknamen „Aktion Erntefest" Anfang November 1943 über 42 000 Juden im Distrikt Lublin getötet worden waren, lebten auch im Generalgouvernement nur noch einige Zehntausend jüdische Zwangsarbeiter in Lagern und Rüstungsfabriken der Distrikte Radom und Krakau.[94]

Nachdem Himmler und Greiser im Frühjahr 1944 vereinbart hatten, die im Getto Litzmannstadt verbliebenen Juden ebenfalls zu töten, wurde das Sonderkommando mit Hans Bothmann an der Spitze aus Kroatien zurück nach Kulmhof abkommandiert und

91 Ulrich Herbert, Arbeit und Vernichtung. Ökonomisches Interesse und Primat der „Weltanschauung" im Nationalsozialismus, in: Dan Diner (Hrsg.), Ist der Nationalsozialismus Geschichte? Zu Historisierung und Historikerstreit, Frankfurt a. M. 1987, S. 209.

92 Stefan Hördler, „Volksdeutsche SS-Freiwillige" aus Südosteuropa. Rekrutierung, Einsatz und Gewalt 1941–1945, in: Burkhard Olschowsky/Ingo Loose (Hrsg.), Nationalsozialismus und Regionalbewusstsein im östlichen Europa, München 2016, S. 345–367; Aleksandar Jakir, Die 7. SS-Gebirgs-Division „Prinz Eugen" in Dalmatien, in: ebd., S. 369–386.

93 Oswald Pohl an Heinrich Himmler, 9.2.1944, in: Faschismus – Getto – Massenmord (wie Anm. 61), S. 369; Christopher R. Browning, Jüdische Arbeitskräfte in Polen. Existenzkampf, Ausbeutung, Vernichtung, in: ders., Judenmord. NS-Politik, Zwangsarbeit und das Verhalten der Täter, Frankfurt a. M. 2001, S. 93–137, hier S. 122.

94 VEJ 9, S. 33 f., 48; Frank Golczewski, Polen, in: Wolfgang Benz (Hrsg.), Dimension des Völkermords. Die Zahl der jüdischen Opfer des Nationalsozialismus, München 1991, S. 411–497, hier S. 481; Jacek Andrzej Młynarczyk, Judenmord in Zentralpolen. Der Distrikt Radom im Generalgouvernement 1939–1945, Darmstadt 2007, S. 354 f.; Robert Seidel, Deutsche Besatzungspolitik in Polen. Der Distrikt Radom 1939–1945, Paderborn 2006, S. 355–365; Wojciech Lenarczyk/Dariusz Libionka, Erntefest 3–4 listopada 1943 – zapomniany epizod Zagłady, Lublin 2009; siehe auch VEJ 9/276.

traf dort Mitte April 1944 ein. Die vorbereitenden Maßnahmen dauerten den Mai hindurch an: Das gesprengte „Schloss" wurde abgetragen, daneben eine Baracke zum Sortieren der Wertsachen der Opfer aufgestellt. Im „Waldlager" wurden ein Zaun sowie zwei Baracken zum Entkleiden der Opfer errichtet. Himmler belobigte Bothmann und seine Männer Ende Mai 1944, wenige Tage bevor das Sonderkommando Kulmhof ein zweites Mal seine Mordaktion aufnahm, für „hervorragenden persönlichen Einsatz und besondere Leistungen bei der Durchführung eines Sonderauftrages".[95]

Mitte Juni 1944 trafen zwei Gaswagen per Bahn in Warthbrücken ein. Der erste Deportationszug aus Litzmannstadt ging am 23. Juni in Richtung Kulmhof ab; 562 Juden wurden am Tag darauf getötet. Die ankommenden Transporte fuhren von Warthbrücken erneut mit der Schmalspurbahn direkt bis Kulmhof. Trafen die Züge dort abends ein, mussten die Insassen zunächst in der nur wenige Schritte entfernt gelegenen Kirche übernachten, da das „Schloss" zerstört war. Am nächsten Morgen wurden sie dann in den Gaswagen ermordet.

Im August 1944 wurde das Getto endgültig aufgelöst. Die Aufrufe, sich für die Transporte in ein Arbeitslager zu melden, schlugen aber weitgehend fehl (Dok. 262 vom 7.8.1944).[96] Ya'akov Nirenberg erinnert sich an die Versuche des Leiters der deutschen Gettoverwaltung, die Juden zur freiwilligen Abfahrt zu bewegen: „Zweimal täglich kam Biebow in die Werkstätten und hielt lange Reden, um uns zum Gehen zu überreden. Zu den ersten Versammlungen kamen noch viele Menschen. Später mussten dieselben Leute von einer Werkstatt zur nächsten gebracht werden, damit der Redner nicht ohne Publikum sei. Die Reden waren ein Bluff. Biebow schwor, dass niemandem auch nur ein Haar gekrümmt würde und dass er selbst das Getto andernorts wieder aufbauen werde, geschützt von den Kriegshandlungen. Die Zahl der Freiwilligen vergrößerte sich aber nicht."[97] Als die Aktion endgültig zu scheitern drohte, drangen bewaffnete Einheiten von Gestapo, Schutzpolizei und Gendarmerie in das Getto und durchkämmten systematisch ganze Straßenzeilen, um die Menschen aus den Wohnungen und zum Güterbahnhof zu treiben. Zwischen dem 9. und 29. August 1944 wurden die letzten ca. 68 000 Bewohner, darunter der Judenälteste Rumkowski mit seiner Familie, nach Auschwitz-Birkenau deportiert und in den Gaskammern ermordet. Nur etwa 3000 Juden aus Litzmannstadt wurden in das Lager Auschwitz eingewiesen, weitere etwa 18 000 bis 19 000 wurden als sogenannte Durchgangsjuden in Auschwitz-Birkenau inhaftiert, aber nicht als Häftlinge registriert. Die meisten von ihnen deportierte die SS später in andere Konzentrationslager: jeweils 7000 nach Stutthof und Groß-Rosen, jeweils 2000 nach Dachau und Neuengamme. Insgesamt überlebten von ursprünglich 400 000 Juden im Warthegau, 200 000 davon im Getto Litzmannstadt, nur 7000 bis 10 000.[98]

Im Getto blieb ein jüdisches Aufräumkommando von etwa 800 Personen zurück, das das Gelände von den Spuren der Verbrechen säubern musste. Anschließend sollten auch

95 Personalakte Hans Bothmann; BArch, R 9361-III/19127, Bl. 232.

96 Andrzej Strzelecki, Deportacja Żydów z getta łódzkiego do KL Auschwitz i ich zagłada, Oświęcim 2004, S. 32–55; siehe Sascha Feuchert (Hrsg.), Letzte Tage. Die Lodzer Ghetto-Chronik Juni/Juli 1944, Göttingen 2004.

97 Ya'akov Nirenberg, Di geshikhte fun lodzsher geto, in: In di yorn fun yidishn khurbn. Di shtim fun untererdishn bund, New York 1948, S. 211–294, hier S. 291–293.

98 Strzelecki, Deportacja Żydów (wie Anm. 96), S. 56 f., 111; Löw, Juden im Getto Litzmannstadt (wie Anm. 42), S. 481.

sie getötet werden, vielen gelang es jedoch, sich bis zur Befreiung zu verstecken. Die für sie schon ausgehobenen Gruben sind auf dem Jüdischen Friedhof in Łódź noch heute zu erkennen.

Als das Morden im Vernichtungslager Kulmhof beendet war, traf im Herbst 1944 eine Kommission der SS ein, die die Beseitigung der Spuren kontrollieren sollte. Für die Arbeiten wurde eine kleine Gruppe von Juden aus dem zuvor zerstörten Getto Litzmannstadt zusammengestellt. Die Angehörigen dieses Kommandos wussten, dass die Deutschen sie nicht am Leben lassen würden. Deshalb verfassten sie im Januar 1945 ein gemeinsames Testament, in dem sie sich von ihren Verwandten verabschiedeten, die Verbrechen des Sonderkommandos Kulmhof anprangerten und zur Rache an den Tätern aufriefen (Dok. 279 von Jan. 1945). Als nach Abschluss der Aufräumarbeiten diese Juden durch das Sonderkommando Kulmhof getötet werden sollten, leisteten die letzten 47 von ihnen in der Nacht vom 17. auf den 18. Januar 1945 offenen Widerstand, entwaffneten und töteten zwei SS-Männer, bevor Bothmann das Gebäude, in dem sie sich verschanzt hatten, in Brand setzen ließ. Zwei Juden, Mieczysław Żurawski und Szymon Srebrnik, konnten sich retten und überlebten: Żurawski entkam unbemerkt durch die Postenkette, Srebrnik wurde angeschossen, für tot gehalten und später von einem ortsansässigen Polen versteckt und gepflegt.[99]

Zwei Tage später wurde die Stadt Łódź von der Roten Armee befreit. Der Chemiker Jakub Poznański, der die gesamte Zeit über im Getto und nach August 1944 in verschiedenen Verstecken auf dem Gelände überlebt hatte, hielt diesen Moment in seinem Tagebuch fest: „Gestern (meine Uhr zeigte genau elf Uhr) hob plötzlich jemand die Klappe hoch, die unser Verlies verdeckte, und wir hörten den freudigen Ruf: ‚Meine Herren! Es lebe Polen!' […] Danach eine wahrhaft unbändige Freude. Umarmungen und Küsse – vielfach mit fremden Menschen. […] Das Ghettotor steht sperrangelweit offen."[100]

Der Regierungsbezirk Kattowitz

Wie der Reichsgau Wartheland sollte auch Ostoberschlesien vollkommen eingedeutscht werden.[101] Erst im Januar 1941 wurde die Provinz Oberschlesien gebildet, die aus den Regierungsbezirken Oppeln und Kattowitz bestand. Dem Bezirk Kattowitz waren im November 1939 neben annektierten polnischen Gebieten auch die vormals deutschen Stadtkreise Beuthen, Hindenburg und Gleiwitz angeschlossen worden, zudem einige nichtschlesische Gebiete Vorkriegspolens.[102] Er war deutlich kleiner als die beiden Reichsgaue Wartheland und Danzig-Westpreußen, besaß aber wegen seiner Rohstoffe und der hier ansässigen Schwerindustrie für die deutsche Kriegswirtschaft große Bedeutung.

99 Die frühesten Belege in Bednarz, Obóz straceń w Chełmnie nad Nerem (wie Anm. 53); Ruch podziemny w ghettach i obozach (Materiały i dokumenty). Opracowała Betti Ajzensztajn, Warszawa u. a. 1946, S. 200.

100 Poznański, Tagebuch (wie Anm. 42), S. 329 f. (Eintrag vom 20.1.1945).

101 Wolfgang Kessler, Das „befreite Schlesien". Der Regierungsbezirk Kattowitz 1939–1945 in der deutschen Wahrnehmung, in: Hans-Werner Retterath (Hrsg.), Germanisierung im besetzten Ostoberschlesien während des Zweiten Weltkriegs, Münster/New York 2018, S. 17–54.

102 Ryszard Kaczmarek, Górny Śląsk podczas II wojny światowej, Katowice 2006.

Der Regierungsbezirk Kattowitz wurde von einer im November 1939 gezogenen Polizeigrenze geteilt, die die westlichen, stärker industrialisierten Landkreise um Kattowitz, die auch einen höheren Anteil von Volks- und Reichsdeutschen aufwiesen, von den ärmeren Kreisen im „Oststreifen" separierte.[103] Die Polizeigrenze durfte nur mit einem Passierschein überschritten werden. Die Bevölkerung des östlichen Teils setzte sich fast ausschließlich aus Polen und Juden zusammen, die durch die Polizeigrenze von einem Übertritt in den zur Germanisierung bestimmten Westteil abgehalten wurden. Auf diese Weise schuf die Polizeigrenze für die Bevölkerung im „Oststreifen" einen Sonderstatus, der sie zusätzlich isolierte.

Nachdem am 20. und 27. Oktober 1939 knapp 2000 schlesische Juden nach Nisko am San deportiert worden waren,[104] wurden bis Juni 1941 zwar über 22 000 Polen, aber nur etwa 450 Juden aus Ostoberschlesien in das Generalgouvernement vertrieben.[105] Im Herbst 1941 lebten im Regierungsbezirk ca. 2,9 Millionen Menschen, davon etwa 97 000 Juden; 85 000 Juden waren allein in den drei Städten Sosnowitz, Dombrowa und Bendsburg wohnhaft (Dok. 44 vom 28.11.1941).

Anders als im Warthegau befahlen die Besatzer im Regierungsbezirk Kattowitz erst spät die Bildung einiger Gettos, bei denen es sich zumeist noch um nicht hermetisch abgeschlossene Wohnbezirke in einzelnen Stadtteilen handelte: in Krenau im Sommer 1941, in Olkusz im September 1941 und in Bendsburg im Mai 1942. Das Getto in Sosnowitz wurde erst im März 1943 geschlossen, das heißt erst im Vorfeld der geplanten Deportation der jüdischen Bewohner nach Auschwitz. Zuvor hatten es die Behörden angesichts der Bodenschätze und des Industriepotenzials der Region für wichtiger gehalten, die jüdische Bevölkerung als Zwangsarbeiter einzusetzen und sie ansonsten in offenen Wohnvierteln, vor allem in Sosnowitz und Bendsburg, zu belassen. Eine vollständige Eindeutschung des „Oststreifens" kam aufgrund der beinahe ausschließlich „fremdvölkischen" Einwohner während des Krieges nicht in Frage.

Obwohl die oberschlesischen Juden in den Städten zunächst also nicht hermetisch von der Außenwelt abgeschnitten waren und deshalb mehr Möglichkeiten besaßen, sich Lebensmittel zu besorgen und Kontakte mit der polnischen Bevölkerung aufrechtzuerhalten, verarmten sie dennoch rasch, nachdem ihnen durch die Kattowitzer Außenstelle der Haupttreuhandstelle Ost (HTO) sämtliche Vermögen und Betriebe geraubt worden waren.[106] Damit stieg auch die Zahl derer, die an Unterernährung oder an Krankheiten starben. Die Lage der jüdischen Bevölkerung in Sosnowitz beschrieb der knapp 18-jährige Abraham K. aus Dąbrowa Górnicza unmittelbar nach Kriegsende: „Man hat angefangen,

103 Sybille Steinbacher, „Musterstadt" Auschwitz. Germanisierungspolitik und Judenmord in Ostoberschlesien, München 2000, S. 109 f.

104 VEJ 4, S. 34; Hans Safrian, Eichmann und seine Gehilfen, Frankfurt a. M. 1995, S. 68–86.

105 Christopher Browning, Die Entfesselung der „Endlösung". Nationalsozialistische Judenpolitik 1939–1942. Mit einem Beitrag von Jürgen Matthäus, München 2003, S. 70 f.; Chef der Sicherheitspolizei und des SD an EWZ, 5.6.1941; BArch, R 69/1063, Bl. 138–140.

106 Zur HTO in den eingegliederten polnischen Gebieten siehe Jeanne Dingell, Zur Tätigkeit der Haupttreuhandstelle Ost, Treuhandstelle Posen 1939 bis 1945, Frankfurt a. M. 2003; Bernhard Rosenkötter, Treuhandpolitik. Die „Haupttreuhandstelle Ost" und der Raub polnischer Vermögen 1939–1945, Essen 2003; Ingo Loose, Kredite für NS-Verbrechen. Die deutschen Kreditinstitute in Polen und die Ausraubung der polnischen und jüdischen Bevölkerung 1939–1945, München 2007, S. 98–187; Bogumił Rudawski, Grabież mienia w Kraju Warty 1939–1945. Działalność Urzędu Powierniczego w Poznaniu, Poznań 2018.

sich in verschiedener Weise durchzuschlagen. Einer hat gehandelt schwarz und einer hat Überstunden gearbeitet und […] man hat einfach das Leben riskiert, nur um sich durchzuschlagen. Und der, der das nicht machen konnte, weil er viel Angst hat, der musste leider hungern. Und so sind eigentlich viele kaputt gegangen und gestorben einfach vor unseren Augen."[107]

Die jüdischen Gemeinden in Ostoberschlesien, die auf Heydrichs Anordnung von September 1939 jeweils eigene Judenräte gebildet hatten,[108] schufen eine zentrale Struktur jüdischer Selbstverwaltung, eine Zwangsinstitution ohne tatsächliche Autonomie. Leiter der „Zentrale der Ältestenräte der Jüdischen Kultusgemeinden in Ost-Oberschlesien" wurde Mosche bzw. Moszek Merin.[109] Merin war unter den Juden noch umstrittener als Rumkowski in Litzmannstadt, denn er vertrat das Prinzip einer weitgehenden Zusammenarbeit mit den deutschen Behörden einschließlich der Gestapo, um die jüdische Bevölkerung vor Übergriffen und der Vertreibung aus Schlesien, später auch vor den Deportationen zu bewahren. Merin setzte auf einen weitreichenden Arbeitseinsatz der jüdischen Bevölkerung sowie uneingeschränkten Gehorsam gegenüber Anordnungen der deutschen Behörden und unterdrückte jede Art von Opposition gegen seine Amtsführung. Zunächst schien er damit bei den Deutschen durchaus Erfolg zu haben (Dok. 50 vom 9.12.1941), wie auch viele Juden in Oberschlesien anerkannten.

Auf Unterstützung von außen, sei es aus dem Ausland, aus anderen besetzten Gebieten oder dem Reich, konnte Merin dabei nicht mehr hoffen. Hatten die Reichsvereinigung der Juden in Deutschland und ausländische Hilfsorganisationen wie das American Jewish Joint Distribution Committee in der Anfangszeit noch Juden in den eingegliederten Gebieten finanziell unterstützen können, so waren diese Hilfen bis Sommer 1941 von den deutschen Behörden in Kattowitz untersagt worden. Parallel dazu hatte auch der Reichsstatthalter im Warthegau am 1. Juli 1941 die Regierungspräsidenten aufgefordert, Anfragen des Joint fortan nicht mehr zu beantworten, um jeden Kontakt der jüdischen Bevölkerung mit dem Ausland zu unterbinden.[110]

Als sich die Umsiedlung der Juden in das Generalgouvernement wegen des wachsenden Widerspruchs von Generalgouverneur Hans Frank als undurchführbar erwies, beauftragte Himmler den früheren Polizeichef von Breslau, SS-Brigadeführer Albrecht Schmelt, Mitte Oktober 1940, einen großen Lagerkomplex für den systematischen Zwangsarbeitseinsatz der Juden zu schaffen, dem dieser als sogenannter Sonderbeauftragter des Reichsführers SS für den fremdvölkischen Arbeitseinsatz in Oberschlesien vorstand und dessen Ausläufer sich weit über die Grenzen Oberschlesiens bis nach Niederschlesien und den Sudetengau erstreckten.[111] Schmelt gebot von November 1940 an über mehrere Zehntausend jüdische Zwangsarbeiter, die zunächst überwiegend beim Autobahnbau der so-

107 David P. Boder, Die Toten habe ich nicht befragt, hrsg. von Julia Faisst u. a., Heidelberg 2011, S. 134; es handelt sich um Interviews, die der US-amerik. Psychologe Boder 1946 mit Überlebenden führte; siehe auch Donald L. Niewyk (Hrsg.), Fresh Wounds. Early Narratives of Holocaust Survival, Chapel Hill u. a. 1998, S. 27–46.

108 VEJ 4/12.

109 Steinbacher, „Musterstadt" Auschwitz (wie Anm. 103), S. 296–301; Ann Kirschner, Salas Geheimnis. Die Geschichte meiner Mutter, Frankfurt a. M. 2008, S. 43, 88–94.

110 Siehe AJDC, Warschau, an Jüdischen Ältestenrat Kutno, Konstancja Judenlager, Ferdynand Kaufman, 11.8.1940; AŻIH, 210/444, Bl. 11; Reichsstatthalter im Reichsgau Wartheland an die Herren Regierungspräsidenten, 1.7.1941; BArch, R 70 Polen/88, Bl. 8.

genannten Straße des Führers an der Strecke von Krakau über Breslau nach Berlin eingesetzt wurden. Insgesamt umfasste das Lagersystem zeitweise bis zu 177 Lager.[112] In Oberschlesien erhielt somit eine SS-Instanz die zentrale Zuständigkeit für den Arbeitseinsatz der jüdischen Bevölkerung. In praktisch allen anderen besetzten oder annektierten Gebieten waren es dagegen zumeist die Arbeitsämter und Stadtverwaltungen, die über das Heer jüdischer Zwangsarbeiter einschließlich der Gettos geboten und damit durchaus in Konkurrenz zur SS standen.[113] Daneben war Schmelt auch für die Erteilung von Genehmigungen zuständig, wenn in Oberschlesien ansässige Firmen und Fabriken vorrangig der Textil- und Rüstungsindustrie jüdische Zwangsarbeiter einsetzen wollten – 1941 wurden auf diese Weise ca. 20 000 „Schmelt-Juden" beschäftigt. Während das Schmelt-Imperium aus geschlossenen Zwangsarbeitslagern bestand, in denen Juden zwölf Stunden täglich unter erbärmlichsten Bedingungen arbeiten mussten, waren die Zustände in den privaten Fabriken bzw. Wehrmachtsfertigungsstätten oftmals ein wenig erträglicher, da die Arbeiter in der Regel zusammen mit ihren Familien in Sosnowitz und Bendsburg wohnen bleiben konnten.

Zur Rekrutierung jüdischer Zwangsarbeiter aus der Gesamtzahl von knapp 100 000 Juden in Schlesien bediente sich Schmelt des Leiters der Judenräte in Ostoberschlesien, Merin. Dieser übernahm mit Hilfe einer eigens geschaffenen Abteilung „Arbeitseinsatz" die gesamte Erfassung der jüdischen Bevölkerung nach Geschlecht, Alter und Beruf sowie die nachfolgende Organisation der Gestellung von Arbeitskräften. In der Anfangszeit wurden vor allem junge Männer ohne Familie zum Arbeitseinsatz bestimmt, nach einiger Zeit jedoch war dieses Prinzip aufgrund des kontinuierlich steigenden Arbeitskräftebedarfs nicht mehr durchzuhalten. Zudem barg die Möglichkeit, sich durch die Zahlung eines bestimmten Betrags an den zentralen Judenrat von der Zwangsarbeit freizukaufen, erhebliches Konfliktpotenzial innerhalb der jüdischen Bevölkerung. Den spärlichen Lohn überwies Schmelt an Merins Zentrale, die hiervon praktisch die gesamte Fürsorge für die oberschlesischen Juden finanzierte. Dabei bildete sich ein System heraus, wonach von den Löhnen der Arbeiter in den Schmelt-Lagern die nicht arbeitenden Angehörigen Unterstützungszahlungen erhielten.

Von Ende 1941 an begann Schmelt auch Jüdinnen zur Zwangsarbeit anzufordern, später sogar Alte und Kinder. Zugleich stieg die Zahl in Lagern umgekommener oder getöteter Juden, und bei der Gestellung wandte der jüdische Ordnungsdienst zunehmend auch Gewalt an. Im Herbst 1941 kam es zu ersten Protesten der ostoberschlesischen Juden, die gegen die Kooperation zwischen dem zentralen Judenrat und Schmelt aufbegehrten.[114]

111 VEJ 4/189; Alfred Konieczny, Die Zwangsarbeit der Juden in Schlesien im Rahmen der „Organisation Schmelt", in: Götz Aly/Susanne Heim/Miroslav Kárný (Hrsg.), Sozialpolitik und Judenvernichtung. Gibt es eine Ökonomie der Endlösung?, Berlin 1987, S. 91–110; Alfred Sulik, Volkstumspolitik und Arbeitseinsatz. Zwangsarbeiter in der Großindustrie Oberschlesiens, in: Ulrich Herbert (Hrsg.), Europa und der „Reichseinsatz". Ausländische Zivilarbeiter, Kriegsgefangene und KZ-Häftlinge in Deutschland 1938–1945, Essen 1991, S. 106–126; Steinbacher, „Musterstadt" Auschwitz (wie Anm. 103), S. 138–153; Gruner, Jewish Forced Labor (wie Anm. 84), S. 214–229; Andrea Rudorff, Arbeit und Vernichtung *reconsidered*: Die Lager der Organisation Schmelt für polnische Jüdinnen und Juden aus dem annektierten Teil Oberschlesiens, in: Sozial.Geschichte Online, 7 (2012), S. 10–39.

112 Steinbacher, „Musterstadt" Auschwitz (wie Anm. 103), S. 149.

113 Rudorff, Arbeit und Vernichtung *reconsidered* (wie Anm. 111), S. 14.

114 Ebd., S. 18.

Für die Führung der angrenzenden, mit Deutschland verbündeten Slowakei waren die nationalsozialistische „Judenpolitik" und der Einsatz jüdischer Zwangsarbeiter im Regierungsbezirk Kattowitz von großem Interesse. Die slowakische Führung begann in Kooperation mit dem vom Reichssicherheitshauptamt entsandten deutschen Judenberater, SS-Hauptsturmführer Dieter Wisliceny, im Frühjahr 1941, offen über die Deportation der slowakischen Juden in den deutschen Herrschaftsbereich zu sprechen. Auf Wislicenys Initiative besuchte eine slowakische Regierungsdelegation Anfang Juli 1941 mehrere Zwangswohnviertel für Juden in Sosnowitz, Dombrowa und Bendsburg sowie Schmelt-Lager in der Region.[115] Das Ziel war offenkundig, die Organisation von Zwangsarbeitslagern für Juden sowie die genaueren Lebensumstände der Juden im Deutschen Reich zu ergründen – mit der Perspektive, die slowakischen Juden abzuschieben. Den Delegationsteilnehmern kamen jedoch Bedenken. Der slowakische Regierungskommissar für die Vorbereitung jüdischer Arbeitslager, Július Pečúch, gewann den Eindruck: „Die Juden müssten dort unter Bedingungen existieren, die in ihrem Endeffekt zum Tod führten" (Dok. 3 vom 12.7.1941).

Die Schmelt-Lager waren praktisch das einzige von der SS verwaltete Lagersystem, das mit Gewinn für die deutsche Kriegswirtschaft arbeitete. Die Bedingungen für die jüdischen Arbeiterinnen und Arbeiter waren jedoch katastrophal. Die Organisationsformen, die Schmelt entwickelte, wurden zum Teil auch auf das Außenlagersystem der Konzentrationslager übertragen.[116] Dennoch geriet Schmelt wiederholt in Konflikt mit den örtlichen Polizeibehörden, die nicht auf den Arbeitseinsatz, sondern viel stärker auf eine „Entjudung" des Gebiets drängten und regelmäßig Arbeiter verhaften oder von Schmelt genehmigte jüdische Betriebe beschlagnahmen ließen.[117] Solange der Zwangsarbeitereinsatz gegenüber der Vernichtung der Juden Priorität besaß, behielt Schmelt nicht zuletzt dank seiner Protektion durch Himmler in diesen Auseinandersetzungen die Oberhand.

Auch wenn die Schmelt-Lager auf den ersten Blick eine größere Sicherheit vor Deportationen bedeuteten, so galt dies von vornherein nicht für die Angehörigen der Juden, die in Sosnowitz und Bendsburg lebten. Viele Juden versuchten – wenn der Arbeitszwang ohnehin nicht zu vermeiden war –, in bestimmten Lagern unterzukommen, in denen die Bedingungen erträglicher waren als in anderen oder in denen Freunde oder Verwandte untergebracht waren. Durch das noch immer gut funktionierende Postsystem war der Kenntnisstand über die in den einzelnen Lagern herrschenden Zustände in der jüdischen Bevölkerung gut.

Zugleich war das Jahr 1942 auch eine Phase anhaltender Expansion der Lager, als nach der Einstellung des Reichsautobahnbaus die meisten sogenannten RAB-Lager in solche der Rüstungsindustrie umgewandelt wurden. Neben diesen Lagern mit Rüstungsfertigung oder anderweitig kriegswichtiger Produktion waren die oberschlesischen Juden zu

115 VEJ 13, S. 30; VEJ 13/34; Wolf Gruner, Juden bauen die „Straßen des Führers". Zwangsarbeit und Zwangsarbeitslager für nichtdeutsche Juden im Altreich 1940 bis 1943/44, in: ZfG, 44 (1996), S. 798–808; Tatjana Tönsmeyer, Das Dritte Reich und die Slowakei 1939–1945. Politischer Alltag zwischen Kooperation und Eigensinn, Paderborn 2003, S. 139–145.

116 Andrea Rudorff, Das Lagersystem der „Organisation Schmelt" in Schlesien, in: Wolfgang Benz/Barbara Distel (Hrsg.), Der Ort des Terrors. Geschichte der nationalsozialistischen Konzentrationslager, Bd. 9, Berlin 2009, S. 154–160, hier S. 159.

117 Schmelt an den Regierungspräsidenten von Kattowitz, 29.11.1941; APK, 119/2783, Bl. 10–12.

Tausenden in der Textilindustrie eingesetzt. Allerdings blieben die Unterstützungszahlungen, die Schmelt an Merin abführte, viel zu gering, um die Angehörigen der Zwangsarbeiter ausreichend versorgen zu können.[118]

Nachdem es Ende 1941 bereits erste Proteste gegen Merins Politik der Rekrutierung von Arbeitern für Schmelt gegeben hatte, verschärfte sich dieser Konflikt weiter. Der Ältestenrat reagierte mit der Ausweitung der Sanktionen, etwa durch den Entzug von Lebensmittelkarten, aber auch mit dem verstärkten Einsatz des Ordnungsdienstes. Dieser hatte ursprünglich nur Straßenkontrollen vorgenommen, führte nun jedoch immer häufiger Razzien in Wohnungen durch.[119] „Wenn sie eine Verordnung bekommen haben", erinnerte sich Abraham K. später, „dass so und so viele Juden nach ... in die Arbeitslager gehen müssen oder nach Auschwitz, es hat schon damals Auschwitz begonnen [...], dann haben sie eine Liste an die jüdische Kultusgemeinde geschickt und haben der Gemeinde gesagt, dass diese die Liste zusammen stellen wird, und sie haben das alles in bester Ordnung erledigt. Es war so eingerichtet, sie waren so schön raffiniert in einer Sache, dass wenn es zu einer Razzia gekommen ist, haben sie die Sonderpolizei von der Zentralgemeinde in Sosnowitz geholt."[120]

Im Mai 1942 schließlich ließen die Deutschen ein Getto in Bendsburg einrichten. Juden aus einer Reihe ostoberschlesischer und anderer Städte wurden hierhergebracht, unter anderem aus Kielce, der Stadt Auschwitz, in der zuvor ein „offenes" Getto bestanden hatte,[121] sowie aus dem Protektorat Böhmen und Mähren. In Bendsburg hatte sich in der Zwischenzeit eine Reihe von Wehrmachtsfertigungsbetrieben vorrangig der Textilindustrie angesiedelt, sogenannte Szopy, das heißt Firmen und Werkstätten auf dem Gettogelände. Weder waren die Arbeitsbedingungen noch die Löhne besser als in anderen Schmelt-Lagern, aber es gab auch deutsche Firmeneigentümer oder Treuhänder, die sich um menschliche Zustände in ihren Betrieben bemühten. Hierzu gehörte beispielsweise Alfred Rossner, der bereits vor 1939 in der Textilbranche gearbeitet hatte und Anfang 1940 nach Bendsburg kam, um hier einen größeren Textilbetrieb zu übernehmen. Die von ihm geleitete, faktisch jedoch Schmelt unterstehende Schneidersammelwerkstatt beschäftigte zeitweise 8000 Juden. Rossner bemühte sich, die Arbeitsbedingungen erträglich zu gestalten und so vielen Juden wie möglich in seinen Betrieben ein Unterkommen zu gewähren. 1942 und 1943 versuchte er sogar, viele Juden von dem Abtransport ausnehmen zu lassen. Für diesen Einsatz bezahlte Rossner mit seinem Leben: Im Dezember 1943 wurde er von der Gestapo verhaftet und einen Monat später hingerichtet.[122]

Im Regierungsbezirk Kattowitz hatte zwar der Zwangsarbeitseinsatz der jüdischen Bevölkerung nach wie vor oberste Priorität, aber wie im Reichsgau Wartheland hatte auch hier Anfang 1942 der Mord an den arbeitsunfähigen Juden bereits begonnen. Die zunehmende Konzentration der ostoberschlesischen Juden, die noch nicht in Lagern untergebracht waren, in den Städten Sosnowitz und Bendsburg war der erste Schritt zur

118 Kirschner, Salas Geheimnis (wie Anm. 109), S. 96.

119 Natan Eliasz Szternfinkiel, Zagłada Żydów Sosnowca, Katowice 1946, S. 23, 34; Aleksandra Namysło, Der Einfluss der Zentrale der Jüdischen Ältestenräte, in: Młynarczyk/Böhler (Hrsg.), Judenmord (wie Anm. 1), S. 311–327, hier S. 321–323.

120 Boder, Die Toten (wie Anm. 107), S. 143.

121 Steinbacher, „Musterstadt" Auschwitz (wie Anm. 103), S. 168 f.

122 Mary Fulbrook, A Small Town Near Auschwitz. Ordinary Nazis and the Holocaust, Oxford 2012, S. 157 f.

Ermordung der als arbeitsunfähig eingestuften Juden. Vor allem in den ihm unterstehenden Lagern ließ Schmelt Selektionen nach der Arbeitsfähigkeit vornehmen. Die arbeitsunfähigen Juden ließ er zunächst zurück in die Gettos, regelmäßig dann von Frühjahr 1942 an nach Auschwitz-Birkenau deportieren, wo sie zu den ersten Opfern gehörten, die von März an in zwei zu Gaskammern umgebauten Bauernhäusern in Auschwitz-Birkenau mit Zyklon B ermordet wurden. Bis August 1942 wurden mindestens 20 000 als arbeitsunfähig deklarierte Juden aus Ostoberschlesien zur ausnahmslosen Ermordung nach Auschwitz gebracht.[123] Im Regierungsbezirk Kattowitz war das Wissen über Auschwitz vermutlich noch konkreter als im Getto Litzmannstadt über das Vernichtungslager Kulmhof. Ähnlich wie im Warthegau verbreiteten besonders im Frühjahr 1942 zahlreiche öffentliche Hinrichtungen von Juden in Bendsburg und andernorts Angst und Schrecken unter der jüdischen Bevölkerung in Schlesien (Dok. 83, 85).[124]

In Oberschlesien war Auschwitz als Konzentrationslager von 1940 an der Inbegriff für den Terror der deutschen Besatzer in der Region. Im Laufe des Jahres 1942 verbreiteten sich auch Nachrichten, dass die deportierten Juden dort nicht inhaftiert, sondern massenweise ermordet wurden: „Also man hat schon gedacht, das sei das Schlimmste, denn man hat schon gewusst, warum die Leute nach Auschwitz fahren. Die Leute, die nix machen können – Kranke, alte Leute und Kinder – da hat man gewusst, dass man sie gleich zum Tod führt. Der, der nur eine Möglichkeit hatte, der hat sich versteckt. Aber viele hatten Angst, sich sogar zu verstecken."[125]

Im Jahr 1941 arbeiteten über 13 000 jüdische Zwangsarbeiter in verschiedenen Fabriken in Sosnowitz und der näheren Umgebung.[126] Welche ökonomische Bedeutung die oberschlesischen Juden bis Sommer 1942 insbesondere in der Bekleidungsindustrie besaßen, zeigt ein im September 1942 vorgelegtes Gutachten des Oberschlesischen Instituts für Wirtschaftsforschung. Demnach hatte es in der oberschlesischen Bekleidungs- und Wäscheindustrie 1939 lediglich 750 Arbeiter gegeben; Mitte September 1942 dagegen standen 1651 „arischen" Arbeitskräften, von denen viele zur Wehrmacht eingezogen oder anderweitig dienstverpflichtet waren, 9254 jüdische Textilarbeiter gegenüber, also 85 Prozent der Gesamtzahl, davon jeweils über 3200 in Sosnowitz und Bendsburg (Dok. 152 von Sept. 1942).[127] Die größten Betriebe gehörten auch hier, wie in mehreren anderen Produktionssparten, zu Unternehmen, die ihre Zwangsarbeiter bei der Organisation Schmelt anforderten.

Im Mai 1942 begann sich die Lage für die jüdische Bevölkerung in Sosnowitz massiv zu verschlechtern. Auf einen Aufruf der Stapoleitstelle Kattowitz unter Leitung von Rudolf Mildner, wonach sich 5000 Juden freiwillig zum Transport nach Theresienstadt melden sollten, fanden sich nur wenige auf dem Sammelplatz ein. Die Gestapo umstellte daraufhin mehrere Häuser im sogenannten jüdischen Wohnbezirk und deportierte alle etwa 1500 Bewohner nach Auschwitz.[128] Im Sommer 1942 lebten noch 23 000 bis 26 000 Ju-

123 VEJ 16, S. 11; Danuta Czech, Kalendarium der Ereignisse im Konzentrationslager Auschwitz-Birkenau 1939–1945, Reinbek bei Hamburg 1989, S. 186 f.; Steinbacher, „Musterstadt" Auschwitz (wie Anm. 103), S. 276 f.; Rudorff, Arbeit und Vernichtung *reconsidered* (wie Anm. 111), S. 28.

124 Fulbrook, A Small Town Near Auschwitz (wie Anm. 122), S. 174–179.

125 Boder, Die Toten (wie Anm. 107), S. 150.

126 Szternfinkiel, Zagłada Żydów Sosnowca (wie Anm. 119), S. 28 f.

127 APK, 142/267, Bl. 15–68, hier Bl. 29–31.

128 Szternfinkiel, Zagłada Żydów Sosnowca (wie Anm. 119), S. 34.

den in Sosnowitz, fast genauso viele wie im angrenzenden Getto von Bendsburg. Am 12. August mussten sich alle Juden zwecks angeblicher Überprüfung der Kennkarten in einem Sportstadion der Stadt versammeln. Nachdem die Juden viele Stunden hindurch in Hitze und Gewitter ausgeharrt hatten, wurden sie nach unterschiedlichen Arten von Arbeitspapieren voneinander getrennt. Die Personen, die keine Arbeit hatten, alte und kranke Menschen, Schwangere und Frauen mit kleinen Kindern wurden nach Auschwitz deportiert.[129] Neben diesen mindestens 11 000 Deportierten – möglicherweise lag ihre Zahl deutlich höher – fielen weitere ca. 35 000 als arbeitsunfähig eingestufte Juden aus den Städten zwischen Mai und August 1942 den Morden in Auschwitz zum Opfer; 15 000 Juden blieben in Sosnowitz zurück.[130] In dieser Zeit führten die Zustände in den Lagern dazu, dass immer mehr Juden an ihren Arbeitsplätzen buchstäblich zusammenbrachen. Da dies die Arbeit in den Schmelt-Lagern zu beeinträchtigen drohte und die Firmen immer mehr Zwangsarbeiter anforderten, erlangte Schmelt für einige Wochen im Herbst 1942 Himmlers Zustimmung, die Deportationszüge aus Drancy, Malines und Westerbork nach Auschwitz in Cosel, 75 km nordwestlich von Auschwitz, nach arbeitsfähigen Juden zu durchsuchen, um seinen Lagern 10 000 neue Arbeiter zuzuführen.[131]

Ende 1942 waren Sosnowitz, Bendsburg und Zawiercie die einzigen ostoberschlesischen Städte, in denen noch Juden legal lebten. In dieser Zeit wurden sie gezwungen, in ausgewiesene Stadtviertel – in Sosnowitz nach Schrodel (Środula), in Bendsburg nach Kamionka – umzuziehen, die zunächst als offene Gettos fungierten und erst im März 1943 geschlossen wurden. „Die Schaffung eines geschlossenen Judenviertels“, schrieb der Bürgermeister von Bendsburg im April 1943, „ist nahezu vollzogen. Die hier noch vorhandenen 20 000 Juden werden im Stadtteil ‚Kamionka‘ und in ‚Klein-Schrodel‘ untergebracht.“ Die Juden müssten sich selbst Notunterkünfte bauen, nach der Umzäunung des Gebiets könne die übrige Stadt als „judenfrei“ bezeichnet werden (Dok. 201 vom 5.4.1943). Dennoch lebten noch immer viele Juden in Schlesien. Als der Statistiker Richard Korherr Himmler im März 1943 über den Stand des Judenmords informierte, verzeichnete er für Schlesien die Zahl von 50 570 Juden allein in den Schmelt-Lagern – fast 30 Prozent aller im Reich und im Generalgouvernement noch eingesetzten jüdischen Zwangsarbeiter.[132]

Die letzte Phase des Massenmords an den Juden in Ostoberschlesien begann im Frühsommer 1943. Das Kriterium der Arbeitsfähigkeit spielte für die Deportationen der Juden nun keine Rolle mehr. Mit der Dreizehnten Verordnung zum Reichsbürgergesetz vom 1. Juli 1943[133] wurden die Juden aus der Polenstrafrechtsverordnung von

129 Edward Gastfriend, My Father's Testament. Memoir of a Jewish Teenager, 1938–1945. Edited with an Afterword by Björn Krondorfer, Philadelphia 2000, S. 61–67.

130 Jan Erik Schulte, Die Wannsee-Konferenz und Auschwitz. Rhetorik und Praxis der jüdischen Zwangsarbeit als Voraussetzung des Genozids, in: Norbert Kampe/Peter Klein (Hrsg.), Die Wannsee-Konferenz am 20. Januar 1942. Dokumente, Forschungsstand, Kontroversen, Köln 2013, S. 216–238, hier S. 235; Szternfinkiel, Zagłada Żydów Sosnowca (wie Anm. 119), S. 36–39.

131 Steinbacher, „Musterstadt“ Auschwitz (wie Anm. 103), S. 278, 288; Hans-Werner Wollenberg, … und der Alptraum wurde zum Alltag. Autobiographischer Bericht eines jüdischen Arztes über NS-Zwangsarbeitslager in Schlesien (1942–1945), Pfaffenweiler 1992, S. 56 f.; Coen Rood, „Wenn ich es nicht erzählen kann, muß ich weinen.“ Als Zwangsarbeiter in der Rüstungsindustrie, Frankfurt a. M. 2002, S. 38–45.

132 VEJ 6/239; Steinbacher, „Musterstadt“ Auschwitz (wie Anm. 103), S. 293.

133 RGBl., 1943 I, S. 372, §1, Abs. 2; VEJ 11/50.

Dezember 1941 formal herausgenommen und fortan gänzlich einem Polizeisonderrecht unterworfen; faktisch waren sie auch schon zuvor der völligen Willkür des SS- und Polizeiapparats ausgesetzt gewesen. Fast unmittelbar darauf begannen die Deutschen, die letzten in Ostoberschlesien noch lebenden Juden zu ermorden. Angesichts der Deportationen von 1942 an hatte Merin in der jüdischen Bevölkerung mittlerweile jedes Vertrauen verloren, auch weil er nach der Festigung seiner Position jeden Widerstand gegen die deutsche Herrschaft zu unterbinden versucht und Mitglieder der jüdischen Untergrundbewegung an die Gestapo verraten hatte.[134] Seine Bemühungen, die Juden durch systematischen Arbeitseinsatz zu retten, waren endgültig gescheitert. Am 19. Juni 1943 wurden er und seine Stellvertreterin Fanny Czarna nach Auschwitz-Birkenau deportiert und dort ermordet.[135]

Die endgültige Entscheidung zur Auflösung der ostoberschlesischen Gettos traf Himmler im Mai 1943. Alle noch im Reichsgebiet lebenden Juden waren „nach dem Osten bezw. nach Theresienstadt abzubefördern".[136] Der mit großem Aufwand niedergeschlagene Aufstand der jüdischen Gettobewohner in Warschau im April und Mai 1943 beschleunigte möglicherweise bereits bestehende Planungen der SS. Zwischen dem 1. und 27. August 1943 wurden die letzten jüdischen Wohnorte in den Städten Sosnowitz, Bendsburg und Zawiercie komplett zerstört und etwa 35 000 Einwohner nach Auschwitz deportiert. Von ihnen wurden über 27 000 in Birkenau direkt in die Gaskammern getrieben.[137]

In den Gettos von Sosnowitz und Bendsburg hatte sich zuvor eine jüdische Widerstandsbewegung gebildet, die Teil der im Juli 1942 gegründeten Jüdischen Kampforganisation Żydowska Organizacja Bojowa, kurz ŻOB, war. Shmuel Ron, der zu den wenigen überlebenden Kämpfern gehörte, beschrieb diese Phase der Vorbereitung und Organisation: „Wir waren eine kleine Gruppe junger Menschen mit erhabenen und schönen Ideen, und plötzlich – plötzlich mußten wir lernen zu hassen, um uns verteidigen zu können; wir mußten lernen zu kämpfen."[138] Als deutsche Polizeikräfte am 1. August 1943 frühmorgens die Gettos betraten, riefen die Untergrundkämpfer zum bewaffneten Widerstand auf, blieben angesichts der sehr ungleichen Kräfteverhältnisse jedoch weitgehend erfolglos. Auf deutscher Seite waren zeitweise knapp 800 Polizeikräfte beteiligt (Dok. 221 vom 7.8.1943). Aufgrund massiven Waffeneinsatzes bei der endgültigen Auflösung des Gettos in Sosnowitz, bei der ca. 600 Juden vor Ort erschossen wurden,[139] konnte der Abtransport der Juden der ortsansässigen Bevölkerung nicht entgehen.[140]

134 Rudorff, Arbeit und Vernichtung *reconsidered* (wie Anm. 111), S. 15; Namysło, Der Einfluss der Zentrale der Jüdischen Ältestenräte (wie Anm. 119), S. 311–327.

135 Steinbacher, „Musterstadt" Auschwitz (wie Anm. 103), S. 299.

136 Fernschreiben des RSHA an die Staatspolizei(leit)stellen, 21.5.1943. Abdruck in: Alfred Gottwaldt/Diana Schulle (Hrsg.), Die „Judendeportationen" aus dem Deutschen Reich 1941–1945. Eine kommentierte Chronologie, Wiesbaden 2005, S. 384–388, hier S. 385.

137 Czech, Kalendarium (wie Anm. 123), S. 561–585.

138 Shmuel Ron, Die Erinnerungen haben mich nie losgelassen. Vom jüdischen Widerstand im besetzten Polen, Frankfurt a. M. 1998, S. 51.

139 Miejsca straceń ludności cywilnej województwa katowickiego (1939–1945). Opracował Andrzej Szefer, Katowice 1969, S. 120.

140 Zofia Boda-Krężeł/Jadwiga Osojca (Bearb.), Dokumenty o eksterminacji Żydów Zagłębia Dąbrowskiego podczas okupacji hitlerowskiej, in: BŻIH, 43–44 (1962), S. 113–116, bes. S. 115 f.; Szternfinkiel, Zagłada Żydów Sosnowca (wie Anm. 119), S. 71–77.

Mit den Deportationen war auch das Ende der Organisation Schmelt verbunden. Die Räumung der Gettos entzog Schmelt den Nachschub arbeitsfähiger jüdischer Zwangsarbeiter. In der Folge mussten mehrere Firmen, die zuvor überwiegend oder ausschließlich mit jüdischen Arbeitskräften produziert hatten, ihre Fertigung einstellen.[141]
Bis auf wenige Ausnahmen lebten nach August 1943 keine Juden mehr in Ostoberschlesien, es sei denn in den noch verbliebenen Schmelt-Lagern oder im Konzentrations- und Vernichtungslager Auschwitz. Die Schmelt-Lager wurden in der Folgezeit entweder geschlossen oder zu Außenlagern der Konzentrationslager Groß-Rosen und Auschwitz umgewandelt.[142] Hinzuzuzählen sind auch eine unbekannte Zahl von Juden, die sich während der Gettoliquidation verstecken konnten, sowie eine Gruppe von etwa 1200 Juden, die als Aufräumkommando im Herbst 1943 das Gelände der nun unbewohnten Gettos in Sosnowitz und Bendsburg herrichten und sonstige Spuren der Verbrechen beseitigen mussten. Auch sie wurden im Februar 1944 nach Auschwitz deportiert. Die Juden, die sich vor und während der Deportationen aus den Gettos in Verstecke oder auf die „arische Seite" hatten retten können, liefen jederzeit Gefahr, entdeckt und verraten zu werden. Die meisten von ihnen waren auf den guten Willen polnischer Helferinnen und Helfer angewiesen. Aber selbst dann, wenn sich Polen die Verstecke nicht teuer bezahlen ließen, waren die Umstände, unter denen Juden dort ausharren mussten, oftmals katastrophal. „Die Bedingungen im Bunker", so erinnerte sich Shmuel Ron später an sein Versteck, „waren oft unerträglich. In einem Verlies, in dem die Menschen zusammen essen und ihre Notdurft verrichten und in dem sie kaum eine Hoffnung haben, an die sie sich klammern können, lassen sich Spannungen kaum vermeiden. Ich erinnere mich mit Liebe und Achtung an einige Kameraden, die ihre Würde behielten und nicht das Gefühl verloren, zu einer Familie zu gehören."[143]

Der Reichsgau Danzig-Westpreußen

Im Reichsgau Danzig-Westpreußen lebten im Sommer 1941 nur noch sehr wenige Juden. Bereits mehr als ein Jahr zuvor hatte Gauleiter Albert Forster den Gau, der sich aus Altreichsgebieten, der Freien Stadt Danzig und vormals polnischen Territorien zusammensetzte, für „judenfrei" erklärt, nachdem die letzten ca. 1300 Juden bis Frühsommer 1940 meistenteils emigriert, geflohen oder in das Generalgouvernement deportiert worden waren. Etwa 300 Juden gelangten in den Regierungsbezirk Zichenau, und etwas mehr als 500 Juden glückte es noch im August 1940, von Danzig durch Deutschland, die Slowakei und Rumänien bis nach Palästina zu emigrieren. In Danzig blieben etwa 600 Juden zurück, die zum Teil in „privilegierter Mischehe" lebten.[144]

141 APK, Treuhandstelle, Nr. 5471, passim.

142 Rudorff, Arbeit und Vernichtung *reconsidered* (wie Anm. 111), S. 35.

143 Ron, Erinnerungen (wie Anm. 138), S. 110.

144 Michał Grynberg, Żydzi w Rejencji Ciechanowskiej 1939–1942, Warszawa 1984, S. 96; Grzegorz Berendt, Rezultaty hitlerowskiej akcji usuwania osób pochodzenia żydowskiego z obszaru byłego Wolnego Miasta Gdańska (Bilans zamknięcia rok 1945), in: Studia nad Faszyzmem i Zbrodniami Hitlerowskimi, 22 (1999), S. 285–327; Gerhard Gülzow, Kirchenkampf in Danzig 1934–1945. Persönliche Erinnerungen, Leer/Ostfriesland 1968, S. 18 f.

Antisemitische Übergriffe hatten bereits während der Zwischenkriegszeit in der offiziell unter Aufsicht des Völkerbunds stehenden Freien Stadt Danzig die Mitgliederzahl der Jüdischen Gemeinde nicht nur stark reduziert, sondern sie hatten sich für die Nationalsozialisten in Danzig als so wirksam erwiesen, dass die deutschen Behörden davon absahen, die reichsdeutsche Judengesetzgebung auch im Ende Oktober 1939 geschaffenen Reichsgau Danzig-Westpreußen einzuführen.[145] Die möglichst rasche Eindeutschung des Gaus war hier das politische Ziel Forsters sowie der deutschen Behörden und schien angesichts des von Beginn an hohen Anteils von Deutschen an der Gesamtbevölkerung sogar in näherer Zukunft realisierbar zu sein. Die sehr kleine jüdische Bevölkerung im Gau spielte hierbei keine Rolle.

Das Konzentrationslager Stutthof

Das bereits im Sommer 1939 vom Höheren SS- und Polizeiführer Danzig-Westpreußen, Richard Hildebrandt, errichtete, ca. 60 km östlich von Danzig auf dem Danziger Werder gelegene Zivilgefangenenlager Stutthof unter Kommandant Max Pauly diente bis 1941 als Internierungslager auf Gauebene. In den ersten Jahren waren die meisten Häftlinge Polen, vor allem solche, die der Zugehörigkeit zu einer der verschiedenen Widerstandsgruppen verdächtig waren. Von Herbst 1941 an wurden Polen auch wegen Arbeitsverweigerung nach Stutthof eingewiesen.[146] Eine weitere Änderung erfolgte kurze Zeit später: Am 19. Dezember 1941 schrieb Himmler an Oswald Pohl, den Leiter des SS-Hauptamts Haushalt und Bauten, er sei „zu der Überzeugung gekommen, daß *Stutthof* von größter Bedeutung für die spätere Besiedlung des Gaues Danzig-Westpreußen" sei. Himmler hatte das Lager am 23. November besucht und entschieden, Stutthof müsse „außerdem in der Richtung ausgebaut werden, daß es in einem Lager später 20 000 Russen aufnehmen kann, mit denen wir dann den Siedlungsaufbau des Gaues Danzig-Westpreußen vollziehen können". Aus diesem Grunde müsse Stutthof, so Himmler an Pohl, „von Ihnen und SS-Brigadeführer Glücks als anerkanntes Konzentrationslager mit Wirtschaftsbetrieb übernommen werden".[147] Nun planten Richard Glücks, der Inspekteur der Konzentrationslager, und Pohl ein Lager mit stark vergrößerter Aufnahmekapazität und forcierten den Ausbau der das Lager umgebenden Liegenschaften mitsamt einer Reihe von Wirtschaftsbetrieben (Landwirtschaft, Ziegeleien u. a.); zahlreiche Außenlager kamen in den folgenden Jahren dazu.[148]

An der Zusammensetzung der Häftlinge im KZ Stutthof änderte sich jedoch nur wenig; die allermeisten von ihnen waren nach wie vor Polen.[149] In dieser Zeit gab es nur wenige jüdische Häftlinge in Stutthof. Zum Teil stammten sie aus dem Reichsgau selbst, aus dem „Judenhaus" in Danzig, zum Teil gelangten sie mit Transporten aus anderen Konzentra-

145 Loose, Kredite für NS-Verbrechen (wie Anm. 106), S. 103 f.

146 Stutthof. Das Konzentrationslager, Gdańsk 1996, S. 111 f., 117, 162.

147 Reichsführer-SS an Oswald Pohl, 19.12.1941; BArch, NS 3/52, Bl. 10 f.; Danuta Drywa, The Extermination of the Jews in Stutthof Concentration Camp, 1939–1945, Gdańsk 2004, S. 39; dies., Die Ermordung der Juden im Konzentrationslager Stutthof und in seinen Unterlagern, in: Młynarczyk/Böhler (Hrsg.), Judenmord (wie Anm. 1), S. 277–298.

148 Chef des Amtes II an den Hauptamtschef [Oswald Pohl], 9.1.1942; BArch, NS 3/52, Bl. 41–45.

149 Stutthof. Das Konzentrationslager (wie Anm. 146), S. 116.

tionslagern dorthin; ihre Anzahl blieb auch in den kommenden zwei Jahren gering.[150] Ende Februar und Anfang März 1941 wurden jedoch 395 Juden in zwei Transporten aus Danzig direkt in das Getto Warschau deportiert.[151] Nach Beginn der Deportationen reichsdeutscher Juden „in den Osten" entschieden die Danziger Behörden, die noch in der Stadt lebenden Juden in einem der Züge aus dem Reich ebenfalls zu deportieren. Auf Befehl des Höheren SS- und Polizeiführers Franz Abromeit wurden ca. 200 Danziger Juden Anfang Dezember 1941 mit einem Transport von knapp 900 Juden aus Hamburg in das Lager Jungfernhof bei Riga deportiert (Dok. 29 vom 23.10.1941). Ein Jahr später schließlich wurden in vier weiteren Transporten 114 Juden in das Getto Theresienstadt deportiert.[152] Der Reichsgau Danzig-Westpreußen war danach praktisch „judenfrei". Der Schwerpunkt des Judenmords im besetzten Polen lag in den folgenden Monaten im Generalgouvernement mit seinen Vernichtungslagern der „Aktion Reinhardt", ferner in Auschwitz mit der wachsenden Zahl von Transporten aus Westeuropa, insbesondere aus der Slowakei, Frankreich und den Beneluxstaaten.

In den eingegliederten Gebieten war es der einheimischen Bevölkerung häufig in vielen Details bekannt, welches Schicksal die deutschen Täter den Juden bereiteten. Im Reichsgau Danzig-Westpreußen war dies weniger offensichtlich, aber hier konnten die Deutschen in Ausnahmefällen sogar der Presse einiges entnehmen. Der Danziger Gauschulungsleiter Wilhelm Löbsack sprach Mitte Mai 1944 ganz unverblümt von fünf Millionen im Krieg „neutralisierten" Juden: „Ein jüdisches Problem gibt es im Reich nicht mehr. [...] Die Kerngebiete jüdischer Zusammenballung, die wir in Polen, wie in Warschau oder Lublin fanden, sind heute ebenso neutralisiert, wie das zur Zeit mit den Siedlungen der 1 ½ Millionen Juden in Ungarn geschieht. Damit sind allein in diesen Ländern fünf Millionen Juden ausgeschaltet."[153]

In Danzig lebten zu diesem Zeitpunkt nur noch einige wenige Juden in „privilegierter Mischehe". Ihre Zahl war verschwindend gering gegenüber derjenigen der jüdischen Häftlinge, die im Laufe des Jahres 1944 im Konzentrationslager Stutthof eintrafen. Bis Ende 1943 waren etwa 29 000 überwiegend polnische Häftlinge durch das Lager gegangen, noch am Anfang des Jahres 1944 hatte es darunter kaum 20 jüdische Häftlinge gegeben.[154] Allein im Jahr 1944 wurden jedoch 74 000 jüdische Häftlinge eingeliefert: 7500 bis Ende Juni, die übrigen in der zweiten Jahreshälfte 1944.

Binnen weniger Wochen zwischen Juli und September 1944 gelangten in insgesamt 26 Transporten zwei verschiedene Gruppen jüdischer Häftlinge nach Stutthof: Bei der ersten handelte es sich um Juden aus dem Baltikum, die von der Sicherheitspolizei in Kaunas und Riga nach Stutthof geleitet wurden und aus den Konzentrationslagern in Kaunas und Riga-Kaiserwald und ihren Außenlagern sowie weiteren Arbeitslagern und

150 Drywa, Extermination (wie Anm. 147), S. 44.

151 Grzegorz Berendt, Żydzi na terenie Wolnego Miasta Gdańska (Działalność kulturalna, polityczna i socjalna), Gdańsk 1997, S. 272.

152 Ebd., S. 272 f.

153 Wilhelm Loebsack, Juda vor dem Fall, in: Danziger Vorposten Nr. 131 vom 13.5.1944, S. 1. Abdruck in: Frank Bajohr, Vom antijüdischen Konsens zum schlechten Gewissen. Die deutsche Gesellschaft und die Judenverfolgung 1933–1945, in: Dieter Pohl/ders., Der Holocaust als offenes Geheimnis. Die Deutschen, die NS-Führung und die Alliierten, München 2006, S. 20–79, hier S. 58.

154 Drywa, Extermination (wie Anm. 147), S. 50. Dies entspricht auch den Angaben des Korherr-Berichts, der für Anfang 1943 18 Juden in Stutthof nennt; VEJ 6/239.

Gettos im Baltikum stammten, die vor der anrückenden Roten Armee evakuiert worden waren. Aus dem Baltikum gelangten etwa 25 000 Juden nach Stutthof. Die zweite, mit 23 500 Personen fast gleichgroße Gruppe bildeten jüdische Häftlinge, die aus dem Konzentrationslager Auschwitz nach Stutthof überstellt wurden. Hierunter waren überwiegend ungarische Jüdinnen, die erst kurz zuvor in großer Zahl nach Auschwitz deportiert worden waren, sowie Juden aus dem Generalgouvernement, aus Theresienstadt und den westeuropäischen Ländern, aber auch etwa 7000 Juden, die im August 1944 aus dem Getto Litzmannstadt nach Auschwitz gebracht worden waren. Diese Transporte sollten das Konzentrationslager Auschwitz vorübergehend entlasten, bis die Kapazitäten des Lagers und vor allem der Gaskammern wieder ausreichten und der Mordalltag fortgesetzt werden konnte. Von diesen insgesamt über 48 000 Juden waren mehr als 43 000 Frauen – unter ihnen auch die Mutter des Historikers und Überlebenden von Auschwitz, Otto Dov Kulka[155] –, die im Lager in zwölf Baracken untergebracht wurden. Daneben unterhielt Stutthof 19 überwiegend im Sommer 1944 errichtete Außenlager, in denen jüdische Häftlinge Zwangsarbeit verrichten mussten, die größten von ihnen die Baukommandos der Organisation Todt in Thorn und Elbing mit 6500 bzw. 6000 Jüdinnen.[156]

Allerdings kamen in diesen Monaten auch zahlreiche nichtjüdische Häftlinge nach Stutthof, insbesondere nach dem Warschauer Aufstand 1944 Tausende Zivilisten aus Warschau in mehreren Transporten Ende August. Zu diesem Zeitpunkt hatte die Rote Armee den größten Teil des Bezirks Bialystok bereits besetzt und war bis zur Weichsel vorgerückt.

Wie in den anderen Konzentrationslagern waren auch in Stutthof die Haftbedingungen für jüdische Häftlinge besonders schlecht: Die Essensrationen für Juden waren geringer als für die anderen Häftlinge, in der Regel durften keine Pakete empfangen werden, wobei zu diesem Zeitpunkt allerdings auch kaum mehr jüdische Angehörige am Leben waren, die Pakete ins Lager hätten versenden können. Mehrere Häftlinge mussten sich eine Pritsche teilen, manche auf dem Fußboden oder im Freien schlafen, die Holzbaracken waren im Winter ungeheizt. Im sogenannten Judenkrankenbau starben besonders viele Häftlinge, und die Arbeiten der jüdischen Kommandos waren besonders hart. Die meisten jüdischen Häftlinge waren nach den Strapazen der Transporte aus dem Baltikum oder aus Auschwitz ohnehin schon entkräftet, unterernährt oder krank. Hinzu kam schließlich, dass jüdische Häftlinge das erste Ziel aller nur denkbaren Schikanen der Aufseher waren. Mascha Rolnikaite erinnert sich an ihre Ankunft in Stutthof: „Aus Angst vor Max' Schlägen laufen wir alle mit gesenktem Kopf umher. Die blauen Flecken habe ich ‚Max' Autogramme' getauft. […] Wenn Max nicht ‚Stillgestanden!' schreit oder uns auf die Knie zwingt, sitzen wir in der prallen Sonne auf der Erde. Nirgends gibt es einen Schattenplatz, um sich vor der Sonne zu schützen. Zu trinken bekommen wir nichts, abgesehen von dem sogenannten Kaffee am Morgen – ein Schälchen für fünf

155 Otto Dov Kulka, Landschaften der Metropole des Todes. Auschwitz und die Grenzen der Erinnerung und der Vorstellungskraft, München 2013, S. 88–95.

156 Marek Orski, Przedsiębiorstwa SS i firmy prywatne – najemcy siły roboczej obozu koncentracyjnego Stutthof w latach 1939–1945. Ekonomiczne uwarunkowania zatrudnienia więźniów, Gdańsk 2001, S. 341 f.

Frauen."[157] Eine Überlebende berichtete, dass die Lagerleitung Sterbequoten festsetzte, denen die Behandlung der Häftlinge angepasst werden sollte: „Eines Tages kam die Lagerführerin und erklärte der Blockältesten, sie wolle an einem bestimmten Tag 150 Leichen haben. Da es schwierig war, gleich auf den ersten Ruf so viele Tote zu beschaffen, wurden die Kessel mit Suppe für uns in die Latrine ausgeleert. Die ausgehungerten Gefangenen begannen die Essensreste von dort auszuschöpfen. Das hat sofort geholfen. Die Deutschen erreichten mit Leichtigkeit ihr Totenkontingent."[158]

Von Juli 1944 an gingen aber auch vermehrt Transporte mit jüdischen Häftlingen aus Stutthof in andere Konzentrationslager ab, weil die Kapazitäten vor Ort bei weitem nicht ausreichten, obwohl zusätzliche Außenlager eigens zu diesem Zweck eingerichtet wurden. Mehrere Tausend jüdische Häftlinge wurden in Außenlagern wie der Danziger Werft, der Schichau-Werft in Elbing, der Marine-Bauleitung in Gotenhafen und andernorts eingesetzt. Da wegen der herannahenden Ostfront östlich von Stutthof nur noch wenige Außenlager existierten, blieben die Konzentrationslager im Reich die einzige Ausweichmöglichkeit: Bis November 1944 wurden fast 12 000 jüdische Häftlinge in die Konzentrationslagerkomplexe Buchenwald, Sachsenhausen, Neuengamme, Flossenbürg, Dachau und Natzweiler weitertransportiert.[159] In zwei Transporten schickte die SS arbeitsunfähige Juden direkt nach Auschwitz: Am 26. Juli wurden 524 Jüdinnen mit 899 Kindern und am 10. September erneut 575 Frauen mit Kindern, teils Neugeborenen, Schwangere, aber auch Gebrechliche – sie alle aus den baltischen Transporten – nach Auschwitz-Birkenau deportiert und dort in den Gaskammern ermordet.

Die Bedingungen in den Unterkünften waren so schlecht und die Arbeit in den Außenlagern so schwer, dass binnen kurzer Zeit immer mehr Häftlinge nicht mehr zur Arbeit herangezogen werden konnten. Sie wurden ins Stammlager zurückgeschickt und hier im Krankenrevier mit Phenolinjektionen getötet. Bei weiter entfernt liegenden Außenlagern wurden kranke jüdische Häftlinge vor Ort mit Gift getötet oder kurzerhand erschlagen (Dok. 271 vom Okt. 1944).

Anfang 1943 hatte die Berliner Firma Kori zwei Krematoriumsöfen im Lager Stutthof installiert. Im Juni desselben Jahres war in unmittelbarer Nähe zum Krematorium, zugleich auch in Sichtweite zum Lagerkomplex, eine gemauerte Gaskammer von 8,5 Meter Länge errichtet worden, die der Kleiderdesinfektion dienen sollte und zu diesem Zweck eine Deckenöffnung zum Einwerfen von Zyklon B aufwies.[160] Wann genau die Gaskammer erstmals benutzt wurde, um darin Häftlinge mit Giftgas zu töten, ist nicht mehr feststellbar; vermutlich geschah dies im Juli oder August 1944. Als gesichert kann angenommen werden, dass am 22. August 77 invalide sowjetische Kriegsgefangene, die wenige Tage zuvor aus Riga nach Stutthof deportiert worden waren, in der Gaskammer getötet wurden.[161] Bis November wurden die Morde mit Giftgas ausgeweitet, denen überwiegend Juden zum Opfer fielen.[162] Die vorliegenden Unterlagen und Aussagen

157 Mascha Rolnikaite, Ich muss erzählen. Mein Tagebuch 1941–1945. Aus dem Jiddischen von Dorothea Greve, Reinbek 2004, S. 241.

158 APMS, Relacje, Bd. IV, S. 80; ebd., Bd. III, S. 149.

159 Stutthof. Das Konzentrationslager (wie Anm. 146), S. 143, 165.

160 Drywa, Extermination (wie Anm. 147), S. 46.

161 Krzysztof Dunin-Wąsowicz, Obóz koncentracyjny Stutthof, Gdynia 1970, S. 151.

162 Aussage von Hans Rach vor dem Bezirksgericht in Gdańsk am 10.10.1947; APMS, So Gd, Mappe 81, S. 97.

von Überlebenden lassen es nicht zu, die Zahl der Opfer auch nur annähernd zu schätzen.

Am 5. November 1944 lebten über 57 000 Häftlinge im Lager, 33 000 im Stammlager, die übrigen in den Außenlagern. Knapp 70 Prozent von ihnen waren Juden. Mittlerweile hatte sich jedoch der Zustand der Häftlinge so sehr verschlechtert, dass sie Krankheiten nichts mehr entgegenzusetzen hatten. Im „Judenlager" brach im Dezember eine Typhusepidemie aus, an der noch im selben Monat 3500 Jüdinnen sowie im Januar 1945 weitere 5000 starben. Da das Krematorium des Lagers die vielen Leichen nicht verbrennen konnte, ließ die SS außerhalb im Wald einen Scheiterhaufen errichten, auf dem im Januar 1945 Tausende von Leichen verbrannt wurden.

Als der Lagerkommandant SS-Sturmbannführer Paul Werner Hoppe am 25. Januar 1945 die vollständige Räumung von Stutthof anordnete,[163] wonach im Lager lediglich „die kranken sowie nichtmarschfähigen Häftlinge und die für den Abbau des Lagers notwendigen Kräfte" zurückbleiben sollten, befanden sich noch über 46 000 Häftlinge in Stutthof, davon etwa 28 000 Jüdinnen. Bis zu diesem Zeitpunkt waren 40 000 Menschen in Stutthof umgekommen. Die Sterblichkeit unter den im Lager zurückgelassenen Häftlingen blieb hoch: Bis Anfang Mai 1945 starben weitere 7500 Häftlinge, die meisten von ihnen Jüdinnen. Die Überlebenschancen waren auf den Todesmärschen jedoch keineswegs größer; auch hier war die Zahl der Opfer unter den jüdischen Häftlingsfrauen mit Abstand am größten, vor allem auf den Märschen aus den Außenlagern, auf denen im Winter 1945 etwa 10 000 Menschen umkamen. Insgesamt starben im Konzentrationslager Stutthof zwischen 1939 und 1945 mindestens 63 000 Menschen; über 40 Prozent von ihnen waren Jüdinnen und Juden, die fast ausschließlich in den letzten Monaten im Lager umkamen.[164]

Der Regierungsbezirk Zichenau

Im stark agrarisch geprägten Regierungsbezirk Zichenau südlich von Ostpreußen lebten im Sommer 1939 bei einer Gesamtbevölkerung von knapp 850 000 Menschen etwa 80 000 Juden, die überwiegende Mehrheit von ihnen in den Städten.[165] In Płock betrug ihr Anteil 20 Prozent, in Mielau über 30 Prozent, in Maków Mazowiecki 55 Prozent der Einwohnerschaft.[166]

Das Gebiet, das der Verwaltung des Oberpräsidenten und Gauleiters Erich Koch im angrenzenden Ostpreußen unterstellt wurde, war für die Kriegswirtschaft von nur gerin-

163 VEJ 16/191.

164 Wolfgang Gippert, Danzig-Westpreußen, in: Gruner/Osterloh (Hrsg.), Das „Großdeutsche Reich" (wie Anm. 1), S. 199–226, hier S. 223.

165 Andreas Schulz, Regierungsbezirk Zichenau, in: Gruner/Osterloh (Hrsg.), Das „Großdeutsche Reich" (wie Anm. 1), S. 261–280; Grynberg, Żydzi w Rejencji Ciechanowskiej (wie Anm. 144), S. 12 f.; Janusz Szczepański, Społeczność żydowska Mazowsza w XIX–XX wieku, Pułtusk 2005; Rafał Kowalski, Raz jeszcze. Żydzi, Płock, Polska, Płock 2016.

166 Die Judenverfolgung im Regierungsbezirk Zichenau von Herbst 1939 an ist trotz der vergleichsweise großen Zahl von hier lebenden Juden nur wenig erforscht, was zweifelsfrei auch an der spärlichen Aktenüberlieferung und der geringen Zahl von Berichten der jüdischen Opfer liegt. Siehe Das gerettete Buch des Simcha Guterman, hrsg. von Nicole Lapierre, München/Wien 1993.

gem Interesse. Geplant war vor allem die zukünftige Ansiedlung deutscher Bauern, bereits im Herbst 1940 waren 8000 sogenannte Narewdeutsche aus den angrenzenden sowjetisch besetzten Gebieten Ostpolens nach Zichenau umgesiedelt worden. In dieser Hinsicht entsprach das Gebiet daher den Interessen, die Koch als Gauleiter verfolgte; während des Krieges blieb Zichenau jedoch ein wirtschaftliches Zuschussgebiet.[167] Die Germanisierung durch Ansiedlung von sogenannten Volksdeutschen oder auch von Reichsdeutschen aus dem angrenzenden Ostpreußen nahm nicht annähernd die Ausmaße wie vergleichsweise im Warthegau an. Dennoch blieb die geplante Eindeutschung des Gebiets der bestimmende Faktor auch für die antijüdische Politik.

Bereits im Herbst 1939 verübten Wehrmachtsverbände und Einsatzgruppen entlang der deutsch-sowjetischen Demarkationslinie erste Mordaktionen an der jüdischen Bevölkerung. Auch die kleine deutsche Minderheit sowie Einheiten des volksdeutschen Selbstschutzes beteiligten sich an der Verfolgung und Ermordung von Juden im Regierungsbezirk. Allerorts wurden Synagogen in Brand gesteckt, den jüdischen Gemeinden Zwangskontributionen auferlegt, die Menschen systematisch ausgeraubt und zu Zwangsarbeiten herangezogen.[168]

Wie in den anderen eingegliederten Gebieten waren auch in Zichenau die Verfolgungen in den ersten Monaten der deutschen Besatzung eng verbunden mit der in naher Zukunft erwarteten Vertreibung der jüdischen Bevölkerung in das Generalgouvernement. Und tatsächlich gelang es den Behörden, trotz des Widerspruchs von Generalgouverneur Hans Frank zwischen November 1940 und Januar 1941 etwa 26 000 Juden in das angrenzende Generalgouvernement abzuschieben.[169] Allein im November wurden in elf Transporten knapp 11 000 Juden aus Mielau deportiert, nicht einmal vier Wochen später weitere 4000 Personen. Im Januar 1941 wurden erneut 10 000 Juden aus dem Regierungsbezirk Zichenau ausgesiedelt, davon 7000 aus Płock. Zur Gruppe der Deportierten gehörten auch mehrere Tausend Polen. Der Abtransport sowohl der Juden als auch der nichtjüdischen Polen erfolgte über Soldau.[170] In dem Ort existierte von Januar 1940 an ein Durchgangs- und Konzentrationslager für insgesamt ca. 30 000 Häftlinge, das außerdem als zentrale Hinrichtungsstätte der Gestapo Zichenau sowie als Ort für den Mord an psychisch Kranken diente. Die Patientenmorde und die Mordaktionen an der jüdischen Bevölkerung standen also auch im Regierungsbezirk Zichenau in einem engen Zusammenhang.[171]

Die Aussiedlungen der Juden von November 1940 an gingen den Stadtverwaltungen jedoch zu langsam. Die Deutschen begannen deshalb mit der Bildung von schließlich insgesamt 19 Gettos. Als die Vertreibung der Juden in das Generalgouvernement Anfang

167 Ralf Meindl, Ostpreußens Gauleiter. Erich Koch – eine politische Biographie, Osnabrück 2007, S. 280 f.; Elżbieta Szubska-Bieroń, Płock na łamach lokalnej prasy NSDAP 1939–1945, 2. Aufl., Płock 2016.

168 Schulz, Regierungsbezirk Zichenau (wie Anm. 165), S. 265–269; Meindl, Ostpreußens Gauleiter (wie Anm. 167), S. 254, 286–295; Golczewski, Polen (wie Anm. 94), S. 422–426.

169 Meindl, Ostpreußens Gauleiter (wie Anm. 167), S. 292.

170 Schulz, Regierungsbezirk Zichenau (wie Anm. 165), S. 272 f.

171 Siehe oben S. 18; Meindl, Ostpreußens Gauleiter (wie Anm. 167), S. 287; Janusz Gumkowski, Oboz hitlerowski w Działdowie, in: Biuletyn Głównej Komisji Badania Zbrodni Hitlerowskich w Polsce, 10 (1958), S. 57–88.

1941 unterbrochen wurde, beschränkten die deutschen Besatzungsbehörden die Bewegungsspielräume der jüdischen Bevölkerung, die nun in sieben sogenannte Konzentrationsgettos in Zichenau, Maków Mazowiecki, Mława (Mielau), Nowe Miasto (Neustadt), Nowy Dwór Mazowiecki, Płońsk (Plöhnen) und Strzegowo (Striegenau) umziehen mussten. Bei den Gettos handelte es sich entweder um offene oder durch Bretter abgetrennte Stadtteile, was den Juden allen Verboten zum Trotz noch Möglichkeiten ließ, Kontakte zur polnischen Bevölkerung aufrechtzuerhalten.[172] Aufgrund der vergleichsweise besseren Wohn- und Versorgungssituation der jüdischen Bevölkerung in Zichenau wurde der Regierungsbezirk für Juden aus dem Generalgouvernement attraktiv; deswegen flüchteten viele über die kaum bewachte Grenze nach Zichenau oder kehrten nach den Deportationen aus Zichenau dorthin zurück.[173]

Kochs Behörden und insbesondere die Gestapo gingen dagegen von Mitte 1941 an mit großer Brutalität vor, Kochs Interesse an Zichenau ließ allerdings nach dem deutschen Angriff auf die Sowjetunion und nach der Unterstellung des Reichskommissariats Ukraine unter seine Verwaltung deutlich nach. In den Sommermonaten führte die Gestapo Razzien durch, bei denen sie insbesondere nach solchen Juden suchte, die illegal aus dem Generalgouvernement in den Bezirk gekommen waren. Sie wurden in das Lager bzw. Polizeigefängnis Pomiechówek an der Grenze zum Generalgouvernement gebracht, in dem sich im Juli 1941 schätzungsweise 6000 Juden befanden. Bei einer solchen Einzelaktion wurden Mitte Juli 1941 im Getto von Płońsk (Plöhnen) zehn Prozent der Gettobewohner als „Illegale“ verhaftet und nach Pomiechówek deportiert (Dok. 18 vom Sept. 1941).[174] Wegen der furchtbaren Bedingungen im Lager, aber auch durch Folter und zahlreiche Hinrichtungen starben ca. 2500 Juden. Die Übrigen wurden im September 1941 über die Grenze in das Generalgouvernement abgeschoben. Insgesamt durchliefen schätzungsweise 50 000 polnische und jüdische Häftlinge Pomiechówek, etwa 15 000 überlebten den Aufenthalt nicht. Zahlreiche Juden, die in Zichenau aufgegriffen wurden, weil sie aus dem Generalgouvernement stammten oder sich unerlaubt von einem Getto in ein anderes begeben hatten, erschoss die Gestapo auf der Stelle. In anderen Fällen, in denen sie zuvor noch mögliche Helfer zu ermitteln versuchte, stellte sie beim Reichssicherheitshauptamt anschließend Anträge auf „Sonderbehandlung“, das heißt auf Ermordung, die durch Adolf Eichmann in Berlin bestätigt wurden.[175]

Die folgenden Monate von Ende 1941 an verliefen für die Juden im Bezirk vergleichsweise ruhig, obwohl es immer wieder zu massiver Gewalt gegen sie kam, vor allem zu öffentlichen Hinrichtungen, für die verschiedentlich sogar Eintrittsgelder erhoben wurden.[176] Im Januar 1942 lebten von ursprünglich 80 000 Juden nur noch etwa 38 000. Im Herbst des Jahres lösten die Deutschen dann aber auch in Zichenau die noch existierenden sieben Gettos vollständig auf und deportierten die Juden in die Vernichtungslager Treblinka und Auschwitz-Birkenau.

Da Erich Koch an der Spitze der deutschen Verwaltung in Ostpreußen, Bialystok, Zichenau und im Reichskommissariat Ukraine stand, besaß er im Herbst 1942 entschei-

172 Grynberg, Żydzi w Rejencji Ciechanowskiej (wie Anm. 144), S. 45–52.
173 Schulz, Regierungsbezirk Zichenau (wie Anm. 165), S. 274.
174 Grynberg, Żydzi w Rejencji Ciechanowskiej (wie Anm. 144), S. 63–65.
175 YVA, O.53/118, passim.
176 Augenzeugenbericht von Paul Röhr (1952); YVA, O.1/250, Bl. 7.

denden Einfluss auf die Vernichtungspolitik in allen vier Gebieten. Allein aus der Stadt Zichenau wurden am 6./7. November 1942 etwa 7000 Gettobewohner nach Auschwitz deportiert. Angehörige der Gestapo Zichenau erschossen vor Ort alle, die aus gesundheitlichen Gründen nicht transportfähig waren. Koch soll der Abfahrt eines Deportationszugs aus Zichenau persönlich beigewohnt haben.[177] Ein Transport mit Juden aus Mielau und Striegenau fuhr nach Treblinka, alle übrigen Transporte – der letzte von ihnen am 12. Dezember 1942 – gelangten nach Auschwitz. Insgesamt wurden in fünf Wochen ca. 36 000 Juden aus dem Regierungsbezirk in die Vernichtungslager deportiert, nur sehr wenige von ihnen überlebten.

Nachdem die Deutschen das Gebiet nun offiziell „judenfrei" gemacht hatten, kam es – ähnlich wie auch im Generalgouvernement – zu zahlreichen Übergriffen polnischer Antisemiten auf die wenigen Juden, denen es gelungen war, sich zu verstecken. Entdeckte Juden wurden erpresst, weil man noch immer Wertsachen bei ihnen vermutete, oder direkt der deutschen Polizei übergeben, die sie in der Regel sofort erschoss. Auch sind Fälle überliefert, in denen Polen Juden selbst ermordeten, ohne dass deutsche Gendarmerie, Polizei oder Verwaltung darauf drängten; nicht selten bedurfte es dazu nicht einmal der Anwesenheit eines Deutschen.[178] Es gab jedoch auch Polen, die Juden unter eigener Lebensgefahr versteckten und ihnen zur Flucht verhalfen. Zudem war das Verhalten der polnischen Bevölkerung geprägt von der eigenen Notlage unter deutscher Herrschaft, so dass auch viele Polen, die den Judenmord verurteilten, zumindest vom Eigentum der Ermordeten profitieren wollten.[179] Im Sommer 1944 waren nur noch ca. 350 Juden im Regierungsbezirk am Leben; fast die gesamte jüdische Bevölkerung in Zichenau war bis 1944 getötet worden.[180]

Der Bezirk Bialystok

Im September 1939 war die Region um Białystok südöstlich von Ostpreußen zunächst für eine Woche von der Wehrmacht besetzt gewesen, bevor sie den deutsch-sowjetischen Vereinbarungen entsprechend von der Sowjetunion annektiert wurde. Am 27. Juni 1941 marschierte die Wehrmacht erneut in die Stadt Białystok ein. Der deutsche Angriff auf die Sowjetunion schürte unter den Juden im besetzten Polen kurzzeitig die Hoffnung, dies könne angesichts der erwarteten Übermacht der Roten Armee den Anfang vom Ende des Dritten Reiches bedeuten. So traf die massive Gewalt der Einsatzgruppe B und der Polizeibataillone die jüdische Bevölkerung der vormals sowjetisch besetzten Gebiete weitgehend unvorbereitet.[181] Unmittelbar nach Einnahme der Stadt ermordeten Angehörige

177 Schulz, Regierungsbezirk Zichenau (wie Anm. 165), S. 273 f.; Grynberg, Żydzi w rejencji Ciechanowskiej (wie Anm. 144), S. 53, 106.

178 Jan Grabowski, Holocaust in Northern Mazovia (Poland) in the Light of the Archive of the Ciechanów Gestapo, in: Holocaust and Genocide Studies, 18 (2004), Nr. 3, S. 460–476; ders., Die antijüdische Politik im Regierungsbezirk Zichenau, in: Młynarczyk/Böhler (Hrsg.), Judenmord (wie Anm. 1), S. 99–115.

179 Jacek Leociak, Ratowanie. Opowieści Polaków i Żydów, Kraków 2010.

180 Meindl, Ostpreußens Gauleiter (wie Anm. 167), S. 294; Golczewski, Polen (wie Anm. 94), S. 469, 481.

181 VEJ 4, S. 56.

des Polizeibataillons 309, das in den vorangegangenen Monaten bei der Bewachung des Gettos in Radom eingesetzt gewesen war, unter dem Befehl von Major Ernst Weis im jüdischen Viertel und auf dem Marktplatz der Stadt mehr als 2000 Juden; etwa 700 der Opfer verbrannten in der Synagoge bei lebendigem Leibe. Im Unterschied zu anderen besetzten Regionen wurden in diesem Massaker bereits auch Frauen und Kinder unter dem diffusen Vorwand der „Vergeltung" oder „Befriedung" ermordet.[182]

Nur wenige Tage später, am 5. Juli, ließ die Wehrmachtskommandantur der Stadt weitere ca. 300 Juden verhaften, die kurz darauf in einem nahe gelegenen Wald von Angehörigen des Einsatzkommandos 8 erschossen wurden. Nachdem Himmler und der Chef der Ordnungspolizei Kurt Daluege die Stadt Białystok am 8./9. Juli 1941 besucht hatten, ermordeten Angehörige der Polizeibataillone 316 und 322 erneut eine größere Zahl Juden. Am 12. Juli wurden in einer weiteren Mordaktion unter Leitung des Höheren SS- und Polizeiführers Erich von dem Bach-Zelewski mindestens 2000 Juden im städtischen Stadion zusammengetrieben und später vor den Toren der Stadt erschossen.[183] Neben den Juden fielen in den ersten Monaten auch Psychiatriepatienten den Einsatzgruppen zum Opfer. Aus der psychiatrischen Anstalt in Choroszcz bei Białystok wurden im September 1941 mindestens 464, möglicherweise auch deutlich mehr Patienten in einem angrenzenden Waldstück erschossen.[184]

In der Region gab es in den ersten Wochen der deutschen Besatzung auch mehrere Übergriffe auf Juden seitens der nichtjüdischen Bevölkerung, von denen das Massaker von Jedwabne am 10. Juli 1941 sowie das in Radziłów, beide im Landkreis Łomża, am 7. Juli 1941 am bekanntesten geworden sind. Ihnen fielen schätzungsweise 1200 Juden zum Opfer. In diesen Fällen ermordeten Polen ihre jüdischen Nachbarn. Es ist in der Forschung umstritten, inwieweit Angehörige der deutschen Sicherheitspolizei bzw. Feldgendarmerie die Täter hierzu ermunterten.[185]

Der Bezirk Bialystok war etwa so groß wie Ostpreußen und wurde auf Befehl Hitlers am 1. August 1941 eingerichtet. In seiner agrarischen Struktur ähnelte er dem Regierungsbezirk Zichenau und galt im Zusammenhang mit der deutschen Raumplanung als zukünftiger Ausgangspunkt für die deutsche Besiedlung der besiegten Sowjetunion mit sogenannten Wehrbauern. Entsprechend einem weiteren Führererlass wurde dem Bezirk am 11. November 1941 noch das Gebiet um Grodno zugeschlagen.[186] Einschließlich Grodno

182 Wolfgang Curilla, Der Judenmord in Polen und die deutsche Ordnungspolizei 1939–1945, Paderborn 2011, S. 244–255; Browning, Entfesselung (wie Anm. 105), S. 450; Sara Bender, The Jews of Białystok during World War II and the Holocaust, Hanover u. a. 2008, S. 90–93.

183 Dienstkalender Heinrich Himmlers (wie Anm. 35), S. 183; Dawid Klementinowski, Lebn un umkum in bialistoker geto, New York 1946, S. 15–32.

184 Grynberg, Żydzi w Rejencji Ciechanowskiej (wie Anm. 144), S. 42 f., der 1500 Opfer angibt; Gerlach, Kalkulierte Morde (wie Anm. 50), S. 1067.

185 Jan Tomasz Gross, Sąsiedzi. Historia zagłady żydowskiego miasteczka, Sejny 2000 (dt. Nachbarn. Der Mord an den Juden von Jedwabne, München 2001); Paweł Machcewicz/Krzysztof Persak (Red.), Wokół Jedwabnego, 2 Bde., Warszawa 2002; Paweł Machcewicz, Rund um Jedwabne, in: Edmund Dmitrów/Paweł Machcewicz/Tomasz Szarota, Der Beginn der Vernichtung. Zum Mord an den Juden in Jedwabne und Umgebung im Sommer 1941. Neue Forschungsergebnisse polnischer Historiker, Osnabrück 2004, S. 19–94; Mirosław Tryczyk, Miasta śmierci. Sąsiedzkie pogromy Żydów, Warszawa 2015.

186 Zu Grodno siehe Felix Ackermann, Palimpsest Grodno. Nationalisierung, Nivellierung und Sowjetisierung einer mitteleuropäischen Stadt 1919–1991, Wiesbaden 2010.

mit ca. 35 000 Juden lebten im gesamten Bezirk Bialystok Anfang August 1941 etwa 200 000 Juden.[187] 2000 bis 5000 Juden gelang es im Sommer 1941 noch rechtzeitig, in die Sowjetunion zu flüchten; die meisten von ihnen überlebten.[188]

Von den übrigen, bereits im Oktober 1939 annektierten polnischen Gebieten unterschied sich der Bezirk Bialystok insofern, als er in den folgenden Jahren zwar als eingegliedertes Territorium galt, aber einen Sonderstatus behielt und nicht formal in das Reich integriert wurde. Zu Beginn gab es Überlegungen, das Gebiet dem Generalgouvernement anzugliedern, und tatsächlich bekundete Generalgouverneur Frank daran Interesse. Die Verwaltung des Bezirks wurde indessen ähnlich wie der Regierungsbezirk Zichenau dem Oberpräsidenten und Gauleiter Erich Koch in Ostpreußen unterstellt, der somit zwischen 1941 und 1944 auch als Chef der Zivilverwaltung im Bezirk Bialystok fungierte.[189] Das Gebiet besaß zwar eine eigene Verwaltung, über die Grundlinien der Besatzungspolitik gegenüber der polnischen und jüdischen Bevölkerung wurde jedoch in Königsberg entschieden.

Der Bezirk Bialystok war für Gauleiter Erich Koch auch deshalb von Interesse, weil er eine Landbrücke zwischen Ostpreußen und dem Reichskommissariat Ukraine herstellte, das Koch als Reichskommissar in Personalunion verwaltete. Eine sichtbare Präsenz Kochs in Bialystok hatte dies jedoch nicht zur Folge: Ähnlich wie dort und in Zichenau berief er auch in Bialystok mehrere ostpreußische Vertraute auf zentrale Positionen.[190] Wirtschaftlich war der Bezirk überdies von geringer Bedeutung. Die Vierjahresplanbehörde und die zuständige Provinzialverwaltung in Ostpreußen kamen überein, dass man sich lediglich um die ca. 2000 im Bezirk Bialystok lebenden Deutschen kümmern wolle, hingegen „die nichtdeutsche Bevölkerung mit Verbrauchsgütern und Waren aller Art, die dem Bezirk von außen zugeführt werden müssen, grundsätzlich nicht versorgt" werden sollte.[191]

In der Stadt Białystok wurde auf Befehl der Militärverwaltung vom 26. Juli 1941 ein Getto für etwa 60 000 Juden eingerichtet.[192] Es war damit nach Litzmannstadt die zweitgrößte Zwangsgemeinschaft für Juden in den eingegliederten Ostgebieten und zählte nach seiner Abriegelung Anfang August 1941 ca. 40 000 jüdische Bewohner, die auf engstem Raum und unter sehr schlechten hygienischen und baulichen Bedingungen leben mussten. Sie wurden einer Reihe diskriminierender Maßnahmen unterworfen, von der Kennzeichnungspflicht mit dem gelben Stern an der Kleidung über eine Zwangsarbeitspflicht

187 Golczewski, Polen (wie Anm. 94), S. 419, 448 f.; Meindl, Ostpreußens Gauleiter (wie Anm. 167), S. 298 f.; Katrin Stoll, Die Herstellung der Wahrheit. Strafverfahren gegen ehemalige Angehörige der Sicherheitspolizei für den Bezirk Bialystok, Berlin u. a. 2012, S. 149.

188 Archiwum Ringelbluma. Konspiracyjne Archiwum Getta Warszawy, Bd. 3: Relacje z Kresów. Opracował Andrzej Żbikowski, Warszawa 2000, S. 38.

189 Erlaß des Führers über die vorläufige Verwaltung des Bezirks Bialystok vom 15.8.1941, in: Führer-Erlasse 1939–1945. Zusammengestellt und eingeleitet von Martin Moll, Stuttgart 1997, S. 194.

190 Meindl, Ostpreußens Gauleiter (wie Anm. 167), S. 304.

191 Wirtschaftsführungsstab Ost an den Oberpräsidenten der Provinz Ostpreußen, 30.9.1941; BArch, R 2/14586, Bl. 154; siehe auch Meindl, Ostpreußens Gauleiter (wie Anm. 167), S. 302.

192 Bender, The Jews of Białystok (wie Anm. 182), S. 11, gibt eine Zahl von 43 000 Juden in der Stadt an. Ewa Rogalewska, Bezirk Bialystok. Zwischen Arbeit und Flucht in einem vergessenen Teil des Deutschen Reichs, in: Jürgen Hensel/Stephan Lehnstaedt (Hrsg.), Arbeit in den nationalsozialistischen Ghettos, Osnabrück 2013, S. 181–194; dies., Getto białostockie. Doświadczenie Zagłady – świadectwa literatury i życia, Białystok 2008.

ab dem 15. Lebensjahr bis hin zur Beschlagnahme sämtlichen Eigentums außerhalb des Gettogeländes.[193] Dem noch Ende Juni auf deutschen Befehl gebildeten Judenrat stand Rabbiner Dr. Gedali Rozenman vor, faktisch wurde der Judenrat jedoch von Efraim Barasz geleitet, dem Gemeindevorsitzenden der Vorkriegszeit, sowie von dem Leiter des jüdischen Ordnungsdienstes Icchak Markus.

Barasz und Rozenman folgten in vielerlei Hinsicht dem Vorgehen anderer Judenräte und schufen eine innere Struktur, die das Überleben der Gettobewohner trotz der Enge und der unzureichenden Lebensmittelversorgung erleichtern sollte. Wie Rumkowski in Litzmannstadt und Merin in Sosnowitz setzte auch Barasz auf die Arbeitskraft der Gettobewohner und die rationale Überlegung, dass es für die Deutschen widersinnig sein müsse, produktive Juden zu vertreiben oder gar zu ermorden. Wie in Litzmannstadt entstanden auch in Białystok Krankenhäuser, Suppenküchen, Schulen, ein Altersheim, nicht zuletzt ein Gericht sowie ein jüdischer Ordnungsdienst. Schließlich war auch die jüdische Verwaltung ein wichtiger Arbeitsplatz für etwa 2000 Menschen. Daneben bemühte sich der Judenrat, an das reiche Kulturleben der einst wohlhabenden jüdischen Gemeinde aus der Zeit vor 1939 anzuknüpfen.

Auch die Wirtschaftsstruktur der Stadt mit ihrem starken Schwerpunkt in der Textilindustrie wies Parallelen zur Lage in Litzmannstadt auf. Angesichts ihres hohen Bevölkerungsanteils von über 40 Prozent kam den Juden große Bedeutung für die Wirtschaft auch unter deutscher Besatzung zu. Dies bedeutete aber auch, dass das Schicksal der Juden auf das Engste mit der Arbeitskräftepolitik der deutschen Besatzer verknüpft war. Besonders deutlich wurde dies noch im Herbst 1941 bei der Einrichtung zweier Gettos in Grodno 75 km nordöstlich von Białystok, als der „jüdische Wohnbezirk" fortan in einen Bereich für Arbeitsfähige und einen für Arbeitsunfähige geteilt war. Auf diese Weise versuchte die Sicherheitspolizei, vor Mordaktionen mühsame Verhandlungen mit Wehrmacht, Zivilverwaltung und einzelnen Firmen zu vermeiden, die jüdische Zwangsarbeiter zu reklamieren versuchten.

Zunächst jedoch war das Interesse der deutschen Behörden an jüdischen Arbeitskräften gering. Schon kurz nach Einrichtung des Gettos in Białystok kam es daher – vermutlich auf Anregung von Koch – zu einem ersten Versuch, möglichst viele Juden aus der Stadt zu entfernen. So wurden zwischen dem 16. und 18. September 1941 die ersten 4500 vor allem kranken, alten und arbeitsunfähigen Juden in das 60 km südöstlich gelegene Getto Prużany deportiert; der Judenrat musste hierfür die Transportkosten übernehmen.[194] Danach wurden die Deportationen eingestellt. Es ist unklar, ob dies mit organisatorischen Schwierigkeiten zusammenhing oder mit Kochs Erkenntnis, dass die jüdischen Zwangsarbeiter in der Textilindustrie, die seine „Erich-Koch-Stiftung"[195] sich gleich zu Beginn der Besatzung angeeignet hatte, profitabel ausgebeutet werden konnten. Die jüdischen Arbeitskräfte wurden auch in mehreren Fabriken namentlich des Industriellen Oskar Steffen eingesetzt, der Betriebe im und außerhalb des Gettos unterhielt.

193 Klementinowski, Lebn un umkum (wie Anm. 183), S. 15–32.

194 Ebd., S. 37 f.

195 Hierbei handelte es sich um ein umfangreiches, Koch direkt unterstehendes Firmengeflecht, das während des Krieges große Vermögensmassen ansammelte und in praktisch allen lukrativen Geschäftssparten Ostpreußens, Zichenaus und des Gebiets Bialystok tätig war.

In den umliegenden Gebieten waren Morde an Juden an der Tagesordnung, obwohl weiter östlich – im Generalkommissariat Weißruthenien und Reichskommissariat Ukraine – nach den ersten Massakern im Winter 1941/42 ebenfalls eine trügerische, weil nur sehr kurze Ruhe herrschte. Allein die Gettos in Białystok und den übrigen Kreisstädten blieben zunächst unbehelligt, wobei die Lebensbedingungen in Hinsicht auf die hygienische Situation und die Lebensmittelversorgung auch hier katastrophal waren. Die Versorgung der Gettobewohner war trotz des wachsenden Zwangsarbeitseinsatzes dermaßen schlecht, dass die eingeschlossenen Menschen ihr Überleben nur mittels systematischen Schmuggels von Nahrungsmitteln in das Getto einigermaßen sichern konnten, und selbst dann noch blieb die Sterblichkeit im Getto erschreckend hoch. Zur Jahreswende 1941/42 wurde in den Plänen des Reichssicherheitshauptamts auch das Schicksal der Juden im Getto Białystok sowie im ganzen Gebiet besiegelt: Im Protokoll der Wannsee-Konferenz figuriert der Bezirk mit 400 000 Juden,[196] die die Deutschen zu ermorden planten, obwohl diese Zahl um das Doppelte über der der tatsächlich hier noch lebenden Juden lag.

Den fast vollständig erhalten gebliebenen Protokollen der Sitzungen des Judenrats ist in der ersten Jahreshälfte 1942 anzumerken, dass die Industrieansiedlungen in der Stadt, in denen Juden beschäftigt waren, die Werkstätten im Getto sowie die allgemeine Steigerung der Produktion zu einer gewissen Zuversicht führten, während im Warthegau zur gleichen Zeit Zehntausende Juden aus Litzmannstadt und anderen wartheländischen Gettos im Vernichtungslager Kulmhof getötet wurden und zwischen März und Juli 1942 auch das Morden im Generalgouvernement in den Vernichtungslagern der „Aktion Reinhardt" – Belzec, Sobibor und Treblinka – begann.[197] „‚Der Bialystoker Jude' wird zu den nützlichen Elementen gerechnet", resümierte das Sitzungsprotokoll des Judenrats in Białystok am 31. Mai 1942. „Die Beziehungen zu der Behörde sind voll und ganz befriedigend. Es gibt deshalb keinen Grund zur Beunruhigung."[198] Zugleich entwickelte sich die Auftragslage für die Gettobetriebe – wie in Litzmannstadt vor allem seitens der Heeresbekleidungsämter – 1942 besser als erwartet und schien die Hoffnung auf eine prekäre Stabilität des jüdischen Lebens zu rechtfertigen.

Allerdings gelangten detaillierte Informationen über die Morde an Juden in praktisch allen Gebieten des besetzten Polen, des Baltikums und der Sowjetunion ins Getto. Zudem waren Juden und Polen Mitte April 1942 den Standgerichten im Bezirk unterstellt worden und hatten damit auch die letzten Reste rechtlichen Schutzes verloren.[199] Vor allem zeigten die Nachrichten aus anderen Gettos, deren Bewohner 1942 ermordet wurden, dass der vermeintliche wirtschaftliche Nutzen der Juden die Deutschen keineswegs davon abhielt, auch „produktive" Juden zu töten. „Brüder!", appellierten die Partisanen des Wilnaer Gettos im Frühjahr 1942 an alle Juden in den noch bestehenden Gettos: „Zerstört die Illusion, dass uns wirtschaftliche Notwendigkeit retten kann. Verwerft die

196 VEJ 6/65.
197 Klementinowski, Lebn un umkum (wie Anm. 183), S. 94, 108 f.; siehe VEJ 9, S. 36–38.
198 Freia Anders/Katrin Stoll/Karsten Wilke (Hrsg.), Der Judenrat von Białystok. Dokumente aus dem Archiv des Białystoker Ghettos 1941–1943, Paderborn 2010, S. 112.
199 Verordnung des Chefs der Zivilverwaltung für den Bezirk Bialystok, 12.4.1942, in: Amtsblatt des Oberpräsidenten der Provinz Ostpreußen, Zivilverwaltung für den Bezirk Bialystok, 2. Jg., Folge 7, 28.4.1942, S. 1.

Hoffnung, dass die Deutschen aus wirtschaftlichen Gründen die 40 000 Juden in Białystok und die über eine halbe Million in Warschau nicht vertilgen werden. Die Ausrottung der Juden ist eine zentrale Aktion. Sie ist von keinerlei örtlichen Organen abhängig. [...] Die Ausrottung aber ist ein systematischer Prozess, der früher oder später alle treffen wird. Hier herrscht das politische Programm über alle wirtschaftlichen Faktoren."[200] Der Appell sagte in ungewöhnlich genauer Weise den Ablauf vorher, mit dem von Herbst 1942 bis Sommer 1943 die Zivilverwaltung und das Reichssicherheitshauptamt die Juden im Bezirk Bialystok ermorden ließen. In dem Maße, in dem sich die Lage der Juden auch hier verschlechterte, kamen überdies immer mehr Flüchtlinge in die Stadt Białystok, weil das Getto schon seiner Größe wegen bessere Überlebenschancen bot als ein Versteck auf dem Lande. Den Zuzug von Juden aus dem Bezirk sahen viele Gettobewohner als Gefahr an, da er den vermeintlichen Konsens zwischen Judenrat und Gestapo zu zerstören drohte.[201]

Wie in den meisten anderen Gebieten mit einer größeren Anzahl von Juden lief das Vorgehen der Deutschen auch im Bezirk Bialystok darauf hinaus, zunächst die Arbeitsunfähigen zu ermorden, die zur Zwangsarbeit geeignet Erscheinenden dagegen immer stärker und an wenigen Orten bzw. in wenigen Gettos zu konzentrieren. Wenn Gauleiter Koch in dem ihm unterstellten Reichskommissariat Ukraine den Gebietskommissaren im August 1942 mitteilen ließ, er erwarte „grundsätzlich hundertprozentige Lösungen",[202] dann galt dies bald auch für den Bezirk Bialystok.

Anders als in Ostoberschlesien und im Getto Litzmannstadt, wo Merin und Rumkowski jede Form der Opposition oder gar des Widerstands, der ihre Autorität hätte untergraben oder in Frage stellen können, zu unterdrücken versuchten, bildete sich im Getto Białystok ein Nebeneinander heraus, bei dem der Judenratsvorsitzende und die Widerstandsbewegung einander akzeptierten. Der sich formierende Widerstand sollte sich jedoch auf die Rettung von Juden aus dem Getto konzentrieren, das heißt in erster Linie Bewohnern zur Flucht in die angrenzenden Wälder verhelfen. Die jüdische Untergrundbewegung unter Leitung von Edek Borak bestand überwiegend aus jungen Linkszionisten, die zumeist der sozialistisch-zionistischen Jugendorganisation Haschomer Hazair entstammten und von Aba Kovner sowie der von ihm im Wilnaer Getto im Januar 1942 gegründeten und angeführten Fareynikter Partizaner-Organizatsye (FPO) stark beeinflusst waren. In Wilna hatte sich der Widerstand viel früher formiert, und von Kovner selbst stammt der Appell, die Juden sollten sich nicht wie die Schafe zur Schlachtbank führen lassen, sondern mit der Waffe in der Hand ihren Mördern entgegentreten.[203] Über die Vorgänge in Białystok schrieb die Widerstandskämpferin Chajka Grossman: „Jeder Handgriff für die Deutschen und die Front hatte nur ein Ziel: er war ein Übel, das in etwas Gutes verwandelt werden musste. [...] Wir mussten diese Arbeitsplätze nicht nur moralisch, sondern auch praktisch ausnutzen. Hier konnten wir Material für

200 Aufruf der Fareynikte Partizaner-Organizatsye im Getto Wilna an alle Juden unter deutscher Besatzung (Frühjahr 1942), zit. nach: Abraham Sutzkever, Vilner Geto, 1941–1944, Buenos Aires 1947, S. 174.

201 Anders/Stoll/Wilke (Hrsg.), Der Judenrat von Białystok (wie Anm. 198), S. 136.

202 Zit. nach VEJ 8, S. 34.

203 VEJ 7/223.

unsere eigene Waffenproduktion ‚mitnehmen'. Hier konnten wir Menschen organisieren, begeistern, ermutigen und erziehen."[204]
Eine herausragende Rolle als Kuriere und Schmugglerinnen von Waffen und Munition spielten junge Jüdinnen, die sich unter ständiger Lebensgefahr als „Arierinnen" ausgaben und sich zwischen den verschiedenen Gettos bewegten, Mitteilungen überbrachten und die Widerstandsgruppen miteinander verbanden. Zu ihnen gehörte Chajka Grossman, die wie Kovner den Krieg überlebte und deren ausführlicher Bericht eine der wichtigsten Quellen für den Mord an den Juden im Bezirk Bialystok und den Gettoaufstand im Sommer 1943 darstellt. Im Mai 1942 würdigte Emanuel Ringelblum im Warschauer Getto ihren Beitrag ausführlich in seinem Tagebuch: „Die heldenhaften Mädchen Chajka [Grossman] und Frumka [Płotnicka] usw. verlangen nach der Feder großer Schriftsteller. [...] Die jüdische Frau hat ein besonderes Blatt in der jüdischen Geschichte während des derzeitigen Weltkriegs verdient, die Chajkas und Frumkas werden in dieser Geschichte den ersten Platz einnehmen" (Dok. 104 vom 19.5.1942).
Widerstand gegen die deutschen Besatzer und Hilfe für die gettoisierten Juden kam von Sommer 1941 an auch von der polnischen Bevölkerung. Im August 1941 lagen beispielsweise Pläne von Jakub Antoniuk vor, dem späteren Anführer der Bauernbataillone in der Umgebung von Białystok, um die Juden im Getto mit Lebensmitteln zu versorgen. Eine Ausstattung mit Waffen scheiterte später an den begrenzten eigenen Möglichkeiten und dem hohen Risiko, das die beteiligten Bauern oftmals nicht auf sich zu nehmen wagten.[205]
Im September 1942 wurde das Territorium des Gettos Białystok noch einmal deutlich verkleinert. Wenige Wochen später begannen Einheiten der Sicherheitspolizei, die noch im Bezirk existierenden Gettos aufzulösen und ihre Bewohner in das Vernichtungslager Treblinka zu deportieren oder noch vor Ort zu ermorden. Die Entscheidung hierfür war im Reichssicherheitshauptamt schon früher gefallen, doch sie traf zeitlich zusammen mit einer Reihe von Massenmorden, die die deutschen Machthaber im Herbst 1942 einleiteten. Den Massakern und Deportationen, die bis Februar 1943 fortgesetzt wurden, fielen etwa 120 000 bis 130 000 Juden zum Opfer.[206] Zu den Opfern zählten auch 4000 Juden, die im September 1941 aus Białystok nach Prużany deportiert worden waren und Ende Januar 1943 ermordet wurden. Danach waren mit Ausnahme der Gettos in Białystok und Grodno im Bezirk so gut wie keine Juden mehr am Leben. Ursprünglich hatte das Getto Białystok ebenfalls Anfang November 1942 zerstört werden sollen, doch erhielt der Judenrat auf Intervention von Wehrmacht und Zivilverwaltung Aufschub bis Anfang Februar 1943. Das dem Innenministerium unterstehende Reichssippenamt, eine Dienststelle zur Erforschung der „arischen Rassenzugehörigkeit", bemühte sich für die

204 Chajka Grossman, Die Untergrundarmee. Der jüdische Widerstand in Białystok. Ein autobiographischer Bericht, Frankfurt a. M. 1993, S. 176.
205 Jakub Antoniuk, Pomoc działaczy ludowych i organizacji BCh dla ludności żydowskiej w okolicach Białegostoku w latach 1941–1943, in: Biuletyn ŻIH, 89 (1974), S. 127–132; siehe auch Marcin Urynowicz, Organised and Individual Help Provided by Poles to Jews Exterminated by the German Occupiers during World War II, in: Sebastian Rejak/Elżbieta Frister (Hrsg.), Inferno of Choices. Poles and the Holocaust, 2. Aufl., Warschau 2012, S. 271–311, hier S. 273 f.
206 Madajczyk, Polityka III Rzeszy w okupowanej Polsce (wie Anm. 7), Bd. 2, S. 362; Gerlach, Kalkulierte Morde (wie Anm. 50), S. 723–733.

zukünftige „Judenforschung" umgehend um die „Sicherstellung der in den Ghettos befindlichen jüdischen Register und sonstigen sippenkundlichen Archivalien" (Dok. 175 vom 15.12.1942).

Im November 1942 war Mordechai Tenenbaum aus dem Warschauer Getto nach Białystok gegangen, um die dortige Untergrundbewegung zu unterstützen. Tenenbaum war bereits in den 1930er-Jahren in mehreren jüdischen Jugendorganisationen aktiv gewesen und gehörte im Juli 1942 zu den Mitbegründern der Jüdischen Kampforganisation. Obwohl von vornherein auf den bewaffneten Widerstand orientiert, kümmerte sich Tenenbaum auch um die Dokumentation der deutschen Verbrechen im Bezirk Bialystok und ließ ähnlich wie Ringelblum im Warschauer Getto ein Untergrundarchiv anlegen. Hierin wurde er auch vom Judenrat unterstützt.[207] Das heutige Wissen über die Ermordung der Juden in Bialystok entstammt zum überwiegenden Teil dem nach Tenenbaum benannten Archiv, wohingegen die Dokumente der Täter fast vollständig vernichtet wurden. Die Unterlagen des Tenenbaum-Archivs, das sich außerhalb des Gettos befand, lassen keinen Zweifel daran, dass man in Białystok genaue Kenntnis von der systematischen Ermordung der europäischen Juden besaß – von dem Bau der Vernichtungslager, dem Auftakt der Deportationen aus dem Getto Warschau nach Treblinka bis hin zu den Deportationen nach Auschwitz-Birkenau.

Aber selbst in einem Umfeld wie dem Bezirk Bialystok, der von Gewalt gegen Juden geprägt war, gab es nicht nur Polen, sondern auch einzelne Deutsche, die das Vorgehen der Mörder offen missbilligten oder sich ihnen gar in den Weg stellten. So beschwerte sich der Revierförster von Marcinkańce, Hans Lehmann, Anfang November 1942 über die unmenschliche Gewalt der Gendarmeriebeamten bei der Räumung des Gettos sowie über den Zwang, sich an der Aktion zu beteiligen, da es nicht seine Aufgabe sei, „Juden tot zu schießen" (Dok. 162 vom 2.11.1942).[208] Obwohl Förster Lehmann explizit um seine Versetzung bat, behielt er seinen Posten. Den Krieg überlebte er gleichwohl nicht: Beim Überfall von Partisanen auf einen Zug wurde er getötet. Für die Gendarmerie im Bezirk Bialystok war der Massenmord dagegen alltägliche Praxis, obwohl Juden nach den Mordaktionen im November 1942 praktisch nur noch in den Gettos von Białystok, Grodno und Prużany lebten. Der Leiter des Gendarmeriekreises Grodno, Leutnant Porzig, beispielsweise schlug dem vorgesetzten Kommandeur in Białystok noch im April 1943 vor, als Vergeltung für die Tötung zweier Reichsdeutscher durch Partisanen 500 Juden erschießen zu lassen (Dok. 203 vom 11.4.1943).

Die ersten großen Deportationen aus dem Getto Białystok organisierte Rolf Günther, Eichmanns Stellvertreter im Referat IV B 4 des Reichssicherheitshauptamts, zusammen mit der Sicherheitspolizei im Februar 1943. Zwischen dem 5. und 12. Februar 1943 wurden 10 000 Juden in das Vernichtungslager Treblinka deportiert, etwa 2000 wurden auf dem Gelände des Gettos erschossen. Weitere 7500 Juden waren noch im Januar aus dem Getto in Grodno nach Auschwitz, weitere 3500 bis 5000 Juden kurz darauf nach Treblinka zur Vernichtung deportiert worden (Dok. 188 vom 23.2.1943). Zu Beginn der Gettoräumung in Grodno fielen etwa 3500 Juden einem Massaker zum Opfer, bis das Getto

207 Bronia Klibanski, The Underground Archives of the Bialystok Ghetto Founded by Mersik and Tenenbaum, in: Yad Vashem Studies, 2 (1958), S. 295–329.

208 Browning, Judenmord (wie Anm. 93), S. 235–248.

dann im März 1943 aufgelöst und die noch lebenden Juden in das Getto Białystok gebracht wurden.[209]

Wie Chaim Rumkowski in Litzmannstadt und Mosche Merin in Oberschlesien stand auch der Vorsitzende des Judenrats im Getto Białystok, Efraim Barasz, vor dem Dilemma, mit den Deutschen zu kooperieren in dem Bemühen, möglichst viele Gettobewohner zu retten. So erhoffte sich Barasz im Februar 1943 von den Deportationen, dass die im Getto verbliebenen „arbeitsfähigen" Juden eine realistische Überlebenschance haben würden. Die deutsche Niederlage in Stalingrad schürte zudem die Hoffnung, dass einzelne Gettos nicht aufgelöst werden würden. Andere Judenräte verweigerten sich konsequent jeder Zusammenarbeit mit den Deutschen und entschieden sich zu Beginn der Deportationen in die Vernichtungslager für den Freitod – so beispielsweise Joseph Hepner im Getto Łomża Anfang November 1942.[210]

In die erste Hälfte des Jahres 1943 fiel auch die Deportation und Ermordung der Roma und Sinti im Bezirk Bialystok. Infolge eines nur indirekt überlieferten Befehls Himmlers von Dezember 1942 sollten binnen weniger Wochen sämtliche „Zigeunermischlinge, Rom-Zigeuner und nicht deutschblütige Angehörige zigeunerischer Sippen balkanischer Herkunft" in Konzentrationslager eingewiesen werden. Am 23. März 1943 wurden 1700 Roma und Sinti aus dem Bezirk Bialystok in Auschwitz-Birkenau in den Gaskammern ermordet, die Gesamtzahl der bis Mai aus Bialystok deportierten und in Auschwitz getöteten Roma und Sinti lässt sich nicht verlässlich beziffern.

Dass es bei diesen Mordaktionen im Februar und März 1943 nicht bleiben würde, war ein offenes Geheimnis. Als der Chef der Deutschen Arbeitsfront und Reichswohnungskommissar Robert Ley, der für seine vulgärantisemitischen Reden bekannt war, Ende Mai, Anfang Juni 1943 Königsberg, Białystok und Grodno besuchte, zitierte die New York Times ihn einige Tage später mit dem Satz: „The Jews are the chosen race, all right – but for extermination purposes only."[211]

Danach jedoch beruhigte sich die Situation wieder ein wenig, so dass viele Juden erneut Hoffnung schöpften, die restlichen Bewohner des Gettos würden nun nicht mehr angetastet. „Das Ghetto war in der letzten Zeit ruhig gewesen", beschrieb Chajka Grossman die Lage in den ersten Augusttagen 1943. „Das Leben war normal verlaufen. Mehr noch, neue Aufträge waren kürzlich für die Fabriken hereingekommen, aus Königsberg und dem weit entfernten Berlin. Wie glücklich war das Ghetto gerade über die vielen Siege der Roten Armee und den Sturz Mussolinis gewesen. Und jetzt, auf einmal – eine *aktzia*."[212]

Am 16. August 1943 fand in Białystok der letzte jüdische Aufstand in einem Getto statt. Efraim Barasz war am selben Tag eröffnet worden, dass die Gettobewohner nach Lublin in Arbeitslager umgesiedelt würden und sich deshalb am Sammelort einzufinden hätten. Als Einheiten von SS und Polizei unter Leitung des Gestapochefs Fritz Friedel und des SS- und Polizeiführers Lublin, Odilo Globocnik, auf diese Weise die letzten 35 000 bis 40 000 Juden nach Treblinka, Auschwitz und Lublin-Majdanek deportieren

209 Gerlach, Kalkulierte Morde (wie Anm. 50), S. 730 f.; Cesarani, „Endlösung" (wie Anm. 59), S. 753–755.
210 Trunk, Judenrat (wie Anm. 24), S. 445.
211 New York Times vom 13.6.1943, S. 8: Nazi Gas Killings of Refugees Cited.
212 Grossman, Untergrundarmee (wie Anm. 204), S. 386.

wollten – ein Transport mit über 1200 Kindern fuhr nach Theresienstadt[213] –, stießen sie auf die Gegenwehr der von Mordechai Tenenbaum angeführten jüdischen Widerstandsbewegung, die die Gettobewohner einen Tag zuvor zum Aufstand und zum Kampf gegen die Deutschen aufgerufen hatte (Dok. 223 vom 15. 8. 1943). Das Kräfteverhältnis war jedoch äußerst ungleich, denn nach dem Aufstand im Warschauer Getto im April waren die Deutschen auf Gegenwehr vorbereitet, weshalb der Aufstand in Białystok nur wenige Tage dauerte, von SS und Polizei aber nur mit militärischen Mitteln niedergeschlagen werden konnte. Tenenbaum und die anderen Kämpfer versuchten, die Gettoabsperrung zu überwinden und einer größeren Zahl von Juden die Flucht in die umliegenden Wälder zu ermöglichen. Als dies misslang, verschanzten sie sich in einem Bunker auf dem Gettogelände, den die Deutschen jedoch einige Tage später entdeckten. 71 jüdische Kämpfer, darunter auch Tenenbaum, wurden erschossen oder zogen den Freitod einer Gefangennahme vor.[214]

Übrig blieb zunächst das sogenannte Kleine Getto mit schätzungsweise 2000 Juden, darunter Efraim Barasz und Rabbiner Rozenman. Im September wurden diese letzten Juden nach Majdanek gebracht und dort nach einer Selektion auf verschiedene Arbeitslager verteilt. Die meisten wurden Anfang November während der „Aktion Erntefest" im Distrikt Lublin ermordet. Lediglich einige Dutzend Juden der Widerstandsbewegung, darunter auch Chajka Grossman, konnten sich auf die „arische Seite" durchkämpfen, außerhalb der Stadt mit der Partisanenbewegung Kontakt aufnehmen und auf diese Weise den Krieg überleben. Außerdem blieb auch ein Aufräumkommando von 500 bis 600 Juden zurück, das die Spuren der Verbrechen beseitigen, Leichen exhumieren und verbrennen (Dok. 254 vom 16. 8. 1943–15. 5. 1944) sowie das Gettogelände wieder herrichten sollte. Am 21. November 1943 traf dieses noch etwa 300 Juden zählende Kommando im Konzentrationslager Stutthof ein, darunter die Schriftstellerin Sara Nomberg-Przytyk. 253 Juden aus diesem Kommando wurden am 10. Januar 1944 auf Befehl des Chefs der Amtsgruppe D im Wirtschafts-Verwaltungshauptamt weiter nach Auschwitz deportiert.[215] Insgesamt überlebten von ursprünglich 200 000 Juden im Bezirk schätzungsweise 900 Juden aus Bialystok im Untergrund bzw. als Polen getarnt auf der – wie es in Berichten der Überlebenden oftmals heißt – „arischen Seite"; weitere 750 überlebten nach ihrer Deportation in verschiedenen Konzentrationslagern.[216]

213 Die Kinder waren zunächst als Austauschgeiseln vorgesehen, wurden dann aber am 5. 10. 1943 nach Auschwitz deportiert und dort ermordet. Stoll, Herstellung der Wahrheit (wie Anm. 187), S. 184; Bronka Klibanski, Kinder aus dem Ghetto Bialystok in Theresienstadt, in: Theresienstädter Studien und Dokumente, 2 (1995), S. 93–106; H. G. Adler, Theresienstadt 1941–1945. Das Antlitz einer Zwangsgemeinschaft, Göttingen 2012, S. 154 f.; siehe VEJ 11, S. 60.

214 Bender, The Jews of Białystok (wie Anm. 182), S. 243–276; dies., Der Mythos vom Aufstand im Ghetto Bialystok, in: Młynarczyk/Böhler (Hrsg.), Judenmord (wie Anm. 1), S. 329–344.

215 Stutthof. Das Konzentrationslager (wie Anm. 146), S. 118, 123; Drywa, Extermination (wie Anm. 147), S. 46–49.

216 Archiwum Ringelbluma, Bd. 3: Relacje z Kresów (wie Anm. 188), S. 38.

Zusammenfassung

Wie für die Juden im Generalgouvernement kam die Rote Armee bei ihrem Vormarsch nach Westen zwischen Sommer 1944 und Januar 1945 auch für die jüdische Bevölkerung in den eingegliederten Ostgebieten zu spät. Ebenso wenig erfüllte sich im Sommer 1944 die Hoffnung vieler Juden im letzten Zwangswohnviertel der annektierten polnischen Gebiete, im Getto Litzmannstadt, die Rote Armee könnte die Stadt noch vor der Auflösung des Gettos erreichen. Die sowjetischen Truppen überquerten die Weichsel erst nach dem Warschauer Aufstand; der Reichsgau Wartheland wurde im Januar 1945 befreit, die letzten Gebiete des Reichsgaus Danzig-Westpreußen sogar erst im März 1945. So unterschiedlich die Reichsgaue und Regierungsbezirke hinsichtlich ihrer Struktur, der Größe der jüdischen Bevölkerung und der Besonderheiten der regionalen antijüdischen Politik der jeweiligen Gauleiter und Reichsstatthalter waren, so erlebten doch insgesamt nur äußerst wenige Juden 1945 die Befreiung. Von den geschätzt 50 000 bis 60 000 überlebenden Juden in ganz Polen stammte nur ein geringer Teil aus den eingegliederten Gebieten, die meisten dagegen aus dem Generalgouvernement.[217] Auch die polnische nichtjüdische Bevölkerung hatte immense Opfer zu beklagen, das gesamte Land, seine Städte und Infrastruktur lagen nach fünfjähriger erbarmungsloser deutscher Besatzungspolitik buchstäblich in Trümmern.[218] Die wenigen Juden, die überlebten und nach dem Krieg aus der Sowjetunion oder den befreiten Konzentrationslagern in ihre Heimatorte zurückkehrten, fanden diese völlig zerstört vor und stießen oftmals auf eine offen antisemitische Haltung der Ortsbevölkerung.[219]
Außer in der Stadt Łódź und einem kurzlebigen Ansiedlungsprojekt für jüdische Überlebende in Niederschlesien in den späten 1940er-Jahren[220] gab es auf dem Gebiet Westpolens sehr bald so gut wie keine Juden mehr. Die jüdischen Überlebenden aus den Konzentrationslagern, die nun überwiegend in den Camps für *displaced persons* weiter westlich lebten, kehrten – zumal nach der kommunistischen Machtübernahme – oftmals nicht ins neu geschaffene Polen zurück, und unter dem Eindruck des Pogroms von Kielce von Sommer 1946 und anderer gewaltsamer Übergriffe entschieden sich viele der jüdischen Überlebenden bald zur Emigration.[221] Die größte Gruppe überlebender Juden

217 Teresa Prekerowa, Wojna i okupacja, in: Najnowsze dzieje Żydów w Polsce w zarysie (do 1950 roku), hrsg. von Jerzy Tomaszewski, Warszawa 1993, S. 273–384, hier S. 384.

218 Daniel Brewing, Im Schatten von Auschwitz. Deutsche Massaker an polnischen Zivilisten 1939–1945, Darmstadt 2016.

219 Jan Tomasz Gross/Irena Grudzińska-Gross, Złote żniwa. Rzecz o tym, co się działo na obrzeżach zagłady Żydów, Kraków 2011; Jan Tomasz Gross, Angst. Antisemitismus nach Auschwitz in Polen, Berlin 2012; Zofia Wóycicka, Arrested Mourning. Memory of the Nazi Camps in Poland, 1944–1950, Frankfurt a. M. u. a. 2013; Marcin Zaremba, Die große Angst. Polen 1944–1947: Leben im Ausnahmezustand, Paderborn 2016; siehe auch Barbara Engelking/Jan Grabowski (Hrsg.), Dalej jest noc. Losy Żydów w wybranych powiatach okupowanej Polski, 2 Bde., Warszawa 2018.

220 Shlomo Strauss-Marko, Di geshikhte fun yidishn yishuv in nokhmilkhomedikn poyln, Tel Aviv 1987.

221 Robert Rozett/Iael Nidam-Orvieto (Hrsg.), After so much Pain and Anguish. First Letters after Liberation, Jerusalem 2016; Zofia Wóycicka, Arrested Mourning (wie Anm. 219).

kehrte freilich erst nach der Gründung des Staates Israels im Mai 1948 Polen und Europa den Rücken.

Die Ermordung der jüdischen Bevölkerung in den eingegliederten polnischen Gebieten erhielt ihre Dynamik aus der forcierten Germanisierungspolitik während des Krieges und dem Nebeneinander von regionalen Initiativen der Gauleiter und Reichsstatthalter sowie von Entscheidungen aus dem Umfeld von Himmler und Heydrich. Die möglichst rasche „Entjudung" war dabei ein fester und für die Täter selbstverständlicher Bestandteil der Eindeutschung und wurde nur durch den Arbeitskräftebedarf für die Rüstungsgüterproduktion in den Gettos, den Schmelt-Lagern und andernorts vorübergehend ausgesetzt. Hieraus entwickelten die deutschen Besatzungsbehörden und Täter ihre Mordpläne, denen nach vorangehender Gettoisierung der Juden zunächst die Arbeitsunfähigen zum Opfer fielen, bis schließlich Himmler die Ermordung auch aller übrigen Juden durchsetzte, die daraufhin unterschiedslos in die Vernichtungslager deportiert und dort ermordet wurden. Diese Entwicklung beschleunigte sich auch dadurch, dass „der Osten" von Sommer 1941 an von Hitler, Goebbels und anderen Gauleitern im Reich als Abschubgebiet für die jüdische Bevölkerung dienen sollte, was die regionalen Satrapen nur umso stärker auf eine radikale Lösung drängen ließ. Die Tatsache, dass die Errichtung des Vernichtungslagers Kulmhof nicht auf einen zentralen Befehl aus Berlin zurückging, belegt die sehr weitreichenden Handlungsspielräume der regionalen Machthaber – hier von Gauleiter Greiser. Dessen Entscheidung hatte auch unmittelbare Rückwirkungen auf die Vernichtungsstrategien in Berlin, denn die ersten Deportationszüge aus dem Reich wurden im Hinblick auf den bevorstehenden Massenmord im Warthegau nach Litzmannstadt geschickt.

In der zweiten Jahreshälfte 1943 und 1944 waren in den eingegliederten Ostgebieten die meisten Juden bereits ermordet worden: Als die Deutschen die Gettos in Białystok und Ostoberschlesien im August 1943 räumten, bedeuteten die Massaker das Ende jüdischen Lebens in diesen Gebieten. Die wenigen Juden, die danach noch am Leben waren, befanden sich in Verstecken, lebten mit gefälschten Papieren oder gehörten zu den wenigen Aufräumkommandos, die die Spuren der Verbrechen beseitigen sollten, aber ebenfalls zur Ermordung bestimmt waren. Einzig im Reichsgau Wartheland war noch eine größere Zahl von Juden im Getto Litzmannstadt am Leben – neben Theresienstadt das letzte Wohngebiet in Mitteleuropa, in dem Juden überhaupt noch legal leben durften.[222] Die Schlussphase der deutschen antijüdischen Politik in den eingegliederten Gebieten ist gekennzeichnet von der Deportation und Ermordung der verbliebenen 70 000 wartheländischen Juden sowie vom Zusammendrängen Zehntausender Juden im Konzentrationslager Stutthof, die aus den aufgelösten Lagern im Baltikum und aus Auschwitz vorübergehend eingewiesen wurden. Sie starben in den letzten Wochen des Krieges entweder an Seuchen im Lager oder wurden auf Todesmärsche geschickt, auf denen viele von ihnen umkamen.

Möglichkeiten zur Gegenwehr waren für die Juden minimal oder überhaupt nicht gegeben. Neben der Formierung bewaffneter jüdischer Widerstandsgruppen überwog der zivile Widerstand, der Versuch, die Lebensbedingungen in den Gettos durch vereinte Anstrengungen erträglicher zu gestalten – lange Zeit noch in der Hoffnung, durch

222 Siehe auch VEJ 11, S. 59–68.

Zwangsarbeit für die Deutschen der Vernichtung zu entgehen. Widerstand bedeutete aber auch das systematische Sammeln von Dokumenten der Verbrechen. Neben dem Ringelblum-Archiv aus dem Getto in Warschau sind die versteckten und geretteten Unterlagen aus dem Getto Litzmannstadt sowie dem Tenenbaum-Archiv aus dem Getto in Białystok heute zentrale Quellen der deutschen Besatzungsherrschaft in Polen. Jahrzehntelang von der Geschichtswissenschaft kaum zur Kenntnis genommen, sind sie heute herausragende Zeugnisse für die Leiden der jüdischen Opfer und für die Planung und Durchführung der monströsen Verbrechen der deutschen Besatzer.

Zwischen Sommer 1941 und dem Kriegsende 1945 wurden in den eingegliederten polnischen Gebieten mehr als eine halbe Million Juden von den Deutschen ermordet oder kamen infolge der brutalen deutschen Besatzungspolitik ums Leben. Während die einzelnen Gebiete in ihrer Konzeption von Germanisierung, antijüdischer Politik und wirtschaftlicher Ausplünderung der nichtdeutschen Bevölkerung einem Wandel unterlagen und sich insbesondere hinsichtlich des zeitlichen Ablaufs graduell unterschieden, so überwog doch eine Gemeinsamkeit, die die annektierten polnischen Gebiete auch mit dem Generalgouvernement oder der besetzten Sowjetunion, letztlich mit allen europäischen Ländern unter deutscher Herrschaft verband: das übergreifende Ziel, alle Juden in diesen Gebieten zu ermorden.

Dokumentenverzeichnis

1 Der Vorstand der Jüdischen Interessenvertretung in Bendsburg informiert die jüdische Bevölkerung Schlesiens am 1. Juli 1941 über die Geltung der Rassengesetze in den eingegliederten Ostgebieten

2 Das Landesernährungsamt in Posen legt am 9. Juli 1941 die Lebensmittelrationen für die im Warthegau lebenden Juden fest

3 Eine slowakische Regierungskommission besichtigt am 12. Juli 1941 verschiedene Zwangsarbeitslager für Juden in Oberschlesien

4 Shlomo Frank beklagt in seinem Tagebuch am 29. Juli 1941 die Deportation von Geisteskranken aus dem Getto Litzmannstadt

5 In der Reichsstatthalterei in Posen wird am 7. August 1941 die arbeitsrechtliche Behandlung und Entlohnung der Juden besprochen

6 Die Treuhandstelle Danzig-Westpreußen gibt am 8. August 1941 die Anweisung, die Grundstücke mit Synagogen und jüdischen Friedhöfen möglichst rasch zu verkaufen

7 Die Zentrale der jüdischen Kultusgemeinden in Ost-Oberschlesien beschreibt am 18. August 1941 die Organisation des Arbeitseinsatzes durch die Organisation Schmelt

8 Der Vorstand der Jüdischen Interessenvertretung in Bendsburg informiert die jüdische Bevölkerung in Schlesien am 1. September 1941 über das Aufenthaltsverbot in den Hauptstraßen

9 Die Zivilverwaltung des Bezirks Bialystok gründet am 3. September 1941 eine regionale Treuhandstelle und unterstellt dieser das Eigentum von Juden und Polen

10 Ein anonymer Bericht für das Ringelblum-Archiv schildert das Leben der Juden im Dorf Rutki im Bezirk Bialystok und ihre Ermordung am 6. September 1941

11 Der Judenrat von Białystok ruft am 8. September 1941 zu Spenden für die Waisenhäuser, Kinderheime und Krankenhäuser im Getto auf

12 Reichsstatthalter Arthur Greiser ärgert sich am 12. September 1941 darüber, dass das Reichsinnenministerium ein Mitspracherecht bei den Maßnahmen gegen Juden verlangt

13 Der Amtskommissar in Strzemieszyce bei Bendsburg regt am 17. September 1941 beim Landrat an, Juden die Benutzung von Fuhrwerken zu untersagen

14 Geto-Tsajtung: Der Judenälteste Rumkowski ruft die Arbeiter im Getto Litzmannstadt am 21. September 1941 zu erhöhter Arbeitsleistung auf

15 Die Sicherheitspolizei skizziert am 22. September 1941 die Situation im Bezirk Bialystok sowie die weitere Planung für die jüdische Bevölkerung

16 Der Leiter der Ältestenräte der jüdischen Kultusgemeinden in Ost-Oberschlesien berichtet dem Regierungspräsidenten am 27. September 1941 über die negativen Folgen der Polizeiverordnung

17 Die Gettoverwaltung Litzmannstadt informiert den Regierungspräsidenten am 29. September 1941 über den schlechten Gesundheitszustand der Juden aus Leslau

18 Ein Jude schildert Ende September 1941 seine Deportation aus Płońsk in das Lager Pomiechówek, die dortigen Zustände sowie die nachfolgende Abschiebung in das Generalgouvernement

19 Ein Mitarbeiter des Ringelblum-Archivs berichtet über die ersten Monate der deutschen Besatzung in Białystok bis zum Herbst 1941

20 Der 17-jährige Dawid Sierakowiak schreibt in seinem Tagebuch zwischen dem 3. und 7. Oktober 1941 über die Schließung der Schulen im Getto Litzmannstadt

21 Der Regierungspräsident in Litzmannstadt beschwert sich am 4. Oktober 1941 bei Himmler über die geplante Einweisung von 20 000 Juden und 5000 Roma und Sinti in das Getto

22 Die Zivilverwaltung für den Bezirk Bialystok weist am 9. Oktober 1941 darauf hin, dass jüdische Zwangsarbeiter wie polnische Arbeiter entlohnt werden müssen

23 Die Gestapo in Posen erweitert am 9. Oktober 1941 die Gründe, wann gegen jüdische Zwangsarbeiter die Todesstrafe verhängt werden soll

24 Der Gauwirtschaftsberater in Kattowitz kritisiert am 14. Oktober 1941 gegenüber der Partei-Kanzlei die Kürzung der Lebensmittelrationen für polnische und jüdische Zwangsarbeiter

25 Die Gettoverwaltung Litzmannstadt bespricht am 16. Oktober 1941 mit der Geheimen Staatspolizei die bevorstehende Einweisung von 20 000 Juden sowie 5000 Roma und Sinti in das Getto

26 Das Sondergericht Posen verurteilt Margarete S. am 17. Oktober 1941 zu drei Jahren Zuchthaus, weil sie 1937 im Ausland einen Juden geheiratet hat

27 Heydrich beschwert sich bei Himmler am 19. Oktober 1941 über den Protest von Regierungspräsident Uebelhoer gegen die Deportationen in das Getto Litzmannstadt

28 Shlomo Frank hält in seinem Tagebuch im Oktober 1941 die Ankunft von 20 000 Juden aus dem Reich, Wien, Prag und Luxemburg im Getto Litzmannstadt fest

29 Der zuständige Judenreferent im Reichsgau Danzig-Westpreußen plant am 23. Oktober 1941 zusammen mit Eichmann die Deportation der letzten noch in Danzig lebenden Juden nach Riga

30 Der Leiter der Ältestenräte der Jüdischen Kultusgemeinden in Ost-Oberschlesien macht am 26. Oktober 1941 Vorschläge, um die Lebensbedingungen in den Gettos zu verbessern

31 Roland Freisler hält am 28. Oktober 1941 vor den in Berlin versammelten Generalstaatsanwälten eine Rede über das bevorstehende Sonderstrafrecht für Polen und Juden

32 Der Generalsekretär des Weltkirchenrats bittet den Präsidenten des Internationalen Komitees vom Roten Kreuz am 29. Oktober 1941 um Unterstützung für die Bevölkerung im besetzten Polen

117 The Jewish Advocate: Artikel vom 12. Juni 1942 über die menschliche Würde, die sich die Juden in den Gettos ungeachtet der dort herrschenden Zustände erhalten haben

118 Der Beauftragte zur Sicherstellung der Kirchenbücher im Bezirk Bialystok betont am 19. Juni 1942 die Bedeutung jüdischer Personenstandsregister für die Rassenforschung

119 Der Judenrat im Getto Białystok warnt am 20. Juni 1942 in einer Sitzung mit Vertretern des jüdischen Ordnungsdiensts vor Machtmissbrauch und Korruption

120 Der Oberbürgermeister von Posen fordert am 22. Juni 1942 von der Reichsvereinigung der Juden in Deutschland, die Behandlungskosten für erkrankte jüdische Zwangsarbeiter zu bezahlen

121 Oskar Rosenfeld beschreibt am 25. Juni 1942 die große Bedeutung klassischer Konzerte für die Menschen im Getto Litzmannstadt

122 Der Reichstreuhänder der Arbeit im Reichsgau Wartheland regelt am 25. Juni 1942 den Einsatz jüdischer Zwangsarbeiter bei Privatfirmen

123 Beamte des Arbeitsamts der Stadt Belchatow lassen im Juni 1942 20 Jüdinnen auspeitschen

124 The Times (London): Artikel vom 30. Juni 1942 über die Ermordung von mehr als einer Million Juden im besetzten Polen und anderen Staaten

125 Gedaliah Goldman berichtet, wie zwischen 1939 und Juni 1942 alle Juden aus Kalisch deportiert oder in Gaswagen ermordet wurden

126 Der Vorsitzende der Jüdischen Gemeinde Danzig schildert einem Freund im Generalgouvernement am 8. Juli 1942 die Lage der noch in der Stadt lebenden Juden

127 Der Kommandeur der Schutzpolizei im Regierungsbezirk Litzmannstadt schildert am 10. Juli 1942 das Vorgehen gegen Polen und Juden in verschiedenen Ortschaften

128 Die Gettoverwaltung Litzmannstadt weigert sich am 11. Juli 1942, Überweisungen aus dem Ausland von Gettobewohnern quittieren zu lassen

129 Der Landrat gibt am 15. Juli 1942 Anweisungen zur Hygiene in den Lagern für jüdische Zwangsarbeiter im Landkreis Posen

130 Shlomo Frank beschreibt Mitte Juli 1942 die Räumung der Gettos im Regierungsbezirk und die Ankunft der zur Arbeit in Litzmannstadt vorgesehenen Juden

131 Die aus Wien nach Litzmannstadt deportierte Irene Hauser schildert zwischen dem 13. Mai und 22. Juli 1942 die Lage im Getto und ihre persönliche Situation

132 Oskar Singer dokumentiert am 23. Juli 1942 im Getto Litzmannstadt die öffentliche Hinrichtung zweier Juden

133 Der Wehrmachtsoffizier Wilm Hosenfeld zweifelt am 23. Juli 1942 in seinem Tagebuch angesichts des Massenmords in Kulmhof an den deutschen Kriegszielen

134 Litzmannstädter Zeitung: Artikel vom 29. Juli 1942 über den Aufbau einer Nebenstelle des Instituts zur Erforschung der Judenfrage in Litzmannstadt

135 Das Gettokommissariat der Kriminalpolizei in Litzmannstadt meldet am 29. Juli 1942 einen Großbrand sowie einen Raubmord im Getto

170 Die Polizei in Sosnowitz berichtet am 4. Dezember 1942 von der Niedergeschlagenheit der Juden nach den vorangegangenen Deportationen

171 Die polnische Untergrundbewegung meldet der Exilregierung am 10. Dezember 1942 den Massenmord im Vernichtungslager Kulmhof

172 Der Kreiskommissar von Grodno berichtet der Zivilverwaltung in Bialystok am 10. Dezember 1942, dass der Judenmord nur geringe Auswirkungen auf die Wirtschaftsleistung hat

173 Der Oberbürgermeister von Litzmannstadt betont am 11. Dezember 1942, dass das Getto in allen Belangen der künftigen Stadtplanung untergeordnet ist

174 Der Oberbürgermeister von Leslau fordert am 15. Dezember 1942 die Treuhandstelle auf, der Stadt kostenlos ein Grundstück der jüdischen Sportvereinigung Macabi zu überlassen

175 Der Präsident des Reichssippenamts bemüht sich am 15. Dezember 1942 darum, die jüdischen Personenstandsregister aus den aufgelösten Gettos in Zichenau und Białystok zu erhalten

176 Pariser Zeitung: Artikel vom 20. Dezember 1942 über die angeblich sehr guten Lebensbedingungen in den Gettos im besetzten Polen

177 Der Regierungspräsident in Oberschlesien verbietet am 20. Dezember 1942 deutschen und polnischen Einzelhandelsgeschäften, Waren an Juden zu verkaufen

178 Das Inter-Allied Information Committee berichtet 1942 über religiöse Verfolgungen in den besetzten polnischen Gebieten

179 Moshe Maik aus Sokoły im Bezirk Bialystok notiert zwischen dem 21. Dezember 1942 und 3. Januar 1943 in seinem Tagebuch den eintönigen Tagesablauf in seinem Versteck

180 Die Gettoverwaltung in Litzmannstadt bedankt sich am 5. Januar 1943 beim Amtskommissar in Zelow für die gute Zusammenarbeit bei der Auflösung des dortigen Gettos

181 Der Gaubeauftragte für das Winterhilfswerk in Posen beschwert sich am 9. Januar 1943 über Kleidungsstücke mit Blutflecken aus dem Vernichtungslager Kulmhof

182 Die Gendarmerie in Kattowitz meldet am 20. Januar 1943 den Tod dreier Juden beim Abspringen von einem Deportationszug in Richtung Auschwitz

183 Die Reichsbahndirektion Minsk organisiert am 27. Januar 1943 vier Sonderzüge für die Deportation polnischer Juden aus dem Getto Prużany nach Auschwitz

184 Moshe Maik beschreibt am 30. Januar 1943 in seinem Tagebuch, wie Deutsche ein benachbartes Versteck finden und die Juden ermorden

185 Speer lehnt am 1. Februar 1943 Himmlers Forderung ab, Baumaterialien für die geplante Umsiedlung von Weißruthenen in das leerstehende Getto Białystok zuzuteilen

186 Oskar Rosenfeld beschreibt in seinem Tagebuch zwischen dem 8. Januar und 12. Februar 1943 den Alltag und das tägliche Sterben im Getto Litzmannstadt

187 Der Oberbürgermeister von Litzmannstadt berichtet Reichsstatthalter Greiser am 20. Februar 1943 über die Wirtschaftslage des Gettos

188 Ein Jude namens Eliezer hält für das Untergrundarchiv des Gettos Białystok am 23. Februar 1943 die Ermordung der Juden in Grodno fest

189 Mitglieder der zionistischen Jugendorganisation Dror im Getto Białystok beraten am 27. Februar 1943, wie sie auf die bevorstehende Auflösung des Gettos reagieren sollen

190 Die Chronik des Gettos Litzmannstadt dokumentiert am 28. Februar 1943 die Feierlichkeiten anlässlich des dreijährigen Bestehens des jüdischen Ordnungsdienstes

191 Die NSDAP-Gauleitung in Oberschlesien regt bei der Reichsleitung am 1. März 1943 eine schnelle Zerstörung jüdischer Friedhöfe an, da die meisten Juden schon deportiert worden seien

192 Der Judenrat im Getto Białystok informiert die jüdische Bevölkerung am 5. März 1943 über die notwendigen Umsiedlungen bei der bevorstehenden Verkleinerung des Gettos

193 Die Sicherheitspolizei in Bialystok plant im Frühjahr 1943 das Fortbestehen des Gettos mit 30 000 jüdischen Fabrikarbeitern

194 Mordechai Chaim Rumkowski betont in einer Rede am 13. März 1943, dass der systematische Arbeitseinsatz die Fortexistenz des Gettos garantiere

195 Gauleiter Greiser lobt in einem Brief an Himmler vom 19. März 1943 das Sonderkommando Kulmhof für seine konsequente Pflichterfüllung

196 Der stellvertretende Leiter der Stadtsparkasse Kalisch bittet die Gettoverwaltung in Litzmannstadt am 22. März 1943 um eine Armbanduhr für seinen Sohn

197 Die Treuhandstelle Bialystok regelt am 26. März 1943 die Verwendung der letzten Habseligkeiten der ermordeten Juden

198 Oskar Rosenfeld beschreibt in seinem Tagebuch zwischen dem 12. und 31. März 1943 den Alltag im Getto Litzmannstadt sowie die Deportation von 1000 Personen mit unbekanntem Ziel

199 Die Angehörigen eines jüdischen Arbeitskommandos im Vernichtungslager Kulmhof verfassen am 2. April 1943 einen Abschiedsbrief für die Nachwelt

200 Der Kommandant der Jüdischen Kampforganisation im Getto Białystok fordert am 2. April 1943 eine stärkere Unterstützung von der polnischen Widerstandsbewegung

201 Der Bürgermeister von Bendsburg schildert am 5. April 1943 die Deportation der Juden als Beitrag zur Seuchenbekämpfung in der Stadt

202 Der Oberstaatsanwalt beim Sondergericht Litzmannstadt erhebt am 7. April 1943 Anklage gegen Frieda Janz, weil sie sich kritisch über den Judenmord geäußert haben soll

203 Der Kreisführer der Gendarmerie in Grodno schlägt seinem Vorgesetzten am 11. April 1943 vor, zur Vergeltung des Überfalls auf zwei Reichsdeutsche 500 Juden erschießen zu lassen

204 Der Judenrat in Bendsburg erhält am 22. April 1943 die Mitteilung, dass acht Juden von der Gestapo in Sosnowitz zum Tode verurteilt und in Auschwitz erschossen worden sind

DOKUMENTE

DOK. 1
Der Vorstand der Jüdischen Interessenvertretung in Bendsburg informiert die jüdische Bevölkerung Schlesiens am 1. Juli 1941 über die Geltung der Rassengesetze in den eingegliederten Ostgebieten[1]

Schreiben des Vorstands der Jüdischen Interessenvertretung in Bendsburg, Der Kommissarische Leiter, ungez.,[2] vom 1.7.1941

Bekanntmachung.
Laut der Verordnung über die Einführung der Nürnberger Rassengesetze in den eingegliederten Ostgebieten vom 31. Mai 1941, die im Reichsgesetzblatt Teil I Nr. 60 S. 297 vom 4. Juni 1941 erschienen ist, gelten in den eingegliederten Ostgebieten ab 11. Juni 1941 folgende Gesetze:

1. Das Reichsbürgergesetz vom 15. September 1935 (Reichsgesetzbl. I S. 1146),[3]
2. §2 Abs. 2, §4 Abs. 1 und 3, §5, §6 Abs. 1 sowie §7 der Ersten Verordnung zum Reichsbürgergesetz vom 14. November 1935 (Reichsgesetzbl. I S. 1333),[4]
3. Das Gesetz zum Schutz des deutschen Blutes und der deutschen Ehre vom 15. September 1935 (Reichsgesetzbl. I S. 1146),[5]
4. Erste Verordnung zur Ausführung dieses Gesetzes vom 14. November 1935 (Reichsgesetzbl. I S. 1334),[6]
5. Verordnung zur Ergänzung der Ersten Ausführungsverordnung zum Blutschutzgesetz vom 16. Februar 1940 (Reichsgesetzbl. I S. 394).[7]
Gleichzeitig wurde im Reichsgesetzblatt Teil I Nr. 60, S. 297 vom 4. Juli 1941 die
6. Zweite Verordnung zur Ausführung des Gesetzes zum Schutze des deutschen Blutes und der deutschen Ehre vom 31. Mai 1941 veröffentlicht.[8]

Der Text obiger Gesetze und Verordnungen liegt im Büro des Vorstandes der Jüdischen Interessenvertretung zur Einsichtnahme vor.
Wir fordern die gesamte jüdische Bevölkerung auf, die in den eingegliederten Ostgebieten eingeführten Rassengesetze strikt zu befolgen.

1 AŻIH, 212/3.
2 Im Herbst 1939 schufen die deutschen Besatzungsbehörden die Institution des „Vorstands der Jüdischen Interessenvertretung in Bendsburg“. Leiter waren anfänglich Gustaw Weinzieher und der frühere stellv. Bürgermeister Elizer (Lazar) Rubenlicht. Die neue Institution unterstand der Zentrale der jüdischen Ältestenräte in Ost-Oberschlesien unter Leitung von Moszek Merin, der im Aug. 1941 seinen Bruder Chaim Merin zum Leiter des Vorstands in Bendsburg ernannte.
3 VEJ 1/198.
4 VEJ 1/210.
5 VEJ 1/199.
6 Die VO führte weitere einschränkende Regelungen insbesondere zur Eheschließung von Juden bzw. jüdischen „Mischlingen“ ein.
7 Die VO beschränkte bei Fällen sog. Rassenschande die Schuld auf den Mann.
8 Die VO schränkte die Gültigkeit des sog. Blutschutzgesetzes (RGBl., 1935 I, S. 1146) in den eingegliederten Ostgebieten allein auf Deutsche bzw. Angehörige der Deutschen Volksliste ein. Beziehungen zwischen nichtjüdischen und jüdischen Polen fielen nicht unter das Gesetz.

DOK. 2
Das Landesernährungsamt in Posen legt am 9. Juli 1941 die Lebensmittelrationen für die im Warthegau lebenden Juden fest[1]

Runderlass B 9 des Reichsstatthalters, Landesernährungsamt Abt. B (B. 418/42), gez. i. A. Gelinat,[2] Posen, vom 9.7.1941 (Abschrift)[3]

I. *Zur Bearbeitung:*
1) An die Herren Landräte – E. A.[4] Abt. B –

2) An die Herren Oberbürgermeister – E. A. Abt. B – in Posen,[5] Gnesen,[6] Hohensalza,[7] Kalisch,[8] Leslau und Litzmannstadt.[9]

II. *Nachrichtlich:*
1) An den Herrn Reichsstatthalter, Posen, Felix-Dahnplatz 17,
2) An das Landesernährungsamt Abt. A (Landesbauernschaft Wartheland, Posen, Hohenzollernstr. 33),
3) An die Herren Regierungspräsidenten in Posen,[10] Litzmannstadt[11] und Hohensalza,[12]
4) An die Ernährungsämter Abt. A (Kreisbauernschaften),
5) An den Getreidewirtschaftsverband, Posen, Am Güterbahnhof 23,
6) An den Gartenbauwirtschaftsverband, Posen, Am Güterbahnhof 23,
7) An den Kartoffelwirtschaftsverband, Posen, Am Güterbahnhof 23,
8) An den Milch- u. Fettwirtschaftsverband, Posen, Am Güterbahnhof,
9) An den Zuckerwirtschaftsverband, Posen, Am Güterbahnhof 23,

1 APP, Akta miasta Poznania, Nr. 16 069, Bl. 87 f.
2 Richtig: Franz Geginat (*1898), Jurist; 1933 NSDAP- und 1934 SA-Eintritt; SA-Standartenführer; 1934–1941 Kommissar für Osthilfe bei der Landesstelle Berlin, 1936–1941 Vertrauensmann bei der Raiffeisen-Volksbank; 1939 MinR., 1942 Leitender Reg.direktor in Posen, Leiter der landwirtschaftlichen Abt. beim Reichsstatthalter.
3 Im Original handschriftl. Unterstreichungen.
4 Ernährungsamt.
5 Dr. Gerhard Scheffler (1894–1977), Jurist; von 1924 an verschiedene Verwaltungstätigkeiten, u. a. Landrat der Grafschaft Bentheim; 1940 NSDAP-Eintritt; 1933–1939 ORR im RMdI, 1939–1945 Oberbürgermeister von Posen; lebte nach Kriegsende zunächst unter falscher Identität; von 1950 an im BMI tätig, 1958–1970 Vorstandsmitglied des DPWV.
6 Julius Theodor Lorenzen (1897–1965), Bauingenieur; 1930 NSDAP-Eintritt; von März 1933 an Oberbürgermeister von Bremerhaven; 1940 zunächst in gleicher Funktion in Kalisch, dann von Febr. 1940 an kommissar., von Okt. 1940 bis 1945 endgültig Oberbürgermeister in Gnesen; bis 1948 in brit. Internierungshaft, lebte danach in Hamburg, von 1958 an in Flensburg.
7 Vermutlich: Friedrich Rogausch (*1886); 1929 NSDAP-Eintritt; 1934–1939 Bürgermeister von Neustettin (Pommern), 1939/40 Oberbürgermeister in Schneidemühl, 1941 kommissar. in gleicher Funktion in Hohensalza, von Nov. 1941 an Stadtkommissar von Poltawa; SS-Sturmbannführer.
8 Dr. Max Warsow (*1891), Revisor; 1928 NSDAP-Eintritt; von März 1940 an kommissar., von Okt. 1940 an endgültig Oberbürgermeister von Kalisch; Nov. 1943 SA-Obersturmbannführer.
9 Werner Ventzki (1906–2004), Jurist; 1931 NSDAP-Eintritt; 1934–1939 Gauamtsleiter der NSV in Pommern, bis 1936 zudem Magistratsrat in Stettin, dann Leiter der Abt. Fürsorge beim Oberpräsidenten von Pommern; 1939/40 Leiter der Fürsorge für die volksdeutsche Bevölkerung in Posen, von April 1941 bis Mitte 1943 Oberbürgermeister von Litzmannstadt, dann in der Waffen-SS; nach 1945 Vertreter des Vertriebenenministeriums in Westberlin, später ORR in Bonn.

10) An den Eierwirtschaftsverband, Posen, Wilhelm-Gustloffstr. 2,
11) An den Viehwirtschaftsverband, Posen, Wilhelmstr. 21.

Betr.: Rationssätze für die im Reichsgau Wartheland lebenden Juden.
Nachfolgend gebe ich die Rationssätze bekannt, nach denen mit Wirkung vom 30.6.41 ab die Versorgung der Juden im Reichsgau Wartheland zu erfolgen hat:
a) Arbeitende Juden erhalten die gleichen Rationssätze wie polnische *Normalverbraucher.* Unter „arbeitenden Juden" sind alle die zu verstehen, die in dem Arbeitsprozeß oder auf sonstigen Außenarbeitsstellen beschäftigt sind. Arbeiten, die von Juden im Getto im Interesse der Gettoverwaltung vorgenommen werden (Straßenreinigung des Gettos, Müllabfuhr im Getto usw.) werden hierbei nicht berücksichtigt.
b) Nicht arbeitende Juden erhalten in Fleisch und Fett die Verpflegungssätze, wie sie polnischen Justizgefangenen bezw. *polnischen Gefangenen* in Konzentrationslagern zustehen. An Brot und Broterzeugnissen erhalten nicht arbeitende Juden die gleichen Rationssätze wie arbeitende Juden, d. h. auch hier die Sätze für polnische Normalverbraucher.
c) Zusätzliche Rationen bezw. Zulagen, wie sie für polnische Schwer- bezw. Lang- und Nachtarbeiter gewährt werden, erhalten die Juden nicht.
d) Jüdische Kinder bis 6 Jahre erhalten dieselben Rationssätze wie polnische Kinder. Bei den Lebensmittelzuteilungen an die im Getto in Litzmannstadt lebenden Juden entfällt eine Einteilung in Altersstufen.

Zuteilung von bewirtschafteten Lebensmitteln.
1) *Fleischzuteilung:*
Der polnische Normalverbrauchersatz ist 250 g pro Kopf und Woche. Der Satz für polnische Kinder beträgt pro Kopf und Woche 100 g. Der Verpflegungssatz für polnische Gefangene beträgt 160 g pro Kopf und Woche. Die Juden sollen vorwiegend mit Pferdefleisch beliefert werden, doch ohne Erhöhung der Rationssätze.
2) *Fettzuteilung:*
Der Verpflegungssatz für polnische Normalverbraucher ist 100 g pro Woche und Kopf, für polnische Kinder 75 g, ebenso ist auch der Verpflegungssatz für polnische Gefangene 100 g pro Kopf und Woche.

10 Dr. Viktor Böttcher (1880–1946), Jurist; von 1904 an im Dienst des Reichskolonialamts, stellv. Gouverneur von Kamerun; während des Ersten Weltkriegs Angehöriger der Marine; in den 1920er-Jahren u. a. Danziger Attaché des poln. Konsulats in Hamburg; 1933 NSDAP- und 1937 SS-Eintritt; von 1935 an Leitung der Auswärtigen Abt. des Senats der Freien Stadt Danzig; 1940–1945 Regierungspräsident des Regierungsbezirks Posen; Nov. 1943 SS-Brigadeführer.

11 Friedrich Uebelhoer (*1893), Offizier; 1919 Freikorps Lettow-Vorbeck; 1925–1927 NSDAP-Mitglied, Wiedereintritt 1929; 1933–1945 MdR, 1933–1940 Oberbürgermeister von Naumburg; 1934 SS-Eintritt; von Okt. 1939 an kommissar. Regierungspräsident in Kalisch, März 1940 bis Dez. 1942 Regierungspräsident in Litzmannstadt, vom Amt suspendiert; 1941 SS-Brigadeführer; Okt. 1943 bis 1945 kommissar. Regierungspräsident in Merseburg; 1950 für tot erklärt.

12 Dr. Hans Burkhardt (1891–1948), Veterinärmediziner; 1919–1933 Tierarzt in Sontra; 1928 NSDAP-Eintritt; 1933–1939 Landrat des Landkreises Fulda, 1934–1938 stellv. Gauleiter von Kurhessen, von 1934 an MdR, 1939/40 Kreishauptmann in Kielce, 1940–1944 Regierungspräsident in Hohensalza und Gauinspekteur des Warthegaus, wurde im Juni 1944 nach einem Zerwürfnis mit Arthur Greiser in den Ruhestand versetzt; Nov. 1946 Auslieferung an Polen, starb in Haft.

3) *Brotzuteilung:*
Der polnische Normalverbrauchersatz ist 2250 g pro Kopf und Woche. Der Satz für polnische Kinder beträgt 1100 g.

DOK. 3
Eine slowakische Regierungskommission besichtigt am 12. Juli 1941 verschiedene Zwangsarbeitslager für Juden in Oberschlesien[1]

Bericht von Dieter Wisliceny,[2] SS-Hauptsturmführer, Berater für Judenangelegenheiten, Preßburg, vom 12.7.1941[3]

Bericht über die Besichtigung der oberschlesischen Judenlager.
Am 9. Juli 1941 wurde von Sillein aus mit Kraftwagen die Fahrt zur Besichtigung jüdischer Zwangsarbeitslager in Oberschlesien angetreten. An der Reise nahmen teil: Ministerialrat Dr. *Koso*,[4] Präsident *Moravek*,[5] Notär *Peczuch*,[6] Gaukommandant der HG.[7] *Krichniak*,[8] Kreisleiter *Smagon*,[9] SS-Hauptsturmführer *Wisliceny.*
In Kattowitz erfolgte die Begrüßung durch den Vertreter des Reichskommissars für die Festigung deutschen Volkstums, SS-Sturmbannführer Dr. Arlt,[10] der in kurzen Worten

1 BArch, R 70 Slowakei/34, Bl. 17–19.
2 Dieter Wisliceny (1911–1948); 1931 NSDAP- und SA-Eintritt, 1933–1934 SA Stabswache Göring, 1934 SS-Eintritt, Aufnahme in den SD, von 1937 an Referatsleiter II-112, 1940 SS-Hauptsturmführer; Leiter der Außenstelle Gnesen des Amts für die Umsiedlung von Polen und Juden, von Aug. 1940 an Judenberater in der Slowakei, 1943/44 Organisation der Deportation der Juden in Saloniki, 1944 im Stab Eichmann in Ungarn; 1948 in Bratislava hingerichtet.
3 Siehe Dok. 176 vom 20.12.1942 und VEJ 13/34.
4 Dr. Izidor Koso (1896–1978), Jurist; 1918–1938 in der tschechoslowak. Staatsverwaltung; 1938 bis Jan. 1944 Präsidialchef des Innenministeriums, 1944–1945 Vorsitzender der Präsidialabt. des Regierungspräsidiums; Mitverfasser des sog. Judenkodex (VEJ 13/38), Beteiligung an Enteignung der Juden; 1948 zu 18 Jahren Haft verurteilt.
5 Richtig: Augustín Morávek (*1901); Arbeit in gewerblichen Vereinen; Jan. bis Sept. 1940 Leitung der Wirtschaftlichen Amtsstelle des Regierungspräsidiums, Sept. 1940 bis Juli 1942 Präsident des Zentralwirtschaftsamts; nach Korruptionsvorwürfen Flucht nach Ungarn, späterer Aufenthaltsort unbekannt; in Abwesenheit zu 30 Jahren Haft verurteilt.
6 Richtig: Július Pečúch (1910–2001), Notar; ab Sommer 1941 Angestellter der 14. Abt. des Innenministeriums, 1942–1944 Regierungskommissar für die jüdischen Arbeitslager; im Juni 1948 zu 18 Monaten Haft verurteilt.
7 Hlinka-Garde, im Okt. 1938 gegründete paramilitärische Organisation der Slowakischen Volkspartei, Nachfolgeorganisation der 1923 gegründeten und 1927 verbotenen Rodobrana (Volkswehr).
8 Richtig: Pavel Krchňák (*1905); Gaukommandant der Hlinka-Garde, Kommandant des Lagers Ilava.
9 Albert Smagon (*1897), Bergbaubeamter; 1926–1933 Kreisleiter der DNSAP in der ČSR; 1938 Flucht nach Deutschland, NSDAP- und SS-Eintritt; 1938–1941 NSDAP-Kreisleiter in Teschen, von April 1939 an Hauptabteilungsleiter im Zentralbüro der DAF, Aug. 1940 bis 1945 Berater für soziale Fragen in der Slowakei; 1942 SS-Obersturmbannführer; nach 1945 führendes Mitglied des Witikobundes.
10 Dr. Fritz Arlt (1912–2004), Soziologe; 1932 NSDAP- und SA-, 1937 SS-Eintritt, von 1936 an Leiter des Rassenpolitischen Amts des Gaus Schlesien; 1940 Leiter des Zentralinstituts für Landesforschung in Oberschlesien und der Außenstelle Oberschlesien des RKF, 1943/44 Kriegsteilnahme; nach 1945 baute er den Suchdienst des DRK mit auf, 1949 bei der Entnazifizierung als Mitläufer eingestuft, später stellv. Vorsitzender im Deutsch-Französischen Jugendwerk.

über das jüdische Problem in Ostoberschlesien berichtete. Danach sind in Ostoberschlesien alle Juden, ca. 90 000, in den Städten Sosnowitz, Bendzin, Dombrowa konzentriert. Die Juden haben Selbstverwaltung. Ihre eigenen Angelegenheiten regelt der Ältestenrat, der ihre soziale Betreuung leitet. Ein eigenes jüdisches Ordnersystem sorgt für Ruhe und Ordnung innerhalb der Judenschaft. Gegen 10 Uhr wurde dann nach Sosnowitz gefahren, wo der Regierungspräsident von Oppeln, SS-Oberführer Schmelt,[11] die Herren in seiner Dienststelle erwartete. SS-Oberführer Schmelt ist gleichzeitig Gaubeauftragter für den fremdvölkischen Arbeitseinsatz. Aufgrund von Statistiken und sonstigen Unterlagen erklärte Schmelt das Prinzip seines jüdischen Arbeitseinsatzes. Es sind zwei Gruppen von jüdischen Arbeitern zu unterscheiden. Die erste Gruppe umfaßt die körperlich voll einsatzfähigen Juden, die in geschlossenen Lagern an der Reichsautobahn Gleiwitz-Oppeln Zwangsarbeit leisten müssen. Es sind dies etwa 5000 Juden. Ihre Entlohnung beträgt ca. 50 Pfg. pro Tag, außerdem wird freie Unterkunft und Verpflegung gewährt. In Fällen, wo der Jude eine Familie zu ernähren hat, erfolgt die Überweisung eines bestimmten Betrages an den jüdischen Ältestenrat, der die Familie betreut. Das Wachpersonal wird von SA- und SS-Männern gestellt, die der Aufsicht von aktiven Polizeibeamten unterstehen. Die zweite Gruppe von jüdischen Arbeitern besteht aus körperlich nicht voll einsatzfähigen Juden, die aber über handwerkliche oder eine sonstige fachliche Ausbildung verfügen. Diese Juden werden in geschlossenen Arbeitskolonnen zur Arbeit in industriellen Werken vermittelt. Sie erhalten dort den normalen Arbeitslohn, von dem ein 30%iger Lohnabzug genommen wird. Die Juden arbeiten getrennt von der übrigen Belegschaft. SS-Oberführer Schmelt unterhält auch eigene Judenwerkstätten, insbesondere eine Kleiderfabrik mit einer Belegschaft von 900 Menschen. Die Zahl der Juden im industriellen Arbeitseinsatz beträgt 10 000. Um die Arbeitsleistung der Juden zu steigern, ist ein System von jüdischen Aufsichtsbeamten eingesetzt worden. Der aufsichtsführende Jude braucht selbst nicht zu arbeiten und erhält obendrein besseren Lohn. Wenn seine Arbeitskolonne die vorgeschriebene Arbeitsleistung nicht erfüllt, wird er abgelöst und muß selbst in der Kolonne arbeiten. Dadurch treiben diese Juden ihre Rassegenossen mit brutalen Mitteln zur Arbeit an. Nach der Besichtigung der Dienststelle für den fremdvölkischen Arbeitseinsatz wurde die Fahrt nach Bendzin fortgesetzt, wo die Judenkleiderfabrik besichtigt wurde. Im wesentlichen führen dort die Juden Wehrmachtsaufträge aus. Die Arbeit ist genau rationalisiert und wird am laufenden Band ausgeführt. Die stündliche Leistung beträgt etwa 47 Uniformen.

Nach der Einnahme des Mittagessens bei Oberführer Schmelt erfolgte um 15 Uhr ein Tee-Empfang beim Gauleiter und Oberpräsidenten Dr. Bracht.[12] Der Gauleiter war außerordentlich interessiert an allen Problemen der Slowakei. Im Verlaufe der Unterhaltung

11 Albrecht Schmelt (1899–1945), Landwirt, dann Postbeamter; 1930 NSDAP-, 1939 SS-Eintritt; ab 1933 MdR, 1934–1942 Polizeipräsident in Breslau; von Okt. 1940 bis März 1944 Sonderbeauftragter der SS für den fremdvölkischen Arbeitseinsatz in Oberschlesien, von Mai 1941 an zugleich Regierungspräsident in Oppeln, als Leiter der Dienststelle Schmelt verfügte er über mehr als 50 000 jüdische Zwangsarbeiter in 177 Lagern; nahm sich bei Kriegsende das Leben.

12 Fritz Bracht (1899–1945), Gärtner; 1927 NSDAP- und SA-Eintritt; 1929–1933 Stadtverordneter in Plettenberg, 1932–1933 MdL in Preußen; von Mai 1935 an Gauleiter Schlesien, seit Jan. 1941 Gauleiter Oberschlesien, von Febr. 1941 an Oberpräsident der Provinz Oberschlesien, seit April 1942 Beauftragter des Generalbevollmächtigten für den Arbeitseinsatz, Nov. 1942 Reichsverteidigungskommissar Oberschlesien; 1944 SA-Gruppenführer; nahm sich das Leben.

erwähnte er, daß er erst vor einigen Tagen beim Führer gewesen sei, zusammen mit Generalgouverneur Frank, und daß der Führer im Laufe der Unterhaltung auch die Judenfrage angeschnitten habe.[13] Der Führer habe erklärt, daß nach dem Kriege die Juden aus Europa ausgesiedelt werden. Diese Mitteilung des Gauleiters hat sichtlich Eindruck auf Koso und Moravek gemacht. Im Verlaufe des Nachmittages wurde dann eine Steinkohlengrube besichtigt und das Abendessen bei dem Direktor Gehrke[14] in Jawoschno eingenommen. Am 10. Juli um 8 Uhr erfolgte die Abfahrt zur Besichtigung der Arbeitslager an der Reichsautobahn. Es wurde das Lager Grünheide[15] besichtigt. Das Lager besteht aus reichsautobahneigenen Baracken und war in seiner Anlage und der darin herrschenden Ordnung und Sauberkeit vorbildlich. Dann wurde eine Baustelle der Reichsautobahn besichtigt, wo die Juden unter Leitung ihres Kolonnenführers und Aufsicht eines SA-Mannes mit Hacke und Schaufel arbeiteten. Dort verabschiedete sich Oberführer Schmelt, und die Rückreise wurde über Kattowitz-Teschen gegen 14 Uhr nachmittags angetreten.

Auf der Rückfahrt bat der Gaukommandant der HG. Krichniak mich, ihn in meinem Wagen mitzunehmen. Er berichtete mir, daß am Abend des 9. Juli Koso ihn und Moravek in sein Hotelzimmer gebeten hatte und daß Koso dort geäußert habe, das System des jüdischen Arbeitseinsatzes wäre in dieser Form unchristlich und unhuman und daß man in der Slowakei eine andere Form werde finden müssen. Krichniak sagte dann noch weiter, daß Koso versuchen werde, die Garde bei der Lösung dieser Frage auszuschalten, da er selbst vollkommen unter dem Einfluß des ehemaligen jüdischen Generaldirektors Fürst in Neutra stände.[16] Ich habe darauf Krichniak gesagt, er müsse versuchen, den Minister Mach[17] über seine Eindrücke auf der Fahrt eingehend zu informieren. Mit Obersturmbannführer Nageler[18] habe ich vereinbart, daß Krichniak bei ihm am Montag, den 14., zur Berichterstattung erscheint. Am Dienstag, den 15., soll dann eine Besprechung auf dem Oberkommando der HG. stattfinden.

Bei der Verabschiedung in Sillein hat sich Koso äußerst lobend mir gegenüber über das Gesehene ausgesprochen und sich vielmals bedankt, daß wir ihm diese Reise ermöglicht haben.

13 Nach Angaben von Generalgouverneur Hans Frank erklärte Hitler am 19.6.1941, dass „die Juden in absehbarer Zeit aus dem Generalgouvernement entfernt“ würden und das Generalgouvernement nur noch ein Durchgangslager sein solle; Das Diensttagebuch des deutschen Generalgouverneurs in Polen 1939–1945, hrsg. von Werner Präg und Wolfgang Jacobmeyer, Stuttgart 1975, S. 386 (Eintrag vom 17.7.1941).

14 Richtig: Dr. Ing. Heinrich Gerke.

15 Eines von 13 RAB-Lagern in Westoberschlesien (poln. Sicroniowice).

16 Nicht ermittelt.

17 Alexander (Šaňo) Mach (1902–1980); Juli 1940 bis April 1945 slowak. Innenminister und stellv. Vorsitzender der Regierung; Mitverfasser des Judenkodex 1941 (VEJ 13/38), maßgeblicher Verfechter der Deportationen der Juden 1942; April 1945 Flucht nach Österreich, Auslieferung an die Tschechoslowakei; 1947 zu 30 Jahren Haft verurteilt, 1968 Freilassung.

18 Viktor Nageler (*1903), Lehrer; 1919 Kärntner-Freiheits-Freikorps; 1919–1936 SA-Mitglied, 1940 SS-Obersturmbannführer; von Herbst 1940 bis 1945 Berater der Hlinka-Garde in der Slowakei; nach Kriegsende untergetaucht.

DOK. 4

Shlomo Frank beklagt in seinem Tagebuch am 29. Juli 1941 die Deportation von Geisteskranken aus dem Getto Litzmannstadt[1]

Handschriftl. Tagebuch von Shlomo Frank,[2] Getto Litzmannstadt, Eintrag vom 29.7.1941[3]

Dienstag, den 29. Juli 1941
Heute hat sich im Getto eine schreckliche Tragödie zugetragen. Alle, Groß und Klein, trauern und reden unaufhörlich von dem schweren Unglück.[4]
Was ist passiert?
In der Wesoła-Straße befindet sich das Hospital für Geisteskranke. Ein Teil der Kranken ist schon seit vor dem Kriege dort. Der andere Teil besteht aus Kriegsopfern, die wegen der jedes menschliche Maß übersteigenden Ereignisse der Kriegszeit den Verstand verloren haben. Insgesamt befinden sich 62 Kranke in dem Hospital. 46 Männer und 16 Frauen. Plötzlich traf heute direkt aus Berlin ein Befehl ein, dass alle im Getto Litzmannstadt befindlichen geisteskranken Juden im Verlauf von 24 Stunden umzubringen seien.[5]
Als die Mitarbeiter des Hospitals diesen Befehl erhielten, wollten sie einige Patienten, die bereits geheilt waren, zu ihren Familien nach Hause schicken. In dem Moment aber kam ein Befehl der Getto-Polizei, dass die Verwaltung des Hospitals für jeden Menschen verantwortlich sei, der fehle. Die Liste der Kranken befindet sich in den Händen der Gestapo. Auf diese Weise wurden auch vier gesunde Menschen zur Exekution mitgeschickt, die aus Nachlässigkeit der Hospitalverwaltung nicht schon vor einigen Tagen aus der Liste ausgetragen worden waren.
Am nächsten Tag standen schon am frühen Morgen zwei geschlossene Lastwagen vor dem Eingang des Hospitals. Die schreckliche Nachricht verbreitete sich im Getto blitzartig. Schon bald kamen Tausende Menschen gelaufen, Bekannte und Angehörige der Unglücklichen. Sie rangen die Hände, schrien und weinten über das Unglück, das sie getroffen hatte. Trotz allen Schreiens und Weinens wurde die Anordnung streng und brutal durchgeführt.
Um sieben Uhr früh erschienen drei Offiziere auf dem Platz. Einer dieser Mörder nahm eine Liste vor und begann, jeden Kranken mit Namen aufzurufen. Der jeweils Aufgerufene wurde von den Angestellten des Hospitals auf den Wagen gesetzt.
So setzte man Opfer nach Opfer auf die Wagen, und alle fragten traurig: Wohin bringt man uns? Ganz so, als ob sie etwas ahnten. Zwei junge Fräulein weinten laut, schluchzten wie kleine Kinder und gingen Arm in Arm. Sie sahen sich nicht um, sie hoben die Köpfe

1 AŻIH, 302/3, Bl. 30 f. Abdruck in: Shlomo Frank, Togbukh fun lodzsher geto, Buenos Aires 1958, S. 127 f. Das Dokument wurde aus dem Jiddischen übersetzt.

2 Shlomo Frank, geb. als Shlomo Frenkel (1902–1966), Journalist, Schriftsteller; im Getto Litzmannstadt gehörte er dem jüdischen Ordnungsdienst an, war in einer zionistisch-revisionistischen Untergrundgruppe aktiv, überlebte das Getto sowie mehrere Lager; er wanderte nach 1948 nach Israel aus.

3 In der Druckfassung wird der Eintrag irrtümlich auf den 30.6.1941 datiert.

4 Tempuswechsel wie im Original.

5 Bereits am 24.6.1941 war eine deutsche, angeblich aus Ärzten bestehende Kommission ins Getto gekommen, um den Abtransport und Mord an geisteskranken Gettobewohnern vorzubereiten; Frank, Togbukh, S. 123 f. (Eintrag vom 24.6.1941); wie Anm. 1.

nicht. Wie Bräute auf dem Weg zur Hochzeit, tränenüberströmt, so gingen sie, die zwei unglücklichen Bräute, zu ihrer Hochzeit mit dem Tod. Einer, ein gewisser Zisman, sang: „Und reinige unsere Herzen, um Dir aufrichtig zu dienen",[6] als man ihn zum Wagen brachte. Das ist ein heiliger Gesang. Ein anderer schlug sich an die Brust und betete fortwährend.
Eine Frau, die es offenbar eilig hatte, ging nicht, sondern lief. Sie lachte unaufhörlich: „Frei, frei, zum Teufel mit euch, ihr Lumpen." Nur Gott im Himmel weiß, wen sie gemeint hat. So wurden 62 unglückliche Menschen abgeführt.
Wir standen wie erstarrt und schauten auf das entsetzliche Bild.[7]

DOK. 5
In der Reichsstatthalterei in Posen wird am 7. August 1941 die arbeitsrechtliche Behandlung und Entlohnung der Juden besprochen[1]

Protokollvermerk der Abt. Arbeit beim Reichsstatthalter im Reichsgau Wartheland (7100/8140/550/30–4 Bd. IV), gez. Dr. Windmüller,[2] gez. Schwenzel,[3] Posen, vom 7.8.1941

Betrifft: Arbeitsrechtliche Behandlung der Juden (Kranken-, Invaliden- und Unfallversicherungspflicht, ärztliche Betreuung, Lohnsteuerpflicht, 15%ige Sozialausgleichsabgabe, Entlohnung der Juden)
Vermerk über die am 7. August 1941 stattgefundene Besprechung:
Anwesend: Siehe Anwesenheitsliste[4]
Reichstreuhänder *Kendzia*[5] weist auf die Notwendigkeit einer schnellen gemeinsamen Regelung der arbeitsrechtlichen Behandlung der Juden hin, soweit sie bei Bauvorhaben der öffentlichen Hand oder in deren Auftrag beschäftigt werden. Eine Regelung der Lohn- und Arbeitsbedingungen der in der Privatwirtschaft eingesetzten Juden sei zunächst nicht beabsichtigt, sondern einer späteren Regelung vorbehalten.[6] Der eigentliche Zweck der Beschäftigung der Juden sei fürsorgerischer Art, um die Unterhaltung der jüdischen Familienangehörigen durch die Gettoverwaltungen oder die zuständigen Fürsorgestellen sicherzustellen. Es müsse daher ein Lohn festgesetzt werden, der unter

6 Im Original hebr. Vers aus dem Keduscha-Gebet, das ein Teil des Morgengebets am Schabbat (Schacharit) ist.
7 Die Patienten wurden von Angehörigen des Sonderkommandos Lange an einen unbekannten Ort gebracht und dort ermordet; siehe Einleitung, S. 18.

1 APP, Akta miasta Poznania, Nr. 16 069, Bl. 89–92.
2 Dr. Erhard Windmüller (*1896), Jurist; 1933 NSDAP-Eintritt.
3 Herbert Schwenzel (*1909), Jurist; 1933 SA- und 1937 NSDAP-Eintritt; bis 1935 Gerichtsassessor beim Kammergericht Berlin.
4 Liegt nicht in der Akte.
5 Ernst Kendzia (1893–1950), Kaufmann; 1931 NSDAP- und 1933 SS-Eintritt; 1933–1935 Gauwalter der DAF in Danzig, 1936 Leiter des Arbeitsamts Danzig, 1939 Präsident des Landesarbeitsamts Posen, ORR; 1940 als Leiter des Referats Arbeit beim Reichsstatthalter für den Arbeitseinsatz von Juden verantwortlich; 1941 SS-Standartenführer; 1943 Präsident des Gauarbeitsamts Wartheland; nach 1945 im Zuchthaus Waldheim interniert, 1950 zum Tode verurteilt und hingerichtet.
6 Siehe Dok. 122 vom 25.6.1942.

Berücksichtigung der Arbeitsleistung einen ausreichenden Überschuß abwirft. Wäre durch die Arbeitsleistung der Juden die Erzielung eines solchen Überschusses nicht möglich, so müßte aus öffentlichen Mitteln eine sehr erhebliche Unterstützung der Juden oder der jüdischen Gettoverwaltungen erfolgen. Zur Vermeidung der Inanspruchnahme von Mitteln des Reichs müßten Belastungen von der Steuer- und sozialrechtlichen Seite her ausgeschlossen oder möglichst gering gehalten werden.

1. Sozialversicherung Der Vertreter der Landesversicherungsanstalt erklärte, daß Juden, soweit sie bei den hier in Frage kommenden Bauvorhaben oder Maßnahmen beschäftigt werden, nicht versicherungspflichtig sind. Dementsprechend entfalle auch jede Leistungspflicht der Sozialversicherungsanstalt. Die Juden sind daher nicht kranken-, invaliden- und unfallversicherungspflichtig. Damit entfällt auch die Leistung von Arbeitslosenversicherungsbeiträgen. Die Frage der Behandlung der Juden in Krankheitsfällen wurde sodann erörtert. Die Beteiligten waren sich über folgendes klar: In Krankheitsfällen sind die Juden nach Möglichkeit von einem jüdischen Arzt zu betreuen. Soweit es sich um kleinere Lager handelt, sind mehrere Lager dabei zusammenzufassen. In jedem Lager soll ein jüdischer Sanitäter aus dem Kreise der Lagerinsassen dem jüdischen Arzt helfend zur Seite stehen oder, soweit ein jüdischer Arzt nicht vorhanden ist, die Betreuung der Juden seinerseits übernehmen.[7]
Die jüdischen Ärzte unterstehen einer straffen Aufsicht durch die Gauärzteschaft oder dem von der Abteilung II des Reichsstatthalters[8] einzuschaltenden zuständigen Kreisarzt. Da infolge des Wegfalls der Beitragspflicht zur Sozialversicherung eine Behandlung in Krankenhäusern nicht erfolgen kann, auch nach allgemeiner Auffassung nicht erforderlich sein wird,[9] ist klargestellt worden, daß eine Krankenhausbehandlung in jedem Falle entfällt. Von dem Vertreter des Gauärzteführers, von Abteilung II und von Herrn Dr. Dietrich[10] ist darauf hingewiesen worden, daß auf tadellose Sauberkeit des Lagers hingewirkt werden muß. Falls durchführbar, sollen in den einzelnen Lagern Revierkrankenstuben eingerichtet werden, damit die Kranken von den übrigen Juden abgesondert und möglichst schnell behandelt werden können. Sauberkeit des Lagers ist vor allen Dingen zur Entgegenwirkung einer Seuchengefahr erforderlich. In solchen Fällen oder bei Verdacht ist sofort der zuständige Kreisarzt zu benachrichtigen, der für Isolierung sorgt und sich mit Dr. Dietrich als Leiter des ärztlichen Dienstes der Abteilung Arbeit in Verbindung setzt. Die Beteiligten waren sich darüber klar, daß unter Umständen die sofortige Verhängung einer Quarantäne erfolgen muß. Juden, die arbeitsunfähig sind und deren Wiederherstellung in absehbarer Zeit zweifelhaft erscheint, sind ebenfalls nach vorheriger Einholung der amtsärztlichen Stellungnahme unmittelbar der Abteilung Arbeit zu melden.

7 In der überwiegenden Zahl der Arbeitslager existierte keinerlei ärztliche Versorgung.
8 Gesundheitsabt.
9 Die in den Arbeitslagern arbeitsunfähig gewordenen jüdischen Arbeiter wurden, wenn sie nicht schon im Lager starben, in der Regel in das Getto Litzmannstadt zurückgeschickt, 1942 und 1943 möglicherweise auch direkt in das Vernichtungslager Kulmhof deportiert.
10 Dr. Dietrich, Mediziner; Leiter des ärztlichen Dienstes der Abt. Arbeit beim Reichsstatthalter in Posen.

2. Lohnsteuer und Sozialausgleichsabgabe Hierzu hat Reg.Direktor Dr. Prion[11] ausgeführt, daß auch Juden, gleichviel, wie sie beschäftigt sind und welchen Zwecken ihre Beschäftigung dient, grundsätzlich lohnsteuer- und sozialausgleichsabgabepflichtig sind. Die Lohnsteuerpflicht ergibt sich aus dem tatsächlichen Beschäftigungsverhältnis, die Sozialausgleichsabgabepflicht aus einer authentischen Interpretation des Reichsministers der Finanzen zu der Verordnung über die Sozialausgleichsabgabe[12] und die ergangenen Durchführungsbestimmungen. Lohnsteuerpflicht setzt ein, sobald der monatliche Bruttolohn den Betrag von 84,50 RM, Sozialausgleichsabgabepflicht entsteht, sobald der Bruttolohn 45,50 RM monatlich übersteigt.

3. Verpflegung und Unterkunft Für Verpflegung der Juden, Beschaffung und Unterhaltung der Unterkunft sowie sonstige etwa mit der Beschäftigung der Juden im Zusammenhang stehende Unkosten ist ein Satz von höchstens 1,50 RM täglich zulässig. Reichstreuhänder Kendzia weist darauf hin, daß dieser Betrag in keinem Falle überschritten werden darf.

4. Höhe des Arbeitslohnes Reichstreuhänder Kendzia erklärt, daß er unter Berücksichtigung des Ergebnisses der Besprechung in Erwägung ziehen würde, generell – also ohne Unterschied von Alter und Familienstand – einen Stundenlohn von 30 Pfg. festzusetzen.

5. Taschengeld Der Jude erhält ein Taschengeld in Höhe von 20 vom Hundert des Betrages, der nach Abzug der Unkosten für Verpflegung und Unterkunft sowie der fälligen Lohnsteuer und Sozialausgleichsabgabe verbleibt.[13]

6. Abführung des Restlohnes Der nach Abzug aller Unkosten und des Taschengeldes verbleibende Restlohn ist an die zuständige Gettoverwaltung, soweit die Juden aus einem Getto gestellt sind, oder an die zuständige Gemeinde wöchentlich abzuführen. Gleichzeitig ist eine Aufstellung mit Angabe über die Höhe des für jeden einzeln namentlich aufzuführenden Juden entfallenden Betrages der Gettoverwaltung oder der zuständigen Gemeinde zu übersenden.

7. Bewachung der Juden Hierzu führte Reg.Rat Bischoff[14] aus, es sei sicherzustellen, daß ein Entlaufen der Juden nicht möglich ist. In Posen habe die Wach- und Schließgesellschaft die Überwachung übernommen. Da z. Zt. Polizeikräfte nicht zur Verfügung gestellt werden können, müssen deutsche Arbeiter gleichzeitig Hilfspolizeidienste übernehmen, und zwar sowohl auf der Baustelle wie im Lager.

11 Vermutlich: Dr. Paul Prion (1884–1960), Kaufmann, später Jurist; 1907 Referendar, Gerichtsassessor beim Amtsgericht Iserlohn, 1920 Reg.Rat; 1939 NSDAP-Eintritt; im Warthegau als Reg.Direktor beim Oberfinanzpräsidium in Posen tätig; nach dem Krieg wieder in Iserlohn.

12 Die ursprünglich am 5.8.1940 für die im Deutschen Reich arbeitenden Polen eingeführte Sozialausgleichsabgabe wurde mit der zweiten VO vom 24.12.1940 auch auf den Arbeitslohn von Juden im Reich aufgeschlagen. Die Steuer in Höhe von 15% musste fortan neben anderen Abgaben wie der Steuer auf die Jüdische Winterhilfe abgeführt werden. Im Einvernehmen der Ministerien sollte die Steuer in den eingegliederten Gebieten später eingeführt werden; RGBl., 1940 I, S. 1666.

13 Juden in Arbeitslagern im Reichsgau Wartheland erhielten nur in der Anfangszeit bzw. in seltenen Fällen ein Taschengeld; siehe auch Dok. 238 von 1942/43, für Oberschlesien Dok. 7 vom 18.8.1941.

14 Dr. Helmut Bischoff (1908–1993), Jurist; 1930 NSDAP-, 1933 SA- und 1935 SS-Eintritt; Leiter der Staatspolizeistellen Liegnitz, Harburg-Wilhelmsburg und Köslin, Sept. 1939 Chef des Einsatzkommandos 1 der Einsatzgruppe IV, dann bis 1941 Leiter der Staatspolizeistelle in Posen, danach in Magdeburg, von Dez. 1943 an SD-Abwehrbeauftragter im KZ Mittelbau-Dora; 1946–1955 in sowjet. Gefangenschaft, 1957–1965 beim Suchdienst des DRK tätig.

DOK. 6

Die Treuhandstelle Danzig-Westpreußen gibt am 8. August 1941 die Anweisung, die Grundstücke mit Synagogen und jüdischen Friedhöfen möglichst rasch zu verkaufen[1]

Reichsstatthalter im Reichsgau Danzig-Westpreußen, Der Leiter der Treuhandstelle, Außenstelle Gotenhafen[2] (v.W./K. Tgb. Nr. I 38 162/41), Unterschrift unleserlich, an Otto Neumann, Kreisvertrauensmann in Berent, vom 8.8.1941

Betrifft: Beschlagnahme des jüdischen Grundbesitzes

Ich habe den Auftrag bekommen, im Zuge der Beschlagnahme des gewerblichen Grundbesitzes auch die Beschlagnahme des jüdischen Grundbesitzes vorzunehmen.[3] Diese Beschlagnahme betrifft nur den Grundbesitz der jüdischen Religionsgemeinschaften, also nur Synagogenplätze, Friedhofsplätze u. ä. Der jüdische Wohngrundbesitz wird auch weiterhin von der G. D. W.[4] erfaßt und nach der Beschlagnahme in eigene Verwaltung zur selbständigen Verwertung übernommen.
Die Stadtverwaltungen sind weder zur Beschlagnahme noch zur Verwertung des Grundbesitzes der jüdischen Religionsgemeinschaften berechtigt, und die bisher von den Stadtverwaltungen ausgesprochenen Beschlagnahmen entbehren jeder Rechtsgrundlage.
Ich bitte Sie nunmehr, die Beschlagnahme des gesamten Grundbesitzes der jüdischen Religionsgemeinschaften mit Ausnahme des Wohngrundbesitzes im Zuge der Beschlagnahme des gewerblichen Grundbesitzes möglichst beschleunigt durchzuführen und dabei anzugeben, ob es sich um das Synagogengrundstück, den jüdischen Friedhofsplatz usw. handelt.[5]

Einer beschleunigten Verwertung dieses Grundbesitzes an Interessenten stehen von hier aus keine Hindernisse im Wege. Soweit die Voraussetzungen dafür gegeben sind, bitte ich für eine möglichst beschleunigte Verwertung dieses jüdischen Grundbesitzes besorgt zu sein und mir entsprechende Anträge von Kaufbewerbern zuzuleiten.[6]

1 APG, 264/354, Bl. 3.
2 Werner König.
3 Laut sog. Polenvermögensordnung konnte das Vermögen der poln. Staatsbürger beschlagnahmt, eingezogen oder unter kommissar. Verwaltung gestellt werden. Die Beschlagnahme bei geflohenen Polen oder Juden war jedoch verpflichtend auszusprechen; RGBl., 1940 I, S. 1270.
4 Grundstücksverwaltung Danzig-Westpreußen (Gedewe), Tochtergesellschaft der Grundstücksgesellschaft der Haupttreuhandstelle Ost mbH (GHTO). Am 17.2.1941 wurde die Grundstücksverwaltung aus der HTO herausgelöst und am 24.9.1942 in vier selbständige Gaugrundstücksgesellschaften mit Sitz in Gotenhafen, Kattowitz, Posen und Zichenau umgewandelt.
5 In Berent handelte es sich um das Grundstück des jüdischen Friedhofs sowie das Grundstück, auf dem die zwischenzeitlich zerstörte und abgetragene Synagoge gestanden hatte.
6 Um den Erwerb beider Grundstücke bemühte sich die Stadtverwaltung Berent, um das Synagogengrundstück ferner die Hotel-Inhaberin Elise Ehrlichmann; wie Anm. 1, Bl. 7 und 17. Zu einem Verkauf kam es nicht, erst am 18.2.1943 wurden beide Grundstücke aufgrund der sog. Polenvermögensverordnung vom 17.9.1940 beschlagnahmt.

DOK. 7
Die Zentrale der jüdischen Kultusgemeinden in Ost-Oberschlesien beschreibt am 18. August 1941 die Organisation des Arbeitseinsatzes durch die Organisation Schmelt[1]

Niederschrift der Zentrale der jüdischen Kultusgemeinden in Sosnowitz, ungez., vom 18.8.1941

Jüdischer Arbeitseinsatz in Oberschlesien-Ost
I. Allgemeine Grundlagen des jüdischen Arbeitseinsatzes.
Im Monat Oktober 1940 hat der Sonderbeauftragte des Reichsführers SS und Chef der deutschen Polizei für fremdvölkischen Arbeitseinsatz in Oberschlesien[2] seine Dienststelle in Sosnowitz gegründet. Zur gleichen Zeit hat die Arbeitseinsatzaktion der Juden in Ost-Oberschlesien begonnen.
Der Arbeitseinsatzpflicht unterliegen alle jüdischen Männer im Alter von 18 bis 55 Jahren, die gesund und arbeitsfähig sind. Die allgemeine Zahl der jüdischen Einwohner Ost-Oberschlesiens – ungefähr 97 000 – umfaßt ca. 25 000 Männer im Alter von 18 bis 55 Jahren. Diese Männer wurden durch die speziell geschaffene zentr. Arbeitseinsatzabteilung bei der Zentrale in einer Kartei erfaßt.
Da die durch uns durchgeführte Registrierung nachgewiesen hat, daß eine große Anzahl der dem Arbeitseinsatz unterliegenden Juden Handwerker sind und in ihren Berufen der Wirtschaft einen großen Nutzen bringen können, haben wir uns zum Ziele gesetzt, bei den Behörden die Möglichkeit des Arbeitseinsatzes an Ort und Stelle zu erwirken. Desto mehr, da laut Erlaß des Reichstreuhänders der Arbeit Juden in ihren Berufen beschäftigt werden dürfen.[3] Dieses Ziel haben wir teilweise auf folgende Weise erreicht:

1. Errichtung von Sammelwerkstätten
2. Heimarbeiten für diese
3. Arbeiten bei Privat- und treuhänderisch verwalteten Unternehmen
4. Notstandsarbeiten
5. Jüdische Betriebsinhaber
6. Angestellte bei jüdischen Betriebsinhabern
7. Jüdische Gemeindeanstalten.

Der Arbeitseinsatz an Ort und Stelle ergreift daher:
a) beschäftigte Juden, also alle Inhaber aller Art Betriebe und Arbeitnehmer der Betriebe (ohne Rücksicht darauf, ob der Inhaber Jude bzw. Arier ist), die in der Dienststelle des Herrn Sonderbeauftragten registriert sind und eine monatliche Abgabe (Inhaber je RM 50,– monatlich, Arbeitnehmer – 30% ihrer Löhne) entrichten. Von diesen Abgaben erhalten wir vom Herrn Sonderbeauftragten 5% als sog. Gewerbeeinnahme. Die Inhaber und Arbeitnehmer besitzen entsprechende Ausweise, auf Grund welcher sie von anderweitigem Arbeitseinsatz freigestellt sind.
b) Die bei Notstandsarbeiten der Stadtverwaltung und anderer Behörden beschäftigten Männer sind auch in der Dienststelle des Herrn Sonderbeauftragten registriert und von anderweitigem Arbeitseinsatz freigestellt.

1 APK, 1600/30, Bl. 8–14.
2 Albrecht Schmelt.
3 Nicht ermittelt.

c) Die Ältestenratsmitglieder und Gemeinde-Beamte sind von dem Arbeitseinsatz freigestellt, wobei sie auch von der 30%igen Lohnabgabe frei sind.
Alle anderen nichtbeschäftigten Männer in dem bestimmten Alter unterliegen der Arbeitseinsatzpflicht und werden in die Arbeitslager geschickt.

II. Arbeitseinsatz an Ort und Stelle.
1. Sammelwerkstätten.
Wir haben uns an den Herrn Sonderbeauftragten mit einem Projekt gewandt, welches die Errichtung von Sammelwerkstätten in eigenem Wirkungskreis und mit ausschließlich nur jüdischen Arbeitskräften beinhaltet. Dadurch sollten zwei Probleme gleichzeitig gelöst werden:
a) Jeder Jude soll in seinem Berufe beschäftigt werden und somit dem Arbeitseinsatz an Ort und Stelle Folge leisten,
b) gleichzeitig geben die Verdienste in den Sammelwerkstätten den Juden einen bescheidenen Erwerb.
Unser Projekt ging nach dieser Richtung, daß wir Sammelwerkstätten im eigenen Wirkungskreis einrichten und allein Aufträge von deutschen Firmen sowie deren Durchführung übernehmen. Damit war aber der Herr Sonderbeauftragte nicht einverstanden, und durch Vermittlung dieses kamen wir in Kontakt mit deutschen Firmen, die bereit waren, die von uns organisierten Sammelwerkstätten zu übernehmen.
Wir haben vor allem eine Sammelwerkstätte mit dem Sitz in Sosnowitz für Schneider eingerichtet, in welcher über 500 Maschinen tätig sind. Diese Maschinen haben wir von jüdischen Eigentümern gesammelt und mit eigenen Kosten die ganze Sammelwerkstätte eingerichtet.
In dieser Schneider-Sammelwerkstätte arbeiten zur Zeit in Tag- und Nachtschichten ca. 1600 Arbeitskräfte für eine Berliner Firma,[4] welche unmittelbar von der Wehrmacht Aufträge erhält. Die Verdienste in diesen Sammelwerkstätten sind wohl sehr gering und wanken[5] zwischen RM 1,20 bis RM 4,– täglich bei 8stündiger Arbeit.
Wir haben außerdem folgende Sammelwerkstätten organisiert:
Schneidersammelwerkstätten (Betriebsinhaber Herr Sonderbeauftragter) mit dem Sitz in Bendsburg, Arbeitskräfte 1400[6]
Tischlersammelwerkstätten (in Organisation) mit dem Sitz in Sosnowitz
vorgesehene Arbeitskräfte 400
bereits beschäftigt 100
Mützenmacher-Sammelwerkstätte mit dem Sitz in Sosnowitz
Arbeitskräfte 80
Miedermacher-Sammelwerkstätte mit dem Sitz in Sosnowitz
Arbeitskräfte 40

4 Gemeint ist vermutlich die Schlesische Wäsche- und Bekleidungsfabrik Hans Held KG mit Sitz in Sosnowitz, die im Febr. 1941 mit der Unterstützung des Reichsführers SS gegründet wurde. Sie erhielt ihre Aufträge von der Dienststelle Schmelt und produzierte vornehmlich Textilien für die Wehrmacht. Im Sommer 1941 beschäftigte die Fabrik ca. 1600 jüdische Zwangsarbeiter.
5 So im Original.
6 Zahl unsicher, da schwer lesbar.

Obige Sammelwerkstätten wurden von uns organisiert und wurden deutschen Firmen zur Verfügung gestellt.
Außerdem gibt es noch Sammelwerkstätten, welche von deutschen Firmen auf eigenen Antrieb organisiert wurden und [für die] von uns bloß Arbeitskräfte, Fachleute zur Verfügung gestellt wurden. Es sind dies:
Holz- und Blech-Bearbeitungswerk mit dem Sitz in Sosnowitz, Schümenschütz und Slawkow. Zahl der beschäftigten Juden ca. 500.
Tischlerwerkstätten mit dem Sitz in Bendsburg. Zahl der beschäftigten Juden ca. 120.
Es ist selbstverständlich, daß die Experimente bei der Organisation der ersten Sammelwerkstätte uns viel Mühe und Arbeit gekostet haben, aber trotzdem haben wir unser Ziel erreicht. Da sich unsere Sammelwerkstätten einen guten Ruf erworben haben, haben auch deutsche Firmen auf eigene Hand Sammelwerkstätten mit ausschließlich jüdischen Arbeitern gegründet, welche weder von uns organisiert wurden, noch haben wir Arbeitskräfte zugestellt. Die Zahl solcher Arbeitsstätten ist aber sehr gering. Insgesamt sind mit heutigem Tage ca. 4000 Juden in Sammelwerkstätten beschäftigt.
Die Zentrale der jüd. Kultusgemeinden wie auch die Gemeinden selbst betreuen die jüdischen Arbeiter der Sammelwerkstätten mit medizinischer Hilfe, ebenso in Hinsicht auf die Entlohnung wie auch auf Arbeitsbedingungen. In letzter Zeit haben wir unsere Bemühungen auf die Errichtung von Gefolgschaftsküchen wie auch auf die Erlangung von Sonderzuteilung von Lebensmitteln für die jüdischen Arbeiter der Sammelwerkstätten gerichtet.
Die Entlohnung in den Sammelwerkstätten ist verschieden. Es gibt Akkord- und Stundenlöhne und betragen die Verdienste zwischen RM 1,20 bis 7,00 Brutto.
2. Heimarbeiten.
Außer den Arbeitsmöglichkeiten in den Sammelwerkstätten selbst können jüdische Handwerker auch Heimarbeiten für die Sammelwerkstätten und für private deutsche Firmen ausführen. Bei diesen Arbeiten sind ungefähr 500 Juden beschäftigt. Die Heimarbeiten haben diesen Vorteil, daß der Arbeiter zur Ausführung der Produktion wohl einen Termin bekommt, jedoch die Arbeitseinteilung sich selbst wählen kann.
3. Privat- und treuhänderisch verwaltete Unternehmungen.
Es gibt auf unserem Gebiete private wie auch treuhänderisch verwaltete Unternehmungen, die mit Genehmigung des Herrn Sonderbeauftragten Juden beschäftigen. Die sind bei verschiedenen Arbeiten, wie Spezialarbeiten, Verkäufer, Buchhalter und in einzelnen Unternehmungen sogar als Geschäfts- oder Betriebsleiter, beschäftigt. Auf diese Art haben ca. 1000 Juden Arbeit gefunden.
4. Notstandsarbeiten.
Beinahe in jeder Gemeinde sind Juden auch bei diesen Arbeiten beschäftigt. Es handelt sich hier hauptsächlich um Schwarzarbeiten[7] für die lokalen Stadtgemeinden und Behörden. Diese Arbeiten haben den Vorteil, daß die Arbeiter außerhalb ihrer Arbeitszeit frei sind.
Wir bemerken, daß sogar bei Notstandsarbeiten die vorgeschriebenen und im Altreich geltenden Löhne eingehalten werden müssen. Es gibt, seit der Arbeitseinsatz bei uns eingeführt ist, keine unentgeltlichen Arbeiten mehr. Der Herr Sonderbeauftragte achtet

7 Wörtliche Übersetzung aus dem Polnischen, in dem „czarna praca“ schwere und schmutzige, nicht jedoch illegale Arbeit bedeutet.

speziell darauf, für alle Arbeiten die Löhne der Höhe den im Altreich geltenden Sätze zugleich zu kommen.[8] Mit diesem Unterschied jedoch, daß der Jude die entsprechenden Abgaben an Herrn Sonderbeauftragten leisten muß. Die Entlohnung bei diesen Arbeiten beträgt vorschriftsmäßig bei 10stündiger Arbeitszeit Brutto RM 3,50.

5. *Jüdische Betriebsinhaber.*

In unseren Gemeinden gibt es jüdische Betriebe, die die Genehmigung zur Betriebsführung mit der Bemerkung „nur für Juden" erhalten haben. Die Betriebsinhaber dieser Unternehmungen sind vom Arbeitseinsatz in den Lagern freigestellt, müssen aber eine monatliche Abgabe in der Höhe von RM 50,– an Herrn Sonderbeauftragten leisten. Da es unter den jüdischen Betriebsinhabern auch ganz arme gibt, die die vorgeschriebene Abgabe in voller Höhe nicht leisten können, deren Betriebe aber benötigt werden, kann ein solcher Betriebsinhaber individuell beim Herrn Sonderbeauftragten um eine Ermäßigung bzw. Befreiung ansuchen. Diese Gesuche werden geprüft, und zwar auf folgende Art: der Herr Sonderbeauftragte übersandte uns sämtliche Gesuche. Die Bittsteller wurden von den einzelnen Gemeinden vorgeladen, um den Umsatz-Nachweis lt. Steuerquittung zu erbringen. Die Höhe der Umsätze, die Originalquittungen über die bezahlte Umsatzsteuer samt den Bittschriften wurden durch unsere Vermittlung an Herrn Sonderbeauftragten zurückgeschickt, worauf dieser evtl. Ermäßigungen bzw. Befreiungen bewilligte. Bis jetzt haben wir einen monatlichen Gesamtbetrag von ca. 30 000 RM an Ermäßigungen und Befreiungen von den Abgaben der jüd. Betriebsinhaber zu verzeichnen.

6. *Angestellte der jüdischen Betriebsinhaber.*

Den zugelassenen jüdischen Betrieben steht das Recht zu, mit Genehmigung des Herrn Sonderbeauftragten Juden zu beschäftigen. Die Zahl dieser ist ziemlich hoch und beträgt über 2000. Diese Arbeitnehmer sind auch vom Lager-Arbeitseinsatz freigestellt. Alle diese Juden, die auf oben angeführte Art angeführt sind,[9] unterliegen auch dem sog. wirtschaftlichen Arbeitseinsatz, d. h., sie sind wohl vom Herrn Sonderbeauftragten vom Lager-Arbeitseinsatz freigestellt, doch müssen ihre Anstellungen vom Herrn Sonderbeauftragten genehmigt werden. Zu diesem Zwecke werden bei Anstellung eines jeden Juden in irgendeinem Betrieb, gleichgültig ob jüdisch oder nicht, um die Genehmigung mit einem speziellen ausgefüllten Formular an den Herrn Sonderbeauftragten Ansuchen gestellt. Im Falle, wenn die Genehmigung erteilt wird, ist es Pflicht des Arbeitgebers, von dem Bruttoverdienst des Arbeitnehmers 30% für den Herrn Sonderbeauftragten in Abzug zu bringen. Außer dieser Abgabe muß auch der Arbeitgeber seinerseits 18% des Bruttoverdienstes des Arbeitnehmers an den Herrn Sonderbeauftragten abführen und dies aus dem Grunde, da jüdische Arbeiter und Angestellte an öffentlichen sozialen Institutionen keinen Anteil nehmen dürfen und dadurch der Arbeitgeber einen gewissen Betrag erspart. Es müssen spezielle Lohnlisten für Juden ausgefüllt werden, in welchen die für den Herrn Sonderbeauftragten zukommenden 30% + 18% verrechnet sind. Diese Listen wie auch die erwähnten Abgaben müssen am Auszahlungstag an den Herrn Sonderbeauftragten eingesandt werden. Befreit von diesen Abgaben sind: Gemeindebeamte und Angestellte sowie Angestellte von Gemeindeinstitutionen überhaupt.

8 So im Original.
9 So im Original.

Wir bemerken, daß es den jüdischen Gemeinden gestattet ist, als Betriebsinhaber nur in eigenem Wirkungskreis aufzutreten, dagegen als Unternehmung gleich welcher Art für Nichtjuden nicht zugelassen sind.
Aus dem Grunde, da es an nichtjüdischen Handwerkern mangelt, ist es uns gelungen, beim Herrn Sonderbeauftragten zu erwirken, daß jüd. Gemeinden von den Grundstücksgesellschaften Arbeiten bei diesen zugewiesen bekommen und in diesem Falle ausnahmsweise die jüdischen Gemeinden als Betriebsinhaber und Arbeitgeber auftreten dürfen. Die jüd. Gemeinden, die bei diesen Arbeiten als Betriebsinhaber auftreten, sind verpflichtet, die vorgeschriebenen Abgaben für Herrn Sonderbeauftragten, genau wie andere Betriebe, zu leisten. Sämtliche Juden, die für obenerwähnte Arbeiten von dem Lager-Arbeitseinsatz freigestellt sind, erhalten vom Herrn Sonderbeauftragten eine Ausweiskarte, auf welcher die Freistellung von anderweitigem Arbeitseinsatz verzeichnet ist. Bei diesem sog. wirtschaftlichen Arbeitseinsatz sind in unserem Wirkungskreis über 8000 Juden beschäftigt und haben wir auf diese Art wenigstens teilweise unser uns gegebenes Leitwort „Arbeitseinsatz an Ort und Stelle" erfüllt.
7. Jüdische Gemeinden und deren Unternehmungen.
Gemeindebeamte und Angestellte sowie Angestellte von Gemeindeinstitutionen und Gemeindeunternehmungen sind vom Arbeitseinsatz freigestellt.
8. Abgaben für die Zentrale der jüd. Kultusgemeinden in Ost-Oberschl.
Der Herr Sonderbeauftragte hat uns zur Deckung der Ausgaben, die mit der Betreuung der Familien der Lagerinsassen, wie auch zur Deckung der Kosten der Zentrale bei Organisation des Arbeitseinsatzes, auf unseren Antrag 5 % des eingegangenen Bruttobetrages der 30%igen Abgabe zugewiesen.
Außer diesen 5 % wurde uns durch den Herrn Sonderbeauftragten bewilligt, 3 % des Nettoverdienstes eines jeden jüdischen Arbeitnehmers zugunsten der Zentrale in Abzug zu bringen. Im Falle der Erkrankung decken diese 3% teilweise die Kosten für ärztliche Hilfe in eigenen Ambulatorien und im Spital.

III. Arbeitseinsatz in Arbeitslagern.
1. Organisierung der Transporte von Arbeitern für die Arbeitslager.
Mit der Organisierung der ersten Transporte der Arbeiter für die Arbeitslager hat sich auf Anordnung des Herrn Sonderbeauftragten die Zentrale durch Vermittlung der ihr unterliegenden Ältestenräte befaßt. Gegenwärtig organisiert die Transporte die Dienststelle des Sonderbeauftragten selbst, und zwar durch Aufforderung zum Erscheinen oder auch Abhalten einer Razzia auf den Straßen, während welcher alle Männer, die keine entsprechenden Ausweise besitzen, ins Durchgangslager in Sosnowitz eingeliefert und dort durch einen deutschen Arzt untersucht werden. Die als tauglich anerkannten Personen werden im Durchgangslager aufgehalten und mit dem nächsten Transport mittels Kraftwagen in die Arbeitslager befördert.
2. Arbeitslager.
Z. Zt. sind 19 Arbeitslager vorhanden, in denen sich 5234 Personen (5041 Männer und 243 Frauen) befinden.[10]
Durchschnittlich befinden sich in einem Arbeitslager 250–300 Personen.

10 So im Original; vermutlich ist die Zahl von 5284 Personen in Arbeitslagern gemeint.

Die Verantwortung für alle Belegschaftsmitglieder ruht auf dem Judenältesten, der auch das Lager vor den Behörden und vor der Baufirma, die die Bauarbeiten durchführt, vertritt. Der Judenälteste steht in engem Kontakt mit der Zentrale der jüd. Kultusgemeinden in allen Arbeitsangelegenheiten, und zwar auf Korrespondenzwege.
An der Spitze einer Kolonne von 50 Arbeitern steht ein sog. Kolonnenältester, der für die Ausführung der Arbeiten verantwortlich ist. Außerdem sind auch einige Personen (meistens Frauen) beim Wirtschaften des Lagers beschäftigt (Küchengehilfinnen, Kartoffelschälerinnen, Waschfrauen, Schneider, Schuster).
Die Büroarbeiten werden durch den Judenältesten mit Hilfe von Bürokräften (1 Bürokraft auf 200 Arbeiter) geleistet, und zwar: Korrespondenz mit der Zentrale, Ausfertigung der Nachweisungen über die geleistete Arbeit für den Sonderbeauftragten, Berichte für die Behörden und für die Zentrale u. dgl.
In jedem Arbeitslager befindet sich ein Sanitäter, der sich auch auf die Baustelle begibt und bei den Arbeiten anwesend ist, um bei Unfällen die Erste Hilfe bringen zu können. Die Arbeiter in den Arbeitslagern werden von jüdischen Ärzten betreut. Es kommt auch vor, daß ein Arzt einige benachbarte Arbeitslager betreut. Die Arbeit im Arbeitslager ist schwer (Tiefbauarbeiten, Autobahnbau, Brückenbau, Beseitigung von Häuschen). Arbeitsdauer – 9 bis 10 Stunden täglich, außer der Zeit der Dauer des Weges zu und von der Baustelle.
Mit der Anschaffung von Schuhwerk und Arbeitsanzügen für die Arbeitslagerinsassen befaßt sich die Dienststelle des Sonderbeauftragten. Der Herr Sonderbeauftragte hat auch die Betrauung der Arbeitslager mit Medikamenten übernommen und liefert Medikamente lt. dem von dem Judenältesten angegebenen Bedarf. Schreibmaterial für die Lager schafft die Oberste Leitung der Reichsautobahn (O. B. R.) in Breslau an, zu deren Pflicht auch die Approvisionierung der Arbeiter gehört.
An der Spitze eines jeden Lagers stehen der Lagerführer und wachhabende S. A.-Männer, zu deren Pflichten die Erhaltung der Ordnung im Lager und die Beaufsichtigung der Arbeiter während der Arbeit gehören.
Das Lager ist geschlossen. Den Arbeitern ist verboten, das Lager zu verlassen, und sogar der Judenälteste und Lagerarzt kann sich zwecks Erledigung von Dienstangelegenheiten nur in Begleitung von einem S. A.-Mann vom Lager entfernen.
Die administrativen Spesen der Judenältesten deckt die Zentrale.
3. *Barvergütung und Trennungszulage.*
Jeder Arbeiter erhält für seine Arbeit außer der Verpflegung RM 0,50 pro Werktag (Facharbeiter RM 0,75) als Barvergütung (Taschengeld).
Für das Lagerpersonal sind folgende Sätze festgesetzt worden:

Judenälteste	RM	3,–	pro Tag
Lagerarzt	»	3,–	pro Tag
Kolonnenältester	»	2,–	pro Tag
Bürokraft	»	2,–	pro Tag
Sanitäter	»	1,–	pro Tag
Küchenpersonal	»	0,50	pro Tag

Der Arbeitslagerinsasse kann im Lager nur bis zu 50 % der Barvergütung ausgezahlt bekommen. Der restliche Betrag muß daher den Familienangehörigen ausgezahlt werden. Außer der Barvergütung wird an die Verheirateten eine Trennungszulage in Höhe von RM 1,– pro Kalendertag gezahlt, die in voller Höhe nur an die Ehefrau bzw. Vormund

der Kinder ausgezahlt werden kann. Die Trennungszulage je RM 1,– bekommt auch ein Teil der ledigen Arbeiter, die vor ihrer Anfahrt ins Lager die einzigen Ernährer ihrer Familien waren.
Die Baufirma hat in Ausnahmefällen eine Prämie für fleißige Arbeiter in Höhe von RM 5,– bis RM 10,– einmalig zuerkannt.
4. Fürsorge für die Familien der Arbeitslagerinsassen.
Die vom Herrn Sonderbeauftragten erhaltenen Barvergütungs- und Trennungsgelder zahlt die Zentrale an die Familienangehörigen der Arbeitslagerinsassen durch Vermittlung der Ältestenräte aus.

Durchschnittlich beträgt die Barvergütung	RM 53 500	monatlich
die Trennungszulage	RM 54 350	
insgesamt	RM 107 850	monatlich

Unabhängig davon veranlaßte die Zentrale die Ältestenräte, für das Schicksal der zurückgebliebenen Familien der Arbeitslagerinsassen Sorge zu tragen, und zwar sind diese in erster Reihe bei allen Gemeindearbeiten zu beschäftigen und können die betreffenden Personen die Hilfe der Gemeinden in Anspruch nehmen (unentgeltliche ärztliche Hilfe, Kinderzuernährungsstellen u. dgl.).
5. Rückkehr von den Arbeitslagern.
Die Arbeitsdauer im Arbeitslager ist bisher nicht festgesetzt. Es ist jedoch Strebung der Zentrale der jüdischen Kultusgemeinden, einen permanenten Austausch der Arbeitslagerinsassen zu erwirken. Gegenwärtig wird die Ablösung der verheirateten Männer und der Frauen, die sich seit Oktober 1940 und November in den Lagern befinden, durch ledige Männer und andere Frauen, die z. Zt. hier an Ort und Stelle beschäftigt sind, bearbeitet. Im Prinzip kommen von den Arbeitslagern gegenwärtig nur kranke, vom Lagerarzt als arbeitsunfähig anerkannte Personen zurück. Jede Entlassung vom Arbeitslager, auch krankheitshalber, muß von der Dienststelle des Herrn Sonderbeauftragten bestätigt werden. Die von den Arbeitslagern zurückgekehrten Personen werden ins Durchgangslager eingeliefert, von welchem sie nach erfolgter ärztlicher Untersuchung entlassen bzw. ins Krankenhaus zur Behandlung überwiesen werden.

DOK. 8

Der Vorstand der Jüdischen Interessenvertretung in Bendsburg informiert die jüdische Bevölkerung in Schlesien am 1. September 1941 über das Aufenthaltsverbot in den Hauptstraßen[1]

Bekanntmachung durch den Vorstand der Jüdischen Interessenvertretung in Bendsburg,[2] gez. Der Vorsitzende (ohne Unterschrift), Bendsburg, vom 1.9.1941

Bekanntmachung.
Der jüdischen Bevölkerung von Bendsburg wird nachstehend der Inhalt eines Schreibens des Herrn Polizeipräsidenten, Sosnowitz,[3] betr. Straßenverkehr für Juden vom 23. August d. J., zur Kenntnis gegeben:

1 AŻIH, 212/3, unpaginiert.

Die jüdische Bevölkerung hat mehr wie bisher zu achten, daß sie auf den Gehbahnen den uniformierten Angehörigen deutscher Behörden und Dienststellen sowie den an Abzeichen erkenntlichen Deutschen rechtzeitig und genügend ausweicht und Platz macht. Dies ist der jüdischen Bevölkerung bekanntzugeben. Des weiteren ist die jüdische Bevölkerung auf folgendes hinzuweisen: Wenn Juden in einer Judenbannstraße zu einer Behörde gehen oder darin einen beruflichen Auftrag auszuführen haben und zu solchen Zwecken auf Grund des erforderlichen Ausweises eine Judenbannstraße begehen, dann hat dies auf dem kürzesten Wege zu geschehen; die Judenbannstraße muß jeweils durch die nächste den Juden allgemein zugängliche Straße betreten und verlassen werden.[4] Zuwiderhandelnde haben strenge polizeiliche Maßnahmen zu gewärtigen.

DOK. 9
Die Zivilverwaltung des Bezirks Bialystok gründet am 3. September 1941 eine regionale Treuhandstelle und unterstellt dieser das Eigentum von Juden und Polen[1]

VO des Oberpräsidenten als Chef der Zivilverwaltung für den Bezirk Bialystok, gez. Koch,[2] Königsberg, vom 3.9.1941

Verordnung
Auf Grund des Erlasses des Führers über die vorläufige Verwaltung des Bezirks Bialystok vom 15. August 1941[3] verordne ich:
I. Das ausschließliche Recht zur Beschlagnahme, zur Erfassung und Verwaltung der ehemals russischen, polnischen und jüdischen Vermögensobjekte in dem meiner Zivilverwaltung unterstehenden Bezirk Bialystok steht der Treuhandstelle für den Bezirk Bialystok zu, die hierdurch errichtet wird.

2 Zum Vorstand der Jüdischen Interessenvertretung in Bendsburg siehe Dok. 1 vom 1.7.1941 sowie VEJ 4/77.
3 Alexander von Woedtke (1889–1973), Offizier; bewirtschaftete nach dem Ersten Weltkrieg das Familiengut in Drossen in der Neumark; 1930 NSDAP- und 1931 SS-Eintritt; 1936–1939 Inspekteur im Stabe des SS-Oberabschnitts Nord, 1939 Polizeipräs. in Breslau und Halle, März bis Nov. 1940 in Erfurt, Nov. 1940 bis 1944 Polizeipräs. in Sosnowitz, von März 1942 an Führer im SD-Hauptamt; April 1943 SS-Oberführer; lebte bis 1953 unter falschem Namen in Göttingen.
4 Mit Schreiben vom 28.5.1941 hatte der Polizeipräsident in Sosnowitz über vier Hauptstraßen in Bendsburg den Judenbann verhängt (VEJ 4/288). Außerhalb der für die Juden festgesetzten Verkehrsstunden bei den Behörden (8–10 Uhr) durfte die jüdische Bevölkerung die Straßen nur noch mit einer schriftlichen Bescheinigung betreten; Bekanntmachung des Vorstandes der Jüdischen Interessenvertretung in Bendzin vom 30.5.1941 betr. Judenbann in Bendzin, wie Anm. 1.

1 Amtsblatt des Oberpräsidenten der Provinz Ostpreußen, Zivilverwaltung für den Bezirk Bialystok, Folge 11 vom 21.9.1941.
2 Erich Koch (1896–1986), Kaufmann; 1915–1918 Militärdienst, 1918–1926 Reichsbahnbeamter; 1922 NSDAP-Eintritt; 1928 Gauleiter in Ostpreußen und Fraktionsführer im Provinziallandtag, von 1930 an MdR, 1933 Oberpräsident von Ostpreußen, 1941 Reichskommissar in der Ukraine und CdZ im Regierungsbezirk Zichenau und im Gebiet Bialystok; im Jan. 1950 an Polen ausgeliefert; 1959 zum Tode verurteilt, später zu lebenslanger Haft begnadigt, in Haft gestorben.
3 Nbg. Dok. NG-3480. Abdruck in: Führer-Erlasse. 1939–1945, hrsg. von Martin Moll, Hamburg 2011, S. 194. Der Erlass übertrug dem Gauleiter von Ostpreußen die Zivilverwaltung über den Bezirk Bialystok und unterstellte ihn direkt der Reichskanzlei.

Alle bisher erfolgten Beschlagnahmen und Verfügungen bedürfen der Bestätigung durch die Treuhandstelle. Soweit diese nicht erfolgt, sind sie unwirksam.
II. Chef der Treuhandstelle für den Bezirk Bialystok ist der Oberpräsident und Chef der Zivilverwaltung für den Bezirk Bialystok.
Zum Leiter der Treuhandstelle für den Bezirk Bialystok bestelle ich den Landrat von Einsiedel[4] und zu seinem Vertreter den Diplom-Kaufmann v. Bukowski.[5]
Für den Fall meiner nicht nur vorübergehenden Behinderung liegt die Vertretung für die Angelegenheiten der Treuhandstelle bei dem mir zugeteilten Regierungspräsidenten als allgemeinem Vertreter.
III. Für die Arbeit der Treuhandstelle für den Bezirk Bialystok finden die Anordnungen über die Haupttreuhandstelle Ost und die für die Arbeit der Treuhandstellen sonst gültigen Bestimmungen mit der Maßgabe Anwendung, daß die dem Leiter der Haupttreuhandstelle Ost vorbehaltenen Befugnisse von mir als Chef der Treuhandstelle für den Bezirk Bialystok ausgeübt werden.
IV. Der Erlaß des Ministerpräsidenten, Reichsmarschalls des Großdeutschen Reiches, Beauftragten für den Vierjahresplan vom 31. Juli 1941[6] – v. P. 12 262 – wird hierdurch nicht berührt.
Diese Verordnung tritt am 5. September 1941 in Kraft.

DOK. 10

Ein anonymer Bericht für das Ringelblum-Archiv schildert das Leben der Juden im Dorf Rutki im Bezirk Bialystok und ihre Ermordung am 6. September 1941[1]

Maschinenschriftl. Bericht für das Ringelblum-Archiv im Getto Warschau, ungez., o. D.[2]

Rutki

Rutki ist ein kleines Städtchen bzw. ein größeres Dorf im früheren Bezirk Łomża. Es liegt einen Kilometer von der Kreuzung zweier großer Landstraßen, Białystok–Warschau und Białystok–Łomża, entfernt. Vor Kriegsausbruch 1939 hatte Rutki 2000 Einwohner, unter ihnen ca. 40 % Juden. Die jüdische Bevölkerung lebte vom Handel (einige größere Läden und eine Anzahl kleinerer Lädchen), als Aufkäufer verschiedener landwirtschaftlicher Erzeugnisse auf den Märkten und in den Dörfern, als Hausierer, die über die Dörfer gingen, als Bauchladenhändler auf Märkten, vom Handwerk (Schnei-

4 Horst von Einsiedel (1904–1945), Jurist; 1925 NSDAP- und 1932 SA-Eintritt; von 1934 an im preuß. Innenministerium, 1937–1945 Landrat in Wehlau, von Dez. 1939 an stellv., dann Leiter der Treuhandstelle Zichenau, von 1941 an Leiter der Treuhandstelle Bialystok; starb nach Entlassung aus sowjet. Gefangenschaft.

5 Franz von Bukowski (*1905), kaufmännischer Angestellter; 1937 NSDAP-Eintritt.

6 In Ergänzung des Erlasses vom 24.1.1939, in dem Heydrich mit der Aufgabe der Organisation der Auswanderung oder Evakuierung der Juden von Göring betraut wurde, weitete der Erlass die „Endlösung der Judenfrage“ nun auf das gesamte deutsche Einflussgebiet in Europa aus; siehe VEJ 3/196.

1 AŻIH, 989. Ring I/899, Bl. 1–5. Abdruck als Faksimile in: Archiwum Ringelbluma. Konspiracyjne Archiwum Getta Warszawy, Bd. 3: Relacje z Kresów. Opracował Andrzej Żbikowski, Warszawa 2000, S. 298–307. Das Dokument wurde aus dem Jiddischen übersetzt.

2 Der Bericht entstand vermutlich Ende 1941 oder Anfang 1942.

der – fast alle Juden, Schuster – je zur Hälfte Juden und Polen, Schmiede – je zur Hälfte Juden und Polen, Friseure, Klempner, Tischler usw.). Außerdem waren alle Fuhrleute Juden, und viele Juden besaßen kleine Parzellen Ackerland und betrieben neben ihrem eigentlichen Beruf Garten- oder Landwirtschaft. Es war eine sehr reiche Gegend, und auch die jüdische Gemeinde in Rutki war recht wohlhabend.

Während des Krieges 1939 fanden Kämpfe in der Gegend statt, und einen Teil des Städtchens, hauptsächlich polnische Häuser, brannten die Deutschen nieder. 18 Einwohner von Rutki (darunter vier Juden) wurden von den Deutschen erschossen und in einem Gemeinschaftsgrab begraben. Viele Einwohner, unter ihnen ein Dutzend Juden, wurden von den Deutschen zur Zwangsarbeit abgeführt. Ein Teil von ihnen wurde in den Lagern oder nach der Befreiung der Lager ermordet, die Übrigen sind während der Sowjetzeit[3] nach Rutki zurückgekehrt.

Während der Sowjetzeit veränderte sich die Situation der Juden in Rutki entscheidend. Ihre Anzahl wuchs, durch Flüchtlinge aus Ostrów Mazowiecka, die die Deutschen aus ihrer Stadt vertrieben hatten, auf einige Hundert an.[4] Die Ladenbesitzer versteckten ihre aus polnischer Zeit verbliebenen Reserven. Nur einer kaufte offiziell ein [Handels-]Patent und handelte legal. Die anderen fürchteten die hohen Steuern, und da sie auf legale Weise keine Ware für ihre Läden bekommen konnten (alles wurde von den staatlichen oder den Läden der Kooperativen gehandelt), schlossen sie diese offiziell. Faktisch trieben sie aber weiterhin Handel, wenn auch illegal. Sie verkauften zu deutlich höheren Preisen als die staatlichen Läden aus ihren Beständen Dinge, die man in staatlichen Läden und Kooperativen nicht bekommen konnte. Sie beschäftigten sich auch mit der sogenannten „Spekulation", das heißt, sie fuhren nach Białystok, kauften in den staatlichen Läden verschiedene Artikel auf, für die man anstehen musste, und verkauften sie später zu deutlich höheren Preisen illegal in Rutki. Sie erwarben auf den Märkten und in den Dörfern landwirtschaftliche Erzeugnisse und fuhren damit nach Białystok, um sie dort deutlich teurer zu verkaufen. Dabei wurden sie häufig von Organen der sowjetischen Polizei verfolgt, die ihnen mehrfach die Waren abnahmen und Strafen verhängten. Der Gewinn ist aber so groß, dass sich das Risiko lohnt.

Auch bei den Handwerkern hat sich die Lage geändert. Die Schneider hatten wegen des Mangels an Material weniger Arbeit. Bei den Schustern war es aus demselben Grund noch schlimmer. Daher ließ sich ein Teil der jüdischen und polnischen Schuster darauf ein, ein Artel zu gründen, das das für seine Arbeit nötige Leder und Gummi regelmäßig durch das Netz der Kooperativen bekam. Der Verdienst im Artel lag bei 250–400 Rubel in der Woche – nicht sehr viel Geld, wenn man die Preise der landwirtschaftlichen Produkte und industriellen Waren veranschlagt. Die jüdischen Schlachter arbeiteten eine längere Zeit über legal, erst als sie mit hohen Steuern belegt wurden (sie verdienten aber auch ganz gut), gaben sie alle ihre Konzession zurück. Das Schlachthaus (Eigentum der

3 Im Sept. 1939 befand sich das Gebiet zunächst unter deutscher Besatzung, geriet dann im Rahmen des deutsch-sowjet. Grenz- und Freundschaftsvertrags vom 28.9.1939 unter sowjet. Herrschaft, bis es nach dem deutschen Angriff auf die Sowjetunion im Juni 1941 erneut von den Deutschen besetzt und dem Bezirk Bialystok zugeschlagen wurde.

4 Aus der Kleinstadt Ostrów Mazowiecka im Osten des Distrikts Warschau flüchteten viele Juden im Okt. 1939 in das sowjetisch besetzte Gebiet. Am 11.11.1939 ermordeten deutsche Angehörige des Reservepolizeibataillons 11 die gesamte in Ostrów Mazowiecka noch anwesende jüdische Bevölkerung, 350–500 Personen.

Konsum-Kooperative) wurde geschlossen, und die Schlachter gingen dazu über, illegal zu schlachten und zu verkaufen. Die anderen Handwerker arbeiteten mehr oder weniger wie während der polnischen Zeit. An Unternehmen gab es im Städtchen nur eine Dampfmühle, die von Juden gebaut worden war und in den letzten Jahren einer Familie von „Volksdeutschen“ gehört hatte. Während der sowjetischen Zeit war die Mühle verstaatlicht worden. Der Verwalter war ein ortsansässiger Jude, ein früherer politischer Häftling. In der Mühle arbeiteten in der sowjetischen Zeit hauptsächlich Juden als Arbeiter und Angestellte (aus polnischer Zeit war dort nur noch ein jüdischer Buchhalter). Der offizielle Handel im Städtchen wurde von der einzigen dörflichen Kooperative betrieben, die zum Netz staatlicher Kooperativen gehörte. Der Vorsitzende der Kooperative war ein ortsansässiger Jude, ein früherer politischer Häftling, von Beruf Schneider. Als Angestellte der Kooperative arbeiteten in den umliegenden Dörfern ausschließlich Polen, in Rutki selbst aber Juden und Polen. Die jüdischen Jugendlichen waren meist arbeitslos. Die Nachfrage nach schlecht bezahlten, unqualifizierten Kräften für körperliche Arbeiten war groß. Die städtische Jugend wollte sich aber damit nicht abgeben. Die meisten von ihnen fuhren nach Białystok und halfen ihren Eltern in der AG „Spekulation“. Nur einige nutzten die neuen Möglichkeiten, sich zu bilden. Sie absolvierten Kurse für Traktoristen und bekamen Arbeit in der nahe gelegenen Maschinen- und Traktorenstation. Einige wenige erhielten auch Arbeit als Verwalter oder Bibliothekare in dem neu geschaffenen Netz von Freizeitheimen. Was die Intelligenz betrifft, so gab es vor der sowjetischen Zeit keine jüdischen Lehrer in der allgemeinen Schule, obwohl die Hälfte der Schüler Juden waren. Während der Sowjetzeit bestand die einzige polnische Schule in Rutki mitsamt der Lehrerschaft fort. Nur wurden zusätzlich zwei jüdische Flüchtlinge als Lehrerinnen eingestellt. Auch der Arzt und der Tierarzt, die neu geschaffene staatliche Stellen besetzten, waren jüdische Flüchtlinge. Einige Hundert Flüchtlinge aus Ostrów Mazowiecka mussten Mitte 1940 Rutki verlassen (ein Städtchen, das ca. 40 km von der damaligen Grenze entfernt lag). Die meisten von ihnen übersiedelten nach Słonim. Drei Familien, die sich bereit erklärt hatten, ins [General-]Gouvernement zurückzukehren, wurden festgenommen und deportiert.

In den städtischen Gremien spielten Juden keine große Rolle. Im Dorfrat, der 1940 gewählt wurde, waren von 17 Mitgliedern nur vier Juden. Im Präsidium gab es unter fünf Mitgliedern nur einen Juden. Eine große Rolle spielten Juden im städtischen Club. Nicht nur der Leiter war Jude, sondern auch die Besucher waren großenteils jüdische Jugendliche. Man sprach dort Jiddisch und die offizielle – polnische Sprache.

Die Beziehungen zwischen der jüdischen und der polnischen Bevölkerung waren in der sowjetischen Zeit ganz gut. Von Antisemitismus war nichts zu spüren. Auch vonseiten der sowjetischen Machthaber ging keinerlei Antisemitismus aus. Dennoch richtete sich der Kampf gegen „Spekulanten“ fast ausschließlich gegen Juden, während man die „spekulierenden“ Bauern, die diesem Gewerbe weitaus öfter nachgingen als die Juden, überhaupt nicht verfolgte. In anderen Fällen hatten die Machthaber mehr Vertrauen zur jüdischen Bevölkerung, so wurden für den örtlichen Militärdienst (Asservatenstelle in Rutki und umliegenden Orten) ausschließlich jüdische Jugendliche herangezogen.

Der deutsch-russische Krieg kam für die gesamte Bevölkerung völlig unerwartet. Man erfuhr von ihm am 22. Juni morgens, als es über Rutki zu ersten Kämpfen zwischen der deutschen und der russischen Luftwaffe kam. Schon nach wenigen Stunden brannten die ersten Dörfer in der Umgebung von Rutki. Die örtlichen Gremien verloren sofort jedweden Kontakt zu höheren Instanzen. Auf der Landstraße Richtung Białystok bildeten sich Schlangen von Lastwagen, die die Familien der sowjetischen Beamten und Militärs evakuierten. Unter der Bevölkerung brach sogleich Panik aus. In der Kooperative wurde alles gekauft, was nur zu haben war. Am Nachmittag zog fast die ganze jüdische und die Mehrheit der polnischen Bewohner von Rutki, mit den wichtigsten Dingen versehen, in die umliegenden Dörfer abseits der Landstraßen. Die Nacht über vollzog sich auf den Straßen nach Białystok die massenhafte Evakuierung motorisierten sowjetischen Militärs von der Grenze Richtung Białystok, was die Panik noch vergrößerte. Die Mehrheit der jüdischen Jugendlichen und einige ältere Juden, die sich in der Sowjetzeit politisch engagiert hatten, brachen in der Nacht zum 23. oder am Morgen des 23. zu Fuß oder auf Fuhrwerken zusammen mit dem Strom sowjetischen Militärs in Richtung Białystok auf. Am 25. Juni kehrten jene Juden nach Rutki zurück, die in den umliegenden Dörfern geblieben waren. In Rutki gab es zu dem Zeitpunkt keinerlei Ordnungsmacht. Die sowjetischen Machthaber waren schon fort, die Deutschen waren noch nicht eingetroffen. Eine polnische bewaffnete Bande, die sich während der Sowjetzeit in den Wäldern in der Nähe der Dörfer Grądy und Bronowo auf beiden Seiten des Narew, etwa zehn Kilometer von Rutki entfernt, versteckt hatte, nutzte dies aus. Sie überfiel am 25. Rutki mit der Absicht, die dortigen Juden zu berauben und einen Pogrom zu initiieren.[5] Es gelang ihnen, die Juden auf einem Feld hinter Rutki zusammenzutreiben. Gerade als sie ihren Raubzug beginnen wollten, traten ihnen der örtliche Pfarrer und der Schulleiter entgegen. Die Bande wollte jedoch nicht auf ihre Warnungen hören und fing an, auch sie zu bedrohen und auf die zusammengetriebenen Juden zu schießen. In dem Moment fuhr eine größere Gruppe deutsches Militär auf der Landstraße vorbei. Sie hörten die Schüsse und fuhren daraufhin in die Stadt, weil sie glaubten, dort läge noch eine Abteilung sowjetisches Militär. In Verkennung der Lage trieben die Deutschen die bewaffnete Bande auseinander. So kam es nicht zu dem Pogrom, und die Sache hatte mit einigen verwundeten Juden und etwas geraubtem jüdischen Besitz ihr Bewenden. Nachdem sie die Bande auseinandergetrieben hatte, fuhr die deutsche Abteilung weiter. Deutsche Machtorgane im eigentlichen Sinn erreichten Rutki erst am nächsten Tag, dem 26. Juni. In Rutki wurde ein Gendarmerieposten mit sechs Gendarmen eingerichtet. Diese fingen sogleich an, Durchsuchungen in den jüdischen Wohnungen durchzuführen, und nahmen an sich, was immer ihnen gefiel. Während der Durchsuchungen wurden die Juden ohne Angabe von Gründen mit Stöcken geschlagen. Die Deutschen ordneten an, dass die gesamte jüdische Bevölkerung über zehn Jahren zwei gelbe kreisförmige Flicken mit zehn Zentimetern Durchmesser zu tragen habe, einen vorn und den anderen auf der hinteren Schulter. Die gesamte jüdische Bevölkerung, ausgenommen arbeitende Handwerker, wurde von nun an täglich zur Zwangsarbeit getrieben. Da es in Rutki eigentlich keine Arbeit gab, befahl man den Juden, die Straßen auf dem Markt zu reinigen, dort und in den Straßen Unkraut zu jäten und dergleichen. Während und nach der Arbeit wurden sie oft mit Stöcken geschlagen. Diese Arbeiten dienten nur dazu, die jüdische Bevölkerung zu verspotten. Nur Juden, die arbeiteten, hatten das Recht, Brot aus der städtischen Bäckerei zu beziehen. Außer den Wohnungen wurden auch Geschäfte nach den noch in der polnischen Zeit versteckten Vorräten durchsucht. Sehr viele

5 Im Juni 1941 verübten Polen in der Region mehrere Pogrome an Juden, so z. B. in Jedwabne, Radziłów, Wizna und Tykocin; siehe Einleitung, S. 56.

Dinge – sei es aus den Häusern, sei es aus den Läden – wurden von den Deutschen auf Lastwagen zu ihren Familien nach Deutschland geschickt, vieles wurde an die polnische Bevölkerung gegeben, oder an bestimmte Polen, die den Deutschen als sogenannte „Hilfspolizei" zur Hand gingen. Diese „Hilfspolizei", die aus ortsansässigen jungen Polen bestand, war im Übrigen äußerst antisemitisch und voller Gier nach jüdischem Hab und Gut. Auf ihre Initiative hin und durch ihre aktive Beteiligung kamen die meisten Durchsuchungen und Raubzüge zustande.

Zwei bis drei Wochen nachdem die Deutschen Rutki eingenommen hatten, kamen die ersten die Juden betreffenden Verordnungen heraus. Das waren zunächst einige Punkte in einer allgemein die Bevölkerung des besetzten Gebiets betreffenden Verordnung des Militärs. Diese besagte, dass alle Juden von mehr als zehn Jahren entweder einen gelben Flicken mit zehn Zentimeter Durchmesser oder eine zehn Zentimeter breite weiße Armbinde mit einem gelben Davidstern zu tragen hätten und dass es ihnen verboten sei, die Deutschen zu grüßen (trotzdem wurden nicht nur Juden wegen Nichtgrüßens heftig geschlagen).[6] Es fand sich dort auch die gebräuchliche deutsche Definition des Begriffs „Jude".[7] Zu guter Letzt war in einem Punkt zur Bekämpfung venerischer Krankheiten die Todesstrafe für Juden vorgesehen, die deutsche Soldaten mit Geschlechtskrankheiten anstecken. Einige Tage später erschien dann die erste speziell die Juden betreffende Verordnung, herausgegeben in Łomża, bezüglich der Gründung von Judenräten. In ihr wurde bestimmt, dass in Orten mit weniger als 3000 Juden durch diese ein Judenrat von zwölf Mitgliedern zu wählen sei und in Orten mit mehr Juden ein Rat von 24 Mitgliedern.[8] Diese Verordnung wurde auf Deutsch und auf Polnisch plakatiert. Gleichzeitig rief der Führer des Gendarmeriepostens zwei Juden zu sich und befahl ihnen, eine Liste der jüdischen Bevölkerung von Rutki und von den kleineren Dörfern Kulesze Kościelne, Gocz und Zawady, in denen ebenfalls Juden lebten, aufzustellen.

Zeitgleich kam auch eine Verordnung heraus, dass Flüchtlinge in ihre ständigen Wohnorte zurückkehren müssten.[9] Einige Dutzend Familien aus dem Städtchen Wizna auf der anderen Seite des Narew, wo in der ersten Woche des Krieges ein Pogrom stattgefunden hatte, bei dem fast das ganze Städtchen niedergebrannt wurde, mussten daher Rutki, wo sie sich seitdem aufhielten, verlassen. Ein Teil von ihnen kehrte nach Wizna zurück, andere gingen nach Łomża. Von den Jugendlichen, die schon am ersten Tag des Krieges Richtung Białystok oder in die umliegenden Städtchen und Dörfer aufgebrochen waren, kehrten die meisten nach Rutki zurück. Nur ein Teil ging nach Łomża. Von denen, die noch weiter, bis in die Gegend von Słonim, gelangt waren, ist der größte Teil entweder auf dem Weg bei Luftangriffen umgekommen oder von den Deutschen, die schneller

6 Die VO konnte nicht ermittelt werden; die Art der Kennzeichnung orientierte sich jedoch an vorangegangenen Regelungen aus dem Generalgouvernement. Siehe die VO des Generalgouverneurs über die Kennzeichnung von Juden und Jüdinnen im Generalgouvernement vom 23.11.1939; VOBl. GG 1939, Nr. 8 vom 30.11.1939, S. 61.

7 §5 der 1. VO zum Reichsbürgergesetz legte fest, wer als Jude im Sinne des Reichsbürgergesetzes zu gelten habe; RGBl., 1935 I, S. 1333 f.; siehe auch VEJ 1/210. Am 31.5.1941 wurden die Nürnberger Rassengesetze in den eingegliederten Gebieten eingeführt; RGBl., 1941 I, S. 297.

8 Die VO konnte nicht ermittelt werden, entsprach aber offenkundig der Regelung im Generalgouvernement. Siehe die VO des Generalgouverneurs über die Einsetzung von Judenräten vom 28.11.1939; VOBl. GG 1939, Nr. 9 vom 6.12.1939, S. 72 f.; VEJ 4/154.

9 Nicht ermittelt.

vorankamen als die Flüchtenden, erschossen worden. Die auf Befehl der Gendarmerie zusammengestellte Liste wies aus, dass sich 695 jüdische Menschen in Rutki befanden, in Gocz und Zawady zwischen 115 und 120 und in Kulesze Kościelne um die 50 Juden. Der Judenrat wurde aus zwölf Juden aus Rutki gebildet, an seiner Spitze stand der frühere Vorsitzende der dortigen jüdischen Gemeinde. Aufgaben des Judenrats wurden von den Machthabern nicht festgelegt. Man forderte bei ihm jederzeit Arbeiter zu allerlei Arbeiten an. Der Judenrat hatte jeweils kurzfristig – unter Androhung schwerer Strafen – Stiefel und Fahnen an die Gendarmerie zu liefern. Die Fälle, in denen Juden geschlagen wurden, nahmen stetig ab. Man muss auch daran erinnern, dass die Gendarmerie in dieser Zeit keinerlei Juden erschoss, obwohl in derselben Zeit in den umliegenden Dörfern zehn Bauern für allerlei Kleinigkeiten von der Gendarmerie in Rutki erschossen wurden. Ende Juli wurde der Gendarmerieposten in Rutki neu besetzt. Bei der Abfahrt forderte der schlimmste Schläger unter den Gendarmen vom Judenrat einen goldenen Ring dafür, dass er keinen einzigen Juden erschossen habe. Er bekam den Ring. Zum Dank dafür ordnete die abrückende Gendarmerie an, dass Juden weiße Armbinden mit einem gelben Davidstern zu tragen hätten, anstelle der gelben Flecken.
Die neuen Gendarmen, die ihre Plätze einnahmen, verhielten sich anständiger sowohl gegenüber der polnischen als auch gegenüber der jüdischen Bevölkerung. Sie holten nur dann Juden zur Arbeit, wenn es faktisch etwas zu tun gab, wie eine Brücke reparieren, Kies auf einer Straße ausbringen, handwerkliche Arbeiten im Gebäude des Gendarmeriepostens ausführen, ein Stück Straße pflastern oder dergleichen. Sie schlugen nicht, sie führten keine Durchsuchungen durch, sie stahlen nicht. Es muss angemerkt werden, dass von Anfang an die gesamte Dienerschaft des Gendarmeriepostens (Köchinnen, Dienstmädchen, Stallburschen, Wasserträger und dergleichen) aus Juden bestand und dass die Beziehungen zu ihnen nicht schlecht waren.
Anfang August verbreiteten sich Gerüchte in Rutki, dass im Städtchen Szumowo im Bezirk Łomża SS-Leute angekommen seien, alle Juden auf dem Markt aufstellten und, nachdem sie einige Dutzend notwendige Handwerker ausgewählt hatten, die dort verblieben, den Rest in unbekannter Richtung auf Lastwagen abtransportierten. Bauern aus der Nachbarschaft berichteten, dass man die Juden in die Gräben, die das sowjetische Militär im früheren Grenzverlauf neben dem Dorf Proszenica ausgehoben hatte, geführt und dort alle umgebracht habe. Diese Nachrichten lösten Panik aus, obwohl keiner ihnen so recht glaubte. Circa eine Woche später traf eine weitere Nachricht ein, dass sich die gesamte jüdische Bevölkerung von Zambrów am folgenden Tag auf dem Markt einzufinden habe. Die ganze jüdische Bevölkerung, einige Tausend, fand sich auf dem Markt ein, SS-Leute erschienen, wählten ca. 900 Erwachsene aus und führten sie mit unbekanntem Ziel ab. Wieder berichteten Bauern, man habe sie nach Proszenica geführt und dort ermordet. Aber die Juden glaubten es nicht. Um die Lage aufzuklären, begab sich eine Delegation des Rutker Judenrats zum Führer des Gendarmeriepostens, der den Eindruck eines ganz anständigen Menschen machte. Die Delegation berichtete ihm, dass aufgrund der kursierenden Gräuelgeschichten Panik unter der jüdischen Bevölkerung herrsche, und befragte ihn nach dem Schicksal der Rutker Juden. Der Kommandant des Postens antwortete, dass die Juden in Übereinstimmung mit den Grundüberzeugungen des Nationalsozialismus Rutki verlassen müssten. Sie würden jedoch irgendwohin ins Generalgouvernement überführt, wo man sie ansiedeln werde. Nach einiger Zeit könnten sie dann ihren gesamten Besitz dorthin holen. Diese Erklärung verstärkte die Überzeugung der Rutker Juden,

dass das Schicksal der abgeführten Juden so schlecht nicht sei. Ende August kamen aber wieder SS-Leute in das Städtchen Tykocin und führten von dort fast ausnahmslos die ganze jüdische Bevölkerung ab nach Zawady (18 Kilometer von Rutki entfernt). Dort nahmen sie noch ein paar Dutzend ortsansässige Juden fest (die Übrigen versteckten sich in den umliegenden Dörfern) und führten auch sie mit unbekanntem Ziel ab. Wiederum berichteten Bauern, dass man die Juden in den sogenannten Stelmachower Wald geführt habe, wo sie umgebracht und in Gruben verscharrt wurden, die die ansässigen Bauern vorher hatten ausheben müssen.

Die Panik in Rutki wurde immer größer. Die meisten Juden übernachteten nicht bei sich zu Hause, sondern bei polnischen Bekannten in Rutki oder den umliegenden Dörfern. Fast alle Handwerker gingen auf die Dörfer arbeiten (hierfür gab der Kommandant des Gendarmeriepostens schriftliche Erlaubnis, nachdem der Judenrat festgestellt hatte, dass er den *betreffenden* Juden zu keinerlei Arbeit brauche). Auch viele unqualifizierte Juden gingen mit oder ohne Erlaubnis des Kommandanten des Gendarmeriepostens in die umliegenden Dörfer und halfen nur für Unterkunft und Verpflegung den Bauern bei der Ernte. Etwas über 40 Jugendliche fingen an, bei einer privaten deutschen Firma aus Königsberg, die die Landstraße Warschau–Białystok instandsetzte, schwarz zu arbeiten. Die Arbeit war sehr schwer, Lohn wurde anfangs gar nicht gezahlt, später 12 % des Lohns eines deutschen Arbeiters.

Am 6. September morgens kam motorisierte SS nach Rutki. Mit Hilfe der polnischen Hilfspolizei wurde die ganze jüdische Bevölkerung aufgefordert, sich auf dem Markplatz einzufinden. Nur wenige Juden flüchteten, fast alle kamen auf den Marktplatz, sei es weil das Städtchen gut bewacht war, sei es weil die Juden überzeugt waren, man werde sie an einen anderen Ort bringen. In Rutki beließ die SS die knapp über 40 Arbeiter der deutschen Bau-Gesellschaft, die Juden, die beim Gendarmerieposten beschäftigt waren, mitsamt ihren Familien und noch einige Handwerker, z. B. zwei Schmiede, einen Stellmacher, einen Schneider, einen Schuster, einen Tischler und den Arzt. Insgesamt ungefähr 70 Juden. Zusammen mit den Juden, die auf dem Dorf arbeiteten und an dem Tag nicht in Rutki waren, blieben 250 Juden übrig. Die übrigen 450 wurden nach zuverlässigen Berichten in das Dorf Gosze Małe, acht Kilometer weit von Rutki neben der Bahnstation Kołaki, geführt. Dort waren schon früher Gruben ausgehoben worden. Die Juden wurden gruppenweise vor die Gruben gestellt und mit Maschinengewehren erschossen. Kleine Kinder wurden mit dem Kopf an die Bäume geschlagen und in die Gruben geworfen. Einige Juden wurden beim Versuch zu fliehen erschossen. Vor dem Hinschlachten mussten sich alle nackt ausziehen. Danach mussten die Bauern von Gosze Małe die Gruben zuschaufeln.

Von den zwölf Mitgliedern des Rutker Judenrats wurden zehn ermordet. Die übrigen zwei wurden vom Kommandanten des Gendarmeriepostens, zu Repräsentanten der übrig gebliebenen jüdischen Bevölkerung ernannt. Das Städtchen wurde vollkommen entvölkert. Die am Leben Gebliebenen liefen in die Dörfer, um dort zu arbeiten. Mitte August kam von dem deutschen Amtskommissar in Sokoły die Anordnung, ein Getto zu errichten. Sie wurde jedoch nicht umgesetzt, weil der Gendarmerie-Kommandant dagegen war. Der Amtskommissar befahl außerdem, nun wiederum gelbe Flecken anstatt der Armbinden zu tragen, aber nur vorne. Die Deutschen befahlen, den Besitz der ermordeten Juden in der Synagoge zu sammeln. Von dort nahmen sie sich alles, was ihnen gefiel, und gaben den Rest der polnischen Bevölkerung. Auch die Häuser, das Vieh und

das Land der ermordeten Juden erhielten die Polen. Die polnische Bevölkerung war erschüttert von dem, was geschehen war. Die Mehrheit sympathisierte mit den übrig gebliebenen Juden. Nur ein Teil, und zwar aus der Unterschicht der städtischen Bevölkerung, war mit der ganzen Angelegenheit zufrieden und hetzte die Deutschen auf, man solle die Juden überhaupt aus Rutki vertreiben, damit sie in Gänze Herren über den Besitz der Juden würden.
Am Tag der Mordaktion in Rutki befahl man auch den Zambrower Juden, sich erneut auf dem Marktplatz zu versammeln. Es erschien weniger als die Hälfte der jüdischen Bevölkerung. Die SS wählte 300 Mann aus, brachte sie ebenfalls nach Gosze Małe und ermordete sie zusammen mit den Juden aus Rutki.

DOK. 11
Der Judenrat von Białystok ruft am 8. September 1941 zu Spenden für die Waisenhäuser, Kinderheime und Krankenhäuser im Getto auf[1]

Aufruf des Judenrats im Getto Białystok vom 8.9.1941

Aufruf!
Brüder und Schwestern!
Wir wenden uns an Euch mit Blick auf den nahenden Herbst, den kommenden Winter und deren Begleiter Wind, Kälte und Schnee.
Wir stehen vor der dringenden Aufgabe, Menschen, deren Behausungen abgebrannt sind, Obdachlose, Waisenhäuser, Kinder- und Altenheime, Krankenhäuser und andere Institutionen mit allen Dingen des täglichen Bedarfs auszustatten. Insbesondere muss man sie mit warmer Kleidung und Schuhen versorgen, um so weit wie möglich Erkältungen und Epidemien zu verhindern, die eine große Gefahr für uns alle bedeuten.
Um diese Schrecken zu vermeiden, ruft der Judenrat eine breit angelegte Sammelaktion aus. Bedenkt, Juden, dass wir auf uns allein gestellt sind. Die Zeit drängt, und die Not ist ungeheuer groß. Darum müssen wir uns absparen, was nur möglich ist, und es für die Sammelaktion hergeben.
Nehmt unsere Sammler mit der ihnen zukommenden Herzlichkeit auf. Gebt ihnen rasch und mit jüdischer Herzenswärme. Lasst uns mit den uns zur Verfügung stehenden Kräften die winterliche Not wenigstens teilweise lindern! Die Gefahr von Epidemien muss abgewendet werden! Fordert von den Sammlern Quittungen mit dem Stempel des Judenrats.

1 AŻIH, 204/31, Bl. 9, Kopie: YVA, M.11/1, Bl. 92. Abdruck in: Nachman Blumenthal, Darko shel judenrat. Te'udot mi-geto Bialystok, Jerusalem 1962, S. 331; in deutscher Übersetzung: Freia Anders/Katrin Stoll/Karsten Wilke (Hrsg.), Der Judenrat von Białystok. Dokumente aus dem Archiv des Białystoker Ghettos 1941–1943, Paderborn 2010, S. 179 f. Das Dokument wurde aus dem Jiddischen neu übersetzt.

DOK. 12
Reichsstatthalter Arthur Greiser ärgert sich am 12. September 1941 darüber, dass das Reichsinnenministerium ein Mitspracherecht bei den Maßnahmen gegen Juden verlangt[1]

Aktenvermerk des Reichsstatthalters im Reichsgau Wartheland (P. 24 543/41), gez. Greiser,[2] vom 12.9.1941

1) *Vermerk*
über meine gestrige Rücksprache in Berlin mit dem Leitenden Staatssekretär im Reichsministerium des Innern *Pfundtner*.[3]

a) Bezüglich der Veränderungswünsche auf dem Personalgebiet gingen wir mit dem Inhalt des Schreibens von Herrn Ministerialdirektor Jäger[4] vom 28. August einig.[5] Die notwendigen Unterlagen für die Ernennung des Kreisleiters *Kollmeyer*[6] zum Landrat in Lentschütz sollen beigebracht werden. Das gleiche gilt bezüglich eines zu erwartenden Vorschlages für die Neubesetzung des Kreises Sieradsch.

b) Im Beisein von Herrn Ministerialdirektor *Suren*[7] wurde die Frage der Abführung des Lohnes jüdischer Arbeitnehmer eingehend durchgesprochen. Dem Reichsinnenministerium kommt es in der Hauptsache darauf an, die Höhe der Summen zu wissen, welche die Landräte und Amtskommissare zur Sicherstellung der Familienangehörigen der jüdischen Arbeitnehmer erhalten haben. Das Verfahren ist nach Meinung von Herrn Suren unbedingt so zu gewährleisten, daß diese Summen im ordentlichen Etat vereinnahmt und verausgabt werden müssen.
Wir einigten uns auf eine Bereinigung dieser Angelegenheit dergestalt, daß die Erlasse nach dem vom Berichterstatter Regierungsrat *Häußler*[8] angefertigten Entwurf[9] beantwortet werden sollen. In diesem Entwurf wurde von Herrn Suren in bürokratischer

1 APP, 299/1725, Bl. 403–405.
2 Arthur Greiser (1897–1946), Handelsvertreter; 1919–1921 beim Grenzschutz Ost; 1929 NSDAP-, SA- und 1931 SS-Eintritt; 1933/34 Senator für Inneres, Senatsvizepräsident und 1934–1939 Senatspräsident und stellv. Gauleiter von Danzig, 1939–1945 Gauleiter und Reichsstatthalter im Wartheland, 1940–1945 MdR; 1942 SS-Obergruppenführer; stellte sich im Mai 1945 den US-Truppen, an Polen ausgeliefert, dort 1946 zum Tode verurteilt und hingerichtet.
3 Johannes (Hans) Pfundtner (1881–1945), Jurist und Volkswirt; 1917 Reg.Rat im Reichsamt des Inneren, 1933–1943 StS im RMdI, wo er maßgeblich an der Ausarbeitung der Nürnberger Gesetze beteiligt war; nahm sich das Leben.
4 Dr. August Friedrich Christian Jäger (1887–1949), Jurist; 1921–1933 Landgerichtsrat in Wiesbaden; 1933 NSDAP- und 1940 SA-Eintritt; 1936 Senatspräsident am Kammergericht Berlin, von 1939 an stellv. CdZ in Posen, 1940–1945 Regierungspräsident im Warthegau; 1945 in brit. Gefangenschaft, 1946 an Polen ausgeliefert, 1948 zum Tode verurteilt, 1949 hingerichtet.
5 Nicht ermittelt.
6 Richtig: Karl Friedrich Kollmeier (1909–1945), Kaufmann und Verwaltungsbeamter; 1931 NSDAP- und SA-Eintritt; 1936 Referent des stellv. Gauleiters in Münster, 1939 bis Okt. 1941 Kreisleiter in Birnbaum, von Febr. 1942 an Kreisleiter und Landrat in Lentschütz; Nov. 1942 SS-Obersturmbannführer.
7 Dr. Friedrich-Karl Surén (1888–1969), Jurist; 1933 NSDAP-Eintritt; von 1920 an im Preuß. Ministerium des Innern tätig, 1932 MinDir. und Leiter der Kommunalabt., Staatskommissar für Wohlfahrtspflege, 1938 Oberbannführer der HJ im Stab des Reichsführers HJ, 1944/45 Senatspräsident beim Reichsverwaltungsgericht; nach 1945 Verwaltungsrechtsrat und Fachschriftsteller.

Form ein Teil des Textes bemängelt, wonach gegenüber dem Reichsministerium des Innern weniger mit Hinweisen gearbeitet werden dürfe. Es müsse mehr der Ton einer dem Reichsministerium des Innern unterstellten Behörde zum Ausdruck kommen. Dem Entwurf ist vor der Reinschrift hinzuzusetzen,

1) die Bitte, das bisherige Verfahren nachträglich zu genehmigen,
2) die Ankündigung, wofür das Geld verwandt worden ist und daß nach der Erhebung die einzelnen Summen noch aufgegeben werden,
3) die Bitte, es bei der bisherigen Regelung zu belassen und
4) die Beilage einer Abschrift mit der Bitte, dieselbe dem Rechnungshof des Deutschen Reiches als Beantwortung des Schreibens vom 11. 6. 1941[10] zu übermitteln. Nach Meinung von Herrn Suren könne der Verkehr mit dem Rechnungshof des Deutschen Reiches auch nur über das Reichsinnenministerium gehen.

Ich habe energisch darauf hingewiesen, daß neben dieser Abführung einzelner Summen an die Bürgermeister und Landräte noch einige unbeträchtliche Summen der Firmen direkt an einen Aufbaufonds eines Vereins überwiesen würden,[11] welcher dem Aufbau im Warthegau sein besonderes Interesse zuwendet, und habe bestimmte Beispiele nominiert, welche für die Unterstützung durch diesen Verein in Frage kommen.
Ich hatte den Eindruck, daß das gesamte Problem durch Herrn Ministerialdirektor Suren in umständlicher und bürokratischer Art kompliziert worden ist, weil sich das Innenministerium übergangen fühlt. Mein Hinweis darauf, daß die Judenfrage nicht erst immer durch Rückfragen beim Innenministerium gelöst werden könnte, sondern nur durch tatkräftiges und verantwortungsbewußtes Handeln an Ort und Stelle, machte auf Herrn Suren keinerlei Eindruck. Herrn Staatssekretär Pfundtner war daran gelegen, die Angelegenheit möglichst unauffällig aus der Welt zu schaffen. Die Gesamtverhandlung war in jeder Beziehung kleinlich und unerfreulich. Ich habe mir fest vorgenommen, dort nicht mehr hinzugehen.

2) *Herrn Ministerialdirektor Jäger*
zur gefl. Kenntnis.
Unter Beifügung

a) des Vermerks über die Personalbesprechung am 25. August 1941[12] in Hermannsbad und

b) der Aktenvorlage in der Angelegenheit der Abführung des Lohnes jüdischer Arbeitnehmer bitte ich Sie, von vorstehendem Vermerk Kenntnis zu nehmen und das Entsprechende veranlassen zu wollen. Ich bitte Sie, *mir* einen neuen *Entwurf* unter Beachtung der in meinem Vermerk festgelegten Vereinbarungen mit den erforderlichen Nachträgen zur Abzeichnung *vorlegen zu lassen.*

8 Vermutlich: Dr. Friedrich Häusler (*1892), Jurist; 1940 NSDAP-Eintritt; Haushaltsreferent bei der Reichsstatthalterei Sudetenland, von Sept. 1940 an Leiter der Haushalts- und Rechnungsabt. der Reichsstatthalterei in Posen, 1942 ORR.
9 Liegt nicht in der Akte.
10 Nicht ermittelt.
11 Greiser hatte zuvor ein Sonderkonto „Freunde des Warthelandes" eingerichtet, auf das ein Teil der Löhne jüdischer Zwangsarbeiter eingezahlt werden musste. Verfügungsberechtigt war allein Greiser.
12 Liegt nicht in der Akte.

DOK. 13

Der Amtskommissar in Strzemieszyce bei Bendsburg regt am 17. September 1941 beim Landrat an, Juden die Benutzung von Fuhrwerken zu untersagen[1]

Schreiben des Amtskommissars der Gemeinde Strzemieszyce, Kr. Bendzin (– 1 –), Unterschrift unleserlich,[2] an den Landrat in Bendsburg[3] (Eing. 19.9.1941) vom 17.9.1941

Betrifft: Kontrolle der Juden.
Verfügung: Vom 9.9.1941 Pol. (IV) 104/1.[4]
Für den Amtsbezirk Strzemieszyce wurde das Verbot des beliebigen Juden-Wohnsitzverlassens bereits Ende August 1941 erlassen.[5]
Eine Zusammenziehung der Juden in einer bestimmten Wohnlage ist hier nicht ratsam. Die Gründe dafür habe ich in einem früheren ausführlichen Bericht niedergelegt.[6] Es wäre nämlich so, daß die Juden, um sie aus den jetzigen Wohnstraßen fortzubekommen, zu einem größeren Teil bessere Häuser erhalten würden.[7]
In letzter Zeit habe ich die Wahrnehmung gemacht, daß die Juden nicht nur an Werktagen, sondern vor allem auch an Sonntagen in erheblichem Umfange herumkutschieren. So konnte ich am Sonntag wenigstens 15 dicht besetzte Fuhrwerke feststellen, die aus Richtung Slawkow kamen.[8] Es mußte sich um Juden vornehmlich aus Dombrowa handeln. Was die Juden in Slawkow oder in einem in dieser Richtung liegenden Orte zusammenführte, ist mir nicht bekannt. Es wäre zweckmäßig, den Juden allgemein das Benutzen von Fuhrwerken als Verkehrsmittel zu verbieten. Der Jude soll zu Fuß gehen. Die Fuhrwerkbenutzung ist eine Umgehung des Verbots, ohne Ausweis die Reichsbahn zu benutzen. Im Interesse einer immer besseren Kontrolle der Juden ist das Fuhrwerksbenutzungs-Verbot eine unbedingte Notwendigkeit. Zur erfolgreichen Durchführung ist aber erforderlich, daß dieses Verbot auch von den benachbarten Kreisen gleichzeitig ausgesprochen wird.
Wer von den Juden ein Fuhrwerk benutzen muß, um Kohlen oder sonstige Bedarfsartikel zu holen, hat hierzu einen besonderen Ausweis notwendig.[9] Der jüdische Fuhrmann darf aber nicht aufsitzen, ebensowenig darf er andere Juden mitnehmen.

1 APK, 771/110, Bl. 120 f.
2 Amtskommissar von Strzemieszyce (18 km nordöstlich von Kattowitz) war ein nicht näher ermittelter Mann namens Zur.
3 Dr. Wolf Hieronymus (1909–1994), Jurist; 1930 NSDAP- und SA-Eintritt; Nov. 1938 Leiter des Polizeiamts Bottrop, 1939 stellv. Polizeipräs. in Münster; von April 1941 bis Jan. 1942 kommissar. Landrat in Bendsburg, danach in Tilsit und im Bezirk Bialystok, von April 1943 bis 1945 bei der Wehrmacht; von 1952 an Reg.Rat bei der Regierung in Münster. Hieronymus vertrat den zur Wehrmacht einberufenen Landrat Udo Klausa.
4 Nicht ermittelt.
5 Nicht ermittelt.
6 Liegt nicht in der Akte.
7 Im Laufe des Jahres 1941 wurde ein offenes Getto in Strzemieszyce für etwa 1500 Juden eingerichtet, das erst 1943 abgeriegelt wurde. Zuvor durfte sich die jüdische Bevölkerung zu bestimmten Tageszeiten in der Gemeinde frei bewegen.
8 Sławków liegt etwa 20 km östlich von Kattowitz.
9 So im Original.

Das Gebaren der Juden, in steigendem Maße ihre Plattfüße zu schonen, löst nicht nur bei den Deutschen, sondern auch bei einem großen Teil der Polen Verärgerung aus.[10]

DOK. 14
Geto-Tsajtung: Der Judenälteste Rumkowski ruft die Arbeiter im Getto Litzmannstadt am 21. September 1941 zu erhöhter Arbeitsleistung auf[1]

Wir sind alle Verbündete bei der Arbeit – Lasst sie uns erweitern und verbessern!

Arbeiter!
Ich gebe mir genaue Rechenschaft über Eure bisherige Arbeit.[2] Oft sah ich Euch an den Maschinen und Werkbänken und beobachtete Eure fleißige und gewissenhafte Arbeit, mit der ich Euch die ganze Zeit über betraut habe. Mit wenigen Ausnahmen habt Ihr alle Eure Hingabe an diese Arbeit gezeigt. Eure ordentliche Arbeit rief und ruft noch immer großen Respekt hervor. Als Lohn für Eure Arbeit habt Ihr Euch und der ganzen Gettobevölkerung Existenzmöglichkeiten geschaffen. Meine erste Losung, *Arbeit*, die ich bei unserer Ankunft im Getto ausgegeben habe, habt Ihr ernst und sachlich aufgenommen.
Jetzt erlaube ich mir, eine zweite Losung auszugeben, die die erste ergänzen soll: *Die Arbeit in den Fabriken und Werkstätten muss von heute an mit noch mehr Eifer verbessert, ausgedehnt und vervollkommnet werden!* Das wird es mir erleichtern, für bessere Ernährung für Euch und für das ganze Getto zu sorgen.
Mein neues Programm lautet, die bereits existierenden Fabriken zu erweitern und gleichzeitig neue Arbeitsfelder zu schaffen, die noch viele Tausend Arbeiter werden beschäftigen können.[3]

10 Es ist keine Antwort auf das Schreiben überliefert, vermutlich kam es nicht zu einem entsprechenden Verbot, allerdings im Herbst 1941 zu einer Reihe diskriminierender Maßnahmen gegen die jüdische Bevölkerung in Ostoberschlesien; siehe Dok. 16 vom 27.9.1941; AŻIH, 301/1553, Bl. 14–16.

1 Geto-Tsajtung, Nr. 18 vom 21.9.1941, S. 1; APŁ, 278/1075. Die Geto-Tsajtung für Informationen, Verordnungen und Bekanntmachungen erschien in insgesamt 18 Ausgaben zwischen März und Sept. 1941 in unbekannter Auflage; die einzelnen Ausgaben mussten vor Erscheinen in deutscher Übersetzung der Getto-Verwaltung zur Zensur vorgelegt werden. Das Dokument wurde aus dem Jiddischen übersetzt.

2 Der Verfasser dieses Aufrufs war Mordechai Chaim Rumkowski (1877–1944), Kaufmann; vor 1939 als Zionist im Vorstand der Jüdischen Gemeinde in Łódź tätig; im Okt. 1939 zum Ältesten der Juden in Łódź bestimmt, 1940–1944 Leiter der jüdischen Verwaltung im Getto Litzmannstadt; er wurde im Aug. 1944 nach Auschwitz deportiert und dort ermordet.

3 Auf Initiative Rumkowskis wurde seit der vollständigen Abriegelung des Gettos am 30.4.1940 die Einrichtung eines eigenen Industriezweigs vorangetrieben. Dadurch sollten möglichst viele der Gettoinsassen Arbeitsplätze erhalten, um sich und ihre Familien ernähren zu können und so später der Deportation in die Vernichtungslager zu entgehen. Innerhalb eines Jahres fanden bis zu 10 000 Menschen durch die Schaffung neuer Werkstätten eine Arbeit; siehe VEJ 4/235.

Und noch etwas: Wie Ihr wisst, hat mein Umschichtungsprogramm eine große Anzahl Jugendliche in die Fabriken gebracht, die in kurzer Zeit ihren ungeheuren Willen zu arbeiten bewiesen haben.[4] Viele von ihnen sind zu dieser Arbeit sehr befähigt.
Euch älteren Facharbeitern, Familienvätern, obliegt es, diese zukünftigen jungen Arbeitsgenossen zu unterrichten, sie fachmännisch und der Arbeit verpflichtet zu erziehen. Freunde, behandelt sie so, als wären sie Eure Kinder. Nehmt die Jugendlichen, die nach Arbeit lechzen und sich in der Arbeit ausleben wollen, unter Euren Schutz. Seid dem jugendlichen Arbeiter Vater und Mutter! Ich bin mehr als sicher, dass Ihr von ihnen nicht nur nicht enttäuscht, sondern im Gegenteil – sie lieb gewinnen werdet. Und sie werden auch Euch beschenken mit Dankbarkeit, Sympathie und Kindesliebe. Ich bin sicher, dass von dieser partnerschaftlichen Arbeit beide Seiten profitieren.
Ihr älteren Arbeiter und Fachleute, beweist zusammen mit Euren neuen jugendlichen Gehilfen, dass Eure Arbeit noch intensiver, besser und schöner sein kann. Ich will hoffen, dass Ihr diesen Appell mit dem entsprechenden Bewusstsein, dem Verständnis für die Sache selbst und zum Wohle der ganzen Bevölkerung aufnehmt.
Auch Euch, den Beamten,[5] gilt mein Appell, ohne Ansehen des Amts oder der Abteilung. Auch Eure Arbeit ist mir nicht unbekannt. Ich weiß, mit wie viel Mühe und Anstrengung Ihr Eure tägliche Arbeit ausführt. Und doch erlaube ich mir, Euch zu ermahnen, ebenso wie meine Fabrikarbeiter das Maximum an Arbeitseinsatz zu zeigen. Nur so wird die Existenzmöglichkeit für Euch und für das Getto insgesamt geschaffen.
Ich meinerseits werde mich bemühen, ein noch fleißigerer Partner in der Arbeit für das Getto zu sein. Mein bisheriger Einsatz für das Getto ist Euch bekannt. Ich will aber in Zukunft meine Kräfte noch mehr sammeln und darauf bedacht sein, Euer Dasein zu verbessern und zu erleichtern. Wenn Ihr Eure Arbeitspflicht in dem Sinn erfüllt, wie ich es Euch hier vorgestellt habe, wird es mir die Möglichkeit eröffnen, noch mehr für Euch und Eure Familien zu sorgen. Meine Verpflichtungen Euch gegenüber werde ich mit größter Sorgfalt erfüllen.
Verhaltet Euch ruhig und arbeitet in den Fabriken, Werkstätten und Büros. Für Eure Kinder habe ich bisher gesorgt, dass sie satt sind, sich nicht auf der Straße herumtreiben und vor Krankheiten geschützt sind. Diese Aufsicht will ich in Zukunft noch verstärken.[6]
Väter und Mütter, Ihr kennt meine Beziehung zu Kindern und wisst, wie ich für sie sorge. Trotz aller Schwierigkeiten habe ich ein Ernährungsprogramm für Kinder zwischen sieben und 14 Jahren eingeführt. Sie alle bekommen täglich ein gutes und ausreichendes Mittagessen ohne Karten. Doch habe ich mich nicht damit allein begnügt. Von Rosch Haschana[7] an werden Dutzende Küchen ihre Arbeit aufnehmen, wo die Eltern

4 Rumkowski hatte die Beschäftigung einer höheren Zahl von Jugendlichen in seiner Ansprache „Arbeit und Ruhe – das unerschütterliche Motto für die Tätigkeit des Präses Rumkowski" angekündigt: Die Chronik des Gettos Lodz/Litzmannstadt, Bd. 1, hrsg. von Sascha Feuchert u. a., Göttingen 2007, S. 54–60.

5 Gemeint ist das Personal der jüdischen Gettoadministration.

6 Rumkowski rief hierzu eine Wohlfahrtsabt. ins Leben, die sich v. a. in Form von Suppenküchen und medizinischen Einrichtungen um die Ernährung und Gesundheit der bedürftigen Gettobewohner kümmern sollte. Zusätzlich ließ Rumkowski die Essensrationen für die Kinder im Getto erhöhen.

7 Das jüdische Neujahrsfest Rosch Haschana 5702 fiel auf den 22.9.1941.

täglich für ihre zwei- bis siebenjährigen Kinder ein warmes Abendbrot bekommen, und für Kinder bis 18 Monate will ich besondere Küchen schaffen.
Der Winter kommt und mit ihm die Kälte. Da muss ich schon an Schuhe und warme Kleidung für die Kinder denken. Das alles erfordert größere Summen Geldes und – noch wichtiger – konzentriert zu arbeiten. Wenn aber Ihr, Arbeiter und Beamte, Eure Arbeit verstärkt und verbessert, kann ich mich viel mehr als bisher für Euch und Eure Kinder der Ernährungsfrage widmen.
Helft mir alle zusammen bei meiner Arbeit. Wir alle sind Verbündete in unserem gemeinsamen Arbeitswerk, das der ganzen Gettobevölkerung zugutekommt.

DOK. 15
Die Sicherheitspolizei skizziert am 22. September 1941 die Situation im Bezirk Bialystok sowie die weitere Planung für die jüdische Bevölkerung[1]

Ereignismeldung UdSSR Nr. 91 (Geheime Reichssache!) des Chefs der Sicherheitspolizei und des SD (IV A 1[2] – B Nr. 1/B 41 – gRs –), Berlin, vom 22.9.1941[3]

I. Politische Übersicht.
a) Im Reich:
Die Stapostelle Allenstein meldet:
Die Bevölkerung im Raume von Bialystok verhält sich nach wie vor zum größten Teil abwartend. Die polnische Bevölkerung scheint durch die russische Gewaltherrschaft eingeschüchtert zu sein. Eine russenfeindliche Einstellung ist auch darauf zurückzuführen, daß die Russen einen großen Teil der Bevölkerung kurz vor Einrücken der Deutschen an unbekannte Orte verschleppt haben. Eine Unzufriedenheit über die jetzigen Verhältnisse macht sich jedoch bei der polnischen Intelligenz bemerkbar. Ihre Haltung wird durch Gerüchte, nach denen die UdSSR sich verpflichtet hat, nach Kriegsende wieder ein Groß-Polen zu errichten, bestärkt.
Weiter laufen Gerüchte um, die Deutschen hätten große Schlappen erlitten. Urheber dieser Gerüchte dürften zum Teil Flugblätter sein, die in großer Anzahl von russischen Flugzeugen über dem Bialystoker Gebiet abgeworfen worden sind. In diesem Zusammenhange muß noch erwähnt werden, daß verschiedene Ausrüstungsgegenstände von Fallschirmabspringern aufgefunden worden sind, Fallschirmspringer bislang jedoch nicht erfaßt werden konnten. In kommunistischen Kreisen des Bezirkes kursiert der Aufruf: „Haltet aus! Bald werden wir von unseren Genossen befreit!"
Die katholischen Kirchen verhalten sich vorsichtig und abwartend. Der Bischof der römisch-katholischen Kirche in Lomza[4] hat von der Kanzel die landwirtschaftlichen

1 APK, 771/110, Bl. 120 f.
2 Das Referat IV A 1 des RSHA war zuständig für die Bereiche Kommunismus, Marxismus, Einheitsfront und illegale Propaganda.
3 36. von 48 Ausfertigungen.
4 Stanisław Kostka Łukomski (1874–1948), röm.-kath. Theologe; Priesterweihe 1898, von 1926 an Bischof der Diözese Łomża; starb bei einem Autounfall.

Arbeiter aufgefordert, daß sie den Arbeitsvermittlungen nach Deutschland Folge zu leisten hätten.
Am 31.8.1941 drangen 11 Personen in das Schloß in Bialystok ein, entfernten die Hakenkreuzflagge und hißten eine weiße Fahne. Im Verlaufe der weiteren Ermittlungen wurden im ganzen 26 Personen festgenommen und erschossen. Es handelt sich dabei einwandfrei um Personen, die Anhänger der JBV.[5] sind und keine Beziehungen zur polnischen Widerstandsbewegung haben.
Die Abschließung der Bialystoker Juden in einem Ghetto ist durchgeführt. Die Vorbereitungen zur Abschließung in den anderen Städten sind als abgeschlossen zu betrachten. Nach Vereinbarung zwischen dem Regierungspräsidenten von Bialystok, dem Einsatzkommando der Sicherheitspolizei und dem Polizeipräsidenten wird beabsichtigt, die Juden von Bialystok bis auf 3000, die als Handwerker benötigt werden, nach Pruzana umzusiedeln.[6] Mit der Umsiedlung von 20 000 Juden soll noch in diesem Monat begonnen werden. Es ist beabsichtigt, aus Pruzana eine vollkommen jüdische Stadt zu machen.
Die Evakuierung des „Bialowiczer Forstes" auf Anordnung des Reichsmarschalls nimmt ihren Fortgang.[7] Ein großer Teil der Dörfer ist bereits abgebrannt. Die Familien werden zum Teil nach Deutschland als Deputanten[8] vermittelt, andere vagabundieren in den Wäldern umher und bilden dadurch einen gewissen Gefahrenherd. Es sind bereits 2 Überfälle auf Wehrmachts- bezw. Polizeikraftwagen erfolgt, bei denen je 1 Toter zu beklagen ist. Die Täter sind unerkannt entkommen; umfangreiche Fahndungsaktionen sind eingeleitet. Durch die Evakuierung wird eine gewisse Unruhe in die gesamte Bevölkerung des Bezirkes getragen. Man ist der Ansicht, daß diese eine Vorläuferin der allgemeinen Evakuierung ist. Auch werden Parallelen zu der russischen Evakuierung gezogen.
In der Zeit vom 25.8. bis 9.9.1941 wurden 595 Personen exekutiert.[9] Diese Zahl setzt sich zusammen aus Juden, kommunistischen Funktionären, JBV.-Anhängern und gemeingefährlichen Geisteskranken.
[...][10]

5 Richtig: IBV, Internationale Bibelforscher-Vereinigung.

6 Am 11.9.1941 befahlen die deutschen Besatzungsbehörden dem Judenrat, eine Übersiedlung von 4000 bis 5000 Juden aus Białystok in das Getto nach Prużany zu organisieren. Diese Deportationen erfolgten zwischen dem 17./18.9. und 19.10.1941.

7 Die Ausweisungen aus den Gemeinden rund um den im Osten Polens gelegenen Forst von Białowieża begannen im Sommer 1941, auch weil ein Jagdgebiet für Reichsmarschall Göring errichtet werden sollte. Zu den geräumten Kommunen gehörten u. a. Kamieniec Litewski, Białowieża, Hajnówka und Narewka Mała. Die Hälfte der vertriebenen Juden und Partisanen, die sich im Wald versteckten, wurde in das nahe liegende Getto von Prużany umgesiedelt. Andere kamen bei Massenerschießungen des Polizeibataillons 309 im Wald ums Leben.

8 Bezeichnung aus dem 19. Jahrhundert für Landarbeiter, die das ganze Jahr über verpflichtet wurden. Hier sind poln. Arbeitskräfte bzw. Zwangsarbeiter in der Landwirtschaft des Reiches gemeint.

9 In Białowieża war zu diesem Zeitpunkt das Polizeibataillon 323 unter Kommandeur SS-Obersturmbannführer Major Bernhard Griese (1887–1964) stationiert.

10 Im folgenden Abschnitt werden die besetzten Gebiete sowie unter II. Meldungen der Einsatzgruppen und unter III. Militärische Ereignisse behandelt.

DOK. 16

Der Leiter der Ältestenräte der jüdischen Kultusgemeinden in Ost-Oberschlesien berichtet dem Regierungspräsidenten am 27. September 1941 über die negativen Folgen der Polizeiverordnung[1]

Schreiben des Leiters der Ältestenräte der jüdischen Kultusgemeinden in Ost-Oberschlesien, Abt. Zentr. Hauptbüro (Z/I 2781/41), Sosnowitz, gez. Moszek Merin,[2] an den Regierungspräsidenten in Kattowitz[3] vom 27.9.1941

Betrifft: Polizeiverordnung vom 1. September 1941.
Bezugnehmend auf die Rücksprache vom 26. d. M. bei Herrn Prof. Köttgen[4] gestatten wir uns, höflichst auf die Schwierigkeiten, die mit der Einführung des §2 *der Polizeiverordnung über die Kennzeichnung der Juden vom 1. September 1941, veröffentlicht im Reichsgesetzblatt Teil I Nr. 100 vom 5. September 1941*, verbunden sind,[5] nachstehend hinzuweisen:
Wie bekannt, unterstehen der Leitung der Zentrale der jüdischen Kultusgemeinden die Ältestenräte des gesamten Regierungsbezirkes Kattowitz und der Kreise Warthenau und Blachstädt des Regierungsbezirkes Oppeln.
Die größten Schwierigkeiten bieten sich bei der Einführung des §2 obiger Polizeiverordnung im Polizeibereich Sosnowitz. In anderen uns unterstehenden Ortschaften könnte die Angelegenheit ohne größere Schwierigkeiten im Sinne der Verordnung geregelt werden.

Schwierigkeiten bei der Einführung der Verordnung im Polizeibereich Sosnowitz.
a) Auf Grund der Polizeiverordnung dürfen Juden sich nur innerhalb der kommunalen Wohngemeinde bewegen. Der Verkehr also zwischen den einzelnen Städten des Dombrowaer Kohlengebiets ist demnach für Juden nur auf Grund von speziellen Genehmigungen gestattet.
Es ist dabei zu bemerken, daß zwischen Sosnowitz, Bendsburg und Dombrowa täglich Hunderte von Juden verkehren. Es sind dies Angestellte gewerblicher Betriebe und Sammelwerkstätten, die in einer dieser Städte wohnen und in der anderen beschäftigt sind, Inhaber von Geschäften, die für ihre Treuhänder verschiedene Angelegenheiten zu erledigen haben u. a. Es sei bemerkt, daß 5000 Personen in gewerblichen Betrieben,

1 APK, 119/2780, Bl. 32–34.
2 Moszek Merin (1906–1943), Handelsvertreter; Mitglied der zionistischen Organisation in Sosnowiec; von 1940 an Leiter der Ältestenräte der jüdischen Kultusgemeinden in Ost-Oberschlesien, im Juni 1943 nach Auschwitz deportiert und dort ermordet.
3 Walter Springorum (1892–1973), Jurist; 1933 NSDAP- und 1934 SA-Eintritt; 1931–1937 Landrat in Bütow (Pommern), 1937–1939 MinR. im RMdI, Okt. 1939 bis 1943 Regierungspräsident in Kattowitz, 1943–1945 Vizeoberpräsident der Provinz Oberschlesien; nach 1945 im Aufsichtsrat des Hoesch-Konzerns.
4 Dr. Arnold Köttgen (1902–1967), Jurist; 1931–1943 Hochschullehrer in Greifswald, 1943–1945 an der Wirtschaftshochschule Berlin; ab 1939 abgeordnet als Generalpolizeidezernent und Abwehrbeauftragter der Regierung Kattowitz; 1940 NSDAP-Eintritt; 1945–1948 in sowjet. Haft, 1951 Professor in Speyer, 1952–1967 in Göttingen.
5 RGBl., 1941 I, S. 547. Der §2 verbot Juden das Verlassen ihrer Wohngemeinde ohne schriftliche Erlaubnis sowie das Tragen von Orden und Ehrenabzeichen.

Sammelwerkstätten u. a. beschäftigt sind, und ein bedeutender Teil dieser Leute verkehrt tagtäglich zwischen den drei angeführten Städten.
Die Städte des Dombrowaer Kohlengebiets sind eigentlich wirtschaftlich als Ganzes zu betrachten und könnten ohne Nachteil für das allgemeine wirtschaftliche Leben voneinander nicht getrennt werden. Auch hinsichtlich der Familienverhältnisse sind die drei genannten Städte eng miteinander verbunden. Wir gestatten uns hinzuzufügen, daß Sosnowitz, Bendsburg und Dombrowa von den ehemaligen polnischen Behörden eigentlich als Ganzes betrachtet wurden, es wurde sogar kurz vor dem Kriegsausbruch ein Plan erörtert, von den drei genannten Städten eine unter dem Namen „Zagłębie Dąbrowskie" zu bilden.
b) In Sosnowitz befindet sich das einzige jüdische Krankenhaus, in welchem jüdische Kranke behandelt werden. In dringenden Fällen ist es unmöglich, eine Genehmigung zur Überführung des Kranken zu beantragen, da die Erledigung erst auf Grund der Bestätigung des Amtsarztes erfolgen kann und oft einige Tage dauert. Es ist dabei zu bemerken, daß der Amtsarzt nur auf Anfrage des Polizeipräsidiums untersucht.
In Hinsicht auf die oben angeführten Umstände wäre es zweckmäßig, den Polizeibereich Sosnowitz als eine Wohngemeinde anzuerkennen, was einerseits die Behörden von einer bedeutenden Arbeit entlasten und unnötigen Zeitverlust ersparen und andererseits den Verstößen gegen die Bestimmungen der Verordnung vorbeugen wird.

Befugnisse zur Ausstellung von Genehmigungen – Erlaubnisscheinen.
Sollte jedoch die Regelung der Sache in obigem Sinne undurchführbar sein, so bitten wir höflichst, die Befugnisse zur Ausstellung von Genehmigungen den einzelnen Polizeirevieren gefl. übertragen zu wollen.
Als Ortspolizeibehörde gilt im Polizeibereich Sosnowitz ausschließlich das Polizeipräsidium in Sosnowitz. Die Beantragung von Erlaubnisscheinen müßte beim Polizeipräsidium von den einzelnen Ortschaften aus schriftlich unter Beifügung von Ausweisen erfolgen und einige Tage in Anspruch nehmen. Es ist jedoch undenkbar, daß sich die Juden in der Stadt einige Tage ohne Ausweis bewegen.
Um diesen Umstand zu vermeiden, gestatten wir uns hiermit folgendes vorzuschlagen: Die Anträge würden bei der Kultusgemeinde vorgelegt werden. Die Kultusgemeinde hat die Aufgabe, den Ausweis eingehend nachzuprüfen und die Identität des Antragstellers festzustellen. Die Kultusgemeinde übernimmt die Verantwortlichkeit dafür, daß sich der Antragsteller bei ihr persönlich gemeldet und den Antrag unterzeichnet hat. Die Anträge samt Unterlagen und Vermerk der Kultusgemeinde würden von der letzteren an die zuständigen Polizeireviere weitergeleitet werden.

Ausweise.
Bis zur Ausstellung von Ausweisen für die gesamte jüdische Bevölkerung könnten an ihrer Stelle die bisherigen Fingerabdrücke gelten.
Einer besonderen Regelung würden unterliegen:
1. Arbeitnehmer gewerblicher Betriebe und Sammelwerkstätten, Inhaber von Ausweiskarten des Herrn Sonderbeauftragten,[6] deren Ausweiskarten, mit einem entsprechenden

6 Gemeint ist Schmelt.

Vermerk versehen, als Erlaubnisscheine zum Verlassen der Wohngemeinde in Arbeitszwecken dienen könnten,
2. *Ältestenratsmitglieder und Beamte der Zentrale und der Gemeinden,* für welche die Geheime Staatspolizei Erlaubnisscheine erteilen würde.

Benutzung von Verkehrsmitteln.
Bisher wurden der jüdischen Bevölkerung Fahrgenehmigungen zur Benutzung von Verkehrsmitteln erteilt. Da bei Beantragung eines Erlaubnisscheines zum Verlassen der Wohngemeinde das zu benutzende Verkehrsmittel angegeben werden muß, erlauben wir uns höfl. vorzuschlagen, die Erlaubnisscheine mögen gleichzeitig als Fahrtgenehmigungen dienen. Bejahendenfalls könnte in dem Erlaubnisschein vermerkt werden, welches Verkehrsmittel benutzt werden darf.
Wir bitten höflichst, obigen Vorschlag gefl. in Betracht ziehen und eine günstige Entscheidung fällen zu wollen.[7]

DOK. 17
Die Gettoverwaltung Litzmannstadt informiert den Regierungspräsidenten am 29. September 1941 über den schlechten Gesundheitszustand der Juden aus Leslau[1]

Getto-Verwaltung Litzmannstadt (027-1-B-Mey), ungez.,[2] an den Regierungspräsidenten von Litzmannstadt[3] vom 29.9.1941

Betr.: Einsiedlung von 2900 Juden aus *Leslau* in das Litzmannstädter Getto.
Bezug: 1. Fernschreiben vom Herrn Reichsstatthalter v. 15.7.41[4] an den Befehlshaber der Ordnungspolizei[5]
an den Herrn Präsidenten des Landesarbeitsamtes,[6] *Posen.*
2. Schreiben des Herrn Reichsstatthalters v. 11.9.1941 I 50 – Tgb. Nr. 491–41g.

7 Anfang Okt. 1941 wurde für die Juden der drei oberschles. Städte der Besitz eines Lichtbildausweises verbindlich, der fortan als Erlaubnisschein im Sinne der Polizeiverordnung galt; siehe Richtlinien vom 6.10.1941 zur Ausstellung und Herausgabe von Lichtbildausweisen für die jüdische Bevölkerung in Ostoberschlesien, wie Anm. 1, Bl. 71–73.

1 YIVO, RG 483, box 27, folder 405, Bl. 124–126.
2 Vermutlich: Albert Meyer (1902–1969); von Jan. 1941 an Angestellter der Gettoverwaltung, Leiter der Warenverwertung und zuständig für die Kürschnereiwerkstätten im Getto; im Dez. 1943 zur Wehrmacht einberufen, bei Kriegsende in US-Gefangenschaft; nach 1945 Handelsvertreter in Bremen.
3 Friedrich Uebelhoer.
4 Fernschreiben Greisers vom 15.7.1941, worin er die Forderungen detailliert auflistet; Teilabschrift in APŁ, 221/29445, Bl. 424–434, hier Bl. 426.
5 Oskar Knofe (1888–1978), Berufsoffizier; 1909–1920 Militärlaufbahn; von 1924 an in der Landespolizei tätig; 1933 NSDAP-Eintritt, 1939 SS-Eintritt; 1933–1937 Polizeipräsident von Leipzig, dann Oberst der Schutzpolizei; SS-Brigadeführer; 1939–1942 BdO in Posen, 1942/43 BdO in Salzburg; 1943/44 Kommandeur der Ordnungspolizei in Kiew, 1944/45 Amtskommissar im Bezirk Dietfurt-Land (Wartheland), im Febr. 1947 von den USA an Polen ausgeliefert, im Febr. 1949 zu acht Jahren Haft verurteilt, 1955 entlassen.
6 Ernst Kendzia.

Überstellung der Juden von Leslau.[7]
Nach dem vorerwähnten Fernschreiben des Herrn Reichsstatthalters vom 15.7.1941 war angeordnet, daß mit der Überführung der Juden aus Leslau bestimmte Voraussetzungen erfüllt sein müssen; und zwar heißt es in dem Fernschreiben:
a) Eine vorherige ärztliche Untersuchung habe stattzufinden.
b) Die Überführung habe mit sämtlichem Hausrat zu geschehen,
u. c) regelt die Frage der geldlichen Unterstützung, auf die in diesem Schreiben nicht näher eingegangen [zu] werden braucht.
Am Freitag, den 26. September 1941, traf der erste Transport *mit 926 Juden* ein. Die Ankunft war auf 16 Uhr 30 festgelegt, wohingegen der Zug zufolge eines Eisenbahn-Unglückes erst gegen 23 Uhr einlief. Bei der totalen Dunkelheit, die auf dem Gettobahnhof-Radegast herrschte, war es unmöglich, an Ort und Stelle zu ermitteln, was die Juden an Hausrat nach Litzmannstadt überführten.

Zu a) der Anordnung des Herrn Reichsstatthalters.
Der vorgeschrittenen Zeit wegen ließ sich nicht gleich feststellen, ob Juden dazwischen waren, die ernstlich krank sind.
Der Älteste der Juden[8] benachrichtigte mich am nächsten Tage, die eingetroffenen Leslauer Juden seien total verwanzt und verlaust. Im Anschluß daran ergaben die Untersuchungen, soweit die sich bisher durchführen ließen, eine ganze Reihe von Fällen, die das Litzmannstädter Getto gefährden können, und zwar:
Die jüdischen Ärzte stellten in aller Eile folgendes fest: Die meisten Kinder aus Leslau und Umgebung haben vor kurzer Zeit Keuchhusten durchgemacht. Viele Kinder sind noch mit Keuchhusten behaftet, was starke Anfälle beweisen, die zum Teil von Brecherscheinungen begleitet sind.
Bei einer ganzen Reihe von Juden wurden Krätze, Windpocken, Piodermie[9] festgestellt, und – wenn der Schein nicht trügt, was sich aber erst bei der jetzt angeordneten Quarantäne von 3 Wochen endgültig herausstellen wird –, befinden sich viele darunter, die auch mit Infektionskrankheiten behaftet sind. Dies bezieht sich speziell auf: Fleckfieber, Unterleibstyphus usw.
Damit, soweit es den Keuchhusten angeht, keine Epidemie im Getto ausbricht, müssen diese Kinder gesondert untergebracht werden, da sonst bei einer rücksichtslosen Einsiedlung die Kinder der arbeitenden Bevölkerung in Mitleidenschaft gezogen werden, was zweifellos große Unruhe in den Werkstätten auslösen würde.

Zu b) der Anordnung des Herrn Reichsstatthalters.
Dem ersten Sonderzug war lediglich ein Güterwagen mit Gepäck angehängt. Was ankam, waren nur vollkommen mangelhaft desinfizierte Wäsche- und Kleidungsstücke sowie ein geringer Teil Bettzeug. Demnach fehlte jegliches Mobiliar und Hausgerät, so

7 Abdruck in: Getto Łódzkie, Dokumenty (wie Dok. 45, Anm. 9), S. 190. Die Reichsstatthalterei (gez. Jäger) forderte den Litzmannstädter Regierungspräsidenten auf, die aufgrund ungeklärter finanzieller Fragen zunächst ausgesetzte Deportation der Leslauer Juden in das Getto Litzmannstadt bis zum 30.9.1941 zu veranlassen.
8 Mordechai Chaim Rumkowski.
9 Polydermie bezeichnet eine bakterielle Entzündung der Haut.

daß also die Gettoverwaltung gezwungen ist, aus wertvollen Holzbeständen, die zu Bauarbeiten von der Reichsstelle für Holz freigegeben worden sind, Bettstellen in den bereits für die Wehrmacht und den Ansiedlungsstab überlasteten Werkstätten zur Fabrikation freizugeben. Auf die Dauer der Zeit gesehen, wäre es nämlich ein Unding, um weitere Krankheiten zu verhüten, die eingesiedelten Juden ständig auf der Erde schlafen zu lassen.
Die Gettoverwaltung hat den Polizeihauptmann, der den ersten Zug aus Leslau begleitete, gebeten, er wolle in Leslau veranlassen, daß weitere Juden frühestens 5 Tage später in Marsch gesetzt würden. Dessen ungeachtet trafen am Sonntag, d. 28.9.1941, in einem noch schlechteren Zustande 1054 Juden ein.[10]
Der Leiter der Gettoverwaltung[11] hat sich persönlich davon überzeugt, daß dieser zweite Transport, der im Landgebiet Leslau zusammengestellt wurde, weder ärztlich untersucht noch eine Desinfektionsanstalt passiert hat. Dies widerspricht in allen Teilen den Anordnungen des Herrn Reichsstatthalters.

Zum Dienstag, d. 30.9.1941 mittags, ist mir der Rest der Leslauer Juden von rund 1000 Mann avisiert. Bei der schnellen Überführung der Juden entstehen große Schwierigkeiten:
1) die geringe Anzahl von jüdischen Ärzten sind nicht in der Lage, soviel Personen in wenigen Stunden gründlich zu untersuchen.
2) Die Desinfektionsanlagen des Gettos reichen nicht aus, um eine solche Aufgabe in so kurzer Zeit zu lösen.
Ich richte daher an den Herrn Regierungspräsidenten die dringende Bitte, den für Dienstag gemeldeten Transport um einige Tage zu verschieben[12] und nochmals den Polizeidirektor von Leslau[13] anzuweisen, daß die durch den Herrn Reichsstatthalter erteilten Auflagen peinlichst genau eingehalten werden.[14]

10 Tatsächlich trafen Ende Sept. und Anfang Okt. 1941 über 3000 Juden aus der Stadt und dem Landkreis Leslau in Litzmannstadt ein.

11 Hans Biebow (1902–1947), Kaufmann; 1937 NSDAP-Eintritt; Kaffeehändler in Bremen, zwischen Mai 1940 und 1944 Leiter der Ernährungs- und Wirtschaftsstelle, später umbenannt in Getto-Verwaltung Litzmannstadt, organisierte den Arbeitseinsatz der Gettobewohner für die deutsche Kriegswirtschaft und die Deportation der arbeitsunfähigen Juden nach Kulmhof bzw. nach Auschwitz-Birkenau; 1947 in Łódź zum Tode verurteilt und hingerichtet.

12 Der zweite Transport traf im Okt. 1941 in Litzmannstadt ein, über das genaue Datum gibt es widersprüchliche Angaben.

13 Walter Wolf (1902–1946), Polizist; 1921 NSDAP- und 1922 SA-Eintritt; von 1933 an beim Polizeipräsidium Dresden; 1937 SA-Oberführer, SA-Führer in Sachsen; von März 1941 an zunächst kommissar., dann regulärer Polizeidirektor in Leslau; nach dem Krieg in sowjet. Haft, im Nov. 1945 von einer Kommission des NKWD zum Tode verurteilt und im Mai 1946 hingerichtet.

14 In einem weiteren Schreiben an den Regierungspräsidenten vom 11.10.1941 (027/2/R/A, ungez.) zitiert die Getto-Verwaltung ein Schreiben des Leiters der Gesundheitsabt. im Getto, Dr. Wiktor Miller, betr. den außerordentlich schlechten Gesundheitszustand der zuvor aus Leslau deportierten Juden, insbesondere der Kinder; wie Anm. 1, Bl. 127 f.

DOK. 18
Ein Jude schildert Ende September 1941 seine Deportation aus Płońsk in das Lager Pomiechówek, die dortigen Zustände sowie die nachfolgende Abschiebung in das Generalgouvernement[1]

Anonyme handschriftl. Aufzeichnungen, dokumentiert von Hersh Wasser für das Ringelblum-Archiv, Getto Warschau, September 1941

Am 13. Juli [1941] um zwei Uhr nachts fand in Płońsk eine Razzia statt, und alle Juden wurden auf dem Marktplatz zusammengetrieben. Ungefähr 400 Sturmisten[2] mit Knüppeln umringten uns und überprüften jeden, ob er registriert sei.[3] Diejenigen, die nicht registriert waren, mussten zur Seite treten, und die SS-Männer bildeten ein „Tor", durch das alle gehen mussten. Jeder wurde mit Knüppeln brutal geschlagen, man stellte ihnen ein Bein, damit sie fielen, und wer auf dem Boden lag, wurde ebenfalls geschlagen, bis das Blut in Strömen floss. Danach führte man alle hinter den [Stachel-]Draht und hielt uns 48 Stunden ohne Essen gefangen. Am 15. Juli wurden wir mit Fahrzeugen nach Pomiechówek[4] gebracht. Nach der Ankunft in Pomiechówek wurden wir alle, 165 Personen, in einen Saal gepfercht. Die Enge und Schwüle waren schrecklich, drei Tage lang bekamen wir kein Essen. Die Leute brachen vor Hunger zusammen. Am vierten Tag brachte man eine Wassertonne, und alle rannten für ein wenig Wasser herbei. Etliche Personen wurden dabei erschossen. Danach stellten sie eine Miliz auf und ernannten für jeden Saal einen Vorsteher.

Der Anführer der jüdischen Miliz war eine Person aus Nowy Dwór namens Meylekh. Er tat dasselbe wie die SS-Männer, sie hatten viel „Spaß" mit den Juden. Gemeinsam mit der SS quälte er sie so furchtbar, dass man es nicht beschreiben kann.

Infolge der Misshandlungen, der Unterernährung und des großen Schmutzes erkrankten viele an Durchfall, und Meylekh übergab alle Kranken in die Hände der SS und forderte Geld. Wer keines hatte, den erschossen sie. Auf diese Weise wurden die Frauen Jenta Frost,[5] Dwojra Baliban,[6] Miriam Tans, Rachel Heler und ein 17-jähriger Junge namens Cytrynowski erschossen. Sie stammen alle aus Raciąż.[7] Danach richteten sie in einer Baracke[8] eine besondere Krankenstube ein, und wer [auch] nur leichtes Fieber

1 AŻIH, 1167. Ring I/887. Abgedruckt in poln. Übersetzung in: Archiwum Ringelbluma. Konspiracyjne Archiwum Getta Warszawskiego, Bd. 13: Ostatnim etapem przesiedlenia jest śmierć. Pomiechówek, Chełmno nad Nerem, Treblinka, hrsg. von Ewa Wiatr/Barbara Engelking/Alina Skibińska, Warszawa 2013, S. 35–37. Das Dokument wurde aus dem Jiddischen übersetzt.

2 Mit Sturmisten sind im Jidd. in der Regel SS-Männer gemeint; so wird das Wort im Folgenden auch übersetzt.

3 Geprüft wurde, ob die Juden in Płońsk gemeldet oder nach ihrer Abschiebung in das Generalgouvernement illegal in den Regierungsbezirk Zichenau zurückgekehrt waren; siehe Einleitung, S. 54.

4 Zum Polizeigefängnis bzw. Lager Pomiechówek siehe Einleitung, S. 54.

5 Jenta Frost (1900–1941), Näherin; lebte während der deutschen Besatzung vorübergehend in Warschau und wurde vermutlich bei ihrer Rückkehr in den Regierungsbezirk Zichenau verhaftet.

6 Richtig: Balaban.

7 Kleinstadt 25 km nordwestlich von Płońsk. Vor 1939 lebten hier etwa 1500 Juden, von denen die meisten nach Beginn der deutschen Okkupation bis Ende 1939 nach Warschau oder Płock vertrieben wurden.

8 Drei Wörter schwer leserlich.

hatte, wurde rasch abgeholt. Neben anderen gehören hierzu Guta Kal[...],[9] Fajga Aronowicz. Sie gaben alles her, was sie besaßen, damit man sie nicht mitnähme. Hanelewicz wurden seine zwei Kinder weggenommen. Er gab zehn Mark und alles, was er noch hatte. Sie wurden verschont. Der Vorsteher von Saal Nr. 9 namens Tam, ein Jude, lieferte Fräulein Etka Iliart der SS aus, da sie Fieber hatte. Aber man ließ sie frei, weil sie sich gut verteidigte. Sie sagte, sie sei nicht krank, sondern hungrig; gäbe man ihr zu essen, wäre sie gesund. Als sie in ihren Saal zurückkam, wurde sie ohnmächtig vor Glück. In derselben Nacht holten sie fünf Mädchen und fünf junge Männer ab. Diese mussten die Mädchen vergewaltigen, danach wurden die Mädchen noch geschlagen.

Jeden Tag pflegte der SS-Mann Schulz[10] alle Männer auf den Hof zu führen und mit ihnen verschiedene Übungen zu machen. Einmal gab er den Befehl, 15 Personen antreten zu lassen, um ein Grab zu schaufeln. Sofort wurden 15 Personen gestellt. Er befahl ihnen, eine Grube auszuheben, in die 50 Personen hineinpassen könnten. Das Grab war schnell ausgehoben. Aus den nichtigsten Anlässen wurde jemand erschossen und die Leiche in das Grab geworfen. Es war nicht erlaubt, es mit Sand zuzuschütten, bevor es nicht 50 Leichen wären. Unter den Erschossenen befinden sich: Itshe Dantsige[r] mit seiner Tochter, Gutsztat aus Drobin, Jare Top, Lejbl Top, Chane Wróbel, Borensztajn, zwei Brüder Sosiński aus Nowy Dwór. So ging es jeden Tag. Am schlimmsten war es, wenn die Nacht anbrach. Sie kamen mit Knüppeln in den Händen und schlugen jeden, danach schossen sie in die Fenster.

Eines Nachts musste eine Frau für ihre Notdurft nach draußen. Als sie hinausging, hielt ein SS-Mann sie an und fragte, wohin sie wolle in der Nacht. Sie antwortete, sie gehe wegen ihrer Notdurft. Er sagte, gut, ich zeige dir wohin. Und er führte sie in einen dunklen Raum, danach befahl er zwei jungen Männern, ein Grab auszuheben. Einer von ihnen war Abraham Rozensztajn aus Raciąż. Nachdem sie das Grab geschaufelt hatten, wurde ihnen befohlen, die Frau lebendig zu begraben. Die Frau weinte und flehte: „Lasst mich leben. Ich habe doch Kinder. Womit habe ich das verdient?" Aber es half nichts. Die zwei jungen Männer mussten den Befehl ausführen. Es handelte sich um Frau Karaś aus Nowy Dwór.

Täglich spielten sich bei den Latrinen unterschiedliche Szenen ab. Man hatte eine Grube von zehn Metern Länge ausgehoben. An ihrem Rand saßen Männer und Frauen zusammen, nackt, sie mussten singen, danach tanzen, sie wurden mit Steinen beworfen. Dies dauerte täglich etliche Stunden.

SS-Mann Schulz rief alle Juden zusammen und fragte, was das zu bedeuten habe: Jede Nacht, wenn sie Wache hätten, kämen schwarze, sehr große Hunde.[11] Man schießt auf sie, aber sie verschwinden nicht. Alle haben Angst, Wache zu schieben. Er selbst hat genug Menschen auf dem Gewissen.

9 Einige Buchstaben unleserlich.

10 Schulz oder Schultz; stammte vermutlich aus Ciechanów; von März 1941 an Angehöriger des Wachpersonals in Pomiechówek (Fort III), vermutlich abgeordnet von der Gestapo in Neuhof (Nowy Dwór Mazowiecki).

11 Der Sinn dieser Passage ist unklar.

Einmal brachten sie aus Płońsk zwei Wagen mit Lebensmitteln. Mitgekommen zur Verteilung der Pakete war Shlomo Fuks.[12] Der Anführer der Miliz nahm zahlreiche Pakete an sich. Fuks ließ das [jedoch] nicht zu, worauf Meylekh ihn schlug. Fuks befahl, die Wagen zurückzuschicken und keine Pakete zu verteilen. Fuks berichtete über alles, was sich im Lager ereignet hatte. Sofort kam die Gestapo aus Płońsk zusammen mit dem Judenältesten Ramek[13] nach Pomiechówek, und sie nahmen Meylekh mit nach Płońsk. Er wurde ordentlich verprügelt. Er sagte ihnen alles, wer erschossen worden war und wer getötet werden sollte. Dafür hängte man ihn, und seitdem wurde es etwas leichter. Drei Tage später traf eine Kommission von Deutschen ein und stellte Fragen nach allem Möglichen. Wir gingen hin und forderten Essen oder unsere Freilassung. Das Essen bestand aus zehn Dekagramm Brot täglich mit ein wenig Wasser, später reduzierten sie die Menge auf fünf Dekagramm. Die Kommission entgegnete, dass wir genug zu fressen hätten. Die Juden schickten auch etwas,[14] wir lassen euch bald frei. Das dauerte noch zwei Wochen. Eines Tages wurde uns gemeldet, dass wir die Säle und den Hof zu säubern hätten. Heute würde man uns freilassen. Um 6 Uhr abends trafen 300 Fuhrwerke ein. Wir alle mussten auf dem Hof antreten, wo wir durch ein enges „Tor“ gehen mussten, wo man uns mörderisch schlug. Das dauerte bis 11 Uhr. Darauf suchten sie alle alten Menschen heraus, gaben ihnen Wurst zu essen und fragten, ob sie etwas gegen die Deutschen hätten. Dann schickten sie die Wagen los. So fuhren wir unter starker Bewachung etwa sieben Kilometer. Vor Legionowo,[15] bei Kilometer sechs, bemerkten wir ein schreckliches Feuer und hörten die Schreie der Menschen in den ersten Wagen. Es gab ein großes Wehklagen. Wir dachten, man würde uns alle verbrennen. Als wir näher heranfuhren, hieß man uns, von den Wagen abzusteigen. Alles, was wir auf den Wagen hatten, wurde angezündet, wir aber wurden geschlagen. Sie befahlen, schneller nach Warschau zu laufen, und wer nicht mitkam, wurde erschossen und angezündet. Frau Markiewicz aus Warschau verbrannten sie. Moshe [und] Sho'el Krzyński und Mendel Shwayger aus Nowy Dwór wurden erschossen. Wie wir so nachts über die Felder liefen, gelangten wir nach Legionowo. Der Judenrat verteilte sofort Brot und Kaffee, ein Arzt und eine Krankenschwester verbanden die Wunden. Anschließend brachte uns die jüdische Polizei aus Legionowo nach Warschau und übergab uns dort der Warschauer Polizei,[16] die uns noch zwei Wochen lang in der Quarantäne quälte.

12 Shlomo Fuks, Schneider; stammte aus Płońsk und war vor dem Krieg in der Arbeiterbewegung aktiv; Leiter des Arbeitsbüros beim Judenrat; er überlebte den Krieg, sein weiteres Schicksal ist nicht bekannt.

13 Jakub Ramek, Schneider; stammte aus Mława; 1939 machten ihn die Deutschen zum Vorsitzenden des Judenrats; im Dez. 1942 wurde er im letzten Transport aus Płońsk in das KZ Auschwitz deportiert und dort zusammen mit seiner Familie ermordet.

14 Gemeint sind wohl Lebensmittellieferungen für das Lager Pomiechówek aus den Gettos der Umgebung.

15 Kleinstadt knapp 20 km nördlich von Warschau.

16 Gemeint ist der jüdische Ordnungsdienst im Warschauer Getto.

DOK. 19

Ein Mitarbeiter des Ringelblum-Archivs berichtet über die ersten Monate der deutschen Besatzung in Białystok bis zum Herbst 1941[1]

Maschinenschriftl. Bericht für das Ringelblum-Archiv im Getto Warschau, ungez., o. D.[2]

Am vierten Tag nach Ausbruch des deutsch-sowjetischen Krieges marschierte die deutsche Armee in Białystok ein. Die verängstigte jüdische Bevölkerung verließ ihre Wohnungen nicht. Ein Teil der polnischen Bevölkerung begrüßte die einrückenden Truppen mit Blumen. Die dicht gedrängt lebenden jüdischen Bewohner Białystoks (etwa 45 000) bekamen Angst, die durch mehrere Brände in dem fast ausschließlich von armen Juden bewohnten Stadtviertel Chanajki noch verstärkt wurde.
Wer sein Hab und Gut retten wollte, fiel in die Hände der Deutschen und wurde entweder erschossen oder verbrannte bei lebendigem Leib in der Synagoge an der Sosnowa-Straße. Nur wenige konnten sich durch Flucht retten. An diesen Tagen (es dauerte zwei Tage) starben vermutlich etwa 700 Personen.[3]
Unabhängig vom Niederbrennen des jüdischen Viertels wurden etwa 60 Personen (darunter Rabbiner Rozenman[4] und der in Białystok bekannte Rechtsanwalt Tilleman)[5] aus Wohnungen in der zentralen Straße Białystoks (B.-Pieracki-Straße und Sienkiewicz-Straße) gezerrt und unter Bewachung in Richtung des städtischen Schlachthauses geführt, wo sie erschossen werden sollten. Unterwegs wurde der Zug von einem deutschen Offizier angehalten. Nachdem dieser erfahren hatte, um welche Personen es sich handelte, befahl er, sie sofort freizulassen. Dabei sagte er: „Es sterben ohnehin so viele Menschen im Krieg – wieso sollen diese unschuldigen Leute sterben." (Quelle: Bericht eines Augenzeugen.)
Nach einigen Tagen wurde Rabbiner Rozenman zur deutschen Kommandantur gerufen und zum Obmann des Białystoker Judenrats ernannt. Funktionäre, die in Vorkriegszeiten sehr unterschiedlichen politischen Richtungen gefolgt waren, übernahmen die Verwaltung der Jüdischen Gemeinde. Der ehemalige kommissarische Gemeindedirektor von Białystok, Ingenieur Barasz,[6] kehrte als Vertreter des Obmanns „an den Futtertrog" zurück und entwickelte sich binnen kurzer Zeit zum Diktator des neuen Rats.

1 AŻIH, 697. Ring I/791, Bl. 1 f. Abdruck als Faksimile in: Archiwum Ringelbluma, Bd. 3 (wie Dok. 10, Anm. 1), S. 111–115. Das Dokument wurde aus dem Polnischen übersetzt.
2 Der Bericht entstand vermutlich Ende 1941 oder Anfang 1942.
3 Siehe Einleitung, S. 55 f.
4 Dr. Gedaliah Rozenman (1877–1943), Rabbiner; Rabbinerausbildung in Wien; seit 1920 Rabbiner der Jüdischen Gemeinde in Białystok, von Aug. 1941 an Vorsitzender des Judenrats im Getto Białystok; nach Auflösung des Gettos wurde er im Sept. 1943 in das KZ Lublin-Majdanek deportiert.
5 Dr. Sebastian Tilleman, Jurist; seit den 1920er-Jahren als Rechtsanwalt in Białystok tätig, in den 1930er-Jahren Stadtverordneter und Sekretär beim Präsidium des Stadtrats von Białystok; sein weiteres Schicksal ist ungeklärt.
6 Efraim Barasz (1892–1943), Ingenieur und Geschäftsmann; Studium in Deutschland; während des Ersten Weltkriegs in Russland; von 1934 an in Białystok, Vorsitzender der Jüdischen Gemeinde; von Aug. 1941 an stellv. Leiter des Judenrats im Getto Białystok, zugleich Leiter der Wirtschaftsabt.; wurde im Sept. 1943 zusammen mit seiner Frau Yokheved in das KZ Lublin-Majdanek deportiert.

Dem Rat wurden Räumlichkeiten in der Kupiecka-Straße (im Altersheim der Vorkriegszeit) zur Verfügung gestellt. Der Obmann rief die jüdische Bevölkerung auf, sich für Arbeiten auf Wunsch der deutschen Machthaber bereitzuhalten. Die Juden gingen gern zur Arbeit. Es gab ohnehin zu viele Hände. In den ersten Wochen führten die Behörden mehrere Durchsuchungen in jüdischen Häusern und Gemeinderäumen durch. (Danach sahen die Wohnungen aus wie nach einem Pogrom.)
In der dritten Woche des Aufenthalts der Deutschen, an einem Donnerstagabend, wurden einige Straßen in dem von Juden bewohnten Viertel umstellt und Männer zusammengesucht, die zu einem Platz eskortiert wurden. Dabei machte man sich über sie lustig. Man befahl ihnen, sich mit erhobenen Armen an einen Zaun zu stellen, und schoss dann in die Luft. Auf dem Platz wurden Handwerker, Arbeiter und Angehörige freier Berufe in Gruppen aufgeteilt. Die Handwerker und Arbeiter ließ man frei. Die dritte Gruppe von etwa 200 Personen wurde verschleppt, und bis heute ist unklar, was mit ihnen passiert ist.[7]
Eine Woche nach diesem Vorfall, in der Nacht von Freitag auf Sonnabend (um 3 Uhr nachts), wurden etwa 2500 jüdische Männer aus ihren Wohnungen verschleppt. Sie verschwanden spurlos.[8]
Am selben Tag wurde den verängstigten Juden eine Kontribution in Höhe von einer halben Million Rubel, 5 kg Gold und 100 kg Silber auferlegt. Die Sammlung von Geld und Wertsachen erfolgte unter dem Motto: „Unser Geld für die Befreiung unserer Söhne, Brüder, Männer!“ Für die praktische Durchführung meldeten sich Leute, die nicht für ihre „sauberen Hände“ bekannt waren. Die Eintreibung der Kontribution erfolgte ohne angemessene Kontrolle der Verantwortlichen. Die Menschen brachten Wertsachen und Geld zur Gemeinde, warfen es (im wahrsten Sinne des Wortes) in Säcke, die auf den Tischen lagen, ohne dass sie dafür eine Quittung erhielten. Unabhängig davon sammelten „ehrliche ehemalige Gemeindefunktionäre“ in den Häusern. Das Gros dieser Sammlungen landete in den Taschen der „Sammler“. Trotz allem wurde die Kontribution rechtzeitig zum Termin aufgebracht. Die aus den Wohnungen verschleppten Juden wurden dennoch nicht freigelassen.
Nach einigen Tagen führte man gelbe Flicken (auf der Brust und auf dem Rücken) in Form des Davidsterns ein. Am 1. Juli wurde ein Getto eingerichtet. Die Juden hatten fünf Tage Zeit, um in das Getto zu ziehen.
Die Gemeinde übernahm die Zuteilung der Wohnungen, was aufgrund von Schmiergeldern gut funktionierte. Es wurde festgelegt, dass jedem drei Quadratmeter zustünden.
In dieser Zeit gingen sehr viele Juden freiwillig arbeiten. Besonders begehrt waren Arbeiten in den sogenannten Lebensmittelstützpunkten. Die Leiter dieser Stützpunkte, deutsche Soldaten, wählten sich einen Vertrauensmann unter ihren Arbeitern aus, der die Arbeit zuwies.
In den Stützpunkten befanden sich Artikel aus sowjetischen Beständen. Da es keine übergeordnete Kontrolle gab, bedienten sich die deutschen Soldaten selbst aus den Vorräten. Sie bezahlten die Arbeitsleistung mit manchmal bis zu 20 kg Lebensmitteln (Zu-

7 Am 5.7.1941 wurden etwa 300 Juden verhaftet und kurz darauf vom Einsatzkommando 8 in einem Wald bei Białystok erschossen; siehe Einleitung, S. 56.

8 In den Tagen nach dem 9.7.1941 wurden mindestens 2000 Juden aus Białystok zusammengetrieben und anschließend vor der Stadt erschossen; siehe Einleitung, S. 56.

cker, Mehl, Süßigkeiten usw.) pro Tag. Es ist verständlich, dass sich die Juden zu dieser Arbeit drängten. Im riesigen Stützpunkt des sogenannten Stein war ein gewisser Gurewicz als Vertrauensmann eingesetzt. Er nahm gewaltige Summen, wenn man dort arbeiten wollte, selbstverständlich in Dollar. In anderen Stützpunkten gab es andere „Gurewicze".

Der Ansturm auf die Arbeit in den Stützpunkten war so groß, dass sich manchmal eine ganze Masse von Juden, die nicht mit Luftschüssen der sogenannten Wache rechneten, zu den Stützpunkten durchkämpfte und ihre Arbeitskraft aufdrängte. Die Soldaten waren nahezu machtlos. Sie wunderten sich, dass die Juden, die sie für arbeitsscheu hielten, unbedingt arbeiten wollten. Als das Getto geschlossen wurde, konnten es die Juden nur noch mit Passierscheinen beziehungsweise Sammelscheinen verlassen.

Und Arbeit gab es genug. Sehr viele Juden waren bei der Trümmerbeseitigung im niedergebrannten Viertel eingesetzt. (Sie erhielten dafür von der Gemeinde ein Viertelkilo Brot am Tag.)

Die Gemeinde nahm von Tag zu Tag mehr Lebensbereiche unter ihre Aufsicht. Sie gründete eine Rechtsabteilung, die Gerichtskompetenz in Zivilstreitigkeiten innerhalb der jüdischen Bevölkerung erhielt. Eine Industrie- und Handwerksabteilung wurde eingerichtet, die Kooperativen nach dem Vorbild der sowjetischen Artel organisierte. Eine Schulungsabteilung bot Kurse zur Schul- und Berufsausbildung an; auch eine Hygieneabteilung und Ähnliches wurden eingerichtet.

Im September wandten sich die Besatzer mit der Forderung an die Gemeinde, eine Liste von jüdischen Rechtsanwälten zu erstellen, die sich in Białystok aufhielten. Von dieser Liste forderten sie zehn namentlich genannte Białystoker Rechtsanwälte an, die sich mit ihren Gesetzbüchern bei der Gestapo melden sollten. Danach verlor sich ihre Spur.[9]

Im selben Monat begannen die Deutschen mit der Evakuierung der jüdischen Bevölkerung aus Białystok. Man brachte die Juden nach Prużany. Jeden Tag musste die Gemeinde der Polizei eine Liste mit 1000 Personen aushändigen. Auf diesen Listen waren keine Mitarbeiter der Gemeinde und deren Familienmitglieder verzeichnet. Bei einigen Namen waren Angaben zu Beruf und Beschäftigung notiert. Aus den Listen mit 1000 Personen wählten die Polizeibehörden täglich 400 bis 500 Menschen aus, die sich am nächsten Tag in der Fabryczna-Straße zu melden hatten. Von dort wurden sie mit Fahrzeugen nach Prużany gebracht. Die Polizei deportierte keine Handwerker oder Personen, die bei Arbeiten der Stadtverwaltung beschäftigt waren.

Folgender Vorfall ist erwähnenswert: Am ersten Tag, als man begann, die Juden nach Prużany zu bringen, hielt ein deutscher Offizier, der für die Arbeit von Juden an der Kaserne verantwortlich war, die Juden (etwa 200 Personen) dort einige Tage fest und ließ sie nicht ins Getto zurück. Die jüdische Bevölkerung war beunruhigt. Nach einigen Tagen stellte sich heraus, dass er befürchtet hatte, dass die Arbeiter, obwohl sie in einer militärischen Einrichtung arbeiteten, von der Polizei deportiert werden könnten, und sie deshalb bei sich behalten hatte. Als er sicher war, dass diese Menschen nicht deportiert würden, erlaubte er ihnen, nach Hause zurückzukehren. Sie erzählten, dass sie sehr gut behandelt worden seien.

9 Nicht ermittelt.

Der Abtransport nach Pružany fand in alphabetischer Reihenfolge statt. Die Aktion dauerte zwei Wochen. Es wurden etwa 2000 Menschen deportiert.[10]
In der Zwischenzeit hatten sich die Juden, die Kontakt mit der deutschen Polizei hatten, im großen Maßstab an die Produktion von „Scheinen" gemacht, die ihnen eine Beschäftigung und Unentbehrlichkeit für die Militärbehörden bestätigten. So ein „Schein" kostete im Durchschnitt 5 bis 10 Dollar (ein Schein der Militärbehörden kostete weniger, ein Schein der Polizeibehörden mehr).
Nach etwa zwei Wochen wurde die Deportationsaktion gestoppt. Ein jüdischer Ordnungsdienst und eine jüdische Feuerwehr, die ein speziell ausgestattetes Auto mit einer Motorpumpe erhielt, wurden organisiert.
Flüchtlinge erhielten über die Rechtsabteilung Passierscheine, die von der Gemeinde ausgestellt und auf der anderen Seite von der Polizei beglaubigt wurden (durch das spezielle Revier im Getto).[11]

DOK. 20

Der 17-jährige Dawid Sierakowiak schreibt in seinem Tagebuch zwischen dem 3. und 7. Oktober 1941 über die Schließung der Schulen im Getto Litzmannstadt[1]

Handschriftl. Tagebuch von Dawid Sierakowiak[2] im Getto Litzmannstadt, Einträge vom 3. bis 7.10.1941

Freitag, 3. Oktober
Ich habe das Foto abgeholt, das wir am letzten Schultag von uns haben machen lassen. Sehr gelungen. Ich sehe ausgezeichnet darauf aus. Heute begannen schlimme Gerüchte in der Stadt[3] zu kursieren. Man sagt, dass sie alle Schulen und Bibliotheken schließen werden. Ich weiß nicht, woher das kommt, aber es sieht so aus, als wäre das wahr. Hitler soll eine Rede gehalten haben, in der er sagte, er habe eine gigantische Offensive im Osten begonnen.[4] Ich bin gespannt, wie sie sich entwickeln wird. Nun ja, es scheint, als würde, wie alle bisherigen, so auch diese siegreich sein.

10 Im Sept. 1941 hatte die Stadtverwaltung den Judenrat angewiesen, täglich eine Liste mit 1000 nach Pružany zu deportierenden Personen zur Verfügung zu stellen, vorzugsweise ganze Familien, Arbeitslose und ungelernte Arbeiter.

11 Im Okt. 1941 begann die Stadtverwaltung in Białystok, täglich 100 Passierscheine auszustellen, die zum Verlassen des Gettos verpflichteten und mit denen vor allem die jüdischen Flüchtlinge im Getto aus der Stadt abgeschoben werden sollten.

1 AŻIH, 302/132, Bl. 64 f. Abdruck: Dziennik Dawida Sierakowiaka, hrsg. von Lucjan Dobroszycki, Warszawa 1960, S. 117–119. Abdruck in deutscher Übersetzung: Das Ghettotagebuch des Dawid Sierakowiak. Aufzeichnungen eines Siebzehnjährigen 1941/1942, Leipzig 1993, S. 102–104. Das Dokument wurde neu aus dem Polnischen übersetzt.

2 Dawid Sierakowiak (1924–1943), Schüler; schrieb schon vor Sept. 1939 Tagebuch und schilderte in insgesamt sieben Heften das Geschehen in Łódź sowie im Getto Litzmannstadt; zwei Hefte gingen jedoch verloren. Das Tagebuch endet im April 1943, der Verfasser starb ein Vierteljahr später vermutlich an Tuberkulose.

3 Gemeint ist das Getto Litzmannstadt.

Sonnabend, 4. Oktober
Heute fand eine Konferenz mit Rumkowski und allen Lehrern des Gettos statt. Er erklärte, wegen der 20 000 Juden, die aus ganz Deutschland im Getto eintreffen sollen, verschöbe er die Unterrichtspause, die im Winter hätte sein sollen, auf jetzt, und im Winter werde man sehen … Außerdem warnt er davor, Talmud zu lehren, es drohen dafür die höchsten Strafen. Die zusätzliche Verpflegung der Schulkinder werde fortgesetzt. Die Lehrer würden in Teilen bei den Aussiedlungen beschäftigt, ihre Gehälter bekämen sie in jedem Falle weiter. Es scheint, dass dies schon das Ende des Schulwesens im Getto ist. Auf alle Fälle werde ich – zumindest im Getto – nicht mehr das Lyzeum besuchen. Wenn überhaupt irgendwann einmal. Welch Glück, dass ich die Kleine Matura gerade noch bekommen habe. Angeblich sollen wir richtige, gedruckte Abschlusszeugnisse des Gymnasiums erhalten. Aber aus dem Lyzeum wird nichts. Erneut beginnt der Run auf Arbeit. Diesmal können die Arbeitsressorts eine große Menge Jugendlicher aufnehmen. Einige meiner Schulkameraden sollen schon als Lehrlinge in der Sattlerwerkstatt bei Podlaski[5] anfangen. Ich werde morgen bei Rysiek[6] sein und mit ihm darüber sprechen. Nach ein paar Tagen Anlernzeit beginnt man schon Geld zu verdienen. Mir scheint, das ist besser als irgendein dummer Botendienst, denn man hat für alle Fälle ein Fach gelernt. Bloß nicht herumhängen, träge werden und verblöden, ebenso wenig in Melancholie verfallen. Bewegung, Arbeit, Veränderung – das sind Ziel und Weg zur Kreativität.

Sonntag, 5. Oktober
Heute war ich bei Rysiek und habe mit ihm über die Sache mit der Werkstatt gesprochen. Er sagte mir, dass die Liste der Schüler bereits bei der Schulabteilung eingereicht worden sei, aber er werde seinen Vater fragen, was der noch tun könne. Der Unterricht bringt mir zuletzt sehr wenig, und erneut beginne ich unruhig und nervös zu werden. Dass ich nur eine Beschäftigung bekomme! Heute haben sie in Marysin einen Mann am Stacheldraht erschossen. Ich sah, wie sie ihn in einer Schubkarre auf den Friedhof brachten. Wollte er aus dem Getto fliehen, oder ist das eine neue Serie von Toten im Getto? Weiß der Teufel. Es wird immer trauriger im Getto, immer trauriger! …

Montag, 6. Oktober
Trotz der Sukkot-Feiertage[7] sind alle Ressorts und Läden geöffnet. Angeblich nehmen die Deutschen die Juden hart ran, aus denen sie nur Arbeitsautomaten machen wollen, ohne weitere Bedürfnisse und Rechte. Unterdessen gibt es wieder seit etwa zehn Tagen

4 Es handelt sich hierbei um Hitlers Rede vom 3.10.1941 im Berliner Sportpalast zur Eröffnung des Kriegswinterhilfswerks. Hitler sprach darüber, dass der seit drei Monaten andauernde Krieg gegen die Sowjetunion planmäßig verlaufe und dass diese schon geschlagen und unfähig sei, Widerstand zu leisten.

5 Josef Podlaski (1893–1944), Fabrikleiter; vor dem Krieg leitender Beamter der Firma Eitingon in Łódź, von Juli 1940 an Mitarbeit in der Jüdischen Gemeinde, im Juli 1943 zum Leiter der Leder- und Sattlerabt. im Getto ernannt.

6 Ryszard, auch Rysiek Skoczylas (*1925), Schüler und Dawid Sierakowiaks Freund; er wurde vermutlich im Aug. 1944 zusammen mit seinen Geschwistern nach Auschwitz deportiert und kam dort um.

7 Hebr.: Laubhüttenfest: eines der drei jüdischen Wallfahrtsfeste. Es erinnert an den biblischen Auszug der Hebräer aus Ägypten.

keine Kartoffeln mehr, es kommt nur Gemüse rein. Die goldene Kartoffelzeit ist offenkundig vorbei. Wieder gewinnen die „Gemüsesuppen" aus Kohlrüben und Karotten die Oberhand. Heute habe ich eine Nachhilfestunde für meinen Klassenkameraden Bryt bekommen, den ich in Hebräisch unterrichten werde. Ich werde 3 Stunden pro Woche zu je 40 Pf. haben. Auch gut. Hauptsache, nicht untätig zu sein.

Dienstag, 7. Oktober
Heute Nachmittag hat Rumkowski gesprochen. Er sagte, Lebensmittel werde er ausreichend bekommen, und nur „vorübergehend" würden sie keine Kartoffeln schicken. Er beschwerte sich über Schieber, die für ein Kilo Kartoffeln schon eine Mark und mehr nehmen. Er sagte, man würde ihm noch 21 000 Leute schicken, davon 20 000 aus dem „Altreich".[8] (Die Aktion der Translokation und Umsiedlung hat bereits begonnen, mit mehreren Familien in einem Zimmer, pro Person sind 3,5 m^2 festgesetzt.) Er meinte auch, er verhandle in Sachen Heizmaterial. Weiter sagte er nichts Wichtiges. Jedenfalls ist im Getto eine Verschlechterung eingetreten. Was weiter wird – man weiß es nicht.

DOK. 21
Der Regierungspräsident in Litzmannstadt beschwert sich am 4. Oktober 1941 bei Himmler über die geplante Einweisung von 20 000 Juden und 5000 Roma und Sinti in das Getto[1]

Regierungspräsident Litzmannstadt, gez. Uebelhoer, an Reichsführer-SS, Pg. Heinrich Himmler (Eing. Persönlicher Stab RFSS am 6.10.1941), vom 4.10.1941[2]

Der Gauleiter und Reichsstatthalter Pg. Arthur Greiser hat mich benachrichtigt, daß Anfang Oktober in das Ghetto Litzmannstadt 20 000 Juden und 5000 Zigeuner aus dem Altreich eingewiesen werden sollen.[3]
Die Möglichkeit der Einweisung weiterer Juden in das Litzmannstädter Ghetto ist vor kurzem deshalb genau untersucht worden, weil beabsichtigt war, weitere Juden aus dem Warthegau in dieses Ghetto zu verbringen. Dabei hat sich herausgestellt, daß bei der jetzigen Struktur des Ghettos sowohl aus seuchen- und sicherheitspolizeilichen wie aus wehrwirtschaftlichen und ernährungspolitischen Gründen sowie aus Raummangel weitere Juden in das Ghetto Litzmannstadt nicht aufgenommen werden können.
Ich muß pflichtgemäß darauf hinweisen, daß bei dem heutigen Stand der Dinge im Ghetto Litzmannstadt eine weitere Einweisung auch von Altreichsjuden und darüber hinaus

8 Vom 16.10.–4.11.1941 trafen insgesamt 20 Transporte, die aus Wien (5), Prag (5), Berlin (4), Frankfurt am Main (1), Köln (2), Hamburg (1), Düsseldorf (1) und Luxemburg/Trier (1) kamen, im Getto Litzmannstadt ein. Neben den insgesamt 19 827 deportierten Juden wurden im Nov. 1941 weitere 5007 Sinti und Roma ins Getto überstellt; siehe Einleitung, S. 23, und Dok. 40 vom 13.11.1941.

1 BArch, NS 19/2655, Bl. 4 f.
2 Im Original handschriftl. Randnotizen.
3 Himmler hatte Gauleiter Arthur Greiser am 18.9.1941 die Deportation von 60 000 Juden aus dem Altreich in das Getto Litzmannstadt angekündigt; siehe VEJ 3/223. Aus welchem Grund in den darauffolgenden Tagen die Zahl auf 20 000 Juden und 5000 Roma und Sinti reduziert wurde, ist ungeklärt.

von Zigeunern nicht möglich ist. Wäre das Ghetto Litzmannstadt ein reines Dezimierungsghetto, dann könnte man an eine noch größere Zusammenpferchung der Juden denken, obwohl auch dabei zu beachten ist, daß beim Ausbruch von Seuchen, die ja nicht am Zaune haltmachen, eine äußerst starke Gefährdung der etwa 120 000 heute in Litzmannstadt lebenden Deutschen eintritt, da ja das Ghetto rings von Stadtteilen umgeben ist, in denen Deutsche wohnen. Nun ist es aber mit größten Anstrengungen gelungen, aus dem Ghetto Litzmannstadt ein Arbeitsghetto zu machen, in dem die Juden heute ihren Lebensunterhalt zu 80 % selbst durch Arbeit verdienen. Die beabsichtigte und auch durchgesetzte Entwicklung der Judenkonzentration war doch so, daß die Juden in der ersten Zeit nur durch Hergabe ihrer Hamsterwaren die Güter ihres täglichen Bedarfs erhielten. Es war vorauszusehen, daß diese Art der Bestreitung des Unterhalts der Juden einmal ihr Ende nehmen mußte. Deshalb wurde sofort wohlüberlegt und tatkräftig die Heranziehung der Juden zur Arbeit organisiert mit dem Ziel, daß die Juden ausschließlich durch Arbeit den Lebensunterhalt für sich und ihren Anhang selbst verdienen sollten. Aufträge in einem gewaltigen Ausmaß waren für das Gelingen dieses Planes Voraussetzung. Diese Aufträge wurden unter Überwindung größter Schwierigkeiten fast ausschließlich von der Wehrmacht hereingeholt. Etwa 95 % der Aufträge sind heute für die Wehrmacht auszuführen. Sie stellen einen Wert von 50–60 Millionen Reichsmark dar. Die Einzelheiten sind aus dem beiliegenden Bericht des Oberbürgermeisters – Ghettoverwaltung – ersichtlich.[4] Ich kann mich diesen Ausführungen nur voll und ganz anschließen. Das Ghetto ist heute ein feinverästeltes und dadurch äußerst empfindliches Wehrwirtschaftsgebiet. Eine Störung von außen, wie sie durch die Einweisung von weiteren 20 000 Juden und 5000 Zigeunern unvermeidlich ist, zieht den Zusammenbruch des Wehrwirtschaftsgebietes mit heute noch unübersehbaren Folgen nach sich.
Die beabsichtigte Einweisung der Juden und namentlich Zigeuner bedingt die Schließung sämtlicher Ghettobetriebe und damit die Zurückgabe von über 400 Waggons Rohstoffe und Halbfertigfabrikate an die Wehrmacht. *Ich bezweifle, daß das Oberkommando der Wehrmacht sich mit dieser Zurücknahme einverstanden erklärt. Es wird vielmehr schärfstens Einspruch erheben, weil es die Aufträge heute nicht anderweitig unterbringen kann. Man spricht im Reich von der Division Ghetto Litzmannstadt; denn die hier arbeitenden jüdischen Handwerker haben eine Division Handwerker im Reich für den Wehrmachtsdienst freigemacht.* Selbst wenn aber, was ich nicht glaube, die Wehrmacht nicht Einspruch erhebt, dann geht der Abtransport der Waren bei der heutigen Transportlage nicht so schnell vonstatten. In der Zwischenzeit besteht die Gefahr der Brandstiftung und damit der Vernichtung unersetzlicher Warenvorräte durch die Zigeuner. Diese Zigeuner mit ihrem Freiheits- und Wandertrieb werden eine dauernde Gefahr für die Sicherheit und Ordnung des Ghettos und nach nicht zu verhindernden Ausbrüchen für Stadt und Land von Litzmannstadt sein. Dabei weise ich auf die Ausführungen des Oberbürgermeisters von Litzmannstadt auf Seite 13 seines Berichts besonders hin.[5]

4 Oberbürgermeister von Litzmannstadt, gez. Ventzki, an den Regierungspräsidenten von Litzmannstadt vom 24.9.1941 betr. Einweisung von 20 000 Juden und 5000 Zigeunern in das Getto Litzmannstadt (Abschrift); wie Anm. 1, Bl. 6–29.

5 Ebd., Bl. 17 f., betonte dieser, dass die „Zigeuner“ erst nach Fertigstellung eines besonderen Gebietes nach Litzmannstadt gebracht werden dürften. Dies würde zwei bis drei Monate dauern. Dennoch wurden Anfang Nov. 1941 insgesamt 5007 Roma und Sinti aus dem Burgenland in das Getto Litzmannstadt deportiert; siehe Einleitung, S. 23.

Mit dem Wegfall der Aufträge wird das Ghetto ein reines Ernährungs- und Dezimierungsghetto. Wenn bisher kein Pfennig Steuergeld in Form von Reichsfinanzzuweisungen für die Erhaltung der Juden erforderlich war, werden in Zukunft vom Reich im Monat RM 3 675 000, im Jahre RM 44 441 000 für die Unterhaltung der Juden zur Verfügung gestellt werden müssen.
Das Entstehen von gefährlichen Seuchen im Ghettogebiet wäre bei der beabsichtigten Belegung von etwa 71 700 Juden und Zigeunern auf einen Quadratkilometer des bebauten Raums gegenüber einem heutigen von etwa 60 000 Juden unausbleiblich. In der Großstadt Lodsch wohnten früher im Zentrum 11 500 Menschen auf einem Qkm. In der Kampfzeit sprachen wir bei der größten Bevölkerungsdichte von 3000 Menschen auf einen Quadratkilometer in den Großstädten des Reiches von Brutstätte des Kommunismus.
Aus allen diesen Gründen erkläre ich pflichtgemäß, daß ich die beabsichtigte Einweisung von 20 000 Juden und namentlich 5000 Zigeunern aus dem Altreich für undurchführbar halte. Sollte sie trotzdem angeordnet bleiben und der Versuch ihrer Durchführung gemacht werden, muß ich die Verantwortung für die Folgen in vollem Umfange ablehnen.
1 Anlage[6]

DOK. 22

Die Zivilverwaltung für den Bezirk Bialystok weist am 9. Oktober 1941 darauf hin, dass jüdische Zwangsarbeiter wie polnische Arbeiter entlohnt werden müssen[1]

Anordnung des Oberpräsidenten als Chef der Zivilverwaltung für den Bezirk Bialystok, ungez., über die Lohnzahlung für Juden vom 9.10.1941

Der Arbeitseinsatz der Juden erfolgt bekanntlich ausschließlich durch das Arbeitsamt. Juden sind grundsätzlich so zu entlohnen wie Polen. Der Herr Stadtkommissar[2] hat von der ihm erteilten Ermächtigung des Herrn Zivilkommissars[3] dahin Gebrauch gemacht, daß der gesamte Lohn für jüdische Arbeitskräfte an den Herrn Stadtkommissar zu zahlen ist. Mit der Einziehung hat er die Kreis- und Stadtsparkassen beauftragt. Die Überwachung der geleisteten Tagewerke erfolgt durch das Arbeitsamt. Sämtliche Wehrmachts-Dienststellen, Behörden und Firmen werden daher erneut darauf hingewiesen, daß es in ihrem eigenen Interesse liegt, jede Veränderung in der Zahl der eingesetzten Juden dem Arbeitsamt sofort zu melden, da auf Grund von Listen des Arbeitsamts von der Stadt- und Kreissparkasse Rechnungen ausgestellt werden. Sofern keine Meldung erfolgt, werden volle Tagewerke in Rechnung gestellt. Die Lohnsätze der Juden sind

6 Wie Anm. 4; siehe auch Dok. 27 vom 19.10.1941.

1 Amtsblatt des Oberpräsidenten der Provinz Ostpreußen, Zivilverwaltung für den Bezirk Bialystok, Folge 12 vom 9.10.1941, S. 1.

2 Dr. Heinz Schwendowius (1903–1943), Jurist; 1931 NSDAP-Eintritt; 1931–1933 Rechtsanwalt, Dez. 1933 bis 1935 Landrat in Marienburg, 1935–1941 Oberbürgermeister in Insterburg, von Aug. 1941 an Stadtkommissar von Białystok, gefallen.

3 Erich Koch.

beim Arbeitsamt zu erfahren. Es wird noch darauf hingewiesen, daß der *gesamte* Bruttolohn *einschließlich* des vorgeschriebenen Abzugs in Höhe von 12% an die Kreis- und Stadtsparkasse, Konto-Nr. 131, abzuführen ist. Der 12%ige Abzug wird von der Kreis- und Stadtsparkasse einbehalten.

DOK. 23
Die Gestapo in Posen erweitert am 9. Oktober 1941 die Gründe, wann gegen jüdische Zwangsarbeiter die Todesstrafe verhängt werden soll[1]

Schreiben der Geheimen Staatspolizei, Staatspolizeileitstelle Posen (II B – Wi), gez. i. A. Achterberg,[2] an die Geheime Staatspolizei, Staatspolizeileitstelle Posen, Außendienststelle in Lissa (Eing. 11.10.1941), vom 9.10.1941

Betrifft: Arbeitseinsatz der Juden, Sondermaßnahmen.
Vorgang: Ohne.
Der Herr Reichsstatthalter[3] hat die Sondermaßnahmen[4] gegen Juden nicht mehr allein auf den Tatbestand der Flucht aus dem Lager beschränkt, sondern auch bei anderen Straftatbeständen wie Aufwiegelei, Meuterei, Devisenschiebungen, usw. die Durchführung von Sondermaßnahmen gegen die beschuldigten Juden angeordnet.

DOK. 24
Der Gauwirtschaftsberater in Kattowitz kritisiert am 14. Oktober 1941 gegenüber der Partei-Kanzlei die Kürzung der Lebensmittelrationen für polnische und jüdische Zwangsarbeiter[1]

Fernschreiben des Gauwirtschaftsberaters im Gau Schlesien (XVIIIa-DTh – 561/K), ungez.,[2] an die Partei-Kanzlei, Verbindungsstab Berlin, z. Hd. Pg. Dr. Lampe,[3] Berlin, vom 14.10.1941 (Durchschlag)

Sehr geehrter Parteigenosse Dr. Lampe!
Unter Bezugnahme auf die fernmündliche Unterredung teile ich Ihnen zu der Kürzung der Lebensmittelrationen für polnische und jüdische Rüstungsarbeiter folgendes mit:

1 APP, 1023/13, Bl. 191, BArch, R70 Polen/88, Bl. 9.
2 Oskar Achterberg (1895–1945), Dekorationsmaler, Kriminalkommissar; von 1921 an bei der Schutz- und Kriminalpolizei tätig; 1933 NSDAP- und 1935 SS-Eintritt; 1933 Mitglied der Kommission zur Wiederherstellung des Berufsbeamtentums in Rheinland und Westfalen; danach bei der Staatspolizeitleitstelle Münster, 1940–1945 Leiter der Abt. IV der Staatspolizeileitstelle Posen.
3 Arthur Greiser.
4 Gemeint ist die Todesstrafe.

1 APK, 318/289, Bl. 42 f.
2 Gauwirtschaftsberater war Dr. Arthur Jacob (1900–1942), Jurist; 1932/33 NSDAP-Mitglied, 1934 Wiedereintritt; Gauamtsleiter, 1940/41 auch Leiter der Treuhandstelle Kattowitz.
3 Dr. Helmut Lampe (*1904), Jurist; 1933 NSDAP- und SA-Eintritt; von 1934 an im Reichsjustizdienst; von 1935 an in der Leitung der NSDAP/AO; Sept. 1939 bis 1943 in der Partei-Kanzlei, zuständig für Wirtschafts-, Verkehrs- und Sozialangelegenheiten, Reichshauptstellenleiter, 1941 OLG Posen, von Jan. 1944 an bei der Reichswirtschaftskammer, im April 1944 zur Wehrmacht.

Am 22.9.1941 ist eine Kürzung der Lebensmittelrationen für Polen und Juden im Hinblick auf die allgemeine Versorgungslage eingeführt worden.[4]
Zu dieser Maßnahme wäre lediglich zu bemerken, daß die zur Verteilung gelangenden Rationen an die in Rüstungs- und wehrwichtigen Betrieben arbeitenden Polen und Juden nicht hinreichen zur vollen Arbeitsleistung. Krankheit und sonstige Ausfälle in den oberschlesischen Rüstungsbetrieben haben diese zu entsprechenden Eingaben an die verantwortlichen Stellen veranlaßt. Insbesondere auch hat der Kommandeur des Rüstungsbereichs Kattowitz auf die möglichen und bereits eingetretenen Folgen hingewiesen.
Eine Aufstellung der Rationen, die den deutschen Schwer- und Schwerstarbeitern und den polnischen Schwer- und Schwerstarbeitern z. Zt. bzw. vor dem 22.9. zugeteilt worden sind, lasse ich gesondert mit Eilbrief mit gleicher Post an Sie abgehen.[5]
Um die volle Leistungskraft der in Rüstungs- und wehrwichtigen Betrieben eingesetzten fremdländischen Arbeitskräfte (Polen und Juden) zu erhalten, erachte ich es für dringend erforderlich, daß die Werksküchenverpflegung, wie sie hier in Oberschlesien vor dem 22.9.41 gehandhabt worden ist, unverzüglich wieder eingeführt wird. Es wäre durchaus verfehlt, wenn man diesem Kreis der Polen und Juden etwa mehr Lebensmittelmarken aushändigen würde, sondern es wäre allein richtig, wenn man den in Frage kommenden Betrieben diese zusätzlichen Marken ausschließlich für die Werksküchenverpflegung zur Verfügung stellen würde.
Die Handhabung vor dem 22.9.41 mit der zusätzlichen Werksküchenverpflegung hat sich als durchaus ausreichend und gut erwiesen. Wenn man davon ausgeht, daß nunmehr die Zuteilungen gegenüber den Zuteilungen vor dem 22.9.41 an Polen und Juden an sich schon geringer geworden sind, so dürfte die Forderung nach der Werksküchenverpflegung berechtigt sein.
Ich wäre zu großem Dank verpflichtet, wenn Sie sich dieser Angelegenheit unverzüglich annehmen würden und bei dem Reichsernährungsministerium die notwendigen Schritte einleiten könnten.
Heil Hitler![6]

4 Im Sept. 1941 hatte der Regierungspräsident in Kattowitz angekündigt, mit Beginn der neuen Zuteilungsperiode vom 22.9.1941 an die Lebensmittelrationen für poln. Arbeiter einschließlich Werksküchenverpflegung erheblich zu kürzen; wie Anm. 1, Bl. 1–4.
5 Der Eilbrief liegt nicht in der Akte, jedoch eine Aufstellung der Rationen vor und nach der Neuerung; wie Anm. 1, Bl. 28 f.
6 Eine Reaktion des RMEL ist nicht überliefert.

DOK. 25
Die Gettoverwaltung Litzmannstadt bespricht am 16. Oktober 1941 mit der Geheimen Staatspolizei die bevorstehende Einweisung von 20 000 Juden sowie 5000 Roma und Sinti in das Getto[1]

Aktennotiz der Gettoverwaltung Litzmannstadt, Moltkestraße 157 (027/2/R/A), gez. Ribbe,[2] über die Besprechung bei der Geheimen Staatspolizei, Litzmannstadt, vom 16.10.1941

Anwesend waren: Bürgermeister u. Stadtkämmerer Dr. Marder,[3]
Regierungsrat Dr. Schefe,[4]
Kriminalkommissar Fuchs,[5]
Regierungsrat Mecking,[6]
Herr Ribbe von der Gettoverwaltung.

Regierungsrat Dr. Schefe gab Kenntnis davon, daß die Judentransporte ab 16. ds. Mts. einsetzen würden. Die Züge sollen jeweils morgens um 11.00 Uhr auf dem Anschlußgleis in Radegast stehen. Es kommen jeweils 1000 Mann, Ärzte und Hilfspersonal sind in jedem Transportzug vorhanden. An Wertsachen dürfen die Juden mitbringen, bis zu RM 100,– und 50 kg Gepäck, soweit es nicht sperrt.

Ich habe bei dieser Gelegenheit darauf hingewiesen, daß es zweckmäßig sei, den ankommenden Juden die Barbeträge abzunehmen und dazu den Ältesten der Juden mit seinem Ordnungsdienst einzuspannen. Die eingehobenen Beträge sind jeweilig sofort an die Gettoverwaltung weiterzuleiten. Es soll angestrebt werden, daß schon in den Transportlisten die Barbeträge eingezeichnet sind, die die Juden im einzelnen mitbringen. Auf diese Weise wird eine bessere Übersicht geschaffen.[7] Hinsichtlich des Gepäcks habe ich

1 APŁ, AmŁ, Nr. 29 236, Bl. 14–16.

2 Friedrich Wilhelm Ribbe (1902–1948), Kaufmann; 1937 NSDAP-Eintritt; langjähriger Prokurist in Hans Biebows Bremer Getreidehandelsfirma, von Sept. 1940 bis Ende 1943 stellv. Leiter der Gettoverwaltung Litzmannstadt; Jan. 1942 Beteiligung an der Selektion von Juden aus den Gettos in der Nähe Litzmannstadts; 1944 zur Wehrmacht; nahm sich in brit. Internierung das Leben.

3 Dr. Karl Marder (*1902), Volkswirt, Verwaltungsbeamter; 1933 NSDAP- und 1935 SS-Eintritt; 1933–1939 Obermagistratsrat in Frankfurt/Oder, 1939 Bürgermeister in Oppeln, Nov. 1939 stellv. Stadtkommissar, von Mai 1940 an Bürgermeister und bis Mai 1941 kommissar. OB von Litzmannstadt; 1942 SS-Hauptsturmführer; gilt als vermisst.

4 Dr. Robert Schefe (1909–1945), Jurist; 1932 NSDAP-, 1934 SS- und 1936 Gestapo-Eintritt, 1938/39 Leiter der Stapostelle Allenstein, 1939 Reg.Rat und Leiter des Einsatzkommandos 2 der Einsatzgruppe V in Polen, 1939–1942 zunächst stellv. Leiter, dann Leiter der Stapostelle Litzmannstadt, danach im Reichskriminalpolizeiamt; 1943 SS-Obersturmbannführer; wurde für tot erklärt.

5 Günter Fuchs (*1911), Kriminalkommissar; 1940–1944 Leiter des Referats IV B 4 (Judenangelegenheiten) bei der Gestapo Litzmannstadt, Jan. bis Frühjahr 1944 im „Wetterkommando Legath" (Aushebung von Massengräbern); Juni bis Aug. 1944 bei der Gettoauflösung in Litzmannstadt eingesetzt; 1945–1948 in brit. Internierungshaft, 1948 zu 3 Jahren und 6 Monaten Haft verurteilt, 1963 Verurteilung zu lebenslanger Haft, 1980 vorzeitig entlassen.

6 Bernhard Mecking (*1904), Jurist; 1933 NSDAP- und SA-Eintritt; 1937 Regierungsassessor; 1939 Reg.Rat sowie stellv. Polizeipräsident in Rostock; 1940 im Polizeipräsidium Litzmannstadt; 1942 Abordnung zum BdO Ukraine, Leiter des Amtes Verwaltung und Recht, von Juli 1944 an beim BdO für das Ostland in gleicher Funktion; von Okt. 1945 an Angestellter bei der Royal Air Force in Bad Eilsen.

7 In den bei der Ankunft der Deportierten zusammengestellten „Ansiedlungslisten" wurden mitgebrachte Geldbeträge nicht verzeichnet.

nochmals darauf aufmerksam gemacht, daß möglichst viel Bettzeug mitgebracht werden muß, da hier ein Ersatz an Stroh und Holzwolle nicht zu beschaffen ist. Seitens der Gestapo wurde Hilfestellung bei der Freigabe von Stroh und Rohmaterialien für Holzwolle zugesagt.
Grundsätzlich war man sich darüber einig, daß man die Betreuung der neu ankommenden Juden in erster Linie dem Ältesten der Juden überlassen wollte. Organisatorisch ist das Getto auf die Aufnahme der ersten sechs Transporte vorbereitet.[8] Der Judenälteste beabsichtigt, aus dem Auffanglager Tag für Tag die ankommenden Judenfamilien in regelrechte Wohnungen zu überführen, so daß das Auffanglager für neu ankommende Juden ständig bereit ist.[9]

Zigeuner-Einsiedlung.
Der erste Transport wird am 4. November ds. Jrs. eintreffen.[10] Der Gettoverwaltung ist es unmöglich, die Zigeuner mit den Juden zusammenleben zu lassen, denn es würde Unruhe und vor allen Dingen Unsicherheit im Getto entstehen. Aus diesem Grunde soll für die in Aussicht stehenden 5000 Zigeuner [ein] ausreichendes Gebiet aus dem Getto herausgelöst und zum Reservat für die Zigeuner gemacht werden. Ich habe darauf hingewiesen, daß der Gettoverwaltung keine Kontingente für die Erstellung eines Zaunes gegeben sind, woraufhin man den Einwand machte, daß im Getto Einzäunungsmaterial in genügendem Maße zur Verfügung stände. Im übrigen wurde mir erklärt, daß ein Drahtzaun mit elektrischer Ladung vorgesehen sei, der an sich nicht viel Material benötige. Wie man sich die verwaltungsmäßige Abwicklung des Zigeunerlagers denkt, ist allen vollkommen unklar. Da an sich der Befehl vorliegt, die Zigeuner ebenfalls ins Getto einzuweisen, muß in diesem Falle wohl die Gettoverwaltung die Betreuung der Zigeuner mit übernehmen. Es ist allerdings zweckmäßig, eine absolute finanzielle Trennung durchzuführen.
Die Einrichtung von Krankenhäusern und Verteilungsstellen sowie Gemeinschaftsküchen überläßt man der Gettoverwaltung, ohne dabei zu erklären, wer Kontingentsträger für alle diese Dinge sein soll.
Als vorläufiges Gebiet für die Zigeuner wurde der Wohnblock Bleigasse, Dworska und Sulzfelderstraße bestimmt. Nach meiner Anschauung ist das Gebiet viel zu groß.[11]
Es wurde ganz allgemein erklärt, daß sich das Landesarbeitsamt in Posen ernsthaft damit befaßt, die einzusiedelnden Juden und Zigeuner an der Reichsautobahn unter-

8 Dabei handelte es sich um zwei Transporte aus Prag am 19. und 22.10.1941 sowie jeweils einen Transport aus Wien (16.10.), Berlin (18.10.), Luxemburg/Trier (18.10.) und Frankfurt a. M. (21.10.).

9 Die Unterbringung der 20 000 neu angekommenen „Westjuden" im Getto sollte aus Platz- und Kostengründen in geschlossenen Gruppen, sog. Kollektiven, erfolgen. Zu diesem Zweck wurden poln. Juden zum Teil aus ihren Unterkünften ausgewiesen und Schulen sowie andere öffentliche Einrichtungen geschlossen.

10 Der erste Transport mit 1000 Sinti und Roma aus dem Reichsgau Niederdonau verließ Lackenbach erst am 4.11.1941, ein weiterer folgte zwei Tage später. Aus dem Reichsgau Steiermark wurden am 5.11. 1000 Sinti und Roma aus Fürstenfeld deportiert, am 7./8.11. folgte jeweils ein Transport von 1000 bzw. 1007 Personen aus Alt-Pinkafeld. Insgesamt waren 5007 österreich. Sinti und Roma von der Deportation betroffen. Darunter befanden sich 1130 Männer, 1188 Frauen und 2689 Kinder.

11 Siehe Einleitung, S. 23.

zubringen.[12] Die Gettoverwaltung wird aber zunächst einmal eine Siebung vornehmen und wirklich brauchbare Kräfte selber verwenden. Bei uns mangelt es vor allen Dingen an guten deutschsprechenden Büroarbeitern und an ausgesprochen guten Handwerkern.

DOK. 26
Das Sondergericht Posen verurteilt Margarete S. am 17. Oktober 1941 zu drei Jahren Zuchthaus, weil sie 1937 im Ausland einen Juden geheiratet hat[1]

Urteil des Sondergerichts I in Posen (Sd 4 KLs 147/41), gez. Landgerichtsrat Dr. Fuchs,[2] Landgerichtsrat Schulte, vom 17.10.1941 (Abschrift)

Im Namen des Deutschen Volkes!

In der Strafsache gegen die Kontoristin Margarete S. geb. E.,[3] wohnhaft in Posen, Andreas-Hofer-Str. 8 W. 8, geboren am 21. Dezember 1913 in Leipzig, Polin, evgl. verheiratet – i. d. S. zur Zeit im Gerichtsgefängnis Posen in Haft – wegen Rassenschande
hat das Sondergericht I in Posen in der Sitzung vom 17. Oktober 1941, an der teilgenommen haben:
Landgerichtsrat Dr. Fuchs als Vorsitzender,
Amtsgerichtsrat Radke,[4]
Landgerichtsrat Schulte als beisitzende Richter,
Staatsanwalt Kayser[5] als Beamter der Staatsanwaltschaft,
Justizangestellter Miehe als Urkundsbeamter der Geschäftsstelle,
für *Recht* erkannt:

12 Der Arbeitseinsatz war zwar geplant, erreichte jedoch aufgrund der Typhusepidemie keinen größeren Umfang. Ende Nov. 1941 wurden ca. 150 Sinti und Roma zur Arbeit bei der Deutschen Waffen- und Munitionsfabrik in Posen gezwungen. Im „Zigeunerlager" wurden eine Täschnerei sowie eine Strohschuhfabrik eingerichtet, in der zeitweise 50 Insassen mit dem Auftrennen alter Stoffe, zur Rohstoffgewinnung für die Werkstätten im Getto, beschäftigt waren.

1 BArch, R 3001/137622, Bl. 6–11.
2 Dr. Christian Fuchs (1888–1968), Jurist; 1920 Amts- und 1923 Landgerichtsrat in Essen; 1925–1928 DNVP-Mitglied, 1933 NSDAP- und SA-Eintritt; Mai 1940 bis Okt. 1942 beim OLG Posen; Aug. 1940 bis 1941 als Oberleutnant bei der Wehrmacht; Okt. 1941 bis Okt. 1942 Vorsitzender des Sondergerichts II, von Okt. 1942 an Oberlandesgerichtsrat.
3 Margarete S., geb. E. (1913–2006); April 1937 Heirat mit Lothar S. in Riga.
4 Leo Radke (1900–1947), Jurist; 1919 Freikorps Hülsen, 1933 NSDAP-Eintritt; von 1935 an Amtsgerichtsrat in Hünfeld, seit Nov. 1939 beim OLG Posen, abgeordnet zum Amtsgericht in Kleczew/Lehmstedt, Nov. 1940 am Landgericht Gnesen, von Dez. 1940 an am Landgericht Posen, dort auch am Sondergericht I tätig, von Mai 1942 an beim OLG Posen, Dez. 1942 Oberlandesgerichtsrat.
5 Walter Kayser (*1907), Jurist; 1933 NSDAP- und SS-Eintritt; 1935 kommissar. Bürgermeister von Nörten-Hardenberg, 1936–1938 Ermittlungsrichter bei einem DAF-Gericht in Hannover, 1938/39 bei der Staatsanwaltschaft Braunschweig, von Okt. 1939 an Staatsanwalt beim Landesgericht Posen, 1940 kurzzeitig beim Sondergericht Hohensalza.

Die Angeklagte wird wegen Verbrechens gegen §§1, 5 Abs. 1 des Gesetzes zum Schutze des deutschen Blutes und der deutschen Ehre vom 15.9.1935[6] zu drei Jahren Zuchthaus und drei Jahren Ehrverlust kostenpflichtig verurteilt. Drei Monate und zwei Wochen der erlittenen Untersuchungshaft werden auf die Strafe angerechnet.

Gründe.

Die Angeklagte ist am 21. Dezember 1913 in Leipzig von der unverehelichten Wäscherin Karoline E. geboren worden. Die Karoline E. war katholischer Konfession. Der Erzeuger der Angeklagten war ein bayrischer Soldat namens Junghans. Im Jahre 1931 lernte sie den am 1. September 1911 in Berlin geborenen Volljuden Lothar S.[7] kennen, der die polnische Staatsangehörigkeit besaß, weil seine jüdischen Eltern aus Lemberg stammten.

Mit diesem Volljuden ging sie im Jahre 1934 ein Verlöbnis ein. Zur Heirat kam es indessen vorläufig noch nicht, weil S. erwerbslos war. Während dieser Zeit übten aber beide schon fortgesetzt den Geschlechtsverkehr aus. Diesen Geschlechtsverkehr setzten sie auch bis zum 20. Februar 1936 fort, nachdem das Gesetz zum Schutze des deutschen Blutes und der deutschen Ehre vom 15. September 1935, das den außerehelichen Verkehr zwischen Juden und Staatsangehörigen deutschen oder artverwandten Blutes verbot und unter Strafe stellte, bereits am 19. September 1935 in Kraft getreten war. In dem auf Grund dieses Sachverhaltes gegen S. wegen Rassenschande eingeleiteten Ermittlungsverfahren gaben sowohl S. als auch die Angeklagte diesen Sachverhalt in vollem Umfange zu. Die Angeklagte erklärte in diesem Verfahren, sie sähe ein, daß ihr Verhalten sehr zu verurteilen sei, sie verspreche, das Verlöbnis mit S. sofort zu lösen und nie wieder mit ihm geschlechtlich zu verkehren. Durch Urteil der 9. Großen Strafkammer des Landgerichts Berlin vom 19. Juni 1936 (3 P KLs 20/36), in welchem Verfahren die Angeklagte und S. ihr Geständnis voll aufrechterhielten, wurde S. wegen Rassenschande zu acht Monaten Gefängnis verurteilt. Diese Strafe hatte er am 2. November 1936 verbüßt. Nach der Verbüßung der Strafe wurde er am 13. November 1936 als lästiger Ausländer nach Polen ausgewiesen. Dort nahm er in Posen Wohnung. Von Posen aus schrieb er der Angeklagten, sie könnten dort ohne Genehmigung der deutschen Behörden heiraten, sie solle zu ihm kommen. Daraufhin besorgte sie sich ein Ausreise-Visum und fuhr im Dezember 1936 nach Posen. In Posen konnten die beiden jedoch nicht getraut werden, weil die dortigen Behörden ein deutsches Ehefähigkeitszeugnis von der Angeklagten verlangten und ihr außerdem als Reichsdeutsche nur ein Visum für einen 14tägigen Aufenthalt bewilligt wurde. Sie mußte deshalb nach Ablauf der 14 Tage Posen verlassen und begab sich nach Danzig, wo sie sich vier Wochen in einer Bahnhofsmission aufhielt. Dorthin schrieb ihr S., daß er einen jüdischen Rechtsanwalt ausfindig gemacht habe, der ihm mitgeteilt habe, daß in Riga (Lettland) eine Eheschließung ohne deutsches Ehefähigkeitszeugnis möglich sei. Daraufhin reisten die beiden nach Riga, wo sie am 27. April 1937 vor dem Standesamt in Riga (Nr. 1016 des Registers des Standesamts Riga für das Jahr 1937) getraut wurden. Anschließend kehrten sie nach Posen zurück. Da S. auch weiterhin arbeitslos war, lebten sie dort von dem Gelde, das die Mutter der Angeklagten ihnen schickte. Am 15. Februar 1938 gebar die Angeklagte einen Sohn namens Wolfgang. Im April 1938 begab sich S. nach Italien, um dort eine Beschäftigung zu fin-

6 RGBl., 1935 I, S. 1146; VEJ 1/199.

7 Lothar S. (1911–2002), Uhrmacher; lebte von 1948 an in Berlin, später Auswanderung nach Rom.

den. Seit dieser Zeit hat ihn die Angeklagte nicht mehr gesehen. Er hat ihr wohl gelegentlich geschrieben, aber keinen Unterhalt mehr gezahlt. Im Oktober 1939 hat die Angeklagte, die weiterhin in Posen wohnte, den Rechtsanwalt Mühring[8] mit der Erhebung der Scheidungsklage beauftragt. Zur Zeit ist die Scheidung der Ehe noch nicht ausgesprochen worden. S. ist zur Zeit in Italien als Jude in einem Lager interniert.

Diesen Sachverhalt gibt die Angeklagte in vollem Umfange glaubwürdig zu. Auf Grund dieses Sachverhalts kann es keinem Zweifel unterliegen, daß sie sich eines Verbrechens gegen §§1, 5 Abs. 1 des Gesetzes zum Schutze des deutschen Blutes und der deutschen Ehre vom 15. September 1935 schuldig gemacht hat. Sie hat als Staatsangehörige deutschen oder artverwandten Blutes mit einem Juden die Ehe geschlossen. Das Gericht hat keinen Zweifel daran, daß die Angeklagte bis zur Eheschließung mit S. Staatsangehörige deutschen Blutes gewesen ist. Sie selbst ist von einer deutschen Mutter katholischer Konfession, die ebenfalls die Tochter deutscher Eltern war, geboren worden. Ihr Vater ist, wie die Angeklagte selbst glaubhaft versichert, ein bayrischer Soldat gewesen. Das Gericht hat nicht den geringsten Zweifel daran, daß dieser Erzeuger ebenfalls deutschen oder artverwandten Blutes gewesen ist, zumal die Angeklagte selbst vorträgt, sie habe nie gehört, daß ihr Erzeuger ein Jude gewesen sei. Sie sei der Überzeugung, und das habe sie auch von ihrer Mutter immer gehört, daß ihr außerehelicher Vater ein Deutscher gewesen sei. Tatsächlich hat die Angeklagte auch in dem früheren Verfahren gegen S. wegen Rassenschande nie derartige Bedenken vorgetragen. Auch heute erklärt sie, daß an ihrer Deutschblütigkeit keine Zweifel bestehen könnten. Für ihre Deutschblütigkeit spricht auch ihr Aussehen. Weiterhin hat das Gericht keinen Zweifel daran, daß S. Jude im Sinne von §5 der ersten Verordnung zum Reichsbürgergesetz vom 14. November 1935 ist, d. h. von mindestens drei der Rasse nach volljüdischen Großeltern abstammt. Er ist mosaischen Glaubens. Seine Eltern sind in Lemberg (Galizien) geboren und sind ebenfalls jüdischen Glaubens. Er hat in dem gegen ihn wegen Rassenschande gerichteten Verfahren keinerlei Bedenken dagegen geäußert, daß er Volljude sei. Und schließlich hat die Angeklagte glaubhaft versichert, S. habe ihr auch später immer wieder versichert, daß er Volljude sei und daß es sich bei seinen Eltern um galizische Juden handele.

Daß die Eheschließung in Riga erfolgt ist, also im Auslande, steht der Verurteilung der Angeklagten nicht entgegen. Nach §3 Abs. 2 StGB. würde auf diese Tat, die in Riga, also im Auslande, nicht mit Strafe bedroht war, das deutsche Strafrecht nur dann nicht zur Anwendung kommen, wenn die Tat nach dem gesunden Empfinden des Deutschen Volkes wegen der besonderen Verhältnisse am Tatort nicht als straffälliges Unrecht angesehen werden könnte. Von einem solchen Ausnahmefall kann hier aber keine Rede sein. §§1, 5 Abs. 2 des Gesetzes vom 15. September 1935 dienen dem Schutze des deutschen Blutes.[9] Nach gesundem Volksempfinden ist die eheliche Verbindung eines Deutschen mit einem Juden immer verwerflich, gleich wo sie auch immer geschieht. Das muß insbesondere in einem Falle wie dem vorliegenden gelten, wo die Angeklagte von den Behörden bereits eingehend auf das Verwerfliche ihres Tuns hingewiesen worden war und die Angeklagte auch versprochen hatte, von dem Juden abzulassen. Wenn sie gleichwohl dem Juden sofort nachgereist ist, der zudem noch erwerbslos war und ihr keine Existenz bieten konnte, und sodann mit ihm in Riga, wo sie überhaupt nicht verbleiben wollten,

8 Walter Mühring (*1878), Jurist.

9 Siehe VEJ 1/199.

nur deshalb die Ehe schlossen, weil dort ausnahmsweise kein deutsches Ehefähigkeitszeugnis verlangt wurde, so kann nach gesundem Volksempfinden nicht gesagt werden, daß dieses Verhalten der Angeklagten nicht als Unrecht anzusehen sei.
Was die wegen dieser Tat gegen die Angeklagte zu verhängende Strafe anbelangt, so hat das Gericht bei ihrer Festsetzung und Bemessung folgendes berücksichtigt: Wenn die Angeklagte auch noch nicht vorbestraft ist und nun durch ihre Tat – von der zu verhängenden Strafe abgesehen – in sehr unglückliche Verhältnisse gestürzt worden ist, so konnten diese Umstände doch nicht strafmildernd ins Gewicht fallen, weil es sich um einen Verstoß gegen eine der fundamentalsten Vorschriften der Rechtsordnung des deutschen Volkes handelt und die Angeklagte ihr Unglück im übrigen selbst verschuldet hat. Obwohl sie von den Behörden eingehend ermahnt und aufgeklärt worden war, obwohl sie versprochen hatte, von dem Juden zu lassen, und obwohl sie durch das Strafverfahren gegen S. gesehen hatte, daß das Reich gegen Rassenschande sehr streng vorging, hat sie, die bereits nach Erlaß des Blutschutzgesetzes den verwerflichen Verkehr mit dem Volljuden fortgesetzt hatte, sich nicht davon abhalten lassen, ihm nach Verbüßung seiner Strafe sofort nach Polen nachzureisen, um ihn dort zu heiraten. Alle diese Umstände zeigen einen hartnäckigen verbrecherischen Willen, eine sehr verwerfliche Einstellung gegenüber sehr wichtigen und grundlegenden Vorschriften unseres Gemeinschaftslebens und eine große Würdelosigkeit, die nur durch eine empfindliche Zuchthausstrafe geahndet werden kann. Unter Berücksichtigung dieser Umstände erschien eine Strafe von drei Jahren Zuchthaus als angemessene Sühne.
Mit Rücksicht auf die Verwerflichkeit ihres Verhaltens sind ihr die bürgerlichen Ehrenrechte gemäß §32 StGB. auf die Dauer von drei Jahren aberkannt worden.
Wegen ihres offenen und umfassenden Geständnisses hat ihr das Gericht in Anwendung von §60 StGB. drei Monate und zwei Wochen der erlittenen Untersuchungshaft auf die erkannte Strafe angerechnet.[10]
Die Kostenentscheidung beruht auf §465 StPO.

10 Durch Entscheidung des Oberstaatsanwalts in Posen (gez. Dr. Heise) wurde Margarete S. die Reststrafe vom 3.7.1943 an zur Bewährung ausgesetzt; wie Anm. 1, Bl. 13.

DOK. 27

Heydrich beschwert sich bei Himmler am 19. Oktober 1941 über den Protest von Regierungspräsident Uebelhoer gegen die Deportationen in das Getto Litzmannstadt[1]

Schnellbrief (geheim) des Chefs der Sicherheitspolizei und des SD (IV B 4a B. Nr. 2659/41 g (679)), Berlin, gez. SS-Obergruppenführer Heydrich,[2] an Reichsführer-SS, Führerhauptquartier, vom 19.10.1941[3]

Betrifft: Einweisung von Juden aus dem Altreich in das Ghetto Litzmannstadt.
Reichsführer!
Trotz der durch SS-Brigadeführer Uebelhör geschaffenen Schwierigkeiten[4] wurde mit dem Abfahren der Judentransporte aus dem Altreich am 15.10.1941 begonnen. In täglichen Transporten zu je 1000 Personen werden 20 000 Juden und 5000 Zigeuner in der Zeit vom 15.10.–8.11.1941 in das Ghetto Litzmannstadt gefahren. SS-Brigadeführer Uebelhör operierte stets damit, daß im Ghetto Litzmannstadt enorme Heeresaufträge bearbeitet würden und diese Arbeiten durch die Hereinnahme von Juden und Zigeunern gefährdet seien. Ob Uebelhör in diesem Zusammenhang auch an das OKW herangetreten ist, konnte bis heute noch nicht eindeutig festgestellt werden. Im Augenblick liegen derartige Beschwerden seitens des OKW hier noch nicht vor.[5]
Mit der Bitte um Kenntnisnahme darf ich nachstehend auszugsweise den Inhalt eines Berichtes der Stapostelle Litzmannstadt wiedergeben.
„Der Regierungspräsident Uebelhör bat mich heute nachmittag zu einer Besprechung, in der er mir eröffnete:
1) SS-Sturmbannführer Eichmann habe in Berlin eine Niederschrift über eine Besprechung mit mir und dem Leiter der Ghettoverwaltung[6] vorgelegt, in der der Wahrheit zuwider behauptet worden sei, der Leiter der Ghettoverwaltung habe sich mit der Einweisung von 20 000 Juden einverstanden erklärt.
2) Im Reichsinnenministerium sei ihm eine Niederschrift über eine Besprechung im Reichssicherheitshauptamt zur Kenntnis gebracht worden, in der ein Beamter der

1 BArch, NS 19/2655, Bl. 46 f., Kopie: NARA, T 175, Roll 54, folder 94.
2 Reinhard Heydrich (1904–1942), Berufsoffizier; 1922–1931 Marinelaufbahn; 1931 NSDAP- und SS-Eintritt; von 1932 an Chef des SD und 1933/34 mit der Zentralisierung der politischen Polizeien der Länder beauftragt, seit 1934 Chef des Gestapa in Berlin, 1936–1942 Chef der Sicherheitspolizei und des SD, 1939–1942 Chef des RSHA, von Sept. 1941 an zugleich stellv. Reichsprotektor von Böhmen und Mähren; infolge eines Attentats in Prag am 4.6.1942 gestorben.
3 Im Original handschriftl. Notizen.
4 Uebelhoer hatte am 4.10. einen ausführlichen Bericht und erneut am 9.10.1941 ein Fernschreiben durch das RMdI an Himmler gesandt und sich über Eichmann beschwert, da dieser ihn über die Deportation von 20 000 Juden und 5000 „Zigeunern" nach Litzmannstadt nicht informiert habe, obwohl er, Uebelhoer, „allein den Gesamtüberblick habe"; wie Anm. 1, Bl. 4 f.
5 Tatsächlich hatte sich das OKW acht Tage zuvor beim RFSS in dieser Angelegenheit beschwert. Oberkommando der Wehrmacht, Chef des Wehrwirtschafts- und Rüstungsamts, gez. Thomas, an Reichsführer-SS vom 11.10.1941 betr. Störung kriegswichtiger Fertigung für Bekleidung und Ausrüstung im Ghetto Litzmannstadt durch Einweisung von 20 000 Juden und 5000 Zigeunern; wie Anm. 1, Bl. 44 f.
6 Hans Biebow.

Staatspolizeistelle Litzmannstadt Angaben gemacht habe, die den Tatsachen nicht entsprechen.
Regierungspräsident Uebelhör verlangte von mir die namentliche Nennung dieses Beamten, damit er sich über ihn und über SS-Sturmbannführer Eichmann beim Reichsführer-SS beschweren könne. Die namentliche Nennung des in Frage kommenden Beamten lehnte ich ab mit der Begründung, daß ich als Leiter der Staatspolizeistelle für die dienstlichen Handlungen meiner Männer verantwortlich sei, gegfls. könne er sich über mich beschweren. Mir wurde daraufhin vom Regierungspräsidenten erwidert, ich besitze fortab sein Vertrauen nicht mehr, und er wolle mit mir nicht mehr zusammenarbeiten.
Ich habe daraufhin an SS-Brigadeführer Uebelhör folgendes FS durchgegeben:
‚Durch Ihr oppositionelles Verhalten anläßlich der vom Reichsführer-SS befohlenen Einweisung von Juden und Zigeunern aus dem Altreich, die zwischen dem RF-SS und Gauleiter Greiser genauestens abgesprochen wurde, haben Sie einmal die laufenden Arbeiten zur Durchführung dieser Maßnahmen außerordentlich erschwert und darüberhinaus durch Ihr Verhalten entsprechenden Mangel an Zugehörigkeitsgefühl zur SS an den Tag gelegt.
Es ist mir ganz unverständlich, daß Sie, nachdem es Ihnen offensichtlich trotz Ihrer Bemühungen nicht gelungen ist, die Aktion zu verhindern, sich nunmehr nicht entblößen, mit kleinlichen und nebensächlichen Dingen die mir unterstellten SS-Führer zu attackieren. Die SS-Sturmbannführer Eichmann (RSHA) und Dr. Schefe (Stapostelle Litzmannstadt) haben befehlsgemäß gehandelt.
Auf Ihre Äußerung bezüglich der weiteren Zusammenarbeit zwischen Ihnen und dem Leiter der Stapostelle Litzmannstadt, SS-Sturmbannführer Dr. Schefe, erwarte ich Ihre umgehende Stellungnahme mir gegenüber, da ich gegebenenfalls daran denke, hieraus die entsprechenden Konsequenzen zu ziehen.
Im übrigen nehme ich Bezug auf FS und Brief, in welchem der RF-SS Ihnen eindeutig auf Ihre völlig unbeherrschte und unerfreuliche Art antwortet.‘[7]
Heil Hitler!“

DOK. 28

Shlomo Frank hält in seinem Tagebuch im Oktober 1941 die Ankunft von 20 000 Juden aus dem Reich, Wien, Prag und Luxemburg im Getto Litzmannstadt fest[1]

Handschriftl. Tagebuch von Shlomo Frank, Getto Litzmannstadt, Einträge vom 19. bis 27.10.1941

Sonntag, den 19. Oktober 1941
Heute sind 1000 Deportierte aus Wien im Getto eingetroffen.[2] Unter ihnen sind Ärzte, Ingenieure, Professoren, berühmte Chemiker, Zahntechniker, früher bedeutende Kauf-

7 In einem Fernschreiben vom 9.10.1941 wies Himmler Uebelhoer scharf zurecht, an der Entscheidung zur Deportation von 20 000 Juden nach Litzmannstadt änderte sich nichts; wie Anm. 1, Bl. 43.

1 AŻIH, 302/3, Bl. 99–103. Abdruck in: Frank, Togbukh (wie Dok. 4, Anm. 1), S. 179–183. Das Dokument wurde aus dem Jiddischen übersetzt.

leute, einige Geistliche (von konvertierten Eltern) sowie 20 christliche Frauen, die zusammen mit ihren Ehemännern und Kindern gekommen sind. Die Wiener Juden haben sehr viele Nahrungsmittel und Hausrat mitgebracht. Sie erzählten, sie seien von Wien bis zur polnischen Grenze in Waggons zweiter Klasse gefahren und die Behandlung sei sehr gut gewesen. Der größte Teil der Wiener Bevölkerung – so sagen sie – hat uns bedauert. Die Wiener Frauen haben zum Teil laut geweint und den lieben Gott angefleht, dass wir uns bald wiedersehen. Gleich nach der polnischen Grenze aber wurde die Wache abgelöst, und die gute Behandlung war damit beendet. Je tiefer wir nach Polen hineinkamen, um so schlechter wurden wir behandelt.
Am Zaun, zwischen der Zgierska- und Drukarska-Straße, hat man heute eine junge Frau erschossen aufgefunden. Der Polizei ist es nicht gelungen festzustellen, wer die Frau ist und woher sie stammt. Anscheinend war sie keine Gettobewohnerin.

den 21. Oktober
Heute sind 1050 Juden aus Prag in das Getto gekommen.[3] Alle waren wohlauf. Als die Gettopolizei sie in Marysin in Empfang nahm, grüßten die Prager Juden freundlichst. Manche trösteten uns mit Zitaten aus den Prophetenbüchern, dass das Ende des Krieges nahe sei.

den 22. Oktober
Heute sind wieder 1200 Juden aus Wien und den umliegenden kleineren Städten angekommen.[4] Der größte Teil der Ankömmlinge sind alte Leute, unter ihnen viele Kranke. Es scheint so, als ob die Eingetroffenen erst gestern aus Hospitälern oder Altenheimen geholt worden seien. Sie kamen abends an. Auf den Straßen war es dunkel. In der Finsternis gingen die alten, gebrochenen Wiener Juden mit schweren Rucksäcken auf den Schultern Schritt für Schritt mit hängendem Kopf, verweint und vollkommen niedergeschlagen. Einer von ihnen namens Moris Kellerbach gab an, er habe unter den deportierten Wiener Juden den Wiener jüdischen Baron[5] gesehen. Es kann sein, dass er hier unter uns ist, aber seinen Namen verschweigt.

den 23. Oktober
Heute trafen Frankfurter Juden im Getto ein.[6] Beim Ausladen der Waggons fehlten vier Personen. Die Transportliste verzeichnete 1200 Menschen. Es kamen aber nur 1196 an. Fast alle Ankömmlinge haben sich gut gehalten, grüßten mit freundlichem: „Friede [sei

2 Zwischen Mitte Okt. und dem 3.11.1941 wurden in fünf Transporten knapp 5000 Juden aus Wien in das Getto Litzmannstadt deportiert. Shlomo Frank erwähnt hier den ersten Transport, der jedoch bereits am 16.10.1941 in Litzmannstadt eintraf. Auch im Folgenden stimmen die Daten der einzelnen Transporte nicht, Frank machte seine Aufzeichnungen vermutlich mit einigen Tagen Verzögerung und irrte bei den Datumsangaben, da in der zweiten Oktoberhälfte 1941 praktisch täglich ein neuer Transport ins Getto gelangte.

3 Der erste von fünf Transporten aus Prag traf mit 1000 Juden am 19.10.1941 in Litzmannstadt ein.

4 Der zweite Transport aus Wien traf mit 1000 Juden am 24.10.1941 in Litzmannstadt ein.

5 Oskar Adolf Baron von Rosenberg-Redé (1878–1939), Bankier und Unternehmer; von 1924 an Eigentümer des Ostseeheilbads Heiligendamm; nahm sich nach dessen Beschlagnahme vermutlich das Leben.

6 Der Deportationszug aus Frankfurt traf bereits am 21.10.1941 mit 1186 Juden in Litzmannstadt ein.

mit Euch], Juden", machten Witze. Einer klopfte dem anderen auf die Schulter und bat, sich aufrecht zu halten, nicht einzuknicken, nicht zu verzweifeln. „Den Mut verlieren heißt, alles zu verlieren." Wie die Frankfurter berichten, kam es beim Verlassen der Stadt zu dramatischen Szenen. Die deutsche Bevölkerung brachte ihnen Kuchen und andere Nahrungsmittel. Frauen weinten. Beim Abschied zeigten sie großes Mitgefühl. Einige Frauen flehten laut zu Gott, dass er die Juden beschützen und in ihre alte Heimat zurückbringen solle.[7]

den 24. Oktober
Heute sind wieder 1000 Menschen aus Prag gekommen.[8] Allen Ankömmlingen ging es gut. Unter ihnen sind 300 Rechtsanwälte, 26 Ärzte, 30 Ingenieure und viele mit anderen freien Berufen. Fast alle hielten sich aufrecht und mutig.

den 25. Oktober
560 Juden sind heute aus Luxemburg auf dem Marysiner Bahnhof eingetroffen.[9] Die Eintreffenden waren außer sich. Auf allen Gesichtern lag Verbitterung, Kummer und Schmerz. Wie sie berichten, haben sie einen sehr schweren Weg hinter sich. Alle Waggons waren streng bewacht und verschlossen. Wer versuchte, den Waggon zu verlassen, wurde an Ort und Stelle bestraft.
Die Strafen waren unterschiedlich. Manche mussten 25 Mal um die Bahn laufen. Andere mussten laut „Heil Hitler" und „Jude verrecke" rufen. Einige wurden blutig geschlagen. In Luxemburg selbst wurden die Juden nicht schlecht behandelt. Die ansässige Bevölkerung bedauerte sehr, dass die Juden vertrieben wurden. Sie brachten Äpfel, Trockenpflaumen, Süßigkeiten und andere Nahrungsmittel in die jüdischen Häuser. Ein Teil von ihnen begleitete die Vertriebenen mit Tränen in den Augen bis zum Bahnhof.[10]

den 26. Oktober
Heute kamen wieder 1200 Juden aus Wien an.[11] Fast alle haben sich gut gehalten. Manche riefen schon von den Waggons aus: „Juden aus Łódź, das ‚Schma Israel' wird das ‚Heil Hitler' überleben." Die, die heute ankamen, wurden sehr schlecht untergebracht. Sie erhielten weder Betten noch Strohsäcke. Man wies ihnen verfallene Häuschen mit Strohschütte auf der Dielung zu. Als man den Präses fragte, warum die Menschen so behandelt werden, inwiefern sie schlechter wären als früher aufgenommene, antwortete er: – Ich habe noch 1000 Strohsäcke in Reserve, die bewahre ich für die Berliner Juden auf.

den 27. Oktober
Heute kamen 1000 Juden aus Berlin ins Getto.[12] Fast 90% von ihnen sind alte Leute, gebeugt, gebrochen, kaum dass sie sich auf den Füßen halten können. Viele von ihnen

7 Gesten des Mitgefühls seitens der nichtjüdischen Bevölkerung blieben mit Beginn der Deportation im Okt. 1941 seltene Ausnahmen; siehe auch VEJ 6/14.
8 Der dritte Transport aus Prag kam am 27.10.1941 in Litzmannstadt an.
9 Der Transport mit knapp über 500 Juden aus Luxemburg und der Umgebung von Trier war bereits am 18.10.1941 im Getto eingetroffen.
10 Siehe VEJ 5/214 sowie ebd., Einleitung, S. 58.
11 Mit dem dritten Transport aus Wien kamen am 28.10.1941 1000 Juden ins Getto.
12 Mit dem dritten von vier Transporten aus Berlin trafen am 30.10.1941 1030 Juden im Getto ein.

schleppten schwere Rucksäcke mit verschiedenen Dingen. Man ließ sie mitnehmen, so viel sie tragen können. Bis zur polnischen Grenze fuhren sie alle in der ersten und zweiten Klasse. Kaum hatten sie die Grenze überquert, wurden sie eilig in einfache Waggons umgeladen.[13]

DOK. 29
Der zuständige Judenreferent im Reichsgau Danzig-Westpreußen plant am 23. Oktober 1941 zusammen mit Eichmann die Deportation der letzten noch in Danzig lebenden Juden nach Riga[1]

Aktenvermerk, gez. Abromeit,[2] Gotenhafen, vom 24.10.1941

Besprechung in Berlin am 23.10.41 bei IV B 4 unter dem Vorsitz von SS-Sturmbannführer *Eichmann*[3]
Betrifft: Führerbefehl. (Evakuierung von 50 000 Juden aus dem Altreich einschließlich Ostmark und Protektorat Böhmen und Mähren.) In der Zeit vom 1.11. bis 4.12.41 werden 50 000 Juden aus den vorgenannten Gebieten nach Minsk bzw. Riga evakuiert.[4] Die Danziger Juden (200) sollen am 10.11.41 mit einem Transport, der von Hamburg aus eingesetzt wird, nach Riga abgeschoben werden.[5]
Nachstehend aufgeführte Punkte sind nach Angaben von SS-Sturmbannführer Eichmann bei der Zusammenstellung der zu Evakuierenden unter allen Umständen zu beachten und genau einzuhalten:
a) Mischehen, ausländische Volksangehörige und Angehörige im Arbeitseinsatz befindlicher Juden sind von der Evakuierung ausgenommen, desgleichen Personen über 60 Jahre. Außerdem dürfen Kranke sowie Gebrechliche ohne Rücksicht auf das Alter nicht evakuiert werden. Genaue Richtlinien folgen nach.
b) Jedem Juden sind RM 50,– in Reichskreditkassenscheinen, die bei der Reichsbank umzutauschen sind, mitzugeben. Außerdem ist jeder zu evakuierende Juden mit Bettzeug, Decke, Eimer, Waschschüssel, Besen, Eßgeschirr zu versehen. Jedem Juden ist eine

13 Die vier Transporte vom Bahnhof Berlin-Grunewald nach Litzmannstadt erfolgten in Personenwaggons 3. Klasse.

1 BArch, R 138 I/147, Bl. 110 f.

2 Franz Abromeit (*1907), Kaufmann; 1930 NSDAP- und 1932 SS-Eintritt; Mitarbeiter Eichmanns, von 1937 an Führer im SD-Hauptamt, 1939 im RSHA tätig, 1939–1941 Leiter des SD-Sonderreferats für die Evakuierung von Polen und Juden; 1940 SS-Hauptsturmführer; 1942 in Kroatien und 1944 in Ungarn; nach 1945 in Ägypten vermutet, 1964 für tot erklärt.

3 Adolf Eichmann (1906–1962), Vertreter; 1932 NSDAP- und SS-Eintritt; 1934–1938 im SD-Hauptamt tätig, führte von Sommer 1938 an die Geschäfte der Zentralstelle für jüdische Auswanderung, erst in Wien, ab März 1939 auch in Prag; von Dez. 1939 an Sonderreferent des RSHA für die Räumung der annektierten Ostprovinzen, dann Leiter des Referats IV D 4 (Räumungsangelegenheiten und Reichszentrale für jüdische Auswanderung), spätestens von März 1941 an IV B 4 (Juden-, Räumungsangelegenheiten); 1945 Inhaftierung, 1946 Flucht, 1950–1960 in Argentinien untergetaucht, 1960 nach Israel entführt, dort 1961 zum Tode verurteilt, hingerichtet.

4 VEJ 6/22.

5 Am 6.11.1941 wurden 891 Juden aus Hamburg und umliegenden Städten nach Riga deportiert; unterwegs wurden dem Transport 200 Juden aus Danzig angeschlossen. Der Zug erreichte am 9.12.1941 das Lager Jungfernhof bei Riga.

Marschverpflegung für 3 Tage sowie ein weiterer Lebensmittelvorrat für 3 Wochen, bestehend aus Mehl, Graupen, Grütze, Brot, Marmelade, Margarine usw., mitzugeben.
c) Sämtliche Juden sind vor der Evakuierung nach Waffen, Schmuckgegenständen, Devisen usw. zu durchsuchen. Sämtliche Schmuck- und Wertgegenstände sind ihnen abzunehmen mit Ausnahme des Eheringes.
Die bei den Juden vorgefundenen Lebensmittelkarten sind zu beschlagnahmen und dem jeweils zuständigen Wirtschaftsamt zur Verfügung zu stellen. Sämtliche Personalpapiere sind den Juden abzunehmen mit Ausnahme der Kennkarte bezw. des Reisepasses. Diese beiden Gegenstände sind mit dem Aufdruck „Evakuiert" zu versehen.
d) Dem Transportführer sind das Geld sowie die Lebensmittelvorräte für 3 Wochen und eine Transportliste in doppelter Ausführung mitzugeben.
Eine 3. Transportliste ist nach Abgang des Transports dem RSHA, Referat IV B 4 zu Händen SS-Sturmbannführer *Eichmann*, Berlin, Kurfürstenstraße 116, zu übersenden.
e) Für die ärztliche Betreuung der Juden während der Überfahrt und später im Lager ist ihnen genügend Sanitätsmaterial zur Mitnahme zur Verfügung zu stellen.

DOK. 30
Der Leiter der Ältestenräte der Jüdischen Kultusgemeinden in Ost-Oberschlesien macht am 26. Oktober 1941 Vorschläge, um die Lebensbedingungen in den Gettos zu verbessern[1]

Schreiben des Leiters der Ältestenräte der Jüdischen Kultusgemeinden in Ost-Oberschlesien,[2] Abt. Zentr. Hauptbüro (Cz. Z/I 3031/41), gez. Fanny Czarna,[3] an den Polizeipräsidenten in Sosnowitz[4] vom 26.10.1941 (Abschrift)

Betrifft: Umzug der Juden im Polizeibereich Sosnowitz
Bezugnehmend auf die Besprechungen in obiger Angelegenheit im Polizeipräsidium in Sosnowitz gestatten wir uns einen Vorschlag des Umzugs der Juden innerhalb des Polizeibereichs Sosnowitz aus unten angeführten wichtigen Gründen zur gefl. Entscheidung zu unterbreiten:
1. In allgemein politischer und administrativer Hinsicht wäre es von großem Vorteil, die Juden aus den kleineren Ortschaften, wo nur einige jüdische Familien wohnen, in größere Zentren umzusiedeln und somit eine Zusammenfassung zu erzielen.
2. In den größeren Gemeinden befinden sich Sammelwerkstätten, in welchen ein großer Teil arbeitsfähiger Juden aus der Umgebung beschäftigt ist. Um das Hin- und Herfahren der Juden zu vermeiden, wäre es zweckmäßig, sie in der Ortschaft, wo sie beschäftigt sind, zusammenzufassen.

1 APK, 119/2780, Bl. 91–93.
2 Moszek Merin.
3 Fanny Czarna, geb. Lubelska (1911–1943), Sekretärin; verheiratet mit Gideon Czarny; stellv. Leiterin der Zentrale der Ältestenräte der Jüdischen Kultusgemeinden in Ost-Oberschlesien, Sosnowitz; am 19.6.1943 zusammen mit Moszek Merin verhaftet, nach Auschwitz-Birkenau deportiert und dort ermordet.
4 Alexander von Woedtke.

Gleichzeitig würden die Schwierigkeiten, auf welche die Approvisionierung infolge der ziemlich großen Entfernungen zwischen den Verteilerstellen und den einzelnen Ortschaften, wo sich oftmals keine Bäckereien, ja sogar keine Lebensmittelgeschäfte befinden, stößt, beseitigt werden.
Innerhalb der größeren Gemeinden würde eine selbstausreichende Wirtschaft geschaffen werden, die der jüdischen Bevölkerung Verdienstmöglichkeiten bieten und den Lebensunterhalt sichern könnte.
3. Die jüdischen Einwohner kleinerer Ortschaften kommen hinsichtlich der Betreuung in Nachteil, da an Ort und Stelle keine Fürsorgeeinrichtungen, Ambulatorien, Ärzte, Apotheken usw. vorhanden sind, wogegen die größeren Gemeinden eine breit ausgedehnte Tätigkeit auf diesem Gebiete führen. Durch die Zusammenziehung der Juden könnte auch diesem Übelstand abgeholfen werden.
Aus obigen Gründen erlauben wir uns, folgenden konkreten Umzugsplan vorzuschlagen:
Amtsbezirk Niwka[5] *(Niwka – 373 Juden, Danden – 189 Juden) nach Modrow.*
Im Zusammenhang mit dem Umzug erlauben wir uns die Schaffung eines Judenviertels in Modrow (mit rosa Farbe auf dem beigefügten Plane der Stadt angezeichnet)[6] vorzuschlagen. In diesem Stadtviertel könnten die Juden von Modrow, Niwka und Danden Unterkunft finden (1154 Personen). Davon können 121 Personen bei Juden untergebracht werden. Für die übrigen 1033 Personen – je 3 Köpfe pro Raum – werden noch 345 Räume benötigt. Die Anzahl von Räumen ist ausreichend bei der nichtjüdischen Bevölkerung des vorgesehenen Judenviertels vorhanden.
In Modrow müßte noch eine Schwierigkeit beseitigt werden, und zwar: der Brunnen, der die gesamte Bevölkerung von Modrow mit Wasser versorgt, befindet sich auf dem Südring. Um den Umstand zu vermeiden, daß Juden zwecks Abholung von Wasser den Südring passieren, sind wir bereit, im jüd. Wohnviertel einen anderen Brunnen für Juden auszubauen. Wir würden gegebenenfalls entsprechende Pläne zur Bestätigung vorlegen.
Die Zusammenziehung der Juden aus Niwka und Danden in Modrow ist vor allem aus diesem Grunde begründet, daß eine bedeutende Zahl von jüdischen Männern aus Niwka und Danden in der Modrowgrube in Modrow beschäftigt ist und sich täglich dorthin zur Arbeit begeben muss.
Amtsbezirk Zagórze nach Dombrowa.
Zum Amtsbezirk Zagórze gehören:

Zagórze	– 184	Personen	
Klimontow	– 32	»	insgesamt 216 Personen

In dem bereits in Dombrowa bestehenden Judenviertel können zufolge der Zusammendrängung der Einwohner und schlechter Wohnungsbedingungen keine weiteren Juden untergebracht werden. Mit Rücksicht darauf, daß für die Juden aus Zagórze und Klimontow, 216 Personen, 75 Räume (also 3 Personen pro Raum – Zimmer oder Küche) benötigt werden, könnten die Umgezogenen in einer Straße, u. zwar in der Klinkerstraße

5 Der Amtsbezirk Niwka bestand 1941 aus den Gemeinden Bobrek, Bor, Dandowka sowie Niwka und lag unweit von Kattowitz.
6 Liegt nicht in der Akte.

(Hausnr. 4, 12, 16, 18, 20), wenn sie dem Judenviertel eingereiht würde, Unterkunft finden.
Amtsbezirk Schümenschütz nach Schümenschütz.
In diesem Falle kommen folgende Ortschaften in Frage:

Niemce	146	Juden	
Kazimierz	27	»	
Perombka	113	»	
Maczki	36	»	
Grabocin	17	»	insgesamt 339 Personen

Zwecks endgültiger Regelung des Problems könnte in Schümenschütz ein Judenviertel geschaffen werden. Für diesen Zweck eignet sich die Kirchstraße, die größtenteils von Juden bewohnt wird. An dieser Straße könnten alle Juden aus Schümenschütz (1342 Pers.) wie auch die aus der Umgebung Umgezogenen (339 Pers.) Unterkunft finden. Zu diesem Zwecke müßte jedoch die entsprechende Zahl von Räumen von den von der nichtjüdischen Bevölkerung an der Kirchstr. besetzten Wohnungen zur Verfügung gestellt werden.
Zufolge obiger Regelung würden 9 Ortschaften gänzlich von Juden geräumt und im Polizeibereich Sosnowitz nur 5 jüdische Siedlungen geschaffen werden, u. z.:

Stadtgemeinde	Sosnowitz – Modrow
»	Bendsburg
»	Dombrowa
»	Czeladz
»	Schümenschütz,

was sowohl in Hinsicht auf die behördliche Verwaltung als [auch] auf die allgemeine Tätigkeit der jüdischen Gemeinden von großem Vorteil wäre.
Im Falle, wenn uns eine entsprechende Zahl von Unterkünften für die Umgezogenen zur Verfügung gestellt werden könnte, sind wir bereit, den Umzug in einer kurzen Zeit im eigenen Bereich, reibungslos, ordnungs- und planmäßig durchzuführen. –

DOK. 31

Roland Freisler hält am 28. Oktober 1941 vor den in Berlin versammelten Generalstaatsanwälten eine Rede über das bevorstehende Sonderstrafrecht für Polen und Juden[1]

Redemanuskript, undatiert,[2] von Dr. jur. Roland Freisler[3]

Strafrecht und Fremdvölker im Reich.[4]
Das Reich hat seine Aufgabe der Ordnung in unserem Erdteil wieder übernommen. In dem Maße der erfolgreichen Übernahme dieser Ordnungsaufgabe hat es nicht nur

1 LHAS, 5.12–6/4, Nr. 633, Bl. 48–52.
2 Das Redemanuskript wurde an zahlreiche Richter der Landgerichte „zum vertraulichen dienstlichen Gebrauch“ gesandt, sollte aber bei gerichtlichen Entscheidungen „in keiner Weise erwähnt werden“. Oberlandesgerichtspräsident in Rostock an die Herrn Landgerichtspräsidenten vom 10.11.1941 und 24.11.1941; wie Anm. 1, Bl. 47, 53.

ermöglicht, daß alle in Mitteleuropa geschlossen siedelnden Deutschen im Reiche selbst wieder ihre Heimstätte finden konnten, sondern im Zuge dieser Entwicklung sind in den Bestand des Reiches auch Fremdvölker aufgenommen worden. Darüber hinaus erstreckt sich der Machtbereich des Deutschen Reiches eben infolge seiner Ordnungsfunktion über weite Gebiete, in denen Fremdvölker ausschließlich oder doch vorwiegend siedeln. Diese Entwicklung hat – durch das Bedürfnis an Arbeitskräften für die Arbeitsstätten des Reiches außerordentlich unterstützt – weiter eine Entwicklung gezeitigt, die dazu führt, daß Millionen fremdvölkischer Arbeiter im Reiche selbst tätig sind. Diese Völker stehen zum Reiche und zum deutschen Volke ganz verschieden. Verbündete kommen zu uns, um uns in der kriegswichtigen Arbeit zu helfen. Angehörige von Völkern, deren Gebiet die deutsche Wehrmacht im Laufe des Krieges besetzt hat, kommen freiwillig zu uns. Und andere Völker senden auf Grund von Dienstverpflichtungen Arbeitskräfte hierher. Gemäß der äußerlich völlig verschiedenen Lage ist auch die innere Einstellung dieser Fremdvölker zu uns und die unsrige zu ihnen verschieden. Dieser neuen Entwicklung muß unser Recht und unsere Rechtspflege, vor allem unsere Strafrechtspflege, Rechnung tragen.

Kurz vor seinem Tode hat der verstorbene Reichsminister der Justiz[5] in einer Rede in Danzig darauf hingewiesen, daß zwar jeder, der im Reiche lebt, unter einem Recht stehen und nach diesem Recht behandelt werden müsse, daß es aber durchaus nicht notwendig sei, daß dieses Recht für die Angehörigen aller verschiedenen Völker, die im Reiche wohnen oder sich doch in ihm aufhalten, das gleiche sein müsse.

Es ist nicht möglich, für die Behandlung der Angehörigen fremder Völker im Reich überall strafgesetzliche Bestimmungen zu erlassen oder die Strafrechtspflege betreffende Verwaltungsbestimmungen herauszubringen. Das wäre auch untunlich. Nirgends mehr als auf diesem Gebiete ist deshalb ein *sehr feines Sicheinfühlen in die politische Lage* auf Seiten derjenigen erforderlich, die die Strafrechtspflege leiten.

Es ist selbstverständlich, daß *Angehörige der uns verbündeten Völker* strafrechtlich in jeder Beziehung unter demselben Schutze stehen müssen und dieselben Rechtsgarantien des Prozeßganges erfahren müssen und daß für sie dasselbe Strafrecht gelten muß wie für Deutsche. Sie sind unsere uns verbündeten, im Kampfe uns beistehenden Gäste. Dazu ist überhaupt nichts Weiteres zu sagen. Daß trotzdem infolge der Verschiedenheit der nationalen Charaktere hier und da Schwierigkeiten entstehen können, ist richtig. Sie müssen eben mit Feingefühl und Takt gemeistert werden. Die Herren Generalstaatsanwälte werden in ihren Bezirken hierauf sicher ihre *persönliche* Aufmerksamkeit richten. Das eben Gesagte gilt nicht nur für das Strafverfahren bis zur Verurteilung, sondern ebenso für den Strafvollzug.

3 Dr. Roland Freisler (1893–1945), Jurist; 1925 NSDAP-Eintritt; 1923/24 Rechtsanwalt in Karlsbad und 1924–1933 in Kassel, 1924–1933 Stadtverordneter in Kassel; 1933/34 StS im preuß. Justizministerium und 1934–1942 im RJM, 1942–1945 Präsident des Volksgerichtshofs und verantwortlich für zahlreiche Todesurteile; starb während eines Luftangriffs auf Berlin; Autor u. a. von „Nationalsozialistisches Recht und Rechtsdenken“ (1938).

4 Siehe Dok. 46 vom 4.12.1941.

5 Dr. Franz Gürtner (1881–1941), Jurist; von 1909 an im bayer. Justizministerium tätig, 1922–1932 bayer. Justizminister, veranlasste die Aufhebung des NSDAP-Verbots, 1932–1941 RJM; 1937 NSDAP-Eintritt; Hrsg. u. a. von „Das kommende deutsche Strafrecht“ (1934).

Schwieriger ist schon die Aufgabe der Strafverfolgungsbehörden in den Fällen, in denen Angehörige von Fremdvölkern, die vielleicht bisher Kriegsgefangene waren, freiwillig als Arbeiter hierbleiben oder alsbald hierher wieder zurückkommen, weil sie sich in der Heimat freiwillig als Arbeiter nach Deutschland melden. Bei ihnen braucht *nicht diejenige innere Einstellung* zu uns bestehen, die *wir bei Angehörigen verbündeter Völker* voraussetzen können. Zu ihnen braucht auch bei uns nicht dieselbe Einstellung zu bestehen. Die besondere Schwierigkeit der Lage wird hier nicht selten dazu führen, daß strafbare Handlungen nicht an die Justiz herangetragen werden, sondern in anderer Weise, etwa durch Abschieben der Betreffenden in die Heimat oder auch durch eine mahnende Verwarnung, erledigt werden. Das ergibt sich aus den besonderen Verhältnissen des Krieges. Kommen aber solche Fälle an die Strafverfolgungsbehörden und wird Anklage erhoben, so kann im großen und ganzen auch hier nur das gesagt werden, was ich zu der ersten Gruppe bei uns wohnender und arbeitender Angehöriger von Fremdvölkern gesagt habe. Auch hier müssen die Herren Generalstaatsanwälte ihr persönliches Augenmerk darauf richten, daß im Einzelfalle alles richtig läuft.

Es ist selbstverständlich, daß neben diesen beiden Gruppen *eine ganz andere Stellung die Angehörigen derjenigen Völker einnehmen, die sich* [als] *europaunwillig und europaunfähig erwiesen haben.* Ich nenne da die *Polen* und die *Juden.*

1. *Die Polen.*

Den Herren Generalstaatsanwälten ist bekannt, daß die Polizei, gestützt auf einen Erlaß des Herrn Reichsmarschalls für das Großdeutsche Reich,[6] eine polizeiliche Jurisdiktion über bestimmte Handlungen von Polen in Anspruch nimmt und ausübt. Es handelt sich dabei um Handlungen, für die eine Strafbestimmung in Gesetzesform nicht besteht, die aber das deutsche Volk nicht dulden kann, insbesondere um den Geschlechtsverkehr von Polen mit deutschen Frauen, soweit er nicht als Notzucht oder weil er an Mädchen im Schutzalter begangen wird, gesetzlich strafbar ist. Außerdem kommen Delikte der Arbeitsplatzflucht oder des Arbeitsdisziplinbruches in Frage, bei denen die Justiz vor dem schwierigen Problem steht, ohne sich selbst aufzugeben einen Strafvollzug an Polen aufzubauen, der diesen bei ihrem ihnen gewohnten niedrigen Kulturniveau wirklich als Härte erscheint; und bei denen andererseits diejenigen Behörden, die für den Arbeitseinsatz der Polen verantwortlich sind, eine Form der strafähnlichen Reaktion wünschen, die möglichst wenig Arbeitszeit des einzelnen Polen verloren gehen läßt. Zu diesen beiden Fällen habe ich nichts Weiteres auszuführen.

Handelt es sich um Taten, die nach unserem Strafrecht gesetzlich mit Strafe bedroht sind, so ist die Justiz zweifellos zur Aburteilung zuständig. In all diesen Fällen müssen die Justizbehörden sich darüber klar sein, daß das Ergebnis der Aburteilung eines Polen etwa wegen eines Notzuchtfalles oder wegen eines Sittlichkeitsdeliktes an Mädchen im Schutzalter oder wegen gleichgeschlechtlicher Sittlichkeitsdelikte mit Deutschen nicht milder ausfallen darf als die Behandlung eines Polen in polizeilicher Jurisdiktion wegen

6 Schreiben von Ministerpräsident Generalfeldmarschall Göring an die Obersten Reichsbehörden vom 8.3.1940 betr. Behandlung der Zivilarbeiter und -arbeiterinnen polnischen Volkstums im Reich. Abdruck in: Documenta Occupationis, Bd. X, Poznań 1976, S. 7 f. Geregelt wurden in den „Polen-Erlassen" u. a. die Kennzeichnungspflicht poln. Arbeiter im Reich, Lebenshaltungsvorschriften wie ein nächtliches Ausgehverbot, das Verbot der Nutzung öffentlicher Verkehrsmittel und das Verbot sexueller Kontakte zu Deutschen. Strafen bis zur Todesstrafe drohten jenen, die gegen die Auflagen verstießen; ebd., S. 8–26.

Geschlechtsverkehrs mit einer Deutschen. Wir kämen sonst zu einer *Inkongruenz der polizeilichen und Strafrechtspflegemaßnahmen gegenüber Polen*, die *untragbar* ist. Eine solche harte, scharfe Rechtspflege ist um des Schutzes unserer deutschen Frauen und Kinder willen, darüber hinaus aber auch um des Schutzes der Ordnung im Reiche willen bei der Eigenart der Polen und bei ihrer großen Zahl im Reich, insbesondere auch angesichts der Tatsache, daß vielfach in den Dörfern und in den einzelnen Bauernhöfen die Männer nicht zu Hause sind, dringend erforderlich. Wenn sie bisher gesetzlich nicht selten auf Schwierigkeiten stieß, da die Voraussetzungen der Volksschädlingsverordnung oder der Gewaltverbrecherverordnung vorliegen mußten, so ist das bereits durch die vorletzte Strafrechtsnovelle für Sittlichkeitsdelikte beseitigt worden.[7] Und durch das in Kürze zu erwartende besondere Polenstrafrecht, das auch für Polen aus den Ostgebieten, die sich im Altreich aufhalten, gelten wird, werden die letzten Schwierigkeiten beseitigt werden. Darauf werde ich zur Unterrichtung der Generalstaatsanwälte aus dem Altreich weiter unten noch zurückkommen. Schon jetzt muß aber darauf hingewiesen werden, daß Polen gegenüber die Gewaltverbrecherverordnung selbstverständlich vernünftig ausgelegt werden muß: So kann ich es nicht für richtig halten, wenn ein Gericht in folgendem Falle Gewaltverbrechen ablehnt: Drei Polen legen ein siebenjähriges Mädchen, das sich nicht wehrt, auf ein Bett, ziehen ihm den Schlüpfer herunter und mißbrauchen es nacheinander. Das vereinte Zusammenwirken von drei Männern muß meines Erachtens in einem solchen Falle dem Gebrauche einer Waffe gleichgeachtet werden, also als gleichgefährliches Mittel im Sinne der Gewaltverbrecherverordnung angesehen werden. Der Herr Oberreichsanwalt ist gebeten worden, in diesem Falle außerordentlichen Einspruch einzulegen.

Zu § 4 der Volksschädlingsverordnung ist folgendes zu bemerken: Wenn es mir auch richtig erscheint, daß die Tatsache allein, daß der Pole ohne den Krieg nicht nach Deutschland gekommen wäre, zur Feststellung der Ausnutzung besonderer Kriegsverhältnisse meist nicht genügen wird, so sind doch bei genauerem Zusehen in fast allen Fällen die Voraussetzungen der Volksschädlingsverordnung feststellbar. Es ist nur erforderlich, daran zu denken, daß, wenn nicht gerade auf dem betreffenden Bauernhofe selbst, so doch im Dorfe oder in der Stadt, zahlreiche Männer abwesend sind und dadurch der allgemeine Gemeinschaftsschutz verringert ist; oder daß infolge des Krieges der polnische Arbeiter wegen des sonstigen Arbeitermangels Zutritt zu manchem bekommt, wozu er sonst keinen Zutritt hätte; daß die Behörden, insbesondere die Sicherheitsbehörden, mit einer geringeren Zahl von Kräften und noch dazu mit Ersatzkräften weitgehend arbeiten müssen. Das und vieles andere wird in fast allen Fällen gestatten, die Voraussetzungen der Volksschädlingsverordnung anzunehmen, wenn es sich um schwerere Taten handelt.

Bleibt nun als letzte Schwierigkeit die Frage des Tätertyps. Es ist Bestandteil des Grundsatzes, daß jeder zwar nach einem Rechte behandelt werden muß, daß dieses Recht aber nicht für die Angehörigen der verschiedenen Völker dasselbe zu sein braucht, wenn ich hervorhebe, daß der Tätertypgedanke, der uns bei Deutschen allein eine sachgemäße, nach der mildernden und der schärfenden Seite hin gerechte Kriegstrafrechtspflege

7 Die Volksschädlingsverordnung vom 5.9.1939 (RGBl., 1939 I, S. 1679) stellte jede Ausnutzung der Kriegsverhältnisse als einen Angriff gegen das Reich unter Strafe. Dabei konnte es sich um Plünderungen, Diebstähle oder Gewaltverbrechen handeln. Die VO gegen Gewaltverbrecher vom 5.12.1939 (RGBl., 1939 I, S. 2378) sah für Gewalttaten mit Waffen allein die Todesstrafe vor.

ermöglicht hat, durchaus nicht dieselbe Rolle gegenüber Angehörigen des polnischen Volkstumes oder gegenüber Juden spielt. Er kann hier nur herangezogen werden, um den Schutz des deutschen Volkes zu verstärken. Das liegt letzten Endes daran, daß das Strafrecht gegenüber Deutschen und den diesen Gleichzustellenden den Sühne- und Schutzgedanken zu einer harmonischen Einheit gestalten muß, während gegenüber Angehörigen eines europa-unwilligen und europa-unfähigen Volkes der Schutzgedanke durchaus dominiert.

Freilich wäre es unrichtig und der deutschen Rechtspflege meiner Ansicht nach nicht würdig, jedes Maß gegenüber Polen aus den Augen zu lassen. So scheint mir folgender Fall weit über das Ziel zu schießen: ein 18jähriger Pole verläßt verbotswidrig seinen Arbeitsplatz, um heimzuwandern. In einer Nacht schneidet er das Fliegenfenster der Speisekammer eines Bauernhofes auf und stiehlt daraus ein Brot (1. Todesurteil); in der nächsten Nacht holt er in gleicher Weise aus der Speisekammer eines anderen Bauernhofes ein halbes Pfund Butter und trinkt eine Satte Milch aus (2. Todesurteil). In der dritten Nacht holt er von der Wäscheleine eines Hofes ein ärmelloses Hemd (im Urteil Herrenpolohemd genannt) (3. Todesurteil) usw. bis zu einem 6fachen Todesurteil. Wenn Polen gegenüber ein anderes Maß angewandt werden kann und muß, so muß es doch ein Maß geben!

Wenn ich von der erforderlichen Härte gegenüber Polen sprach, so darf aber eins nicht vergessen werden: Verdachtsstrafen darf es auch hier nicht geben. Der Sachverhalt, wegen dessen der Betreffende verurteilt wird, muß feststehen.

Mir scheint, daß bei richtigem Sich-Hineinleben in die Lage und die Bedürfnisse des Reiches und des Volkes der deutsche Staatsanwalt und der deutsche Richter sich zu diesem Strafrecht gegen die Polen auch dann bekennen kann, wenn er nicht an die furchtbaren Greuel denkt, die in den deutschen Ostgebieten die Polen an Deutschen begangen haben. In den wiedereingegliederten Ostgebieten hat auch ein angemessenes Polenstrafrecht sich in der Strafrechtspflege tatsächlich durchgesetzt. Dagegen habe ich sowohl aus Urteilen als aus Einzelberichten wie auch aus allgemeinen Lageberichten mehrfach entnommen, daß in verschiedenen Teilen des Reiches, ganz besonders im Westen, aber nicht nur dort, Rechtswahrer Bedenken haben, eine solche starke Strafrechtspflege Polen gegenüber auszuüben. So ist es dazu gekommen, daß in einem Fall im Westen der Vorsitzende des Gerichtes dem amtierenden Staatsanwalt gegenüber sein Erstaunen über einen übrigens nicht auf Todesstrafe lautenden Strafantrag zum Ausdruck gebracht hat, der hier im Hause gebilligt worden war. So ist mir aus zwei Bezirken mitgeteilt worden, daß allgemein eine Scheu vor einer solchen Strafrechtspflege bestehe; aus einem Bezirk sogar, daß Rechtswahrer besorgten, im Zuge der weiteren Entwicklung in den russischen Osten abgeordnet zu werden und dort dann eine Rechtspflege von besonderer Schärfe ausüben zu müssen. Das letzte empfinde ich ganz besonders peinlich. Mir scheint, jemand, der nicht bereit ist, mit den erforderlichen Mitteln Ordnung, Ruhe und Arbeit in den Gebieten zu sichern, die der deutsche Soldat unter schweren Blutopfern in den letzten Monaten erobert hat, darf auch nicht den Anspruch erheben, deutscher Rechtswahrer bleiben zu wollen. Ich muß die bestimmte Erwartung aussprechen, daß die Rechtswahrer der Justiz sich bis zum letzten und ausnahmslos die Gedanken eines für das Reich notwendigen Strafrechtes gegenüber Polen zu eigen machen, und bin sicher, daß die Herren Chefs dafür sorgen, daß diese Bejahung in ihren Bezirken allgemein ist.

Im übrigen ist wahrscheinlich, daß in Kürze ein eigenes Polenstrafrecht als Verordnung des Ministerrats für die Reichsverteidigung gemäß den Vorschlägen des Reichsministers der Justiz erlassen und in Kraft treten wird. Dieses wird in 18 Artikeln das gesamte materielle Strafrecht, Verfahrensstrafrecht und Vollzugsrecht enthalten.[8] Es ist in einer Gemeinschaftstagung der Chefpräsidenten und Generalstaatsanwälte der wiedereingegliederten Ostgebiete vor knapp einem Jahre als Entwurf erarbeitet und seitdem weiter durchgearbeitet und zu einer Einigung aller beteiligten Ressorts über seinen Inhalt geführt worden. Es wird, was das materielle Strafrecht anlangt, auch in allen Teilen des Reiches außerhalb der eingegliederten Ostgebiete anzuwenden sein, und zwar hier auf Polen, die am 1. September 1939 im Gebiete des ehemaligen polnischen Staates wohnten oder sich ständig aufhielten und die Straftat in einem anderen Gebiet des Deutschen Reiches als in den eingegliederten Ostgebieten begangen haben. Dieses Recht werden daher auch die Gerichte und Staatsanwälte des Altreiches anzuwenden haben. Polen im Sinne der Verordnung sind Schutzangehörige und Staatenlose polnischen Volkstums. Zum materiellen Polenstrafrecht ist folgendes zu sagen: Es beginnt mit einem Hinweis, daß die Polen und Juden in den eingegliederten Ostgebieten sich den deutschen Gesetzen und den für sie ergangenen Anordnungen der deutschen Behörden entsprechend verhalten müssen und daß sie alles zu unterlassen haben, was der Hoheit des Deutschen Reiches oder dem Ansehen des deutschen Volkes abträglich ist. Darauf folgen eine Reihe von Sonderstrafbestimmungen. Danach wird mit dem Tode bedroht, wer gegen einen Deutschen eine Gewalttat wegen seiner Zugehörigkeit zum deutschen Volkstum begeht. Die gleiche Strafe und in minderschweren Fällen Freiheitsstrafe trifft gehässige oder hetzerische Betätigung, die eine deutschfeindliche Gesinnung bekundet; als Beispiele sind deutschfeindliche Äußerungen, Abreißen oder Beschädigen deutscher Behördenanschläge oder ein sonstiges Verhalten, das das Ansehen oder das Wohl des Deutschen Reiches oder des deutschen Volkes herabsetzt oder schädigt, genannt. Mit dieser Generalklausel erhält die Strafrechtspflege gegenüber Polen über die Abgegrenztheit der einzelnen Tatbestände hinaus ein Hilfsmittel, um jeder strafwürdigen Tat eines Polen angemessen begegnen zu können. Danach folgen weitere einzelne mit dem Tode, in minderschweren Fällen mit Freiheitsstrafe bedrohte Tatbestände, die sich im wesentlichen bereits in der Verordnung finden, in der das deutsche Strafrecht in den eingegliederten Ostgebieten eingeführt worden ist.[9] Außerdem – und insoweit ist das deutsche Strafgesetz auch in das Polenstrafrecht eingegliedert – werden die Polen bestraft, wenn sie gegen die deutschen Strafgesetze verstoßen oder eine Tat begehen, die gemäß dem Grundgedanken eines deutschen Strafgesetzes nach den in den eingegliederten Ostgebieten bestehenden Staatsnotwendigkeiten Strafe verdient. Beachtenswert ist aber, daß für diese Taten nicht die Strafrahmen des Strafgesetzbuches gelten. Das Polenstrafrecht hat keine den einzelnen Straftaten zugeordnete spezielle Strafrahmen, wenn ich von den von mir eben genannten Fällen absehe. Als Strafen gegen Polen werden Freiheitsstrafe, Geldstrafe oder Vermögenseinziehung verhängt, soweit nicht auf Todesstrafe zu erkennen ist. Auf Todesstrafe kann nur erkannt werden, wenn sie im Gesetz ausdrücklich angedroht ist; darüber hinaus dann, wenn die Tat von besonders niedriger Gesinnung zeugt und aus anderen Gründen besonders schwer ist; in

8 Siehe Dok. 46 vom 4.12.1941.

9 VO über die Einführung des deutschen Strafrechts in den eingegliederten Ostgebieten vom 6.6.1940; RGBl., 1940 I, S. 844.

diesen Fällen ist sie auch gegen jugendliche Schwerverbrecher zulässig. Das gilt für alle Taten. Als Freiheitsstrafe wird Straflager von drei Monaten bis zu zehn Jahren verhängt. Das Straflager vollstreckt die Reichsjustizverwaltung. Selbstverständlich darf auf Grund der Bestimmung, daß die Freiheitsstrafe allgemein drei Monate bis zehn Jahre beträgt, nicht die Mindestdauer einer in einem deutschen Strafgesetz bestimmten Strafe unterschritten und auch eine zwingend vorgeschriebene Strafe nicht unterschritten werden, es sei denn, daß sich die Straftat ausschließlich gegen das eigene Volkstum des Täters richtet. Auf diese Fälle, die besonders zu behandeln sind, komme ich noch zurück. Für die Verfolgung von Straftaten von Polen ist der Verfolgungszwang im Entwurf der Verordnung aufgehoben.

Die im Verordnungsentwurf nun folgenden Bestimmungen betreffen das Verfahren. Vorläufig ist nicht vorgesehen, daß diese Verfahrensbestimmungen, die eine außerordentliche Erleichterung und Freierstellung für das Gericht bedeuten und die voraussetzen, daß der deutsche Richter jedenfalls die allgemeinen erprobten Grundsätze richtiger Wahrheitserforschung anwendet, auch von den Altreichsgerichten angewandt werden. Ich glaube aber, daß die Entwicklung sehr schnell, und zwar schon in den ersten Durchführungsvorschriften dazu führen wird, auch den Altreichsgerichten das gleiche Verfahren zu ermöglichen, das den Gerichten in den eingegliederten Ostgebieten zur Verfügung gestellt ist. Es ist nämlich nicht einzusehen, warum ein Pole vor Gericht im Altreich mehr Rechte haben soll als in den eingegliederten Ostgebieten. Das gilt m. E. auch für die in der Verordnung vorgesehene sofortige Vollstreckbarkeit der Urteile und dafür, daß Rechtsmittel nur der Staatsanwalt einlegen kann. Da aber zunächst bis zum Erlaß einer solchen Durchführungsverordnung das Verfahrensrecht des Entwurfes von den Gerichten des Altreiches nicht anzuwenden ist, gehe ich darüber hinweg.

Mit diesem Polenstrafrecht wird es ganz zweifellos möglich sein, eine Strafrechtspflege gegenüber Polen aufzubauen, die allen Bedürfnissen des Reiches Rechnung trägt.

Ich möchte nun im Anschluß noch einige besondere Fragen, die die Polenstrafrechtspflege betreffen, behandeln.

Wie ich oben sagte, hat die Verordnung, die bald in Kraft treten dürfte, ein Unterschreiten der deutschen Strafrahmengrenze dann nicht ausgeschlossen, wenn es sich um Straftaten handelt, die sich nur gegen das polnische Volkstum richten. Das liegt daran, daß wir seit 1933 unserem deutschen Strafrecht einen ganz anderen Charakter gegeben haben. Während es bis dahin viel mehr auf den allgemeinen Schutz des einzelnen gerichtet war, hat es seitdem die Funktion des allgemeinen Volksschutzes bewußt in den Vordergrund gestellt und dabei die Güter des Volkes, die bis dahin nicht oder nur mangelhaft geschützt waren, wie Lebenskraft und Ehre, ganz besonders in seinen Schutz genommen. Daher erklärt sich unsere ganz andere strafrechtliche Einstellung etwa zur Abtreibung oder zu gleichgeschlechtlichen Sittlichkeitsvergehen und -verbrechen; unsere völlig veränderte Einstellung zu Sittlichkeitsverbrechen an Jugendlichen; unsere ganz andere Einstellung zu Landes- und Hochverratsverbrechen und ähnlichem. Wir haben nun wohl die Aufgabe, das allgemein menschlich erforderliche Maß von Ordnung auch unter den Polen aufrechtzuerhalten. Wir müssen darüber hinaus das Polenstrafrecht und die Polenstrafrechtspflege nach den Bedürfnissen des Reiches ausrichten, also unerbittlich dafür sorgen, daß dessen Ruhe und Ordnung nicht gestört, dessen Ehre und Ansehen nicht angetastet wird. Und wir müssen endlich auch dafür sorgen, daß nicht mangelnde Sühne von Straftaten von Polen dazu führt, auf Deutsche ansteckend zu wirken. Das ist z. B.

bei Abtreibungen möglich, an denen Deutsche beteiligt sind oder die aus irgendwelchen Gründen auf Deutsche anreizend wirken können oder bei denen in der Person des Täters, etwa weil er gewerbsmäßig und in Gegenden, wo auch Deutsche sind, handelt, die Gefahr in sich bergen, auch auf Deutsche sich auszudehnen. Davon abgesehen aber besteht ein deutsches Interesse oder eine deutsche Verpflichtung zur Wahrung des polnischen Volkstums so, wie wir unser deutsches Volkstum wahren, selbstverständlich nicht. Das Strafrecht des ehemaligen polnischen Staates selbst hat ja das polnische Volkstum niemals in solcher Weise in den Mittelpunkt seiner Sorge gestellt. Das wirkt sich, besonders wenn wir auch gesetzlich offiziell den Verfolgungszwang gegenüber polnischen Straftaten nicht mehr haben, auf die Frage aus, ob Anklage erhoben werden soll oder nicht, und wenn Anklage erhoben wird, auf die Frage des Strafmaßes. Vergehen, für die diese Besonderheiten in Frage kommen, sind neben einfachen und gefährlichen Körperverletzungen, die sich ganz unter Polen abspielen, und neben Beleidigungen unter Polen vor allem die eben von mir bereits genannten Delikte.

Für das Verfahren bitte ich folgende Gesichtspunkte besonders zu beachten: Wie im Vollzug muß im Ermittlungsverfahren und im Hauptverfahren, insbesondere in der Hauptverhandlung, eine Trennung von Polen und Deutschen unter allen Umständen vollkommen durchgeführt werden. Es darf nicht vorkommen, daß ein Pole und ein Deutscher in Untersuchungshaft oder in Strafhaft in *einer* Zelle sind, weil das dem Deutschen nicht zuzumuten ist, auch wenn er selbst Rechtsbrecher ist. Auch muß, wenn irgend möglich, selbst unter Inkaufnahme prozessualer Weiterungen, die Trennung der Verfahren gegen Polen und Deutsche in der Anklage, im Hauptverfahren und in der Hauptverhandlung aus demselben Grunde durchgeführt werden.

Daß Polen Eidzeugen gegen Deutsche sind, muß nach Möglichkeit vermieden werden. Auch ist unerwünscht, daß polnische Zeugen überhaupt in der Hauptverhandlung auftreten, wenn es sich um Verfahren gegen Deutsche handelt. Soweit ihre Vernehmung erforderlich ist, soll sie, wenn das irgend prozessual möglich ist, kommissarisch erfolgen; freilich darf das nicht im Einzelfall zu einer Schädigung des Deutschen führen, etwa dann, wenn [für] dessen Verteidigung eine Gegenüberstellung oder Fragen an den Polen oder ähnliches erforderlich ist. Die Durchführungsverordnung zum Polenstrafrecht wird Entsprechendes bestimmen.

2. Alles über Polen Gesagte gilt auch für Juden. Die in Bearbeitung befindliche Polenstrafverordnung wird übrigens ausdrücklich auch auf Juden ihre Geltung ausdehnen.

Es besteht Veranlassung, darauf hinzuweisen, daß nicht immer das notwendige Verständnis über die erforderliche Härte der Behandlung von Juden in der Rechtspflege beobachtet wird. So ist kürzlich folgender Fall vorgekommen: Ein Jude steht im Verdacht, Schwarzhandel mit Eiern zu betreiben. Bei ihm wird deshalb eine Haussuchung veranstaltet, und man findet 60 000 Eier, von denen infolge unsachgemäßer Lagerung fast 15 000 verdorben sind. Der Staatsanwalt beantragt fünf Jahre Zuchthaus, das Gericht erkennt auf 2 ½ Jahre Gefängnis. Todesstrafe wäre erforderlich gewesen. Dieser Fall ist deshalb besonders lehrreich und warnend, weil hier ein Jude gerade auf *dem* Gebiet ertappt ist, nämlich als Wirtschaftsschädling, auf dem der Jude überhaupt sich volksschädlich zu betätigen pflegt. Wenn wir in solchen Fällen nicht zu den härtesten Strafen kommen, so erfüllt die Rechtspflege ihre Aufgabe nicht. Ich bin sogar der Meinung, daß in einem Fall wie dem vorliegenden ein Deutscher hätte als Volksschädling verurteilt werden müssen.

3. Vielfach sind Zweifel aufgetaucht, wie Ukrainer zu behandeln sind. Dazu ist zu sagen, daß Ukrainer weder Polen noch Russen sind. Für die allgemeine Strafrechtspflege wird das bis jetzt nur bedeutsam, soweit es sich um Ukrainer aus dem Generalgouvernement handelt, da Ukrainer aus dem bisherigen Sowjetgebiet der Rechtspflege wegen Straftaten wohl überhaupt noch nicht zugeführt worden sind.

DOK. 32

Der Generalsekretär des Weltkirchenrats bittet den Präsidenten des Internationalen Komitees vom Roten Kreuz am 29. Oktober 1941 um Unterstützung für die Bevölkerung im besetzten Polen[1]

Schreiben des World Council of Churches (in Process of Formation),[2] Ökumenischer Ausschuss für Flüchtlingshilfe, gez. Dr. W. A. Visser 't Hooft,[3] Generalsekretär, Genf, an Dr. Max Huber,[4] Präsident des Internationalen Komitees vom Roten Kreuz, Palais du Conseil Général, Genf, vom 29.10.1941[5]

Sehr geehrter Herr Präsident,
der Vorläufige Ökumenische Rat der Kirchen unterhält ein besonderes Sekretariat für Flüchtlingsarbeit. Neuerdings ist unsere Aufmerksamkeit besonders auf die furchtbaren Notstände, die im Generalgouvernement Polen und in Litzmannstadt, Warthegau, herrschen, hingelenkt worden.
Wir beehren uns, Ihnen in der Anlage ein Memorandum zu überreichen. Es enthält die uns zugegangenen Informationen, behandelt kurz unsere Verantwortung als Organ der Kirchen und schliesst mit einer Bitte an die zuständigen Stellen des Internationalen Roten Kreuzes.
Wir senden das Memorandum mit gleicher Post an Herrn Prof. Dr. Burckhardt,[6] Präsident der „Commission mixte de Secours de la Croix Rouge Internationale". Für eine baldige Äusserung wären wir zu Dank verpflichtet.
Genehmigen Sie, Herr Präsident, die Versicherung unserer ausgezeichneten Hochachtung.

1 AÖR, D – 274.3.2. WCC: Action at Time of Extermination of the Jews 1941–1966, Kopie: USHMM, RG-19.045M IKRK, reel 6. Abdruck in: Armin Boyens, Kirchenkampf und Ökumene, Bd. 2: 1939–1945, München 1973, S. 330–332.

2 Der Vorläufige Ökumenische Rat der Kirchen (später Weltrat der Kirchen) wurde 1937 von führenden kirchlichen Persönlichkeiten in Utrecht gegründet und hatte von 1938 an seinen Sitz in Genf. Erster Präsident wurde der Erzbischof von York, William Temple. Der ÖRK unterhielt Verbindungen zum politischen Untergrund in den Niederlanden, zum Jüdischen Weltkongress und zur Bekennenden Kirche; er koordinierte Kontakte zu Hilfsorganisationen, organisierte Flüchtlingshilfe und die Betreuung von Kriegsgefangenen.

3 Dr. Willem Adolf Visser 't Hooft (1900–1985), Theologe; 1924–1931 Sekretär im Weltkomitee der YMCA, 1931–1938 Generalsekretär des Christlichen Studentenweltbunds, 1938–1966 Generalsekretär des Weltrats der Kirchen in Genf; gab von 1940 an „Stimmen aus den Niederlanden" heraus; wurde 1942 Kontaktmann zwischen Widerstand und der niederländ. Exilregierung in London; 1966 Friedensnobelpreis; seit 1968 Ehrenpräsident des WKR.

4 Dr. Max Huber (1874–1960), Jurist; 1902–1921 Professor in Zürich, 1914–1921 Rechtskonsulent des Politischen Departments der Schweizerischen Eidgenossenschaft, 1920–1930 Richter am Internationalen Gerichtshof; von 1920 an Mitglied des Völkerbundrats, seit 1923 Mitglied des IKRK, 1928–1944 Präsident des IKRK; 1944 Friedensnobelpreis.

5 Rechtschreibung wie im Original.

Anlage: 1 Memorandum

Vertraulich
Memorandum zur Lage in Polen

I

Von einem zuverlässigen und objektiven Beobachter, der in den letzten Wochen das Generalgouvernement Polen bereist hat, sind uns einige Nachrichten über die dortigen Zustände zugekommen. Nach seiner Aussage besteht ein grosser Unterschied zwischen Stadt und Land. In den grossen Städten, ganz besonders in Warschau, herrscht Hungersnot bei der polnischen und wohl noch in stärkerem Masse bei der jüdischen Bevölkerung. In- und ausserhalb des Warschauer Ghettos grassiert Typhus. Der Gewährsmann hat von 2000 Erkrankungen allein im Ghetto gehört. Die Sterblichkeit der Kleinkinder unter 3 Jahren soll 26% betragen. Die besondere Notlage Warschaus beruht zu einem guten Teil auf der Übervölkerung der Stadt, die trotz Zerstörung eines Drittels der Gebäude heute etwa 400 000 Menschen mehr beherbergt als in der Vorkriegszeit. Es wird anerkannt, dass die deutschen Behörden schon viel Aufbauarbeit geleistet und die durch die Bombardierung zerstörte Wasserversorgung Warschaus wieder befriedigend geregelt haben. Von Litzmannstadt (Lodz) liegen keine neueren Nachrichten vor. Es müssen jedoch im dortigen Ghetto, das durch starke Zuzüge aus übrigen Teilen des Warthegaus ganz überfüllt ist, unbeschreibliche hygienische Notstände herrschen.

Uns ist nur eine bescheidene Hilfsaktion bekannt: Amerikanische Polen haben im Zusammenwirken mit amerikanischen Mennoniten,[7] dem Deutschen Roten Kreuz, dem Polnischen Hilfsausschuss und dem American Relief Committee (Hoover)[8] eine Suppenspeisung eingerichtet und liefern ausserdem wöchentlich für 5000 RM Fische, die sie in Danzig aufkaufen, an die notleidende Bevölkerung in Warschau. Durch diese Speisungen, die allerdings nur einem Tropfen auf den heissen Stein gleichkommen, werden sowohl Polen als auch Juden erreicht. Ausserdem wird eine grössere Sendung von Medikamenten aus USA dieser Tage in Lissabon erwartet.

II

Mitte Oktober hat nun die bisher stärkste Welle von Deportationen deutscher Juden und Judenchristen nach Polen eingesetzt. So sind in der Nacht vom 18./19. und 19./20. Oktober je 7000 Berliner Juden[9] zunächst nach Litzmannstadt geschafft worden.

6 Dr. Carl Jacob Burckhardt (1891–1974), Publizist und Historiker; von 1941 an Präsident der Gemeinsamen Hilfskommission des IKRK und der Liga der Rotkreuz-Gesellschaften, 1944–1947 Präsident des IKRK.

7 Evang. Freikirche, welche auf die Täuferbewegung in der Reformationszeit zurückgeht. Im Aug./Sept. 1930 hatte die Mennonitische Weltkonferenz („Welthilfskonferenz“) in Danzig stattgefunden.

8 Richtig: Commission for Polish Relief. Sie wurde auf Betreiben des ehemaligen US-Präsidenten Herbert Hoover (1874–1964) ins Leben gerufen und leistete der poln. Bevölkerung in Zusammenarbeit mit dem Amerikanischen Roten Kreuz bis Ende 1940 beträchtliche Hilfe in Form von Nahrung und Kleidung.

9 Bis zur Versendung des Memorandums Ende Okt. 1941 waren drei Transporte aus Berlin im Getto Litzmannstadt eingetroffen: am 18./19.10.1941 mit 1013 Personen, am 24./25.10. mit ca. 1000 Berliner Juden einschließlich 46 Juden aus Emden, ein dritter Transport mit rund 1000 Berliner Juden am 29.10.1941.

20 000 Juden[10] aus dem Rheinland[11] dürften sich auf dem Weg dorthin befinden oder schon dort sein. Aus Prag sollen 2000[12] abtransportiert worden sein. Deportationen aus Wien sind schon seit einiger Zeit im Gange. Aus Breslau soll eine Anzahl Juden zu Arbeiten im böhmischen Riesengebirge eingesetzt worden sein. Wie wir hören, sollen die nach Polen gebrachten arbeitsfähigen Männer hinter der Ostfront an Strassen bauen, während die arbeitsfähigen Frauen in Munitionsbetrieben arbeiten sollen.
Für die vorläufige Unterbringung in Litzmannsstadt sollen Barackenlager vorgesehen sein, doch ist nichts Näheres hierüber bekannt.[13] Die Deportierten dürfen nur einen Handkoffer und 10 RM mitnehmen.[14] Von einem ausreichenden Schutz gegen die Kälte wird nicht die Rede sein können. Es ist anzunehmen, dass diese Massnahmen der Anfang einer vollständigen Abschiebung der Juden und Judenchristen aus dem Reich und dem Protektorat sind. Es handelt sich um Menschen, die infolge jahrelanger Überforderung ihrer seelischen Kräfte diesen neuen härtesten Massnahmen in der Mehrheit nicht mehr gewachsen sein werden.

III
Der Vorläufige Ökumenische Rat der Kirchen kann aus christlicher Verantwortung an dem in Polen herrschenden Flüchtlingselend nicht achtlos vorbeigehen. Sind schon diese Gebiete für seine eigene charitative Arbeit praktisch unerreichbar, so hält er es umsomehr für seine Pflicht, sich bei den geeigneten Stellen für eine rasche Hilfeleistung einzusetzen.
Die jüdischen Organisationen sind im Allgemeinen nicht mehr in der Lage, erfolgversprechende Schritte im Interesse ihrer Glaubens- und Stammesgenossen zu unternehmen.
Die Judenfrage berührt das Zentrum der christlichen Botschaft, ein Versäumnis der Kirche, hier schützend und warnend die Stimme zu erheben und nach Kräften zu helfen, wäre Ungehorsam gegen ihren Herrn.
Es ist daher die Aufgabe der christlichen Kirchen, und insbesondere ihrer ökumenischen Vertretung: des Vorläufigen Ökumenischen Rates, sich stellvertretend für die Verfolgten einzusetzen.

IV
Deshalb wendet sich der Vorläufige Ökumenische Rat der Kirchen an die zuständigen Instanzen des Roten Kreuzes mit der Bitte, den Zuständen im Warthegau und dem Ge-

10 Arthur Greiser, Himmler und Heydrich einigten sich vermutlich am 19./20.9.1941 darauf, insgesamt 20 000 Juden sowie 5000 Sinti und Roma in das Litzmannstädter Getto zu transportieren; tatsächlich deportiert wurden 19 953 Juden und 5007 Sinti und Roma.

11 Am 22.10.1941 verließ ein Sonderzug mit 1018 Personen Köln in Richtung Litzmannstadt. Ein zweiter Transport aus dem Rheinland folgte am 27.10.1941.

12 Mit drei Sonderzügen wurden etwa 3000 Juden aus Prag am 16., 21. und 26.10.1941 auf direktem Weg nach Litzmannstadt deportiert.

13 Bereits im Okt. 1941 wurden die Schulen im Getto geschlossen, um Platz für die Neuankömmlinge zu schaffen. Die meisten der sog. Westjuden wurden in einzelnen, geschlossenen Kollektiven, benannt nach ihren jeweiligen Transporten, untergebracht, z. B. Wien I, Berlin II; siehe Dok. 20 vom 3.–7.10.1941.

14 Den Personen war es i. d. R. gestattet, 50 kg Gepäck sowie 100 RM mitzunehmen.

neralgouvernement Polen besondere Aufmerksamkeit zu schenken. Unsere Anregung geht dahin: Das Rote Kreuz möge die baldige Entsendung eines Delegierten, möglichst eines Arztes, in die genannten Gebiete in die Wege leiten. Dieser Delegierte hätte die dringendsten Bedürfnisse, besonders in den grossen polnischen Städten, sowohl für die polnische, wie die jüdische Bevölkerung zu untersuchen, um auf diese Weise die nötigen Unterlagen für die Beschaffung von Medikamenten, sanitärem Material, Kleidern und anderem Bedarf zu sammeln.
Eine solche Reise sollte den Warthegau, insbesondere Litzmannstadt, aber auch die Gegend von Lublin einschliessen, wo sich noch aus den Deportationen des Winters 39/40 reichsdeutsche, österreichische, böhmische und mährische Juden befinden müssen, deren Schicksal praktisch unbekannt, aber sicher sehr schwer ist. Der Vorläufige Ökumenische Rat ist bereit, sich bei den angeschlossenen Kirchen, insbesondere in USA, nachdrücklich für die Unterstützung einer von den Instanzen des Internationalen Roten Kreuzes geplanten Hilfsaktion einzusetzen.[15]

DOK. 33

Der Inspekteur der Sicherheitspolizei und des SD meldet dem Leitenden Regierungsdirektor in Posen am 1. November 1941 die Ankunft zweier Transporte mit Juden im Getto Litzmannstadt[1]

Schreiben des Höheren SS- und Polizeiführers beim Reichsstatthalter in Posen im Wehrkreis XXI,[2] Der Inspekteur der Sicherheitspolizei und des SD (Tgb. Nr. 3536/41. A/Gzl.), SS-Sturmbannführer und Reg.Rat, Unterschrift unleserlich, an den Reichsstatthalter und Gauleiter, z. Hd. des Herrn Leitenden Regierungsdirektors SS-Oberführer Dr. Mehlhorn[3] (Eing. 3.11.1942), vom 1.11.1941

Betrifft: Übernahme von Juden und Zigeunern aus dem Altreich in das Getto in Litzmannstadt.
Vorgang: Bekannt.
Der am 1.11.1941 aus Prag eintreffende siebzehnte Judentransport wird sich wie folgt zusammensetzen:

15 Tatsächlich besuchte im Sommer 1942 eine Ärztekommission unter dem Patronat des Schweizerischen Roten Kreuzes die Ostfront sowie das Warschauer Getto, deren Bericht jedoch nicht veröffentlicht wurde; siehe Franz Blättler, Warschau 1942. Tatsachenbericht eines Motorfahrers der zweiten schweizerischen Ärztemission 1942 in Polen, Zürich 1945.

1 APP, 299/1214, Bl. 7 f., Kopie: BArch, R70 Polen/198, Bl. 48 f.

2 Wilhelm Koppe (1896–1975), Großhandelskaufmann; 1930 NSDAP-, 1931 SA- und 1932 SS-Eintritt, 1934 SS-Führer in Danzig, 1935 stellv. Führer des SS-OA Ost, 1936 SS-Gruppenführer und Leiter des SD-OA Elbe in Dresden, dann Inspekteur der Sipo und des SD in Leipzig, 1938 im SD-Hauptamt tätig; von Okt. 1939 bis 1943 HSSPF Warthe in Posen, zugleich Beauftragter des RKF, 1943–1945 HSSPF im GG; nach 1945 unter falschem Namen Direktor einer Schokoladenfabrik in Bonn.

3 Dr. Herbert Mehlhorn (1903–1968), Jurist; 1931 NSDAP- und SA-, 1933 SS-Eintritt; 1933–1935 stellv. Leiter der Gestapo in Sachsen, Sept. 1939 stellv. Chef der Zivilverwaltung in Posen, dann Leiter der Verwaltungsabt. beim Reichsstatthalter, von Sept. 1941 an oberster Sachbearbeiter für Judenfragen im Warthegau, 1944 Regierungspräsident in Oppeln; nach 1945 Justiziar in Oberndorf/Neckar.

1.)	Anzahl der Familien	297
2.)	Anzahl der ledigen Juden	101
3.)	Anzahl der ledigen Jüdinnen	91
4.)	Altersgliederung:	
	von 1–18 Jahren	112 Personen
	von 19–45 »	394 »
	über 45 Jahre	494 »
5.)	Zahl der arbeitsfähigen Juden	960
6.)	Berufliche Zusammensetzung:	
	Jugendliche	75
	freie Berufe	20
	Gewerbe und Handel	187
	im Haushalt Tätige	278
	Handwerker und Arbeiter	440

Der am 2.11.1941 aus Berlin eintreffende achtzehnte Judentransport wird sich wie folgt zusammensetzen:

1.)	Anzahl der Familien	224
2.)	Anzahl der ledigen Juden	155
3.)	Anzahl der ledigen Jüdinnen	334
4.)	Altersgliederung:	
	Von 1 bis 10 Jahren	45 Personen
	» 11 » 20 »	53 »
	» 21 » 40 »	149 »
	» 41 » 60 »	394 »
	über 60 Jahre	381 »
5.)	Zahl der arbeitsfähigen Juden	891
6.)	Berufliche Zusammensetzung:	
	Arbeiter und Handwerker	272
	kaufmännische und technische Berufe	95
	wirtschaftliche Berufe	5
	Sanitätspersonal	6
	sonstige Berufe	31
	ohne Beruf	548.

DOK. 34
Ein unbekannter Verfasser beschreibt die ersten Monate der deutschen Besatzung in Grodno und die Einrichtung von Gettos am 1. November 1941[1]

Handschriftl. Bericht für das Ringelblum-Archiv im Getto Warschau, ungez., o. D.[2]

Grodno. Kriegsausbruch

Auf der Uhr der Geschichte kreuzten sich die Zeiger. Es schlug 12 Uhr! Vom 22. auf den 23. Juni [1941] tauchten über Grodno die ersten deutschen Flugzeuge auf, die ersten Bomben fielen auf die Stadt, die ersten Feuer- und Rauchsäulen stiegen in die Wolken empor. Welle um Welle kehrten die unheilvollen Maschinen zurück, ein Hagel aus Stahl prasselte pausenlos auf das Straßenpflaster, auf die Hausdächer und Köpfe der Menschen nieder. Die Hälfte der Wohngebäude fiel während der schrecklichen Kanonade den Flammen zum Opfer. Wohngebäude – nicht Hangars, Garagen oder die Kaserne! Die Armee hatte unter den Luftangriffen nicht zu leiden, seit zwei Tagen befand sich in Grodno kein Rotarmist mehr. Sie waren geflohen und hatten die Einwohner ihrem Schicksal überlassen. Am Tag vor Ausbruch des Krieges hatten sie nur diejenigen deportiert, die aus ihrer Sicht illoyale Elemente darstellten. Bald nachdem die Eschelons[3] mit den Evakuierten die Stadt verlassen hatten, dienten sie den deutschen Bombern als Ziel. Sie fuhren durch den Geschosshagel, in ihrem Innern Menschen, besinnungslos vor Entsetzen und Verzweiflung. Der Anblick dieser Unglücklichen, durch mitleidslose Mächte von Himmel und Erde Bedrängten, war gespenstisch. Erst vor der ehemaligen polnisch-sowjetischen Grenze entschieden sich die bolschewistischen Begleitkommandos, die Riegel der Eschelons zu öffnen. Halbtote Gestalten schieben[4] sich heraus, suchen ihre verstreuten Familienangehörigen. Nach einer kurzen Bedenkzeit beschließen alle Überlebenden, nach Grodno zurückzukehren. Viele von ihnen erreichten das Ziel, aber machten unterwegs einen Abstecher in die Warschauer Quarantäne.[5] Die deutsche Armee rückte vor und brachte Feuer und Tod mit sich. Hinter ihrem Rücken schwelten Brände, ertönten Klagen und Verwünschungen.

Die Einnahme von Grodno

Die Besetzung von Grodno am 23. Juni durch deutsche Garnisonen fand ohne Kämpfe statt. Von den Bolschewiken war keine Spur mehr zu sehen. Die Polen begrüßten ihre Nachbarn vom anderen Ufer der Oder mit großer Freude und Begeisterung. Die Kluft, die die Landsleute von Bismarck, Friedrich[6] und den Gründern der „Hakata"[7] seit Jahrhunderten von den Nachfahren der Bolesławs und des Jagiełło trennte, verschwand im

1 AŻIH, 750. Ring I/805, Bl. 1–12. Abdruck als Faksimile in: Archiwum Ringelbluma, Bd. 3 (wie Dok. 10, Anm. 1), S. 159–168. Das Dokument wurde aus dem Polnischen übersetzt.

2 Der Bericht entstand vermutlich Ende 1941 oder Anfang 1942.

3 Aus dem Russ. von эшелон, Militärtransportzug.

4 Tempuswechsel hier und im Folgenden wie im Original.

5 Nicht ermittelt.

6 Gemeint ist vermutlich König Friedrich II. von Preußen, der an der ersten Teilung Polens 1772 beteiligt war.

7 Umgangssprachliche Bezeichnung (gebildet durch die Anfangsbuchstaben der Gründer „HaKaTa") für den deutschen Ostmarkenverein, der 1894 in Posen zur Unterstützung der Germanisierungspolitik im preuß. Teilungsgebiet gegründet wurde.

Handumdrehen. Die Juden hingegen … Versteckt in Kellern, vergruben sie die Reste ihrer armseligen Habe. Die Juden begrüßten die „Kulturträger“[8] der westlichen Zivilisation nicht allzu enthusiastisch.
In kürzester Zeit erfuhren wir neue und außergewöhnlich interessante Dinge. Bisher glaubten wir, dass alle Menschen gleich sind, gleiche Rechte, Pflichten und Privilegien besäßen. So sagten es zumindest unser Heiliges Buch sowie viele Schriftsteller und kluge Geister. Aber ach, in was für einem schweren Fehlglauben lebten wir! Es ist nämlich durchaus nicht so, dass die Menschheit aus Geschöpfen besteht, die einander gleich sind. Sie setzt sich aus fantastischen Rittern und Helden unter dem Zeichen des Hakenkreuzes, aus Knechten und Sklaven, die nicht in der Lage sind, sich dem eisernen Druck zu widersetzen, sowie Juden zusammen. Juden, das ist gleichermaßen Begriff und Definition. Jude – das ist ein Synonym für Unvermögen und Feindlichkeit, eine Kreatur, die von keiner Regierung und keiner Armee geschützt wird. Kapitalist, der durch die gewaltige Macht des Geldes Druck auf Roosevelt ausübt, Kommunist und Umstürzler in einer Person.
So zumindest sind die Ansichten unserer Gäste, und diese erhabenen Ideen pflanzen sich in die Köpfe der hiesigen Bevölkerung. Obendrein sind die Bauern, die übrigens schon seit längerer Zeit kommunistisch eingestellt sind, derzeit enttäuscht vom Stalinismus und betrachten die Juden als ebenso schuldig wie die Herren im Kreml.
Die Folgen lassen nicht lange auf sich warten. Die Reaktion umgarnt die widerspenstigsten Gemüter, die feindliche Stimmung betrifft immer breitere Kreise. Es kommt dazu, dass eine Frau, die mit einem einjährigen Kind umherirrt, im ganzen Dorf niemanden dazu bewegen kann, ihr ein Quartier für die Nacht, einen Teller Essen oder zumindest einen Löffel Milch für den Säugling zu geben.
So rächt sich der geradlinige, gutherzige Bauer am hinterhältigen und bösartigen Juden. Die nationalsozialistische Erziehung zeitigt bereits unerwartete, krönende Erfolge. In der Stadt geschieht unterdessen das Gleiche. Überall dort, wo der schwere, eisenbeschlagene Schuh des deutschen Landsturms[9] die Erde berührt hat. Razzien, Verhaftungen (über 1000 Personen), Tag und Nacht Plünderungen, Massaker und Folter, einzelne Vorfälle. Ohne Mitleid, ohne Herz, mit einem Lächeln auf den Lippen und einer Knute in der Henkerspfote.
Der Terror wird immer unerträglicher und nimmt zunehmend seltener Formen von sporadischen Exzessen an. Er wurde zu einem amtlichen Fakt und Gegenstand von Gesetzen. Die mit gelben Flicken gebrandmarkten Juden haben auf der Fahrbahn zu gehen. Die Bürgersteige sind für Menschen gedacht, die Juden jedoch …
Trotz immer neuer Bedrohungen und Einschränkungen reagieren die Menschen nicht mehr darauf. Eine interessante Sache: Je mehr die Wirklichkeit einen niederdrückt, desto leichter kann man emporsteigen in die irreale Welt der Träume. Der Glaube an die schnelle Rettung verbreitet sich ebenso wie der Schmerz und das Unrecht. Gerüchte, die absolut jenseits jeglicher Wahrscheinlichkeit liegen, machen in der Stadt die Runde und finden überall Glauben. Alles nimmt man für bare Münze: Nachrichten von deutschen Niederlagen, vom Näherrücken der alliierten Armeen, vom Anschluss Grodnos an Litauen (September bis Oktober). Insbesondere die letzte Nachricht nimmt derart reale

8 Im Original deutsch.
9 Im Original deutsch.

Formen an, dass sich die Bewohner der Stadtteile jenseits der Memel auf die andere Seite des Flusses begeben. Gut informierte Quellen berichten nämlich, dass die Memel die Grenze zwischen Litauen und Deutschland bilden wird. Sofort stehen uns Erinnerungen aus guten Wilnaer Zeiten vor Augen. Wir glauben, dass bessere Tage kommen, dass wir uns vom erdrückenden Joch erheben können, dass es uns immerhin gelingen wird, das Gewitter in relativer Ruhe und Stille zu überleben.

Dann erschüttert uns wie ein Donner die Nachricht: Unsere Stadt wird Teil des Deutschen Reiches. Eingegliedert in dessen Grenzen erträgt sie es nun nicht mehr, dass Juden so unverschämt ihre seit Urzeiten urdeutschen Straßen besudeln. Über uns hängt deshalb die Bedrohung eines doppelten Dilemmas: Aussiedlung oder Einschluss in die Mauern eines Gettos. Der Bau von Baracken schien für die erste Variante zu sprechen. Weil jedoch in diesem Krieg immer das geschieht, was am wenigsten wahrscheinlich ist, so stand plötzlich auch in diesem Fall die Frage eines jüdischen Wohnbezirks auf der Tagesordnung.

Die Zeitmaschine drehte sich wieder für ein paar Jahrhunderte zurück. Die Kultur unserer Herrscher erreichte einen außergewöhnlichen Fortschritt: Sie knüpft jetzt an die Ära der Päpste und Dogen an.[10]

Spanische Legionen

Es sei mir erlaubt, mich mit ein paar Worten an die spanischen Soldaten zu wenden.[11] Ihr seid nicht unsere Freunde, aber auch keine Henker. Ihr kämpft unter der Flagge unserer Feinde, aber ihr quält keine Wehrlosen. Unter den Klängen der Gitarre tanzt ihr auf der Straße mit unseren Mädchen und reißt ihnen die gelben Markierungen ab, die sie auf Befehl eures Patrons angelegt hatten. Ihr gingt in die Schlacht, wie es sich für einen Ritter und nicht für einen Mörder gehört. Ehre sei euch!

Zwei Gettos

Die Enttäuschung, die eintrat, nachdem sich die Gerüchte über einen Anschluss Grodnos an Litauen zerstreut hatten, wurde von Zufriedenheit abgelöst, bis die ersten Nachrichten aus Wilna eintrafen. Flüchtlinge berichten von schrecklichen Blutbädern. Maschinengewehre auf den Straßen zielten auf schwangere Frauen und kleine Kinder. Eines von den zwei jüdischen Stadtvierteln wurde liquidiert, und seine Bewohner wurden mit Stiel und Stumpf ausgerottet. Als jedoch die Bildung von zwei Gettos in Grodno (beim Fischmarkt und in Słobódka) zur vollendeten Tatsache wurde, bemühte sich alles, was Beine hatte, um ein Quartier im privilegierteren Viertel. Die Grodnoer Juden waren voll panischer Angst vor einer ähnlichen Entwicklung wie in Wilna.[12] Um sich am Fischmarkt anzusiedeln, wurde eine Handwerkerkarte verlangt, so dass sich jeder – ob berechtigt oder nicht – darum bemühte, eine zu bekommen. Endlose Schlangen von Männern in Furcht und Unsicherheit warteten vor den entsprechenden Ämtern. Mit dem ersten Schnee kam schließlich der denkwürdige Tag des 1. November 1941. Den Ariern

10 Gemeint ist die Errichtung eines ersten abgeschlossenen Wohnbezirks für Juden in Venedig 1516, das als „gheto novo" namensgebend wurde.

11 Unter dem Oberkommando der Wehrmacht beteiligten sich auch ca. 17 000 span. Freiwillige am deutsch-sowjet. Krieg. Als 250. Infanterie-Division, auch Blaue Division genannt, waren sie von Sept. 1941 an der Heeresgruppe Nord unterstellt.

12 In Wilna hatten die Deutschen im Sept. 1941 zwei Gettos einrichten lassen, von denen das sog. Kleine Getto vor allem für Alte und arbeitsunfähige Juden vorgesehen war.

war es verboten, auf die Straße zu gehen. Massen von Juden bewegten sich fieberhaft mit den Resten ihres Eigentums durch die Stadt. Jedes Bündel wurde sorgfältig durchsucht. Diebstählen und Plündereien waren keine Grenzen gesetzt, der Gendarm gab seiner Ungeduld Ausdruck, indem er Sachen und Pakete in die aufgeweichte Erde warf. Die Wohnbedingungen stellen sich als katastrophal heraus. Ein eigenes Bett ist der Gipfel der Träume. Eine kalte Holzbude am Fischmarkt wird zum Zufluchtsort von einigen Familien, die sich häufig aus neun bis zehn Personen zusammensetzen.
Man kann sich leicht vorstellen, wie das Leben in so einer Atmosphäre abläuft. Männer und Frauen, Erwachsene und Kinder, Verwandte und völlig Fremde – alle diese Leute wohnen, essen, schlafen und arbeiten, leiden zusammen und warten auf eine Erlösung. Währenddessen ereignete sich weit entfernt auf den schneebedeckten russischen Ebenen ein Wunder. Das erste Mal wurde die Wucht der preußischen Armee gestoppt, das erste Mal seine selbstbewusste Führung erschüttert, das erste Mal zog sich der deutsche Soldat zurück. Die Energie des Führers,[13] seines Volkes und seiner Armee ist erschöpft. Die Winterfröste und die Opferbereitschaft der Roten Armee bewirken ein plötzliches Ende des Kreuzrittersturms.[14] Es bricht das Morgenlicht der Freiheit an! Auf dass uns bald darauf der erste Tag der Freiheit und Erlösung begrüßt!
Erinnerungsfetzen eines Beobachters.

DOK. 35

Der aus Prag deportierte Wiener Schriftsteller Oskar Rosenfeld hält rückblickend in seinem Tagebuch seine Deportation und Ankunft im Getto Litzmannstadt am 4. November 1941 fest[1]

Tagebuch von Oskar Rosenfeld,[2] Eintrag vom 17.2.1942

[...][3]
Ein Transport geschorener eingeschüchterter Schafe – das war die „Evakuierung" der Juden aus Prag. Der Zug rollte an der Peripherie der Stadt ins Freie. Wohin? Nach dem Westen, Deutschland zu, durch Breslau – so hieß es, weiter, weiter. Es wurde Abend. Man dürstete. Wenn inmitten der Nacht der Zug irgendwo haltmachte und einer der

13 Im Original deutsch.
14 Anfang Dez. 1941 brachte die Rote Armee den deutschen Vormarsch vor Moskau zum Stehen und zwang die Wehrmacht erstmals zum Rückzug.

1 YVA, O.6/234/II-5, Bl. 14–16: Heft A, Privates Tagebuch. Zu Stimmungen als Erinnerung – öffentlich (Typoskript). Abdruck in: Oskar Rosenfeld, Wozu noch Welt. Aufzeichnungen aus dem Getto Lodz, hrsg. von Hanno Loewy, Frankfurt a. M. 1994, S. 45 f.
2 Oskar Rosenfeld (1884–1944), Journalist und Schriftsteller; 1902–1908 Studium der Kunstgeschichte und Philologie in Wien, emigrierte 1938 von Wien nach Prag, am 3.11.1941 nach Litzmannstadt deportiert, von 1942 an Mitarbeit an der Gettochronik sowie Abfassung seines Tagebuchs, im Aug. 1944 nach Auschwitz-Birkenau deportiert und dort ermordet.
3 Rosenfeld beginnt seinen Tagebucheintrag mit einem Appell, bis zum Sieg der Gerechtigkeit durch- und auszuhalten. Außerdem berichtet er davon, dass viele Juden in Prag überraschend die Nachricht erhielten, für einen Sammeltransport mit unbekanntem Ziel vorgesehen zu sein, sowie über die Vorbereitungen in den letzten Tagen bis zur Deportation aus Prag.

jüdischen Transportleiter Wasser holen wollte, schlugen die mitfahrenden Feldgrauen[4] auf ihn ein, schrien und fluchten. Es gab kein Wasser … Die Nacht war lang. Plötzlich riß ein Stahlhelm die Coupétür auf, Waggon für Waggon, und befahl drohend: Jeder Mann hat sich zu rasieren und die Schuhe zu putzen … Man sollte also nett, adrett, gepflegt, ja geradezu soigniert[5] in Lodz ankommen, man wußte endlich, wo man landen werde. Man ahnte es mehr, als man wußte, denn schon ging es durch die öden Landstrecken Polens, durch herbstliche Kartoffelfelder, die sich ohne Erhebung bis zum fernen Horizont streckten. Übernächtigt, hungernd, schläfrig, im Dunkel der Coupés begannen Hunderte Männer die Schuhe zu putzen und sich zu rasieren mit Apparat … Wasser aus dem Closett. Da und dort kam ein Gestapo mit seiner Taschenlampe und ließ einige antreten, fluchte, wenn ihm der Evakuierte nicht genug elegant erschien.
Also Lodz, ins Ghetto von Litzmannstadt, wo es angeblich einen Ältestenrat gibt, der sich freut, seine Gäste zu empfangen, alles für sie bereitgestellt hat: Wohnungen, Nahrung, Arbeit, ja Lebensfreude. Denn – so hieß es schon vor der Abreise – die Juden werden „dort" in Freiheit leben, ihren Berufen nachgehen, unter sich sein und endlich Ruhe haben, ein seltenes Glück, für das man der lieben Gestapo dankbar sein muß …
Der Zug hielt auf freiem Feld.[6] Die Coupétüren wurden aufgerissen. Müde, zerquält, in den Händen Koffer, auf den Rücken die Rucksäcke, unter den Armen Bündel, so krochen mehr als tausend Menschen die Trittbretter hinab. Tiefer Kot, Schlamm, Wasser, wohin sie traten. Es war Herbst. Polnisch-russischer Herbst. Feldgraue Gestapo trieb an. „Vorwärts! Lauf! Lauf!" schrien blonde gutgenährte Jungens. Unvergeßlich der eine, mit rötlichem borstigem Bart und rötlichen Augenbrauen, stechendem Blick, schnarrender Stimme. Er schrie die „Neuansiedelnden" an: „Lauf, du Judensau", stieß gegen Frauen, die nicht wußten, wohin sie sich wenden sollen. Wo war man gelandet? Wem gehörte man an? Wo war die hilfreiche Hand, die sich entgegenstreckte? Wer übernahm die 1000, die in die Öde von Lodz hineingeschleudert worden waren? Nichts, nichts. Man kam nicht zur Besinnung. Das Hirn war leer, man vergaß sogar daran, daß man einen Tag und eine Nacht fast nichts gegessen hatte. Ein Zug formierte sich. Durch Kot und Schlamm ging es irgendwohin. Neugierige standen an den Rändern einer Straße, einer verwahrlosten, häuserarmen Gegend, von der man nicht sagen konnte, ob sie Stadt oder Dorf sei … Einige Wagen, mit je einem hageren Pferd bespannt, nahmen Alte und Kranke auf. Die Kutscher fluchten, hieben auf die armen Gäule ein. Ein Vorgeschmack für die künftigen eigenen Leiden vielleicht. Menschen zerlumpt, zerfetzt, mit wachsbleichen Gesichtern trotteten daneben. Man begegnete Karren, kleinen Wagen, die von jungen und alten Leuten, nicht von Tieren geschleppt wurden. Öde Lehmhütten … Hilflose Bäume und Sträucher … Kotlachen … stinkender Unrat … Müde mit gekrümmten Rükken zahllose Kreaturen … Daneben Gesichter, die alles Leid schon überwunden hatten, auf denen geschrieben stand: Wir halten durch, wir überleben euch, ihr könnt uns nicht zerstören … armselige Kramläden, Schenken, Caféhäuser, Zigarettenverkäufer, Mädchen und Kinder, die irgend etwas feilboten, Geruch von Dingen, die im Westen nicht zu sehen sind, junge Menschen in Uniform mit dem Zionsstern am Arm, Geschrei

4 Gemeint sind Angehörige der Gestapo.
5 Gepflegt.
6 Die Deportationszüge kamen am Güterbahnhof Radegast am nördlichen Rand des Gettos an.

neben Stille, darüber ein nebelgrauer Himmel, durch den bisweilen rabenartige Vögel fliegen … Das war das Verbrecherviertel von Lodz, das Getto Litzmannstadt … (Getto = um Juden als Stück Mittelalter mit Judenstern zu kennzeichnen).
[…][7]

DOK. 36
Der Augenarzt Dr. Paweł Horowitz bittet das Auswärtige Amt am 5. November 1941 um eine Einreisegenehmigung aus Rumänien, um die oberschlesischen Juden medizinisch betreuen zu dürfen[1]

Schreiben von Dr. med. Paweł vel Peilet Horowitz,[2] Sfintilorstr. 9, Bukarest, an das Ministerium des Äußeren, Berlin, vom 5.11.1941[3]

Unterfertigter Dr. med. P. Horowitz Augenarzt aus Sosnowitz, derzeit in Bukarest, bittet höflichst um Einreisegenehmigung zur Rückkehr nach Sosnowitz.[4] Begründet seine Bitte wie folgt:
War seit 1927 Augenarzt in Sosnowitz, wo er sich nach Beendigung seiner Spezialstudien an der Wiener Augenklinik etabliert hatte. In Ost-Oberschlesien befinden sich jetzt über hunderttausend Juden, unter denen viele an Trachom leiden (Trachom, eine gefährliche ansteckende Krankheit der Augen, die oft mit Erblindung endet). In ganz Ostoberschlesien ist kein einziger jüdischer Augenarzt. Unterfertigter war dort lange Zeit als einziger jüdischer Augenarzt tätig. Daß das gefährliche Trachom in der letzten Zeit, speziell in den Ostgebieten des Reiches stark zugenommen hat, wird auch erwähnt in der Fachschrift der Augenärzte „Klinische Monatsblätter für Augenheilkunde" (Heft Juli 1941 Seite 72–74). Es besteht immer in jetzigen Zeiten eine Trachomepidemiegefahr. In demselben Heft wird auch an großen Mangel von Augenärzte in den Ostgebieten des Reiches geklagt, so daß an verantwortungsvollen Stellen unerfahrene Medizinstudenten bei Bekämpfung des Trachoms verwendet werden müssen.
Hat zurückgelassen in Sosnowitz eine Frau und zwei Kinder ganz ohne Mittel sowie alte und kranke Eltern.
War im September 1939 einberufen in das Krakauer Garnisonspital, welches nach Kolomea und dann nach Rumänien übertragen wurde. Befindet sich in Bukarest seit Septem-

7 Rosenfeld schildert im Folgenden die Ankunft und die schlechten Zustände im Getto. Er berichtet, dass der Alltag dort von Hunger bestimmt war und wie sehr ihn das Nichtstun gequält habe. Außerdem schreibt er von den sich ausbreitenden Krankheiten und den zunehmenden Todesfällen.

1 PAAA, R 99 370, Bl. 180+RS.
2 Paweł Horowitz, Mediziner aus Sosnowiec; sein weiteres Schicksal ist unbekannt.
3 Grammatik und Rechtschreibung wie im Original; im Original handschriftl. Bearbeitungsvermerke.
4 Die Korrespondenz hatte Horowitz' Ehefrau, Pola Horowitz, bereits im Mai 1941 begonnen. Belegt sind zwei Briefe mit der Bitte, ihren Ehemann einreisen zu lassen. Zunächst erhielt sie eine Genehmigung aus Kattowitz, weshalb sie sich am 18.10.1941 an das Auswärtige Amt wandte, das ihre Anfrage an das RSHA weiterleitete. Das letzte überlieferte Schreiben ist die endgültige Ablehnung des Gesuchs durch Eichmann, der vermerkte, dass die zuständige Dienststelle in Kattowitz ihre Zusage zurückgezogen habe und es keinen weiteren Bedarf an jüdischen Augenärzten in der Umgebung gebe.

ber 1939 und ist die ganze Zeit tätig an der Universitätsaugenklinik sowie an der Augenabteilung „Iubirea de Oameni“ in Bukarest. –
Das Polizeipräsidium in Sosnowitz sowie die Geheime Staatspolizei in Kattowitz haben auf ein Gesuch der dortigen jüdischen Kultusgemeinde meine Angelegenheit wegen Rückkehr günstig erledigt, da meine Stelle als einziger Augenarzt in jenem Gebiete bisher noch unbesetzt ist.
Unterfertigter war im Weltkriege freiwilliger österreichischer Frontsoldat. –
In Bezug auf meinen Frontdienst im Österreichischen Heer, in Bezug auf Mangel eines Augenarztes in jener Gegend und auf einer Trachomepidemiegefahr während des Krieges, bitte ich ergebenst mir die Einreisegenehmigung nach Sosnowitz, wo meine hilflose Familie sich befindet, zu erteilen, und verpflichte mich mit allen Kräften zum Wohle des Reiches sowie zur Gesundheit der Bevölkerung opfervoll zu arbeiten. –[5]
Kniend und gebeugt fleht und bittet ein freiwilliger österreichischer Frontsoldat im Weltkriege, ihm die Möglichkeit zu geben mit seiner Frau und Kindern sowie kranken Eltern, welche ganz ohne Mittel den traurigen Konsequenzen ausgesetzt sind, zusammen zu sein, und unzähligen Kranken als Arzt zu helfen.
Dr. med. Paweł vel Peilet Horowitz
Bukarest
Str. Sfintilor 9
1 Beilage[6]

DOK. 37

Die NSDAP-Kreisleitung Hohensalza beklagt am 7. November 1941 die zu große Freizügigkeit der in Arbeitslagern untergebrachten Juden[1]

Bericht der NSDAP-Kreisleitung Hohensalza, Gau Wartheland (Ho/Vi), gez. Hauptabschnittsleiter Hammersen,[2] an Gauleitung Wartheland, Stellvertretenden Gauleiter[3] (Eing. 12.11.1941, Tgb. Nr. 3367/41), Posen, vom 7.11.1941

Betrifft: Berichtwesen der NSDAP; Lagebericht für den Monat Oktober 1941.
Bezug: Rundschreiben vom 31.5.1941 – Tgb. Nr. 1502/41.[4]
1.) *Allgemeine Stimmung der deutschen Bevölkerung.*
Die Bevölkerung verfolgt mit Interesse die Ereignisse im Osten. Es tritt dabei die Frage auf, wie weit die Operationen des Heeres noch gehen sollen. Insgesamt ist sich die Bevölkerung nicht im klaren darüber und diskutiert deshalb diese Frage sehr lebhaft, ob nicht

5 Der nachfolgende Absatz wurde handschriftl. eingefügt.
6 Dem Brief liegt eine Bescheinigung vom 5.11.1941 über die Anstellung des Oberarztes Dr. Horowitz in der Augenabt. des Bukarester Krankenhauses, Iubirea de Oameni, Intstr. 77, bei.

1 APP, 888/14, Bl. 52–65.
2 Walter Hammersen (1911–1990), Jurist und Politiker; 1930 NSDAP- und SA-, 1932 SS-Eintritt; 1939 kommissar. und von 1941 an Landrat und Kreisleiter in Hohensalza sowie Vorstandsmitglied des Sparkassenverbands Posen, 1942–1945 Kriegsteilnahme; 1945–1948 in sowjet., dann brit. Kriegsgefangenschaft, 1954–1966 Stadtrat in Wiesbaden, 1961–1965 MdB.
3 August Jäger.
4 Das Rundschreiben gab das Frageraster für die Berichte vor. Es sollten lediglich mitteilungswürdige Punkte thematisiert werden, daher im Folgenden die inkonsistente Nummerierung.

letzten Endes doch ein gewisses sowjetisches Gebiet bleiben wird. Es tritt dabei die Vermutung auf, daß Japan keinesfalls in der Lage sei, zur endgültigen Auslöschung des Sowjetstaates beizutragen.
In Anbetracht der ungeheuren Erfolge und Opfer unserer Wehrmacht im Osten ist die Bevölkerung sehr gebefreudig.
Die Umsiedlung macht noch immer erhebliche Schwierigkeiten. Die Unterbringung der neu angesiedelten Bessarabier ist noch immer dermaßen schlecht, daß die betreffenden Familien mit größter Sorge dem Winter entgegensehen. Unser Versuch, hier eine Änderung herbeizuführen, ist durch das Einsetzen des Winters erheblich gehemmt worden. Die Stimmung gibt Redereien Raum, die eigentlich unseres Erachtens noch nicht aufkommen dürften. So wurde von den Umsiedlern wie auch von den Volksdeutschen, die ihre Treuhandhöfe[5] verlassen mußten und bislang noch nicht oder sehr schlecht untergebracht sind, aus Anlaß des „Tages der Freiheit" erklärt: „Was nützen uns die schönen Reden in Posen über Einrichtungen von Theatern und Kinos, wenn man für die deutschen Menschen im Warthegau noch nicht einmal ein Unterkommen hat, das einigermaßen Schutz bietet vor dem Winter?"
Es ist selbstverständlich, daß sich diese Volksgenossen in verstärktem Maße an die Partei wenden. Leider sind wir aber nicht in der Lage, hier helfend einzugreifen. So kann man verstehen, wenn in vielen Dingen über die Arbeit der Partei geschimpft wird.
2.) *Die NSDAP.*
a) *Innerparteiliche Angelegenheiten.*
Durch Anweisungen ist die gesamte Feiergestaltung im Reichsgau Wartheland dem Schulungsamt unterstellt. Andererseits erhält wieder das Propagandaamt über seine Abteilung Kultur Anweisungen zur Feiergestaltung. Dies kann in Einzelfällen in den Kreisinstanzen zu Reibereien führen. Es wäre deshalb an höherer Stelle zu klären, wer oder inwieweit die einzelnen Ämter für die Durchführung von Feiern zuständig sind.
In einem Erlaß der Parteikanzlei wird darauf hingewiesen, daß der Führer eine Einschränkung aller Dinge verlangt, die nicht kriegswichtig und kriegsentscheidend sind.[6] So auch das Erstellen von Fragebögen und ähnlichen Materials. Es erscheint uns deshalb manchmal nicht ganz verständlich, daß wir immer wieder von den einzelnen Gaudienststellen mit Fragebogen, Erstellungen von Statistiken usw. überschwemmt werden, die sich irgendwie zentral und ohne viel Arbeit beschaffen ließen. So wird z. B. vom Gauorganisationsamt seit Oktober Aufstellung um Aufstellung verlangt über Bevölkerungszahl, unterteilt nach Deutschen und Polen, unterteilt nach Reichs- und Volksdeutschen, unterteilt nach Geschlechtern, nach Parteigenossen und Angehörigen der Gliederungen, nach aktiven und inaktiven Parteigenossen usw. Gleichzeitig werden Aufstellungen verlangt über die Namen der einzelnen Dörfer und Amtsbezirke, der Einwohnerzahlen dieser einzelnen Gemeinden und Ortschaften. Vom stellv. Gauleiter, Stelle für Umsiedlerbetreuung, werden ähnliche Zahlen verlangt über die Stärke der Umsiedler in den Kreisen, Amtsbezirken und Ortschaften. Es wird Kartenmaterial verlangt mit der Eintragung der Ortsgruppen, Amtsbezirke und Zellen, dem Sitz der einzelnen Dienststellen usw. Es ist

5 Bauernhöfe poln. Eigentümer, die von der HTO und der Treuhandstelle Posen von Dez. 1939 an beschlagnahmt und an sog. Volksdeutsche bzw. deutsche Ansiedler zumeist treuhänderisch gegeben wurden.
6 Rundschreiben 119/41 der Partei-Kanzlei, gez. Bormann, vom 9.10.1941; BArch, NS 6/335, Bl. 109 f.

bei dieser Sache einmal zu überlegen, daß vieles von dem angeforderten Material bereits auf irgendeiner Dienststelle der Gauleitung liegt, zum anderen durch die dauernde Um- und Besiedlung eine laufende Verschiebung der Bevölkerungsstärke eintritt, so daß auch kaum einen Tag lang die gemeldete Stärke aufrechterhalten bleibt. Damit wird nach meiner Ansicht vieles hinfällig. Zum anderen aber läßt sich dieses Zahlenmaterial viel besser von der Zentralstelle, und zwar vom Reichsstatthalter beschaffen. Es ist hier insbesondere dabei zu bedenken, daß die Angaben immer wieder gemacht werden müssen von unseren Ortsgruppenleitern oder Amtskommissaren, die zum größten Teil noch nicht mit Schreibmaschinen ausgerüstet sind, so daß sie alles mit der Hand schreiben müssen und deshalb nie einen Durchschlag hinterlegen können, und zum anderen auch kein Hilfspersonal zur Erledigung dieser Sachen haben. Es ist in erster Linie dafür zu sorgen, daß sich dort die Anforderung derartiger Zahlen oder Kartenmaterials nicht mit den Anforderungen anderer Dienststellen überschneidet, da vor allen Dingen nur solche Sachen angefordert werden sollen, die nach dem Führererlaß kriegswichtig und kriegsentscheidend sind. Dinge aber, die sich zum Beispiel aus der Personenstandsaufnahme vom 10. Oktober ergeben,[7] sollten grundsätzlich bei der Behörde, und zwar in diesem Falle beim Reichsstatthalter angefordert werden.

3.) *Parteigliederungen.*

Hitler-Jugend.

Mit der Arbeit der Hitler-Jugend im Kreise bin ich keinesfalls zufrieden. Die örtliche Führung ist den ihr gestellten Aufgaben absolut nicht gewachsen. Wir können deshalb von einer eigentlichen HJ hier gar nicht mehr sprechen. Was noch antritt, ist das Jungvolk und beim BDM die Jungmädel. Es ist meines Erachtens unmöglich, daß der Führer eines Bannes, der wie der hiesige aus dem Streifendienst der Reichsjugendführung kommt und demzufolge noch keinerlei Führungsaufgaben gemeistert hat, zwei Banne führt. Es muß uns die Jugendarbeit viel zu wertvoll sein, als daß man sie solchen Menschen anvertrauen kann. Dementsprechend ist natürlich auch die Einstellung der Partei gegenüber. Es ist bezeichnend, wenn der betreffende Bannführer erklärt, daß, falls eine Feier der HJ von seiten der Partei nicht genehmigt wird, sich die HJ nicht mehr an irgendwelchen Feiern der Partei beteiligt.

7.) *Propaganda.*

b) *Versammlungen und Rednerwesen.*

Es muß dafür gesorgt werden, daß unbedingt für die kommende Zeit, in der die Landwirtschaft nicht viel zu tun hat, hier in diesem Gebiet recht viel Redner eingesetzt werden. Ich bin der Ansicht, daß dieses Gebiet in allem insbesondere im Rednereinsatz dem Reich gegenüber bevorzugt werden muß.

e) *Rundfunk.*

Die Versorgung unserer Bevölkerung mit Anodenbatterien für die Rundfunkempfänger ist katastrophal. Im Kreis Hohensalza befinden sich ca. 2800 Rundfunkgeräte. Davon sind ca. 1500 Batterieempfänger. Da in Geschäften zur Zeit keinerlei Anodenbatterien zu haben sind, ist die Bevölkerung auf die Zuteilung seitens der Partei angewiesen. Die Kreisleitung Hohensalza hat für den Monat Oktober 20 Anodenbatterien zugewiesen

7 Im Zusammenhang mit der Ausgabe von Lohnsteuerkarten waren die Kreise und Kommunen jährlich zu Personenstandsaufnahmen verpflichtet; die dabei erfassten Angaben lieferten auch Aufschluss u. a. über die Volkstumszugehörigkeit der Wohnbevölkerung.

erhalten. Wenn dieser Zustand so anhält, sind 1500 Rundfunkhörer gezwungen, ihre Geräte abzumelden. Da es sich hauptsächlich um Umsiedler und Volksdeutsche handelt, ist dies nicht zu verantworten. Es müßte deshalb gerade für unser Gebiet eine bessere Belieferung mit Anodenbatterien sichergestellt werden.

9.) *Kirchliche Fragen.*

In Bezug auf den Kirchenerlass für den Warthegau haben wir jetzt die ersten Auswirkungen zu verzeichnen.[8] Während durchweg die nach hier versetzten Reichsdeutschen den Eintritt in einen Kirchenverein nicht vollziehen, um ihre Stellung zu halten, sind ihre Frauen, soweit sie noch im Altreich wohnen, fleißige Kirchengängerinnen. Soweit aber bereits die Familie hier zugezogen ist, wirkt sich der Erlaß noch anders aus. Während die Männer hier Parteifreundlichkeit vortäuschen, fahren ihre Frauen zur Entbindung ins Altreich. Diese Fahrt wird weniger der Entbindung wegen gemacht, sondern gilt der Taufe des Kindes. Ein Ortsgruppenleiter schreibt mir hierzu wie folgt:

„Bei den eingesetzten Volksgenossen aus dem Altreich wird in Zukunft stärker auf die konfessionellen Bedingungen des einzelnen zu achten sein. Ich halte es nicht für richtig, strenggläubige Katholiken in unserem Gau anzusiedeln. Die Männer heucheln Parteifreundlichkeit, ihre Frauen aber fahren, wie ich es in zwei Fällen feststellen konnte, zur Entbindung ins Altreich. Nicht etwa, weil es hier nicht möglich wäre, sondern um dort ihre Kinder taufen zu lassen. Daß derartiges unter der Bevölkerung breitgetreten wird, hemmt unsere Arbeit. In den beiden Fällen handelt es sich um einen Gendarmen und einen Eisenbahner."

Ferner haben wir vor wenigen Wochen erlebt, daß ein hiesiger SS-Sturmführer, der bereits bei seinen Männern Eheweihen und Namensgebungen[9] durchgeführt hat, zur kirchlichen Eheschließung ins Altreich gefahren ist. Er hat sich hierzu eigens einen hiesigen Pfarrer mitgenommen. Derartige Vorkommnisse werden natürlich in der Öffentlichkeit diskutiert und wirken sich für unsere Arbeit schädlich aus.

h) *Sekten.*

Im hiesigen Kreis haben wir eine Baptistensekte, die besonders in einem Dorf sehr stark ist. Die Angehörigen dieser Sekte beteiligen sich in keiner Weise an den Veranstaltungen der Partei und überhaupt der Volksgemeinschaft. Alle Versuche, Zugang zu dieser Gruppe zu finden, sind bisher an der Haltung dieser Menschen gescheitert.

11.) *Judentum.*

Im Kreis Hohensalza haben wir eine Anzahl Judenlager. Die Behandlung der Juden wird aber nicht einheitlich durchgeführt. So erleben wir, daß die Insassen einzelner Lager für den Sonnabendnachmittag oder Sonntag zum Besuch ihrer Angehörigen in anderen

8 In einem unveröffentlichten 13-Punkte-Erlass Greisers, der dem Posener Evangelischen Konsistorium am 10.7.1940 mündlich mitgeteilt wurde, wurden die Kirchen zu privaten Vereinen heruntergestuft, Landes-, Volks- oder Territorialkirchen aufgelöst und alle rechtlichen, finanziellen oder personellen Beziehungen zu Kirchen außerhalb des Gaues verboten. Nur Volljährige durften als Mitglieder aufgenommen werden und Beiträge einzahlen. Materielles Eigentum wie Immobilien mussten abgegeben werden, Klöster und Stifte wurden aufgelöst. Religionsunterricht in Schulen sowie wohltätige Unternehmungen wurden verboten. Abdruck des Erlasses in: Paul Gürtler, Nationalsozialismus und evangelische Kirchen im Warthegau, Göttingen 1958, S. 47–51.

9 In der SS sollten seit den 1930er-Jahren sog. Lebenslauffeste wie Eheweihen, Namensgebungen oder Totenweihen die christlichen Trauungen, Taufen und Beerdigungen ersetzen. Hakenkreuz und Sigrunen traten dabei an die Stelle christlicher Symbole.

Lagern Urlaub bekommen, so daß sich eine mauschelnde Judengesellschaft durch die Stadt oder durch die Ortschaften bewegt. Es kommt dabei vor, daß diese Juden versuchen, bei den Umsiedlern Lebensmittel zu erbetteln. Es wäre von zentraler Stelle aus notwendig, Anweisungen zu erteilen über Behandlung sämtlicher in Lagern zusammengefaßter Juden.

Da unsere hier eingesetzten deutschen Menschen auch nicht in der Lage sind, infolge ihrer Arbeitslast oder sonstiger Beschwernisse ihre Angehörigen zu besuchen, ist es unmöglich, daß den Juden dieses Recht eingeräumt wird, da ihre Arbeitskraft nach Aussagen der einzelnen Betriebsführer nur ein Viertel der der Polen beträgt.

15.) *Polizeiliche Organe.*

Immer wieder dringen von seiten der Bevölkerung Klagen zu uns, daß sich die polizeilichen Organe keinesfalls an die ergangenen Verbote in Bezug auf die Ernährungswirtschaft halten. Auf Grund ihrer Uniform und Machtstellung wird immer wieder versucht, bei Umsiedlern wie auch bei den Polen Lebensmittel zu erreichen.

So meldet mir heute wieder ein Ortsgruppenleiter, daß ein Angehöriger der Polizei bei 4 Polen gewesen ist, um von jedem Polen eine Ente zu organisieren. Den Polen, die ihm erklärten, daß es ihnen verboten sei, Geflügel abzugeben, wurde kurzerhand erklärt, es sei viel verboten, er verlange es. Während hier z. B. bis jetzt keinerlei Zuteilungen an Geflügel erfolgt sind, ist festgestellt worden, daß wieder die Polizei an der Verteilung des hier anfallenden Geflügels sehr reichlich beteiligt war, so daß für die übrige Bevölkerung kaum etwas übrigblieb. Es muß von zuständiger Stelle mit aller Schärfe ein derartiges Gebaren unterbunden werden.

16.) *Staatliches Schulwesen.*

Durch den Einsatz einiger bessarabiendeutscher Lehrer haben nun auch die Dörfer, deren Kinder bislang vom Schulbetrieb ausgeschlossen waren, ihren Schulbetrieb aufgenommen. Dennoch wird es hier unter der Bevölkerung, die sehr eng mit der Bevölkerung des Nachbargaues Danzig-Westpreußen zusammenlebt, nicht verstanden, daß dort in viel größerem Maße Lehrkräfte vorhanden sind, die zum Teil für die Einschulung der Polenkinder verwandt werden.

22.) *Handel und Handwerk.*

b) *Beschäftigungslage.*

Die Beschäftigungslage im Handwerk und dem Handel wird immer katastrophaler. Wenn auch verstanden wird, daß sehr viele Arbeitskräfte heute für kriegswichtige Zwekke eingesetzt werden müssen, so ist es doch für die Bevölkerung fast unbegreiflich, daß hier in diesem Gebiet, das doch als Aufbaugebiet zu gelten hat, durch den Wegzug fast sämtlicher Arbeitskräfte der Aufbau gehemmt wird. Ich möchte hierzu nur ein Beispiel anführen.

Die Grundstücksgesellschaft[10] teilt mir gestern auf Anfrage mit, daß sie von den im Frühjahr in Auftrag gegebenen Neu- und Umsetzungen von Öfen infolge des Wegzuges geeigneter Arbeitskräfte bisher 2000 Öfen nicht fertigstellen konnten. Zur Fertigstellung dieser 2000 Öfen stehen ihr im Stadtgebiet nur 6 Ofensetzer zur Verfügung. Es ist dabei zu bedenken, daß ein Ofensetzer durchschnittlich 3 Tage an der Neu- bezw. Umsetzung

10 Siehe Dok. 6 vom 8.8.1941, Anm. 4.

eines Ofens zu arbeiten hat. Diese Öfen müssen aber, um unsere Menschen nur einigermaßen über den Winter hinwegzubringen, noch fertiggestellt werden.
Ähnlich ist es auf vielen anderen Gebieten des Handwerks wie auch des Handels. Im Handel fehlen insbesondere deutsche Verkaufskräfte, zumal durch die Einziehungen zur Wehrmacht ein großer Teil der deutschen Betriebsführer weggezogen wurden.
23.) *Ernährung und Landwirtschaft.*
Die Ernährungslage ist den Verhältnissen entsprechend. Zwar fehlt es an Obst und Gemüse. Bislang wurde nur eine Zuteilung an Obst durchgeführt.
b) *Erzeugung.*
Durch die frühe Einsetzung des Winterwetters, insbesondere des Schnees, befindet sich auf den Feldern noch eine große Anzahl von Zuckerrüben und Kartoffeln. Wenn auch die Zuckerrüben wenig Schaden leiden, so dürfte doch bei den noch draußen liegenden Kartoffeln der Schaden erheblich sein. Dies muß bei dem kommenden Ablieferungssoll der Erzeuger berücksichtigt werden. Unter den Bauern herrscht große Unruhe, daß bei der Durchführung des Ablieferungssolls für eine Versorgung des Reiches wie auch eine Sicherstellung der Saatkartoffeln nichts mehr übrigbleibt. Dazu kommt, daß die Polen in ungeheurem Maße Kartoffeln aufkaufen. Ich habe bereits in meinem letzten Lagebericht erwähnt, daß sich die Polen schon zum Teil mit dem Dreifachen ihres sonstigen Jahresverbrauchs eingedeckt haben. Es dürfte nachher sehr schwer sein, diese Kartoffeln, die für die Ernährung des Reiches unbedingt gebraucht werden, ausfindig zu machen. Gleichfalls wird festgestellt, daß die Polen in verstärktem Maße Ferkel aufkaufen, um mit diesen nachher als Spanferkel ihre Ernährungsbasis zu verbreitern.
f) *Landarbeiterfragen.*
Wie mir meine Ortsgruppenleiter berichten, ist unter den Polen eine steigende Arbeitsunlust zu verzeichnen. In verschiedenen Fällen kamen auch Arbeitsverweigerungen vor. Dies hat im Wesentlichen dazu beigetragen, daß die Rüben- und Kartoffelernte noch nicht geborgen ist. Die Schuld hieran liegt nach den Feststellungen meiner Ortsgruppenleiter an der schlechten Versorgung der Polen mit Berufskleidung und Schuhen. So wird mir berichtet, daß ein Ortsgruppenleiter Erhebungen anstellen ließ über die Versorgung der Polen mit Schuhen. Er hat dabei festgestellt, daß selbst in dem jetzt herrschenden Schnee- und Unwetter ein großer Teil der Polen noch barfuß in den Feldern steht. Es wird deshalb von seiten der Ortsgruppenleiter die Frage aufgeworfen, ob es auf die Dauer verantwortet werden kann, daß mit einer Arbeitskraft, denn eine solche stellt der Pole heute immerhin dar, so verfahren werden kann. Die Ortsgruppenleiter schlagen mir durchwegs vor, den Verkauf von Straßenschuhen an Polen restlos einzustellen und sie dafür mit Arbeitsschuhzeug zu beliefern. In Bezug auf Arbeitsbeschaffung haben wir festgestellt, daß zwar im Stadtgebiet keine Arbeitskräfte mehr vorhanden sind, die der Landwirtschaft zugeführt werden können, daß aber in den Landgebieten noch Kräfte genug sitzen, die nur ausgekämmt werden müssen. Es sind jene Polen, die selbst noch eine kleine Landwirtschaft haben und die im Besitz einer sehr großen Familie sind. Diese versuchen natürlich unter Berufung auf ihren eigenen Hof, sich vor einem anderweitigen Einsatz zu drücken. Ein Ortsgruppenleiter, der zugleich Amtskommissar ist, hat eine Auskämmung dieser Arbeitskräfte durchführen lassen. Er hat dabei in mittleren Dörfern bis 30 Personen herausziehen können.
k) *Siedlungsfragen.*
Ich verweise auf meine Ausführungen unter Nr. 1.

31.) *Kriegsbedingte Fragen.*
c) *Heizungsmaterial.*
Die Versorgung mit Holz und Kohle ist unvermindert schlecht. Die zugewiesenen Mengen reichen höchstens für die Hälfte des Winters.
f) *Berufskleidung.*
Es wird allgemein über die schlechte Zuteilung von Berufskleidung geklagt. Dies macht sich insbesondere jetzt bemerkbar, nachdem die Berufskleidung zum Teil von den Punkten der Kleiderkarte abgesetzt wird.
Heil Hitler!

DOK. 38
Der Judenrat im Getto Białystok appelliert am 9. November 1941 an alle Bewohner, Steuern zu zahlen und der Arbeitspflicht nachzukommen[1]

Protokoll der Allgemeinen Versammlung im Getto Białystok vom 9.11.1941

Der Vorsitzer Rabbiner Dr. Rozenman eröffnet die Versammlung und bemerkt, dass – wie schon vor acht Tagen – auch jetzt eine Situation eingetreten ist, die das Getto in große Gefahr bringt. Jetzt hat sich die *Arbeiter*-Frage verschärft. Anfangs war Białystok als arbeitswillig bekannt. Heute hat sich die Meinung über uns geändert. Die Deutschen meinen, dass die Juden nicht arbeiten wollen, und werten dies als Sabotage. Auch das neue Thema Getto hängt damit zusammen. Wir haben Euch zusammengerufen, damit Ihr dies alles der ganzen Bevölkerung übermittelt. Ing. *Barasz* wird die Angelegenheit detailliert referieren.
Herr Ing. *Barasz*: Unsere Versammlungen sind kein gutes Zeichen. Wir sind mit dem Thema Kontribution noch nicht fertig – und schon haben wir eine neue Verordnung. Das ist [verbunden mit] der Frage der Arbeiter. Hinsichtlich der Kontribution haben wir gewisse Erleichterungen erreicht. Die Wohnungssteuern werden in Zukunft niedriger sein. Die Wasserabgabe wurde auf die Hälfte gekürzt. Für Elektrizität gibt es noch keine Entscheidung. Die Arbeiter werden ihren Lohn auf die Hand bekommen, es sind aber auch Zahlungen an eine Bank möglich.
Über das Thema Kontributionen werden andere Genossen referieren. Herr Ing. Barasz bemerkt hierzu, dass sich die Hausverwalter beim Eintreiben der Steuern ausgezeichnet hätten. Die Armen zahlen zuverlässig. Die Besitzenden und die Intelligenz zahlen schlecht. Am Mittwoch ist die dritte Rate fällig.
Inzwischen ist plötzlich, wie von hinten herum, eine neue Verordnung aufgetaucht. Es wurde beschlossen, zwei Gettos zu schaffen: insbesondere für Fachleute, die circa 1500 Personen ausmachen dürften, bzw. 6000 Personen zusammen mit ihren Familien. Die Fachleute sollen in eine andere Gegend ziehen, in die Bema-, Mazowiecka-Straße usw. Die Jurowiecka-Straße und alle Straßen, die von dort nach rechts abgehen, sollen an Christen übergeben werden.

1 AŻIH, 204/27, Bl. 8–11. Abdruck in: Blumenthal, Darko shel judenrat (wie Dok. 11, Anm. 1), S. 77–83; in deutscher Übersetzung: Anders/Stoll/Wilke (Hrsg.), Der Judenrat von Białystok (wie Dok. 11, Anm. 1), S. 75–78. Das Dokument wurde aus dem Jiddischen neu übersetzt.

Außer den Strapazen der Wohnungssuche und des Umzugs werden sich noch folgende Konsequenzen ergeben:

1. Das Getto verliert seinen besten und größten Teil mit den Krankenhäusern, Schulen usw.

2. Die Juden, die hier bleiben wollen, werden als unnütze Elemente betrachtet, und das birgt Gefahr. Wer weiß, ob all unsere Bemühungen helfen werden, dass die Jurowiecka-Straße doch bei den Fachleuten[2] bleiben soll.

Wie gesagt, ist unsere größte Sorge derzeit die Arbeiterfrage. Seit Pružany[3] gehen viele Arbeiter nicht mehr zu ihrer Arbeit, selbst zu solchen Arbeiten, die mit der Landesverteidigung verbunden sind, wie [auf dem] Flugplatz. Auf der gestrigen Sitzung im Schloss[4] hat man dafür Pech und Schwefel über uns ausgegossen, so dass sogar die gemäßigten Elemente überzeugt wurden, dass die Juden keine Sympathie verdienen.

Herr Ing. *Barasz* verliest den Brief des Polizeipräsidiums, in dem von Schlägen und sogar der *Todesstrafe* für das Nichterscheinen zur Arbeit [die Rede ist]. Ing. Barasz meint, dass das nicht nur Drohungen seien, sondern dass es durchgeführt werde, damit es allen eine Lehre sei. Die Arbeitsfrage ist wohl die schwerste, weil wir keine Ausrede haben, dass wir sagen könnten, wir hätten unter 35 000 Juden keine 4–5000 Arbeiter. Es ist auch unsere Pflicht zu warnen. Ihr müsst uns Gelegenheit geben, Euch zu verteidigen. Gebt diese Warnung an die Bevölkerung weiter!

Herr *Subotnik*[5] referiert über die Abgaben-Aktion. Von der berechneten Kopfsteuer sind 50 % eingetrieben worden.

Wohnungssteuern sind mehr eingegangen, aber die *Pro-Kopf*-Steuer fließt sehr unbefriedigend. Es gibt sogar Fälle von Agitation gegen das Steuerzahlen, und man brüstet sich gar mit dem Nicht-Zahlen. Darüber vergisst man die Gefahr. Gegen einzelne Zahler müssen weitere Repressalien ergriffen werden. Ing. *Barasz* wies bereits auf die Beziehungen der Bevölkerung zum Judenrat hin. Würde man uns an den Programmen der Personen messen, die sich zur Gemeindewahl stellen, würde beispielsweise unsere Tätigkeit negativ aussehen. Wir haben keine Küchen organisiert, der Masse der Brandgeschädigten haben wir fast keine Hilfe gegeben, unsere sozialen Hilfseinrichtungen wie Waisenhaus, Altenheim, Krankenhäuser reichen in der heutigen Zeit nicht aus, 100 000 für Pružany usw. All das ist nicht genug. Aber das liegt ja nicht an unserem Mangel an gutem Willen. Wir erleben täglich schlimmere Tragödien. Wir können den Bedürftigen nicht helfen. Ständig müssen wir große Kontributionen schultern. Das Thema *Stellen* in der Gemeinde ist auch eine Tragödie. Alle wollen [dort] arbeiten, und wir wissen uns keinen Rat. Wir können nicht die ganze Intelligenz beschäftigen. Wir werden glücklich sein, wenn wir Euch darüber Rechenschaft ablegen, wieso wir von Euch *Ratsgeld* erhoben haben und [damit] *Räteleben* gerettet haben, wieso wir die *Arbeiterfrage* geregelt haben, so dass man keine Angst haben muss, aufgegriffen zu werden, sobald man auf

2 Das heißt in deren Getto.

3 Gemeint sind die Aussiedlungen aus Białystok nach Pružany im Sept. 1941; siehe Dok. 19 vom Herbst 1941.

4 Gemeint ist der Branicki-Palast (Pałac Branickich), in dem die Zivilverwaltung für den Bezirk Bialystok untergebracht war; 1944 zerstört, bis 1960 wiederaufgebaut.

5 Dov Berl Sobotnik, auch Subotnik (1881–1943); Talmudgelehrter; im Getto Leiter der Finanzabt. des Judenrats; vermutlich mit anderen Mitgliedern des Judenrats im Sept. 1943 nach Lublin deportiert und Anfang Nov. 1943 ermordet.

die Straße geht. Jetzt wird [niemand] mehr aufgegriffen, und das wird auch in Zukunft nicht geschehen, wenn man weiter von selbst zur Arbeit geht. Auch die Evakuierung hat aufgehört, und [dennoch] kritisiert man uns, statt uns zu helfen.
Nun müssen wir eine dritte Rate zahlen – am Mittwoch. Und weitere Sanktionen sind zu erwarten. Besonders gegen *einzelne* Steuerzahler: Arrest, Konfiszierungen und sogar – Pružany.
Richtet denen, die ihre Pflicht erfüllt haben, unseren Dank aus und gleichzeitig der ganzen Bevölkerung unsere Ermahnung, dass es unsere und Eure Pflicht ist, die Steuern abzuführen.
Herr Goldberg:[6] Ich habe schon vorausgesehen, dass wir die größten Schwierigkeiten mit den Vermögenden haben werden. Sie wollen sich von ihrem Vermögen nicht trennen und vergessen darüber die Lebensgefahr. Nur durch Feilschen, Sanktionen, Zugeständnisse kommen wir zu kleineren Ergebnissen. Einer warf uns sogar vor, wir tränken ihre Milch. Das ist die Milch, die wir für die Waisen, die Alten und die Kranken nehmen. Wir sind doch nur die Vollstrecker der deutschen Machthaber. Wir haben [nur] gewisse Unterlagen über die, die zahlen können. Gebt uns die Informationen, die Ihr habt. Das ist jedermanns Pflicht. Wer seine Kenntnisse für sich behält, begeht ein Verbrechen. Es gab einen Juden, der behauptete, kein Geld für Brot zu haben. Als man ihm aber mit Arrest drohte, gab er 18 000 Rubel statt der geforderten 15 000. Das war die Summe, die er seinerzeit einem Beamten als Bestechung angeboten hatte, um nicht nach Pružany deportiert zu werden, was der Beamte natürlich verweigert hat. Um jederzeit die Raten zahlen zu können, müssen wir uns an die Reichen halten. Die Intelligenz aber, wie die Doktoren, zahlt schlecht. Ich meine, dass die Masse die Lage begreift. Wir wenden uns an die gesamte jüdische Bevölkerung. Das muss jeden Sonntag geschehen. Die Widersetzlichen wird man nach Pružany schicken müssen.
Herr Liman:[7] Jede Zeit hat ihre Plage.[8] Früher waren es die Steuern, heute ist es die Arbeiterfrage.
Ein großer Teil treibt Handel, anstatt zu arbeiten, und sieht nicht die Gefahr, die uns droht. Man muss die Dinge nüchtern betrachten, sowohl hinsichtlich der Steuern als auch hinsichtlich der *Arbeit*. Wir haben beschlossen, *eine Arbeitspflicht* einzuführen. Man sollte freiwillig kommen, aber die Masse kommt nicht. Beim Polizeipräsidium treffen Listen ein über die, die nicht zur Arbeit erscheinen. Ihr habt gehört, wie der Brief über Schläge und Todesstrafe verlesen wurde.
Wir appellieren an Euch: Erscheint alle zur Arbeit, wie ein Mann! Alle werden auf der Stelle ihren Lohn bekommen.

6 Jakub, auch Yaakov Goldberg (1891–1943), Privatbankier, Versicherungsvertreter; vor dem Krieg Leiter des Tarbut (hebräischsprachige Schulen) und kulturpolitischer Aktivist in Białystok, Mitglied der liberalen Allgemeinen Zionisten, 1939–1941 in sowjet. Haft; von Aug. 1941 an Mitglied im Judenrat und Vorsitzender der Versorgungsabt. im Getto Białystok; vermutlich mit anderen Mitgliedern des Judenrats im Sept. 1943 nach Lublin deportiert und Anfang Nov. 1943 ermordet.

7 Avrom Liman, auch Limon (um 1908–1943), wohnte vor dem Krieg in Pružany; von Juni 1941 an Mitglied des Judenrats im Getto Białystok, erster Leiter der Arbeitsabt., trat später aus Protest gegen die deutsche Forderung nach Zwangsarbeit zurück; vermutlich mit anderen Mitgliedern des Judenrats im Sept. 1943 nach Lublin deportiert und Anfang Nov. 1943 ermordet.

8 Im Original steht dieser Satz auf Hebräisch. Zitat aus dem Werk des Kabbalisten und Prager Oberrabbiners Jesaja ben Abraham Horowitz (1565–1630).

Herr Sokolski: Tagtäglich kommen Klagen, dass Gruppen oder einzelne Personen tageweise nicht zur Arbeit erscheinen. Von 64 sind zum Beispiel 13 gekommen. In Starosielce[9] fehlen regelmäßig 70–80 Personen von 100. Die Leute handeln, machen Geschäfte. Die Kriegszeit erfordert jedoch, sich ohne Wenn und Aber den Vorschriften zu unterwerfen. Diejenigen, die sich nicht zur Arbeit melden, werden schließlich vernichtet werden. Es hilft [dann] nicht, eine Bescheinigung zu besitzen. Wir schicken niemanden dorthin, wo geschlagen wird, und werden jedem Arbeit in seinem Fach geben. Es ist verboten, eigenmächtig Arbeit mit anderen zu tauschen. Hier unsere die Arbeiter betreffenden Beschlüsse:

1. Wir werden allen denjenigen, die sich nach 8.30 Uhr früh im Getto aufhalten, die Scheine abnehmen und sie im deutschen Arbeitsamt abgeben.
2. Jeder Arbeiter, der vom Arbeitsplatz ins Getto geschickt wird, nach Werkzeug usw., muss eine Bescheinigung vom Arbeitsplatz bei sich haben, andernfalls wird ihm der Schein abgenommen.
3. Alle, die sich systematisch der Arbeit entziehen, werden nach Pružany evakuiert.
4. Die Brigadiere sind für die Anzahl ihrer Arbeiter persönlich verantwortlich. Möge sich jeder selbst Rechenschaft über die Lage geben. Und möge der eine es dem andern weitersagen, damit wir der Gefahr entgehen können.

Rabbiner Dr. *Rozenman* beschließt die Sitzung mit dem Appell, dass jeder seinen Bekannten erklären möge, was passiert, und dass wir den Makel, der auf uns gefallen ist, wieder abwischen müssen. Anstatt den Gottesnamen zu entweihen, sollten wir ihn heiligen.

DOK. 39

Die Treuhandstelle Kattowitz will am 10. November 1941 zusammen mit der Gestapo die Verwertung von Grabsteinen auf jüdischen Friedhöfen regeln[1]

Schreiben der Treuhandstelle Kattowitz (B I Jg/Allg. – Lö/Krö.), ungez., an die Geheime Staatspolizei, Staatspolizeileitstelle Kattowitz, z. Hd. von Herrn Kommissar Dreier,[2] Kattowitz, vom 10.11.1941 (Entwurf)

Betrifft: Verwertung von Grabsteinen auf jüdischen Friedhöfen.

Die jüdischen Friedhöfe bilden einen Teil des Vermögens der ehemaligen jüdischen Kultusgemeinden. Das Vermögen der jüdischen Kultusgemeinden wird durch die Treuhandstelle Kattowitz erfaßt und – meist durch Verkauf an die bürgerlichen Gemeinden – verwertet.

Es ergibt sich nun die Frage, wie die auf den Friedhöfen stehenden Grabsteine der Juden allgemein zu behandeln sind. Die Frage ist hier bereits in verschiedenen Fällen akut

9 Ortschaft westlich von Białystok, heute ein Stadtteil von Białystok.

1 APK, 124/1873, Bl. 46 f.

2 Hans Dreier (1907–1945), Zimmermann; 1936 SS-Eintritt, 1940 NSDAP-Eintritt; 1927–1933 Schutzpolizei Bielefeld, Febr. 1938 Führerschule der Sipo, von Juli 1938 an im SD-Hauptamt; von 1939 an Leiter des Referats II B (Jüdische Angelegenheiten), 1942/43 des Referats IV B bei der Staatspolizeileitstelle Kattowitz; Sept. 1942 SS-Hauptsturmführer; kam im Mai 1945 vermutlich um oder nahm sich das Leben.

geworden. Die Grabsteine bilden nicht einen Bestandteil des jüdischen Gemeindevermögens, sondern sind Eigentum der Hinterbliebenen. Die Treuhandstelle Kattowitz beabsichtigt nicht, nun in jedem einzelnen Falle nachzuprüfen, ob diese Hinterbliebenen der Behandlung gemäß der Verordnung vom 17.9.1940 (Pol. Verm. VO.)[3] unterliegen, d. h., ob diese Erben die polnische oder eine sonstige Staatsangehörigkeit besitzen. Einmal würde eine derartige Nachprüfung einen unverhältnismäßig hohen Arbeitsaufwand erfordern und zum anderen erscheint eine derartige Behandlungsweise aus Erwägungen allgemeiner Art nicht angebracht. Die Treuhandstelle Kattowitz will daher in die Verwertung dieser Grabsteine nicht eingreifen. Da aber die Grabsteine, insbesondere bei Einebnung und anderweitiger Verwendung, beseitigt werden müssen, muß Klarheit geschaffen werden, wie diese Grabsteine behandelt werden sollen, insbesondere ob die Entfernung der Grabsteine Sache des jeweiligen Bürgermeisters ist, obwohl die Gemeinde diese Grabsteine nicht ohne weiteres für eigene Rechnung verwerten kann.
Möglicherweise käme die Verwertung durch den jüdischen Ältestenrat in Frage, der den Erlös zur Deckung notwendiger Ausgaben für die Juden zu verwenden hätte. Hierbei erschiene es angebracht, daß die Geheime Staatspolizei die Kontrolle über den Eingang des Erlöses und die Verwertung desselben übernähme.
Um eine einheitliche Bearbeitung zu gewährleisten, halte ich eine Besprechung für erforderlich und bitte Sie, sich mit meinem Sachbearbeiter, Rechtsanwalt Löhlein, fernmündlich hierüber in Verbindung setzen zu wollen.[4]

DOK. 40
Das für die Bewachung des Gettos Litzmannstadt zuständige Polizeikommando verfasst am 13. November 1941 einen Bericht über die Ankunft von 20 000 Juden und 5000 Roma und Sinti[1]

Erfahrungsbericht des Polizei-Abschnittskommandos Nord (– 1 a (J) –), Litzmannstadt, für die Gettoverwaltung Litzmannstadt, Herrn Biebow, vom 13.11.1941[2]

Betrifft: Einweisung von 20 000 Juden und 5000 Zigeunern in das Getto Litzmannstadt.
Bezug: Sonderbefehl – S 1a (J)[3] – vom 14.10.41 und 5.11.41.[4]
1.) *Juden:* In der Zeit vom 16.10.41 bis einschließlich 4.11.41 wurden auf dem Bahnhof Radegast 19 837 Juden aus dem Altreich in Empfang genommen und in das Getto

3 VO über die Behandlung von Vermögen der Angehörigen des ehemaligen poln. Staates vom 17.9.1940; RGBl., 1940 I, S. 1270. Die sog. Polenvermögensverordnung bestimmte die „Beschlagnahme, kommissarische Verwaltung und Einziehung" von Privatvermögen poln. und jüdischer Eigentümer.
4 Mit Schreiben vom 22.12.1941 erklärte sich die Staatspolizeileitstelle Kattowitz (II B 3 –1134/41 Fr.), gez. Elger, mit dem Vorschlag der Treuhandstelle Kattowitz einverstanden; wie Anm. 1, Bl. 50 f. Laut einer Entscheidung der HTO vom 1.6.1942 sollten die Grabsteine dem Ältestenrat der jüdischen Kultusgemeinden zur Verfügung gestellt werden; wie Anm. 1, Bl. 55.

1 AŻIH, 205/145, Bl. 4–7. Die letzte Seite des Dokuments fehlt in der Akte.
2 Im Original handschriftl. Bearbeitungsvermerke.
3 Gettokommissariat.
4 Nicht ermittelt.

eingewiesen. Die Juden (in der Mehrzahl ältere Frauen und Männer) trafen in 20 Transporten mit durchschnittlich 1000 Personen mit Sonderzügen der Reichsbahn (Personenwagen) in der vorgenannten Zeit täglich hier ein.

Es kamen an:

5	Transporte	aus	Wien	mit	5000	Juden,
5	»	»	Prag	»	5000	» ,
4	»	»	Berlin	»	4187	» ,
2	»	»	Köln	»	2007	» ,
1	Transport	»	Luxemburg	»	512	» ,
1	»	»	Frankfurt a. M.	»	1113	» ,
1	»	»	Hamburg	»	1034	» ,
1	»	»	Düsseldorf	»	984	» ,
20	Transporte		insgesamt		19 837	Juden.

Die Juden waren fast ausnahmslos gut gekleidet; sie führten durchschnittlich pro Person etwa 50 kg Gepäck mit sich. Über die berufliche Zusammensetzung der eingewiesenen Juden ist dem Abschnittskommando nichts bekannt.[5] Die Einweisungspapiere, das mitgeführte Geld (pro Person 100,– *RM*) wurden durch den Transportführer den Beamten der Geheimen Staatspolizei Litzmannstadt übergeben (Kommissar Fuchs).[6]

Die polizeiliche Sicherung und Überwachung bei der Ausladung und dem Transport der Juden in das Getto wurde durch die Einsatzreserve der Gettowache 6 (1/8)[7] und die Bereitschaftskräfte der Gettowache 4 (1/6) durchgeführt. Zur Unterstützung wurde jeweils das Begleitkommando des Sonderzuges (durchschnittlich 1/15) zugezogen. Diese Kräfte waren vollkommen ausreichend, weil der Gettobahnhof Radegast ringsum durch einen Drahtzaun abgeschlossen ist und daher verhältnismäßig leicht gesichert werden konnte. Die vom Pol.Batl. Litzmannstadt bereitgehaltene Einsatzreserve (1 Zug) wurde in keinem Falle benötigt. Die Führung hatte in allen Fällen der stellvertretende Abschnittskommandeur, Hauptmann d. SchP. *Künzel.*

Das Ausladen geschah in der Weise, daß jeweils die Juden aus 6 Eisenbahnwaggons zu einem Trupp zusammengestellt und von 2 Schutzpolizeibeamten bis zum Gettotor begleitet wurden. Zu allen Transporten wurden ferner der jüdische Ordnungsdienst und der jüdische Arbeitsdienst zugezogen. Der jüdische Ordnungsdienst hatte die einzelnen Trupps im Getto zu den Auffanglagern zu führen. Das Gepäck wurde durch den jüdischen Arbeitsdienst ausgeladen und auf Fahrzeugen der Gettoverwaltung in das Getto eingebracht. Zur Beförderung von schwachen, alten und kranken Juden standen einige Droschken aus dem Getto zur Verfügung. Diese Juden wurden durch jüdische Ärzte in Empfang genommen.

Trotz ungünstiger Witterung und der Schwierigkeiten, die sich dadurch boten, daß eine große Anzahl Eisenbahnwagen nur zweitürig war und die Gänge sowie Ausgänge sehr

5 Nach Aufnahme der Transporte fertigte die Gettoverwaltung Statistiken über Berufe, Alter und Lebensmittelbesitz der Juden an. In Transporten wie den vier aus Berlin war über die Hälfte der Juden älter als 60 Jahre, weshalb nur wenige im Getto Arbeit finden konnten; siehe Einleitung, S. 24 f.

6 Günter Fuchs.

7 Bezeichnung für die Größe des Kommandos: ein Offizier, acht Mannschaftsdienstgrade.

häufig mit Gepäckstücken verstellt waren, wickelten sich das Ausladen und der Transport der Juden in das Getto in kürzester Zeit reibungslos ab.
Die Ankunftstage, Ankunftszeiten, Abfahrtsorte, Zahl der jeweils angekommenen Juden und die Dauer des Ausladens bitte ich aus beiliegender Einweisungsübersicht (Anlage I) ersehen zu wollen.[8]
Die Begleitkommandos wurden in 14 Fällen bei der 1. und 2. Kompanie, Pol.Res.Batl. (Getto), und in 3 Fällen bei der Polizeischwadron – ohne Verpflegung – untergebracht, und in 3 Fällen fuhr das Begleitkommando am gleichen Tage zum Standort zurück.
Wie ich aus beiliegender Einweisungsübersicht (Anlage I) zu ersehen bitte, trafen die Sonderzüge in keinem Falle zu den im Sonderbefehl (Zeitplan) vom 14.10.41 angeführten Zeiten auf dem Bahnhof in Radegast ein. Die Verspätungen bewegten sich zwischen 60–470 Minuten, und abgesehen von Verspätungen, die sich wohl aus betriebstechnischen Gründen nicht vermeiden ließen, ist in manchen Fällen das verspätete Eintreffen der Sonderzüge auf hier nicht nachprüfbare Ursachen, die im Bahnhof Widzew[9] entstanden sind, zurückzuführen. Dadurch war es öfter nötig, daß die erforderlichen Kräfte weitaus mehr als notwendig, zumeist zu früh, eingesetzt werden mußten. Verzögernd wirkte ferner noch, daß das Ausladegeleise mit Güterwagen verstellt war und durch die den Sonderzug ziehende Lokomotive erst freigemacht werden mußte. So kam es vor, daß mit dem Ausladen erst nach Eintritt der Dunkelheit begonnen werden konnte. Dadurch waren die Überwachung und die Überführung der Juden in das Getto erschwert.
Ferner wurden die Einsatzkräfte viel zu lange ihren eigentlichen Aufgaben entzogen. Bei dem an sich knappen Bestand der Gettowache 4 und 6 war es daher notwendig, daß die übrigen Kräfte den Ausfall der zum Ausladen der Juden benötigten Kräfte durch vermehrten Postendienst (bis zu 12 Stunden) ausgleichen mußten.
Es wird daher gebeten, bei künftigen gleichen Aktionen Kräfte des Pol.Batl. Litzmannstadt zur Verfügung stellen zu wollen. Zum Schutz gegen die schlechte Witterung dürfte es sich empfehlen, die Einsatzkräfte mit Zeltbahnen auszurüsten. [...][10]

8 Wie Anm. 1, Bl. 8.

9 Vorort von Łódź. Der Ort verfügte über einen größeren Bahnhof als Litzmannstadt, weshalb viele Züge, vor allem die Deportationszüge nach Radegast, über diesen Bahnhof umgeleitet wurden.

10 Punkt 2.) behandelt die Ankunft von 5007 burgenländischen Roma und Sinti im Getto Litzmannstadt, die Anlagen I und II führen die insgesamt 25 Transporte von Juden sowie Roma und Sinti nach Herkunft, Datum und Ankunftszeit auf; wie Anm. 1, Bl. 8 f.

DOK. 41

Die Jüdische Gemeinde in Krakau bittet am 17. November 1941 um Kostenerstattung für die Aufnahme jüdischer Patienten aus Ostoberschlesien in der Heilanstalt Kobierzyn[1]

Brief der Jüdischen Gemeinde in Krakau (St., Ausgangszahl: 11 655 141), Unterschrift unleserlich, an die Zweigstelle des American Jewish Joint Distribution Committee in Krakau (Eing. 19.11.1941, Nr. 4222/41 Kr.) vom 17.11.1941

Aufgrund der von Ihnen seinerzeit erteilten Zusage hat die Anstalt in Kobierzyn Patienten aus Ostoberschlesien aufgenommen. Gegenwärtig sind die schlesischen [jüdischen] Gemeinden der Anstalt in Kobierzyn[2] einen Betrag über 4426,50 Złoty schuldig, die sie trotz Aufforderungen seitens der Anstalt nicht begleichen. Da wir während der Aufnahme der Patienten in die Anstalt auf Bitten des Vorsitzenden der Ältestenräte in Ostoberschlesien zwischen ihm und der Anstalt in Kobierzyn vermittelt haben und beim Transport der Patienten behilflich waren, fordert die Anstalt nun von uns die Zahlung der geschuldeten Summe. Wir bitten Sie hiermit freundlich um eine gefällige Intervention in dieser Angelegenheit, um zu veranlassen, dass die schlesischen Gemeinden ihre Schulden bezahlen, bzw. um eine Einigung mit der Anstalt in Kobierzyn, damit der oben genannte Betrag nicht unseren Verbindlichkeiten hinzugefügt wird. Wir bitten höflich darum, die oben genannte Angelegenheit mit großer Dringlichkeit zu behandeln.

DOK. 42

Die Gestapo Kattowitz stellt am 18. November 1941 fest, dass die Polizeibehörde in Teschen besondere Lichtbildausweise für in „Mischehe“ lebende Juden ausgibt[1]

Aktenvermerk der Gestapo, Staatspolizeileitstelle Kattowitz (II B.), ungez., vom 18.11.1941

1.) *Vermerk.*
Architekt *Wiedermann* aus Bielitz[2] erscheint heute auf der Dienststelle und legt die in der Anlage befindlichen Vordrucke[3] vor mit der Bitte, von hier zu veranlassen, daß seiner jüdischen Ehefrau[4] ein gleicher Lichtbildausweis, wie in der Anlage beigefügt,[5] in brauner Farbe von der Ortspolizeibehörde in Bielitz ausgehändigt werde. Nach seinen Angaben beantragen die in Mischehen lebenden Juden in Teschen auf Grund des beilie-

1 YVA, M.28/1, Bl. 5. Das Dokument wurde aus dem Polnischen übersetzt.
2 In der Heilanstalt Kobierzyn bei Krakau lebten im Sommer 1939 etwa 1000 Patienten; bereits im Sept. 1941 waren ca. 90 jüdische Patienten in die Anstalt Otwock verlegt worden, von wo aus sie im Aug. 1942 in das Vernichtungslager Treblinka deportiert wurden. Die verbleibenden ca. 600 Patienten von Kobierzyn wurden im Juni 1942 nach Auschwitz deportiert, zu einem kleineren Teil auch unmittelbar vor Ort ermordet.

1 APK, 119/2780, Bl. 78.
2 Alfred Wiedermann (1890–1971), Architekt; 1939 Schließung seines Architekturbüros durch die deutschen Besatzer, danach Angestellter in einem Baubüro von Rudolf Wiesner, 1944 Verhaftung durch die Gestapo und Zwangsarbeit in Rositz, einem Außenlager des KZ Buchenwald; 1945 Rückkehr nach Polen, als Architekt in Kattowitz tätig, 1957 Emigration in die Bundesrepublik.
3 Liegen nicht in der Akte.

genden Aktenvermerks[6] diesen Ausweis bei der Polizeibehörde in Teschen, Polizeioberinspektor *Reintz*. Auf seinen Antrag bei der Ortspolizeibehörde in Bielitz habe die dortige Ortspolizeibehörde die Ausstellung des braunen Lichtbildausweises abgelehnt. Da über die Einführung des braunen Lichtbildausweises für Juden in Mischehe hier nichts bekannt ist, ist die Angelegenheit zweckmäßigerweise dem Herrn Regierungspräsidenten zum weiteren Befinden zu übersenden. Architekt *Wiedermann* gibt weiterhin an, daß seine jüdische Ehefrau auf Grund des gelben Lichtbildausweises für Juden von Polizeibeamten in Bielitz mehrmals zur Wache sistiert worden sei, um die Frage der Verpflichtung zum Tragen des Judensterns nachzuprüfen. Aus diesem Grunde bat er zu veranlassen, daß die Ortspolizeibehörde auf den gelben Lichtbildausweis seiner Ehefrau veranlaßt werde, einen Vermerk aufzunehmen, wonach sie in Mischehe lebt und nicht verpflichtet ist, sich in der Öffentlichkeit mit einem Judenstern zu zeigen.
2.) *Urschriftlich m. 2 Anlagen*
kurzerhand dem Herrn Regierungspräsidenten z. Hd. von Herrn Professor Dr. *Köttgen*[7] *in Kattowitz* unter Bezugnahme auf die heutige fernmündliche Unterredung zum weiteren Befinden übersandt.[8]

DOK. 43

Der Vorsitzende des Judenrats in Mielau (Mława) beschwert sich am 20. November 1941 beim Bürgermeister über die Behinderung seiner Arbeit durch einzelne Juden im Getto und fordert ihre Bestrafung[1]

Handschriftl. Brief des Jüdischen Ältestenrats, Mława,[2] Töpferstraße 15, gez. Leiser Perelmutter,[3] an den Bürgermeister der Stadt Mielau (Eing. 20.11.1941) vom 20.11.1941[4]

Ich bitte höflichst den Herrn Bürgermeister, den Herrn Gutman Szulim,[5] wohnhaft in Mielau Plockerstr. 34, zur Strafverantwortung zuzuziehen und demselben die allerstrengste Strafe anzumessen und das aus folgenden Gründen:

4 Małgorzata Wiedermann, geb. Borger; von 1921 an mit Alfred Wiedermann verheiratet; sie überlebte ebenso wie ihr gemeinsamer Sohn Edwin (*1926) den Krieg.
5 Liegt nicht in der Akte.
6 Wie Anm. 1, Bl. 79.
7 Dr. Arnold Köttgen (1902–1967), Jurist; von 1939 an abgeordnet als Generalpolizeidezernent und Abwehrbeauftragter der Regierung Kattowitz; 1940 NSDAP-Eintritt.
8 Noch am selben Tag sandte der Regierungspräsident Kattowitz ein Schreiben an den Bürgermeister als Ortspolizeibehörde in Teschen und untersagte die eigenständige Ausgabe von Lichtbildausweisen; wie Anm. 1, Bl. 80; siehe auch Dok. 16 vom 27.9.1941.

1 BArch, R 70 Polen/543, Bl. 7.
2 In Mława (dt. Mielau, Regierungsbezirk Zichenau) wohnten im Sommer 1939 ca. 5800 Juden, von denen nach Deportationen 1940 noch 2450 Juden in einem zwischenzeitlich eingerichteten Getto leben mussten. In der Folgezeit wurden ca. 5000 Juden aus anderen Ortschaften nach Mława zwangsumgesiedelt, bevor alle Einwohner des Gettos am 10.12.1942 nach Auschwitz deportiert wurden.
3 Leiser Perelmutter (gest. 1942); von 1939 oder 1940 an Vorsitzender des Judenrats im Getto Mielau, wurde in der Nacht vom 23. auf den 24.1.1942 im Zuge einer Razzia im Getto von den Deutschen verhaftet; er starb im Okt. 1942 im Gefängnis oder wurde erschossen.
4 Die sprachlichen, zum Teil aus dem Jidd. stammenden Eigenheiten des Originals wurden beibehalten.
5 Szulim Gutman (*1894), Metzger; von 1942 an Leiter des jüdischen Ordnungsdienstes im Getto Mielau.

Im Ghetto hat sich eine sehr kleine Zahl Juden gebildet, welche nicht zufrieden sind von den strengen durch mich ausgeführten Verordnungen der deutschen Macht. Auf diesem Gebiet kam es zwischen mir und diesem Einzelnen zu Streitigkeiten. Dieselben bemühen sich dadurch die Führung über die jüd. Bevölkerung der St. Mielau zu übernehmen. Sie benützen dazu unlegale Mittel. Sie versuchen mit allerlei Mittel, ausmeidend[6] die gehörige hiesige Macht, welcher die Verordnungen bekannt sind, und tragen einer anderen Macht nicht richtige und erdachte Umstände zu und führen sie dadurch in ein Irrtum. Diese Taten der Einzelnen, zwischen welchen sich auch der Herr Gutman Szulim befindet, stören mich als Beauftragten des Jüd. Ältestenrats im Ausführen der Verordnungen der hiesigen Macht und setzen mich einer nicht verdienten Gefahr aus. Dieser Zustand bringt es auch mit sich, daß die jüd. Bevölkerung mir gegenüber sich mit einer Geringschätzung bezieht. Ich erlaube mir zu bemerken, dass im Interesse dieser Leute ist, mich mit allerlei Mittel nicht nur von dem mir durch den Herrn Bürgermeister anvertrauten Mandat zu entfernen, sondern mich selbst gleichzeitig von der Bildfläche zu entfernen.

Herr Gutman Szulim verbreitet böse Klangen[7] auf meine Person als Beauftragter des Jüd. Ältestenrats. Derselbe terrorisiert jeden Einwohner des Ghetto, schantagiert[8] jeden um seine Mitarbeit zu erzwingen, beim Herunterreißen meiner Autorität durch ihn, damit er selbst meine Stellung übernehmen kann.

Zwischen anderen gebe ich einige Klangen an, welche von Gutman herführen. Diese Umstände werden auch bestätigen die unten angeführten Zeugen

1. Ehrlich Anschel[9] wohnhaft in Mielau Töpferstr. 3
2. Wior Abram[10] » » » Töpferstr. 9.

Der Zeuge Ehrlich bestätigt daß der H. Gutman hat ihm gesagt, daß man mich mit aller Kraft beiseite schaffen muß, damit er meine Stellung übernehmen kann. Gutman wollte ihn auch zwingen zur erdachten Erklärungen, daß ich mich mit Devisenangelegenheiten vernommen habe und droht ihm im anderen Falle, daß er ihn durch seine Bekanntschaft ins Lager bringen wird.[11]

Der Zeuge Wior Abram erklärt, daß der Gutman hat ihm gesagt, daß er, Gutman, übernimmt selbst die Leitung über die jüd. Ordnungspolizei und wird sich bemühen, mich wegzuräumen u. auf meinem Ort wird er dafür sorgen, daß Wior der Beauftragte des Jüd. Ältestenrats wird. Auf Grund des oben angeführten bitte ich sie am höflichsten den geehrten Bürgermeister nach der Durchführung einer Ausforschung in der oben angeführten Angelegenheit den H. Gutman Szulim sie am strengsten zu bestrafen.

Im Falle, wenn solche ähnlichen erdachten Anklagen auf meine Person schon in der

6 Jidd.: umgehen, vermeiden.

7 Jidd.: Gerüchte, Anschuldigungen.

8 Poln. szantażować: erpressen.

9 Vermutlich: Anschel Erlich (1915–1942), Sohn von Lejba und Idesa, geb. Grünberg; verheiratet mit Fajga; lebte während des Krieges in Mielau, 1942 nach Auschwitz deportiert und dort ermordet.

10 Vermutlich: Abram Wior (1893–1943), Sohn von Kusiel und Chaja, geb. Goldberg; verheiratet mit Ida; in Auschwitz umgekommen.

11 In einer Anlage zum o. g. Schreiben verweist Perelmutter zusätzlich auf einen Schmuggel-Vorwurf Gutmans.

„Gestapo" befinden, so kommen sie von den oben erwähnten Individuen und sind diese durchaus böswillige, gegen meine Person gerichtet u. bitte daher die „Gestapo" darauf aufmerksam zu machen.[12]

DOK. 44

Bei einer Besprechung im Reichsarbeitsministerium am 28. November 1941 äußern sich Behördenvertreter aus den eingegliederten Ostgebieten über den Einsatz jüdischer Zwangsarbeiter[1]

Vermerk des Reichswirtschaftsministeriums, ungez., über eine Ressortbesprechung im Reichsarbeitsministerium mit Vertretern aus den annektierten Gebieten Polens betr. die Ausbeutung der jüdischen Arbeitskräfte vom 28.11.1941

1) Vermerk: An der unter Vorsitz von Herrn MinDir. Mansfeld[2] erfolgten Ressortbesprechung im RAM hat der Unterzeichnete teilgenommen. Der Vorsitzende führte einleitend aus, daß die geplante Einführung der DVO. über die Beschäftigung von Juden v. 31.10.41 (RGBl. I S. 681)[3] in den eingegliederten Ostgebieten sich nur auf die im freien Arbeitsverhältnis tätigen Juden erstrecken, also nur die außerhalb der Gettos beschäftigten Juden erfassen solle. Auf der stark besuchten Versammlung nahmen ausschließlich die Vertreter der Ostgebiete das Wort.
Der Vertreter des Warthegaus erklärte: Im Bezirk des Warthegaus hielten sich z. Zt. etwa 300 000 Juden auf (gegenüber rund 265 000 im gesamten Altreich). Aber auch das sei nur als Durchgangsstation gedacht. Bis Ende März 1942 sollen – bis auf die arbeitseinsatzfähigen Juden – alle anderen Juden abgeschoben sein. – Schon jetzt seien aber alle Juden erfaßt und massiert untergebracht; es laufe keiner mehr frei herum. Soweit die Juden beim Straßenbau oder auf Autobahnen beschäftigt würden, würden sie nur in geschlossenen Lagern untergebracht. Auch sonst erfolge der Arbeitseinsatz nur geschlossen und gruppenweise. Die Einführung der DVO. sei daher weder erwünscht noch erforderlich.
Die Vertreter des Gaues Oberschlesien legten dar, daß alle der im Gaugebiet lebenden Juden – etwa 97 000 – erfaßt seien und daß von ihnen rund 85 000 allein im Bezirk Sosnowitz, Dombrowa, Bedzin untergebracht seien. Die Unterbringung sei derart erfolgt, daß sie den Bezirk nicht verlassen könnten. Etwa 8000 Juden seien beim Bau der Autobahnen angesetzt, hierzu seien abgezäunte Lager errichtet worden. Der Beschäftigungseinsatz

12 Nach Verhör der Beteiligten durch die Ortspolizei wurden als Strafaktion 25 Juden durch die Gestapo Schröttersburg verhaftet; die meisten von ihnen wurden im Frühjahr 1942 nach Auschwitz bzw. nach Buchenwald deportiert; wie Anm. 1; siehe auch Dok. 69 vom 21.2.1942.

1 BArch, R 3001/22057, Bl. 208.
2 Werner Mansfeld (1893–1953), Jurist; 1933 NSDAP-Eintritt; 1933–1942 als MinDir. zuständig für die Lohnpolitik des RArbM; Verfasser des Gesetzes zur Ordnung der Nationalen Arbeit (AOG) und Beauftragter für den Arbeitseinsatz im Vierjahresplan.
3 Die VO zur Durchführung der VO über die Beschäftigung von Juden vom 31.10.1941 regelte unter anderem, welche arbeitsrechtlichen Bestimmungen für Juden noch galten. In den eingegliederten Gebieten hatte sie keine Gültigkeit. Bei der Ressortbesprechung ging es darum, eine Erweiterung des Geltungsbereichs auf die annektierten poln. Gebiete zu prüfen.

erfolge unter Bewachung der Polizei und SS, da sich anders erfahrungsgemäß ein ordnungsgemäßer und zweckvoller Einsatz nicht erzielen lasse. Die Juden würden im übrigen ausschließlich als Zwangsarbeiter beschäftigt. Sie erhielten im Lager Verpflegung und daneben ein Taschengeld von etwa 0,50 RM. Der darüber hinausgehende Beschäftigungserlös würde an den Gebietsbeauftragten für den jüdischen Arbeitseinsatz abgeführt,[4] der einen Teil davon abzweige und an die jüdischen Ältesten bzw. Kultusgemeinden abführe. Die Familien der jüdischen Beschäftigten würden ausschließlich von den Ältesten bzw. der Kultusgemeinde unterstützt und erhielten monatlich rund 30,– RM. Auch dieser Satz sei nach den gemachten Erfahrungen noch zu reichlich bemessen. Für die Einführung der DVO., die nur zu einer unerwünschten arbeitsrechtlichen Besserstellung führen würde, liegen keinerlei Gründe vor. Der Gauleiter widerspreche daher ausdrücklich.
Der Vertreter für Danzig-Westpreußen erklärte, daß sie nur wenige hundert Juden hätten und daher an der ganzen Frage nicht interessiert seien.
Der Vertreter des RegBez. Zichenau erklärte, daß sie bisher keine Gettos hätten, diese aber vom 1.1.42 ab eingerichtet werden sollten. Bei ihnen erhielten die Juden den Lohn des Polen, davon aber nur 50% ausgezahlt, der Rest würde den Wohnsitzgemeinden zugeführt. Bei dieser Regelung solle es bleiben.
Nachdem abschließend noch der Vertreter der Parteikanzlei die Einführung der DVO. für entbehrlich erklärt hatte, stellte der Vorsitzende die übereinstimmende Auffassung der Anwesenden dahin fest, daß im Hinblick auf die besonders gelagerten Verhältnisse in den eingegliederten Ostgebieten die Einführung der DVO. nicht erforderlich sei. Hiernach sei die Vorschrift des §24 Abs. 1 der DVO.[5] ausreichend.
2) Vorzulegen m. d. B. u. Kenntnisnahme

DOK. 45

Die Deutsche Polizei: Drei Fortsetzungsartikel vom 1. November bis 1. Dezember 1941 über die Einrichtung, Bewachung und Ausbeutung des Gettos Litzmannstadt[1]

Das Getto in Litzmannstadt, kriminalpolizeilich gesehen[2]
Von SS-Sturmbannführer Kriminaldirektor Dr. Zirpins[3]
Es soll nicht Aufgabe dieses Aufsatzes sein, über die Notwendigkeit der Bildung des Gettos in Litzmannstadt, seine Organisation, wirtschaftliche Unterhaltung, Bewachung usw. zu berichten. Dafür wären die Regierung, die Stapostelle, das Polizeipräsidium und das Ernährungs- und Wirtschaftsamt (Städt. Gettoverwaltung) zuständig. Vielmehr soll dieser Aufsatz zeigen, wie durch derartige Neubildungen, wie die Schaffung eines Gettos, auch die *Kriminalpolizei* plötzlich vor neuartige Aufgaben gestellt wird.

4 Albrecht Schmelt.
5 §24 Abs. 1 schloss die Geltung der DurchführungsVO für die eingegliederten Ostgebiete „einstweilen" aus.

1 Die Deutsche Polizei, 9 (1941), Nr. 21 vom 1.11.1941, S. 379 f.; Nr. 22 vom 15.11.1941, S. 394 f.; Nr. 23 vom 1.12.1941, S. 409 f., S. 412. Die Deutsche Polizei erschien zwischen 1937 und 1945 zweiwöchentlich und wurde im Auftrag des RFSS und Chefs der Deutschen Polizei vom Kameradschaftsbund der Deutschen Polizei in Berlin herausgegeben.
2 Im Original Vermerk: „Mit Genehmigung des Verlages entnommen aus der Zeitschrift ‚Kriminalistik' Nr. 9/1941."

I.
Das Getto in Litzmannstadt ist hinsichtlich seiner Einrichtungen und seiner Organisation in der Welt einmalig. Lediglich an Größe wird es von dem Warschauer Getto übertroffen, das im November 1940 ebenfalls geschlossen worden ist. Zum besseren Verständnis des folgenden sei kurz auf die Geschichte des Gettos eingegangen, das in Litzmannstadt durchaus nicht erstmalig ist. Schon frühzeitig hatten die Juden in der Kolonisation des Ostens ihr gutes Geschäft gewittert und waren den Kolonisatoren nachgezogen, um sich schließlich an allen Knotenpunkten und Umschlagplätzen der Handelsstraßen zwischen Ost und West, Nord und Süd, festzusetzen. Die Vertreibung der Juden aus anderen Teilen Europas und die bekannte polnische Wirtschaft, die es ihnen gestattete, nach Wunsch im trüben zu fischen, haben dazu beigetragen, daß sich das Judentum gerade im polnischen Raum so stark vermehren konnte und daß seine Geschichte mit der des Polentums nahezu untrennbar verknüpft ist.
Als vor hundert Jahren von der russischen Regierung die ersten deutschen Weber ins Land gerufen und in dem damals bedeutungslosen Lodz mit seinen rund 300 Juden und 500 Polen angesiedelt wurden, hatten es die Deutschen sofort zur Bedingung gemacht, daß in den ihnen zur Niederlassung zugewiesenen Gebieten Juden weder wohnen noch Grundbesitz erwerben durften, vielmehr in ein besonderes Wohnrevier ziehen mußten. Durch Bestechung maßgebender russischer Beamter aber war es den Juden sehr bald gelungen zu erreichen, daß Ausnahmen für vermögende Juden zugelassen wurden, die auch schnell mit Anhang und Bedienungspersonal in die heranwachsende Stadt übersiedelten. Damit begann die wirtschaftliche Unterminierung der deutschen Fabrikanten, über die eine Niederschrift der Webermeisterinnung vom 16. November 1844 berichtet: „Die von gewinnsüchtigen jüdischen Händlern eingeführten Geschäftsmethoden sind für die Webstoffabrikation außerordentlich schädlich, indem sie bereits jetzt viele Weber zum Elend und zur Armut geführt haben und die hiesige Industrie auch weiterhin bedrohen."
Es sind immer die gleichen Geschäftspraktiken. Durch provozierte Baissen, die es den deutschen Webern unmöglich machten, ihre Waren abzusetzen, wurden die Deutschen gezwungen, nacheinander Darlehen und Hypotheken aufzunehmen, um schließlich doch in den Konkurs gestürzt zu werden. Solche „gesunden Pleiten", die von dem als Strohmann vorgeschickten jüdischen Teilhaber noch mit aller Gewalt gefördert wurden, sind von jeher die Quelle des jüdischen Reichtums gewesen. Auch in Lodz führte diese altbewährte jüdische Methode dazu, daß sich die Juden rühmen konnten, „im Besitz der Fabriken und Häuser zu sein, während den Goys die Straßen gehörten". Nur so konnte z. B. aus dem Lumpenhändler Poznanski[4] ein zweifacher Palaisbesitzer und vielfacher

3 Dr. Walter Zirpins (1901–1976), Bankkaufmann, Jurist; 1928 Kriminalkommissar; 1939 SS-Eintritt; 1939 im Amt IV (Gestapo) des RSHA tätig, Stabsführer der Führerschule der Sicherheitspolizei, 1940 bis Ende 1941 Chef der Kriminalpolizei im Getto Litzmannstadt; 1951 Referent für die Kriminalpolizei im niedersächs. Innenministerium, von 1956 an Leiter der Kripo Hannover, führender Wirtschaftskriminalist der Bundesrepublik.

4 Richtig: Izrael K. Poznański (1833–1900), Industrieller; von 1865 an in der Textilfabrikation von Łódź und Umgebung tätig, baute bis zu seinem Tode ein großes Fabrikimperium mit mehreren Tausend Arbeitern auf, zugleich Wohltäter der Stadt und der Jüdischen Gemeinde Łódź; erwarb das Gelände des späteren jüdischen Friedhofs.

Millionär werden, und es ist nicht ruhmreich, daß an seine Existenz noch ein marmornes Monumentaldenkmal auf dem Judenfriedhof erinnert.[5]
Es erübrigt sich, zu sagen, daß auch die *armen* Juden bald die Fesseln des damaligen Gettos abstreiften und von dort aus besonders den Norden der Stadt überreichlich bevölkerten. Von den 700 000 Einwohnern, die Lodz im September 1939 zählte, waren allein 340 000 Juden,[6] praktisch war also jeder zweite Einwohner von Lodz Jude. Nicht nur das gesamte Wirtschaftsleben, sondern selbstverständlich auch das ganze Leben der Stadt wurde von den Juden beherrscht, was sich im Straßenbild in erschreckendem Maße ausprägte und sich besonders zeigte, als zu deutscher Zeit durch eine Verordnung des Regierungspräsidenten vom 14. November 1939 die äußere Kennzeichnung der Juden durch eine gelbe Armbinde und später durch einen gelben Judenstern auf der Rükken- und Brustseite der Kleider befohlen worden war und auch die jüdischen Geschäfte sich als solche kennzeichnen mußten.
Der gänzliche Mangel an Willen, zum Aufbau der Stadt beizutragen, wird bei einer Besichtigung des ehemaligen Wohnreviers im Norden der Stadt, das jetzt wieder zum Getto gemacht worden ist, offenbar. Die Häuser, Höfe und Schuppen sind verwohnt und baufällig und starren wie ihre Bewohner vor Dreck, Wanzen und sonstigem Ungeziefer. Ein undefinierbarer Gestank legt sich einem auf die Lungen, den man lange Zeit nicht los wird. Kein Wunder, daß die Stadt bis 1939 geradezu terminmäßig von Epidemien typischer Krankheiten wie Ruhr, Cholera, Flecktyphus, Genickstarre usw. heimgesucht worden war, die immer von den Höhlen des Judenzentrums im Norden der Stadt ihren Ausgang genommen haben.
Die Bekämpfung dieser Seuchen sowie eine Befriedung und Eindeutschung der Stadt waren daher nach der deutschen Besetzung nur durch eine Isolierung der Juden bis zu deren späterer restloser Aussiedlung möglich. Im September 1939 hatte man auch bereits einige Aussiedlungen von Juden nach dem Generalgouvernement vorgenommen, worauf schätzungsweise 35 000 Juden Litzmannstadt freiwillig verlassen haben und in dichten Kolonnen mit Kraftfahrzeugen,[7] Pferdefuhrwerken und beladenen Karren nach Warschau, Petrikau und Tomaschow zogen, nachdem sie in wilder Eile noch alle verschiebbaren Werte zu (leicht transportierbarem) Bargeld gemacht hatten. *Kriminalistisch* bemerkenswert ist, daß sich die Polen diesen freiwilligen Abstrom der Juden zunutze machten und für die Stellung von Fuhrwerken Phantasiepreise forderten, wobei sie aus Rache auch Gewaltakte und Erpressungen an den Juden für durchaus in der Ordnung hielten. Eigenartig ist der gut funktionierende Nachrichtendienst der Juden, denn die wilde Flucht hörte schlagartig auf, als den Juden bekannt wurde, daß die Evakuierungen abgestoppt werden sollten. Eine Masse von Juden flutete sofort zurück, das Judentum wurde wieder frech und putschte die Polen gegen die Verdeutschung der Stadt auf, um dadurch Zeit zu gewinnen und seine Vermögenswerte der Beschlagnahme durch die deutschen Behörden entziehen zu können.

5 Das Mausoleum der Familie Poznański auf dem jüdischen Friedhof in Łódź ist noch erhalten.

6 Die Angabe beruht vermutlich auf einer überhöhten Schätzung des Regierungspräsidenten Friedrich Uebelhoer. Die Mitgliederzahl der Jüdischen Gemeinde von Łódź lag im Sept. 1939 bei 233 000–250 000; siehe VEJ 4/54.

7 Laut Erlass Himmlers vom 3.12.1938 waren Juden der Besitz und das Führen von Kraftfahrzeugen verboten; siehe VEJ 2, S. 59.

Um diesen Zuständen ein Ende zu bereiten, wurde in einer grundlegenden Verfügung des Regierungspräsidenten vom 10. Dezember 1939 die Bildung eines Gettos im Norden der Stadt geregelt.[8] In einer Bekanntmachung des Polizeipräsidenten vom 8. Januar 1940 wurde das Wohngebiet der Juden festgelegt und als Seuchengebiet erklärt.[9]
Wie wenig sich aber die Juden um behördliche Anordnungen scherten, beweist die Tatsache, daß bei einer im Hinblick auf die Polizeiverordnung vom 8. Februar 1940 über die Wohn- und Aufenthaltsrechte der Juden in Litzmannstadt am 29. Februar 1940 durchgeführten Sonderaktion der Schutzpolizei über 7000 Juden sistiert werden mußten, die sich verbotswidrig in den Hauptstraßen der Stadt aufgehalten hatten.[10] Es war also bereits klar, daß die Juden die Grenzen ihres Wohngebietes ohne strenge Überwachung niemals respektieren würden. Daher forderte der Polizeipräsident außer der Aufstellung von Warnschildern die Eindrahtung des Gettos, das einen Umfang von 30 km (jetzt 20 km) hat. Die Umsiedlung selbst, deren Durchführung in den Händen der Schutzpolizei lag, vollzog sich nach einem von der Stadtverwaltung aufgestellten Zeitplan und war am 20. April 1940 beendet.
Durch diese Zusammenfassung der schätzungsweise 160 000 bis 180 000 Juden im Getto haben die früher so gefürchteten Seuchen außerhalb des Gettos aufgehört und sind auch innerhalb des Gettos durch verschärfte Maßnahmen der deutschen Behörden wesentlich eingedämmt worden. Die Gettobildung stellte dann endlich *die* Grundlage für eine Eindeutschung der Stadt dar, und schließlich ist es auch nur durch die Gettobildung gelungen, das Judentum zu einer der Allgemeinheit dienenden Arbeit heranzuziehen.

II.
Selbstverständlich stellt die Schaffung des Litzmannstädter Gettos eine recht einschneidende Maßnahme dar, so daß schärfste Vorbeugungsmaßnahmen getroffen werden mußten, bei denen mitunter auch vor strengen Schritten nicht zurückgeschreckt werden kann, wenn man Reaktionen des Judentums von vornherein verhindern wollte. Die Schutzpolizei hat daher z. B. allein zur äußeren Bewachung des Gettos ein Polizeibataillon eingesetzt.
Es bedarf keines kriminalistischen Scharfblicks, um auf den ersten Blick zu ahnen, daß eine solche Zusammenpferchung von Kriminellen, Schiebern, Wucherern und Betrügern auch sofort ihre *besonderen kriminalpolizeilich bedeutsamen Erscheinungsformen* gezeitigt hat. Da aber die Schaffung eines so großen und vor allem fest geschlossenen Gettos bisher einmalig ist, fehlte es an kriminalistischen einschlägigen Erfahrungen und an jeglichem Vorbild. Es hat daher eines umfangreichen Studiums der jüdischen Mentalität und Gepflogenheiten, einer eingehenden Erfassung aller vorgekommenen Fälle, einer sorgfältigen Beobachtung aller Möglichkeiten und Prüfung ihrer Voraussetzungen,

8 VEJ 4/54.
9 Die Bekanntmachung datiert vom 8.2.1940. Abdruck in: Artur Eisenbach (Hrsg.), Dokumenty i materiały do dziejów okupacji niemieckiej w Polsce. Bd. 3: Getto łódzkie. Teil 1, Warszawa u. a. 1946, S. 35–49.
10 Einige der zwangsumgesiedelten Juden versuchten trotz Verbots noch Teile ihres Besitzes aus ihren versiegelten Wohnungen zu retten. Der Polizeipräsident von Litzmannstadt, Johannes Schäfer, ordnete daraufhin eine Razzia in der Innenstadt an, bei der etwa 3000 Juden festgenommen wurden. Einige von ihnen kamen gegen Zahlung einer Geldstrafe frei, viele wurden aber auch ins Generalgouvernement abgeschoben.

Begehungsarten und -mittel usw. bedurft, um die Wege zur präventiven und repressiven Bekämpfung durch die Kriminalpolizei herauszufinden.
Zunächst einmal hat sich die Praxis herausgebildet, daß *nur diejenigen Sachverhalte* die Polizei interessieren, *die sich gegen das Deutsche Reich und seine Angehörigen richten*. Was die Juden also in ihrem Getto untereinander oder gegeneinander unternehmen, das muß der Judenälteste mit seinen Ordnungsdienstmännern regeln. Zum Beispiel interessiert es die Polizei nur am Rande und unterfällt lediglich unserer Beobachtung, wenn Juden im Getto Demonstrationen gegen ihren Ältesten unternehmen oder gar wie im Januar 1941 ein Holzhaus am hellichten Tage überfallen und es zum Verfeuern auseinanderreißen, wobei zwei Juden zu Tode gekommen und mehrere verletzt worden sind.[11]
Ist dagegen irgendeine *Auswirkung nach außen* zu befürchten, dann ist ein Einschreiten geboten. So erteilte ein Jude einem Polen außerhalb des Gettos den Auftrag, falsche Etiketts und Stempel anzufertigen, die auf gefälschte Medikamente geklebt werden sollten. Hier widerspricht nichts der Annahme, daß diese Medikamente auch als „Mangelware" aus dem Getto herausgeschmuggelt und zu Wucherpreisen im Schleichhandelswege in Litzmannstadt abgesetzt werden sollten. Ein Einschreiten war also unbedingt geboten. Ebenso in den Fällen, wo Juden im Getto als falsche Kriminalbeamte auftraten und dadurch das Deutsche Reich diskreditierten.
Unter Außerachtlassung der Greuel- und Hetzpropaganda und anderer Vorfälle politischer Art, die zur Zuständigkeit der Stapo gehören, kann man die Erscheinungsformen, mit denen sich die Kriminalpolizei im Litzmannstädter Getto beschäftigen muß, in vier große Gruppen einteilen:
A. Schmuggel, Schleichhandel, Schiebungen,
B. Versteckte und getarnte jüdische Vermögenswerte,
C. Personenschmuggel: illegales Verlassen des Gettos,
D. Erscheinungsformen sonstiger Art.

A. Schiebungen und Schmuggel
Hier sind *zwei Gruppen*:
1. Schiebungen *in* das Getto und
2. Verschiebungen *aus* dem Getto zu unterscheiden.
1. Der Schmuggel und die Schiebungen in das Getto werden in der Hauptsache mit Mangelwaren betrieben; Lebensmittel, Fleisch, Butter, Käse, Zucker, Suppenwürfel, Öl, Rizinus (das aber nur zum Backen verwendet wird), Mehl, Zigarren, Zigaretten, Zigarettenhülsen und Zeitungen sind die gangbarsten Artikel. Die Frage, warum die Schmuggler die hohen Strafen riskieren und immer wieder sogar ihr Leben aufs Spiel setzen, wenn sie die Gettoumzäunung illegal zu passieren versuchen, ist schnell gelöst, wenn man erfährt, daß ein Pfund Butter, das normalerweise in der Stadt 1,80 RM. kostet, im Getto gern für 30 RM. gekauft wird, daß für einen Suppenwürfel 0,75 RM. bezahlt werden und Rizinus, das in der Stadt 8 RM. pro Liter kostet, im Getto mit 60 RM. und mehr abgesetzt wird. Das Schmuggeln von Zeitungen ist nicht weniger einträglich, da eine Zeitung oft

11 Vermutlich ist ein auch in der Chronik des Gettos erwähnter Vorfall vom 12.1.1941 gemeint, bei dem mehrere Hundert Menschen einen Holzschuppen niederrissen, wobei es mehrere Verletzte und einen Todesfall gab.

3 RM. erbringt, wobei die Juden dann Lesegemeinschaften bilden und ihren Zuhörern 5 Pfg. und Mitlesern 20 Pfg. abnehmen.

Es ist nur zu natürlich, daß sich für diese gute Verdienstquelle nicht lediglich Juden im Getto, sondern auch die polnische Bevölkerung lebhaft interessierten. Häufig sind die Einzelaktionen von Juden oder Polen, die einfach im Schutz der Dunkelheit oder des Nebels an abgelegenen Stellen durch die Gettoumzäunung kriechen. So wurde im Januar 1941 von einem Posten ein Schneehaufen beobachtet, der sich langsam dem Gettozaun zubewegte. Als der Posten einen Schuß abgab, versuchte sich der vordere Teil des vermeintlichen Schneebergs zu lösen und durch den Gettozaun zu kriechen. Er entpuppte sich als ein von Kopf bis Fuß weiß angezogener Schmuggler, der auf einem mit einem Bettlaken bedeckten Schlitten Schmuggelware nach sich gezogen hatte.

Sehr häufig sind an den Schmuggeleien *jüdische und polnische Jugendliche* und Kinder unter 14 Jahren beteiligt, die, klein, flink und behende, immer wieder an den Posten durchschlüpfen und durch den Drahtzaun kriechen. Die Ergreifung von Kindern mit einer Barschaft von 50 RM. und darüber ist durchaus keine Seltenheit. Es ist interessant zu sehen, wie verwegen die Kinder bei der Ausführung zu Werke gehen und wie sie sich herauszulügen versuchen, wenn sie gestellt werden. *Bestrafungen der Jugendlichen* haben bisher ihren *Zweck verfehlt*. Oft genug ist es vorgekommen, daß 16jährige am Tage ihrer Entlassung sofort den nächsten Weg zum Getto einschlugen und abends schon wieder wegen einer neuen Schmuggelei eingeliefert worden sind. Da Kinder unter 14 Jahren überhaupt nicht bestraft werden können und auch körperliche Ermahnungen selten geholfen haben,[12] steht hier die Kriminalpolizei – theoretisch gesehen – vor dem Problem, wie sie der *Verwahrlosung der polnischen Jugend*, die sich ja nicht nur auf diesem Gebiet äußert, beikommen kann. Oft schmuggeln die Kinder und Jugendlichen auf eigene Faust, meist aber sind sie von *Banden* angeworben.

Zu derartigen Banden gehören immer 5 bis 10 Juden im Getto und ebenso viele Polen in der Stadt, die auf die raffiniertesten Methoden kommen. So benutzten Angestellte einer Elektrizitätsgesellschaft ihre Berechtigung zum Betreten des Gettos dazu, mit ihrem Kraftwagen Lebensmittel in großen Mengen einzuschmuggeln. Einige Täter hatten mehrere tausend Mark bei sich, die sie als einkassierte Gelder zu retten suchten, es stellte sich aber schnell heraus, daß die Gelder nicht von den Kunden des Werks, sondern von den Schmuggelpartnern stammten.

Am häufigsten wird der Warenschmuggel und Schleichhandel in das Getto dadurch betrieben, daß die Waren aus der durchfahrenden Straßenbahn[13] oder aus eigens gemieteten Pferdedroschken an vorher verabredeten Stellen über die Gettoumzäunung geworfen werden, wo sie sofort über die vielen Hinterhöfe spurlos verschwinden. (Fortsetzung folgt)

Anfang des Jahres 1941 gelang es, mehrere Kanalröhren dichtzumachen, die unter der Gettoumzäunung durchführten und entweder stillagen oder im Winter eingefroren

12 Ende 1942 wurde in Litzmannstadt ein sog. Polenjugendverwahrlager eingerichtet. Hierfür wurde ein Teil des Gettos abgetrennt. Die Kinder und Jugendlichen im Lager mussten Zwangsarbeit leisten, viele von ihnen kamen aufgrund der schlechten Lebensbedingungen ums Leben.

13 Durch das Getto verliefen zwei abgezäunte Straßen, in denen auch Straßenbahnen für die nichtjüdische Bevölkerung verkehrten. Faktisch bestand das Getto daher aus drei Teilen, die zunächst an bestimmten Übergängen, ab Sommer 1940 durch Holzbrücken miteinander verbunden waren.

waren, so daß sie den Schmugglern eine willkommene Passage boten. Mitunter haben die Banden auch *deutschsprechende Polinnen* vorgeschickt, die bei irgendwelchen Gelegenheiten mit Bewachungsmannschaften Bekanntschaft schlossen und sie später „zufällig" auf Posten wiedertrafen. Wenige Momente der Begrüßung genügten dann, um den Posten abzulenken, hinter dessen Rücken die Schmuggler durch den Zaun gingen oder ihre Pakete hinüberwarfen. Es liegt auf der Hand, daß dieser Schmuggel- und Schleichhandel eine erhebliche Schädigung des deutschen Volksvermögens darstellt, denn die als Gegenwert bezahlten Gelder schwimmen unterirdisch ab, ohne daß die städtische Gettoverwaltung, die für die Unterhaltung des Gettos aufkommen muß, davon irgendeinen Nutzen hat. Die Bestrafung dieses Schleichhandels erfolgt hauptsächlich wegen Verstoßes gegen die Kriegswirtschaftsverordnung vom 4. September 1939[14] und die Verbrauchsregelungsstrafverordnung vom 6. April 1940[15] und wegen Vergehens gegen die seuchenpolizeilichen Vorschriften aus §327 StGB.

Leider finden sich auch mitunter andere Kreise, die sich diese Verdienstquelle nicht entgehen lassen möchten. So konnte ein *Lebensmitteleinzelhändler* überführt werden, das Kontingent seiner Kunden dadurch beschnitten zu haben, daß er vorrätige Ware verleugnete und sie durch jüdische Lumpenhändler, die seinerzeit noch außerhalb des Gettos wohnen durften, ins Getto verschob. Aufschlußreich ist auch folgender abgefangener Brief eines *Fischgroßhändlers*, in welchem es wörtlich hieß:

„Im Januar 1940 haben Sie versprochen, Fische zu schicken, ist aber nicht dazugekommen. Da ich jetzt von der Industrie- und Handelskammer beauftragt wurde, sämtliche Kleinfische, Plötzen, kleine Bressen, Gemänge, Brak und dergleichen einzukaufen, bitte schicken Sie per Bahn solche Fische. Die Preise sind höher wie sonsten, da die Fische nur an Juden verkauft werden. Wir werden besser verdienen an den minderwertigen Fischen wie an den besseren Qualitäten. Schicken Sie, soviel Sie können. Wir sollen 100 000 kg abstellen. Zu jedem Transport muß eine Rechnung beigefügt werden. Das Geld wird Ihnen sofort überwiesen. Was die höheren Preise anbetrifft, so können Sie das öffentlich tun …"

Daß aus diesem erhofften mühelosen Verdienst nichts geworden ist, bedarf keiner besonderen Erwähnung.

Lange Zeit war es auch vorgekommen, daß die Juden im Getto über Zitronen, Käse und andere Waren, die in der Stadt selbst fehlten, verfügten, bis die Preisbehörde und die Gettoverwaltung dahinterkamen, daß gewisse Großhändler ganze Warenposten als angeblich minderwertig mit gewissem Abschlag lieber ins Getto lieferten, als sich einer mühevolleren Kleinverteilung unter die Einzelhändler zu unterziehen. Auch gegen dieses Verbrechen an der Volksgemeinschaft ist energisch eingeschritten worden.

[2.] Bei den Verschiebungen *aus* dem Getto handelt es sich in erster Linie um Werte, die die Juden seinerzeit im Getto versteckt hatten und nunmehr nach dem Generalgouvernement überführen wollten, um sie für den in absehbarer Zeit eintretenden Fall, daß das Getto in Litzmannstadt auffliegt,[16] in Sicherheit zu bringen. In Frage kommen hierfür möglichst nur wertvolle, wenig Raum einnehmende Sachen wie Gold, Brillanten, Perlen,

14 RGBl., 1939 I, S. 1609.

15 RGBl., 1940 I, S. 610.

16 Ursprünglich gingen die deutschen Behörden davon aus, dass das Getto nur wenige Monate bestehen würde. Es war geplant, die jüdische Bevölkerung von Łódź bis Okt. 1940 ins Generalgouvernement zu deportieren; siehe VEJ 4, Einleitung, S. 46.

Devisen, die auf die eigenartigste Weise befördert werden. Dollarnoten werden zusammengerollt in die Ohren gesteckt; Brillanten kleben sich die Frauen mit Leukoplast unter die Brüste; Ringe, Perlen usw. werden in den Absätzen von Schuhen versteckt; Papiergeld wird als Einlegesohle verwendet usw. Bei einer Durchsuchung brauchten die Beamten zum Verpacken einen Behälter und nahmen hierzu ein achtlos beiseite liegendes Bastkörbchen, bis sich zu ihrem nicht geringen Erstaunen das Körbchen unter der Last der zusammengepackten Gegenstände in die Länge zog und aus einzelnen Bastfasern gleichfarbenes Papier mit eingerollten Dollar- und Pfundnoten zum Vorschein kam; allein für die Anfertigung des Körbchens hatte der Eigentümer, der sofort die Flucht ergriff, 75 RM. bezahlt. Ein anderes Mal fiel den Beamten das Gewicht eines Schuhanziehers auf, und es stellte sich heraus, daß sich ein ehemaliger Graveur als *Goldschmelzer* betätigte, um dem gewonnenen Rohgold die Form von Armbändern, Zigarettenetuis und dergleichen zu geben, und es zur Tarnung mit einer nickelähnlichen Schicht zu überziehen.

Aber auch sonst stellt die Tätigkeit der Kripo im Getto an das Einfühlungsvermögen, die Findigkeit und sonstigen kriminalistischen Fähigkeiten der Beamten hohe Anforderungen. So fiel einem Beamten beim Studium einer Postkarte auf, daß ein Jude aus Warschau eine Menge von Verwandten namentlich aufführte und sie je nachdem „herzlich", „sehr innig", „schön" usw. grüßen ließ. Auf anderen Postkarten waren 100 Küsse bestellt oder bestätigt, daß von einem Juden G. im Getto 5 kg Äpfel, 10 kg Pflaumen abgeholt worden sind u. a. m. Die Nachforschungen ergaben, daß es sich hier um ein *Familienclearingverfahren*, also um Devisenvergehen handelte. Warschauer und Litzmannstädter Juden rechneten so, ohne Geld übersenden zu müssen, untereinander ihre Guthaben, Schulden, Überweisungen usw. ab.

Im September 1940 hatte eine der reichsten Jüdinnen des früheren Lodsch, die rechtzeitig nach Warschau geflüchtet war, durch ihre Vertrauensleute die Möglichkeit einer Überführung ihres in Litzmannstadt vergrabenen Millionenschmucks überprüfen lassen. Einer von ihnen machte nach üblicher Judenmanier einfach einem Beamten das direkte Angebot, gegen hohe Provision zum Gelingen beizutragen. Im Einvernehmen mit seiner Dienststelle ging der Beamte auch zum Schein darauf ein und verstand es nachher ausgezeichnet, die Juden so geschickt hinzuhalten, daß sie ihm Provisionen in Höhe von mehreren tausend Mark zahlten. Während die Kriminalpolizei daraus ersah, daß es sich wirklich um ein großes Objekt handeln mußte, waren die Juden ihrerseits von der „Echtheit" des Beamten überzeugt, zumal dieser, um die Juden noch sicherer zu machen, auch auf andere Wünsche scheinbar einging, z. B. angeblich für die Freilassung von Häftlingen sorgte, die am nächsten Tage sowieso freigekommen sind. Nunmehr brannten die Juden in Warschau darauf, den Beamten persönlich kennenzulernen und mit ihm selbst zu verhandeln, da ihnen die Provisionen, die sie ihren eigenen Leuten versprochen hatten, schon wieder leid taten. Ängstlich bemühte man sich, jedes Bedenken, das der Beamte bewußt zur Hinhaltung vortrug, zu zerstreuen und verabredete mehrere Zusammenkünfte, zu denen man bezeichnenderweise immer wieder andere Wohnungen eigens angemietet hatte. Der Kriminalpolizei lag daran, den gesamten jüdischen Interessentenkreis kennenzulernen, denn es war sofort klar, daß nicht nur die Jüdin selbst, sondern auch andere Eigentümer versteckter Vermögen dabei sein würden. Dennoch war das Erstaunen des Beamten groß, als er sich bei den „Verhandlungen" mitunter 70 Kaftanträgern gegenübersah. Durch Vorbringen von Zweifeln und Vorstellen der Schwierigkeiten gewann er das Zutrauen der Juden so, daß auch die anderen mit ihren Wünschen herausrückten und schließlich einen jüdischen Rechtsanwalt nach Litzmannstadt mitgaben, der seinerzeit den Millionenschmuck selbst hatte verstecken helfen. Als er nun unter einem baufälligen Schuppen nach intensiver Arbeit einen großen Stahlkasten aus 2 ½ m Tiefe hervorgeholt hatte, wurde er von der Litzmannstädter Kriminalpolizei „überrascht".

Inzwischen waren dann auch die Verhandlungen mit einem früheren Pelzjuden in Warschau so weit gediehen, daß es in einer Nacht gelang, im Getto zwischen den Dielen einer ehemaligen Judenschule,[17] die später zur Tarnung zu einem Wohnhaus umgebaut worden war, gut konservierte echte Pelze im Werte von über 3 Millionen Mark ausfindig zu machen und sicherzustellen.

Im Zuge der Tätigkeit des Gettokommissariats war es natürlich auch möglich, eine ganze Reihe von Juden ausfindig zu machen, die ihre Vermögenswerte bereits nach Warschau, Radom und anderen Städten des Generalgouvernements verschleppt und dort nach ihrer Ansicht sicher untergebracht hatten.

Die Aufzählung der Verschiebungen aus dem Getto wäre nicht vollzählig, wenn man nicht auch den *Schleichhandel* mit versteckten Mangelwaren wie Tee, Seife, Gewürzen, Paprika, Pfeffer erwähnen würde. In richtiger Erkenntnis, daß diese Waren im Laufe des Krieges recht „gangbar" sein und sich viel weniger auffällig und gefahrvoll umsetzen lassen würden als Gold und Brillanten, haben viele Juden im Getto derartige Mangelwaren an den unwahrscheinlichsten Orten aufgestapelt, um sie nach und nach in den Verkehr zu bringen. Tatsächlich tauchen diese Waren, sobald sie aus dem Getto geschmuggelt sind, schnellstens unter und wandern unter den Schleichhändlern so schnell von Hand zu Hand, daß es meist nicht einfach ist, die Fäden aufzudecken.

B. Versteckte und getarnte jüdische Vermögenswerte

Schon vor Kriegsausbruch waren angesichts der drohenden Kriegsgefahr zahlreiche Juden nach Warschau und dem Osten Polens geflohen. Sie waren sich darüber klar, daß ihr Vermögen der Beschlagnahme durch die deutschen Behörden unterlag, und hatten es daher auf die verschiedenste Weise sicherzustellen versucht:

1. Durch Mitnahme auf die Flucht. Das ging naturgemäß nur bei leicht transportierbaren, hohen Werten (Perlen, Gold, Devisen, Brillanten, Pelzen).
2. Tarnung durch Übergabe von festgelegten und daher nicht leicht realisierbaren Werten an einen „Treuhänder".
3. Verstecken durch Einmauern oder Vergraben auf dem bisherigen Grundstück, in der Hoffnung, das Vermögen später einmal wieder herausholen zu können, wenn die Deutschen abgezogen sein würden.

Bei allen drei Arten sind die Juden meist aber hereingefallen. Die Flüchtlinge sind oft schon in den ersten Tagen arg bestohlen oder betrogen worden. Auch hatten sie sich in dem Glauben, daß der Krieg durch die erhoffte Hilfe Englands nicht lange dauern würde, nicht an Einschränkungen gewöhnen wollen, so daß ihr Vermögen, beim Verkauf durch Wucherer ausgenutzt, sehr bald dahinschwand.

Die Fälle zu 2 und 3 bieten der *Kriminalpolizei* ein etwas schwieriges, dafür aber überaus - *interessantes Arbeitsgebiet.* Zunächst handelt es sich darum, die versteckten oder getarn

17 Gemeint ist eine Synagoge.

ten Vermögenswerte ausfindig zu machen und für die *Haupttreuhandstelle Ost* als Verwalterin des beschlagnahmten polnischen und jüdischen Vermögens sicherzustellen. Da sich anfangs aber mehrere Stellen mit Beschlagnahmen befaßten, waren auch sofort wilde illegale „Beschlagnahmen" durch *falsche Kriminalbeamte* vorgekommen, indem z. B. Juden sich von einem jüdischen Gettoordnungsdienstmann die Armbinde und Kappe für 20 RM. ausliehen und nunmehr kräftig auf eigene Faust „sicherstellten". Abgesehen davon, daß dem Reich diese „beschlagnahmten" Sachen verlorengingen, ergab sich daraus auch eine Diskreditierung der deutschen Polizei, wenn solche „uniformierten" Juden sich auf die Taktik verlegten, nur als Begleitung der anderen aufzutreten, die sich als „Kriminalpolizei" ausgaben.

Anlaß zum Einschreiten der Kripo gaben auch die vielen Anzeigen, daß *illegale Schatzgräber* am Werk gewesen sind. Unter dem Deckmantel, „von der Baukommission zu sein", hatten sich z. B. Personen in leerstehende, frühere Judenwohnungen begeben und hier systematisch die Wände und Dielen nach etwaigen Verstecken untersucht.

Eines Tages erschien in der Zeitung eine Annonce, in der echte Gemälde einer bekannten polnischen Malerfamilie angeboten wurden. Das Kommissariat „Sachfahndung" fand bei dem Annoncenaufgeber 24 Gemälde im Werte von etwa 12 000 RM., die dieser auf dem Boden unter Gerümpel gefunden haben wollte; die Anzeige sei „nur ein Versuch zur Feststellung gewesen, ob die Gemälde überhaupt einen Kunstwert besäßen". Im Februar 1941 gelang es, ein polnisches Dienstmädchen zu ermitteln, das mit seinen jüdischen Arbeitgebern über 7000 Dollar in Gold und 6000 Dollar in Papier eingemauert hatte. Das Mädchen hatte sich aber sehr eifrig für Politik interessiert und im Laufe der Zeit festgestellt, daß mit einer Rückkehr der Juden nun doch nicht mehr zu rechnen war. Es war dann auf den Gedanken verfallen, das Versteck wieder auszuheben und das Geld in seiner eigenen Behausung einzumauern. Leider war es beim Übermalen der gemauerten Stellen zu gewissenhaft vorgegangen, so daß sie zu vorteilhaft von den anderen Wänden abstach. (Schluß folgt)

Daß sich diese seltsame Art von „*Treuhändern*" sehr bald mit dem Gedanken befreundet hatte, ihren Auftraggeber nicht mehr zu Gesicht zu bekommen und daher das Geschäftsvermögen als eigenes zu betrachten, ist manchem schlecht bekommen, denn die Kripo interessierte sich natürlich auch lebhaft für die Klage- und Mahnbriefe der jetzt meist im Gouvernement sitzenden Juden, die nunmehr Abschlagszahlungen einfordern möchten. Interessant sind auch die *Verstecke*, die die Juden seinerzeit zur Sicherstellung ihres Vermögens ausgesucht haben. Für jeden kriminalistischen Anwärter ergibt sich hier ein geradezu ideales Übungsfeld.

Das *Vergraben* erfolgte meist 2 bis 3 m tief in Gärten, im Hofe unter einem baufälligen, mit Gerümpel vollgestopften Schuppen oder unter Kellern, deren Inhalt meist so widerlich ist, daß er einem die Lust zum Nachspüren nehmen könnte. Besonders raffiniert sind die Juden beim *Einmauern* von Vermögenswerten vorgegangen. Bei den Durchsuchungen mußten daher wiederholt *Vermessungen der Räume* vorgenommen werden, auf Grund deren sich dann zeigte, daß ganze Räume kunstgerecht abgetrennt und vermauert worden waren. Mitunter waren auch nur *tote Winkel oder spitze Ecken* in Wohnungen durch Ziehen von Zwischenwänden, die nachher tapeziert oder gestrichen wurden, zu Verstecken ausgenutzt worden. *Eingelassene Schränke* und Spiegel waren gleichfalls ein willkommenes Versteck. In einem Falle entpuppte sich beim Abklopfen der untere Teil der Wand als Tarnung für Rohsilber, 250 kg Rohsilber waren in Ziegelsteinform und

Größe gegossen und zum Mauern verwendet worden. Bei einer Durchsuchung entdeckten die Beamten, daß Teile eines geheizten Kachelofens kalt waren. Es stellte sich heraus, daß in dem Ofen Züge umgelegt waren, um hier Platin zu verstecken. Daß überaus oft Decken und Dielen von Wohnungen verwendet wurden, ist bereits in anderem Zusammenhang geschildert worden. Da die Kriminalpolizei aber auch diese Verstecke ausfindig machte, sind die Juden dann dazu übergegangen, die versteckten Lager, soweit möglich, wieder herauszuholen und auf mehrere Verstecke zu verteilen, damit sie bei der Aushebung nicht ihres gesamten Vermögens verlustig gingen.
Ein besonderes Augenmerk muß bei Durchsuchungen auch den Möbeln zugewendet werden. Als Verstecke beliebt sind die Polsterung von Stühlen, Stuhlbeine, Aufsätze von Möbeln, Verstärkungen von Schrankböden, Gerümpel, Buchrücken, Blumentöpfe, Betten und Matratzen. Insbesondere müssen auch *Kleidungsstücke* sorgfältig durchsucht werden. Je dreckstarrender ein Kleidungsstück ist, um so geeigneter hat man es aus wohlüberlegten Gründen für ein Versteck ausgenutzt.[18] – So muß grundsätzlich schmutzige Wäsche durchsucht werden. In einer blutgetränkten Monatsbinde, die eine Jüdin noch bei sich trug, wurden deutsche Hundertmarkscheine und Dollarnoten gefunden. Auch der Büstenhalter ist für Brillanten und Perlen recht aufnahmefähig. In einem Falle bat ein Jude bei der Festnahme, ein *Bruchband* mit einem neuen vertauschen zu können, weil ihn das andere angeblich hinderte. Die behutsame Art, wie er das alte Bruchband aber wegwarf, erregte das Mißtrauen der Beamten. Beim Aufschneiden des Bruchbandes wurden fünf Brillanten im Werte von über 60 000 RM. gefunden. Auf abgelegte oder wahllos herumliegende *Schuhe* muß ebenfalls geachtet werden. In unzähligen Fällen sind die Absätze ausgehöhlt und zu Verstecken für Ringe, lose Brillanten, Perlenketten usw. ausgenutzt worden. Da die Juden durchweg plattfüßig sind, fällt ferner eine Versteifung zwischen Absatz und Sohle nicht sonderlich auf. Die Untersuchungen ergaben in fast allen Fällen, daß sich diese Mittelteile als Verstecke für Banknoten bestens eignen. Im Getto hatten sich sogar einzelne Schuhmacher aufgetan, die gegen Entgelt Schuhe auf diese Weise präparierten. An *Kleidungsstücken* muß besonders auf Rockkragen, Ärmelaufschläge und Säume sowie auf das Futter geachtet werden, in denen sich immer wieder versteckte Brillanten und Gold befinden. – Bei Damenblusen wurden wiederholt unverhältnismäßig schwere Stoffknöpfe gefunden, in denen kleine Goldstükke, z. B. Fünf-Rubel-Stücke, eingenäht waren.
Als Verstecke am Körper sind insbesondere Haarknoten und die bereits erwähnten Brüste zu beachten, unter denen oft mit Heftpflaster angeklebte Brillanten gefunden worden sind. Ebenso müssen die Ohren einer eingehenden Visitation unterzogen werden, sei es, daß sie als Versteck für Perlen und lose Brillanten dienen, oder daß fein zusammengeschobene Dollarscheine eingerollt sind, die später wieder ausgeplättet werden.
An versteckten Werten wurden vorgefunden: Devisen, vor allem Gold- und Papierdollars, dann Wertpapiere, alte Bank-Polski-Zlotys, aber auch neue Zlotys,[19] deutsches Geld und das im Litzmannstädter Getto eingeführte Gettogeld;[20] an *Kostbarkeiten*: lose Brillanten und Perlen, Schmuck, der meist in Platin gefaßt ist, Gold als Bruchgold oder in Form

18 So im Original.
19 Im Jan. 1940 waren im Generalgouvernement die alten Złoty-Noten abgestempelt worden; die Banknoten, die sich danach noch in den eingegliederten Ostgebieten und im sowjet. besetzten Teil Polens befanden, waren von nun an ungültig.

von Armbändern, Ohrringen, Uhren und Ringen sowie zur Tarnung überarbeitetes Rohgold, Rohplatin, Alt- und Rohsilber. Ferner Kristalle, Pelze, Felle, Leder, Filze, Watte, Wolle, Seide, Teppiche, Spinnstoffe, Wollsachen, Futterstoffe, Schneiderzutaten, halbfertige und Fertigkleidung, Strickwesten, Strümpfe, Wäsche, Seidenwarenlager, kosmetische Artikel, vor allem Seife, die aber sicher nicht zum eigenen Gebrauch, sondern nur zum Handeln bestimmt war. Mitunter sind komplette technische Einrichtungen eingemauert gefunden worden, wie z. B. ein zahnärztliches Laboratorium, eine röntgentechnische Einrichtung, eine Destilliereinrichtung mit Kupferblasen usw.
Die vorgefundenen und sichergestellten Waren werden der *Treuhandstelle Ost* als Verwalterin der für das Reich eingezogenen polnischen und jüdischen Vermögen zur Verfügung gestellt, diese ihrerseits das Recht zur Verwertung anderen Stellen delegiert, z. B. bei Spinnstoffen der Litzmannstädter Warenhandelsgesellschaft, bei anderen im Getto vorgefundenen Werten der Städtischen Gettoverwaltung, der die Betreuung und Unterhaltung des Gettos obliegt.

C. Personenschmuggel – illegales Verlassen des Gettos
Die Juden unterliegen im Getto naturgemäß keinen besonders üppigen Lebensbedingungen. Während sie vor der Bildung des Gettos ein hämisches Lächeln zeigten und sich über die Bildung dieses Judenstaates im kleinen freuten, hat sich das Bild heute etwas geändert. Ein großer Teil der Juden hat ein begreifliches Interesse daran, das Getto zu verlassen. Meist geschieht das nachts durch heimliches Hindurchkriechen durch den Gettozaun. Mitunter konnte aber auch ein organisierter *Personenschmuggel* unter Beihilfe eines ungetreuen Bewachungsmannes festgestellt werden. In einem Falle glückte es Juden sogar, sich auf Lastautos zu schmuggeln, mit denen im Getto hergestellte Heereslieferungen fortgeschafft wurden. Mehrfach sind zum illegalen Passieren der Gettoumzäunung totgelegte Kanalröhren von oft Hunderten von Metern Länge benutzt worden. Die Ein- und Ausgänge dieser Röhren wurden durch Überbauungen mit alten Schuppen oder Gerümpel, Zuschütten mit Schnee usw. getarnt, so daß die Entdeckung recht schwierig war. Oft geschieht das Verlassen des Gettos auch nur zum Zwecke des illegalen Einkaufs in der Stadt, zur Organisierung von Schmugglerbanden, zur Nachforschung, ob das von dem betreffenden Juden in der Stadt seinerzeit angelegte Versteck noch unberührt ist usw.
Natürlich kommt es, wie obige Beispiele beweisen, auch häufig vor, daß umgekehrt Leute in das Getto hineinzukommen versuchen. Meist handelt es sich um Schmuggler, die Aufträge einholen oder Geld kassieren. Mitunter sind es nichtjüdische polnische Frauen, die ihre jüdischen Ehemänner oder Liebhaber im Getto aufsuchen wollen.

D. Erscheinungsformen sonstiger Art
Ein ganz besonderes Kapitel sind die jüdischen Vertrauensleute. Einerseits muß zugestanden werden, daß sich die Juden kraft ihrer besonderen Eigenschaften ausgezeichnet als Agenten eignen; denn es findet sich kaum ein Arier, bei dem so viel Verschlagenheit, verkuppelt mit Gewinnsucht, vorhanden ist, daß er sich zu jedem Verrat, selbst an dem eigenen Verwandten, bereitfindet.

20 Um die Juden zur Abgabe von Devisen und Reichsmark zu zwingen, hatten die Deutschen im Juli 1940 die Einführung einer gesonderten Gettowährung angeordnet, die fortan alleiniges Zahlungsmittel im Getto Litzmannstadt war.

Einen amüsanten Beitrag lieferte ein Jude, der dem Gettokommissariat unter der Bedingung, „Halbpart“ zu machen, ein kunstgerecht verschnürtes Paket mit ungültigen alten Geldscheinen vorwies und eine Wohnung benannte, in der ein ähnlich aussehendes Paket im Werte von 100 000 Dollar mit echten Noten in einem Toilettenbecken versteckt sei. Der Eigentümer dieser Dollarnoten trage sich bereits mit dem Gedanken, durch Mittelsleute das Versteck ausheben zu lassen; diesem wolle der anzeigende Jude zuvorkommen und das Geschäft selbst machen. An Ort und Stelle wurden aber in dem abgeschraubten Toilettenbecken nur noch einige Papierschnitzel gefunden, worauf der Jude vor Schreck ohnmächtig zu Boden sank. Es stellte sich heraus, daß er der Bruder des Eigentümers war und diesen betrügen wollte.

Meist bringen diese jüdischen Agenten, wie gesagt, recht gute Erfolge. Nur zu leicht sind die Beamten daher geneigt, dem betreffenden „Vertrauensmann“ auf Grund seiner Leistungen *wirkliches* Vertrauen entgegenzubringen und ihm einige Vorrechte vor seinen Stammesbrüdern einzuräumen. Das war aber oft der Zweck der Übung! Der Jude läßt sich absichtlich als Vertrauensmann einspannen und gibt einige weniger wichtige Rassegenossen preis, um dadurch von seinen eigenen Untaten abzulenken und andere, ihm genehme Rassegenossen zu schützen. So ist es vorgekommen, daß ein Jude die Vergünstigungen, die sich durch die Fahrten in die Stadt bei Durchsuchungen ergaben, selbst zum Schmuggeln, zum Schleichhandel, Devisenschiebungen usw. ausgenutzt hat. U. a. wußte er einen Lebensmitteleinzelhändler in der Stadt durch gelegentlichen Verkauf von Pelzen und Brillanten zu bestimmen, daß dieser seinen arischen Kunden gegenüber kontingentierte Lebensmittel verheimlichte und selbst dann zu hohen Preisen ins Getto verkaufte. Einige Agenten konnten überführt werden, daß sie mit ihren „Beziehungen zur Polizei“ geprahlt und sich dabei den Anschein gegeben hatten, als wenn sie unter Umständen auf Freilassungen von Gefangenen Einfluß ausüben könnten. Da es mitunter der Zufall wollte, daß tatsächlich ein Gefangener freigelassen wurde, wurden damit die Prahlereien unterstützt, so daß sich nunmehr alle Glaubensgenossen, deren Angehörige ins Gefängnis eingeliefert wurden, an ihn mit der Bitte wandten, sich für eine Wiederfreilassung eines Häftlings bei der Polizei zu verwenden. Umgekehrt zog ein Vertrauensmann auch daraus Geld, daß er bei Kenntnis der bevorstehenden Wiederfreilassung zu den Verwandten des Häftlings ging und diesen unter Forderung von Geldgeschenken die Freilassung ihres Verwandten zusicherte. Beim Ansetzen jüdischer Vertrauensleute ergibt sich also die übliche Notwendigkeit, den Betreffenden keinerlei Freiheiten und Großzügigkeiten zu gewähren, vielmehr jeden noch durch einen anderen überprüfen zu lassen, und zwar in besonders verstärktem Maße. Trotz aller Vorsicht wird man aber immer noch auf Überraschungen gefaßt sein müssen.

Einen feinen Riecher haben die Juden, herauszubekommen, wenn sich zwei Behördenstellen oder Beamte nicht sonderlich vertragen. Mit teuflischer Freude schürt der Jude und versucht, beide gegeneinander auszuspielen. Dabei machte auch der Judenälteste keine Ausnahme, welcher die Anordnung der einen Dienststelle (z. B. Städt. Gettoverwaltung) dadurch zu durchkreuzen versuchte, daß er sich an die andere Dienststelle wandte (z. B. die Polizei) und sich als angeblicher Diener zweier Herren und Märtyrer aufspielte.

Die Tätigkeit der Kriminalpolizei im Getto bringt aber auch manches Licht in andere, vor allem parallel laufende Vorgänge. Daß z. B. Juden ausfindig gemacht wurden, die im Gouvernement wohnen oder dorthin geflüchtet waren und dort an bestimmten Stellen ihr Vermögen versteckt haben, ist bereits erwähnt.

Interessant ist auch folgendes Beispiel: Um die Jahreswende 1940/41 konnte die Kripo Litzmannstadt auf einer ihrer „unterirdischen Besichtigungen" in Radom und Warschau einer großangelegten Schiebersache auf die Spur kommen, bei der Juden aus Warschau mit Litzmannstädter Geschäftsleuten in Verbindung gestanden und mehrere Stellen in Litzmannstadt, Koluszki und Warschau eingespannt hatten. Zunächst wurden illegal Passierscheine besorgt und an Interessenten zu Wucherpreisen verkauft. Dann sind Brillanten und Perlen vom Gouvernement nach Litzmannstadt gebracht und verkauft worden, weil hier der Gegenwert in Reichsmark gezahlt wurde, für die in Warschau wiederum der drei- bis fünffache Zlotybetrag erzielt wurde. Für den Erlös kauften die Schieber in ungeheuren Mengen illegal Waren ein, insbesondere Spinnstoffe, die geschickt durch die Zollsperre geschleust und per Bahn nach dem Gouvernement aufgegeben worden sind.
Die Tätigkeit der Kriminalpolizei im Litzmannstädter Getto ist zwar eine Arbeit, die immer unter den denkbar ungünstigsten, schwierigsten und schmutzigsten Verhältnissen vor sich geht, die aber andererseits als Neuland reizt und ebenso vielseitig wie interessant und vor allem beruflich dankbar, d. h. befriedigend ist.

DOK. 46

Verordnung über die Strafrechtspflege gegen Polen und Juden in den eingegliederten Ostgebieten vom 4. Dezember 1941[1]

Der Ministerrat für die Reichsverteidigung verordnet mit Gesetzeskraft:[2]

1. Sachliches Strafrecht

I.[3]

(1) Polen und Juden haben sich in den eingegliederten Ostgebieten entsprechend den deutschen Gesetzen und den für sie ergangenen Anordnungen der deutschen Behörden zu verhalten. Sie haben alles zu unterlassen, was der Hoheit des Deutschen Reiches und dem Ansehen des deutschen Volkes abträglich ist.

(2) Sie werden mit dem Tode bestraft, wenn sie gegen einen Deutschen wegen seiner Zugehörigkeit zum deutschen Volkstum eine Gewalttat begehen.

(3) Sie werden mit dem Tode, in minder schweren Fällen mit Freiheitsstrafe bestraft, wenn sie durch gehässige oder hetzerische Betätigung eine deutschfeindliche Gesinnung bekunden, insbesondere deutschfeindliche Äußerungen machen oder öffentliche Anschläge deutscher Behörden oder Dienststellen abreißen oder beschädigen, oder wenn sie durch ihr sonstiges Verhalten das Ansehen oder das Wohl des Deutschen Reiches oder des deutschen Volkes herabsetzen oder schädigen.

(4) Sie werden mit dem Tode, in minder schweren Fällen mit Freiheitsstrafe bestraft,

1. wenn sie gegen einen Angehörigen der deutschen Wehrmacht oder ihres Gefolges, der deutschen Polizei einschließlich ihrer Hilfskräfte, des Reichsarbeitsdienstes, einer

1 RGBl., 1941 I, S. 759.

2 Siehe auch Dok. 31 vom 28.10.1941.

3 Aufgrund einer Ergänzungsverordnung vom 31.1.1942 konnten die Punkte I. bis III. „mit Zustimmung des Staatsanwalts auch auf Taten angewendet werden, die vor dem Inkrafttreten der Verordnung begangen" worden waren; RGBl., 1942 I, S. 52.

deutschen Behörde oder einer Dienststelle oder Gliederung der NSDAP. eine Gewalttat begehen;
2. wenn sie Einrichtungen der deutschen Behörden oder Dienststellen oder Sachen, die deren Arbeit oder dem öffentlichen Nutzen dienen, vorsätzlich beschädigen;
3. wenn sie zum Ungehorsam gegen eine von den deutschen Behörden erlassene Verordnung oder Anordnung auffordern oder anreizen;
4. wenn sie die Begehung einer nach Abs. 2, 3 und 4 Nrn. 1 bis 3 strafbaren Handlung verabreden, in eine ernsthafte Verhandlung darüber eintreten, sich zu ihrer Begehung erbieten, oder ein solches Anerbieten annehmen oder wenn sie von einer solchen Tat oder ihrem Vorhaben zu einer Zeit, zu der die Gefahr noch abgewendet werden kann, glaubhafte Kenntnis erhalten und es unterlassen, der Behörde oder dem Bedrohten rechtzeitig Anzeige zu erstatten;
5. wenn sie im unerlaubten Besitz einer Schußwaffe, einer Handgranate, einer Hieb- oder Stoßwaffe, von Sprengmitteln, Munition oder sonstigem Kriegsgerät betroffen werden oder wenn sie glaubhafte Kenntnis davon erhalten, daß ein Pole oder Jude sich im unerlaubten Besitz eines solchen Gegenstands befindet, und es unterlassen, der Behörde unverzüglich Anzeige zu erstatten.

II.

Polen und Juden werden auch bestraft, wenn sie gegen die deutschen Strafgesetze verstoßen oder eine Tat begehen, die gemäß dem Grundgedanken eines deutschen Strafgesetzes nach den in den eingegliederten Ostgebieten bestehenden Staatsnotwendigkeiten Strafe verdient.

III.

(1) Als Strafen werden gegen Polen und Juden Freiheitsstrafe, Geldstrafe oder Vermögenseinziehung verhängt. Freiheitsstrafe ist Straflager von drei Monaten bis zu zehn Jahren. In schweren Fällen ist Freiheitsstrafe verschärftes Straflager von zwei bis zu fünfzehn Jahren.
(2) Auf Todesstrafe wird erkannt, wo das Gesetz sie androht. Auch da, wo das Gesetz Todesstrafe nicht vorsieht, wird sie verhängt, wenn die Tat von besonders niedriger Gesinnung zeugt oder aus anderen Gründen besonders schwer ist; in diesen Fällen ist Todesstrafe auch gegen jugendliche Schwerverbrecher zulässig.
(3) Die in einem deutschen Strafgesetz bestimmte Mindestdauer einer Strafe und eine zwingend vorgeschriebene Strafe dürfen nicht unterschritten werden, es sei denn, daß sich die Straftat ausschließlich gegen das eigene Volkstum des Täters richtet.
(4) An Stelle einer nicht beitreibbaren Geldstrafe tritt Straflager von einer Woche bis zu einem Jahr.

2. Strafverfahren

IV.

Der Staatsanwalt verfolgt Straftaten von Polen und Juden, deren Ahndung er im öffentlichen Interesse für geboten hält.

V.

(1) Abgeurteilt werden Polen und Juden von dem Sondergericht oder dem Amtsrichter.
(2) Der Staatsanwalt kann die Anklage in allen Sachen vor dem Sondergericht erheben. Er kann die Anklage vor dem Amtsrichter erheben, wenn keine schwerere Strafe als fünf Jahre Straflager oder drei Jahre verschärftes Straflager zu erwarten ist.

(3) Die Zuständigkeit des Volksgerichtshofs bleibt unberührt.

VI.

(1) Jedes Urteil ist sofort vollstreckbar, jedoch kann der Staatsanwalt gegen Urteile des Amtsrichters Berufung an das Oberlandesgericht einlegen. Die Berufungsfrist beträgt zwei Wochen.

(2) Auch das Beschwerderecht steht allein dem Staatsanwalt zu; über die Beschwerde entscheidet das Oberlandesgericht.

VII.

Polen und Juden können deutsche Richter nicht als befangen ablehnen.

VIII.

(1) Verhaftung und vorläufige Festnahme sind stets zulässig, wenn dringender Tatverdacht vorliegt.

(2) Im Vorverfahren kann auch der Staatsanwalt die Verhaftung und die sonst zulässigen Zwangsmittel anordnen.

IX.

Polen und Juden werden im Strafverfahren als Zeugen nicht beeidigt; auf eine unwahre uneidliche Aussage vor Gericht finden die Vorschriften über Meineid und Falscheid sinngemäß Anwendung.

X.

(1) Die Wiederaufnahme des Verfahrens kann nur der Staatsanwalt beantragen. Über Anträge auf Wiederaufnahme des Verfahrens gegen ein Urteil des Sondergerichts entscheidet dieses.

(2) Die Nichtigkeitsbeschwerde steht dem Generalstaatsanwalt zu; über sie entscheidet das Oberlandesgericht.

XI.

Polen und Juden können weder Privatklage noch Nebenklage erheben.

XII. Gericht und Staatsanwalt gestalten das Verfahren auf der Grundlage des deutschen Strafverfahrensrechts nach pflichtgemäßem Ermessen. Sie können von Vorschriften des Gerichtsverfassungsgesetzes und des Reichsstrafverfahrensrechts abweichen, wo dies zur schnellen und nachdrücklichen Durchführung des Verfahrens zweckmäßig ist.

3. Standgerichtliches Verfahren

XIII.

(1) Der Reichsstatthalter (Oberpräsident) kann in den eingegliederten Ostgebieten mit Zustimmung des Reichsministers des Innern und des Reichsministers der Justiz für seinen Verwaltungsbereich oder einzelne Teile davon anordnen, daß Polen und Juden wegen schwerer Ausschreitungen gegen Deutsche sowie wegen anderer Straftaten, die das deutsche Aufbauwerk ernstlich gefährden, bis auf weiteres von Standgerichten abgeurteilt werden können.[4]

4 Einige Zeit später wurden in einzelnen Gebieten, so in Oberschlesien am 1.6.1942, im Regierungsbezirk Zichenau am 15.8.1942, in meistens wortgleichen VO Standgerichte eingerichtet, deren drei Angehörige von der jeweils zuständigen Gestapoleitstelle bestimmt wurden. Dagegen scheiterte dies im Warthegau und in Danzig-Westpreußen am Widerstand der Oberlandesgerichte.

(2) Als Strafe wird von den Standgerichten die Todesstrafe verhängt. Die Standgerichte können auch von Strafe absehen und statt dessen die Überweisung an die Geheime Staatspolizei aussprechen.
(3) Das Nähere über die Besetzung der Standgerichte und ihr Verfahren regelt der Reichsstatthalter (Oberpräsident) mit Zustimmung des Reichsministers des Innern.

4. Ausdehnung des Geltungsbereichs
XIV.
(1) Die Vorschriften der Ziffern I bis IV dieser Verordnung gelten auch für Polen und Juden, die am 1. September 1939 im Gebiet des ehemaligen polnischen Staates ihren Wohnsitz oder ständigen Aufenthalt gehabt und die Straftat in einem anderen Gebiet des Deutschen Reiches als in den eingegliederten Ostgebieten begangen haben.
(2) Örtlich zuständig ist auch das Gericht des damaligen Wohnsitzes oder Aufenthaltsorts; für dieses gelten auch die Vorschriften der Ziffern V bis XII.
(3) Abs. 1 und 2 gelten nicht für Straftaten, die von den Gerichten des Generalgouvernements abgeurteilt werden.
5. Schlußvorschriften
XV.
Polen im Sinne der Verordnung sind Schutzangehörige und Staatenlose polnischen Volkstums.
XVI.
Artikel II der Verordnung über die Einführung des deutschen Strafrechts in den eingegliederten Ostgebieten vom 6. Juni 1940 (Reichsgesetzbl. I S. 844) findet auf Polen und Juden keine Anwendung mehr.[5]
XVII.
Der Reichsminister der Justiz wird ermächtigt, im Einvernehmen mit dem Reichsminister des Innern die zur Durchführung und Ergänzung dieser Verordnung erforderlichen Rechts- und Verwaltungsbestimmungen zu erlassen und Zweifelsfragen im Verwaltungswege zu entscheiden.
XVIII.
Die Verordnung tritt am vierzehnten Tage nach ihrer Verkündung in Kraft.
Der Vorsitzende des Ministerrats für die Reichsverteidigung[6]
Der Generalbevollmächtigte für die Reichsverwaltung[7]
Der Reichsminister und Chef der Reichskanzlei[8]

5 Die in diesem Artikel angeführten Bestimmungen sind im Wesentlichen identisch mit den in der vorliegenden VO unter „1. Sachliches Strafrecht" aufgelisteten; RGBl., 1940 I, S. 845.

6 Hermann Göring.

7 Dr. Wilhelm Frick (1877–1946), Jurist; von 1903 an im bayer. Staatsdienst tätig, 1919–1921 Leiter der Politischen Polizei und 1923 der Kriminalpolizei München; 1923/24 Haft wegen Beteiligung am Hitler-Putsch, 1924 Dienstenthebung und Wiedereinsetzung; 1925 NSDAP-Eintritt; 1930/31 Staatsminister für Inneres und Volksbildung Thüringens, 1933–1943 RMdI, 1943–1945 Reichsprotektor für Böhmen und Mähren; 1946 nach Todesurteil im Nürnberger Prozess hingerichtet.

8 Dr. Hans Heinrich Lammers (1879–1962), Jurist; zunächst Richter, von 1921 an im RMdI tätig; 1932 NSDAP- und 1933 SS-Eintritt; von 1933 an StS und Chef der Reichskanzlei, von 1937 an Reichsminister und Chef der Reichskanzlei, von 1939 an Geschäftsführung im Ministerrat für die Reichsverteidigung; 1949 im Wilhelmstraßen-Prozess zu 20 Jahren Haft verurteilt, 1951 entlassen.

DOK. 47

Der Amtskommissar von Grodziec bittet am 4. Dezember 1941 den Landrat um die Deportation der letzten Juden, da diese den Betrieb einer Segelfliegerschule stören würden[1]

Schreiben des Amtskommissars von Grodziec als Ortspolizeiverwalter (– 1 –), gez. Dultz,[2] an den Landrat des Kreises Bendsburg[3] (Eing. 6.12.1941) vom 4.12.1941

Betr. Bildung von Judengemeinden. Vfg. vom 11. November 1941 – Pol. /IV/ 104/1.[4]
Nach der letzten Feststellung wohnen in Grodziec insgesamt noch 166 Juden. Diese sind mit ihren Wohnungen auf eine Straße beschränkt.
Ich wäre dankbar, wenn Grodziec vollkommen judenfrei gemacht werden könnte. Trotz aller Kontrollen und Beobachtungen wird es sich nicht verhindern lassen, daß die Juden immer wieder Verbindung mit Bendsburg aufsuchen. Es wäre deshalb das Beste, sie ganz nach Bendsburg zu nehmen, da es auf diesen geringen Zuwachs wirklich nicht ankommen könnte. Es gibt in Grodziec kein jüdisches Geschäft und keinen jüdischen Handwerker. Die Juden sind deshalb mit ihren Bedürfnissen sowieso auf Bendsburg angewiesen. Daß dabei Schiebungen vorgenommen werden, ist selbstverständlich, weil auch die Polen ihnen dabei behilflich sind.
Grodziec ist in der glücklichen Lage, eine Segelfliegerschule zu besitzen. Das Segelfluggelände liegt in unmittelbarer Nähe der Straße, in der die Juden untergebracht sind. Eine Verlegung der Judenwohnungen ist leider nicht möglich. Ich darf auch aus diesem Grunde bitten, Grodziec judenfrei zu machen. Ich nehme dabei an, daß der Jude für den Anschauungsunterricht der hier auszubildenden Jugend nicht benötigt wird.

1 APK, 771/110, Bl. 133.
2 Ernst Dultz (*1896), Stadtinspektor; 1933 NSDAP-Eintritt.
3 Udo Klausa (1910–1998), Jurist; 1933 NSDAP- und SA-Eintritt; von 1937 an im preuß. Landesdienst, von März 1940 an Landratsamtsverwalter in Bendsburg, Mai 1942 Landrat; Juli bis Okt. 1940, Febr. bis Dez. 1941 und Dez. 1942 bis 1945 zur Wehrmacht eingezogen; nach 1945 in der Privatwirtschaft, 1954–1975 Direktor des Landschaftsverbands Rheinland; 1973–1983 Präsident des Deutschen Heimatbundes; Autor von „Rasse und Wehrrecht" (1936).
4 Die Verfügung ordnete an, die jüdische Bevölkerung des Amtsbezirks in ein bis zwei Ortschaften zusammenzudrängen, aus den Hauptgemeinden dagegen vollständig zu entfernen; wie Anm. 1, Bl. 125.

DOK. 48

Auf einer Besprechung des Regierungspräsidenten Litzmannstadt wird am 5. Dezember 1941 darüber informiert, dass Gauleiter Greiser die Ermordung der Kranken im Getto angeordnet habe[1]

Fernschreiben (Geheime Reichssache!) der Forschungsstelle A des Forschungsamtes (RLM), Litzmannstadt,[2] Unterschrift unleserlich, an FA 5 A 3 vom 9.12.1941

Meldung zu Auswertefrage Nr. 236
Betr.: Klärung der Gesundheitsfrage im Getto und Zigeunerlager.[3]
Vorg.: Ohne.
Bei Übermittlung von NL[4] 4135 erklärte der Stapostellenleiter Dr. *Schefe*,[5] daß bei der Besprechung am 5.12. beim Regierungspräsidenten[6] erklärt worden sei, daß auf Anweisung des Gauleiters[7] die Kranken des Gettos „weggebracht" werden sollten. Auf eine Frage der Stapostelle, ob darüber Berlin unterrichtet sei,[8] habe man ausweichend geantwortet.[9]

DOK. 49

Die Gettoverwaltung in Litzmannstadt halbiert am 6. Dezember 1941 die monatlichen Ausgaben für Medikamente[1]

Gettoverwaltung Litzmannstadt (027/2/Lu/A), gez. i. A. Ribbe, an den Ältesten der Juden,[2] Getto, vom 6.12.1941 (Abschrift)[3]

Betr.: Medikamente für das Getto.
Der Verbrauch des Gettos an Medikamenten ist derartig hoch (Oktober ds. Jrs. für RM 42 900), daß ich mich gezwungen sehe, Ihnen in dieser Hinsicht Grenzen zu stellen.

1 YVA, O.51/13, Bl. 226.
2 Die Forschungsstelle A mit Sitz in Berlin-Zehlendorf und Außenstellen u. a. in Litzmannstadt war ein Telefonabhördienst, der Hermann Göring unterstand und im Reichsluftfahrtministerium koordiniert wurde.
3 Zwischen dem 5. und 9.11.1941 trafen in fünf Transporten insgesamt 5007 Roma und Sinti aus dem Burgenland in Litzmannstadt ein, für die auf dem Gelände des Gettos ein eigens abgetrenntes Areal errichtet wurde; siehe Dok. 40 vom 13.11.1941.
4 Nachrichtenlage.
5 Dr. Robert Karl Wilhelm Schefe.
6 Friedrich Uebelhoer.
7 Arthur Greiser.
8 Siehe Dok. 95 vom 1.5.1942.
9 Vom 8.12.1941 an wurden im Vernichtungslager Kulmhof die ersten Juden aus den umliegenden Gettos ermordet; die ersten jüdischen Opfer aus dem Getto Litzmannstadt trafen im Jan. 1942 in Kulmhof ein.

1 APŁ, AmŁ, Nr. 29 238, Bl. 333.
2 Mordechai Chaim Rumkowski.
3 Im Original maschinenschriftl. Vermerk: „Herrn Hämmerle abschriftlich zur Kenntnisnahme".

Ab Dezember sind Ihre Bedarfsmeldungen danach einzustellen, daß Sie je Monat höchstenfalls Bestellungen bis zu 20 000,– RM aufgeben. Eine Überschreitung dieses Betrages ist nicht zulässig. Ich habe meiner Einkaufsabteilung Anweisung gegeben, Aufträge, die über diesen Rahmen hinausgehen, nicht weiterzuleiten.[4]

DOK. 50
Die Zentrale der Jüdischen Kultusgemeinden in Ost-Oberschlesien diskutiert am 9. Dezember 1941 anlässlich ihrer zweijährigen Tätigkeit die Ergebnisse ihrer bisherigen Arbeit[1]

Handschriftl. Gesprächsprotokoll der Konferenz aus Anlass der zweijährigen Tätigkeit der Zentrale der Jüdischen Kultusgemeinden in Ost-Oberschlesien am 9.12.1941

9.12.1941 Zusammenkunft anlässlich des zweijährigen Bestehens der Zentrale[2]
Merin begrüßt die Versammelten: Es sind schon zwei Jahre vergangen, seit die Zentrale gegründet worden ist. Ich erteile Kunz das Wort.
Kunz:[3] Es ist für mich eine große Freude, bei Ihnen zu sein. Ich bin schon ein Teil von Ihnen. Ich stand der Zentrale seit Beginn ihrer Existenz zur Seite. Ich möchte nicht erzählen, wie es bei uns[4] aussieht. Wenn Ihr die Zeitungen verfolgt, werdet Ihr sehen, dass man die Vernichtung der europäischen Juden vorantreibt. Die heutige Generation muss nicht für uns überdauern, sondern für unsere Nachkommen, um die Traditionen aufrechtzuerhalten. Sie kennt die Kraft und Größe des Judentums. Das war den Juden immer schon eigen. Ich erinnere mich, als in der Zentrale das Chaos herrschte und sie den Kampf mit denen aufnahm, die uns zerstören wollen. Sie zeigte dabei einen großen Überlebenswillen. Der Krieg wurde dem ganzen Judentum erklärt. Ich hoffe, dass Ihr diesen Kampf unter der Leitung der Zentrale mit gutem Ausgang führen werdet. Wenn nach dem Krieg die Lösung des jüdischen Problems erfolgen wird, möchte ich, dass Ihr [dabei] auch ein Wort mitreden werdet. Die Zentrale sollte nicht als eine kleine Organisation bewertet werden, sondern hinsichtlich der Qualität und dessen, was sie vollbracht hat. Ich hoffe, dass wir Vorsteher des Judentums noch zusammenkommen

4 Die 20 000 Juden, die im Okt. und Nov. 1941 aus dem Altreich, Wien, Prag und Luxemburg in das Getto deportiert wurden, waren zumeist deutlich älter als die übrigen Gettobewohner und besonders anfällig für die im Getto grassierenden Krankheiten.

1 APK, 1600/6, Bl. 1–11. Teilweise abgedruckt in: Biuletyn ŻIH, 3 (2005), S. 394–402. Das Dokument wurde aus dem Polnischen übersetzt.
2 Die Zentrale der Jüdischen Kultusgemeinden in Ost-Oberschlesien wurde im Jan. 1940 eingerichtet und vertrat 34 jüdische Gemeinden und etwa 98 000 Juden im Regierungsbezirk Kattowitz gegenüber den deutschen Behörden. Die Zentrale selbst besaß Abteilungen für Recht, Schulwesen, Auswanderung, Arbeitseinsatz u. a. und beschäftigte Ende 1941 knapp 1700 Personen. Sie hörte mit der Auflösung der letzten ostoberschlesischen Gettos im Aug. 1943 auf zu existieren; siehe auch Einleitung, S. 40.
3 Vermutlich: Hugo Kunz (1875–1942), Apotheker; langjähriger Vorsitzender des Deutschen Apothekervereins für Oberschlesien, von 1927 an Vorsitzender der Synagogengemeinde in Beuthen/OS., später auch Repräsentant der Reichsvereinigung der Juden in Deutschland; im Mai 1942 aus Gleiwitz in das KZ Auschwitz deportiert und dort ermordet.
4 Gemeint ist die Reichsvereinigung der Juden in Deutschland.

werden und sich dann zeigen wird, dass die Zentrale wegweisend ist. Möge dieser Tag nicht mehr weit sein, dass Merin und seine Berater den Platz einnehmen, der ihnen gebührt.

Czarna: Es ist schwer, einen Bericht anzufertigen, dafür hätte es Tage benötigt. Ich möchte vielmehr über die Probleme sprechen, die uns beschäftigt haben, und über die Ideen, die uns vorschwebten. Ich muss zum Beginn des Krieges zurückgehen. Es war dies eine Phase des Chaos, als man Hunderte Männer verhaftete und sie bei Szon[5] einsperrte. M.[6] fasste damals den Mut, im Namen der gesamten Gemeinde zugunsten dieser Leute zu intervenieren. Wie diese Intervention aussah, wissen wir alle. Wichtig ist, dass sie geglückt ist. In nur wenigen Stunden organisierte er ein Aufnahmelager. Er war sich damals bewusst, dass nur ein festes Auftreten Ergebnisse zeitigen würde. Der Stadtkommandant gab den Befehl zur Bildung eines Komitees. Er berief ausschließlich Schlächter und Merin. Merin wagte zu widersprechen, da er diese Personen nicht für geeignet hielt. Dieses Komitee kam nicht zustande.

Merin schlug ein anderes Komitee vor. Die erste Arbeit war ein Kampf. Brot, ein Kampf gegen den Hunger. Das zweite Problem waren die Interventionen zur Rettung von Menschen.

Das dauerte noch drei Wochen. Als etwa 300 Menschen aus dem Lager gerettet werden konnten, wurden sie damit auch vor dem Tod gerettet. Danach gab es noch Hunderte solcher Angelegenheiten. Ich kann das heute nicht wiederholen. Die Rechtsabteilung[7] hat das alles aufgezeichnet. Diese Protokolle werden später einmal Zeugnis ablegen von dem verzweifelten Kampf um Menschenleben. Damals wurde überlegt, ob man diese Arbeit aufnehmen solle oder nicht. Man entschied sich, alle Sünden auf sich zu nehmen, um die Schläge gegen die Bevölkerung zu mildern. Es wurde entschieden, dass die Zentrale ein Mittler zwischen den Behörden und den Juden sein sollte, ungeachtet dessen, dass uns die [jüdische] Gemeinschaft dafür verdammen wird. Wir haben den Mut zu sagen, dass man Merin wie einen Gestapomann behandelte. Aber wir verstanden, dass, wenn wir die Anordnungen nicht durchführen, die Behörden sie selbst durchführen, und wir wissen, wie das aussieht. Wir wussten, dass wir den Behörden mit einem gewissen Gewicht gegenübertreten, mit dem man rechnen muss, das man für das allgemeine Wohl würde nutzen können. Wir wissen, dass jeder Schlag abgeschwächt wird. Und wenn wir etwas tun, dann fordern wir hierfür Zugeständnisse und bekommen sie auch. Der erste Auftrag[8] war die Aussiedlung [der Juden] aus Sosnowiec und Będzin. Damals sagten uns die Zionisten: Merin hat Glück, dass Du Zionistin mit ihm bist, andernfalls würden wir Zionisten mit ihm gar nicht reden. Ich sagte ihnen, dass wir Zionisten einen klaren Willen, Mut und anständige Ziele hätten. Am 27. Oktober fand der erste Transport statt.[9] Wer erinnert sich an die 48-stündige Arbeit, bei der niemand von uns aus

5 Richtig: Schön, Fabrik in Sosnowiec, in der zu Beginn der deutschen Besatzung im Sept. 1939 zahlreiche Juden interniert wurden.

6 Moszek Merin.

7 Die Zentrale Rechtsabt. bestand nach ihrer Gründung im Jan. 1940 nur wenige Monate; sie beriet Juden und vertrat die jüdische Gemeinschaft gegenüber den deutschen Besatzungsbehörden.

8 Im Original deutsch.

9 Nach zwei Transporten von Juden aus Kattowitz nach Nisko am San war für den 27./28.10. ein dritter Transport geplant, der jedoch nicht zustande kam; siehe Einleitung, S. 39.

dem Büro kam? Wir zählten zunächst die Junggesellen heraus, dann die kinderlosen Ehepaare. Zwei [deutsche] Kommissare überwachten uns. Wir bereiteten den Transport vor, hatten den Mut, den jüdischen Läden Kleidung und Schuhe abzunehmen. Wir erarbeiteten einen guten Plan, wie die Menschen sich versammeln, fahren, sich kleiden, essen könnten. Indem M. diese Arbeit übernahm und sie so gut wie möglich für die Juden verrichtete, arbeitete er an dem Zurückdrängen der Anordnungen [der deutschen Behörden]. Wer erinnert sich, wie ein Gestapomann in das Zimmer, in dem unsere jungen Kollegen saßen, stürmte und sagte:
Personalmangel – ihr kommt mit? Die Männer ergriffen die Flucht. Es blieben damals nur wir Frauen zurück. Damals fielen die Frauen über uns her und wollten uns schlagen. Merin kam und machte uns Mut, sagte, dass uns nichts geschehen werde. Als der Gestapomann erneut kam, war Merin zur Stelle und verbot, jemanden mitzunehmen. Dieser tobte, aber Merin blieb standhaft. Derselbe Mann leitet heute die Aussiedlung aus Deutschland und erinnert die Szene bis heute. Weil er sich zum ersten Mal davon überzeugen konnte, dass die Juden um ihr Leben kämpfen und sich dem Sturm entgegenstellen können.
Wir unterstanden damals Herrn G., der mit einer Peitsche schlug, Kontributionen auferlegte.
Merin wurde damals verhaftet und nach Katowice gebracht. Ihm wurde angeboten, nach Palästina auszureisen, einen Reisepass zu erhalten. Merin lehnte ab. Er sagte, er führe als Letzter. Wir warteten zitternd in der Nacht. Merin kehrte mit einem Auftrag[10] in den Regierungsbezirk Kattowitz[11] zurück. Das ist der Beleg dafür, dass ein würdevolles Verhalten würdige Ergebnisse hervorbringt.
Nun beginnt die erste Phase der Reise,[12] am Tag und in der Nacht. Merin und Śmietana essen und schlafen gemeinsam, schlafen im Auto, tauchen unerwartet in den Städten auf, nehmen Kontakt mit der Bevölkerung und den Zionisten auf, zu denen sie das größte Vertrauen hatten, organisieren. Hier beginnt der Kampf mit den Menschen, denen der Krieg Posten eingebracht hatte. Unverantwortliche Leute nutzten die Behörden für ihre eigenen Geschäfte aus. Es war dies kein leichter und kurzer Kampf. Chrzanów ist der Beweis.[13] Wir nahmen auf nichts Rücksicht, auch nicht auf die Beziehungen, die diese Leute in den Behörden besaßen. Wir suchten die ehrlichsten und sozialsten Leute heraus. Wenn sich unter uns jemand befindet, der anderer Meinung ist, geht er freiwillig oder auf Euren Willen hin. Heute haben wir 30 + 60 Gemeinden – etwa 100 000 jüdische Einwohner.
Es war das Versuchskaninchen, an dem wir die Organisation ausprobierten. Die Gemeinden organisierten wir so, dass sie das jüdische Leben einschlossen. Merin bemühte sich, solche Einheiten zu bilden, die genügend Einfluss hatten, sich den Verrätern entgegenzustellen.
Die Arbeit begannen wir mit der Einrichtung von Küchen. Śmietana übernahm das. Er hatte die Fürsorge für die Alten, Kinder, Armen, Mütter. Sie unterhalten eine Fürsorge,

10 Im Original deutsch.
11 Zwei Wörter im Original deutsch.
12 Die folgende Passage meint den Aufbau jüdischer Gemeindestrukturen und Judenräte in verschiedenen oberschlesischen Städten.
13 Siehe Anm. 23.

derer ein Staat sich nicht schämen müsste. Wir wissen, dass wir nicht alle satt bekommen, aber wir lassen niemanden Hungers sterben. Wir haben die Philanthropie völlig aufgegeben, wir erweisen niemandem eine Gnade, sondern erfüllen nur unsere Pflicht. Das ist Selbsthilfe. Wer heute gibt, wird morgen vielleicht nehmen müssen. Gesundheit. Eine Sache, mit der die Gemeinden lange Zeit überhaupt nicht befasst waren. Der Besuch von Banketten, großen […],[14] das ging nicht. Wir nahmen den Kampf mit Krankheiten auf. Wir förderten die soziale und politische Prophylaxe. Wir haben gewonnen und gaben uns nicht geschlagen, was sicherlich passiert wäre, wenn wir eine gesundheitliche Gefahr dargestellt hätten. Einige Teilbereiche der Arbeit sind im Moment nicht so wichtig. Merin selbst erlaubt es den einzelnen Abteilungen nicht, sich auf den Lorbeeren auszuruhen. In Zufriedenheit über eine erfüllte Aufgabe darf man sich nicht ausruhen. Wir dürfen nicht einschlafen.

Wir besaßen eine wichtige Rechtsabteilung, die von den Behörden geschlossen wurde. Wie wichtig war sie angesichts des Chaos und des Unrechts! Wir haben jeden Aspekt jüdischen Lebens organisiert. Begonnen haben wir die Arbeit mit zwei Beamten. Derzeit haben wir 1700, die im Dienst für die jüdische Gemeinschaft stehen. Ich bin überzeugt, dass es auch dort Leute gibt, die da nicht hingehören, aber die Übrigen wissen, was ihre Pflicht ist. Diese Leute stehen kurz vor dem Verhungern; vielleicht nicht wörtlich. Auf der einen Seite drohen ihnen jederzeit Repressionen, auf der anderen Seite eine Bevölkerung, die sie in ihrer Dummheit (bei der Abgabe von Apparaten)[15] verflucht, aber sie haben ihr Verantwortungsgefühl und jüdische Herzen.

In der Anfangszeit entstand beim Leiter[16] ein Präsidium von Sosnowiec. Es existierte außerdem ein persönlicher Rat.[17] Als das Präsidium später den Arbeitsanfall nicht bewältigen konnte, zog es sich zurück, und gewählt wurde eine Leitung aus drei Personen, später aus fünf. Heute sind wir so weit, dass es keine Leitung mehr gibt, nur Merin und mich als seine Vertreterin.

Ich spreche nun von den Problemen, mit denen wir befasst waren.

Kontakt mit den Behörden. Dieser wurde durch nichts anderes als durch Mut aufgenommen. Der Kontakt mit der Gestapo begann mit lautstarkem Streit. Merins Würde und Mut sorgten für Verständnis bei den Behörden und für einen entsprechenden Kontakt. Heute haben sie zu uns volles Vertrauen. Auf Schritt und Tritt sehen wir, dass sie mit uns rechnen. Wir repräsentieren eine Stärke, ohne deren Zusammenarbeit sich die Behörden die Lösung des jüdischen Problems in der Region nicht vorstellen können. Derzeit sind die Beziehungen angespannt. Aber es ist allgemein schlecht und kann nicht anders sein; aber wir lassen uns nicht brechen.

Ein weiteres Problem war die Aussiedlung. Dieses Problem ist ununterbrochen aktuell. Es ist am charakteristischsten. Es ist uns gelungen, die ersten Aussiedlungen zu begrenzen. M. verstand, dass, wenn mehrere Gemeinden gleichzeitig ausgesiedelt würden, keine Stadt zusammenbrechen würde. Die Novemberumsiedlung fand nicht statt. Unter

14 Ein Wort unleserlich.

15 Es ist unklar, ob Fotoapparate oder Radios gemeint sind, die die jüdische Bevölkerung seinerzeit abgeben musste.

16 Im Original deutsch.

17 In den ersten Monaten der Besatzung bestand bei der jüdischen Gemeinde Sosnowiec ein Rat, der die Gemeinde vor allem gegenüber den Deutschen vertrat und 1940 aufgelöst wurde.

diesem Druck wurde Moniek[18] ohnmächtig. Und ohnmächtig wird er nur in Momenten des Aufatmens, niemals wenn man sich zusammennehmen muss. Ich erinnere mich an das Schreiben von Aussiedlungsbriefen.[19] Nach einer schlaflosen Nacht kamen wir in Regen und Kälte ins Lager, wo P. tobte und schrie und hinterher die Aussiedlung absagte. Ich muss hier einen unserer wichtigsten Mitarbeiter von außerhalb des Gebiets erwähnen, der die Umsiedlung für den Winter ausgesetzt hat. Später erschien dieser schwarze Schatten Schlesien erneut. Wir haben alles für sie getan, obwohl diese Leute Denunziationen nach Berlin schrieben.[20] Heute arbeiten sie mit uns zusammen und haben ihren Fehler eingesehen.

Der Aussiedlungsbefehl traf ein, als Merin in Warschau war.[21] Ich wollte nichts allein unternehmen und gab Merin Bescheid. Der Präses von Katowice übernahm dagegen den Auftrag[22] und stimmte sich mit niemandem ab. Sie informierten danach alle, sogar Bytom, uns jedoch nicht. Ich fuhr selbst nach Katowice. Ich fand die Menschen in Tränen vor. Ich löste die Versammlung auf und versicherte ihnen, dass man nicht verzweifeln dürfe, dass man es so machen werde, wie es am besten sei. Wir begannen mit den Vorbereitungen zum Transport und mit einer Intervention, ihn zu verhindern. Die Aussiedlung fand mit einer gewissen Verzögerung statt.[23] Hier muss allen unseren Mitarbeitern und der Bevölkerung gedankt werden, die so viel Herz gezeigt hat. Wären wir [in der Anfangszeit] nach Schlesien gegangen, hätte uns niemand die Hand gereicht. Vielleicht hat der Krieg sie gelehrt, dass wir nicht so schlimm sind. Danach hatten wir Auschwitz. Vielleicht haltet Ihr mich für verrückt.

Wir haben die Aussiedlung aus Auschwitz bewirkt.[24] Als wir sahen, wie 500 Juden in das Generalgouvernement deportiert wurden, die dort dann verhungerten, verstanden wir, dass wir die Übrigen retten müssen. Vielleicht haben wir Familienbande zerrissen, aber wir haben die Menschen aus Auschwitz bei den Juden untergebracht. Das war eine Meisterleistung. In vier Tagen wurde eine Stadt umgesiedelt, Menschen mit ihrem gesamten Besitz. Wir haben gezeigt, dass wir, wenn wir helfen müssen, alle Schwierigkeiten überwinden können.

Vielleicht droht uns morgen schon die Aussiedlung, vielleicht beißen wir uns durch. Mit Blut, Zähnen, irdischen Opfern, aber man kann uns nicht einfach wegbringen wie Sachen und abtransportieren. Leider kommen Menschen aus allen möglichen Gebieten. Sie fürchten, dass wir keine Oase sind. Wenn wir gehen müssen, werden wir gehen, aber

18 Koseform für Moszek bzw. Mojżesz Merin.

19 Gemeint sind Benachrichtigungen, in denen den zur Deportation vorgesehenen Juden der Zeitpunkt ihres Transports mitgeteilt wurde.

20 Die Zuständigkeit der Zentrale war zu Beginn nicht unumstritten. Einige oberschlesische jüdische Gemeinden wie etwa in Katowice beschwerten sich darüber bei der Reichsvereinigung in Berlin und versuchten zunächst, eine eigenständige Politik gegenüber den Behörden zu verfolgen.

21 Merin konnte mit Erlaubnis der deutschen Behörden reisen und konsultierte wiederholt Judenräte in anderen Gettos, unter anderem Adam Czerniaków im Getto von Warschau.

22 Im Original deutsch.

23 Ende Mai, Anfang Juni 1940 wurden etwa 4500 Juden innerhalb des Regierungsbezirks aus den westlichen Gebieten Oberschlesiens nach Osten an die Grenze zum Generalgouvernement vertrieben.

24 Gemeint ist die Aussiedlung der jüdischen Bevölkerung aus Oświęcim im April 1941 nach Sosnowiec, Będzin und Chrzanów. Die Zentrale organisierte dabei die Aufnahme der Vertriebenen in jüdischen Familien.

die Schläge gegen uns werden weniger, wir können uns behelfen. Hätten wir nur gewusst, dass wir voranschreiten müssen, wir werden nicht zulassen, dass wir uns schlechte Bedingungen einhandeln. Wir werden den Kampf aufnehmen. Weder Berlin noch Wien werden für uns eintreten, nicht deshalb, weil ich nicht will, sondern deshalb, weil diese älteren Leute nicht können.

Wir hatten das Problem der Emigration.[25] Es hatte den Anschein, als würde man emigrieren können. Wir dachten, dass die Emigration der besten Elemente ein Verbrechen an der Gemeinschaft sei. Und wir bedauerten nicht, dass es nicht dazu kam.

Wir entschieden, das Wirtschaftsleben zu reglementieren. Wir nahmen den Kampf gegen den Hunger auf. Kleinberg[26] führte ihn mit einem guten Resultat. Es gab keinen Tag, an dem es kein Brot gegeben hätte. Was wir erreichen, ist die Kraft der Herausforderung. Wir richteten eine Verteilerstelle ein, nicht aus Bequemlichkeit oder für den Gewinn, sondern für den Tag, an dem man sagen wird, dass man Juden nichts verkauft, und wir dann Vorräte haben werden.

Wir haben das Arbeitsproblem gelöst und die Devise ausgegeben: bezahlte Arbeit für Juden.

Heute haben wir überhaupt keine unbezahlte Arbeit mehr. Eine paradoxe Erscheinung. Wir haben in Sosnowiec beim Magistrat angeregt, Wege zu bauen. Es ging nicht um Löhne, denn es gibt ohnehin nur Hungerlöhne, vielmehr wollten wir für die deutsche Wirtschaft unentbehrlich werden, damit man uns nichts würde vorwerfen können.

Der Arbeitseinsatz[27] hat uns stark getroffen. Aber wir haben ihn auf ein Minimum reduziert.

Wir haben vor Ort Geschäftsmöglichkeiten für die Deutschen geschaffen, damit sie Juden beschäftigen. Das hat uns Tausende gekostet.

Durch die Lager sind 7500 Juden gegangen. Ich muss der 17 Opfer gedenken, die nur deshalb nach Auschwitz gekommen sind, weil sie Juden waren. Wir werden sie nicht vergessen.

Wir haben mit Treuhändern[28] und der Grundstücksgesellschaft[29] verhandelt. Ich spreche jetzt nicht über Summen, aber man musste sie belehren, dass uns etwas zustand.[30] Wir entschieden uns für eine stabile finanzielle Grundlage, um von niemandem abhän-

25 Zwischen Febr. und April 1940 existierte eine Zentrale Emigrationsabt., die Juden bei ihrem Auswanderungsversuch unterstützte. Nach April 1940 wurde diese Arbeit illegal von jüdischen Widerstandsgruppen fortgesetzt, da Merin die nicht genehmigte Emigration bzw. Flucht von Juden für eine Gefahr für die oberschles. jüdischen Gemeinden hielt.

26 Uszer Kleinberg (*1907), Angestellter; lebte vor dem Krieg in Sosnowiec; Angehöriger der Leitung der Zentrale der Jüdischen Kultusgemeinden in Ost-Oberschlesien, zuständig für die Lebensmittelversorgung der jüdischen Bevölkerung; lebte später im Getto Sosnowitz (Środula) und wurde vermutlich 1943 nach Auschwitz deportiert; sein weiteres Schicksal ist unbekannt.

27 Im Original deutsch. Gemeint ist die Zwangsarbeit für zahlreiche deutsche Unternehmen und in den Lagern der Organisation Schmelt.

28 Im Original deutsch.

29 Gemeint ist die Grundstücksgesellschaft für die Provinz Oberschlesien mbH mit Niederlassung in Sosnowitz, die zu Beginn der Besatzung sämtliche Immobilien jüdischer Eigentümer zur Weitergabe an „Arier“ übernommen hatte.

30 Gemeint sind langwierige Verhandlungen der Zentrale mit der Haupttreuhandstelle Ost bzw. der Treuhandstelle Kattowitz, dass ein Teil der Gewinne beschlagnahmter Betriebe der jüdischen Bevölkerung zugutekommen sollte.

gig zu sein. Wir pressten Geld aus der Bevölkerung heraus. Sie verfluchen uns, verstehen jedoch nicht, dass wir sie nur auf diese Weise am Ort halten können.
Ich gehe nun zu einem Problem über, mit dem wir uns zwar intensiv befasst haben, allerdings ohne Resultat. Es handelt sich um das Kulturleben und das Schulwesen. Wir haben es vor Ort versucht, dann über Berlin. Es gibt keine Schulen, denkt aber nicht, dass die Kinder sich langweilen. Wir haben Kurse organisiert, um der Jugend etwas zu bieten.[31] Wir wissen nicht, was uns erwartet, aber die heranwachsende Jugend, die das zukünftige Leben aufbauen wird, muss vorbereitet sein! Ich fordere Euch auf, dieser Angelegenheit mehr Aufmerksamkeit zu schenken. Bedenkt, dass dies keine Arbeit ist, für die man uns mit Steinen bewerfen wird. Wir wollten das gesamte Kulturleben wiederbeleben, eine Zeitung herausgeben, wir organisierten Konzerte. Leider wurde uns das untersagt. Wir taten dies, um die Stimmung der Menschen zu heben, ihnen zu erlauben, das schwere Leben zu vergessen. Hierzu gehören auch religiöse Aspekte. Wir wissen, dass wir uns als Vertreter der gesamten [jüdischen] Bevölkerung auch um die religiösen Bedürfnisse der Menschen kümmern müssen. Ich, Merin, Ihr alle, wir brauchen weder Synagogen noch Etrogim,[32] aber das ist [dennoch] sehr wichtig. Bevor ich zu anderen inneren Problemen übergehe, spreche ich noch über äußere.
Das tschechische Lager – das müssen wir zugeben – war für das kleine, in der Welt vollkommen unbekannte Sosnowiec ein Fenster zur Welt. Dadurch erhielten wir die Kontrolle[33] über Mährisch-Ostrau und Prag.[34] Merin hatte noch eine zweite fixe Idee: in ganz Deutschland eine Kraft zu bilden, die die Juden repräsentieren würde. Wir fuhren von Berlin, Prag bis nach Ostrau und riefen sie auf, für ein paar Millionen Juden eine Repräsentanz gegenüber den Behörden zu schaffen – mit dem Ziel, jüdische Güter miteinander auszutauschen.[35] Wir wollten ihnen in der Emigration helfen, damit sie uns hier würden unterstützen können.[36] Wir halfen Menschen aus Danzig, dem Lager in Nisko, Häftlingen in Buchenwald (wir haben sie vor dem Tod gerettet). Den [jüdischen] Vertretern anderer Territorien erschien es ausreichend, wenn ihre Beziehungen [zu den Deutschen] zumindest erträglich waren. Ihre Furcht vor einer Ausweitung [ihrer Tätigkeit] auf andere Gebiete ist der Grund für die traurige heutige Lage dort.
Als wir zum ersten Mal nach Berlin fuhren,[37] empfing man Merin in Berlin nicht, da man zuvor eine Denunziation aus Katowice erhalten hatte, dass er ein Gestapomann

31 Zwischen April und Aug. 1940 gab es in Sosnowitz eine Zentrale Schulabt., nach deren Schließung durch die deutschen Behörden nur die Organisation berufsbildender Kurse für Juden möglich war.
32 Etrog, Pl. Etrogim, hebr. Zitronatzitrone, die während des Sukkotfestes verwendet wird und seit der Antike ein Symbol der religiösen Einheit der Juden darstellt.
33 Gemeint ist vermutlich ein Überblick über die Situation im Protektorat Böhmen und Mähren.
34 Im Zusammenhang mit den ersten Deportationen aus dem Protektorat Ende Okt. 1939 gelangten etwa 300 Juden nach Sosnowitz und wurden dort von der Jüdischen Gemeinde für einige Monate aufgenommen.
35 Womöglich dachte Merin an die Schaffung einer über die Zuständigkeit der Reichsvereinigung hinausgehenden Organisation, die sich grenzüberschreitend um die Wohlfahrt der verfolgten Juden hätte kümmern sollen.
36 Merin hielt sich im Winter und Frühjahr 1940 wiederholt in Berlin zu Gesprächen mit der Reichsvereinigung auf, ohne jedoch zunächst eine konkrete Zusammenarbeit zu erreichen, die seitens der deutschen Behörden ohnehin unerwünscht war; siehe Einleitung, S. 40.
37 Merin und Czarna waren am 4./5.2.1941 in Berlin und erhielten von der Reichsvereinigung einen Unterstützungskredit in Höhe von 25 000 RM.

sei. Als wir zum zweiten Mal fuhren, empfing uns der Mann, mit dem wir heute die allerherzlichsten Beziehungen unterhalten, wie arme Verwandte. Erneut erreichten wir nichts. Ich muss Kunz danken. Er durchbrach diese chinesische Mauer. Er sprach nicht mit uns, beobachtete jedoch unsere Arbeit und kam zu dem Schluss, dass sie sauber sei. Er verstand, dass unter uns vielleicht Leute seien, die die Zukunft gestalten könnten. Dann begann er uns zu verstehen. Der Kampf war schwer.

Mit offenen Armen kam Dr. Hirsch[38] zu uns, ein Mensch, der ein Herz für alle Juden besaß. Dieses Opfer, dargebracht auf dem Altar des Guten aller Juden, diesen Menschen, der für unser jüdisches Volk fiel, werde ich nicht vergessen. Heute ist es im Altreich schlimmer. Es ist uns nicht erlaubt, ihnen zu helfen, aber wir können ihnen sagen, dass sie den Kopf nicht hängen lassen sollen. Heute du, morgen vielleicht ich. Nicht verzweifeln. Wien. Dort hatten wir keine entsprechenden Leute. Entsprechend leidet die Wiener [jüdische] Bevölkerung.

Eine andere Zentrale – Krakau. Ich erinnere mich an die Aussiedlung aus Krakau. Wir fanden einen Weg, Krakau zu retten. Ich möchte niemanden beschuldigen, aber die schöne Aktion wurde bis auf das kleinste Detail von ungeeigneten, kleingeistigen Personen vorbereitet, und kleine Dinge wurden falsch gemacht. Nehmen wir Krzeszowice als Beispiel, wo dieselbe Situation vorherrschte, wo man aber auf unseren Rat hörte und gerettet wurde.[39]

Łódź. Alle wissen, dass Merin das Getto auflösen wollte. Der Leiter des Gettos[40] dagegen wollte den Behörden zeigen, dass das Getto vorbildlich geführt wird. Er verstand nicht, dass man das Getto in Łódź ad absurdum führen musste. Als aber Merin ihm die Augen öffnete, kam er aus Łódź fast nicht mehr weg. Der den Behörden vorgelegte Bericht lautete, Merin sei gekommen, um eine Revolte anzuzetteln. Dennoch waren das[41] große Errungenschaften.

Merin war der Erste, der das Gettotor durchschritt, er ermöglichte den Postverkehr, Pakete.[42] Bis dahin hatte es keinerlei Nachrichten gegeben. Wir baten Berlin[43] inständig darum, Łódź zu retten.

Warschau. Auch hier kämpften wir schwer um die Schaffung von Arbeitsmöglichkeiten für das Getto, im Wettlauf mit der Zeit, dass keine ansteckenden Krankheiten ausbrachen, mit denen man die Nichtvergabe von Arbeit [ins Getto] hätte begründen können. Auch hier warf man uns Knüppel zwischen die Beine. Von wenigen Ausnahmen abgesehen verstand man uns nicht. Wir schlugen Berlin eine Reorganisation des Generalgouvernements vor und prophezeiten, dass sie selbst ins Gouvernement gehen und es orga-

38 Dr. Otto Hirsch (1885–1941), Jurist und Politiker; von 1919 an in jüdischen Organisationen aktiv; von 1920 an MinR. im württemberg. Innenministerium; von 1933 an geschäftsführender Vorsitzender der Reichsvertretung der deutschen Juden; er wurde im Febr. 1941 verhaftet und im KZ Mauthausen ermordet; siehe auch VEJ 6/105.

39 Nicht ermittelt. In Krzeszowice in Ostoberschlesien befanden sich von 1941 an bis Herbst 1942 ein offenes Getto sowie in der Nähe ein Zwangsarbeitslager für Juden.

40 Mordechai Chaim Rumkowski.

41 Gemeint sind Merins Reisen und Konsultationen mit Judenräten in anderen Gettos.

42 Im Sommer 1940 hatte es Gespräche zwischen Merin und Rumkowski im Getto Litzmannstadt gegeben, über deren Inhalt jedoch keine näheren Informationen vorliegen, lediglich ein Bericht von Merins Chauffeur Naftali Baron; AŻIH, 301/4301.

43 Gemeint ist die Reichsvereinigung der Juden in Deutschland.

nisieren müssen. Die Juden selbst haben uns diese Arbeit vereitelt, indem sie sich an die Behörden mit der Frage wandten, warum Merin sich in ihre Angelegenheiten einmische. Uns bedrücken die Massen, die der Politik der Czerniakóws[44] und Bibersteins[45] zum Opfer fallen.

Wir behielten auch die politische Kontrolle nach dem Ausbruch des Krieges mit Russland.[46] Niemand durfte hinterher über diese Arbeit sprechen.[47]

Niemand, sogar der allerklügsten unserer Mitarbeiter, verstand uns, und als wir selbst ein Judenviertel[48] einrichteten,[49] verstand niemand, dass wir, wenn wir aus dem Blickfeld verschwinden, leichter vergessen werden. Unser System ist eines, das Wege abkürzt. Deshalb müsst Ihr uns glauben und uns zuhören. Derzeit leben wir in sehr schweren Zeiten. Man könnte Stunden darüber sprechen. Sogar unter unseren Mitstreitern befinden sich solche, die glauben, dass Kleinbergs Erfindung[50] die Abschaffung des privaten Handels bedeutet. Schande!

Es ist dies eine Seuche, mit der wir gekämpft haben, der wir uns aber geschlagen geben müssen; wir müssen darauf vorbereitet sein, dass es noch schlimmer wird. Eine viel schlimmere Sache als die Geschäfte ist das Verbot, die Gemeinde zu verlassen. Die hierauf stehenden Strafen sind beträchtlich. Wir dürfen es nicht zu Opfern kommen lassen, die uns nichts bringen. Die Zeiten sind schlecht, man schränkt uns von allen Seiten ein. Jeder Groschen wird kontrolliert. Wir müssen uns nun von innen stärken. Glaubt mir, bevor wir etwas entscheiden, ist es gut durchdacht und diskutiert worden. Merin beruft zuletzt kaum mehr Leute in die Politik der Zentrale. Vielleicht ist das auch richtig so. Wir sind schon erschöpft. Ihr müsstet uns daher dabei helfen, die derzeitige, verdunkelte Lage aufzuhellen. Es ist dunkel, aber egal, wir dürfen nicht verzweifeln, sondern müssen alle Kräfte zusammennehmen, um eine leuchtende Zukunft zu schaffen.

Böhm:[51] Ich weiß nicht, wie viele Fromme sich unter uns befinden, ich weiß aber, dass jeder von uns ein Dankgebet dafür spricht, dass wir unseren zweiten Jahrestag erleben.

44 Adam Czerniaków (1880–1942), Ingenieur; Studium der Chemie in Warschau und der Ingenieurwissenschaften in Dresden, Lehrer an der Jüdischen Gewerbeschule in Warschau, 1927–1934 Stadtverordneter in Warschau, Vertreter der jüdischen Handwerkerschaft im Rat der Jüdischen Gemeinde; im Sept. 1939 vom Stadtpräsidenten zum Haupt der Jüdischen Kultusgemeinde und im Okt. 1939 von der Gestapo zum Vorsitzenden des Warschauer Judenrats ernannt. Czerniaków nahm sich das Leben, als die deutschen Behörden im Sommer 1942 die Beteiligung des Judenrats an den Deportationen nach Treblinka verlangten.

45 Dr. Marek Biberstein, auch Bieberstein (1891 oder 1892–1944), Lehrer für jüdische Religion; von Sept. 1939 an Vorsitzender des Judenrats in Krakau, 1940 wurde er wegen Devisenvergehens angeklagt und zu anderthalb Jahren Haft verurteilt, zunächst im Gefängnis in Krakau, dann in Tarnów inhaftiert; im Sommer 1942 schwer herzkrank in das Krakauer Getto entlassen, wurde er bei der Auflösung des Gettos mit seiner Familie in das Lager Plaszow gebracht und dort ermordet.

46 Gemeint ist der Überfall der Wehrmacht auf die Sowjetunion am 22. 6. 1941.

47 Nicht ermittelt.

48 Im Original deutsch.

49 Das Anfang 1940 gebildete Judenviertel befand sich im Stadtzentrum von Sosnowitz und wurde zeitgleich zur Einrichtung des Gettos im Stadtteil Schrodel (Środula) im Okt. 1942 aufgelöst.

50 Nicht ermittelt. Vermutlich handelt es sich um die zentrale Organisation der Lebensmittelverteilung.

51 Władysław Böhm, von 1940 an Vorsitzender der Jüdischen Gemeinde in Sosnowitz; er stellte sich nach den ersten Deportationen im Mai 1942 aus Ostoberschlesien gegen Merin und wurde daraufhin in die Gemeinde Bendzin versetzt.

Ich repräsentiere das Komitee von Sosnowiec, aus dem die Zentrale hervorgegangen ist. Ich verspüre große Genugtuung und bin sehr stolz. Aber Fany[52] hat das Thema nicht erschöpfend ausgeführt. Kein Wunder. Wer würde dieses Thema in einer beschränkten Zeit ausschöpfen können? Könnte er den heldenhaften Kampf unserer Leute mit der Flut des Hasses beschreiben? Wer vermag etwas über das Glücksspiel zu sagen, dessen Einsatz stets das Leben Merins war? Welcher Bericht könnte den großen Schmerz wiedergeben, die schlaflosen Nächte, ergrauten Haare und angespannten Nerven? Wer skizziert die gleichgültigen Betrachter (Gesellschaft), die nur auf Gewinn aus sind? Ich erinnere mich, dass Merin zu dieser Reise aufbrach, auf der er sich noch immer befindet. Wir haben mit ihm gekämpft, ihn unterstützt, und er hat in uns das Feuer entzündet, den Willen, Hilfe zu bringen. Insbesondere diesen Betrachtern, unseren Schwestern und Brüdern. Heute lässt die Arbeit ebenso wenig nach, im Gegenteil. Ich versichere Dir, Herr Vorsitzender, im Namen des Komitees, dass man auf uns zählen kann und dass Du in uns Rückhalt, Hilfe und Unterstützung finden wirst. Wir tragen Dir Schreien und böse Worte nicht nach und verstehen, dass Du auf diesem Kreuzweg gute und milde Worte verloren hast.
Juden haben eine eigenartige Weise, Jubiläen zu feiern. Es ist dies kein Abschluss, aber auch kein Beginn. Vorsitzender, nochmals versichere ich Dir, dass wir bei Dir sind, wenn Du noch einmal beginnen solltest. Es möge Dich nicht entmutigen, dass das Unrecht uns quält und unterdrückt. Uns richtet der Hunger nach Leben auf. Ich ende mit einem Zitat von Bialik: Bewaffnen wir uns mit Stärke, räumen wir die massige Dunkelheit aus dem Weg, stoßen wir vor zur Wärme und zum Licht.[53]
[…][54]
Merin: Liebe Freunde. Das ist das zweijährige Jubiläum der Arbeit, die wir gemeinsam geleistet haben. Aber es beginnt von vorn: Der Anfang ist nun schwieriger als vor zwei Jahren. Der Grund für die Einberufung dieser Konferenz war, Euch darauf vorzubereiten, Euch Furcht zu lehren. Wir spielen hier eine bestimmte Rolle. Unser Gebiet ist ein Experimentierfeld, man spricht davon, dass andere Gebiete nach unserem Vorbild organisiert würden. Der unter uns sitzende Kunz ist Zeuge, dass wir in gewisser Weise Propheten für das Altreich waren. Sie haben sich dort selbst begraben. Vor einem Jahr haben wir ihnen gesagt, dass sie ins Generalgouvernement gehen sollen, um beizeiten dort entsprechende Verhältnisse aufzubauen. In diesem Moment erhielt ich einen Bericht aus Łódź. Die Selbstmorde der [dorthin] deportierten deutschen Juden sind sehr zahlreich. Ich kann Euch sagen, dass es bei uns keine Selbstmorde geben wird. Wenn wir gehen, dann gefasst und mit der Hatikwa auf den Lippen.
Es gibt bei uns derzeit innere Spannungen und private Ambitionen. Kleinigkeiten nehmen uns in Beschlag. In dieser Woche standen wir einer großen Gefahr gegenüber. Während einer zweistündigen Konferenz sind wir um 20 Jahre gealtert.[55] Kommt deshalb nur mit wirklich wichtigen Problemen zu uns, entlastet uns von schmutziger Arbeit, für die wir keine Kräfte mehr haben.

52 Fanny Czarna.
53 Chaim Nachman Bialik (1873–1934), Dichter; stammte aus der Nähe von Žitomir; er schrieb zunächst auf Jiddisch, später dann ausschließlich auf Hebräisch und gilt als der einflussreichste hebräischsprachige Lyriker. Der Bezug zu Sosnowiec besteht darin, dass Bialik hier in den 1890er-Jahren einige Zeit lang als Hebräischlehrer tätig war.
54 Ein Wort unleserlich.
55 Es ist unklar, welche Sitzung, vermutlich mit den deutschen Besatzungsbehörden, gemeint ist.

Noch eine Sache. Es befinden sich unter uns Leute, die eigene Interessen verfolgen. Das wird unser Untergang sein. Dieser Leute müsst Ihr Euch entledigen.
Ein großes Problem ist für uns der Landkreis Zawiercie.[56] Wir appellieren an Euch, seid nicht hysterisch, wir denken an Euch. Wir müssen das bekämpfen, in uns die Überzeugung besiegen, das Verlassen der Gemeinden etc., und den Rest werden wir erledigen.[57]
Finanzen. Es stehen Kürzungen von Löhnen und Personal an. Wir wehren uns dagegen, müssen aber so arbeiten, dass wir Reserven für die Zukunft haben. Den Städten, die finanziell nicht auf eigenen Beinen stehen, droht die Aussiedlung. Wir können mit nichts rechnen. Wer noch Geschäfte macht, muss einen Teil des Geldes abgeben. Führt den Kampf mit den Leuten, die sich auf der Straße herumtreiben. Befolgt die Anordnungen der Behörden betreffend den Judenbann,[58] das Judenviertel.[59] Wenn man Euch zur Eile anhält, nehmt das nicht zu leicht. Die Gemeinden haben sich zuletzt von der Bevölkerung abgeschottet. Das ist inakzeptabel. Die Gemeinden wurden für die Bevölkerung geschaffen. Man muss vielmehr auf die Menschen einwirken, die uns häufig schaden, wenn auch unbewusst.
Bislang haben wir nicht mit dem Hass der Menschen gerechnet. Aber wir haben genug Blut gelassen. Genug.
Ich bin erschöpft. Aufrecht halten kann ich mich nur dann, wenn Ihr mir helft. Und in dem Falle wird uns nichts passieren.

DOK. 51

Der Polizeipräsident in Sosnowitz beschwert sich am 11. Dezember 1941 beim Regierungspräsidenten über die anhaltend hohe Zahl jüdischer Arbeitskräfte[1]

Schreiben des Polizeipräsidenten in Sosnowitz (II Ju.), gez. Alexander von Woedtke, an den Regierungspräsidenten in Kattowitz vom 11.12.1941[2]

Betrifft: Polizeiverordnung vom 1.9.1941 – Juden –.
Bezug: Dort. Rd.-Verfügung vom 20.9.1941 u. Vfg. vom 5.12.1941.[3]
Das äußere Bild von Sosnowitz – einschl. Bendsburg usw. – ist neben der Kohle gekennzeichnet durch den Juden. Im Präsidialbereich wohnen noch 70 000 Juden und von diesen ca. 60 000 in den beiden genannten Städten.
Die Polizeiverordnung vom 1.9.1941 ist von allen an der Eindeutschung dieses Gebietes interessierten Kräften sehr begrüßt worden.[4] Man erwartete von ihrer Durchführung die Zurückdrängung des jüdischen Einflusses mit seinen Rückwirkungen auf das

56 Es ist unklar, worauf Merin hierbei anspielt.
57 So im Original.
58 Im Original deutsch.
59 Im Original deutsch.

1 APK, 119/2783, Bl. 14–20.
2 Im Original handschriftl. Ergänzungen und Hervorhebungen.
3 Nicht ermittelt.
4 Laut der VO mussten Juden ab dem sechsten Lebensjahr in der Öffentlichkeit den gelben Stern tragen. Außerdem war es ihnen verboten, ohne schriftliche Erlaubnis der Polizei ihre Wohngemeinde zu verlassen und Orden oder Abzeichen zu tragen; RGBl., 1941 I, S. 547, siehe auch VEJ 3/212.

Deutschtum. Die Durchführung der Verordnung bedeutet auch – abgesehen von anfänglichen Organisationsschwierigkeiten – keine Unmöglichkeit. Ich muß jedenfalls dem widersprechen, daß eine solche Unmöglichkeit ohne jede Erprobung als Tatsache angenommen wird. Zum Gegenbeweis führe ich aus:

Probeweise habe ich in der Zeit vom 17. bis 22.11.1941 die Beschränkung der Juden auf ihre Wohngemeinden durchführen und durch meine Schutzpolizei kontrollieren lassen. Das für die beiden Städte Sosnowitz und Bendsburg zuständige S.Ak. I[5] hat in dieser Woche insgesamt nur 8 Juden wegen Überschreitung der Verordnung zur Anzeige gebracht. Diese Zahl fällt praktisch gar nicht ins Gewicht. Die einwandfreie Anwendungsmöglichkeit der Verordnung auch für dieses Gebiet ist erwiesen.

Beweis: Fernschreiben vom 22.11.1941 Anlage 1.[6]

Der Sonderbeauftragte für den fremdvölkischen Arbeitseinsatz hat gelegentlich der Besichtigung seiner Einrichtungen vorgetragen, daß er ca. 17 000 Juden organisatorisch im Arbeitseinsatz erfaßt habe. In dieser Zahl sind auch enthalten die Juden der anderen Kreise Ost-Oberschlesiens. Ich schätze demnach den Anfall der Arbeitsjuden meines Bereichs auf höchstens 15 000, mithin ca. 20 % der jüdischen Bevölkerung. Von diesen 20 % dürfte wiederum nur ein kleiner Teil außerhalb des eigenen Wohnortes tätig sein.[7]

Es wäre mithin ein Fehler, wenn wegen eines Bruchteiles die Verordnung nicht oder nur teilweise durchgeführt werden sollte und damit ca. 50 000 Juden die Wege für ihr unkontrollierbares Treiben erst recht geebnet wären.

Der Sonderbeauftragte für den fremdvölkischen Arbeitseinsatz unterscheidet, abgesehen von den Arbeitslagern, die er auswärts unterhält:

a) Sammelwerkstätten	gelber Ausweis
b) private Einzelbetriebe	blauer »
c) jüdische Unternehmerbetriebe	gelber »
d) jüdische Einmannbetriebe	grüner »
e) Behörden	

Sammelwerkstätten:

Ich habe es bei jeder Gelegenheit betont, daß ich diese Einrichtung, wie auch die der jüdischen Arbeitslager, sehr begrüße und sie in jeder Weise fördern werde. Sie erreicht in vorbildlicher Weise den Zweck, daß die jüdische Arbeitskraft nutzbringend verwertet wird, der Jude an Arbeit gewöhnt wird, von der Straße verschwindet und vom unlauteren Handel ferngehalten wird.

Es wird durchführbar sein, diese Arbeiter, soweit nötig – auch von Ort zu Ort –, geschlossen zur Arbeitsstelle zu bringen, wie dies die Ausführungsbestimmungen des Reichssicherheitshauptamts vorschreiben. Schwierigkeiten könnten sich im Anfang ergeben, sind aber bei einigem guten Willen unschwer zu überwinden.

Beweis: Meine diesbezügl. Verhandlungen mit den Leitern der Sammelwerkstätten *Rossner* und *Kotek*.[8] Meldung des S.Ak. I vom 22.11.1941 Anlage 1.[9]

5 Schutzpolizei-Abschnittskommando I.

6 Fernschreiben des Kommandos der Schutzpolizei Sosnowitz vom 22.11.1941 betr. Kontrolle der Juden wegen Verlassens der Wohngemeinde; wie Anm. 1, Bl. 21.

7 Siehe Dok. 16 vom 27.9.1941.

Private Einzelbetriebe:
Ich erkenne an, daß der Mangel an Handwerkern es auf absehbare Zeit im Interesse der hiesigen Wirtschaft erforderlich macht, jüdische Handwerker (z. B. Klempner, Installateure, Elektriker, Maler, Dachdecker) arischen Betrieben zu belassen. Es ist ein notwendiges Übel. Ihre Zahl ist nicht übermäßig groß, und sie stellen, da sie auch dem Schleichhandel weniger obliegen werden, keine besondere Gefährdung in der Öffentlichkeit dar.
Grundsätzlich anders beurteile ich die Juden in den kaufmännischen usw. Betrieben. Ihre Herausziehung aus diesen ist unbedingt notwendig. Eine Übergangszeit mag gewährt werden.
S. Zt. wurde hier die Ansicht vertreten, daß man diese Juden nicht entbehren könne. Dem ist zu widersprechen.
Beweis: Die völlige Absonderung der Juden in Litzmannstadt ohne Beeinträchtigung der dortigen Wirtschaft. Desgl. die Aussiedlung der Juden aus Auschwitz und anderen Orten. Im Generalgouvernement sind selbst in den kleinsten Orten die Juden ausgesondert. Ich verweise vornehmlich auf Lublin und Krakau.[10]
Durch die hiesige Übung stehen die Juden noch mitten im Geschäftsleben der Stadt und beherrschen zum Teil ihre geschäftsunkundigen Brotherren,[11] die von ihnen erst das Geschäft erlernen und damit auch das jüdische Geschäftsgebaren.
Beweis: Tabakwarenkleinhandlung *Kurbasik* – Bendsburg.
Dieser übernahm das Geschäft mit einem Bankkredit von ca. 10 000,– RM. Bei Schließung des Geschäftes nach ca. 8 Monaten besaß er ein Guthaben von ca. 100 000,– RM. Möglich war dies Ergebnis auch nur durch seine Geschäfte mit den Juden und auf jüdische Art.
Textilgeschäft *Bobeck* – Bendsburg.
Bobeck ist Holzkaufmann. Er hat sich von diesem unter der deutschen Verwaltung zum Textilkaufmann gewandelt und betreibt ein eigenes Geschäft. Daneben hatte er 6 gleichartige jüdische Geschäfte als Treuhänder zu verwalten. Vor kurzem mußte er diese abgeben bis auf eines. Letzteres ist die jüdische Firma *Koplowitz*. Der frühere Inhaber privatisiert. Im Geschäft jedoch ist eine Tochter.
Das Ergebnis ist, daß B. – soweit bisher festgestellt –, die Untersuchung ist noch im Gange, 5000 m Köperstoffe auf, durch eine Angestellte des Wirtschaftsamtes gefälschte, Großbezugsscheine gehandelt hat, Wert ca. 50 000,– RM.
Üblich ist hier überhaupt die Weiterbeschäftigung der früheren jüdischen Inhaber in ihren eigenen, jetzt treuhänderisch verwalteten Geschäften.

8 Sammelwerkstätten verschiedener Unternehmer, die Juden als Zwangsarbeiter beschäftigten. Unter ihnen zeichnete sich Alfred Rossner (1906–1944), der 1940 nach Będzin gekommen und in kurzer Zeit zum größten Treuhänder verschiedener Textilunternehmen geworden war, durch die humane Behandlung der für ihn tätigen mehreren Tausend Juden aus, die er vor den Deportationen warnte und zu retten versuchte. Im Dez. 1943 wurde Rossner von der Gestapo verhaftet und unter ungeklärten Umständen kurz darauf ermordet; 1995 von der Gedenkstätte Yad Vashem als Gerechter unter den Völkern ausgezeichnet.

9 Wie Anm. 6.

10 Zu diesem Zeitpunkt lebten im Generalgouvernement noch keineswegs alle Juden in Gettos.

11 Gemeint sind Nichtjuden, denen seitens der Treuhandstelle Kattowitz Gewerbeunternehmen zugewiesen wurden und die in der Anfangszeit noch die vormaligen jüdischen Eigentümer oder Geschäftsführer weiter beschäftigten.

Beweis: Fa. *Rettmann u. Berkowicz* – Bendsburg.
Der Jude Berkowicz ist dem Geschäft unentbehrlich. Er ist der Einkäufer – Inkassovertreter – und *steuerrechtlicher* Sachbearbeiter, Anlage 2.[12]
Fa. R. L. *Schanzer* – Schümenschütz.
Der frühere Inhaber Schanzer ist unentbehrlich, „da außer demselben nur eine arische weibliche Arbeitskraft im Geschäft tätig ist, die genau wie ich selbst über keine Fachkenntnisse verfügt …" Anlage 3.[13]
Hierunter führe ich auch an, daß den deutschen kommissarischen Verwaltern jüdische Lehrlinge zur kaufmännischen Ausbildung[14] überwiesen werden.
Beweis: Anlage 4.[15]

Jüdische Unternehmer und Einmannbetriebe:
Das Weiterbestehen derartiger Betriebe ist aus völkischen Gesichtspunkten nicht länger zu verantworten. Für die Versorgung der Deutschen und auch der Polen sind sie ausnahmslos zu entbehren. Neben ausreichenden deutschen Geschäften sind Buchenländer in größerer Zahl angesetzt worden und weitere folgen.[16]
Die Tatsache, daß der hiesige Ansiedlungsstab in einer Sonderaktion auf die besondere Unterstützung dieser buchenländischen Geschäftsleute hat hinweisen müssen, ist Beweis dafür, daß die ausreichende Versorgungsmöglichkeit gewährleistet ist.
Die Juden können nicht reell sein, das Schiebertum ist ihnen Lebensinhalt. Die nachfolgenden Beweise stammen alle aus den allerletzten Tagen. Die Juden sind auch alle im Besitz der entsprechenden Ausweise des Sonderbeauftragten, welche Tatsache zeigt, daß trotz dieser Erfassung – vielleicht auch gerade wegen derselben – die Juden weiterschieben werden.
Beweise: Schneider Jelrzecki – Sosnowitz.
Eine Unzahl Deutscher aller Schattierungen und bis hinauf zu den führenden Männern sind seine Kunden gewesen. Als Begründung wurde bei den auffallend vielen Einsprüchen gegen mein Vorgehen gerade bei diesem Juden ausgeführt, daß es hier keinen anderen guten Schneider gäbe. Das ist falsch. In Polen gab es im Gegensatz zu Deutschland keine eigentliche „Konfektion". Es gab dafür eine besonders große Zahl von Schneidern, selbst in dem kleinsten Dorf. Unter ihnen gibt es selbstverständlich auch sehr gute Schneider, so auch hier. Ich darf dazu auch darauf hinweisen, daß den hiesigen Schneidern Kundschaft aus dem Altreich zuwächst.

12 Aktennotiz des Polizeipräsidenten in Sosnowitz, Abt. II – Ju –, an das 5. Polizeirevier vom 1.8.1941 betr. Ausweise zum Betreten von Judenbannstraßen; wie Anm. 1., Bl. 22 f.

13 Bescheinigung des kommissar. Verwalters der Fa. Schanzer für Iser Szancer vom 15.10.1941 zwecks Vorlage bei Behörden; wie Anm. 1, Bl. 26.

14 Die letzten zwei Wörter sind handschriftl. unterstrichen und mit Ausrufezeichen am Blattrand versehen.

15 Arbeitsbescheinigung für vier Juden bei den kommissarisch verwalteten Firmen J. I. Zylberszac und J. I. Prejzerowicz; wie Anm. 1, Bl. 27.

16 Als Buchenlanddeutsche werden die Deutschen bezeichnet, die sich etwa ab 1775 in der Bukowina niederließen. Im Juni 1940 besetzten sowjet. Truppen den nördlichen Teil der Bukowina. Ende 1940 wurde ein Großteil der Buchenlanddeutschen in das Deutsche Reich bzw. in die eingegliederten Ostgebiete umgesiedelt.

Der Jude J. hat unter frecher Hinwegsetzung über die Kriegswirtschaftsverordnungen seinen Bestand an Stoffen nicht angemeldet, und er führte in großem Ausmaße nur beste Ware. Noch jetzt nach mehr als 2 Jahren Krieg wurden ca. 20 Stück Stoffe bei ihm sichergestellt. Natürlich hat er sich auch an die Preisanordnungen nicht gehalten und hat zur Verschleierung weder entsprechende Bücher geführt noch Rechnungen ausgestellt. Das Beispiel dieses Juden zeigt so recht, daß der Deutsche – sei es, wer es sei – der Versuchung nicht widerstehen kann, durch die Vorteile, die der Jude ihm scheinbar bietet, kriegswirtschaftlicher Vergehen und volkstumsmäßiger Verbrechen sich schuldig zu machen.

Gryla – Schuhbedarfsartikel – Bendsburg.

Das Lager dieses Juden war umfangreich, und er führte Artikel, die bei Deutschen heute nicht mehr zu haben sind. Natürlich fanden sich versteckt und verpackt unter Pappsohlen Kernleder, Gummiplatten usw., die er auf Schieberwegen sich beschafft hat.

Kleinfeld – Schäftwerkstatt – Bendsburg.

Großes Lager. Darunter ganze Häute und Schäfte auch für lange Stiefel, die nicht mehr hergestellt werden dürfen.

Dyamant – Textilhandlung – Bendsburg.

Dieser hatte die Genehmigung zum Ausverkauf seines Lagers vor ca. 2 Jahren erhalten. Er verkauft noch heute aus. Gefunden wurden größere Bestände neuer Waren.

Boehnert, Tischler – Sosnowitz.

B. hat ca. 5 neue Küchen auf Lager. Er ist bereits zweimal vorbestraft. Jetzt fordert er von dem Deutschen einen Aufpreis, der aber nicht auf der Rechnung ausgeworfen wird.

Jakubowicz – Konditorei – Bendsburg.

Er erhielt pro Zuteilungsperiode ca. 800 Eier, 8 Ztr. Mehl, 4 Ztr. Zucker, 50 Pfd. Margarine, 30 Pfd. Feinbutter. Die Konditorware war erstklassig, ausgesprochene Friedensware. Natürlich hat auch er sich gegen die Kriegswirtschaft schwer vergangen.

Auffällig ist, daß dieser Betrieb erst seit 6 Wochen besteht und derartige Zuteilungen vom Wirtschaftsamt erhielt, obwohl er doch nur für die Juden bestimmt ist. – Im gleichen Rahmen liegen die beiden jüdischen Bonbonfabriken Saper und Politajnski in Bendsburg. Sie erhielten eine Zuteilung von 16 bezw. 8 Ztr. Zucker. Für Deutsche gibt es hier keine Zuckerwaren.

Infolge der Verfügung, daß ich bis auf weiteres jüdische Geschäfte nicht schließen soll, können die obigen Betriebe ihr Handwerk zum Schaden der Kriegswirtschaft Deutschlands weiterbetreiben.

Behörden: Die Anzahl der Juden, die bei Behörden tätig sind, ist trotz des Erlasses des Gauleiters und Oberpräsidenten noch immer so beträchtlich, daß der Sonderbeauftragte eine eigene Ausweisfarbe eingeführt hat. Es sollte selbstverständlich sein, ist es aber in diesem Gebiet offensichtlich nicht, daß die Behörden den Belangen der Volkstumsfragen in vorbildlicher Weise Rechnung tragen. Diese Juden müssen aus den Behördenbetrieben verschwinden.

Eine wirkungsvolle Unterbindung der Schiebereien und des Schleichhandels erscheint mir nur möglich durch die völlige Absperrung der Juden in einem Ghetto. Es bedeutet schon einen Kompromiß, wenn nur auf die Bestimmungen der Polizeiverordnung vom 1.9.1941 bestanden wird und die Schließung aller jüdischen Betriebe usw. und ihre Zusammenfassung in eine Art Konsum gefordert wird. 75% aller durch meine

Preisüberwachung bearbeiteten einschlägigen Delikte entfallen auf die Juden. Die Wohnortbeschränkung ist deswegen eine Erfordernis. Eine Teillösung derart, daß Sosnowitz und Bendsburg als *eine* Wohngemeinde erklärt werden, wird den Belangen dieses Gebietes nicht gerecht.

DOK. 52
Der Nachrichtendienst des polnischen Widerstands berichtet am 15. Dezember 1941 über die Lage der Juden in Bełchatów seit September 1939[1]

Bericht des Nachrichtendienstes BIP,[2] ungez., Gebiet Łódź, vom 15.12.1941

Juden in Bełchatów
Nachdem die Deutschen in Bełchatów eingerückt waren, begannen vor allem die Armee und später die Pazifierungsabteilungen[3] damit, die Juden zu schikanieren. Die Quälerei bestand darin, dass man die Juden zusammenrief, rituelle Gewänder anziehen ließ und anschließend auf Leitern durch die Stadt trug. Dann warf man die Leitern plötzlich auf den Boden und stieß die darauf befindlichen Juden herunter. Die Juden mussten sich verkleiden, man zwang sie, mit ihren religiösen Büchern zu marschieren und zu singen, malte ihnen die Gesichter an, ließ Musik aufspielen und befahl ihnen, auf der Straße zu tanzen. Davon wurden Fotos gemacht. Sobald die Polizei- und die Selbstverwaltung eingerichtet waren, hörten diese Auswüchse auf, und die wirtschaftliche Diskriminierung begann. Man nahm den Juden die besten Möbel weg, warf sie aus ihren Wohnungen und Häusern und setzte in den jüdischen Betrieben Kommissare ein. Eines Tages kam eine spezielle Kommission des Landrats, rief die wohlhabendsten Juden zum Magistrat und zwang sie unter Schlägen zur Abgabe von Waren und Bargeld – und das vor allem in Złoty, obwohl schon damals die Mark gültiges Zahlungsmittel war. Danach transportierten sie die verschiedenen Baumwollwaren und andere Wertsachen im Wert von ungefähr einer halben Million Złoty mit mehreren Autos ab.
Jede Weberei bekam einen örtlichen Deutschen als Kommissar zugeordnet. Damals hatten es beide Seiten sehr gut. Man setzte die Juden zu verschiedenen Arbeiten ein, sie mussten Abgaben entrichten und so weiter. Bis heute hat man kein geschlossenes Getto für Juden eingerichtet, obwohl davon schon viel geredet wurde.[4] Einige Straßen wurden ausgewiesen, in denen sie wohnen dürfen. Im Moment verläuft das Leben normal, jeder

1 Uniwersytet Warszawski, Biblioteka Uniwersytecka, Rękopis Nr. 2143, Bl. 5–7. Abdruck in: Maria Tyszkowa, Eksterminacja Żydów w latach 1941–1943. Dokumenty Biura Informacji i Propagandy Komendy Głównej Armii Krajowej ze zbiorów Oddziału Rękopisów Biblioteki Uniwersytetu Warszawskiego, in: BŻIH, 1992, H. 2/3 (162/163), S. 35–61, hier S. 41–44 (Dok. 3). Das Dokument wurde aus dem Polnischen übersetzt.

2 Das Biuro Informacji i Propagandy (Büro für Information und Propaganda) wurde 1940 im besetzten Polen als Nachrichtendienst des poln. Widerstands, später der Heimatarmee, gegründet.

3 Gemeint sind vermutlich die Kommandos der Einsatzgruppen der Sicherheitspolizei und des SD.

4 In Bełchatów gab es vermutlich von März 1940 an ein Getto, das allerdings nicht abgeriegelt war, außerdem wohnte ein Teil der jüdischen Bevölkerung außerhalb des Gettos. Es wurde im Aug. 1942 geräumt, ein kleiner Teil der Juden gelangte in das Getto Litzmannstadt, die meisten wurden in das Vernichtungslager Kulmhof deportiert und dort ermordet.

Deutsche hat seinen Juden und kommt ohne ihn nicht aus. Jeder Polizei- oder Gendarmerieposten hat Juden als Bedienstete. Der Handel blüht wie vor dem Krieg. Wenn es in einem Laden plötzlich Apfelsinen, Äpfel, Zitronen gibt, kann man sie am folgenden Tag zu überhöhten Preisen von den Juden kaufen. Von ihnen bekommt man auch Wurst, Speck, Machorka,[5] überhaupt alles, was man sich wünschen kann, aber man muss dafür gut bezahlen. Man sagt, die Juden haben einen „Basar“, auf dem man alles bekommen kann, sie haben noch Vorkriegsware und eine Menge deutsche Waren, die ihnen von den örtlichen Deutschen außerhalb der Preisliste geliefert werden. Weil über diesen Handel viel geredet wurde, kam dies auch den Behörden zu Ohren, die jetzt angeordnet haben, die Deutschen von den Juden zu separieren. Wenn in einem Haus überwiegend Juden leben, sollen die Deutschen und Polen ausziehen, und wo die Juden in der Minderheit sind, da müssen sie verschwinden. Aber das ist nur Theorie. Es gab einen großen Aufschrei, sogar eine Versammlung wurde in dieser Sache abgehalten, aber die Juden erklärten nach dem Gespräch mit den Amtsträgern, dass „es nicht so schlimm sei“. Viele Juden sind nach Piotrków gezogen und betreiben Schmuggel über ihre Vertretungen in Bełchatów. Eine gewisse Zeitlang existierte ganz in der Nähe der Polizei ein jüdisches Restaurant, in dem man alle Speisen und Getränke wie vor dem Krieg bekommen konnte. Auch die Polizei zog ihren Nutzen aus dem Restaurant.
Der Jude Altman, der seine Tochter verheiratet hat, erhielt die Erlaubnis, die Hochzeit auszurichten. Auf dieser Hochzeit waren 6 Gendarmen, die sich bis 6 Uhr morgens vergnügten. Es war ein rauschendes Fest, wie vor dem Krieg. Es bürgerte sich die Redewendung ein, „dass man am Tag die Juden schlägt und nachts mit ihnen trinkt“. In der Stadt erzählt man sich, dass es in Bełchatów zwei Regierungen gebe: eine deutsche und eine jüdische, und manchmal regiert nur die zweite. Zum Beispiel wird der jüdische Tischler Winter als „König der Stadt Bełchatów“ bezeichnet. Der macht alles, was er will. Er muss nur ein paar Worte sagen, und die Angelegenheit entwickelt sich in die richtige Richtung. Das betrifft ausschließlich Juden. Juden stehen den Polizeibehörden zu Diensten und zeigen vor allem Polen an. Wenn sie einen Juden beim Schmuggel erwischen, erhält er ein paar Schläge und kommt nach der Zahlung eines Bußgelds frei. Juden beliefern den hiesigen Markt mit Gold, wertvollen, diamantbesetzten Ringen und Ähnlichem. Die Juden Blakowicz, Liberman und Winter betreiben Schmuggel mit Devisen (Dollar und Pfund) sowie jeglicher Art von Schmuck. Diese Gegenstände werden aus dem ganzen „Warthegau“ herangeschafft und danach über die grüne Grenze nach Piotrków geschickt. Als man Juden zur Arbeit in das Gebiet von Posen abtransportiert hat,[6] kauften sich die reichen Juden frei, indem sie 50 bis 200 RM pro Kopf zahlten. Das Handwerksleben ist fast vollständig in jüdischen Händen. Wer sich Kleidung nähen oder etwas anderes bei einem Juden anfertigen lassen will, muss eine Erlaubnis beim Magistrat beantragen und kann dann erst das Material zur Fertigung abgeben. Das fertige Stück erhält er erst nach Zahlung aller Forderungen im Magistrat, auf Grundlage der Rechnung des Juden. Von der im Magistrat gezahlten Summe erhält der jüdische Handwerker 50 % über den Ältestenrat, der Rest geht an die Selbstverwaltung. Kurzfristige Durchsuchungen bei jüdischen Handwerkern deckten auf, dass dort viele Waren für Aufträge

5 Russ. Tabaksorte für zumeist selbstgedrehte Zigaretten.
6 Im Aug./Sept. 1941 wurden mehrere Hundert Juden aus Bełchatów in die Zwangsarbeitslager in und um Posen deportiert.

ohne Erlaubnis des Magistrats abgegeben worden waren. Die Ware wurde konfisziert und Bußgelder erhoben: für den Auftragnehmer und für denjenigen, der das Material abgegeben hatte. Vor dem Krieg gab es 4500 Juden in Bełchatów, im Moment sind es offiziell 5500 (inoffiziell bis 6000). Die Juden in Grocholice, Szczerców, Kleszczów und Chabielice wurden liquidiert.[7] Man brachte sie mit Fuhrwerken nach Bełchatów. Bis zum 10.12.41 sollen weitere etwa 1000 Juden aus Pabianice eintreffen.

An der Gemeindespitze steht der Ältestenrat. Der Ratsvorsitzende wurde ziemlich häufig von der Polizei ausgetauscht, und einmal wechselte der gesamte Rat in Folge verschiedener Anschuldigungen, die von den eigenen Glaubensbrüdern erhoben wurden. Der Rat hat etwa 50 Mitarbeiter, davon nur ein Teil bezahlte Mitarbeiter, die 50 bis 120 RM monatlich bekommen. Die Jüdische Gemeinde bezahlt etwa 2000 RM für die Verwaltung, etwa 2000 RM monatlich für Sozialfürsorge, sie gibt täglich etwa 1000 kostenlose Mittagessen aus. Der Ältestenrat besitzt im eigenen Amt einen Lebensmittelladen, Brennmaterial usw. Bargeld bezieht er vor allem aus dem Verkauf von Lebensmitteln und teilweise aus den Gebühren, die den Handwerkern auferlegt sind. Er betreibt eine Näherei, in der eine Zeitlang etwa 700 Personen beschäftigt waren. Es wurden vor allem Aufträge für das Militär ausgeführt. Derzeit arbeiten dort etwa 200 Personen, die nur noch minderwertige Zivilkleidung nähen. Die Löhne in der Näherei sind nicht festgelegt. Der erhaltene Vorschuss in Höhe von einigen Tausend Mark wurde unter den Arbeitern aufgeteilt. Seit Bestehen der Näherei gab es keine Abrechnung, so dass die Juden nicht wissen, wie viel sie eigentlich verdienen. In der Näherei arbeitete und arbeitet vor allem die jüdische Oberschicht. 450 Männer arbeiten im Straßenbau in der Gegend um Posen, dort erhalten die Juden Unterkunft und Massenverpflegung. Die Verdienste, die nach Abzug der Verpflegungskosten niedrig sind, werden an die Familien nach Bełchatów geschickt und vom Ältestenrat ausgezahlt. Eine Gruppe von Juden wurde zu Buchhaltern und führt die Handelsbücher mit den Deutschen und den Polen. Jeder dieser Buchhalter hat einige Firmen und bezieht aus diesen seinen Lebensunterhalt. Bald sollen eine mechanische Tischlerei sowie eine Stiefel- und Schuhmacherwerkstatt in Betrieb genommen werden.

Aus diesem kurzen Überblick wird deutlich, dass es den Juden in unserer Gegend ganz gut geht. Durch ihre Umtriebigkeit und Bestechlichkeit verstehen sie es, ihr Leben zu meistern und diese schwere Phase besser und leichter durchzustehen als wir Polen.

7 Gemeint ist die Auflösung mehrerer jüdischer Siedlungen in der Umgebung von Bełchatów im Herbst 1941.

DOK. 53
Der Judenälteste in Litzmannstadt, Rumkowski, gibt am 20. Dezember 1941 bekannt, dass 10 000 nicht arbeitende Juden aus dem Getto deportiert werden[1]

Transkript der öffentlichen Rede von Mordechai Chaim Rumkowski im Getto Litzmannstadt vom 20.12.1941

Schwarze Wolken am Gettohorizont. Zehntausend Juden müssen das Getto verlassen. Rede vom 20.12.41

Menschen guten Willens brauchen sich nicht um ihr Schicksal zu sorgen. Nur das unerwünschte Element wird das Getto verlassen.
Rede des Herrn Präses beim Konzert im Kulturhaus.
Am heutigen Tag fand im Kulturhaus ein Konzert nur für ein geladenes Publikum statt, das die leitenden Personen der Gemeindeverwaltung und der Arbeitsressorts repräsentierte. Nach dem Konzert hielt der Herr Präses eine Rede. Im Folgenden geben wir sie in einer Zusammenfassung wieder.
„Schon seit recht langer Zeit habe ich keine öffentliche Rede mehr gehalten. So hat es sich ergeben, dass die jüngste Vergangenheit kein Ereignis von besonderer Bedeutung mit sich gebracht hat, das meine besondere Erläuterung erfordert hätte. Erst jetzt fallen die Chanukka-Feiertage[2] zusammen mit neuen *schwarzen Wolken am Gettohorizont.* Es ist nicht verwunderlich, dass angesichts dieser neuerlichen Niederlage die Stimmung der Bevölkerung im Getto aufgewühlt ist. Und parallel dazu sind sich nicht alle Gettobewohner meiner unantastbaren Devise bewusst: ‚*Jeder hat das Recht auf Leben.*' Allerdings gibt es noch immer Einzelne, die dieses Prinzip abschaffen möchten und durch ihr Verhalten anderen das Leben unmöglich machen. Heute wie in der Vergangenheit liegt die Hauptschwierigkeit in der sinnvollen Lösung der Versorgungsprobleme. Bei jeder Lebensmittelzuteilung strebe ich im Rahmen meiner Möglichkeiten die bestmögliche Versorgung der Bevölkerung an, bemühe ich mich, systematisch die *Versorgung zu verbessern*, damit niemand im Getto Hunger leiden muss. Bei der Versorgung steht gegenwärtig die *Umgestaltung der öffentlichen Küchen* an der Spitze. Die Erfahrung hat gezeigt, dass die Einrichtungen der öffentlichen Küchen ihrer verantwortungsvollen Aufgabe nicht gerecht geworden sind. In der überwiegenden Mehrzahl sind sie mit dem Augenmerk auf den größtmöglichen Gewinn ihrer Betreiber geführt worden. Durch die allgemeine Nutzung der Küchen ist außerdem die Rolle der Hausfrau völlig in den Hintergrund gerückt. In der Küche erhält man die Zuteilung und damit Schluss. Somit entledigt man sich weiterer Schwierigkeiten bezüglich der Ernährung seiner Angehörigen. Dieses Phänomen lässt sich abgewandelt auch in normalen Zeiten beobachten, im

1 APŁ, 278/1090, Bl. 54–59. Abdruck in: „Słuchają słów Prezesa ...". Księga przemówień Chaima Mordechaja Rumkowskiego. Redakcja i opracowanie naukowe Adam Sitarek i Michał Trębacz, Łódź 2011, S. 54–58. Das Dokument wurde aus dem Polnischen übersetzt.

2 Das jüdische Lichterfest. Es erinnert an die Wiedereinweihung des zweiten jüdischen Tempels in Jerusalem im Jahr 164 v. Chr. nach dem Makkabäeraufstand. Laut der Überlieferung war aufgrund der Eroberung durch die Syrer nur noch ein Krug geweihtes Öl vorzufinden, um das ewige Licht der Menora zu speisen. Durch ein Wunder habe dieses Öl acht Tage gebrannt, bis ein neues hergestellt wurde.

Haus des Armen genauso wie im Haus des Reichen, wenn die Hausfrau die eigene Küche stiefmütterlich behandelt. Das ist ein großes gesellschaftliches Übel. Und auch hier im Getto sollte sich die Hausfrau, selbst wenn sie die öffentliche Küche nutzt, dennoch für die Hauswirtschaft interessieren und sich nicht damit zufriedengeben, ihren Mann und ihre Kinder mit einem Topf für die Mahlzeit zur Küche zu schicken.
Angesichts des günstigen Umstands, dass sich im laufenden Jahr die Heizmaterialsituation deutlich verbessert hat, habe ich mich entschlossen, dies zu nutzen, um die Bevölkerung zum Kochen im eigenen Haus zu bewegen, und gebe zu diesem Zweck eine *Extra-Zuteilung an Briketts* aus. Ich stelle fest, dass die Situation in Bezug auf die Lebensmittelversorgung *nicht schlecht ist.* Auch die ausreichende Versorgung mit Kartoffeln habe ich garantiert. Aus einem möglichst neutralen Blickwinkel betone ich mit besonderem Nachdruck, dass die Lösung aller brennenden Probleme davon abhängt, dass das Getto Arbeit bekommt. Über diese Grundannahme von mir lächeln viele einfach nur. Die Armee der hiesigen Nichtstuer macht sich geradezu lustig über die Notwendigkeit von Arbeit. *Wozu soll uns Arbeit nützen?* Ist es nicht einfacher, vom Schwarzmarkt und Handel zu leben?
Ich hatte mich seinerzeit für eine deutliche Erhöhung der Sozialhilfe entschieden. Ich habe die Zuwendungen um 50 Prozent erhöht. Gleichzeitig verfügte ich für die Zuwendungsempfänger im entsprechenden Alter eine 14-tägige Arbeitspflicht. Und was geschah? Die Anordnung wurde geradezu boykottiert. Die zur Arbeit Aufgeforderten fühlten sich als Geschädigte und vergaßen dabei, dass sie von Zuwendungen profitieren, die von den Leistungen der arbeitenden Bevölkerung des Gettos bezahlt werden. Sie vergaßen auch, dass ein Zuwendungsempfänger mit einer großen Familie nicht selten sogar mehr bekommt als ein Angestellter in verantwortlicher Stellung. Ich führte ein Arbeitsbuch ein und stehe unerbittlich auf dem Standpunkt, dass man das Recht auf ein Leben im Getto eben genau mit diesem Arbeitsbuch legitimieren kann, das nachweist, dass man seine Pflicht erfüllt. *Das Arbeitsbuch ist der Pass für eine garantierte Ruhe.*
Ich möchte jetzt einige Worte speziell an die Adresse der Vertreter der neuen Bewohnerschaft richten.[3] Es war nicht einfach, in dem unglaublich übervölkerten Getto noch 23 000 Einwohner aufzunehmen. Es hat uns überhaupt nicht interessiert, was wer mitgebracht hat. Allen öffneten wir die Arme. Wir teilten mit den Neuankömmlingen alles, was wir besaßen: *das eigene Haus und Essen.* Mehr, als wir selbst besaßen, konnten wir nicht geben. Leider verstanden nicht alle Neuankömmlinge unsere guten Absichten. Ich streite nicht ab, dass unter den Eingetroffenen viele Menschen guten Willens sind. Leider befindet sich unter ihnen jedoch auch ein recht bedeutender Prozentsatz von Menschen, die sich dessen nicht würdig erweisen. Ich habe schon des Öfteren über die unangenehmen Symptome gesprochen. Letztens habe ich dank meiner Zensur auf der Post festgestellt, dass einige Neuankömmlinge Adressen der hiesigen Bevölkerung angeben, um bei Erhalt von Geldüberweisungen die Pflicht zu umgehen, ⅔ der Summe in die Kasse des Kollektivs zu geben, das für ihren Unterhalt sorgt.[4] Des Weiteren sabotieren die Neuankömmlinge

3 Gemeint sind die Juden, die im Okt./Nov. 1941 in 20 Transporten aus dem Reich, Österreich, dem Protektorat Böhmen und Mähren und aus Luxemburg in das Getto Litzmannstadt gelangt waren; siehe Einleitung, S. 23.

4 Mit Kollektiv sind Gemeinschaftshäuser gemeint, die für die Neuankömmlinge im Herbst 1941 in ehemaligen Schulgebäuden eingerichtet worden waren; siehe Dok. 25 vom 16.10.1941, Anm. 9.

die Arbeitspflicht. Die Gemeinschaftsküchen erhalten alle Produkte von der Lebensmittelabteilung, aber sie sind dafür bekannt geworden, dass sie die schlechtesten Mahlzeiten ausgeben. Unter diesen Umständen weiß ich nicht, was mein Freund Neftalin, der das Büro für Eingesiedelte leitet, auf ihrem Positivkonto registriert. Ich weiß hingegen, wie stark das Ausgabenkonto belastet ist. Die Pflicht, Pelze zum Verkauf zu melden, wird von den Neuankömmlingen, wie mir bekannt ist, umgangen. Ich werde Repressionen meiner Spezialabteilung anwenden müssen. Das ist schwierig, aber unerlässlich. Natürlich wäre ich selbst lieber in der Lage, jedem Juden einen Pelz zu schenken.
Ich muss, wie immer in meinen Reden, das Thema *Kampf gegen die Kriminalität* ansprechen. Das normale Gericht reichte nicht aus, und auch das Schnellgericht konnte seine Aufgaben nicht erfüllen. Ich weiß selbst manchmal nicht mehr, wie man die Schädlinge der Gesellschaft auslöschen kann. Es hat sich herausgestellt, dass sogar Deportationen nicht abschrecken. Die Niederträchtigkeit wächst wie Pilze nach dem Regen. Ich sehe keinen anderen Weg, als die Unerwünschten aus dem Getto zu schicken. Nur auf diese Weise lässt sich das Übel an seinen Wurzeln ausrotten. Wenn nicht ich es täte, täte es ein anderer … Trotzdem habe ich Deportationen zurückgewiesen. Meine Abwehr gegenüber den Behörden fiel vielleicht ein bisschen zu schwach aus, denn die Entscheidungsträger konfrontierten mich mit dem schwer zu widerlegenden Argument: ‚Wen verteidigst du? Banditen, Diebe der öffentlichen Güter des armen Gettos?' Entsprechend den vorliegenden Vollmachten zur Entscheidungsautonomie des Gettos erhielt ich das Recht, selbst Kandidaten für die Abtransporte auszuwählen. Dabei gelang es mir, das zur Deportation geforderte Kontingent von 20 000 auf 10 000 Personen zu reduzieren. Eine spezielle Kommission,[5] der meine vertrauenswürdigsten Mitarbeiter angehören, hat Listen mit Kandidaten zum Abtransport zusammengestellt. Mir wurde versprochen, dass anstelle der Deportierten erwünschte Elemente in das Getto gebracht werden: 10 000 gute Handwerker und Fachleute. Wenn das Versprechen gehalten wird, werde ich in der Lage sein, unter Einsatz der neuen Arbeitskräfte neue Betriebe zum Laufen zu bringen. Außer den Kriminellen schicke ich Zuwendungsempfänger aus dem Getto, die die Pflicht zum Abarbeiten ihrer Zuteilungen nicht ernst nehmen. Ich besitze eine Aufstellung, aus der hervorgeht, dass sich von 100 Zuwendungsempfängern, die zur Arbeit aufgerufen waren, nur ein Dutzend Personen eingefunden hat. Die Saboteure werden deportiert! Auch schicke ich Ladenbesitzer fort, die Sachen der Neuankömmlinge ankaufen. Für den Versuch der Einflussnahme auf Entscheidungen der Kommission habe ich die sofortige Festnahme der Einfluss nehmenden Person angewiesen. Sie teilt dann das Schicksal ihres Schützlings. Das gleiche Los trifft auch das Kommissionsmitglied, das eine Intervention zulässt. Ich appelliere an die Gettogesellschaft, dass sie Verständnis für die schwierigen Erfordernisse des Augenblicks aufbringt und sich *ruhig und angemessen* verhält."

Aufgrund mangelnder Sanitäranlagen, der Enge und des Lebensmittelmangels herrschte dort eine hohe Sterblichkeit. Nach Beginn der Deportationen in das Vernichtungslager Kulmhof wurden die Kollektive im Laufe des Jahres 1942 aufgelöst.

5 Mitte Dezember rief Rumkowski eine Aussiedlungskommission ins Leben. Ihr gehörten an: Henryk Neftalin (Leiter der Abt. Evidenz und des Büros für Eingesiedelte), Leon Rozenblat (Kommandeur des Ordnungsdienstes), Stanisław Jacobson (Vorsitzender des Getto-Gerichts), S. Hercberg (Vorsteher des Zentralgefängnisses), Zygmunt Blemer (Leiter des Ermittlungsamts) und Chajm Lajb Grynberg (Leiter des Strafverwaltungsreferats).

An dieser Stelle der Ansprache beauftragte der Präses seinen persönlichen Sekretär, die jiddische Übersetzung einer Anordnung für Polen und Juden vorzulesen, die heute in der städtischen „Litzmannstädter Zeitung" erschien.[6] Die Anordnung sieht sehr strenge Strafen für Sabotageversuche und Verstöße gegen behördliche Anweisungen usw. vor. Mit dem Inkrafttreten der neuen Anordnung, wie der Redner weiter ausführte, drohen sogar für kleinere Vergehen wie die Entwendung einer Garnspule oder die Zerstörung einer Maschine furchtbare Strafen. Ich bemühe mich immer, die Härte der Anordnungen abzumildern, aber im Bezug auf den Wortlaut des Letzteren wird man unwahrscheinlich vorsichtig sein müssen. Ein Mensch, der Missfallen erregt, kann damit das ganze Getto ins Unglück stürzen. Da sollte man nicht politisieren. Die Wände haben Ohren. Diese Warnung bezieht sich vor allem auf die Neuankömmlinge.

Neuankömmlinge, ihr diskutiert zu viel! Im Ernstfall werde ich verhaftet. Vor dieser Bedrängnis schützt selbst der Titel eines Geheimrats nicht. Heutzutage spielen Titel nicht die geringste Rolle. Viele von euch sind der Arbeit gegenüber geradezu negativ eingestellt. Ihr sagt euch: „Wozu sollen wir arbeiten, wenn man vom Verkauf seiner Sachen oder von den mitgebrachten Geldvorräten leben kann?" *Ich werde euch beibringen, zu arbeiten und euch anständig zu benehmen, ich werde euch die Frechheit abgewöhnen.*

In den Krankenhäusern, die wir hier errichtet haben und auf die wir stolz sein können, ist ein deutlicher Mangel an Medikamenten zu spüren. Es kommt leider vor, dass die Kranken oder sogar das Personal stehlen, seien es Medikamente oder Nahrungsmittel. Ich werde Durchsuchungen bei Verlassen der Krankenhäuser einführen, ähnlich wie in den Fabriken.

Für die Sicherheit der anständigen Leute, die in Frieden arbeiten wollen, gebe ich meinen Kopf her. Ich strebe nach einer Verbesserung der Arbeitsmöglichkeiten, ich tue alles für unsere Jugend. Die Hausfrau behandle ich genauso wie den Gemeindemitarbeiter, also als nützliches Individuum. Ich werde hingegen nicht tolerieren, dass Eltern ihren Kindern erlauben, auf den Straßen Zigaretten oder Bonbons zu verkaufen. Eltern von Kindern, die Straßenhandel betreiben, kommen zusammen mit ihren Familien auf die Deportationsliste. Es wird ein Register derjenigen eingeführt, die sich der Arbeit entziehen; sie werden, wie ich bereits erwähnte, deportiert. Ich werde gegenüber den Schädlingen des Gettos keine Rücksicht walten lassen. Das Getto selbst kann nämlich auch nicht auf irgendwelche Rücksichten zählen. Ich werde den Bewohnern einen angemessenen Respekt vor den jüdischen Behörden beibringen.

Ich werde alles Menschenmögliche tun, um so schnell wie möglich die *Schulen wieder in Betrieb zu nehmen*. Beim Anblick der umherstreunenden Kinder auf den Straßen, die ohne Schule sind, tut mir mein Herz weh. Diese Sache raubt mir den Schlaf.

Die Gemeindemitarbeiter, die Waren verstecken, die der Pflicht zum Zwangsverkauf unterliegen, werden im Fall der Entdeckung sofort von ihrem Amt entfernt. Die aufgefundenen Objekte werden konfisziert. Da wird keine Protektion helfen. Jeder, der etwas versteckt, sollte dies in eigenem Interesse und im Interesse des Gettos so schnell wie möglich abgeben. Das Getto hat einen steigenden Finanzbedarf, das ist eine unaufschiebbare Angelegenheit. So müssen wir uns zum Beispiel um 4000 Alte kümmern,

6 Litzmannstädter Zeitung, Nr. 352 vom 20.12.1941: „Neues Strafrecht gegen Polen und Juden"; siehe Dok. 46 vom 4.12.1941.

die aus Deutschland gekommen sind. Zur Rettung des Gettos, für Menschen, die guten Willens sind, die in Frieden arbeiten wollen, *tue ich alles*. Schädlinge werden hingegen so behandelt, wie sie es verdienen.

DOK. 54
Der Regierungspräsident in Litzmannstadt bittet den Reichsinnenminister am 24. Dezember 1941 um die Entsendung eines jüdischen Arztes für das Getto in Ozorków[1]

Schreiben des Regierungspräsidenten in Litzmannstadt (IM 212/5),[2] gez. i. V. unleserlich, an Reichsminister des Innern „unmittelbar“ (Eing. Reichsstatthalter in Posen, 31.12.1941), Berlin, vom 24.12.1941 (Abschrift)

Betr.: Entsendung von jüdischen Behandlern nach dem Landkreise Lentschütz[3]
Erlaß vom 21.11.1941 IV 3885/41[4]
Berichterstatter: Reg.- und Med.Rat Dr. Patzschke.[5]
Anlagen: ./.

Bei dem in der Stadt Ozorkow zu errichtenden Judengetto handelt es sich nach den Berichten des Landrats des Kreises Lentschütz und des Staatlichen Gesundheitsamtes in Lentschütz um ein ausgesprochenes Arbeitsgetto.

In diesem Getto sollen die bisher einzeln im Kreisgebiet Lentschütz untergebrachten männlichen Juden in Stärke von etwa 4–5000 Personen zu kriegswichtigen Arbeiten eingesetzt werden.[6] Die Unterbringung von Judenfamilien im Getto ist nicht vorgesehen. Der Zeitpunkt der Einrichtung des Gettos ist noch nicht bekannt, es ist aber in aller Kürze damit zu rechnen.[7]

Der bisher für die Gesamtheit der Juden (12 000) des Landkreises Lentschütz eingesetzte jüdische Behandler steht bei Einrichtung des Gettos in Ozorkow nicht zur Verfügung, da er nach wie vor für die noch außerhalb des Gettos befindlichen Juden vorgesehen sein soll. Bei dem Ansatz der jüdischen Behandler handelt es sich um einen Dauereinsatz.

1 APP, 299/2034, Bl. 1 f.
2 Friedrich Uebelhoer.
3 Die Entsendung erfolgte aufgrund der Notdienst VO vom 15.10.1938 (RGBl., 1938 I, S. 1441) sowie der 1. DurchführungsVO vom 15.9.1939 (RGBl., 1939 I, S. 1775).
4 Liegt nicht in der Akte.
5 Dr. Ernst Patzschke (1907–1994), Arzt; 1933 NSDAP-Eintritt, SA-Obersturmführer; 1936/37 Hilfsarzt beim Staatlichen Gesundheitsamt in Bernburg, 1938–1940 kommissar. Amtsarzt und Leiter des Staatlichen Gesundheitsamts in Ballenstedt, von Sept. 1941 an kommissar. Medizinaldezernent beim Regierungspräsidenten sowie DRK-Oberführer in Litzmannstadt.
6 Von 1940 an existierte in Ozorków ein offenes Getto mit ca. 6000 Bewohnern. Im Jahr 1941 wurden mehrere Hundert von ihnen in Zwangsarbeitslager im Regierungsbezirk Posen deportiert, die übrigen Gettoinsassen wurden zwischen März und Aug. 1942 im Vernichtungslager Kulmhof ermordet bzw. die als arbeitsfähig angesehenen Juden in das Getto Litzmannstadt deportiert.
7 Wegen der Inbetriebnahme des Vernichtungslagers Kulmhof Anfang Dezember 1941 kam es hierzu nicht mehr. Die Juden aus Lentschütz und Umgebung wurden im April 1942 nach Kulmhof deportiert und dort ermordet; siehe Einleitung, S. 30.

Falls verheiratete jüdische Behandler zugewiesen werden sollten, sollen die Familienangehörigen entweder im Kreisgebiet Lentschütz oder im Judengetto in Litzmannstadt untergebracht werden.[8]

DOK. 55
Ein Arbeitsbericht des Reichskommissars für die Festigung deutschen Volkstums in Kattowitz verdeutlicht für das Jahr 1941 den Zusammenhang zwischen der Ansiedlung von Volksdeutschen und dem Einsatz jüdischer Zwangsarbeiter[1]

Arbeitsbericht der Dienststelle des RFSS RKfdFdV Kattowitz für das Jahr 1941, ungez., o. D., unter besonderer Berücksichtigung der Zeit vom 1.10. bis 31.12.1941 (Auszüge)[2]

II. *Ansiedlung.*
1.) *Siedlungsplanung.*
Die vorbereitenden Planungsarbeiten auf dem Gebiete der bäuerlichen bezw. gewerblichen Siedlung umfaßten in der Berichtszeit:
a) bäuerlich 124 Herdstellen
b) gewerblich 993 »
c) Waldarbeiter 67 »
Das Gesamtergebnis der Siedlungsplanung stellt sich damit auf
a) bäuerlich 3204 Herdstellen
b) gewerblich 1443 »
c) Waldarbeiter 524 »
Insgesamt also 5171 Herdstellen.
4.) *Gewerbliche Ansiedlung.*
a) *Voraussetzungen.*
Nachdem die Voraussetzungen für die Siedlung im grundsätzlichen bereits behandelt wurden, sei hinsichtlich der auf dem Sektor der gewerblichen Ansiedlung in Erscheinung tretenden Widerstände folgendes hervorgehoben:
Besondere Schwierigkeiten erwachsen nach wie vor bei der Wohnungs- und Möbelbeschaffung. Der Wohnungsbedarf für Oberschlesien wird auf etwa 400 000 Wohnungen geschätzt; eine Zahl, welche die bei der Wohnungsbeschaffung auftretenden Schwierigkeiten am ehesten erkennen läßt.
Soweit es nach erheblichen Mühen, durch interne Umsetzung von Juden und Polen, gelingt, Wohnungen bereitzustellen, befinden sich diese meistens in einem Zustand, der die Frage ihrer Verwertung gleichzeitig zu einer Frage ihrer Instandsetzung macht.

8 In den kommenden Monaten wurden sechs namentlich bekannte jüdische Ärzte aus Berlin in den Landkreis Lentschütz geschickt. Wahrscheinlich überlebte keiner von ihnen, als im Laufe des Jahres 1942 die Gettos und Zwangsarbeitslager aufgelöst und die Juden in das Vernichtungslager Kulmhof deportiert wurden.

1 BArch, R 49/829.
2 Im Original unleserlicher handschriftl. Vermerk und Anstreichungen; die inkonsistente Nummerierung wie im Original. Die Akte enthält nur die hier – mit Ausnahme einer Statistik – abgedruckten Auszüge, nicht den kompletten Bericht.

Die für die Instandsetzung der dringend erforderlichen Wohnungen notwendigen Kontingente wurden über die Rohstoffstelle des Stabshauptamtes angefordert. Ohne die Bereitstellung dieser Wohnungen ist eine gewerbliche Siedlung nicht möglich; die Fälle, in denen die auf eigenen Wunsch bereits angesetzten Umsiedler weiterhin in einem Lager wohnen, dürfen unter keinen Umständen zur Regel werden.
Als völlig unzulänglich aber muß die Möbelbeschaffung für die Umsiedler angesprochen werden. Dies erscheint umso bedauerlicher, als der in dieser Richtung auftretende Mangel zum Teil auf Fehler in der Organisation zurückzuführen sein dürfte.
Die Dienststelle hat wiederholt auf die Nachteile einer zentralen Möbelbeschaffung hingewiesen, welche den kriegsmäßig bedingten Schwierigkeiten der Produktion zwangsläufig eine weitere, und zwar die sehr wesentliche des Transportes, hinzufügt.
Es kommt zur Zeit weniger darauf an, über möglichst einheitliche und alle Vorzüge in sich vereinigende Wohnungseinrichtungen zur verfügen, als vielmehr darauf, überhaupt Möbel zur Hand zu haben. Heute sind weder städtische noch bäuerliche Möbel vorhanden, so daß es wiederholt notwendig wurde, eine bereits vorbereitete Ansiedlung abzusetzen, weil nicht einmal ein Bett herausgegeben werden konnte. – In Sosnowitz haben Umsiedlerwohnungen aus den gleichen Gründen 6–8 Wochen leergestanden und Mietkosten in Höhe von RM 1600,– verursacht.
Soweit ihr Möglichkeiten gegeben waren, hat die Dienststelle von sich aus versucht, dieser Schwierigkeiten Herr zu werden. Beispielsweise wurde von der Treuhandstelle Kattowitz das Möbellager Bielitz zu einer Pauschale von RM 10 000,– übernommen. Die Dienststelle ließ die vorhandenen Möbel durch Juden instand setzen und deckte damit ihren dringendsten Bedarf. Die für Siedler ungeeigneten Möbelstücke wurden an Privatinteressenten verkauft; der auf diese Art erzielte Überschuß in Höhe von ca. 40 000,– RM soll wiederum für die Möbelbeschaffung Verwendung finden und dürfte für die Beschaffung von 1000 Betten, 1000 Tischen und 300 Stühlen ausreichen.
Eine weitere Verengung der Siedlungsbasis ist dadurch gegeben, daß die Zahl der in die Gruppe III der Deutschen Volksliste[3] aufzunehmenden Personen die ursprünglichen Schätzungen weit übersteigt.
b) *Instandsetzung der Objekte.*
Die Instandsetzung der gewerblichen Objekte und der städtischen Wohnungen wurde wie bisher durch das Sonderkommando der GHTO[4] durchgeführt. In der Berichtszeit wurden Instandsetzungsarbeiten an insgesamt 1122 Objekten durchgeführt, an etwa weiteren 600 Objekten in Angriff genommen. Mit einer Belegschaft von 562 Arbeitern – darunter 182 Deutsche – wurde bisher eine Arbeitsleistung von ca. 132 000 Arbeitsstunden erreicht.
Die Baukosten beliefen sich im Berichtszeitraum auf RM 1 111 147,– und erreichten mit dem 31.12.1941 einen Gesamtstand von RM 1 140 000,–.
c) *Inventarisierung der gewerblichen Objekte.*
Das aus der Treuhandmasse verfügbare Inventar wird dem Umsiedler bei der Einweisung übergeben.

3 Im März 1941 wurde die Einführung der Deutschen Volksliste (DVL) in den annektierten poln. Gebieten verkündet; RGBl., 1941 I, S. 118.
4 Die Grundstücksgesellschaft der HTO war für die Verwaltung der infolge der PolenvermögensVO beschlagnahmten Immobilien zuständig.

Soweit es sich um Betriebe des Handwerks handelt, ist die Kreishandwerkschaft eingeschaltet, welche sich vor allem um die Beschaffung der notwendigen Werkstatteinrichtungen bemüht.
Die Zusammenarbeit mit den beteiligten Dienststellen, vor allem der DUT und der Treuhandstelle Kattowitz, ist eine zufriedenstellende.
Die seitens der DUT für die Inventarisierung bisher aufgewandten Mittel sind aus der beiliegenden Aufstellung zu ersehen.

5.) *Umsiedlerbetreuung.*
a) *Fachliche Betreuung.*
Nach den Arbeitserfahrungen des vergangenen Jahres ist die Dienststelle gehalten, auf die Betreuung der Umsiedler vor allem in der ersten Zeit nach ihrer Ansetzung entscheidendes Gewicht zu legen.
An anderer Stelle wurde bereits auf die Errichtung eines entsprechenden Referates bei den Kreisdienststellen hingewiesen. Es wird eine seiner Aufgaben sein, sich in die Arbeit der mit der fachlichen Betreuung der Umsiedler beauftragten Landesbauernschaft einzuschalten.
Gegenwärtig sind durch die Landesbauernschaft Schlesien 47 Umsiedlerbetreuer eingesetzt. Sie unterstützen den Siedler in der Bewirtschaftung seines Hofes, beraten ihn hinsichtlich seines bei der OLG anzumeldenden Inventarbedarfs und vor allem bei der Umstellung auf reichsdeutsche Bewirtschaftungsmethoden.
Bei der gegenwärtigen Besetzung betreut ein Umsiedlerberater durchschnittlich 70 Höfe und ist demzufolge nicht in der Lage, seinen Aufgaben mit der notwendigen Gründlichkeit nachzukommen. Eine Verstärkung der Betreuungsarbeit durch den Einsatz weiterer Kräfte wird daher angestrebt, erscheint jedoch nach Lage der Dinge vorerst kaum durchführbar.
Alle anderen nicht bäuerlichen Berufsgruppen werden durch die zuständigen Fachorganisationen, wie Handwerkschaft, DAF und Organisation der gewerblichen Wirtschaft, unter ständiger Einflußnahme der Kreisdienststellen betreut.
Es hat sich jedoch darüber hinaus als zweckmäßig erwiesen, den Umsiedlern eine ständige fachliche Unterstützung, insbesondere hinsichtlich der Belehrung über die ihm meistenteils nur flüchtig bekannten Kriegswirtschaftsbestimmungen zuteil werden zu lassen.
Mit dieser Aufgabe wurden bis 3 Umsiedlerberater betreut und durch die Dienststelle eingestellt …

6.) *Gepäcklager Kattowitz.*
Die Einrichtung eines eigenen Gepäcklagers für Oberschlesien hat sich als außerordentlich vorteilhaft erwiesen, da hierdurch der Umschlag der aus Wien angelieferten Gepäckstücke – direkte Eisenbahnlinie zwischen Wien und Dzieditz (Standort des Gepäcklagers) – in die Hände der Dienststelle gegeben ist.
Eine Weiterleitung der Gepäckstücke durch die Reichsbahn war mit Rücksicht auf die beschränkte Streckenführung sowie die allgemein auftretenden Transportschwierigkeiten, welche eine weitere Verzögerung in der Auslieferung an den Umsiedler herbeigeführt hätten, zu vermeiden.
Die durch die Einrichtung des Gepäcklagers bedingte Arbeitsbelastung ist naturgemäß erheblich. Es müssen beispielsweise Gepäcktransporte mit Fuhrwerken über eine Entfernung von 60–80 km durchgeführt werden.

Bisher wurden bei der „Deutschen Spedition" Wien 3717 Gepäckakten angefordert. Von den bis zum 31.12.1941 eingegangenen 1547 Gepäckstücken für 295 Umsiedlerfamilien wurden 465 Gepäckstücke an 153 Herdstellen ausgegeben.
Um den Bahnversand der von Wien abberufenen Gepäckstücke und ihre ordnungsgemäße Avisierung sicherzustellen, war ein Mitarbeiter der Dienststelle zeitweilig zur „Deutschen Spedition", Wien, abgeordnet.
Die Auslieferung der Gepäckstücke dürfte noch eine erhebliche Zeit in Anspruch nehmen, da sich der Abtransport mittels Pferdegespannen äußerst zeitraubend gestaltet.

7.) *Abbruchkommando.*
Das bisher der Dienststelle des Sonderbeauftragten des RF-SS für den fremdvölkischen Arbeitseinsatz, Sosnowitz, unterstehende Judenarbeitskommando, wurde, wie berichtet, der Dienststelle angegliedert.
Die Kommandostärke schwankt nach Maßgabe der Arbeitsvorhaben der Dienststelle zwischen 200 und 300 Juden, da zwischenzeitlich frei- oder krankwerdende Juden umgehend dem Sonderbeauftragten zur Verfügung gestellt werden.
In der Berichtszeit waren die Juden auf 4 Arbeitsvorhaben in folgender Stärke verteilt:
a) *Bäuerliche Notunterkünfte*:
129 Juden; SS-Wachmannschaften 1:5 Mann.[5]
Bisherige Arbeitsleistung: 136 600 Arbeitsstunden.
Die Juden waren vorwiegend mit Erdbewegungsarbeiten beschäftigt.
b) *Möbellager Bielitz*:
19 Juden; SS-Wachmannschaft 1:2 Mann.
Bisherige Arbeitsleistung: 29 753 Arbeitsstunden.
Die Juden waren als Handwerker – vorwiegend Tischler – mit der Instandsetzung der von der Treuhandstelle erworbenen Möbel für Umsiedler beschäftigt.
c) *Gepäcklager Dzieditz*:
25 Juden; SS-Wachmannschaften 2 Männer.
Bisherige Arbeitsleistung: 39 371 Arbeitsstunden.
Die Juden waren mit der Herrichtung alter Werkshallen für die Gepäckeinlagerung sowie mit Transportarbeiten beschäftigt.
d) *Bürobarackenbau Kattowitz*:
21 Juden; SS-Wachmannschaften 2 Mann.
Bisherige Arbeitsleistung: 2100 Arbeitsstunden.
Die Juden waren mit Ausschachtungsarbeiten beschäftigt, welche sich infolge des Frosteinbruches außerordentlich verzögerten. Die Arbeiten wurden am 15.12.1941 begonnen.
Mit Stand vom 31.12.1941 wurden außer den Erdbewegungsarbeiten auf den verschiedenen Baustellen folgende Arbeitsergebnisse registriert:

a) *Abbrucharbeiten*:

Wohnhäuser	1597	Stück
Wirtschaftsgebäude	2803	»
Geschäftsgebäude	16	»

5 Gemeint sind ein Offizier und fünf Mannschaftsdienstgrade.

Die abgetragene Fläche betrug		182 145	m^2
b)	*Gewonnenes Baumaterial*:		
	Bauholz	5642	m^3
	Mauersteine	1077	»
	Ziegelsteine und Dachschindeln	324 130	Stück
	Eternitplatten	3200	»
c)	*Planierte Flächen*:	26 583	m^2
d)	*Abgebrochene Zäune*:	15 845	m
e)	*Aufgestellte Zäune*:	380	m

Die für diesen Einsatz aufgewendeten Mittel werden, wie bisher, vom Sonderbeauftragten verauslagt und durch die Dienststelle zurückerstattet.

....

IV. *Wirtschaft.*

1.) *Umsiedlereinsatz.*

Der Einsatz der gewerblichen Umsiedler wurde, soweit er bei Objekten über 20 000,– RM in Händen der Abteilung Wirtschaft lag, in engster Zusammenarbeit mit der hiesigen Zweigniederlassung der DUT und in ständiger Fühlungnahme mit den weiterhin beteiligten Dienststellen, wie Treuhandstelle, Grundstücks-G.m.b.H., Handelsaufbau Ost, Handwerksaufbau Ost, Gaststätten-G.m.b.H. vordringlich weitergeführt.

Die der Abteilung zur Verfügung stehenden Arbeitskräfte mußten fast ausschließlich im Rahmen dieses Aufgabengebietes verwandt werden, so daß alle anderen weniger kriegswichtigen Arbeiten zurückzustellen waren.

Während das zahlenmäßige Ergebnis in der Ansiedlungsstatistik Berücksichtigung findet, sei hinsichtlich der auftretenden Schwierigkeiten folgendes hervorgehoben: Die nach kriegswirtschaftlichen Gesichtspunkten durchgeführte Rationalisierung der Industrie bringt gerade solche Betriebe zum Erliegen, auf welche bisher für den Einsatz von Umsiedlern zurückgegriffen werden konnte. Beispielsweise wurde die am 1.8.1941 durch einen baltendeutschen Umsiedler für 600 000,– RM erworbene Tuchfabrik *E. Tisch*, Bielitz, im Zuge dieser Maßnahmen zur Stillegung vorgeschlagen. Mit weiteren Fällen dieser Art besonders in der Bielitzer Tuchindustrie ist zu rechnen.

Unstimmigkeiten mit der Haupttreuhandstelle Ost ergaben sich in folgender Angelegenheit: Mit der Treuhandstelle Kattowitz war die Gewährung eines generellen siedlungspolitischen Abschlages für Umsiedler in Höhe von 10 % der ermittelten Werte abgesprochen worden, um so, neben einer Beschleunigung in der Einweisung der Umsiedler, eine zeit- und personalersparende Serienbearbeitung zu ermöglichen.

Die Haupttreuhandstelle Ost hat nunmehr dieser Vereinbarung ihre Zustimmung versagt, obwohl ihre Verwaltungsrichtlinien die Zuständigkeit der Treuhandstelle Kattowitz für die Gewährung solcher Abschläge bis zu 20 % des ermittelten Wertes festlegen.

Auf die nach hiesiger Auffassung sachlich anfechtbaren Gründe für diese Entscheidung soll hier nicht näher eingegangen werden; es sei lediglich darauf hingewiesen, daß dieselbe in Hinblick auf die zu erwartenden psychologischen Rückwirkungen in Umsiedlerkreisen nicht als endgültig hingenommen werden kann. Entsprechende Schritte wurden zwischenzeitlich über das Stabshauptamt eingeleitet.

......

3.) *Beteiligung am konstruktiven Wirtschaftsaufbau.*
Die seitens der Verwaltung bezw. Wirtschaftskammer zur Stellungnahme vorgelegten Neuerrichtungsanträge auf den Sektoren des Einzel- und Großhandels, des Handwerks und der Industrie wurden ebenfalls unter besonderer Berücksichtigung der Kriegsteilnehmerinteressen bearbeitet.
Ihnen wurde von hier aus nur soweit stattgegeben, als ein nachweisbares wirtschaftliches Bedürfnis sofort befriedigt werden mußte und die politische Zuverlässigkeit und Förderungswürdigkeit des Antragstellers außer Zweifel stand. Insgesamt lagen 190 Anträge auf Erteilung einer Einzelhandelsgenehmigung vor, von welchen 27 der Ablehnung verfielen, während in 37 Fällen besondere Auflagen, vorwiegend in Form einer Genehmigungsbefristung, gemacht wurden.
Die Gründe für die Ablehnung waren vornehmlich in der Tatsache des Nichtvorhandenseins eines kriegswirtschaftlichen Bedürfnisses, zum geringeren Teil in der politischen Unzuverlässigkeit der Antragsteller gegeben.
Seitens der Wirtschaftskammer Oberschlesien wurden im gleichen Zeitraum 65 Anträge auf Neuerrichtung von Industrie- und Großhandelsbetrieben vorgelegt. Ablehnende Stellungnahmen ergingen aus den bereits angeführten Gründen in 31 Fällen; in 27 Fällen wurden Bedenken nicht erhoben. 7 Vorgänge befinden sich noch in Bearbeitung, da die für die Stellungnahme notwendigen Unterlagen bisher nicht beschafft werden konnten.
Einer Anregung der Dienststelle entsprechend, ist eine alle Sektoren der Wirtschaft umfassende Planung mit dem Ziele der Aufhaltung von Kriegsteilnehmerplätzen eingeleitet und beispielsweise im Großhandel bereits durchgeführt worden. Zu gegebener Zeit wird hierüber berichtet werden.[6]

DOK. 56

Nasza Gazetka: Die Mädchen des Waisenhauses im Getto Litzmannstadt beschließen am 16. Januar 1942, keine Schimpfwörter mehr zu verwenden[1]

Frau Lunia.[2]
Wer schlechter Laune ist, muss sich etwa ausdenken. Ganz egal gegen wen. Bevorzugt gegen den, der den Ärger verursacht hat. Und so: „Du Idiotin! Du Irre!“, oder noch ein wenig hässlicher, aber das will ich so nicht schreiben. Wir haben darüber auf unserer Versammlung der Schulgruppe gesprochen. Wir[3] kamen alle nach einigem Überlegen zu der Überzeugung, dass es in unserer Gruppe weder Idiotinnen noch Irre gibt.

6 Am Ende des Dokuments befindet sich eine tabellarische Siedlungsstatistik nach Berufs- und Volksgruppen sowie nach Konfession mit Stand vom 15.12.1941.

1 Nasza Gazetka, Litzmannstadt-Getto, Nr. 43 vom 16.1.1942; AŻIH, 205/326, unpaginiert. Die Kinder des Waisenhauses im Getto Litzmannstadt gaben zusammen mit ihren Erzieherinnen vom 24.8.1940 (Nr. 1) bis 1942 (Nr. 48) die vor allem in der Anfangszeit reich von Hand illustrierte und kolorierte, handgeschriebene Zeitung Nasza Gazetka (Unsere kleine Zeitung) heraus. Vermutlich ist jede Ausgabe nur in einem einzigen Exemplar angefertigt worden. Das Dokument wurde aus dem Polnischen übersetzt.
2 Zu Beginn der einzelnen Artikel wird der Autor oder die Autorin angegeben, in diesem Fall eine Erzieherin mit Vornamen Lunia, eine Kurzform mehrerer Vornamen (Elżbieta, Natalia, Luiza).
3 Im poln. Original zeigen die Verbformen im Folgenden, dass ausschließlich Mädchen gemeint sind.

Ich habe mich gefragt, ob eines der Mädchen sich fühlt, als sei sie eine Irre, aber niemand hat sich gemeldet. Da wir uns daran gewöhnt haben, die Wahrheit zu sagen, und eine Kameradin eine Idiotin zu nennen eine Lüge wäre, haben wir beschlossen, aus unserem Wortschatz die Ausdrücke Idiotin und Irre zu streichen. Es kommt auch vor, dass sich jemand streitet und sagt: „Willst Du was aufs Maul?" „Du kriegst was auf die Schnauze!" Sagt mir, ob jemand von Euch ein „Maul" hat? Nicht einmal meine arme Hündin „Iskra",[4] ich weiß nicht, ob sich jemand an sie erinnert, hatte ein Maul, sondern ein Schnäuzchen. Aber das war ein Hund. – Und diese Ausdrücke haben uns nicht gefallen, und so haben wir entschieden, uns zu bessern. Eines der Mädchen hat sich den Kopf zerbrochen und sagte: „Was soll ich sagen, wenn ich mich mit jemandem streite?" Das ist schon eine Überlegung wert. Es kamen Vorschläge: Du Kalb, Du Pajpo,[5] Du Schlechte u. ä. Am besten gefiel uns: „Du Kalb!" Ein Kalb ist ein sehr gutmütiges Lebewesen, und Kalbfleisch ist lecker. Lasst Euch nicht das Wasser im Munde zusammenlaufen. Denkt nicht, dass die Mädchen sich weiterhin hässlich ausdrücken. Nein, hört nur gut zu, und Ihr werdet „Du Pfeife!" hören.[6]

DOK. 57

Der Rabbiner Jakub Szulman berichtet seinen Verwandten im Warschauer Getto am 21. Januar 1942 von den ersten Informationen über die Massenmorde im Vernichtungslager Kulmhof[1]

Handschriftl. Brief von Jakub Szulman,[2] Getto Grabów, Kreis Warthbrücken, an seine Verwandten im Getto Warschau vom 21.1.1942

Mit Gottes Hilfe
Grabów, Mittwoch, 3. Schwat 5702 der kleinen Zählung[3]
Meine lieben, teuren Verwandten,
uns wundert es sehr, warum Ihr uns schon seit geraumer Zeit nicht geschrieben habt. Wie geht es Euch, und wie geht es Milsteins Kindern, Chanale Königsberg und den anderen?
Nun sind wir in der Lage, Euch von den überaus schrecklichen Geschehnissen zu berichten, die sich in der Nähe unseres Schtetls ereigneten und bis diese Woche geheim gehalten wurden. Nämlich bereits vor vier Wochen wurden ohne Ausnahme alle Juden aus Koło – Männer, Frauen und Kinder – abgeholt und in Autos an einen unbekannten Ort

4 Poln.: Funke.
5 Poln.: Pfeife.
6 Das Waisenhaus wurde Anfang Sept. 1942 geschlossen, die Kinder wurden in das Vernichtungslager Kulmhof deportiert und dort ermordet.

1 AŻIH, 748. Ring I/549, Bl. 1 f. Abdruck als Faksimile in: Archiwum Ringelbluma. Konspiracyjne Archiwum Getta Warszawy. Bd. 1: Listy o Zagładzie, hrsg. von Ruta Sakowska, Warszawa 1997, S. 5 f. Das Dokument wurde aus dem Jiddischen übersetzt.
2 Jakub Szulman, Rabbiner in Grabów; er gehörte zu den Ersten, denen Szlamek Winer nach seiner Flucht aus dem Vernichtungslager Kulmhof berichtete; siehe Dok. 74 vom Febr. 1942.
3 21.1.1942.

verschleppt. Das Gleiche passierte dann auch in Dąbie, Kłodawa, Izbica und in allen anderen Kleinstädten im selben Landkreis.
Trotz aller Bemühungen konnte man nicht herausfinden, was aus ihnen geworden ist. Aber diese Woche erzählten einige, die von dort fliehen konnten, dass alle getötet werden, Gott bewahre sie davor. Sie sollen vergast und massenweise in Gruppen von 50–60 Menschen in Gruben verscharrt worden sein. Es werden immer wieder neue Opfer geholt, und die Gefahr bleibt bestehen. Selbstverständlich hat das bei uns schreckliche Panik, unbeschreibliche Angst ausgelöst. Für heute, den 3. Schwat, wird ein Fasten angeordnet und um die Erlösung der Seelen usw. gebetet. Ihr solltet jedoch bedenken: Was bis jetzt geheim gehalten wurde, muss überall bekannt gemacht werden. Ihr müsst warnen und dürft nicht ruhen, Ratschläge zu geben und Euch eine List auszudenken, wie man die Übrigen vor dem drohenden, schrecklichen Unglück rettet, Gott möge sie davor bewahren. Ihr dürft nicht tatenlos, stillschweigend zusehen. Ihr müsst für die Rettung von Tausenden Brüdern Sorge tragen. Jede Minute ist entscheidend. Ihr seid doch, Gott sei Dank, die treibende Kraft der größten jüdischen Gemeinde. Fragt auch die Gelehrten unseres Volkes, ob die Verwandten der Umgekommenen eine Trauerwoche[4] abhalten sollen und wie wir uns in dieser Sache zu verhalten haben. Unser gesegneter Gott möge Erbarmen mit allen Juden haben, uns vor allem Bösen schützen und die richtige Hilfe schicken. Mögen wir gute Neuigkeiten hören und melden können. Bitte antwortet mir umgehend. Was gibt es Neues bei Euch? Bei uns gibt es, abgesehen von diesen Nachrichten, nichts Neues. Grüßt alle sehr herzlich!
Ich erwarte Eure sofortige Antwort.

DOK. 58

Róża Kapłan schreibt am 22. Januar 1942 im Getto Krośniewice an ihren Mann Szmuel im Warschauer Getto über Deportationen von Juden aus Litzmannstadt in das Vernichtungslager Kulmhof[1]

Postkarte von Róża Kapłan,[2] Getto Krośniewice, an Rywen Gelbart,[3] Warschau, Nowolipie-Straße 28/18, vom 22.1.1942

Mein Geliebter!
Obwohl ich von Dir noch keine Antwort habe, schreibe ich, denn ich hatte ja bereits geschrieben, dass ich mich entschlossen habe, Dir täglich zu schreiben. Wie Du siehst, bin ich immer noch hier, und wir sind gesund. Aber wenn Du mich vor einer Woche gesehen hättest, wäre Dir das Herz aufgegangen, so gut sah ich aus.

4 Eine „Schiwa“ bezeichnet im Judentum die siebentägige Trauerperiode, die auf das Begräbnis eines Verstorbenen folgt.

1 AŻIH, 829. Ring I/573, Bl. 6 f. Abdruck als Faksimile in: Archiwum Ringelbluma, Bd. 1 (wie Dok. 57, Anm. 1), S. 38. Das Dokument wurde aus dem Polnischen übersetzt.
2 Róża Kapłan, geb. Święcicka, Tochter von Yoel und Perel Święcicki; lebte vor dem Krieg in Krośniewice, wurde vermutlich 1942 im Vernichtungslager Kulmhof ermordet.
3 Rywen Gelbart (*1908), Friseur; lebte vor dem Krieg in Warschau, vermutlich ein Bekannter von Szmuel Kapłan im Warschauer Getto; sein weiteres Schicksal ist unbekannt.

Diese Geschichte hat uns, besonders mich, schrecklich umgehauen. Ich kann nicht arbeiten, weine tagelang, mir tun meine Kinder schrecklich leid, wozu habe ich sie auf die Welt gebracht. Denke nicht, dass das, was ich geschrieben habe, Humbug ist. Diese Prozedur[4] hat nicht aufgehört. Täglich fahren volle Waggons aus Łódź in dieselbe Richtung. Das ist bei uns großes Thema. Ich kann Dir nicht beschreiben, was hier los ist. Obwohl es bei uns ruhig ist, erwarten wir jeden Moment, dass es losgeht. Niemand schläft in der Nacht. Bei Kibels Frau passierte es um 2 Uhr nachts, ihr Bruder kam von dort.

Hast Du schon etwas unternommen? Warst Du bei Czerniaków? Warst Du bei Dr. Milewski, bei Borensztajn?[5] Alarmiere sie, vielleicht hilft es was.

Ich weiß gut, dass Du nicht viel bewirken kannst. Ich schreibe Dir nur, damit Du Dir später keine Vorwürfe machst.

Schicke mir im Brief einen Ausweis für Moniek, denn hier, bei diesen Gaunern in der Gemeinde, kann ich nichts auftreiben. Du weißt, er ist am 6.3.1928 geboren, so soll es notiert werden, damit es wie ein provisorischer Ausweis ist.

Erneut drückt mich der Gedanke an die Flucht vor dem Tod nieder, was kommt, das kommt. Sei tapfer, und ich versuche auch, mich zu beruhigen.

Ich küsse Dich innig!

Grüße an Rywen.

DOK. 59

Der Regierungspräsident in Oberschlesien weist die Polizeipräsidenten und Landräte am 22. Januar 1942 an, Exekutionen nicht im Beisein von Kindern durchzuführen[1]

Regierungspräsident Kattowitz (I P 1 a), gez. Springorum, an die Polizeipräsidenten, Landräte mit Überdrucken für die Kreisführer und Gendarmerie, Bürgermeister mit Gemeindeschutzpolizei vom 22.1.1942 (Abschrift)[2]

Betrifft: Durchführung von Exekutionen.

Es ist mir berichtet worden, daß bei der Durchführung von Exekutionen in der Öffentlichkeit nicht immer Sorge dafür getragen worden ist, daß Kinder ferngehalten werden. Ich ersuche daher, dafür Sorge zu tragen, daß die mit der Absperrung beauftragten Polizeikräfte in Zukunft in jedem Einzelfall entsprechende Weisungen erhalten.

Desgleichen ist bei Auswahl der Plätze, an denen die Exekutionen durchgeführt werden sollen, darauf Bedacht zu nehmen, daß diese sich nicht in unmittelbarer Nähe von Schulen und HJ-Heimen befinden.[3]

4 Gemeint sind die Deportationen in das Vernichtungslager Kulmhof.

5 Vermutlich: Ignacy Bor(e)nstein, Sekretär des Joint in Warschau; kam Ende 1942 in Będzin um.

1 AŻIH, 233/28, Bl. 7. Abdruck in: Nachman Blumental (Bearb.), Słowa niewinne, Kraków/Łódź/Warszawa 1947, S. 193.

2 Das Schreiben wurde in Abschrift vom Landrat Krenau am 7.2.1942 an die Bürgermeister und Amtskommissare sowie Gendarmerieposten des Kreises weitergeleitet, zuletzt am 24.2.1942 von der Schutzpolizeidienstabt. Schakowa gegengezeichnet.

3 Die Anweisung blieb wirkungslos, denn auch später kam es zu öffentlichen Hinrichtungen von Juden in Oberschlesien, an denen die Ortsbevölkerung einschließlich Schulkindern teilzunehmen gezwungen wurde; siehe VEJ 9/91.

DOK. 60

Shlomo Frank beschreibt in seinem Tagebuch zwischen dem 21. und 23. Januar 1942 die Aktivitäten des Judenältesten in Litzmannstadt, Rumkowski, sowie die Tätigkeit des jüdischen Ordnungsdienstes im Getto[1]

Handschriftl. Tagebuch von Shlomo Frank, Getto Litzmannstadt, Einträge vom 21. bis 23.1.1942

Den 21sten Januar
Wieder einmal wissen die Friedhofsarbeiter sich keinen Rat. Die Menge der Menschen, die täglich sterben, erschwert ihre Arbeit stark. Wie viele Gräber auch auf Vorrat gegraben werden, es sind immer zu wenig, das Leichenhaus ist ständig voll. Als Erste sind jetzt die deutschen Juden betroffen. Sie sterben zuhauf. Sie können der Kälte zusammen mit dem Hunger nicht standhalten. Sie sterben wie die Fliegen, und die Berge von Toten mehren sich. 600 Tote warten auf ihre jüdische Bestattung.

Den 22sten Januar
Heute erreichte der Frost 20 Grad. In allen Häusern herrscht schreckliche Kälte. Die meisten Menschen liegen in den Betten. Überall sind die Wasserleitungen eingefroren. Fast täglich fallen Menschen dem Frost zum Opfer. Heute sind 19 Mann in den Betten erfroren. Auf der Kelmstraße ereignete sich heute Folgendes: Ein Nachbar wollte sich vom anderen ein Streichholz borgen, um sein Öfchen anzuheizen. Als er die Wohnung betrat, bemerkte er, dass die ganze Familie, ein Mann mit Frau und drei Kindern, erfroren dalag. Er schrie daraufhin so sehr, dass alle Nachbarn zusammenliefen. Man machte sich an die Rettung. Mit äußerster Mühe ist es gelungen, drei Familienmitglieder zu retten, die anderen beiden, die Mutter und eine Tochter, sind jedoch endgültig erfroren.

Den 23sten Januar
Ungeachtet der Grausamkeit der Zeit, die täglich härter wird, hat der Präses heute einen Luxus-Kalender herausgegeben, der noch am selben Tag an alle Ressorts und an einige Auserwählte verteilt wurde. Auf der ersten Seite des Kalenders stehen 5 Losungen, die an dem Tag, an dem der Präses zum Judenältesten des Gettos bestimmt wurde, ausgegeben wurden.
Die Losungen lauten: 1 – Arbeit; 2 – Brot; 3 – Fürsorge für Kranke; 4 – Fürsorge für Kinder; 5 – Ruhe im Getto und zuletzt sein Bild, das die Phantasie ausdrücken soll, sein ganzer Kopf sei vollständig mit der Sorge für das Getto erfüllt. Außerdem steht auf jedem Blatt, was der Präses schon alles für die Getto-Juden erreicht hat. Die Seiten sind voll Anerkennung und Lob für den Präses. Auch der Geburtstag von Mordechai Chaim[2] und der Todestag seiner ersten Frau sind dort verzeichnet. Sonst enthält der Kalender nichts. Kein wichtiges Datum aus der jüdischen Geschichte, keinerlei Trost, keinerlei Hoffnung.

1 AŻIH, 302/3, Bl. 179–188. Abdruck in: Frank, Togbukh (wie Dok. 4, Anm. 1), S. 232–243. Das Dokument wurde aus dem Jiddischen übersetzt.
2 Gemeint ist Rumkowski.

Folgendes ist im Kalender aufgeführt:
Das Jahr 1939.
Am 14ten Oktober wurde Rumkowski zum Judenältesten der Lodzer Gemeinde ernannt.
Am 15ten Oktober übernahm Rumkowski die Verwaltung der Gemeinde.
Am 16ten Oktober wurde die Versorgungsabteilung geschaffen.
Am 20sten Oktober wurde die Gesundheitsabteilung geschaffen.
Am 23sten November wurde die Informationsabteilung geschaffen.
Am 21sten Dezember wurden die Ambulanzen Nr. 1 und Nr. 2 eröffnet.
Das Jahr 1940.
Am 3. Januar wurde die Einkaufsstelle geschaffen.
Am 4ten Januar wurde die Erste Hilfe geschaffen.
Am 15ten Januar wurde das Krankenhaus Nr. 9 in der Wesoła-Straße eröffnet.
Am 20sten Januar wurde das Bäckerressort geschaffen.
Am 23sten Januar wurde das Wohnungsamt geschaffen.
Am 8ten Februar wurde der Befehl veröffentlicht, in Bałuty[3] ein Getto speziell für Juden einzurichten.
Am 15ten Februar kamen die ersten Juden ins Getto.
Am 18ten Februar öffnete der erste Gemeindeladen für Kolonialwaren.
Am 22sten Februar öffnete der zweite Gemeindeladen für Kolonialwaren.
Am 23sten Februar zog das alte Altersheim von der Mickiewicz-Straße Nr. 7 in ein modernisiertes Haus für 250 Alte in der Dworska-Straße 74 um.
Am 27sten Februar wurde das Ordnungsdienst-Kommando geschaffen.
Am 28sten Februar wurde ein Siechenheim geschaffen.
Am 10ten März übernahm die jüdische Gemeinde die Elektrizitätsversorgung des Gettos.
Am 12ten März wurden die zwei Waisenhäuser in der Dworska-Straße 6 geschaffen.
Am 15ten März wurde das Postamt für das Getto eröffnet.
Am 28sten März wurde die Apotheke Nr. 1 eröffnet.
Am 27sten April[4] wurde die Ambulanz in der Lutomierska-Straße 40 eröffnet.
Am 8ten April wurde die Apotheke Nr. 2 in der Limanowskiego-Straße Nr. 37 eröffnet.
Am 10ten April wurde das Krankenhaus in Marysin geschaffen.
Am 15ten April wurde die Feuerwehrabteilung geschaffen.
Am 17ten April wurde das Landwirtschaftsreferat geschaffen.
Am 19ten April wurde das zweite Altersheim für 120 Alte eröffnet.
Am 29sten April wurden das große Krankenhaus Nr. 1 in der Łagiewnicka-Straße Nr. 45 sowie die Finanzabteilung eröffnet. Einen Tag später wurde auch das Säuglingsheim eröffnet.
Am 7ten Mai wurde das Zentralsekretariat am Baluter Ring geschaffen.
Am 8ten Mai wurde die Kohlenabteilung geschaffen.
Am 10ten Mai wurde das Meldebüro geschaffen.
Am 27sten Mai wurden vier Verteilungspunkte der Kolonialwaren- und Gemüseabteilung geschaffen.

3 Ärmlicher Stadtteil nördlich des Zentrums von Łódź.
4 Gemeint ist der 27.3.

Am 1ten Juni wurden die Ambulanzen Nr. 3 und 4 eröffnet.
Am 2ten Juni wurde die Preiskontrollstelle beim Ordnungsdienst geschaffen.
Am 4ten Juni wurde eine Filiale der Postabteilung in der Rybna-Straße Nr. 1 eröffnet.
Am selben Tag wurde das Statistikamt geschaffen.
Am 5ten Juni wurde das Untersuchungsamt geschaffen.
Am 10ten Juni wurde die Personalabteilung geschaffen. Am selben Tag wurde in der Brzezińska-Straße 56 die dritte Apotheke eröffnet.
Am 15ten Juni wurde das Schneiderressort in der Jakub-Straße Nr. 8 geschaffen.
Am 24sten Juni wurde in Marysin ein Waren-Verteilungspunkt eröffnet.
Am 26sten Juni wurde die Ausgabe-Bank mit einer Filiale geschaffen.
Am 27sten Juni wurde das Krankenhaus Nr. 2 in der Drewnowska-Straße 75 eröffnet und am selben Tag ein Sammelpunkt für Obdachlose.
Am 1ten Juli wurde die Milchabteilung geschaffen und am selben Tag die Abteilung für öffentliche Arbeit.
Am 2ten Juli wurde mit großem Aufwand die Sonderpolizei geschaffen.
Am 8ten Juli wurde im Getto die Mark-Quittung (Gettowährung) mit der Unterschrift von Chaim Rumkowski eingeführt.
Am 10ten Juli wurde das Schusterressort geschaffen, am selben Tag das Standesamt.
Am 12ten Juli wurden die Apotheke Nr. 5 und das Steppdeckenressort eröffnet.
Am 14ten Juli wurde das Tischlerressort geschaffen.
Am 18ten Juli wurde das Krankenhaus Nr. 4 in der Mickiewicz-Straße eröffnet.
Am 27sten Juli wurde in Marysin das Waisenhaus für Kinder mit orthodoxer Erziehung eingerichtet.
Am 28sten Juli wurde das zweite Schneiderressort in der Jakub-Straße geschaffen. Am selben Tag wurde auch ein weiteres Tischlerressort geschaffen.
Am 10ten August wurde die Gerberei geschaffen.
Am 11ten August wurde eine zweite Erste Hilfe geschaffen.
Am 14ten August wurde eine zweite Badeanstalt mit einem Desinfektionshaus geschaffen.
Am 18ten August entstand die Textilverarbeitungsfabrik.
Am 19ten August wurde die Kinder-Kolonie in Marysin eröffnet.
Am 20sten August wurde die Rabbinatskanzlei geschaffen.
Am selben Tag wurde noch ein Schneiderressort in der Łagiewnicka-Straße Nr. 53 geschaffen.
Am 23sten August wurden das Gummimantel- und das Mantelressort geschaffen.
Am 26sten August wurde die Wurstfabrik geschaffen.
Am 1ten September wurde die erste Milchküche für Säuglinge geschaffen.
Am 8ten September wurde die zentrale Einkaufsstelle geschaffen.
Am 15ten September wurde das Überfallkommando (Polizei) geschaffen.
Am 17ten September wurde das dritte Schneiderressort in der Młynarska-Straße 2 geschaffen.
Am 18ten September wurde das vierte Schneiderressort in der Żabia-Straße 2 geschaffen.
Am 20sten September wurde die Sozialhilfe aufgelöst und durch das Unterstützungssystem „Soziale Versorgung“ ersetzt, das eine einheitliche Unterstützung für jeden Arbeitslosen im Getto festlegte.
Am 22sten September wurde das Gettogericht geschaffen.

Am 26sten September wurde das Ressort für Filz- und Hausschuhe geschaffen. An dem Tag wurde auch die Gasabteilung geschaffen.
Am 28sten September wurde noch ein weiteres Schneiderressort in der Dworska-Straße 10 geschaffen.
Am 1sten Oktober wurde am Baluter Ring das zentrale Büro für alle Arbeitsressorts geschaffen.
Am 6ten Oktober wurde das Laboratorium für künstliche Zähne geschaffen, das sofort auf einem sehr hohen Niveau arbeitete und Tausende Menschen von verschiedenen komplizierten Zahnbeschwerden befreite.
Am 8ten Oktober wurde das Kürschnerressort geschaffen.
Am 10ten Oktober wurde das Strickereiressort geschaffen.
Am 15ten Oktober wurde ein besonderes Sekretariat für Gesuche und Anklagen in der Dworska-Straße 1 geschaffen.
Am 26sten Oktober wurde das Wäsche- und Kleidungsressort in der Dworska-Straße 14 geschaffen.
Am 31sten Oktober wurde das Schulamt geschaffen.
Am 1sten November wurde die Trikotagenfabrik geschaffen.
Am 5ten November wurde das fünfte Polizeirevier geschaffen.
Am 7ten November wurde die höchste Kontrollkammer „NIK" geschaffen. Ihre Aufgabe ist es, das gesamte Gettoleben mit den tagtäglichen Abläufen zu kontrollieren.
Am 12ten November wurde die Gummimantelfabrik geschaffen.
Am 13ten November wurde das Hutressort geschaffen.
Am 15ten November wurde die Fleischzentrale geschaffen.
Am 18ten November wurde das berühmte Zentralgefängnis geschaffen.
Am 23sten November wurde in Marysin ein Wäscheressort geschaffen.
Am 24sten November wurde die Molkereiprodukteabteilung geschaffen.
Am 29sten November wurde die Wirtschaftsabteilung geschaffen und am selben Tag der Arbeitseinsatz.
Am 1sten Dezember wurde die Küchenabteilung geschaffen und am selben Tag ein weiteres Schusterressort in der Brzezińska-Straße 75.
Am 2ten Dezember wurde die Handschuhfabrik geschaffen und ebenso eine Sockenfabrik und ein weiteres Schusterressort in Marysin.
Am 15ten Dezember wurde das Schneiderressort in der Łagiewnicka-Straße 49 geschaffen.
Am 20sten Dezember wurde das Schneiderressort in der Nowomiejska-Straße 28 geschaffen.
Das Jahr 1941.
Am 25sten Januar wurde das Leder- und Sattelressort geschaffen.
Am 29sten Januar wurde die Bezugsscheinverteilung für Kinder und Kranke geschaffen.
Am 1sten Februar wurden das Kulturhaus und die Apotheke Nr. 6 eröffnet.
Am 10ten Februar wurde das Waisenhaus in Marysin mit 300 Kindern in eine neue Unterkunft in der Franciszkańska-Straße Nr. 78 verlegt.
Am 27sten Februar wurde die Papierabteilung geschaffen.
Am 1sten März wurde die Möbelabteilung geschaffen. Am selben Tag wurde auch ein drittes Tischlerressort geschaffen.
Am 2ten März wurden die Presseabteilung am Baluter Ring sowie das Hutmacherressort geschaffen.

Am 7ten März erschien die erste Nummer der Getto-Zeitung.
Am 8ten März wurde das Schnellgericht im Getto eingeführt.
Am 26sten März wurde das Kunststoffwebereiressort geschaffen.
Am 6ten April wurde der zweite Diätladen eröffnet. Am selben Tag wurde auch die Hauptfachkommission[5] geschaffen.
Am 7ten April wurde die Gemeindedruckerei geschaffen.
Am 9ten April wurde das Krankenhaus Nr. 5 eröffnet.
Am 18ten April wurde das Vormundreferat für Waisen und arme Kinder geschaffen.
Am 13ten Mai wurde das Kuratorium für Kinder in der Łagiewnicka-Straße Nr. 55 geschaffen.
Am 20sten Mai wurde die Bürsten- und Pinselfabrik geschaffen.
Am 30sten Mai wurde das administrative Strafreferat am Baluter Markt geschaffen. Am selben Tag wurde auch das Metallressort in der Smugowa-Straße 12 geschaffen.
Am 1sten Juni wurden alle Waisenhäuser vereinigt und in eine große Unterkunft in der Franciszkańska-Straße 102 verlegt. Am selben Tag wurde das elektrotechnische Ressort geschaffen.
Am 15ten Juni wurde die Gasküchenabteilung geschaffen.
Am 20sten Juni wurde das Bürstenressort Nr. 2 in der Łagiewnicka-Straße 63 geschaffen.
Am 28sten Juni wurde das Teppichressort geschaffen.
Am 1sten Juli erhöhte die Gemeinde die Unterstützung für Arme um 52%.
Am 8ten Juli wurde die dritte Badeanstalt geschaffen.
Am 16ten Juli wurde die Marmeladenfabrik geschaffen.
Am 22sten Juli wurde das Gericht für Minderjährige geschaffen.
Am 5ten August wurde das Wäscheressort in der Młynarska-Straße 5 geschaffen. Am selben Tag wurde die Einkaufsstelle für Altmaterial geschaffen.
Am 11ten August wurde das Erholungsheim für Kinder in Marysin geschaffen.
Am 1sten September wurden das Kochressort sowie die Korkenfabrik und die chemische Reinigung geschaffen.
Am 9ten September wurde der Transport mit der elektrischen Straßenbahn eingeführt, dadurch wurde die Proviantverteilung innerhalb des Gettos erleichtert.
Am 14ten September wurde die Küchenkontrolle geschaffen.
Am 25sten September wurde sie aufgelöst.
Am 26sten September wurde das Strohschuhressort geschaffen.
Am 17ten Oktober hat man den Bau neuer Straßenbahnlinien im Getto begonnen.
Am 24sten Oktober wurde die Bekleidungsabteilung geschaffen.
Am 25sten wurde der zweite Diätladen Nr. 3 eröffnet.
Am 28sten Oktober wurde die Fabrik für Holzwolle geschaffen.
Am 3ten November wurde die Möbelfabrik Nr. 3 geschaffen.
Am 10ten November wurde die Fabrik für chemische Verarbeitung von Abfall geschaffen.
Am 16ten November wurde das Korsettressort geschaffen.
Am 1sten Dezember wurde die Ambulanz Nr. 4 in der Brzezińska-Straße Nr. 40 geschaffen.
Am 4ten Dezember wurde eine besondere Abteilung für Neuzuwanderer (Flüchtlinge) geschaffen.

5 Zentrales Fach- und Kontrollreferat für die Arbeitsressorts im Getto.

Am 6ten Dezember wurde das offizielle Altersheim für 300 alte Menschen von den neu angekommenen Flüchtlingen geschaffen.
Am 15ten Dezember wurde das Gamaschenstepperressort geschaffen.
Am 28sten Dezember wurde die neue große Milchküche für Säuglinge und Kleinkinder in der Brzezińska-Straße Nr. 10 eröffnet.
Am 30sten Dezember wurde das Kinderkrankenhaus Nr. 6 in der Łagiewnicka-Straße 37 mit 300 Kinderbetten fertiggestellt.
Wer hat Rumkowski gezwungen, im Getto ein zentrales Gefängnis[6] zu schaffen, das später zu einem Schlachthaus für Tausende von Juden werden sollte? Wer hat Rumkowski gezwungen, Überfallkommandos und Sonderkommandos und weitere Kommandos zu schaffen, die den eigenen verfolgten Bruder treten sollen? War denn die normale Gettopolizei, die ihre Aufgaben durchgeführt hat, nicht genug?
Es ist bekannt, dass ein Diktator um sich herum kleine Diktatoren einsetzt, die die Befehle ihres Herrschers brutal ausführen. Deshalb hat Rumkowski um sich herum verschiedene Polizeikommandos geschaffen, damit das eine Kommando das jeweils andere zwingen soll, die Befehle des Hauptdiktators auszuführen. Anfangs wurde die Polizei aus Menschen rekrutiert, die ganz oder teilweise zur Unterwelt gehörten. Später, als das Leben immer schwerer wurde und die Polizei sich derart aufführte, dass selbst Rumkowski von ihr an der Nase herumgeführt wurde, haben verschiedene Organisationen und Aktivisten sich an Rumkowski gewandt, er solle bessere und gesittetere Menschen in die Polizei aufnehmen. Die Intervention hat geholfen. Die Hälfte der bisherigen Polizei wurde aus den Revieren beseitigt, und es wurden Menschen aus der sogenannten besseren Gesellschaft aufgenommen. Im Allgemeinen war das Gettosystem ein Spiegelbild von Hitler-Deutschland, es gab unterschiedliche Arten Polizei, unterschiedliche Kommandos und unterschiedliche Kommissare.
Die Namen der unterschiedlichen Polizeikommandos sind:
Ordnungsdienstpolizei (O. D.). Ihre Aufgabe besteht darin, die Straßen zu überwachen, die Gettozäune und -tore wie auch die Arbeitsressorts zu bewachen und sich für jeden Auftrag bereitzuhalten. Die Polizei war in fünf Reviere aufgeteilt, und für jedes Revier war jeweils ein Polizeikommissar mit Gehilfen verantwortlich. Ihre Aufgabe war es, den zum Revier gehörenden Bezirk zu bewachen.
Überfallkommandopolizei (Ü.K.P.). Ihre Aufgabe besteht darin, ständig bereit zu sein, dort einzufallen, wo Unordnung herrscht, Demonstrationen auseinanderzutreiben, Gauner zu verhaften und überhaupt die ganze Gettobevölkerung in Angst zu versetzen.
Sonderpolizei (S.P.). Eine besondere Kontrollpolizei, deren Aufgabe es ist, die Wirtschaft im Getto zu überwachen. Die Sonderpolizei hat Zutritt zu allen Arbeitsressorts, zu allen Wirtschaftsorganisationen, zu allen kommunalen Bereichen des Gettos und die Kontrolle über die Gettopolizei.
Kriminalpolizei (K.P.). Die Aufgabe dieser Polizei ist es, die Kriminellen im Getto zu bekämpfen. Diese Polizei untersteht nur Rumkowski, dem Gericht und dem Gefängnis.
Küchenpolizei. Ihre Aufgabe ist es, alles zu überwachen, was in den Kochtopf hinein- und was aus ihm herauskommt, darüber zu wachen, dass die Küchenarbeiter nicht essen

6 Das Zentralgefängnis im Getto war im Herbst 1940 eingerichtet worden, die Haftbedingungen waren katastrophal. Von 1942 an fungierte das Gefängnis auch als Ausgangspunkt für die Deportationen in das Vernichtungslager Kulmhof.

oder stehlen, was in die Töpfe kommt. Diese Polizei untersteht nur Rumkowski und dem Küchenleiter Koyfman.
Im Allgemeinen sollte jeder Gettobewohner pro Tag eine Suppe bekommen und gemäß der Zuteilung des Küchenleiters auf ¾ Liter Suppe 2 Deka[gramm] Kolonialwaren, 5 Deka Kartoffeln, 5 Deka Rüben. Fett kam überhaupt nicht vor. Das heißt, man tat zwar Fett in die Kessel, das sich aber, bis die Suppe zum Verbraucher kam, aufgelöst hatte. Ebenso war es mit den Kartoffeln. Nur selten bekam einer die ihm zustehende Kartoffelzuteilung. Das lag daran, dass sich das Küchenpersonal zuerst bediente. Das Fett und die festen Bestandteile aßen sie selbst, und das Wasser wurde verteilt.

Den 23sten Januar.[7]
Heute wurde festgestellt, dass 50 Personen, die zu Lebzeiten einen Auswanderungszettel bekommen hatten,[8] an Herzschlag verstorben sind. Sie alle konnten den großen Kummer nicht aushalten und ertragen, ihr Heim in einem so harten Winter verlassen zu müssen. Einige erlitten einen Herzschlag, als sie bereits angezogen waren, mit dem Gepäck auf den Schultern. Es ist möglich, dass wir später noch viel mehr erfahren über die schreckliche Tragödie der 10tausend aus dem Getto Evakuierten. Schon jetzt ist das Bild entsetzlich und grausam. Jeder zittert, wenn er sich erinnert, wie diese unglücklichen Juden fortgeschickt wurden. Die Feder muss erst noch geschaffen werden, die das Bild zeichnen könnte.

DOK. 61

Der Landrat in Warthbrücken meldet am 24. Januar 1942 zwei Fälle von Fleckfieber unter polnischen Arbeitern im Vernichtungslager Kulmhof[1]

Schreiben (vertraulich!)[2] des Landrats Warthbrücken, Gesundheitsamt (Dr. K./Br.), gez. Medizinalrat Dr., Unterschrift unleserlich,[3] an den Herrn Regierungspräsidenten in Hohensalza[4] vom 24.1.1942

Betrifft: Fleckfieberfälle Kajetan Skrypczynski[5] und Piekarski Franz[6] aus Kulmhof.
Hiermit berichte ich, daß im Laufe des 23.1.1942 die beiden Angehörigen des polnischen Arbeitskommandos im Sonderkommando Kulmhof Kajetan Skrypczynski, geb.

7 So im Original.
8 Gemeint ist die Benachrichtigung der jüdischen Gettoverwaltung, dass die „Aussiedlung“ einer Person unmittelbar bevorstand.

1 APP, 299/2111, Bl. 398 f.
2 Ein „Geheim!“-Vermerk wurde handschriftl. gestrichen.
3 Landrat des Kreises Warthbrücken war Walter Becht.
4 Dr. Hans Burkhardt.
5 Kajetan Skrzypczyński (1917–1992); poln. Hilfsarbeiter im Vernichtungslager Kulmhof, Nov. 1943 bis 1944 Angehöriger des sog. Wetterkommandos, das die Leichen in Kulmhof exhumierte und verbrannte, im Juni 1944 nach Auschwitz und weiter nach Mauthausen deportiert; er emigrierte 1950 nach Australien.
6 Franciszek Piekarski (1884–1943); 1941–1943 poln. Hilfsarbeiter beim Sonderkommando Lange in Kulmhof, er wurde von Frühjahr 1943 an im Fort VII in Posen inhaftiert und starb dort unter ungeklärten Umständen.

am 14.7.1917, und Franz Piekarski, geb. am 3.6.1884, wegen Fleckfieberverdachts ins Kreiskrankenhaus Warthbrücken gebracht worden sind. Die beiden Polen erkrankten unter denselben stürmischen Erscheinungen wie die derzeit wegen Fleckfieberverdachts ins Krankenhaus eingewiesenen Polen des Sonderkommandos in Kulmhof.[7] Bei beiden liegt die Temperatur um 40°. Beide haben an objektiven Krankheitserscheinungen eine schwere Kreislaufschwäche und ein makulöses Exanthem,[8] welches besonders dicht auf der Brust und den vorderen Seiten der oberen Extremitäten besteht. Bei beiden besteht ein Milztumor. Subjektiv klagen die Kranken über heftige Kopf- und Halsschmerzen und über ein starkes Krankheitsgefühl. Blut zur Untersuchung auf die Reaktion nach Weil-Felix wurde auf meine Veranlassung heute entnommen und per Eilboten an das Staatl. Medizinaluntersuchungsamt gesandt. Über das Ergebnis geht Ihnen sofortiger Bericht zu. Der Skrypczynski Kajetan ist einer von den beiden polnischen Gefangenenarbeitern, bei denen das Auftreten des Fleckfiebers in Anbetracht dessen, daß er besonders exponiert arbeitete,[9] erwartet wurde. Der 2. Arbeiter, über den ich in dem vorigen Bericht[10] andeutete, daß man den Ausbruch des Fleckfiebers bei ihm erwartete, ist inzwischen aus anderen Gründen verstorben. Bei Piekarski Franz kam die Erkrankung insofern überraschend, als daß er lediglich an Material arbeitet, welches durch die das Material absendenden Behörden[11] als nicht fleckfieberverdächtig und läusefrei bezeichnet wurde.
Es wurden daher von mir am gestrigen Tage folgende Maßnahmen angeordnet und zum großen Teil durchgeführt:
1. Entlausung der Unterkünfte des polnischen Arbeitskommandos mit deren gesamtem Zubehör, einschließlich ihrer Insassen.
2. Entlausung der Unterkünfte und ihres Zubehörs der Mitglieder des Sonderkommandos.
3. Um eine erneute Verlausung der Einrichtungen des Sonderkommandos wirksam zu verhüten, wurde das in Kulmhof beschäftigte jüdische Arbeitskommando strengstens abgesondert. Da es nachts im Kulmhofer Schloß untergebracht ist, muß ein besonderer Eingang, der von sonst niemand[em] benutzt wird, geschaffen werden, und nach jeder Benutzung mit Desinfektionsmitteln ausgespritzt wird.
4. Darüber hinaus wurde angeordnet, daß das jüdische Arbeitskommando täglich nach beendetem Dienst völlig entlaust in seine Unterkünfte geht. Die Kleidungsstücke werden über Nacht entlaust. Die gleichen Maßnahmen wurden für das polnische Arbeitskommando angeordnet, ganz gleich ob es mit Fleckfieberverdächtigen oder mit Läusenbehafteten in irgendeine Berührung kommt.
Für diejenigen des Sonderkommandos und diejenigen Angehörigen des polnischen Arbeitskommandos, die mit Juden schlechthin im Rahmen des Arbeitsprozesses in Berüh-

7 Mit Telegramm vom 9.1.1942 hatte der Regierungspräsident Hohensalza, gez. Medizinalrat Dr. habil. Mayer, die Abt. II der Reichsstatthalterei in Posen über die Typhuserkrankung zweier poln. Hilfsarbeiter beim SS-Sonderkommando Kulmhof Anfang Jan. 1942 informiert; wie Anm. 1, Bl. 395.

8 Fleckförmiger Hautausschlag.

9 Dies bezieht sich vermutlich auf die Deportation und Ermordung der etwa 4300 burgenländischen Roma und Sinti Ende Dez. 1941/Anfang Jan. 1942, unter denen im sog. Zigeunerlager im Getto Litzmannstadt im Nov. 1941 eine Typhusepidemie ausgebrochen war.

10 Liegt nicht in der Akte.

11 Gemeint ist die Stapoleitstelle Litzmannstadt.

rung kommen, wurden Schutzanzüge angeordnet und bestellt; die Lieferung wird in 4–5 Tagen erfolgen können.
Um für die sachgemäße Durchführung Gewähr zu haben, wurde von mir für diese vordringlichen Arbeiten der Gesundheitsaufseher Otto Scharnat dem Sonderkommando bis auf weiteres täglich für eine gewisse Zeit zur Verfügung gestellt. Die Arbeiten werden mit Instrumenten und mit Mitteln, die das Sonderkommando stellt, bewältigt, so daß dem Gesundheitsamt selbst keine Kosten entstehen können.
Ich selbst werde mich alltäglich an Ort und Stelle von dem Stand der Arbeit überzeugen. Da entgegen der Auffassung des Sonderkommandos die polnischen Arbeiterunterkünfte und zum Teil die Sonderkommandounterkünfte verlaust waren, mithin grundsätzlich als fleckfieberverdächtig zu gelten haben, bitte ich wenn möglich um Überlassung weiterer Portionen Impfstoff, um diesen gegebenenfalls verimpfen zu können.

DOK. 62
Das Sondergericht Kalisch verurteilt den Schuster Icek Goldrat am 27. Januar 1942 zum Tode, weil er bei einem Fluchtversuch einen Polizisten verletzt haben soll[1]

Urteil des Sondergerichts beim Landgericht in Kalisch (Sd 7 K Ls. 1/42), gez. Landgerichtsdirektor Dr. Müller,[2] Landgerichtsrat Dr. Kubisch,[3] Landgerichtsrat Walter,[4] vom 27.1.1942 (Abschrift)[5]

Urteil!
Im Namen des Deutschen Volkes!
In der Strafsache gegen den Schuhmacher Icek Jakob Israel *Goldrat*[6] aus Welungen, geb. im Jahre 1900, vermutlich am 20. Mai in Krzyworzyka, Krs. Welungen, wegen Verbrechens gegen die Ostverordnung[7] vom 16. Dezember 1941,[8] hat das Sondergericht bei dem Landgericht in Kalisch in der Sitzung vom 27. Januar 1942, an der teilgenommen haben:

1 BArch, R 3001/138120, Bl. 4–8.
2 Dr. Heinrich Dietrich Ernst Müller (*1900), Jurist; Freikorpskämpfer in Hamburg 1919/20; Jurastudium, von Juli 1925 an Gerichtsassessor in Berlin, von Juli 1929 an Land- und Amtsgerichtsrat in Hannover; 1933 NSRB- und 1940 NSDAP-Eintritt; von Juni 1940 an Landgerichtsdirektor in Kalisch, dort Vorsitzender des Sondergerichts.
3 Dr. Joachim Kubisch (*1911), Jurist; Gerichtsassessor am Landgericht Berlin und den Amtsgerichten Tempelhof und Spandau; 1933 NSDAP- und 1934 NSRB-Eintritt; Aug. 1939 Amtsgerichtsrat, von Okt. 1940 an Landgerichtsrat in Kalisch, dort auch am Sondergericht tätig; von Nov. 1942 an bei der Wehrmacht.
4 Adolf Walter (1903–1985), Jurist; 1920 Freikorpskämpfer in Leipzig; 1931 NSDAP-Eintritt; Nov. 1939 freiwillige Meldung zum Dienst im Reichsgau Wartheland, von Dez. 1939 an Gerichtsassessor, Jan. 1940 Amtsgerichtsrat in Radeberg/Sachsen, von Dez. 1940 an Landgerichtsrat in Kalisch, dort Mitglied der 1. und 2. Kammer des Sondergerichts.
5 Die Abschrift wurde am 13.2.1942 für das RJM angefertigt.
6 Icek Jakob Goldrat (1900–1942).
7 VO über die Strafrechtspflege gegen Polen und Juden in den eingegliederten Ostgebieten vom 4.12.1941, die am 16.12.1941 im RGBl. veröffentlicht wurde; siehe Dok. 46 vom 4.12.1941.
8 Anklagepunkt gestrichen und handschriftl. durch „einer Gewalttat gegen einen Polizeibeamten“ ersetzt.

Landgerichtsdirektor Dr. Müller als Vorsitzer,
Landgerichtsrat Dr. Kubisch,
Landgerichtsrat Walter als beisitzende Richter,
Erster Staatsanwalt Dr. Gante[9] als Beamter der Staatsanwaltschaft,
Justizangestellter Kubail als Urkundsbeamter der Geschäftsstelle,
für Recht erkannt:
Der Angeklagte wird wegen einer Gewalttat gegen einen deutschen Polizeibeamten zum *Tode* verurteilt. Die Kosten des Verfahrens trägt der Angeklagte.
Gründe.
Am Morgen des 10. Dezember 1941 gegen 6.30 Uhr befand sich der Polizeiwachtmeister Michalski in Welungen auf Streife. Als er durch die Koloniestraße ging, hörte er in einem Keller Männer sprechen. Da er durch das Fenster nicht genau feststellen konnte, was im Keller vorging, und er Verdacht geschöpft hatte, daß dort etwas Strafbares geschah, machte Michalski seine Pistole schußfertig und ging in den Keller herunter. Noch auf der Treppe hörte er, daß einer der Männer jemanden aufforderte, ihm ein Messer zu geben. Michalski riß daraufhin die Kellertür auf und forderte die im Keller Anwesenden, den Angeklagten, den Juden Bornstein[10] und eine Jüdin auf, ihre Hände hochzuheben. Bei näherem Zusehen stellte Michalski fest, daß die beiden Männer gerade dabei gewesen waren, zwei geschächteten Ziegen die Häute abzuziehen. Während Bornstein sich nach dem Erscheinen Michalskis ruhig verhielt, war der Angeklagte, von dem Michalski wußte, daß er bereits vor einem Jahre einmal bei einer Schwarzschlachtung betroffen und damals geflüchtet war, aufgeregt, so daß Michalski ihn mehrmals darauf hinwies, daß er sofort schießen würde, wenn er zu flüchten versuche. Michalski brachte dann die beiden Juden, von denen jeder eine Ziege auf den Rücken nehmen mußte, auf die Polizeidienststelle. Schon auf dem Wege dorthin erklärte der Angeklagte dem Michalski, daß er ihm etwas zeigen wolle, wenn er ihn freilasse. Michalski ließ sich aber auf nichts ein. Auf der Dienststelle verwahrte Michalski den Angeklagten und Bornstein in einer Zelle und machte dem Polizeimeister Regber Meldung.
Kurz danach klopfte der Angeklagte an die Zellentür und sagte Michalski, der ihn nach seinem Begehr fragte, daß er ihm eine schwarz geschlachtete Kuh zeigen könne. Um die Angaben des Angeklagten nachzuprüfen, begaben sich der Polizeimeister Regber, Michalski und noch drei weitere Polizeibeamte mit dem Angeklagten zur Ritterstraße 4, welches Grundstück der Angeklagte ihnen genannt hatte. Dort führte der Angeklagte die Polizeibeamten in einen fensterlosen, finsteren Keller, wo tatsächlich auch eine geschlachtete Kuh lag. Der Angeklagte erklärte den Beamten, daß der Jude Jakubowicz die Kuh schwarz geschlachtet habe. Daraufhin holte Michalski einen in dem Nachbarhause wohnenden Jakubowicz herbei, der dem Angeklagten gegenübergestellt wurde. Der Angeklagte sagte aber, daß der ihm vorgestellte Mann nicht der Schwarzschlächter sei. Nunmehr ordnete Polizeimeister Regber an, daß nach dem richtigen Jakubowicz gesucht

9 Dr. Thilo Gante (1902–1945), Jurist; 1933 NSDAP-Eintritt; von 1929 an juristischer Hilfsarbeiter bei den Staatsanwaltschaften in Essen, Bochum, Dortmund, Hamm und Münster, 1935 Staatsanwalt in Bielefeld, 1937 in gleicher Funktion in Münster, von 1940 an Erster Staatsanwalt in Kalisch, 1945 am OLG Posen, gefallen.

10 Laut Amts-Blatt des Landrats in Kalisch und anderer Behörden (Nr. 25 vom 7.4.1942, S. 2) „wegen Kriegswirtschaftsverbrechens (Schwarzschlachtung) zu 2 Jahren Straflager" verurteilt.

werden solle. Zu diesem Zwecke entfernte er sich mit den anderen drei Beamten. Michalski blieb mit dem Angeklagten auf dem Hofe des Grundstücks zurück, um dort die Rückkunft der anderen Beamten abzuwarten. Er führte den Angeklagten, um jeden Fluchtversuch zu verhindern, in den Keller herunter, wo er ihn mit dem Gesicht zu der geschlachteten Kuh stellte. Zunächst hatte Michalski seine Taschenlampe brennen, die schußfertige Pistole hielt er in der rechten Hand. Er wies den Angeklagten auch im Keller nochmals eindringlich darauf hin, daß er sofort auf ihn schießen würde, wenn er versuche zu flüchten. Solange die Lampe brannte, blieb der Angeklagte auf der ihm von Michalski angewiesenen Stelle ruhig stehen. Da die Lampe nur noch schwach leuchtete, machte Michalski sie aus, weil er glaubte, daß sich der Angeklagte weiter ruhig verhalten würde. Als es aber kaum dunkel geworden war, drehte sich der Angeklagte schnell herum, sprang auf Michalski zu und umklammerte ihn mit seinen Armen über dessen Armen. Michalski versuchte sich aus der Umklammerung des Angeklagten zu befreien, indem er sich heftig drehte. Dabei faßte der Angeklagte auch nach der Pistole, die Michalski noch in seiner rechten Hand hielt. Der Angeklagte bekam die Pistole auch am Laufe zu fassen und verletzte sich an deren Korn, als Michalski sie ihm aus der Hand riß. Schließlich gelang es Michalski, den Angeklagten von sich abzuschütteln. Noch bevor Michalski etwas gegen den Angeklagten unternehmen konnte, sprang dieser etwas zur Seite, bückte sich und hob einen Fleischerstahl vom Boden auf. Er wußte offenbar, daß sich dieses Werkzeug und ein Schlachtmesser im Keller befanden. Mit dem Fleischerstahl schlug der Angeklagte dem Michalski auf die rechte Hand, in der dieser seine Pistole hielt. Der Schlag war so heftig, daß die Hand sofort wie gelähmt war und [er] die Pistole nicht mehr halten konnte, so daß diese herunterfiel. Michalski bückte sich sofort, um seine Pistole wieder in die Hand zu bekommen. Wahrscheinlich hierbei, vielleicht aber auch schon während des Ringens mit dem Angeklagten verlor er auch seine Taschenlampe. Während des Suchens nach der Pistole schlug der Angeklagte dem Michalski von oben mit der Faust auf den Kopf, so daß die Mütze herunterfiel. Die Zeit des Suchens nach der Pistole benutzte der Angeklagte. Er sprang über Michalski weg und flüchtete über die steile Kellertreppe ins Freie. Michalski, der inzwischen seine Pistole wiedergefunden hatte, schoß noch im Knien mit der linken Hand – die rechte konnte er noch nicht dazu gebrauchen – einmal nach dem Angeklagten und brachte ihm einen Beckendurchschuß bei. Nachdem Michalski sich aufgerichtet hatte, schoß er noch einmal hinter dem Angeklagten her. Dieser zweite Schuß streifte den Angeklagten aber nur. Der Angeklagte flüchtete nunmehr in eine Wohnung des Nachbarhauses, wohin ihm Michalski folgte. Als Michalski das Zimmer betrat, hatte der Angeklagte seine Hände auf einer Stuhllehne liegen. Michalski glaubte, nach dem Vorhergegangenen, daß der Angeklagte ihn mit diesem Stuhle noch einmal angreifen würde. Er schoß deshalb noch einmal auf ihn und traf ihn in den linken Unterarm. Der Angeklagte ließ danach den Stuhl los, warf sich auf ein Bett und sagte, „daß er nunmehr fertig sei". Er versuchte trotzdem noch zweimal, und zwar einmal durch eine Tür und das andere Mal durch ein Fenster, zu flüchten, ließ sich dann aber von Michalski festnehmen. Michalski konnte seine rechte Hand, die durch den Schlag des Angeklagten stark angeschwollen war, drei Tage lang nicht ordentlich gebrauchen. Ärztliche Behandlung war nicht erforderlich.

Diese Feststellungen beruhen auf der glaubhaften eidlichen Aussage des Zeugen Michalski. Der Angeklagte hat bestritten, den Zeugen Michalski in der von ihm geschilderten Weise angegriffen zu haben. Er hat angegeben, daß die Beamten auf dem Hofe davon

gesprochen hätten, daß Michalski ihn in den Keller führen und dort erschießen solle. Er habe Angst gehabt, erschossen zu werden, und Michalski gebeten, ihn doch damit zu verschonen. Michalski habe aber dann doch auf ihn geschossen, und er sei, ohne Michalski in irgendeiner Weise angegriffen zu haben, geflüchtet.
Die Darstellung des Angeklagten ist unrichtig. Sie ist durch die klare, beeidete Aussage des Zeugen Michalski eindeutig widerlegt worden. Außerdem ist sie auch deshalb ganz unglaubhaft, weil gar keine Veranlassung zur Beseitigung des Angeklagten vorlag, vielmehr dieser noch als Zeuge dringend benötigt wurde, um den von ihm selbst der Schwarzschlachtung verdächtigten Jakubowicz überführen zu können. Es ist auch, wie Michalski weiter bekundet hat, weder von ihm noch von den anderen Beamten davon gesprochen worden, daß der Angeklagte erschossen werden sollte. Fest steht auch nach der Aussage des Zeugen Michalski, daß der Angeklagte mit dem Schlächterstahl geschlagen hat, denn Michalski hat das Werkzeug später an der Stelle des Kellers gefunden, wo er nach seiner Pistole gesucht hatte, während ein Schlachtmesser etwas weiter entfernt lag.
Nach alledem hat der Angeklagte gegenüber einem deutschen Polizeibeamten eine Gewalttat gemäß §8 der Ostverordnung vom 6. Juni 1940 begangen.[11] Die gleichlautende Strafbestimmung der Polenstrafrechtsverordnung vom 4.12.1941 war nicht anzuwenden,[12] da diese Verordnung bislang noch keine rückwirkende Kraft hinsichtlich der Straftatbestände hat.
Ein minderschwerer Fall konnte nach Lage der Sache nicht angenommen werden. Die Art der Angriffe, soweit es sich um die Vorgänge im Keller handelt, zeigt klar, daß es nicht Abwehrhandlungen, sondern ganz bewußt ausgeführte und wiederholte schwere Angriffshandlungen gewesen sind, die dem Angeklagten die Flucht ermöglichen sollten. Ob der Angeklagte den Beamten noch in der Wohnung hat angreifen wollen, kann dahingestellt bleiben. Möglich ist immerhin, daß er sich nur auf den Stuhl gestützt hat, denn er war nicht unerheblich verletzt. Gegen diese Annahme spricht allerdings, daß der Angeklagte auch aus der Wohnung noch zweimal zu flüchten versucht hat.
Der Angeklagte war deshalb mit dem Tode zu bestrafen.[13]
Die Kostenentscheidung beruht auf §465 StPO.

11 Gemeint ist §8 der VO über die Einführung des deutschen Strafrechts in den eingegliederten Ostgebieten; RGBl., 1940 I, S. 844. Laut Art. II §8 wurde für gewalttätige Übergriffe auf Angehörige deutscher Verbände oder Institutionen die Todesstrafe verhängt. Minderschwere Fälle, die aufgrund der Umstände erklärbar sowie entschuldbar waren, konnten mit temporären Zuchthaus- oder Gefängnisstrafen geahndet werden.

12 Siehe Dok. 46 vom 4.12.1941.

13 Die Todesstrafe gegen Icek Goldrat wurde im Amts-Blatt des Landrats in Kalisch und anderer Behörden Nr. 9 vom 2.2.1942, S. 3, veröffentlicht und fand auch Niederschlag in der Litzmannstädter Zeitung, Nr. 30 vom 30.1.1942. Das Urteil wurde lt. Mitteilung des Generalstaatsanwalts in Posen an das RJM vom 13.2.1942 am 12.2.1942 durch Enthaupten vollstreckt; wie Anm. 1, Bl. 1.

DOK. 63

Der Leiter der Gettoverwaltung Hans Biebow bittet die Deutsche Bank in Litzmannstadt am 27. Januar 1942, Geldüberweisungen an im Getto lebende Juden direkt über seine Behörde abzuwickeln[1]

Schreiben der Getto-Verwaltung Litzmannstadt (027/1/Lu/Po), gez. Amtsleiter Hans Biebow, an Deutsche Bank, Filiale Litzmannstadt, vom 27.1.1942 (Durchschlag)[2]

Betr.: Geldüberweisungen für Juden im Getto Litzmannstadt.
Die Tatsache, daß in den letzten Wochen verschiedentlich Schreiben von Banken an Juden im Getto als unbestellbar[3] zurückgegangen sind, gibt mir Veranlassung, Sie zu bitten, in den Fällen, in denen für Insassen des Gettos Geldüberweisungen aus dem In- oder Ausland eingehen, die betreffenden Benachrichtigungen nicht den Juden direkt zuzustellen, sondern in allen Fällen mir diese Mitteilung zukommen zu lassen.[4] Von hier aus wird dann der Begünstigte benachrichtigt, und die Verrechnung erfolgt dann wie bisher in der üblichen Art und Weise. Diese Maßnahme ist erforderlich, weil seit einigen Wochen eine totale Postsperre für das Getto verfügt worden ist.
Falls direkt adressierte Postsachen mit dem Vermerk „unbestellbar" zurückkommen, besteht die Gefahr, daß ein gleicher Bescheid den Absendern der Geldsachen zugeleitet wird, und dadurch würde dann schlagartig die Überweisung weiterer Beträge fortfallen. Das muß auf jeden Fall vermieden werden, und darum bitte ich, meinem vorstehend geäußerten Wunsch unter allen Umständen zu entsprechen.

1 APŁ, AmŁ, Nr. 29 606, Bl. 395.
2 Im Original handschriftl. Ergänzung: „Herrn Genewein zur gefl. Kenntnisnahme". Walter Genewein (1901–1973), Handelsvertreter; 1933 NSDAP-Eintritt; von Juni 1940 an für die deutsche Gettoverwaltung in Litzmannstadt tätig, später Leiter der Finanzverwaltung, fertigte für die Gettoverwaltung einige Hundert Farbfotografien des Gettos an; lebte nach dem Krieg in Salzburg.
3 So im Original.
4 Die Gettobewohner hatten den Empfang von Geldüberweisungen zuvor persönlich quittieren müssen, was für die Absender im Ausland ein Beweis war, dass die jeweiligen Empfänger noch am Leben waren. Nach Beginn der Deportationen aus dem Getto Litzmannstadt in das Vernichtungslager Kulmhof im Jan. 1942 wollte die Gettoverwaltung dies unterbinden, wozu auch die nachfolgend erwähnte Postsperre diente.

DOK. 64

Litzmannstädter Zeitung: Artikel vom 29. Januar 1942 über die Todesstrafe gegen zwei Juden, die in Mühlental (Izbica Kujawska) Nachrichten englischer Sender abgehört und weiterverbreitet haben sollen[1]

Todesstrafe für verbreitete Hetznachrichten
Die Funkverbrecher sind Juden. Sie verschacherten die Lügenmärchen für Geld weiter

Vor dem Leslauer Sondergericht I standen auf der Außentagung in Warthbrücken u. a. die Juden Ezra Swientrzlawski und Izrael Szyje Laski aus Mühlental.[2] Die Beweisaufnahme ergab, daß die beiden Juden in Mühlental seit 1940, insbesondere aber in der Zeit vom Februar bis August 1941, fortlaufend täglich zweimal die Hetznachrichten *englischer Sender* in deutscher Sprache abhörten und die abgehörten Feindnachrichten in Mühlental weiterverbreiteten. Swientrzlawski, der das Rundfunkgerät zur Verfügung stellte und in dessen Wohnung die Nachrichten abgehört wurden, gab regelmäßig an zwei andere Juden die *Meldungen weiter.* Einer von ihnen war Inhaber einer Eisbude und mußte dem Swientrzlawski als Entgelt jedesmal ein oder zwei Portionen Eis liefern.
Laski warb systematisch um einen Kreis von Abnehmern, deren jeder gegen ein monatliches Entgelt von 3 RM. mit Feindnachrichten beliefert werden sollte. An mehrere solcher Abonnenten gab er monatelang die Nachrichten weiter. Das Sondergericht verhängte gegen die beiden Juden für diese systematische Wühl- und Zersetzungsarbeit unter Annahme eines besonders schweren Falles die Todesstrafe. Das Urteil ist eine erneute Warnung für alle Bevölkerungskreise. Wer feindliche Hetz- und Lügenmeldungen abhört oder verbreitet, ist ein Verräter und hat verdientermaßen mit den höchsten Strafen zu rechnen.
Bei der gleichen Außentagung verurteilte das Sondergericht I Leslau u. a. die Polin Helena Jedrzejewski, geb. Dorabiala, aus Erlau, Kreis Warthbrücken, wegen Schwarzschlachtung eines 70 kg schweren Schweines zu drei Jahren Straflager. Dieses Urteil verdient wegen der Schwere der Strafe besondere Hervorhebung. Während der Ehemann der Polin wegen einer im Jahre 1940 begangenen Schwarzschlachtung im Gefängnis saß und obwohl die Polin im März 1941 ein Schwein mit der erforderlichen Genehmigung der zuständigen Stelle zum Hausverbrauch geschlachtet hatte, erdreistete sie sich am 3. Oktober 1941, ein weiteres Schwein heimlich zu schlachten. Der Vorsitzende des Sondergerichts wies in der Urteilsbegründung darauf hin, daß seit Einführung der Fleischmarken im Gau Wartheland die Sondergerichte in unzähligen Verfahren Schwarzschlachtungen abgeurteilt haben und daß bei der Schwarzschlachtung von einem Schwein durchschnittlich ein Jahr Gefängnis oder Zuchthaus, bei Schwarzschlachtungen größeren Umfanges

1 Litzmannstädter Zeitung, Nr. 29 vom 29.1.1942. Die Tageszeitung erschien im Herbst 1939 zunächst als Lodzer Zeitung, nach der Umbenennung der Stadt zwischen April 1940 und Jan. 1945 als Litzmannstädter Zeitung.

2 Mühlental (Izbica Kujawska) liegt 35 km nördlich vom Vernichtungslager Kulmhof am Ner. Im Frühjahr 1940 wurde dort ein Getto für die vor Ort und in der Umgebung ansässige jüdische Bevölkerung eingerichtet. Von Mai 1940 bis Aug. 1941 wurden Hunderte von Juden in verschiedene Arbeitslager deportiert. Am 16.1.1942 wurden die Mitglieder des Judenrats von der deutschen Polizei erschossen. Die Deportation der letzten 1000 Juden aus Izbica Kujawska nach Kulmhof begann am darauffolgenden Tag.

oft auch die *Todesstrafe* verhängt worden sei. Die Sondergerichte seien aber seit Einführung der allgemeinen Kartensysteme im Mai 1941 dazu übergegangen, steigend schwere Freiheitsstrafen zu verhängen, je nach dem Zeitpunkt der Schwarzschlachtung.

DOK. 65
Der Judenrat im Getto Białystok warnt am 1. Februar 1942 vor unzureichender Hygiene und dem Schmuggel von Lebensmitteln[1]

Protokoll der [4.] Allgemeinen Versammlung in „Linas Hatsedek“,[2] Getto Białystok, vom 1.2.1942

Der Vorsitzende Rabbiner Dr. Rozenman eröffnet die Sitzung und bemerkt Folgendes: Im Gegensatz zu anderen Gettostädten ist Białystok ein Garten Eden, aber unverantwortliche Handlungen Einzelner sind eine Gefahr für die ganze Gemeinschaft. Erstens müssen die Leute arbeiten. In einem Garten Eden sitzt man, „ihn zu bearbeiten und ihn zu bewahren“,[3] und hier kommen Anschuldigungen der Deutschen ins Spiel, dass Juden nur spärlich zur Arbeit kommen und auch nicht fleißig genug arbeiten, und das ist eine große Gefahr. Zweitens sind Gerüchte über den Krieg im Umlauf, und Polen geben an, dass diese Gerüchte von Juden stammen. Darum muss man auf der Hut sein und mit Polen überhaupt nicht über solche Angelegenheiten sprechen. Die Gerüchte könnten als Gräuelpropaganda betrachtet werden, und das riecht nach Todesstrafe. – Drittens macht der Redner darauf aufmerksam, dass man großen Wert auf Reinlichkeit legen müsse, denn Unreinlichkeit bedroht die Gesundheit, ruft Epidemien hervor, und auch die Behörden werden das nicht dulden. Zudem gehört zu den gefährlichsten Verbrechen der Warenschmuggel ins Getto, weil dies schwere Repressalien gegen das Getto hervorrufen muss.
Herr Subotnik: Die vorangegangenen allgemeinen Versammlungen wurden anlässlich bevorstehender Verordnungen über Steuern, Gettoangelegenheiten und Arbeitsangelegenheiten einberufen. Heute geht es uns darum, dass, Gott behüte, keine weiteren Verordnungen erlassen werden. In den letzten Wochen haben uns die Behörden streng kritisiert. Allein am letzten Freitag vier bis fünf Mal, wozu es nicht hätte kommen müssen. Allen ist doch die Lage der Juden wohl bewusst. Allen 35 000 Juden im Getto sei gesagt, dass das Programm ausgeführt wird. Wir sind eingezäunt. Man toleriert uns, aber man verlangt von uns: Arbeit, Beschäftigung in der Industrie, pünktliche Lieferungen und ordentliche sanitäre Verhältnisse. Auch hüte man sich vor jeder Art Schmuggel. Man muss daran denken, das Getto nicht ohne Schein zu verlassen.[4] Politische Gerüchte darf man nicht verbreiten.

1 AŻIH, 204/28, Bl. 14–17; auch YVA, M.11/2, Bl. 59–61. Abdruck in: Blumenthal, Darko shel judenrat (wie Dok. 11, Anm. 1), S. 125–129; in deutscher Übersetzung: Anders/Stoll/Wilke (Hrsg.), Der Judenrat von Białystok (wie Dok. 11, Anm. 1), S. 91–94. Das Dokument wurde aus dem Jiddischen neu übersetzt.
2 Das Linas Hatsedek, auch Linat Hacedek, war eine Fürsorgeeinrichtung, die bereits seit dem 19. Jahrhundert bestand und im Getto u. a. als Bürgersaal diente.
3 Im Original hebr., Gen. 2,15.
4 Gemeint sind Passierscheine.

Die Arbeitsfrage ist nicht geregelt, die Steuern gehen nur spärlich ein.[5] Zum Glück für das Getto werden diese Dinge nicht direkt von den deutschen Behörden erledigt, sondern durch die Vermittlung des *Judenrats*. Und bei der Bevölkerung besteht der Eindruck, alle Verordnungen stammten vom Judenrat, und sie führt die Verordnungen schlecht aus. Zum Beispiel: Man liefert uns Maschinen, bei denen wichtige Teile fehlen, Beamte meinen, es wären normale Zeiten, und fordern Bezüge[6] oder weigern sich, Überstunden zu machen. Wir sind doch keine Arbeitgeber, wir sind doch im Getto! Wenn wir es nur überleben!

In den letzten Wochen erhielten wir große Bestellungen für das Getto,[7] es wird aber [nur dann] alles gut sein, wenn unsere Maschinen gut laufen.

Nun zu den Finanzen. Mit Hilfe der Bevölkerung hatten wir die Möglichkeit, die umfangreichen Forderungen der Behörden zu erfüllen. Dadurch ist es uns gelungen, viele Forderungen zu reduzieren: Anstatt 2 Złoty – 1 Zł. Steuern; für Wasser und Elektrizität – die Hälfte des früher festgesetzten Preises. Aber die Steuern gehen nur spärlich ein. Unsere Winterhilfe[8] geht auf unsere Initiative zurück. Wir haben etliche Tausend Stück neue Wollsachen geliefert, das kostete uns mehr als eine halbe Million. Dafür werden die Pelze bei denjenigen bleiben, die sie noch besitzen. – Die Möbellieferungen rufen bei denen, deren Möbel beschlagnahmt wurden, Verbitterung gegenüber dem Judenrat hervor. So, als hätten wir sie für uns genommen. Dabei wird für die Möbel etwas gezahlt. Man muss aber zu schätzen wissen, dass derzeit Juden, und nicht andere, wegen all diesem zu Euch kommen. Berücksichtigt unsere Bedürfnisse: die Küchen, das Altersheim (mit Mittagessen für Menschen aus der Stadt), 2 Waisenhäuser, Rezeptfreiheit, Doktoren, Krankenhäuser. Für Pružany haben wir bis heute schon 300 000 Rubel gegeben.[9] Bisher waren unsere Aktionen erfolgreich. Aber was wird weiter sein? Juden bürgen einer für den anderen …[10] Seht zu, dass wir, Gott behüte, nicht mit neuen Verordnungen zu Euch kommen! –

Dr. Holenderski[11] erinnert daran, dass ungesunde, unhygienische Bedingungen Krankheiten verursachen und in den heutigen Zeiten – große Epidemien. Er erinnert an den Flecktyphus, der in Warschau herrscht. Herr Holenderski sagt, dass es nicht gelungen sei, Hauswarte einzusetzen, so dass alle Bewohner ihre Höfe selbst rein halten müssen.

Herr Shvif:[12] Unsere Versammlungen dienen als Ersatz für Zeitungen. Alle sollen wissen, dass die sanitären Bedingungen bei uns fatal sind. Die Hauswarte sind faul, die Nach-

5 Neben einer Einkommenssteuer waren Wohnungs-, Kopf-, und Hygienesteuer, Miete sowie diverse Gebühren und Steuern auf Strom, Wasser und Brot zu entrichten. Diese Steuern stellten die hauptsächliche Einnahmequelle des Judenrats dar. Das Geld wurde zum einen für eigene Zwecke genutzt, zum anderen zur Begleichung von hohen Forderungen der Deutschen, wie sie weiter unten im Dokument genannt werden.

6 Erst im Sommer 1942 begann die Gettoverwaltung, ihren Angestellten Gehälter zu zahlen.

7 Im Winter 1941 hatten die Deutschen Stiefel, Holzschuhe, Bettdecken und Zigarettenschachteln bestellt.

8 Im Winter 1941/42 führte der Judenrat eine Kleidersammlung durch, um Bedürftige zu unterstützen; siehe Dok. 11 vom 8.9.1941.

9 Im Herbst 1941 waren etwa 5000 Juden aus Białystok nach Pružany transportiert worden, hauptsächlich Arme und Kranke. Um diese Menschen zu unterstützen, zahlte der Judenrat in Białystok sofort 100 000 Rubel und dann monatlich etwa 50 000 Rubel.

10 Im Original hebr., siehe Sifra zu Leviticus 26,37; Tb Sanh. 27b.

11 Dr. Nathan Holenderski (1901–1943); im Getto Białystok Leiter der Hygieneabt., Teilnahme am Aufstand im Aug. 1943, dabei vermutlich getötet.

barn machen selbst Schmutz, anstatt Ordnung zu halten. Es wurde beschlossen, dass die Nachbarn gemeinsam die Verantwortung für die Höfe tragen. Vom 5. d. M. an müssen die Nachbarschaften selbst einen Hauswart einstellen. – Alle sollen wissen, dass der heutige unhygienische Zustand Lebensgefahr bedeutet.

Herr Liman:[13] Warnt alle, dass alle arbeiten müssen. Es fehlen 1000 Arbeiter, arbeitsfähige Männer.[14] Morgen sollen sich alle in der Arbeitsabteilung beim Judenrat stellen. Wenn sich nicht die entsprechende Anzahl stellt, werden die Behörden bestimmt Konzentrationslager für jüdische Arbeiter organisieren. Denkt an diese Gefahr.

Herr Goldberg:[15] Der Schmuggel und Handel grenzt an Unanständigkeit. Gebäck aus Weißmehl und andere luxuriöse Speisen rufen auf der anderen Seite des Gettos Unruhe hervor. Backen mit Weißmehl ist verboten und daher eine Gefahr. Wir haben Maßnahmen ergriffen, eine Bäckerei geschlossen, aber die ganze Gesellschaft muss daran denken und weiße Challa[16] boykottieren. Noch ernster ist das Problem bei geschmuggeltem Fleisch. Wir bekämpfen die Schmuggler, aber an dem Kampf muss sich die ganze Gesellschaft beteiligen. Man darf kein Fleisch kaufen, sonst droht Gefahr. – Lasst uns nicht vergessen, dass wir im Getto sind, lasst uns nicht selbst Unglück über uns bringen.

Herr Berman (Ordnungsdienst):[17] Ich habe um das letzte Wort gebeten. Wir, der Ordnungsdienst, sind die jüdischen „Chappers".[18] Es scheint uns bemerkenswert, mit unseren Bewohnern Krieg um den sanitären Zustand der Höfe und Straßen führen zu müssen. Es macht den Eindruck, als ob wir Juden den Schmutz wirklich liebten, da wir selbst unsere Umgebung verschmutzen. Dasselbe Problem haben wir mit der Verdunkelung. Außerhalb des Gettos wird doch dafür in die Fenster geschossen, während man bei uns die Polizei verspottet, wenn sie kommt, um an die Verdunkelung zu erinnern. – Manche Leute müssen sich abends verspäten und sich nach der Polizeistunde auf der Straße herumtreiben. – Es ist sehr vernünftig, dass man beschlossen hat, die Ordnung durch Hauswarte zu verbessern. Denkt an die Hygiene! Redet darüber mit der Bevölkerung, damit keine großen Strafen verhängt werden! –

Rabbiner Dr. Rozenman appelliert, nicht über Politik zu sprechen, nicht mit russischem Geld zu handeln, keine Lebensmittel von außerhalb des Gettos zu schmuggeln, die Wohnung, die Höfe und Straßen sauber zu halten, die Steuern pünktlich zu bezahlen, pünktlich zur Arbeit zu erscheinen – dann wird mit Gottes Hilfe Friede sein für Israel.

12 Moshe Shvif (1888–1943); Leiter der Wohnungsabt. sowie Mitglied der Wohlfahrtsabt. (Arbeit, Hygiene) im Getto Białystok.

13 Awrom Liman; im Getto Białystok Mitglied des Vorstands und erster Leiter der Arbeitsabt., Rücktritt Ende Febr. 1942.

14 Der Judenrat musste den Deutschen ein festgelegtes Kontingent Arbeiter stellen, das aber, wenn überhaupt, nur unter Schwierigkeiten erfüllt werden konnte.

15 Jakub Goldberg (1891–1943), Privatbankier, Versicherungsvertreter; Mitglied der liberalen Allgemeinen Zionisten, von 1939 bis 1941 in sowjet. Haft; von Aug. 1941 an Vorstandsmitglied des Judenrats und Leiter der Versorgungsabt.

16 Zopfbrot für Schabbat.

17 Mojsze Berman (*1904); stellv. Leiter des jüdischen Ordnungsdienstes im Getto Białystok, von Sommer 1942 an insbesondere mit der Aufgabe betraut, das Vertrauen der Gettobewohner in den Ordnungsdienst wiederherzustellen.

18 Jidd.: Greifer. Anspielung auf die Zwangsrekrutierung jüdischer Kinder im zaristischen Russland nach 1853 durch sog. Chappers.

DOK. 66
Die Karmeliterschwester Maria Fuhrmann beschreibt in einem Brief an die Hilfsstelle des Erzbischöflichen Ordinariats in Wien vom 6. Februar 1942 die Lage der „nichtarischen“ Christen im Getto Litzmannstadt[1]

Handschriftl. Brief der Römisch-katholischen Glaubensvereinigung Litzmannstadt-Getto, Rembrandtstraße 6, gez. Maria Regina Fuhrmann,[2] an das Erzbischöfliche Ordinariat, Hilfsstelle,[3] Wien, vom 6. 2. 1942[4]

Mit behördlicher Bewilligung können Schreiben von Dienststelle zu Dienststelle gesandt werden. Wir bringen daher dem löbl. Ordinariat zur Kenntnis, daß die röm. Katholiken in Litzmannstadt-Getto die behördliche Bewilligung erhielten, sich zu Andachten zu vereinigen. Wir haben derzeit 150 Katholiken,[5] zumeist aus Wiener Transporten erfaßt, doch wird diese Zahl weit überholt werden, wenn wir auch die Transporte aus den übrigen Städten erfaßt haben werden. Diese Erfassung ist für uns mit Schwierigkeiten verbunden, weil hier keine nach Glaubensbekenntnis getrennten Listen bestehen. Unserer Meinung nach könnte man uns die Aufgabe bedeutend erleichtern, wenn man uns die Listen der aus Wien evakuierten Katholiken senden würde und falls möglich auch solche Listen aus Berlin, Prag, Hamburg, Köln, Düsseldorf, Frankfurt, Luxemburg-Trier für uns anfordern würde.
Unsere Andachten finden jeden Sonntag um 11 h vormittags seit unserer Ankunft statt. Wir schließen uns geistig einer in diesem Augenblick stattfindenden hl. Messe außerhalb des Gettos an. Die Andachten wurden ins Leben gerufen und werden geleitet von Schwester Maria (Regine Fuhrmann) aus dem Karmeliterkloster in Wien und von Magister Dora Epstein, 3. Ordensschwester des Servitenordens.[6] Seit dem Hl. Abend finden diese Andachten in einem von den hiesigen Behörden uns zur Verfügung gestellten Raume statt. Den Anstoß zur Überlassung des Raumes gaben die hierher evakuierten Protestanten, die getrennt Sonntag nachmittag ihre Andacht verrichten. Aus diesem Anlaß haben wir mit der protestantischen Gemeinschaft eine die Saalbenutzung betreffende wirtschaftliche Vereinbarung getroffen. An der Spitze unserer Glaubensvereinigung ste-

1 APŁ, 278/19, Bl. 213–215. Teilweise abgedruckt in: Angela Genger/Hildegard Jakobs (Hrsg.), Düsseldorf/Getto Litzmannstadt 1941, Essen 2010, S. 380 f.

2 Regina, auch Regine Fuhrmann (1892–1942), Krankenpflegerin, röm.-kath. Ordensschwester, Ordensname Maria; am 23.10.1941 als Jüdin von Wien nach Litzmannstadt deportiert, leitende Rolle unter den Katholiken im Getto Litzmannstadt; am 9.5.1942 nach Kulmhof deportiert und dort ermordet.

3 Theodor Kardinal Innitzer (1875–1955) hatte 1940 eine „Hilfsstelle für nichtarische Katholiken“ eingerichtet, die Verfolgte bei ihrer Flucht ins Ausland unterstützte.

4 Unterzeichnet ist das Schreiben mit: „3. Ordensschwester vom Berge Karmel Maria Regina Fuhrmann, Siegfriedstr. 2/35, III. Ordensschwester v. Servitenorden Mr. Dora Epstein, Rembrandtstr. 7/52, Oskar Erich Stransky, Kreuzstraße 9/5, Ernst Blumenfeld, Kelmstr. 5/17“.

5 Mit den 20 Westtransporten im Okt./Nov. 1941 gelangten 250–260 evang. und röm.-kath. „Nichtarier“ ins Getto; die meisten von ihnen wurden, sofern sie zu diesem Zeitpunkt noch am Leben waren, am 9.5.1942 nach Kulmhof deportiert und dort ermordet; siehe Einleitung, S. 23 f.

6 Dora Epstein (1894–1942), Apothekenhelferin, röm.-kath. Ordensschwester; im Okt. 1941 von Wien nach Litzmannstadt deportiert; am 4.5.1942 nach Kulmhof deportiert und dort ermordet.

hen Schwester Maria und Herr Oskar Erich Stransky,[7] die von der Gemeinde einstimmig gewählt wurden. Ihnen zur Seite stehen Frau Magister Epstein, die als Lektorin fungiert, und Herr Ernst Blumenfeld[8] als Schriftführer. Unser religiöses Leben haben wir unter den besonderen Schutz der Hl. Mutter Gottes gestellt und bereits reichliche Gnaden erfahren. Unsere Sehnsucht wäre der Empfang der Hl. Sakramente. Wir bitten daher sehr, wenn nur irgendwie möglich, diesem Problem näherzutreten.
Neben unserer religiösen Aufgabe ist es unbedingt notwendig, auch karitativ zu wirken, die zu diesem Zwecke notwendigen Geldmittel können durch unseren Spendenteller unmöglich auch nur zu geringem Teile aufgebracht werden. Wir bitten daher vielmals, uns dafür Unterstützungen zu überweisen, was zulässig ist. Weiters wäre es erforderlich, uns für kleine Ausgaben wie Kanzleimaterial etc. einen kleinen Betrag als Spesenkasse zu überweisen. Sehr bitten würden wir weiters um Überlassung folgender Bücher: Altes und Neues Testament, ein großes Meßbuch, Katechismus, eine Anzahl von „Betende Gemeinde", ein Kirchenkalender, ein Schott,[9] wenn möglich ein paar geweihte Altarkerzen. Wenn diese Sendungen von Wien aus nicht möglich sind, dann bitten wir, eventuell uns dies von einer uns näher gelegenen Pfarre zukommen zu lassen.
Von offizieller Seite der Gettobehörden,[10] die uns gegenüber eine sehr tolerante Haltung einnehmen, wurde uns die Erfüllung unserer Wünsche, soweit sie mit den behördl. Bestimmungen in Einklang stehen, zugesichert. Wir würden es daher dankbar begrüßen, wenn der von uns mündlich ausgesprochene Dank schriftlich von Ihrer Seite erhärtet würde. Diese Schreiben bitten wir durch unsere Vermittlung zu richten an den Ältesten der Juden in Litzmannstadt-Getto, M. C. Rumkowski, und an den Leiter der Abteilung für Eingesiedelte, Herrn Rechtsanwalt Dr. Henryk Neftalin.[11]
Wir bitten vor allem um Zustimmung zu unserer Arbeit und bitten, vielleicht Seine Eminenz[12] davon in Kenntnis zu setzen. Dann bitten wir, über unsere vielen Wünsche nicht ungehalten zu sein, sondern diese nach Möglichkeit zu berücksichtigen. Wir wollen noch die Versicherung unserer unermüdlichen Arbeit für das Gedeihen unserer Gemeinde geben und bitten um recht baldige Antwort an obige Anschrift, die wir sehnsüchtig erwarten.[13]

7 Oskar Erich Stransky (1892–1942); in Prag geboren, wohnte später in Wien; im Okt. 1941 von dort nach Litzmannstadt deportiert; im Sept. 1942 in Kulmhof ermordet.
8 Ernst Blumenfeld (1920–1942), Ingenieur; im Nov. 1941 von Wien nach Litzmannstadt deportiert; im KZ Majdanek ermordet.
9 Messbuch der kath. Kirche, erstmals 1884 erschienen.
10 Gemeint ist hier die Verwaltung des Ältesten der Juden.
11 Dr. Henryk Neftalin (1908–1945), Jurist; von Jan. 1940 an Leiter des Wohnungsamtes der Jüdischen Gemeinde, 1940 Mitarbeit an der Rechtsordnung für das Getto, im Nov. 1940 veranlasste er die Gründung des Gettoarchivs und wurde zum Leiter u. a. der Evidenzabt. des Gettos, die die Einwohner erfasste; ab Jan. 1942 Mitglied der Aussiedlungskommission, die Deportationslisten erstellen musste; im Aug. 1944 nach Auschwitz deportiert, im März 1945 im KZ Dachau ermordet.
12 Theodor Kardinal Innitzer.
13 Die „Abteilung für die Eingesiedelten" leitete das Schreiben am 8.2.1942 (gez. Henryk Neftalin) an das Zentralsekretariat der jüdischen Gettoadministration mit der Bitte weiter, „die Angelegenheit zu prüfen". Von dort wurde es mit dem Vermerk „nicht statthaft" zurückgeschickt; wie Anm. 1, Bl. 211.

DOK. 67

A. Łęczycki bittet am 13. Februar 1942 im Zwangsarbeitslager Posen-Steineck seine Schwester im Warschauer Getto um Lebensmittel und Nachrichten von den Verwandten[1]

Postkarte von A. Łęczycki,[2] Gemeinschaftslager 12 der DAF, Posen-Steineck,[3] an M. Gelernter, Warschau, Dzika-Straße 10 m. 24 (Eing. 20.2.1942),[4] vom 13.2.1942[5]

Freitag
Libe szwester et szwager et kinderlech,
mir kumen euch zu benachrichten, das mir finden sich ahir in lager 5 monaten und men geit cu di arbeit ich mit mein zun Luzer Manes und meine familie hat men awek geszikt noch Lodz und 2 monaten hab ich keine nachricht fun zei, jetct libende mir zinen geblibben borem we choser[6] mir haben kein gelt und was ancien kumen mir dem liben szwager cu beten das er zol szreiben an zeine familche noch belgeche, beweil es kumen fon dort peklech mit lebensmitel es wet inc zeher nucen brengen es ist nor dahir anoteksten brojt und en szmiren och ken men aher shiken gelt in ein brif bis 5 mark och ject libende fileich hat es was bekante oder familkhe dahir in reich was haben und kenen inc was cu helfen bite mir euch beten das es zolt szreiben cu zei das inc was siken paketen fun lebensmitel fun Josifen und fun Haimen bekumen mir zeher wenig, 1 brot in ein munat es ist gur nicht und das cu Danciger[7] und alle cu szreiben fun wet inc[8] iberleben un mir szreiben dank […][9] bite gleich cu szreiben das west sein unze treist, beweil man bekumt nicht fun keinem kein wort bite inc gleich cu szreiben was men hert bei eich, was ec macht und die libe kinder machen, bite mir zehner dus was ec kont solt ir tin, das mir solen noch kenen zi zehen in freien und bite cu szreiben dopelte kartlech, beweil mir haben kajn gelt mir grisen euch alle […][10]

1 AŻIH, 1137. Ring I/592, Bl. 1 f. Abdruck als Faksimile in: Archiwum Ringelbluma, Bd. 1 (wie Dok. 57, Anm. 1), S. 22. Das Dokument wurde in Jiddisch mit lateinischen Buchstaben verfasst und hier im Original belassen.

2 Vermutlich: Awigdor Łęczycki, der später im Sportstadion von Posen (einem Zwangsarbeitslager) erschossen wurde.

3 In sog. Gemeinschaftslagern waren Häftlinge verschiedener kleinerer Baufirmen zusammen untergebracht. Das Gemeinschaftslager 12 der DAF in Posen-Steineck (Krzyżowniki) gehörte zum Lagerkomplex „Stadion" mit insgesamt 13 Lagern und existierte zwischen 1940 und Herbst 1943. Etwa 300 Häftlinge mussten Kanalisations-, Straßen- und Meliorationsarbeiten verrichten.

4 Im Original handschriftl. Zusatz: Zamenhof[-Straße] 10 m. 24, der Straßenname der Vorkriegszeit.

5 Im Original Stempel: Gemeinschaftslager der DAF Posen-Steineck.

6 Jidd.: Nackt und arm.

7 Vermutlich: Icchak Mendel Dancyg(i)er (*1879 oder 1880–1943), chassidischer Rabbiner aus Aleksandrów Łódzki; 1943 aus dem Warschauer Getto ins Vernichtungslager Treblinka deportiert und dort ermordet.

8 Zwei Wörter schwer lesbar.

9 Ein Wort unleserlich.

10 Eine Zeile unleserlich.

DOK. 68

Das Reichsjustizministerium lehnt es am 13. Februar 1942 ab, für Straftaten Deutscher gegen Polen und Juden mildere Gesetze zu erlassen[1]

Reichsjustizministerium (9170 Ost/2 – II a[2] 387.42), gez. MinDir. Geheimrat Dr. Schäfer,[2] an den Generalstaatsanwalt[3] in Kattowitz vom 13.2.1942

Sehr geehrter Herr Generalstaatsanwalt!
Herr Staatssekretär Dr. Freisler hat mich davon unterrichtet, daß Sie in Ihrem Lagebericht vom 3.1.1942[4] die Frage erörtert haben, ob das in den eingegliederten Ostgebieten herrschende Verfolgungsermessen bei Straftaten Deutscher gegen Polen oder Juden auch auf die Anwendung eines milderen Strafgesetzes oder die Außerachtlassung von Straferschwerungen ausgedehnt werden könne.
Hiergegen bestehen erhebliche Bedenken, die auch Herr Staatssekretär teilt. Würde man den Gedanken weiterverfolgen, so bestände die große Gefahr, daß von verbrecherischen Elementen unter der Maske des Volkstumskampfes schwere Ausschreitungen gegen Polen und Juden begangen würden, die die deutsche Aufbauarbeit in den Ostgebieten erheblich stören könnten.
Heil Hitler!

1 BArch, R 3001/20848, Bl. 495.
2 Dr. Ernst Schäfer (1882–1945), Jurist; 1911 Amtsrichter in Kiel, von 1921 an im Preußischen Justizministerium tätig, von März 1929 an MinDir. im RJM, dort Leiter der Abt. II (Strafrecht, Strafrechtspflege und Strafvollzug); von März 1943 an im Ruhestand.
3 Dr. Paul Steimer (1883–1943), Jurist; Mai 1933 NSDAP-Eintritt; Juni 1933 Oberstaatsanwalt in Neuwied, Okt. 1933 in Greifswald, im Nov. 1933 Versetzung zum Landgericht Düsseldorf, von Frühjahr 1941 an Generalstaatsanwalt in Kattowitz; nach einer Operation verstorben.
4 Steimer hatte angeregt, dass die Möglichkeit geschaffen werden solle, Straftaten Deutscher an Polen und Juden weniger streng zu ahnden; wie Anm. 1, Bl. 494.

DOK. 69

Die Geheime Staatspolizei in Schröttersburg (Płock) beantragt am 21. Februar 1942 beim RSHA die Einweisung von 25 Juden aus dem Getto Mielau in ein Konzentrationslager[1]

Gestapo Schröttersburg (–II D – 515-42-), Unterschrift unleserlich,[2] an das RSHA, Berlin, vom 21.2.1942[3]

Betrifft: Antrag auf Inschutzhaftnahme des polnischen Juden Menasce Davidsohn,[4] geb. am 8.3.1901 in Chelm, verheiratet, mosaisch, Büroangestellter, wohnhaft in Mielau, Reg.-Bez. Zichenau, Warschauer Straße 14, und 24 Andere.
Vorgang: Ohne.
Anlagen: 1 namentliches Verzeichnis, 25 Personalbögen, 25 Karteikarten, 24 Aktenauszüge.[5]
Im Zuge einer am 24.1.1942 im Ghetto Mielau durchgeführten Aktion[6] wurden die in beiliegender Liste aufgeführten 25 Juden auf Grund folgenden Vorfalles festgenommen: Seit Oktober 1941 erfolgten in Mielau und Umgebung wiederholt Gänse- und andere Geflügeldiebstähle in größerem Umfange, ohne daß man zunächst auf die Spur der Täter kommen konnte. Es lag jedoch von vornherein die Vermutung nahe, daß bei diesen Diebstählen maßgeblich Juden beteiligt sein mußten, die die gestohlenen Gänse und das andere Geflügel im Ghetto in Mielau verschoben haben mußten.
Die umfangreichen kriminalpolizeilichen Ermittlungen haben ergeben, daß zur Ausführung dieser Diebstähle von den Juden ein 14jähriger Polenjunge gewonnen worden war. Dieser hatte den Auftrag erhalten, Gänse und anderes Geflügel zu stehlen und in das Ghetto zu bringen. Hierbei war von den Juden dem Polenjungen gegenüber verschiedentlich geäußert worden: „Was brauchen die Schwaben[7] Gänse zu essen!" Als Hauptbeschuldigter in dieser Diebstahlssache ist der Jude *Davidsohn* aufgetreten. Er war Leiter des jüdischen Ordnungsdienstes im Ghetto. Er hatte von den fortwährenden Diebstählen Kenntnis. Auf seine Anweisung hin wurden die gestohlenen Gänse und das andere Geflügel in besonders von ihm ausgewählten Stallungen untergebracht. Er hat es jedoch unterlassen, als verantwortlicher Leiter des jüdischen Ordnungsdienstes über diese um-

1 BArch, R 70 Polen/543, Bl. 23 f.
2 Vermutlich: Hartmut Pulmer (1908–1978), Jurist; 1933 SS-Eintritt; von 1935 an beim SD, 1938 in der Gestapo tätig, stellv. Leiter der Stapostelle Tilsit; 1939 Angehöriger eines Einsatzkommandos in Polen, Jan. 1940 Leiter der Stapostelle Zichenau in Płock (später Schröttersburg genannt), von Dez. 1942 an beim KdS in Rennes tätig, 1944 ORR und KdS in Nürnberg; lebte nach 1945 unter falschem Namen, 1953 in Frankreich in Abwesenheit zum Tode verurteilt.
3 Entwurfsfassung mit Ausgangsvermerk vom 21.2.1942; siehe Dok. 43 vom 20.11.1941.
4 Menachem, auch Menashe Davidson (1901–1942), Büroangestellter; Leiter des Ordnungsdienstes im Getto Mielau, Anfang 1942 der Mitwisserschaft von Diebstählen angeklagt und inhaftiert, am 1.5.1942 ins KZ Auschwitz deportiert und dort umgekommen.
5 In der Akte liegt nur das Namensverzeichnis.
6 In der Nacht zum 24.1.1942 wurde das Getto Mielau (Mława) von den Deutschen wegen angeblicher Geflügeldiebstähle durchsucht, wobei der Leiter des jüdischen Ordnungsdienstes, Menashe Davidson, und 24 andere Juden einschließlich des Judenratsvorsitzenden Leiser Perelmutter verhaftet wurden. Perelmutter wurde kurz darauf ermordet.
7 Poln. szwaby: abfällige Bezeichnung für Deutsche.

fangreichen Diebstähle Anzeige bei den deutschen Behörden zu erstatten. Die in beiliegender Liste unter Nr. 2 bis 25 aufgeführten Juden sind als Beteiligte und Mitwisser dieser Gänse- und Geflügeldiebstähle aufgetreten und haben es ebenso wie Davidsohn unterlassen, hierüber Anzeige zu erstatten.
Bei den 25 Festgenommenen handelt es sich um besonders arbeitsscheue und deutschfeindlich eingestellte polnische Juden, die bisher ihren Lebensunterhalt hauptsächlich durch Schwarzschlächterei, Schleichhandel, Schmuggel und Glücksspiel bestritten haben und insoweit genügend bekannt sind. In letzter Zeit haben sie sich besonders undiszipliniert, herausfordernd und frech benommen.
Als Beteiligte und Mitwisser von umfangreichen Geflügeldiebstählen haben sie eine Verknappung auf dem Fleischmarkt herbeigeführt und die Ernährung der deutschen Bevölkerung, insbesondere im eingegliederten Ostgebiet, in erheblichem Maße gefährdet. Indem sie durch ihr rücksichtsloses und volksschädigendes Verhalten Unruhe in die Bevölkerung tragen und erkennen lassen, daß sie nicht gewillt sind, sich an die bestehenden deutschen Gesetze und behördlichen Anordnungen zu halten, bilden sie eine erhebliche Gefahr für die Sicherheit und Ordnung im eingegliederten Ostgebiet. Bei ihrer Freilassung ist damit zu rechnen, daß sie erneut ihr bisheriges Treiben zum Schaden des Reiches fortsetzen und den Bestand und die Sicherheit des Volkes und Staates gefährden werden.
Ich bitte, gegen die in beiliegender Liste namentlich aufgeführten 25 polnischen Juden Schutzhaft bis auf weiteres und Überführung in ein KL. Stufe III[8] anzuordnen. Sämtliche 25 Häftlinge sind auf ihren Gesundheitszustand amtsärztlich untersucht worden. Sie sind haft- und lagerfähig und für landwirtschaftliche Arbeiten tauglich. Die Genannten befinden sich z. Zt. in dem Polizeigefängnis in Mielau in Haft.
Für die unter 2. bis 25. genannten Juden habe ich je 1 Aktenauszug als Anlage beigefügt. Falls sich Nachtragsberichte erforderlich machen, werde ich dieselben einzeln für den jeweils betreffenden Häftling einreichen.[9]

8 Himmler hatte Anfang 1941 angeordnet, drei Abstufungen für die Haft- und Arbeitsbedingungen in den Konzentrationslagern einzuführen. Lager der Stufe III waren für Häftlinge vorgesehen, die als strafrechtlich vorbelastet und nicht erziehbar galten.

9 Von März 1942 an wurden von der Gestapo Schröttersburg wegen des angeblich anhaltenden Schwarzhandels verstärkt Razzien und Hinrichtungen in verschiedenen Gettos der Umgebung durchgeführt. Im April wurde in Mielau ein neuer Judenrat gebildet, der erfolglos versuchte, die Inhaftierten, unter ihnen Mitglieder des alten Judenrats und Davidson, freizubekommen. Die meisten der 25 inhaftierten Juden wurden später in Konzentrations- oder Vernichtungslager deportiert.

DOK. 70

Der Oberfinanzpräsident im Reichsgau Wartheland informiert seinen Amtskollegen in Berlin-Brandenburg am 24. Februar 1942 über die steuerliche Behandlung von in das Getto Litzmannstadt deportierten Juden[1]

Schreiben des Oberfinanzpräsidenten im Reichsgau Wartheland, gez. Dr. Gebhard,[2] an den Oberfinanzpräsidenten Berlin-Brandenburg vom 24.2.1942 (Abschrift)[3]

Betrifft: Überweisung von Steuerakten jüdischer Steuerpflichtiger, die in das Judenviertel in Litzmannstadt überführt worden sind.

In der letzten Zeit sind mir und den Finanzämtern in Litzmannstadt mehrfach Steuerakten jüdischer Steuerpflichtiger zugeleitet worden, die in dem Judenviertel in Litzmannstadt untergebracht worden sind.

Anscheinend ist den Finanzämtern, die die Überweisung der Steuerakten vorgenommen haben, die Bedeutung des Judenviertels in Litzmannstadt nicht bekannt. Die in dem Judenviertel untergebrachten Juden sind von der Außenwelt abgeschlossen, soweit sie nicht ausnahmsweise zu besonderen Arbeiten außerhalb des Judenviertels herangezogen werden. Innerhalb des Judenviertels werden Reichs- und Gemeindesteuern nicht erhoben, eine Steuerhoheit des Reichs wird dort nicht ausgeübt. Beitreibungsmaßnahmen innerhalb des Judenviertels sind ebenfalls nicht möglich, da auch den mit der Steuererhebung betrauten Personen der Zutritt zum Judenviertel untersagt ist. Es haben wegen der Besteuerung der Judenschaft als solcher Verhandlungen beim Herrn Reichsminister der Finanzen stattgefunden, die aber nur die Erhebung einer Pauschsteuer zum Gegenstand haben.[4] Unbeschadet der Entscheidung des Reichsministers der Finanzen, ob diese Pauschsteuer in Zukunft erhoben werden wird, ist schon jetzt mit Sicherheit zu übersehen, daß eine Einzelbesteuerung der Juden, soweit nicht ein Arbeitsverhältnis in Betracht kommt, nicht erfolgen wird. Die Unterbringung der Juden im Judenviertel stellt deshalb einen Vorgang eigener Art dar. Ein steuerlicher Wohnsitz wird durch die Unterbringung nicht begründet.

Ich habe deshalb die Finanzämter Litzmannstadt angewiesen, die ihnen zugeleiteten Steuerakten jüdischer Steuerpflichtiger an die bisherigen Wohnsitzfinanzämter der Juden zurückzusenden. Dies erscheint mir auch aus Gründen der Zweckmäßigkeit gerechtfertigt. Soweit einzelne Juden noch Steuerrückstände haben und über Vermögen verfügen, kann die Beitreibung dieser Steuerrückstände durch das bisherige Wohnsitz-

1 LAB, A Rep. 092, Nr. 336.

2 Dr. Karl Gebhard (1883–1945), Jurist; von 1920 an in der Reichsfinanzverwaltung, 1933–1935 Direktor des Landesfinanzamts Thüringen in Rudolstadt, danach in Köln, 1939 Richter beim Reichsfinanzhof, zugleich Beauftragter des RFM im Militärbezirk Posen, Okt. 1939 kommissar. OFP für den Reichsgau Posen, 1940–1945 OFP im Reichsgau Wartheland.

3 Abschrift vom 20.5.1942 für die Finanzämter des Bezirks Berlin-Brandenburg. Im Original handschriftl. Unterstreichungen.

4 Auf einer Besprechung am 29.4.1940 in Berlin überlegten Vertreter des RFM, wie die Gettoinsassen und ihr Vermögen besteuert werden könnten. Daraufhin nahm der OFP Kontakt mit den Behörden in Litzmannstadt auf und forderte zunächst eine Pauschalbesteuerung sämtlicher Waren, die in das Getto geliefert wurden. Trotz Protests durch den Bürgermeister von Litzmannstadt, Karl Marder, wurde die Pauschale fortan erhoben, führte in den folgenden Jahren aber zu wiederholten Konflikten mit der Reichsfinanzverwaltung.

finanzamt erfolgen. Das gleiche gilt auch für etwa noch ausstehende Veranlagungen der Juden. Sind die bis zur Überführung in das Judenviertel zu erhebenden Steuern – ggf. im Wege der Beitreibung – entrichtet, so bestehen gegen die Löschung des Steuerpflichtigen aus den oben angeführten Gründen keine Bedenken. Ich bitte, die Finanzämter Ihres Bezirks in diesem Sinne zu verständigen.
Das gleiche würde naturgemäß auch in den Fällen gelten, in denen Juden in andere Judenviertel meines Oberfinanzbezirks überführt werden. In Betracht kommen möglicherweise die Judenviertel in Kutno, Lentschütz und Pabianitz.[5] Es ist mir allerdings bis jetzt nicht bekannt geworden, daß auch dorthin Juden aus dem sonstigen Reichsgebiet überführt worden sind.

DOK. 71

Der Katholik Walter Kohn zeigt am 25. Februar 1942 der Danziger Polizei die Annahme des Zwangsnamens „Israel" an[1]

Schreiben von Walter Israel Kohn,[2] Hundegasse 79, an das 4. Polizeirevier in Danzig, Karrenwall 5, vom 25.2.1942[3]

Einschreiben.
Wie ich jetzt erfahren habe, sollen auch die nicht arischen Christen aus einer Privilegierten Mischehe, in der ich durch meine Frau und durch meinen Sohn lebe, den zusätzlichen jüdischen Vornamen Israel führen.[4] Ich bin nicht arisch und nehme nach der bestehenden Verordnung den zusätzlichen Vornamen „Israel" an, ich bitte hiervon Vermerk zu nehmen. Ich gehöre aber nach wie vor der katholischen Religion an, woran sich nichts ändert. Laut der zehnten Verordnung zum Reichsbürgergesetz vom 4. Juli 1939 Artikel 1 § 3[5] gehöre ich *nicht* zu der Reichsvereinigung der Juden.
Die Polizeiverordnung über die Kennzeichnung der Juden vom 1. September 1941 (§ 3)[6] findet auf mich keine Anwendung.

5 Diese Gettos wurden zwischen Febr. 1940 und Febr. 1941 eingerichtet. In allen Gettos waren jeweils mehrere Hundert Flüchtlinge aus der örtlichen Umgebung untergebracht. Alle drei Gettos wurden zwischen März und Aug. 1942 aufgelöst und die meisten Gettobewohner in das Vernichtungslager Kulmhof deportiert. 5600 als arbeitsfähig eingestufte Juden aus Pabianice wurden in das Getto Litzmannstadt gebracht.

1 BArch, R70 Polen/173, Bl. 141.
2 Walter Kohn (*1883), geboren in Bartenstein in Ostpreußen; überlebte den Krieg, sein weiteres Schicksal ist unbekannt.
3 Handschriftl. Ergänzung: „R4. Gauhptstadt Danzig, d. 27.2.42 zur Kenntnis genommen und notiert. z. weiteren Kenntnis E.V.M.", Unterschrift unleserlich.
4 Es ist unklar, auf welche VO sich Kohn beruft, da die Namensänderungs VO vom 17.8.1938 (RGBl., 1938 I, S. 1044; VEJ 2/84), wonach Juden den weiteren Vornamen Israel oder Sara annehmen mussten, keine Ausnahmen vorsah.
5 RGBl., 1939 I, S. 1097.
6 RGBl., 1941 I, S. 547; VEJ 3/212.

DOK. 72
Die Kreissparkasse Welungen bittet die Treuhandstelle Posen am 27. Februar 1942, Ersparnisse von Juden der Stadtverwaltung zur Verfügung stellen zu dürfen[1]

Schreiben der Kreissparkasse Welungen (L/M), gez. Martin,[2] an den Leiter der Treuhandstelle Posen[3] (Gesch.Nr. A IV 2 Lu/Si, Eing. 2.3.1942) vom 27.2.1942[4]

In der Angelegenheit der Judenkonten ist es uns inzwischen gelungen, einige weitere Feststellungen zu treffen. Malka *Brum*[5] hat seinen[6] Wohnsitz zurzeit hier in der Landsbergerstraße 17, er selbst ist aber in einem Arbeitslager. Das gleiche trifft für Herz Maierowitsch[7] zu, dessen Familie hier Koloniestraße 5 wohnt. Außerdem bringen wir noch folgendes zur Kenntnis. Für Salomon Lewkowiz,[8] der ebenfalls in einem Arbeitslager ist, besteht bei uns noch ein Sparkonto mit einem Guthaben von RM 776,22. Dieses Konto wurde am 16. Mai 1940 eröffnet. Wir bitten höflichst, auch diesen Fall zu prüfen. Bei einer Rücksprache mit der Stadtverwaltung hat uns diese gebeten, bei Ihnen anzufragen, ob nicht die gesamten Beträge kurzerhand der Stadtverwaltung zur Verfügung gestellt werden könnten, da sie mit den Juden große Ausgaben habe. Wir bitten auch um gefl. Stellungnahme hierzu.[9]
Heil Hitler!

1 APP, 759/2216, unpag.
2 Titus Martin (1904–1968), Sparkassenbeamter; 1933 NSDAP-Eintritt; von April 1941 bis Jan. 1945 Sparkassenleiter in Welungen; von März 1949 bis 1954 als Kreissparkassendirektor in Klingenberg tätig.
3 Alexander Weißker (1899–1981), Förster; 1931 NSDAP-Eintritt; 1922–1932 beim sächs. Forsteinrichtungsamt, 1936 Oberforstmeister bei der Sächsischen Landesforstverwaltung, von März 1941 an Reg.Direktor und Leiter der Wirtschaftsabt. des Landeswirtschaftsamts sowie der Treuhandstelle Posen; 1942 SS-Eintritt, SS-Sturmbannführer; 1950–1965 Leiter des Fürstlichen und Gräflichen Stiftungsforstamts Laugna.
4 Im Original handschriftl. Vermerke der Treuhandstelle Posen.
5 Malka Brum, geb. Żufak (1908–1942), Hausfrau; verheiratet mit Shmuel Brum; im Vernichtungslager Kulmhof ermordet.
6 So im Original.
7 Vermutlich: Hersz Jakób Majerowicz (*1915), Schneider; lebte vor 1939 in Wieluń; sein weiteres Schicksal ist unbekannt.
8 Vermutlich: Szlama Lewkowicz (*1915), Tischler; lebte bis 1942 in Wieluń, im Aug. 1942 in das Getto Litzmannstadt deportiert; sein weiteres Schicksal ist unbekannt.
9 In den ersten drei Augustwochen 1942 wurden fast alle Juden aus dem Kreis Welungen in das Vernichtungslager Kulmhof, nur sehr wenige in das Getto Litzmannstadt deportiert.

DOK. 73

Adolf Eichmann korrespondiert am 28. Februar 1942 mit Unterstaatssekretär Luther vom Auswärtigen Amt über anonyme Schreiben, die die Judenvernichtung im Reichsgau Wartheland anprangern[1]

Schreiben (Geheim!) des Chefs der Sicherheitspolizei und des SD (IV B4 43/42 gRs (1005)), gez. Eichmann, an Unterstaatssekretär Luther[2] im Auswärtigen Amt vom 28.2.1942

Lieber Kamerad *Luther*!
Das an das Auswärtige Amt gerichtete anonyme Schreiben über angebliche Vorgänge im Hinblick auf die Lösung der Judenfrage im Warthegau, welches Sie mir mit Ihrem Schreiben vom 6.2.1942 übersandten,[3] habe ich sofort in entsprechende Bearbeitung gehen lassen. Die Ermittlungen laufen zur Zeit.[4]
Daß dort, wo gehobelt wird, Späne fallen, läßt sich nun einmal nicht vermeiden, und es liegt auf der Hand, daß der Gegner stets versuchen wird, die gegen ihn gerichteten Maßnahmen nach Tunlichkeit aufzubauschen mit dem Ziel der Mitleiderregung und Hoffnung auf Abstellung. Gerade der Jude versucht, seitdem die Arbeiten zur Abdrängung dieses Gegners seinerzeit in verstärktem Maße von mir in Angriff genommen wurden, laufend durch anonyme Schreiben an fast alle Stellen des Reichsgebietes seinem verdienten Schicksal hierdurch zu entgehen.
Heil Hitler!

1 PAAA, R 99238. Teilweise abgedruckt in: Peter Longerich/Dieter Pohl (Hrsg.), Die Ermordung der europäischen Juden. Eine umfassende Dokumentation des Holocaust 1941–1945, München/Zürich 1989, S. 193 f.

2 Martin Luther (1895–1945), Möbelinspekteur; 1932 NSDAP- und SA-Eintritt; von 1936 an Hauptreferent im Amt Ribbentrop, wechselte 1938 ins AA, von 1940 an Leiter der Abt. Deutschland; 1941 UStS, 1942 Vertreter des AA bei der Wannsee-Konferenz, 1943–1945 nach einem Komplott gegen Ribbentrop im KZ Sachsenhausen inhaftiert; starb kurz nach Kriegsende.

3 Das Schreiben liegt nicht in der Akte.

4 Am 31.1.1942 war der poln. Gemeindesekretär in Chełmno, Stanisław Kaszyński, wegen des Verbreitens von Nachrichten über den Massenmord im Vernichtungslager Kulmhof verhaftet und am 5.2.1942 wegen Kooperation mit der poln. Widerstandsbewegung erschossen worden. Es ist unklar, ob dieser Vorfall mit den genannten Ermittlungen in Zusammenhang steht.

DOK. 74

Szlamek Winer berichtet im Warschauer Getto im Februar 1942 über die Ermordung von Juden, Roma und Sinti im Vernichtungslager Kulmhof[1]

Bericht von Szlamek Winer[2] über seine Erlebnisse im Vernichtungslager Kulmhof vom 5. bis 19. Januar 1942, aufgezeichnet von Hersh Wasser,[3] Februar 1942[4]

Zeugnis des Zwangs-Totengräbers[5] *Grojnowski, Yankew* [...][6]
Am Montag, den 5. Januar [1942], rief die Gendarmerie von Izbica [Kujawska] die Vorsteher des Judenrats zu sich und sagte, dass man ihrem Befehl folgen müsse. Sie seien nicht das Arbeitsamt, dessen Befehle man nicht auszuführen brauche. Sie befahlen, in den Flur hinauszugehen, und machten eine Liste von ungefähr 40 Männern, darunter Alte und Kranke. Danach riefen sie die Juden wieder herein und befahlen auch dem Gemeindesekretär zu kommen. Sie gaben ihm die Liste mit den ungefähr 40 Personen und befahlen, [dass diese] noch heute in die Gendarmerie kämen. Man nahm ihnen die Pässe ab und ließ sie wieder frei. Man befahl ihnen, dass sie sich am Dienstag, den 6., um 7 Uhr früh mit einer Schaufel oder einem Spaten stellen und eine Tagesration Brot mitnehmen sollten. Sie sagten, die Arbeit dauere voraussichtlich 1 oder 2 Tage, und danach würden sie zurückgeschickt. Ich war einer von den 40 Männern.
Von den Gendarmen kenne ich folgende mit Namen: 1) Leutnant Yokhane, 2) Meister Pletsenider, 3) den volksdeutschen Gendarmen Shmalts. Insgesamt waren es 7 Gendarmen. Ich bin völlig sicher, dass sie genau wussten, wozu man uns brauchte. Ich betone, dass sie es 100% wussten, dennoch haben sie keinen [von uns] Juden davor gewarnt, sondern uns zum Narren gehalten - mit bitteren Konsequenzen.
Um die Wahrheit zu sagen, hatte ich nicht vor, mich am Dienstagfrüh zur Arbeit zu stellen. Meine Eltern redeten mir aber sehr zu und argumentierten, dass es so besser wäre, denn ich müsse dann dieses Jahr nicht mehr ins [Arbeits-]Lager, weil dies vermutlich das Lager sei. Man muss wissen, dass ich mich schon dreimal vor dem Lager gedrückt hatte.

1 AŻIH, 1115. Ring I/412, Bl. 1–17. Abdruck in deutscher Übersetzung (der poln. Übersetzung des jidd. Originals): Ruta Sakowska, Die zweite Etappe ist der Tod. NS-Ausrottungspolitik gegen die polnischen Juden gesehen mit den Augen der Opfer. Ein historischer Essay und ausgewählte Dokumente aus dem Ringelblum-Archiv 1941–1943, Berlin 1993, S. 159–182. Das Dokument wurde aus dem Jiddischen neu übersetzt.

2 Szlama, auch Szlamek Winer, Deckname Jakub bzw. Yankew Grojnowski (1911–1942); stammte aus Izbica Kujawska und wurde im Jan. 1942 in das Vernichtungslager Kulmhof deportiert, musste dort im Sonderkommando als Totengräber arbeiten, am 19.1.1942 Flucht, berichtete dem Untergrundarchiv des Warschauer Gettos über den Massenmord in Kulmhof, danach hielt er sich bei Verwandten in Zamość auf; er wurde wahrscheinlich im April 1942 im Vernichtungslager Belzec ermordet.

3 Hersh, auch Hersz Wasser (1912–1980), Volkswirt; Mitglied der Partei Poale Zion-Linke, von 1940 an Leiter der Zentralen Flüchtlingskommission und Sekretär des Untergrundarchivs im Warschauer Getto; er lebte von 1950 an in Israel; siehe auch VEJ 9/61.

4 Wegen der stellenweise uneinheitlichen Orthographie wurden v. a. die poln. Toponyme behutsam korrigiert. Wörtliche Rede ist im Original nicht immer durch Anführungszeichen gekennzeichnet.

5 Im jidd. Original *kabren*, Pl. *kabronim*. So werden im Text durchgehend diejenigen bezeichnet, die mit Spaten und Spitzhacken als Totengräber arbeiteten.

6 Text am linken Seitenrand unleserlich.

Insgesamt stellten sich am Dienstagfrüh 15 Mann. Man wartete bis 8 Uhr, aber es kam keiner mehr. Deswegen begannen die Gendarmen, Juden auf der Straße und in den Häusern aufzugreifen. So wurden 19 Mann eingefangen. 5 von ihnen wurden wieder freigelassen – einige, weil sie zu alt waren, und einige, weil sie noch Kinder waren. Es blieben also noch 14, zusammen mit den freiwillig Gekommenen – 29. Man stellte dann eine sehr genaue Liste mit unseren Personalien auf. Währenddessen kam ein Pkw mit Gendarmen. Sie zählten uns durch und setzten uns dann in ein Auto. Jeder von uns hatte einen Rucksack mit Kleidung bei sich. Das mit uns davonfahrende Auto machte einen großen Eindruck auf alle. Unsere Nachbarn waren noch sicher, dass es sich um ein Arbeitslager handle. Das polnische Publikum verhielt sich so: Die Jugend lachte und spottete, die Älteren weinten.

Wir fuhren in Richtung Koło (Koyl). Von dort fuhren wir auf der Chaussee von Dąbie nach Chełmno (der Ort war schon damals in der ganzen Gegend sehr bekannt, weil vor 4 Wochen die Vertreibung aus Koło und Dąbie nad Nerem stattgefunden hatte. Verschiedene schreckliche Gerüchte waren darüber im Umlauf, dass alle, die nach Chełmno deportiert wurden, nicht zurückgekommen sind. Was aber genau geschah und wie, wussten wir nicht. Auch von etlichen Kurieren[7] hörten wir nur Vages und überhaupt keine Details.).

An der Hauptstraße in Chełmno warteten wir ungefähr eine halbe Stunde. Danach fuhren wir zum Schloss,[8] einer Ruine aus dem vorigen Weltkrieg. Das Schloss liegt auf der rechten Seite der Chaussee, links liegen die Tume[9] (die Kirche) und das eigentliche Dorf. Alle Gebäude um die Kirche herum sind von der Gestapo requiriert.

Wir kamen um 12.30 Uhr mittags an. An beiden Toren des Schlosses stand Gestapo, und Gendarmen hielten Wache (Feld-Gendarmen). Nachdem wir in den zweiten Hof eingefahren waren, öffnete man das Auto und jagte uns hinaus, befahl uns, die Rucksäcke abzulegen und uns in Reihen zu zweit aufzustellen. Von nun an hatten wir es mit schwarzuniformierter SS zu tun, d. h. mit Reichsdeutschen höherer Chargen. Tiefer im Hof befahlen sie uns, alles Geld und alle Wertsachen abzugeben. Danach zählten sie 15 Mann ab (ich war einer von ihnen), umstellten sie mit Feld-Gendarmen und führten sie in den Schlosskeller hinunter. Einer sagte mir, es gäbe ungefähr 15 Kellerräume. Wir alle wurden in einem Kellerraum eingeschlossen. Die übrigen 14 in einem anderen.

Obwohl noch heller Tag war, war es im Keller dunkel. Etliche volksdeutsche Bedienstete versorgten uns mit Stroh. Nachts wurde uns eine Laterne hineingegeben. Um 8 Uhr abends gab man uns schwarzen, ungezuckerten Kaffee und sonst nichts. Unsere Stimmung war verzweifelt, wir waren auf das Schlimmste gefasst. Fast alle weinten, küssten sich und verabschiedeten sich voneinander. Es war sehr kalt, deshalb schmiegten wir uns aneinander und überstanden so die Nacht und den Frost, allerdings ohne ein Auge zuzutun. Wir sprachen über die Juden, die man schon vorher aus den Städtchen vertrieben hatte, d. h. aus Koło und Dąbie. So wie es aussah, waren wir sicher, dass wir da nicht wieder herauskommen.

7 Nach Beginn der ersten Deportationen im Dez. 1941 schickten mehrere Judenräte Kuriere los, die den Aufenthaltsort der Deportierten ermitteln sollten; von diesen haben sich jedoch keine Berichte erhalten.

8 Siehe Einleitung, S. 26 f.

9 Jidd.: pejorativ für Kirche.

Mittwoch, den 7., um 7 Uhr früh klopfte der diensthabende Gendarm an die Tür und befahl uns aufzustehen. Wegen der Kälte hatten wir sowieso nicht geschlafen. Nach einer halben Stunde brachte man bitteren schwarzen Kaffee und Brot aus unserem Gepäck. Wir fanden darin ein wenig Trost, und einer sagte zum anderen, dass unser Gott im Himmel groß ist und wir wohl doch zur Arbeit gehen werden.

Um halb neun Uhr früh (so spät, weil der [Winter-]Tag so kurz war) wurden wir auf den Hof geführt. 6 Mann blieben unten im zweiten Kellerraum, um von dort 2 Erhängte aus Kłodawa herauszutragen (die Namen kenne ich nicht). Sie waren Zwangs-Totengräber gewesen. Die Toten wurden auf einen Lastwagen geworfen. Dort trafen wir die anderen 14 Zwangs-Totengräber aus Izbica. Sobald wir aus dem Keller kamen, umstellten uns 12 Gendarmen und Gestapo mit Maschinengewehren.[10] Zu den 29 Totengräbern und den 2 Toten stiegen noch 6 Gendarmen mit Maschinengewehren. Hinter uns fuhr ein Pkw mit ungefähr 10 Gendarmen und 2 Zivilisten.

Wir fuhren in Richtung Koło. Als wir ungefähr 7 Kilometer auf der Chaussee gefahren waren, bog das Auto links in den Wald ein. Da war ein schon befestigter Weg, ungefähr einen halben Kilometer lang. Dort stellten sie das Auto ab, befahlen uns, auszusteigen und uns zu zweit aufzustellen. Einer von der SS befahl, dass wir nur Schuhe, Unterwäsche, Hosen und Hemd anbehalten und dass jeder seinen Spaten nimmt. Mäntel, Hüte, Pullover und alles Weitere mussten wir auf die Erde legen, obwohl schrecklicher Frost herrschte. Die Zivilisten nahmen die Spaten und Spitzhacken herunter und teilten dem einen Spaten, dem anderen eine Spitzhacke zu. Nur 8 von uns bekamen gar nichts. Ihnen befahl man, die 2 Toten aus dem Auto zu tragen.

Als wir auf den Wald zufuhren, sahen wir schon ungefähr 14 Mann, Zwangs-Totengräber aus Kłodawa, die wahrscheinlich bereits vor uns angekommen waren. Sie standen schon dort und arbeiteten nur mit den Hemden bekleidet. Und so sah es aus: 21 Mann in Zweierreihen mit Spitzhacken und Spaten, dahinter 8 Mann mit den 2 Toten und um uns herum Deutsche mit Maschinengewehren. Auch die aus Kłodawa wurden bewacht, von etwa 12 Gendarmen. Das heißt, wir waren insgesamt von 30 Gendarmen eingekreist.

Als wir uns der Grube näherten, begegneten uns die aus Kłodawa mit leisen Fragen: Woher kommt Ihr? Wir antworteten: Izbica. – Fragten sie: Seht Ihr die Vernichtung, die hier vor sich geht? Wie viele seid Ihr? – Wir antworteten: 29. Diese Unterhaltung lief während der Arbeit. Wir warfen die beiden Toten in die Grube. Jene 8 Personen, die immer noch keine Spaten hatten, hatten sie vom Auto zur Grube gebracht. Sie brauchten gar nicht lange zu warten, bis ein neues Auto mit neuen Opfern ankam. Es war ein besonders konstruiertes Auto. Und es sah ungefähr so aus: So groß wie ein normales Lastauto, graue Farbe, hinten mit 2 Türen hermetisch geschlossen. Von innen ist das Auto mit Blech ausgekleidet. Sitzplätze gab es keine. Auf dem Boden lagen hölzerne Roste wie in einem Bad und darauf eine Strohmatte. Zwischen dem Laderaum und dem Sitz des Fahrers waren 2 Scheiben, durch die man mit einer elektrischen Lampe hineinschaute, ob die Opfer schon tot sind. Unter den Holzrosten befinden sich 2 […][11] Zentimeter dicke Röhren, die vom Führerhaus kommen. Sie enden in Öffnungen, durch die

10 Im Original hier und im Folgenden stets Maschinengewehr, gemeint sind vermutlich Maschinenpistolen.

11 An dieser Stelle ist das Papier beschädigt. Es handelt sich vermutlich um eine zweistellige Zahl mit einer 3 als letzter Ziffer.

das Gas eingeleitet wird. Der Gasapparat befand sich im Führerhaus,[12] in dem sich nur der Fahrer aufhielt, die ganze Zeit derselbe, in SS-Uniform mit dem Totenkopf. Er war ungefähr 40 Jahre alt. Von diesen Autos gab es zwei.
Als das Auto ankam, blieb es 5 Meter vom Grab entfernt stehen. Der Leiter der Wachmannschaft, ein SS-Mann von höherem Rang, war ein ganz besonderer Mörder und Sadist.[13] Er befahl den 8 Mann, die Tür des Autos zu öffnen, und sogleich schlug uns ein starker, scharfer Gasgeruch entgegen. Es waren Zigeuner aus Łódź, die man in den Autos tötete. Im Auto lagen auch alle ihre Sachen wie Harmonikas, Geigen, Bettzeug und sogar Uhren und Goldsachen. Nachdem die Türen 5 Minuten offen gestanden hatten, schrie er [der SS-Mann]: Na, ihr Juden, hinein und schmeißt alles raus![14] – Die Juden näherten sich dem Auto und begannen, die Toten auszuladen. Da ihnen die Arbeit am Anfang nicht leichtfiel, nahm der SS-Leiter den „Bykowiec"[15] heraus und schrie: Hellblaue, ich komme sofort zu Euch,[16] und fing an, auf Köpfe, Ohren und Augen zu schlagen, mit einem Wort, wahllos, bis alle zu Boden fielen. Wer von der Gruppe der 8 es nicht schaffte aufzustehen, wurde sofort mit dem Maschinengewehr erschossen. Als sie das sahen, standen die Übrigen mit letzter Kraft auf und taten die Arbeit.
Alle wurden aus dem Lastauto herausgeworfen wie Abfall – auf einen Haufen, einer auf den anderen. Man zerrte sie an den Beinen oder an den Haaren. Oberhalb der Grube standen 2 Mann, die die Körper in die Grube warfen, in der Grube standen 2 andere und schichteten auf, d. h. sie legten die Toten mit dem Gesicht zur Erde, so dass beim Kopf des einen die Beine des anderen lagen. Die Auswahl wurde von einem bestimmten SS-Mann getroffen. Er befahl, was als Nächstes zu tun sei. Wenn irgendwo noch eine kleine Lücke war, wurde ein totes Kind hineingestopft. Alles ging sehr brutal vor sich. Er stand oben mit einem Kiefernzweig, mit dem er dirigierte, wo der Kopf hinkommt, wo die Beine, wo Kinder oder Sachen. Alles ging mit Wut, mit Schlägen und mit Geschrei vor sich: Du Sakrament. Eine Lage bestand aus 180–200 Mann. Nach jedem dritten Auto mussten 20 Totengräber die Toten zuschütten. Anfangs zweimal, später, als es 9 Autos waren (d. h. 9 Mal 60 Tote), musste dreimal zugeschüttet werden.
Um 12 Uhr befahl der SS-Leiter (Ochsenziemer): Spaten abstellen! Er befahl, sich in Zweierreihen aufzustellen, und zählte durch, danach befahl er, aus der Grube herauszukommen. Um uns herum waren ständig Wachposten, die sich überhaupt keinen Moment von uns entfernten. Sogar erleichtern mussten wir uns dort, wo wir arbeiteten.

12 Bei den in Kulmhof eingesetzten drei Gaswagen wurden die Motorenabgase durch Schläuche in das Innere geleitet. In der frühen Phase der Massenmorde, wie Szlamek Winer sie beschreibt, ist es aber möglich, dass noch ein Wagen verwendet wurde, bei dem sich Gasflaschen – der „Gasapparat" – im Führerhaus befanden, ähnlich den Fahrzeugen, die das Sonderkommando Lange zuvor im Warthegau zur Ermordung der Anstaltspatienten eingesetzt hatte; siehe auch Einleitung, S. 18.

13 Vermutlich: Wilhelm (Willi) Lenz (gest. 1945), Polizist; von Dez. 1941 oder Jan. 1942 an beim Sonderkommando Lange in Kulmhof, führte das Kommando im Waldlager, erschoss dort die nicht mehr arbeitsfähigen Juden, blieb nach der Auflösung von Kulmhof im März/April 1943 bei der Schutzpolizei Posen, von April 1944 an wieder in Kulmhof, er führte dort erneut das Waldkommando und organisierte die Verbrennung der Leichen; er wurde beim Aufstand der letzten jüdischen Häftlinge im Jan. 1945 getötet; siehe Dok. 279 vom Jan. 1945.

14 Im Original deutsch.

15 Poln.: Ochsenziemer, veraltete Bezeichnung für einen Schlagstock.

16 Im Original deutsch. Es ist unklar, was mit Hellblaue gemeint ist.

Wir kamen an die Stelle, wo unsere Sachen lagen. Man befahl uns, uns eng nebeneinander auf unser Gepäck zu setzen. Immer noch standen die Posten um uns herum. Man gab uns kalten, bitteren Kaffee in Bechern und dazu gefrorenes Brot. Eine halbe Stunde saßen wir so. Danach stellten wir uns wieder auf, wurden wieder durchgezählt und zur Arbeit abgeführt.

Wie die Toten aussahen? Sie sahen gar nicht vergiftet aus, nicht schwarz. Die Gesichtsfarbe war gar nicht verändert. Fast alle Toten hatten sich beschmutzt.

Ungefähr um 5 Uhr beendeten wir die Arbeit. Jenen 8 Mann, die mit den Toten befasst gewesen waren,[17] wurde befohlen, sich mit dem Kopf nach unten auf die Leichen zu legen. Danach schoss ein SS-Mann jedem mit einem Maschinengewehr in den Kopf.

Der Ochsenziemer schrie: Hellblaue, flink sich anziehen![18] Wir zogen uns schnell an und nahmen die Spaten mit. Man zählte uns durch und führte uns unter Bewachung von Gendarmen und SS zum Auto. Dort befahl man uns, die Spaten abzustellen. Man zählte uns noch einmal und trieb uns auf den Wagen. Wir fuhren zurück zum Schloss. Der Weg dauerte ungefähr 15 Minuten. Auf dem Rückweg waren wir schon mit den Leuten aus Kłodawa zusammen. Im Auto sprachen wir leise miteinander. Ich sagte zu meinen Kollegen: Meine Mutter wollte mich zum weißen [Trau-]Baldachin führen, und nun wird sie nicht mehr erleben, mich zum schwarzen Baldachin[19] zu geleiten. Wir brachen alle in unterdrücktes Weinen aus. Die Gendarmen hinter uns sollten nicht hören, was mit uns vorgeht. Wir sprachen sehr leise.

Am ersten Tag geschah Folgendes: Um 10 Uhr früh konnte ein gewisser Bitter aus Bydgoszcz, ein dicker Mensch – während des Krieges wohnte er in Izbica – das Arbeitstempo nicht halten. Der SS-Mann mit dem Ochsenziemer befahl ihm, sich nackt auszuziehen, und er und andere schlugen ihn derart mit Knüppeln und dem Ochsenziemer, dass er ohnmächtig wurde. Sein Körper wurde dunkel wie eine Milz. Danach befahl man ihm, sich in das offene Grab zu legen, und erschoss ihn.

Offenbar waren im Schloss noch weitere Räume. In unserem Kellerraum waren 20 Menschen und 15 andere in einem zweiten. Weitere Zwangs-Totengräber gab es damals nicht. Sobald wir in den kalten, finsteren Keller kamen, warfen wir uns auf das bisschen Stroh und weinten laut. Väter weinten über das Schicksal ihrer Kleinen, die sie nie mehr sehen würden. Monyek Halter, ein 15-jähriger Junge aus Izbica, umarmte mich und küsste mich und sagte: Oy, Shloyme, mag ich auch als Opfer sterben, wenn nur meine Mutter und Schwester am Leben bleiben.

Meir Pyotrkovski, 40 Jahre alt, aus Izbica, mein Schlafgenosse, umarmte und küsste mich und sagte: … Ich habe meine liebe Frau und 8 Kinder zu Hause zurückgelassen, wer weiß, ob ich sie noch einmal wiedersehe und was aus ihnen wird. Gershon Prashker, 55 Jahre, aus Izbica, sagte: Wir haben einen großen Gott im Himmel, und wir müssen

17 Im Original wird hier und im Folgenden das Wort *misaskim* verwendet, das gewöhnlich diejenigen Mitglieder der Beerdigungsbruderschaft (Khevra Kadisha) bezeichnet, die damit befasst sind, die Leichname entsprechend den Vorschriften und Gesetzen für die Bestattung herzurichten. Die Bezeichnung wurde vielleicht gewählt, um hervorzuheben, dass diese acht sich in anderer Weise mit den Toten befassten als die Übrigen, vielleicht auch, weil der Berichterstatter hierin trotz der furchtbaren Umstände eine heilige Handlung sah.

18 Im Original deutsch.

19 Gemeint ist: zur Beerdigung – entsprechend einer jüdischen literarischen Tradition, in der der weiße Baldachin für das Leben und der schwarze für den Tod steht.

zu ihm beten. Er wird uns nicht verlassen. Dennoch müssen wir jetzt alle Vidui[20] sagen. Wir stellten uns alle im Kreis zusammen, Gershon Prashker in der Mitte, und sprachen laut das Vidui. Wir alle sprachen ihm nach unter großem Weinen und Jammern. Das alles wirkte sehr verzweifelt. Weil der Wachtmeister bei uns anklopfte und schrie: Heh, Juden, still bleiben, sonst schieße ich – beendeten wir mit ersterbenden Stimmen leise das Vidui.
Halb 8 Uhr abends brachte man uns einen Topf nicht aufgetaute, kalte Rübensuppe. Wir konnten aber leider das Essen nicht hinunterwürgen, wir weinten nur still und bitterlich. Eine halbe Stunde später gab man uns schwarzen, bitteren, lauwarmen Kaffee und etwas von unserem Brot. Und wieder konnte vor Kummer und Schmerz keiner essen. Wir legten uns aufs Stroh, aber keiner konnte schlafen. Es war kalt, und wir hatten nichts zum Zudecken. Einer rief: Wer weiß, wer von uns morgen fehlen wird. Schließlich schmiegten wir uns völlig erschöpft aneinander und fielen in einen schrecklichen Schlaf, voller Träume. Wir schliefen ungefähr vier Stunden. Danach gingen wir wegen der großen Kälte in der Zelle herum und sprachen miteinander über das Schicksal, das uns erwartet.
Donnerstag, den 8. Januar, um 7 Uhr früh klopfte der Wachgendarm an die Zelle und fragte zornig: Ihr Juden, habt ihr euch ausgeschlafen?[21] – Wir antworteten: Wir konnten nicht schlafen wegen der Kälte. Um halb 8 Uhr brachte der Koch warmen, aber bitteren schwarzen Kaffee und trockenes Brot. Der Kaffee wurde in eine große Schüssel umgegossen, aus der wir mit Bechern schöpften. Manche haben getrunken, aber die Mehrheit wollte nicht vom Frühstück kosten und meinte, der Tod stünde ohnehin unmittelbar bevor. Um 8 Uhr früh hörten wir, dass etliche Menschen den Flur betraten. Das waren höhere SS-Männer. Der Gendarm machte einem von ihnen Meldung und sagte, es sei nachts bei den Juden nichts vorgefallen. Der SS-Mann befahl, unsere Kellertür zu öffnen (sie war zusätzlich zu den Riegeln mit 3 Schlössern versehen). Der Offizier schrie: Alle Juden raus. Er selbst stand auf dem Flur. (Wir nahmen an, dass die SS-Offiziere Angst hatten, wir könnten eine Verzweiflungstat begehen.) Während wir aus dem Keller gingen, überprüfte er die Anzahl. Auf dem Hof befahl er, sich in Reihen zu zweit aufzustellen. Der zweite SS-Offizier hat nochmals die Zahl der Totengräber überprüft. Danach schickte er uns auf den Lastwagen. Im Allgemeinen brachten uns 2 Autos zur Arbeit und zurück: eines mit einer Plane und ein niedriges Personenfahrzeug mit gläsernen Fensterscheiben an den Seiten (Autobus). Außerdem natürlich die Privatautos der SS-Männer. Im Auto standen wir, hinter uns 6 Gendarmen mit Maschinengewehren in der Hand, bereit zu schießen. Der Hof, auf dem wir nach dem Verlassen des Kellers antraten, war die ganze Zeit, die ich in Chełmno war, streng durch Feldgendarmerie mit Maschinengewehren im Anschlag bewacht. Während unserer Fahrt zur Arbeit folgte uns ein Wagen mit SS.
Am Ort selbst verfuhr man mit uns genau wie am Tag davor. Nach dem Aussteigen wurden wir gezählt, dann mussten wir antreten, und anschließend wurde wieder gezählt. Danach wurden 8 von uns ausgesucht – Menschen, die nicht kräftig genug graben konnten. Diese abgezählten 8 traten mit gesenkten Köpfen still aus der Reihe. Es versteht

20 Das Sündenbekenntnis, das auch vor dem Tode gesprochen werden soll.
21 Im Original deutsch.

sich, dass wir alle, bevor wir auf die gestrigen Arbeitsposten zurückgingen, alles bis auf die Schuhe, Unterhose, Hose und Hemd ausziehen mussten (einer, der zwei Hemden anhatte, wurde mörderisch zusammengeschlagen). Wir legten alle Sachen auf einen Platz. Nach einer halben Stunde kam der zweite Transport mit Totengräbern, d. h. denjenigen, die in einem anderen Kellerraum gewesen waren. Sie durchliefen die gleiche Prozedur wie wir. Das ganze Gelände, auf dem wir uns befanden, war von Gendarmen mit Maschinengewehren im Anschlag umstellt. Darüber hinaus war der ganze Wald voller Gendarmerie-Patrouillen. Überhaupt wurden die Gendarmen bei jeder Gelegenheit in unserer Gegenwart zu größter Wachsamkeit aufgefordert. Die 8 [mit den Toten in der Grube] Befassten arbeiteten ungefähr 20 Schritte von uns entfernt. Einer von ihnen, Mekhl Viltshinski aus Izbica, 19 Jahre alt, rief mir zu: … Bleib gesund. Bleibt Ihr am Leben. Wir gehen von dieser Welt. Aber Ihr sollt entkommen aus dieser Hölle. – Die anderen sagten gar nichts, sie seufzten nur verzweifelt.

Ungefähr nach zwei Stunden kam das erste Auto mit Zigeunern. Ich stelle entschieden fest, dass die Exekutionen im Wald vor sich gingen. Normalerweise hielt das Auto ungefähr 100 Meter von den Massengräbern entfernt, außer in 2 Fällen – der erste Wagen an diesem Donnerstag und der zweite Wagen am Mittwoch den 14ten mit Juden –, in denen das Auto 20 Meter abseits des Grabes hielt.

Die Kameraden von den 8 [mit den Toten] Befassten informierten uns, dass im Führerhaus ein spezieller Apparat mit Knöpfen angebracht war. Von dem Apparat führen zwei Röhren in das Innere des Wagens. Der Fahrer (es gab zwei solche Exekutionsfahrzeuge und zwei Fahrer, immer dieselben) drückte einen Knopf und stieg aus. Dann drangen aus dem Auto Rufe, verzweifelte Schreie und An-die-Wände-Klopfen. Es dauerte ungefähr 15 Minuten. Danach ging der Fahrer wieder zum Auto und leuchtete mit einer elektrischen Lampe in das Innere, ob die Menschen schon tot waren. Dann fuhr er bis 5 Meter an die Grube heran. Blieb wieder 5 Minuten stehen. Dann befahl der „Ochsenziemer" (der SS-Offizier) vier von den [in der Grube] Beschäftigten, die Türen zu öffnen. Ein scharfer Gasgeruch schlug heraus. Nach 5 Minuten schrie er: Oh, Ihr Juden, geht Tefillin legen! Das heißt die Toten herauswerfen.

Die Toten lagen in großer Unordnung. Sie waren noch warm und sahen aus, als ob sie schliefen. Die Wangen waren nicht bleich, sondern hatten noch die natürliche Hautfarbe. Wie die [mit den Toten] Befassten uns sagten, war ihnen warm, weil sie mit den warmen Körpern hantierten. Ich wiederhole hier noch einmal die Reihenfolge ihrer Arbeit. 4 von ihnen warfen die Toten heraus, natürlich immer unter Schlägen und Geschrei. Man warf die Toten zunächst auf einen Haufen, 2 andere zogen sie dann zur Grube und warfen sie hinein. Die letzten 2, die in der Grube standen, schichteten die Toten nach der Anweisung eines bestimmten SS-Manns auf. Nach dem Entladen des Autos machten sich diese 8 daran, den Schmutz und die Exkremente aus dem Auto zu beseitigen. Man nahm die Strohmatte und den Holzrost heraus und wischte mit Hemden oder etwas dergleichen das Auto aus, bevor der Holzrost und die Matte wieder zurückgelegt wurden. Die 2 doppelten Außentüren wurden von außen mit einem Riegel hermetisch verschlossen. Das brauchte eine gewisse Übung. Da aber täglich andere damit beschäftigt waren, wurden sie von Ochsenziemer mörderisch geschlagen.

Nachdem das Auto abgefahren war und alle Toten aufgeschichtet waren, zogen die 8 [mit den Toten] Befassten wegen der Kälte bunte Zigeunertrachten über und setzten sich auf die Toten in der Grube. Das wirkte tragikomisch. Überhaupt durften diese 8 nicht mit den übrigen Arbeitern in Kontakt treten. Sie mussten auch mittags in der Grube bleiben, und man gab ihnen nur kalten, bitteren Kaffee zu trinken und ein Stückchen Brot. Das ging so vor sich: Einer der Gendarmen füllte mit einer langen Schöpfkelle einen Becher mit Kaffee, und nachdem einer ausgetrunken hatte, füllte er erneut denselben Becher und befahl einem anderen zu trinken. Die 8 [mit den Toten] Befassten wurden wie Aussätzige behandelt.

Nach ungefähr einer halben Stunde kam das zweite Auto mit Zigeunern, blieb aber nicht 20 Meter, sondern 100 Meter von uns entfernt stehen, damit wir nichts hören (die gedämpften Rufe brachten uns um den Verstand). Bis Mittag hatten wir 3 Autos abgefertigt, nachmittags 4 Autos (wir zählten die Autos immer). Unser Mittagessen bestand aus schwarzem, kaltem und bitterem Kaffee und gefrorenem, trockenem Brot. Um 5 Uhr nachmittags beendeten wir die Tagesarbeit. Bevor sie die Grube hätten verlassen können, befahl man den 8 [mit den Toten] Befassten, sich mit dem Gesicht nach unten auf die toten Zigeuner zu legen, und ein Gendarm durchlöcherte ihre Köpfe mit dem Maschinengewehr.

Gleich nach der Ankunft im Schloss, das etwa 100 Meter seitlich von der Chaussee lag, wurde schnell das Tor geschlossen, auf dass nicht neugierige Bauern etwas bemerkten. Es fuhren 7 Gendarmen vor uns und 3 Gendarmen hinter uns. Als Erste stiegen (im Schlosshof) die 7 [vorderen] Gendarmen aus, sie umstellten das Auto mit dem Maschinengewehr in der Hand, dann stiegen die übrigen 3 aus. Schließlich befahl man uns auszusteigen, und nach dem Durchzählen wurden wir in denselben finsteren Keller geführt. Dort war es dunkel und kalt. Wir riefen einander zu: Dies ist das Paradies (wir meinten im Vergleich zu dem schauderhaften Friedhof). Anfangs saßen wir im Dunkeln. Auf dem Stroh sitzend, wurden wir wiederum von unserem tragischen Schicksal überwältigt. Der 15-jährige Monyek Halter aus Izbica, der sich die ganze Zeit an mich klammerte, umarmte und küsste mich und sagte: … Wir sind alle verloren! –, und er wiederholte, er wolle gerne zu den Opfern gehören, wenn nur seine Mutter und seine Schwester am Leben blieben. Andere aber sagten: Schon wieder sind unschuldige 8 Menschen von dieser Welt gegangen. So verging die Zeit unter Jammern, Schluchzen und tiefem Seufzen.

Um 7 Uhr abends brachte der Koch einen Eimer Rübensuppe, die er in unsere Schüssel goss. Einige sehr Hungrige aßen etwas davon, aber die Mehrheit aß überhaupt nichts. In die kleinen Näpfe mit kalter Rübensuppe flossen bittere Tränen. Zusammen mit dem Essen hatte man eine Petroleumlampe gebracht. Fast alle stimmten darin überein, dass sie ihren Frieden damit machen könnten, auch das ganze Leben in diesem entsetzlichen Gefängnis zuzubringen, wenn sie nur auf diese Weise ihre Angehörigen retten und vielleicht die Rache an den Mördern erleben könnten. Nach einiger Zeit befahl der Gendarm zu singen. Wir gehorchten nicht. Erst als er drohte zu schießen und sogar die Tür zu unserem Keller öffnete, haben meine zwei Schlafgenossen, Meir Pyotrkovitsh aus Izbica und Yehude Yakubovitsh aus Włocławek (er wohnte zuletzt in Izbica), mich inständig gebeten, aufzustehen und zu singen. Obwohl ich sehr müde war, stand ich auf, ich weiß selbst nicht, woher ich die Kraft nahm, und mit gebrochener Stimme wandte ich mich an meine Kameraden: Kameraden, meine Herren, stellt Euch auf und singt mit mir. Lasst uns vorher die Mützen aufsetzen. – Alle stellten sich auf. Mit einem weißen Hemd wurde der Eimer mit den Exkrementen bedeckt. Der ungeduldige Gendarm stand in der Tür und forderte uns noch einmal zornig auf zu singen. Ich begann zu singen: Shma Jisroel, Adonaj Elohajnu, Adonaj Echod![22] Als ich die Strophe beendet hatte, sprachen die Versammelten mir mit Verzweiflung in der Stimme nach. Danach fuhr ich fort: Boruch Schem Kewod Malchusoj Lealom Woed![23] – nach mir schrien es die Übrigen und so noch drei Mal. Uns war, als ginge unser Leben zu Ende. Übergroße Traurigkeit und Schaudern ergriffen uns. Alle waren ernst wie vor dem höchsten Gericht.[24] Aber wenn wir glaubten, dass wir damit erlöst wären, so hatten wir uns bitter getäuscht. Der Gendarm verlangte mehr. Ich sagte: Kameraden und Herrschaften, wir werden jetzt die Hatikva singen. – Mit bedeckten Köpfen sangen wir das Lied. Es klang wie ein Gebet. Danach ging der Gendarm hinaus und verschloss wieder die 3 Schlösser der Tür. Wir konnten nicht aufhören zu weinen. Wir sagten, so eine Barbarei sei noch nicht da gewesen auf der Welt. Unschuldige Juden und Zigeuner auf so entsetzliche Weise umzubringen und sie zu zwingen, unter solchen Umständen noch zu singen. Mögen sie so enden wie Haman.[25] Möge doch der Herr der Welt das schreckliche Strafgericht von uns abwenden. Moyshe Ash, ein Bürger von Izbica, rief aus: Wir sterben als Opfer – das muss der Beginn der messianischen Zeit sein.[26]

Der Wächter öffnete wieder die Tür, und der zivile deutsche Koch brachte einen Eimer schwarzen, bitteren Kaffee, der in die Schüssel gegossen wurde. (Die ungegessene Rübensuppe gossen wir in den Eimer mit den Exkrementen.) Jeder von uns nahm ein kleines Stück Brot und ein bisschen Kaffee.

15 Minuten später verlangte der Gendarm erneut Gesang. Wir versuchten Müdigkeit vorzuschützen, aber das hatte keinerlei Wirkung. Er befahl, ihm nachzusprechen: Wir Juden danken Adolf Hitler für diese Sache.[27] – Wir sprachen es nach. Danach sagte er [uns vor]: Wir Juden danken Adolf Hitler für das Essen. Auch das sprachen wir nach. Danach verlangte er Gesang. Wir sangen die Hatikva und danach „Beshuv Adonay"[28] (damit meinten wir, eine Antwort auf unsere verzweifelte Lage zu geben). Wieder schloss er uns ein. Wir schliefen bis Mitternacht. Ob wegen böser Träume oder wegen der Kälte, jedenfalls wachte ich mitten in der Nacht auf und fing an, die ganze Sache noch einmal zu durchdenken: „Wo, um Himmels willen, ist denn Gott, dass er einfach zuschaut, wie man unschuldige Menschen umbringt, ungerührt von unserem Schmerz? Warum tut er kein Wunder?" Mittendrin hatte ich den Gedanken, mich aus dem Gefängnis zu befreien. Bei flackerndem Licht ging ich zum vermauerten Fenster und versuchte, mit dem Messer einen Ziegel zu lockern. Die Bemühungen waren jedoch vergeb-

22 Erste Zeile des hebr. Gebets Schma Israel: Höre Israel! Der Herr ist unser Gott; der Herr ist Einzig (Dtn 6,4).

23 Zweite Zeile des Schma Israel: Gepriesen sei Gottes ruhmreiche Herrschaft, für alle Zeiten (mJoma 6,2).

24 Das himmlische Gericht, das entweder am Ende des Lebens oder am Ende der Zeiten (in kabbalistischen Vorstellungen auch kontinuierlich) jeden Einzelnen richtet.

25 Im Buch Ester Regierungsbeamter, der den Perserkönig Ahasveros zu einem Edikt veranlasst, alle Juden im Königreich ermorden zu lassen. Königin Ester errettet die Juden, Haman und seine Söhne werden getötet. In der jüdischen Tradition erinnert das Purim-Fest an diese Errettung der persischen Juden.

26 Ein wichtiges Element des jüdischen Messianismus bildet die Erwartung, dass die Erlösung kommt, wenn das Volk in großer Bedrängnis lebt.

27 Im Original deutsch.

28 Psalm 126.

lich. Da auch drinnen Frost herrschte, waren die Ziegel festgefroren. Nach 2 Stunden vergeblicher Mühe verzweifelte ich und legte mich wieder auf mein Lager.
Um 5 Uhr früh wachten alle vor Kälte auf. Wir führten Gespräche. Getsl Khzhonstovski (vom Bund) und Ayznshtab, beide aus Kłodawa (Ayznshtab hatte [früher] ein Pelzgeschäft in Włocławek), hatten den Glauben an Gott, der sich des Unrechts, das man den Leidenden zufügt, nicht annimmt, vollständig verloren. Andere aber, unter ihnen auch ich, wurden im Glauben noch bestärkt und wiederholten die Aussage von Moyshe Ash, dass die Zeit des Messias nahe wäre.
Freitag, den 9. Januar 1942, um 7 Uhr früh, brachte man wieder bitteren Kaffee. Auf die Frage, ob wir genug Brot hätten, antworteten wir, dass es genug sei, denn auch das Brot, das wir hatten, haben wir nicht aufgegessen. Um 8 Uhr früh kamen die SS-Männer, die im Flur den Rapport entgegennahmen, dass bei den Juden nichts vorgekommen sei. Nachdem die Tür geöffnet worden war, befahl man uns hinauszugehen und zählte durch. Der Hof war schon von ungefähr 20 Gendarmen mit Maschinengewehren in der Hand umstellt. (Am ersten Tag erfasste uns panische Angst, als wir die auf uns gerichteten Läufe sahen. Wir dachten schon, man erschießt uns.)
Auf dem Hof sahen wir 2 große, offene Autos, beladen mit Zigeunern; Männer, Frauen und Kinder mit ihrem Hab und Gut. Rasch wurden wir auf das Lastauto verladen, damit wir uns nicht mit ihnen verständigen konnten. Es war übrigens der einzige Fall, dass wir eine Gruppe Opfer noch lebend sahen. Auf dem Auto standen wir vorn und 7 Gendarmen mit Maschinengewehren in der Hand hinter uns. Hinter uns fuhr ein Pkw mit 8 SS-Männern.
Am Ort umstellten uns wieder Gendarmen; wir zogen uns für die Arbeit aus, so wie bisher, danach wurde durchgezählt, und 8 Personen wurden ausgesondert. Wir nahmen Spitzhacken und Spaten zur Hand und traten zu unserer Arbeit an. Das Massengrab war am Grund ungefähr anderthalb Meter breit und ungefähr 5 Meter tief. Es erstreckte sich in die Länge, wenn ein Baum störte, wurde er umgehackt. Am dritten Tag unserer tragischen Erlebnisse ging die Arbeit streng vor sich und war besonders schwer. Schon nach einer Stunde kam das erste Auto mit Zigeunern und 20 Minuten später – das zweite Auto. Der Ochsenziemer wütete unaufhörlich. Im Laufe der Arbeit gelang es uns, uns den 8 [mit den Toten] Befassten etwas zu nähern. Unter ihnen waren: Avrom Zhelinski aus Izbica, 32 Jahre alt, Bravman aus Izbica, 17 Jahre, Zalmen Yakaubovski aus Izbica, 55 Jahre alt, Gershon Prashker aus Izbica. Ungefähr um 3 Uhr, als nicht so viel zu tun war und man sie nicht so herumjagte, nahm Gershon Prashker, tief unten im Grab stehend, das Gebetbuch heraus und betete, wobei er den bloßen Kopf mit der Hand bedeckte. Um 11 Uhr früh sagten sie zu uns: Wir gehen einem tragischen Tod entgegen, möge es [ein Opfer] für unsere Angehörigen und das Volk Israel sein. Wir werden die Welt nicht mehr wiedersehen. An dem Tag aßen wir um halb 2 Mittag. Der Frost erreichte 20 Grad. Die Gendarmen machten ein Feuer, über dem sie unser Brot auftauen wollten. Das Brot war dann verqualmt und angebrannt. Die Mittagspause war sehr kurz, denn es kam ein neues Auto mit Zigeuneropfern. Nach dem Mittag ging der Ochsenziemer etwas tiefer in den Wald und trank eine Flasche Schnaps. Dann kam er zurück und fing an zu schreien: Oh, ihr Hellblauen, ihr wollt nicht arbeiten – und er setzte seinen Knüppel in Gang. Die Totengräber wurden misshandelt, Blut floss von ihren Köpfen, aus der Nase, von der Stirn, vom Gesicht, die Augen waren geschwollen. An dem Tag wurden 8 oder 9 Zigeunertransporte begraben. Um halb 6 hörten wir auf. Natürlich

wurden vorher die 8 getötet. Uns befahl man, uns schnell anzuziehen, und trieb uns in den Lastwagen. Die ganze Zeit über wurde das ständige Durchzählen peinlich eingehalten.

Beim Eintreffen im Schloss in Chełmno sahen wir zu unserer schmerzlichen Überraschung eine neue Gruppe, wahrscheinlich Totengräber: 16 Mann aus Izbica und 16 Mann aus Bugiten (Bugaj). Unter denen aus Izbica waren 1.) Moyshe Lepek, 40 Jahre; 2.) Avigdor Polanski, ungefähr 20 Jahre; 3.) Shtayer, ungefähr 55 Jahre; 4.) Krol, ungefähr 45 Jahre; 5.) Itskhak Prays, ungefähr 45 Jahre; 6.) Yehude Lubinski, 31 Jahre; 7.) Kalmen Radzheyevski, 32 Jahre; 8.) Menakhem Artshibovski, ungefähr 40 Jahre; und aus Bugiten mein Kamerad und Freund Khayim Ruvn Izhbiyetski, 33 Jahre.

20 alte Totengräber und 5 neue, zusammen 25 Mann, trieb man in einen anderen Keller, der etwas kleiner war als der vorherige. Wir fanden dort Bettzeug, Wäsche, Hosen, Jacken und Lebensmittel (Brot, Zucker, Schmalz). Die Sachen gehörten den neuangekommenen Totengräbern. Müde und gebrochen setzten wir uns auf die Bündel. Die erste Frage, die wir den Neuangekommenen stellten, war, ob unter ihnen etwa Verwandte und Bekannte von uns seien. Fragen und Antworten vermischten sich mit Tränen. Aus dem benachbarten Raum hörte man Stimmen. Ich ging zur Wand, wo sich die Lüftung befand und ein Ziegel herausgebrochen war, und klopfte und schrie hinein, ob sich Khayim Ruvn Izhbiyetski aus Bugiten dort befinde. Er kam. Durch die Wand erkundigte ich mich, ob es wenigstens seinen Eltern und Schwestern gelungen sei zu fliehen. Der Wächter unterbrach das Gespräch.

Während des Abendbrots verteilte Shtayer unter uns Schmalz und sagte dazu: Gebe Gott, dass ich das Elend nicht mit ansehen muss und schon morgen in jener Welt bin. (Tatsächlich wurde er am anderen Tag getötet.) Moyshe Lepek wiederum verteilte Zucker. Nach dem Abendbrot bedeckten wir den Eimer mit den Exkrementen und sprachen unter Tränen das Abendgebet. Danach erzählten uns die Neuangekommenen etwas über Politik. Sie sagten, der Russe habe schon Smolensk und Kiev eingenommen und komme näher.[29] Wir wünschten uns, er möge hierher kommen und den schrecklichen Ort mit Bomben zerstören. Einige zeigten schon, wo sie sich während des Bombardements verstecken wollten. Andere hielten dagegen, dass es mindestens noch einen Monat dauern werde und dass wir bis dahin schon nicht mehr auf der Welt sein würden. Keiner hielt es für möglich, der Hölle auf normale Weise zu entkommen. Eine Diskussion über die göttliche Gerechtigkeit zeigte, dass ein Teil der Anwesenden, sogar ältere, den Glauben vollständig verloren hatten. Sie sagten, das wären Ammenmärchen. Es gäbe keinen Gott, wenn er unserem Leid zusieht und nicht hilft. Die aber, die im Glauben gestärkt waren, darunter auch ich, waren der Meinung, dass es nicht an ihnen sei, die Geschehnisse zu verstehen. Alles liegt bei Gott. Schließlich deckten wir uns mit unserem bisschen Kleidung zu und schliefen ein.

Noch eine wichtige Anmerkung: Donnerstag und Freitag transportierte das jeweils letzte Auto Juden; und zwar jüngere und ältere Männer mit Davidsternen vorn und hinten auf der Kleidung, mit Koffern und Rucksäcken. Wir nahmen an, dass es kranke Lagerinsassen seien, die auf diese Weise umgebracht wurden. Sie wurden mit ihrer ganzen Habe

29 Tatsächlich wurden Smolensk und Kiev von der Roten Armee erst am 23.9.1943 bzw. am 6.11.1943 befreit.

begraben. All dies erschütterte uns, denn bis dahin hatten wir noch gehofft, dass die Lagerinsassen diese tragische Zeit irgendwie überstehen würden.
Am Schabbat, dem 10. Januar, um 7 Uhr früh, brachte man das Frühstück: bitteren Kaffee mit Brot. Nach dem Frühstück sprachen Moyshe Lepek und danach ich das Vidui, und durch die sieben Stadien der Hölle,[30] das mehrmalige Durchzählen und die Bewachung mit auf uns gerichteten Gewehrläufen gelangten wir ins Auto. Den 5 Neuen sagten wir, dass sie sich nahe bei uns halten sollten. Zusammen mit ihnen waren 53 Personen in unserer Gruppe, die in schrecklichem Gedränge im Auto standen. Hinter uns standen 10 Gendarmen mit angelegten Maschinengewehren. Dahinter fuhr ein Wagen mit 10 SS-Leuten. Am Ort machte sich die alte Gruppe gesondert wie ihre Vorgänger bereit zur Arbeit, nur die Neuangekommenen mussten alle unsere Leiden durchmachen. Dieses Mal wurden aber keine 8 [mit den Toten] Befassten ausgesondert. Um 11 Uhr früh kam das erste Auto mit jüdischen Opfern.
Mit ihnen wurde so verfahren: Als man die Juden – Männer, Frauen und Kinder nur in Unterwäsche – vom Auto geworfen hatte, kamen die beiden deutschen Zivilisten und untersuchten sie genau, ob irgendwo Wertgegenstände versteckt seien. Ketten wurden vom Hals gerissen, Ringe von den Fingern gezogen, Goldzähne ausgebrochen. Man suchte sogar bei allen im Enddarm und bei den Frauen auch vorn (Geschlechtsteile). Alles ging sehr brutal zu. Nach dieser Untersuchung lief die Prozedur wie üblich ab. Erst nachdem der jüdische Transport eingetroffen war, wählte man 8 [mit den Toten] Befasste aus. Die Opfer waren allesamt aus Kłodawa, wie uns Getsl Khzhonstovski, der selbst aus Kłodawa stammte, mitteilte. Nachdem das erste Auto abgefertigt war, kehrten die [mit den Toten] Befassten zu ihrer früheren Arbeit zurück, d. h. zum Graben. Um halb 2 kam das zweite Auto. In einem bestimmten Moment fing Ayznshtab, selbst aus Kłodawa, an, leise zu weinen, und sagte zu uns, er habe nichts mehr, wofür es sich zu leben lohne, denn er hatte gesehen, wie man seine Frau und seine einzige, 15-jährige Tochter begrub. Er wollte die Deutschen bitten, auch ihn zu töten, damit er das Grab mit seinen Nächsten teile. Wir hielten ihn aber davon ab, mit dem Vorwand, dass er das ja immer noch tun könne, inzwischen aber könne er sich retten und Rache nehmen.
Um dreiviertel 2, als wir zu Mittag aßen (bitteren, kalten Kaffee und verqualmtes Brot) und die 8 [mit den Toten] Befassten ihre bittere Arbeit beendeten, kamen 2 Autos mit höheren SS-Offizieren. Sie stiegen aus, betrachteten wohlgefällig die Mordstätte, nahmen den Rapport des Ochsenziemers entgegen und schüttelten ihm anerkennend und zufrieden die Hand. Danach fuhren sie ab. Nachmittags begruben wir in großer Eile 5 weitere Autoladungen. Ungefähr um 6 Uhr abends machten sich alle daran, das Grab zuzuschütten. Es wurde dem Erdboden gleichgemacht. Auf die eingespielte Weise kehrten wir zurück ins Schloss. Zufällig stieß Khayim Ruvn Izhbiyetski zu unserer Gruppe. In der Zelle brachen wir alle in großes Weinen aus. Die Tatsache, dass ich anfangs meinen besten Freund Izhbyetski nicht erkannte, mag Zeugnis über meinen Gemütszustand ablegen. Wir waren so zerschlagen, sowohl heute als auch in den Tagen davor, dass uns das Weinen ganz natürlich vorkam. Am meisten klagte der trauernde Ayznshtab. Nach dem Abendbrot, ein Viertelliter Kartoffelsuppe pro Kopf und schwarzer, bitterer Kaffee mit Brot, trugen wir den Fäkalieneimer hinaus, und beim Schein einer rußenden Lampe

30 Im Original hebr.

sprachen wir das Abendgebet. Danach sprach Ayznshtab das Kaddisch. Wir redeten nur über das große Unglück, das dem jüdischen Volk zugestoßen ist. Wir hatten deutlich gesehen, wie man eine ganze jüdische Siedlung mit der Wurzel ausreißt (Kłodawa). Keiner konnte ein Auge schließen. In einem Moment sprang Ayznshtab von seinem Lager und begann in höchstem Maße aufgeregt zu schluchzen. Er schrie, er habe nichts mehr, wofür er lebe, alle Hoffnungen seien ihm genommen. Er schlug mit dem Kopf gegen die Wand. Am meisten weinte er darüber, dass er sich nicht das Leben zu nehmen vermochte. Erschöpft legte er sich wieder hin und schlief ein. Ich blieb die ganze Nacht wach. Ich umarmte meine beiden Schlafgenossen, Meir Pyotrkovski und Yehude Yakubovski, schmiegte mich an sie und weinte leise.

Sonntag, den 11. Januar, um 7 Uhr früh brachte man uns Frühstück und meldete gleichzeitig, dass wir wegen des Sonntags nicht arbeiten werden. Nach dem Morgengebet und dem Kaddisch blieben wir in unserem Keller-Paradies. Wir sprachen kein Vidui. Wieder entwickelten sich Gespräche über Politik, über Gott und über uns. Alle wollten bis zu unserer Erlösung aushalten. Aber wichtiger war uns die Sorge um das Volk Israel. Alle hätten freudig ihr Leben hingegeben, wenn nur das Volk Israel am Leben bliebe. Um 11 Uhr früh wurde eine Gruppe von 10 Mann hinausgetrieben, um ein Auto anzuschieben, das eingefroren war. Auf dem Hof stand auf einer Seite das graue Gas-Auto. Wo ich schon auf dem Hof war, kam mir der Gedanke zu fliehen, aber im letzten Moment verlor ich den Mut. Nach dieser Arbeit wurden wir wieder in den Keller getrieben. Um 1 Uhr aßen wir zu Mittag – Rübensuppe mit Brot. Nachmittags setzte oder legte man sich auf die Bündel. Einige zogen die Stiefel aus. Endlich schliefen wir für ein paar Stunden ein. Beim Wachwechsel um 6 Uhr abends befahl uns der Wächter wieder zu singen. Wir aber schrien nur mit schauerlichen Stimmen „Shma Yisroel", so wie am Tag vorher, und Hatikva. Dann kam ein höherer SS-Mann und steckte ihm fluchend, dass Juden nicht singen dürften. Um 7 Uhr abends aßen wir Abendbrot, danach trugen wir den Fäkalieneimer hinaus, sprachen das Abendgebet und das Kaddisch, legten uns hin, deckten uns mit Mänteln zu und fielen in Tiefschlaf.

Montag, den 12. Januar, um 5 Uhr früh versammelten sich 6 Menschen und sprachen weinend und klagend Psalmen. Die anderen lagen gleichgültig da. Manche verspotteten unsere Frömmigkeit explizit. Sie sagten, dass Gott sicher nicht existiere, unsere Tröstungen kämen ihnen vor wie kindische Narreteien. Wir entgegneten, unser Leben läge in Gottes Hand, seinen Willen nähmen wir in Liebe an, umso mehr, als doch die Zeiten des Messias nahten. Nach dem Morgengebet und dem Kaddisch, an dem sich sogar Ayznshtab beteiligte, sagten wir Vidui. Um 7 Uhr früh brachte man uns Kaffee und Brot. Etliche aus Izbica (die zuletzt in Kutno gewohnt hatten) nahmen sich den ganzen Kaffee. Alle anderen verurteilten diese Tat scharf und sagten, da wir ohnehin dem Tode nahe seien, müsse man sich würdig verhalten. Es wurde beschlossen, in Zukunft jedem den Kaffee zuzuteilen. Um halb 9 Uhr waren wir alle schon bei der Arbeit. Um halb 10 Uhr kam das erste Gas-Auto. Unter den 8 [mit den Toten] Befassten befanden sich: Aron Rozental, Shloyme Babyatski und Shmuel Bibergal, alle zwischen 50 und 60 Jahre alt.

An dem Tag wurden wir sehr gejagt, und man ließ nicht zu, dass das Gas nach dem Öffnen des Fahrzeugs abzog. Die Schreie der Ausgepeitschten waren nicht zu beschreiben. Gleich nach dem ersten Auto kam ein zweites und bis 12 Uhr noch ein drittes. Als wir zum Mittagessen gingen und die 8 noch dort blieben, um diese Ladung zu beenden, kam eine schwarze Limousine, aus der 4 SS-Offiziere stiegen. Auch sie nahmen den

Rapport des Ochsenziemers entgegen und schüttelten ihm danach anerkennend die Hand. Vor Freude und Befriedigung misshandelte der Ochsenziemer die 8 [mit den Toten] Befassten ein weiteres Mal. Nach der Abfahrt der SS-Leute nahmen auch die 8 ihr karges Mittagessen ein: bitteren Kaffee und verqualmtes Brot. Ungefähr um 1 Uhr kam schon wieder ein Auto. An dem Tag – gearbeitet wurde bis 6 Uhr abends – begrub man 9 Autoladungen mit jeweils 60 Juden aus Kłodawa, zusammen über 500.

In einem Augenblick rief mein Kamerad Getsl Khzhonstovski, er erkenne seinen 14-jährigen Sohn, der in die Grube geworfen wurde. Auch ihm redeten wir aus, die Deutschen zu bitten, dass sie ihn erschießen sollen. Wir argumentierten, um der Rache willen müsse man die Schmerzen aushalten, wir würden es ihnen später mit gleicher Münze heimzahlen.

Nach der Arbeit wurden die 3 älteren [mit den Toten] Befassten getötet, und uns wurde befohlen, das Grab schnell zuzuschütten. Weil es schon spät war (es war schon ganz dunkel), teilten uns die Deutschen, aus Angst vor möglichem Widerstand, rasch auf und trieben uns ins Auto. Mit uns fuhren 7 Gendarmen. Es war schon 7 Uhr abends, als wir in unsere Unterkunft kamen. Die Söhne der beiden Getöteten, Rozental und Bibergal, weinten sehr. Wir trösteten sie damit, dass wir doch alle umkommen würden und es schließlich egal sei, wen das Schicksal früher trifft. Diesmal beteten auch diese beiden das Kaddisch.

Nach dem Abendbrot, das wie gewöhnlich aus Rübensuppe und bitterem, schwarzem Kaffee mit trockenem Brot bestand und nach unserem Beschluss gerecht verteilt wurde, sprach Moyshe Lepek Vidui. Er wollte sich das Leben nehmen, um das Leid seiner Nächsten nicht mehr ansehen zu müssen. Er verteilte seine ganze Habe; Brot, Kunsthonig und Kleidung. In dem Augenblick hörte man ein Geräusch auf dem Flur. Die zweite Gruppe aus dem benachbarten Keller gab uns durch die Wand Nachricht, dass die Deutschen einen Juden aus Kłodawa gefangen hätten. Am anderen Morgen erzählten sie uns folgende Einzelheiten: Der von den Deutschen gefangene Goldman aus Kłodawa hat ihnen genau geschildert, wie die Juden in das Gas-Auto getrieben werden. Wenn man sie in das Schloss brachte, behandelte man sie sehr höflich. Ein alter, ungefähr 60-jähriger Deutscher mit langer Pfeife half den Müttern, ihre Kinder vom Auto zu heben. Die Säuglinge nahm er selbst auf den Arm, um den Müttern das Aussteigen zu erleichtern. Greise geleitete er in das Schloss, mit einem Wort, seine Sanftheit und sein feines Benehmen rührten die Unglücklichen. Alle wurden in ein warmes Zimmer geführt, in dem 2 Öfen geheizt waren. Der Fußboden war mit Holzrosten ausgelegt, wie in einem Bad. Im Zimmer haben der alte Deutsche und ein SS-Offizier ihnen Reden gehalten. Sie versicherten, dass sie ins Getto Litzmannstadt führen, wo sie arbeiten und produktiv sein würden. Die Frauen würden den Haushalt führen und die Kinder in die Schule gehen. Sie müssten aber, um nach Litzmannstadt zu kommen, entlaust werden. Zu diesem Zwecke müssten sich alle bis auf die Unterwäsche ausziehen. Die Kleidungsstücke würden mit Dampf desinfiziert. Alle Wertsachen und Dokumente müssten daher herausgenommen, in ein Tuch gewickelt und zur Aufbewahrung abgegeben werden. Wenn einer Papiergeld versteckt oder in ein Kleidungsstück eingenäht habe, müsse er es unbedingt heraustrennen, weil es sonst im Ofen verbrennt. Die Versammelten selbst müssten auch ins Bad. Der alte Deutsche bat alle sehr höflich, ins Bad zu gehen, und öffnete die Tür, von der 15–20 Stufen nach unten führten. Dort herrschte schon Frost. Auf den Einwand, es sei kalt, antwortete der Deutsche sanft, sie sollten nur weitergehen, dann würde ihnen schon warm. Es ging durch einen langen Flur, an dessen Ende sich eine Rampe befand, zu der einige Stufen führten. Das Gasauto fuhr an die Rampe. Da verschwand die ganze Sanftheit, und man trieb alle mit mörderischer Wut in den Wagen. Die Juden verstanden sofort, dass ihnen der Tod bevorstand, und riefen verzweifelt „Shma Yisroel". Beim Ausgang aus dem warmen Zimmer befand sich rechts eine kleine Kammer. Dort hatte sich Goldman versteckt. Aber nachdem er dort 24 Stunden bei starkem Frost zugebracht hatte, beschloss er, schon fast steif gefroren, sich Kleidung zu suchen und sich zu retten. Stattdessen wurde er gefangen und zu den Totengräbern gesteckt. Dort munterten die Kameraden ihn auf, gaben ihm etwas zu essen sowie ein Paar Hosen und einen Mantel. Bei uns wurde sehr lebhaft über diesen Fall diskutiert. Jeder meinte, dass er an Goldmans Stelle sich besser zu helfen gewusst hätte.

Ungefähr um 3 Uhr nachts weckte Moyshe Lepek alle auf, küsste jeden, verabschiedete sich und bereitete einen Strick vor, um sich aufzuhängen. Als er sich aber die Schlinge um den Hals legte, verließen ihn die Kräfte. Er konnte sich nicht das Leben nehmen.

Dienstag, den 13ten Januar, um 7 Uhr früh schafften wir es kaum, nach dem Frühstück Vidui zu sagen, bevor wir alle, zusammen mit Goldman, auf das Auto geladen wurden. Am Ort bereiteten wir uns auf die Arbeit vor. Da befahl man Goldman, sich in das Grab zu legen, und erschoss ihn. Schon um 8 Uhr früh kam ein Gaswagen. An dem Tag waren alle Autos besonders vollgepfropft, ungefähr 90 Tote in einem Auto. Wir schlossen das daraus, dass die Toten gleich nach dem Öffnen der Türen von selbst herausfielen und es trotz des mörderischen Tempos länger als bisher dauerte, ein Auto zu entladen. An diesem Tag wurden die Juden von Bugiten liquidiert. Ein Auto folgte auf das andere. Als aus dem vierten unter anderen ein in ein Kissen gewickelter Säugling herausgeworfen wurde und anfing zu weinen, brachen die SS-Leute in Gelächter aus. Sie erschossen den Säugling mit Maschinengewehren und schleuderten ihn in die Grube. Im Laufe dieses Dienstags wurden ungefähr 800 Juden aus Bugiten begraben. Bei starkem Frost arbeiteten wir bis 6 Uhr abends und begruben die Toten aus 9 Autos. Nach der Arbeit wurden 5 der [mit den Toten] Befassten erschossen.

Als wir wieder im Keller waren, brach Mekhl Podkhlebnik[31] aus Bugiten in heftiges Weinen aus. Er hatte seine Frau, seine Kinder und Eltern verloren. Nach dem Abendbrot und dem Leeren des Fäkalieneimers beteten einige das Abendgebet und führten danach ein Gespräch über Aktuelles. Es ging wieder um die Möglichkeit zur Flucht: Der Drang, sich zu befreien, um die gesamte jüdische Bevölkerung zu alarmieren, war so groß, dass kein Preis dafür zu hoch schien. Einige wollten einen ca. 50 Meter langen Tunnel graben. Die Schwierigkeit bestand nur darin, dass man nicht wusste, wohin mit der ausgeschachteten Erde. Andere wiederum wollten das (einschalig) zugemauerte Fenster öffnen. Wegen des Frosts konnten aber selbst die gesündesten Kerle unter uns keinen einzigen Ziegel bewegen. Resigniert legten wir uns schlafen.

Mittwoch, den 14ten Januar, brachte man uns bitteren Kaffee und Brot. Gleich nach dem Frühstück machte sich Kzhevatski aus Kłodawa, der sich schon seit längerem mit

31 Mordechai, auch Michał Podchlebnik (1907–1985), Viehhändler; stammte aus Bugaj und lebte vor 1939 in Koło, wurde im Dez. 1941 oder Jan. 1942 von dort in das Vernichtungslager Kulmhof deportiert und der Gruppe der jüdischen Funktionshäftlinge zugeteilt, im Febr. 1942 gelang ihm die Flucht; er überlebte den Krieg und emigrierte 1949 nach Israel; sagte 1961 in Jerusalem im Prozess gegen Adolf Eichmann sowie im Bonner Kulmhof-Prozess 1963 als Zeuge der Anklage aus.

Selbstmordgedanken trug, eine Schlinge und legte sie sich um den Hals. Er bat Getsl Khzhanstovski, ihm das Bündel unter den Füßen wegzuziehen und ihm den Mund zuzuhalten, damit er schneller erstickt. Khzhanstovski tat das. Kzhevatski hatte einen leichten Tod. Kzhevatski beging Selbstmord, weil er, wie er uns sagte, keine Kraft mehr in sich fand, dem Morden weiter zuzusehen. Wir schnitten den Strick durch und legten ihn an die Seite. Gleich nach ihm beschloss Gershon Shvyentoslavski aus Izbica Kuj[awska], sich das Leben zu nehmen. Er war Kzhevatskis Arbeitskollege beim Graben. Er sagte: Ich habe mit Kzhevatski zusammengearbeitet, und ich will mit ihm zusammen im Grab liegen. Wegen der späten Stunde – die Peiniger konnten jederzeit kommen – wollte ihm keiner beim Hängen helfen. Da nahm er selbst rasch einen Strick, machte eine Schlinge, legte sie sich um den Hals und beugte, auf dem Fußboden stehend, seinen Körper, um sich so zu erwürgen. Mitten in seinem Martyrium klopfte es. Der junge Monyek Halter schnitt rasch den Strick ab. Shvyentoslavski fiel zu Boden und röchelte heftig, als er wieder zu Atem kam. Als der Wächter weg war, baten wir Getsl Khzhonstovski, ein Ende zu machen, da wir ihn einerseits nicht retten wollten (denn wofür?) und andererseits sein Leid nicht mehr mit ansehen konnten. Khzhonstovski knüpfte eine Schlinge, legte sie Shvyentoslavski um den Hals und zog, während er den Körper mit den Füßen fixierte, so lange mit aller Kraft am Strick, bis er Shvyentoslavski erwürgt hatte. Beide Tote ließen wir unbedeckt in der Kammer liegen. Sie lagen dort etliche Tage.

Um 8 Uhr früh waren wir schon in den Gräbern. Um 10 Uhr früh kam schon das erste Auto mit Opfern aus Izbica. Bis um 12 Uhr waren bereits 3 vollgepfropfte Autos bearbeitet. Aus einem zog man den Körper eines toten deutschen Zivilisten heraus. Es war einer von den Köchen. Wahrscheinlich ist er auf folgende Weise in das Auto geraten: Er hatte bemerkt, dass einer der Juden irgendeine Wertsache bei sich hatte. Also lief er ihm nach und wollte sie ihm rauben. In dem Moment aber wurde das Auto geschlossen. Sein Geschrei und sein Klopfen wurden nicht beachtet, und so wurde er zusammen mit allen vergast. Sowie man ihn abgeladen hatte, kam vom Schloss ein besonderes Auto mit einem Sanitäter. Der Körper des Kochs wurde zurückgebracht. Manche behaupteten, er sei absichtlich vergiftet worden, und es würden noch alle Deutschen vergiftet, damit es keine Zeugen der Mordtaten gäbe.

Mittags kamen SS-Leute in 2 Autos und ergötzten sich am Anblick der Massenmordfabrik. Nachmittags wurden 5 weitere Wagenladungen begraben. Aus einem Auto wurde eine junge Frau mit einem Säugling an der Brust herausgeschleudert. Das Kind war gestorben, während es an der Mutterbrust trank. An dem Tag arbeiteten wir bei Scheinwerferbeleuchtung bis 7 Uhr abends.

Auch an dem Tag fuhr einer der Wagen versehentlich so nahe an die Grube, dass wir die gedämpften Schreie hörten, das Rufen der Gepeinigten und wie sie an die inneren Türen klopften. Bevor die Arbeit beendet wurde, wurden 6 von den [mit den Toten] Befassten erschossen. Wieder im Keller, brachen wir in lautes Weinen aus. Nach dem Abendbrot sprachen wir das Abendgebet und das Kaddisch. Wir schliefen fest bis um 7 Uhr früh.

Donnerstag, den 15ten Januar, fuhren wir wieder sehr früh zur Arbeit, und zwar mit einem Bus. Plötzlich rief Monyek Halter mir zu, dass sich das Fenster ganz leicht mit einer Kurbel öffnen ließe. Der Gedanke an Flucht rumorte schon die ganze Zeit in meinem Hirn. Mit aller Kraft wollte ich zu lebenden Juden gelangen, um ihnen die Gräuel von Chełmno zu berichten. Um 8 Uhr früh waren wir schon bei der Arbeit. Um 10 Uhr

kam bereits die erste Ladung Opfer, wieder aus Izbica. Bis Mittag waren wir mit 4 vollgepfropften Wagen fertig. Ein Wagen wartete hinter dem anderen. Ich muss nochmals berichten, wie barbarisch und sadistisch die Toten untersucht wurden. Man stelle sich vor, wie je zwei Deutsche, der eine links, der andere rechts, einen Toten aus dem Haufen der Opfer zerren. Man untersucht die Hälse der Frauen, ob goldene Ketten vorhanden sind. Falls ja, reißt man sie ab. Ringe werden von den Fingern gezogen. Goldene Zähne werden mit Zangen ausgebrochen. Danach richtet man den Toten auf, die Beine werden gespreizt, und man fasst mit der Hand in den Enddarm. Bei den Frauenleichen macht man es von vorn. Obwohl das jeden Tag und die ganze Zeit über geschieht, kocht jedes Mal erneut das Blut in unseren Adern.
Mittags überbrachte man mir die traurige Nachricht, dass meine geliebten Eltern und mein Bruder ebenfalls begraben wurden. Um 1 Uhr waren wir schon wieder bei der Arbeit. Ich versuchte, näher an die Toten heranzukommen, um meine Nächsten wenigstens noch ein letztes Mal zu sehen. Das erste Mal bekam ich ein Stück gefrorene Erde in die Seite, von dem gutmütigen Deutschen mit der Pfeife, das zweite Mal schoss der Ochsenziemer auf mich. Ich weiß nicht, ob er nicht treffen wollte oder konnte, jedenfalls wurde ich gerettet. Ohne auf meinen Schmerz zu achten, arbeitete ich sehr schnell, um wenigstens für Momente meine schreckliche Lage zu vergessen. Ich war mutterseelenallein. Von meiner 60-köpfigen Familie war nur noch ich am Leben. Als wir Totengräber am Abend halfen, die Toten zuzuschütten, stellte ich für einen Augenblick den Spaten beiseite, Mekhl Podkhlebnik ebenso, und wir sprachen lautlos das Kaddisch. Vor dem Verlassen der Grube wurden 3 der [mit den Toten] Befassten erschossen. Um 7 Uhr abends wurden wir zurückgebracht. Alle aus Izbica waren verzweifelt. Uns allen war bewusst, dass wir keinen unserer Nächsten lebend wiedersehen würden. Ich war außer mir. Mir war alles egal. Nach dem Abendgebet sprachen alle aus Izbica das Kaddisch mit. Derweil bemerkten wir, dass sich in der Nachbarzelle 18 Totengräber aus Łódź befanden. Durch die Wand erfuhren wir, dass auf Anweisung Rumkowskis bisher 750 jüdische Familien deportiert wurden. Die Nacht war voller Albträume und schrecklicher Bilder. Die Stärkeren unter uns versuchten noch einmal, das Fenster aufzubrechen.
Am Freitag, den 16ten Januar, wachten wir um 5 Uhr früh auf. Wir besprachen wieder unsere hoffnungslose Lage. Was soll das ganze Leben, wenn wir ohne Freunde sind, ohne Verwandte, ohne Retter, wenn keiner mehr da ist, zu dem man sprechen könnte. Bei der Arbeit wurden die neuen Totengräber aus Łódź vom Ochsenziemer heftig zugerichtet, damit sie wissen, wie sie zu arbeiten haben. Ungefähr um 10 Uhr früh kam das erste Auto. Bis 1 Uhr haben wir 4 Wagenladungen begraben. Alle Opfer kamen aus Łódź. Ihr abgemagerter Zustand sowie die vielen Wunden und Schwären, mit denen ihre Körper übersät waren, legten Zeugnis ab vom Hunger in Łódź. Wir hatten großes Mitgefühl mit ihnen. Wie lange hatten sie im Getto gelitten und gehungert, um die schwere Zeit zu überstehen, nur um jetzt einen so schlimmen Tod zu sterben. Die Toten waren leicht. Hatten früher je 3 Wagenladungen in eine Lage [Toter im Massengrab] gepasst, waren es jetzt 4. Nachmittags leerte der Ochsenziemer wieder eine Flasche Schnaps und richtete dann wieder alle mörderisch zu. Nachmittags begruben wir weitere 4 Wagenladungen. Am Schluss wurden 7 [Toten]gräber erschossen.
Von Freitag an wurden die Gräber mit Chlorkalk begossen, denn der Verwesungsgeruch machte sich stark bemerkbar.

In unserer Zelle waren 3 aus Łódź, von denen wir weitere Einzelheiten über das Schicksal der 750 Familien aus dem Getto in Łódź erfuhren. Sie waren am Donnerstag mit der Bahn in Koło angekommen. Dort wurden sie ins Bethaus geführt. Von ihnen wählte man 18 robustere Menschen aus und führte sie als Totengräber ab. Die ausgehungerten Lodzher aßen unser ganzes Abendbrot.

Am Schabbat, dem 17ten Januar, sagten wir vor dem Aufbruch Vidui. An dem Tag begruben wir die Ladung von 7 Autos, vollgepfropft mit Juden aus Łódź. Nachmittags kamen 5 SS-Leute, um dem Begräbnis zuzusehen. Um 5 Uhr abends, vor Beendigung der Arbeit, kam ein Wagen mit dem Befehl, 16 Menschen zu erschießen. Wie wir annahmen, handelte es sich um eine Strafaktion für die Flucht von Avrom Ro'i (er war am Freitagabend um 10 Uhr geflohen). Man wählte 16 Menschen aus, befahl ihnen, sich zu jeweils 8 in einer Gruppe mit dem Gesicht auf die Toten zu legen, und durchlöcherte ihre Köpfe mit Maschinengewehren. Nach der Rückkehr in den Keller nahmen wir an, wir würden so wie vorige Woche am Sonntag nicht arbeiten. Die Juden aus Łódź berichteten noch, dass eine Zeitung im Getto von Łódź 10 Mark kostet. Nach dem Essen konnten wir nur schwer einschlafen.

Am Sonntag, dem 18ten Januar 1942, bemerkten wir beim Frühstück, dass wir an diesem Tag doch arbeiten würden. Um 8 Uhr waren wir schon am Ort. Vom Auto wurden 20 neue Spaten und 4 Spitzhacken abgeladen. Daraus schlossen wir, dass das fabrikmäßige Töten nicht nur nicht aufhören, sondern noch ausgeweitet werden würde. Wahrscheinlich würden alle Juden aus dem Warthegau vergast. Diese Einschätzung stützte sich darauf, dass die Reihe schon an die Juden aus Łódź gekommen war. Bis Mittag haben wir 5 Wagenladungen begraben. Weil am Sonntag nicht alle Gendarmen anwesend waren, aber viele Arbeiter, haben sie alle unsere Sachen in die Grube geworfen. Auch Mittag haben wir an dem Tag im Grab gegessen. Wahrscheinlich waren sie sich nicht sicher, ob wir nicht einen von ihnen angreifen würden. Mehr als einmal wollten wir uns auf unsere Henker stürzen, aber die auf uns gerichteten Maschinengewehrläufe erfüllten uns mit Angst und Schrecken. In den nächtlichen Gesprächen warfen wir uns oft Feigheit vor, und ich weiß bis heute nicht, was gesunde Menschen, die nichts zu verlieren haben, von einer solchen Tat hat abhalten können. Vielleicht, dass es uns nicht um reines Heldentum ging, sondern darum, sich zu retten, um alle anderen Juden zu alarmieren.

Ein paar Worte zu den Gendarmen, die uns bewachten. Generell verhielten sie sich uns gegenüber feindselig oder gleichgültig. Nur einer von ihnen lief die ganze Zeit über sehr traurig herum, schrie keinen von uns an und jagte keinen an die Arbeit. Wir sagten: Sieh mal an, so ein menschlicher Deutscher. Er kann die Mordtaten, die man an uns verübt, nicht mit ansehen.

Nachmittags begruben wir weitere 4 Wagenladungen. An diesem Tag wurde keiner getötet. Nach dem Abendgebet und dem Kaddisch beschlossen wir, um jeden Preis zu fliehen. Da ich keinen Groschen mehr besaß, bat ich Kalmen Radzheyevski aus Izbica, mir ein paar Mark zu geben. Er trennte 50 Mark heraus, die er eingenäht hatte, und gab sie mir. Am Morgen versuchte ich, Ziegel herauszureißen, so stark hatte mich das Beispiel von Ro'i, der durch ein Kellerfenster geflohen war, beeindruckt. Es funktionierte wieder nicht.

Montag, den 19ten Januar 1942, stiegen wir in den Bus. Ich ließ alle vor mir einsteigen und ging als Letzter hinein. Die Gendarmen saßen vorne. An diesem Tag fuhren keine

SS-Leute hinter uns. Rechts von mir war ein Fenster, das sich sofort öffnete, als ich es während der Fahrt aufdrehte. Luftzug drang ein. Ich erschrak sehr und drehte es wieder zu. Aber meine Kameraden und vor allem Monyek Halter machten mir Mut. Als mein Entschluss feststand, bat ich die Kameraden leise, sich so hinzustellen, dass der Luftzug nicht zu den Gendarmen weht. Schnell drehte ich das Fenster herunter, steckte die Beine heraus, drehte mich abwärts, hielt mich mit der Hand am Fensterflügel und stützte die Füße auf den [...][32] ab. Ich sagte den Kameraden, sie sollten das Fenster gleich nach dem Absprung wieder hochdrehen, und sprang ab. Ich überschlug mich ein paarmal und schürfte mir die Hand auf. Das Wichtigste war, dass ich mir nicht das Bein breche. Ein gebrochener Arm hätte mich nicht gestört. Die Hauptsache war doch, dass ich laufen kann und die erste jüdische Siedlung erreiche. Ich sah mich um, ob der Bus weiterfährt. Er fuhr weiter. Nachdem ich kurz gewartet hatte, fing ich an, aus voller Kraft querfeldein durch Felder und Wälder zu laufen, bis ich nach kurzer Zeit auf eine polnische Bauernkate stieß. Ich trat ein mit dem polnischen Gruß: Gelobt sei Jesus Christus![33] Beim Aufwärmen erkundigte ich mich, wie weit es nach Chełmno sei. Es waren nur 3 Kilometer. Ich bekam ein ordentliches Stück Brot, das ich in die Tasche steckte. Beim Abschied fragte mich der Bauer, ob ich zufällig Jude sei. Ich leugnete Stein und Bein, fragte aber gleich, warum er mich verdächtige. Darauf er: In diesem Chełmno vergasen sie Juden und Zigeuner.[34] Ich verabschiedete mich mit dem polnischen Gruß und ging. Nach einer weiteren Stunde kam ich wieder zu einer polnischen Kate. Dort bewirtete man mich mit süßem Milchkaffee und einem Stück Brot. Die Anwesenden sagten: In diesem Chełmno lassen sie Juden und Zigeuner eingehen. Und wenn sie mit ihnen fertig sind, nehmen sie sich uns vor.[35] Ich lachte darüber. Nachdem ich die nötigen Informationen über den Weg erhalten hatte, machte ich mich wieder auf, bis ich in ein deutsches Dorf kam. (Deutsche Bauernkaten konnte man von polnischen leicht unterscheiden, weil sie sehr gut ausgestattet waren und Antennen auf den Dächern hatten.) Ich beschloss, das Dorf dreist zu durchqueren. Erst am Ende stieß ich auf eine polnische Kate, und es stellte sich heraus, dass ich 10 Kilometer von Grabów entfernt war, wo eine Gruppe Juden lebte.

Ich gab mich als polnischer Schlachter aus, unterwegs nach Grabów zur Arbeit. Der Hausherr schickte mich in ein anderes Dorf zu einem gewissen Grabowski, der Pferd und Wagen besaß und mich nach Grabów bringen würde. Generell wollte ich nur Umwege benutzen, aber um zu dem bezeichneten Dorf zu kommen, musste ich ein Stück Weg auf der Chaussee zurücklegen. Auf einmal bemerkte ich ein Militärfahrzeug. Mein Herz setzte aus. Ich sah mich schon von den Deutschen gefangen. Im letzten Moment fasste ich eine Bäuerin beim Arm und bog mit ihr in einen Seitenweg, wobei ich sie fragte, ob sie zufällig Butter zu verkaufen habe. Der Wagen fuhr vorbei. Ich atmete auf. Die ganze Zeit rief ich Gott und meine Eltern an, dass sie mir helfen, das Volk Israel zu retten. Bei Grabowski stellte ich mich als Wojciechowski vor, der unterwegs zur Arbeit nach Grabów wäre. Es stellte sich heraus, dass er aber unterwegs nach Dąbie zum Markt war. Auch sein Nachbar, zu dem man mich geschickt hat, war unterwegs zum Markt in Dąbie. Also ging

32 Das im Original verwendete Wort *kvartir*, Wohnung, ergibt in diesem Zusammenhang keinen Sinn.

33 Im Original poln.

34 Satz im Original poln.

35 Satz im Original poln.

ich wieder eine Zeit zu Fuß und bedachte das große Unglück, das mich verfolgt. Ich fragte Vorbeikommende nach dem Weg, immer auf der Hut vor Gendarmerieposten, weil ich keinerlei Dokumente besaß. Schließlich kam ich in ein Dorf, 7 Kilometer von Grabów entfernt. Einen polnischen Bauern brachte ich dazu, mich für 15 Mark nach Grabów zu fahren. Ich zog seinen Pelzmantel und seine Fellmütze an, und wir erreichten Grabów am Montag um 2 Uhr mittags. Die Juden hielten mich für einen Volksdeutschen, weil ich kein Schandzeichen trug. Ich fragte nach dem Rabbiner.[36] Ich war völlig ungepflegt (in Chełmno hat man sich nicht nur nicht gewaschen, sondern auch nicht rasiert). Ich frage: Wohnt hier der Rabbiner? – Wer sind Sie? – Rebbe, ich bin ein Jude aus dem Jenseits. – Er betrachtet mich wie einen Verrückten. Ich sage: Rebbe, denken Sie nicht, ich sei meschugge oder verrückt. Ich bin ein Jude aus dem Jenseits. Man tötet ganz Israel. Ich selbst habe eine ganze jüdische Stadt begraben, darunter auch meine Eltern, meinen Bruder und meine ganze Familie. Ich bin mutterseelenallein. Währenddessen weinte ich heftig. Fragt der Rabbi: Wo bringt man sie um? – Ich sage: Rebbe, in Chełmno, sie werden alle im Wald vergast und in einem Massengrab begraben.
Das Dienstmädchen (der Rabbiner war Witwer) brachte mir mit verweinten Augen eine Schüssel Wasser. Ich wusch mir die Hände. Die Wunde an der rechten Hand begann zu schmerzen. Als die Juden dies erfuhren, kamen sie massenhaft zum Rabbiner. Ich berichtete ihnen in allen Einzelheiten von den schrecklichen Vorkommnissen, und alle weinten mit mir. Ich aß Butterbrote mit Tee und sprach das Dankgebet.

DOK. 75

Die Zivilverwaltung Bialystok skizziert am 1. März 1942, wie vor einer europaweiten eine einstweilige regionale „Lösung der Judenfrage" aussehen könnte[1]

Broschüre der Zivilverwaltung Bialystok, ungez., vom 1.3.1942

[…][2]
Die Judenfrage
Zur Zeit beträgt die Zahl der Juden im Bezirk Bialystok 161 200, die sich auf die einzelnen Kreise folgendermaßen verteilen:

Augustow	1600	Grodno	30 500
Bialystok, Stadt	36 000	Lomscha	15 700
Bialystok, Land	8200	Sokolka	13 800
Bielsk	33 800	Wolkowysk	18 000
Grajewo	3600		

Wenn die Juden heute auch ohne jeden Einfluß sind, so ergeben sich doch aus ihrem Vorhandensein, insbesondere in wirtschaftlicher, polizeilicher und gesundheitlicher

36 Jakub Szulman; siehe auch Dok. 57 vom 21.1.1942.

1 Der Bezirk Bialystok, hrsg. von der Zivilverwaltung Bialystok. Bialystok, 1. März 1942, S. 29 f., Kopie: BArch, R 49/883.

2 Im ersten Teil der Broschüre befinden sich ein geschichtlicher Überblick und statistische Angaben zur Beschaffenheit des Landes, zur wirtschaftlichen Lage sowie zur Zusammensetzung der Bevölkerung.

Hinsicht, verschiedene Fragen, die bis zu der später zu erwartenden allgemeinen Regelung der Judenfrage in Europa eine einstweilige zufriedenstellende Lösung im Bezirk finden müssen. Da die Juden den größten Teil der Handwerker, insbesondere Schuster, Schneider, Zimmerleute, Tischler usw. und Facharbeiter stellen und manche Industriebetriebe nur mit Juden arbeiten, z. B. die lederverarbeitende Industrie, andererseits aber ihr Ersatz durch Polen oder Weißruthenen einstweilig nicht möglich ist, kann auf die Juden im Wirtschaftsleben noch nicht verzichtet werden. Das Ziel ist daher, zunächst die jüdische Arbeitskraft der Wirtschaft des Bezirks möglichst restlos nutzbar zu machen. Unter diesem rein praktischen Gesichtspunkt müssen auch die notwendigen Maßnahmen gegenüber den Juden getroffen werden.

Damit die Juden als solche erkenntlich sind, ist angeordnet worden, daß sie auf Brust und Rücken den gelben Judenstern tragen müssen. In fast allen Orten des Bezirks, in denen sich Juden in größerer Zahl befinden, sind sie in einem Ghetto zusammengefaßt. Ihre eigenen Angelegenheiten innerhalb des Ghettos verwalten die Juden selbst durch einen sogenannten Judenrat; zur Aufrechterhaltung der Ordnung im Ghetto ist vielfach ein besonderer jüdischer Ordnungsdienst gebildet worden. Die Lebensmittelzuteilung für die Juden erfolgt an den Judenrat, der für die Unterverteilung im Ghetto zu sorgen hat. Die Rationssätze der Juden liegen unter denen der fremdstämmigen Bevölkerung. Der Arbeitseinsatz der Juden erfolgt durch das Arbeitsamt. Sie erhalten 50% ihres Nettolohnes ausgezahlt, um ihren Lebensunterhalt bestreiten zu können. Die übrigen 50% werden auf ein Sonderkonto eingezahlt.

Trotz ihrer Zusammenfassung im Ghetto versuchen die Juden, nach wie vor auf die verschiedenste Weise ihrem Handelstrieb weiter nachzugehen, und bilden durch den von ihnen betriebenen Tauschhandel und unkontrollierte Geschäfte zu hohen Preisen eine Gefahr für den ordnungsmäßigen Ablauf des Wirtschaftslebens. Es sind daher strenge polizeiliche Maßnahmen und eine laufende Überwachung erforderlich, die allerdings durch die verhältnismäßig geringe Anzahl von Polizeikräften im Bezirk erschwert wird. Als ein weiteres Mittel zur Verhinderung des Schwarzhandels durch die Juden ist die Einführung eines Ghettogeldes, das nur für die Juden Gültigkeit hat, vorgesehen.[3]

Von besonderer Bedeutung ist die Judenfrage in der Stadt Bialystok selbst, da es hier rund 36 000 Juden bei einer Gesamteinwohnerzahl von etwa 90 000 gibt. Um die Zahl der Juden, die zunächst etwa 50 000 betragen hatte, zu verringern, wurde deren Evakuierung nach dem Ort Pruzana[4] im Südosten des Bezirks eingeleitet. Die Evakuierung lag in den Händen des Polizeipräsidenten in Bialystok und wurde Anfang November 1941 eingestellt. Insgesamt sind etwa 8000 Juden evakuiert worden. Außerdem haben auch Juden freiwillig Bialystok verlassen, um sich in andere Gegenden zu begeben. Für die Überwachung der Juden im Bialystoker Ghetto ist der Polizeipräsident zuständig. Das Ghetto ist ringsum abgeschlossen und darf nur durch bestimmte Zugänge, die unter polizeilicher Kontrolle stehen, betreten und verlassen werden. Hierzu werden besondere

3 Nach dem Vorbild des Gettos Litzmannstadt, in dem im Sommer 1940 sog. Markquittungen eingeführt wurden, war geplant, auch in den Gettos von Warschau, Bialystok und Theresienstadt eine gettoeigene Währung einzuführen; dies erfolgte jedoch nur in Theresienstadt im Mai 1943.

4 Im Sept. 1941 war in Pružany ein Getto eingerichtet worden, in das mehrere Tausend Juden unter anderem aus Białystok deportiert wurden. Bei der Räumung im Jan. 1943 wurden die Insassen nach Auschwitz und Treblinka deportiert.

Passierscheine ausgestellt. Für die wirtschaftlichen Angelegenheiten der Juden ist der Staatskommissar zuständig.
Das Ghetto in Bialystok, welches bereits von der Feldkommandantur eingerichtet war, ist sehr unzweckmäßig, da es im Stadtkern gelegen ist und auch Industrie-Betriebe, die jetzt unter deutscher Leitung stehen, umfaßt. Eine völlige Abschließung der Juden im Ghetto, wie sie z. B. in Litzmannstadt durchgeführt ist, ist im Bialystoker Ghetto nicht möglich, weil, wie schon erwähnt, die Juden den größten Teil der Handwerker und Facharbeiter stellen. Die deutschen Dienststellen und Betriebe müssen sie daher auch weiter verwenden. Soweit die Juden in größerer Zahl an einer Stelle arbeiten, begeben sie sich in geschlossenen Trupps zu ihrem Arbeitsplatz. In vielen Fällen müssen sie aber einzeln zur Arbeit gehen, besonders als Handwerker, so daß ihr Verhalten außerhalb des Ghettos nicht dauernd überwacht werden kann. Die Frage, ob eine Verlegung des Ghettos an den Stadtrand und die Errichtung eines besonderen Ghettos für Facharbeiter und Handwerker möglich ist, wird zur Zeit geprüft.
Um nicht weiterhin ständig auf die jüdischen Arbeitskräfte angewiesen zu sein und die Juden möglichst auf das Ghetto zu beschränken, in dem sie dauernd arbeiten sollen, ist beabsichtigt, allmählich Polen und Weißruthenen als Facharbeiter und Handwerker anzulernen, und dadurch die Juden zu ersetzen. […][5]

DOK. 76

Der Judenrat im Getto Białystok informiert in einer Sitzung am 1. März 1942 über die Erfolge bei der Errichtung von Werkstätten und Fabriken im Getto[1]

Protokoll Nr. 23 der Sitzung des Judenrats im Getto Białystok vom 1.3.1942

Der Obmann, Rabbiner Dr. Rozenman, eröffnet die Sitzung und erteilt Herrn Ing. Barasz das Wort für einen Bericht.
Herr Ing. Barasz: 1. Bekanntlich ist der Schwerpunkt unserer Tätigkeit, die uns retten kann, die sich stark entwickelnde Industrie. Wir bekommen neue Bestellungen für Filzstiefel, Bürsten, Briefumschläge. Unsere guten Freunde[2] führen Gäste ins Getto, vor allem zu den industriellen Werkstätten.
2. Eine spezielle Gettoverwaltung wird eingerichtet.[3] Wie genau sie aussehen wird, ist schwer zu sagen, anscheinend ohne Veränderungen im Getto.

5 Der Rest der Broschüre behandelt überwiegend die Tätigkeit der Zivilverwaltung vom Spätsommer 1941 bis Frühjahr 1942.

1 AŻIH, 204/28, Bl. 21–24, Kopie: YVA, M.11/2, Bl. 65–68. Abdruck in: Blumenthal, Darko shel judenrat (wie Dok. 11, Anm. 1), S. 139–145; in deutscher Übersetzung: Anders/Stoll/Wilke (Hrsg.), Der Judenrat von Białystok (wie Dok. 11, Anm. 1), S. 96–99. Das Dokument wurde aus dem Jiddischen neu übersetzt.
2 Vermutlich ist das Stadtkommissariat gemeint, auf dessen Veranlassung im Febr. und März 1942 Vertreter aus Berlin und Königsberg die Werkstätten besuchten.
3 Diese Verwaltung unterstand dem Stadtkommissar Dr. Heinz Schwendowius. Obwohl sie versuchte, ihre alleinige Zuständigkeit für Angelegenheiten des Gettos durchzusetzen, änderte sich nichts an Kompetenzstreitigkeiten zwischen den deutschen Behörden, insbesondere zwischen der Stadtverwaltung und der Polizei.

3. Es gibt den Plan, spezielles Gettogeld einzuführen.[4] Der öffentlich benannte Zweck – es soll keinen Schmuggel mehr geben. Das Vorhaben ist aber noch nicht aktuell.
4. Es gibt den Plan, dass Juden nicht mehr außerhalb des Gettos arbeiten sollen. Polen werden sie ersetzen.
5. Herr Barasz berichtet weiter, dass vor einigen Wochen extra eine Delegation aus Pružany hierhergekommen ist, um uns zu warnen, dass für den morgigen Tag der Abtransport von 500 Familien aus Pružany beschlossen wurde. Das soll am Sonntagfrüh um 6 Uhr geschehen. Wir haben bei den zuständigen Behörden mit großem Erfolg interveniert: Die Evakuierung ist momentan aufgehoben; die Beamten, die sie geplant hatten, wurden abberufen, und in Pružany ist heute alles friedlich und ruhig.[5]
6. Herr Barasz macht darauf aufmerksam, dass die Leiter der Abteilungen in ihrer Tätigkeit im Getto vollständige Freiheit genießen. Aber außerhalb des Gettos dürfen sie sich nicht selbständig an die Behörden wenden, sondern nur über den Judenrat. Wir haben erfahren, dass sich zum Beispiel Dr. Kaplan[6] und der Ordnungsdienst wegen Lebensmitteln an das Kreisbauernamt gewandt haben. Solche Anfragen können uns schaden.
Obmann Dr. Rozenman berichtet über die Veränderungen, die durch das Präsidium in der Leitung des Judenrats vorgenommen wurden. Ing. Diamant[7] – Leiter des Arbeitsamtes. Herr Liman – Möbelsammlung, Materialeinkauf für Fabriken im Getto. Die Gettoindustrie hat sich stark entwickelt, um die 1800 Arbeiter. So arbeiten zum Beispiel in der Sattlerfabrik über 300 Menschen, in den Schusterwerkstätten über 300 Menschen, in der Trikotagenherstellung 560 Arbeiter; und so auch in der Schneiderfabrik und der Glas-Schleiferei. Die Deutschen sind begeistert von unserer Arbeit. Wegen dieser großen Entwicklung und wegen der geplanten deutschen Gettoverwaltung hat das Präsidium beschlossen, dass unter diesen Bedingungen Ing. Barasz Leiter der Industrieabteilung wird, wohingegen Herr Melnitski[8] technischer Leiter und Vertreter des Chefs bleiben soll. Und wir hoffen, dass Herr Barasz auch hier seine Kraft, seine Energie und seine Fähigkeiten beweisen wird.
Herr Melnitski: Zu uns kommen Delegationen aus der Provinz, um unsere Industrie kennenzulernen. Und sie sind begeistert. Ich werde Euch einen kurzen Bericht geben: Durch 40 Sammler, die nach allem suchen, werden wir mit Rohstoffen versorgt: Eisen, Draht, Garn, Glas und Fäden. In 17 Abteilungen sind 1730 Arbeiter beschäftigt. Die Administration besteht insgesamt aus 4 % der Menschen. Die Arbeit erfordert gewaltige Anstrengungen: So müssen wir z. B. Bindfaden auf veralteten Spinnrädern herstellen. In den Fabriken gibt es Tabellen für die Arbeiter. Es herrscht größte Ordnung. Alle kommen pünktlich morgens um 8 Uhr. Die Direktoren melden sich regelmäßig täglich, geben Bericht, und alles wird geregelt. Jede Woche finden Sitzungen mit den Direktoren

4 Die nach Sept. 1939 im sowjet. besetzten Teil Polens eingeführte Rubelwährung wurde Mitte Febr. 1942 durch die Reichsmark im Verhältnis von 10 : 1 ersetzt. Daneben gab es Überlegungen, analog zum Getto Litzmannstadt eine eigene Währung im Getto Białystok einzuführen, wozu es jedoch nicht kam.
5 Siehe Dok. 75 vom 1.3.1942, Anm. 4.
6 Dr. Menachem Mendel Kaplan, Amtsrichter; 1919 einer der Initiatoren der ersten hebräischsprachigen höheren Schule in Białystok; im Getto Mitarbeiter der Gesundheitsabt.
7 I. Diamant (*1888), Bauingenieur; Nachfolger Avrom Limans als Leiter der Arbeitsabt. im Getto.
8 Pesach Melnitski (*1899 oder 1901), Weber; Vorsitzender der Vereinigung der Weber und erster Leiter der Industrieabt. im Getto Białystok.

statt. Die Arbeiter haben größten Respekt vor der Ordnung in den Fabriken. Alles wird rechtzeitig erledigt. Es herrscht Harmonie zwischen der Direktion und den Arbeitern. Sogar dringende Bestellungen, wie zum Beispiel ein Paar Stiefel innerhalb eines Tages, werden pünktlich erledigt. Als man 1000 Paar Pantoffeln zugesagt hatte, hatten wir kein Tuch und mussten es schmuggeln, Lumpen schmuggeln. Und gestern sind alle Pantoffeln fertig geworden. Wir arbeiten Tag und Nacht. Finanziell: Wir haben eine Million Rubel eingebracht, außerdem hat eine Abteilung sogar mehr als eine Million abgegeben. Politisch: Wir stehen im direkten Kontakt mit der Wehrmacht. In zwei Tagen haben wir eine Schneiderei mit mehr als 300 Näherinnen eingerichtet. Die bestellten 2300 Hemden haben wir vor dem Termin fertiggestellt.
Ich habe Inspektor Krüger[9] gebeten, unseretwegen in Berlin vorzusprechen. Darauf nämlich geht der Besuch der Delegation zurück. Krüger hatte uns vorher empfohlen. Vor acht Tagen erhielt Tselmayster[10] Briefe aus Berlin und Königsberg, dass die Bestellungen aus dem Bialystoker Getto angekommen seien.
Das schwierigste Problem sind die Menschen: Aufgenommene[11] sind unzufrieden, Nicht-Aufgenommene fluchen, sie hätten nichts zum Leben. Ich habe mein Möglichstes gegeben, sogar [meine Position] als Meister außerhalb des Gettos riskiert.
Jetzt aber, wegen der vom Präsidium vorgeschlagenen Änderungen in der Leitung, werde ich mich ganz aus der Arbeit zurückziehen, wenn Ihr meint, ich wäre nicht tragbar.
Die Erwiderung von *Herrn Subotnik*:[12] Als Mitglied des Präsidiums erkläre ich feierlich, dass von uns niemals ein Vorwurf gegen Herrn Melnitski erhoben wurde und hier auch keinerlei Hinterzimmer-Politik betrieben wird. Da dies aber unser Hauptlebensnerv ist, haben wir beschlossen, dass noch jemand anderer die Verantwortung tragen muss. Ich habe mir nicht vorgestellt, dass Herr Melnitski eine solche Erklärung abgeben könnte, schon gar nicht, nachdem er sich so der Industrie verschrieben hat. Um keinen Schaden zu verursachen, muss Herr Melnitski auf seinem Posten bleiben und darf nicht zurücktreten. Ich appelliere an Sie, Herr Melnitski: Revidieren Sie Ihre Entscheidung.[13]
Herr Y. Lifshits:[14] Ich verstehe den Bericht so: Das Überleben des Gettos hängt von der Industrie ab. Es bedarf also diplomatischer Fähigkeiten. Herr Melnitski ist ein glänzender Organisator, aber Herr Barasz ist ein glänzender Diplomat, ein Außenminister. Es ist auch in Ordnung, dass es zwei Direktoren geben soll. Es ist nötig für das Getto. Jemand anderen werden wir nicht finden.
Herr Goldberg:[15] Ich bin derjenige, der schon länger mit dem Plan an Herrn Barasz herangetreten ist, dass er die Leitung der Industrie übernehmen soll. Wegen des Umfangs und der Bedeutung, die sie bekommen hat, muss Herr Barasz sie übernehmen. Es gibt auch interne Mängel, für die es einer starken Hand bedarf. Die Verdienste des

9 Alfred Krüger.
10 Möglicherweise Dr. Herbert Zimmermann (1907–1965); von März bis Nov. 1942 Leiter der im Dokument erwähnten Gettoverwaltung, von Juni 1943 an KdS im Bezirk Bialystok; lebte nach 1945 in Westdeutschland, nahm sich unmittelbar vor seiner Verhaftung das Leben.
11 In die Arbeitsressorts Aufgenommene.
12 Dov Berl Subotnik.
13 Melnitski blieb im Amt.
14 Jakow Lipshits, auch Lifshits (*1885), Geschäftsmann; Mitglied der Poalei Zion; Leiter des Kontrollgremiums gegen Korruption im Getto.
15 Jakub Goldberg.

Herrn Melnitski bestreite ich nicht, aber es muss noch viel geregelt werden. Zwar sind alle Menschen ersetzbar, doch ist Ihr Rücktritt ein Verbrechen, denn Sie gehen doch davon aus, dass er schaden wird. Herr Barasz hat doch auch bisher mit Ihnen zusammengearbeitet. Sie haben nicht das Recht zurückzutreten.

Herr Barasz bemerkt, dass er auch bisher einen bedeutenden und aktiven Anteil am Aufbau und an der Führung der Industriebetriebe gehabt habe. Ohne seine Zustimmung sei keine wichtigere Sache in Angriff genommen worden. – Er habe aber bisher keine Möglichkeit gehabt, sich mehr mit der Industrie zu befassen, obwohl er gegenüber dem Getto und gegenüber den deutschen Behörden die Verantwortung trage.

Nach einer längeren Diskussion, an der sich die Herren Rabbiner Dr. Rozenman, Herr Subotnik, Furman,[16] Lifshits, Dr. Kaplan, Petsiner,[17] Goldberg, Liman, Markus,[18] Shvif und Barasz beteiligen, werden folgende zwei Resolutionen angenommen:

Von Herrn Petsiner: Der Rat bestätigt den Beschluss des Präsidiums bezüglich der Nominierung des Herrn Ing. Barasz als Leiter der Industrie.

Von Herrn Markus: Angesichts der aufopfernden, nützlichen Arbeit von Herrn Melnitski spricht ihm der Rat seine große Anerkennung aus und nimmt seine Demission nicht an.

Der Vorsitzende Rabbiner Dr. Rozenman berichtet, dass das Präsidium in Abstimmung mit den Leitern der Küchenangelegenheiten beschlossen hat, hinsichtlich der Mittagsverpflegung folgende Änderungen vorzunehmen:

a) Anstatt bisher 1500 Mittagessen pro Tag sollen alle Küchen zusammen 3000 Mittagessen täglich ausgeben.

b) Anstatt nur jeden zweiten Tag sollen alle Verbraucher jeden Tag ein Mittagessen bekommen.

c) Alle Mittagessen werden einheitlich aus einem Gericht und Brot bestehen. Auf die Bemerkung von Herrn Melnitski, dass man den 1700 Industriearbeitern Mittagessen ausgeben solle, erklärt Herr Goldberg, dass man tatsächlich vor allem 1000 Industriearbeiter berücksichtigt habe und ihretwegen die Zahl der Mittagessen erhöhe.

16 Abba Furman (1897–1943), Weinhändler; im Getto Białystok Mitglied der Wirtschaftsabt.

17 Shmuel Petsiner (*1908), Mitglied der Poalei Zion, Leiter der Wohlfahrtsabt. (Sozialhilfe, Industrie) im Getto.

18 Jitzhak Markus (um 1885–1943); vor dem Krieg Industrieller und Chef der freiwilligen Feuerwehr; Leiter der Sicherheitsabt. im Getto, nach dessen Abschließung Chef des jüdischen Ordnungsdienstes.

DOK. 77

Roza und Lusia Gips im Getto Gąbin informieren am 3. März 1942 ihre Eltern im Warschauer Getto über ihre bevorstehende Ermordung[1]

Handschriftl. Postkarte von Roza und Lusia,[2] Getto Gąbin,[3] an Herrn A. Gips,[4] [Getto] Warschau, Pawia-Straße 41/4, vom 3.3.1942

Meine Teuersten und Liebsten!
Heute haben wir Eure Karte erhalten, und sofort antworte ich. Ihr Lieben! Die Krankheit dauert an,[5] es ist unklar, ob das Medikament gewirkt hat. Bei unserem Bekannten Żychliwski sind schreckliche Dinge passiert.[6] Ich vermute, dass Gerüchte darüber bis zu Euch gedrungen sind. Es ist schwer, meine Teuersten, ich bitte Euch, regt Euch nicht zu sehr auf, achtet auf Eure Gesundheit, vielleicht passiert wirklich ein Wunder und rettet Eure Kinder.
Achtet auf Eure Gesundheit und schreibt oft. Warum schreibt K. Ojczulek so wenig? Anka und Aron[7] schreiben überhaupt nicht. Eure Karten sind für uns eine wirkliche Beruhigung.
Ihr Lieben! Nichts hilft, wir wissen Bescheid, es gibt keinen Ausweg.
Helenka erhält häufig Nachrichten von ihrem Bruder, der einiges für sie versucht.[8] Berate Dich mit ihm, obwohl er auch nicht glaubt, dass es etwas bringt.
Ihr Lieben! Wir sind so traurig ohne Euch. Im letzten Jahr verbrachten wir armselige Feiertage, aber wenigstens mit Euch zusammen.
Liebe Mutter!! Reg Dich nicht auf, mach Dir keine Vorwürfe. Offensichtlich musste es so sein, damit nur alles gut endet. Schreibt, was es Neues gibt. Was machen die Klajnbards, wie kommen sie zurecht?
Herzliche Grüße an alle und von allen Bekannten. Ich küsse Euch!
Die sehnsuchtsvolle Roza

Meine Lieben und Teuersten!
Eure Karte hat uns große Freude bereitet. Wir sind sehr beunruhigt und machen uns große Sorgen – und das so weit von Euch entfernt. Es ist schwer, es muss so sein, ich

1 AŻIH, 737. Ring I/554, Bl. 2 VS+RS. Abdruck als Faksimile in: Archiwum Ringelbluma, Bd. 1 (wie Dok. 57, Anm. 1), S. 68. Das Dokument wurde aus dem Polnischen übersetzt.
2 Die Schwestern Roza (*1916) und Lusia Gips (*1922) wurden vermutlich beide im April 1942 nach Kulmhof deportiert und ermordet.
3 Vor dem Krieg lebten über 2300 Juden in Gąbin. Während der deutschen Besatzung wurde im Aug. 1941 das (zunächst offene) Getto eingerichtet, in dem sich 1942 über 2000 Juden aus Gąbin und Umgebung befanden. Bei der Räumung vom 12.–14.4.1942 wurden etwa 1900 Juden in das Vernichtungslager Kulmhof deportiert und dort ermordet.
4 Abram Leib Gips war nach Beginn der Besatzung Vorsitzender des Judenrats in Gąbin und später Vertreter der Gemeinde Gąbin im Warschauer Getto; er arbeitete dort für das Oneg-Shabat-Archiv von Emanuel Ringelblum.
5 Gemeint sind die Auflösung zahlreicher Gettos im östlichen Warthegau und die Deportation der jüdischen Bevölkerung in das Vernichtungslager Kulmhof von Dez. 1941 an.
6 Verschlüsselte Information über die Ermordung der Juden von Żychlin am 3.3.1942.
7 Vermutlich: Aron Gips, der Bruder von Roza und Lusia.
8 Gemeint sind vermutlich Versuche, Angehörige aus dem Warthegau in das Generalgouvernement und das Getto Warschau zu bringen.

glaube an die Fügung des Schicksals. Was gibt es Neues? Warum schreiben Anka und Aron nicht? Ihr habt keine Vorstellung, wie viel uns ein Lebenszeichen von Euch bedeutet. Wir vermissen Euch sehr. Uns fehlen jetzt die Familienwärme und das liebe Wort, das man so selten von Fremden hört, und selbst dann ist alles falsch.
Ich sitze gerade bei Frau Wyrobkowa, es ist 11 Uhr abends. Hier sitzen auch unsere lieben Cousins, von denen wir viele liebe Worte hören. Ich arbeite ein bisschen, aber wir hatten kürzlich Ausgaben. Was gibt es Neues von den Klajnbards, und was macht Alinka?
Ich küsse und drücke Euch, Lusia

DOK. 78

Der Judenälteste in Litzmannstadt, Chaim Rumkowski, kündigt am 3. März 1942 die Deportation weiterer 15 000 Juden aus dem Getto an[1]

Aktennotiz der Evidenzabt. im Getto Litzmannstadt, gez. Shmuel Rozenshtayn,[2] vom 3.3.1942

Ein neuer Plan von Präses Rumkowski im Zusammenhang mit der jüngsten Aussiedlung. Der Befehl, weitere 15 000 Seelen auszusiedeln (nach den ersten 10 000), hat verständliche Aufregung unter der Gettobevölkerung hervorgerufen. Wie im Getto üblich, verbreiteten sich verschiedene Gerüchte, die die Bevölkerung stark beunruhigt haben. [Es ist] nur ein Gerücht, dass die jetzt Auszusiedelnden aus denjenigen rekrutiert werden, die Unterstützung beziehen und die ganze Zeit nicht gearbeitet haben und daher als unproduktive Elemente angesehen werden.
Um die eingetretene Lage zu erklären, trat der Präses nach längerer Unterbrechung am 2. März 1942 mit einer längeren Rede vor die Leiter aller Arbeitsressorts und zwei Arbeiter aus jedem Ressort. Mit wie viel Spannung seine Rede erwartet wurde, zeigt sich daran, dass sich schon lange vor der angekündigten Zeit nicht nur die geladenen Personen, sondern auch viele Leiter und Beamte verschiedener Abteilungen versammelten. In äußerst gespannter Stimmung eröffnete Kom. Rozenblat[3] die Versammlung und erteilte dem Herrn Präses das Wort:
„Nicht zu wissen, wie die Lage ist – beginnt der Präses seine Rede –, ist viel schwerer, als es zu wissen: Die schlimmste Wahrheit ist besser als die unbekannte Lüge … Ich habe daher die heutige Versammlung einberufen, um zu erklären, wie die Lage heute aussieht. Das, was ich Euch hier sagen werde, bitte ich Euch vor den Arbeitern in den Fabriken und auch unter Euren Bekannten und Verwandten zu wiederholen, um so dem lächerlichen Klatsch und den schändlichen Gerüchten ein Ende zu bereiten. Noch dankbarer werde ich Euch sein, wenn Ihr meine Worte korrekt übermittelt.

1 APŁ, 278/1091, Bl. 74–77. Das Dokument wurde aus dem Jiddischen übersetzt.
2 Shmuel Rozenshtayn (1898–1944), Lehrer, Journalist; lebte vor 1939 in Łódź; im Getto Chefredakteur der Geto-Tsaytung 1941 sowie Leiter der Druckerei und des Schildermalerei-Ressorts; nach Auschwitz deportiert und dort umgekommen.
3 Leon Rozenblat (1892–1944), Bankdirektor; im Getto Litzmannstadt von Febr. 1940 an Kommandant des jüdischen Ordnungsdienstes, von Sept. 1941 an Vertreter des Judenältesten sowie Mitglied im Fach- und Kontrollreferat, 1942/43 Leiter der gettoeigenen Feuerwehr, 1942/43 Leiter der Aussiedlungskommission, als solcher zuständig für die Zusammenstellung der Listen der zu Deportierenden; nach Auschwitz deportiert und dort umgekommen.

Meine Losung ‚Arbeit', die ich als erste ausgab, sobald wir ins Getto kamen, hat nach und nach Gestalt angenommen. Bis Ende des vergangenen Jahres hat uns die Arbeit ermöglicht, ein wenig ruhiger zu leben und, soweit das möglich war, mit einer gewissen Verpflegung. An diese Lage haben wir uns gewöhnt. Jeder Arbeiter in der Fabrik oder bei öffentlichen Arbeiten hat sich, ebenso wie die Beamten, mit seinem Verdienst irgendwie arrangiert und sich an die Arbeit und das schwere Gettoleben gewöhnt.
Ich habe schon länger eine Affinität zur Sozialarbeit. Gleich zu Beginn habe ich das Gettoproblem verstanden und wollte daher ein Programm entwickeln, nach dem alle Gettobewohner arbeiten sollen.
Meine Forderungen sind Euch bekannt. Vor 9 Monaten wollte ich die Unterstützungsnummer auch für Arbeitende einführen. Ich habe deshalb angeordnet, dass innerhalb einer gewissen Altersspanne jeder, der Unterstützung bezieht, 14 Tage im Monat arbeitet und auf diese Weise einen Arbeitsausweis bekommt. Um diese Arbeiter nicht auszunutzen, habe ich, wie Ihr wisst, die Unterstützung ab Juli 1941 um volle 50 % erhöht. Außerdem bekam jeder der erwähnten Arbeiter an seinen Arbeitstagen eine kostenlose Suppe. Dieser Plan ist heute noch aktuell, und deshalb wiederhole ich ihn hier noch einmal. Denn das Gesetz unserer Zeit, auf das allein wir bauen können, heißt Arbeit und nur Arbeit. Hätten die Unterstützungsempfänger damals meinen Plan nicht verspottet, wären wir vielleicht nicht in die Lage geraten, in der wir uns jetzt befinden. Leider hat die angesprochene Kategorie Menschen gemeint, es wäre viel leichter, Unterstützung zu beziehen, als 2 Wochen im Monat zu arbeiten. Arbeit erschien ihnen wie eine Art Strafe. Die meisten haben sich überhaupt nicht zur Arbeit gestellt, andere wieder haben wie in früheren Fällen von ‚Korruption' stattdessen Behinderte geschickt, die zwar arbeiteten, deren Arbeit aber keinen Wert hatte. Viele von ihnen hielten die Arbeit wie z. B. Straßenkehren für eine Selbsterniedrigung. Ich muss bekennen, dass es mir damals nicht nur darum ging, der Gemeinde Geld zu sparen, sondern im Wesentlichen darum, eine Masse Arbeiter zur Verfügung zu haben, die sich nicht auf der Straße herumtreibt und andere belästigt … und damit wir alle ruhig schlafen können. Hätten wir heute 80–90 000 arbeitende Menschen im Getto statt 50 000, wäre unsere Lage viel leichter.
Leider ist erst die Aufnahme von über 23 000 Juden aus den ehemals polnischen Gebieten und aus dem Altreich dazwischengekommen und später die Aussiedlung eines Teils der Gettobewohner.
Ich muss offen sagen: Als es darum ging, die ersten 10 000 Juden aus dem Getto zu verschicken,[4] habe ich sie ruhigen Gewissens aufgegeben, denn sie hatten das durch ihre Verbrechen redlich verdient. Da weder Gefängnis noch Strafe sie zum Guten bekehrt haben, sollen sie wie Aussätzige ausgestoßen werden aus unserer Gemeinschaft.
Mit den 10 000 Verschickten hörte es aber leider nicht auf. Es ist ein Befehl über die weitere Aussiedlung von 15 000 Juden gekommen. Ich habe angeordnet, in erster Linie selbst die kleinsten Verbrecher zu verschicken, aber die, die sich nichts haben zuschulden kommen lassen, nicht anzurühren. Jetzt, wo noch eine bestimmte Anzahl Menschen in dem erwähnten Kontingent fehlte, hieß es scharf nachdenken, wer mitgehen soll. Wer folgt in der Reihenfolge der Aussiedlung? Denn der Befehl muss doch ausgeführt werden. Wenn nicht, wird ihn ein anderer ausführen mit der vollen Härte des Gesetzes.

4 Siehe Dok. 53 vom 20.12.1941.

In enger Beratung mit meinen Vertrauensleuten kamen wir zu dem Schluss, dass die Einzigen, die jetzt in Betracht kommen, die Unterstützungsempfänger sind, die sogenannten ‚Zashilkovtses'.[5] Im Übrigen haben sie das, wie ich schon erwähnte, selbst verursacht. Wenn man mich fragt, ob es für sie alle Arbeit im Getto gibt, werde ich antworten: Ja. Erstens stört mich nicht, dass sie anstatt eines ganzen Monats einen halben Monat arbeiten sollen, zweitens habe ich in meinen Gesprächen mit den Vertretern der Machthaber wiederholt betont, dass ebenso wie draußen an der Front auch die ‚Etappe'[6] mit Soldaten besetzt sein muss, wir auch im Getto eine ständige Reserve arbeitsfähiger Menschen haben müssen, die bereitwillig jedem Ruf folgen. Dafür müssen wir wenigstens 10 000 Menschen haben. Ich wollte damals den Machthabern zeigen, dass ich über eine Armee von 10 000 Arbeitern verfüge, die, falls nötig, jederzeit zur Verfügung stehen. Dieser Standpunkt wurde von den Machthabern als richtig anerkannt. Hätten sich die erwähnten Juden nicht vor der Arbeit gedrückt und sich freiwillig für die Arbeit registriert, wäre uns der jetzige Kummer erspart geblieben. Im Übrigen war ja genug Zeit, sich darauf vorzubereiten. Da das nicht geschehen ist, bedrängt man mich jetzt und schreit: Gib noch und noch, aber es gibt kein Menschenmaterial. Ich möchte jedoch um jeden Preis meine Losung beibehalten, die Arbeit heißt, denn Arbeit ist der Garant unserer Ruhe.

Zu den besten und schönsten Aufgaben in meinem Leben gehört die Fürsorge für die Kinder. Lange Zeit schöpfte ich Lebenskraft daraus, sie morgens zur Schule laufen zu sehen, in einer Hand die Bücher und Hefte und in der anderen Hand den Napf mit dem Mittagessen. Das war für mich das schönste Frühstück. Dann musste ich wegen der Aufnahme der Neueingesiedelten[7] die Schulräume aufgeben, um jenen ein Dach über dem Kopf zu geben. Anfangs dachte ich, die Unterbrechung des Unterrichts werde nicht länger als ein paar Monate dauern und dass es bald danach gelingen würde, den Unterricht wiederaufzunehmen. Leider ist mir das nicht gelungen.

Angesichts der entstandenen Lage habe ich beschlossen, die Kollektive und Transporte nach und nach aufzulösen und die Menschen in Privatwohnungen unterzubringen, um die Räume in neue Arbeitsressorts umzuwandeln. Schon seit dem 8. März wird das Gebäude des Kollektivs in der Franciszkańska[-Straße] 29 gereinigt, und danach kommen die anderen an die Reihe. Was aber das eigentliche Problem betrifft, nämlich die Schulen, habe ich auch jetzt nicht resigniert. Sobald es wärmer wird, werde ich das Schulwesen an einem anderen Ort (gemeint ist Marysin)[8] erneuern.

Was die Arbeit und meinen weiteren Arbeitsplan betrifft, erkläre ich vor allem, dass es Arbeit gibt und weiterhin geben wird. Ich werde dafür sorgen. Und nicht nur für Fachleute wird es Stellen geben, sondern auch für Unqualifizierte. In Anbetracht der Tatsache, dass der Arbeiter aufgrund der längeren Arbeitszeit in den Fabriken müde und schwach wird, sieht mein neues Arbeitsprogramm vor, in den Fabriken und Werkstätten

5 So wurden im Getto Litzmannstadt die Unterstützungsempfänger bezeichnet; von poln. zasiłek: Beihilfe, Unterstützung.

6 Im Original poln.

7 Gemeint sind die über 20 000 Juden, die im Okt. und Nov. 1941 aus dem Reich, Wien, Prag und Luxemburg nach Litzmannstadt deportiert worden waren. Um sie im Getto unterbringen zu können, ließ Rumkowski die Schulen schließen und die „Westjuden" dort in geschlossenen Gruppen, sog. Kollektiven, unterbringen.

8 So im Original.

3 Arbeitsschichten einzuführen, wobei jeder Arbeiter nur 7 Stunden am Tag beschäftigt sein wird. So kann das Menschenmaterial, über das ich verfüge, am besten ausgenutzt werden. Das wird es ermöglichen, noch 20 000 Menschen zusätzlich zu beschäftigen. Außerdem wird ein großer Teil bei unterschiedlichen öffentlichen Arbeiten beschäftigt werden können. Ich möchte bemerken, dass ich, obwohl der Plan noch nicht ganz ausgereift ist, bereits versuche, ihn durchzusetzen. Gelingt es mir, ihn auszuführen, werden wir im Getto ein Heer von 80–90 000 Arbeitern haben.

Über die eben vorgetragenen Dinge hatte ich letztens eine längere Beratung mit meinen Vertrauensleuten. Um mein neues Programm zu realisieren, habe ich eine besondere Kommission geschaffen, die bereits die Arbeit aufnimmt. Meine einzige Sorge ist, die beschäftigten Arbeiter und Beamten, gleich in welcher Stellung, zu halten und die Trennung von Familien zu vermeiden. Dafür nimmt morgen ein neues Büro seine Tätigkeit auf, das in den kommenden Tagen besondere Fragebögen an alle Abteilungen und Ressorts verschicken wird, für die dort Beschäftigten ebenso wie für die, die Unterstützung bekommen und noch nicht arbeiten. Falls ein nichtarbeitendes Familienmitglied irgendwelche Fachkenntnisse besitzt, wird ihm die Kommission Arbeit in den entsprechenden Ressorts und Abteilungen zuteilen. Diejenigen, die keinerlei Fach[ausbildung] oder Beruf besitzen, werden umgeschichtet werden müssen. Schwieriger wird es mit alten Eltern und Großeltern werden, aber Gott wird helfen. Ich merke an, dass hierbei Protektion nicht in Betracht kommt. Alle müssen arbeiten, ohne Unterschied, auf welchen Arbeitsstellen auch immer.

Hier ist nun mein Plan, der mein Hirn gequält und meine Gedanken im Verlauf der letzten Monate unaufhörlich beschäftigt hat. (Übrigens habe ich mehr als einmal versucht, den Boden zu sondieren. Ich erklärte mehrfach gegenüber den maßgeblichen Kreisen: ‚Wir befinden uns in einem Getto, wir sind aber Arbeiter, lasst uns arbeiten.') Man wird damit rechnen, dass ich die genaue Anzahl liefern werde, und Ihr müsst mir helfen, das Heer der Arbeiter zu vergrößern.

Und nun komme ich zum Plan selbst.

Man verlangt von mir eine weitere Aussiedlung. Ich will so viele retten als möglich. Eure Familienmitglieder werden nicht auf Euren Arbeitsstellen beschäftigt werden.[9] Schummelt nicht, haltet Disziplin und schickt die nicht arbeitenden Familienmitglieder zu *der* Arbeit, zu der sie eingeteilt sind. Protestiert nicht und sabotiert die Arbeit nicht. Folgt meinem Ruf geschlossen und führt die zugeteilten Arbeiten aus, ohne Euch dieser zu schämen. Das liegt in Eurem eigenen Interesse. Mein erwähnter Plan, 80–90 000 Personen zu beschäftigen, ist nicht unerfüllbar und nicht übertrieben.

Ich muss hier öffentlich erklären, dass an unserem Unglück auch ein gewisser Teil der Bevölkerung große Schuld trägt, der unbewiesene Gerüchte verbreitet und damit nicht nur unter der Bevölkerung [Verwirrung] hervorruft, sondern sie auch nach außerhalb des Gettos exportiert. Von allen diesen Gerüchten, die letztens fabriziert wurden, will ich nur eines, aber ein sehr charakteristisches, erwähnen, nämlich: dass ich mit meinem ganzen ‚Stab' beschlossen hätte, das Getto zu verlassen.

Was meine Person selbst betrifft, erkläre ich hier öffentlich, dass das eine Lüge ist und nicht zutrifft. Wer auch immer [gehen wird], *ich werde bis zuletzt hier bleiben.* Ich bin

9 Der Satz ist im Original verdorben und wurde sinngemäß rekonstruiert.

ein treuer Soldat, der seit ungefähr 39 Jahren die jüdischen Interessen in Lodz verteidigt, und ebenso wie ich vor 2 ½ Jahren nicht geflohen bin, was viele getan haben, werde ich auch jetzt nicht fliehen. Ich sehe jetzt, dass mein Gedanke schon damals richtig war. Eines aber sollt Ihr wissen: dass Ihr mit Euren Gerüchten meine Arbeit stört. Juden sind ja Meister im Ausdenken von Gerüchten. Das erwähnte Gerücht ist genauso wenig richtig wie das andere, das derzeit im Getto die Runde macht, dass das Getto liquidiert wird. Was die Ernährungsfrage betrifft, erkläre ich hier offen, dass man mir zwar alles geben will, aber nicht alles da ist! Die Stadt hat auch nichts. Ich hoffe aber, dass ich, wenn sich das Wetter bessert, wieder die für das Getto nötigen Nahrungsmittel bekommen werde. Ich werde alle meine Kräfte darauf richten, den Arbeitern und Beamten eine bessere Ernährung zu ermöglichen.
Sehr schweren Herzens habe ich den R/3 (Fleisch-Punkt) geschlossen. Man muss aber nicht nur für die Kranken sorgen, sondern auch für die Gesunden, die doch auch leben müssen. Was die übrigen R-Läden[10] betrifft, so ist für mich noch vollkommen offen, ob sie weiter existieren sollen oder nicht. Im Allgemeinen, meine ich, bessert sich die Lage. Dann wäre es leicht, die Fabrikspeisung einzurichten. Ich bin mir darüber im Klaren, dass sich viele davor fürchten, dass mein Plan, Gott behüte, fehlschlägt. Ich meine aber, dass es besser ist, vorher zu schildern, wie die Lage aussieht, dass nämlich eine gewisse Hoffnung besteht, die Familien nicht auseinanderzureißen, als im Ungewissen zu sein.
Ich bitte Euch alle, Euren Kameraden und Freunden zu übermitteln, dass ich über unsere Interessen wache wie ein Soldat. Sagt ihnen die Wahrheit. Seid aber ruhig und arbeitet für unsere gemeinsame Sache und helft mir, meinen Plan durchzuführen.
Die Fragebögen müssen korrekt ausgefüllt werden. Die Kommission muss über jedes Papier genau nachdenken, dessen Inhalt eine Tragödie für lebendige Menschen bedeuten kann. Versucht gar nicht erst, bei irgendwem falsche Angaben zu machen. Schließlich braucht man nicht nur Fachleute. Auch Nicht-Fachleute werden Arbeit bekommen, wenn sie fähig sind zu arbeiten. Ihr, Leiter der Arbeitsressorts, müsst für gute, gewissenhafte Arbeit sorgen. Für jeden noch so kleinen Sabotageakt werde ich [den Täter] unbarmherzig aus dem Getto ausstoßen, weil es hier ums Leben geht.
Mehr habe ich Euch nicht zu sagen, oder richtiger, ich hätte noch viel zu sagen, aber es ist besser, wenn Ihr nicht so viel wisst. Ich habe Euch unsere Lage geschildert, ohne zu unter- oder zu übertreiben.
Juden, erbarmt Euch Eurer selbst, stellt Euch für die Arbeit zur Verfügung.“

10 Ausgabepunkte für verschiedene, streng rationierte Lebensmittel im Getto.

DOK. 79

Hans Biebow weist am 4. März 1942 gegenüber der Gestapo Litzmannstadt die Kritik zurück, dass die Juden zu gut ernährt würden[1]

Schreiben der Getto-Verwaltung Litzmannstadt (027/1/B/R), gez. Amtsleiter Hans Biebow, an Kommissar Günter Fuchs, Gestapo Litzmannstadt, vom 4.3.1942

Betrifft: Ernährungslage des Gettos.
Die Ansicht, daß die Gettobevölkerung besser ernährt wird als vertretbar, muß als abwegig und irrig bezeichnet werden. Im Jahre 1940 wurde Verpflegung in Höhe von Gefängnissätzen für rund 200 000 Juden gegeben. Anfang 1941 ist dann eine verhältnismäßig zuverlässige Einwohnerzahl ermittelt, die als Grundlage für die Verpflegung nach gleichen Gesichtspunkten diente. Durch die Einsiedlung von Zigeunern und Altreichsjuden war es selbstverständlich, daß eine Abänderung der Kontingente nach oben zu erfolgen hatte. Nach der inzwischen wieder stattgefundenen Evakuierung sind die Ziffern gegenüber den zuteilenden Stellen bereits gesenkt.[2]
Die Ernährung liegt seit über einem Jahr unter den an sich zugebilligten Sätzen für Strafgefangene. Niemand kann die Behauptung aufstellen, daß die Gettobewohner von den ihnen zugewiesenen Lebensmitteln auf die Dauer arbeitseinsatzfähig bleiben, und zwar deshalb sinkt der Gesundheitszustand der Juden täglich weiter ab, weil die auf dem Papier stehenden Kontingente in der Praxis einfach nicht einzuhalten sind, da die Marktlage dies nicht zuläßt. Ferner ist alles, was an Lebensmitteln in das Getto hineinkommt, in der Regel von minderwertiger Qualität. Notleidende Partien (Gemüse, Fett, Mehlprodukte usw.) werden stets an das Getto abgestoßen, jedoch in voller Höhe auf die Kontingente angerechnet. Den klarsten Beweis für die Ernährungslage legen die rapide ansteigenden Sterbeziffern ab. Bei Durchsicht der Todesanzeigen der letzten Wochen ist ein Anwachsen des Fleckfiebers (Hungertyphus) festzustellen. Auf Grund der Ernährung starben z. B. in der Zeit vom 22. bis 26.2.1942:

an Lungentuberkulose	74	Pers
» Herzschwäche	105	»
» Unterernährung (besser gesagt verhungert)	84	»
verschiedene Todesfälle, die ebenfalls auf schlechte Ernährung zurückzuführen sind	44	»
zus.:	307	»

Dieser kurze Auszug legt hinreichend Zeugnis von den Verhältnissen ab, die z. Zt. in Bezug auf die Ernährung im Getto herrschen. Als weiterer Beweis der schlechten Versorgung, trotzdem sich die Gettoverwaltung alle Mühe gegeben hat, Ware heranzuschaffen, seien noch folgende Ziffern genannt:

1 Original nicht aufgefunden. Abdruck in: Eisenbach (Hrsg.), Dokumenty i materiały (wie Dok. 45, Anm. 9), S. 243–245.

2 Neben den 4300 Roma und Sinti waren im Jan. 1942 in 14 Transporten etwa 10 000 Juden sowie von Febr. bis 4. März 1942 in zehn Transporten weitere ca. 7000–8000 Juden aus dem Getto Litzmannstadt in das Vernichtungslager Kulmhof deportiert und dort ermordet worden; siehe Einleitung, S. 28.

Im Jahre 1941 konnten von den bewilligten Mengen nicht herangeschafft werden:

107 000 kg	Nährmittel
289 000 kg	Fleisch
323 000 kg	Brotaufstrich
10 865 000 kg	Kartoffeln
503 000 kg	Gemüse
151 000 kg	Kaffeersatz

Ab 15. Dezember 1941 wurde die Zuteilung von Nährmitteln, Kunsthonig und Marmelade an das Getto vollends gesperrt. Im Januar 1942 (eine Übersicht über die Februar[3] liegt noch nicht vor) entstanden allein nachstehende Ausfälle:

2872 kg	Fleisch
29 380 kg	Kaffeersatz
160 000 kg	Zucker

Es sind im Getto rund 53 000 Arbeiter eingesetzt, die im wesentlichen im wehrwirtschaftlichen Interesse tätig sind. Jeder, der die Verhältnisse im Getto kennt, weiß, daß die Werktätigen buchstäblich an ihren Arbeitsplätzen wegen Entkräftung zusammenbrechen. Die Gettoverwaltung würde niemals den Juden mehr Lebensmittel zuteilen, als unbedingt zu verantworten ist. Ich bitte daher, die bei Ihnen anfragende Stelle dahingehend zu unterrichten, daß es wirklich zwecklos sei, immer und immer wieder derartige Rückfragen zu halten. Ich bitte vielmehr, den Vorschlag zu unterbreiten, sich hier an Ort und Stelle selbst von den Verhältnissen zu überzeugen, dann glaube ich, dürfte in dieser Hinsicht ein für allemal zeitraubender Schriftwechsel vermieden werden.

3 So im Original.

DOK. 80

Die Reichsbahn schickt der Gestapo Litzmannstadt am 6. März 1942 eine Rechnung für die Deportation von über 7000 Juden aus dem Getto in das Vernichtungslager Kulmhof[1]

Schreiben der Deutschen Reichsbahn, Vorstand des Reichsbahn-Verkehrsamts (– AA 3 –), Litzmannstadt, Unterschrift unleserlich,[2] an die Geheime Staatspolizei Litzmannstadt (Eing. 14.3.1942) vom 6.3.1942[3]

Betr.: Fahrgeldzahlung für Sonderzüge nach Warthbrücken.
Für die in der Zeit vom 22.–28. Februar 1942 abgefertigten sieben Sonderzüge von Widzew[4] nach Warthbrücken[5] sind 20 484,80 RM Fahrtkosten entstanden.[6] Ich bitte, den Betrag bei der Fahrkartenausgabe Litzmannstadt Hbf einzuzahlen.

DOK. 81

Der Kreisbauernführer in Grodno fordert das ortsansässige Polizeibataillon am 11. März 1942 auf, den Schmuggel von Lebensmitteln in die beiden Gettos der Stadt wirksamer zu bekämpfen[1]

Schreiben des Kreisbauernführers (KBF/4 HA III), ungez., an den Kommandeur des Reservepolizeibataillons 91, Herrn Hauptmann Faust,[2] vom 11.3.1942 (Abschrift)[3]

Betr.: Schleichhandel.
Wiederholt habe ich persönlich feststellen müssen, daß an den Eingängen der beiden Ghettos Unmengen von Lebensmitteln den Eingang passieren, ohne daß diese durch den zuständigen Polizeibeamten in irgendeiner Form kontrolliert noch beanstandet werden. Lebensmittel jeglicher Art, auch in kleinsten Mengen, dürfen nur ins Ghetto

1 AŻIH, 205/70, Bl. 7.
2 Möglicherweise Schultz.
3 Das Schreiben sandte die Gestapo weiter an die Gettoverwaltung in Litzmannstadt. Es weist einen Eingangsstempel vom 18.3.1942 sowie die Paraphe „Ri" (Friedrich Wilhelm Ribbe) auf, ferner die handschriftl. Ergänzung „bereits am 7.3.42 bezahlt durch Scheck # 256 328".
4 Gemeint ist der Güterbahnhof Radegast am nördlichen Rand des Gettos Litzmannstadt, von dem aus die Transporte in das Vernichtungslager Kulmhof abgingen.
5 Vom Bahnhof Warthbrücken wurden die Opfer mit einer Schmalspurbahn in die Nähe des Vernichtungslagers Kulmhof weitertransportiert.
6 Aus einer Übersicht geht hervor, dass zwischen dem 22. und 28.2.1942 insgesamt 7034 Juden aus dem Getto Litzmannstadt nach Kulmhof deportiert wurden; wie Anm. 1, Bl. 3. Für jeden Deportierten berechnete die Reichsbahn einen Betrag von 2,80 RM, nicht für die Begleitmannschaft.

1 GAGO, 1-1-54, Bl. 6, Kopie: USHMM, RG 53 004m, reel 1. Abdruck als Faksimile in: Serge Klarsfeld (Hrsg.), Documents concerning the destruction of the Jews of Grodno, 1941–1944, Bd. 6, New York 1992, S. 106.
2 Major der Schutzpolizei Faust (gest. 1955), Kommandeur des Reserve-Polizeibataillons 91, von Jan. 1943 an des III. Bataillons des Polizeiregiments 23; nahm sich das Leben.
3 Die Abschrift wurde für den Kreiskommissar von Grodno angefertigt. Diese Position hatte von Aug. 1941 an Landrat Dr. Dietrich von Ploetz (1909–1944) inne.

eingeführt werden mit der schriftlichen Genehmigung des Kreisbauernführers. Ich bitte, Ihre Polizeibeamten eingehendst in dieser Form zu unterweisen. Eine verschärfte Kontrolle an den Eingängen des Ghettos wäre unbedingt angebracht. Im Ghetto II sind durch den Stabsleiter heute nachstehend aufgeführte Lebensmittel vorgefunden, die niemals über die Kreisbauernschaft zugewiesen worden sind:

Erbsen	Vollmilch
Butter	Linsen
Eier	Bohnen
Roggenmehl	Weizenmehl usw.

Entlöhnungen in irgendwelcher Form von Lebensmitteln sind verboten. Sollten am Ghettoeingang derartige Einwände gemacht werden, so bitte ich um Mitteilung, wer der Arbeitgeber gewesen ist. Ich bitte nochmals, uns in unserer schweren Arbeit Verständnis und Unterstützung entgegenzubringen.
Heil Hitler!

DOK. 82
Der Regierungspräsident in Hohensalza ordnet am 20. März 1942 nach der Auflösung des Gettos in Kutno seuchenhygienische Maßnahmen an[1]

Schreiben des Regierungspräsidenten in Hohensalza[2] (I M 22/3–7), i. V. Pickel, an den Landrat[3] und das Gesundheitsamt in Kutno vom 20.3.1942 (Abschrift)[4]

Betrifft: Seuchenpolizeiliche Maßnahmen bei Auflösung des Judenlagers in Kutno.[5] Zum mündlichen Bericht des Landrates vom 18.3.1942.
a) Die Sperrung des Lagers ist auch nach dem vollständigen Abtransport der Insassen bis zu seiner gesamten, gründlichen Entwesung *und* Desinfektion aufrechtzuerhalten, weil bis dahin die Gefahr der Weiterverbreitung von Fleckfieber fortbesteht.[6] Insbesondere ist Vorsorge zu treffen, daß nicht Gebrauchsgegenstände irgendwelcher Art von

1 APP, 299/2111, Bl. 208 f.
2 Dr. Hans Burkhardt.
3 Hans Erich Waldemar Trende (1908–1944), Jurist; 1933 NSDAP-Eintritt; 1933 Gaujuristenführer in Stettin; von 1934 an persönlicher Referent von StS Stuckart, von Juli 1937 an im RMdI, 1938 Reg.Rat, Okt. 1938 bis Aug. 1939 beim Reichsstatthalter im Sudetengau, März 1940 bis Juni 1942 Landrat in Kutno, danach zur Wehrmacht; gefallen.
4 Abschrift für den Reichsstatthalter, Abt. II, Posen. Im Original handschriftl. Notizen und Unterstreichungen.
5 Im April 1940 ließ der Landrat auf dem Gelände der ehemaligen Zuckerfabrik Konstancja in Kutno ein Getto für knapp 7000 Juden errichten, das offiziell jedoch nicht als Getto, sondern als Judenlager bezeichnet wurde. Es wurde im März 1942 aufgelöst, die meisten Bewohner wurden im Vernichtungslager Kulmhof ermordet, wenige „arbeitsfähige" Juden deportierten die deutschen Behörden in das Getto Litzmannstadt.
6 Infolge der katastrophalen hygienischen Verhältnisse im Getto brach im Okt. 1940 eine Typhusepidemie in Konstancja aus, die durch das gesamte Jahr 1941 hindurch nicht gestoppt werden konnte; bis März 1942 gab es fast 1400 Erkrankte und über 300 Todesfälle.

Unbefugten vorher entfernt werden. Daher wird die Lagerbewachung bis zur Erledigung obiger Maßnahmen aufrechtzuerhalten sein.
b) Die Entseuchung hat in zeitlich unmittelbarem Zusammenhang das ganze Lager zu umfassen und muß so durchgeführt werden, daß sowohl alle Läuse mit Nissen als auch das eigentliche Fleckfiebervirus (Rickettsien) mit Sicherheit vernichtet werden. Dabei ist die „Anweisung zur Bekämpfung des Fleckfiebers" (MBliV. 1942 Sp. 374–394) des RMdI zugrunde zu legen.
c) Mit der Entseuchung ist möglichst die Firma Tesch und Stabenow[7] in Hamburg 1, Meßberghof 13, zu beauftragen. Die Aufsicht obliegt dem Amtsarzt. Der Gesundheitsaufseher hat mitzuwirken.
d) Ein „Aufräumekommando" der jüdischen Lagerinsassen verbleibt noch zu den erforderlichen Vorarbeiten im Lager und hilft erforderlichenfalls auch bei der eigentlichen Entseuchung mit. Die *gesamten* Unterkünfte sind, soweit es sich nicht um minderwertige, durch Feuer zu vernichtende Holzbaracken handelt, von allem Unrat, Lagerstroh, minderwertigen Decken, Wäsche- und Bekleidungsstücken, Polstermöbeln, Teppichen und sonstigen Gespinsten oder Geweben *unter Staubvermeidung* zu räumen. Diese Gegenstände sind zu verbrennen. Die restlichen verwertbaren Einrichtungs- und Gebrauchsgegenstände (z. B. Holzmöbel, Geschirr) sind in einen abdichtbaren Raum zu verbringen und gleichzeitig mit diesem später zu entseuchen. Sodann sind die verbleibenden Baulichkeiten nach erneutem Befeuchten besenrein zu machen. (Kehricht verbrennen!)
e) Solche Räume bzw. Baulichkeiten, welche weder abgebrannt noch durch Blausäurevergasung läusefrei gemacht werden können, müssen durch reichliche Anwendung von 5%iger Kresol-seifenfrei-Lösung (Aufwaschen der Fußböden und Abspritzen der Wände) entseucht werden. Die übrigen Räume sind im Anschluß an die Vergasung demselben Verfahren zu unterwerfen. Aborte und Gruben sind mit Roh-Chloramin oder Chlorkalk zu desinfizieren.
f) Sollte es nicht möglich sein, die Firma Tesch und Stabenow oder eine andere Großentwesungsfirma hierfür zu gewinnen, bleibt das Lager nach restloser Räumung noch weitere *vierzehn Tage* strengstens gesperrt. Sodann ist nach Abschnitt e) zu verfahren, bevor es freigegeben wird.
g) Das Gesundheitsamt erstattet Schlußbericht in doppelter Ausfertigung.

7 Die Fa. Tesch und Stabenow aus Hamburg lieferte neben der Fa. Degesch das Zyklon B für die Massenmorde in den Krematorien von Auschwitz-Birkenau.

DOK. 83
Der Kreisleiter der NSDAP in Schieratz meldet am 25. März 1942 die öffentliche Hinrichtung von zehn Juden und die Panik im Getto von Zdunska-Wola[1]

Bericht der NSDAP-Kreisleitung Schieratz, Gau Wartheland, gez. i. V. Walden,[2] Kameradschaftsführer Sonderstab „R",[3] an Gauleitung Wartheland, Stellv. Gauleiter,[4] Posen, vom 25.3.1942

Betrifft: Lagebericht Monat März 1942.

Punkt 1:[5] Stimmungsmäßiger Überblick über die gesamtpolitische Lage.
Besondere Klagen oder Gründe zur Mißstimmung der Bevölkerung liegen nicht vor. Das Interesse ist nach wie vor auf die schweren Kämpfe unserer Front im Osten gerichtet. – Gerüchte mit unsinnigem Inhalt schwirren nach wie vor durch die Bevölkerung, und es ist nur möglich, durch die Wirklichkeit und auftretende Tatsachen bei Gelegenheit diese Gerüchte zu widerlegen. Das Vertrauen der Bevölkerung zu den Dienststellen der Partei ist vorhanden. Dies beweisen die vielen und häufigen Besuche von schutz-, hilfe- oder ratsuchenden Volksgenossen.

Punkt 2b
Der Parteigenosse und seine Pflichten.
Die Anträge von Volksgenossen (k. Pol. Leiter)[6] zur Aufnahme in die NSDAP. häufen sich zusehends, und es ist auch erfreulich, daß den jeweiligen Ortsgruppen eine Anzahl neuer Mitgliedskarten zur Aushändigung übergeben werden kann. Diese neuen Parteigenossen sind sich allerdings noch lange nicht über die Pflichten, die sie mit übernommen haben, im klaren. Es handelt sich bei diesen Menschen in der Hauptsache um Volksdeutsche oder Umgesiedelte aus Wolhynien, Galizien, Buchenland usw. Besonders schwerwiegend fällt auf, daß diese Parteigenossen nun durch das Parteiabzeichen nach außen hin als solche kenntlich, aber, was immer wieder festgestellt werden muß, nicht einmal der richtigen deutschen Sprache fähig sind. Die meisten dieser Parteigenossen sind in den Ortsgruppen als Block- bezw. Zellenleiter eingesetzt und sollten somit in der Lage sein, andere Volksgenossen richtig zu beurteilen. Da nun die bei der Kreisleitung eingehenden Beurteilungen meist derart sind, daß sie in der Form, in der sie eingereicht werden (unmögliches Schriftdeutsch), nicht weitergeleitet werden können, sondern zur gründlichen Bearbeitung wieder zurückgegeben werden müssen, wird die dienstliche Arbeit nicht irgendwie erleichtert, sondern im Gegenteil erschwert. – Im allgemeinen

1 APP, 888/320, Bl. 201–223.
2 Möglicherweise Franz Walden (1890–1968), Stuckateur; von 1919 an im Polizeidienst, von 1930 an bei der Kriminalpolizei Breslau tätig; 1933 NSDAP- und 1938 SS-Eintritt; im selben Jahr Wechsel zur Gestapo, 1942–1944 stellv. Leiter des Referats II B 4 (später IV B 4) für Judenangelegenheiten bei der Stapostelle Litzmannstadt; 1943 SS-Untersturmführer; nach dem Krieg Landwirt in Weiden.
3 Im Sommer 1941 gebildete Aufklärungsabt. des Reichsministeriums für die besetzten Ostgebiete zur Infiltration der Roten Armee und sowjet. Partisaneneinheiten. Der Sonderstab „R" (Russland) hatte seinen Sitz in Warschau.
4 Dr. August Friedrich Christian Jäger.
5 In ihren Monatsberichten führten die Kreisleiter aus einer nummerierten Themenliste nur die Punkte an, über die es jeweils etwas zu berichten gab.
6 Kommissarische politische Leiter.

brauchen diese k. Pol. Leiter im Hinblick auf Ihre Parteiarbeit noch sehr viel Schulung und besondere Hinweise.

Punkt 7a
Großkundgebungen und Veranstaltungen.
Besondere Veranstaltungen fanden im Berichtsmonat nicht statt. Zu erwähnen ist nur, daß die Feierstunden anläßlich des Heldengedenktages in den Orten ohne Wehrmacht von den Hoheitsträgern in durchaus würdiger und eindrucksvoller Form durchgeführt wurden. Desgleichen nahmen die Feierstunden zur Verpflichtung der HJ. überall einen eindrucksvollen Verlauf.

Punkt 7e
Rundfunk.
Dringend benötigt werden Anodenbatterien. Die deutsche Bevölkerung auf dem flachen Lande hat als einziges zur Ausspannung und Anregung das Radio. Elektrischer Strom ist meistens nicht vorhanden. Durch das Fehlen von Anodenbatterien ist auch die letzte Möglichkeit, mit der Außenwelt in Verbindung zu sein, unterbunden.

Punkt 7f
Film.
Es ist zu begrüßen, daß in der letzten Woche plötzlich wieder der Wagen der Gaufilmstelle in unserem Kreisgebiet aufgetaucht ist und an mehreren Orten Filmvorführungen zur Veranstaltung kamen. Wenn diese Vorführungen weiterhin wieder regelmäßig durchgeführt werden könnten, wäre einem dringenden Bedürfnis der Bevölkerung auf dem flachen Lande abgeholfen.

Punkt 7g
Kulturelle Fragen.
Für die beiden Städte des Kreises Schieratz und Zdunska-Wola bedeutete das Auftreten des Leipziger Gewandhaus-Quartetts einen hohen künstlerischen Genuß in reinster Form.

Punkt 9a
Kirchliche Fragen – Aktivität der Konfessionen.
Es ist beobachtet worden, daß von der katholisch-polnischen sowie von der evangelischen deutschen Seite aus Besuche von Geistlichen zu Haustaufen ausgenutzt worden sind. Es ist ferner gelungen, in einem Falle eine beabsichtigte Haustaufe durch entsprechendes Eingreifen zu verhindern. Gerade bei der wolhyniendeutschen Bevölkerung ist es sehr schwer, sie von ihren althergebrachten konfessionellen Bindungen zu lösen. Dies dürfte wahrscheinlich darauf zurückzuführen sein, daß bei den Wolhyniendeutschen sehr viele Laiengeistliche gewirkt haben und diese in ihrer deutschen Haltung meistens einwandfrei gewesen sind.

Punkt 9h
Kirchliche Fragen – Sekten.
Das Sektenwesen besteht unter der deutschen Bevölkerung nach wie vor weiter. Nur durch Zufall ist es möglich, irgendwelchen Vorgängen auf die Spur zu kommen. So

wurde vor einiger Zeit durch einen Siedlungshelfer festgestellt, daß innerhalb der Sekte der Fußwäscher sogenannte Ketten- und Himmelsbriefe eifrigst im Umlauf sind und weitergeschrieben werden. In einem Falle konnte ein Schreiber solcher Briefe unmittelbar bei seiner Tat ertappt werden. Dieser Vorgang wird weiterhin beobachtet und verfolgt werden. Vielleicht wird es doch möglich sein, mit entsprechender Energie und Rücksichtslosigkeit diesem Unfug ein Ende zu bereiten.

Punkt 10
Staatsfeinde.
Im Berichtsmonat wurden im Kreisgebiet umfangreiche Verhaftungen von Polen vorgenommen. Es handelt sich bei diesen Häftlingen durchweg um gediente Soldaten, besonders Dienstgrade des ehemaligen polnischen Heeres. Diese Verhaftungen haben bei der polnischen Bevölkerung großen Schrecken verursacht. Ein Teil der Verhafteten wurde bereits wieder auf freien Fuß gesetzt, der größte Teil befindet sich aber noch nach wie vor in Haft, und bei der polnischen Bevölkerung ist immer noch eine gewisse Angst und Unruhe festzustellen, zumal natürlich nicht bekannt ist, welches Schicksal diesen noch in Haft Befindlichen bevorsteht. Auf jeden Fall ist festzustellen, daß seit diesen Massenverhaftungen die Polen der deutschen Bevölkerung, wenigstens nach außen hin, wieder mehr Achtung erweisen.

Punkt 11
Judentum.
Durch die Erhängung von 10 Juden im Ghetto der Stadt Zdunska-Wola entstand unter der übrigen jüdischen Bevölkerung beinahe eine Panik. Die Juden machen einen durchaus gedrückten und eingeschüchterten Eindruck.[7] Von seiten der Juden wurde versucht, diese 10 Verurteilten dadurch zu retten, indem sie dem Amtskommissar der Stadt Zdunska-Wola eine Summe von rd. 10 000,– RM anboten und jetzt auch nachträglich noch bezahlt haben. Es ist erstaunlich, über welche Summen an Bargeld und Mengen an reinem Gold die Juden heute noch verfügen. In den größeren Orten unseres Kreises wurden Werkstätten eingerichtet, in denen Juden und Jüdinnen beschäftigt werden. In der Hauptsache handelt es sich hier um Schneider- und Schneiderinnenbetriebe. Dadurch soll endlich dem üblen Zustande, daß Deutsche für sich im Ghetto arbeiten lassen, abgeholfen werden.

Punkt 21c
Industrie – Beschäftigungslage.
Der Bedarf an Arbeitskräften ist stetig im Steigen begriffen. Aufträge sind nach wie vor vorhanden. Es ist nun aber so, daß polnische Arbeitskräfte, sobald sie irgendwo eingestellt und damit dem Arbeitsamt gemeldet sind, von ihrer Arbeitsstelle sofort wieder weggeholt und ins Reich verschickt werden. Das führt hier allmählich zu einer beinahe unmöglichen Lage, da es in Zukunft nicht mehr möglich sein wird, die dringenden und nötigen Aufträge des Handwerks zu erledigen.

7 Zu den Hinrichtungen von Juden in mehreren Gettos im Warthegau im Frühjahr 1942 siehe Einleitung, S. 30.

Punkt 21d

Industrie – Preispolitik.

Durch die Stelle Preisüberwachung werden tagtäglich Fälle von Preisüberschreitungen festgestellt und die betreffenden Geschäftsleute oder Handwerker zu empfindlichen Strafen verurteilt. Es ist fast unglaublich, daß es kaum möglich sein wird, dieses Übel grundsätzlich abzustellen. In erster Linie sind es immer wieder Reichsdeutsche oder Volksdeutsche, die sich derart gegen das Gesetz der Gemeinschaft und gegen die Idee des Nationalsozialismus vergehen. Diesen Menschen steht nur eines stets vor Augen, in möglichst kurzer Zeit für sich möglichst viel Geld zu verdienen. Es ist geradezu erstaunlich, wie in vielen Fällen oft im Verlaufe von einem Jahr ganze Vermögen „verdient" werden.

Punkt 22a

Handel und Handwerk – Allgemeine Lage.

Die allgemeine Lage für Handel und Handwerk ist gut. Aufträge liegen genügend vor, lediglich fehlt es an Arbeitskräften, vor allem an Fachkräften. Finanziell sind die Betriebe und Geschäfte, soweit sie schon in Eigentum übergegangen sind, gesund. Soweit die Reichs- bezw. Volksdeutschen noch als k. Verwalter[8] eingesetzt sind, haben sie natürlich das vordringlichste Interesse, möglichst bald in den Besitz ihres Geschäftes zu gelangen. Besondere Fälle haben schon ergeben, daß vor Erteilung der Kaufgenehmigung die charakterliche und politische Anlage ganz besonders und eingehend geprüft werden muß, denn meistens stellt sich erst nachher heraus, daß der Eigentümer auf Grund seiner Haltung und seines Gebarens absolut nicht in die deutsche Volksgemeinschaft hereinpaßt.

Punkt 23a

Allgemeine Ernährungslage, Schwierigkeiten in der Versorgung.

Die allgemeine Ernährungslage ist entsprechend der Rationierung normal. Schwierigkeiten in der Versorgung sind in der Hauptsache darauf zurückzuführen, daß die Reichsbahn nun einmal nicht über das nötige Wagenmaterial verfügt.

Punkt 23b

Ernährung und Landwirtschaft – Erzeugung.

Der sehr erhebliche und empfindliche Mangel an Petroleum war für die Ernährungswirtschaft und Erzeugung nicht gerade fördernd. Da die Landwirte z. B. für den Monat Februar ihre Zuteilung an Petroleum ziemlich verspätet bekommen haben, war es keine Seltenheit, daß die meisten von ihnen ohne einen Tropfen Petroleum dastanden. Es ist der Fall eingetreten, daß das Vieh im Dunkeln gefüttert und gemolken werden mußte. Die Erzeugung an Vieh, Getreide und Lebensmitteln wäre als ausreichend zu bezeichnen, wenn nicht immer und immer wieder landwirtschaftliche Erzeugnisse zu Wucherpreisen verschoben würden. Die Ortsbauernführer wurden erneut darauf hingewiesen, diesem Treiben mehr Aufmerksamkeit zu schenken. Es sind Fälle bekannt, in denen

8 Kommissar. Verwalter bzw. Treuhänder im Auftrage der Haupttreuhandstelle Ost bzw. der im Reichsgau Wartheland zuständigen Treuhandstelle Posen.

Kartoffeln, Schweine und Getreide verschoben wurden unter Mithilfe von Polen und sogar Juden. Durch diesen Zustand, der ja leider überall verbreitet ist, gehen der Verpflegung der deutschen Volksgemeinschaft täglich und stündlich große Werte verloren bezw. wird die gerechte Verteilung dadurch sehr erschwert.

Punkt 23d
Preisüberschreitungen durch die Landwirtschaft.
Preisüberschreitungen durch die Landwirtschaft treten in der Hauptsache bei der Verschiebung von Lebensmitteln und landwirtschaftlichen Erzeugnissen in Erscheinung.

Punkt 23f
Landarbeiterfragen; Ernteeinsatz, Landhilfe usw.
Mit der Vorbereitung der Frühjahrsfeldbestellung wird die Landarbeiterfrage wiederum ein Problem. Immerhin sind noch genügend polnische Landarbeiter vorhanden; gegenüber dem Vorjahre ist davon allerdings ein Teil ins Altreich abgewandert.

Punkt 24e
Soziale Fragen – Wohnungsfragen.
Zur Wohnungsfrage ist an sich nur zu berichten, daß sie nach wie vor eine Katastrophe darstellt. Was die Wohnungen auf dem Lande betrifft, sind diese „Löcher" überhaupt nicht als Wohnungen zu bezeichnen, in denen z. T. oft deutsche Menschen angesiedelt wurden. Die Wohnungsinstandsetzung geht auch nicht so rasch vorwärts, wie es eigentlich gewünscht wird. Die Wohnungen in den Städten des Kreises sind im Durchschnitt als „Höhlen" zu betrachten, in denen deutsche Menschen, die vom Altreich hierher versetzt oder kommandiert werden, nun einmal wohnen müssen. Bei vielen fehlt für diesen Zustand das nötige Verständnis oder besser gesagt die nötige kalte Ruhe, um sich darüber hinwegzusetzen.

Punkt 27
Wehrmacht.
In den ehemaligen polnischen Kasernen am Rande der Stadt Schieratz werden zur Zeit Vorbereitungen zur Einrichtung eines Reservelazarettes durchgeführt. Nach erfolgter Belegung des Lazarettes ist selbstverständlicherweise auch mit Besuch von Angehörigen der Insassen zu rechnen. Viele dieser Besucher werden von auswärts bezw. aus den Gauen des Altreiches kommen und sind normalerweise gezwungen, sich einige Tage in Schieratz aufzuhalten. Für Unterkunft und Übernachtung besteht zur Zeit in Schieratz absolut keine Möglichkeit, und es ist eine dringende Frage, wie hier Abhilfe geschaffen werden kann. In dem hier bestehenden Hotel sind noch Räume, die der weiteren Ausarbeitung harren, vorhanden. Daran wird aber zur Zeit infolge Material- und Arbeitermangels (Bauverbot) vorerst noch nichts getan.

Punkt 29a
Grenz- und volksdeutsche Fragen – allgemeine Fragen.
Unter den angesiedelten Volksdeutschen fällt besonders der Volksstamm der Wolhynier immer noch am unangenehmsten auf. Diese Deutschen betrachten sich nach wie vor als Gäste des Führers und glauben als solche keine Abgaben usw. an den Staat

entrichten zu müssen. Auch an den bestehenden Gemeinschaftsaufgaben beteiligen sie sich gar nicht oder nur widerwillig. Die Nachbarschaftshilfe läßt wirklich zu wünschen übrig. So kommt es bei diesen Menschen nicht selten vor, daß derjenige, der augenblicklich seine Arbeit geschafft hat, sich ruhig an den Ofen setzen und zusehen kann, wie der Nachbar, oder noch schlimmer, oft die Frau des Nachbarn, deren Mann im Felde steht, sich allein abmüht und abrackert. Hin und wieder werden auch bei anderen Volksstämmen Wünsche laut, die dahin gehen, demnächst wieder in ihre alten Heimatgebiete wie in die Ukraine oder nach Galizien zurückkehren zu können. Diese Wünsche werden dadurch bestärkt, daß manche von ihnen die Genehmigung bekommen haben, in ihre alte Heimat einzureisen, und die nun erzählen, daß dort gar nichts zerstört sei und auf ihren früheren Höfen überall ein Ukrainer sitzt. Andererseits wieder gehen Gespräche um von solchen, die auch ihre alte Heimat besucht haben und im Gegenteil feststellen mußten, daß ihr ganzes Dorf zerstört und restlos vom Erdboden verschwunden ist. Sie erzählen auch von den Morden und Untaten der Bolschewisten und sind froh, nun hier im Reichsgebiet leben zu dürfen. Diese Menschen erkennen erst jetzt, wie groß die Tat des Führers und sein Ruf „Heim ins Reich“ gewesen ist.

Punkt 29b
Verhältnis der deutschen Volksgruppen untereinander.
Das Verhältnis der Reichsdeutschen, Volksdeutschen und Umsiedler untereinander ist noch lange nicht so, wie es sein soll. Die Umsiedler und Volksdeutschen vertreten mitunter einen ganz merkwürdigen Standpunkt, der letzten Endes dahingeht, daß der Führer sie in das Wartheland gesetzt hat, in dem also die Reichsdeutschen nichts zu sagen hätten.

Punkt 29c
Verhalten der Polen.
Das Verhalten der Polen ist äußerlich gesehen ruhig und niedergedrückt. In Wirklichkeit aber ist aus verschiedenen Vorgängen festzustellen, daß die Polen nur darauf warten, daß wir endlich den Krieg verlieren und sie dann wieder Herr „ihres Landes“ sind. Gerade im Berichtsmonat ist es wieder vorgekommen, daß Polen aus bestimmten Gegenden des Kreises evakuiert wurden und andere auf ihre Evakuierung warten. Dieser Zustand wirkt sich nicht zugunsten der landwirtschaftlichen Lage aus, denn die polnischen Bauern haben an der Frühjahrsfeldbestellung kein allzugroßes Interesse. Vor allem wird es ihnen nicht einfallen, noch Kunstdünger zu beschaffen, und im übrigen arbeiten sie ja nur noch für das, was sie selbst zum Leben brauchen. Es wäre zu erstreben, daß die Aktion der Evakuierung in den betreffenden Gebieten einmal abgeschlossen würde, damit auch in der landwirtschaftlichen Erzeugung endlich eine gewisse Stabilität in Erscheinung treten kann.
Eine große Gefahr bilden allmählich die polnischen Jugendlichen (im Alter von 12–16 Jahren), die nicht zur Schule gehen können und sich daher oft vollständig beschäftigungslos herumtreiben. Es müßte irgendwie eine Möglichkeit gefunden werden, um diese Burschen zusammenzufassen und zu einem entsprechenden Arbeits- oder Beschäftigungseinsatz zu zwingen. Jetzt leben diese Lümmel vom Stehlen und vom Schieben und bilden einen gefährlichen Nachwuchs für das Verbrechertum.

Punkt 29d
Umsiedlerbetreuung.
Die Betreuung der Umsiedler nimmt in der gesamten Arbeit beinahe den größten Raum ein. Es tauchen aber immer wieder Einzelfälle auf, in denen selbst mit dem besten Willen augenblicklich nicht genügend geholfen werden kann. So ist z. B. in einer Bauernfamilie, die Frau hat vor kurzer Zeit Zwillinge geboren, ein empfindlicher Mangel an Kohlen und Petroleum eingetreten. Alle Versuche, diese Familie mit diesen notwendigen Dingen zu versorgen, schlugen wiederum an einem gewissen Bürokratismus fehl. Es müßte doch eine Möglichkeit geben, Familien, die Säuglinge haben, im Rahmen der gesamten Verteilung entsprechend zusätzlich zu berücksichtigen.
Verwaiste Höfe, wo der Mann Soldat oder gefallen ist, stehen natürlich in vorderster Linie unserer Betreuung, die sich nicht immer nur auf materielle Dinge, sondern auch auf moralische Unterstützung erstrecken muß.
Heil Hitler!

DOK. 84

Die Gettoverwaltung Litzmannstadt fordert Rumkowski am 31. März 1942 auf, Briefmarkensammlungen für den Verkauf an Sammler zur Verfügung zu stellen[1]

Gettoverwaltung Litzmannstadt (027/1/Lu/Po, Schreiben Nr. 10 428), gez. Biebow, an den Ältesten der Juden,[2] Litzmannstadt, Getto, vom 31.3.1942

Betr.: Philatelistische Abteilung
Die letzthin von Ihnen eingereichten Marken sind restlos verkauft worden, zusammen mit 95 Paketen à 300 Stück verschiedener Polen[3] im Gesamtbetrage von *RM 2162,89*. Dieser Betrag ist Ihrem Konto gutgeschrieben worden.
Es handelt sich bei dem Verkauf um den Restbestand aus dem Prüfungsheft Nr. 1 sowie um die besonderen Auswahlhefte, die mit Ihrem Schreiben vom 14.3.1942 Nr. 1363[4] eingereicht wurden.
Es besteht die Möglichkeit, auch weitere Partien bei demselben Abnehmer abzusetzen, und ich bitte, es so einzurichten, daß für Mitte April ein weiterer, größerer Posten veräußert werden kann. Selbstverständlich werden die Marken in der Zusammenstellung, wie Sie sie machen, abgenommen. Es würde jedoch gern gesehen, wenn nochmal ein Heft mit besonders guten Stücken zusammengestellt würde. Die Möglichkeit hierzu dürfte ohne weiteres gegeben sein.

1 YVA, JM 1923.
2 Chaim Mordechai Rumkowski.
3 Gemeint sind poln. Briefmarken.
4 Liegt nicht in der Akte.

DOK. 85

Der NSDAP-Kreisamtsleiter in Lentschütz verweist in seinem Monatsbericht für März 1942 auf die abschreckende Wirkung öffentlicher Hinrichtungen von Juden und Polen[1]

Gauamt für Volkstumspolitik, Berichte der Kreisamtsleiter, März 1942 (Abschrift)[2]

Betr.: Deutsche Volksliste, Polenfrage und volkstumspolitische Arbeit
[…][3]
Kreis Lentschütz:
Die Todesurteile[4] dürf[t]en mit Bestimmtheit als sehr abschreckend gewirkt haben. Insbesondere ist die Anwesenheit der Juden und Polen bei der Vollstreckung der *T-Urteile als durchaus positiv zu bewerten*. Es wäre doch kaum anzunehmen, daß nach diesem energischen Durchgreifen sich noch Leute erdreisten sollten, ihr „Handwerk" weiterzubetreiben. Allerdings finden wir Leute, welchen eine öffentliche Vollstreckung nicht zusagt und [die] die Meinung zu vertreten scheinen, daß dieses im Ghetto geschehen müsse, um die Jugend von dieser Schau fernzuhalten.[5] Begründet wird es dadurch, daß es einem anständigen deutschen Vg.[6] nie einfallen würde, sich Dinge zu leisten, welche solche Folgen nach sich ziehen würden. Sie wären sich voll und ganz der Verantwortung dann bewußt. Eine Vollstreckung dieser Art würde auch im Altreich nicht zur Schau getragen werden.
Die vielen Verhaftungen von Polen haben ihren Zweck nicht verfehlt und haben, ganz abgesehen von dem unglücklichen Ereignis in Zgierz,[7] nie und nimmer ihren Zweck verfehlt.[8] Die Polen merken es jetzt erst recht, daß die Vollstreckung der 99 T-Urteile, wegen der Ermordung der 2 dtsch. Beamten, drastische Maßnahmen nach sich ziehen und daß die angekündigte zukünftige Erschießung [von] 400 Polen für einen dtsch. Vg. nunmehr äußerst ernst einzuschätzen wäre. Abgesehen von dem revolutionären, falschen und hinterlistigen Charakter der Polen dürften diese Ereignisse den [Polen] stark in die Knochen gefahren sein.
[…][9]

1 IPN, GK 196/36, Bl. 33–48, hier Bl. 37.
2 Es handelt sich um eine monatliche Zusammenstellung von Berichten verschiedener Kreisamtsleiter der NSDAP im Reichsgau Wartheland.
3 In diesem Teil sind verschiedene Berichte zur Deutschen Volksliste zusammengefasst.
4 Im Febr. und März 1942 wurden in mehreren Städten des Regierungsbezirks Litzmannstadt zahlreiche Juden zu Abschreckungszwecken in den Gettos verhaftet und öffentlich hingerichtet; siehe Einleitung, S. 30.
5 Siehe Dok. 59 vom 22.1.1942.
6 Volksgenossen.
7 Nicht ermittelt.
8 So im Original.
9 Es folgen mehrere Berichte verschiedener Kreisamtsleiter zur „volkstumpolitischen Ausrichtung".

DOK. 86

Der Judenrat im Getto Białystok skizziert am 5. April 1942 die Zukunftsaussichten des Gettos[1]

Protokoll der Allgemeinen Versammlung im Saal von „Linas Hatsedek“,[2] Getto Białystok, vom 5.4.1942

Der Vorsitzende Dr. Rozenman gibt das Wort an Ing. Barasz.

Herr Ing. Barasz: Sehr geschätzte Versammlung! Es ist noch nicht die Zeit, ein Resümee des Lebens im Getto zu ziehen. Wir wissen nicht, wo wir stehen. Ich will Euch heute kurz von allen Gefahren berichten, die wir durchgemacht haben, und von der Gefahr, die dem Getto noch bevorsteht.

Unsere Arbeit besteht in Prophylaxe, damit keine Krankheiten ausbrechen, denn wenn eine Krankheit erst einmal ausgebrochen ist, kann es schon zu spät sein, sie zu heilen. Unser ganzes Leben im Getto ist eine einzige Gefahr, man stellt uns ständig nach. Schlechte Taten Einzelner belasten die Allgemeinheit. Und die Allgemeinheit ist für jeden Einzelnen verantwortlich (Juden bürgen einer für den anderen).[3]

Nach der letzten allgemeinen Versammlung haben uns die Machthaber gemeldet, dass sich im Getto Radioempfänger und -sender befänden und man teilweise dafür bezahle, Radio zu hören. Deswegen sollten zuerst der Judenrat und danach andere Juden erschossen werden. Die Gefahr bestand konkret und hielt einige Wochen an.

Heute ist eine der Hauptgefahren die Arbeitsfrage: Die Deutschen fordern, dass die Juden arbeiten, und das ist bis heute nicht angemessen geregelt. In Baranovitsh[4] kostete das zweieinhalbtausend Juden das Leben. Zu diesem Zweck hat man vielleicht gleich zu Beginn Namenslisten der Intelligenz von uns gefordert. –

Uns wurde auch der Vorwurf gemacht, dass man angeblich im Getto russisches Geld verstecke. Auch das ist eine Gefahr. –

Letztens wurde eine Gettoverwaltung gegründet. Es gab verschiedene Projekte wie die Einführung eines speziellen Gettogelds, um auf diese Weise den Schmuggel zu verhindern. Ein anderer Plan sah vor, ein geschlossenes Getto einzurichten, das nicht einmal die Arbeiter verlassen sollen.

Die Brotration wurde verkleinert, es ist uns aber gelungen, für die Arbeiter die frühere Rationsstärke beizubehalten.

Wir haben die Erlaubnis bekommen, von der Zamenhof- und Białostoczańska-Straße zur Jurowiecka-Straße Brücken zu bauen. Auf diese Weise wird der Verkehr in der Kupiecka-Straße verringert, durch die im Verlauf des Tages zu viele Menschen gehen. Die jetzige Lage auf der Kupiecka-Straße ist für das Getto gefährlich. – Von Zeit zu Zeit werden Häuser aus dem Getto ausgegliedert. Man verkleinert aber nicht unseren Besitz,

1 AŻIH, 204/29, Bl. 1–5. Abdruck in: Blumenthal, Darko shel judenrat (wie Dok. 11, Anm. 1), S. 161–167; in deutscher Übersetzung: Anders/Stoll/Wilke (Hrsg.), Der Judenrat von Białystok (wie Dok. 11, Anm. 1), S. 104–108. Das Dokument wurde aus dem Jiddischen neu übersetzt.

2 Siehe Dok. 65 vom 1.2.1942, Anm. 2.

3 Im Original hebr.; siehe Sifra zu Leviticus 26,37; Tb Sanh. 27b.

4 Baranowicze, ca. 200 km östlich von Białystok, nach dem deutschen Angriff auf die Sowjetunion im Generalkommissariat Weißruthenien gelegen. Am 3.3.1942 wurden dort 2300 Juden ermordet, nachdem der Judenrat sich geweigert hatte, sie zur Zwangsarbeit zur Verfügung zu stellen.

sondern gibt uns einen angemessenen Ausgleich für den Verlust. So geschehen bei dem Haus Kupiecka-Straße 1.
Die falschen Gerüchte, die immer wieder im Getto verbreitet werden, bringen uns keinen Nutzen. Sie rufen große Aufregung hervor, so wie in der vorigen Woche – und die Nachrichten erreichen die Machthaber schnell. Man darf keine Nachrichten verbreiten und nicht glauben, was jeder Trunkenbold erzählt.
Geehrte Versammelte! Die größte Gefahr bildet unsere verhältnismäßig große Bevölkerung – 35 000 Juden im Getto. Was tut man dagegen? Wie bewegt man sich am Rande des Abgrunds, ohne hineinzufallen?! –
Erstens: Die Forderungen der Behörden 100 Prozent loyal erfüllen. Zweitens: Persönlicher Kontakt, der uns die Möglichkeit gibt, verschiedene Missverständnisse aufzuklären. Drittens: Unsere Industrie, die sich von Tag zu Tag entwickelt und den Behörden die Nützlichkeit der Juden klar beweist. Alle, die in der Industrie arbeiten, retten sich selbst und das ganze Getto. Ihr habt von den großen Delegationen aus Berlin und Königsberg gehört.[5] Wir haben uns bemüht, zu beweisen, dass das Getto unangetastet bleiben muss. Wir haben außerhalb des Gettos eine Ausstellung mit 500 Exponaten aus der Gettoproduktion zusammengestellt.[6] Die Ausstellung macht einen sehr guten Eindruck, und das ist von großer Bedeutung sowohl für uns als auch für alle Juden. Ich habe aber auch Kritik an unserer Arbeit gehört. Wir engagierten uns zu stark, man solle auch an ein späteres Regime denken. – Dazu erkläre ich: Wir haben uns zum Ziel gesetzt, unser aller Leben zu retten. Wir müssen alles tun, was zu diesem Ziel führt. Was für ein Regime auch immer es in Zukunft geben wird, es wird sich doch nicht um unsere Probleme kümmern, sondern nur um seine eigene Politik. Einige Polen zum Beispiel verhalten sich teilweise jetzt schon nicht anständig gegenüber den Juden. Das sei den Leuten gesagt, die Beziehungen mit Polen unterhalten.
Heute gibt es ein sehr ernstes Thema. Schon seit längerem reden wir auf den Sitzungen des Rates davon, dass sich die Gettobevölkerung ständig vergrößert. Man hat uns kategorisch erklärt, dass eine Katastrophe eintreten kann. Die Vergrößerung der Bevölkerung wurde besonders in der letzten Zeit bemerkbar, seit man die Ausgabe von Scheinen zum Verlassen des Gettos eingestellt hat. – Dass Evakuierte sich erlauben, von Prużany[7] zurückzukommen, ist sehr gefährlich. Macht Euch klar, dass nicht nur der Judenrat, sondern die ganze Bevölkerung darunter leiden wird. Dasselbe gilt für Nichtangemeldete, sie werden von den Machthabern als Versteckte betrachtet, als Verbrecher. Alle diese Personen, die Nichtangemeldeten und die aus Prużany, müssen Białystok verlassen. Man hat uns gesagt, man könne, falls sie zwangsweise evakuiert werden müssten, nicht dafür garantieren, dass sie heil in Prużany ankommen. Ich weiß, wie schwierig für diese alle die Lage ist, aber wir haben für sie keinen Rat.

5 Nicht ermittelt. Gemeint sind vermutlich Wehrmachts- und Firmenvertreter, die ihre Warenfertigung nach Białystok auszudehnen planten.

6 Diese Ausstellung bestand von März bis Nov. 1942 und stieß sowohl bei Polen als auch bei Juden auf Kritik, da sie als eine Form von Kollaboration wahrgenommen wurde. Eine ähnliche Ausstellung von Produktmustern existierte auch im Getto Litzmannstadt.

7 Im Herbst 1941 wurden im Bezirk Bialystok etwa 10 000 Juden nach Prużany deportiert, einigen gelang die Rückkehr nach Białystok, die anderen wurden 1943 nach Auschwitz gebracht und dort ermordet. Der Umgang mit den zurückkehrenden Juden aus Prużany verursachte Konflikte zwischen Judenrat und der Gettobevölkerung; siehe Einleitung, S. 61.

Wir tun, was wir können, die Geschichte wird über uns urteilen.
Das Wort erhält Herr Subotnik:
Geehrte Versammelte! Wir hatten die Gelegenheit von dem verehrten Herrn Ing. Barasz einen kurzen Bericht zu hören, der fast alle Probleme des Gettos umfasste. Unsere Appelle an die Bevölkerung haben immer dasselbe Ziel: Euch aufmerksam zu machen auf alle unsere Forderungen, egal ob persönlich, durch Boten oder auf Plakaten. – Alle hören von den Geschehnissen in der Umgebung von Bialystok, und wenn Ihr Euch Rechenschaft über die Lage gäbet, stünden die Dinge anders.
Ihr sollt uns nicht beurteilen wie jüdische Vorsteher in normalen Zeiten, mit denen nicht zu rechnen ist. Wir sind nur Vermittler zwischen den deutschen Machthabern und den Juden. Wir dürfen aber damit nicht aufhören, weil man außerhalb des Gettos nicht aufhört, über uns zu reden und nachzudenken. –
Es kann vorkommen, dass in einer jüdischen Wohnung einige Forderungen gleichzeitig eintreffen: zur Arbeit zu gehen, Steuern zu bezahlen, Möbel abzugeben, Miete zu bezahlen usw. Alles auf ein Mal. Aber das ist doch nicht unsere Schuld.
Manchmal wenden sich Leute an uns, damit wir sie von der Arbeit befreien. Sie wollen nicht verstehen, dass die Arbeit uns das Leben rettet. Ebenso ist es mit den Steuern, die der Judenrat im Voraus auf einmal für das ganze Getto bezahlen muss. – Die Leute müssen begreifen, dass die Steuern nötig sind, sowohl die direkt von den Behörden als auch die von unserem Steueramt erhobenen. Es kommen zahlreiche Forderungen auf uns zu: Wie werden wir weiter existieren, da wir bis jetzt nur durch Wunder bestehen? Die Industrie, die uns, wie wir hoffen, retten wird, kostet doch Zehntausende von Mark – Maschinen, Installationen, Reparaturen usw. –, überlegt Ihr Euch überhaupt, woher wir dieses Geld nehmen sollen? Man muss sich darauf einstellen, dass es noch schwerer werden wird. Jeder wird das Letzte hergeben müssen. Man muss die Meinung ein für alle Mal ausrotten, dass der Judenrat sich bereichert. Die Tausende von Beamten arbeiten doch für ein halbes Kilo Brot.[8] Sollte jemand einen Verdacht auf Missbrauch haben, so haben wir doch schon lange darum gebeten, man solle uns alle Verdachtsfälle melden.
Wegen der Wegnahme von Möbeln kommt es zu Szenen und Wutausbrüchen, obwohl man doch ausnahmsweise für Möbel noch etwas bezahlt.[9] Es ist jetzt schon klar, dass kein Möbel im Getto bleiben wird. In anderen Gettos gibt es schon lange keine Möbel mehr.
Man muss auch daran erinnern, dass Reinlichkeit im Getto eines der besten Mittel gegen Epidemien ist. Im Winter ist es uns gelungen, uns vor Krankheiten zu schützen, aber es geht auf Frühling und Sommer zu, in denen die Gefahr größer ist. Viele Menschen vergessen häufig unsere Lage. Wir haben Tanzklassen gesehen, man veranstaltet Lustbarkeiten, Bankette – und wir alle tragen die Verantwortung. Alle sollen sich klarmachen, dass es heute wichtigere Dinge gibt – ich appelliere an Euch: Zwingt uns nicht zu drasti-

8 Im Juni 1942 hatte die Gettoverwaltung etwa 4000 Mitarbeiter. Diese erhielten als Aufwandsentschädigung kein Geld, sondern ein halbes Kilo Brot pro Tag. Im Sommer 1942 wurde diese Ration auf 370 g gekürzt, allerdings wurde auch ein Gehalt eingeführt.

9 Die sog. Wirtschaftsabt. des Judenrats war u. a. dafür zuständig, Angehörige der deutschen Besatzungsverwaltung mit Geschenken zu bestechen. Dafür sammelte sie das Eigentum der Gettoinsassen, neben Möbeln auch Haushaltswaren und Kleidung.

schen Maßnahmen. Dass man Białystok in der heutigen Zeit für ein Paradies hält, haben wir unserer Zuverlässigkeit zu verdanken. Gebt uns also die Möglichkeit, auch weiterhin für eine gute Meinung über Białystok zu sorgen.

Herr Markus:[10] (polnisch) Es ist schon mehr als 8 Monate her, dass die Zäune einen neuen „Staat" für uns geschaffen haben, das jüdische Getto. In diesem „Staat" erfüllt der Judenrat die Pflichten einer „Regierung", und wir, der Ordnungsdienst, haben die schwierige Aufgabe, für Ruhe und Ordnung im Getto zu sorgen. Ein paar Mal habe ich Ing. Barasz gebeten, Gespräche mit den Einwohnern des Gettos zu organisieren. Die Sache ist die, dass die Verordnungen der Behörden nicht angemessen umgesetzt werden. Vielleicht bin ich selbst daran schuld, weil ich zu milde, zu nachsichtig bin, und die Masse macht sich nicht klar, dass wir Juden sind. Man hält die Polizeistunde nicht ein: Um 9 Uhr muss man schlafen gehen, man darf sich nicht auf der Straße aufhalten. Bei Nichtbeachten der Verordnung kann man sogar erschossen werden. Und die Leute gehen häufig nach der Polizeistunde umher. – Man trägt den Flicken[11] nicht vorschriftsmäßig, einer vergisst den vorderen, der andere den hinteren Flicken. – So auch mit der Verdunkelung. Es kommt vor, dass ganze Häuser festlich beleuchtet sind. Es gab schon einen tragischen Fall im Getto; eine Frau wurde in ihrer Wohnung erschossen, weil das Zimmer schlecht verdunkelt war. Die Juden sind ein verstocktes Volk.[12] –

Der Straßenhandel hört nicht auf, und das ausgerechnet auf der Kupiecka-Straße, ungeachtet unserer Bemühungen. Es scheint, dass man mit Härte vorgehen muss. Vom vierten Revier außerhalb des Gettos wurde angerufen, man habe Kinder ohne Flicken und ohne Passierscheine aufgegriffen. So kann noch einmal ein Unglück geschehen. – Auch wirkt es aufreizend, wenn Mütter mit Kindern in bunten Kinderwagen durch die Straßen paradieren, die Mütter müssen das vermeiden. – An den Gettotoren stehen Scharen von Menschen und rühren sich nicht vom Ort, nicht einmal wenn die Deutschen sie verjagen und sie sogar erschossen werden können. Auch an Sauberkeit mangelt es. Die Straßenreinigung kostet Tausende, und am nächsten Tag ist es schon wieder schmutzig. Die Leute nehmen sich nicht in Acht, sie wollen nicht wissen, dass das eine Gefahr darstellt. – Außerdem: Tausende Menschen gehen zur Arbeit, arbeiten im Schweiße ihres Angesichts, während andere sich auf verschiedene Weise vor der Arbeit drücken. – Die Hauskomitees sind verpflichtet, solche Personen auszuliefern. Die Mitglieder des Ordnungsdienstes sollen nicht genötigt sein, Passanten auf der Straße abzufangen und mit den Leuten herumzustreiten. Das gereicht weder der Bevölkerung noch dem Ordnungsdienst zur Ehre. Wenn es noch lange so weitergeht, kommt es vielleicht zur Katastrophe. Deshalb: Wer leben will, muss arbeiten! –

Zum Schluss spricht der Rabbiner Dr. Rozenman:

„Die heutige Versammlung ist die wichtigste von allen bisherigen. Führt alle erwähnten Forderungen an das Getto aus! Gebt es an alle weiter, an alle Bekannten, dass man nicht leichtsinnig sein soll, sondern ernst und zuverlässig. – Wenn wir unsere Pflichten erfüllen, wird Frieden kommen und gute Zeiten auch für uns Juden."

10 Jitzhak Markus.

11 Im Bezirk Bialystok waren alle Juden von Juli 1941 an verpflichtet, auf der Oberkleidung ein gelbes Kennzeichen auf der linken Brustseite und auf dem Rücken zu tragen.

12 Häufig verwendete Bezeichnung für das jüdische Volk; siehe Ex 32,9, 33,3 und 5, 34,9, Deut 9,6 und 13.

DOK. 87

Die Leitung der Ältestenräte der Jüdischen Kultusgemeinden in Ost-Oberschlesien verlangt am 7. April 1942 von den Gemeinden eine Abgabe für Wohlfahrtszwecke[1]

Schreiben des Leiters der Ältestenräte der Jüdischen Kultusgemeinden in Ost-Oberschlesien,[2] Finanz- und Budgetabt. (Dr. W/B. III-B/3429/42), Sosnowitz, ungez., an den Ältestenrat der Jüdischen Kultusgemeinde Dombrowa vom 7.4.1942 (Durchschlag)

Betrifft *Fürsorgeabgabe für Arbeitseins[atz].*
Im Zusammenhang mit der letzten Arbeitseinsatz-Aktion haben sich die Finanzen der einzelnen Kultusgemeinden Ost-Oberschlesiens durch die Heranziehung ihrer Gemeindemitglieder zum Arbeitseinsatz verschlechtert, während die Ausgaben durch die Betreuung der zurückgebliebenen Familien steigen werden.
Um die Finanzen der Gemeinden zu stärken und entsprechende Reserven zu schaffen, haben diese *sofort* eine Aktion zur Einziehung einer speziellen Abgabe, und zwar: „Fürsorgeabgabe für Arbeitseinsatz" einzuleiten. Diese Abgabe haben alle Personen zu leisten, die aus irgendwelchen Gründen vom Arbeitseinsatz befreit wurden. Z. B.: die als untauglich befunden wurden, zeitweilig untauglich sind, aus wirtschaftlichen oder Familiengründen oder anderen reklamiert wurden.
Diese Abgabe soll, entsprechend den Vermögensverhältnissen, beträchtlich sein. Derjenige, der am Platze arbeiten kann und Verdienstmöglichkeiten besitzt, soll seinen Beitrag leisten, um mitzuhelfen, die mittellos zurückgebliebenen Familien zu betreuen, deren einziger Ernährer ins Arbeitslager abgegangen ist.
Jede Gemeinde hat sofort eine Schätzungskommission zu berufen, deren Aufgabe es ist, die Höhe der Abgabe für die einzelnen Zahler festzusetzen. Die Zahlungsaufforderung ist an die Betreffenden zuzustellen und die Abgabe sofort durch die Gemeinde einzuziehen und *an die Zentrale abzuführen.*
Diese Abgabe ist *einmalig* zahlbar, eine ratenweise Zahlung ist nicht zulässig.
Von der Zahlung dieser Abgabe können nur die vollständig Armen, deren Einkünfte unwesentlich sind, ausgenommen werden.
In der Anlage überreichen wir Ihnen ein namentliches Verzeichnis der während der letzten Arbeitseinsatz-Aktion befreiten Männer.[3]
Der Ältestenrat hat unverzüglich an die Zentrale eine Abschrift des Protokolls der Schätzungskommission zu übersenden. Sollten die in diesem Verzeichnis angeführten Männer, die die Kommission als zahlungsfähig anerkannt hat, der Zahlungsaufforderung nicht nachkommen, so ist der Zentrale sofort zu berichten.
Mit Rücksicht auf die Sanktionen, welche die Zentrale gegen unwillige Zahler zu treffen beabsichtigt, ist jede Gemeinde verpflichtet, genauestens die Ursache der Nichtzahlung der Abgabe zu prüfen, bevor sie der Zentrale eine Aufstellung dieser Zahlungsunwilligen übersendet.

1 APK, 1600/1, Bl. 595 f.
2 Moszek Merin.
3 Liegt nicht in der Akte.

Die Gemeinden sind verpflichtet, an unsere Zentr. Finanz und Budgetabteilung täglich ausführlichen Bericht über den Verlauf der Aktion zu erstatten sowie eine namentliche Aufstellung der inkassierten Beträge zukommen zu lassen.
Die inkassierten Beträge sind *unverkürzt* an unsere Zentrale abzuführen, wobei irgendwelche Verrechnungen ausgeschlossen sind.
Die Dauer der Aktion ist mit 14 Tagen vorgesehen und muß die Aktion innerhalb dieser Frist beendet sein.[4]
Der Präses der Gemeinde hat nach Erhalt dieses Schreibens unverzüglich seinen Bevollmächtigten zur Durchführung dieser Aktion zu ernennen, wobei er ihn von seinen bisherigen Arbeiten in der Gemeinde befreit.
Die Angelegenheit der Fürsorgeabgabe für den Arbeitseinsatz ist als außerordentlich *dringend* anzusehen und ist hierfür der Präses der Gemeinde dem Leiter der Ältestenräte gegenüber verantwortlich.
1 Beilage.[5]

DOK. 88

Kattowitzer Zeitung: Bekanntmachung vom 12. April 1942 über das Verbot für Juden, weite Teile der Stadt Bielitz zu betreten[1]

Abschrift. Bekanntmachung.
Allen Juden, soweit sie zum Tragen des Judensternes verpflichtet sind, wird das Betreten des Stadtteiles westlich der Biala untersagt.[2] Im östlichen Stadtteil dürfen sich die Juden innerhalb des nachstehend beschriebenen Gebietes während der Tageszeit frei bewegen: „Von der Stadtgrenze im Osten entlang des Au-Baches bis zur Spitalstraße, die Spitalstraße, Batzdorfer Straße bis zur Eisenbahn, dann südlich der Eisenbahnlinie bis zur Stadtgrenze im Osten."
Soweit Juden im Besitze von Fahrbescheinigungen für die Reichsbahn sind, steht ihnen die Benutzung des Bahnhofes Biala frei, oder der Hauptbahnhof, jedoch ist als Zugang zu diesem nur der Steg nördlich des Bahnhofes gestattet.
An staatlichen Feiertagen oder allgemeinen Sammeltagen wird allen Juden das Betreten der Straße grundsätzlich untersagt. Das Betreten der Adolf-Hitler-Straße und des Adolf-Hitler-Platzes in Bielitz ist allen Juden untersagt.

4 So im Original.
5 Liste mit 43 Namen und Adressen aus Dombrowa; wie Anm. 1, Bl. 597.

1 Kattowitzer Zeitung, 74. Jg., Nr. 99 vom 12.4.1942. Die von 1874 an erscheinende Tageszeitung verstand sich in der Zwischenkriegszeit als Sprachrohr der deutschen Minderheit im poln. Ostoberschlesien. Sie war von 1939 an Organ der NSDAP-Kreisleitung und wurde 1943 mit weiteren Blättern zur Oberschlesischen Zeitung vereinigt, die bis Jan. 1945 erschien.
2 Nachdem den Juden im Jan. 1940 ein separater Wohnbereich am Stadtrand zugewiesen worden war und sie bereits seit Febr. einer Kennzeichnungspflicht unterlagen, war es ihnen von Ende 1941 an untersagt, die Hauptstraße der Stadt zu benutzen. Im Winter 1941/42 erfolgte schließlich die Zwangsumsiedlung in ein Getto, das drei Gebäude umfasste. Bei dessen Auflösung am 29.6.1942 lebten noch ca. 370 Juden in Bielitz; die Mehrheit von ihnen wurde nach Auschwitz deportiert und ermordet, einige wenige, darunter auch Mitglieder des Judenrats, wurden auf umliegende Gettos der Region verteilt.

Befreit von diesem Judenbann sind nur die Mitglieder des Bielitzer Ältestenrates, die im Besitze besonderer Ausweise der Ortspolizeibehörde sind.
Einzelnen Juden, die in dringenden Fällen Behörden oder sonstige Dienststellen außerhalb des Judenreservats aufsuchen müssen, ist dies nur dann gestattet, wenn sie im Besitz eines Passierscheines sind, der zu diesem Zweck einmalig vom Ältestenrat in Bielitz ausgestellt wird. Für die Richtigkeit des Passierscheines trägt ein Mitglied des Ältestenrates die Verantwortung. Jede Übertretung wird bestraft.
Bielitz, den 8. April 1942
Der Bürgermeister als Ortspolizeiverwalter
Heseler.[3]

DOK. 89
Das Gettokommissariat der Kriminalpolizei in Litzmannstadt meldet am 13. April 1942, dass sich die 58-jährige Fajga Pachciarek das Leben genommen hat[1]

Bericht der Kriminalpolizei Getto (K. II/5. – Getto), ungez., vom 13.4.1942[2]

Bericht.
Der hiesige[n] Dienststelle wurde heute, am 12.4.42, gegen 18.09 Uhr, durch einen jüdischen Ordnungsdienstmann mündlich mitgeteilt, daß in der Hamburgerstr. Nr. 63 eine Jüdin im Hofe läge, welche aus dem 2. Stockwerk in selbstmörderischer Absicht abgesprungen wäre.
Nach Eingang der mündlichen Meldung begab ich [mich] zur Hamburgerstr. 63. Die dort angestellten Ermittlungen ergaben, daß eine unbekannte Frau um 17.30 Uhr aus dem 2. Stockwerk des Hauses gesprungen war und vor meinem Eintreffen am Tatort im schwerverletzten Zustande in das jüdische Krankenhaus I eingeliefert wurde. Eine Nachfrage bei den Bewohnern des Hauses ergab, daß die Frau unbekannt war. Daraufhin wurde im jüdischen Krankenhaus I der leitende jüdische Arzt kurz zur Sache gehört. Dieser erklärte, daß gegen 18.45 Uhr eine ältere Jüdin im schwerverletzten Zustande eingeliefert worden sei, welche kurz nach ihrer Einlieferung verstorben wäre. Der Tod sei sehr wahrscheinlich infolge innerer Blutungen und Schädelbruch eingetreten. Die Verletzte sei nur wenige Minuten bei Bewußtsein gewesen und konnte dieserhalb nach ihren Personalien sowie Angehörigen nicht befragt werden. Auf meine Veranlassung wurde daraufhin eine genaue Personenbeschreibung der Toten bekanntgegeben. Der Jude Moszes Pachciarek,[3] geb. am 17.4.1904 zu Lodsch, wohnhaft: Litzmannstadt-Getto, Sperlingstr. 7, welcher seine Mutter wegen ihrem Fernbleiben suchte und von der Einlieferung einer schwerverletzten Frau in das jüdische Krankenhaus gehört hatte, meldete sich hier auf der Dienststelle und erkannte an Hand der Personenbeschreibung sowie Besichtigung der Leiche in der Toten seine Mutter Frau Fajga Pachciarek,[4] geb. 1884 zu

3 Johannes Heseler (1910–1995); 1929 NSDAP-Eintritt; von Mai 1941 an Bürgermeister von Bielitz.

1 APŁ, 203, Nr. 59, Bl. 18.
2 Das Datum des Dokuments wurde handschriftl. vom 12. auf den 13.4.1942 korrigiert.
3 Mojżesz Pachciarek (*1904), Kaufmann, Kolonialwarenhändler.
4 Fajga Pachciarek (1884–1942), Hausfrau.

Lodsch, wohnhaft gewesen: Litzmannstadt-Getto, Sperlingstr. 7, welche mit ihm [in] häuslicher Gemeinschaft lebte. Der Jude Moszes Pachciarek erklärte über den Beweggrund der Tat seiner Mutter befragt, daß seine Mutter seit längerer Zeit nervenkrank gewesen wäre und bei dem jüdischen Nervenarzt Dr. Klozenberg[5] dieserhalb in Behandlung war. Die Hauptursache dürfte aber die Evakuierung seiner Schwester mit ihren Familienangehörigen gewesen sein,[6] die seine Mutter veranlaßt hätte, die Tat auszuführen. Nach Klärung der Sachlage wurde die Leiche zwecks Verhütung von Seuchen zur sofortigen Beerdigung freigegeben.

DOK. 90
Die Schutzpolizei in Sosnowitz lobt anlässlich der Hinrichtung von vier Juden am 13. April 1942 die gute Sicht der Zuschauer auf den Richtplatz[1]

Bericht des 1. Polizeireviers der Schutzpolizei Sosnowitz (1. R. 6222/13.4.), Unterschrift unleserlich, an das Schutzpolizei-Abschnittskommando I, Sosnowitz (Eing. 14.4.1942), vom 13.4.1942[2]

Betrifft: Durchführung besonderer Maßnahmen.
Bezug: Dortiger Zusatzbefehl vom 11.4.42 – S. Ak. I 1a 6222/11.4. –[3]
Die heute in Sosnowitz – anläßlich der durch den Strang erfolgten Judenhinrichtungen – befehlsgemäß durchgeführten Absperrmaßnahmen haben sich m. E. als zweckmäßig und völlig hinreichend erwiesen.
Die dem 1. Polizeirevier, infolge durchgeführter Verstärkung, zur Verfügung stehenden Kräfte in einer Gesamtstärke von 1 Offizier und 3 Revier-Offizieren sowie 40 Wachtmeistern (SB) und 4 Berittenen haben gut ausgereicht, um alle erforderlichen Vorkehrungen für einen plan- und ordnungsmäßigen Ablauf der Exekution treffen zu können. Besonders *zweckmäßig hat sich der Einsatz der 4 Berittenen*, unter Führung des Hauptwachtmeisters d. Sch. d. Res. Ribinski, erwiesen; sie dürften auch künfthin bei diesen oder ähnlichen Anlässen stets einzusetzen sein, vor allem aber dann, wenn mit stärkerem Publikumsandrang, wie es auch heute der Fall war,[4] zu rechnen ist. Daß die Absperrmaßnahmen schon 2 Stunden vor der Exekution, also um 14.00 Uhr, eingesetzt wurden, hat sich m. E. als richtig herausgestellt.

5 Dr. Fabian Klozenberg (1876–1944), Neurologe; Direktor der neurologischen Abt. des Poznański-Krankenhauses, verantwortlich für die medizinische Versorgung des Gettos, verstarb im Getto an Parathyphus.
6 Mehrere Familienangehörige, darunter Mania Pachciarek (1909–1942), sind vermutlich im Zuge der ersten Deportationswelle vom 16.–29.1.1942 in das Vernichtungslager Kulmhof deportiert und dort ermordet worden.

1 APK, 807/316, Bl. 170 f.
2 Im Original handschriftl. Unterstreichungen.
3 Der Befehl ordnete neben Details zur Durchführung von Hinrichtungen, die zur Abschreckung der jüdischen und poln. Bevölkerung gedacht waren, auch die Vorlage eines kurzen Erfahrungsberichts an. Aus diesem Befehl ergibt sich auch die Zahl der ermordeten Juden; wie Anm. 1, Bl. 163 f.
4 Am selben Tag wurden bei einer weiteren öffentlichen Hinrichtung zwei Juden in Bendsburg ermordet. Der Bericht des 5. Polizeireviers wie Anm. 1, Bl. 172, vermerkt hierzu u. a.: „Zuschauer etwa 5000 Personen – Keine Störungen, keine Verstöße gegen das Verbot des Fotografierens“.

Als besonders genehm empfand man es aber auch, daß die Deutschen und Volksdeutschen sich auf der nördlichen Seite des Gartenhofes (Richtstätte) aufstellen durften und daß die westliche Seite dieses Platzes völlig frei gehalten wurde. Demzufolge hatte auch das aus Juden und Polen bestehende Publikum, das in gleicher Höhe des Gartenhofes auf der westlichen Gehbahnseite der Modrowgasse Aufstellung nahm, gute Übersicht über den Richtplatz. Dadurch, daß der Kompaniezug auf dem südlichen Teil des Gartenhofes Aufstellung nahm, wurde er von vorne, d. h. fast von allen Zuschauern, gut gesehen; die beabsichtigte Wirkung blieb daher nicht aus. Auf dem östlichen Teil dieses Hofes nahmen etwa 570 Juden als befohlene Zuschauer teil.
Der Fahrverkehr wurde durch die Oderstr. über die Modrowgasse nach der Myslowitzerstr. sowie der in der Modrowgasse an der Richtstätte entlangführende gesperrt.[5] Dies hatte den Vorteil, daß diese Fahrbahnen für jeglichen Verkehr freistanden. Die Myslowitzer-Str. konnte aber erst kurz vor der Hinrichtung der Juden gesperrt werden, weil eine frühzeitigere und zweckmäßige Ableitung des Fahrverkehrs dieser Straße wegen bereits bestehender Sperrung der ihr angrenzenden Straßen nicht gut möglich war.
Zu irgendwelchen Vorkommnissen ist es nicht gekommen.
Vorschläge sind nicht zu machen.

DOK. 91

Der Chef der polnischen Untergrundbewegung, General Stefan Rowecki, berichtet der polnischen Exilregierung am 29. April 1942 von zahlreichen Massenmorden an Juden im besetzten Polen[1]

Bericht der polnischen Untergrundbewegung, Anhang Nr. 26 für die Zeit vom 16.–28. 2. 1942, Kalinas[2] Post Nr. 132/2 durch Bey, Abt. VI, lfd. Nr. 1999, an die Zentrale der Heimatarmee (Eing.: 28. 5. 1942) vom 29. 4. 1942

[…][3]

Jüdische Angelegenheiten

Warschau. Im Dezember starben 4366 Juden (2183 Männer, 1737 Frauen, 446 Kinder unter 13 Jahren). Im Kinderheim starben im Dezember 97 Kinder, insgesamt 665. Es wurden 1[…][4] Flecktyphuserkrankungen registriert. Im Januar starben 5126 Juden. In

5 Satz so im Original.

1 SPP, MSW/049, Bl. 484–487. Abdruck in: Armia Krajowa w dokumentach 1939–1945. Bd. 6: Uzupełnienia, London 1989, S. 236 f. Das Dokument wurde aus dem Polnischen übersetzt.

2 Deckname für die Korrespondenz mit der poln. Exilregierung von Stefan „Grot" Rowecki (1895–1944), Berufsoffizier; im Ersten Weltkrieg Angehöriger der Legionen Piłsudskis; im Sept. 1939 Kriegsteilnahme, danach im Untergrund, von 1940 an General und Kommandant des Bunds für den Bewaffneten Kampf (später: Heimatarmee), von Febr. 1942 an Oberkommandierender; am 30. 6. 1943 von der Gestapo verhaftet, im KZ Sachsenhausen ermordet.

3 Im ersten Teil des Berichts schildert Rowecki zahlreiche Gewaltmaßnahmen der Deutschen an der poln. nichtjüdischen Bevölkerung, geordnet nach den Punkten Politischer Terror (Verhaftungen, Morde, Germanisierung, Aussiedlungen), Arbeitsterror, Westgebiete (Hinrichtungen).

4 Drei Ziffern der vierstelligen Zahl sind unleserlich.

der ersten Februarwoche wurden einige Juden am Gettozaun erschossen und ihre Leichname zur Abschreckung am Zaun aufgehängt.
Erschießungen für Pelze.[5] *Międzyrzecz.* Während den Juden ihre Pelze weggenommen wurden, wurden 40 Personen getötet, weil sie alte und beschädigte Pelze abgeliefert hatten. *Jasło.* Im Bezirk wurden 50 Juden erschossen, überwiegend für die Nichtabgabe von Pelzen. *Poznań.* Am 23.11. vergangenen Jahres wurden im städtischen Stadion, in dem sich ein Arbeitslager für Juden befindet,[6] zwei Juden für kleine Ordnungswidrigkeiten gehängt. Dies war die dritte öffentliche Hinrichtung von Juden.
Koło. Anfang Dezember [1941] kündigten die Deutschen die Einrichtung eines Gettos an. Auf Intervention der jüdischen Gemeinde nahm man von den Juden ein Lösegeld[7] von 4,– RM pro Person, angeblich um sie nach Ostgalizien zu überführen. Am 11.12. versammelte man die Juden überraschend in der Synagoge und sagte ihnen, dass sie in das Getto Litzmannstadt geschickt würden. Stattdessen brachte man sie aber mit Lkw nach Kulmhof am Ner. Im Keller des baufälligen Palastes richtete man ein „Bad" ein. Dort wurden die Juden vollständig entkleidet und danach zu je 50 Personen in ein spezielles Auto geführt, wo sie mit Gas getötet wurden. Die Leichen wurden im Wald in der Nähe des Dorfes Majdany begraben. Das Gas war offenbar nicht ausreichend stark, denn während des Vergrabens hörte man im Dorf Schreie und Schüsse der Mörder. Auf diese Weise wurden etwa 1000 Juden aus Koło ermordet, am 20.12. auf die gleiche Weise etwa 400 Juden aus dem Bezirk Tury, danach etwa 1000 aus Dąbie und Umgebung; nach dem 28.12. hingegen brachte man etwa 2000 Juden aus Richtung Łódź. Vor Heiligabend tötete man auch etwa 2000 Zigeuner aus Litzmannstadt.[8] Kürzlich kamen jedoch Nachrichten, dass es sich dabei nicht um Zigeuner, sondern um politische Häftlinge aus Jugoslawien handelte.[9]
Massenmorde: Weißrussland. Ostrzyń. In einem Stadtteil wurden alle Juden angewiesen, ihre Wohnungen zu verlassen. Davon ausgenommen waren sämtliche Kranke. Danach kamen Deutsche und erschossen die Kranken. *Mołodeczno.* Im November erschoss die litauische Polizei alle Juden bis auf einen Arzt. *Wilnaer Gebiet. Woronowo* (Kreis Lida). Erschossen wurden 500 aus Wilna geflüchtete Juden. *Nowa Wilejka.* Ende November erschoss man alle Juden, nachdem ihnen auf dem Marktplatz ein kollektives Todesurteil „wegen sämtlicher Machenschaften der Juden gegen den Nationalsozialismus" vorgelesen worden war. *Wilna.* Ankömmlinge aus Wilna gaben Ende Dezember an, dass von den 70 000 Wilnaer Juden noch etwa 14 000 am Leben sind. Ein Informant, der Wilna Anfang Februar verlassen hat, gibt an, dass das dortige Getto nicht mehr existiert,[10] da die restlichen Juden ermordet worden seien.

5 Gemeint ist die sogenannte Pelzaktion im Dez. 1941, bei der die jüdische Bevölkerung im Generalgouvernement sämtliche Pelzwaren abgeben musste. Dabei nahm die Polizei auch Geiseln und erschoss zahlreiche Juden, wenn die Ablieferungen nicht pünktlich erfolgten; siehe auch VEJ 9/251.
6 Siehe Dok. 67 vom 13.2.1942, Anm. 3.
7 Gemeint ist, dass die jüdische Gemeinde mit Bestechungsgeldern versuchte, die bevorstehende Gettoisierung noch zu verhindern.
8 Im Dez. 1941 bzw. im Jan. 1942 wurden etwa 4300 burgenländ. Roma und Sinti in Kulmhof ermordet. Siehe Einleitung, S. 28.
9 Dabei handelte es sich um ein unzutreffendes Gerücht; siehe VEJ 9/74 und 9/89.
10 Dies bezieht sich vermutlich nur auf das sog. Kleine Getto in Wilna. Das Große Getto wurde im Aug. 1943 aufgelöst und die letzten Gettobewohner deportiert.

Ostgalizien.Stanisławów. Am 16.10. ermordete die ukrainische Miliz unter Geleit von SS-Männern Juden.[11] Sie wurden von 7 Uhr früh bis zur Dämmerung in Gruppen erschossen. *Kosów.* Im Gebiet der Huzulen[12] holten die Deutschen am 16.10. mit Hilfe von Ukrainern 2400 Juden aus den Häusern, brachten sie vor die Stadt und befahlen ihnen, ein Loch zu graben, das so tief war, dass Treppenstufen hinunterführten. Danach setzte sich ein geisteskranker Gestapomann vor die Menge der Juden und erschoss sie mit einem Revolver.
Das ukrainische Todesbataillon, das die Gestapo unterstützte, brachte die Juden herbei, sorgte für Ordnung und warf die Erschossenen in die Grube. Am folgenden Tag verkündete man, dass 4000 Juden an die Ostfront gezogen seien, um die Deutschen im Kampf gegen die Bolschewisten zu unterstützen.

Ukraine. Aus dem Bericht eines Polen, Mitglied der Organisation Todt: „In Luzk kamen wir das erste Mal mit der deutschen Methode, die Judenangelegenheit zu lösen, in Berührung. Es meldeten sich etwa 11 000 Juden. Man brachte sie alle vor die Stadt und erschoss sie dort.[13] Wir sind danach in Stary Konstantynów, Zwiahel, Żytomierz und Berditschew gewesen. Überall Massenexekutionen und Erschießungen von Juden (in Żytomierz etwa 17 000). An diesen Blutbädern, die von SS-Männern durchgeführt werden, nehmen die Ukrainer aktiv teil. Während unseres Aufenthalts in Kiew verübten SS-Abteilungen ein blutiges Massaker an Juden. Alle Juden – das waren in Kiew etwa 70 000, Frauen, Alte und sogar kleinste Kinder – erschoss man mit Maschinengewehren in Gruben, die sie selbst ausgehoben hatten.“[14]

11 Gemeint ist der 12.10.1941. An diesem Tag erschossen Angehörige der Sicherheitspolizei und des Reserve-Polizeibataillons unter Beteiligung ukrainischer Hilfspolizei in Stanislau etwa 10 000–12 000 Juden; siehe VEJ 9, S. 20 f.

12 Auch Pokutien genanntes Gebiet innerhalb der ostukrain. Karpaten, südlich von Kołomyja, heute Ukraine. Alte Bezeichnungen lauten Huzulei oder Huzulenland.

13 Nicht ermittelt.

14 In der Schlucht von Babij Jar am Stadtrand von Kiew wurden am 29. und 30.9.1941 über 33 000 Juden erschossen; siehe VEJ 7/84, 90, 94 und 155 sowie VEJ 8/275.

DOK. 92

Chaim Rumkowski kündigt am 29. April 1942 die Deportation von aus dem Reich, Wien, Prag und Luxemburg stammenden Bewohnern des Gettos Litzmannstadt an[1]

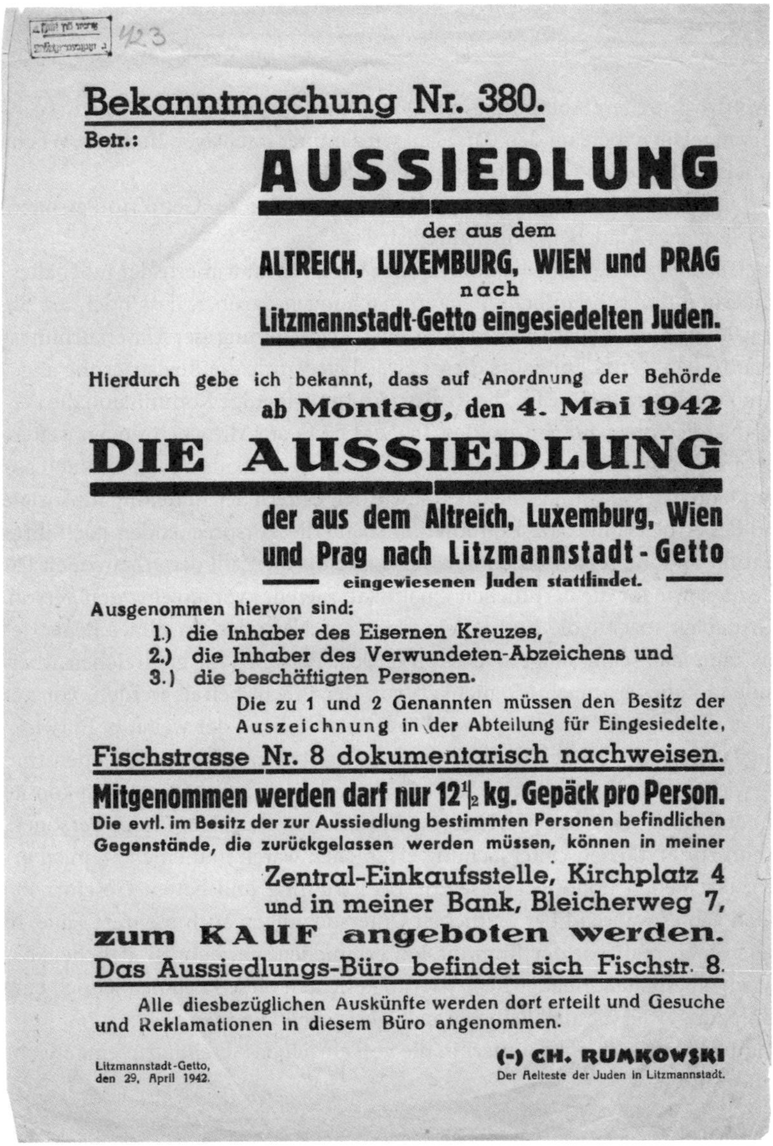

Bekanntmachung Nr. 380.

Betr.:

AUSSIEDLUNG

der aus dem

ALTREICH, LUXEMBURG, WIEN und PRAG

nach

Litzmannstadt-Getto eingesiedelten Juden.

Hierdurch gebe ich bekannt, dass auf Anordnung der Behörde

ab Montag, den 4. Mai 1942

DIE AUSSIEDLUNG

der aus dem Altreich, Luxemburg, Wien und Prag nach Litzmannstadt-Getto

eingewiesenen Juden stattfindet.

Ausgenommen hiervon sind:

1.) die Inhaber des Eisernen Kreuzes,
2.) die Inhaber des Verwundeten-Abzeichens und
3.) die beschäftigten Personen.

Die zu 1 und 2 Genannten müssen den Besitz der Auszeichnung in der Abteilung für Eingesiedelte,

Fischstrasse Nr. 8 dokumentarisch nachweisen.

Mitgenommen werden darf nur 12½ kg. Gepäck pro Person.

Die evtl. im Besitz der zur Aussiedlung bestimmten Personen befindlichen Gegenstände, die zurückgelassen werden müssen, können in meiner

Zentral-Einkaufsstelle, Kirchplatz 4 und in meiner Bank, Bleicherweg 7,

zum KAUF angeboten werden.

Das Aussiedlungs-Büro befindet sich Fischstr. 8.

Alle diesbezüglichen Auskünfte werden dort erteilt und Gesuche und Reklamationen in diesem Büro angenommen.

Litzmannstadt-Getto, den 29. April 1942.

(-) CH. RUMKOWSKI
Der Aelteste der Juden in Litzmannstadt.

1 YIVO, RG 241, folder 491, Bl. 1.

DOK. 93
Die Gettochronik in Litzmannstadt dokumentiert am 29./30. April 1942 die Verzweiflung der aus dem Reich deportierten deutschen Juden[1]

Chronik des Gettos Litzmannstadt, Tageschronik Nr. 22 vom 29./30.4.1942 (Mittwoch und Donnerstag)

Wetter. Am Mittwoch weitere Abkühlung, am Donnerstag schon deutlich wärmer, wechselnde Bewölkung. Die Arbeit auf den Parzellen wird immer intensiver. In dieser Woche wurden die meisten Parzellen gedüngt und umgegraben.
Todesfälle und Geburten. In den zwei letzten Apriltagen starben im Getto 110 Personen, 4 Geburten (3 Jungen, 1 Mädchen) wurden registriert.
Ärztliche Untersuchung. In den Abendstunden des 28. [April] informierte der Judenälteste[2] die Bevölkerung durch öffentliche Bekanntmachungen darüber, dass noch am 29. von 9 bis 15 Uhr in der Młynarska-Straße 32 eine Registrierung der Untersuchungspflichtigen stattfinden werde. Im Laufe dieser zwei Tage wurde die Registrierung abgeschlossen. Am Dienstag nahm die für die Registrierung zuständige Kommission die Personalien von 1080 Personen auf, am zweiten Tag, das heißt am Mittwoch, zogen weitere 700 Personen am Kommissionstisch vorbei. Die Registrierungskommission bestand aus dem Kommandanten des Ordnungsdienstes[3] sowie den Leitern der Abteilung für soziale Fürsorge und des Arbeitsamts. Die Kommission fragte die Vorsprechenden nach ihrer Familiensituation und interessierte sich in erster Linie für die Zahl der arbeitenden Familienmitglieder sowie für die beruflichen Qualifikationen der vorsprechenden Person. Auf dieser Grundlage machte die Kommission Notizen. Nach der Art dieses Registrierungssystems kann man schlussfolgern, dass arbeitslose Personen mit zahlreichen arbeitenden Familienmitgliedern nach Möglichkeit von der Pflicht befreit werden, vor der Kommission zu erscheinen. Diese Frage wird sich entsprechend der weiteren Entwicklung der Dinge klären. Die große Mehrheit der zur Registrierung Vorsprechenden sind Frauen in vorwiegend fortgeschrittenem Alter. Während der Kommissionsarbeit konnte man bezeichnende und bemerkenswerte kleine Episoden beobachten: Einige Personen, die zuvor schon zur ärztlichen Untersuchung erschienen waren und einen Stempel erhalten hatten, erschienen unnötigerweise zur Registrierung und hatten Geschirr bei sich. Angeblich gab es während der ärztlichen Untersuchungen auch mehrere Fälle, in denen Personen mehrmals vor der Kommission erschienen, um eine zusätzliche, kostenlose Mahlzeit zu erhalten. Bei der Registrierung erlebten diese Personen jedoch eine bittere Enttäuschung, weil diesmal keine Suppen ausgegeben wurden.
Die Hauptkommission bearbeitete weiterhin die von einzelnen Abteilungen eingereichten Reklamationslisten.

1 APŁ, 278/1081, Bl. 76–79, 84. Abdruck in: Kronika getta łódzkiego/Litzmannstadt Getto 1941–1944. Bd. 2: 1942, hrsg. von Julian Baranowski u. a., Łódź 2009, S. 120–126; Abdruck in deutscher Übersetzung: Die Chronik des Gettos Lodz/Litzmannstadt, 1942, hrsg. von Sascha Feuchert/Erwin Leibfried/Jörg Riecke, Göttingen 2007, S. 134–140. Das Dokument wurde neu aus dem Polnischen übersetzt.
2 Mordechai Chaim Rumkowski.
3 Leon Rozenblat.

Arbeitslose westeuropäische Juden werden das Getto verlassen. Das Getto war nach den ärztlichen Untersuchungen noch nicht wieder ins Gleichgewicht gekommen, als am Mittwoch ein neues, höchst wichtiges Ereignis alle überraschte. Am Mittwoch um ca. 1 Uhr verbreitete sich im Getto die Nachricht, dass die arbeitslosen „Deutschen" ausgesiedelt werden. Diese Nachricht schuf erneute Aufregung. Nach wenigen Stunden bestätigte ein gelbes Plakat mit der Bekanntmachung Nr. 380[4] die Echtheit dieser unerwarteten, aufsehenerregenden Nachricht. Hier der Inhalt der obigen Bekanntmachung: Auf Befehl der Behörden gibt der Präses bekannt, dass von Montag, dem 4. Mai, an die Aussiedlung der ins Getto eingesiedelten Juden aus dem Altreich, aus Luxemburg, Wien und Prag begonnen werde.

Von der Aussiedlung ausgenommen sind: Träger des Eisernen Kreuzes, des Verwundeten-Abzeichens und Arbeitende. Die zwei erstgenannten Kategorien haben ihre Dokumente in der Abteilung für Eingesiedelte[5] vorzulegen. Die Auszusiedelnden dürfen 12 ½ kg Gepäck mitnehmen. Sie können ihre Sachen in der Zentral-Einkaufsstelle und in der Bank veräußern. Ein für Aussiedlungsfragen zuständiges Büro wird in der Abteilung für Eingesiedelte in der Rybna-Straße 8 tätig sein. Dieses Büro erteilt alle Auskünfte und nimmt Eingaben sowie Reklamationen entgegen.

Es muss betont werden, dass die Nachricht von der Aussiedlung der nichtarbeitenden neuen Bevölkerung wie ein Blitz aus heiterem Himmel kam, im Unterschied zu anderen Schicksalsschlägen, die die Gettobewohner bislang getroffen haben und die kurz oder länger zuvor angekündigt worden waren. Dennoch hat diese Nachricht, allen logischen Erwartungen zum Trotz, auf die Umgesiedelten im Allgemeinen keinen niederschmetternden Eindruck gemacht. Im Vergleich mit dem Entsetzen, das die eingesessene Gettobevölkerung gewöhnlich ergreift, erregte diese Nachricht bei der neuen Bevölkerung ein recht geringes Aufsehen. Dieser Umstand hat eine Reihe von Ursachen, deren Klärung jedoch nicht in den Rahmen der Chronik gehört.

Sofort nach dem Erscheinen der Bekanntmachung begannen Massen von Betroffenen die Büros der Abteilung für Eingesiedelte zu belagern. Am Mittwoch jedoch war die Abteilung nicht in der Lage, irgendwelche konkreten Erklärungen abzugeben. Bis spät in die Nacht hinein fanden Beratungen der Spitzenvertreter der hiesigen Behörden unter persönlicher Beteiligung des Judenältesten selbst statt. Auf diesen Sitzungen wurden Rahmenbeschlüsse gefasst, denen entsprechend Mittwoch früh die organisatorischen Arbeiten für die Aussiedlungsaktion begannen. Angeblich soll die Aussiedlung mindestens 10 000 Personen umfassen. In diesem Zusammenhang besteht die Möglichkeit, einige Tausend Personen der neuen Bevölkerung, deren Zahl mehr als 17 000 Menschen beträgt, zu beschäftigen. Von diesen sind gegenwärtig ca. 3000 Personen in Arbeit. Es ist klar, dass die Einstellung je nach den allgemeinen Möglichkeiten erfolgen wird, aufgrund des schon zuvor angewandten Prinzips, Personen zu bevorzugen, deren Familienmitglieder bereits arbeiten, also in erster Linie Arbeitslose, deren Familien mehrheitlich in Arbeit stehen. Auf dieser Grundlage hat die Abteilung für

4 Siehe Dok. 92 vom 29.4.1942.

5 Das Amt für die Eingesiedelten wurde Ende Nov. 1941 eingerichtet und bis Febr. 1942 von Henryk Neftalin geleitet. Es kümmerte sich um die Belange der neu eingetroffenen Menschen und war deren Verbindungsinstitution zur jüdischen Gettoverwaltung; siehe auch Dok. 97 vom 3.5.1942 und Dok. 107 vom 21.5.1942.

Eingesiedelte Informationsmaterial erarbeitet und eine Liste von Familien angelegt, in denen niemand arbeitet. Insbesondere diese Kategorie wird die Liste der Aussiedler komplettieren. Am Donnerstag legten die Leiter der verschiedenen Abteilungen und Betriebe Listen der Familienmitglieder der betreffenden Belegschaften in der Abteilung für Eingesiedelte vor. Am Donnerstagmittag hielt sich in Kreisen, die der Abteilung für Eingesiedelte nahestehen, das Gerücht, dass bei den ersten Aussiedlungsetappen die Ankömmlinge aus Tschechien gegenwärtig außen vor bleiben, mit Ausnahme der Personen des Transports Prag V, die im Kollektiv verbleiben. Dagegen werden die Angehörigen des Kollektivs Köln II, das in Marysin untergebracht ist, vermutlich an „vorderster Front" gehen. Und dann ein drittes Gerücht, demzufolge täglich 250-Personen-Transporte abgehen sollen.
Entgegen den logischen Erwartungen war am Donnerstag weder in der Einkaufszentrale noch auf der Straße ein verstärkter Verkauf von Habseligkeiten zu beobachten. Die Bevölkerung rechnet damit, dass die Aussiedlungsaktion die ohnehin schon unvorstellbar hohen Preise für privat gehandelte Lebensmittel in astronomische Höhen treiben werde.
Das Gefängnis hat sich gefüllt. In der Nacht von Mittwoch auf Donnerstag wurde der Ordnungsdienst in Alarmbereitschaft versetzt. In dieser Nacht wurden nämlich auf dem gesamten Gettogebiet Razzien durchgeführt, deren Ziel es war, die Menschen zu verhaften, die sich vor der ärztlichen Untersuchung versteckt hatten. Die Festgenommenen wurden in die verschiedenen Reviere geschickt, wo noch eine weitere Kontrolle durchgeführt wurde. Letztendlich wurden von den Revieren mehr als 800 Personen ins Zentralgefängnis eingewiesen. Alle im Getto wollen wissen, ob die Flüsterpropaganda stimmt und vom 1. Mai an die ärztlichen Untersuchungen wiederaufgenommen werden und welche Personenzahl hierzu bestimmt wird.
Die Zahl der „gewöhnlichen" Häftlinge beträgt 14, wovon fünf zur Verfügung der deutschen Behörden stehen. Die derzeitige Belegschaft des Gefängnisses besteht aus 38 Funktionären.
Festnahmen. In den letzten 2 Apriltagen wurden wegen Diebstahls 6, wegen unterschiedlicher Vergehen 5 weitere Personen festgenommen.
Im Bereich der Straftaten herrscht im Getto nach wie vor „Stillstand". In den letzten Tagen gehörte zu den wichtigsten Vorfällen die Verhaftung eines Diebes (nota bene eines Ressortarbeiters) wegen einiger kleiner Wohnungsdiebstähle, darunter einer mit Einbruch. Außerdem fügten sich zwei Schwestern bei der Teilung von Lebensmitteln ungefährliche Stichwunden mit Messern zu.
Entdeckung eines Schatzes. Vor einigen Tagen entdeckten Angehörige der deutschen Kriminalpolizei eine ziemlich große Kiste, die auf dem Hof des Grundstücks Żydowska-Straße 17 vergraben war. Die Kiste enthielt Silber und etwas Gold.
Das Gelände des früheren Zigeunerlagers, das sich in den Häuserblöcken am Ende der Brzezińska-Straße befand, wird gegenwärtig zügig in Ordnung gebracht. An der Arbeit beteiligen sich spezielle Reinigungskolonnen unter Aufsicht von Männern des Ordnungsdienstes. In den von den Zigeunern verlassenen Gebäuden wurden recht große Vorräte an Gemüse, Zucker sowie steinhartes Brot gefunden. Alle Lebensmittel wurden zur Desinfektion mit Chlorbleiche übergossen. Es wurden dort auch verschiedene Gegenstände wie Kleidungsstücke, Musikinstrumente, Messer usw. gefunden. Nach der „Säuberung" sollen diese Wohnblöcke zum Sitz einer großen Strohschuhfabrik werden.[6]

Findelkind. Krystyna N., geboren am 2.1.1939, wurde dieser Tage ins Getto gebracht (es besteht der Verdacht einer jüdischen Abstammung). Das Findelkind wurde im Waisenheim untergebracht.

Aus Częstochowa kamen zwei Vertreter des dortigen Judenrats, namentlich die Herren Beser und Rozenberg, im Getto an. Sie weilten hier einige Tage in Privatangelegenheiten.[7] Sie erzählten, dass die Versorgungslage der Juden in Częstochowa und in einer Reihe weiterer Städte in Schlesien kaum etwas zu wünschen übrig lasse. Für die gegenwärtige Zeit sei sie geradezu hervorragend. In Częstochowa bewohnen die Juden ein speziell abgeteiltes Stadtviertel, das nicht von einem Drahtzaun umgeben ist. In die übrige Stadt dürfen sie mit Passierscheinen gehen, die alle Arbeitenden besitzen, da die Betriebe sich überwiegend außerhalb des jüdischen Viertels befinden. In Częstochowa wurde kürzlich erzählt, dass die Lage des hiesigen Gettos sehr schlecht sei, doch hinsichtlich der Lebensmittelversorgung übertreffe sie die schlimmsten Befürchtungen der Besucher.[8]

Vom Lebensmittelmarkt. Am Mittwoch wurden verkauft: Kartoffeln zu 20 Mk., verkauft wurde Schweinespeck zu 1000 Mk., Tee 400, Kaffee 300, Gries 250, Haferflocken 300, Zwiebeln 250, 5 dkg Wurst 5 Mk., Ressortsuppe 5–6 Mk., eine Schachtel „Ultra" 25 Mk.

Fisch statt Wurst. Am Mittwoch bekamen die Arbeiter in einigen Ressorts Fisch statt Wurst. Im Trikotagenressort erhielten die Heimarbeiter in den letzten Tagen ihre Suppe nur noch ohne Wurst.

Aus Turek gelangte auf normalem Wege eine Postkarte aus einem Dorf in der Nähe von einer im Januar ausgesiedelten Familie ins Getto und informierte über den guten Gesundheitszustand [der Absender].[9]

Morgen ärztliche Untersuchung. Am Donnerstag in den Abendstunden wurde die Bekanntmachung des Judenältesten Nr. 381 plakatiert, die über die Arbeit der Kommission zur ärztlichen Untersuchung am Freitag, dem 1. Mai, informiert. Alle Personen, die zur Untersuchung verpflichtet sind, haben um 7.30 Uhr zu erscheinen. Gemäß früheren Bekanntmachungen sind die Ankömmlinge aus dem Altreich, aus Wien, Prag und Luxemburg von der Untersuchung befreit.

Ein neues Tor für Fußgänger. Am Mittwoch wurde den Fußgängern ein Übergang über die Limanowski-Straße zugänglich gemacht, von der Ciesielska- zur Rybna-Straße. Dieser Übergang durfte bisher nur für den Fahrzeugverkehr benutzt werden.

Nähmaschinen sind in den letzten Tagen in großer Zahl via Bałucki Rynek ins Getto gelangt. Nach den Spuren in Form von Notizen und Drucksachen zu urteilen, die in

6 Nach der Deportation der ca. 4300 Roma und Sinti nach Kulmhof Ende Dez. 1941/Anfang Jan. 1942 blieb der Häuserblock des „Zigeunerlagers" zunächst unbenutzt. Später wurden hier die Strohschuhfabrik sowie das Ressort für Altmaterial untergebracht.

7 Von wenigen Ausnahmen abgesehen, war es Juden sowohl in den eingegliederten Ostgebieten als auch im Generalgouvernement streng verboten, Verkehrsmittel zu verwenden oder gar zu reisen.

8 Das Getto von Tschenstochau, das von April 1941 an geschlossen war, wurde im Juni 1943 aufgelöst. In den Zwangsarbeitslagern der Rüstungsindustrie konnten sich in der Stadt und der näheren Umgebung aber vergleichsweise viele – über 5000 – Juden bis zur Befreiung durch die Rote Armee und damit vor der Vernichtung retten.

9 Dabei handelt es sich wahrscheinlich um eine Postkarte, die die Deutschen die jüdischen Opfer kurz vor ihrer Deportation bzw. Ermordung zu schreiben zwangen, um die Angehörigen in Sicherheit zu wiegen.

den Schubladen der Maschinen gefunden wurden, lässt sich sagen, dass sie aus kleinen Städtchen im Kreis Koło und Kutno versandt wurden.

Gepäck. Am Mittwoch beobachteten einige am Bałucki Rynek beschäftigte Personen einen großen Lastwagen, der auf dem Weg von Zgierz in die Stadt zum Tanken anhielt. Dieser Wagen war bis zum Rand beladen mit allerlei Gepäck, vor allem mit Rucksäcken der kurz zuvor aus dem Getto ausgesiedelten Bevölkerung. Vermutlich befand sich der Wagen auf dem Weg von Kutno nach Pabianice. Es ist schwer festzustellen, ob diese Nachricht wahr ist. Die Tageschronik verzeichnet sie daher unter deutlichem Vorbehalt.

Eine neue Bekanntmachung bezüglich der Aussiedlung. In den späten Abendstunden wurde die auf gelbem Papier gedruckte Bekanntmachung Nr. 380 plakatiert. Mit dieser Bekanntmachung wurde eine andere überklebt, die identisch nummeriert, von gleichem Format und auf demselben gelben Papier gedruckt, 24 Stunden früher ausgehängt worden war. Diese Umstände zeigen, dass die neueste Bekanntmachung die vorangehende hinsichtlich der Unterschiede im Text annulliert. Der Inhalt der „neuen Version" der Bekanntmachung Nr. 380 ist identisch mit dem der ursprünglichen Bekanntmachung Nr. 380 (siehe die Notiz aus dieser Tageschronik Nr. 22 unter dem Titel „Arbeitslose westeuropäische Juden werden das Getto verlassen"). Mit dem Unterschied freilich, dass sie die Kategorien der neuen Bevölkerung, die von der Aussiedlung befreit sind, nicht präzisiert. Alle anderen Festlegungen, die sich auf die Aussiedlungsaktion beziehen, bleiben jedoch in Kraft. Erhalten geblieben ist u. a. der Abschnitt über die Annahme von Eingaben und Beschwerden betreffend die Aussiedlungen durch die Abteilung für Eingesiedelte.

Aus der Beibehaltung dieses Absatzes würde sich ergeben, dass die Aussiedlung nicht auf die gesamte neue Bevölkerung zutrifft: Beschlüsse über die Auffüllung der Transporte zur Aussiedlung bleiben in der Zuständigkeit der Abteilung in der Rybna-Straße. Zweifellos jedoch wird das zuletzt beachtete Privileg für Menschen in Arbeit und ihre Familien, diese von der Verschickung auszunehmen, auch dieses Mal streng angewandt. Das Plakatieren der Bekanntmachung mit dem geänderten Wortlaut hat bei den Betroffenen eine starke Verunsicherung und zahlreiche, aus dem Zweifel entstandene Gerüchte aufkommen lassen.

Selbstmord. Am Donnerstag sprang Jeszua Hilel Rybak (Masarska-Straße 14) aus einem Fenster im dritten Stock des Hauses Limanowski-Straße 19; die Droschke der Rettungsbereitschaft brachte den Selbstmörder ins Krankenhaus Nr. 1.

Der 75-jährige Julius Berhardt,[10] der sich am 14. d. M. im Altenheim das Leben zu nehmen versuchte, starb heute infolge der sich selbst beigebrachten Wunden. Berhardt stammte aus Wien.

Die Bekanntmachung Nr. 380 vom 29. April 1942 rief unter den Neueingesiedelten Panik hervor, und man hörte die unterschiedlichsten Reaktionen. Im Allgemeinen überwog die Auffassung, dass man die hiesige Bevölkerung in Ressorts und Büros versteckt habe, um sie vor der Aussiedlung zu retten, und dass man dafür die Westju-

10 Richtig: Julius Borchardt (1867–1942), Unternehmer, Industrieller; er war zusammen mit seiner Frau Margarete Borchardt, geb. Rosenstock (1872–1942), am 1.11.1941 aus Berlin nach Litzmannstadt deportiert worden; beide lebten im Getto im sog. Greisenheim II; nach dem Tod seiner Frau am 10.4.1942 nahm sich Julius Borchardt das Leben.

den vorschöbe.[11] In einigen Kreisen der Neueingesiedelten herrschte eine tiefe Verbitterung, andere schauten dagegen nüchterner auf diese Angelegenheit und suchten sofort nach Wegen, um im Getto zu bleiben. Obwohl es vielen Neuankömmlingen verboten worden war, irgendwelche Dokumente mitzunehmen, haben sehr viele von ihnen Belege für ihre Tapferkeit während des Weltkriegs mitgebracht, und man muss wirklich darüber nachdenken, warum es unter den Juden so viele Ausgezeichnete gab. Auf der anderen Seite wollen viele auf das Privileg zu bleiben verzichten und haben sich entschieden, ihre Auszeichnungen nicht vorzulegen. Mehr als fünf Monate auf dem nackten Fußboden, in Hunger und Kälte, ermutigen sie nicht gerade zum Kampf um solch ein Leben im Getto. Sie sagen, wo auch immer sie sein werden – schlimmer kann es für sie nicht werden, und deshalb wollen sie ihre bisherige Unterkunft gerne verlassen. Unter ihnen gibt es viele Menschen, die früher nicht nur sehr vermögend waren, sondern auch eine hohe gesellschaftliche Position besaßen. Im Getto leistet die Mehrheit von ihnen körperliche Arbeit, sehr viele sogar bei der Müll- und Fäkalienabfuhr, und die Verbitterung darüber ist erheblich! In einzelnen Transporten ist die Lage nachgerade katastrophal.

Wenn wir als Beispiel den Transport Berlin III nehmen, dann sind von den ca. 1100 Personen, die ins Getto gekommen waren,[12] bei der Gründung des Kollektivs nur 980 Personen übrig geblieben. Von diesen wiederum starben innerhalb weniger Monate ca. 180 Personen gestorben, und ca. 150 ältere Menschen wurden ins Altenheim verlegt.[13]

Des Weiteren haben ca. 100 Personen überhaupt eine Anstellung gefunden, und von den Übrigen ist mehr als die Hälfte mit geschwollenen Gliedmaßen bettlägerig. Diese können sich nicht von der Stelle rühren und sind nicht in der Lage zu gehen. Unter ihnen sind ca. 50 mit Orden dekorierte Personen, und dennoch haben alle einstimmig beschlossen, sich nicht darum zu bemühen, bleiben zu können, sondern zusammen in einem Transport abzufahren. Sie haben genug von diesem Paradies!

Im Zusammenhang mit dieser Panik sind die Preise für Lebensmittel auf dem freien Markt mit ungeheurer Geschwindigkeit gestiegen. Ein Brotlaib kostete heute 180 Mk., 1 kg Roggenmehl – 150 Mk., 1 kg Margarine – 450 Mk. usw.

Die Neueingesiedelten entledigen sich in aller Eile ihrer Habe und erhalten dafür von der hiesigen Bevölkerung Lebensmittel. Ein guter Anzug – für ein halbes Brot, ein Paar Schuhe – für 2 kg Kartoffeln, ein halbes Kilo Mehl oder einen anderen Artikel. Welche Tragödie! Einerseits müssen sie ihre Sachen loswerden, denn mitnehmen können sie sie nicht; andererseits aber könnten sie diese andernorts gegen Lebensmittel eintauschen, die für mehrere Wochen ausreichen würden! Im Getto herrscht Bewegung, Anspannung, man spricht von nichts anderem … Neue schwere Wolken sind aufgezogen!

11 Dafür gibt es keine Belege. Die „Westjuden" waren bei den Deportationen aus dem Getto nach Kulmhof zwischen Mitte Jan. und Ende April 1942 offenkundig ausgenommen worden, vermutlich auf einen nicht überlieferten Befehl des RSHA hin; siehe Einleitung, S. 28.

12 Der dritte Transport aus Berlin („15. Osttransport") traf mit 1034 Personen am 30.10.1941 in Litzmannstadt ein.

13 In diesem Transport waren 242 Personen über 60, beinahe 700 Personen über 41 Jahre alt.

DOK. 94
Die Untergrundbewegung Oneg Shabat im Warschauer Getto berichtet im April 1942 über den Massenmord im Vernichtungslager Kulmhof[1]

Rapport von Hersz Wasser unter dem Titel „Die Vorfälle in Kulmhof" an Aleksander Kamiński,[2] Chefredakteur des Biuletyn Informacyjny,[3] o. D. [April 1942][4]

In der zweiten Hälfte des M[onats]. Dezember 1941 und im Laufe des M. Jänner 1942 ereigneten sich im Dorfe Kulmhof Wartebrücken Fälle, welche an Greuel und Barbarei alle bisherigen menschlichen Begriffe übertreffen.

Im Zeitlauf von etwa 4 Wochen vor der sogenannten Aussiedlung aus den gegebenen Judengemeinden wurde von den deutschen Behörden auf die gesamte jüdische Bevölkerung eine Kopfsteuer in der Höhe von RM 4,– auferlegt. Außerdem wurden alle Juden (Männer von 14–60 und Frauen bis 50) einer ärztlichen Untersuchung unterzogen zwecks Feststellung, ob sie arbeitseinsatzfähig sind, d. h. ob sie sich zur physischen Arbeit eignen. Diese Tatsachen beunruhigten ernstlich die Judenräte, jedoch alle Bemühungen zur Aufklärung des wahren Sinnes dieser Verordnungen haben fehlgeschlagen. Wohl hat hier und da ein deutscher Beamter oder SS-Mann versichert, daß alle Juden aus dem Warthegau nach Pinsk, Galizien oder anderswo ausgesiedelt werden, aber diese Nachrichten trugen den Charakter subjektiver Annahmen der Informateure, ohne sich auf [irgend]welche Daten zu stützen. Man schenkte dem keinen Glauben in der Meinung, daß nach 2jährigem Bestehen des Warthegaus, nach der Reduzierung bis zum Minimum der jüdischen Siedlungen, auf diese Angelegenheit niemand zurückkommen wird. Übrigens haben die schweren Lebensbedingungen der Juden im Warthegau und das Fehlen jeglichen Kontakts mit den maßgebenden deutschen Stellen es verursacht, daß sämtliche Bemühungen erfolg- und zwecklos waren.

Die Juden des Kreises Kolo wußten lediglich von der Aussiedlung der Hinterberger Juden im Oktober 1941, welche sich auf ganz geheime Art vollzogen hat. In Hinterberg wurde die ganze jüdische Bevölkerung des Kreises Konin in der Zahl [von] 3000 Seelen konzentriert.[5] Die Amtshandlungen vor der Aussiedlung kamen vor ebenfalls in Hinterberg. Die Juden entrichteten die Kopfsteuer in der Höhe von RM 4,– und wurden ärztlich untersucht. Nach einer gewissen Zeit begann die Aussiedlung. In Partien zu je 60 Mann wurden die Juden in Lastautos weggeführt, wobei jeder nur [ein] 1 kg-Paket

1 AŻIH, 1117. Ring I/413, Bl. 1–5. Bei der vorliegenden deutschen Fassung handelt es sich um eine bereits im Getto Warschau angefertigte und gegenüber dem poln. Original erweiterte Übersetzung; AŻIH, 25. Ring I/473, Bl. 1 f.

2 Aleksander Kamiński (1903–1978), Untergrundaktivist in Warschau; Leiter des Büros für Information und Propaganda der poln. Heimatarmee (Armia Krajowa); Chefredakteur der Untergrundzeitung Biuletyn Informacyjny; half mehreren Juden, indem er falsche Papiere und Unterkünfte organisierte.

3 Wöchentlich erscheinende Untergrundzeitung der poln. Heimatarmee.

4 Sprachliche Eigenheiten des Originals wurden beibehalten, Orthographie und Interpunktion behutsam korrigiert.

5 Das Getto in Zagorow (von Sept. 1941 an Hinterberg) bestand zwischen Juli 1940 und Okt. 1941; bei der Auflösung im Herbst wurden von etwa 2000 Juden einige Hundert zur Zwangsarbeit u. a. in die Salzbergwerke von Hohensalza deportiert, die übrigen wurden in einem Wald in der Nähe erschossen.

mitnehmen durfte. Die Fahrt endete in den Kasimir-Wäldern in der Gegend von Hinterberg. Dort stiegen alle aus und gingen in den Wald. Dann hörte man nichts mehr von ihnen. Sowohl Eilboten wie auch überall ins Reich und Generalgouvernement entsendete Briefe brachten nichts Neues. Die Tiefen der Kasimir-Wälder bargen das Geheimnis der ausgesiedelten Hinterberger Juden.

Mitte Dezember 1941 wurde die ganze jüdische Bevölkerung aus Kolo (2000 Seelen) und Dombje a/Ner[6] (1000 Seelen) nach Kulmhof weggeführt. Die Aussiedlung umfaßte wörtlich alle Juden. In Lastautos wurden Säuglinge, Kinder, Greise, Bettlägerige und alle übrigen mit dem ganzen Hab und Gut verladen und in Partien zu 60 Personen nach Kulmhof gebracht. Kulmhof ist ein auf der Straße von Kolo nach Dombje a/Ner 12 Kilometer von Kolo entferntes Dorf.

Die deutschen Behörden verbreiteten tendenziös Gerüchte, daß Kulmhof eine ausschließlich jüdische Siedlung im Kreis Kolo werden wird. Die Juden werden dort ihren Lebensunterhalt auf Grund produktiver Arbeit organisieren. Das Schicksal der Juden aus Kolo und Dombje a/Ner interessierte lebhaft die restlichen Gemeinden des Kreises Kolo. Die Juden aus Klodawa (1200 jüd. Einwohner), aus Izbica-Kuj. (1300 jüd. Einwohner), aus Bugaj[7] (Bugitten, 800) und aus Sompolno (1000) glaubten richtig, daß auch sie dasselbe Schicksal erwartet. Um die Lebensbedingungen in Kulmhof genau kennenzulernen, entsendeten sämtliche Gemeinden polnische und deutsche Boten. Diese sollten konkrete Nachrichten über Kulmhof bringen. Die erhaltenen Nachrichten hatten gleichen Wortlaut: Die Juden werden im Kulmhofer Schloß untergebracht, von wo sie nicht mehr herauskommen. Ins Schloß werden keine Lebensmittel gebracht. Die dortigen Bauern beobachten oft ein graues Lastauto, das mehrmals im Tage ins Schloß fährt und es verläßt und dann in die Lubrodzer Wälder fährt.[8] Sie äußerten die Meinung, daß die Juden vergast werden. Man glaubte dem nicht und behandelte diese Nachrichten als ein Produkt bäuerlicher Phantasie. Das Leben floß weiter. Allein die Stimmung war sehr gedrückt – die Atmosphäre wurde dichter.

Am 2-ten und 4-ten Jänner 1942 wurden 46 Männer (30 und 16) aus Klodawa, am 6-ten und 9-ten Jänner 45 Männer (29 und 16) aus Izbica-Kuj. (Mühlental), am 9-ten Jänner 16 Männer aus Bugitten (Bugaj) genommen und nach Kulmhof weggeführt. In Bugitten lebten bereits 800 aus Kolo und Babjak ausgesiedelte Juden, die dort musterhafte Landsiedlungen eingerichtet haben. Die Prozedur der früheren Einziehung der Kopfsteuer in der Höhe von RM 4,–, der ärztlichen Untersuchung der Juden und der Wegführung vorher einer gewissen Anzahl jüdischer Männer nach Kulmhof betraf sowohl Warthbrücken und Dombje wie auch die obenerwähnten Städte.

Es unterliegt gar keinem Zweifel, daß die Aktion ideal vorbereitet und koordiniert war und die Ortsgendarmerie von dem die jüdische Bevölkerung [zu] erwartenden Schicksal genau benachrichtigt war. So haben z. B. in Izbica-Kuj. sämtliche Gendarmen, darunter: Ltnt. Johanne, Meister Plätzenieder und der volksdeutsche Gendarm Schmalz keinen Juden von der wahren Tatsache informiert, dagegen haben sie alle belogen und behauptet, daß ihnen von irgendwelcher Aussiedlung der Juden nichts bekannt ist. –

6 Dąbie am Ner, etwa fünf km von Kulmhof entfernt.
7 Bugitten, poln. Bugaj, befand sich 26 km nördlich von Kulmhof.
8 Gemeint ist der Wald von Rzuchów.

Die früher weggeführten Juden erfüllten die Aufgaben der Gräber.[9]
In der Zeit vom 2-ten bis 9-ten Jänner wurden [die] aus dem jüdischen Ghetto in Lodz gebracht[en] Zigeuner hingerichtet (manche glauben, daß die Zigeuner politische Verbannte aus Jugoslawien sind).[10] Am 10-ten und 12-ten Jänner wurden Juden aus Klodawa, am 13-ten Jänner Juden aus Bugaj, am 14-ten u. 15-ten Jänner Juden aus Izbica-Kuj. und vom 16-ten an Juden aus Lodz hingerichtet. Die erste Partie der nach Kulmhof „ausgesiedelten" Lodzer Juden zählte 750 Familien, ungefähr 3000 Seelen. Informateure (die am 15-ten Jänner aus Lodz nach Kulmhof gebrachten Gräber) gaben an, daß die „Aussiedlung" der Juden aus Lodz 10 000 Personen erfassen soll.
Die Juden wurden in Lastautos, zuerst in Partien zu 60 und dann zu 90 Personen, gebracht. Das Gepäck wurde in der Kirche, die links an der Straße gelegen ist, abgelegt. Die rings um die Kirche befindlichen Gebäude wurden durch mundurierte[11] und nichtmundurierte Gestapo requiriert. Weiter links liegt das betreffende Dorf. Rechts von der Straße, etwa 100 Meter entfernt, befindet sich das Kulmhofer Schloß. Dort eben fuhr jedes Mal das Auto mit den Opfern vor. Beim Aussteigen aus dem Wagen war ein älterer, etwa 60jähriger Deutscher behilflich und benahm sich gegen die Delinquenten sehr herzlich. Hielt die Säuglinge, damit die Mütter aus dem Auto steigen können, den Alten und Kranken half er aus dem Wagen. Die Kranken stützten sich auf seinen Arm auf dem Wege ins Schloß. Durch sein herzliches Auftreten erwarb er sich die Sympathie und [das] Vertrauen aller.
Das Schloß, von dem die Rede ist, ist ein altes einstöckiges Gebäude, nach einem durch die Kriegshandlungen in den Jahren 1914–18 vernichteten Schlößchen. Einen düsteren Eindruck machte der Anblick der fehlenden Fensterscheiben. Das richtige Gebäude befindet sich im zweiten Hof. Der Raum, in den man die Opfer gebracht hat, war ein großes, gut beheiztes Zimmer. Von dort führt eine Treppe hinunter ins Untergeschoß. Dort befindet sich ein Korridor, an dessen Ausgang eine Rampe aufgestellt wurde, zu der eine kleine Treppe führt. Im Untergeschoß befinden sich mehrere Kellerzimmer. Die Eingangstür führt in den ersten Hof und die zweite – in den zweiten, den richtigen Schloßhof. Das ganze Schloß war durch starke Gendarmerie-Posten bewacht. Es waren dort zumindest 20 Gendarmen. [Die] Gestapo, welche die ganze Aktion leitete, handelte nach einem präzis ausgearbeiteten Plan. Das Grundprinzip der ganzen Aktion war vollständige Diskretion. Die einzelnen Teile waren derart perfekt zusammengestellt, daß nicht ein Mal kam es vor, daß sich 2 Gruppen der „Ausgesiedelten" zusammengetroffen hätten.
Ein SS-Offizier und der erwähnte 60jährige Deutsche hielten an die Versammelten Ansprachen. Sie erklärten, daß alle Versammelten nach Litzmannstadt-Ghetto fahren werden, wo die Männer in Fabriken und Shops[12] beschäftigt werden, und die Frauen werden sich mit Hauswirtschaft befassen, und die Kinder werden in die Schule gehen.[13] Vor der

9 Gemeint sind hier und im Folgenden die jüdischen Totengräber im sog. Waldkommando von Kulmhof; siehe Einleitung, S. 27.

10 Dabei handelte es sich um ein unzutreffendes Gerücht; siehe auch VEJ 9/74 und 89.

11 Poln.: uniformierte.

12 Poln.: szopy, Bezeichnung für Manufakturbetriebe zumeist in größeren Gettos wie Warschau oder Litzmannstadt seit der zweiten Hälfte 1941. Die Beschäftigung dort verband sich für die Juden oftmals mit der trügerischen Hoffnung, vor unvorhergesehenen Deportationen geschützt zu sein.

Abreise nach Lodz müssen aber die Juden in [einem] speziell eingerichteten Schwitzbad baden, wo auch ihre Sachen desinfiziert werden. Alle müssen sich ausziehen, die Männer bleiben in Hemden und Unterhosen, die Frauen in Hemden. Ausweise und Wertgegenstände sollen in einem Tuch aufbewahrt werden. Das in der Kleidung eingenähte Geld soll herausgenommen werden, damit es im Desinfektor nicht vernichtet wird.
Nach dieser Vorbereitung der Versammelten wurde die Tür geöffnet, und durch eine kleine Treppe, die hinunterführte, wurden sie höflich aufgefordert, ins Bad zu gehen. Nach dem Verlassen des Zimmers fiel stark die Temperatur, da draußen ein starker Frost herrschte und der Korridor gänzlich unbeheizt war. Auf die Klagen der Versammelten antwortete der 60jährige Deutsche und S.S.-Offizier auf höfliche und herzliche Art, sie mögen ein wenig Geduld haben, bis sie in den Baderaum kommen. Der „Baderaum" war eben die Rampe, auf die man die Opfer mit Peitschen und Stöcken gejagt hat und von wo sie in das Gasauto, das an der zweiten Seite der Rampe untergebracht war, verladen wurden. Die Herzlichkeit und Höflichkeit schwanden. Eine unbeschreibliche Verzweiflung und wilder Schrecken packte die Unglücklichen. Sie schrien und weinten und beteten laut. Der Wagen, in den die Opfer hineingejagt wurden (es war[en] derer zwei), war ungefähr so groß wie ein großes Lastauto. Grau, hermetisch abgesperrt, hatte gut zugepaßte Türen mit einem Außenriegel versehen. Innen war[en] keine Sitzplätze. Die Wände waren mit Blech beschlagen, der Fußboden mit Strohmatten auf hölzernen Leisten ausgelegt. Unter den Leisten, zu beiden Seiten des Wagens, waren zwei 15 cm breite Gasröhren untergebracht. Beide Röhren, deren Öffnungen sich im Innern des Wagens befanden, führten in den Fahrerraum, wo sie mit einer Gasleitung verbunden waren, welche mit mehreren Knöpfen versehen war.[14]
Nachdem alle verladen waren und das Auto hermetisch abgesperrt war, fuhr der Wagen durch die beiden Schloßtore in den 7 km in der Richtung Kolo entfernten Wald. Die Fahrt dauerte etwa 15 Minuten. Links von der Straße führte ein halbkilometerlanger, glattgemachter Weg, und wieder links davon nach ungf. 200 Metern Fahrt sah man den Standplatz. Es war dies ein Wiesenplatz, umstellt mit Gendarmen mit schießbereiten Hand-Maschinengewehren.[15] Entlang des Platzes zog sich im Rechteck ein Graben bis zum Weg, der zum Platz führte.
Der Graben, vielmehr das gemeinsame Grab der vergasten Opfer, war unten 1 ½ Meter und oben 5 Meter breit. Die Tiefe betrug 5 Meter.
Am Platz drehten sich die Gräber in der Zahl von ung[efähr]. 20–50 und durchschnittlich 80 Gendarmen, S.S.-Männer und civile Gestapo. Ein Teil der Gräber war mit dem Aufgraben des durch den Frost hartgewordenen Bodens [beschäftigt], ein anderer Teil wieder bei den Leichen. Die Gräber, sowohl die im Mannesalter wie auch 15jährige Jungs und 60jährige Greise, arbeiteten nur dürftig gekleidet, u. z. in Hosen, Unterhosen, Hemden und Stiefeln. Andere Garderobeteile mußten sie ablegen.
Der Wagen blieb ungf. 100 Meter vom Grab stehen. Der Fahrer und Henker in einer Person drückte auf die Knöpfe des Gasapparates, der im Fahrerraum einmontiert war,

13 Nach Beginn der Deportationen aus dem Getto Litzmannstadt wurde eine solche „Ansprache" sinnlos; fortan wurden die Opfer zumeist damit beruhigt, dass sie nach der angeblichen Desinfektion in ein Arbeitslager weitertransportiert werden sollten; siehe auch Einleitung, S. 27.

14 Siehe Dok. 74 vom Febr. 1942, Anm. 12.

15 Gemeint sind Maschinenpistolen.

und ging hinaus. Die Fahrer der beiden Hinrichtungswagen waren wie gesagt gleichzeitig die Henker. Es waren dies S.S.-Männer mit dem Totenkopf auf den Mützen. Aus dem Wagen drängte ein gedämpftes Geschrei, Lärmen und Weinen und Klopfen an die Wände. Nach einer gew[issen]. Zeit (etwa einer Viertelstunde) war alles wieder still. Dann stieg der Fahrer und Henker wieder in den Fahrerraum und schaute mit Hilfe einer elektrischen Taschenlaterne in das Innere der Gaskammer (Wageninnere), um festzustellen, ob der Tod eingetreten ist. Zwischen der Gaskammer und dem Fahrerraum waren 2 Scheibchen. Nachdem er festgestellt hat, daß der Tod eingetreten ist, fuhr er näher zum Grab. Dann wartete er 5 Minuten, wonach der sog. S.S.-Platzoffizier,[16] der sich durch eine unbegreifliche Barbarei und Sadismus auszeichnete, den Befehl gab, die Türe[n] des Wagens breit zu öffnen. Es schlug ein starker Gasgeruch [entgegen]. Nach weiteren 5 Minuten schrie der Offizier: „Juden, geht Tefillin legen", das hieß: schmeißt die Leichen heraus. Diese Arbeit verrichteten 8 Juden, von denen 4 die Leichen aus dem Wagen holten, 2 warfen sie ins Grab, und 2 legten sie dort zurecht. Die Leichen im Wagen waren in einem schrecklichen Durcheinander, beinahe alle waren mit Kot beschmutzt, wahrscheinlich vor Schreck oder durch die Wirkung des Gases. Die Toten behielten aber die natürliche Hautfarbe und sahen eher aus wie im Schlaf. Das Hinauswerfen der Leichen vom Wagen geschah schnell und brutal. Der Offizier schrie und schlug mit der Peitsche. Die Frauenleichen wurden bei den Haaren, die anderen bei den Händen und Füßen gepackt und so auf einen Haufen geworfen. Dann haben 2 Deutsche in Zivil die Leichen speziell genau untersucht, um ihnen die Wertsachen abzunehmen. Die Prozedur sah mehr [oder] weniger so aus: Aus dem Haufen nahm man der Reihe nach je eine Leiche und untersuchte sie genau. Die Halsketten wurden heruntergerissen, die Eheringe von den Fingern heruntergezogen, die Goldkronen aus dem Mund gerissen. Es wurde genau nachgesehen, ob nicht Wertsachen und Geld im After oder den weiblichen Organen verborgen liegen. Diese Prozedur rief unter den terrorisierten Gräbern einen wahren Schrecken und Wutanfall hervor. (Die Zigeuner wurden, zum Unterschied von den Juden, im Gasauto mitsamt ihrem Hab [und Gut], sogar mit den Wertsachen, untergebracht und nach erfolgter Hinrichtung zusammen bestattet).[17] Dann wurden die geschändeten und beraubten Leichen in das Grab geworfen. Diese Arbeit verrichteten 2 hierzu speziell gewählte Juden. 2 andere jüdische Gräber arbeiteten im Grab selbst unter dem Befehl eines S.S.-Mannes, welcher mit Hilfe eines Zweiges[18] oben stehend die Arbeit leitete und zeigte, wie die Leichen gelegt werden sollen. Diese wurden mit dem Gesicht zum Boden gelegt – neben dem Kopfe der einen lagen die Beine der anderen. Im Freiraum legte man Säuglinge, Kinder und (bei Zigeunern) das Hab und Gut.

Nach dem Entleeren wurde der Wagen von menschlichem Kot und anderen Unsauberkeiten gereinigt, dann fuhr er fort.

Täglich wurden 6–9 Transporte beerdigt. Eine Schicht zählte bis 200 Leichen. Jede Schicht wurde mit Erde zugeschüttet, und ab 17. Jänner schüttete man noch Chlorkalk

16 Vermutlich: Wilhelm, auch Willi Lenz.

17 Dies geschah offensichtlich, um eine Ausbreitung von Typhus, wie er im sog. Zigeunerlager im Getto Litzmannstadt grassiert hatte, in Kulmhof zu verhindern; siehe Dok. 61 vom 24.2.1942 und Einleitung, S. 23, 28.

18 Gemeint ist vermutlich ein Stock.

darüber, um den üblen faulen Geruch zu beseitigen. Der Kulmhofer Wald, wo diese massenhafte, unheimliche Hinrichtung stattfand, war dicht mit Gendarmerieposten besetzt. Es ging darum, die absolute Sicherheit zu gewinnen, daß das schreckliche Geheimnis des höllischen Mordens ganzer jüdischer Siedlungen nicht entdeckt werde. Die am Mordplatz tätigen Gendarmen hatten die Aufgabe, die Gräber bei jedem Ortswechsel (vom Grab zum Wagen zum Mittaggehen) zu hüten und ihnen fortwährend mit den HMG[19] zu drohen.
Die Gräber saßen im Schloß in 2 anschließenden Kellern. Der Tag begann um 7 Uhr früh. Der zivile deutsche Koch brachte den Eimer mit dem Frühstück. Es bestand aus einem bitteren lauen schwarzen Kaffee und trockenem Brot, das aus dem Gepäck der jüdischen Opfer stammte. Nach dem Frühstück meldete der diensthabende Gendarm dem S.S.-Offizier. Dann öffnete er die 3-fach geschlossene Tür, es kam der Befehl: Juden raus! – Nicht ein einziges Mal kam es vor, daß der S.S.-Offizier in [den] Keller stieg, denn er fürchtete die verzweifelten, desparaten Gräber, die vom Haß gegen die Henker erfüllt waren. Beim Verlassen des Kellers wurden die Gräber mehrmals gezählt. Jede Partie wurde in den Hof geführt. Der Hof war mit etwa 20 Mann starken Feldgendarmerie-Posten bestellt, mit HMG gegen die Versammelten gerichtet. Nach neuerlichem Zählen der Gräber wurden sie im Auto verladen. Zwei Wagen, ein Lastauto und eine Autokarre, führten sie zum Hinrichtungsplatz. Hinter dem Wagen fuhr eine Limousine mit mund[unrierter]. und nichtmund. Gestapo.
In der Zeit der kurzen Jännertage, wenn man um 8 [Uhr] früh hinausfuhr, war es noch finster, so daß man noch keinem Fremden begegnete.
Die Arbeit am Hinrichtungsplatz begann gegen 8.30 früh und dauerte bis Mittag, d. h. bis 12.30. Es fiel der Befehl: Spaten stehenlassen! – Die Gräber verließen den Graben und eskortiert von S.S.-Männern und Gendarmen begaben sie sich zum Ort, wo sich ihre Kleidung befand. Dort befahl man ihnen, sich zusammenzudrücken und sich am Gepäck hinzusetzen. Das Mittagessen bestand wieder aus bitterem, kaltem schwarzem Kaffee und hartgefrorenem Brot.
8 Gräber, die unmittelbar bei den Leichen beschäftigt waren, durften das Grab nicht verlassen. Dorthin wurde ihnen der Kaffee ohne Brot gereicht. Vor dem Beenden des Arbeitstages befahl man ihnen, sich in das Grab, mit dem Gesicht zu den Leichen gewendet, zu legen, und ein S.S.-Mann durchlöcherte ihnen die Köpfe mit dem HMG. Die übrigen schütteten das Grab zu und begaben sich eiligst unter Eskorte der Gendarmen auf den Sammelplatz. Mehrmals wurde ihre Zahl kontrolliert. Nach dem Befehl: Juden anziehen! – zogen sich alle an. Grundsätzlich endete der Arbeitstag um 5 Uhr. Es waren jedoch Tage, besonders beim Hinrichten der Lodzer Juden, daß bis zum späten Abend bei Scheinwerferlicht gearbeitet wurde.
Während der Arbeit im Grab verrichteten die Gräber oft das Gebet für die Gestorbenen, das s. g. Kadisch. Die Arbeiter mußten oft zusehen, wie ihre nahen Verwandten in das Grab geworfen wurden.
Jede Erscheinung der Ermüdung wurde mit harten Prügeln am nackten Körper oder mit dem Tod bestraft.

19 Siehe Anm. 15.

Der Platz-Offizier war oft betrunken, und in der Folge hatte er die Arbeiter noch barbarischer und herzloser geprügelt.
Beinahe jeden Tag kamen S.S.-Offiziere in Autos, um die „Arbeit“ mitanzusehen. Mit sichtlicher Befriedigung schauten sie der Hinrichtung zu und drückten dann dem Platz-Offizier mit Anerkennung die Hand.
Folgender Vorfall fand am 13. Jänner statt: Nach dem Hinauswerfen der Leichen aus der Gaskammer stellte es sich heraus, daß ein Säugling aus Bugitten, in ein Polster gehüllt, durch einen wunderlichen Zufall nicht vergast wurde. Es begann zu weinen, aber ein Schuss aus dem MG in das Köpfchen des Kindes machte dem wunderbar-gewonnenen Leben des Säuglings ein Ende. Die Nazi-Gerechtigkeit war befriedigt.
Im Schloßkeller war es kalt und düster. Am Boden lag in Unordnung das Kleidungsgepäck der Gräber. Die Wände mit Eis bedeckt. Im Winkel brannte eine kleine Petroleumlaterne. Im zweiten stand ein Latrineeimer.
Die Nerven der noch lebenden Opfer waren derart zerrüttet, daß das Weinen erwachsener Männer war eine natürliche Erscheinung. Die einen hielt noch der Selbsterhaltungstrieb, die anderen unterlagen gänzlich der Verzweiflung und begingen Selbstmord. Über alles aber wollten alle aus der Falle hinaus, um die noch bestehenden jüdischen Gemeinden und die ganze Welt von den schrecklichen Geschehnissen in den Kulmhofer Wäldern zu alarmieren.
Es kam noch vor, daß der Wächter verlangte, daß die Juden singen. Es half kein Flehen und Bitten. Das MG zwang sie zum Gehorchen. Man sang Fragmente des Gebetes „Schma Israel“ und das Nationallied „Hatikwah“ (Die Hoffnung). Alle fühlten sich wie vor dem Gottesgericht. Der Ernst und völlige Gleichgültigkeit zu den irdischen Angelegenheiten und Leidenschaften erfüllten ihr Dasein. Doch war das dem brutalen Wächter zu wenig. Die Juden mußten laut den von ihm gesprochenen Satz wiederholen: „Wir Juden danken Adolf Hitler für diese Sache“ und dann: „Wir Juden danken Adolf Hitler für das Essen“.
Die Richtigkeit der obigen Beschreibung unterliegt gar keinem Zweifel. Sie stützt sich auf sicheres Quellenmaterial.

DOK. 95

Reichsstatthalter Greiser schlägt Himmler am 1. Mai 1942 vor, außer Juden auch 35 000 tuberkulosekranke Polen im Warthegau mittels Giftgas zu ermorden[1]

Schreiben (Geheime Reichssache! Persönlich!) des Reichsstatthalters im Reichsgau Wartheland, Posen (P 802/42), gez. A. Greiser, an Reichsführer-SS Heinrich Himmler, Führerhauptquartier, vom 1.5.1942

Reichsführer!
Die von Ihnen im Einvernehmen mit dem Chef des Reichssicherheitshauptamtes SS-Obergruppenführer Heydrich genehmigte Aktion der Sonderbehandlung von rund 100 000 Juden in meinem Gaugebiet wird in den nächsten 2–3 Monaten abgeschlossen

1 BArch, NS 19/1585, Bl. 1 (Nbg. Dok., NO-246). Abdruck in: Alexander Mitscherlich/Fred Mielke, Das Diktat der Menschenvernichtung, Heidelberg 1947, S. 142 f.

werden können. Ich bitte Sie um die Genehmigung, mit dem vorhandenen und eingearbeiteten Sonderkommando im Anschluß an die Judenaktion den Gau von einer Gefahr befreien zu dürfen, die mit jeder Woche katastrophalere Formen annimmt.

Es befinden sich im Gaugebiet ca. 230 000 bisher erkannte Tbc-Kranke polnischer Volkszugehörigkeit.[2] Von diesen wird die Zahl der mit offener Tuberkulose behafteter Polen auf ca. 35 000 geschätzt. Diese Tatsache hat in immer erschreckenderem Maße dazu geführt, daß Deutsche, welche vollkommen gesund in den Warthegau gekommen sind, sich angesteckt haben. Insbesondere wird auch die Ansteckungsgefahr bei deutschen Kindern mit immer größerer Wirkung gemeldet. Eine ganze Reihe namhafter führender Männer, insbesondere auch aus der Polizei, sind in der letzten Zeit angesteckt worden und fallen durch die notwendig gewordene Behandlung für den Kriegseinsatz aus. Die effektiv immer größer werdenden Gefahrenmomente sind auch von dem Stellvertreter des Reichsgesundheitsführers Pg. Professor Dr. Blome[3] sowie von dem Führer Ihres Röntgen-Sturmbanns, SS-Standartenführer Professor Dr. Hohlfelder,[4] erkannt und gewürdigt worden.

Wenngleich auch im Altreich mit entsprechend drakonischen Maßnahmen gegenüber dieser Volkspest nicht durchgegriffen werden kann, glaube ich es doch verantworten zu können, Ihnen vorzuschlagen, hier im Warthegau die Fälle der offenen Tbc. innerhalb des polnischen Volkstums ausmerzen zu lassen. Selbstverständlich dürfte nur derjenige Pole einer solchen Aktion überstellt werden, bei dem amtsärztlich nicht nur die offene Tuberkulose, sondern auch deren Unheilbarkeit festgestellt und bescheinigt worden ist. Bei der Dringlichkeit dieses Vorhabens bitte ich möglichst schnell um Ihre grundsätzliche Genehmigung, damit jetzt während der ablaufenden Aktion gegen die Juden bereits die Vorbereitungen zum anschließenden Anlaufen der Aktion gegenüber den offen mit Tbc. behafteten Polen mit allen Vorsichtsmaßnahmen getroffen werden können.

Heil Hitler![5]

2 Bereits Mitte Dez. 1940 hatte die Reichsstatthalterei in Posen sich in einem Schreiben an den RMdI um die Zustimmung bemüht, für die an Tuberkulose erkrankten Polen im östlichen Warthegau ein Internierungslager zu errichten. Reichsstatthalter im Reichsgau Wartheland (Unterschrift unleserlich) an RMdI vom 14.12.1940 betr. Absonderungslager für tuberkulöse Polen, Berichterstatter: Medizinalrat Dr. Gessner; APP, Reichsstatthalter, Nr. 2121, Bl. 29.

3 Dr. Kurt Blome (1894–1969), Mediziner; 1920 am Kapp-Putsch beteiligt; 1922 NSDAP- und 1931 SA-Eintritt; von 1934 an im Reichshauptamt für Gesundheit, 1939 stellv. Leiter des NS-Ärztebunds und stellv. Reichsärzteführer; von April 1939 an MdR; von 1940 an Spartenleiter für Erb- und Rassepflege im RFR; 1947 Freispruch im Nürnberger Ärzteprozess; 1951 kurzzeitig als Arzt beim US-Geheimdienst.

4 Richtig: Dr. Hans Holfelder (1891–1944), Chirurg und Radiologe; von 1922 an Oberarzt am Universitätskrankenhaus Frankfurt a. M., von 1926 an Professor, 1933 Dekan des medizinischen Fachbereichs; 1933 NSDAP- und SS-Eintritt; Gründer des Röntgen-Sturmbanns der Waffen-SS, Mai 1943 Wechsel an die Reichsuniversität Posen; bei Budapest gefallen.

5 Nachdem Himmler Greisers Vorschlag zunächst wohlwollend beantwortet hatte, lehnte er ihn einige Monate später und nach Rücksprache mit Blome ab; siehe Einleitung, S. 29.

DOK. 96
Das Ringelblum-Archiv dokumentiert am 1. Mai 1942 den anonymen Bericht eines Flüchtlings über die Zustände im Getto Białystok[1]

Handschriftl. Bericht, ungez., des Ringelblum-Archivs im Getto Warschau vom 1.5.1942

Warschau, den 1.V.1942
Von einer glaubwürdigen Person, die kürzlich von Białystok zurückkam, erhielten wir folgende Nachrichten über das Leben der Juden in Białystok in den letzten drei, vier Monaten:
Das Getto in Białystok ist das stillste und ruhigste Getto in jener Gegend. Das fällt jedem Fremden, der dorthin kommt, sogleich auf. Die Lage hat sich zeitweilig stabilisiert. Neue Verordnungen werden nicht erlassen, und die dortigen Juden haben mehr oder weniger bescheidenen Verdienst. Das jüdische Białystok hat bis heute nur eine Aussiedlung durchgemacht, und die führte nicht in den Tod, sondern offenbar tatsächlich zur Arbeit: Damals wurden 2000 Juden nach Prużany vertrieben, die dort von den Deutschen beschäftigt wurden. Ganze Familien wurden nach dem Alphabet deportiert, die Buchstaben A, B, E, D, F, G, H, I, J – danach endeten die Deportationen.[2] Deportiert wurden Juden, die noch nicht für die Deutschen in Białystok arbeiteten. Nach einer gewissen Zeit setzte eine heimliche Remigration der nach Prużany Deportierten zurück nach Białystok ein.
Als die Zahl der Zurückgekommenen bekannt wurde, befahlen die deutschen Behörden dem Judenrat, er solle eine Bekanntmachung an die „Prużaner" schicken, dass sie an ihren Arbeitsplatz zurückkehren sollen. Die Aufforderung half kaum: Die Juden blieben in Białystok. Unmittelbare Konsequenzen hatte das für sie nicht. – Überhaupt muss man feststellen, dass die Evidenz-Abteilung beim jüdischen Rat in Białystok musterhaft aufgestellt ist. Es existiert eine detaillierte Kartothek von 35 000 Białystoker Juden. Diese Kartothek wird von den deutschen Behörden oft gründlich und gewissenhaft durchsucht, und jede Erhöhung der Zahl der Evidenz[3] macht sie sehr neugierig. Nach der Unterbrechung der Deportationen beruhigte sich die Stimmung in der jüdischen Bevölkerung ein bisschen. Man schob die nächsten Sorgen weiter von sich weg – bis zum Frühling.
Außer aus Prużany kamen jüdische Flüchtlinge auch aus den Höllen von Wilna und Slonim nach Białystok, zusammen über etliche Hundert Mann. Zum zweiten Mal haben die deutschen Behörden von der Gemeinde gefordert, dass alle Neuankömmlinge aus dem Getto geschafft werden sollen und dass ihnen eine Liste der ab Februar Angemeldeten zugestellt werden soll. Man nimmt an, dass die deutschen Behörden von der Gemeinde gefordert haben, dass alle die, die nach Einrichtung des Gettos angekommen sind, aus der Stadt geschafft werden sollen. Diese Verordnung wurde jedoch zurückgenommen, und die Deutschen sind auf den Februar-Termin eingegangen. Die Gemeinde,

1 AŻIH, 698. Ring I/792, Bl. 1–5. Abdruck als Faksimile und in poln. Übersetzung in: Archiwum Ringelbluma, Bd. 3 (wie Dok. 10, Anm. 1), S. 308–314. Das Dokument wurde aus dem Jiddischen übersetzt.
2 Nach dem 18.9.1941; siehe Einleitung, S. 58.
3 Gemeint ist die Zahl der Gettobewohner.

besser gesagt Ing. Barasz, bekam eine klare Anweisung von der Gestapo, dass sie die oben erwähnte Kategorie Flüchtlinge ausweist. Die Summe dieser Flüchtlinge zusammen mit den Nichtangemeldeten – Wilnaer gibt es auch – beträgt ungefähr 2000 Mann. Als sich die Nachricht im Getto verbreitete, wurden die Massen sehr unruhig. Der Vize-Präses der Gemeinde – Ing. B[arasz] – schlug als Antwort auf die Forderung der Gestapo vor, dass die Gemeinde die zurückgekehrten „Pružaner" selbst mit eigenen Fahrzeugen nach Pružany zurücktransportiert.

Es versteht sich, dass die Gemeinde – als sie diesen Vorschlag machte – die Rückkehrer aus Pružany davor bewahren wollte, in die Fänge der Gendarmen zu geraten, die ihnen schon auf dem Weg dorthin das Ende bereitet hätten. Wegen der übrigen Flüchtlinge – aus Wilna und Slonim – hat die Gemeinde bekannt gegeben, dass sie sowohl aus familiären als auch aus materiellen Gründen – stark mit Białystok verbunden sind. Wie die deutschen Behörden auf den Brief [mit dem Angebot] reagiert haben, ist der [berichtenden] Person zurzeit nicht bekannt. Überhaupt glaubt die Gemeinde, sie könne alle Verordnungen, die den Białystoker Juden noch drohen, durch Geld abwenden. Auch die Tatsache, dass fast alle Juden in Białystok produktiv sind und in allen Industriezweigen für die Deutschen arbeiten, hilft der Gemeinde, die jüdische Bevölkerung vor unterschiedlichen Verfolgungen zu beschützen, und solche Verordnungen drohen immerzu. So hat man sich zum Beispiel aus Gestapokreisen an Ing. Barasz gewandt, um zwei voneinander getrennte Gettos zu schaffen: für arbeitende Juden und für Nichtarbeitende. Wozu, ist völlig klar, wenn man sich daran erinnert, dass dasselbe in Wilna geschah.[4] Oder zum Beispiel machte die Gestapo dem Judenrat den Vorschlag, außerhalb der Stadt Baracken für Kleinkinder und Alte zu bauen. So wollte man das Altersheim und die zwei Waisenhäuser liquidieren, die bis heute durch den Judenrat betrieben werden. All diese Vorschläge wurden vom Judenrat abgelehnt. – Überhaupt glaubt der Judenrat, dass in Białystok aus den erwähnten Gründen alles anders sein wird als an anderen Orten. Die Beziehung der deutschen Machthaber zu den Juden ist positiv. Letztens luden die Deutschen auch Ing. Barasz zu einer allgemeinen Beratung ein. Nach der Besprechung über Produktionsangelegenheiten hat einer der deutschen Teilnehmer Barasz kameradschaftlich auf die Schulter geklopft und gesagt: „Du hast das Getto Białystok gerettet." Kürzlich fand eine Ausstellung außerhalb des Gettos statt mit den „Sachen", die von Juden im Getto hergestellt werden. In der Ausstellung wurden die schönsten, sehr geschmackvoll geschaffenen Exponate wie zum Beispiel Kleidung gezeigt. Auch viele Deutsche beteiligten sich an der Ausstellung – Journalisten, Experten, die ihre größte Anerkennung für die jüdische Leistung zum Ausdruck brachten.

Die Beziehung der polnischen Bevölkerung zu den Juden ist feindselig. Sie meinen, dass man die Juden alle abschlachten sollte, weil sie mit ihrer Arbeit den größten Feind unterstützen – die Deutschen. Und das ist ja in Wahrheit auch so! Die Juden arbeiten einfach mit Begeisterung (Brigadeführer)[5] und verarbeiten [Alt-]Kleider zu militärischen Sachen; sie arbeiten als Arbeiter in den Białystoker Textilfabriken, wo die polnischen

4 In Wilna gab es ein sog. Großes und Kleines Getto, in Letzterem waren v. a. Alte und von den Deutschen als arbeitsunfähig kategorisierte Juden untergebracht. Im Sept. und Okt. 1941 wurden aus dem Kleinen Getto etwa 10 000 Juden nach Ponary deportiert und dort erschossen.

5 Leiter einer Arbeitsbrigade.

Arbeiter hinausgeworfen werden, und an ihrer Stelle kommen Juden. Daher ist der Hass der polnischen Bevölkerung auf die Juden gewaltig.
Das ökonomische Leben: Wenn ein Jude gemeldet ist und Arbeit hat, ist er mehr oder weniger juristisch versichert. Die Arbeit gibt ihm die Möglichkeit zu existieren, und bei der jüdischen Bevölkerung finden sich keine Anzeichen von Armut. Der Krieg mit den Sowjets hat die Białystoker Juden in guter Verfassung getroffen (in ökonomischer Hinsicht). In der sowjetischen Zeit war es möglich etwas zurückzulegen, denn Arbeit gab es reichlich. Außerdem blühte die Spekulation. Mit den so angehäuften großen Summen Geldes haben die Juden zumeist Gegenstände und verschiedene Waren gekauft, mit denen die Sowjets Białystok regelrecht überschwemmten, so dass die Juden, als die Deutschen nach Białystok kamen, genügend große Vorräte an Gegenständen und Kleidung hatten. Im Verlauf des ersten halben Jahres des Krieges und bis jetzt verkaufen die Juden diese Gegenstände, und daher ist Geld vorhanden, und man lebt davon. Bei den Juden kaufen Polen, die gut bezahlen. Außerdem hört man von Schmuggel, von Ankauf. Jede Sache ist durch ein gutes Dutzend Hände gegangen, bevor sie zum Endaufkäufer, dem Goj, kommt. Und natürlich verdient jeder Vermittler bei jeder Transaktion ein paar Groschen … Außer Lebensmittelgeschäften gibt es keine anderen Läden, weil noch in der sowjetischen Zeit Geschäfte und Läden verstaatlicht wurden.
Offizielles Zahlungsmittel ist die Reichsmark. Lebensmittel haben die folgenden Preise (in Złoty) – ein Kilo Brot 4 zł., Kartoffeln 1,80 zł., Butter 70 zł., Schmalz – etwas billiger. Man kocht auf Holzfeuer. Die Bauern bringen fuhrenweise Holz ins Getto, wobei sie der deutschen Wache etwas zustecken. Ein Festmeter Holz kostet ungefähr 130 zł. – Außerdem gibt es im Getto Białystok einen freien Markt, auf dem man alles bekommen kann. Angefangen mit Kleidung, verschiedenen Geräten und schließlich auch Lebensmittel und Galanteriewaren.[6] Überhaupt gibt es noch viel Galanteriewaren aus sowjetischen Zeiten; die Sowjets haben praktisch den Markt damit überschwemmt: verschiedene Seifen, Socken und dergleichen.
Die Arbeitslöhne sind folgende: ½ Kilo Brot am Tag für einen Arbeitenden, außerdem – ein „Pajok"[7] – alle zwei Wochen oder einmal im Monat. In den verschiedenen Produktionsstätten bekommen die Arbeiter auch Marken für Mittagessen in den Küchen. Das Mittagessen besteht aus einer dicken, nahrhaften Suppe mit Kartoffeln. Außerdem bekommen die Arbeiter noch 50 Kilo Kartoffeln außerhalb des Kontingents. – Auf Marken bekommt man: ½ Kilo Brot am Tag, ein bisschen Salz, ein bisschen Mehl und Öl.
Der größte Teil der beschäftigten Juden arbeitet außerhalb des Gettos in deutschen Arbeitsstätten, 8–9 Stunden am Tag – mit einem Gehalt von ± 25 zł. im Monat. Jetzt planen die Deutschen, die Löhne zu erhöhen, aber auch die Arbeitszeit zu verlängern. Fachleute haben bei den Deutschen feste Arbeit, zum Beispiel Grafiker, Fotografen u. a. verdienen gut. Die Arbeitsstellen befinden sich bei verschiedenen Militär-Abteilungen und SS-Ämtern. Sie beschäftigen Tischler (beim Barackenbau und bei der Anfertigung von Möbeln) und Schlosser. Außerdem haben letztens Reichsdeutsche Unternehmen verlegt, die fast immer von jüdischen Fachleuten geführt werden, und dort sind jüdische Arbeiter beschäftigt. So ist zum Beispiel letztens als private deutsche Unternehmung eine Federfabrik entstanden. Eine ganze Reihe Industrieunternehmen befindet sich in der

6 Veraltete Bezeichnung für kleine Mode-, Parfümerie- und Geschenkartikel.
7 Russ. für Lebensmittelzuteilung.

Zuständigkeit der [Jüdischen] Gemeinde (des Industrieamts, Leiter: Petsina[8]), die für die Deutschen tätig ist.
Die karitative Hilfe der Gemeinde ist sehr vielfältig. Die Gemeinde unterhält ein Altersheim, zwei Waisenhäuser – für jüngere Kinder und für ältere ein Krankenhaus, außerdem leitet die Gemeinde das gesamte Schulwesen. Mittel für all dies bezieht die Gemeinde vermutlich aus der Etatabteilung Steuern und aus den Einnahmen, die sie durch ihr Industrieamt hat.
Der Judenrat besteht aus dem Präses (Rabbiner Rozenman), Vize-Präses (Ing. Barasz) – der faktische Führer der jüdischen Gemeinschaft in Białystok. Er führt alle Gemeinderessorts, und ohne ihn geschieht nichts. Er ist in vieler Hinsicht außergewöhnlich. Was die Partei betrifft, ist er allgemeiner Zionist. Zweitens die Gemeinderessorts: Industrieamt, Finanzabteilung (Vorsitzender – Subotnik, ein Mitglied der Aguda),[9] Versorgungsabteilung (Vorsitzender – Goldberg, ein allg. Zionist), Kulturamt.
Kulturarbeit. – Die gesamte Kulturarbeit der Gemeinde beschränkt sich zurzeit auf das Gebiet des Schulwesens. Nach Ende 1941 wurden zwei Volksschulen organisiert. In den Schulen lernen bis zum heutigen Tag über 1000 Kinder. Die Unterrichtssprache ist Jiddisch oder Hebräisch. In den Jiddisch-Klassen wird Hebräisch als obligatorisches Fach gelehrt und umgekehrt in den Hebräisch-Klassen [Jiddisch]. Das Kollegium ist gemischt, sowohl in Bezug auf die Fachkenntnisse als auch hinsichtlich der Dauer ihrer Berufstätigkeit. Es gibt Lehrer, die schon seit ewigen Zeiten in den Schulen arbeiten, Zionisten, Bundisten – aber ebenso gibt es auch Frischgebackene. An der Spitze des Kulturamts stehen Aynshtayn, der frühere Tarbut-Instrukteur, und Peysekh Kaplan. Der Unterricht erfolgt in zwei Schichten: bis 12 und ab 12 Uhr. – Außer der Schule gibt es auch private Ergänzungsstunden für die Jugend im Gymnasialalter. Zu Pessach gab es einen feierlichen Schulabend, ausgeführt von den Schulkindern in einer würdigen Art und Weise. Das war ein gewaltiger Erfolg im jüdischen Getto, der ein bisschen Mut und Hoffnung gegeben hat. In Wahrheit aber, so sagte später B[arasz] seine Meinung, habe der Abend den Deutschen zu sehr die Augen geöffnet, was aber – bislang – noch keinerlei negative Konsequenzen hatte.
Skizze des jüdischen Gettos in Białystok[10]

8 Richtig: Shmuel Petsiner.
9 Agudas Jisroel (hebr.), auch Agudath Israel: Vereinigung Israels; 1912 in Kattowitz von orthodoxen Juden gegründete nicht zionistische, konservative Partei.
10 Eine Skizze ist beigefügt.

DOK. 97
Bernard Kahn bittet am 3. Mai 1942 die „Aussiedlungskommission" im Getto Litzmannstadt, ihn und seine Familie von der anstehenden Deportation freizustellen[1]

Schreiben von Bernard Kahn[2] an die Aussiedlungskommission bei der Abt. für die Eingesiedelten, Getto Litzmannstadt, vom 3.5.1942

I. Transport Luxemburg
Kahn Bernard
Kahn Rosa
Kahn Lusie[3]
Talweg 12/2
Widerruf
Im Zusammenhang damit, dass der Transport der Neuankömmlinge aus Luxemburg in den kommenden Tagen ausgesiedelt wird, und bezüglich des Aushangs des Herrn Ältesten der Juden[4] möchte ich das Folgende darlegen.
Ich bin ein junger, starker und arbeitsfähiger Mensch. Ich zähle 43 Jahre und kann in der Produktion des Gettos verwendet werden. Gegenwärtig bin ich im II. Revier[5] als Tag- und Nachtwächter beschäftigt. Von meinem Verdienst kann ich Frau und Kind sehr gut ernähren.
Meine Ehegattin ist eine 40-jährige junge Frau. Von Beruf ist sie Schneiderin. Ich füge die Arbeitskarte vom Arbeitseinsatz als Nachweis dafür bei, dass sie in der Registratur der Personen aufgenommen ist, die schon morgen zur Arbeit angefordert werden können. Auch meine 12-jährige Tochter kann beschäftigt werden.
Wie aus Obigem hervorgeht, habe ich eine Arbeit, verdiene [ausreichend] zum Erhalt der Familie. Wir gehören zu den Menschen, die sich vom ersten Augenblick unserer Ankunft im Getto um Arbeit gleich welcher Art bemüht haben, um der Gettogesellschaft nicht zur Last zu fallen.
Hinsichtlich des oben Gesagten bitte ich inständig, dass die verehrte Kommission meine inständige Bitte gütigst berücksichtigen und mich zusammen mit meiner Frau und meiner Tochter von der Aussiedlung befreien möge.[6]
Anlagen[7]

1 APŁ, 278/1290, Bl. 1545–1547. Das Dokument wurde aus dem Polnischen übersetzt.
2 Bernard Kahn (1898–1942), Kaufmann; lebte vor dem Krieg in Schweich bei Trier; er wurde mit seiner Familie am 16.10.1941 nach Litzmannstadt deportiert, von März 1942 an Wachdienstmann beim jüdischen Ordnungsdienst im Getto.
3 Richtig: Lucie.
4 Siehe Dok. 92 vom 29.4.1942.
5 Gemeint ist der jüdische Ordnungsdienst.
6 Am 9.5.1942 schrieb Kahn erneut ein diesmal deutschsprachiges Gesuch an die Aussiedlungskommission; wie Anm. 1, Bl. 1550. Er wurde mit seiner Familie ein weiteres Mal von der Deportation zurückgestellt; er, seine Frau Rosa Kahn (1902–1942) und ihre Tochter Lucie (1927–1942) wurden am 14.5.1942 nach Kulmhof deportiert und dort ermordet.
7 Arbeitsbescheinigung der Abt. II des Ordnungsdienstes vom 10.2.1942; wie Anm. 1, Bl. 1549; Verdienstbescheinigung der Abt. II des Ordnungsdienstes vom 1.5.1942; wie Anm. 1, Bl. 1551.

DOK. 98

Der Prager Journalist Oskar Singer schildert am 3. Mai 1942 den Beginn der Deportation reichsdeutscher, Wiener und Prager Juden aus dem Getto Litzmannstadt in das Vernichtungslager Kulmhof[1]

Reportage von Oskar Singer[2] im Getto Litzmannstadt vom 3.5.1942

Die Situation ist vollkommen geklärt. Die Neueingesiedelten wissen nun, daß ihr Kapitel Getto Litzmannstadt abgeschlossen ist. Es ist ein trauriger Abschnitt ihrer Geschichte. Sie wissen nicht, ob der kommende nicht noch tragischer werden wird.

Wie immer in solchen entscheidenden Stunden schwirren die Gerüchte durch die Gassen. Man will wissen, daß die ersten Transporte nach Nordfrankreich, die weiteren nach Bessarabien gehen werden. Man will das aus den verläßlichsten Quellen haben. Man will wissen, daß später weitere Transporte folgen werden. Andere wollen erfahren haben, daß die Juden aus dem Altreich in ein Sammellager für Juden nach dem Reich befördert werden sollen, daß hingegen die Juden aus Wien in ein Lager der Ostmark gebracht werden sollen. Die Juden aus Prag sollen nach Theresienstadt gebracht werden, wo ja bereits ein sogenanntes Jüdisches Lager eingerichtet ist, an dessen Spitze der Stellvertreter des Prager Leiters der Kahilla,[3] Jakob Edelstein,[4] stehen soll.[5]

Ist das Getto schon an und für sich ein recht lebendiges Städtchen, so wird es jetzt zu einem aufgestörten Ameisennest. Ein ununterbrochenes Regen der aufgeregten Menschen in allen Straßen. Einerseits ist es das Zentrum der Eingewiesenen, das Amt der Eingesiedelten in der Fischstraße,[6] wo die Massen der betroffenen Menschen Informationen einholen. Diese Abteilung muß Ungeheures in wenigen Tagen bewältigen. Es ist gut besetzt. Die Leitung ist straff. Sie wird etwa 12 000 deutsche und tschechische Juden mit allen Mitteln einer primitiven Bürotechnik in ein unbekanntes Schicksal hinausbefördern. Alles wird klappen. Auch die Blockierung der Brotkarten an die Ausgewiesenen wird vorbildlich durchgeführt. Die Büros arbeiten Tag und Nacht.

Eine Kommission hat sich bereits über die Reihenfolge der Transporte geeinigt. Zuerst die Kollektive, soweit sie noch als geschlossene Einheiten bestehen, dann die Juden aus

1 APŁ, 278/1099, Bl. 43–48. Abdruck in: Oskar Singer, „Im Eilschritt durch den Gettotag …" Reportagen und Essays aus dem Getto Lodz, hrsg. von Sascha Feuchert u. a., Berlin 2002, S. 36–40.

2 Oskar Singer (1893–1944?), Rechtsanwalt und Journalist; von Nov. 1939 an Chefredakteur des Jüdischen Nachrichtenblatts; im Okt. 1941 zusammen mit seiner Frau Margarethe Singer, geb. Kornfeld (1894–1945), und seinen zwei Kindern nach Litzmannstadt deportiert, arbeitete im Getto in der Statistischen Abt. und leitete die Redaktion der Gettochronik; im Aug. 1944 zusammen mit seiner Familie nach Auschwitz deportiert, Todesort und -umstände sind unbekannt.

3 Hebr.: Gemeinde.

4 Dr. Jakob Edelstein (1903–1944), Jurist; von 1929 an im Hauptbüro des Hechaluz tätig, von 1933 an Leiter des Palästina-Amts in Prag, führender Vertreter der tschech. Juden gegenüber der deutschen Verwaltung, verantwortlich für Fragen der Auswanderung, am 4.12.1941 nach Theresienstadt deportiert, war dort von 1941 bis Jan. 1943 Judenältester; wurde im Dez. 1943 nach Auschwitz deportiert und dort am 20.6.1944 zusammen mit seiner Frau und seinem Sohn ermordet.

5 Die Juden aus Prag wurden nicht nach Theresienstadt gebracht. In der Zeit vom 4. bis zum 15.5.1942 wurden knapp 11 000 Menschen, überwiegend deutschsprachige Juden, nach Kulmhof deportiert und dort ermordet.

6 Zum Amt für die Eingesiedelten siehe Dok. 93 vom 29./30.4.1942 und Dok. 107 vom 21.5.1942.

dem Altreich je nach den in der Fiktion noch bestehenden Transporten, wenn die Menschen inzwischen auch privat leben. Dann gehen Wien, Luxemburg und schließlich die Juden aus Prag. Sie haben als letzte noch einige Chancen. Vielleicht liegt etwas wie Wohlwollen in dieser Reihenfolge, Wohlwollen für Prag. Diese Juden aus Prag hatten es unleugbar besser als die übrigen. Ressentiments des Ältesten?[7]

Das Tollste aber ist der Ausverkauf der Ausverkauften. So einen grotesken Markt wird es vielleicht nur noch gelegentlich des nächsten Weltunterganges geben. Es gibt fast keinen Menschen, der nicht irgend ein Kleidungsstück oder Schuhe in der Hand hält. Entweder er verkauft oder er hat schon gekauft. „Verkauft und gekauft", sehr euphemistische Worte für einen Handel, wie er sich vor uns abspielt.

Die Marktlage ist durch zwei Elemente gekennzeichnet: die Eile, mit der „gehandelt" wird, und die buchstäblich katastrophale Lage des illegalen Lebensmittel-Marktes. Eile und Not. Man hat, um sich auf den Weg zu begeben, knapp 48 Stunden Zeit. Das weiß der Einheimische sehr gut. Er braucht zwar dringend die angebotenen Gegenstände, denn er ist in den zwei Jahren Getto vollkommen ausgepowert, er lechzt nach Schuhen, Anzügen, Wäsche. Jeder kämpft mit seinem Gewissen. Aber die Eile läßt keine Zeit zu Gewissensbissen. Diese blödsinnige Eile macht ihn zum Plünderer wider Willen.

Der Ausgewiesene weiß das genau, aber er hat keine Zeit für seine Gefühle. Sein Tempo ist rasant. Man kann ja nur 12 ½ kg Gepäck mitnehmen. Die Rechnung ist schnell gemacht: eine warme Decke, ein Anzug, ein Paar Schuhe und etwas Wäsche. Wenn es hoch geht noch ein Kochtopf und ein Trinkgefäß und – die 12 ½ kg sind fast überschritten. Also: Ballast abwerfen und gegen Wegzehrung eintauschen. Diese Parole ist das Gesetz der grausamen Stunde.

Werfen wir einen Blick auf die Skala der Preise. Ein Laib Brot, die Goldvaluta des Gettos, hat den Gipfelpunkt bereits erklettert: 350 bis 400 Mark. Wenn man bedenkt, daß die Brotration der gleichen Menge nur 80 Pfennig kostet, hat man eine Vorstellung von der Lage. 1 kg Mehl 300 Mark, 1 kg Margarine 600 Mark.

Die Teilinflation hat aber nur den Lebensmittelmarkt erfaßt. Denn Kleidungsstücke hielten nicht Schritt. Überdies wurde in dieser kritischen Stunde die bereits erwartete Gemüseration nicht ausgefolgt, und man konnte auch nicht voraussagen, ob die sogenannte süße Ration, die jämmerliche Hungerration der Vorwoche, pünktlich herauskommen wird. Keinesfalls vor dem 10. Mai. Informierte Leute wollten wissen, daß der Präses aus bestimmten Erwägungen heraus die nächste Ration stoppen wolle. Diese Sicherheit, daß nichts da ist, und die Unsicherheit, ob und wann wieder etwas da sein wird, regulierte den tollsten Markt der Weltgeschichte.

In der Pfeffergasse, der Börsenstraße des Gettos, Wallstreet der Elenden, spielt sich nun das Drama ab. Eine Expositur ist auf dem Bazarplatz, wo früher einmal, in der polnischen Zeit, die Diebsbeute der Baluter[8] von Hehlern ausgeboten wurde. Aber das sind nur die Zentren. Es gibt keinen Winkel, in dem sich nicht Szenen dieses Dramas abspie-

7 Im Gegensatz zu den meisten anderen Transporten wiesen die aus Prag Deportierten einen Altersdurchschnitt auf, der sogar noch unterhalb des Altersdurchschnitts des Gettos lag, auch die sprachliche Nähe des Tschechischen zum Polnischen erleichterte die Verständigung und die Eingewöhnung.

8 Bałuty war ein überwiegend ärmlicher Stadtteil von Łódź, in dem das Getto lag und der vor der Besatzung eine hohe Kriminalität aufgewiesen hatte.

len. In den Straßen und Haustoren, in den Höfen, Korridoren und Wohnungen dieser Stadt – überall wird angeboten, gefeilscht, gekämpft, gezankt, geflucht, gebettelt. An allen Ecken und Enden des Gettos wanken die Koffer, von Schatten geschleppt. Es sind keine schweren Stücke mehr, die Not hat ja fast alles gefressen. Oft sind es nur noch leere Koffer, die in die Einkaufszentrale wandern.

Diese Zentrale kauft – kauft – kauft. Es liegt eine gewisse Großzügigkeit in dieser Maßnahme des Präses. Sein ursprünglicher Plan, den Ausgewiesenen zu helfen, wird aber von der Wucht der Tatsachen konterminiert. Die Zentrale zahlt Normalpreise, der offene Markt zahlt den „Tagespreis“. Die Folge davon ist, daß der Präses nicht das Wertvolle, sondern mehr oder weniger nur den unverkäuflichen Powel[9] erhält – und dennoch kauft er und zahlt. Dabei übersieht er nicht die Gefahr einer Inflation, die darin liegt, wenn er sein Geld auf die Straße strömen läßt. Aber seine Tendenz ist zunächst: helfen!

Man muß anerkennen, daß die Einkaufsstelle des Präses den Neueingesiedelten verhältnismäßig bessere Preise zahlt. Sie holen sich gerne die letzten paar Mark für die letzten Habseligkeiten. Dann verstauen sie die Trümmer ihres Besitzes in kleine, improvisierte Tragbeutel, denn regelrechte Rucksäcke erregen Mißfallen bei der Einwaggonierung. Sie ziehen an, was der ausgemergelte Körper tragen kann. Die dürren Gestalten verwandeln sich in klobige Golem.[10] Männer und Frauen behängen sich mit mehreren Wäschegarnituren, Anzügen und Kleidern – vielleicht rettet man so wenigstens diese Reserven. Ein wahres Wunder, daß sich die Menschen überhaupt bewegen können, so monströs sind diese Gestalten.

Das Bild des Jammers ergänzt noch das „Gepäck“. Rucksäcke und Pinkel[11] aus Bettlaken und Deckenwinden improvisiert, denn Koffer sind verpönt. Die Träger werden aus Handtüchern genäht, und statt der Riemen werden Schnüre und Stricke verwendet. Gepäck des Elends! – Aber immerhin noch etwas Gepäck. So ist man wieder einmal ... reisefertig.

9 Jidd.: minderwertige Waren.

10 Jüdische Sagengestalt. Unförmige Gestalt aus Lehm, die in der Legende mittels eines mystischen (Sprach-)Rituals zum Leben erweckt wird.

11 Jidd./schles.: Bündel, Beutel.

DOK. 99
Das Amt für Volkswohlfahrt erbittet vom Oberbürgermeister von Litzmannstadt am 8. Mai 1942 die kostenlose Übernahme der Kleidungsstücke der in Kulmhof ermordeten Juden[1]

Schreiben der NSDAP, Gauleitung Wartheland, Amt für Volkswohlfahrt, Hauptstelle Organisation, gez. Karl Zeitler,[2] an Oberbürgermeister Ventzki, Litzmannstadt, vom 8.5.1942[3]

Betrifft: Abgabe von gebrauchten Textilien an die NSV.
Lieber Gauamtsleiter!
In nachstehender dienstlicher Angelegenheit erlaube ich mir heute, an Sie heranzutreten, und möchte Sie bitten, nach Ihrer Überprüfung der NSV. nach Möglichkeit zu helfen.
Es handelt sich um die Abgabe von gebrauchten Textilien, die im Zuge der Judenaktion – insbesondere im Kreise Warthbrücken (Kulmhof) – frei werden und zur Verfügung der Ghettoverwaltung Litzmannstadt liegen. Nachdem einerseits die Textildecke, wie Ihnen ja auch bekannt ist, immer knapper wird und von seiten des Reiches unseren Wünschen auch nicht mehr voll Rechnung getragen werden kann, andererseits die Anforderungen seitens der Umsiedler keineswegs abnehmen, würden wir nun gern auf die vorgenannten brauchbaren Textilbestände reflektieren. Zu diesem Zweck habe ich mich mit Herrn Ob.Reg.-Rat Dr. *Häusler*[4] beim Reichsstatthalter in Verbindung gesetzt,[5] der mein Schreiben an die Ghettoverwaltung Litzmannstadt weitergab, von der ich heute das in der Anlage abschriftlich beigefügte Antwortschreiben erhielt.[6]
Mein Mitarbeiter Pg. Koalik war vor einigen Tagen persönlich in Kulmhof und hat durch die persönliche Inaugenscheinnahme den Eindruck gewonnen, daß von diesen dort lagernden Textilien unbedingt eine große Menge sofort nach entsprechender Desinfektion für uns ohne weiteres verwendet werden kann. Es handelt sich bei den dort vorrätigen Textilien vorwiegend um Wäschestücke, die zum größten Teil noch neu sind, so daß es wirklich schade wäre, diese einem erneuten Wiederverarbeitungsprozeß zuzuführen.
Unter Würdigung dieser Gesichtspunkte würde ich Sie bitten, daß Sie Ihrem Amtsleiter für die Ghettoverwaltung, Pg. *Biebow*, die Genehmigung erteilen, der NSV. die für uns

1 APŁ, 221/30790, Bl. 5 f. Abdruck als Faksimile in: „Unser einziger Weg ist Arbeit.“ Das Getto in Łódź 1940–1944, Wien 1990, S. 208.
2 Karl Zeitler (*1900), Kellner; Leiter der Hauptstelle Organisation bei der Gauleitung Wartheland der NSDAP, von März 1943 an Zugführer in der Organisation Todt, Juni 1943 bis Febr. 1944 KdO-Führer bei der Oberbauleitung Eder, danach Ausbilder bei SK-Abt. 91.
3 Im Original handschriftl. Ergänzung am Blattrand: „zur Rücksprache mit Herrn Biebow, 11/5 Ve[ntzki]“.
4 Dr. Friedrich Häusler.
5 Schreiben Zeitlers (Zei/Wi.) an Häusler vom 14.4.1942 betr. Abgabe von gebrauchten Textilien an die NSV, in dem er anregte, „die in den Kreisen Warthbrücken und Lask (Pabianice) im Zuge der Durchführung verschiedener Maßnahmen anfallenden Textilien“ der NSV kostenlos zur Verfügung zu stellen; YVA, JM 2549.
6 Schreiben der Gettoverwaltung Litzmannstadt (027/1/B/R), gez. Biebow, an das Amt für Volkswohlfahrt, Posen, vom 4.5.1942 betr. Abgabe von gebrauchten Textilen an die NSV; ebd. Biebow wies darauf hin, dass von der Gettoverwaltung „laufend aufgrund einer Sonderaktion getragene Kleidungsstücke übernommen“ würden, „die aber trotz Entlausung m. E. keinesfalls von Ariern ohne weiteres getragen werden dürfen“; wie Anm. 5.

brauchbaren Textilien kostenlos zu übereignen. Für den Abtransport sowie die weitere Behandlung würden wir selbstverständlich die Kosten wie auch die Arbeiten übernehmen. Ich verbinde mit meinen heutigen Zeilen die besten Wünsche für Sie sowie für Ihre sehr geschätzte Familie und verbleibe mit
Heil Hitler![7]

DOK. 100
Der Leiter der Treuhandnebenstelle Litzmannstadt erörtert am 8. Mai 1942 die Überführung von Nähmaschinen aus aufgelösten Gettos in das Getto Litzmannstadt[1]

Schreiben des Reichsstatthalters im Reichsgau Wartheland, Treuhandstelle Posen, der Leiter der Treuhandnebenstelle Litzmannstadt[2] (Tgb. Nr. B – Dr. Bo/Du), Unterschrift unleserlich, an Treuhandstelle Posen, Rechtsanwalt von Gagern,[3] vom 8.5.1942

Sehr geehrter Herr v. Gagern,
in Verfolg Ihres telefonischen Anrufes in der Angelegenheit „Nähmaschinen usw. aus dem Getto Leslau" habe ich sofort die Verbindung mit Herrn Amtsleiter Bibow[4] von der hiesigen Gettoverwaltung aufgenommen.
Herr Bibow teilte mir vorweg mit, daß er einstweilen noch keinerlei Maschinen aus dem Leslauer Getto erhalten hätte. Herr Bibow legte mir aber dar, daß er grundsätzlich in allen Fällen, in denen Juden aus auswärtigen Gettos oder auch offenen Ortschaften in das Getto Litzmannstadt überführt würden, mit allem Nachdruck Wert darauf legen müßte, daß die Juden die Maschinen, mit denen sie am alten Orte gearbeitet hätten, mitbrächten.
Wie ich Ihnen schon bei unserer telefonischen Unterredung mitteilte, ist die Frage des Gettos Litzmannstadt vom überörtlichen politischen Gesichtspunkt aus zu beurteilen. Die hiesige Gettoverwaltung muß, wenn sie aus vorerwähntem Gesichtspunkt heraus die auswärtigen Juden zu übernehmen hat, in den Stand gesetzt werden, die Arbeitskraft dieser Juden wirtschaftlich auszuwerten, damit sie sich nicht zu einer nicht tragbaren finanziellen Belastung auswachsen. – Wie ich Ihnen ebenfalls schon mitteilte, ist im

7 In seinem Antwortschreiben vom 18.5.1942 sagte Oberbürgermeister Ventzki dem Amt für Volkswohlfahrt seine volle Unterstützung und die der Gettoverwaltung Litzmannstadt zu, bat jedoch um Geduld, da „die Kleidungsstücke restlos verlaust" seien und erst desinfiziert werden müssten; APŁ, 221, Nr. 30 790, Bl. 4; Abdruck als Faksimile in: Jens-Jürgen Ventzki, Seine Schatten, meine Bilder. Eine Spurensuche, Innsbruck u. a. 2011, S. 35.

1 APP, 759/1697, Bl. 47 f.
2 Dr. Walter Moser (1906–1975), Jurist; 1932 NSDAP- und SS-Eintritt; 1933 Leiter der Stapostelle Braunschweig, 1939 bis Dez. 1942 Leiter der Treuhandnebenstelle Litzmannstadt, zugleich 1939/40 Leiter der Außenstelle Lodsch des Regierungspräsidiums in Kalisch, April 1940 bis Dez. 1942 stellv. Regierungspräsident in Litzmannstadt; 1942 SS-Standartenführer; wegen Korruption 1943/44 in die Waffen-SS versetzt; nach 1945 Syndikus in Braunschweig.
3 August Wilhelm von Gagern (1907–1944), Jurist; Rechtsanwalt in Berlin; 1933 NSDAP-Eintritt; von Febr. 1940 an bei der Treuhandstelle Posen als Referent in der Rechtsabt., von Jan. 1942 an Leitung derselben; Einberufung zur Wehrmacht im März 1943, gefallen.
4 Richtig: Biebow.

hiesigen Raume bislang immer schon so verfahren worden, daß die anziehenden Juden die Maschinen mitbringen.
Herr Amtsleiter Bibow ist selbstverständlich bereit, in geeigneten Fällen von seiner grundsätzlichen Forderung, daß die Juden die Maschinen mitzubringen haben, in einem jeweils im Einzelfall abzusprechenden Umfang Abstand zu nehmen. Wenn es z. B. im Falle Leslau infolge des Abzuges der Juden notwendig werden sollte, deutsche Handwerker neu einzusetzen oder die vorhandenen deutschen Betriebe maschinell stärker auszustatten, damit sie den an sie herantretenden Ansprüchen genügen können, so wird hier ohne weiteres im Benehmen mit der Gettoverwaltung Litzmannstadt eine beiden Seiten gerecht werdende Lösung erzielt werden können.
Ergänzend teile ich Ihnen noch mit, daß ich Vorstehendes auch mit Herrn Regierungsvizepräsidenten Dr. Moser, den die Angelegenheit auch von der Regierung her amtlich interessiert, abgestimmt habe.
Ich hoffe, daß Sie mit Obigem grundsätzlich einverstanden sein können. –
Mit kameradschaftlichen Grüßen und Heil Hitler!

DOK. 101

Oskar Rosenfeld notiert in seinem Tagebuch am 12. und 13. Mai 1942 die Stimmung im Getto Litzmannstadt während der Deportationen reichsdeutscher Juden[1]

Tagebuch von Oskar Rosenfeld im Getto Litzmannstadt, Heft C. Erinnerungen, privates Tagebuch 3, Einträge vom 12. und 13.5.1942

In allen Büros des Gettos Bild [des] Ältesten wie Melech[2] sogar Kalender.
12. Mai. Es wird als Glück angesehen, daß Kühle ist. Die abwandern, können wenigstens viel um den Leib mitnehmen. Überall sitzen Frauen und arbeiten für die Abreisenden noch Säcke für Inneres der Garderobe. Rührende Szenen. Hingegen am Bahnhof grausame Szenen. Hände hoch. Eheringe und Uhren. Drohen mit Erschießen, so wird erzählt. 1 dkg Margarine 8 Mark, ¼ kg Brot 60 Mark. Wenn seelisch ganz vernichtet, dann träumen die Menschen. Tausende liegen auf den Pritschen und träumen. Einer erzählt: Wenn mir mein Vater im Traum erscheint, dann kündigt er etwas Gutes an. Also: Die Gefahr, jetzt wieder deportiert zu werden, ist vorüber. Ich fühle es, ich weiß es … – Anweisung auf Ressortschuhe 30 Mark, 1 Paar Sohlen = 125 Mark, 1 Bonbon = 1 Mark.

13. Mai. Zu eigenem Geburtstag erhalten 5 dkg Brot als Geschenk. Mit Würde wird gehungert. Einer hilft dem anderen, gerade jetzt, wo der Hunger […][3] ist als bisher. Unerhörte Aufregung in der Stadt, wie aufgeschreckt, Haushalte zerschlagen, weil einzelne bereits weg. Hunderte verstecken sich. In der Nacht kommt wieder Polizei, die Menschen aus den Betten holt. Henuschi[4] wird heute – wie sonst – weinen und traurig sein. Gegen

1 YVA, O.6/234/II-7, Bl. 1 f. (Typoskript). Abdruck in: Rosenfeld, Wozu noch Welt (wie Dok 35, Anm. 1), S. 86 f.
2 Hebr.: König.
3 Ein Wort unleserlich.
4 Rosenfelds Frau Henriette, die 1939 noch nach Großbritannien hatte emigrieren können.

Geld wird nichts mehr verkauft, nur gegen Kleidung und Schuhe. Gefühl, daß ab heute neue Zeit, vielleicht sogar Befreiung. Wagen mit Gepäck. Decken und Polsterrollen bleiben vielleicht doch dem Getto erhalten. Pfeffergasse. Schacher mit Habseligkeiten der Fremden. Jetzt an den Karren Frauen und Mädchen – Getto fast polnisch geworden, da Deutsche weg. Geschäfte erst ab 3 Uhr offen, da Inhaber in Ressorts arbeiten. – Nachts Aushebungen in Lagern, da Kandidaten für Transporte fehlen. Riesige Erregung, Ausweisung heute beendet, soll weitergehen. Menschen werden aufgeladen, weggeführt, verschwinden ins Unbekannte wie Luft ... fürchterliche Nacht – aus den Betten zur Bahn und in Zug ... Mittwoch – Konzert (Mozart) voll mit jungen Arbeitern. 300 Menschen aus Greisenheim evakuiert, aus Heim 79jähriger Bech Engel. – Viele über 80, kamen aus Deutschland und Österreich hierher. Prof. *Baerwald*[5] (Universität Prag) und Frau, bedeutendste Mathem. in Prag, gestorben Ende April 1942, verhungert im Lager. Prof. Otto *Stein*[6] (Indologe), Buddhismus 2-ter Prager Transport.[7] –

DOK. 102

Die Gesundheitsabteilung beim Reichsstatthalter in Posen vermerkt am 14. Mai 1942 die Zuständigkeit der Deutschen Arbeitsfront bei der ärztlichen Versorgung von Juden in Zwangsarbeitslagern im Warthegau[1]

Aktenvermerk der Gesundheitsabt. beim Reichsstatthalter im Warthegau (II/B I), gez. Dr. Großmann,[2] vom 14.5.1942

Betrifft: Ärztliche Versorgung von Judenlagern.
Soeben ruft Inspektor Pallat[3] aus der Abteilung IV des RMdI im Auftrage von Oberverwaltungsgerichtsrat Dr. Krüger[4] an und teilt mit, daß auf Antrag der Mob.-Abteilung der Reichsärztekammer der Reichsminister des Innern drei jüdische Heilbehandler zum

5 Richtig: Dr. Ludwig Berwald (1883–1942), Mathematiker; von 1922 an als außerordentlicher, später als ordentlicher Professor an der Deutschen Universität in Prag; im Okt. 1941 zusammen mit seiner Frau Hedwig Berwald, geb. Adler (1875–1942), nach Litzmannstadt deportiert, im April 1942 drei Wochen nach seiner Frau im Getto gestorben.

6 Dr. Otto Stein (1893–1942), Indologe; von 1930 an außerordentlicher, 1935 ordentlicher Professor an der Deutschen Universität Prag, 1931/32 Studienreise durch Indien; wurde 1939 entlassen, Versuche, nach London zu emigrieren, scheiterten, im Okt. 1941 nach Litzmannstadt deportiert.

7 Mit dem zweiten Transport aus Prag wurden am 22.10.1941 1000 Juden nach Litzmannstadt deportiert.

1 APP, 299/2034, Bl. 21 f.

2 Dr. Hans Großmann (1895–1973), Arzt; 1919 beim Freikorps Epp in München; 1933 NSDAP-Eintritt; von 1934 an an der Universität Greifswald, 1938 am Hygieneinstitut in Landsberg/Warthe, 1940 im Staatlichen Hygieneinstitut in Litzmannstadt; von Okt. 1941 an Professor an der Reichsuniversität Posen; nach 1945 als Arzt bei der franz. Militärverwaltung, Professor in Münster.

3 Erich Pallat (*1913), Jurist; Regierungsoberinspektor im RMdI, dort im Staatssekretariat für das Gesundheitswesen.

4 Dr. Heinrich Krüger (1887–1974), Jurist; 1933 NSDAP-Eintritt; 1917 Ratsassessor bei der Stadt Chemnitz, 1920 Bürgermeister und Leiter der Stadtverwaltung Ehrenfriedersdorf im Erzgebirge, 1925 Stadtrat in Bautzen, von 1931 an beim Sächs. Oberverwaltungsgericht, 1937 in das Preuß. Oberverwaltungsgericht versetzt, von 1939 an in der Gesundheitsabt. des RMdI, 1940 Leitung der Unterabt. Fürsorge und Jugendwohlfahrtspflege in Abt. B., 1941 zum Reichsrichter ernannt.

Einsatz in Judenlagern nach Posen in Marsch gesetzt habe. Es sei angegeben worden, daß in den Judenlagern unter den 3000 Insassen Fleckfieber ausgebrochen und keine Behandler vorhanden seien. Ich wies darauf hin, daß mir von einem Bericht hierüber nichts bekannt sei.
Wenige Minuten später rief ein Israel Hartstein,[5] jüdischer Heilbehandler aus Berlin, an und teilte mit, daß er am Montag gemäß Weisung des Reichsministers des Innern sich bei der Abteilung II zu melden habe. Auf eine entsprechende Frage habe ich ihn angewiesen, an Untersuchungs- und Behandlungsgeräten das mitzubringen, was der Arzt bei Hausbesuchen mitzunehmen pflegt.
Ich habe sodann Dr. Dietrich von der Abteilung V [...][6] angerufen. Diesem war von einer Anforderung der jüdischen Heilbehandler bezw. an das Reichsministerium des Innern nichts bekannt. Auch der Stadtmedizinalrat Dr. Tieling war über diese Angelegenheit völlig ununterrichtet und wies darauf hin, daß für die Judenlager in Posen ein jüdischer Arzt bereits seit langem eingesetzt sei,[7] weiterer Bedarf nicht bestünde. Dr. Sieburg[8] von der DAF, den ich sodann anrief, teilte mir mit, daß er für die DAF, der ja in Zukunft die ärztliche Betreuung der Judenlager obliegen werde, die drei Heilbehandler angefordert habe,[9] die im übrigen nicht in Posen, sondern in den Lagern Gutenbrunn, Konin und Luisenhain eingesetzt werden sollen.[10]
Die von Berlin gegebene Darstellung mit dem Fleckfieberausbruch in den Posener Judenlagern müsse falsch verstanden worden sein. Auf meinen Hinweis, warum er in dieser wichtigen Angelegenheit Dr. Dietrich nicht verständigt habe, erwiderte Dr. Sieburg, daß er das Büro des Dr. Dietrich fernmündlich unterrichtet habe. Der am Montag hier eintreffende obengenannte Heilbehandler Israel Hartstein wird an Dr. Sieburg bei der DAF zum weiteren Einsatz verwiesen werden.
Dr. Dietrich wird sich wegen der ganzen Angelegenheit und im Zuge der Zuständigkeit mit der DAF unmittelbar in Verbindung setzen.
Zu F/ I.: Die drei Heilbehandler sind eingetroffen + wurden Dr. Sieburg überreicht.[11]

5 Dr. Max Hartstein (1895–1943), Arzt; er wurde im Aug. 1943 in das KZ Auschwitz deportiert und dort ermordet.
6 Eine Ziffer unleserlich.
7 Siehe Dok. 54 vom 24.12.1941.
8 Dr. Richard Sieburg (*1898), Mediziner; 1937 Parteianwärter der NSDAP, nach 1939 Gauarzt der DAF im Reichsgau Wartheland.
9 Neben Dr. Max Hartstein waren dies Dr. Julius Ebstein und Dr. Hans Knopf; wie Anm. 1, Bl. 18.
10 Gemeint sind die Zwangsarbeitslager für Juden in Posen-Gutenbrunn (poln. Kobylepole; verschiedene Firmen und die Reichsbahn griffen von März 1940 bis Aug. 1943 darauf zu), Konin (RAB-Lager) und Posen-Luisenhain (poln. Starołęka, RAB-Lager).
11 Ergänzung handschriftl. hinzugefügt.

DOK. 103

Das Gettokommissariat der Kriminalpolizei in Litzmannstadt berichtet am 16. Mai 1942 über den Schmuggel von Lebensmitteln in das Getto[1]

Gettokommissariat (K.II/5),[2] gez. Kriminalsekretär W. Neumann,[3] Litzmannstadt, vom 16.5.1942

Besonderes:
Festnahme einer Schmugglerbande, Aushebung einer Schwarzbrennerei und Festnahme zweier Polen wegen Arbeitsvertragsbruchs.
Der Dienststelle war seit längerer Zeit bekannt, daß an bestimmten Tagen in der Woche polnische Schmuggler nachts über den Gettozaun steigen, im Getto selbst bei Juden längere Zeit verbleiben, um Waren auszutauschen bezw. zu verkaufen und dann das Getto in den Morgenstunden zu verlassen.
Es konnte der Ausgangspunkt des Unternehmens ermittelt werden, Wohnung des Polen Stefan *Kwasniewski*, Tischlerstr. 9 a. Diese wurde in den Abendstunden des 13.5.42 überholt. In der Wohnung waren zunächst zwei Polen anwesend, die, wie sich später herausstellte, seit einigen Monaten böswillig die befohlenen Arbeitsstellen im Altreich verlassen [hatten] und sich in der genannten Wohnung unangemeldet aufhielten. Es handelt sich um: 1.) den Polen Roman *Rudnicki*, geb. am 20.1.1910 in Litzmannstadt, wohnhaft hier, Bernhildstr. 36, 2.) die Polin Janina *Frontczak*,[4] geb. am 15.10.1902 in Lask, ohne festen Wohnsitz. Beide wurden festgenommen und K.II/4 zur weiteren Veranlassung übergeben.
Die durchgeführte Wohnungsdurchsuchung ergab ferner, daß sich der Wohnungsinhaber mit Schwarzbrennerei befaßt. In einer Tonne wurden ca. 70 Ltr. halbfertiger selbsthergestellter Schnaps sowie die Apparatur, im Keller versteckt, vorgefunden. Im Einvernehmen [mit] der Zollfahndungsstelle wurde die Flüssigkeit ausgegossen und ein besonderer Vorgang betr. Schwarzbrennens geschaffen. Die Apparatur wurde sichergestellt.
Die weiteren Ermittlungen bezgl. Schmuggelns führten auf drei Polen, die in der vergangenen Nacht im Getto waren. Es handelt sich um: 1.) Wladyslaw *Bartosik*, geb. am 1.3.1905 in Litzmannstadt, wohnhaft hier, Holzstr. 42, 2.) Jan *Bartosik*, geb. am 12.8.1916 in Litzmannstadt, wohnhaft hier, Manganweg 33, und 3.) Zygmunt *Styczynski*, geb. am 26.11.1910 in Litzmannstadt, wohnhaft hier, Holzstr. 42. Die genannten Polen konnten im Laufe der Nacht festgenommen werden. Alle drei Schmuggler sind geständig, mehrere Male das Getto widerrechtlich zum Zwecke des Schmuggelns betreten zu haben. Begünstigt waren diese Unternehmen durch einen in das Getto führenden Kanalgraben, der von den Schmugglern passiert wurde, ohne von den Wachtposten der Schutzpolizei bemerkt werden zu können.

1 APŁ, 203, Nr. 61, Bl. 40.
2 Im Getto Litzmannstadt befand sich eine eigene Dienststelle der Kriminalpolizei (K.II/5), die sich vor allem mit der Beschlagnahme von Wertgegenständen im Getto befasste.
3 Wilhelm Neumann (*1905), Polizist; bis Mai 1941 bei der Kripoleitstelle Berlin, dann Kriminalsekretär des Sonderkommissariats Getto der Kripoleitstelle Litzmannstadt, von Febr. 1944 bis zur Auflösung des Gettos im Sommer 1944 dessen Leiter; SS-Obersturmführer.
4 Janina Frontczak (1902–1943), in Auschwitz umgekommen.

Folgende z.Tl. Mangelwaren wurden in das Getto eingeschmuggelt: Süßstoff, Erbsen, Mehl, Speck, Wurst, Tabak. Als Austausch erhielten die Polen von den jüdischen Abnehmern folgende Sachen: Anzüge, Mäntel, Klöppelspitzen, Schifferklavier. Im Laufe der weiteren Ermittlungen konnten die jüdischen Abnehmer der Schmuggelwaren festgenommen werden: 1.) Schlama *Hiller*, geb. am 31.12.1923 in Litzmannstadt, 2.) Chaim *Hiller*, geb. am 14.2.1901 in Löwenstadt, beide hier, Scheunenstr. 3 wohnhaft, 3.) Abram *Silberstein*, geb. am 23.5.1920 in Przysucha, wohnhaft in Litzmannstadt, Holzstr. 32. In der Wohnung des Hiller konnte ein Teil der in der vergangenen Nacht eingeschmuggelten Waren vorgefunden und sichergestellt werden, und zwar: 1 kg. Erbsen, 1 kg. Mehl, etwas Speck, etwas Wurst, 40 Päckchen Süßstoff. Ferner wurden folgende aus dem Getto gelieferte Waren bei den Polen sichergestellt: 3 Anzüge, 1 Staubmantel, 1 Schifferklavier. An den Anzügen waren noch deutlich die Spuren der Davidsterne zu erkennen. Da in der Strafsache weitere Ermittlungen erforderlich sind, verbleiben die Polen zusammen mit den Juden zwecks evtl. erforderlicher Gegenüberstellungen im Polizeigefängnis bei K.II/5. Die Polen werden nach Abschluß des Ermittlungsverfahrens in das Polizeigefängnis, Buschlinie 152, überwiesen.

DOK. 104

Emanuel Ringelblum würdigt am 19. Mai 1942 in seinem Tagebuch die Bedeutung von Frauen für die jüdische Widerstandsbewegung[1]

Handschriftl. Tagebuch von Emanuel Ringelblum,[2] Eintrag vom 19. Mai 1942

Die heldenhaften Mädchen Chajka[3] und Frumke[4] usw. verlangen nach der Feder großer Schriftsteller. Beherzte, heldenhafte Mädchen, die in polnischen Städten und Dörfern umherreisen. Sie haben Papiere, die sie als arische Polinnen oder Ukrainerinnen ausweisen. Eine trägt sogar ein Kreuz, von dem sie sich nicht trennt und das ihr im Getto fehlt. Jeden Tag sind sie den größten Gefahren ausgesetzt. Sie verlassen sich auf ihr arisches

1 AŻIH, 445. Ring I 503/1. Abdruck in: Emanuel Ringelblum, Ksovim fun geto, Bd. 1, Warszawa 1961, S. 359 f. Das Dokument wurde aus dem Jiddischen übersetzt.

2 Dr. Emanuel Ringelblum (1900–1944), Lehrer, Historiker; Mitglied der Partei Poale Zion-Linke, 1938/39 als Vertreter des Joint im Auffanglager Zbąszyń (Neu-Bentschen) tätig, Aug. 1939 Teilnehmer am 21. Zionistenkongress in Genf; 1940 Gründer und Leiter des Untergrundarchivs des Warschauer Gettos (Oneg Schabbat); er konnte sich nach dem Gettoaufstand zunächst verstecken, wurde aber im März 1944 von den Deutschen entdeckt und erschossen.

3 Chajka Gros(s)man (1919–1996); Mitglied der zionistischen Jugendorganisation Haschomer Hatzair; während des Krieges Kurierin verschiedener jüdischer Untergrundorganisationen und Mitglied einer jüdischen Partisaneneinheit, mit der sie sich im Aug. 1943 am Aufstand im Getto Białystok beteiligte; emigrierte 1948 nach Israel, 1969–1981 und 1984–1988 Abgeordnete der Knesset; Autorin von „Die Untergrundarmee“ (1965, dt. 1993).

4 Frumka Płotnicka (1914–1943), zionistische Aktivistin; Mitglied der links-zionistischen Organisation Dror und nach Kriegsbeginn in führender Position im Untergrund tätig, bemühte sich um einen Zusammenschluss verschiedener Untergrundorganisationen und unterhielt Kontakte ins Ausland, 1942 im Auftrag der Jüdischen Kampforganisation in Będzin, um dort eine jüdische Selbstverteidigung aufzubauen; sie kam im Aug. 1943 während des Aufstands im Getto von Będzin um.

Aussehen und auf die Tücher, die sie um die Köpfe tragen. Die gefährlichste Aufgabe nehmen sie auf sich und erfüllen sie ohne Mucks, ohne eine Minute nachzudenken. Müssen sie nach Wilna, Białystok, Lemberg, Kowel, Lublin, Tschenstochau, Radom usw. fahren und verbotene Güter wie z. B. illegale Publikationen, Waren und Geld dorthin schmuggeln, tun sie das alles, als ob es eine ganz natürliche Sache wäre. Müssen sie Kameraden aus Wilna, Lublin oder anderen Städten retten, nehmen sie die Mission auf sich. Es gibt für sie kein Zögern, keine Hindernisse. Müssen sie sich mit dem deutschen Zugschaffner anfreunden, um mit den Bahnen außerhalb des Generalgouvernements zu fahren, wo sich nur Menschen mit speziellen Ausweisen bewegen können, tun sie es einfach, als ob es ihr Fachgebiet wäre. Sie fahren in Städte, die kein einziger Vertreter jüdischer Organisationen erreicht hat, wie z. B. in Wolhynien und Litauen. Sie haben als Allererste Nachricht von der Tragödie in Wilna gegeben.[5] Sie haben als Allererste Botschaften der Ermutigung und Unterstützung für die Überlebenden von Wilna überbracht. Wie oft haben sie dem Tod ins Auge geblickt? Wie oft sind sie verhaftet und durchsucht worden – das Glück war ihnen jedoch hold. Die Gesandten der Barmherzigkeit trifft kein Schaden.[6] Mit welcher Einfachheit und Bescheidenheit geben sie Berichte darüber, was sie auf den Reisen bemerkt haben, in den Bahnen, mit denen christliche Männer und Frauen zur Arbeit nach Deutschland verschleppt werden. Die jüdische Frau hat ein besonderes Blatt in der jüdischen Geschichte während des derzeitigen Weltkriegs verdient, die Chajkas und Frumkes werden in dieser Geschichte den ersten Platz einnehmen. Diese Mädchen wissen nichts von Muße. Vor kurzem von Tschenstochau gekommen, wohin sie verbotene Güter gebracht haben, müssen sie ein paar Stunden später weiterfahren: Sie tun es, ohne eine Minute nachzudenken, ohne eine Minute Ruhe.

5 Bei Kriegsbeginn hielten sich in Wilna etwa 57 000 Juden auf. Von Juli bis Sept. 1941 ermordeten die Deutschen 33 500 Juden in der Nähe des Dorfes Ponary vor den Toren der Stadt. Daraufhin verfasste Abba Kovner, späterer Kommandant der Wilnaer Partisanen, einen Aufruf an die poln. Juden, in dem er diese Ereignisse bekannt machte und zum Widerstand aufrief.

6 Im Original hebr.

DOK. 105

Die Gestapo Zichenau beantragt beim Reichssicherheitshauptamt am 19. Mai 1942, drei Juden zur Abschreckung öffentlich hinrichten zu dürfen[1]

Schreiben der Geheimen Staatspolizei, Staatspolizeistelle Zichenau/Schröttersburg (B.-Nr. II B 2 – 2010/42), gez. i. V. Hinze,[2] Schröttersburg, an das RSHA, Amt IV, z. Hd. von Gruppenführer Müller o. V. i. A. vom 19.5.1942 (Durchschlag)[3]

Betr.: Antrag auf Sonderbehandlung gegen die Juden
1.) Benjamin *Kirschenbaum*,[4] Angestellter, geboren am 19.8.1884 in Zichenau, wohnhaft in Zichenau, verheiratet,
2.) Aron *Gelbert*,[5] Tischler, geb. am 22.10.1882 in Nasielsk, wohnhaft in Zichenau, verheiratet, und
3.) Elias *Lindenberg*,[6] Arbeiter, geboren am 25.6.1919 in Zichenau, wohnhaft in Zichenau, Marktplatz 5, ledig.
Vorg.: Tagesrapport Nr. 53 vom 1.5.1942

Auf Grund einer anonymen Postkarte wurden durch Beamte meiner Außendienststelle Zichenau am 27.4.1942 die obengenannten Juden *Kirschenbaum* und *Gelbert* festgenommen. Die Festnahme des Juden *Lindenberg* erfolgte durch Beamte der gleichen Dienststelle am 25.4.1942.

Die Juden *Kirschenbaum* und *Gelbert* haben dem im Dezember 1941 nach dem Getto Neustadt umgesiedelten und von dort Mitte April 1942 unerlaubt nach Zichenau zurückgekehrten Juden Aron *Kirschenbaum* und der Jüdin Rifka *Kirschenbaum*[7] in ihren Wohnungen in Zichenau Unterschlupf gewährt und sie beherbergt. Beiden Juden war bekannt, daß es sich bei den Zurückgekehrten um umgesiedelte Juden handelte, deren Rückkehr verboten war und bei der Ortspolizeibehörde angezeigt werden mußte. Sie haben somit bewußt die Rückkehr ihrer Rassegenossen der Polizeibehörde gegenüber verschwiegen.

Insbesondere war der Jude Benjamin *Kirschenbaum* als Angestellter der jüdischen Gemeinde Zichenau verpflichtet, die Rückkehr der Juden bei der Ortspolizei zu melden,

1 YVA, O.53/118, Bl. 105–108.

2 Willy Hinze (1907–1975), Jurist; 1931 NSDAP- und SS-Eintritt; von Mai 1940 an bei der Staatspolizeistelle Bromberg, Aug. bis Nov. 1941 bei der Stapoleitstelle Königsberg, von 1942 an bei der Staatspolizeistelle Zichenau in Schröttersburg, 1943 Wechsel zur Stapo Hohensalza, dann zum BdS Riga als Leiter der Abt. IV; Mai 1942 SS-Sturmbannführer.

3 Im Original handschriftl. Unterstreichungen.

4 Benjamin Kirschenbaum (*1884), Angestellter; nach 1939 bei der jüdischen Gemeindeverwaltung in Zichenau tätig; vermutlich Ende Juni 1942 im Getto Neustadt ermordet.

5 Aron Gelbert (*1882), Tischler; vermutlich Ende Juni 1942 im Getto Neustadt ermordet.

6 Elias Lindenberg (1919–1942), Arbeiter; lebte vor dem Krieg und während der deutschen Besatzung in Zichenau; er wurde am 20.6.1942 im Getto in Neuhof (Nowy Dwór Mazowiecki) ermordet; wie Anm. 1, Bl. 57.

7 Aron Kirschenbaum (*1879), Kaufmann; lebte vor dem Krieg in Zichenau, Eigentümer einer Handelsfirma; arbeitete nach 1939 bei einem deutschen Lederhändler in Zichenau; im Dez. 1941 von Zichenau in das Getto Neustadt deportiert. Rivka Kirschenbaum (*1920 oder 1921), Arbeiterin; zusammen mit ihrem Vater Aron von Zichenau nach Neustadt deportiert, für beide beantragte die Gestapo in Schröttersburg am 3.6.1942 die Einweisung in ein KZ; wie Anm. 1, Bl. 110; vermutlich wurden beide Ende Juni 1942 im Getto Neustadt erschossen.

bezw. die zurückgekehrten Juden zur persönlichen Meldung bei der Polizei aufzufordern.
Auch der Jude *Gelbert* hat es unterlassen, die zurückgekehrten Juden auf die Anmeldung bei der Ortspolizei aufmerksam zu machen.
Bei ihm wurde außerdem ein größerer Posten Stoffe, Strümpfe und anderer Gebrauchsgegenstände vorgefunden, die er gehamstert und in seiner Wohnung versteckt hatte, um sie dem Zugriff der Polizeibehörde zu entziehen. Vermutlich wollte er diese Hamsterwaren zu Wucherpreisen weiterverkaufen.
Bei ihrer Vernehmung zeigten sich die Juden besonders hartnäckig und widerspenstig. Sie versuchten immer wieder in unverschämter Weise und in echt jüdischer Frechheit und Verlogenheit die ihnen zur Last gelegten Beschuldigungen zu entstellen.
Der Jude *Lindenberg* war in Zichenau als Arbeiter bei einer deutschen Firma[8] beschäftigt. Seit seiner Einstellung dort hat er stets ein überaus freches Benehmen gezeigt und die ihm aufgegebenen Arbeiten trotz wiederholter Vorhaltungen immer nur mangelhaft und widerwillig ausgeführt.
Am 25.4.1942 erhielt er den Auftrag, den Hof des Grundstücks zu reinigen. Trotz mehrmaliger Aufforderung führte er auch diesen Auftrag nicht aus, sondern stand, ohne das geringste zu tun, herausfordernd im Hof umher. Als er schließlich deshalb erneut und eindringlichst zu schnellerer Arbeit angetrieben wurde, riß er plötzlich die in seiner Hand haltende Mistgabel zum Schlag hoch und nahm dem reichsdeutschen Verwalter gegenüber, der die Arbeit überwachte, eine drohende Haltung ein. Dabei äußerte er: „Ich kann auch schlagen!" Nur der sofortigen Abwehr des Reichsdeutschen ist es zu verdanken gewesen, daß der Jude den beabsichtigten Schlag auf ihn nicht ausführen konnte.
Auch der Jude *Lindenberg* versuchte in seiner Vernehmung, seine Handlungsweise in echt jüdischer Verlogenheit und durch freches Auftreten in jeder Hinsicht zu entstellen. Er ist als ein besonders arbeitsunwilliger Mensch zu bezeichnen, der sich auch in Zukunft in keiner Weise bessern wird und durch sein dreistes und freches Auftreten Reichsdeutschen gegenüber für den Aufbau in den eingegliederten Ostgebieten eine große Gefahr darstellt.
Da die Juden in Zichenau sich in letzter Zeit wiederholt recht disziplinlos verhalten haben, in ihrem Auftreten Reichsdeutschen gegenüber erheblich dreister und frecher geworden sind und mehr und mehr erkennen lassen, daß sie keinesfalls gewillt sind, sich unterzuordnen und den Maßnahmen und Anordnungen deutscher Behörden, die zur Aufrechterhaltung der Disziplin und Ordnung in den Ostgebieten erforderlich sind, zu fügen, erscheint es aus erzieherischen Gründen und zur Abschreckung dringend erforderlich, daß ihre Verfehlungen durch entsprechende abschreckende Sühnemaßnahmen vergolten werden.
Ich bitte daher, unter Bezugnahme auf den Runderlaß des Chefs der Sicherheitspolizei und des SD. vom 2.1.1941 – IV D 2 b – 1146/40[9] – beim Reichsführer SS zu erwirken, daß die Juden Benjamin *Kirschenbaum*, Aron *Gelbert* und Elias *Lindenberg* in Zichenau

8 Eisengroßhandlung Erich Goercke in Zichenau. Der Lagerverwalter hatte sich am 25.4.1942 über Lindenberg bei der Gestapo beschwert; wie Anm. 1, Bl. 46 f.

9 Schreiben Heydrichs an das RSHA und andere Polizeistellen vom 2.1.1941 über die Einstufung der Konzentrationslager; Nbg. Dok. PS-1063. Abdruck in: Der Prozeß gegen die Hauptkriegsverbrecher vor dem Internationalen Militärgerichtshof, Nürnberg, 14. November 1945 bis 1. Oktober 1946, Nürnberg 1947, Bd. 26, S. 695–697.

öffentlich gehängt werden. Da ein Getto in Zichenau nicht vorhanden ist, schlage ich vor, die Erhängung der Juden auf einem geeigneten Platz in der von ihnen bewohnten Gegend durchzuführen.
In Zichenau befinden sich noch etwa 3500 Juden.
Mit Rücksicht darauf, daß eine wirksame Vergeltungsmaßnahme tunlichst unmittelbar auf die Tat folgt, wäre ich dankbar, wenn der Antrag beim Reichsführer SS baldmöglichst erwirkt werden könnte.
Gegen den Juden Aron *Kirschenbaum* und die Jüdin *Kirschenbaum* habe ich Antrag auf Schutzhaft und ihre Überstellung in ein Kl. gestellt.[10]

DOK. 106
Der Posener Anatom Hermann Voss fürchtet am 19. Mai 1942, sich an den Leichen verstorbener Juden mit Typhus zu infizieren[1]

Tagebuch von Hermann Voss,[2] Posen, Eintrag vom 19.5.1942

Dienstag. d. 19.V.42
Am Sonntag sagte mir Herr v. H.,[3] daß er sich am Sonnabend bei einer verlausten Judenleiche einige Läuse geholt hätte. Er macht nämlich Gipsabdrücke von Judenköpfen für das Wiener anthropologische Museum. Das war eine herrliche Botschaft, weil nämlich die hier eingelieferten Judenleichen oft an Flecktyphus gestorben sind. Da ich gerade an diesem Tage in low spirits war, wie der Engländer sagt, so wirkte diese Sache sehr stark auf mich. Ich beschloß daraufhin, doch zu Pfingsten nach Hause zu fahren, um meine Familie noch mal zu sehen. Man weiß hier nie, ob es nicht das letzte Mal ist. Gestern mußte ich noch mit dem Prorektor[4] um meine Reise kämpfen. Es sollen eigentlich keine Pfingstferien sein. Begründung: Die letzte Führerrede! Ich sagte ihm, dann dürften wir ja auch keine „großen" Universitätsferien haben. Na, ich habe jedenfalls erreicht, daß ich 8 Tage verreisen kann. Die Leute da oben sind ja alles Scheißkerle,

10 In einem Fernschreiben des RSHA vom 13.6.1943 bestätigte Eichmann die Todesurteile, ordnete die öffentliche Hinrichtung von Benjamin und Aron Kirschenbaum, Aron Gelbert und Elias Lindenberg sowie die Exekution von Rivka Kirschenbaum an und bat um Vollzugsmeldung. Abdruck in: Michał Grynberg, Żydzi w Rejencji Ciechanowskiej 1939–1942, Warszawa 1984, S. 54.

1 Instytut Zachodni, I.Z. Dok. I–752. Abdruck in: Biedermann und Schreibtischtäter. Materialien zur deutschen Täter-Biographie, Berlin 1987, S. 55.

2 Dr. Hermann Voss (1894–1987), Anatom; 1937 NSDAP-Eintritt; von 1941 an Direktor und Professor am Anatomischen Institut der Reichsuniversität Posen, sezierte dort Leichen poln. Juden und Widerstandskämpfer, Jan. 1945 Flucht vor der Roten Armee; 1948–1951 Prosektor in Halle, 1952–1962 Professor in Jena, nach Emeritierung in Greifswald weiter am Anatomischen Institut tätig.

3 Gustav Adolf Paul von Hirschheydt (1883–1942), anatomischer Präparator; 1920–1939 Tätigkeit am Anatomischen Institut der Universität in Riga; von Anfang 1940 an am Anatomischen Institut der Reichsuniversität Posen, von April 1941 an dort Oberpräparator, zog sich bei der Anfertigung von Gipsabgüssen im Mai 1942 eine tödliche Fleckfieberinfektion zu.

4 Walter Geisler (1891–1945), Geograph und Raumplaner; 1935/36 Lehrstuhl für Geographie am Herder-Institut in Riga, 1936 Professor an der TH Aachen, 1941 Prorektor der Reichsuniversität Posen sowie Direktor des dortigen Geographischen Instituts; im Sept. 1945 an einer Verwundung gestorben.

sie haben die Hosen gestrichen voll und keinerlei Civilcourage mehr. Ich will am Dienstag morgens um 4 Uhr fahren, habe mir gestern eine Zulassungskarte auf dem Bahnhof besorgt.

DOK. 107
Die Verwaltung des Ältesten der Juden im Getto Litzmannstadt protokolliert am 21. Mai 1942 die Umstände der Deportation einer Jüdin in das Vernichtungslager Kulmhof[1]

Protokoll des Evidenzreferats der Abt. für die Eingesiedelten[2] des Ältesten der Juden in Litzmannstadt, Unterschriften unleserlich, vom 21.5.1942

Protokoll betreffend die am 14. Mai 1942 ausgesiedelte *Herzl* Hanny,[3] geboren am 22.III.1881 in Vrbowa, Tschechoslovakei.
Die Genannte erhielt am 5.V.1942 die Ausreise-Aufforderung mit der Weisung, sich am 7. Mai zum VI. Transport unter Nr. 798 zu melden.
Am 5.V. reichte sie ein Gesuch ein, ihre Ausreise um kurze Zeit verschieben zu dürfen, welches sie wie folgt motivierte:
„Ich lebe hier in Gemeinschaft mit Verwandten, u. a. der 81jährigen Mutter meines Schwiegersohnes, Frau Helene Zimmer,[4] für welche, wegen des hoffnungslosen Zustandes ihres Schwiegersohnes Ferdinand Szeps[5] – inzwischen am 11.V.1942 verstorben –, um den gleichen Aufschub angesucht wurde. Es wäre mir ein Trost, in Gemeinschaft dieser Verwandten die Aussiedlung mitmachen zu können."
In dem Gesuch erwähnte Frau Herzl, daß sie „eine Verwandte des großen Theodor Herzl"[6] sei. Dem Gesuch war ein ärztliches Attest beigefügt. Die ärztliche Kommission hat die Transportfähigkeit per Wagen festgestellt, daraufhin wurde das Gesuch von der Aussiedlungs-Kommission abgewiesen. Für die Kommission waren die Herren: Rosenblatt und Grynberg unterschrieben.[7]
Am 12. Mai reichte die Genannte abermals ein Gesuch ein, in welchem sie um Befreiung von der Aussiedlung bat, wobei sie ihre Herkunft angeführt hat. Sie schrieb: „Ich weiß, daß auch Sie dieses Gefühl haben (gemeint: Pietät gegenüber Theodor Herzl) und mich

1 APŁ, 278/97, Bl. 239.
2 Zum Amt für die Eingesiedelten siehe Dok. 93 vom 29./30.4.1942 und Dok. 97 vom 3.5.1942.
3 Hanny Herzl, geb. Reichfeld (1881–1942); im Okt. 1941 von Wien nach Litzmannstadt und von dort im Mai 1942 in das Vernichtungslager Kulmhof deportiert und ermordet.
4 Helene Zimmer, geb. Hoffmann (1860–1942); im Okt. 1941 von Wien nach Litzmannstadt deportiert; im Mai 1942 im Vernichtungslager Kulmhof ermordet.
5 Ferdinand Szeps (1875–1942); im Okt. 1941 von Wien nach Litzmannstadt deportiert; im Mai 1942 in das Vernichtungslager Kulmhof deportiert und dort ermordet.
6 Theodor Herzl (1860–1904), Journalist; 1897 Mitgründer der Zionistischen Weltorganisation; Autor u. a. von „Der Judenstaat" (1896).
7 So im Original. Die seit Anfang 1942 tätige und aus Vertrauten Rumkowskis zusammengesetzte Aussiedlungskommission bestimmte die Menschen zur Deportation; Leon Rozenblat (1892–1944), Bankdirektor; im Getto Mitglied des Bankrats sowie des Fach- und Kontrollreferats, von Gründung des Ordnungsdiensts an dessen Leiter; 1944 nach Auschwitz deportiert und dort umgekommen.

schonen werden, damit ich einst in Erez[8] sagen kann, mich hat im Getto Theodor Herzl beschützt."
Dieses Gesuch ist am 12. Mai 1942 berücksichtigt worden, unterzeichnet: Jakobsohn[9] und Rosenblatt. Die Befreiungsposition ist in dem Verzeichnis der Befreiungen des VI. Transports vom 12.V.1942 enthalten und trägt die Nummer 268.
Am 14. Mai 1942, d. h. 2 Tage später, ist die Genannte in der Liste der mit dem XI. Transport Evakuierten unter No. 416 angeführt. Der Transport verließ das Getto am 14. Mai 1942.

DOK. 108
Bernard Ostrowski beschreibt zwischen dem 20. und 23. Mai 1942 die Verzweiflung der aus Pabianice nach Litzmannstadt deportierten 1000 Juden[1]

Chronik des Gettos Litzmannstadt, gez. Bernard Ostrowski,[2] Einträge vom 20. bis 23.5.1942

Die Stimmung unter den Gettoeinwohnern hat sich seit Sonntag völlig verändert. Die Berichte über die Aussiedlungen aus der Provinz[3] haben eine bedrückende Wirkung auf die gesamte Bevölkerung gehabt. Im höchsten Grad erschütternd ist ein Besuch in der Masarska[-Straße] 22, wo man über tausend /1082/ Frauen, die aus Pabianice angekommen sind, untergebracht hat. In jedem Zimmer, in jeder Ecke sieht man Mütter, Schwestern und Großmütter, die, von Schluchzen geschüttelt, in leises Wehklagen um ihre kleinen Kinder ausbrechen. Alle bis zum zehnten Lebensjahr wurden an einen unbekannten Ort geschickt.[4] Manche haben 3, 4 oder sogar 6 Kinder verloren. Diese stumme, grenzenlose Verzweiflung ergreift einen zutiefst; sie ist so anders als die lauten Wehklagen, an die wir uns bei den Todesfällen und Bestattungen gewöhnt haben, aber umso wahrer und ehrlicher. Kein Wunder, dass jeder, der kleine Kinder oder alte Eltern hat, mit Unruhe die kommenden Tage erwartet. Sogar die größten Optimisten haben die Hoffnung

8 Gemeint ist das Land Israel (hebr. Erez Israel).

9 Wahrscheinlich: Dr. Stanisław Isaiah (Szaja Chaskel) Jakobson (1906–1944), Jurist; gründete auf Anordnung Rumkowskis im Aug. 1940 ein Gericht im Getto und wurde dessen Vorsitzender, saß gemeinsam mit Henryk Neftalin der Kommission vor, die das Rechtssystem für das Getto erarbeitete, Mitglied der Kommission für die Koordinierung der Kinder- und Jugendfürsorge im Getto; im Aug. 1944 nach Auschwitz deportiert und dort umgekommen.

1 APŁ, 278/1081, Bl. 111, 251. Abdruck in: Chronik des Gettos Lodz/Litzmannstadt 1942 (wie Dok. 93, Anm. 1), S. 215 f., 221. Das Dokument wurde neu aus dem Polnischen übersetzt.

2 Bernard Ostrowski (*1908), Ingenieur; arbeitete von Frühjahr 1941 an für das Untergrundarchiv; überlebte als einziger der Chronisten die Verfolgung und wanderte nach Kriegsende nach Israel aus.

3 Neben den Deportationen aus Litzmannstadt gab es im Frühjahr 1942 auch Deportationen aus zahlreichen anderen warthеländischen Gettos in das Vernichtungslager Kulmhof. Mit der Einsiedlung der „arbeitsfähigen" Juden in Litzmannstadt gelangten auch Nachrichten über das Schicksal der Juden in anderen Gettos nach Litzmannstadt.

4 Mitte Mai 1942 war das Getto Pabianice aufgelöst worden, wobei es zu sadistischen Gräueltaten u. a. auch an den zusammengetriebenen Kindern kam, bevor einige Tausend Gettobewohner in das Vernichtungslager Kulmhof deportiert wurden. Etwa 3800 Juden wurden in das Getto Litzmannstadt eingewiesen.

verloren. Bisher dachte man, dass es dank der Arbeit gelingen würde, das Getto und die Mehrheit seiner Bevölkerung zu erhalten, ohne die Familien zu zerschlagen. Gegenwärtig sieht man, dass auch das täuscht. In Brzeziny und Pabianice gab es reichlich Bestellungen, und trotzdem hat das die Juden nicht vor der völligen Aussiedlung bewahrt. Die Angst um das Schicksal unseres Gettos raubt jedem den Schlaf. Die letzte Hoffnung ist der Präses; die Menschen vertrauen ihm, dass es ihm gelingen wird, das erwartete Unglück, wenn nicht ganz, dann zumindest teilweise abzuwenden.
Aussiedlungen. Man spricht mit immer größerer Überzeugung von weiteren Aussiedlungen. Sie sollen bereits am Freitag, laut anderer Versionen erst am Sonntag beginnen. Der Präses soll gesagt haben, er werde sich bemühen, dass die Menschen so wenig wie möglich darunter leiden. In erster Linie sollen die kürzlich Angekommenen, also die Einwohner von Pabianice und Brzeziny, und dann die „Deutschen" ausgesiedelt werden. Falls es notwendig sein sollte, das Kontingent zu vervollständigen, dann gehen die Lodzer in folgender Reihenfolge: zuerst diejenigen, die sich während der letzten Aussiedlungen versteckt hielten, dann diejenigen, die während der Musterung der Ärztekommission gestempelt wurden. Was die Einwohner des Altenheims und die Kinder bis 10 Jahre anbelangt, versichert der Präses, dass er sich alle Mühe geben werde, um sie zu behalten. Diese Nachrichten sollen aus absolut zuverlässigen Quellen stammen. […][5]
Lager in Dąbrowa. Die Einwohner von Pabianice, die kürzlich ins Ghetto eingesiedelt wurden, berichten, dass man in der Siedlung Dąbrowa, die sich in einer Entfernung von 3 Kilometern von Pabianice in Richtung unserer Stadt befindet, auf dem Gelände einer seit dem Krieg stillgelegten Fabrik vor kurzem Lager für Altkleider eingerichtet hat. Bisher hat man 5 riesige Lager errichtet. Dort lagern Kleider, Unterwäsche, Bettwäsche, Schuhe, Töpfe u. ä. Jeden Tag bringen Lastwagen ganze Haufen verschiedener Gepäckstücke, Rucksäcke und Pakete nach Dąbrowa. Alles wird entsprechend sortiert und in den Lagern verteilt. Jeden Tag wurden einige Dutzend Juden aus dem Getto Pabianice für die Sortierarbeit gebraucht. Unter anderem haben sie zwischen unterschiedlichem Altpapier hiesige „Rumkies"[6] entdeckt, die aus den Geldbörsen ausgeschüttet worden waren. Daraus lässt sich leicht schließen, dass auch die Kleidung der Vertriebenen aus dem hiesigen Getto dorthin gelangt ist. Angeblich wurde ein Teil jener Einwohner von Brzeziny,[7] die unmittelbar nach der Ankunft im Getto zur Arbeit geschickt wurden, zur Arbeit nach Dąbrowa gebracht.

5 In den folgenden Abschnitten wird von der Situation in Brzeziny und der Deportation fast aller Gettobewohner nach Litzmannstadt oder an einen unbekannten Ort berichtet. Zudem wird u. a. die Situation bzw. Auftragslage der Hutfabrik im Getto geschildert, eine Rede Rumkowskis vom 23.5.1942 zusammengefasst und die Preiserhöhungen von Lebensmitteln dokumentiert.

6 Bezeichnung für das von Rumkowski unterschriebene und mit seiner Abbildung versehene Gettogeld.

7 Mitte Mai 1942 wurde das Getto geräumt und die Bewohner nach Kulmhof deportiert.

DOK. 109
Oskar Singer reflektiert am 24. Mai 1942, welche Faktoren im Getto Litzmannstadt über Leben und Sterben eines Bewohners entscheiden können[1]

Aufzeichnungen von Oskar Singer im Getto Litzmannstadt vom 24.5.1942

Der Historiker wird einmal untersuchen müssen, ob alle Toten von Litzmannstadt sterben mußten. Der Prager Dichterphilosoph Max Brod[2] hat in seinem Buch „Heidentum, Christentum, Judentum" die Formel vom edlen und unedlen Unglück gefunden. Edles Unglück ist das absolut unabwendbare, dem menschlichen Einfluß entzogene. Unedles Unglück hätte der Mensch abwenden können. Wir fragen: Wie viel von dem Sterben des Gettos hätte man abwenden können? Wo hört die elementare Katastrophe auf, und wo beginnt die Unzulänglichkeit des Menschen?
Eines wird der Historiker niemals untersuchen können: das Absinken der Ethik. Das muß man erlebt haben. Darum soll der Zeitgenosse diesem Phänomen einige Aufmerksamkeit widmen. Es ist ein sehr unerquickliches Thema, aber da hier die Elemente des unedlen Unglücks verborgen sind, muß der wahrheitsliebende Zeitgenosse auch wider Willen die Sonde anlegen.
Wenn Menschen brutal werden, versuchen sie mit einem letzten Rest Schamgefühl alles auf das Konto „Selbsterhaltungstrieb" zu setzen. In vielen Fällen verwischen sich auch die Grenzen zwischen diesem entschuldbaren Trieb und angeborener Gemeinheit. Der Schreiber dieser Zeilen hat es immer wieder versucht, des Gettomenschen bessere Seite zu suchen und aufzudecken, aber die Resultate waren leider äußerst unbefriedigend.
Um es kurz zu sagen: Der Mensch im Getto ist schlecht. Er ist schlechter, als sein Selbsterhaltungstrieb es erlaubt. Es herrscht eine schändliche Menschenverachtung, und das wieder entschuldigt der schamhaftere Mensch mit der Moral des Krieges.
Wie sterben die Menschen, woran sterben sie? Es ist wahr, die Masse stirbt Hungers (Unterernährung, Avitaminose, Entkräftung). Wir wollen einen solchen Fall untersuchen.
Ein Hamburger Rechtsanwalt Dr. F.[3] bemüht sich seit seiner Ankunft um eine Stelle. Ein Mann Mitte der Fünfzig. Ehemaliger Reserveoffizier. Eisernes Kreuz beider Klassen. Gut erhalten, arbeitsfähig. Er strebt eine seinen Fähigkeiten entsprechende Beschäftigung an, und zwar die eines Rechtsberaters für Neueingesiedelte. Er findet Fürsprecher. Der Leiter der Evidenzabteilung[4] stimmt zu. Eines Tages ist es soweit. Die Anstellung ist sozusagen gesichert. Freilich vergehen noch immer einige Tage, bis die „Formalitäten" erledigt werden. Wird der Epigone wissen, was „einige Tage" im Getto bedeuten, wenn sie ohne Suppe vergehen? Als es endlich soweit ist, ist der Mann am Ende seiner Kräfte. Er tritt dieses Amt als Ruine an. Es kommen die Aussiedlungen. Dr. F. wird ins Zentralgefängnis

1 APŁ, 278/1099, Bl. 175 f. Abdruck in: Singer, „Im Eilschritt durch den Gettotag ..." (wie Dok. 98, Anm. 1), S. 51–54.
2 Max Brod (1884–1968), Jurist, Schriftsteller; Mitbegründer der zionistischen Jüdischen Partei und Vizepräsident des Jüdischen Nationalrats; floh 1939 aus der Tschechoslowakei nach Palästina; Verfasser u. a. von „Heidentum, Christentum, Judentum. Ein Bekenntnisbuch" (1922).
3 Dr. Edgar Fels (1885–1942), Jurist; im Nov. 1938 in Sachsenhausen und im Aug. 1939 in Hamburg-Fuhlsbüttel inhaftiert, im Okt. 1941 in das Getto Litzmannstadt deportiert, dort gestorben.
4 Henryk Neftalin.

zur Dienstleistung bei der Aussiedlung der deutschen Juden eingeteilt. Er schleppt sich täglich ins Amt. Mit allen Kräften versucht er sich zu halten. Man fordert Nachtarbeit von ihm. Er leistet sie. Eines Tages kommt er zu spät ins Amt. Sein Chef, ein ehemaliger Rechtsanwalt, entzieht ihm strafweise die Suppe. Das heißt also Todesurteil wegen Verspätung im Dienst. Dieser Vorgesetzte hat keinen bloßen Pünktlichkeitsfimmel. Wer einem Menschen im Getto für irgendeinen Verstoß, und sei er noch so schwerwiegend, die Suppe entzieht, ist ein brutaler Geselle. Er muß dafür büßen, indem man ihn hier im Archiv festnagelt.[5]

Der Entzug der Suppe wirft den Mann vollends nieder. Nun liegt er mit geschwollenen Gliedern einsam in seiner „Wohnung". Auf einer Pritsche wartet er auf sein Ende. Er ist ein „Nichtbeschäftigter", als solcher hat er keinen Anspruch auf die Zusatzsuppe. Einem Besucher äußert er den Wunsch, ein Gesuch um Bewilligung der Suppe einzureichen. Er weiß, die Suppe könnte ihn retten. Er kann das Gesuch nicht mehr schreiben. Er stirbt den elendsten der Tode. Er stirbt an der Unzulänglichkeit der Menschen, an der Gemeinheit der Menschen, an der Roheit und Gewissenlosigkeit.

Dieser Mann hätte noch Jahre leben können. Ein paar Wochen früher angestellt, ein paar Tage weniger gequält, ein paar Stunden vor dem Tod eine Suppe: Dieses Unglück ist unedel.

Das ist der typische Fall. Ein paar Gettomark, ausgegeben für eines brauchbaren Menschen Monatsgehalt sind ein Problem, das von ein paar Bürokraten gewälzt wird. Der Zeitgenosse weiß, daß es sich um eine Lappalie handelte. Es gab immer wieder Augenblicke im Getto, da eine Million Gettogeld gar keine Rolle spielte. Der jüdische Beamte im Getto hat sich ethisch nicht bewährt.

5 Gemeint ist das Untergrundarchiv im Getto, in dem nicht nur die deutschen Verbrechen, sondern auch Vergehen im Getto dokumentiert wurden.

DOK. 110

Das Reichskommissariat für die Festigung deutschen Volkstums bittet Himmler am 27. Mai 1942, einen jüdischen „Mischling" wegen seiner Verdienste um das Deutschtum nicht zu benachteiligen[1]

Schreiben des Reichskommissars für die Festigung deutschen Volkstums, Stabshauptamt (128934/41 Dr. Kr./Bö.), gez. Chef des Stabshauptamts,[2] an Reichsführer-SS, Berlin, vom 27.5.1942[3]

Vorgang: Behandlung jüdischer Mischlinge – Sonderfall baltendeutscher Umsiedler Bruno *Wulffius*.[4]
Reichsführer!
Der nachstehende Sachverhalt darf mit der Bitte um grundsätzliche Entscheidung unterbreitet werden:
Im Rahmen der ersten baltischen Umsiedlung[5] ist, wie mir die Dienststelle des Beauftragten in Posen gemeldet hat, der Baltendeutsche Bruno Wulffius in den Warthegau gekommen. Beim Nachweis seiner arischen Abstammung hat es sich herausgestellt, daß die Großeltern väterlicherseits beide Juden und die Großeltern mütterlicherseits deutschen oder artverwandten Blutes gewesen sind. Sowohl die jüdischen Großeltern als auch der Vater des Umsiedlers haben sich aber bereits taufen lassen, so daß Wulffius selbst keine Kenntnis von seiner jüdischen Abstammung hatte.
Der Vater des Umsiedlers, Paul Wulffius, geb. am 27.7.1862 in Dorpat, hat in Pernau das deutsche Gymnasium besucht und anschließend Nationalökonomie in Dorpat studiert. Später hatte er verschiedene Verwalterposten als Landwirt inne. Von 1907–1908 war er Sekretär der deutschen Kolonisation für Livland. Seit Oktober 1909 ist er wirtschaftlicher Direktor des II. Rig[aschen]. Stadtkrankenhauses gewesen. Nach den vorliegenden Berichten soll Wulffius stets für das Deutschtum eingetreten sein. Im Jahre 1919 wurde er mit seiner Frau und seinen zwei noch unmündigen Söhnen von den Bolschewisten aus dem Krankenhaus weggeschleppt und ums Leben gebracht.
Auch der Umsiedler Bruno Wulffius ist stets für das Deutschtum eingetreten. Nachdem er als Umsiedler mit allen Rechten und Pflichten in das Reich zurückgekehrt ist, ergibt sich die Frage, in welcher Form sein Vermögensausgleich durchgeführt werden soll.

1 BArch, R 49/80, Bl. 70 f.

2 Ulrich Greifelt (1896–1949), Ökonom; 1933 NSDAP- und SS-Eintritt, 1937–1941 SS-Führer und Leiter der Dienststelle Vierjahresplan im Persönlichen Stab des Reichsführers SS, 1941 bis 1945 Chef des Stabshauptamts des RKF, Aug. 1942 Generalleutnant der Polizei, Jan. 1944 SS-Obergruppenführer; 1947/48 im RuSHA-Prozess angeklagt und zu lebenslanger Haft verurteilt, in Haft verstorben.

3 Im Original handschriftl. Vermerke und Unterstreichungen.

4 Bruno Wulffius (*1906), Textilkaufmann; 1926–1939 Handlungsgehilfe in einer Baumwollmanufaktur in Tallinn; im Herbst 1939 als Baltendeutscher Übersiedlung in den Warthegau, von Juni 1940 an Verkaufsleiter einer Textilgroßhandelsfirma in Posen; SS-Bewerber; im Juni 1941 stellte die RKF-Behörde fest, er sei wegen seiner Verdienste um die deutsche Minderheit in Riga „Mischling 1. Grades"; Wulffius wurde 1942 vermutlich in ein unbekanntes Lager gebracht, sein weiteres Schicksal ist unbekannt; wie Anm. 1, Bl. 51, 58.

5 Laut geheimem Zusatzprotokoll zum Deutsch-sowjet. Nichtangriffspakt vom 23.8.1939 sollte das Baltikum in die sowjet. Interessenssphäre fallen. Am 15. bzw. 30.10.1939 schloss Deutschland mit Estland und Lettland Umsiedlungsverträge, wodurch bis Dez. 66 000 Deutschbalten das Baltikum verließen. Fast alle wurden in den eingegliederten poln. Gebieten angesiedelt.

Nach den einschlägigen gesetzlichen Bestimmungen, insbesondere der ersten Verordnung zum Reichsbürgergesetz vom 14.11.35,[6] ist Bruno Wulffius als jüdischer Mischling 1. Grades anzusehen. Nach Einführung des Gesetzes zum Schutze des deutschen Blutes und der deutschen Ehre[7] sowie nach Einführung der Nürnberger Rassegesetze in den eingegliederten Ostgebieten[8] finden diese Bestimmungen auch auf ihn Anwendung. Ungeklärt ist lediglich die Frage, wie Wulffius in vermögensrechtlicher Hinsicht zu behandeln ist. Es würde nach hiesiger Auffassung gerade im Hinblick auf die Haltung des Umsiedlers in seinem Kampf für das Deutschtum eine außerordentliche Härte bedeuten, wenn er in vermögensrechtlicher Beziehung Einschränkungen unterworfen oder ihm etwa ein Vermögensausgleich völlig versagt werden würde. Zweifellos ist Wulffius als Mischling 1. Grades nicht geeignet, in den eingegliederten Ostgebieten zum Einsatz zu gelangen. Auch die Zuerkennung eines landwirtschaftlichen Grundstückes entfällt, da der Umsiedler schon mit Rücksicht auf die Bestimmungen des Reichserbhofgesetzes,[9] das rein deutschblütige Abstammung voraussetzt, nicht Bauer sein könnte.
Es wird daher in Vorschlag gebracht:
1. den Umsiedler mit Rücksicht auf sein durch die Tat bewiesenes Bekenntnis zum Deutschtum bei seinem Vermögensausgleich keinen Beschränkungen zu unterwerfen,
2. den Vermögensausgleich im Altreich[10] in bar zu gewähren,
3. Wulffius selbst im Altreich zum Ansatz zu bringen.[11]

DOK. 111

Der Oberpräsident der Provinz Oberschlesien Fritz Bracht führt am 1. Juni 1942 die Standgerichtsbarkeit für Polen und Juden ein[1]

VO des Oberpräsidenten der Provinz Oberschlesien (– I b 2 –), gez. Bracht, über die Errichtung von Standgerichten in den eingegliederten Ostgebieten der Provinz Oberschlesien vom 1.6.1942

Aufgrund der Ziffer 13 der Verordnung des Ministerrats für die Reichsverteidigung über die Strafrechtspflege gegen Polen und Juden in den eingegliederten Ostgebieten und dem Gebiet der ehemaligen Freien Stadt Danzig vom 4.12.1941 (RGBl. I S. 759)[2] wird mit Zustimmung des Reichsministers des Innern und des Reichsministers der Justiz verordnet:

6 §2 der 1. VO zum Reichsbürgergesetz legte fest, dass eine Person mit zwei jüdischen Großeltern als jüdischer Mischling galt; RGBl., 1935 I, S. 1333 f.; siehe VEJ 1/210.
7 Das sog. Blutschutzgesetz vom 15.9.1935 verbot Eheschließungen und nichteheliche sexuelle Beziehungen zwischen Juden und Nichtjuden; siehe VEJ 1/199.
8 Siehe Dok. 1 vom 1.7.1941.
9 Reichserbhofgesetz vom 29.9.1933, in: RGBl., 1933 I, S. 685.
10 Hier „durch Überlassung eines städtischen Grundstückes oder" von Hand gestrichen.
11 In einem Schreiben vom 16.5.1942 lehnte die Partei-Kanzlei Wulffius' „Gleichstellung mit deutschblütigen Personen" ab, stimmte aber einer Entscheidung zu, „nach der dem Antragsteller in beruflicher Beziehung aus seiner nicht rein deutschblütigen Abstammung Nachteile nicht erwachsen dürfen"; wie Anm. 1, Bl. 66.

1 APK, 141/20, Bl. 42 f.
2 Siehe Dok. 46 vom 4.12.1941.

§ 1.
1) Schwere Ausschreitungen von Polen und Juden gegen Deutsche sowie andere Straftaten von Polen und Juden, die das deutsche Aufbauwerk ernstlich gefährden, können bis auf weiteres durch Standgerichte abgeurteilt werden.
2) Die Entscheidung darüber, ob es sich um eine Straftat im Sinne des Abs. 1) handelt, behalte ich mir persönlich vor.
§ 2.
Die Standgerichte erkennen auf Todesstrafe, Überweisung an die Geheime Staatspolizei oder Freispruch.
§ 3.
1) Standgerichte werden für den Bezirk einer Staatspolizeileitstelle errichtet. Sie sind besetzt mit einem Vorsitzer und 2 Beisitzern.
2) Vorsitzer ist der Leiter der Staatspolizei(leit)stelle oder sein ständiger Vertreter. Die Beisitzer werden durch den Staatspolizeileitstellenleiter bestimmt.
§ 4.
1) In dem Verfahren vor dem Standgericht hat das Gericht von Amts wegen alles zu tun, was zur Erforschung der Wahrheit erforderlich ist. Der Angeklagte ist – nötigenfalls unter Zuziehen eines Dolmetschers – zu hören.
2) Die Namen der Richter und des Angeklagten, die Beweismittel, auf welche die Verurteilung gestützt wird, ferner die Straftat, der Urteilsspruch nebst kurzer Begründung, sowie der Tag der Verurteilung sind schriftlich festzuhalten.
3) Im übrigen bestimmt das Standgericht sein Verfahren nach pflichtgemäßem Ermessen.
§ 5.
1) Die Entscheidungen der Standgerichte sind mit Rechtsmitteln nicht anfechtbar.
2) Die Urteile der Standgerichte unterliegen einer Nachprüfung, die zur Bestätigung oder Aufhebung führt.
3) Die Bestätigung macht das Urteil rechtskräftig und vollstreckbar.
§ 6.
Das Recht der Bestätigung oder Aufhebung der Standrechtsurteile steht mir persönlich und in meinem Auftrage dem Höheren SS- und Polizeiführer zu.
§ 7.
Die Standgerichte können aus besonderen Gründen von der Strafe absehen oder das Verfahren an ein anderes Gericht abgeben.
§ 8.
Die Verordnung tritt am Tage ihrer Verkündung in Kraft.

DOK. 112

Das Reichssicherheitshauptamt macht am 5. Juni 1942 Vorschläge zur Verbesserung der im Vernichtungslager Kulmhof eingesetzten Gaswagen[1]

Aktenvermerk (Geheime Reichssache!) des Reichssicherheitshauptamts (II D 3 a (9) Nr. 214/42 g. Ra.),[2] gez. i. A. Just,[3] vom 5.6.1942 (Einzige Ausfertigung)

I. *Vermerk*:
Betrifft: Technische Abänderung an den im Betrieb eingesetzten und an den sich in Herstellung befindlichen Spezialwagen.[4]
Seit Dezember 1941 wurden beispielsweise mit 3 eingesetzten Wagen 97 000 verarbeitet,[5] ohne daß Mängel an den Fahrzeugen auftraten. Die bekannte Explosion in Kulmhof ist als Einzelfall zu bewerten.[6] Ihre Ursache ist auf einen Bedienungsfehler zurückzuführen. Zur Vermeidung von derartigen Unfällen ergingen an die betroffenen Dienststellen besondere Anweisungen. Die Anweisungen wurden so gehalten, daß der Sicherheitsgrad erheblich heraufgesetzt wurde. Die sonstigen bisher gemachten Erfahrungen lassen folgende technische Abänderung zweckmäßig erscheinen:
1.) Um ein schnelles Einströmen des CO unter Vermeidung von Überdrucken zu ermöglichen, sind an der oberen Rückwand zwei offene Schlitze von 10 × 1 cm lichter Weite anzubringen. Dieselben sind außen mit leicht beweglichen Scharnierblechklappen zu versehen, damit ein Ausgleich des evtl. eintretenden Überdruckes selbsttätig erfolgt.
2.) Die Beschickung der Wagen beträgt normalerweise 9–10 pro m^2. Bei den großräumigen Saurer-Spezialwagen ist eine Ausnutzung in dieser Form nicht möglich, weil dadurch zwar keine Überlastung eintritt, jedoch die Geländegängigkeit sehr herabgemindert wird. Eine Verkleinerung der Ladefläche erscheint notwendig. Sie wird erreicht durch Verkürzung des Aufbaues um ca. 1 m. Vorstehende Schwierigkeit ist nicht, wie bisher, dadurch abzustellen, daß man die Stückzahl bei der Beschickung vermindert. Bei einer Verminderung der Stückzahl wird nämlich eine längere Betriebsdauer notwendig, weil die freien Räume auch mit CO angefüllt werden müssen. Dagegen reicht bei einer verkleinerten Ladefläche und vollständig ausgefülltem Laderaum eine erheblich kürzere Betriebsdauer aus, weil freie Räume fehlen.
In einer Besprechung mit der Herstellerfirma wurde von dieser Seite darauf hingewiesen, daß eine Verkürzung des Kastenaufbaues eine ungünstige Gewichtsverlagerung nach sich zieht. Es wurde betont, daß eine Überlastung der Vorderachse eintritt. Tatsächlich findet

1 Original nicht aufgefunden, Kopie: BArch, R 58/871, Bl. 1–3. Abdruck als Faksimile in: Adalbert Rückerl (Hrsg.), NS-Prozesse. Nach 25 Jahren Strafverfolgung: Möglichkeiten – Grenzen – Ergebnisse, Karlsruhe 1971, Anhang nach S. 207.
2 RSHA II D 3 a – Kraftfahrwesen der Sicherheitspolizei.
3 Willy Just (*1899), Maschinenschlosser; 1938 SS-, 1941 NSDAP-Eintritt; 1920–1937 Oberwachtmeister der Schutzpolizei in Berlin, danach im Gestapa, nach 1939 technisch-politischer Sekretär im RSHA; 1942 SS-Hauptsturmführer.
4 Für die Gaswagen wurden verschiedene Bezeichnungen verwendet wie Spezialwagen, Sonderwagen oder auch S-Wagen.
5 Gemeint sind hier und im Folgenden – mit Begriffen wie Ladung, Beschickung, Stückzahl u. a. – die in den Gaswagen ermordeten Menschen. Der Hinweis auf Dez. 1941 und drei Gaswagen belegt den Bezug zum Vernichtungslager Kulmhof.
6 Es ist unklar, was hiermit gemeint ist; siehe auch Dok. 283 vom 4.5.1945.

aber ungewollt ein Ausgleich in der Gewichtsverteilung dadurch statt, daß das Ladegut beim Betrieb in dem Streben nach der hinteren Tür immer vorwiegend dort liegt. Hierdurch tritt eine zusätzliche Belastung der Vorderachse nicht ein.

3.) Die Verbindungsschläuche zwischen Auspuff und Wagen rosten des öfteren durch, da sie im Innern durch anfallende Flüssigkeiten zerfressen werden. Um dieses zu vermeiden, ist der Einfüllstutzen nunmehr so zu verlegen, daß eine Einführung von oben nach unten erfolgt. Dadurch wird ein Einfließen von Flüssigkeiten vermieden.

4.) Um eine handliche Säuberung des Fahrzeugs vornehmen zu können, ist der Boden in der Mitte mit einer dicht verschließbaren Abflußöffnung zu versehen. Der Abflußdekkel mit etwa 200 bis 300 mm Ø erhält einen Syphonkrümmer, so daß dünne Flüssigkeit auch während des Betriebes ablaufen kann. Zur Vermeidung von Verstopfungen ist der Krümmer oben mit einem Sieb zu versehen. Dicker Schmutz kann bei der Reinigung des Wagens durch die große Abflußöffnung fortgespült werden. Der Boden des Fahrzeuges ist zur Abflußöffnung leicht zu neigen. Hierdurch soll erreicht werden, daß alle Flüssigkeiten unmittelbar zur Mitte abfließen. Ein Eindringen der Flüssigkeiten in die Röhren wird somit weitgehendst unterbunden.

5.) Die bisher angebrachten Beobachtungsfenster können entfallen, da sie praktisch nie benutzt werden. Bei der Fertigung weiterer Fahrzeuge wird durch den Fortfall der Fenster mit Bezug auf die schwierige Anbringung und dichte Abschließung derselben erhebliche Arbeitszeit eingespart.

6.) Die Beleuchtungskörper sind stärker als bisher gegen Zerstörungen zu sichern. Das Eisengitterwerk ist so hoch gewölbt über den Lampen anzubringen, daß eine Beschädigung der Lampenfenster nicht mehr möglich ist. Aus der Praxis wurde vorgeschlagen, die Lampen entfallen zu lassen, da sie angeblich nie gebraucht werden. Es wurde aber in Erfahrung gebracht, daß beim Schließen der hinteren Tür und somit bei eintretender Dunkelheit immer ein starkes Drängen der Ladung nach der Tür erfolgte. Dieses ist darauf zurückzuführen, daß die Ladung bei eintretender Dunkelheit sich nach dem Licht drängt. Es erschwert das Einklinken der Tür. Ferner wurde festgestellt, daß der auftretende Lärm wohl mit Bezug auf die Unheimlichkeit des Dunkels immer dann einsetzt, wenn sich die Türen schließen. Es ist deshalb zweckmäßig, daß die Beleuchtung vor und während der ersten Minuten des Betriebes eingeschaltet wird. Auch ist die Beleuchtung bei Nachtbetrieb und beim Reinigen des Wageninnern von Vorteil.

7.) Um eine schnelle und leichte Entladung des Fahrzeuges zu erreichen, ist ein ausfahrbarer Rost anzubringen. Er ist auf kleinen Rädern in U-Eisen-Schienen zu führen. Das Aus- und Einfahren hat mit einer unter dem Wagen angebrachten Drahtseilzugwinde zu geschehen. Die mit der Anbringung beauftragte Firma hält diese Ausführungsart wegen Kräfte- und Materialmangel z. Zt. für undurchführbar. Die Ausführung ist bei einer anderen Firma anzuregen.

Vorstehende technische Abänderungen sind an den im Betrieb befindlichen Fahrzeugen[7] nur dann nachträglich auszuführen, wenn jeweils ein Fahrzeug einer anderen größeren Reparatur unterzogen werden muß. An den in Auftrag gegebenen 10 Saurer-Fahrgestellen sind die vorstehenden Abänderungen so weit als möglich zu berücksichtigen.

7 Insgesamt waren etwa 20 Gaswagen in Betrieb, außer im Vernichtungslager Kulmhof noch in der besetzten Sowjetunion (Minsk, Kiew und andernorts) sowie im Lager Semlin bei Belgrad.

Da die Herstellerfirma[8] gelegentlich einer Rücksprache betonte, daß konstruktive Abänderungen z. Zt. nicht oder nur für kleinste Abänderungen möglich sind, ist bei einer anderen Firma der Versuch zu unternehmen, mindestens eines dieser 10 Fahrzeuge mit allen Neuerungen und Abänderungen, die sich bisher aus der Praxis ergaben, auszustatten. Ich schlage vor, die Firma in Hohenmauth[9] mit der Einzelausführung zu beauftragen.

Nach den Umständen ist bei diesem Fahrzeug mit einer späteren Fertigstellung zu rechnen. Es ist dann nicht nur als Muster-, sondern auch als Reserve-Fahrzeug bereitzuhalten bzw. einzusetzen. Bei Bewährung sind die übrigen Fahrzeuge nacheinander aus dem Betrieb zu ziehen und dem Musterfahrzeug entsprechend umzubauen.

II. Gruppenleiter II D
SS-Obersturmführer *Rauff*[10]
mit der Bitte um Kenntnisnahme und Entscheidung vorgelegt.

DOK. 113
Der Landrat in Schwetz droht am 8. Juni 1942 die Todesstrafe für Personen an, die Möbel und Wertgegenstände aus jüdischem Eigentum nicht bei der Treuhandstelle anmelden[1]

Öffentliche Bekanntmachung des Landrats von Schwetz, gez. Rüsch,[2] vom 8.6.1942

Trotz meines Aufrufes vom 25.II.1941[3] haben einige Personen die in ihren Händen befindlichen Möbelstücke und Sachwerte aller Art (Musikinstrumente, Radioapparate, Jagdflinten, Bilder, Teppiche, Läufer, Bett- und Leibwäsche, Bekleidungsstücke, Glas und Porzellan, Kristall, Silber, Schmuckstücke und sonstige Wertsachen, Kraftfahrzeuge, Wagen, Pferde, Vieh usw.) aus polnischem und jüdischem Privatbesitz bis jetzt noch nicht bei der HTO, der für die Anmeldung allein zuständigen Stelle, angemeldet. Die

8 Die Karosserieaufbauten der zuvor an das RSHA gelieferten Gaswagen stammten von der Berliner Firma Gaubschat Fahrzeugwerke.

9 Die Firma Sodomka in Hohenmauth (tschech. Vysoké Mýto) im Protektorat Böhmen und Mähren mit überwiegend tschech. Belegschaft wurde nicht beauftragt, da die Sicherheitspolizei Bedenken wegen der Geheimhaltung hatte; Vermerk des Chefs der Sicherheitspolizei und des SD (II D 3 (9) B.Nr. 668/42) vom 23.6.1942; wie Anm. 1, Bl. 4.

10 Walther Rauff (1906–1984), Berufsoffizier; 1924–1937 Marineoffizier; 1937 NSDAP-, 1938 SS-Eintritt; von 1941 an im SD-Hauptamt in Berlin beschäftigt, als Leiter der Gruppe II D für technische Angelegenheiten im RSHA an der Entwicklung von Gaswagen beteiligt, 1943/44 Führer einer Partisanenbekämpfungseinheit beim BdS Italien; flüchtete 1945 aus brit. Gefangenschaft nach Syrien, 1949 Emigration nach Südamerika; 1958–1963 für den BND tätig, nach 1961 blieben mehrere Auslieferungsgesuche an die chilen. Regierung erfolglos.

1 APG, 264/807, Bl. 229.

2 Karl-Heinz Rüsch (1908–1986), Ingenieur; Sept. bis Dez. 1930 SA-Mitglied, 1931 NSDAP- und SS-Eintritt; von 1934 an hauptamtlich für die SS tätig, von Mai 1941 an Landrat des Kreises Schwetz; 1944 zur Wehrmacht an die Ostfront eingezogen; im Mai 1945 Flucht nach Dänemark, bis Herbst 1945 in brit. Kriegsgefangenschaft, bis 1947 interniert, danach bis 1973 auf verschiedenen Posten im Ruhrbergbau tätig.

3 Aufruf vom 25.2.1941, gez. Max Rampf, Landrat und Kreisleiter in Schwetz; wie Anm. 1, Bl. 161.

Anmeldung des Besitzes bei einer anderen Dienststelle des Staates oder der Partei hat keine Gültigkeit. Ich fordere daher alle Personen, Körperschaften des öffentlichen Rechts usw. nochmals letztmalig auf, Möbelstücke und Sachwerte aus polnischem und jüdischem Privatbesitz, die sich jetzt noch ohne Anmeldung in ihrem Besitz befinden, *bei dem Kreisvertrauensmann der Haupttreuhandstelle Ost für den Kreis Schwetz in Schwetz, Adolf-Hitler-Straße 21 anzumelden.*
Als letzte Frist setze ich den 30. Juni 1942 fest.
Personen, die diese letzte Frist zur Anmeldung versäumen, werden rücksichtslos bestraft. Die Verordnung über die Behandlung von Vermögen der Angehörigen des polnischen Staates sieht für alle Personen, die in irgend einer Weise die Beschlagnahmewirkung vereiteln, umgehen oder beeinträchtigen, Gefängnis- und Zuchthausstrafe, in sehr schweren Fällen Todesstrafe vor.[4]

DOK. 114
Die Gestapo Litzmannstadt berichtet am 9. Juni 1942 über die Ausweitung der Massenmorde an Juden im Vernichtungslager Kulmhof im ersten Halbjahr 1942[1]

Anlage zum allgemeinen Lagebericht (Geheim!) der Geheimen Staatspolizei (– II B 4 –), Litzmannstadt (Dienststelle II K, Tgb.-Nr. 3864/40), Unterschrift unleserlich, an den Inspekteur der Sipo und des SD, SS-Oberführer Damzog[2] o. V. i. A., Posen, vom 9.6.1942[3]

Lageberichterstattung (Judentum)[4]
Im Hinblick auf das Judentum war die staatspolizeiliche Arbeit auf das nach Anweisung des Gauleiters[5] zu schaffende Gaughetto in Litzmannstadt gerichtet. Nach Anweisung des Gauleiters sollen alle nichtarbeitsfähigen Juden evakuiert und die arbeitsfähigen des gesamten Gaues im Ghetto Litzmannstadt zusammengefaßt werden.[6] Von hier aus sol-

4 VO über die Behandlung von Vermögen der Angehörigen des ehemaligen poln. Staates vom 17.9.1940; RGBl., 1940 I, S. 1270. Die sog. Polenvermögensverordnung bestimmte in § 20, dass auf Todesstrafe zu erkennen war, wenn der Täter „aus Widersetzlichkeit gegen die politische Neuordnung" handelte oder sonst „ein besonders schwerer Fall" vorlag.

1 IPN, Ld 1/276, Bl. 104 f. Teilweise abgedruckt in: Faschismus – Getto – Massenmord. Dokumentation über Ausrottung und Widerstand der Juden in Polen während des 2. Weltkrieges. Hrsg. vom Jüdischen Historischen Institut in Warschau, Berlin 1962, S. 285 f.
2 Ernst Damzog (1882–1945), Polizeibeamter; 1914 Kriminalkommissar; 1933 SS-, 1937 NSDAP-Eintritt; 1933 Leiter der Kripo Breslau, von 1934 an bei der Gestapo, Kriminalrat, Sept./Okt. 1939 Leiter der Einsatzgruppe V, seit Okt. 1939 Inspekteur der Sicherheitspolizei und des SD beim Reichsstatthalter in Posen, 1940 Leiter der Umwandererzentralstelle; 1941 SS-Oberführer, 1944 SS-Brigadeführer und Generalmajor der Polizei; unmittelbar nach Kriegsende in Halle gestorben.
3 Nachrichtlich an den Regierungspräsidenten, den Polizeipräsidenten, die Kriminalpolizeistelle, den SD-Abschnitt Litzmannstadt, alle in Litzmannstadt, sowie die Außendienststellen der Gestapo in Kalisch, Schieratz, Lentschütz und Welungen.
4 Der allgemeine Lagebericht enthält unter Punkt 2. eine Zusammenfassung des vorliegenden Dokuments sowie die Themenpunkte „1. Der polnische Gegner", „2. Judentum", „3. Sicherheitspolizeiliche Maßnahmen gegen deutsche Volkszugehörige", „4. Besondere Einsätze", „5. Festnahmen".
5 Arthur Greiser.
6 Greisers Anweisung ist nicht überliefert und erfolgte vermutlich nur mündlich, als er sich am 4.6.1942 in Litzmannstadt aufhielt und auch das Getto besichtigte.

len dann größere Mengen von Juden im Gaugebiet zu verschiedenen Arbeiten (Bahn- und Straßenbau) angesetzt und nach Beendigung der Arbeit wieder in das Ghetto zurückgeführt werden. Die im Ghetto verbleibenden Juden werden dort restlos zur Arbeit eingesetzt. Im Zuge der Bildung des Gaughettos erwies es sich zunächst als notwendig, Raum für die einzusiedelnden Juden zu schaffen. Zu diesem Zwecke wurde eine größere Anzahl nichtarbeitsfähiger Juden aus dem Ghetto evakuiert und dem Sonderkommando zugeführt.[7] Von den polnischen Juden wurden seit dem 16.1.42 insgesamt 44 152 ausgesiedelt. Von den aus dem Altreich, der Ostmark und dem Protektorat Böhmen und Mähren im Oktober 1941 in das hiesige Ghetto eingewiesenen 19 848 Juden wurden 10 993 evakuiert, so daß nunmehr für zirka 55 000 Juden Platz im Ghetto geschaffen worden ist. Im Anschluß daran wurde nun dazu übergegangen, die Landkreise zu bereinigen. Es wurden zunächst aus dem Kreise Lentschütz rund 9000 Juden evakuiert. Es verblieben nur 1000 in Ozorkow, die dort dringend zur Durchführung von Wehrmachtsaufträgen benötigt werden. Der Kreis Lentschütz ist somit grundsätzlich als judenfrei anzusehen. Im weiteren Verlauf der Bereinigung der Landkreise wurde nunmehr der Landkreis Litzmannstadt in Angriff genommen. In diesem Kreise befanden sich Juden nur noch in Löwenstadt und Strickau. Aus Zweckmäßigkeitsgründen wurden zunächst sämtliche Juden aus Strickau nach Löwenstadt umgesiedelt. Von den nun im Ghetto Löwenstadt befindlichen Juden, etwa 6000, wurden rund 3000 als nichtarbeitsfähige evakuiert, während der Rest, der aus Facharbeitern besteht, ins hiesige Ghetto überführt und bereits zur Arbeit angesetzt wurde. Als vorläufiger Abschluß der Bereinigung der Landkreise wurde die Stadt Pabianice von Juden gesäubert.[8] Es wurden hier rund 3200 Juden evakuiert, der Rest von 4000 Juden in das hiesige Ghetto überführt.

Da den Juden des Bezirks natürlicherweise die Aussiedlung bekannt geworden war, versuchten sie durch Verschiebung von Vermögenswerten, Flucht in das Generalgouvernement und überhaupt weitestgehende Nichtbefolgung der behördlichen Anordnungen die Aussiedlung zu stören. Aus diesem Grunde wurden von hier aus beim RSHA schärfste Maßnahmen gegen die Juden beantragt und vom RF.SS mehrfach Exekutionen an Juden angeordnet. So wurden bisher insgesamt 95 Juden öffentlich gehängt. Diese Maßnahmen hatten zur Folge, daß der Jude das hiesige scharfe Durchgreifen erkannte und sich nunmehr im großen und ganzen allen Anordnungen ruhig fügte.[9]

Vermerk:

Für den Lagebericht an den Insp.[10] vom 5.6.42 ausgewertet

7 Gemeint ist das Vernichtungslager Kulmhof.

8 Die Gettoverwaltung in Litzmannstadt hatte im April 1942 in Pabianice eine zentrale Inventarisierungsstation errichten lassen, um dort die Textilien der in Kulmhof ermordeten Juden sortieren zu lassen. Im Getto Litzmannstadt wurden diese geraubten Textilien dann in den Schneiderwerkstätten weiterverarbeitet; siehe Dok. 108 vom 20. bis 23. Mai 1942.

9 Das Folgende handschriftl. ergänzt.

10 Inspekteur der Sicherheitspolizei und des SD im Reichsgau Wartheland.

DOK. 115
Gauleiter Arthur Greiser referiert am 10. Juni 1942 über den Umgang mit Polen und Juden im Wartheland[1]

Vortrag des Gauleiters und Reichsstatthalters im Reichsgau Wartheland, SS-Obergruppenführer Arthur Greiser, im Institut für Weltwirtschaft an der Universität Kiel vom 10.6.1942

[...][2]
Es ist selbstverständlich, daß man ein Volk nicht als gleichberechtigt anerkennen kann, dessen Angehörige sich derart grausam und bestialisch an unseren deutschen Brüdern und Schwestern vergehen konnten. Es ist nicht nur eine Frage der Vergeltung, wenn man den Abstand diesem Volk gegenüber predigt, sondern eine völkische und politische Lebensfrage für das deutsche Volk, die in der Forderung gipfelt, zu erkennen, daß das polnische Volk in Anbetracht seiner ganzen geschichtlichen Entwicklung nicht verlangen kann, vor der Geschichte gleichwertig neben das deutsche Volk gestellt zu werden. Seine Geschichte beweist, daß es jederzeit unfähig gewesen ist, eine große politische Leistung hervorzubringen, die darin ihren Höhepunkt hätte finden müssen, einen starken Staat aufzubauen und diesen Staat zu erhalten. Der Staat ist immer wieder zugrunde gegangen. Im übrigen muß man dieses Volk auch aus eigener Anschauung kennen, um es richtig beurteilen zu können. Es hat eine andere Haltung als wir. Ich bitte Sie, das richtig einzuschätzen. Der Pole hat eine andere Mentalität, selbst wenn er von sich aus den Willen zu einer gewissen Anständigkeit erkennen läßt. Er wird nur so lange anständig sein, wie er von uns hart und gerecht behandelt wird. Er wird im gleichen Augenblick unanständig werden und seine verschlagene und hinterlistige Art zum Vorschein kommen lassen, wenn er merkt, daß wir weich und schwach werden. Der Pole hat auch eine ganz andere innere Einstellung zu den Dingen des täglichen Lebens und zur Kultur in Europa. Für jeden anständigen Menschen ist es eine Selbstverständlichkeit – entschuldigen Sie, wenn ich das drastisch ausdrücke –, daß er sich nicht überfrißt und sich nicht besäuft. Für den Polen ist es die höchste Genugtuung, die höchste Potenz der Gefühle, wenn er sich besaufen und überfressen kann wie ein Tier. Sie können das selbst erleben, wenn Sie mit solchen Menschen zusammenkommen. Der einzelne Pole, Mann oder Frau, Mädchen oder Junge, hat absolut keinen Maßstab im Essen.
Genausowenig Maßstab hatte das gesamte polnische Volk, insbesondere in seiner Führerschicht, vor Ausbruch des gegenwärtigen Krieges in Dingen der Politik. Die Polen wollten bekanntlich bis an die Oder und bis nach Berlin, und Ostpreußen mußte auch dazugehören und Schlesien selbstverständlich, von Danzig gar nicht zu reden; natürlich sollte die Grenze nicht etwa bei Stettin aufhören.[3] Daß ihnen indessen die Verdauung dieser Brocken schlecht bekommen wäre, brauche ich nicht besonders zu betonen.

1 Arthur Greiser, Der Aufbau im Osten, Jena 1942 [Kieler Vorträge, gehalten im Institut für Weltwirtschaft an der Universität Kiel, hrsg. von Professor Dr. Andreas Predöhl, Bd. 68], S. 8–11.
2 Seine Rede an der Kieler Universität begann Greiser damit, dass dem deutschen Volk bis zur Eroberung Polens im Zweiten Weltkrieg nie genügend Raum zur Verfügung gestanden habe. Die Eroberung zusätzlicher Gebiete sei die logische Konsequenz gewesen, um sich nicht nur gegenüber anderen Mächten zu behaupten, sondern auch, um die Nahrungsmittelversorgung der deutschen Bevölkerung sicherzustellen.

Aber in Kenntnis dieser völlig andersgearteten Mentalität mußten wir auch ein neues Verhältnis zu diesem Volkstum finden. Noch am 12. September 1939, gleich nach dem Einmarsch der deutschen Truppen, trommelte ich die dort gebliebenen Deutschen in Posen zusammen. Es waren damals nur noch 2400 Deutsche. Als ich dagegen am 4. August 1914 als Kind der alten Provinz Posen meine Heimat verließ, zählte sie – Provinz und Stadt Posen – zu mehr als 50 v. H. Deutsche.[4] Als ich Anfang September 1939 die 2400 Deutschen zusammengerufen hatte, habe ich eine These aufgestellt, die bis heute noch Gültigkeit hat und immer behalten wird. Sie lautet: „Der Deutsche ist der Herr im Land, und der Pole, der loyal ist und fleißig arbeitet, steht unter dem Schutz des Reiches." Das ist die einfachste, aber vernünftigste politische These, nach der man überall handeln kann. Im übrigen fühlt sich die breite Masse der Polen dabei absolut wohl. Zum Herrentum gehört allerdings nicht etwa die Anschauung, daß man als Herr ein Faulenzer sein darf und nichts zu tun braucht und daß man den Knecht nur deshalb prügeln muß, weil er Knecht ist. Das ist falsch. Zu unserem Herrentum gehört die Erkenntnis, daß wir als Herren mehr zu leisten haben als der Knecht und daß unser Herrentum auf Grund der Leistung jederzeit anerkannt werden muß. Man muß sich dieses Herrentum immer wieder neu erarbeiten und erobern. Wir haben im Warthegau eine etwas andere Führungsmethode als im Altreich, aber wir haben damit nach zweieinhalb Jahren den wirtschaftlichen Aufbau so weit gefördert, daß sich die Kriegsleistungen des Warthegaues von denen der Gaue im Altreich nicht wesentlich unterscheiden. Speziell auf dem landwirtschaftlichen Sektor stehen die Leistungen unseres Gaues sogar an erster Stelle im Reich.

Neben diesem Verhältnis zum polnischen Volkstum haben wir auch unser Verhältnis zu einer bestimmten Rasse sehr schnell spezifizieren müssen, nämlich zum *Judentum*. Ich habe den Gau einst mit mehr als 400 000 Juden übernommen.[5] Sie waren in der Hauptsache zusammengeballt im östlichen Teil des Gaues Wartheland, in dem Gebiet in und um das heutige Litzmannstadt und in den Kreisen dieses Gebiets. Zu diesen Juden haben wir ein ähnliches völkisches Verhältnis wie zu den Polen. Wir haben das Problem der Verwendung der Arbeitskraft im Judentum angepackt, und ich glaube, daß wir damit die Judenfrage in einer Form gelöst haben, wie man sich das vorher im Judentum selbst, aber wahrscheinlich auch im deutschen Volk nicht vorgestellt hat. Man sieht daraus, daß es möglich ist, fremdvölkische Arbeitskräfte dem deutschen Volk nutzbar zu machen, wenn man unkompliziert und unbürokratisch an die Dinge herangeht. Allerdings möchte ich bemerken – das soll kein Vorwurf sein, sondern nur eine Feststellung –: Wenn man gute preußische Beamte zur Erledigung dieser Aufgabe eingesetzt hätte, dann würden die Juden wahrscheinlich heute noch nicht arbeiten. Wir haben aber Nationalsozialisten angesetzt, die das Problem gänzlich unbürokratisch angepackt haben.

3 Im Versailler Vertrag wurden Polen fast die ganze Provinz Posen und weite Teile Westpreußens links der Weichsel zugesprochen. Danzig wurde 1920 zu einem unabhängigen Staat, der Freien Stadt Danzig, erklärt und unter die Aufsicht des Völkerbunds gestellt; 1922 kam nach dem dritten Schlesischen Aufstand noch Ostoberschlesien, ebenfalls unter Völkerbundaufsicht, hinzu.

4 In der Provinz Posen gab es zu keiner Zeit eine deutsche Bevölkerungsmehrheit.

5 Die letzte Volkszählung in Polen vor dem Zweiten Weltkrieg fand 1931 statt, so dass sich die genaue Zahl der jüdischen Einwohner im Sept. 1939 in den Grenzen des späteren Warthegaus nicht genau ermitteln lässt. Schätzungen zufolge lebten zwischen 385 000 und 450 000 Juden im Warthegau.

So können wir unter Einsatz fremdvölkischer Arbeitskräfte Arbeitsvorhaben durchführen und Riesenplanungen für die Zeit nach dem gegenwärtigen Kriege vorbereiten, die mit den im Reich vorhandenen Arbeitskräften kaum zu verwirklichen wären.
Neben diesem Verhältnis zum polnischen Volkstum und zum Judentum muß ich noch das Verhältnis zur polnischen katholischen Kirche erwähnen. Sie wissen aus der Geschichte, daß der polnisch-katholische Klerus der Träger des größten Volkstumskampfes gegen das deutsche Volk gewesen ist. Es war eine Todsünde der ehemals preußischen Verwaltung und preußischen Regierung, dem polnisch-katholischen Klerus das Handwerk nicht nur nicht gelegt, sondern ihm sozusagen noch die Waffen gegen uns geliefert zu haben. Ich weiß aus eigener Anschauung aus der Zeit vor dem Weltkriege, mit welchem Raffinement dieser Klerus darangegangen ist, von preußischer Seite eine Religionsschule nach der andern herauszupressen, wobei der Religionsunterricht nicht in deutscher, sondern in polnischer Sprache gegeben wurde, und mit welchem Zynismus er damals die These in unser Volk hineingeschleudert hat, daß alles, was katholisch ist, gut polnisch und nur derjenige deutsch sei, der evangelischen Glaubens sei. Dieser Klerus war nur insoweit international, als es nicht gegen Deutsche ging. In jedem Fall, in dem es gegen einen Deutschen ging, war er höchst aktiv im polnischen Sinne. Darum galt es, ihn in vernünftiger Art und Weise aus dem politischen Leben auszuschalten, und das haben wir auch getan. Man könnte sagen, die Politik hat mit Religion nichts zu tun. Wir haben auch nicht die Politik in die Religion hineingetragen, sondern der polnisch-katholische Klerus hat versucht, seine Religion in unsere Politik hineinzutragen, und im Kriege kann man Einrichtungen nicht dulden, die dazu bestimmt sind, gegen das deutsche Volk und seine Politik zu arbeiten. Wenn wir darum Kruzifixe und Heiligenbilder beseitigt haben, dann nicht deshalb, um Heiligenbilder zu beseitigen, sondern weil wir bei ihrer Wegschaffung einen Beweis dafür erhalten haben, wie viele Tausende von Gewehren, Maschinengewehren und Pistolen in ihren Fundamenten vorhanden waren. Wenn wir dem polnischen Klerus seinen Besitz genommen haben, dann nicht deshalb, um den gläubigen katholischen Menschen zu bestrafen, sondern deshalb, weil aus diesem Besitz die wirtschaftlichen Kräfte für den politischen Kampf gegen das deutsche Volk geschöpft worden sind. Es gibt deshalb im Reichsgau Wartheland keine Klöster und keinen Kirchenbesitz mehr; er ist konfisziert worden, und meine Gauselbstverwaltung ist dadurch zum größten Grundbesitzer im Gau geworden. Das war gut so, denn wenn man auch in einem Gaugebiet eine ganze Reihe deutschen Großgrundbesitzes von 30 000, 40 000 und 50 000 Morgen hat, dann ist es zweckmäßig, wenn an der Spitze des Gaues eine Verwaltung steht, die ein noch größerer Grundbesitzer ist.
[…][6]

6 Im Anschluss referierte Greiser u. a. über weiterführende Aspekte der Infrastruktur, Industrie, Landwirtschaft sowie Handel und Gewerbe des Warthegaus, indem er mutmaßliche besondere Verdienste der deutschen Besatzungsmacht betonte. Besonders hob er die Ansiedlung von 300 000 Volksdeutschen im Gau sowie die zukünftige Bedeutung der östlichen Gebiete als Kornkammer des Deutschen Reiches hervor. In diesem Zusammenhang betonte er die Relevanz der wissenschaftlichen Erforschung des Ostraums und plädierte für eine enge Zusammenarbeit der Universität Kiel mit der Reichsstiftung für deutsche Ostforschung.

DOK. 116

Der Kreisvertrauensmann der Treuhandstelle in Leslau beschwert sich am 10. Juni 1942, dass ein SS-Kommando Waren polnischer und jüdischer Eigentümer aus Lubranek abtransportiert[1]

Schreiben des Kreisvertrauensmanns der Treuhandstelle Posen für die Stadt und den Landkreis Leslau (Gesch. Nr. 2491/42– 0.9-b 0.11-a Kz/De), gez. Unterschrift unleserlich, an die Treuhandstelle Posen, Referat A III,[2] Posen, Wilhelmplatz 15, vom 10.6.1942

Betr.: Ehemaligen jüdischen Besitz.
Bezug: Dort. Schreiben vom 28. Mai 42[3] – Gesch. Nr. A III 144/42 v. G[4] /E
Ihr vorerwähntes Schreiben bestätigt meine Vermutung bezüglich der Zuständigkeit der SS bezw. der Ghetto-Verwaltung Litzmannstadt. Ich verweise daher ausdrücklich auf den Inhalt meines an Sie gerichteten Schreibens vom 12. v. Mts.,[5] mit welchem ich Ihnen gleichzeitig davon Mitteilung machte, daß die SS aus der Wohnung des Juden Buch in der Hermann-Göring-Str. in Lubraneck, Kreis Leslau, größere Mengen Leder und langschäftige Stiefel herausgeholt und durch Lastkraftwagen abtransportiert hat.
Ich hatte in meinem erwähnten Schreiben gleichzeitig darauf hingewiesen, daß es sich um Werte handelt, die unbedingt als Handelsware anzusprechen seien.
Am 27. bezw. 28. v. Mts. ist ein Kommando der SS wieder in Lubraneck gewesen und hat auf dem gleichen Grundstück wiederum größere Mengen Leder, Stiefel und Schuhe (Herren- und Kinderhalbschuhe und Damenschuhe) sowie verschiedene Koffer mit Inhalt, die dort versteckt gewesen sind, mitgenommen. Auch in diesem zweiten Falle handelt es sich um reine Handelsware, welche nicht einmal aus jüdischem Besitz stammt, sondern aus dem Besitz eines früheren polnischen Leder- und Lederwaren-Großhändlers, der zwischenzeitlich evakuiert wurde und gestorben ist.
Ich weise ausdrücklich nochmals darauf hin, daß weder im ersten noch im zweiten Fall die Waren dem Juden Buch, welcher das Grundstück zuletzt bewohnt hat, gehört haben. Der Jude Buch sowie die Besitzerin der im ersten gemeldeten Falle durch die SS ausgeführten Waren, die jüdische Schuhhändlerin Pieprzynska, haben dieses Grundstück erst nach Einmarsch der deutschen Truppen in Lubraneck bezogen, während es vorher von dem polnischen Ledergroßhändler bewohnt gewesen ist. Der Jude Buch, welcher in beiden Fällen von der SS gefesselt mitgeführt worden ist, scheint der SS gegenüber sein Wissen auszunutzen, wahrscheinlich in der Hoffnung, sich hierdurch persönliche Erleichterungen verschaffen zu können.
Ich bitte, die Angelegenheit von dort aus weiter aufzugreifen.[6]

1 APP, 759/1697, Bl. 36.
2 Dr. Rudolf Toyka (1905–1981), Jurist; 1935/36 und 1937–1940 in der Reichsfinanzverwaltung, 1936/37 im Sportreferat des RMdI tätig; 1937 NSDAP-Eintritt; 1940–1945 Reg.Rat und Leiter des Referats A III (Rechtsfragen) der Treuhandstelle Posen; nach 1945 Ministerialdirigent im BMI, Leiter des Referats Staatsschutz und Bundeskriminalamt sowie Bundesamt für Verfassungsschutz.
3 Wie Anm. 1, Bl. 38.
4 August Wilhelm von Gagern.
5 Der Kreisvertrauensmann kritisierte die Beschlagnahme von Leder und anderer Waren jüdischer Eigentümer durch die SS, weil hierfür allein die Treuhandstelle zuständig sei; wie Anm. 1, Bl. 42.
6 Siehe auch Dok. 169 vom 30.11.1942.

DOK. 117

The Jewish Advocate: Artikel vom 12. Juni 1942 über die menschliche Würde, die sich die Juden in den Gettos ungeachtet der dort herrschenden Zustände erhalten haben[1]

Das Leben im Getto geht weiter. Trotz Schikanen und Armut gelingt es den polnischen Juden, ihre menschliche Würde zu bewahren.
Von Joseph C. Hyman, Stellvertretender Vorstandsvorsitzender des Joint Distribution Committee[2]

„Wie schaffen es die polnischen Juden zu überleben? Wie können menschliche Wesen so viel Leid ertragen und trotzdem am Leben festhalten? Warum wollen sie überhaupt weiterleben?" Dies sind naheliegende Fragen. Sie stellen sich vor dem Hintergrund unseres amerikanischen Erbes individueller Freiheit und weil wir gleichzeitig Zeugen werden, wie eine Bevölkerungsgruppe gezielt versklavt und vernichtet wird. Inzwischen gehören Geschichten über das Leid in den besetzten Ländern Europas zum Alltag. Sie sind manchmal schwer nachvollziehbar, weil der Geist freier Männer nicht ohne weiteres fassen kann, auf welches Niveau von Brutalität die Nazis herabsinken. Aber noch schwieriger zu verstehen ist die nicht zu leugnende Tatsache, dass die Menschen in den okkupierten Gebieten ihr Leben trotz des Nationalsozialismus weiterführen.
Es ist für einen durchschnittlichen Polen, Tschechen, Holländer, Belgier, Franzosen oder Österreicher sicher schwierig, unter dem Nazi-Joch zu überleben, aber noch unendlich viel härter ist es für einen Juden. Und doch gibt es immer wieder Anhaltspunkte dafür, dass selbst in Polen, das den Stiefel des Diktators am meisten spürt, auch das jüdische Leben weitergeht. Es ist nicht übertrieben zu sagen, dass die polnischen Juden, die ausradiert werden sollen, geistig gesiegt haben.
Sich zu vergegenwärtigen, wie die gettoisierten und terrorisierten Juden existieren, wie sie ihren Alltag gestalten und wie sie ihre Kinder in dem festen Glauben erziehen, dass deren Leben anders und besser verlaufen und hoffnungsvoller sein wird, bedeutet, all denjenigen, die den Faschismus bekämpfen, neuen Mut zu geben.

60% der polnischen Juden in Gettos
Man muss sowohl die negativen als auch die positiven Aspekte betrachten, um ein vollständiges Bild zu erhalten. Vor dem Einmarsch der Deutschen in Polen umfasste die jüdische Bevölkerung ungefähr 3 200 000 Menschen. In den zweieinhalb Jahren seit Kriegsausbruch sind mindestens 500 000 umgekommen – die Hälfte davon als unmittelbare Kriegsopfer,[3] die andere Hälfte starb infolge von Armut und Krankheiten oder wurde hingerichtet. Etwa 600 000, einschließlich zahlreicher ehemaliger Bewohner der von Russland besetzten Gebiete Polens, leben heute auf russischem Territorium.[4] (Wir kön-

1 The Jewish Advocate vom 12.6.1942, S. 13: „Life Goes On in the Ghettos. Despite Persecution and Poverty, Polish Jews Manage To Retain Their Human Dignity". Das Dokument wurde aus dem Englischen übersetzt. Der Jewish Advocate erscheint seit 1902 wöchentlich in Boston.
2 Joseph C. Hyman (1889–1949), Jurist; 1917–1919 im Jewish Welfare Board, von 1922 an für den Joint tätig und eine der führenden Persönlichkeiten der Organisation: 1925–1939 als Sekretär, von 1937 an gleichzeitig als Executive Director, 1940–1946 Executive Vice Chairman, 1947–1949 Vice Chairman.

nen dies so genau beziffern, weil das J. D. C. zusammen mit der polnischen Exilregierung an einem umfassenden Hilfsprogramm für diese Menschen beteiligt ist.)
Das heißt, dass in dem von den Deutschen besetzten, in drei verschiedene Verwaltungszonen unterteilten Teil Polens etwas über 2 000 000 Juden übrig geblieben sind. Rund 60 % dieser Menschen befinden sich in elf größeren Gettos:

Warschau	530 000
Łódź	150 000
Lemberg	120 000
Białystok	80 000
Wilna	60 000
Otwock	60 000
Krakau	50 000
Lublin	40 000
Częstochowa	20 000
Kielce	20 000
Bochnia	5000
Summe	1 135 000

Die Übrigen leben entweder in kleineren Gettos oder in winzigen Städten und Dörfern, in denen die jüdische Bevölkerung vom Umfang her zu unbedeutend ist, um die Errichtung von Gettos zu rechtfertigen. Viel zu häufig erreichen uns Geschichten über das Elend in den polnischen Gettos, in denen von ihren Eltern getrennte Kinder durch die Straßen ziehen, um Essen betteln und in Mülltonnen wühlen und wo zwischen zehn und zwölf Menschen zusammen in einem kahlen und kalten Raum ohne Licht hausen. Eine gegenüber der Vorkriegszeit um das Sechzehnfache gestiegene Sterblichkeitsrate und um sich greifende Krankheiten und Seuchen sind die üblichen Merkmale. Uns ist bekannt, was Getto bedeutet, wie seine Mauern die Menschen von der Außenwelt abschneiden und sie als Parias brandmarken, welch grausame und lang anhaltende Quarantäne dieses Wort beinhaltet. Nichtsdestotrotz – und hier liegt unsere größte Hoffnung für die Zukunft – wehren sich die polnischen Juden mit äußerstem Heldenmut gegen diesen Fluch aus sozialer Ächtung und Unterdrückung. Sie glauben weiterhin fest an ihr Recht, als Juden leben zu dürfen, und daran, dass ihre Brüder in der ganzen Welt sie nicht vergessen haben. Sowohl heute als auch in der Vergangenheit finden sie dafür konkrete Belege.

Vom J. D. C. unterstützte Organisationen führen ihre Arbeit fort
Das Joint Distribution Committee hat im letzten Vierteljahrhundert, seit Ende des Ersten Weltkriegs bis zum Beginn des gegenwärtigen Kriegs, 30 000 000 US-Dollar für humanitäre Zwecke und Wiederaufbauarbeiten bereitgestellt, um dazu beizutragen, die Not der Juden zu lindern. Die Institutionen, die heute die einzig verbliebenen Kanäle bereitstellen, über die Gesundheits- und Sozialprogramme für Juden in Polen realisiert

3 Die Zahl der Juden, die im Sept. 1939 durch unmittelbare Kriegshandlungen ums Leben kamen, ist sehr viel niedriger und betrug knapp 20 000 jüdische Zivilisten sowie 32 200 jüdische Soldaten; siehe VEJ 4, S. 27.

4 Es ist unklar, ob hiermit die Zahl der 1941 in das sowjet. Hinterland evakuierten Juden gemeint ist. Von den ursprünglich 1,7 Mio. poln. Juden, die nach dem Angriff der Wehrmacht auf die Sowjetunion im Juni 1941 unter deutsche Herrschaft gerieten, konnten sich nur etwa 100 000 retten; siehe VEJ 7, S. 21 f.

werden können, hat das J. D. C. aufgebaut und unterhalten: Toz[5] (ein Verband von Gesundheitsorganisationen), Centos[6] (ein Zusammenschluss von Kinderbetreuungseinrichtungen), die jüdischen Krankenhäuser, viele Berufsschulen für Jugendliche, die jüdischen Schulen, die Jeschiwot und weitere Kultureinrichtungen, die Genossenschaften und Darlehenskassen, die – obwohl ihre Einlagen aufgebraucht sind – reichlich Erfahrung im Bereich der Wirtschaftshilfe haben.

Als Polen 1939 von den Deutschen überfallen wurde, mussten die vom J. D. C. für Wiederaufbaumaßnahmen geschaffenen Einrichtungen ihre Arbeit ganz schnell auf Nothilfeeinsätze für Kriegsopfer umstellen. Für diese und Tausende Flüchtlinge, die durch Polen Richtung Osten zogen, wurden Verpflegung, Kleidung und Unterkunft bereitgestellt. Ein Jahr nach Ausbruch des Kriegs kamen die vom J. D. C. finanzierten und durch 2046 Institutionen geleisteten Unterstützungsmaßnahmen 630 000 Menschen in 408 verschiedenen Orten im Generalgouvernement, in Ostoberschlesien und im Warthegau zugute. Selbstverständlich wurde bei den humanitären Hilfen sichergestellt, dass kein amerikanisches Geld in die Hände der Nazis geriet.

Mittlerweile hat das J. D. C – in weitestmöglicher Voraussicht – Pläne ausgearbeitet, wie im Fall des Kriegseintritts der USA die unverzichtbare Arbeit in Polen und anderen besetzten Ländern fortgesetzt werden könne. Zu diesem Zweck wurden lokale Komitees autorisiert, ihre letzten Ressourcen zu mobilisieren, um ihre Aktivitäten auch dann noch weiterführen zu können, wenn die USA zu einer Partei im Weltkonflikt geworden ist. Lange vor dem Angriff auf Pearl Harbor[7] klärte man sie darüber auf, dass das J. D. C. Konten auflösen würde, solange dies noch möglich wäre, um dem Feind nicht in die Hände zu spielen. Das Wenige, was an Unterstützung in Polen heute noch geleistet wird, findet auf dieser Grundlage statt.

Die verarmten und verfolgten Juden in diesem alptraumhaften Land machen also mit wesentlich weniger Mitteln und trotz aller Widrigkeiten weiter, bis der J. D. C. sie eines Tages wieder direkt unterstützen und Gelder zurückzahlen kann.

Gegenwärtige Erwerbsmöglichkeiten der polnischen Juden

Aber wie sieht die Lage dieser Menschen mittlerweile aus? Welcher Art von Arbeit dürfen die polnischen Juden nachgehen, wenn man es überhaupt Arbeit nennen darf? Welche Art von Erholung finden sie? Wie gelingt es ihnen, ihr Sklavendasein, wenn überhaupt, zu vergessen? Woher nehmen sie den Mut und die Kraft weiterzumachen?

Hier sind einige Hinweise, die aus zwölf verschiedenen Berichten zusammengetragen wurden.

Als der Bau der das Getto umschließenden Mauern beendet war und die „Arier" verschwanden, übernahmen die Juden die Aufgaben der Wachleute, der Hausangestellten, der Straßenreiniger und der Polizei. Hunderte von ehemaligen Akademikern und Geschäftsleuten verdienen auf diese Weise ein kärgliches Einkommen. Andere versuchen

5 Abkürzung für „Gesellschaft für Gesundheitsschutz der jüdischen Bevölkerung" (Towarzystwo Ochrony Zdrowia Ludności Żydowskiej).

6 Abkürzung für „Zentralverband der jüdischen Waisen- und Kinderfürsorgevereine" (Centralne Towarzystwo Opieki nad Sierotami i Dziećmi Opuszczonymi).

7 Nach dem japan. Angriff auf Pearl Harbor am 7.12.1941 traten die USA am Tag darauf offiziell in den Krieg ein. Am 11.12.1941 erklärten Deutschland und Italien den USA den Krieg.

sich im Kleinhandel – was kaum mehr als Tauschgeschäfte bedeutet – mit den Mitbewohnern des Gettos.
Juden in Polen haben darüber hinaus im Grunde zwei weitere Möglichkeiten, ihren Lebensunterhalt zu verdienen: in der Landwirtschaft (als Saisonarbeiter bei polnischen Großgrundbesitzern und Bauern) und in der Herstellung von Produkten für den „Export“, für die Märkte außerhalb der Gettomauern. Eine zuverlässige Quelle berichtete im Dezember 1941, dass 2000 bis 3000 Juden eine Anstellung gefunden haben, als die deutschen Behörden, vermittelt über die jüdische Gemeinde, Kleidungsstücke bei jüdischen Schneidern in Auftrag gaben. Die Ware wurde mit Sachleistungen bezahlt, so dass einige Lebensmittel ins Getto gelangten.
Aufgrund des Arbeitskräftemangels rief die Gazeta Żydowska (eine jüdische Wochenzeitung, die inzwischen ihren Betrieb einstellen musste)[8] regelmäßig dazu auf, die freigewordenen Arbeitsplätze zu besetzen. Eine Anzeige vom 16. Mai 1941 lautete: „Der Leiter des deutschen Arbeitsamts in Warschau [...] ist auf der Suche nach mehreren Tausend Arbeitern. Er verspricht branchenübliche Löhne, gute Verpflegung und eine anständige Behandlung.“[9] An der Glaubwürdigkeit des letzten Satzes darf wohl gezweifelt werden.
Eine große Zahl polnischer Juden wurde zudem zur Zwangsarbeit für die Nazis – im Straßenbau, bei der Sprengung von Straßen und beim Bau von Befestigungsanlagen – verpflichtet. Etwa 100 000 Polen stellen eine Art Reservearmee dar. Es gibt eine ständige Fluktuation, denn viele halten die harte körperliche Arbeit nicht lange durch. Deshalb werden immer neue Juden zwangsverpflichtet, manchmal zum Schneeräumen auf den Straßen, den Autobahnen und Eisenbahngleisen, manchmal zum Einsatz in Rüstungsfabriken und Minen. Für die Übernahme dieser zermürbenden Aufgaben bezahlt man den Juden nur sehr wenig, was kaum überrascht.

Arbeitergenossenschaften sehr beliebt
Auf Grundlage früherer Erfahrungen mit den vom J. D. C. unterstützten Kooperativen haben die Juden in mehreren polnischen Städten nach Gewerken gegliederte Arbeitergenossenschaften gegründet. Schneider, Schuster, Strumpfwarenhersteller, Tischler oder Hutmacher arbeiten nun in Kollektivbetrieben. Die jüdische Handwerkervereinigung in Warschau gründete Genossenschaften zur Herstellung von Strumpfwaren, die wiederum 3000 Meister, Gesellen und Hilfskräfte beschäftigen, die an 1500 Maschinen arbeiten. In Wilna wurde die vom J. D. C. viele Jahre mitfinanzierte große Genossenschaft neu organisiert. Die Arbeiter verdienen dort 100 Złoty pro Woche. Das deutsche Arbeitsamt stellt ihnen das Material zur Verfügung und bestimmt, in welchem Zeitraum die Aufträge zu erledigen sind. Alle Angehörigen der Genossenschaft müssen mit harter Bestrafung rechnen, wenn sie einen Auftrag nicht zufriedenstellend erfüllen oder den vorgeschriebenen Zeitrahmen überschreiten. So wurden alle jüdischen Arbeiter einer Genossenschaft drei Tage lang inhaftiert, weil das Arbeitsamt bei der Auftragsabwicklung Mängel festgestellt hatte. Jedem Arbeiter einer Schustergenossenschaft in Warschau

8 Die Gazeta Żydowska (Jüdische Zeitung) war die einzige legale Zeitung für die jüdische Bevölkerung im besetzten Polen. Sie wurde vom 23.7.1940 bis 30.8.1942 von den deutschen Propagandabehörden mit Hilfe jüdischer Journalisten in Krakau herausgegeben und erschien alle zwei bis drei Tage.
9 Der Aufruf erschien in der Gazeta Żydowska Nr. 39 vom 16.5.1941, S. 2.

wurden 20 Prozent vom Lohn abgezogen, weil ein Teil der angeforderten Militärstiefel nicht rechtzeitig geliefert wurde.
Trotz dieses Drucks und der schwierigen Arbeitsbedingungen sind Arbeitergenossenschaften im Getto besonders beliebt. Die Männer haben festgestellt, dass sie als Gruppe viel leichter Arbeit finden können, und das dadurch entstandene Gefüge vermittelt ihnen das Gefühl von Zusammenhalt und Kameradschaft. Sehr wichtig ist in diesem Zusammenhang auch, dass es die Kehillah (die jüdische Gemeinde) in Warschau erreicht hat, dass Genossenschaftsmitglieder von der Zwangsarbeit befreit werden – ein Privileg, das Juden im Allgemeinen sonst verwehrt wird. Die in den Kooperativen tätigen Männer, von denen früher viele einmal hochqualifizierte Akademiker und Geschäftsleute waren, bringen sich nun selbst und ihren Kindern Neues bei – und zwar handwerkliche Fertigkeiten.
Im Getto von Łódź, das von einer 2,4 km langen Mauer umgeben ist, befinden sich einige der besten Textilfabriken der Welt. Auf der Leipziger Messe wurden Produkte aus diesen Fabriken ausgestellt; und einige Nazi-Zeitungen zeigten sich erstaunt darüber, dass „minderwertige“ Arbeiter Waren von so hoher Qualität abliefern können.[10]

Lebendiges kulturelles Leben
Vielleicht zählen die Berichte über das lebendige kulturelle Leben, das sich derzeit im städtischen Getto entwickelt, zu den am meisten ermutigenden und anrührenden Nachrichten, die wir derzeit aus Warschau erhalten. Meldungen über ständig zunehmende kulturelle Aktivitäten sind ein ausreichender Beleg dafür, dass sich die Menschen im Getto über ihre Mörder und Peiniger erheben und immer noch an den Dingen des Lebens festhalten, die am dauerhaftesten und am meisten inspirierend sind.
Die Verzweiflung der Menschen im Getto rührt zu einem beträchtlichen Teil daher, dass ihre Kinder keine Bildung erhalten. Die Schulen wurden geschlossen, um sie als Suppenküchen zu nutzen. Jüdische Jugendliche wuchsen wie Vagabunden auf, ohne Vorstellung von der Außenwelt, mit geringem Verständnis für die Kunst der Wissenschaft und noch weniger Kenntnissen von den kulturellen Traditionen des Judentums. Lange Zeit hielt man in den Gemeindeküchen im Verborgenen Unterricht für die Kinder ab. Jüdische Lehrer trafen sich mit Gruppen ihrer ehemaligen Schüler und vermittelten ihnen wichtige Grundlagen für ihre geistige Entwicklung.
Vor kurzem wurden die jüdischen Grundschulen Warschaus wiedereröffnet. Der Tag, an dem dieses bedeutsame Ereignis stattfand, hätte kein glücklicherer sein können.[11] Die Eltern in den polnischen Gettos sind wie Eltern überall auf der Welt zu allen denkbaren Opfern für ihre Kinder bereit.
Und es gibt viele weitere Anzeichen für die kulturelle Energie. Vier jüdische Theater haben wieder geöffnet und bieten nun Beschäftigung für Hunderte und eine Fluchtmöglichkeit aus der tragischen Realität für Tausende Menschen. Die Juden von Warschau, verarmt und tagsüber Sklaven, können für wenige Abendstunden in die Welt der Bühne eintauchen. Es wurden auch einige Kunstausstellungen organisiert. Ein Jugendchor existiert wieder, und die Menschen kommen zusammen, um Konzerte und die wundervolle

10 Nicht ermittelt.
11 Nachdem der Schulunterricht im Getto zuvor nur insgeheim hatte stattfinden können, erhielt der Judenrat am 5.9.1941 von den deutschen Behörden die Erlaubnis zur Wiedereröffnung der Schulen. Im Juni 1942 gab es im Getto 19 Schulen mit etwa 6700 Schulkindern.

Musik zu hören, die sie lieben. Und Wunder über Wunder: Unter einem Regime, das spezialisiert ist auf das Verbrennen von Büchern, haben 24 jiddische Buchhandlungen und Bibliotheken eine Konzession erhalten und werden nun von vielen begeisterten Lesern aufgesucht.
Ein wichtiger Faktor, der den Lebenswillen der in den Gettos eingesperrten Juden bestärkt, ist die Solidarität zwischen ihnen und den übrigen Polen. Es gibt zahlreiche Fälle gegenseitiger Hilfe. Es ist nicht ungewöhnlich, dass man von polnischen Händlern liest, die erschossen wurden, weil man sie dabei erwischt hat, wie sie Lebensmittel an Juden verkauften oder sie ihnen schenkten.[12] Sie stehen Schulter an Schulter. Juden und Polen widersetzen sich dem Unterdrücker durch ihre schiere Existenz.
Es leuchtet ein Hoffnungsschimmer inmitten des düsteren Bildes vom Dasein im besetzten Polen. Der Alltag der polnischen Juden in den Gettos gibt uns eine Lektion in Sachen Mut, der wir alle nacheifern sollten.

DOK. 118
Der Beauftragte zur Sicherstellung der Kirchenbücher im Bezirk Bialystok betont am 19. Juni 1942 die Bedeutung jüdischer Personenstandsregister für die Rassenforschung[1]

Schreiben des Beauftragten des Provinzialverbandes Ostpreußen zur Sicherstellung der Kirchenbücher und kirchenbuchähnlichen Quellen im Regierungsbezirk Zichenau, im Kreise Sudauen und im Bezirk Bialystok, gez. Dr. Blank,[2] an den Herrn Oberpräsidenten der Provinz Ostpreußen, Verwaltung des Provinzialverbandes, Königsberg, vom 19.6.1942 (Abschrift)

In der Anlage übersende ich einen Bericht über meine Reise nach Sudauen vom 3. bis 5. Juni[3] und die dazugehörige Reisekostenrechnung.
Infolge der schwierigen Verkehrsverhältnisse im Kreise Sudauen läßt sich noch nicht mit Sicherheit übersehen, wann Herr Suckau[4] seine Arbeiten dort abgeschlossen haben wird. Ich vermute, daß dies etwa Anfang Juli der Fall sein wird. Es ist aber nicht ausgeschlossen, daß sich der Abschluß der Arbeiten noch etwas länger hinziehen wird. Da Erfahrungen darüber, in welcher Zeit sich Sicherungsarbeiten der vorgenommenen Art durchführen lassen, hier noch nicht vorliegen, ist es schwierig, im voraus die Dauer dieser Arbeiten zu bemessen.

12 Siehe Einleitung, S. 61.

1 BArch, R 1509/1738.
2 Dr. Heinrich Blank (1903–1996), Historiker; 1935 oder 1936 SS-, 1937 NSDAP-Eintritt; von 1937 an Beauftragter des Reichssippenamts als Leiter der Kirchenbuchstelle Königsberg (Pr.), von 1941 an Leiter des Gausippenamts Danzig-Westpreußen und gleichzeitig kommissar. Leiter des Landessippenamts Ostpreußen, Okt. 1944 beim Stab des RuSHA (Dienststelle Kammler).
3 Wie Anm. 1, ohne Seitenzahlen. Der fünfseitige Bericht beschreibt die Suche nach Kirchenbüchern und Personenstandsregistern in Standesämtern, Kirchen- und – bereits zerstörten – Synagogengemeinden.
4 Edmund Suckau (vermutlich *1885), 1941 bis April 1944 Hilfskraft, später Nachfolger des Beauftragten zur Sicherstellung der Kirchenbücher und kirchenbuchähnlichen Quellen im Regierungsbezirk Zichenau, im Kreis Sudauen und im Bezirk Bialystok.

Nach Beendigung seiner Tätigkeit im Kreise Sudauen habe ich in Aussicht genommen, Herrn Suckau im Bezirk Bialystok anzusetzen, da hier die Arbeiten zur Erfassung und Sicherstellung der Kirchenbücher vordringlich sind, zumal aus dem Schreiben des Herrn Oberpräsidenten der Zivilverwaltung für den Bezirk Bialystok, vom 7.V. – I Kult. – hervorgeht,[5] daß dort Ansichten über den Umfang der Arbeiten herrschen, die ich nicht teilen kann. Es erscheint mir nicht möglich, die Sicherung der Kirchenbücher auf solche Gemeinden zu beschränken, deren Bücher Eintragungen aus volksdeutschen Gemeinden enthalten. Es dürfte in Bialystok nicht bekannt sein, welche Bücher Eintragungen dieser Art enthalten. Es gibt im dortigen Bezirk zweifellos in recht erheblichem Umfange ein verschüttetes Deutschtum, dessen Feststellung von unmittelbarem staatspolitischen Wert ist. In welchen Kirchenbüchern die Beurkundung der Personenstandsfälle unter diesen früheren deutschen Einwanderern erfolgt ist, läßt sich aus dem Stand des Deutschtums bezw. polonisierten Deutschtums, das jetzt [bei] der Besetzung vorgefunden worden ist, nicht erkennen. Es ist außerdem eine bekannte Tatsache, daß Eintragungen deutscher Ansiedler zumindest in den ersten Jahren vor der Gründung eigener Gemeinden in den Kirchenbüchern der benachbarten polnischen oder russischen Gemeinden erfolgte. In manchen Fällen, wo das Deutschtum so dünn angesiedelt war, daß es zur Gründung einer eigenen Gemeinde nicht gelangte, ist diese Beurkundung dauernd in den Kirchenbüchern der benachbarten polnischen oder russischen Gemeinden erfolgt. Es ist also schon für die Bearbeitung der Siedlungs- und Bevölkerungsgeschichte des Deutschtums im Bezirk Bialystok unerläßlich, auch die Kirchenbücher aller übrigen Nationalitäten bezw. Konfessionen heranzuziehen. Außerdem besteht darüber hinaus ein wissenschaftliches Interesse an der Sicherstellung der russischen und polnischen Kirchenbücher, weil sie ein einzigartiges und unersetzliches Material für die bevölkerungsgeschichtliche Entwicklung dieses Gebietes darstellen, das nicht entbehrt werden kann, zumal schon deswegen nicht, weil sich nur aus dem Vergleich mit der fremdstämmigen Bevölkerung ein zutreffendes Bild über die geschichtliche Entwicklung der deutschen Bevölkerungsteile gewinnen läßt. Ein besonderes Interesse besteht an den Judenregistern, und zwar sowohl an den Registern der Synagogengemeinden wie an den staatlich geführten Judenregistern. Beide Arten werden für die Ermittlung der Abstammung in Mischlingsfällen dringend gebraucht. Bekanntlich stammt das im Altreich ansässige Judentum zum größten Teil aus diesen ehemals russischen bezw. polnischen Gebieten, und es hat sich schon in vielen Fällen als unmöglich herausgestellt, die Abstammung von Mischlingen einwandfrei zu klären, da es bisher nicht möglich war, Auskünfte aus diesen Judenregistern zu erhalten. Die Folge war in allen diesen Fällen eine zu günstige rassische Einordnung, da das Judentum einer Person nur dann als erwiesen gilt, wenn der urkundliche Nachweis dafür erbracht werden kann. Die Judenregister des Bezirks Bialystok sind ein wichtiges Mittel, um die Fortpflanzung von Mischlingen im Deutschen Volk unterbinden zu helfen. Ich bitte daher, den Herrn Oberpräsidenten, Zivilverwaltung für den Bezirk Bialystok, darauf hinzuweisen, daß entgegen seiner Ansicht unsere Sicherungsarbeiten sich auch auf die Kirchenbücher der fremdstämmigen Bevölkerung erstrecken müssen.

5 Zivilverwaltung für den Bezirk Bialystok, gez. Dr. Lalla, an den Herrn Oberpräsidenten in Königsberg vom 7.5.1942 betr. Tätigkeit des Arbeitsratenvorstehers Suckau vom Reichssippenamt; wie Anm. 1, ohne Seitenzahl.

DOK. 119

Der Judenrat im Getto Białystok warnt am 20. Juni 1942 in einer Sitzung mit Vertretern des jüdischen Ordnungsdiensts vor Machtmissbrauch und Korruption[1]

Protokoll der Versammlung des jüdischen Ordnungsdiensts im Getto Białystok vom 20.6.1942

Der Saal ist voller Polizisten, unter denen auch Zivilisten zu sehen sind. Auf dem Podium sitzen Mitglieder des Judenrats.

Um 12.15 Uhr eröffnet Rabbiner Dr. Rozenman die Versammlung mit einer kurzen Rede, in der er sagt: Heute, nach Durchführung der Säuberungsaktion,[2] die stattfinden musste, haben wir diese Versammlung einberufen, um Sie über die Bedeutung der Ihnen auferlegten Aufgaben zum Nutzen des Gettos zu informieren. Auf Ihren Schultern liegt der Ordnungs- und Sicherheitsdienst. Dieser Dienst bedeutet schwere Arbeit. Für die Sicherheit der Bevölkerung und die Zufriedenstellung der Behörden werden Sie Tag und Nacht Wache halten, um Ordnung und das Regime im Gettoalltag einzuführen, sei es im Leben des Einzelnen oder der Allgemeinheit. Das Getto, jener Mikrokosmos eines Staates, erfordert ein besonders hohes Maß an Wachsamkeit. Daher ist die heutige Versammlung von großer Bedeutung. Wir werden uns heute mit einem Appell an Sie wenden, sich die besondere Bedeutung Ihres Amts bewusst zu machen und es ehrlich, loyal und mit großer Würde wahrzunehmen.

Ing. *Barasz* erhält das Wort: Schon lange suche ich nach einer Gelegenheit, mit Ihnen über unsere großen Probleme und Sorgen zu diskutieren, die insbesondere für Ihre Abteilung von gewaltiger Bedeutung sind. Aber zwischen uns war eine Wand, ein Hindernis, das jeder Möglichkeit einer Verständigung im Wege stand. In jener Situation hätten Worte nicht genützt, Taten waren gefordert.

Erst heute kam der Moment, wo wir sagen können, dass sich in der Vergangenheit schlechte Elemente unter Sie gemischt haben. Nur wir tragen die Schuld dafür, denn zunächst verstanden wir die Wichtigkeit Ihrer Aufgaben nicht. Das gesamte Getto mit 35 000 Seelen bildet einen Organismus, der aus verschiedenen Organen besteht, wie Gehirn, Herz und so weiter. Der jüdische Ordnungsdienst: Das sind die Hände, die verschiedene Anordnungen auszuführen sowie im Getto für Schutz und Sicherheit zu sorgen haben. Soweit die Theorie. De facto ist anstelle von Schutz Schutzlosigkeit getreten und anstelle von Sicherheit Willkür.

Ich bin weit davon entfernt, dem gesamten Korps des jüdischen Ordnungsdiensts Vorwürfe zu machen, aber gewisse Elemente wie z. B. Zelikowicz,[3] Fenigsztajn,[4] das

1 YVA, M.11/2, Bl. 91–95. Abdruck in: Blumenthal, Darko shel judenrat (wie Dok. 11, Anm. 1), S. 195–201; in deutscher Übersetzung: Anders/Stoll/Wilke (Hrsg.), Der Judenrat von Białystok (wie Dok. 11, Anm. 1), S. 119–123. Das Dokument wurde aus dem Jiddischen neu übersetzt.

2 Gemeint ist die von Barasz im Folgenden geschilderte Absetzung führender Angehöriger des jüdischen Ordnungsdienstes wegen Korruption und Unterschlagung.

3 Grisha Zelikowicz (gest. 1942); 1941/42 stellv. Kommandant des jüdischen Ordnungsdiensts; wegen zahlreicher Vergehen und Bereicherung 1942 vom Judenrat abgesetzt und an die Gestapo ausgeliefert; in Haft gestorben.

4 Auch Pfenigstein, Angehöriger des jüdischen Ordnungsdiensts im Getto Białystok; wegen Betrugs von den Deutschen 1942 verhaftet und erschossen.

„Quintett“[5] und seine Sympathisanten nutzten unsere schreckliche Lage im Getto aus, um Erpressung zu betreiben und dadurch das Leben von 35 000 Juden der Willkür zu überlassen. Sobald sie erfuhren, dass es bei jemandem Stoffe oder Gold gibt, notierten sie es sofort und führten dort eine Durchsuchung durch, ohne darauf Rücksicht zu nehmen, ob dort der Betroffene am Samstag[6] abgeholt oder einfach erschossen worden war! Wie die Gangster aus Chicago, wie der bekannte Al Capone, hat der Bandit Zelikowicz Namenslisten von Personen erstellt, bei denen Durchsuchungen durchgeführt werden sollten. Aber er wird an der Durchführung nicht mehr beteiligt sein. In gewissen Wirtshäusern und Kneipen betranken sich gewisse Mitglieder des jüdischen Ordnungsdiensts auf Kosten der Betroffenen.

Bei diesem Banditen Zelikowicz wurden so gewaltige Schätze beschlagnahmt, dass es mir einfach unangenehm wird, wenn man mit mir außerhalb des Gettos darüber redet. Darunter waren verschiedene Stoffe, Kosmetika, Liköre, Champagner, Gold, Brillanten, Dollar. Und die Durchsuchungen sind noch nicht abgeschlossen. Die unglücklichen Menschen gaben ihm ihre letzten Sachen, um seinen Drohungen bezüglich eines gewissen Ortes[7] zu entgehen.

Und es gab bereits einige Nachahmer, die pausenlos Erpressung betrieben, angefangen mit Prużany,[8] jenem großen Unglück und ungeheuren Schrecken, der unser Getto heimsuchte. Und so war das auch in allen anderen Fällen, bei denen erpresst und andere miese Taten begangen wurden.

Es entstand bereits ein Netz von Mittelsmännern, die die Bevölkerung in ihr Spinnennetz eingewoben hatten. Bei uns ist eine Reihe von Fakten zu ihren beschämenden Handlungen verzeichnet, sie sind mir zu peinlich, um diese hier zu erörtern. In ihr Netz woben sie auch den Schwarzmarkt ein, der ja ein besonderer Flecken in unserem Leben ist. In friedlichen Zeiten sind wir freilich nicht verpflichtet, die Tätigkeiten anderer zu kontrollieren. Im Getto sind jedoch alle für die Taten Einzelner verantwortlich; selbst wenn die Diebe nichtjüdisch sind, ist es recht, für den Diebstahl zehn Juden zu erschießen!

Und der Anführer des Schwarzmarkts war Zelikowicz mit seinen Agenten! Es dauerte zu lange; aber schlussendlich kam die Zeit, in der er und seine Mitarbeiter beseitigt wurden. Und nun können wir uns mit einer Warnung an Sie wenden: Sollte einer von Ihnen versuchen, diese Wege erneut zu beschreiten, werden wir erbarmungslos mit ihm abrechnen!

Bei dieser Gelegenheit kann ich es nicht vermeiden, auch die verbrecherischen Taten an den Toren zu erwähnen. Dies ist ein entsetzliches Bild, wenn 7000 Menschen nach einem schweren Arbeitstag zurückkommen und versuchen, etwas hineinzubringen, und das wird ihnen dann weggenommen, und die am Tor stehenden Mitglieder des jüdi-

5 Laut einer Meldung vom 17.6.1942 hatte der Judenrat fünf Angehörige des jüdischen Ordnungsdienstes im Getto wegen Amtsmissbrauchs verhaften lassen; tags zuvor waren bereits 16 Personen aus dem Ordnungsdienst entlassen worden; siehe Anders/Stoll/Wilke (Hrsg.), Der Judenrat von Białystok (wie Dok. 11, Anm. 1), S. 242 f.

6 Gemeint ist das Massaker am 12.7.1941, bei dem mindestens 2000 Juden aus Białystok von den Deutschen ermordet wurden; siehe Einleitung, S. 56.

7 Gemeint ist die Gestapo.

8 Zu den Deportationen nach Prużany im Herbst 1941 siehe Einleitung, S. 58.

schen Ordnungsdiensts kaufen es ab.[9] Danach nehmen sie die konfiszierten Produkte mit und verkaufen diese in ihren eigenen eröffneten Geschäften. Sie sind also daran interessiert, dass diese Produkte entdeckt werden, um diese selbst von den armen arbeitenden Menschen zu rauben, die es mit eigenen Händen erworben hatten! Gegen solche Menschen wird man ohne Erbarmen vorgehen!

Nun entfacht sich unter den Mitgliedern des Ordnungsdiensts eine Diskussion, ob die letzte Säuberungsaktion ihr Prestige und ihre Autorität gehoben oder gesenkt habe. Aber, meine Herren! Die Rechnung beweist, dass unter Ihnen 10 % Verbrecher waren; ich hatte Schlimmeres befürchtet. 90 % von Ihnen sind ehrliche Beamte! Die Gangrän[10] musste herausgeschnitten werden, und ohne Zweifel wurde dadurch Ihr Ansehen gehoben.

Wenn es unter der Bevölkerung solche Menschen gibt, die dies anders deuten, wird es uns mit unseren Mitteln gelingen, sie zu zwingen, dass sie Sie mit dem Ihnen zustehenden Maß an Achtung behandeln. Und alle Mittel werden erlaubt sein, um diejenigen zu bestrafen, die den jüdischen Ordnungsdienst beleidigen.

Unsere Lage im Getto ist klar. Bis heute – knapp ein ganzes Jahr – ist es uns gelungen, die entsprechenden Bedingungen zu schaffen, um das Schicksal anderer Städte zu vermeiden.[11] Aber um sich auch in Zukunft zu schützen, ist das Eine notwendig – das jeder – vom Torwächter bis zum Beamten – verstehen muss: Jeder von Ihnen muss hundertprozentig auf seinem Platz sein! Wir haben ein einziges Ziel: Die Juden hindurchzuführen und aus dem Getto Białystok herauszuführen. Jetzt ist nicht die Zeit, Karriere zu machen! Auch wenn wir dafür alle unsere Kräfte aufbieten, müssen wir eine solche Ordnung schaffen! Ich weiß, Sie haben ein sehr schweres Leben, und ich kann Ihnen keine Versprechungen machen. Wir sind ein Staat ohne Finanzen, ohne Budgets, ohne Goldreserven. Aber das Präsidium bemüht sich, Ihnen bei unseren wenigen Mitteln entgegenzukommen, damit Sie Ihre heilige, historische Aufgabe zu einem glücklichen Ende führen können.

(Starker Applaus).

Der neue Vizekommandant, Herr Mosze *Berman*[12] erhält das Wort. Er sagt:

Verehrte, teure Kollegen! Mit dem Einverständnis unseres Kommandanten Markus[13] habe ich das Amt des Vizekommandanten angenommen, möge mein Amtsantritt unsere Organisation beleben. Ich bin kein Jude von der Straße und kein Büromensch. Ich werde mit dem Kommandanten Markus zusammenarbeiten und mögen wir zufrieden sein, wenn wir eine gemeinsame Sprache finden. Ich zähle nicht zu jenen Leuten, die Politik machen, zu denjenigen, die „nein“ sagen, nur weil ein anderer „ja“ sagt. Die Zusammenarbeit zwischen mir und Markus ist eine Garantie; in uns beiden schlägt ein jüdisches

9 Eine Einnahmequelle des Ordnungsdiensts war es zuvor gewesen, die von deutschen Polizisten konfiszierten Lebensmittel preiswert zu kaufen und im Getto zu höheren Preisen zu verkaufen.

10 Gewebsnekrose, die auch unter der Bezeichnung Wundbrand bekannt ist.

11 Barasz meint die Auflösung zahlreicher Gettos und die Deportation ihrer jüdischen Bewohner.

12 Moshe Berman, zunächst stellv., dann erster Kommandant des jüdischen Ordnungsdiensts im Getto Białystok; unter seiner Leitung weigerte sich der Ordnungsdienst im Febr. 1943, bei der Deportation der Juden aus dem Getto mitzuwirken.

13 Yitzhak Markus bzw. Marcus (*um 1885–1943), Feuerwehrmann; von Aug. 1941 an erster Kommandant des jüdischen Ordnungsdiensts im Getto Białystok; er wurde vermutlich im Sept. 1943 nach Lublin deportiert und Anfang Nov. 1943 ermordet.

Herz, das Herz des Gettos. An erster Stelle muss das Interesse der Allgemeinheit stehen, und unsere privaten Angelegenheiten müssen hintanstehen. Er ist ein wahrhaftiger gesellschaftlicher Funktionär, und meine Mentalität ist auch ähnlich – warum sollten wir nicht zusammenarbeiten können?

Die letzten Ereignisse haben jene Gruppe eliminiert, die von der öffentlichen Meinung verurteilt wird. Sprachen wir selbst früher nicht von der nötigen „Säuberung"? Wussten wir nicht, dass uns ein Flecken anhaftet? Wir zweifelten jedoch daran, ob wir es schaffen würden, diesen abzuwaschen. Nun, wo andere schon die Sache in die Hand genommen haben, ist die Sache bereits erledigt, und wir sind zufrieden, denn es bereitete uns in den letzten Tagen nicht wenig Kummer. Diejenigen, die weiterhin die Mützen[14] tragen, mögen zufrieden sein. Ich bin glücklich und kann mir gar nicht vorstellen, dass diese Angelegenheit nicht als Lehre dienen wird. Wir sind intelligente Menschen. Lassen Sie uns hoffen, dass es dem Judenrat gelingen wird, das Schlechte zu entwurzeln.

Ich möchte jedoch unterstreichen, dass das Getto die Gelegenheit zum Missbrauch bietet, nicht unbedingt nur bei uns, sondern auf verschiedenen Ämtern. Daher wende ich mich an Sie mit einem Appell, dass derselbe eiserne Besen den Schmutz überall auskehren wird (Applaus) und nicht beim jüdischen Ordnungsdienst stehenbleibt. Dieser ist kein Einzel- oder Stiefkind. Wir sind alle eine Familie; der Schmutz muss unbedingt weggeräumt werden.

Das Getto wird nicht ewig bestehen. Eines Tages werden wir unsere Brüder ohne die Mützen treffen. Alle Beamten müssen saubere Arbeit machen!

Ich bedanke mich bei Ing. Barasz für sein Versprechen, für die üble Beleidigung gegenüber dem jüdischen Ordnungsdienst Strafen zu verhängen. Ich habe hierzu einen Aufruf formuliert, der plakatiert werden soll und sicherlich helfen wird. Mit Genugtuung erwähnte ich bei dieser Gelegenheit die Worte von Herrn Ing. Barasz zu einem gewissen Vorfall:[15] Ich werde es nicht erlauben, dass meine Polizisten angegriffen werden! Vor einer Woche hätte er solche Worte nicht sagen müssen! (Applaus) Ein solches Verhalten hat einen kolossalen Wert!

Was heißt ehrliche Arbeit? Mein persönlicher Standpunkt ist der, dass wir alle gesellschaftlich tätig sind. Wir müssen unbedingt eine militärische Disziplin einhalten. Aber die Hauptsache ist: reine Hände! Wer unreine Hände hat, hat hier keinen Platz!

Ich schwöre, dass ich weiterhin einen ehrlichen Weg gehen werde, wie ich es bis jetzt getan habe! Und nun wende ich mich an Sie: Gehen Sie meinen Weg! Gehen Sie die Wege der ehrlichen Menschen! Lassen Sie uns das Unsere tun und das Unsere verlangen!

Kommandant Markus hat ein geflügeltes Wort über die Kehrseite der Medaille. Lassen Sie uns also von der Kehrseite der Medaille sprechen: die Existenz, unsere Mägen, unsere Kinder! Unter den Gettobedingungen ist die Möglichkeit, zufrieden gestellt zu werden, begrenzt. Aber ich werde in die Zimmer 1, 10, 16 gehen[16] und Achtung und Anerkennung fordern und habe keinen Zweifel, dass man mir entgegenkommen wird. Die Worte

14 Abgesehen von der Armbinde trugen die jüdischen Polizisten überall auch besondere (grüne) Mützen mit der Aufschrift „Jüdischer Ordnungsdienst".

15 Nicht ermittelt.

16 Darin befanden sich die Büros der Abt. Verwaltung, Finanzen und Wirtschaft, die für die Arbeit des jüdischen Ordnungsdiensts zuständig waren.

von Herrn Ing. Barasz sind für uns eine heilige Zusage! Unsere minimale Existenz muss gegeben sein!
Wir treten zur Arbeit an mit der reinen Absicht, dass wenn die Zäune[17] fallen werden, wenn sich für uns ein neues Leben eröffnen wird, wir mit offenen Augen unsere Brüder anblicken können. Ich hoffe auch, dass wenn jemals eine Monografie über das Getto geschrieben wird, man uns positiv erwähnen wird (Applaus).
Herr *Markus* (auf Polnisch) berichtet zunächst über die Geschichte der Gründung des jüdischen Ordnungsdiensts und schließt seine Worte mit der Notwendigkeit, ehrlich und getreu zu dienen.
Rabbiner *Rozenman* schließt die Versammlung mit einer kurzen Rede.

DOK. 120

Der Oberbürgermeister von Posen fordert am 22. Juni 1942 von der Reichsvereinigung der Juden in Deutschland, die Behandlungskosten für erkrankte jüdische Zwangsarbeiter zu bezahlen[1]

Der Oberbürgermeister der Gauhauptstadt Posen[2] (400–22–6/5), ungez., an die Reichsvereinigung der Juden in Deutschland, Berlin-Charlottenburg, vom 22.6.1942 (Abschrift)[3]

Die hiesige Stadtverwaltung hat aus Fürsorgemitteln erhebliche Kosten für die Juden, die in den Arbeitslagern erkrankt sind und infolge der Erkrankung nicht in der Lage waren, ihren Lebensunterhalt zu verdienen, aufbringen müssen.[4]
Nach den geltenden Vorschriften[5] sind die Kosten für hilfsbedürftige Juden von der freien Wohlfahrtspflege zu tragen. Ich ersuche daher, die von der Stadtverwaltung verauslagten Kosten in Höhe von 199 508,10 RM aus den dortigen Mitteln zurückzuerstatten.[6]

17 Gemeint ist die äußere Umzäunung des Gettos.

1 BArch, R 8150/759, Bl. 60.
2 Dr. Gerhard Scheffler (1894–1977), Jurist; 1940 NSDAP-Eintritt; von 1924 an verschiedene Verwaltungstätigkeiten, u. a. Landrat der Grafschaft Bentheim, 1933–1939 ORR im RMdI, 1939–1945 Oberbürgermeister von Posen; lebte nach Kriegsende zunächst unter falscher Identität; von 1950 an im BMI tätig, 1958–1970 Vorstandsmitglied des Deutschen Paritätischen Wohlfahrtsverbands.
3 Am 25.6.1942 sandte die Reichsvereinigung der Juden in Deutschland das Schreiben „mit der Bitte um Weisung“ weiter an das RSHA.
4 Siehe Einleitung, S. 41.
5 Siehe Dok. 5 vom 7.8.1941.
6 Die Reichsvereinigung war nicht finanziell zuständig, da sie laut 10. VO zum Reichsbürgergesetz vom 4.7.1939 nur für im Altreich lebende Juden sorgen musste. Siehe den Bericht der Reichsvereinigung, gez. Johanna Sara Karminski, für das Reichssicherheitshauptamt vom 2.7.1942 betr. Anforderung einer Kostenerstattung von RM 199 508,10 durch den Oberbürgermeister der Gauhauptstadt Posen; wie Anm. 1, Bl. 59.

DOK. 121
Oskar Rosenfeld beschreibt am 25. Juni 1942 die große Bedeutung klassischer Konzerte für die Menschen im Getto Litzmannstadt[1]

Aufzeichnungen von Oskar Rosenfeld im Getto Litzmannstadt vom 25.6.1942

Theater und Kultur
Kulturhaus-Konzerte
25. Juni 1942.
Wer das Programm der Konzerte im Kulturhause einer gründlichen Betrachtung unterzieht, kann feststellen, daß immer wieder die gleiche Kategorie der Musik das Getto-Publikum anzieht. Es ist dies die Kategorie des romantischen Stils, der die tiefgreifendsten Wirkungen erzielt. Selbstverständlich haben die Zuhörer – es sind fast immer dieselben – Respekt vor der klassischen Musik, repräsentiert durch Bach, Händel, Haydn, Mozart, Beethoven. Kapellmeister Ryder[2] läßt keine Gelegenheit außeracht, diese Meister zu reproduzieren. Aber die große Liebe gehört, unabhängig vom künstlerischen Rang, den Romantikern.
Das Konzert am 24. Juni brachte die landläufigen unbedeutenden Stücke von Wallace, Mendelssohn und Thomas. Insbesondere Thomas' Mignon-Phantasie wurde mit großer Ergriffenheit aufgenommen, obwohl nur wenigen Zuhörern der Goethe-Text „Kennst Du das Land …"[3] bekannt war. Nichtsdestoweniger ging eine spürbare Erschütterung durch das Publikum, als das Sehnsuchtsmotiv „Dahin, dahin möchte ich mit Dir … ziehen" erklang, ein Beweis, welch wichtigen *seelischen* Faktor die Musik im Kulturleben des Gettos bildet.
Dr. Curt *Behr*[4] hatte sich entschlossen, den träumerischesten aller deutschen Romantiker, Robert *Schumann*, zu spielen (den deutschen Chopin), und zwar „Carnaval", das pianistisch im Grunde undankbare Glanzstück, denn die pianistischen Feinheiten dienen hier der absoluten musikalischen Reinheit und nicht einer äußerlich fesselnden Bravour. Es ist dies deswegen wertvoll festzustellen, weil sogar diese, dem banalen Geschmack fernliegende, nur dem Feinschmecker behagende Komposition begeistert aufgenommen und der Pianist zu einer Zugabe gedrängt wurde. Auf einem verstimmten und tastenlahmen Instrument, das sich eine gründliche Reparatur schon verdient hat. Die bisherigen Erfahrungen bezüglich der Wirkung der Musik auf die Gettobewohner lassen günstige Resultate erhoffen.

1 YVA, O.6/234/II-2, Bl. 5 (Typoskript).
2 Teodor Ryder (1881–1944), Pianist, Dirigent; vor 1939 Pianist an der Warschauer Oper, dann Dirigent des Symphonieorchesters in Łódź, leitete von Frühjahr 1941 an das Orchester im Getto; er wurde wahrscheinlich im Aug. 1944 nach Auschwitz deportiert, dort umgekommen.
3 Gedicht von Johann Wolfgang von Goethe, enthalten in Buch 2 des Romans Wilhelm Meisters Lehrjahre, erschienen erstmals 1795.
4 Dr. Curt Behr (*1911), Pianist, Musiklehrer; im Okt. 1941 mit dem zweiten Prager Transport nach Litzmannstadt deportiert.

DOK. 122
Der Reichstreuhänder der Arbeit im Reichsgau Wartheland regelt am 25. Juni 1942 den Einsatz jüdischer Zwangsarbeiter bei Privatfirmen[1]

Anordnung des Reichsstatthalters im Warthegau, Abt. Arbeit, Fachgeb. „Reichstreuhänder der Arbeit", gez. Kendzia, vom 25.6.1942[2]

Anordnung
über die Beschäftigung jüdischer Arbeitskräfte im Reichsgau Wartheland.

§1
Die Beschäftigung jüdischer Arbeitskräfte ist nur mit Zustimmung des Reichsstatthalters - Abteilung Arbeit - zulässig.
Der Antrag auf Zuweisung jüdischer Arbeitskräfte ist an das für den Beschäftigungsort zuständige Arbeitsamt zu richten.

§2
Jüdische Arbeitskräfte dürfen nur für den Zweck beschäftigt werden, für den sie zugewiesen sind.

§3
Die jüdischen Arbeitskräfte erhalten freie Unterkunft und Verpflegung, deren Kosten nicht mehr als RM. 1,– täglich betragen sollen.
Jüdische Arbeitskräfte erhalten keinen Lohn, jedoch ist die Aussetzung von Prämien bei besonderer Überschreitung eines normalen Leistungssolls oder die Durchführung von Akkordarbeit zur Erreichung einer Leistungssteigerung zulässig. Die Prämien dürfen für die jüdische Arbeitskraft im Höchstfalle nicht mehr als RM 1,50 je Arbeitswoche betragen.

§4
Für jede zugewiesene jüdische Arbeitskraft ist zur Unterhaltung der nicht einsatzfähigen Juden ein Betrag von 70 Rpf kalendertäglich abzuführen. Die Beträge sind jeweils am 1. und 15. eines jeden Monats auf das Konto Nr. 12 300 bei der Stadtsparkasse Litzmannstadt für den Oberbürgermeister von Litzmannstadt, Gettoverwaltung, zu überweisen.
Die Überweisung hat grundsätzlich ausschließlich von dem Träger der Maßnahme zu erfolgen, für deren Zwecke die jüdischen Arbeitskräfte zugewiesen sind. Ist die Zuweisung nicht für den Träger einer bestimmten Maßnahme erfolgt, so hat die Überweisung durch den Einzelunternehmer zu erfolgen, der die jüdischen Arbeitskräfte beschäftigt.
Der Oberbürgermeister von Litzmannstadt, Gettoverwaltung, kann von den vorgenannten Bestimmungen abweichende Regelungen über die Überweisung oder Verrechnung der Beträge treffen.

1 AŻIH, 233/39, Bl. 3 f.
2 Siehe Dok. 5 vom 7.8.1941.

§5
Im Bedarfsfall wird die Bekleidung einschließlich Schuhwerk der jüdischen Arbeitskräfte durch den Oberbürgermeister von Litzmannstadt, Gettoverwaltung, gestellt.
Die Beschaffung von Bekleidungsgegenständen durch Dritte, insbesondere die Aufrechnung mit dafür entstehenden Kosten gegen die zu überweisenden Beträge ist nur im Einvernehmen mit dem Oberbürgermeister von Litzmannstadt, Gettoverwaltung, zulässig.

§6
Zur unbedingt notwendigen Erhaltung der Arbeitsfähigkeit der jüdischen Arbeitskräfte sind die Richtlinien des Reichsstatthalters, Abteilung II (insbesondere Erlaß vom 20.2.1942 – II B 226/1–2), zu befolgen.[3]
Für die Durchführung der notwendigen ärztlichen Betreuung und der erfolgreichen Maßnahmen zur Verhütung von Seuchen ist der Träger der Maßnahme, soweit ein solcher nicht vorhanden ist, der die Juden beschäftigende Unternehmer kostenpflichtig.

§7
Die Arbeitszeit jüdischer Arbeitskräfte soll grundsätzlich 10 Stunden täglich betragen.

§8
Diese Anordnung tritt mit dem 1. Juli 1942 in Kraft. Mit dem gleichen Tage treten die bisherigen erlassenen Anordnungen und Bestimmungen, soweit sie mit dieser Anordnung im Widerspruch stehen, außer Kraft.

DOK. 123
Beamte des Arbeitsamts der Stadt Belchatow lassen im Juni 1942 20 Jüdinnen auspeitschen[1]

Amtskommissar der Stadt Belchatow (6884/42/3), Kreis Lask, gez. Tralmer,[2] an den Landrat des Kreises Lask,[3] Abt. Dr. Stiller, Pabianice, vom 27.6.1942

Betrifft: Dienstliche Meldung
Ich melde Herrn Landrat nachfolgenden Vorfall, der sich in der Arbeitsamt-Nebenstelle in Belchatow zugetragen hat. Die Schilderung wurde mir vom Leiter der Arbeitsamt-Nebenstelle Pg. Zander und dessen Mitarbeiter Pg. Kumpmann gegeben, und zwar dürf-

3 Der Erlass sah den verstärkten Einsatz jüdischer Ärzte und Krankenschwestern bei der medizinischen Versorgung jüdischer Zwangsarbeiter vor; Reichsstatthalter, Abt. II B, gez. Jäger, an Oberbürgermeister von Litzmannstadt vom 20.2.1942; APŁ, GV 71, Bl. 71.

1 BArch, R 138II/16, Bl. 179.
2 Josef Tralmer (*1899), Bäcker; 1932 NSDAP-Eintritt; von März 1937 an Bürgermeister von Diessen am Ammersee, von April 1940 an Amtskommissar und NSDAP-Ortsgruppenleiter in Belchatow.
3 Alfred Todt (1905–1961), Kaufmann; 1931 NSDAP-, 1937 SS-Eintritt; von 1934 an Reichshauptstellenleiter der NSDAP in München, von März 1940 an kommissar., von Aug. 1942 an Landrat und NSDAP-Kreisleiter im Landkreis Lask mit Sitz in Pabianice; von Juli 1942 an bei der Waffen-SS.

te deswegen an der vollen Richtigkeit kein Zweifel bestehen, als beide Herren getrennt jeder die gleiche Schilderung abgab.
Das Arbeitsamt hatte Juden für den Arbeitseinsatz bereitzustellen, die nachts zusammen gefangen wurden. Wie üblich sind auch bei dieser Aktion verschiedene Juden ausgerissen oder hatten sich versteckt. Dafür wurden nun die Frauen oder Töchter der Familie zum Arbeitsamt geführt, um zu erreichen, daß auf diese Weise die Männer sich einfinden würden. Die Männer kamen nicht, und es war die Frage gestellt worden, was man mit den Frauen und Mädchen anfangen sollte. Pg. Zander und Kumpmann schlugen dem Reg.Rat Streim, Leiter des Arbeitsamtes Sieradsch, vor, die Frauen und Mädchen zu entlassen. Der Reg.Rat Streim ordnete darauf an, daß man den Frauen und Mädchen einen Denkzettel geben wolle. Das geschah nun in folgender Form: Die Frauen und Mädchen – ungefähr 20 Personen – mußten sich zum großen Teil nackt ausziehen und wurden, weil sie über den Verbleib der Väter oder Männer keine Auskunft geben konnten oder wollten, mit der Peitsche und mit dem Stock geschlagen. Der Reg.Rat Streim hat nicht nur die Anordnung gegeben, sondern die Bestrafung selbst durchgeführt und wurde nur von dem Pg. Zander unterstützt, der mit dem Stock geschlagen hat, während der Reg.Rat die Peitsche benutzte.[4] Unter den Jüdinnen befand sich eine schwangere Frau mit Namen *Klug*, die auf ihren Zustand hinwies, aber trotzdem ihre Wucht[5] vom Reg.Rat bekam.
Dieser Vorgang wurde vom Judenältesten[6] auch dem Abteilungsleiter der Schutzpolizei – Dienstabteilung Belchatow gemeldet. Der Abteilungsleiter hat aber deswegen von einer Anzeige bezw. Meldung Abstand genommen, um nicht wieder – wie es von dieser Stelle (Arbeitsamt) schon einmal geschah – der Judenfreundlichkeit geziehen zu werden.
Kurze Zeit nach diesem Vorfall war eine allgemeine Untersuchung sämtlicher Juden in Belchatow durch die Geheime Staatspolizei. Bei dieser Gelegenheit beauftragte Reg.Rat Streim den Pg. Kumpmann Obacht zu geben, ob die gezüchtigten Jüdinnen noch Spuren aufwiesen.
Diese Bemerkung füge ich nur deswegen an, weil damit die Richtigkeit des Vorfalls nur bestätigt wird.[7]

4 Der Gebrauch von Reitpeitschen war nach Erlass des HSSPF, I a Nr. 2202/39, vom 19.12.1939 verboten und sollte mit exemplarischen Strafen geahndet werden.
5 So im Original.
6 Judenältester im Getto von Belchatow war von April 1942 an Shlomo Hersh Topolewicz, der vor dem Krieg in der zionistischen Bewegung von Bełchatów aktiv gewesen war.
7 Zur nachfolgenden Korrespondenz zwischen dem Regierungspräsidenten Litzmannstadt und der Behörde der Reichsstatthalterei in Posen siehe APP, 299/872, Bl. 55–57. Mit Schreiben der Abt. Arbeit beim Reichsstatthalter, gez. Kendzia, an Reg.Direktor Dr. Mehlhorn vom 18.11.1942 wurde der Vorfall endgültig zu den Akten gelegt: „Daß da und dort, wo die Polen oder Juden der Arbeit widerspenstig gegenüberstanden, die Belehrung auf frischer Tat vorgenommen wurde, gilt der Erziehung und hat die Polizei im wesentlichen entlastet"; ebd., Bl. 66.

DOK. 124
The Times (London): Artikel vom 30. Juni 1942 über die Ermordung von mehr als einer Million Juden im besetzten Polen und anderen Staaten[1]

Massaker an den Juden. Über 1 000 000 Tote seit Kriegsbeginn[2]

Der Parlamentsabgeordnete S. S. Silverman,[3] der gestern auf einer von der britischen Sektion des Jüdischen Weltkongresses veranstalteten Konferenz in London sprach, erklärte, dass die Deutschen kein Geheimnis aus ihrer Absicht machten, die jüdische Rasse auszulöschen. In den von den Deutschen beherrschten Ländern hätten seit Kriegsbeginn bereits 1 000 000 Juden ihr Leben gelassen.[4] Entweder seien sie erschossen worden, oder sie müssten unter Bedingungen leben, die sie an Epidemien und Hunger sterben ließen. Deutschland hält die Propaganda über die Vernichtung der Juden offensichtlich für vorteilhaft, denn die deutschen Führer, insbesondere Dr. Goebbels, haben stets auf dieses Kriegsziel hingewiesen. Bevor die Juden in Rumänien umgebracht wurden, zwang man sie, eine Erklärung zu unterzeichnen, in der es heißt, sie seien verantwortlich für den Ausbruch des Kriegs und müssten daher akzeptieren, dafür bestraft zu werden.[5] Die Verluste, die das jüdische Volk in den von den Achsenmächten kontrollierten Ländern erleiden musste, übersteigen schon jetzt bei weitem alles, was andere Völker in anderen Kriegen an Opfern bringen mussten.

Dr. I. Schwarzbart,[6] Mitglied des polnischen Nationalrats, nannte Zahlen zu dem Massenmord an den Juden in Polen und zu den zahlreichen Opfern, die an den Folgen von Misshandlungen und Hunger gestorben sind. Auf die Frage, was diesbezüglich unternommen werden könnte, antwortete er, dass die jüdische Bevölkerung in Polen Gefahr liefe, ausgerottet zu werden, und nur unmittelbare Vergeltungsmaßnahmen Hitler davon abhalten könnten, seine Verbrechen fortzusetzen. Das sei die einzige Sprache, die er verstehe.

Dr. Ernest Frischer,[7] Mitglied des tschechischen Staatsrats, sagte, die Drohung der Briten, ebenfalls Gas einzusetzen, wenn die Deutschen dies gegen die Alliierten anwen-

1 The Times (London) vom 30.6.1942, S. 2: „Massacre of Jews. Over 1,000,000 Dead Since The War Began“. Das Dokument wurde aus dem Englischen übersetzt.

2 Am selben Tag brachte der Manchester Guardian einen ähnlichen Bericht; siehe VEJ 6/136.

3 Samuel Sydney Silverman (1895–1968), Jurist, Politiker; 1935–1968 Mitglied der Labour-Partei und des Unterhauses des brit. Parlaments; Präsident der brit. Sektion des WJC, setzte sich u. a. für die Gründung des Staates Israel ein.

4 Siehe auch VEJ 9/74.

5 Eine solche Erklärung gab es nicht. General Ion Antonescu stellte jedoch in einem offenen Brief an Wilhelm Filderman, den Vorsitzenden der Föderation Jüdischer Gemeinden, vom 19.10.1941 die Deportationen als eine kollektive Bestrafung dar, weil Juden aus Bessarabien und der Nordbukowina 1940/41 angeblich mit den sowjet. Behörden kollaboriert hätten; siehe VEJ 13/170.

6 Dr. Ignacy Schwarzbart (1888–1961), Jurist, Journalist; im Ersten Weltkrieg Offizier und Feldrichter der österreich.-ungar. Armee, 1921–1925 Chefredakteur der Krakauer Tageszeitung Nowy Dziennik (Neues Tageblatt); Aktivist der Allgemeinen Zionisten, 1938/39 Sejm-Abgeordneter, 1940–1945 Mitglied des Nationalrats (Exilparlaments) Polens in London; von 1946 an in New York, Leiter der Organisationsabt. des WJC.

7 Arnošt (Ernest) Frischer (1887–1954), Ingenieur, Politiker; Vorsitzender der Židovska Strána (Jüdische Partei) in der Tschechoslowakei, 1940 Emigration nach Palästina nach Gestapo-Haft, 1941–1945 Mitglied der Státna Rada (Exilparlaments) in London; 1948 erneut Exil in London, wo er 1954 verstarb.

den sollten, habe sich als äußerst wirkungsvoll erwiesen. Daher befürworte er eine ähnliche [Abschreckungs-]Methode, um weitere Massaker an den Juden zu verhindern.

DOK. 125
Gedaliah Goldman berichtet, wie zwischen 1939 und Juni 1942 alle Juden aus Kalisch deportiert oder in Gaswagen ermordet wurden[1]

Handschriftl. Bericht von Gedaliah Goldman, o. D.[2]

Auf den Trümmern des Kalischer Judentums
Wenn man heute nach all den Geschehnissen und dem Leid in unsere schöne Geburtsstadt Kalisch zurückkehrt, nachdem das barbarische Naziregime, das über Europa wütete, bezwungen worden ist, packt einen die pure Verzweiflung, dass von 28 000 Kalischer Juden nur ca. 250 Personen am Leben geblieben sind.[3] Man möchte wissen, was mit unseren Mitbürgern geschehen ist, mit denen wir zusammen aufgewachsen sind.
Es war am Montag, den 20. November 1939, an einem kalten und trüben Morgen, der der jüdischen Bevölkerung nichts Gutes verheißen sollte. Im jüdischen Wohnbezirk, im Zentrum der Stadt, gab es ein großes Durcheinander, Geschrei und Weinen. Wollte man erfahren, was passiert ist, erhielt man von niemandem eine Antwort. Alle liefen völlig aufgelöst umher. Schließlich wurde klar, dass Polizeieinheiten den jüdischen Bezirk umstellt hatten und die Juden ihre Häuser nicht verlassen durften. Um neun Uhr morgens wurde bekannt gegeben, dass der frisch gewählte Bürgermeister Grabowski,[4] ein großer Judenhasser, (um einen Eindruck davon zu vermitteln, wer dieser Bürgermeister Grabowski war, reicht es, eine Aussage seines Mitarbeiters Krüger wiederzugeben, der sich dahingehend äußerte, dass es um das Schicksal der Juden demnächst sehr schlecht bestellt sein würde; ich verstehe nicht, woher bei Menschen solch ein Sadismus kommt, es scheint eine Schule zu geben, wo man das Morden lernt) eine Verordnung herausgegeben hat, der zufolge alle Juden aus Kalisch ausgesiedelt werden mussten. Auf seinen Befehl hin stürmten SA-Einheiten und Volksdeutsche, die ihnen assistierten, die Häuser und nahmen alle Menschen mit, die sie dort antrafen, darunter Alte, Kranke und Kinder. Die Schwerkranken wurden in der Rycerska-Straße zusammengetrieben. Es war nicht erlaubt, mit Ausnahme von Essen und Geld im Werte von 50 Zloty irgendetwas mitzunehmen. Alles andere musste zurückgelassen und der Wohnungsschlüssel ausgehändigt werden. Diejenigen, die nicht schnell genug laufen konnten, schlug man mit Gewehrkolben. Auf diese Weise wurden alle in die Halle auf dem Marktplatz [an der Jan-]Dekert[-Straße]

1 AŻIH, 301/567, Bl. 2–6. Das Dokument wurde aus dem Jiddischen übersetzt.
2 Der Bericht entstand vermutlich unmittelbar nach der Befreiung der Stadt im Jan. 1945; siehe auch VEJ 4/47.
3 Vor Sept. 1939 lebten etwa 25 000 Juden in Kalisz.
4 Walter Grabowski (*1896), Handelsvertreter; 1926 NSDAP- und SA-Eintritt; von Nov. 1939 an Mitarbeiter der „Zentralstelle für Krankenverlegungen“ (Tarninstitution für die „Euthanasie“-Aktion) und an den Krankenmorden in Schneidemühl und Kosten (Kościan) beteiligt, Okt. 1939 bis Mitte Jan. 1940 Stadtkommissar in Kalisch, von 1941 an Wirtschaftsdirektor, später Direktor der Tötungsanstalt Meseritz-Obrawalde; seit Frühjahr 1945 verschollen.

getrieben. (Anmerkung: Ein paar Tage vorher standen in derselben Markthalle noch Armeepferde, so dass die Juden in den Mist geschickt wurden, den die Tiere zurückgelassen hatten.) An diesem Tag wurden ca. 10 000 Juden in die Halle geführt. Junge Männer und starke Frauen begannen unmittelbar nach der Ankunft damit, den Pferdemist wegzuräumen und somit Platz für die Alten und Kinder zu schaffen. Die Schwerkranken wurden hinausgeführt und ins Krankenhaus gebracht. Während dieser Krankentransporte gelang es vielen Menschen, aus der Halle zu entkommen (sie war mit Stacheldraht umgeben und wurde bewacht). Somit war es ihnen möglich geworden, ihre Verwandten mit Essen zu versorgen, die weiterhin eingesperrt blieben. In der Halle lagen die Menschen auf der Erde, zwischen den Fußbodenbrettern und auf dem Dachboden. Es muss unvergesslich und unbeschreiblich für diejenigen gewesen sein, die das alles mit angesehen und miterlebt haben, und dazu das Weinen der Alten, Mütter und Babys.
Am Dienstagmorgen kam Herr Grabowski, um sein Werk in Augenschein zu nehmen. Anfangs war ein Lächeln in seinem Gesicht zu bemerken. Sofort aber wurde er böse und fragte, warum die Decke leer sei.[5] Hat sich etwa kein Jude aufgehängt? Die Juden sind aber ein unverschämtes Volk, denn seiner Meinung nach hätten sich alle Juden zu erhängen. So warteten sie fast zwei Wochen lang auf trockenes Schwarzbrot und Wasser, ehe es kraft der Barmherzigkeit und Laune Herrn Grabowskis in die Halle gebracht wurde.
Am Samstagmorgen, den 2. Dezember 1939, geizte der Himmel nicht mit dicken Regentropfen. Es schien so, als beweine er ebenfalls die jüdische Tragödie von Kalisch. Vor der Halle hielten mehrere Wagen, denen einige Gestapoleute mit Herrn Grabowski an der Spitze entstiegen. Man befahl den Menschen aus der Halle, sich jeweils zu fünft in einer Reihe aufzustellen und zu Fuß zum Bahnhof zu marschieren. Die Juden wurden von Polizisten und Volksdeutschen mit Maschinengewehren die 2,5 Kilometer zum Bahnhof eskortiert. So schleppten sich Tausende Kalischer Mütter, Väter, Kinder in Kinderwagen, Alte, Schwache, Kranke, die bei ihren Angehörigen geblieben waren, im strömenden Regen über die Hauptstraßen der Stadt mit unbekanntem Ziel. Sie wussten nicht, dass dies ihr letzter Gang durch ihre Geburtsstadt sein sollte. Auf dem Bahnhof stand schon ein Zug für sie bereit. Man verlud die Menschen in die Waggons und verschloss diese hinter ihnen. Die Gestapo erklärte, dass dieser Transport ins Generalgouvernement gehen würde. In der Halle blieben einige Juden zurück, deren Aufgabe es war, sauber zu machen, um so Platz zu schaffen für die restlichen Juden der Stadt. Montag, den 4. Dezember 1939, gab Herr Grabowski eine Anordnung heraus,[6] laut der sich, ohne Ausnahme, alle in der Stadt verbliebenen Juden am Dienstagmorgen vor ihre Haustür begeben und das Signal der Polizei abwarten müssten, auf welches hin sie auf die Straße hinauszutreten hätten, um in die Halle abgeführt zu werden. Danach sollten sie nach Lublin geschickt werden, denn dort würde ein jüdischer Wohnbezirk entstehen, in dem alle Juden wohnen müssten. Nun waren ausnahmslos alle Juden aus der Stadt in die Halle gebracht worden. Am Samstag, den 9. Dezember 1939, ging der zweite große jüdische Transport aus Kalisch ab, wie auch beim ersten Mal mit der Bahn. Von den 28 000 Juden blieben 600–700 zurück.[7] Es waren größtenteils Alte, Kranke, nicht Transportfähige und einige junge Leute, die die anderen zu versorgen hatten. Sie alle wurden auf drei Sektionen verteilt: 1.) das jüdische Krankenhaus, in dem die Schwer- und infek-

5 Gemeint ist der Raum unter der Decke bzw. dem Dach.
6 Nicht ermittelt.

tiös Kranken unter der Leitung von Dr. Gross[8] lagen, 2.) das Altenheim, in dem ausschließlich alte Menschen unter der Aufsicht von Herrn Hahn und Herrn Lurtig[9] waren, 3.) die jüdische Grundschule unter der Leitung von Frau Dr. Feigin und dem Arzthelfer Neumann, die in ein Krankenhaus für die nicht Transportfähigen aus der Halle umgewandelt wurde. Einige Tage später wurde die Liquidierung des Altenheims angeordnet, und die Alten wurden nach Łochów verschickt. Es blieben nun noch ca. 450 Personen übrig. Es entstand ein großes Durcheinander. Einige kehrten zurück, um ihre Angehörigen zu suchen, andere blieben vor Ort. Und so mancher folgte seinen Verwandten an den Ort, wohin diese verschickt worden waren. Auch die Sterblichkeitsrate war sehr hoch, bis zu zehn Personen pro Woche, so dass die Zahl der Juden stetig abnahm. In dieser Zeit rührte sich Herr Grabowski nicht. Er ordnete den Abriss der zwei Synagogen an, von denen heute nichts mehr übrig ist. (Ein Christ, der an den Abrissarbeiten beteiligt war, erzählte mir, dass Herr Grabowski sich persönlich der Sache angenommen hatte und den Arbeitern befahl, tief zu graben, weil er Mosis Stab dort vermutete.)
Im Lauf des Winters wurde die Stadt von Bürgermeister Grabowski erlöst. Sein Nachfolger[10] war etwas milder mit den verbliebenen Juden als Herr Grabowski. So verging der zweite Winter. Zu Beginn des Frühlings 1940 kamen jüdische Soldaten aus Gefangenenlagern an, so dass die Gemeinde wieder 500 Personen zählte. Es wurde ein Judenrat ins Leben gerufen. Vorsitzender Hahn, Sekretär Arkusch, Mitarbeiter Lustig, Landau, Wischnewski. Angelegenheiten bei der Gestapo wurden von Herrn Hahn erledigt, bei der Kripo von Landau und Wischnewski, die dort schon ihre Kontakte hatten. Für die Verpflegung zuständig waren Arkusch und Wischnewski. Nach einiger Zeit kam der Befehl, die Kranken aus der jüdischen Grundschule ins Haus 13 P.O.W.[11] zu verlegen, da in dem Gebäude das Wirtschaftsamt untergebracht wurde, das heute noch steht. Später wurden alle Juden im Haus 13 P.O.W gesammelt. Ohne Passierschein von der Gestapo war es nicht erlaubt, das Haus zu verlassen. Es wurde ebenfalls angeordnet, den gelben Davidstern mit der Aufschrift *„Jude"* zu tragen. Erneut gab es den Befehl, dass die Kranken innerhalb von ein paar Tagen das jüdische Krankenhaus räumen und in die Chopin-Straße umziehen mussten. Um vier Uhr früh, als die Kranken noch in den Betten lagen und gerade erst mit der Umlegung begonnen worden war, kam die Gestapo und befahl den Arbeitern, das Dach abzureißen und die Demontage des Krankenhauses einzuleiten. Im Frühsommer 1940 wurden die verbliebenen Juden erneut in Angst und Schrecken versetzt durch die traurige Nachricht, dass Grabowski nach einer Inspektion des Posener Gesundheitsamts zurück in Kalisch sei, die restlichen Juden nicht vergessen habe und weitere Pläne verfolge. Er befahl, eine vollständige Liste von allen Kranken und den Krankheiten, an denen sie

7 Bis Ende Dez. 1939 wurden in mehreren Transporten etwa 20 000 Juden aus Kalisch in das Generalgouvernement deportiert. Viele weitere Juden waren geflüchtet, so dass Anfang 1940 noch etwa 600 Juden in Kalisch lebten.
8 Dr. Devorah Gross-Shinagel, Ärztin; von Nov. 1940 an Leiterin des Jüdischen Krankenhauses in Kalisch, das 1939/40 bis zur Einrichtung des Gettos in Bornhagen (Koźminek) über 1000 jüdische Patienten aus der Region versorgte.
9 Vermutlich: Lustig.
10 Max Warsow.
11 Polska Organizacja Wojskowa (Polnische Militärorganisation), zu Beginn des Ersten Weltkriegs gegründete militärische Organisation unter dem Befehl von Józef Piłsudski, die Nachrichtendienste leistete und Sabotageaktionen vor allem im Königreich Polen verübte.

litten, zu erstellen. Grabowski behauptete, es sei möglich, dass man die Schwerkranken zur Heilung in ein Sanatorium schicken würde. Den Juden war jedoch klar, dass ihre Lage weiterhin prekär blieb, denn seinen Worten schenkten sie keinen Glauben. So verging einige Zeit, in der das Wasser ruhig die Prosna hinabfloss und in der man hoffte, dass Grabowski die Kalischer Juden vielleicht vergessen habe. Der Judenrat trat in Kontakt mit dem Stadtrat, der jüdische Arbeiter für die Straßenreinigung und allgemeine Arbeiten (Instandsetzung des Straßenpflasters, Arbeiten an der Kanalisation, Abriss von Häusern) anforderte. Fachleute wie Schneider und Schlosser arbeiteten bei der Schutzpolizei, so dass viele Personen einer Beschäftigung nachgehen konnten. Im Oktober 1940 erschien plötzlich Herr Grabowski in Begleitung der Gestapo (in ziviler Kleidung) und verkündete, dass bestimmte Personen, die er sich notieren wird, zur Heilung in ein Sanatorium geschickt würden. Der erste Transport sei für den 27. Oktober 1940 neun Uhr morgens vorgesehen, der zweite für den 28. Oktober 1940 und der dritte für den 30. Oktober 1940. Alle, die mitfahren würden, hätten frisch gewaschen und in sauberer Kleidung zu erscheinen. Mitgenommen werden dürfe nichts, da später vor Ort alles bereitgestellt würde. Man solle sich keine Sorgen machen, denn man kümmere sich schon um sie. Ausgewählt hat er chronisch Kranke und ältere Menschen, insgesamt ca. 250 Personen. Am 27. Oktober 1940 um zehn Uhr früh hielten vor dem Haus 13 P.O.W. einige Wagen, aus denen die Gestapo und Herr Grabowski stiegen. Auch ein großes, schwarzes Auto, das aussah wie ein Leichenwagen und von allen Seiten versperrt war, fuhr vor.[12] Grabowski befahl, Sitzbänke ins Auto zu stellen und die Personen herunterzubringen, die er notiert hatte. Als diese das schwarze Auto erblickten, wurden sie von einer großen Angst ergriffen. Das Weinen und Schreien der Kinder und Mütter ist unbeschreiblich. Die Gestapo redete beruhigend auf alle ein, sagte, man solle nicht weinen oder in Panik verfallen, schließlich würden sie zur Kur fahren. Einer von ihnen ging zum Telefon, rief irgendwo an und befahl durch den Hörer, warmes Essen zuzubereiten, da gleich ein Transport schwer kranker Menschen ankommen würde. (Charakteristisch dafür, wie sehr man uns täuschte, ist das Beispiel einer gewissen Frau Lwowska, die auch auf der Transportliste vermerkt war. Sie hatte einen Stuhl, auf den sie aufgrund einer Krankheit angewiesen war. Die Gestapo ließ sie den Stuhl mitnehmen. Am nächsten Morgen, als sie zurückkamen, um den zweiten Transport abzuholen, erklärten sie, den Stuhl der Frau für andere Kranke wieder mitgebracht zu haben, da jene Frau vor Ort einen neuen Stuhl bekommen habe.) Diejenigen, die sich nicht von ihren Angehörigen trennen wollten, wurden von der Gestapo mit Knüppeln geschlagen und angeschrien. Man dürfe nicht weinen, habe ihnen zu gehorchen und zu glauben, was sie sagten. An jenem Tag wurden 100 Personen mit diesem Auto weggefahren. Am Morgen des 28. Oktober 1940 neun Uhr kam dasselbe Auto bereits zum zweiten Mal mit der Gestapo in die Chopin-Straße, und die Szenen vom Vortag wiederholten sich. Wieder wurden 100 Menschen abtransportiert. Am 30. Oktober 1940 kam das Auto mit den gleichen Leuten zum dritten Mal angefahren und verlud die restlichen Personen, die auf der Liste standen, und brachte sie nach Koźminek[13] bei Kalisch. Dort sammelte man

12 Insgesamt wurden im Okt. 1940 etwa 250 Kranke aus Kalisch deportiert; vermutlich wurden sie ermordet und in einem Waldgebiet in der Nähe der Stadt vergraben. Bei dem Kommando, das Grabowski begleitete, handelte es sich wahrscheinlich um Angehörige des Sonderkommandos Lange, bei dem Lkw um einen Gaswagen, wie er zur Ermordung von Patienten im Warthegau von Winter 1940 an im Einsatz war.

noch andere Juden auf und brachte alle an einen unbekannten Ort. Nach diesem schmerzhaften Ereignis, worauf lediglich 260 Juden übrig geblieben waren, wandte sich der Judenrat an das Arbeitsamt um Beschäftigung für die Menschen. Am nächsten Morgen konnte man tatsächlich beobachten, wie 130 Juden mit Schaufeln zur Arbeit gingen. Auch wurden kleine Schneidereien, Schustereien und Wäschereien eröffnet, so dass alle beschäftigt waren. Man nannte es jüdisches Arbeitslager in der Hoffnung, dass man auf diese Art überleben könne. Man zwang die Juden dazu, den alten Friedhof zu schänden, der auf über 1000 Jahre zurückdatiert werden konnte. Die Grabsteine mussten auf Karren in die Werkstätten gebracht werden, wo sie in Stücke gebrochen wurden. Noch heute sind die Straßen mit Steinen gepflastert, auf denen Grabinschriften zu erkennen sind. Selbst in den Wall entlang der Prosna im Zentrum der Stadt sind ganze Grabsteine eingemauert worden. Die Erde musste vollständig umgegraben werden, so dass die Gebeine unserer Vorfahren über das ganze Feld verstreut wurden. Aber die Juden, die dort arbeiteten, haben insgeheim täglich an einer großen Lehmgrube gegraben und dort die Überreste unserer Vorväter beerdigt. Vom Friedhof blieb keine Spur. Plötzlich gab es einen Befehl, dem Arbeitsamt 50 Frauen für einen Arbeitseinsatz zuzustellen. Es war sehr schwer zu entscheiden, welche der Frauen unter den 50 sein sollten. Die Auserwählten wurden in ein Bad geführt. Sie mussten sich in Gegenwart der Gestapo nackt ausziehen. War eine Frau nicht willig, dies zu tun, wurden ihr die Kleider vom Leib gerissen, und sie wurde brutal geschlagen. Im letzten Moment, als sich die Frauen schon auf dem Auto befanden, gelang es einigen Männern, fünf Frauen den Händen der Gestapo zu entreißen und zu verstecken.

Im Dezember 1941, Montag früh[14] (aller Ärger und jedes Unglück brachen über die Juden von Kalisch stets montags herein), gerieten die restlichen Juden wieder in Panik. Die Militärpolizei umstellte das Haus, in dem die Juden wohnten. Grabowski befahl allen, auf den Hof herunterzukommen, wo er eine Selektion durchführte. Diejenigen, auf die er mit dem Finger zeigte, wurden auf schwarze, hermetisch abgeriegelte Autos getrieben, die unverzüglich abfuhren. Als der Motor des Autos ansprang, hörte man, wie die Menschen, die in dem Auto waren, ihr letztes Sündenbekenntnis sprachen. Noch in derselben Nacht kamen Grabowski und seine Bande wieder in die jüdischen Häuser zurück und nahmen alle Kinder bis zu 14 Jahren ihren Müttern und Vätern weg. Sie wurden sofort auf die Leichenwagenautos verfrachtet und in unbekannter Richtung fortgeschafft. Danach blieben noch in etwa 150 Juden übrig, so dass alle Werkstätten geschlossen werden mussten. Es wurde eine Schneiderei in Betrieb genommen, in der alle beschäftigt wurden und hofften, vielleicht doch noch überleben zu können. Im Juli 1942 erreichte Herr Grabowski sein Endziel, Kalisch ‚judenrein' zu machen, indem er alle Juden ins Getto Łódź schickte.

Das alles habe ich von Überlebenden zusammengetragen. Soll die Öffentlichkeit erfahren, auf welche Art und Weise Grabowski und seine Bande das Kalischer Judentum auslöschten.

13 In Koźminek (ca. 15 km östlich von Kalisch) wurde im Febr. 1940 eines der wenigen offenen Landgettos im Warthegau eingerichtet, bis Herbst 1941 mussten etwa 1500 Juden hier leben. Im Nov. 1941 wurden 600 Juden aus Koźminek deportiert und vermutlich vom Sonderkommando Lange in Gaswagen ermordet, die verbliebenen Juden wurden bis März 1942 nach Kulmhof gebracht und dort getötet.

14 So im Original.

DOK. 126
Der Vorsitzende der Jüdischen Gemeinde Danzig schildert einem Freund im Generalgouvernement am 8. Juli 1942 die Lage der noch in der Stadt lebenden Juden[1]

Brief von David Jonas,[2] Danzig, Mausegasse 7, an Maximilian Jezierski,[3] Post Brwinów über Grodzisk Mazowiecki, Distrikt Warschau (erh. 16/7 42 M Jez), vom 8.7.1942

Mein lieber Freund!
Heute bin ich soweit, an Sie schreiben zu können. Da jeder der vielen Briefsender an mich bedacht werden will und muß, so kommt es zuweilen vor, daß auch mein bester Freund (Maximilian Jezierski) manchmal länger, als mir lieb ist, warten muß.
Es ist nicht zu glauben, was ich neben meiner Verwaltungsarbeit und Schreibereien für Privatpost zu erledigen habe, und da ich wegen der Nervenentzündung im rechten Arm nicht allzu viel mit der Hand schreiben kann, bin ich der Gnade und Ungnade meiner Privat-Sekretärin, Frl. Hilde Friedlaender,[4] ausgeliefert. Letztere [Entzündung] tritt ja erfreulicherweise nicht zu sehr in Erscheinung, denn Frl. Hilde Fr. entlastet mich sehr gerne bei meiner Arbeit. Ich freue mich, daß es mir im Dezember 41 geglückt ist, sie bei der Behörde reklamieren zu können, denn auch sie und ihre Mutter sollten zum Wanderstabe greifen.[5]
Da ich weiß, daß Sie an allem, was mich angeht, aufrichtigsten Anteil nehmen, will ich Ihnen auch erzählen, daß ich wieder einmal durch unseren Arzt 8 Tage Stubenarrest verordnet bekommen hatte. Ich war nämlich, als ich den Korridor des Grundstücks Mausegasse 7[6] im Sturmschritt durchflitzte, über eine Fußmatte gestolpert und habe mir am linken Fußgelenk einen Kapselriß zugezogen. Glauben Sie mir bitte, daß dieses mein 1. „Fehltritt" war. Es hielt mich aber nicht lange zu Hause im Bett, denn ich wollte verhüten, daß die Mäuschen auf den Tischen herumtanzten.
Unser jetziger Arzt, Herr Dr. Kerb,[7] der in privil[egierter] Mischehe verheiratet ist, verläßt uns auf eigenen Wunsch und kehrt zu seiner Frau und Kindern ins Altreich zurück.

1 AŻIH, 341. Ring II/176, Bl. 6 f. In poln. Übersetzung abgedruckt in: Archiwum Ringelbluma. Konspiracyjne Archiwum Getta Warszawskiego, Bd. 8: Tereny wcielone do Rzeszy: Okręg Rzeszy Gdańsk – Prusy Zachodnie, Rejencja Ciechanowska, Górny Śląsk, hrsg. von Magdalena Siek, Warszawa 2012, S. 13–23.
2 David Jonas (1880–1945), Schneider; Vorsitzender des Jüdischen Gewerbeverbands, von Aug. 1939 bis 1943 Vorsitzender der Jüdischen Gemeinde Danzig, am 27.6.1943 zusammen mit seiner Frau Frieda Jonas, später verh. Omgowicki (*1885), nach Theresienstadt deportiert, nach der Befreiung dort an Typhus gestorben; Frieda Jonas emigrierte später nach Israel.
3 Maximilian, auch Maksymilian Jezierski, von 1927 an Mitarbeiter des Warschauer Büros des HICEM. Der HICEM half Juden bei der Emigration und hatte bis März 1939 auch in Danzig ein Büro unterhalten.
4 Hilde Friedlaender (1904–1944), Sekretärin; sie wurde am 27.6.1943 von Danzig nach Theresienstadt, von dort am 9.10.1944 weiter nach Auschwitz deportiert und kam dort um.
5 Umschreibung für Vertreibung bzw. Deportation.
6 In der Mausegasse auf der Danziger Speicherinsel befand sich in einem ehemaligen Speichergebäude von Sommer 1940 an ein Judenhaus.
7 Dr. Karl Kerb, Arzt; vor dem Berufsverbot für jüdische Mediziner Facharzt für Haut- und Geschlechtskrankheiten in Zoppot.

Nach monatelangen Bemühungen ist es mir gelungen, aus Berlin Ersatz zu bekommen. Am morgigen Tage trifft von dort der Reg.Medizinalrat Dr. Falkenstein hier ein, es ist ein Herr im Alter von 67 Jahren. – Außer diesem haben wir auch einen jüdischen Zahnbehandler und einen jüd. Rechtsanwalt (Konsulent) für unsere Gemeinde. Auch nach dieser Richtung hin ist allerbestens gesorgt.
Durch Ihren lieben ausführlichen Brief vom 11.6. haben Sie mir wieder einmal eine große Herzensfreude bereitet. Wenn ich Ihren Briefstil und Ihre wunderbare Handschrift betrachte, so ringen Sie mir immer wieder Bewunderung ab, und ich habe mir schon so oft die Frage gestellt, warum hat der Herrgott mich nicht mit solchen Vorzügen ausgestattet. Ich habe mir so oft gewünscht, Sie hier am Ort und in der Verwaltung unserer Kille[8] als Mitarbeiter zu haben, dann wären hier zwei Männer, vielleicht die einzigen hier am Ort, die mit Herz und Seele arbeiten und sich gegenseitig ergänzen würden.
Leider bin ich im Laufe meiner Verwaltungstätigkeit von so mancher Enttäuschung durch meine Mitarbeiter nicht verschont geblieben. Bei mir ist die Aufgabe, die ich hier zu erfüllen habe, Herzenssache, bei manchen anderen vor mir war sie reine Verwaltungsarbeit mit der Sucht nach materiellen Vorteilen. Einen Vorwurf nur habe ich mir zu machen, denjenigen, daß ich in der Zeit von 1931 ab, in der ich als Repräsentant in der Gemeinde-Verwaltung mit tätig war, mich mit so manchem einverstanden erklärte, indem ich Ja und Amen sagte. Über Berent und Dr. Itzig will ich nicht urteilen,[9] da niemand, auch ich nicht, vor seinem Tode „glücklich zu preisen ist"![10]
Jedenfalls war eine Gemeindeverwaltung früher auf ganz anderem Gebiet gelagert als in heutiger Zeit, denn heute hat ja jeder nur Sorgen, und jeder kommt mit seinen Sorgen zu mir. Unverständlich ist es mir, daß ich in dem jetzigen kleinen Kreise immer noch Meckerer habe, und hauptsächlich sind es die Herrschaften, die s. Zt. aus dem Osten hier noch kleben geblieben sind. Dabei gebe ich mir wirklich die größte Mühe, jeden Wunsch zu erfüllen. Ein Glück nur für mich, daß ich bei meiner vorgesetzten Behörde vollstes Vertrauen genieße.
Der Bau unserer Baracke, in die nach Fertigstellung die Insassen aus der Milchkannengasse 26 umgelegt werden sollen, geht langsam vorwärts. Die Kosten für den Bau[11] werden aus dem Judenfonds, in welchen das ganze beschlagnahmte Vermögen geflossen ist, bezahlt. Vor 2 Jahren bereits wurde eine Holzbaracke außerhalb Danzigs fertiggestellt. Auf meine ständigen Bitten, da dieselbe furchtbar primitiv war, wurde diese wieder verkauft.
Die 8 Kisten mit den zurückgelassenen Sachen der im Februar nach Warschau Abtransportierten,[12] welche durch meine ständigen Bemühungen im März ds. Js. nach Warschau geschickt werden durften, sind dort glücklich angekommen und ist der Inhalt bereits an die Betreffenden verteilt worden.

8 Gemeint ist hebr. kehilla, die jüdische Gemeinde.
9 Ernst Berent (1887–1961) war Vorsitzender der Jüdischen Gemeinde Danzig zwischen 1933 und 1938, Dr. Kurt Itzig (1889–1952) in den Jahren 1938 und 1939.
10 Zitat aus Ovids Metamorphosen, Kap. III, Vers 136: „Nemo ante mortem beatus", das Herodot (I, 32) ursprünglich Solon zuschrieb.
11 Handschriftl. am Seitenrand ergänzt „ca. 100 000 RM".
12 Zur Deportation von 395 Danziger Juden in das Warschauer Getto siehe Einleitung, S. 49.

Ihr Interesse auch hierfür voraussetzend, will ich auch berichten, daß von Mitgliedern unserer Gemeinde in den Monaten März, April, Mai 41 sehr viele Päckchen nach Warschau gesandt wurden. Die Zollfahndungsstelle hatte 240 Päckchen beschlagnahmt, und es sollte ein Strafverfahren gegen die einzelnen Absender eingeleitet werden. Um dieses Verfahren auszuschalten, habe ich als Vorsitzer der Gemeinde ein Unterwerfungsverfahren durch die Devisenstelle angenommen und nach 12monatigen Verhandlungen wurde dies Verfahren am 15. v. Mts. abgeschlossen. Ich habe bereits für 240 Päckchen = RM. 1920,– bezahlt. Dieser Betrag wird dadurch gedeckt, daß die Mitglieder unserer Gemeinde in monatlichen Teilbeträgen an uns Rückzahlungen leisten. Es ist jetzt vollständig unmöglich, irgend etwas in das General-Gouvernement zu senden, da dies ein neuer Verstoß gegen die Devisenverordnungen wäre.
Aus Warschau bekommen wir nach wie vor sehr schlechte Nachrichten. Ich habe unserer hiesigen Behörde über die Unzuträglichkeiten der dort ansässigen Juden unsern Danziger Juden gegenüber erzählt. Ich wollte einen Bericht hierüber einreichen und erbat von einigen in Warschau ansässigen ehemaligen Mitgliedern genauere Angaben darüber. Jeder weigert sich natürlich, mit der Wahrheit herauszurücken, und so kann ich meinen Bericht nicht abschließen.
Ich bin jetzt dabei, eine Bevölkerungs-Statistik über die Juden in Danzig auszuarbeiten[13] und werde nach Fertigstellung derselben Ihnen manches darüber mitteilen. Beigefügt übersende ich Ihnen Abschrift einer Bevölkerungs-Statistik, wie sie mir die Reichsvereinigung der Juden in Deutschland allmonatlich einsendet, zur gefl. Kenntnisnahme.[14]
Schade, daß Sie, mein lieber Freund, mir nicht über Ihre damalige Tätigkeit in Danzig nähere Angaben der Rückwanderung nach Polen zur Verfügung stellen können. Existiert hierüber bei Ihnen keine namentliche Aufzeichnung? Diese wäre für die Bearbeitung meiner Statistik äußerst wertvoll.
Von wann bis wann waren Sie damals hier im Auftrage des Joint tätig? – Meine Vorgänger haben sich auch mit dieser Arbeit (Aufstellung von Statistiken) wenig beschäftigt. Namentliche Listen, die man hier vorfindet, sind alle ziemlich lückenhaft.
Die „*Pentscho*“-Katastrophe[15] ist ein Schiffsunglück, von dem jüdische Auswanderer betroffen wurden, organisiert wurde die Fahrt von geldgierigen, gewissenlosen Juden, denen nicht das Schicksal ihrer Glaubensgenossen am Herzen lag, sondern denen es nur um deren Devisen ging. 512 unglückliche Menschen, die auf dem Wege nach Erez[16] waren, irrten monatelang auf verschiedenen Meeren planlos umher, strandeten schließlich und wurden durch italienische Kriegsmarine, über deren Hilfeleistung man nicht genug Dankesworte sagen kann, gerettet. Die Schiffbrüchigen wurden nach Italien gebracht und befinden sich dort in einem Schiffbrüchigenlager in bester Obhut. Die Katastrophe

13 YVA, O.3/2377, Bl. 2–5.

14 Wie Anm. 1, Bl. 1–5. Für Danzig nennt Jonas eine Zahl von 178 Juden (Stand: 31.5.1942); ebd., Bl. 4.

15 Die „Pentcho“ war im Mai 1940 mit über 500 Flüchtlingen an Bord von Bratislava aus Richtung Palästina aufgebrochen. Nach einer monatelangen Irrfahrt erlitt sie nach einem Motorschaden im Okt. 1940 Schiffbruch an den Klippen der unbewohnten Insel Kamilonisi. Die Schiffbrüchigen wurden im Okt. 1940 im Internierungslager San Giovanni auf Rhodos untergebracht, das den auf der Insel stationierten italien. Carabinieri unterstand. Im Febr. 1942 wurden sie ins Internierungslager Ferramonti di Tarsia in Süditalien überführt, das brit. Truppen im Sept. 1943 befreiten; siehe VEJ 13, Einleitung, S. 26.

16 Hebr.: Land, gemeint ist das Land Israel.

ereignete sich 1940. Auf der „*Pentscho*“ waren von uns Danzigern Konrad Silberstein und Frau und Bruno Damm dabei. Genauen Bericht hierüber habe ich, wie bereits mitgeteilt, in Händen und werde Ihnen diesen demnächst mitsenden.
Ich gebe mich der Erwartung hin, daß Sie und Ihre werte Gattin sowie Ihre Angehörigen sich besten Wohlbefindens erfreuen. Schmerzerfüllt habe ich in Ihrem letzten Schreiben Ihre seelische Depression festgestellt. Man kann so einen Gemütszustand wohl verstehen, doch wäre es jammerschade um Sie, wenn Sie mit Ihren Nerven nicht haushalten und Herr der Situation bleiben würden.
Es ist wohl richtig, daß die Toten nach ihrer Erdenwanderung Ruhe haben, aber solange man lebt, muß man kämpfen und darf die Hoffnung nicht verlieren.
Um für meine nächsten Briefe an Sie auch noch etwas „Stoff“ zu lassen, will ich heute dieses Schreiben beenden. Ich werde mich wie stets freuen, von Ihnen recht bald wieder zu hören. Mit den allerbesten Wünschen und Grüßen an Sie und Ihre lieben Angehörigen verbleibe ich für heute wie stets
in alter Verbundenheit

DOK. 127
Der Kommandeur der Schutzpolizei im Regierungsbezirk Litzmannstadt schildert am 10. Juli 1942 das Vorgehen gegen Polen und Juden in verschiedenen Ortschaften[1]

Schreiben des Stabsoffiziers der Schutzpolizei bei der Regierung in Litzmannstadt (1678), gez. Hotow,[2] an den Befehlshaber der Ordnungspolizei[3] beim Reichsstatthalter im Reichsgau Wartheland, Posen, vom 10.7.1942

Lagebericht.
1.) *Allgemeine Lage:*
Die allgemeine Lage ist seit der letzten Berichterstattung im wesentlichen unverändert. Die Lebensmittelversorgung der deutschen Bevölkerung kann als zufriedenstellend bezeichnet werden, zumal jetzt auch Frischgemüse in ausreichender Menge auf den Markt gebracht wird, die Mißstimmung, die bei der deutschen Bevölkerung nach der letzten Herabsetzung der Lebensmittelrationen zweifelsohne zu erkennen war, ist nicht mehr vorhanden.

1 APP, 1008/7, Bl. 159–162.
2 Kommandant der Schutzpolizei war Walter Keuck (1889–1972), Polizeibeamter; von 1920 an im Polizeidienst in Breslau; 1933 NSDAP-Eintritt; 1937–1939 stellv. Polizeichef in Frankfurt a. M., 1940–1942 Oberst und Kommandant der Schutzpolizei in Litzmannstadt, dann in Wuppertal, 1943–1945 BdO in Magdeburg und Hannover; 1946 nach Polen ausgeliefert, dort 1948 zu acht und im Berufungsverfahren zu zweieinhalb Jahren Haft verurteilt, 1949 entlassen.
3 Es ist unklar, ob Oskar Knofe oder sein kurz zuvor bestimmter Nachfolger Ernst Walther Hille gemeint ist. Ernst Walther Hille (1894–1945), Jurist; Anfang 1920 bei der Sächs. Schutzpolizei; 1937 NSDAP- und 1943 SS-Eintritt; 1933–1938 Polizeipräsident von Dresden, 1941/42 Befehlshaber der Ordnungspolizei München, 1942/43 BdO Posen, 1943/44 BdO Wiesbaden; nahm sich vermutlich im Mai 1945 in US-amerikan. Kriegsgefangenschaft das Leben.

Es wird immer wieder Klage über die schlechten Wohnverhältnisse geführt. Vielfach wird die Meinung vertreten, daß die Grundstückseigentümer, vor allem die Treuhandgesellschaft, in der verflossenen Zeit hinsichtlich der Verbesserung der Wohnverhältnisse viel mehr hätten tun können. Es steht zu befürchten, daß nach Verschärfung der Bausperre und mit der weiter fortschreitenden Verknappung von Baumaterialien und Facharbeitern viele schadhafte Häuser, insbesondere in den Kleinstädten und auf dem Lande, über kurz oder lang völlig zusammenbrechen.
Aus Kempen wird mir berichtet, daß dort in letzter Zeit mehrfach junge Leute, die Antrag auf Aufnahme in die deutsche Volksliste gestellt und auf Grund dessen inzwischen eine Aufforderung zur Musterung für die Wehrmacht erhalten hatten, die Annahme der deutschen Ausweise abgelehnt haben mit der Begründung, daß sie Polen seien. Wenn auch einige von diesen unter dem Druck entsprechender Maßnahmen schließlich die Ausweise angenommen haben und auch bald darauf zum Heeresdienst eingezogen wurden, so hat doch ein Teil die Annahme der Ausweise beharrlich abgelehnt, so daß sie der Staatspolizei übergeben werden mußten.
2.) *Befehlsstellen:* Unverändert.
3.) *Nachrichtenwesen:* Unverändert.
4.) *Tätigkeitsbericht:* (Einzeldienst)
(1) In der Berichtszeit erstreckte sich die Tätigkeit besonders auf Großrazzien und Durchsuchungen bei der polnischen Bevölkerung auf Schmuggelwaren, Schleichhandel, Schwarzschlachtungen und Schwarzbrennereien. Ferner wurden Kontrollen in verkehrs- und gesundheitspolizeilicher Hinsicht durchgeführt.
Gewerbeaufsichtsdienst:
Es wurden Kontrollen in den geschäfts- und gewerblichen Räumen der Bäckereien, Fleischereien, Lebensmittelgeschäfte, Gast- und Schankwirtschaften und Friseurgeschäfte auf Sauberkeit der Räume und den Aushang der gesetzlichen Unfallverhütungsvorschriften hin durchgeführt. Bei den Kontrollen in den Lebensmittelgeschäften wurden Verstöße gegen die Kriegswirtschafts- und Verbrauchsregelungsverordnung festgestellt und die Beschuldigten der Bestrafung zugeführt.
(2) *Besondere Tätigkeit:*
Eine Großfahndung nach den Mördern des Stellv. Reichsprotektors und Chefs der Sicherheitspolizei und des SD – SS-Obergruppenführer Heydrich, die im Bezirk angeordnet und durchgeführt wurde, blieb erfolglos.[4]
Kalisch:
Am 5.5.1942 fand eine taktische Rahmenübung des Führerstabes der Einheiten, die für den Einsatz bei Waldbränden in Frage kommen, statt.
Am 11. und 12.6. und am 3.7.1942 fanden Durchsuchungen bei polnischen Familien statt. Hierbei wurden bei einer Polin im Kleiderschrank versteckt ein Geldbeutel mit 479,– RM deutschen Silbergeldes und 1 Beutel mit russischen Kupfermünzen vorgefunden, bei anderen Familien Damenpelze und Textilwaren in großen Mengen. Die Gegenstände wurden beschlagnahmt und die Beschuldigten der Kriminalpolizei übergeben.

4 Am 27.5.1942 verübten zwei tschech. Widerstandskämpfer ein Attentat auf Heydrich, dem dieser einige Tage später erlag. Die Täter konnten zunächst entkommen, wurden aber drei Wochen später von der Gestapo aufgespürt und getötet. Zu der nachfolgenden, brutalen Vergeltungsaktion im Protektorat siehe VEJ 6, S. 61 f.

Ostrowo:
Am 5.4.1942 passierte ein Zug mit russischen Kriegsgefangenen Ostrowo. Den Kriegsgefangenen wurden von den an der Eisenbahnstrecke anwesenden Polen zugewinkt. Die Russen brachten ihre Sympathie den Polen dadurch zum Ausdruck, daß sie zurückwinkten. Fünf Einweisungen von deutschen Familien in polnische Geschäfte wurden durchgeführt. Fünf Angehörige der polnischen Widerstandsbewegung wurden festgenommen und der Geheimen Staatspolizei übergeben.
Schildberg:
Fünfundvierzig arbeitsfähige Polen sind dem Arbeitsamt für den Arbeitseinsatz überwiesen worden.
Kempen:
Am 17.6.1942 wurden unter Heranziehung von Landwachtmännern und Angehörigen der Techn. Nothilfe bei der polnischen Bevölkerung Durchsuchungen durchgeführt. Hierbei konnten große Mengen von Lebensmitteln, Fahrräder, Pelze und Spinnstoffwaren beschlagnahmt werden.
Schieratz:
Anläßlich einer Durchsuchung bei der polnischen Bevölkerung konnten

15 523	kg	Roggen
241	»	Weizen und
680	»	Mehl

sichergestellt werden. Das Getreide wurde der zuständigen Ostlandstelle zugeführt. Zwei Polen sind wegen Schwarzschlachtungen der Bestrafung zugeführt worden.
Am 23.5.1942 wurde von dem Meister Schp. *Rohde* ein Pole erschossen, weil er sich der Festnahme wegen Schwarzschlachtungen durch die Flucht zu entziehen versuchte.
Zdunska-Wola:
Am 21.5.1942 sind 10 Juden (darunter eine Jüdin) erhängt worden. Der Exekution mußten sämtliche Gettoinsassen beiwohnen.[5]
Bei einer Durchsuchung wurden bei polnischen Familien Spinnstoffwaren im Werte von 3–4000 RM vorgefunden.
Ozorkow:
741 arbeitsfähige Juden wurden dem Arbeitseinsatz zugeführt.
Lentschütz:
Von dem Meister der Schp. Oberpichler und Oberw. der Schp. Braunak wurde in der Berichtszeit eine polnische Bande festgenommen, die Juden über die Grenze in das Generalgouvernement brachte. Für diese Tätigkeit forderten sie von jedem Juden 500,– RM. Im Verlauf der Ermittlungen wurde festgestellt, daß diese Bande für Juden auch höhere Geldbeträge, die für deren Angehörige im Generalgouvernement bestimmt waren, über die Grenze gebracht haben. Der Führer dieser Bande war ein poln. Lehrer und Nationalist. Bei der Festnahme der Bande konnten 1130,– RM Bargeld und 22 wertvolle Armbanduhren sichergestellt werden. Auf Grund der angestellten Ermittlungen wurden

5 Das Getto in Zdunska Wola wurde im Frühjahr 1940 eingerichtet; im Frühjahr 1942 mussten etwa 10 000 Juden in ihm leben. Das Getto wurde im Aug. 1942 aufgelöst, knapp 1200 Juden wurden in das Getto Litzmannstadt deportiert, alle anderen in das Vernichtungslager Kulmhof gebracht und dort ermordet.

wegen Verdachts der Mittäterschaft 3 Polen und 6 Juden festgenommen und der Bestrafung zugeführt.
Belchatow:
Bei einem Versuch, aus der Stadt in das Generalgouvernement zu entkommen, wurden 4 Juden von Polizeibeamten erschossen.
(3) *Besondere Vorkommnisse:*
Am 8.5.1942 hat der Generalinspekteur der Ordnungspolizei, Herr Generalleutnant *Schreyer*,[6] die Schutzpolizeidienstabteilung in Ozorkow kurz inspiziert.
Beanstandungen: Keine.
(4) *Beabsichtigte Tätigkeit:*
Wie zu Ziffer 4) (1)
5.) *Kraftfahrwesen:*
Nichts Wesentliches.
6.) *Wirtschaftliche Versorgung der Beamten:*
Die Beschaffung von Bekleidung, insbesondere Fußbekleidung, stößt auf Schwierigkeiten.
7.) *Luftschutz:*
Die Organisation des Luftschutzes hat sich in letzter Zeit in personeller und materieller Hinsicht aus Gründen des Mangels an Arbeitskräften und Rohstoffen nicht wesentlich gebessert. Trotzdem sind die einzelnen Kräfte als bedingt einsatzfähig zu bezeichnen. Es ist seither in dieser Hinsicht alles getan worden, was im Rahmen der Möglichkeit lag. Die Ausbildung auf dem Gebiete des Luftschutzes ist stets gefördert worden, sie bleibt auch in der ständigen Fortentwicklung. Übungen aller Art innerhalb der LS-Orte[7] unter Einsatz aller Einheiten werden laufend abgehalten.
8.) *Zusammenarbeit mit der TN.:*[8] Gut.
9.) *Ortsschutz:*
Die Landwacht ist in den Ortschaften aufgestellt und wird für ihre Aufgaben ausgebildet.
10.) *Werbung für die Polizei und SS-Polizei-Division:*
12 Männer konnten zum Eintritt in die SS- und Polizeidivision der Ergänzungsstelle Warthe in Posen gemeldet werden.
11.) *Sonstiges:*
Ozorkow
In der Berichtszeit wurden noch einige Fälle von Flecktyphus gemeldet. Es sind nur Polen erkrankt. Seit dem 24.4.1942 sind jedoch keine Fälle mehr bekannt geworden.
12.) *Verluste, Unfälle, Krankenbestand:*
a) Verluste: Keine
b) Unfälle: Keine
c) In Krankenhausbehandlung: 1 (Lungentuberkulose)
d) Leichtkranke: Keine
13.) *Stimmung der Truppe:* Gut.

6 Georg Schreyer (1884–1961), Polizist; 1930 NSDAP-, 1939 SS-Eintritt; von Okt. 1919 an im sächs. Polizeidienst, Aug. 1937 bis Mai 1939 Inspekteur der Ordnungspolizei in Kassel, von Juni 1939 an in Berlin, dort beim Stab des RFSS; von Nov. 1940 an Generalinspekteur der Schutzpolizei des Reiches, Nov. 1941 SS-Gruppenführer und Generalleutnant der Polizei; von Aug. 1943 an im Ruhestand.

7 Luftschutzorte.

8 Treuhandnebenstelle Litzmannstadt.

DOK. 128

Die Gettoverwaltung Litzmannstadt weigert sich am 11. Juli 1942, Überweisungen aus dem Ausland von Gettobewohnern quittieren zu lassen[1]

Getto-Verwaltung Litzmannstadt (Korr.-Abt.: 13 St/H, 027/9/Gw[2]/Ri[3]), ungez., an Dresdner Bank Berlin vom 11.7.1942 (Durchschlag)

In Beantwortung Ihres Briefes vom 3.7.42 überreiche ich Ihnen zur Einsichtnahme die Quittung der Hermine Kraus[4] über Ihre Überweisung vom 11.4.42 in Höhe von RM 115,– (einhundertfünfzehn) mit dem gleichzeitigen Ersuchen, diese Originalquittung der Schweizerischen Bankvereinigung in Zürich zur Einsichtnahme zu überlassen.
In letzter Zeit häufen sich die Nachfragen nach Quittungen über die bereits vor längerer Zeit eingezahlten Beträge und ebenso wie im vorliegenden Fall die vollkommen ungerechtfertigten Behauptungen, daß die Beträge nicht den Begünstigten erreichten. Meine Dienststelle kann in der großen Anzahl dieser Behauptungen nur den keinesfalls zu unterstützenden Versuch erblicken, über den Weg meines Amtes Verbindungen mit den Getto-Einwohnern [aufzunehmen] bzw. laufende Lebenszeichen von ihnen zu erhalten. Ich empfehle Ihnen daher, künftighin solchen Behauptungen sehr skeptisch gegenüberzustehen und vor allem sich den Nachweis über die Richtigkeit derartiger Behauptungen vorlegen zu lassen. Es ist mir künftighin aus arbeitstechnischen Gründen vollkommen unmöglich, auf derartige Einzelfälle näher einzugehen.[5]
In weiterer Erledigung Ihres zweiten Briefes vom 3.7.42 überreiche ich Ihnen ebenfalls eine Quittung der Cornelie Schwarz[6] über RM 100,–, woraus Sie gleichfalls entnehmen können, daß die Auszahlung der Unterstützung durch den Ältesten der Juden durchgeführt wurde und die Behauptung des Auftraggebers, daß der Genannte den Betrag nicht erhalten hätte, unzutreffend ist.

1 APŁ, AmŁ, Nr. 29 606, Bl. 475.
2 Walter Genewein.
3 Friedrich Wilhelm Ribbe.
4 Hermine Kraus, auch Hermina Krausová (1872–1942), Schneiderin; sie wurde am 21.10.1941 von Prag nach Litzmannstadt deportiert, von dort am 10.5.1942 in das Vernichtungslager Kulmhof gebracht und dort ermordet.
5 Die wachsende Zahl von Anfragen stand offensichtlich im Zusammenhang mit der Deportation von etwa 10 000 Juden, die im Herbst 1941 aus dem Altreich, Prag, Wien und Luxemburg nach Litzmannstadt deportiert worden waren und in der ersten Maihälfte 1942 im Vernichtungslager Kulmhof ermordet wurden. Bei Geldüberweisungen v. a. aus der Schweiz konnten die mittlerweile getöteten Zahlungsempfänger den Empfang nicht mehr quittieren, weshalb die Gettoverwaltung darauf drängte, dass fortan nur noch der Judenrat den Empfang der Gelder bestätigen sollte; siehe Dok. 63 vom 27.1.1942.
6 Vermutlich: Kornelia Schwartz (*1893), Hausfrau; im Okt. 1941 von Wien nach Litzmannstadt deportiert, sie wurde vermutlich im Sept. 1942 im Vernichtungslager Kulmhof ermordet.

DOK. 129

Der Landrat gibt am 15. Juli 1942 Anweisungen zur Hygiene in den Lagern für jüdische Zwangsarbeiter im Landkreis Posen[1]

Anordnung des Landrats des Landkreises Posen, gez. i. V. Oberregierungsrat Siegmund,[2] vom 15.7.1942 (Abschrift)[3]

Anordnung für Judenlager.

§ 1.

Auf Grund des §7 der Polizeiverordnung des Reichsstatthalters für den Reichsgau Wartheland zur Bekämpfung von Körperungeziefer vom 6. März 1942 erlasse ich für die im Landkreise Posen unterhaltenen Judenlager folgende Anordnung.

§2.

Der Sommeranzug der Juden hat aus folgenden Bekleidungsstücken zu bestehen:
a) einem Hemd
b) einer Unterhose (soweit vorhanden)
c) einer Hose
d) einem Rock
e) einem Paar Strümpfe (soweit vorhanden)
f) einem Paar Schuhe oder Stiefel
g) einer Kopfbedeckung (nur zu tragen bei feuchter Witterung).

Die übrigen Bekleidungsgegenstände sind kammermäßig in einem verschlossenen Raum nach vorheriger Reinigung, Entwesung und Instandsetzung sorgfältig aufzubewahren.

Über die aufbewahrten Gegenstände ist vom Wachmann eine Liste zu führen. Abgänge aus dieser Liste sind nachweisbar dem Lagerhalter bekanntzugeben.

§3.

In den Schlaf- und Aufenthaltsräumen der Juden haben sich nur die folgenden Gegenstände zu befinden:
a) ein Schlafsack
b) eine Decke
c) ein Handtuch

für den einzelnen Lagerinsassen. Ferner für alle 1 Tisch und ausreichende Sitzgelegenheit, letzteres falls erforderlich.

An bzw. über jedem Schlafplatz sind für jeden Lagerinsassen 1–2 kräftige Nägel zum Aufhängen von Handtuch und Bekleidungsgegenständen für die Nacht anzubringen.

§4.

Das Haupthaar der Juden ist ständig kurz zu halten. Bei besonders unsauberen Juden sind durch entsprechende Schermaßnahmen auch andere behaarte Körperstellen ständig kurz zu halten.

1 APP, 299/1214, Bl. 17–19.

2 Harry Siegmund (1910–2009), Jurist; 1933 SS- und 1937 NSDAP-Eintritt; von 1934 an Rechtsberater bei der SS; 1939 ORR und Vertreter des Reichsstatthalters Greiser; 1940 im SS-Hauptamt tätig; 1941 SS-Obersturmbannführer; 1942 stellv. Landrat des Landkreises Posen; 1951 Leiter des Rechtsreferats beim Landesbezirk Baden, 1967 MinR. in der Hauptabt. Verkehr im BMI.

3 Im Original handschriftl. Ergänzungen.

§5.
Nach beendigter Arbeitsschicht haben sich alle Lagerinsassen bei entblößtem Oberkörper einer ausgiebigen Reinigung zu unterziehen. Vorher hat jeder Einzelne sein Hemd auf Kleiderläuse und Nissen sorgfältigst zu untersuchen.
§6.
Im Interesse der Volksgesundheit ist die Arbeitszeit so einzuteilen, daß die Juden – unter Berücksichtigung des zu erledigenden Arbeitspensums – spätestens um 19 Uhr im Lager sind.
§7.
Die Juden sind an einem Tage in der Woche, möglichst am Sonntag, nicht zur Arbeit einzusetzen, da sie einen Tag für die Reinigung des Körpers, Instandsetzung der Bekleidungsgegenstände sowie gründliche Reinigung des Lagers benötigen.
§8.
Der Lagerhalter hat unverzüglich für die Errichtung oder für die sonstige Beschaffung von ausreichender Waschgelegenheit für Vollbad, Waschgelegenheit für Bekleidungsgegenstände (Waschkessel) und Entwesungsgelegenheit für Bekleidungsgegenstände:
a) neu zu errichtende Back- und Entwesungsöfen,
b) für diesen Zweck in der Ortslage bereits vorhandene und hierfür zur Verfügung zu stellende Backöfen
Sorge zu tragen.
§9.
a) Für die Durchführung der Maßnahmen gemäß §§2–5 ist verantwortlich und wird bei Nichtbeachtung gemäß §7 der Polizeiverordnung bestraft der Wachmann bzw. Lagerführer.
b) Für die Durchführung der Maßnahmen gemäß §§6–8 und die ausreichende Bereitstellung von behelfsmäßigem Material ist gemäß §7 verantwortlich und wird bei Nichtbeachtung bestraft der Lagerhalter.
Vorschläge für die Instandsetzung und hygienische Ausgestaltung des Lagers, soweit sie vom Staatlichen Gesundheitsamt gemacht werden und im Rahmen der Kriegslage durchführbar sind, sind von den Lagerhaltern unverzüglich auszuführen.
Ihre Nichtbeachtung hat schärfste Strafanwendung zur Folge.
§10.
Von einem öffentlichen Aushang dieser Anordnung in den Lagern ist Abstand zu nehmen.
Posen, den 15. Juli 1942
Der *Landrat* des Landkreises Posen

DOK. 130

Shlomo Frank beschreibt Mitte Juli 1942 die Räumung der Gettos im Regierungsbezirk und die Ankunft der zur Arbeit in Litzmannstadt vorgesehenen Juden[1]

Handschriftl. Tagebuch von Shlomo Frank, Litzmannstadt, Einträge vom 7. bis 20.7.1942

Den 7ten Juli
Heute ganz früh trafen einige Hundert Juden aus Koyl[2] und Kalisch im Getto ein.[3] Die Ankömmlinge waren so niedergeschlagen, dass sie überhaupt nicht wussten, was ihnen geschah. Fast alle waren blutig geschlagen. Die Frauen sind ohne ihre Männer und die Männer ohne ihre Frauen. Ihre Erzählungen sind so entsetzlich, dass einem die Haare zu Berge stehen. Den Befehl, ihre Wohnungen zu verlassen, bekamen sie um 4 Uhr früh. „Wir wussten nicht, was wir zuerst tun sollten, die Kinder retten oder etwas zu essen einpacken. Die Mörder ließen uns nicht einmal Zeit, uns anzuziehen. Frauen liefen nackt herum und suchten ihre ins Freie getriebenen Kinder. Das Geschrei von allen Seiten ‚Juden raus' hat uns völlig verwirrt. Bald fielen Schüsse und viele Juden blieben tot liegen.[“]

Den 8ten Juli
Die Gettostraßenbahn hat es geschafft, eine Frau totzufahren. Die Frau, Rokhl Mints,[4] kam sehr eilig von der Arbeit. Sie hatte ein kleines Kind [zu Hause] eingeschlossen, und in ihrer Eile bemerkte sie die Straßenbahn nicht.

Den 9ten Juli
Die geheime polnische Radiostation „Shvit“[5] teilte heute mit, dass alle kleineren Städte in der Umgebung von Lodzh von Juden gesäubert werden. Die Kranken und Kleinkinder werden erschossen und die Gesunden in Arbeitslager abtransportiert.[6] Vielen jüdischen Kindern nimmt man Blut ab für Transfusionen für verwundete deutsche Soldaten.[7] Zehntausende Juden – so der Radiosender – sind bereits umgekommen.

Den 10ten Juli
Bialer, der Leiter der Begräbnisabteilung in der Zgierska-Straße Nr. 7, erzählte mir heute, dass der Präses ihm befohlen habe, nicht mehr in Leinenkitteln zu begraben. Falls er

1 AŻIH, 302/3. Abdruck in: Frank, Togbukh (wie Dok. 4, Anm. 1), S. 289–293. Das Dokument wurde aus dem Jiddischen übersetzt.
2 Jidd. Name für Koło.
3 Am 9.7.1942 wurden etwa 500 Juden aus den Gettos in Kalisch und Koźminek (ca. 15 km östlich von Kalisch), d. h. nicht aus Koło, in das Getto Litzmannstadt eingewiesen.
4 Laut Chronik des Gettos handelte es sich um Rojza Sochaczewska (1903–1942), Näherin, die am 7.7.1942 von einer Straßenbahn im Getto überfahren wurde.
5 Świt (poln. Morgenröte), ein polnischsprachiger Sender der Exilregierung in London.
6 Im Frühsommer 1942 wurde die Mehrheit der Gettos im östlichen Warthegau aufgelöst. Die arbeitsfähigen Juden wurden in das Getto Litzmannstadt überstellt, die als arbeitsunfähig geltenden Personen, vor allem Kranke, Alte und Kinder, deportierte die SS in das Vernichtungslager Kulmhof.
7 Für dieses v. a. in der Sowjetunion verbreitete Gerücht gibt es keinen Beleg.

feststellen sollte, dass man weiterhin Leinenkittel verwendet, werde er mich [Bialer], ungeachtet aller meiner Verdienste, mit der nächsten Gruppe fortschicken.

Den 12ten Juli
Alarm! Gekreisch und Pfiffe. Von allen Seiten laufen Polizisten und schreien, dass das Licht gelöscht werden soll. In wenigen Sekunden ist das Getto vollkommen dunkel. Wir bitten Gott, dass der Feind kommen möge, dass er die Stadt bombardiert und zerstört. Aber unsere Gebete werden nicht erhört.

Den 13ten Juli
Im Marysiner Weg kamen heute Transporte mit Kissen und Federbetten an, das Bettzeug der Juden, die aus den kleineren Städten der Umgebung vertrieben worden waren. Das Bettzeug wurde in die große Kirche Ecke Zgierska- und Lutomierska[-Straße] gebracht. Dort wird es gereinigt werden. Danach wird man das jüdische Bettzeug für die deutsche Bevölkerung abtransportieren.[8]

Den 14ten Juli
Die Gestapo hat heute befohlen, dass die „Mutter-Gottes"-Statue, die neben der Kirche steht, in der das Bettzeug gereinigt wird, abgebrochen werden soll. Es dauerte nicht lange, bis vier christliche Arbeiter erschienen und begannen, die Statue abzubrechen. Die Arbeit wurde sehr rasch und zornig durchgeführt. Später sammelten Juden die Trümmer auf und säuberten den Platz. Der Präses rief heute die Leiter aller Ressorts zusammen. „Lasst Euch sagen, Juden – sagte der Präses –, dass es im Getto nichts mehr zu essen geben wird, denn alle Güterzüge werden fürs Militär verwendet. Wenn ich versuche zu intervenieren, dass man ein paar Waggons mit Mehl oder Kartoffeln schickt, antwortet man mir, dass die Deutschen auch hungern. Als Erstes muss das Militär versorgt werden, dann die deutsche Zivilbevölkerung, danach die Polen, und wenn zuletzt noch Waggons übrig sind, werden wir etwas bekommen."

Den 16ten Juli
25 Waggons mit von den Juden in den Städtchen geraubter Kleidung kamen heute über Marysin ins Getto. Besondere Sortierressorts wurden gebildet. Biebow rief die Vorsteher der Sonderpolizei zu sich und forderte sie auf, alle Sortierplätze zu überwachen und falls Wertsachen gefunden würden, diese sofort der Gettoverwaltung abzuliefern. Auf Nichtbefolgen dieses Befehls steht die Todesstrafe.

Den 17ten Juli
Eine Kommission deutscher Ärzte hat heute alle Krankenhäuser besucht. Die Ärzte haben sogar einige Kranke angesehen. Sie fragten die jüdischen Ärzte, ob die Kranken wieder gesund würden. Zwei Ärzte fotografierten die Zimmer und die Kranken. Danach

8 Das Hab und Gut der deportierten Juden aus den geräumten Gettos wurde zumeist in das Getto Litzmannstadt zum Sortieren und Waschen gebracht, bevor es an die NSV oder die Wehrmacht geliefert wurde. Laut einem Eintrag der Gettochronik vom 21.7.1941 trafen allein in der ersten Julihälfte 1942 über 1000 Tonnen Kleidung, Schuhe und Federbetten im Getto ein; Chronik des Gettos Lodz/Litzmannstadt 1942 (wie Dok. 93, Anm. 1), S. 371.

verabschiedeten sie sich manierlich und höflich. Mit den jüdischen Ärzten sprachen sie wie mit „Kollegen“. Einer der jüdischen Ärzte sagte später, ihre Höflichkeit bedeute Unglück. Möge er nicht recht haben.[9]

Den 18ten Juli
Die heutigen deutschen Zeitungen machen mit an die Juden gerichteten Warnungen auf. Die Zeitung „Wache“[10] schreibt: „Der Krieg ist noch nicht zu Ende. Wenn Deutschland den Krieg um 12 Uhr verliert, wird es schon um 11 Uhr keine Juden mehr in Europa geben.“
Die Litzmannstädter Zeitung schreibt, dass irgendein verfluchter Jude namens Brokh in Amerika ein Pogrom gegen die deutsche Bevölkerung von New York organisiert hätte. Ein anderer Jude namens Ziskind hätte ein Pogrom gegen Deutsche in Brasilien organisiert.[11] Die verfluchten Juden haben Tausende unschuldige Deutsche umgebracht. Dafür werden die europäischen Juden teuer bezahlen. Und zwar nicht Zahn um Zahn, sondern jeweils hundert Juden für einen Deutschen. So sehen derzeit unsere Perspektiven aus. Das Todesurteil gegen uns wird systematisch ausgeführt. Täglich werden Juden erschossen. Jeder Tag bringt Tausende unschuldige jüdische Opfer.

Den 19ten Juli
Heute kursieren merkwürdige Gerüchte. Die Gestapo soll einen Brief an die Gettoverwaltung geschickt haben, das Lodzher Getto müsse liquidiert werden. Obwohl die Gettoarbeit ihnen großen Nutzen bringt, muss der Warthegau judenrein werden. Wegen dieser Gerüchte kommen täglich Dutzende Menschen um. Menschen laufen herum wie verrückt. Manche springen aus den höheren Stockwerken in den Tod und hinterlassen Briefe, dass sie nicht noch eine Evakuierung erleben wollen.

Den 20sten Juli
Das Tischlerressort hat heute von der Gettoverwaltung den Auftrag bekommen, 50 000 Kinderbetten zu machen. Wegen dieser großen Bestellung wird das Tischlerressort jetzt vergrößert, und es werden noch Arbeiter angenommen. Obwohl sich die Gerüchte verstärken, erhält die Gettoverwaltung regelmäßig große Bestellungen. Einer der Gestapo-Agenten soll gesagt haben, die Betten würden für jüdische Kinder gemacht, die sich in einem besonderen großen Lager unweit von Lublin befänden.

9 Mitte Juli 1942 besuchten mehrere deutsche Kommissionen das Getto. Vor dem Hintergrund der Deportation der Geisteskranken aus dem Getto ein Jahr zuvor kamen umgehend Gerüchte auf, dass dies womöglich auf eine baldige „Aktion“ der Deutschen hindeute; siehe Dok. 4 vom 29.7.1941; Chronik des Gettos Lodz/Litzmannstadt 1942 (wie Dok. 93, Anm. 1), S. 370.

10 Gemeint ist womöglich der Ostdeutsche Beobachter, der genannte Text konnte nicht ermittelt werden. Die Presse im Warthegau war in diesen Tagen bestimmt von Meldungen über Reichsinnenminister Wilhelm Frick, der zusammen mit StS Hans Pfundtner vom 16.–23.6.1942 den Warthegau besuchte.

11 Nicht ermittelt.

DOK. 131

Die aus Wien nach Litzmannstadt deportierte Irene Hauser schildert zwischen dem 13. Mai und 22. Juli 1942 die Lage im Getto und ihre persönliche Situation[1]

Handschriftl. Tagebuch von Irene Hauser[2] im Getto Litzmannstadt, Einträge vom 13.5. bis 22.7.1942[3]

13.V.[4] Leos[5] Familie ausgereist,[6] 5.–15.V. Hungerwochen Postverkehr, an Vater u. Anny geschrieben 10./III. an Vater geschrieben. Am 19.III. war ich sehr krank, am 21.IV. Gettoarmband bekommen, am 1.VI. Ring bekommen. Leo bekam am 21.I.42 in der Bank seine Stelle als Ziffernblattschreiber. Von Ende Januar bis Juni schwere Hungertage u. Kälte. In der Spanne Zeit Leo 20 u. Irene 10 kg an Gewicht abgenommen. Gettokrankheiten, Ausschlag, Ruhranfälle, Friseurkrezen[7] etz. Fliegenplage 4 h früh.
Buby u. ich 3 Tage Durchfall mit Fieber, vorher [im] Bad gewesen. Frau Budlovsky kennengelernt. Inselstr. 29/18. Bubi 2 Prager Freunde 28/VI. gefunden u. spielt Domino, Gott sei Dank, er hat Zerstreuung. Fuchs.[8] Ende Juni nicht mehr Monatsregel bekommen. Manja ausgereist.
5.VII. Goldkrone ausgebrochen. Bubi wegen Durchfälle Leo Verdruß, Fußschwäche, Schlaf vor Schwäche, Bubi Fieber 39° (Herzschwäche viel Erbrechen, Magenbrennen, Schwindel, Lunge angegr[iffen]). Seit 30.I.42 keinen Sexualverkehr.
Heute 15.VI. Vaters Geburtstag, [wir] haben großen Hunger und nichts zu essen. Bubi u. ich spielen Karten. Neue Sandalen Papa uns gemacht. Neue Tasche bekommen, mit Überwurf bezahlt. 26.VI. Probe Modistin, Wurst Brot.
27.VI. Schneiderressort keine Probe. Bubis Schuhe verkauft. [...][9] Mk. 35,– Erbsen kauft. 2 Koffer verkauft.
5.VII. Goldkrone ausgebissen, Kartoffel verdient. ½ 15.
7.VII. Wasche Wäsche, Boden aufwachsen, stricken für Lore u. leide schrecklichen Hunger, fühle mich elend schwach, es ist sehr heiß, lege mich auf 1 Stunde. Kein Brot u. Suppe, kann vom Bett nicht raus vor Schwäche, sonst keine Schmerzen. Leo bringt 2 d[k]g Käse,

1 AŻIH, 302/299, Bl. 31, 33, 35, 38–52. Teilweise abgedruckt in: Irene Hauser, „Nicht einmal zum Sterben habe ich Protektion ...“. Tagebuch von Irene Hauser, Frankfurt a. M. o. J. [1992].
2 Irene Hauser, geb. Hacken (1901–1942), Hausfrau; geb. in Waidhofen an der Ybbs bei Linz, im Okt. 1941 mit ihrer Familie von Wien in das Getto Litzmannstadt deportiert; wurde mit ihrem sechsjährigen Sohn Erich, genannt Bubi/Buby (1936–1942), am 10.9.1942 im Vernichtungslager Kulmhof ermordet.
3 Die Seitenfolge des nicht paginierten Tagebuchs ist teilweise fehlerhaft archiviert. Rechtschreibung und Zeichensetzung wurden behutsam korrigiert.
4 Die Datierung der Einträge ist wiederholt inkonsistent. Irene Hauser schrieb ihr Tagebuch vermutlich einige Wochen oder Monate später und skizzierte Ereignisse und Begebenheiten daher nicht immer in chronologischer Reihenfolge.
5 Leopold Hauser (*1898), Lithograph; mit seiner Frau Irene und seinem Sohn Erich im Okt. 1941 von Wien nach Litzmannstadt deportiert; er wurde im März 1944 in ein Zwangsarbeitslager in Skarżysko-Kamienna gebracht und überlebte den Krieg.
6 Diese Formulierung bedeutet, dass sie in das Vernichtungslager Kulmhof deportiert wurde.
7 Gemeint ist vermutlich Krätze, eine von Milben verursachte Hautkrankheit.
8 Herr und Frau Fuchs waren Bekannte von Irene Hauser im Getto.
9 Ein Wort unleserlich.

4 d[k]g Kornflocken fürs Kind, Kartoffelschalen für uns mit Stengeln u. karottengrünes Nachtmahl. Mittag nichts [als] leeren Tee.
9. VII. Sandalen für Bobby gerichtet, Fäustlinge für Lore fertig, Flocken dafür. Liege vor Schwäche. Frau Fuchs kocht für Bubi auf Gasküche. Zum 3.mal Verdauungs Ausschlag. Gute Nachrichten vom Kriegszustand. 1 dkg Kornflocken 1,80. Wir haben 5 Wochen kein Fleisch u. Wurst zugeteilt Juni–Juli. Erbitterte Kämpfe in Rußland, Ägypten u. Westfront. Wir waren beim Friseur, Leos Geschäft Collekte für uns gemacht 22,– Nachtmahl blos hiefür gereicht, so teuer ist alles, wahnsinnig könnt man werden. Ration sehr klein, Brot 10 dkg gekürzt auf 1,90 kg pro Person u. Woche. Habe keine Kraft, um Arbeit anzunehmen, Bubi ist auch schon geschwächt u. schläft bei Tag u. Nacht viel. Bin sehr traurig u. lebensmüde, weil er[10] für's Kind nicht richtig sorgt, eingeteilt und so müssen wir zugrunde gehen. Lange halten wir es nicht mehr aus. Wir müssen gehen oder er geht, rechne bis Aug., sonst ist es um uns geschehen. Von den Nachbarstädten hat man Frauen gebracht, Kinder bis zu 10 Jahre woanders verschleppt u. Männer auf Arbeit. Vom Getto wollte man uns auch Kinder nehmen, Älteste hat lieber Ration u. Brot verkürzen lassen, um unsere Kinder zu retten. Von 10 Jahre aufwärts müssen sie auch arbeiten gehen. Kinder u. Alte werden vertilgt. Die Arbeitenden brechen von allein zusammen u. so löst sich alles auf, statistisch sterben 120 täglich, Leo kann kaum die 3 ½ Stock u. zwei Brücken gehen, so fertig ist er, von der schlechten Einteilung, ich kann mir kein Wasser tragen, überleben wir's, dann möchte ich mit Frau Fuchs nach Prag reisen u. von dort mit ihr nach England. Seit 1 Woche Suppe, aus Kartoffelschalen, auch Mehl u. Fett, Grünes, Blätter von allem Möglichen. ¼ kg kleine roten Rüben 5,– für eine Suppe. Nun leben wir schon einige Tage von Karottenblättersuppe, nur Salzwasser u. Brot sind alle schon ganz geschwächt, ich kann nicht mehr stehen, Leo kann kaum Stiegen steigen. Bubi ist noch am besten beinand, Morgen
12/VII. G. s. D. kleine Ration bißchen Zucker für's Herz geborgt, Frau Fuchs – meine Retterin, nun können wir nicht mehr lange aushalten. Möchte immerfort schlafen, so müde bin ich u. muß mich zwingen zum Sitzen. Papa, Bubi, Lore sind im Hof Blätter waschen nach großem Gewitter. Leos Geschäft Herr Silberberg Collekte 22,– für uns gemacht. Aussiedlung d. 12 000 Deutschen 5.–15. V. 42 aus dem Getto. Einsiedlung von den Nachbarstädten einige Tausend ohne Kinder, Katastrophennachrichten von dort. Zerstreuung d. Familien, seit im Getto hat das Kind ¼ l Milch bekommen auf d. Karte. Arbeit auf Posen nur Männer. Kastanienbrot sehr schlecht, hätten wir nur genug 27 dkg pro Tag, müssen es trocknen heute, haben bloß 5 d[kg] für Tag. Seit Dez. 41 verkaufte 27 Hemden, 14 Hosen, 6 Paar Schuhe, 9 Kleider, 2 Mäntel, Skianzug, […],[11] Uhren, Ring, Strümpfe, Bettwäsche, Decken, Vorhänge, Stricksachen, Taschen, Einkaufstaschen erzeugt u. verkauft 7 Stück. 1 Anzug im Laden für Ration viel gegeben, um am 1. Tag herauszukommen. Butterdose mit Käse dort gestohlen worden m. Kind. Viele Wochen kein Fleisch u. Wurst.
10. VII. Laut Zeitungsbericht in 9 Wochen Ende vom Krieg, Gott soll uns noch bis dahin Kraft verleihen, wir leben fettlos u. fleischlos, alle sind schon zusammengebrochen, Prager[12] bekommen noch Geld u. haben noch Sachen zu verkaufen, die ganz Reichen, u. geht auch schon schlecht alles zu teuer, um ein Essen zu kochen, unsinnige Preise für

10 Gemeint ist Irene Hausers Ehemann Leopold.
11 Ein Wort unleserlich.

Fett u. Mehl, können sich [...][13] leisten, um ein Gemüse einzubrennen. Durch Hunger sind tägl. ½ 5 h früh auf u. der Tag wird zur Ewigkeit, Bubi sagt, wir müssen es überleben, habe geträumt, sind alle 3 nach Rottenmann[14] gekommen, ich fürchte wir schlafen ein auf immer, obzwar es besser wäre statt krank zu sein, Fieber haben wir G. s. D. keines. Bubi ist 8 h früh vor Schwäche wieder eingeschlafen, habe nichts zu essen für ihn, Blätter in Salzwasser gekocht ohne Brot. So Gott will, bringt Abend Papa Ration.

12.VII. Krieche herum, Knie versagen, herrliches Sonntagswetter. Glocken läuten, Nachts draußen Fliegeralarm, bei uns gibt es keinen. Kölner am Fischplatz erhängt[15] zur Besichtigung, weil er geflüchtet. Alle Kollectiven müssen 3 h nachm. hingehen. Leo war auch dort. [Leo] muß Holzschuhe ausborgen, um seine richten zu lassen. Habe auch nur 1 Paar, alles egal, den Herbst können wir nicht durchhalten. Fliegen sind wie die Polischen, kriechen in Mund u. Ohren, Augen nicht zum Wegbringen. 4 h Früh von Gemüseblättern Bauchschmerzen, Blähungen, Brot [...][16] Wir können das [...][17] nicht aufwachen, keine Kraft. Papa schleppt sich in's Geschäft 2 Brücken u. 3 ½ Stockwerke, sieht elend aus, dann im Laden Stunden stehen. Mein Magen u. Bauch singt, trinke bittern Tee zur Erleichterung, Baldrian, Skelettschmerzen vom Liegen. Bettbretter verheizt, da kein Geld auf Gasküche, um zu wärmen das Gemüse u. Tee kochen. Bubi hat bei Frau Fuchs dicke Kartoffelsuppe gegessen, abends hatten wir Kartoffelschmarrn.

13.–20.VII. Ration u. Gemüse, etwas Zucker, eine Sonntagsessen-Ration geholt. Fühle mich bedeutend wohler, Vormittag war Bubi noch sehr traurig. Morgen gibt es [...][18] u. Salat, dann Honig. G. s. D. diese Woche werden wir es besser haben, durch Leo's Talon. Am 3. Tag geht [es] mir schon besser, nur das Brot ist schon wieder aufgegessen, Leo ißt 3x in der Woche 80 dkg auf einmal auf u. das ist sehr schlecht, rohen Kaffee m. Zucker u. Margarine dito. dann hat er viele Tage nichts u. so ist er auch nur kaputt. Die letzten Tage vor der nächsten Ration fällt man wieder zusammen. Die Ration ist nur ein Aufpulverungsmittel wie eine Medizin bei einem akuten Leiden, es ist noch eine große Frage, ob wir es aushalten.

14.VII. Grünes Tricotkostüm gemacht, Gasküche nicht fertig, kochen dürfen bloß 1 Stun. Fr. Fuchs wird es anzeigen. Mittwoch 10 dkg Brot für 3 neue Geschirrtuch eingetauscht Mk 7,– u. Schalen von Kartoffeln.

15. Juli junge Frau von der Brücke gefallen u. tot. Trotz 3 Tage etwas Essen fühlte heute, daß die Kraft zu Ende ist u. muß heute das Letzte opfern, um vor dem Hungertode noch Halt zu machen dem Kind zu liebe, er hat keine Hilfe von seinem Vater, der nur Sinn für Zigaretten u. Schalen mit Brennmaterial hat, er wirtschaftet sinnlos u. ich habe keine Macht über ihn, wir sind bei ihm verloren, ich soll ihm das Brot in die Bank bringen u. kann nicht mehr kriechen, er läßt uns ohne mit einer Wimper zu zucken verrecken. Alles habe ich geopfert. Geld, Habe u. Kraft u. das genügt ihm auch nicht, den letzten

12 Zu dieser Zeit war es noch möglich, dass man aus dem Protektorat Geld an die Juden überwies, die im Herbst 1941 in fünf Transporten von Prag nach Litzmannstadt deportiert worden waren.

13 Ein Wort unleserlich.

14 Kleinstadt in der Steiermark, 60 km südwestlich von Irene Hausers Geburtsort Waidhofen an der Ybbs entfernt.

15 Zur Hinrichtung von Max Hertz am 21.2.1942 siehe Dok. 132 vom 23.7.1942, Anm. 5.

16 Ein Wort unleserlich.

17 Ein Wort unleserlich.

18 Ein Wort unleserlich.

Pfennig will er nur für Zigaretten, ich kann nicht mehr weiter, die bloßgelegten Knochen schmerzen. Tricotkleid für Fr. Fuchs gewaschen. Es geht jetzt Zahn um Zahn u. habe ich G. s. D. Menschen gefunden, die mir zur Seite stehen werden, wie es hier eben möglich sein kann. Ich will einmal noch zu dem Mut zum Leben mich zwingen, so Gott will für mein Kind, das Ärmste, weil wir gar kein Geld geschickt bekamen, sind wir so herunter gekommen, Gott möge uns bald erlösen, wie er will. Die Qual ist schon so groß, die Sünden sind schon abgebüßt für die Andern. Ich bitte um baldige Erlösung, Gott lasse mich in Ruhe einschlafen u. bei meiner Mutter ruhen, meine letzte Bitte, wenn es sein muß, daß ich hinüberwandere, das Kind weint Hunger, der Vater Zigaretten, die Mutter will sterben, das Familienleben im Getto. Noch funktioniert das Herz, doch es kann unmöglich noch den Krieg überdauern.
16.VII.42, ich esse seit 3 Tagen gute Suppe u. die Kräfte schwinden stündlich, war am Wohnungsamt, da schon nicht mehr die Stiege herauf kann u. ist alles sehr schwer zu erreichen, nur Protektion wie auf der ganzen Welt, nicht einmal zum Sterben habe ich Protektion u. ich gehe nicht von selbst, mein Kind muß mich haben, Gott erbarme Dich unser in dieser letzten Minute, es gibt keine andere Rettung mehr. Seit 6 Tagen Talonzettel[19] u. geben nicht heraus. Leo zerspringt, da die Ration aufgegessen ist u. heute Donnerstag. Montag erst nächste, 3 Büscherl Karotten geben sie aus für Familie.
16.VII. Fr. Fuchs übergeben meine letzte Rettung, Gott stehe mir u. meinem Kinde bei, denn ich kann nicht mehr weiter, ein Wunder muß geschehen, sonst ist es um uns geschehen, wir können nicht mehr. Erich schwitzt vor Schwäche im Bett, unheimlich anzusehen, die Fliegen sitzen ihm auf Augen u. Mund, so zudringlich wie die Menschen hier, furchtbares Volk. Bis heute von Niemanden Post bekommen u. 9 Monate schon hier, zum Verzweifeln, heute 18.VII. kann nicht mehr weiter. Entweder ein Arzt hilft mir noch auf oder es geht zu Nile mit mir, morgen gehe [ich] ins Spital. Dr. Proskauer hat mir u. d. Kind wegen Unterernährung 50 dkg Hefe u. Diakohle verschrieben, das würde 75 Mk. kosten, so aber im Milchladen Mk. 7,– Gott soll geben, daß dies hilft, denn ich kann nicht mehr weiter. Bubi Muff gemacht.
17.VII. Köln soll geräumt sein, wollen hoffen, daß bald alles ein Ende nimmt, war mit Bubi im Spital, doch muß ich Sonntag nochmals hin, da [ich] Leo's Bestätigung brauche, auch wegen Wohnung gehe für Herrn Fuchs Hose ausbessern. Für Frau Schoß kürzer gemacht. Arbeite trotz Schwäche viel. Nun haben wir 10 kg Gemüse, aber kein Fett u. Mehl.
19.VII.42. Einreichung von Gemüse 12–2 h komme hinunter umgeändert v. 7–8 h so läuft man Stock runter rauf für nichts u. tägl. diese Wirtschaft, Wurst anstellen 5 Stunden umsonst, Brot 5 h früh, Fenster gehen in Trümmer, so geht es dabei zu auf Tod u. Leben, die Angestellten sind nichts wert, Auskunft bekommt man keine.
Gicht u. Medizin verschrieben auch Hefe, Bub hat sie mir aufgegessen 20 dkg vor Hunger, weil kein Brot da war. Heute gehe zur Durchleuchtung ins Spital u. dann soll ich arbeiten gehen, um den Talon zu bekommen wegen meiner starken Unterernährung, habe wahnsinnige Schmerzen im Rücken u. Hunger. Angeblich hat man die am 5.–15.V. Ausgesiedelten von hier vergast, also vertilgt.[20]
21.VII. Schlafzimmer verändert, lebensfroher, erste Hefe gegessen mit Einbrenn vermengt auf Brot gestrichen.

19 Lebensmittelmarke.

22. VII. Habe starke Schmerzen, Bubi reibt mich mit Essigwasser ein, Nerven zusammen […][21] Habe Einreibung vom Arzt, sehr gutes Mittel. Noch 30 dkg Hefe v. Dr. Konnstein.

DOK. 132
Oskar Singer dokumentiert am 23. Juli 1942 im Getto Litzmannstadt die öffentliche Hinrichtung zweier Juden[1]

Reportage Oskar Singers im Getto Litzmannstadt vom 23.7.1942

Sterben im Getto. II.
Zum Tode ins Getto.
Zwei Menschen wurden ins Getto gebracht, um hier vom Leben zum Tode befördert zu werden. Fast alle Menschen, die in dieses Getto gebracht wurden, sehen diesem Schicksal entgegen. Sie leben hier und müssen hier zugrunde gehen. Zwei Menschen aber wurden ins Getto gebracht, um nur zu sterben, ohne das Zwischenspiel eines längeren Kampfes gegen den Hunger. Zwei Arbeiter, der 16jährige Grünbaum und der etwa 40jährige Markowitsch.[2] Sie sollten aus ihren Wohngemeinden in der Nähe von Litzmannstadt auf Arbeit gehen, irgendwohin im Posenischen.[3] Da gibt es ja mehrere jüdische Arbeitslager.
Die beiden Juden, der halbwüchsige Knabe und der reife Mann, werden wohl wenig Erfreuliches über das Leben in diesen jüdischen Lagern gehört haben. Sie zogen es vor, zu flüchten. Der deutschen Polizei entkommt man nicht so schnell. Die beiden wurden unterwegs auf dem Güterbahnhof von Kutno aufgegriffen und ins Gefängnis nach Radegast[4] gebracht. Die Geheime Staatspolizei in Posen verurteilte die beiden jüdischen Arbeiterdeserteure zum Tode durch den Strang. Das ist die trockene Vorgeschichte des kurzen Dramas, das sich am 22. Juli 1942 vor den Augen der Gettobevölkerung abspielte. Schon in den Abendstunden des Vortages hörte man flüstern, daß am nächsten Morgen eine öffentliche Hinrichtung stattfinden werde. Nach der Hinrichtung des Max Herz aus Köln a. Rhein im Frühjahre dieses Jahres darf man wohl einem solchen Gerüchte glauben.[5]

20 Zwischen dem 4. und 15.5.1942 waren von den im Herbst nach Litzmannstadt deportierten reichsdeutschen, Wiener und Prager Juden knapp 11 000 in das Vernichtungslager Kulmhof deportiert und ermordet worden.
21 Ein Wort unleserlich.

1 YIVO, RG 241, folder 867. Abdruck in: Singer, „Im Eilschritt durch den Gettotag …" (wie Dok. 98, Anm. 1), S. 88–91.
2 Richtig: Józef, auch Josek Grynbaum und Szymon Markowski (1890 oder 1891–1942); beide stammten aus Pabianice und waren geflüchtet, als sie in ein Arbeitslager bei Posen deportiert werden sollten.
3 So im Original.
4 Das Anfang 1940 eingerichtete Polizeigefängnis Radegast lag nordwestlich des Gettos an der Ausfallstraße nach Zgierz; siehe auch Dok. 282 vom März 1945.
5 Max, auch Maks Hertz (1888–1942), Drucker; am 23.10.1941 von Köln in das Getto Litzmannstadt deportiert; von dort gelang ihm die Flucht, er wurde kurz darauf auf einem Bahnhof verhaftet und von einem Standgericht zum Tode verurteilt; am 21.2.1942 wurde er öffentlich und im Beisein seiner Ehefrau und seiner neunjährigen Tochter im Getto gehängt.

Wer in den Morgenstunden des 22. Juli den Bazarplatz passierte, konnte sich Gewißheit verschaffen. Dort, vor dem Bretterlager des Holzgalanterie-Ressorts haben sie den Doppelgalgen aufgestellt. Jüdische Zimmerleute haben ihn genau nach den deutschen Vorschriften bauen müssen, und jüdische Arbeiter mußten ihn aufrichten. Jüdisches Polizeiaufgebot hielt Wache bis zu der bangen Stunde. Für 11 Uhr ist die Exekution angesetzt. Wer die Deutschen kennt, weiß, sie wird Schlag 11 Uhr vollzogen werden. Schon um 10 Uhr sammeln sich Menschen auf den Gehsteigen der Hamburgerstraße und längs des Bazars. Gegen ½ 11 erscheint ein Zug deutscher Polizeimannschaft. Ein SS-Untersturmführer leitete die Staatsaktion. Auf seinen Befehl werden die Passanten angehalten und gezwungen, der Exekution beizuwohnen. Die Straße nach der Kirchplatzbrücke wird abgeriegelt, das Publikum – sehr viele Frauen – auf dem Wege von oder zu der Arbeit staut sich vor allem auf den beiden Gehsteigen gegenüber dem Blutgerüst. Das starke jüdische Polizeiaufgebot steht unter dem Befehl des Kommandanten Rozenblat, der nervös eine Zigarette nach der andern raucht. Ihm erteilt der SS-Offizier seine schroffen Befehle.

Allmählich sammelt sich die deutsche Offizierskommission, Kripo in Zivil erscheint auf der im Getto so bekannten „Briczka".[6]

Vor dem Galgen, ein paar Schritte von den Deutschen entfernt, steht in strammer Haltung ein jüdischer Polizist. Er blickt starr vor sich hin. Die gesenkte Hand hält den Polizeiknüppel. Ein hünenhafter Kripobeamter im hellen Regenmantel nimmt ihm im Vorbeigehen den Knüppel ab, wippt ein paar Mal mit dieser jämmerlichen Waffe durch die Luft, reicht sie dem steifen Polizisten wieder. Dann geht auch er an den Galgen und prüft interessiert seine Festigkeit. Er kann mit der jüdischen Arbeit zufrieden sein. Die Balken stehen und werden die zwei schwachen Juden schon ertragen.

Immer noch fahren Autos vor. Polizei und SS-Offiziere treffen ein. Arme schnellen hoch zum deutschen Gruß, Stiefelabsätze krachen aneinander; alle stramm, höflich, korrekt, wie eben bei einem Staatsakte – auch wenn nur zwei arme Judenkerls gehenkt werden. Ein geschlossener Polizeiwagen fährt vor, knapp an die Bretterstöße beim Bazar. Zwei bewaffnete Polizeiwachtmeister entsteigen dem Kraftwagen. Es ist wenige Minuten vor elf. Noch ein Wagen, der letzte wohl, der mit dem höchstkommandierenden Polizeioffizier, rollt auf den Platz. Der SS-Offizier winkt den Polizeikommandanten Rozenblat heran und befiehlt ihm, zum Publikum zu sprechen. Die Stimme versagt dem jüdischen Polizeiminister. Der SS-Offizier wiederholt den Befehl: „Lauter! Die Leute hören doch nichts." Mit erstickender Stimme leiert Rozenblat seine eingelernte Ansprache herunter. Man versteht nur Bruchstücke: „Arbeiter – Posen – Güterbahnhof – entlaufen – Geheime Staatspolizei – Todesurteil." Das Publikum versteht schon. Inzwischen werden die Delinquenten schnellen Schrittes zum Blutgerüst geführt. Die Hände auf den Rücken gebunden, wie das schon immer so ist. Ohne Binde um die Augen steigen sie tapfer die Stufe hinan, keiner von ihnen hat den Kopf gesenkt. Der arme 16jährige Junge weiß wohl nicht, wie schnell der Tod ist, was der Tod ist. Zwei jüdische Männer legen die Schlingen um den Hals. Der Jüngling wendet den Kopf. Vielleicht hat er dem jüdischen Gelegenheitshenker etwas gesagt. Sekunden, nur wenige Sekunden vergehen, aber sie dauern ewig. Die beiden Männer treten ab, einen Augenblick stehen die Unglücklichen alleine

6 Poln. bryczka: Kalesche, Kutsche.

auf der Plattform, die hellen, neuen Schlingen um den Hals. Ein gellendes Kommando des SS-Offiziers: Eins-zwei-drei – und die jüdischen Henkershelfer müssen die Stricke ziehen, um die Plattform abklappen zu lassen. Ein entsetzlicher Ruck, die Körper schnellen in die Tiefe. Der ältere, Markowitsch, ist allem Anscheine nach sofort tot, der Jüngling will nicht so schnell sterben. Sein junger Körper zuckt noch Minuten. Die Körper drehen sich, wenden sich einander zu, als hielten sie Zwiesprache. Kein Henker kommt und hilft den Toten sterben. Der Jüngling, der in Posen nicht zugrunde gehen wollte, will auch am Galgen nicht ins Jenseits. Entsetzt wenden sich die Menschen ab. Endlich baumeln die Leichen ruhiger, wie eben Leichen am Galgen baumeln, vom Winde leicht geschaukelt. –

Die Menschen eilen davon, das Grauen in den Kehlen und Beinen. Die Motore der Offiziersautos rollen an, die Prozedur ist zu Ende.

Die Juden von Litzmannstadt-Getto sind gewarnt. So wird es jedem gehen, der nicht gehorcht. Arme junge Judenarbeiter. Im Kriege 1914–1918 hättet ihr euer Vergehen mit höchstens vierzehn Tagen Arrest gebüßt. Seither haben die Welt und ihr Krieg ein anderes Antlitz bekommen.

Der Arzt, Dr. Krausz,[7] erscheint erst gegen 6 Uhr abends. Dann erst wird offiziell der Tod konstatiert. Ordnung muß sein.

Am 23. Juli 1942 Vormittag meldet ein Polizist vom I. Revier im Sterberegister des Standesamtes des Ältesten der Juden in Litzmannstadt das Ableben zweier jüdischer Männer im Alter von 16 und 40 Jahren. Die Vornamen sind noch nicht bekannt. Grünbaum hatte ein Zertifikat für Erez bei sich. Er kann seine alijah[8] nicht antreten. Er ist durch die kriegerischen Ereignisse daran gehindert.

DOK. 133

Der Wehrmachtsoffizier Wilm Hosenfeld zweifelt am 23. Juli 1942 in seinem Tagebuch angesichts des Massenmords in Kulmhof an den deutschen Kriegszielen[1]

Handschriftl. Tagebuch von Wilm Hosenfeld,[2] Warschau, Eintrag vom 23.7.1942

Wenn man die Zeitungen liest und den Rundfunkberichten zuhört, dann glaubt man, es sei alles in bester Ordnung, der Frieden sei gesichert, der Krieg schon gewonnen, und die Zukunft für das d[eutsche] Volk sei voller Hoffnung. Aber ich kann und kann nicht daran glauben, einfach deshalb nicht, weil das Unrecht auf die Dauer nicht Herr sein kann und weil die deutschen Methoden, die unterworfenen Länder zu beherrschen,

7 Dr. Paul Krausz (*1911), Arzt; war mit dem vierten Prager Transport im Okt. 1941 nach Litzmannstadt deportiert worden.

8 Hebr.: Aufstieg, zugleich Bezeichnung für die Einwanderung nach Erez Israel.

1 Original in Privatbesitz, Kopie: IfZArch, F 601. Abdruck in: Wilm Hosenfeld, „Ich versuche jeden zu retten.“ Das Leben eines deutschen Offiziers in Briefen und Tagebüchern. Im Auftrag des Militärgeschichtlichen Forschungsamtes hrsg. von Thomas Vogel, München 2004, S. 626 f.

2 Wilm (eigentlich: Wilhelm) Hosenfeld (1895–1952), Lehrer; 1933 SA- und 1935 NSDAP-Eintritt; 1939 Kriegsteilnahme, 1940–1944 bei der O.F.K in Warschau, von 1941 an dort Leiter einer Sportschule der Wehrmacht, er half in dieser Funktion Juden und Polen; von Jan. 1945 an in sowjet. Kriegsgefangenschaft, er starb im Lager Stalingrad.

früher oder später die Gegenwehr auslösen müssen. Ich überschaue hier ja nur die Verhältnisse in Polen, auch nur in ganz geringem Umfang, weil man das wenigste erfährt, aber in den vielen Beobachtungen, Gesprächen, Mitteilungen, die einem täglich zukommen, gewinnt man doch ein klares Bild. Mögen die Verwaltungsmethoden und Regierungsmethoden, die Erpressungen in Behandlung der Einwohner sowie das Vorgehen der G.Sta.Po. hier besonders kraß sein, so wird es in den andern unterworfenen Ländern ähnlich sein. – Überall herrscht der ausgesprochene Terror, der Schrecken, die Gewalt. Verhaftungen, Verschleppungen, Erschießungen sind an der Tagesordnung. Das Leben eines Menschen, geschweige die persönliche Freiheit, spielen überhaupt keine Rolle. Aber der Freiheitstrieb ist jedem Menschen und jedem Volk eingeboren und wird auf die Dauer nicht unterdrückt werden können. Die Geschichte lehrt, daß die Tyrannei immer von kurzer Dauer war. Nun kommt noch das entsetzliche Unrecht der Blutschuld an der Ermordung der jüdischen Bewohner auf unsre Rechnung. Gegenwärtig läuft eine Vernichtungsaktion der Juden, die zwar seit der Besetzung der Ostgebiete Ziel der deutschen zivilen Verwaltung unter Zuhilfenahme der Polizei und der G.Stapo. war, aber jetzt scheinbar großzügig und radikal gelöst werden soll. Es wird glaubhaft von den verschiedensten Leuten berichtet, daß man das Ghetto in Lublin ausgefegt hat, die Juden daraus vertrieben und sie massenweise ermordet, in die Wälder getrieben hat und zu einem kleinen Teil in einem Lager eingesperrt hat.[3] Von Litzmannstadt, von Kutno wird erzählt, daß man die Juden, Männer, Frauen, Kinder, in fahrbaren Gaswagen vergiftet, den Toten die Kleider auszieht, sie in Massengräber wirft und die Kleider zur weiteren Verwendung den Textilfabriken zuführt. Entsetzliche Szenen sollen sich abspielen. Jetzt ist man dabei, das Warschauer Ghetto, das etwa 400 000 Menschen zählt, auf ähnliche Weise zu leeren.[4] Statt der deutschen Polizei hat man ukrainische und litauische Polizeibataillone dazu herangeholt.[5] Aber man kann das alles nicht glauben, ich wehre mich dagegen, es zu glauben, nicht nur aus Sorge für die Zukunft unseres Volkes, das ja einmal diese Ungeheuerlichkeiten büßen muß, sondern deswegen, weil ich nicht glauben will, daß Hitler so etwas will, daß es deutsche Menschen gibt, die solche Befehle geben. Es gibt nur eine Erklärung, sie sind krank, anormal oder wahnsinnig.

Neuere Gerüchte erzählen von dem Kriegseintritt Schwedens und der Türkei gegen uns.[6] Ich wollte mich nicht wundern, wenn es wahr sein sollte.

3 Das im März 1941 in Lublin für über 20 000 Juden eingerichtete Getto wurde zwischen dem 16.3. und 16.4.1942 aufgelöst, über 25 000 Juden wurden deportiert, die meisten von ihnen im Vernichtungslager Belzec ermordet. 2500–3000 Juden wurden am 21./22.4.1942 im Wald von Krępiec (etwa 10 km südöstlich von Lublin) erschossen. Schon zuvor hatte Krępiec als Erschießungsstätte gedient, nach 1943 wurden hier Leichen aus dem KZ Lublin-Majdanek verbrannt, die genaue Opferzahl ist unbekannt.

4 Unmittelbar zuvor hatten die Deutschen mit den Deportationen der Warschauer Juden in das Vernichtungslager Treblinka begonnen; siehe VEJ 9/100.

5 Bei den Deportationen aus dem Warschauer Getto wurde Hilfspersonal aus dem Ausbildungslager der SS in Trawniki eingesetzt, zumeist Ukrainer.

6 Tatsächlich brach die Türkei die diplomatischen Beziehungen zu Deutschland erst am 2.8.1944 ab, und die Kriegserklärung erfolgte ein halbes Jahr später; Schweden blieb bis Kriegsende neutral.

DOK. 134
Litzmannstädter Zeitung: Artikel vom 29. Juli 1942 über den Aufbau einer Nebenstelle des Instituts zur Erforschung der Judenfrage in Litzmannstadt[1]

Institut für Judenforschung in Litzmannstadt
Eine Nebenstelle des Frankfurter Instituts / Einsendung von Material sehr erwünscht

Im März 1941 wurde in *Frankfurt am Main* als erste Außenstelle der Hohen Schule der Partei, die augenblicklich am Chiemsee erbaut wird, das Institut der NSDAP. zur Erforschung der Judenfrage[2] in Anwesenheit des Reichsleiters Alfred Rosenberg[3] eröffnet. Acht Nationen waren bei dieser Feier vertreten, ein Beweis für die Erkenntnis, daß die Judenfrage nach ihrer politischen und wissenschaftlichen Seite eine brennende Sorge Gesamteuropas bedeutet. Inzwischen ist in Frankfurt am Main eine sehr umfangreiche und hochwertige Bibliothek entstanden, judenkundliches Archiv- und anderes Material ist gesammelt und geordnet in den Institutsräumen der Forschung zugänglich. Ein ansehnlicher Stab wissenschaftlicher und technischer Mitarbeiter steht hauptamtlich für das Institut zur Verfügung. Als Organ dient die bereits aus der Kampfzeit der Bewegung stammende wissenschaftliche Vierteljahresschrift „Weltkampf", herausgegeben vom Leiter der Frankfurter Außenstelle, Dr. phil. habil. Wilhelm Grau,[4] unter der Schriftleitung von Universitätsprofessor Dr. Peter Heinz Seraphim,[5] Greifswald. Die Wissenschaft, „die es sich zur Aufgabe gesetzt hat, das Problem des Juden in seinen Verflechtungen mit der Geschichte und dem Leben der Völker forschend zu erkennen und darzustellen", hat somit einen tragkräftigen Arbeitsmittelpunkt erhalten. Die „Judenforschung ohne Juden" in Deutschland läuft.

Im gleichen Jahre 1941 wurde auf Veranlassung und im Einvernehmen mit Reichsleiter Alfred Rosenberg und mit Billigung und Förderung des Gauleiters Arthur Greiser die Errichtung einer Nebenstelle dieses Frankfurter Instituts zur speziellen Erforschung der Ost-Judenfrage vorgesehen und hierfür *Litzmannstadt* aus triftigen Gründen zum Ort bestimmt. Nachdem bereits Ende 1941 ein Vorkommando aus Frankfurt a. M. die ersten

1 Litzmannstädter Zeitung, Nr. 209 vom 29.7.1942.

2 Das bereits 1939 gegründete Institut zur Erforschung der Judenfrage wurde am 26.3.1941 eröffnet. Es war als Außenstelle für die nach dem Krieg von Alfred Rosenberg geplante nationalsozialistische Eliteuniversität (Hohe Schule) gedacht. Die Bestände des Instituts waren größtenteils geraubte Kulturgüter aus den eroberten Gebieten.

3 Alfred Rosenberg (1893–1946), Architekt; 1921 SA- und 1925 NSDAP-Eintritt, 1923/24 und 1926–1937 Hauptschriftleiter, 1938–1945 Hrsg. des Völkischen Beobachters, 1933–1945 Leiter des Außenpolitischen Amts der NSDAP, 1941–1945 Reichsminister für die besetzten Ostgebiete; 1946 nach Todesurteil im Nürnberger Prozess hingerichtet; Autor u. a. von „Der Jude" (1918) und „Mythus des 20. Jahrhunderts" (1930).

4 Dr. Wilhelm Grau (1910–2000), Historiker; 1936–1938 geschäftsführender Leiter der Forschungsabt. Judenfrage im Reichsinstitut für die Geschichte des neuen Deutschland; 1937 NSDAP-Eintritt; 1941/42 Leiter des Instituts zur Erforschung der Judenfrage; nach 1945 Besitzer einer Verlagsdruckerei in Alzey.

5 Dr. Peter-Heinz Seraphim (1902–1979), Volkswirt; 1927–1930 Schriftleiter der Königsberger Allgemeinen Zeitung, von 1930 an im Institut für Osteuropäische Wirtschaft in Königsberg tätig; 1933 NSDAP- und SA-Eintritt; 1940 Professor in Greifswald, 1941–1943 Schriftleiter der Zeitschrift Weltkampf; nach 1945 Studienleiter der Verwaltungsakademie Bochum; Autor u. a. von „Das Judentum im osteuropäischen Raum" (1938).

Schritte zur Eröffnung der Litzmannstädter Nebenstelle getan hatte,[6] wurde ab 1. Juli 1942 Universitätsprofessor Dr. Adolf *Wendel*[7] mit der Aufbauarbeit betraut. Die Erstellung einer Bibliothek und eines judenkundlichen Museums ist im Gange.[8]
Obwohl die führenden Behörden und Persönlichkeiten des Warthegaus ihre *Unterstützung* für die Neuerrichtung dieses Parteiinstituts in Litzmannstadt in dankenswerter Weise zugesagt haben, kann auf die intensive freiwillige Mitarbeit der einzelnen Dienststellen im Warthegau sowie auf Anregungen und Hilfeleistungen einzelner interessierter Volksgenossen aus eigenem Antrieb nicht verzichtet werden.
Es ergeht daher an alle Partei-, Verwaltungs-, Polizei- und sonstigen Dienststellen, ebenso an alle zur Mitarbeit gewillten Persönlichkeiten die Bitte um tatkräftige Förderung der Arbeit. In Frage kommendes Schrifttum und sonstiges judenkundliches Material kann direkt an das Institut gesandt werden, oder Meldungen und Mitteilungen einschlägiger Art können dahin gerichtet werden. Kurzgefaßte Anschrift: Institut für Judenforschung, Litzmannstadt, König-Heinrich-Straße 33, Fernruf 283–34. Geeignete Aufsätze über das Judentum im Warthegau werden dankbar entgegengenommen. Die Bibliothek soll nicht nur hebräische und jiddische Schriften enthalten, sondern in ihrem allgemeinen Teil alle Zweige des Wissens in deutscher und in fremden Sprachen umfassen. Außerdem ist Literatur über den Ostraum, sei es nun geschichtliche, geographische, kulturgeschichtliche oder wirtschaftliche usw., erwünscht. Im Notfall kann auch Ankauf erfolgen. Den später hier arbeitenden Wissenschaftlern soll Nachschlageliteratur über alle nur möglichen Gebiete sofort verfügbar sein. An judenkundlichem Material kommen besonders religiöse Geräte aus Haus und Synagoge in Frage, daneben jüdische Gemälde und Drucke, Briefdokumente, Schriftverkehr, zumal ehemaliger jüdischer Dienststellen, usw.
W.[9]

DOK. 135

Das Gettokommissariat der Kriminalpolizei in Litzmannstadt meldet am 29. Juli 1942 einen Großbrand sowie einen Raubmord im Getto[1]

Monatsbericht des Gettokommissariats (K.II/5), gez. Kriminalsekretär W. Neumann, Litzmannstadt, für die Zeit vom 1.7. bis 29.7.1942 vom 29.7.1942

Im Berichtszeitraum wurden vom Gettokommissariat:
1.) 153 Vorgänge verschied. Art bearbeitet.
2.) Bei 106 Durchsuchungen wurde jüd. Vermögen: Pelze, Schmuck, Devisen, Lederwaren, Kristalle, Stoffe und Wirtschaftsartikel im Werte von ca. 105 000,– Reichsmark sichergestellt und zu Reichsgunsten beschlagnahmt.

6 Die Arbeiten des Instituts begannen bereits im Frühsommer 1941. So beauftragte der Landrat des Kreises Lask den Amtskommissar in Belchatow am 31.5.1941 auf Anordnung des Bezirksschulleiters, für das „Institut zur Erforschung des Ostjudentums“ in Litzmannstadt Drucksachen und Gegenstände aus jüdischem Besitz zu sammeln.
7 Adolf Wendel (1900–1958), evang. Theologe; 1928 Pfarrer in Hessen, 1933 Privatdozent in Marburg, 1936 Professur in Breslau, von 1939 an bei der Wehrmacht; 1950 Religionslehrer in Frankfurt a. M.
8 Nicht ermittelt.
9 Nicht ermittelt.

1 APŁ, 20 361, Bl. 165.

3.) *Besondere Ereignisse:*
a. *Großbrand im Getto*: Am 4.7.1942, gegen 4.10 Uhr, brach im Getto, Hamburgerstr. 23, in der dort befindlichen jüd. Badeanstalt ein Feuer aus. Beim Eintreffen der jüd. Feuerwehr stand der Dachstuhl in Flammen. Eine Bekämpfung des Brandes mit der primitiven Ausrüstung der jüd. Feuerwehr erschien zwecklos, und unter Einsatz der städtischen Feuerwehr konnte das Feuer gegen 6 Uhr morgens im Keime erstickt werden; und die am Brandherd unmittelbar gelegene Tischlerei sowie der Lagerplatz der Tischlerei blieben unversehrt.
Brandursache: Vermutlich schadhafter Kamin.
Personenschaden: Wachtmeister Lumpe der städt. Feuerwehr wurde verletzt.
Sachschaden: Der Dachstuhl des Hauses und die Inneneinrichtung (Maschinenanlagen) wurden vernichtet (ca. 8 000,– Rm).
b. *Raubmord im Getto:* Am 21.7.42, gegen 18.00 Uhr, wurde gemeldet, daß im Getto, Steinmetzstr. 9, die *Jüdin Chawa Rosenblitt,*[2] 55 Jahre alt, in ihrer Wohnung ermordet worden sei. Es handelt sich vermutlich um einen Raubmord. Die Ermittlungen durch die Kripo im Getto haben dies bestätigt. Die Leiche wurde erkennungsdienstlich behandelt, beschlagnahmt und in das Leichenschauhaus des jüd. Krankenhauses überführt. Vom Täter ist nichts bekannt, irgendwelche Spuren konnten nicht gesichtet werden. Die Ermittlungen werden fortgesetzt.
4.) Die Schutzpolizei, die mit der Überwachung der Gettobegrenzung betraut ist, erstattete 2 Schußwaffengebrauchsmeldungen. In beiden Fällen war der Schußwaffengebrauch auf Juden, die das Getto verlassen wollten, berechtigt. In 2 weiteren Fällen wurden 2 Juden vorgeführt, die verbotswidrig das Getto verlassen hatten. Die Juden werden der Geheimen Staatspolizei überstellt.
5.) In der Zeit vom 1.7.42–28.7.42 wurden vom Ältesten der Juden *1826 Sterbefälle und 61 Geburten gemeldet.*
6.) 8 Juden verübten Selbstmord und 5 Juden Selbstmordversuche.
7.) Die Staatsanwaltschaft beim Ältesten der Juden hatte im Berichtszeitraum 160 Strafvergehen zu bearbeiten.[3] Von diesen Vergehen wurden allein 94 Diebstähle bearbeitet.

2 Chawa Rozenblit (1882–1942), Händlerin; lebte bereits vor dem Krieg in Łódź.
3 Das im Frühjahr 1941 gebildete Gericht sollte privatrechtliche sowie kleinere strafrechtliche Verfahren führen; auf Befehl der Deutschen wurde darüber hinaus auch ein Gefängnis im Getto eingerichtet.

DOK. 136

Jewish Telegraphic Agency: Artikel vom 2. August 1942 über die Verwendung mobiler Gaskammern in Kulmhof zur Ermordung von Juden im Warthegau[1]

Weitere Einzelheiten über die Ermordung Tausender polnischer Juden in Gaswagen enthüllt[2]

New York, 31. Juli (JTA) –
Die amerikanische Vertretung des Allgemeinen Arbeiterbunds in Polen hat hier heute neue Einzelheiten über die Ermordung Tausender polnischer Juden in Gaswagen im Waldgebiet zwischen Koło und Chełmno veröffentlicht.
Die Informationen stammen von drei jüdischen Totengräbern,[3] die von den Nazis beauftragt waren, die in den Gaswagen Getöteten in Massengräbern zu verscharren. Den drei Juden war es gelungen, aus dem Verlies des Schlosses[4] in Chełmno zu fliehen, in das sie jeden Abend eingesperrt wurden, nachdem sie ihre grauenhafte Arbeit verrichtet hatten.
Sie berichteten: „Seit dem 15. Januar dieses Jahres treffen Gruppen von Juden, die aus dem Getto in Łódź evakuiert worden sind, in Chełmno ein. Die erste Gruppe bestand aus 750 Familien, insgesamt 3000 Personen. Weitere Gruppen folgten. Nach ihrer Ankunft in der Stadt[5] wurden sie zunächst zur Kirche von Chełmno geführt, wo man ihnen ihre Habseligkeiten abnahm. Danach brachte man sie zur Ruine von Chełmno, einem ehemaligen Schloss, von dem nach der Zerstörung im Ersten Weltkrieg nur noch ein Stockwerk übriggeblieben ist.
Dort wurden die Juden in einen Flur im Keller geführt, wo ihnen eine Person aus der Gruppe – ein SS-Offizier, wie sich später herausstellte – mitteilte, dass sie wieder zurück ins Getto nach Łódź gebracht würden und dort eine Arbeit zugeteilt bekämen. Vorher müssten sie allerdings im Schloss noch baden, und ihre Kleidung würde desinfiziert. Nachdem die Juden ihre Oberbekleidung abgelegt hatten, führte man sie zu einer Tür, hinter der, so die Auskunft, das ‚Bad' lag, was sich aber als eine Rampe erwies, von der aus sie in große graue Lastwagen mit luftdicht verschließbaren Hecktüren verladen wurden. Nachdem man eine Gruppe von Juden hineingezwängt hatte, fuhr der Lkw in den Wald, etwa sieben Kilometer in Richtung Koło. Dort hielt er am Hinrichtungsplatz, an einer Lichtung, die von mit Maschinengewehren ausgerüsteten deutschen Polizisten umstellt war. In einer Ecke der Lichtung befand sich eine große Grube, um die herum sich SS-Männer, Polizisten, einige Zivilisten und mehrere jüdische Totengräber postiert hatten. In dem Augenblick, in dem der Lkw etwa knapp 100 Meter von der Grube entfernt zum

1 Jewish Telegraphic Agency vom 2.8.1942, S. 3: „Reveal Details of Execution in Portable Gas Chambers of Thousands of Polish Jews". Das Dokument wurde aus dem Englischen übersetzt. Die jüdische Presseagentur JTA wurde 1917 von Jacob Landau (1892–1952) als Jewish Correspondence Bureau gegründet und führt seit 1919 den Namen Jewish Telegraphic Agency. Sie unterhielt in den 1930er-Jahren Büros u. a. in Berlin, Warschau, Jerusalem und New York.
2 Siehe auch VEJ 9/74.
3 Siehe Dok. 74 von Febr. 1942.
4 Gemeint ist das sog. Schlosslager in Kulmhof; siehe Einleitung, S. 26 f.
5 Bei Chełmno (Kulmhof) handelt es sich um eine kleine Ortschaft mit nur wenigen Häusern.

Stehen kam, betätigte der Fahrer, der auch mit der Tötung beauftragt war, die Vorrichtung zur Einleitung des Gases, die er vom Führerhaus des Wagens bedienen konnte."

Die Opfer schreien vor Angst, als ihnen das Gas die Luft nimmt
„Als das Gas durch die in den Boden des Chassis eingelassenen Schläuche eindrang, konnte man aus dem Inneren des Fahrzeugs Angstschreie und Hämmern vernehmen. In der Regel hörten diese Schreie nach etwa 15 Minuten auf. Daraufhin ging der Fahrer zum Führerhaus des Lkw und sah über ein hinter dem Fahrersitz angebrachtes Fenster nach, ob alle Juden tot waren. Nachdem er sich davon überzeugt hatte, wurde der Lkw an die Kante des Massengrabs gefahren, und vier der jüdischen Totengräber wurden gezwungen, die Leichen aus dem Gaswagen zu zerren und sie in die Grube zu werfen, wo ihre Kameraden warteten.
Doch bevor die Toten verscharrt wurden – der Kopf des einen neben den Füßen des anderen, um mehr Platz zu schaffen –, untersuchten deutsche Zivilisten jede Leiche, streiften Ringe und anderen Schmuck ab und lösten Goldfüllungen aus den Zähnen.[6]
Als der Boden der Grube bedeckt war, legte man eine weitere Schicht von Opfern auf die bereits dort Liegenden."
Die drei Totengräber, denen die Flucht gelungen ist, teilten außerdem mit, dass gegen Ende des vergangenen Jahres die jüdischen Bewohner des Landkreises Konin und der Städte Koło, Dąbie am Narew,[7] Kłodawa, Izbica[8] und Bugaj an unbekannte Orte verschleppt worden seien, wo sie, so wird angenommen, auf die gleiche Weise hingerichtet wurden wie die Juden aus Łódź.[9]

DOK. 137

Der Regierungspräsident in Litzmannstadt rechtfertigt am 6. August 1942 die Finanzierung von Gemeindebauten durch Abzüge von den Löhnen jüdischer Zwangsarbeiter[1]

Schnellbrief des Regierungspräsidenten in Litzmannstadt (I K Erl. 164/42), gez. Weber,[2] an den Reichsstatthalter in Posen[3] (Eing. 9.8.1942) vom 6.8.1942[4]

Betrifft: Abführung von Lohnteilen jüdischer Arbeitnehmer an Aufbaukonten der NSDAP und der Landräte.
Erlaß vom 3.7.1942 – I/21 b – / 173/2–8[5]

6 Jüdische Häftlinge, die hierfür vorübergehend am Leben gelassen wurden, mussten die Leichen auf Schmuck, Zahngold und versteckte Wertsachen untersuchen.
7 Richtig: Dąbie am Ner, nur wenige Kilometer östlich vom Vernichtungslager Kulmhof.
8 Izbica Kujawska.
9 In den ersten Wochen nach dem 8.12.1941 wurden in Kulmhof – vermutlich aus Gründen der Geheimhaltung der Verbrechen – zunächst die Juden der umliegenden Städte, darunter die genannten, in den Gaswagen getötet.

1 APP, 299/1725, Bl. 462–468.
2 ORR Alfred Weber.
3 Arthur Greiser.
4 Im Original handschriftl. Notizen am Seitenrand.
5 Liegt nicht in der Akte.

Berichterstatter: Oberregierungsrat *Weber*
Mitberichterstatter: Finanzprüfer Dr. *Sander*
Der Gesamtfragenkreis der Einbehaltung von Lohnteilen jüdischer Arbeitnehmer zugunsten von Aufbaumaßnahmen der Gemeinden und Gemeindeverbände ist nochmals unter Heranziehung des Gemeindeprüfungsamtes überprüft worden. Nachstehend werden die Fragen wie folgt beantwortet:
a) *Landkreis Lask:*
In meinem Bericht vom 27.6.1942 – III F – 1616/42 –[6] bin ich von einer Gesamteinnahme des Kreises Lask in Höhe von
561 717,– RM
ausgegangen. Hiervon sind in Abzug zu bringen
die Gehälter und Löhne für die Aufsichtspersonen
in der Zeit vom 1.8.1940–30.4.1942 –
vorher waren keine Unkosten entstanden –

in Höhe von	77 981,–	RM
desgl. sächliche Kosten in Höhe von	8163,–	RM
so daß noch	475 573,–	RM
danach verblieben. Da das Verwahrgeldkonto		
nur noch mit einem Bestande von	238 820,–	RM
offensteht, sind danach	236 753,–	RM

zunächst unbelegt. Wie festgestellt wurde, sind diese 236 753,– RM zum Ausgleich der ordentlichen Haushaltsrechnung 1940 herangezogen worden und damit endgültig verbraucht. Lediglich ein Rest von 13 047,57 RM ist für Zwecke des Judeneinsatzes verwendet worden. Hierbei ist zu bemerken, daß – wie auch bei den anderen Kreisen wahrgenommen werden mußte – die Buchführung im Rechnungsjahr 1940 noch nicht so einheitlich geführt wurde wie jetzt. Es ist somit festzustellen, daß dem Kreise aus Judenmitteln lediglich noch ein Bestand von 238 820,– RM zur Verfügung steht.
Der Landkreis Lask hatte indessen in seine Berichterstattung die Stadt Pabianice nicht mit aufgenommen: Wie festgestellt wurde, standen der Stadt Pabianice in der Berichtszeit nach Abzug der 35% Lohnanteile an den Ältestenrat der Juden sowie Abführung eines Teiles der ihm verbleibenden 65% dieser Judenlöhne an den Kreis noch weitere 446 415,49 RM zur Verfügung. Diese verteilen sich auf

A.	Lohn- und Bürgersteuer	67 024,74 RM
B.	Grundstückssteuer und DAF-Beiträge	40 237,49 RM
C.	Ausbau des Parkhotels 1940 und 1941	274 298,– RM
D.	Persönliche und sächliche Verwaltungskosten der Stadt	52 855,26 RM
E.	Rücklagen Judenfonds	12 000,– RM
	– wie oben –	446 415,49 RM

Bei Abgaben zu A. und B. wurden von der Stadt für infolge der Judenmaßnahmen entgangene Gemeindesteuern einbehalten.

6 Liegt nicht in der Akte.

Der Landkreis Lask hätte somit bei seiner Berichterstattung – wenn sie vollständig gewesen wäre – von einer Summe von 1 008 132,49 RM ausgehen müssen, die sich wie folgt verteilt:

A.	Zahlung an Gehältern und Löhnen für die Aufsichtspersonen	77 981,–	RM
B.	Sächliche Kosten	8163,–	RM
C.	An den ordentlichen Haushalt 1940	236 753,–	RM
D.	Verwahrgeldbestand an Judenlöhnen	238 820,–	RM
	Zwischensumme	561 717,–	RM
	ferner Stadt Pabianice		
E.	Ausbau des Parkhotels 1940 und 1941	274 298,–	RM
F.	Persönliche und sächliche Verwaltungskosten der Stadt	52 855,26	RM
G.	Rücklagen Judenfonds	12 000,–	RM
H.	Lohn- und Bürgersteuer	67 024,74	RM
I.	DAF- und Grundstückssteuern	40 237,49	RM
	Insgesamt	1 008 132,49	RM

Von diesen erwähnten 1 008 132,49 RM sind beim Kreise in Form von Verwahrgelderbeständen 238 820,– RM und bei der Stadt Pabianice 12 000,– RM (Rücklage), mithin insgesamt 250 820,– RM greifbar.

b) *Landkreis Lentschütz:*

Eine neuerliche Berichterstattung des Landrats in dieser Angelegenheit liegt nicht vor. Aus diesem Grund wurden örtliche Ermittlungen sowohl bei der Kreisverwaltung wie bei den Städten Lentschütz und Ozorkow und 3 weiteren Amtsbezirken erforderlich. Trotz der in den Jahren 1940 und 1941 noch vorhandenen Mängel der Buchführung konnte folgendes festgestellt werden:

Von einer Einnahme von 113 464,– RM kann nicht ausgegangen werden; an ihre Stelle tritt vielmehr ein Betrag in Höhe von 112 617,32 RM, dem jedoch Ausgaben in Höhe von 58 487,34 RM gegenüberstehen. Danach ergäbe sich ein Buchbestand von 54 129,98 RM. Dieser Bestand umfaßt jedoch nicht nur Judenlohnanteile, sondern auch Ausgaben und Einnahmen für die sogen. Judenmittelstelle (Lebensmittelbeschaffung). Nach Berücksichtigung der vielfachen Buchungen dieser Art konnten folgende Bestände an reinen Judenlohnanteilen festgestellt werden:

A.	Poddembice	7097,29 RM
B.	Parzenschew (Piaskowice-Choczizew)	3357,20 RM
C.	Stadt Lentschütz	2744,24 RM
D.	Amtsbezirk Piontek	4882,01 RM
E.	Stadt Ozorkow	15 377,80 RM
F.	Kreisverwaltung Lentschütz	7820,87 RM
	insgesamt	41 279,41 RM

Der Gesamtbestand an Judenlohnanteilen des Kreises Lentschütz ist mit Ausnahme der Stadt Ozorkow greifbar. Auch bei der Stadt Ozorkow wird voraussichtlich nach Abwicklung des jüdischen Regiebetriebes mit der Realisierung des unter E. genannten Betrages gerechnet werden können.

c) *Landkreis Litzmannstadt:*
Der Landrat hatte größere Zuschüsse aus Judenlohnanteilen an die Amtsbezirke verteilt, und zwar zur Errichtung Deutscher Häuser. Im einzelnen haben folgende Amtsbezirke für die Errichtung Deutscher Häuser Beträge erhalten:

A.	Alexandrow	75 000,– RM
B.	Konstantynow	75 000,– RM
C.	Löwenstadt	150 000,– RM
D.	Brojce	50 000,– RM
E.	Beldow	50 000,– RM
F.	Galkow	50 000,– RM
G.	Neusulzfeld	50 000,– RM
H.	Rzgow	50 000,– RM
I.	Strykow	50 000,– RM
K.	Tuschin	50 000,– RM
	Zwischensumme	650 000,– RM

Die im Erlaß angezogenen 873 000,– RM haben folgende Verwendung gefunden:

L.	für die Stadtsanierung Löwenstadt	300 000,– RM
M.	für die Wasserversorgung Zgierz	50 000,– RM
N.	für das zweite Verwaltungsgebäude in Zgierz	300 000,– RM
O.	für die landwirtschaftliche Schule	20 000,– RM
	desgl. weitere	3000,– RM
P.	für den Zgierzer Gesangsverein	6000,– RM
Q.	sowie Verwaltungskostenzuschuß an den Amtsbezirk Löwenstadt in Höhe von	194 000,– RM
	mithin	873 000,– RM

Nach der unter A.–Q. gebrachten Aufstellung sind somit 1 523 000,– RM an die Amtsbezirke weitergeleitet worden, während aus dem Restbetrag von 369 242,– RM eine Rücklage zum Ankauf von Aktien der Litzmannstädter Schmalspurigen Zufuhrbahn AG. gebildet wurde. Auffällig ist insbesondere der Verwaltungskostenzuschuß an den Amtsbezirk Löwenstadt (Q.) in Höhe von 194 000,– RM. Der Kreis zieht zur Begründung dieser Maßnahme insbesondere an, daß
1. durch die Zusammenfassung der meisten Juden des Kreises in Löwenstadt der Amtsbezirk in seiner Entwicklung behindert worden sei. Die Juden seien in einem Getto untergebracht worden, welches seinem Umfang nach den ganzen Stadtkern ausmacht.
2. Sodann habe der Amtsbezirk Löwenstadt durch die Juden erhöhte Polizeilasten gehabt, und außerdem seien zur Bearbeitung dieser Angelegenheiten zusätzliche Sachbearbeiter bestellt worden, was erhöhte Personallasten verursacht habe.
3. Insbesondere aber ist durch die Kasernierung der Juden ein wesentlicher Steuerausfall entstanden; hier sind vor allem Grundstücks- und Grundsteuer zu nennen.

d) *Landkreis Schieratz:*
Der Unterschiedsbetrag in Höhe von 12 688,– RM ist restlos verbraucht worden; und zwar hat die Stadt Zdunska-Wola für den Bau eines Deutschen Hauses 11 608,57 RM ausgegeben, und die Stadt Schieratz hat zur Ausbesserung der Wege im Stadtpark 1080,30 RM hiervon verwendet. Der Restbestand in Höhe von 23 617,– RM ist noch greifbar.

Nach obigen Darlegungen verbleiben in der Hauptsache folgende Beträge aus Lohnanteilen jüdischer Arbeitnehmer, die bei den Landkreisen und Gemeinden für ordentliche oder außerordentliche Ausgaben verbraucht worden sind und deren Einbringung vorläufig nicht möglich erscheint:

Landkreis Lask	236 735,– RM
Stadt Pabianice	434 415,49 RM
Landkreis Litzmannstadt	1 523 000,– RM
Insgesamt:	2 194 168,49 RM

Bei dem Betrag des Landkreises Litzmannstadt, der, wie oben ausgeführt, an die Amtsbezirke und größeren kreisangehörigen Gemeinden verteilt worden ist, dürfte allerdings noch ein Teil greifbar sein, da infolge der Bausperre[7] die vorgesehenen Aufbaumaßnahmen nicht sämtliche zur Durchführung gelangt sind. Ich werde hierzu noch weitere Feststellungen treffen und über das Ergebnis berichten.

Wenn auch die Verwaltung und die vorgenommene Verwendung von Judenlöhnen durch die Gemeinden und GV. in den Jahren 1940 und 1941 nicht frei von Fehlern gewesen sind, so muß ich doch zu dem Gesamtfragenkomplex bemerken, daß die heutige Auffassung der Herren RMdI und RdF sich nicht mit den in den ersten Jahren des Aufbaues anläßlich von Bereisungen und Besprechungen seitens höherer Stellen gegebenen Anstrengungen und Weisungen deckt. Nach den allgemein erteilten Richtlinien sollte Ziel einer jeden Verwaltung sein, alsbald praktische Aufbauarbeit zu leisten und für die Aufbringung der Mittel nicht unnötig das Reich in Anspruch zu nehmen. Daß das Reich Anspruch auf die nicht ausgezahlten Anteile der Judenlöhne erheben würde, stand damals noch nicht fest.

Es haben daher gerade aktive Verwaltungsleiter in dem eingegliederten Ostgebiet einen Teil dieser Löhne für dringende Aufgaben des Aufbaues und der Verwaltung verausgabt. Ausgaben, die innerhalb des ordentlichen Haushaltsplanes geleistet wurden, sind aber meist nicht als laufende Verwaltungsausgaben anzusehen, da in den vergangenen Jahren eine klare Scheidung zwischen ordentlichen und außerordentlichen Ausgaben noch nicht durchgeführt war. Dies trifft insbesondere für die im Landkreis Lask verbrauchten 236 753,– RM zu.

In der Stadt Pabianice ist ein Betrag von 274 298,– RM für den Ausbau des Parkhotels verwandt worden. Ungefähr in der gleichen Richtung liegen die Ausgaben des Kreises Litzmannstadt für den Ausbau von Deutschen Häusern in den Amtsbezirken in Gesamthöhe von 650 000,– RM. Diese hier errichteten deutschen Gaststätten und Versammlungsräume waren eine dringende Notwendigkeit, um die aus dem Reich hierher versetzten Beamten und sonst beschäftigten Deutschen zusammenzufassen, bei vorübergehendem Aufenthalt menschenwürdig unterzubringen und für die Partei und ihre Gliederungen Aufnahmestätten zu schaffen. Dieser Aufbau deutscher Häuser ist zwar keine eigentliche Gemeindeaufgabe, er mußte aber unter den obwaltenden Verhältnissen von den Gemeinden betrieben werden, wenn man in diesem früher russisch-polnischen Gebiet[8] überhaupt den ansässig gemachten Deutschen einigermaßen

7 Infolge der totalen Kriegführung des Deutschen Reiches konnten nur noch unmittelbar kriegswichtige Baumaßnahmen entsprechende Baustoffzuteilungen erhalten.

8 Gemeint ist das russ. Teilungsgebiet Polens vor 1918.

erträgliche Daseinsbedingungen geben wollte. Diese von den Gemeinden unter Billigung höherer Stellen ergriffene Initiative hat auch den Erfolg gehabt, daß zu einer Zeit, wo ein Aufbau noch möglich war, verhältnismäßig gute Anfangserfolge zustande gekommen sind. Infolge der eingetretenen Bausperre würden heute entsprechende Arbeiten nicht mehr durchzuführen sein, und der Regierungsbezirk Litzmannstadt wäre, obwohl ein Teil des Großdeutschen Reiches, nicht von den weiter östlich gelegenen Gebieten jenseits der Reichsgrenze zu unterscheiden.
Die Finanzierung von Deutschen Häusern ist daneben noch aus Mitteln des Reichsfonds zur Pflege des Deutschtums bezuschußt worden. Da diese Mittel aber nicht ausreichten, haben die Kreise hierfür auch Judenlöhne verausgabt, also gewissermaßen ohne Auftrag eine vom Reich als förderungswürdig anerkannte Angelegenheit finanziert. Es dürfte auch aus diesem Grunde nicht unbillig sein, wenn auf eine Rückzahlung der hierfür verausgabten Gelder seitens des Reiches verzichtet würde.
Zu der mir durch Ihren Erlaß vom 3.7.1942 anheimgestellten vorläufigen Kürzung der Finanzzuweisungen habe ich mich nicht entschließen können, da dies für die in Betracht kommenden Kreise katastrophale Folgen haben würde. Da eine Kreisumlage gemäß den ministeriellen Weisungen nicht erhoben werden darf, sind die Landkreise auf die laufenden Finanzzuweisungen, die ohnehin um mehr als 25 % für den Bezirk gekürzt worden sind, dringend angewiesen, um schon ihre Personal- und Fürsorgekosten aufzubringen. Eine Einbehaltung oder weitere Kürzung dieser schlüsselmäßigen Zuweisungen würde die laufende Verwaltung in schwerste Gefahren bringen, worauf ich als Aufsichtsbehörde jetzt schon pflichtgemäß hinweise.
Soweit eine Niederschlagung der verausgabten Anteile von Judenlöhne[n] nicht möglich sein sollte, käme nur in Frage, die verausgabten Summen, soweit hiermit Gemeindeeinrichtungen von bleibendem Wert geschaffen worden sind, durch ein zinsloses, vom Reich an den betreffenden Landkreis oder die Gemeinde gewährtes Darlehen vorläufig abzudecken. Grundsätzlich muß ich aber daran festhalten, daß mit Rücksicht auf die ungeklärten Rechtsverhältnisse und die bezüglich der Judenlöhne früher erteilten widersprechenden Weisungen auf eine Rückzahlung überhaupt verzichtet wird.

DOK. 138
Oskar Rosenfeld schreibt in seinem Tagebuch zwischen dem 5. und 15. August 1942 über den allgegenwärtigen Hunger im Getto Litzmannstadt[1]

Tagebuch von Oskar Rosenfeld, Getto Litzmannstadt, Einträge vom 5. bis 15.8.1942

Mi[ttwoch] 5. August. Kranke im Spital. Fast alle normal in Ressorts. Gewesene *Textil-Industrielle* in Lodź. Jetzt sieht man, was die Juden für die Wirtschaft Polens geleistet haben: *Erzeugung, Konfektion, Export.* Alles von Aschkenes geraubt. Zum Teil vernichtet, zum Teil in Betrieb.

1 YVA, O.6/234/II-9, Bl. 19–21. Heft E. Notizen als Erinnerungen. Die wichtigsten Fragen. Aussiedlung der Eingesiedelten. Fortsetzung – Tagebuch, Juli–September 1942 (Typoskript). Abdruck in: Rosenfeld, Wozu noch Welt (wie Dok. 35, Anm. 1), S. 142 f.

Talkie.[2] Während Kinder und Greise aus Unrat Erdäpfelschalen etc. suchen, fahren Lastautos mit feinstem Gemüse, Bier, Wein, Orangen, Fleisch durch die Holsteinerstraße zwischen den Drähten; Kutscher und Chauffeure lustig mit Zigarette im Mund. Deutlich zu sehen: *Hunger künstlich!* Denn *polnischer Bauer* produziert. Auch er muss verzeichnet werden.
Wieder Gerüchte. Aufregung im Getto. Angeblich war jüdische Deputation bei Namensvetter[3] wegen Intervention. Dieser versprach Soff[4] nach 80 Tagen. Getto voller Hoffnung und Aufregung wie noch nie seit dem Winter, als wäre Messias nahe. „Wirklich? Oktober?" Dabei wieder Hunger …
Angst im Getto. Graben überall seit der Zeit, wo Luftschutz vorbereitet worden war. Wache beim Graben. Wozu? Niemand weiß. „Wer weiß, wozu Gräben noch immer gehütet! Vielleicht uns ermorden und in Graben werfen oder gar lebendig hinein am Tag des Endes? Ähnliche Graben tote Soldaten geworfen in Massen übereinander …["] Einer blickt den anderen stumm und furchtbar traurig an.
Sterben bei der Arbeit. Menschen, schwach und krank, gehen aus Angst, ihre Arbeiterration zu verlieren, ins Ressort. Fallen dort inmitten der schweren Arbeit (Bäckerei, Tischlerei, Metalle, Holz) um, kommen nicht mehr nach Hause. Manchen Tag bis zu 5 Menschen. Aussiedlung Warschau geht angeblich weiter.[5]
7. VIII. Ungeheurer Optimismus im Getto auf Nile – wegen Fou East – Scholem in Columb.,[6] trotz schlechtester Küchenration.
Talkie. Prof. Hart vom Lager in Privatwohnung = Weg à la Golem zur Brückenstraße. Ferner Foto Eingang Altmarkt 10. Wohnung Dr. Nathanson. Bild von Ausreise Frankfurt à la Baron Mayer; vorher neuer Anzug pour le mérite, wo später Judenstern.
Sa[mstag] 8. VIII. Krankenhaus I. soll liquidiert und in ein Ressort verwandelt werden. Deutsche Kommission bereits inspiziert; also Vorbereitungen im Gange. Hat Zentralheizung, während die anderen Trakte nicht. Bekanntschaft mit med. Dr. Vogel,[7] Prag, erzählt vom Tod Bruders,[8] der auf Fahrt Prag ins Getto – in Sinnesverwirrung – Konflikt hatte, Bemerkung gegen Aschkenes machte, im Gefängnis Litzmannstadt, Februar (siehe dort) zu einer sogenannten Gerichtsverhandlung, und erschossen. Nähere Umstände unbekannt. Angst, nicht zu überleben. „Auf unseren Knochen muß Palästina aufgebaut werden, die einzige Hoffnung …"

2 Unter dem Stichwort Talkie notierte Rosenfeld Ideen für einen geplanten Tonfilm, die sich in der Regel nicht auf unmittelbar am Tag des Eintrags erlebte Begebenheiten bezogen.
3 Gemeint ist womöglich Leon Rozenblat, der Leiter des jüdischen Ordnungsdienstes.
4 Hebr.: Ende, Schluss.
5 Die Deportationen aus dem Getto in Warschau nach Treblinka hatten im Juli begonnen und dauerten bis zum 12.9.1942 an.
6 Nicht ermittelt.
7 Dr. Emil Vogl (1901–1977), Kinderarzt; war im vierten Prager Transport im Okt. 1941 nach Litzmannstadt deportiert worden; Dez. 1943 bis Febr. 1944 im Polen-Jugendverwahrlager als Arzt tätig; er wurde im Aug. 1944 erst nach Auschwitz, dann in das KZ Groß-Rosen deportiert; nach der Befreiung bis Ende 1947 im Sanatorium in Olešovice tätig, praktizierte danach wieder als Arzt in Prag, von 1969 an im Ruhestand.
8 Vermutlich: Josef Vogl (1904–1942).

9. VIII. Erinnerung an Kartoffeln – Februar–Mai, völlig verfault und doch gegessen mit den Schalen, kein Bauer würde das Herz haben, solche Kartoffeln seinen Schweinen vorzusetzen.

10. VIII. *Sterben.* Blinddarm kommt ins Spital. Wird nicht operiert, weil Ärzte verschieben …
Stirbt unter „Laßt mich nicht länger leiden" am frühen Morgen. Liegt wie ein Huhn. – Phlegmone ein zweiter. Delirium, stirbt 12 Stunden nach Einlieferung. Kein Mensch schert sich um ihn. Beide Berliner.
Hunger. Während 100 000 hungern, einige Prasser: haben Erdbeermarmelade, Kondensmilch, Wein, Liqueur, feine Zigaretten usw.

13. VIII. *Hungerlöhne Brot.* Brotpreis, Schwarzhandel, von November 41–Mai 42 = 8 Mark – 700 Mark. Juni–Juli–August = 150–200. Jugendliche verdienen im Ressort (Schneider, Tischler etc.) 7 Stunden Arbeit 20 Mark Monat. Muß also 10 Monate arbeiten um 1 Laib Brot. *Sehr gute Ressorts 60 Mark im Monat*; verkaufen Rationteile (Honig, Quäker,[9] Wurst), um sich Ration zu kaufen.

14. VIII. Wieder aus der Umgebung hierher ein paar tausend Juden geworfen, Männer von Frauen getrennt, Kinder zurückgelassen, unbekannt. Ausweisungen Warschau gehen weiter.
Getto-Krankheit. Gedächtnis-Schwindel, Erinnerung an Personen und Dinge, vor allem Namen. Man kennt nicht mehr Namen bester Freunde, Städte, Bücher etc.
15. VIII. Ich wiege 47 kg. Seit Prag 10 kg verloren.

DOK. 139
Das Gaupresseamt Wartheland berichtet am 18. August 1942 von der Todesstrafe für einen Volksdeutschen, der Juden zur Flucht verholfen hat[1]

Informationsblatt des Gaupresseamtes Wartheland, Folge 8 (streng vertraulich!) vom 18.8.1942[2]

Feldpostbriefe unterschlagen
Die Postangestellte Thea Stolpe aus Goslin, die im Juni 1942 einen Feldpostbrief mit 2 Zehnerpäckchen Zigaretten unterschlagen hatte, wurde durch das Sondergericht in Posen zu 2 Jahren Zuchthaus verurteilt.

9 Gemeint sind Haferflocken, wie sie u. a. von der US-amerik. Firma Quaker Oats Company hergestellt wurden.

1 APP, 299/468, Bl. 29–31.
2 Das vertrauliche Informationsblatt wurde von Beginn des Jahres 1942 an einem kleinen dienstlichen Empfängerkreis von Partei und Verwaltung zugänglich gemacht und berichtete von strafrechtlichen Verfehlungen von Deutschen, die „pressemäßig zu erörtern" die „volkspolitische Lage im Warthegau" nicht erlaube; wie Anm. 1, Bl. 4.

Unbefugte Sammler

Der 20jährige volksdeutsche Landwirtsohn Richard Schiwe, aus Wola Cyrusowa, Gemeinde Löwenstadt, hatte im März 1942 gehört, daß es lohnend sei, in der dortigen Gegend Lebensmittel, wie Hühner und Eier, zu sammeln. Am 1. April 1942 zog er seine SA-Uniform an, die er als SA-Anwärter sich kurz zuvor angeschafft hatte, und begab sich mit seinem 17jährigen Bruder unter Mitnahme eines kleinen Koffers in das benachbarte Dorf Marjanow, um dort bei polnischen Landwirten Eier zu sammeln. Sie zogen von einem Hause zum anderen und forderten die Polen auf, Eier zu „spenden", die für die Wehrmacht, insbesondere für verwundete Soldaten in den Lazaretten bestimmt seien. Fast alle der angegangenen Polen gaben den Brüdern darauf einige Eier. Bei einem der polnischen Landwirte bemerkten sie zwei Tauben. Unter dem Vorwand, Polen dürften keine Tauben halten, forderte Richard Schiwe die Herausgabe der Tauben. Als der Pole zögerte, ließ er eine Leiter herbeiholen und an den Taubenschlag anlehnen und forderte seinen Bruder auf, die Tauben herunterzuholen, die sie dann mit nach Hause nahmen.

Die Eier verbrauchten die beiden noch am gleichen Tage. Die Tauben wurden nach einigen Wochen auf Veranlassung der Gendarmerie dem Polen zurückgegeben.

Das Sondergericht in Litzmannstadt verurteilte Richard Schiwe unter Berücksichtigung seiner zurückgebliebenen geistigen Entwicklung und des geringfügigen Wertes der erlangten Lebensmittel wegen fortgesetzten Betruges zu einem Jahr neun Monaten Gefängnis.

Kriegswirtschaftsverbrechen und Preisüberschreitung

Das Sondergericht in Hohensalza verurteilte den Landwirt Adolf Wedmann aus Kamieniec, Krs. Hermannsbad, wegen Kriegswirtschaftsverbrechens und schwerer Preisüberschreitung zu 4 Jahren Zuchthaus und 4 Jahren Ehrverlust. Wedmann hatte im Sommer 1941, im April und im Juni 1942 Notschlachtungen vorgenommen, ohne diese zur Anrechnung auf sein Fleischkontingent anzumelden. Er hatte ferner rund 500 Eier, zu deren Ablieferung er verpflichtet war, zum Teil in seinem Haushalt verbraucht und zum Teil im Schleichhandel veräußert; entgegen dem Verfütterungsverbot Weizen an seine Küken verfüttert, 6 Zentner Weizen und 8 Zentner Roggen nicht abgeliefert, sondern zurückgehalten, mehrere Kilogramm Schmalz in seinem Haushalt dem Verderb überlassen sowie 3 Rinderhäute entgegen der Anordnung der Reichsstelle für Leder nicht abgeliefert. Schließlich hatte er von Dezember 1941 bis Juni 1942 lebenswichtige Erzeugnisse wie Butter, Fleisch, Speck, Öl, Eier, Getreide und Erbsen zu stark übersetzten Preisen im Schleichhandel veräußert. Bei seiner Verurteilung wurde ihm zugute gehalten, daß er als Volksdeutscher im russisch-polnischen Raum aufgewachsen ist, geständig war und ehrliche Reue zeigte.

Seine Ehefrau, Natalie Wedmann, die ihm bei den Schlachtungen behilflich war und auch an den Schleichhandelsverkäufen mitwirkte, erhielt mit Rücksicht darauf, daß sie weitgehend unter dem Einfluß ihres Manns gehandelt hatte, sich der Tragweite ihrer Handlungen nicht in vollem Umfange bewußt war und 6 minderjährige Kinder hat, nur 1 Jahr Gefängnis. Der Hauptabnehmer Wedmanns, der Fuhrunternehmer Hermann Keller aus Alexandrowo, der sich in gewissenloser Weise durch Zahlung hoher Preise Lebensmittel und Brotgetreide, letzteres als Pferdefutter, verschafft hat, erhielt wegen Kriegswirtschaftsverbrechens und schwerer Preisüberschreitung 1 Jahr 6 Monate Zuchthaus und 2 Jahre Ehrverlust. Seine Ehefrau Johanna Keller, die an den Taten ihres

Ehemannes beteiligt war, kam mit 7 Monaten Gefängnis wegen Verstoßes gegen die Verbrauchsregelungsstrafverordnung und Preisvergehen davon.

Todesurteil wegen Judenschmuggel
Der volksdeutsche Landwirt Michael Götz aus polnisch-Sitzk,[3] Kreis Waldrode, schmuggelte im März 1942 laufend Juden aus dem damals nicht geschlossenen Wohnviertel der Juden in Gabin[4] über die Weichsel nach Südostpreußen.[5] Er sabotierte aus Gewinnsucht die gegen die Juden getroffenen seuchenpolizeilichen Vorschriften und die geplanten Evakuierungsmaßnahmen, die ihm bekannt waren. Der Transport der Juden brachte ihm jeweils Beträge zwischen 100,– und 400,– RM sowie verschiedentlich wertvolle Kleidungsstücke wie Pelze ein. Das ehrlose Verhalten konnte nur durch die härteste Strafe gesühnt werden. Das Sondergericht in Leslau verurteilte Götz zum Tode.[6]

Gewissenloser Hamster[7]
Wegen Vergehens gegen die Verbrauchsregelungsstrafverordnung und Unternehmens der Verleitung zum Meineid wurde der Arbeiter Franz Weinert in Tiefenbach Krs. Schrimm vom Sondergericht in Posen zu 2 Jahren 3 Monaten Zuchthaus und 2 Jahren Ehrverlust verurteilt. Weinert, der bereits 1940 durch das Amtsgericht in Schrimm wegen Schleichhandels zu einer Geldstrafe von 150,– RM verurteilt worden war, fiel im April 1942 auf einer Fahrt nach Posen bei einer Polizeikontrolle erneut auf, weil er 3 ½ Pfund Butter und 30 Eier bei sich hatte, die er für sich und einige Posener Arbeitskameraden zusammengehamstert hatte. Um die Herkunft der Sachen zu verschleiern, hatte er der Polizei bewußt unrichtige Angaben gemacht und u. a. behauptet, daß er einen Teil der Waren von einer Bekannten in Friedrichshauland erhalten habe. Sofort nach der Kontrolle fuhr er zu dieser und forderte sie auf, bei einer polizeilichen Vernehmung anzugeben, daß sie ihm ½ Pfund Butter und 10 Eier mitgegeben habe. Als die Frau erklärte, daß sie die Wahrheit sagen werde, da sie vor Gericht ihre Aussage beschwören müsse, sagte der Angeschuldigte: „Na dann schwörst du halt". Der gewissenlose Hamster hat jetzt die ihm gebührende Strafe erhalten.

Ehrvergessene Deutsche
Die volksdeutsche Geschäftsinhaberin Hedwig Rybacki aus Kruszyn Krs. Leslau verkaufte in mehreren Fällen Polinnen, die nach Kopftüchern fragten, Hakenkreuzfahnen und

3 Zyck Polski, Ortschaft an der Weichsel, 8 km östlich von Gąbin.

4 Im März 1942 lebten noch etwa 2150 Juden im Getto von Gąbin; sie wurden Mitte April 1942 in das Vernichtungslager Kulmhof deportiert und dort ermordet.

5 Gemeint ist der Regierungsbezirk Zichenau. Michael Götz hatte angesichts der drohenden Auflösung des Gettos in Gąbin insgesamt 15 Juden in das Getto von Czerwińsk (Regierungsbezirk Zichenau) gebracht, in dem die Überlebensbedingungen zu diesem Zeitpunkt noch etwas besser zu sein schienen.

6 Im Verfahren (Sd 4 Kls 108/42) vor dem Sondergericht Leslau I wurde Michael Götz am 22.6.1942 von Staatsanwalt Alfons Bengsch (1904–1981) angeklagt und von den Richtern nach einstündiger Sitzung zum Tode verurteilt. Michael Götz starb am 19.3.1943 in der Haftanstalt Posen an den Haftbedingungen oder wurde dort ermordet. Zum Fall von Michael Götz und den Nachkriegsverfahren gegen Alfons Bengsch siehe Helmut Kramer, Richter vor Gericht, in: Nationalsozialistische Sondergerichtsbarkeit, Recklinghausen 2007, S. 139–165.

7 So im Original.

verschaffte ihnen auf diese Weise punktfreie Bekleidungsstücke. Sie erlaubte auch ihren Angestellten solche Verkäufe, wobei sie sie anwies, von Polen für die Fahnen höhere Preise zu verlangen. Angeblich wollte sie die Polen durch den Preisaufschlag „vom Kauf abschrecken". Das Sondergericht erblickte – wie bereits früher in einem ähnlichen Fall – in dem Verhalten der Angeklagten eine Beschimpfung der Reichsflagge und verurteilte sie zu 2 Jahren Gefängnis.

DOK. 140
Irene Hauser schildert zwischen dem 5. und 20. August 1942 das Elend im Getto Litzmannstadt und die Gerüchte über die Ermordung der im Mai 1942 deportierten Juden durch Giftgas[1]

Handschriftl. Tagebuch von Irene Hauser, Getto Litzmannstadt, Einträge vom 5. bis 20.8.1942[2]

5. VIII. Gehe aufs Amt.
5. VIII. 42. Frau Hofrätin will mich zu sich nehmen, hoffentlich bewilligen sie den Umzug heute schon. War am Amt u. für Morgen versprochen. 2 Stunden um Wurst gestanden, noch immer kein Fett bekommen, Menschen verzweifeln alle schon, wir sind schon ausgetrocknet. Leo hat Bubi[3] schlechtes rohes Mehl mit bisl Zucker gegeben u. jetzt ist ihm so schlecht davon. Er will ihn überreden, daß er soll bei ihm bleiben, redet Blödsinn, einer soll mich bestehlen etc., aber es wird ihm nicht gelingen, ich kämpfe auf Leben u. Tod. Ich ertrage das schwerste Leid, was einem Menschen zustoßen kann im Getto u. noch ertrage ich im 10. Monat schon neben diesem Tier zu leben Gott soll Morgen mir beistehen am 6. VIII., wo man mich von ihm trennen wird.[4] Meine Familie soll ich bald wieder zu sehen bekommen, Vater u. Geschwister, die Sehnsucht läßt mich gar nicht schlafen.

6. VIII. mit Bubi umgezogen u. bin ich zufrieden damit. Er hat mich wieder beim Brot beschummelt. Kohle u. Kartoffel ausgeschnorrt. Fr. Lilly Koffer geräumt u. Erbsen und Handschuhe bekommen. Vom Überwurf Einkaufstasche machen, zum Verkauf um leben zu können. –
Leo will mir das Kind abspenstig machen, ruft ihn zu sich u. hetzt gegen mich, verlangt Bubis Lebensmittel, will ihm Nachtmahl kochen aus persönlicher Berechnung, weil er nichts mehr hat, war in der Fischg[asse], er wird nochmals vorgeladen u. ich hab noch immer nicht die Umzugsbewilligung.

13. VIII. Schneiderressort, Probe abgelegt, zur [Unter]hosen[5] verwiesen an die Damenkleider Matroseng[asse] 14. Heute liege [ich] aber mit Durchfall, Fr. Hofrat kocht mir

1 AŻIH, 302/299, Bl. 1–10, 12, 30. Teilweise abgedruckt in: Hauser: „Nicht einmal zum Sterben habe ich Protektion ..." (wie Dok. 131, Anm. 1).
2 Die Seitenfolge des nicht paginierten Tagebuchs ist teilweise fehlerhaft archiviert. Rechtschreibung und Zeichensetzung wurden behutsam korrigiert.
3 Erich Hauser, Irene Hausers sechsjähriger Sohn.
4 Irene Hauser hatte im Getto offenbar ein Scheidungsverfahren bei der jüdischen Gettoverwaltung angestrengt.
5 Ein Wortteil unleserlich; gemeint sind die unterschiedlichen Arbeitsressorts.

Brei u. nach 6 mal GsD hört er auf, nähe an meine Taschen im Bett 2 […][6] habe fertig gemacht.

14. VIII. Dr. Kronnstein[7] Attest u. 30 dkg. Hefe ausgestellt.

15. VIII. Fischg[asse] wegen Arbeitszuweisung u. Übersiedlungssache gehen. Von Fr. Lilly 3,– bekommen zur Arbeit. Gemüse eingezahlt. Keine Umsiedlung erlaubt, Amtsschimmel.

17. VIII. 8 Tage Sperre. Erikchen haben sie uns weggenommen. Muß zurück auf 69. 5 h früh bin ich zurück mit Bubi. Es ist furchtbar. Frau Lilly borgt 11 dkg Brot. Sonst nichts zu essen für uns beide. 3 Std. Wurstreihe gestanden. Nichts bekommen. Lebe ab heute im Dreck. Ich kann nicht mehr putzen. Lasse alles an mich herankommen. Will nicht mehr kämpfen, meinetwegen sollen wir alle ersticken.

18. VIII. Das Amt hat nichts geholfen, die gehören aufgehängt. Licht hat man uns ausgeschaltet. Heute Bubi u. ich stinkige Schalensuppe. Morgen kein Brot mehr, da heute aufgegessen, muß den Dreck putzen, der am Geschirr u. im Zimmer geworden ist in den 10 Tagen, wo ich nicht hier war, habe seit gestern geschwollene Füße vom Wasserschleppen u. anstellen u. kein Geld auf Hefe. Bin fertig u. lebe doch weiter, bin [zu] feige, mich umbringen zu lassen, wenn ich die nächsten Tage aushalte, dann bin ich überzeugt davon, daß Gott mich alt werden läßt u. vielleicht noch was Gutes nachkommt, denn diesen Hunger auszuhalten mit einem Kind, ist Gotteswunder u. es gibt eine höhere Macht, der mir diese Roßkraft einimpft, denn Arzt kann keiner helfen. Habe nichts zu essen, aber dafür viel Dreck zu putzen. 4 Stk. Einkaufstaschen aus Überwurf fertig gemacht, Abend gehe am Markt. Nichts verkauft, kann nicht mehr.

19. VIII. Nichts zu essen, muß im Bett bleiben, er muß die Suppe vom Geschäft bringen fürs Kind. Kein Brot. Gott soll schon uns erlösen von solcher Hungerqual u. doch keine Selbstmorde, man wartet auf ein Wunder. Bobby kommt u. Fr. Lilly will unbedingt, daß ich aufstehe, mir ist schwarz vor den Augen u. ich schleppe mich zu ihr, sie will nicht, daß ich Bettschwäche bekomme u. mich am Leben erhalte. Kohlrübenblätter gibt sie uns u. koche sofort, Bubi reicht mir alles zu, da die Füße nicht mehr wollen, Hände sind wie abgestorben, Knie, Schienbeine – schmerzen, große Schwäche, ich glaube, es kann nicht mehr lange dauern mit mir. Ringsherum hört man Klagen „Euwei mir" u. brüllen wie Tiere, heute quält der Hunger gräßlich, das Kind liegt neben mir u. niemand borgt ihm ein Stückchen Brot, Leo hat keine Suppe gebracht u. so haben wir seit 24 Stunden nichts. Das Kind schläft vor Schwäche u. viele Fliegen setzten sich auf seinen Mund, ich fürchte schon sein Aufwachen, ich habe ihm nichts zu geben, Gott erbarme Dich unser, meine Hände u. Füße sind schon ohne Gefühl, naht das Ende noch nicht.

19. VIII. So oder so warum mache ich nicht Schluß beim Fenster heraus – doch ich kann das Kind nicht lassen u. es will noch leben, er bittet mich so, bei ihm zu bleiben, u. die Hitze nimmt einem den Verstand. Liebe Geschwister, ich wollte Euch gerne nochmals sehen u. Du lieber Vater, wo seid Ihr alle hin. Alles hat mich verlassen, 10 Monate bittre

6 Ein Wort unleserlich.
7 Richtig: Konnstein.

Qual u. das Ende naht noch immer nicht, ich kann es nicht fassen, daß dies Menschen möglich ist, sie sollen kommen u. uns erschießen, dies wäre für uns alle die schönste Stunde, der Krieg will kein Ende nehmen, u. wir warten täglich auf unser Ende. Meine geschwollenen Füße u. Knochen schmerzen vom Hunger u. morgen gibt es Brot 20 dkg., aber wieder keine Suppe. Vor meinen Augen wird mir schwarz u. ich schwitze mit dem Kind. Vater, Pipsi, Irma, Ernstl, Erwin, ich rufe alle nach Euch, helft mir, betet zu meiner armen Seele u. verzeiht meine Sünde, Eure Schwester hat gebüßt schwer.

20. VIII. 42. Wasser u. 1 Stückerl Brot für den ganzen Tag, Kind läuft 3mal über 4 Etagen, ist schon ganz abgeschwächt, diese Nacht brüllten Menschen fürchterlich stundenlang, u. jetzt 7 h früh geht es weiter, so sieht das Ende aus, verrecken am laufenden Band, wie gerne wäre ich in den Krieg gezogen u. gekämpft als gebrochen im Bett zu liegen. Nun bete ich u. höre soeben, daß Kreditbrot erst Nachmittag gegeben wird u. das Kind brüllt. Fr. Lilly gibt ihm 5 dkg. Brot, Vater will ihn nicht mitnehmen. 22 dkg Brot geborgt bekommen für mich u. Bubi. Abend Bubi ist gierig Brot u. Wurst, Leo ist bös, weil wir von dem bisl ihm nicht gegeben, er kauft sich Kaffee m. Zucker u. Hefe, ißt allein auf, dann im 10,– vom Gehalt 2 Kohlrüben u. 1 kleine Gurke kochen zusammen u. essen zu dritt, Hunger geht weiter.
20. VIII. ½ 12 h–¾ 2 h Nachts Großalarm u. stundenweise Schüsse beim Draht,[8] Polizianten schreien in den Höfen, vom Fenster weg[zu]gehen. Habe interessanten Traum gehabt, ein langer Zug abfahrtbereit u. Zugführer wartet auf mein Einsteigen, daß ich das Abfahrtszeichen gebe. – Nun ist es 7 h.

DOK. 141

Litzmannstädter Zeitung: Artikel vom 30. August 1942 über Fälle angeblicher Ritualmorde von Juden in Polen und Russland[1]

Jüdischer Blutrausch – Ritualmorde im Osten
Die Prozesse von Lentschütz, Bielsk und Schitomir / Von Oberamtsrichter Hans Mundt[2]

Lentschütz
Wie nirgends sonst auf der Welt zeigt der Jude im osteuropäischen Raum sein wahres Gesicht. Hier hat er durch die Jahrhunderte hin – ohne sich wie anderswo der Mühe der äußerlichen Angleichung an seine Wirtsvölker zu unterziehen – sein eigentliches Wesen mehr oder weniger unverhüllt zur Schau getragen. Hier hat er auch seinem Jahveglauben in den verschrobenen Formen alttestamentarischer und talmudischer Überlieferung, belastet mit dem Wust einer orientalischen Herkunft, unbedingter und offener gelebt, als er das unter den wachsameren Völkern des Westens für gut befand. So treten denn auch im osteuropäischen Raum überaus bezeichnende Eigenarten des Judenglaubens deutlicher hervor, als das bei einer Betrachtung der Erscheinungen im Westen der Fall

8 Gemeint ist der Gettozaun.

1 Litzmannstädter Zeitung, Nr. 241 vom 30. 8. 1942, 1. Beilage, unpag.
2 Hans Mundt, Jurist; Oberamtsrichter am Landgericht in Lentschütz, später zur Wehrmacht einberufen, weiteres Schicksal unbekannt.

ist. Das gilt insbesondere auch von den sogenannten „Ritualmorden".[3] Von den Juden immer wieder bestritten – wie sollte das wohl auch anders sein! – steht die Tatsache durch vielerlei Beweise belegt da, daß der streng nach den Gebeten seines Jahveglaubens lebende Jude immer wieder danach gestrebt hat, Christenblut zur Herstellung von Matze zu verwenden.

Zwar haben von den Ritualmordverfahren, die hier bei einer flüchtigen Betrachtung für das Gebiet des ehemaligen Russischen Reiches festgestellt werden konnten, nur drei zu einer Verurteilung der schuldigen Juden geführt – davon in einem Falle dazu nur wegen einfachen Mordes –; der Ablauf dieser Verfahren im einzelnen, insbesondere das Verhalten der jüdischen Öffentlichkeit dazu zeigt jedoch das schlechte Gewissen der Juden in ihrer Gesamtheit. Und so lohnt es sich schon, diesen Dingen ein wenig näher nachzugehen.

Der erste überlieferte Ritualmord des Ostens fand im Jahre 1564 in *Bielsk* statt. Das Verfahren endete mit einer Verurteilung der schuldigen Juden. Zwar war es den Juden gelungen, den polnischen König Sigismund II. August zu einem Eingreifen in diesen Prozeß zu veranlassen. Doch auch dieser konnte die Hinrichtung der beiden Angeklagten nicht mehr hindern. Größer wurde der Einfluß der Juden in den Zeiten des polnischen Wahlkönigtumes, waren doch die – meist mittellosen – Könige weitgehend auf die finanzielle Unterstützung durch die Juden angewiesen. So nutzten denn die Juden ihren Einfluß unter Stefan Batory (1576–86) dahin aus, daß der König scharf gegen die sich mehrenden Ritualmordanklagen Stellung nahm. Was nimmt es dabei wunder, daß von Verfahren gegen Juden auf lange Zeit nichts mehr verlautet! Erst im Jahre 1639 erfolgte in Lentschütz wiederum eine Verurteilung von jüdischen Ritualmördern. (Wir haben in der L. Z. darüber berichtet.)[4] Dieses Lentschützer Verfahren ist das letzte, das mit einer eindeutigen Verurteilung der jüdischen Angeklagten wegen Ritualmordes geendet hat.

Im Jahre 1753 fand im ehemals polnischen Gebiet von *Schitomir* ein neuer Prozeß statt. Gegen Ende des 18. Jahrhunderts wurden in Senny – Weißrußland – die Ermittlungen gegen die verdächtigen Juden mangels Beweises eingestellt. Im Jahre 1805 und dann 1811 wurde in Weißrußland der Verdacht des von Juden begangenen Ritualmordes erneut laut. 1816 fand in *Grodno* ein Prozeß größeren Umfanges statt; er endete mit einem Freispruch.

Nunmehr jedoch glaubten die Juden die Zeit für gekommen, aus der bloßen Verteidigung zum Angriff übergehen zu können. Sie erreichten durch ihre Einflußnahme zunächst, daß im kaiserlichen Erlaß vom 17. März 1817 den Gouverneuren des jüdischen Siedlungsgebietes[5] anbefohlen wird, Untersuchungen wegen Ritualmordverdachtes mit besonderer Zurückhaltung zu führen. Es sollten lediglich die Beweise erhoben werden, die zum Nachweise des Mordes als solchem notwendig sind. Damit wurden der Untersuchung von Anfang an Grenzen gesetzt, die eine Aufklärung vor allem in der Richtung, ob der Tat

3 Im christlichen Mittelalter entstandene antijüdische Anklage, derzufolge Juden christliche Kinder töten würden, um deren Blut für religiöse Rituale zu gewinnen. Solche Anschuldigungen führten oftmals zu Pogromen und Lynchjustiz gegen Juden.

4 Nicht ermittelt.

5 Der „jüdische Ansiedlungsrayon" bezeichnete die 25 westlichen Gouvernements des Russischen Reiches, die überwiegend Gebietsgewinne infolge der Teilungen Polens waren und in denen allein es Juden nach 1791 gestattet war, sich anzusiedeln und zu arbeiten.

rituelle Beweggründe zugrunde liegen, unmöglich machten. Damit hätten die Juden ihr Ziel erreicht! In der Praxis hielt man sich jedoch nicht an den Erlaß. So standen schon im Jahre 1823 im Prozeß von *Welisch* wiederum 42 Juden unter der Anklage des Ritualmordes. Trotz des belastenden Beweisergebnisses konnte sich das Gericht nur zu der Feststellung durchringen, daß keine überführenden Beweise für einen Ritualmord vorlägen, daß aber ein Ritualmord auch nicht ausgeschlossen sei. Die zweite Instanz kam sogar zu einem völligen Freispruch. Auf Veranlassung des Zaren wurde der Prozeß jedoch erneut aufgerollt. Er endete zwar wiederum mit einem Freispruch, dem auch der Zar „infolge der Unklarheit der Gesetze" seine Zustimmung gab. Der Kaiser legte jedoch seine Ansicht ausdrücklich schriftlich dahin nieder, er sei nicht davon überzeugt, daß der Mord *nicht* von Juden begangen sei. Unter Hinweis auf derzeitige verdächtige Vorkommnisse in Schitomir gab er der Meinung Ausdruck, es sei erwiesen, daß es unter den Juden einzelne Personen gäbe, die Christenblut für ihre Gebräuche notwendig hätten.

Im Jahre 1852 fand man in *Saratow* die Leiche eines Knaben mit Wunden und Merkmalen der Beschneidung. Die drei jüdischen Angeklagten wurden in zwei Instanzen freigesprochen. Die dritte Instanz jedoch verurteilte sie mit Zustimmung des Zaren wegen Mordes zu Zwangsarbeit. Die Frage, ob das Verbrechen aus rituellen Beweggründen begangen sei oder nicht, schloß das Gericht bei der Fällung des Urteils ausdrücklich aus seinen Betrachtungen aus. Dennoch richtete sich gegen dieses Urteil der Ansturm der jüdischen Welt. Sie setzte es schließlich im Jahre 1867 durch, daß der letzte noch lebende Täter freigelassen wurde. Eine Welle jüdischer Propaganda in aller Welt rief im Jahre 1878 der Ritualmordprozeß in *Kutais* – im Kaukasus – hervor. Die angeklagten Juden wurden zwar freigesprochen, nicht einmal die Anklage hatte einen rituellen Beweggrund der Tat zu unterstellen gewagt, dennoch aber liefen die Juden dagegen Sturm, daß überhaupt ein Jude des Mordes an Christenkindern bezichtigt wurde.

Ein noch viel größeres Aufsehen – durch die jüdische Hetze in der Welt hervorgerufen – erfuhren die beiden letzten großen Ritualmordprozesse: der von *Wilna* – gegen Blondes im Jahre 1900/02 – und der von *Kiew* gegen Beilis 1911/13. Gegen den jüdischen Friseur Blondes war der Verdacht des Mordversuches an seinem christlichen Dienstmädchen aufgetaucht. Die Ermittlungen wurden auch dahin erstreckt, ob ein ritueller Beweggrund vorliege. Als das bekannt wurde, erhob die jüdische Weltpresse gewaltige Vorwürfe gegen die russische Willkürjustiz. Sie erreichte damit nicht nur, daß in der Anklage rituelle Gesichtspunkte ausgeschaltet wurden, sie hatte auch zur Folge, daß die zweite Instanz das Urteil des Schwurgerichts, das wegen Körperverletzung verurteilt hatte, aufhob und zu einer neuen Entscheidung an das erste Gericht zurückverwies und daß dieses dann in der neuen Verhandlung umfiel und zu einem Freispruch kam.

Mit derselben Zielstrebigkeit ging das Weltjudentum auch im Beilisprozeß vor. Schon die Tatsache, daß ein Jude auch nur eines Mordes verdächtigt wurde, genügte, um in aller Welt die Juden gegen die russische Rechtspflege in Angriff zu bringen. Das ist fürwahr kein gutes Zeichen für ein ruhiges Gewissen!

Beilis wurde schon im ersten Rechtszuge freigesprochen. Und dabei blieb es. Die Volksmeinung dachte jedoch anders über die Schuldfrage. Noch heute gibt es kein schlimmeres Schimpfwort, das ein Pole einem Juden nachsagen kann, als dieses: „Du Beilis!"[6]

6 Nicht ermittelt.

Wie denn überhaupt trotz aller jüdischen Verdrehungsversuche und Ablenkungsmanöver, trotz der an sich geringen Zahl der Verurteilungen die Überzeugung der Völker des östlichen Raumes von der Wahrheit dieser Schandtaten des Judentums unbeirrbar feststeht. Noch heute! Und wenn die Polen es aus eigener Kraft auch nicht fertiggebracht haben, ihrer jüdischen Unterdrücker Herr zu werden – dazu waren Adel und Intelligenz, Handel und Industrie zu sehr von ihnen durchsetzt und beeinflußt –, so ist doch das Volk in weiten Kreisen sich der zersetzenden Funktion der Juden oftmals dumpf bewußt gewesen. Und die Befreiung vom Judentum durch Adolf Hitler wird gerade von den Völkern [des] Ostens in ehrlicher Freude und echter Dankbarkeit begrüßt.

DOK. 142
Auf einer Protestveranstaltung der britischen Labour Party am 2. September 1942 berichtet Szmul Zygielbojm über das Vernichtungslager Kulmhof[1]

Gedruckte Broschüre mit Referaten mehrerer Politiker der britischen Labour Party, September 1942

Szmul Zygielbojm[2]
(Mitglied des Nationalrats der Republik Polen)
Zuerst einmal möchte ich meinen Dank gegenüber unseren britischen Freunden zum Ausdruck bringen, die diese Versammlung einberufen und es uns so ermöglicht haben, über das zu sprechen, was uns in dieser äußerst schweren Stunde für unser Land und unsere Gemeinschaft bewegt.

Gestern war der dritte Jahrestag des Überfalls auf Polen. Damals war sich niemand richtig bewusst, welch schreckliche Bedeutung Hitlers *Blitzkrieg* für die Menschheit haben würde und welche teuflischen Pläne Deutschland verfolgte. Niemand ahnte etwas vom Heldenmut und der Opferbereitschaft, die das polnische Volk im Widerstand zeigen würde. Daher ist die notwendige Lektion aus der Schlacht um Polen im September 1939 nicht gezogen worden. Manche sind der Überzeugung, dass dieser Krieg einer Revolution gleichkommt. Wenn dem so wäre, ließe sich sagen, dass es das polnische Volk war, das sie begonnen hat, insbesondere die stolze Bevölkerung Warschaus, die für die erste Heldentat in diesem Krieg steht. Die Verteidigung von Warschau wäre nicht möglich gewesen ohne die überwältigende Entschlossenheit seiner Bewohner, die in ihrem Kampf für die Freiheit dem Tod den Vorzug gaben gegenüber einem Leben unter dem Joch Hitlers.

Die Verteidigung Warschaus war eine Reaktion auf die Politik des alten polnischen Regimes, das uns jahrelang von den demokratischen Nationen isoliert hatte. Es war ein Protest gegen die grauenvolle Drohung, die von Hitlers „neuer Ordnung“ ausgeht, und

1 Biblioteka Uniwersytecka w Poznaniu, Signatur 318 121 II: German Atrocities in Poland and Czechoslovakia. Labour's Protest. London 1942, S. 3–6. Das Dokument wurde aus dem Englischen übersetzt.

2 Szmu(e)l Mordechai Zygielbojm, auch Zygelbojm, (1895–1943), Handschuhmacher, Gewerkschafter; von 1924 an Mitglied im Zentralausschuss des Bunds, 1938 in den Stadtrat von Łódź gewählt; im Jan. 1940 Flucht nach Frankreich, im Sept. in die USA, von März 1942 an für den Bund im Nationalrat der poln. Exilregierung in London; nahm sich dort am 12.5.1943 aus Protest gegen die mangelnde Aufmerksamkeit für die Ermordung der europäischen Juden das Leben.

der großartige Aufstand gegen eine Weltordnung, die es Monstern wie dem Nationalsozialismus und dem Faschismus erlaubt hat, an die Macht zu gelangen und sich auszubreiten, eine Weltordnung, die unfähig ist, die Menschheit vor den Schrecken des Kriegs zu bewahren.

Ich nehme diese Gelegenheit wahr, um die vielen Tausend Arbeiter aus Warschau zu würdigen, die sich in Freiwilligenkorps zusammengeschlossen und bereitwillig ihr Leben für die Freiheit ihres Landes und der Menschheit gelassen haben. Ich möchte unseres großartigen Genossen Mieczysław Niedziałkowski[3] gedenken, der an der Spitze der Massen stand und ihren Kampfgeist und ihre Entschlossenheit stärkte. Er hat hierfür mit seinem Leben bezahlt. Die deutschen Tyrannen können es der polnischen Bevölkerung nicht verzeihen, dass sich die Menschen nicht ihrem Führer angedient haben und sich unter ihnen kein einziger Quisling[4] gefunden hat.

Diese Orgie von Bestialität und Mord, die mit dem ersten Tag der Besetzung unseres Landes begann und bis heute andauert, ist so monströs, dass es schwer zu glauben ist, dass menschliche Wesen auf eine so tiefe Stufe sinken können. Und dennoch ist das, was so unglaublich erscheint, leider die Wahrheit. Was zu Beginn der Besatzung noch einen teilweise chaotischen und eigenwilligen Charakter offenbarte, wird heute systematisch, planvoll und in großem Maßstab umgesetzt. In Polen werden Verbrechen begangen, die in der Menschheitsgeschichte einzigartig sind, Verbrechen so monströs, dass die schlimmste Barbarei vergangener Zeiten trivial erscheint. In Polen wird ein ganzes Volk kaltblütig ausgelöscht.

In jüngsten Berichten ist davon die Rede, dass ganze Dörfer mit allen Bewohnern niedergebrannt werden, berichtet wird von neuen Massendeportationen von Zehntausenden Menschen, die ihren Besitz den Deutschen zurücklassen müssen, die dann in ihre Häuser einziehen; von einer wachsenden Zahl von Massenexekutionen und von anderen Geschehnissen, die beweisen, dass die Besatzer fest entschlossen sind, ihr Vernichtungswerk, das sie vor drei Jahren begonnen haben, möglichst schnell zu einem Ende zu bringen.

Das schlimmste Schicksal allerdings erleiden die polnischen Juden. Nicht nur hat man sie dazu gezwungen, das gelbe Abzeichen zu tragen, sie in Gettos gepfercht, sie ihrer Besitztümer und ihrer Rechte beraubt, zu arbeiten und ihren Lebensunterhalt zu verdienen. Von Anfang an haben die Nazi-Führer freimütig erklärt, dass sie für die Polen eine Zukunft als Sklaven des *Herrenvolkes* vorsehen, aber keinerlei Zukunft für die Juden. Diese sollen von der Erde getilgt werden.

Und die Deutschen fanden Mittel, um ihre Drohung wahr zu machen. Sie kalkulierten die Essensrationen für die Juden in den Gettos so gering, dass sie verhungern mussten, weil niemand davon überleben kann. Folglich starben jedes Jahr 20 Prozent der gesamten jüdischen Bevölkerung, was für die Berechnungen der Deutschen bedeutete, dass innerhalb von fünf Jahren alle Juden ausgerottet sein würden. Aber die Deutschen sind

3 Mieczysław Niedziałkowski (1893–1940), Politiker; bekleidete zahlreiche Ämter in der sozialistischen PPS in der Zwischenkriegszeit; Teilnahme an der Verteidigung Warschaus im Herbst 1939, im Dez. 1939 von der Gestapo verhaftet und im Rahmen der sog. Außerordentlichen Befriedungsaktion (AB-Aktion) in Palmiry ermordet.

4 Vidkun Quisling (1887–1945), von Febr. 1942 an Ministerpräsident der norweg. Kollaborationsregierung; wurde zum Sinnbild der Kollaboration in den deutsch besetzten Staaten.

zu ungeduldig, um so lange zu warten. Deswegen heckten sie einen Plan aus, wie man die Juden mit anderen Mitteln vernichten könnte. In unzähligen Städten in Polen wurde die jüdische Bevölkerung, unabhängig von Geschlecht und Alter, zusammengetrieben und mit Maschinengewehren niedergemäht. Allein in Wilna wurden so innerhalb kürzester Zeit fünf- bis sechstausend Juden ermordet, im Bezirk Wilna und in Litauen dreihunderttausend Menschen getötet.[5] In anderen Teilen des Landes wenden die Barbaren modernere Methoden des Abschlachtens von Zehntausenden Männern, Frauen und Kindern an. Vielerorts haben sie spezielle Giftgaskammern gebaut. Zehntausende Opfer wurden zusammengetrieben und warten nun darauf, liquidiert zu werden, da täglich „nur" eintausend Menschen in einer Vergasungsanlage getötet werden können. Allein in Chełmno wurden 40 000 Menschen innerhalb von 50 Tagen vergast. Man zwingt die Opfer dazu, diejenigen zu begraben, die zuvor getötet worden sind. In Augenzeugenberichten fanden wir die Namen von Menschen, die gezwungen worden waren, ihre eigenen Frauen, Kinder oder Eltern zu begraben. Wir stießen dort auch auf Beschreibungen, wie Frauen mit Babys an ihrer Brust in die Gaskammer gestoßen wurden und wie die Deutschen Goldzähne aus den Mündern ihrer toten Opfer brachen, die man zuvor vollständig ihrer Kleider und Habseligkeiten beraubt hatte.[6]

Die Deutschen haben Polen als Ort für die Liquidierung der Juden aus allen anderen besetzten Ländern und selbst aus Deutschland auserkoren.

Die letzte Information, die die polnische Regierung in London erhalten hat, lautet, dass auch im Warschauer Getto, wo 600 000 Menschen eng zusammengepfercht leben, der Massenmord begonnen hat.[7] Siebentausend Menschen werden tagtäglich aus dem Getto geholt, um sie angeblich zu deportieren, doch jeder im Getto weiß, dass sie hingerichtet werden.

Darüber hinaus ist es den Besatzern anscheinend eine besondere Freude, die Oberhäupter der Jüdischen Gemeinden zu zwingen, selbst die Exekutionslisten zu erstellen. Um dieser Aufgabe zu entgehen, beging der Vorsitzende der Jüdischen Gemeinde in Warschau, Herr Czerniaków, Selbstmord.[8]

Es wird geschätzt, dass sich die Gesamtzahl der bis Mai dieses Jahres von den Deutschen ermordeten Juden in Polen auf 700 000 beläuft. Und das Los der in den Gettos Verbliebenen und auf ihren Untergang Wartenden ist viel schlimmer als das Schicksal derjenigen, die bereits ermordet worden sind.

Als Repräsentant dieser Menschen mache ich mich zum Echo ihrer Schmerzensschreie, ihres Protests und ihres Appells an die Menschheit, sie möge Mittel und Wege finden, dem schlimmsten Verbrechen der Menschheitsgeschichte ein Ende zu bereiten!

5 Zwischen Juli und Dez. 1941 erschossen die Einsatzkommandos 3 und 9 sowie litauische Hilfspolizisten 33 500 Juden aus dem Getto Wilna mit Karabinern und Maschinenpistolen im Wald von Ponary. In Litauen lebten Ende 1941 nur noch 43 000 von zuvor 215 000 Juden; siehe VEJ 7, S. 55 f.

6 In den Vernichtungslagern wurden hierzu in der Regel jüdische Funktionshäftlinge gezwungen, die in regelmäßigen Abständen ebenfalls ermordet und durch Juden aus neu eintreffenden Transporten ersetzt wurden.

7 Die Deportationen aus dem Getto in Warschau in das Vernichtungslager Treblinka hatten am 22. Juli 1942 begonnen.

8 Adam Czerniaków hatte sich am 23.7.1942 das Leben genommen, nachdem die deutschen Behörden seine Beteiligung an den Deportationen nach Treblinka gefordert hatten.

Das jüdische Volk in Polen hat erkannt, dass diese Verbrechen nur Teil eines Generalplans sind, unser Land zu zerstören, um Lebensraum für das *Herrenvolk* zu schaffen. Was wir an Fakten kennen, beweist, dass die Deutschen entschlossen sind, ganze Nationen auszulöschen, wenn sich diese ihrem Willen und ihren Zielen nicht unterwerfen können.

Hitler hat die Kultur vieler Generationen und auch das Gewissen seiner eigenen Nation bei lebendigem Leibe verbrannt, und nun versucht er, die ganze Welt in Brand zu setzen. Ich glaube an den letztendlichen Sieg über Hitler. Ich glaube, dass Polen wieder auf die Beine kommen und eine unabhängige Nation in einer freien, erneuerten und gerechten Welt werden wird. Als Sozialist bin ich außerdem davon überzeugt, dass, wenn der Krieg erst einmal vorbei und ein gerechter Frieden erreicht worden ist, sich die Menschheit in Richtung Sozialismus bewegen wird.

Wir müssen uns allerdings darüber im Klaren sein, dass es, sollten wir keine Mittel finden, die Menschen in Polen und in den anderen besetzten Ländern rechtzeitig zu retten, weder ein sozialistisches Europa noch irgendein anderes Europa geben wird; es wird überhaupt kein Europa mehr da sein, das wir bewahren könnten. Ganz Europa wird ein einziger großer Friedhof sein.

Trotz der unmenschlichen Lebensbedingungen hat mein Volk seinen Glauben und seine Würde nicht verloren, und die Menschen fahren fort, durch ihren Widerstand und ihren unbeugsamen Geist ihren Part in diesem Krieg zu spielen. Ebenso wenig haben sie ihren Glauben an die Menschheit verloren. Aus den Todeskammern strecken sie uns ihre Hände entgegen und richten ihre Stimme an uns, voller Glauben und Vertrauen. Ich habe keinen Zweifel, dass die zivilisierte Welt ihre Schreie hört, dass sie ihre ausgestreckten Hände ergreifen und sie ihnen trotz allem helfen werden zu überleben, damit sie mit uns den Tag des Siegs und der Befreiung feiern können.

DOK. 143

Der Judenälteste im Getto Litzmannstadt fordert die Bevölkerung des Gettos am 4. September 1942 zur Herausgabe ihrer Kinder unter zehn Jahren auf[1]

Manuskript der Rede des Ältesten der Juden im Getto Litzmannstadt, Mordechai Chaim Rumkowski, vom 4.9.1942[2]

Ein großer Schmerz hat das Getto getroffen. Man verlangt von ihm das Beste, was es besitzt – Kinder und alte Menschen. Mir war nicht vergönnt, ein eigenes Kind zu haben. Deswegen habe ich meine besten Jahre den Kindern gewidmet.[3] Ich lebte und atmete mit den Kindern. Niemals hätte ich mir vorgestellt, dass ich mit eigenen Händen das Opfer zum Altar würde bringen müssen. Auf meine alten Tage bin ich gezwungen,

1 APŁ, 278/1091, Bl. 8–11. Teilweise abgedruckt in: Isaiah Trunk, Lodzsher geto, New York 1962, S. 311–314; in deutscher Übersetzung: „Unser einziger Weg ist Arbeit" (wie Dok. 99, Anm. 1), S. 233 f. Das Dokument wurde aus dem Jiddischen übersetzt.

2 Die öffentliche Rede wurde am 4.9.1942 vor einer größeren Menschenmenge im Getto gehalten.

3 Rumkowski war in den 1930er-Jahren Direktor des jüdischen Waisenhauses Helenówek in Łódź gewesen.

meine Hände auszustrecken und zu flehen: Brüder und Schwestern, gebt sie mir! Väter und Mütter, gebt mir Eure Kinder! Ich hatte eine Ahnung, dass uns etwas bevorsteht. Ich war auf „etwas" vorbereitet. Und wie ein Wächter war ich auf der Hut, dieses „etwas" zu verhüten. Aber es gelang mir nicht, weil ich nicht wusste, was uns droht, was uns erwartet. Dass man die Kranken aus den Krankenhäusern holte, traf mich völlig unvorbereitet. Der beste Beweis dafür sei Euch, dass ich selbst Verwandte und Bekannte unter ihnen hatte und gar nichts für sie tun konnte. Ich dachte, damit wäre die Sache beendet, und danach würde man uns in Ruhe lassen. Nach dieser Ruhe lechze ich so sehr. Ihr galt beständig meine Arbeit und mein Streben. Es hat sich herausgestellt, dass uns etwas anderes bestimmt war. Das ist eben das Schicksal der Juden, immer mehr und schwerer zu leiden, besonders in Kriegszeiten.

Gestern erteilte man mir den Befehl, über 20 000 Juden aus dem Getto zu verschicken. Wenn nicht wir, würden andere das tun. Es stellte sich also die Frage, ob wir es selbst übernehmen und tun müssen oder es anderen überlassen, dies auszuführen. Da uns aber nicht der Gedanke beherrscht „Wie viele werden verloren gehen", sondern der Gedanke „Wie viele wird man retten können", sind wir, d. h. ich und meine nächsten Mitarbeiter, zu dem Schluss gekommen, dass wir – wie schwer es uns auch fällt – die Durchführung dieser Anordnung selbst übernehmen müssen. Ich muss diese schwere und blutige Operation selbst durchführen, die Glieder amputieren, um den Körper zu retten! Ich muss die Kinder nehmen, denn andernfalls könnten – Gott behüte – auch andere genommen werden. Ich bin heute nicht gekommen, Euch zu trösten, ich bin auch nicht gekommen, Euch zu beruhigen, nur Euren ganzen Kummer und Euer Weh aufzudecken. Ich bin gekommen, um Euch wie ein Räuber das Beste zu nehmen, was Euren Herzen das Nächste ist. Ich habe das Äußerste versucht, um die Anordnung aufheben zu lassen, und sie, nachdem das nicht möglich war, abzumildern. Nachdem alles vergeblich war, habe ich angeordnet, dass alle neunjährigen Kinder registriert werden, denn ich wollte wenigstens den Jahrgang zwischen neun und zehn retten. Man wollte mir aber hierin nicht nachgeben. Eins nur ist mir gelungen – die zehnjährigen Kinder zu retten. Möge uns dies in unserem großen Kummer trösten.

Wir haben im Getto viele Tuberkulosekranke, deren Leben nur mehr Tage oder Wochen dauern wird. Ich weiß nicht, ob es ein teuflischer Plan ist, aber ich kann nicht anders, als ihn auszusprechen: „Gebt mir die Kranken und an ihrer Statt können Gesunde gerettet werden." Ich weiß, wie lieb und teuer jedem sein Kranker daheim ist, erst recht unter Juden. Aber bei jeder Anordnung muss man abwägen und abmessen: „Wer soll, kann und darf gerettet werden?" Und der gesunde Menschenverstand verpflichtet doch, denjenigen zu retten, der gerettet werden kann und Aussichten hat zu überleben. Und nicht denjenigen, der ohnehin nicht gerettet werden kann …

Wir leben doch im Getto. Unser Leben ist doch so eingeschränkt, dass wir nicht einmal genug für die Gesunden haben, geschweige denn für Kranke. Jeder von uns ernährt seinen Kranken auf Kosten der eigenen Gesundheit. Wir geben ihm unser bisschen Zucker, unser Stückchen Fleisch, und das Ergebnis ist, dass zwar der Kranke davon nicht gesund, wir aber krank werden. Freilich sind solche Opfer die schönsten und edelsten. Vor die Entscheidung gestellt, ob man den Kranken beschützt, der nicht die mindeste Aussicht hat, gesund zu werden, und auch noch andere krank machen könnte, oder den Gesunden, blieb mir nicht viel Zeit, mich in das Problem zu vertiefen, und ich entschied mich zu Gunsten des Gesunden. In diesem Sinne habe ich die Ärzte instruiert, dass sie

alle unheilbaren Kranken herausgeben müssen, damit an ihrer statt Gesunde gerettet werden können, die noch leben können und wollen …
Ich verstehe Euch Mütter und sehe durchaus Eure Tränen. Und auch mit Euch, Ihr Väter, fühle ich, die Ihr morgen zur Arbeit gehen müsst, nachdem man Euch Euer Kind genommen hat. Noch gestern habt Ihr mit Euren lieben Kinderchen gespielt. All das weiß ich und fühle es seit gestern Nachmittag vier Uhr. Seit ich von der Anordnung erfahren habe, bin ich völlig gebrochen. Ich teile Euren Kummer, und Euer Schmerz peinigt mich. Ich weiß nicht, wie und wodurch ich werde überleben können. Ich muss Euch noch ein Geheimnis verraten. Verlangt wurden 24 000 Opfer, über acht Tage je 3000 Menschen. Aber es ist mir gelungen, die Anzahl auf 20 000 zu drücken, vielleicht unter 20 000, immer unter der Bedingung, dass es Kinder unter zehn Jahren sein sollen. Kinder über zehn Jahre sind abgesichert. Da die Kinder zusammen mit den Alten nur eine Anzahl von circa 13 000 Seelen ergeben, wird man die Summe auch mit Kranken auffüllen müssen.[4]
Es fällt mir schwer zu sprechen. Ich habe keine Kraft. Ich will Euch nur sagen, welche Bitte ich an Euch richte: „Helft mir, die Aktion durchzuführen." Ich zittere, ich fürchte, dass – Gott behüte – andere die Durchführung übernehmen könnten …
Vor Euch steht ein gebrochener Mensch. Beneidet mich nicht. Es ist die schwerste Anordnung, die ich je durchzuführen hatte. Ich strecke meine gebrochenen, zitternden Hände zu Euch aus und flehe: „Gebt die Opfer in meine Hände, um durch sie weitere Opfer zu verhüten, um eine Gemeinschaft von 100 000 Juden zu schützen." Denn das hat man mir versprochen: Wenn wir unsere Opfer selbst liefern, wird es ruhig bleiben …
Man hört Lügen: „Wir werden alle gehen." „Kein einziges Kind soll man fortnehmen, oder nur einzelne von solchen, die mehrere haben …[“]
Das sind leere Worte. Mir fehlt die Kraft, mit Euch zu diskutieren. Wenn einer von den Machthabern kommt, wird keiner aufbegehren …
Ich weiß, was es bedeutet, sich ein Glied vom Körper abzureißen. Ich habe auf Knien gebettelt, gefleht, aber es nützte nichts. Aus kleinen Städten, in denen 7–8000 Juden lebten, sind kaum 1000 hierhergekommen. Was ist also besser? Was wollt Ihr? 80–90 000 Juden bewahren oder – Gott behüte – alle vernichten?
Urteilt selbst, was Ihr wollt. Meine Pflicht aber ist es, die übrigen Juden zu bewahren. Ich wende mich nicht an die Hitzköpfe. Ich appelliere an Euren Verstand und Euer Gewissen. Ich habe alles getan und werde weiterhin alles tun, um vor allem zu verhindern, dass Waffen in das Getto gebracht werden und Blut fließt. Die Anordnung ließ sich nicht abwenden, nur herunterhandeln. Man braucht das Herz eines Räubers, um das zu verlangen, was ich von Euch verlange. Versetzt Ihr Euch aber in meine Lage und denkt logisch, dann kommt Ihr selbst zu dem Schluss, dass ich nicht anders handeln kann, da die Zahl derer, die gerettet werden können, um so viel höher ist als die Zahl derjenigen, die wir aufgeben.

4 Nach der Deportation von 70 000 Juden in das Vernichtungslager Kulmhof bestimmte die Gestapo Litzmannstadt Anfang Sept. 1942, dass die Gettobevölkerung erneut um 20 000 Menschen zu reduzieren sei, und übertrug Rumkowski die Aufgabe, die Opfer hierfür auszusuchen: Zunächst wurden die Krankenhäuser aufgelöst und sämtliche Patienten zur Deportation bestimmt, ebenso alle Personen über 65 Jahre. Doch die auf diese Weise erreichte Zahl war noch immer zu niedrig. Zwischen dem 3. und 12. Sept. 1942 wurden insgesamt 15 681 Menschen aus Litzmannstadt in das Vernichtungslager Kulmhof deportiert und dort ermordet.

DOK. 144

Chaim Rumkowski kündigt am 5. September 1942 im Getto Litzmannstadt eine Ausgangssperre während der Deportation von Alten, Kranken und Kindern an[1]

Bekanntmachung Nr 391.

Betr.:

Allgemeine Gehsperre im Getto.

Ab Sonnabend,
den 5. September 1942 um 17 Uhr,
ist im Getto bis auf Widerruf eine

ALLGEMEINE GEHSPERRE.

Ausgenommen hiervon sind:

Feuerwehrleute, die Transportabteilung, Fäkalien- und Müllarbeiter, Warenannahme am Baluter Ring und Radegast, Aerzte und Apothekerpersonal.

Die Passierscheine müssen beim Ordnungsdienstvorstand – Hamburgerstrasse 1 – beantragt werden.

Alle Hauswächter
sind verpflichtet darauf zu achten, dass keine fremden Personen in die für sie zuständigen Häuser gelangen, sondern sich nur die Einwohner des Hauses dortselbst aufhalten.

Diejenigen, die ohne Passierscheine auf der Strasse angetroffen werden, werden evakuiert.

Die Hausverwalter
müssen in ihrem Häuserblock mit den Hausbüchern zur Verfügung stehen.

Jeder Hauseinwohner hat seine Arbeitskarte bei sich zu halten.

Litzmannstadt-Getto, 5. September 1942.

CH. RUMKOWSKI
Der Aelteste der Juden in Litzmannstadt.

[1] YIVO, RG 241, Nr. 504. Abdruck in: Faschismus – Getto – Massenmord (wie Dok. 114, Anm. 1), S. 339.

DOK. 145

Irene Hauser schildert in ihrem Tagebuch zwischen dem 4. und 8. September 1942 die Deportation der Alten, Kranken und Kinder aus dem Getto Litzmannstadt[1]

Handschriftl. Tagebuch von Irene Hauser, Getto Litzmannstadt, Einträge vom 4. bis 8.9.1942[2]

4.IX. Stickereiressort mit Fr. Lilly u. Benedikt gewesen, auf Probe in 2 Tagen. Bescheid für Aufnahme. *Rumkowski [hat] gesprochen:* 4 h. 13 000 Kinder will man uns binnen 6 Tagen rauben.[3] Gott steh uns bei. Alle Mütter weinen, u. ich will es nicht glauben. ¾ 11 h Alarm. ¼ 12 Licht. Bombe auf Gestapo neben uns. ½ 2 zweiter Alarm war wie an der Peripherie Leuchtraketen, 52.

5.IX. Samstag, 6 h Früh. Kinder geholt [aus der] Judeng[asse]. Kirchgasse furchtbares Gebrüll, reißen von den Wagen herunter u. halten Polizei in Schach. Brot 1 Tag, zu früh bekommen um 20 dkg zu wenig pro Person u. habe auf 4 Mahlzeiten gut gegessen, nun habe ich 2 Tage keines. Nun sind 3 Wagen vor Haus Nr. 3–5 u. wissen nichts anzufangen, da alle Mütter m. Kindern weggelaufen sind, auch wir. Blieb mit Buby[4] bis ½ 3 in einer Hütte, dann Plakatierung, 5 h Gehverbot.[5] Alles muß nach Hause.
Um ½ 4 fährt voller Wagen 65 Jahre Alte m. Kinder bis 10 J. weg. Nun folgt eine ruhige Nacht nach diesem Schrecken.

6.IX. Herrliche Sonntagsruhe. Wir haben *nichts* zu essen u. trinken. GsD, Fr. Lilly schickt mir 3,–, Fr. Lukin gibt mir dafür Stengel u. Roterübenblätter, mache Suppe u. Blattgem[üse], war ganz gut, nur Buby u. ich haben davon Durchfall. Der *Wagen* steht seit Stunden auf Nr. 5. Leo[6] ist beim Tor unten, Leute stehen in den Höfen aufgeregt herum, die Kinder in den Stuben, u. man sieht dem Schicksal entgegen. Der Wagen ist mit den Kindern, einige Mütter sind mit u. alte Leute ½ 4 h weg. Nun beginnt es erst um 5 h früh. Abend Buby von Suppe Durchfall-Erbrechen, ich 5 Durchfälle, alle sind ganz fertig, 3 Tage kein Brot u. noch Ausgehverbot.

7.IX. Kein Ressort arbeitet diese Woche, nur Polizei u. Feuer[wehr]leute dürfen auf die Straße. Gestern Abend das größte Gewitter, trocken von 7–10 h u. dann 2 Stunden Regen mit Blitz u. Donner, GsD. Nun ist es ½ 8 h früh u. [ich] warte, ob ich fürs Kind Suppe haben werde. Leo doppelt seine Schuhe u. läßt das Kind hungern.[7] Um 10 h Vormittag Buby hat Gelbsucht Gesicht aufgedunsen, u. im 13 Haus fährt der Wagen mit K[indern]. weg, wäre vielleicht besser mitzufahren, Buby will freiwillig nicht. Nun ist es ½ 1 u. niemand hat uns lieb, wir haben nichts im Magen. Nun folgen die schwersten

1 AŻIH, 302/299, Bl. 20–24. Teilweise abgedruckt in: Hauser, „Nicht einmal zum Sterben habe ich Protektion …“ (wie Dok. 131, Anm. 1).
2 Rechtschreibung und Zeichensetzung wurden behutsam korrigiert.
3 Siehe Dok. 143 vom 4.9.1942.
4 Erich Hauser, Irene Hausers sechsjähriger Sohn.
5 Siehe Dok. 144 vom 5.9.1942.
6 Leopold Hauser, Irene Hausers Ehemann.
7 Vermutlich hatte sich Leopold ein zweites Paar Schuhe besorgt.

Tage, kein Geld u. kein Stückerl Brot, mein armes Kind ist schon trübsinnig vom Hunger, mir blutet das Herz, l[ieber] Gott was soll ich tun, Gelbsucht noch dazu. Leo ist gänzlich geschwollen, ein Aug fast zu, Klumpfüße vom Hunger, wir leben von kaltem bittern Tee.
8.IX. 4 h früh. Weiter geht Kinderaktion mit Hilfe von Militär, da es zu langsam ging. Wir bangen weiter. Buby will mit mir nicht freiwillig gehen, ich dachte, daß wir eher zu einer Suppe kommen, verlassen wir uns halt auf Gott, Menschen können uns keine helfen, da es keine gibt. Seit 6 h früh stehen sie, bleiben u. warten auf das Brot, trotz Gehverbot u. Ladensperre, keiner steht in Arbeit, u. wir sind Hunderttausend feige Menschen u. rühren uns nicht.

DOK. 146

Der Inspekteur der Sicherheitspolizei und des SD im Reichsgau Wartheland schildert am 9. September 1942 in seinem Monatsbericht die Räumung zahlreicher Gettos[1]

Schreiben (Geheim!) des Inspekteurs der Sicherheitspolizei und des SD (Tgb Nr. 522/42g A d/We), Posen, gez. Damzog, an den Herrn Reichsstatthalter und Gauleiter, z. Hd. Herrn Amtsrat Passauer[2] o. V. i. A. (Eing. 18.9.1942), Posen, vom 9.9.1942

Betr.: Berichterstattung.
Vorg.: Bericht vom 15.8.1942.
[...][3]
II. Judentum.
Trotz der besseren Verpflegung der Juden hält die Lagerflucht im Bereich der Staatspolizeileitstelle *Posen* an. Es besteht der dringende Verdacht, daß die Flucht der Juden vielfach durch die polnischen Wachmannschaften begünstigt wird. Trotz schärfster Kontrollen befinden sich im Besitze der Juden immer noch größere Geldbeträge und verknappte Waren. Vermöge des Geldes oder der Waren versuchen sie, die Wachmannschaften zu bestechen oder zu Tauschgeschäften zu bewegen. Nur in vereinzelten Fällen bringen polnische Wachleute Bestechungsversuche von Juden zur Anzeige.
Die illegale Übermittlung von Nachrichten geflüchteter Juden an Lagerinsassen bot einen verstärkten Anreiz zur Flucht. Um dem künftig vorzubeugen, ist über sämtliche Judenlager Post- und Paketsperre verhängt worden.
Die Zahl der flüchtenden Juden im Bereich der Staatspolizeistelle *Hohensalza* aus den Judenarbeitslagern ist in der Berichtszeit erheblich gesunken. Die Ursache des Herabsinkens der Fluchtziffer scheint in der reichlicheren Verpflegung der Juden, die durch die Jahreszeit bedingt ist, zu suchen sein. Andererseits sind auch die Betriebsführer und Arbeitgeber bestrebt, sich die Juden als Arbeitskräfte zu erhalten, was durch eine ausrei-

1 IPN, Ld 1/281, Bl. 41–71, hier Bl. 54–56. Teilweise abgedruckt in: AŻIH, 233/37, Bl. 1 f.
2 Willy Passauer (*1888), Berufssoldat, Büroassistent; 1932 NSDAP-Eintritt; von 1938 an Reg.-Amtsrat in Danzig, von 1939 an beim Reichsstatthalter in Danzig-Westpreußen, dann Chef des Büros der Adjutantur im Dienst des Reichsstatthalters im Reichsgau Wartheland, von 1941 an im dortigen Führungsstab, von 1943 an Reg.Rat.
3 Der erste Teil des Berichts umfasst den Punkt „I. Der polnische Gegner".

chende und zweckentsprechende Verpflegung erreicht werden konnte. Bei gelegentlichen Überprüfungen der Judenarbeitslager hat es sich gezeigt, daß die Arbeitgeber, bei denen es sich ausschließlich um landwirtschaftliche Großbetriebe handelt, mit der Arbeitsleistung der ihnen zugeteilten Juden zufrieden waren. Vielfach ist man bereit, die Juden auch den Winter über zu behalten, um so die Arbeitskräfte für die nächste Frühjahrsbestellung sicherzustellen. Aus den Äußerungen anderer Arbeitgeber war zu entnehmen, daß auf die Arbeitskraft der Juden ohne entsprechende Ersatzgestellung nicht verzichtet werden kann. In den Kreisen dieser Betriebsführer befürchtet man die evtl. beabsichtigte Auflösung der Judenarbeitslager, die mit weniger als 100 Juden belegt sind.
Um endlich die notwendige Scheidung der Juden von der arischen Bevölkerung, insbesondere auch der polnischen, zu erreichen und somit vor allen Dingen den in den Landkreisen noch in verstärktem Maße bestehenden Einfluß des Judentums auf das Wirtschaftsleben auszuschalten, wurde im Berichtsmonat der Regierungsbezirk *Litzmannstadt* judenfrei gemacht. Bei den Wohnungsdurchsuchungen konnte festgestellt werden, daß die Juden über große Mengen bewirtschafteter Lebensmittel (vor allem Butter) ver[fügten], die sie sich durch Zahlung von Überpreisen erschlichen hatten. Die Evakuierung wurde mit Hilfe der motorisierten Gendarmerie und im Kreise Lask auch mit Unterstützung einer Litzmannstädter Pol.-Kompanie durchgeführt. Die jüdischen Wohngebiete wurden planmäßig und überraschend umstellt, so daß grundsätzlich alle Juden erfaßt werden konnten und es ihnen nicht möglich war, wie üblich, ihr Vermögen zu verschieben oder zu verstecken. Es wurden in den Landkreisen Welungen, Schieratz, Lask und Turek insgesamt 33 371 Juden erfaßt, von denen ein größerer Teil sofort zum Arbeitseinsatz in das Getto gelangte.[4]
Durch die gründliche Überholung der Juden und ihrer Wohngebiete seitens der Gettoverwaltung wurden der Wirtschaft große Werte zugeführt. Es wurden z. B. den in Heidemühle, Krs. Lask, erfaßten 1749 Juden bei einer ersten Durchsuchung allein 70 000.– RM in barem Gelde abgenommen. Außerdem fielen große Mengen verschiedener Rohmaterialien wie Textilien, Leder und Edelmetalle an.
Mit der Auflösung der Gettos des Warthegaues wurden die dort untergebracht gewesenen Juden in das Gaugetto-Litzmannstadt eingewiesen. Bisher sind Juden aus Löwenstadt, Ozorkau, Bendzin,[5] Pabianice und einigen anderen zum Gau gehörenden Orten nach Litzmannstadt umgesiedelt worden. Es sind durchschnittlich 1000 Juden, die im Rahmen der Umsiedlung täglich dort eintreffen.
Die luftschutz- und feuerschutzpolizeilichen Maßnahmen im Getto werden ständig ausgebaut. Das jüdische Luftschutzpersonal wird unter deutscher Oberaufsicht ausgebildet. Bei 107 Durchsuchungen im Getto wurden: Pelze, Schmuck, Devisen, Lederwaren, Stoffe, Wirtschaftsartikel und Kristalle im Werte von rund 90 000,– RM sichergestellt.
Der Älteste der Juden meldete 199 Strafverfahren (141 wegen Diebstahls). Ferner wurden von ihm 1763 Sterbefälle und 46 Geburten gemeldet.

4 Aus den geräumten Gettos im Regierungsbezirk Litzmannstadt wurde die Mehrheit der Insassen in das Vernichtungslager Kulmhof deportiert und dort ermordet; nur ein kleinerer Teil der als „arbeitsfähig" eingeschätzten Juden kam in das Getto Litzmannstadt.
5 So im Original. Das Getto in Będzin (Bendsburg) gehörte zum Regierungsbezirk Kattowitz und wurde erst im Aug. 1943 aufgelöst, seine Bewohner deportierte die SS nach Auschwitz.

An ansteckenden Krankheiten sind 607 Fälle gemeldet worden, und zwar:

27	Fleckfieber-,
79	Typhus-,
54	Ruhr-,
8	Diphterie-,
1	Paratyphus-,
2	Genickstarre-,
20	Keuchhusten-,
3	Scharlach-,
413	Tuberkulosefälle.

[...][6]

DOK. 147

Shlomo Frank beschreibt in seinem Tagebuch zwischen dem 1. und 15. September 1942 die Deportation von Kindern, Kranken und Alten aus dem Getto Litzmannstadt in das Vernichtungslager Kulmhof[1]

Maschinenschriftl. Tagebuch von Shlomo Frank, Getto Litzmannstadt, Eintrag von September 1942

Die blutige Evakuierung:
Es war nach Mitternacht, als das jüdische Polizeikommando seine Sitzung wegen der Aktion abhielt, die am Morgen im Getto stattfinden sollte. Die Polizei wusste schon, dass die jetzige große Evakuierung nicht wie bisher verlaufen würde, d. h. nicht die Juden selbst werden befehlen und richten, wer und wer nicht, sondern der Todesengel persönlich in Gestalt eines SS-Mannes wird richten, wer leben darf und wer sterben muss.
Und so geschah es. Nachts wehte ein starker Wind durchs Getto, der die Gettostraßen leer fegte und trocknete. Die Bäume schwankten, und Zweige brachen ab. Krähen flogen aus ihren Nestern auf und krächzten voll Jammer über das Leid. Ein bleicher Mond mit verzogenem Gesicht. Es sah aus, als zittere die ganze Natur vor dem kommenden Tag. Und wer weiß, ob nicht der kommende Tag der letzte sein wird für die zweitgrößte jüdische Gemeinde Polens.
7 Uhr in den frühen Morgenstunden. Alle Gettobewohner sind bereits wach. Keiner hat in der Nacht geschlafen. Alle Herzen haben heftig geklopft. Die verschreckten Mütter haben ihre Kinder fester an sich gedrückt und zum Allmächtigen gebetet, er möge ihre Kinder vor dem großen Unglück beschützen. Alle Polizeireviere sind schon einsatzbereit. Jeder Kommissar hat seinen Polizisten die Instruktionen für den heutigen Tag genau übermittelt. Kommissar Yutke[2] sagte es so:

6 Der Bericht enthält im Folgenden die Abschnitte „III. Sicherheitspolizeiliche Maßnahmen gegen Deutsche", „IV. Allgemeine Übersicht über kriminelle Verfehlungen und Festnahmen", „V. Einsatz aus besonderen Anlässen" sowie „VI. Allgemeines".

1 AŻIH, 302/3, Bl. 337–351. Abdruck in: Frank, Togbukh (wie Dok. 4, Anm. 1), S. 308–320. Das Dokument wurde aus dem Jiddischen übersetzt.
2 Es handelt sich vermutlich um Shlomo Franks Vorgesetzten beim jüdischen Ordnungsdienst.

„Kinder, es wird heute ein sehr heißer Tag werden. Wer weiß, wie viele Juden heute ihr Leben lassen müssen. Ihr aber sollt Wache stehen und aufpassen, dass das Volk nicht rebelliert. Das Volk soll den Weg gehen, den ihm der Schlächter zugewiesen hat, und jeder Widerständige wird an Ort und Stelle erschossen und wird nur Leid über die ganze Gettogemeinschaft bringen." Kommissar Yutke sprach weiter: „Wer nicht gehen will oder sich mit Gewalt wehrt, soll mit Gewalt behandelt werden. Zeigt keinerlei Mitleid, denn wenn Ihr das tut, werdet Ihr selbst darunter leiden."

Nach den Reden der Polizeikommissare marschierten die Polizisten in Gruppen zum Baluter Markt.

Um halb 8 Uhr früh marschierten 16 Gestapoleute (nicht mehr als 16) mit geschulterten Maschinengewehren im Sturmschritt auf den Markt. Bald darauf verteilten sie sich mit wachsender Entschlossenheit im Getto und fingen an, nach rechts und links zu schießen. Die Schießerei dauerte zehn Minuten. Danach wurden in einer vorher ausgeklügelten Reihenfolge Straßen abgeriegelt, und eine wahre Hölle brach los. Die Befehle klangen streng, zornig und wild. Den Menschen wurde zehn Minuten Zeit gegeben, sich auf den Höfen aufzustellen und ihr Schicksal zu erwarten. Wer durchs Feuer stirbt und wer durch das Schwert.[3] Mehr als einer sah den Tod vor Augen, und mehr als einer wurde auf der Schwelle seines Hauses erschossen. Der Lärm und das Geschrei drangen bis ins Herz des Himmels.[4] Mütter, die Furcht hatten, dass man ihnen die Kinder nimmt, wurden vor Angst an Ort und Stelle verrückt. Kinder drängten zu ihren Müttern und klammerten sich an ihre Beine und baten um Mitleid: Mameshi, nimm mich mit dorthin, wohin sie Dich schicken wollen. Zusammen, lass uns zusammen gehen. Ein Teil der Eltern hatte die Kinder im Haus eingeschlossen, sie unter dem Bettzeug versteckt, unter den Schränken, in den Kellern, auf Dachböden, in jedem geheimen Loch waren Kinder versteckt. Die Eltern wussten freilich nicht, dass diese Verstecke für die deutschen Mörder ein Kinderspiel sind. Alle Verstecke wurden entdeckt und die Kinder vor den Augen der Eltern erschossen.

Das Gezerre und Gejage dauerte von 7 Uhr früh bis 4 Uhr nachmittags. Es war ein entsetzliches Bild. Nicht einer, der nicht über die große Vernichtung der Judenheit geweint hätte. Sogar die Christen auf der anderen Seite des Gettos bekreuzigten sich und wischten sich die Augen, als sie die kleinen Kinder sahen, die mit ausgestreckten Armen schrien: „Mama, Mama, rette uns. Lass uns nicht sterben." Ein Teil der Kinder sprang von den Wagen ungeachtet dessen, dass man auf sie schoss, und sie fielen wie hingemäht in Strömen von Blut. Die Mörder schlachteten die Opfer ab, zertraten sie mit Füßen und lachten dabei zynisch. Sie fragten die übrigen zu Tode erschrockenen Kinder, ob sie auch vom Wagen springen wollten. Es waren Totschläger, die es nicht zuließen, dass man die Erschossenen beiseite trägt, damit sie nicht zertrampelt werden. Das Opfer musste so liegen bleiben, vor den Augen aller Vorbeigehenden, bis die Aktion abgeschlossen war. Menschen drängten von rechts und von links, einige warfen der jüdischen Polizei goldene Uhren zu, Haufen ausländischer Valuta, verschiedene Wertsachen und flehten: Rettet uns, lasst uns nicht umkommen, helft uns, uns zu befreien. Schaut weg, und wir werden uns durch die Blockade drängeln. Tatsächlich hat es auch solche Fälle gegeben. Polizisten schauten weg, und viele konnten sich so retten, jedenfalls zeitweilig. Vielfach ist das aber

3 Dieser Satz ist im Original hebr.
4 Im Original hebr.

nicht gelungen. Der Flüchtige wurde an Ort und Stelle erschossen, und der Polizist musste auf der Stelle Armbinde und Mütze abgeben und mit den Gefangenen mitfahren. So strauchelten einige Polizisten während der ersten großen Aktion. Sie bezahlten für einen Freund oder für Geld mit dem eigenen Leben.
Die erste Aktion forderte 18 Erschossene und acht, die sich das Leben nahmen. Bei der ersten Aktion wurde mehr als die Hälfte der Gefangenen verschickt. 1800 Kinder, 864 Männer und 620 Frauen wurden in die Sammellager deportiert. Sie alle wurden am selben Tag mit unbekanntem Ziel verschickt, und niemand weiß, wo ihre Gebeine liegen.

Der zweite Tag der Aktion
Am nächsten Tag der Evakuierung begann das blutige Spiel aufs Neue. Aber diesmal an einem anderen Ort. Die Befehle dieselben wie gestern: „Heraus aus den Häusern. Nichts mitnehmen. Wer versucht, sich zu verstecken, wird an Ort und Stelle erschossen." Das Erschrecken der Menschen war so groß, dass einigen vor Angst die Haare zu Berge standen. Sogar die Kinder verloren ihre Beweglichkeit und waren wie erstarrt. Die heutige Aktion verlief genau anders herum als die gestrige. Die Menschen schrien nicht, sie gingen resigniert mit schlotternden Beinen zur Schlachtung. Auch kam es nicht mehr vor, dass Frauen sich die Haare ausrissen. Woher kam diese Resignation? Als die Polizei kam, standen die Menschen schon in den Höfen und erwarteten ihr Schicksal.
Ein alter Großvater, der sich kaum auf den Beinen halten konnte, fing, während zwei jüdische Polizisten ihn auf den Wagen setzten, an zu singen: „Blicke vom Himmel und sieh,[5] Herr der Welt." „Denn wir waren Spott und Hohn unter den Völkern …"[6] Plötzlich fiel von einem der Tore ein Schuss und der alte Großvater stürzte blutüberströmt auf den Wagen. Er sagte noch ein paar abgehackte Worte, die aber keiner verstand. In dem Moment kam der Mörder mit dem Revolver in der Hand und schoss kaltblütig noch vier Kugeln auf den bereits toten Greis. Danach, als wäre gar nichts geschehen, rief er nach zwei Polizisten und befahl ihnen, den Toten „herunterzuschmeißen" und ihn an der Seite abzulegen, bis das Viertel abgeschlossen sei. Um 5 Uhr nachmittags war das zweite Viertel schon gesäubert. Bei der zweiten Evakuierung wurden 1200 Kinder, 682 Männer und 660 Frauen, insgesamt 2862 Menschen zu den Sammelpunkten abgeführt. Damit war die Aussiedlungsaktion des zweiten Tages beendet.

Der dritte Tag der Aktion
Der dritte Tag war wieder ein blutiger. Blut in den Straßen. Tote, Tote, Tote. Die Polizei wusste nicht, was sie zuerst tun sollte – die Toten wegschaffen oder die zu Evakuierenden in die Sammellager bringen. Die Menschen liefen hierhin und dahin. Wenn sie erfuhren, dass der Todesengel bereits in dieser oder jener Straße war, packten sie ihre Kinder und liefen über Stock und Stein, zwischen Leben und Tod, um sich dort zu retten, um sich dort zu verstecken. Es gab auch Eltern, die erklärten, dass sie ihre Kinder auf keinen Fall weggeben würden, sondern lieber mit ihnen zusammen sterben. Der dritte Tag war entsetzlich. Viele verängstigte Eltern legten ihre Kinder in die schwarzen Leichenwagen, um sie zu verstecken. Das Hin- und Herlaufen kostete viele Opfer. Die Mörder schossen

5 Im Original hebr., Jes 63,15.
6 Im Original hebr., Ps. 44,14.

von allen Seiten. Ein Teil der Mörder bezog Stellung auf Dächern und beobachtete von dort, von wo die Juden fliehen. Sobald eine Familie in Panik auf der Straße erschien, wurde sie mit Maschinengewehren umgelegt. Während der Lauferei brachen sich viele Menschen Arme und Beine. Diese wurden aber nicht erschossen. Sie lagen den ganzen Tag und wanden sich in Schmerzen, bis die blutige Aktion beendet war. Auf diese Art kamen am dritten Tag der Aktion 13 Männer, acht Frauen und acht Kinder ums Leben. Zur Aussiedlung wurden 800 Männer, 1400 Frauen und 1640 Kinder gefangen genommen. Insgesamt 3840 Menschen.

Der vierte Tag der Aktion
Schon früh konnte man unausgeschlafene Polizisten aufmarschieren sehen. Der größte Teil von ihnen hatte in den Polizeirevieren übernachtet. Sie riegelten ein weiteres Viertel ab. Diesmal eines mit sechs Straßen. Heute werden wieder Tausende von Menschen gerichtet, zum Leben oder zum Tod.
Bevor es anfing, kamen die Inquisitoren. Sie sahen sich um, riefen einen der Polizeikommissare zu sich und befahlen ihm, alle Polizisten aus dem Viertel abzuziehen und in einigen Häusern zu verstecken. Dort sollten sie auf einen neuen Befehl warten. Das war eine miese, niederträchtige Farce der Gestapo-Mörder. Sie ließen Hunderte aus dem abgeriegelten Viertel fliehen. Später umzingelten sie den Ort, wo sich die Menschen versteckt hatten, und alle wurden, wie sie waren, in die Sammelpunkte transportiert. Heute haben die Mörder nicht geschossen und sich nicht brutal aufgeführt. Die heutige Aktion lief verhältnismäßig ruhig ab. Es wurden 705 Männer, 880 Frauen und 1440 Kinder gefangen genommen. Zusammen 3025 Menschen.

Der fünfte Tag
Der heutige Tag war ein sehr heißer und die Vernichtung sehr umfangreich. Ich sah, wie verzweifelte Menschen aus Fenstern, von Dächern und Zäunen sprangen. Viele brachen sich die Beine. Anderen wurde der Kopf zerschmettert. Sehr viele wurden von einer Kugel getroffen und fielen tot zu Boden. Im Verlauf von zwei Stunden wurden 112 Getötete mit dem Leichenwagen zum Friedhof transportiert. Alle Opfer wurden in einem Grab begraben.
Während sie auf die Juden schossen, scherzten die Mörder: „Hans, mein Revolver trifft ausgezeichnet." „Schau mal, da läuft ein Jude … pass' mal auf, bald wird er liegen." Der Jude bezahlte tatsächlich sogleich mit seinem Leben. Ein anderer Mörder, Schulz, zog, während er schoss, einen Apfel aus der Tasche, um zu beweisen, dass er mit der einen Hand einen Apfel halten und mit der anderen schießen und treffen kann. Und so war es. Später rühmte sich dieser Mörder, dass er heute 16 Äpfel gegessen und bei jedem Apfel einen Juden getötet habe. Ein dritter Mörder (ein gewisser Schmidt) hatte besondere Freude daran, Frauen zu erschießen. Mit zwei verschlagenen Kalmückenaugen, grün wie die einer Katze, lief er flink wie eine Ratte hin und her und suchte sich Opfer. Er liebte es, seine Opfer aus der Nähe zu erschießen und sie dann zu fragen: „Schmeckt es gut?" Mehr als einen Schuss gab er nicht ab. Er schoss in den Kopf oder in den Bauch, und weil seine Mordlust noch nicht befriedigt war, nahm er vier kleine Kinder. Er befahl den Kindern, niederzuknien und den Mund zu öffnen. Wenn die zu Tode erschrockenen Kinder den Mund öffneten, schoss er jedem Kind eine Kugel hinein. Vier Kinder wurden so ermordet. Alle vier Kinder haben nicht geschrien. Erstarrt blieben sie auf dem

Trottoir der Łagiewnicka-Straße liegen. Vier heilige, unschuldige, zehnjährige Kinder-Märtyrer glaubten bis zur letzten Minute nicht, dass der Mörder sie wirklich niederschießen werde. Sie glaubten, er scherze mit ihnen. Die Gewalttätigkeit des blutdürstigen Mörders Schmidt ist unbeschreiblich, und es ist mir auch nicht möglich, das alles im Detail zu beschreiben. Jedem Menschen, den er umbrachte, summte er irgendein Lied vor. Wie ich feststellte, sang er das „Horst-Wessel-Lied".[7]
Der fünfte Tag war ein schrecklicher, der viele Opfer kostete. In allen Straßen floss Blut. Nach dem Ende des blutigen Schlachtens versammelten sich die Mörder auf dem Baluter Markt, und einer erzählte dem anderen, wie er gearbeitet und wie viele Juden er getötet hat.
Der fünfte Tag der blutigen Evakuierung brachte 112 Tote. Zur Aussiedlung gefangen genommen wurden 1200 Männer, 880 Frauen und 860 Kinder. Zusammen 2940 Menschen.

Der sechste Tag
Heute begann das Schlachten 15 Minuten später als vorgesehen. Die Bestien haben sich versammelt. Jeder Einzelne stank kilometerweit nach Schnaps. Sie tranken, während sie gingen. Plötzlich zog einer seine Uhr heraus und kreischte: „Es ist schon 15 Minuten nach 7. Wann fangen wir an?" Im selben Moment schoss einer seinen Revolver ab, und das war das Signal zum Schlachten.
Schon nach fünf Minuten lagen zehn Tote auf den Straßen und benetzten die Steine mit ihrem Blut. Sie wurden ohne Grund erschossen. Sie sind nicht geflohen und haben sich nicht versteckt. Es waren Menschen mit Armbinden, die zu ihrer Arbeit gingen. Unter den ersten zehn Erschossenen waren auch zwei Kinder, die ihre Eltern verloren hatten. Das blutige Spiel war der Auftakt des großen mörderischen Schlachtens. Der mörderische Wirbelsturm tobte drei Stunden lang. Danach hörte die Schießerei auf. Als sei plötzlich ein Befehl ergangen: Genug gemordet! Anfangen mit der „normalen" Aktion! Und so geschah es.[8] Das Viertel wurde umzingelt; die Gefangenen wurden auf den Straßen aufgestellt. Diejenigen, die gesund aussahen, blieben übrig, und diejenigen, die krank aussahen, wurden in die zwei Sammelpunkte abtransportiert. Die Auszusiedelnden wurden auf Lastwagen geworfen. Wer versuchte, von den Wagen zu springen, wurde an Ort und Stelle erschossen. Es gab auch diesen Fall: Ein Jüngling von 17 Jahren sprang vom Wagen und fing an, Hast-Du-was-kannst-Du zu laufen. Sofort begannen zwei ausgemachte Schurken, den Fliehenden mit gezogenen Revolvern zu verfolgen. Währenddessen schossen sie unaufhörlich, bis das unglückliche Kind umfiel. Er konnte noch herausschreien: Besser hier zu sterben, als dort lebendig begraben zu werden. Eine Minute später gingen jüdische Polizisten dorthin, wo der Junge lag. Sie merkten, dass er noch lebte und einige Worte sprach.
Am sechsten Tag der blutigen Evakuierung starben an Ort und Stelle 134 Menschen. Gefangen genommen wurden 2080 Männer, 1650 Frauen und 1630 Kinder. Insgesamt wurden 5360 Menschen deportiert.

7 Horst Wessel hatte den Text „Die Fahne hoch!" 1929 in der NSDAP-Zeitung Der Angriff veröffentlicht; nach Wessels gewaltsamem Tod im Febr. 1930 avancierte das vertonte Gedicht zu einer Art Parteihymne der NSDAP.

8 Im Original erscheint dieser Satz einmal hebr. und einmal jidd.

Der siebte Tag
Der heutige Tag war nicht so grausam wie der gestrige. Die Mörder waren nicht betrunken. Als sie sich auf dem Baluter Markt versammelt hatten, meldeten sie dem Leiter des Arbeitsamtes, Fuks,[9] dass es heute keine Todesfälle geben werde. Sie glaubten, dass sich die Juden nicht mehr verstecken und nicht mehr fliehen würden. Heute, so fügten sie hinzu, würden nur fünf Gestapoleute bei der Aussiedlungsaktion anwesend sein. Die anderen seien nach Warschau geschickt worden. Für die dortigen Juden brauche man mutige Jungs. Als Fuks sie fragte: Wie lang wird die Aktion noch dauern?, antworteten sie: Bis zwanzigtausend Mann erreicht worden sind. Diesmal kündigten die Mörder vorher an, welche Straßen evakuiert werden, und dann begann die Aktion. Die Straßen Krótka, Kelbakh, Navak und Zimera[10] wurden von der Polizei abgeriegelt. Die Gestapo lärmte nicht, die Polizei schrie nicht. Die Aktion lief verhältnismäßig ruhig ab. Aus den vier Straßen wurden 340 Männer, 400 Frauen und 360 Kinder ausgesiedelt. Zusammen 1100 Menschen.

Die letzten vier Evakuierungstage
In den übrigen vier Tagen lief die Evakuierung ohne Lärm und ohne Todesopfer ab. Es wurden lediglich drei Selbstmorde verzeichnet und fünf Todesfälle bei älteren Menschen, die Herzschläge erlitten, als man sie aufforderte, ihre Wohnungen zu verlassen.
In den übrigen vier Tagen der Evakuierung wurden insgesamt 4880 Menschen gefangen genommen. So gingen elf verfluchte Tage vorüber, in denen sieben Gestapo-Mörder über 20 000 Juden vernichtet, vertilgt und umgebracht haben.
Dies sind die Namen der Mörder, ausgetilgt mögen sie sein:[11] Riber,[12] das verfressene Menschen-Raubtier, das Unglück der Lodzer Juden. Über tausend Opfer hat dieser Mörder auf dem Gewissen. Der Menschenfresser hat nicht nur geschossen, sondern auch bewiesen, dass er Tote mit Füßen treten und diejenigen, die noch Lebenszeichen geben, ersticken kann. Der Mörder zerrte einen Juden von einem der Wagen herunter und zwang ihn, das frische Blut einer Frau aufzulecken, die er zuvor erschossen hatte.
Richter[13] – ein Mensch, der tötete und dabei lachte. Während er schoss, fragte er den Erschossenen, ob es gut schmecke? Er rühmte sich, sein Revolver habe keinmal daneben getroffen.
Fuks[14] – ein Menschenmörder, der sich Frauen zum Erschießen aussuchte. Sein größtes Vergnügen war es, sich einer Frau zu nähern und zu befehlen – dreh Dich um. Sobald die Frau sich umdrehte, wurde sie von hinten erschossen, so dass sie blutüberströmt aufs Gesicht fiel. Wenn die Frau noch Lebenszeichen aufwies, stellte sich der Mörder über sie und sah solange zu, bis sie ihren letzten Atem aushauchte.

9 Richtig: Bernhard, auch Bernard Fuchs (*1916), Chauffeur, Mechaniker; im Getto war er Leiter des Arbeitsamts; überlebte den Krieg und wanderte später in die USA aus.
10 Vermutlich ist die Zimmerstraße gemeint.
11 Im Original hebr.
12 Es ist unklar, ob hier Friedrich Wilhelm Ribbe gemeint ist.
13 Albert Richter (*1897), Polizist; Kriminalsekretär und Leiter der Gestapodienststelle im Getto Litzmannstadt, stellv. Leiter des Referats IV B 4 in Litzmannstadt, im Nov. 1944 strafversetzt; nach dem Krieg verschollen.
14 Richtig: Günther Fuchs.

Kristian[15] – ein großer, begeisterter Mörder, der niemals ohne Maschinengewehr über der Achsel auftauchte, ständig schrie und brüllte wie ein abgestochenes Schwein und den verschreckten Juden dann und wann einen Witz zurief: „Dort wird es Euch besser gehen. Das Himmelskommando erwartet Euch." Dieser Blutsäufer hat Hunderte von Opfern auf dem Gewissen. Er schoss mit seinem Maschinengewehr in die Menge und tötete [immer] mehrere auf einmal. Er lief herum wie ein wilder Stier und witterte durch die Nasenlöcher, wo versteckte Kinder sind. Wenn er so einen Winkel entdeckte, befahl er den Kindern nicht herauszukommen, sondern nahm kaltblütig das Gewehr von der Schulter und schoss einige Male hinein. Später befahl er den Nachbarn, hineinzukriechen und „den Dreck herauszuholen". Aus zwei dieser Verstecke wurden später zerschossene Menschen herausgeholt. Aus einem eine Mutter mit drei Kindern und aus dem anderen zwei Greise und drei Frauen. Der Massenmörder zeigte auch, dass er Juden und Vögel gleichzeitig töten kann. Das war, als er zwei junge Menschen aus einem Haus laufen sah. Er schoss auf die Menschen und tötete sie auf der Stelle. Im selben Moment flogen einige Vögel auf. Der Mörder fackelte nicht lange und schoss auch die Vögel herunter. Die Vögel fielen auf die toten Körper der zwei jungen Menschen.
So sah die blutige Evakuierung aus, die elf Tage dauerte. Einige Hundert Menschen starben an Ort und Stelle, unter ihnen viele Kinder. Evakuiert wurden über 20 000 Menschen, zum größten Teil Frauen und ihre Kinder. Viele Frauen wollten sich nicht von ihren Kindern trennen und sind freiwillig mit ihnen gefahren. Die Frauen erklärten: „Wir wollen zusammen mit unseren Kindern sterben."

Die Nachwehen
Als die blutige Evakuierung beendet war, wandte ich mich an den Sekretär der jüdischen Polizei, Khimovitsh,[16] und bat ihn, mir die genaue Anzahl der in den elf Tagen Evakuierten und Umgekommenen zu nennen. Khimovitsh hat mir unmittelbar die genaue Anzahl genannt: Ausgesiedelt wurden 19 839 Menschen.[17] Zum größten Teil Frauen und Kinder. An Ort und Stelle umgekommen sind 164 Menschen.[18] Wir glauben – fügte Khimovitsh hinzu –, dass über 20 000 Juden ausgesiedelt wurden. In den letzten drei Tagen haben die Deutschen nicht die richtige Anzahl der Gefangenen übermittelt. Verschiedentlich nahmen sie selbst Menschen fest und verschickten sie auf der Stelle. Es gab Fälle, in denen Kinder, die schon auf dem Wagen waren, plötzlich ihre Eltern sahen und schrien, dass die Eltern sie retten sollten. Die Eltern konnten die Kinder nicht retten, fuhren aber mit ihnen zusammen. Solche Menschen wurden von den Deutschen nicht gezählt. Während man die Kinder einfing, waren verschiedene Arten von Reaktionen zu beobachten. Es gab Kinder, die hysterisch weinten. Alle Mittel, sie zu beruhigen, hal-

15 Möglicherweise Helmut Georg Krizons (*1916–nach 1985), Polizist; Kriminalassistent, nach 1939 Angehöriger der Stapostelle Litzmannstadt, beim Referat IV B 4; 1979–1985 Verfahren vor dem Landgericht Bochum, wegen Beihilfe zum Mord in 15 000 Fällen zu drei Jahren Haft verurteilt, starb vor dem Revisionsverfahren.

16 Richtig: Izrael Lajzer Chimowicz (*1911 oder 1919), Klempner; lebte vor dem Krieg in Łódź; im Getto Kommissar des jüdischen Ordnungsdiensts.

17 Insgesamt wurden in der ersten Septemberhälfte 1942 knapp 16 000 Juden aus dem Getto Litzmannstadt in das Vernichtungslager Kulmhof deportiert und dort ermordet.

18 Franks Angaben für die einzelnen Tage zufolge wurden mindestens 277 Menschen noch im Getto ermordet.

fen nicht. Es gab aber auch Kinder, die ihr schreckliches Schicksal ruhig aufnahmen. Die Kinder sagten deutlich:
Wir wissen ganz genau, wohin wir fahren und was uns bevorsteht. Könnten wir schon hier an Ort und Stelle sterben, wäre es viel besser für uns. Es gab auch Fälle, dass jüdische Polizisten Kinder von Bekannten von den Wagen holten und in bereits geleerten Häusern versteckten. Die Kinder lagen in den Verstecken und warteten, dass ihre Retter wiederkamen und sie nach Hause brachten. Die Polizisten hatten inzwischen vergessen, wo sie die Kinder versteckt hatten, oder sie überhaupt vergessen. So lagen die armen Kinder einige Tage ohne Essen und Trinken. Ein Teil der Kinder starb vor Hunger. Nach einigen Tagen hörte man Hilferufe und Stöhnen aus einem der Verstecke, und als Passanten dort hineingingen, bot sich ihnen ein schreckliches Bild. Vier Kinder, drei Mädchen und ein Junge, im Alter von sieben bis zehn Jahren, lagen zusammen in einem Knäuel. Die kleinen Gesichter völlig zerkratzt, die kleinen Arme und Beine waren blau und geschwollen. Zwei Kinder sind noch am selben Tag gestorben.
Schrecklich war es auch mitanzusehen, wie die Gefangenen auf die Autos verladen wurden. Sie wurden so eng zusammengedrängt, dass kein Blatt mehr dazwischen passte. Kleine Kinder gab man älteren Frauen auf den Arm, und wenn eine Frau erklärte, sie sei zu schwach ein Kind zu halten, wurde sie mit einer Gerte bis aufs Blut geschlagen. Es gab auch Mörder, die nicht schlugen. Sie sagten zu einer solchen Frau: „Sie werden nicht mehr lange leiden. In einigen Stunden wird alles vorbei sein!"
Es sah aus, als sollten die blutigen Tage niemals enden und sich hinziehen, bis alle Juden umgekommen sind. Und dass alle umkommen werden, sagten die Schlächter deutlich und bei jeder Gelegenheit. Biebow dagegen versprach ständig, er werde sich darum bemühen, dass das Lodzer Getto bestehen bleibt. Wir wissen, dass Biebow lügt.

DOK. 148
Das Gettokommissariat der Kriminalpolizei in Litzmannstadt beschreibt am 16. September 1942 seine Tätigkeit im vergangenen Jahr[1]

Schreiben des Gettokommissariats (K.II/5), gez. Kriminalkommissar Fuchs, Litzmannstadt, an G.St. I[2] vom 16.9.1942 (Abschrift)

Leistungsbericht vom 1. September 1941 bis 15. September 1942.
Betrifft: Bericht gemäß Anordnung der GSt. I.
1) Die kriminelle Tätigkeit im genannten Berichtszeitraum hat keine besonderen Veränderungen eintreten lassen. Die langjährige Praxis der Beamten und Angestellten des Getto-Kommissariats hat weitgehendst Einblick verschafft in die Lebensgewohnheiten der Juden und im besonderen in ihre verbrecherische Veranlagung. Trotzdem durch deutsche Behörden weitgehendst für gerechte und leichte Verteilung von zugeteilten Lebensmitteln gesorgt ist sowie für den Arbeitseinsatz eines jeden Juden, liegt es dem Juden nicht, diese geregelte Lebensweise zu befolgen. Jede verfügbare Minute wird vom Juden ausgenutzt, um sich an fremden Gütern zu bereichern. So sind monatlich im

1 APŁ, 203, Nr. 63, Bl. 14 f.
2 Otto Bradfisch.

Durchschnitt allein ca. 175 Diebstähle verschiedener Art zu verzeichnen gewesen. Wenn auch hierfür kein öffentliches Interesse besteht, so hatte doch die hiesige Dienststelle verschiedene schwerwiegendere Verbrechen zu klären gehabt: In 2 Fällen wurde Mord, in einem Falle Raubmord und in 2 Fällen Raubüberfall bearbeitet. Im gegenwärtigen wurde 1 schwerer Diebstahl gemeldet. Durch Eindringen einer Bande in einen Lagerraum, zu dem eine 1 ½ Meter dicke Mauer ausgebrochen werden mußte, entwendete die Bande 15 Zentner Zucker, welcher für die allgemeine Verteilung bestimmt war.

2) Ferner huldigt der Jude dem Handel. Die Preise der Lebensmittel werden ins Phantastische getrieben. Im Nachfolgenden werden folgende Beispiele angeführt: Butter 200,– Gettomark,[3] Margarine 175,– GM., Brot 100,– GM., Zucker 300,– GM., Marmelade 30,– GM., Ölsardinen 40,– GM., Obst 40–80,– GM., Weißkohl 12,– GM., Weißkohlblätter 5,– GM., Sacharin (1 Schachtel) 40,– GM., [...][4] 15,– GM. Trotz Einrichtung einer jüdischen Preisüberwachung[5] kann diesem Treiben kein Einhalt geboten werden. Wie festgestellt, sind Juden in dieser Sonderstellung an dem Wucherhandel selbst beteiligt.

3) Die Schmuggelbekämpfung ist im Vergleich zum Vorjahre stark zurückgegangen. Nur in vereinzelten Fällen wird Schmuggel betrieben. Hierbei ist zu bemerken, daß ausschließlich Polen auf raffiniertestem Wege das Getto aufsuchen und die Schmuggelware (Lebensmittel) in Bekleidungsstücke umtauschen. Die im Laufe der Berichtszeit deswegen festgenommenen Polen wurden durch die zuständigen Gerichte mit exemplarischen Strafen belegt.

4) Die Erfassung von abgabepflichtigem Judengut wird in starkem Maße fortgesetzt. Wenn auch die Mengen des sichergestellten Gutes erheblich zurückgegangen sind, so konnten doch enorme Werte erfaßt und dem Staate zur Vfg. gestellt werden.

Im Nachfolgenden eine statistische Aufstellung der Tätigkeit:

Festnahmen: 1457 Personen:

a)	wegen	Schmuggels	140	Pers.
b)	»	Versteckthaltens v. Judengut	1231	»
c)	»	Verlassens des Gettos	26	»
d)	»	anderer Vergehen oder Verbrechen	60	»

Folgende Vorgänge wurden bearbeitet:

1)	Selbstmorde	98
2)	Selbstmordversuche	68
3)	Brände	78
4)	Haftbefehle	13
5)	Schußwaffengebrauch	53
6)	Verstecktes Judengut	832
7)	Schmuggel	45
8)	Verlassen des Gettos	34
9)	Ersuchen	521
10)	Morde	2

3 Zu der gettoeigenen Währung der Markquittungen siehe Dok. 45 vom 1.12.1941.

4 Ein Wort unleserlich.

5 Gemeint ist das sog. jüdische Sonderkommando, das zur Bekämpfung von Korruption etc. eine Abt. innerhalb des Ordnungsdiensts bildete, im Getto selbst aber einen äußerst schlechten Ruf besaß.

11)	Raubüberfall	2		
12)	Raubmord	1		
13)	Rassenschande	1	Zusammen	1748

Gefertigt: Krim.Sekretär
Gebietskommissariat Litzmannstadt, den 16.9.1942
G.St. 2 (z. Hd. Herrn Enders) zur Kenntnisnahme vorgelegt.

DOK. 149

Oskar Singer beschreibt am 16. September 1942 im Getto Litzmannstadt das fieberhafte Bemühen, Kinder und Alte vor der Deportation in das Vernichtungslager Kulmhof zu bewahren[1]

Handschriftl. Notiz von Oskar Singer im Getto Litzmannstadt vom 16.9.1942[2]

Am 5. September wurde die Situation klarer. Das ängstliche Flüstern der letzten Tage wurde bedrohliche Wirklichkeit. Die Aussiedlung von Kindern und Alten hat reale Gestalt angenommen. Ein kleiner Zettel an den Mauern der belebten Stadtviertel kündigt die Rede des Präses in einer äußerst drängenden Sache an. Auf dem Platz der Feuerwehr dichtes Gedränge. Der „Älteste der Juden" enthüllt den Wahrheitsgehalt der Gerüchte, immerhin handelt es sich um die Kleinen, die er so liebt, und um die Greise, denen er so viel Achtung entgegenbringt. „Es ist doch unmöglich, dass man Säuglinge von der Brust ihrer Mütter wegreißt und die alten Väter und Mütter irgendwohin verschleppt. Der Deutsche ist erbarmungslos, führt einen schrecklichen Krieg, doch er wird seine Grausamkeit doch nicht so weit treiben." Alle glauben dem Präses, hoffen auf seine beruhigenden Worte.

Der Repräsentant spricht.[3] Seine Stimme versagt ihm den Dienst, die Worte bleiben ihm im Halse stecken. Seine Person ist auch ein Bild des Unglücks. Eines haben alle verstanden: 20 000 Menschen müssen das Getto verlassen, Kinder unter zehn und Greise über 65 Jahre.

„Warum sind die Leute so verzweifelt? Das ist der Krieg. Anderswo trennt man auch Kinder und Alte von den Familien." Ja – anderswo! Anderswo werden diese Unglücklichen in gewisser Sicherheit das Ende der Katastrophe unter der Obhut ihrer Brüder, Schwestern, Verwandten abwarten. Welches Schicksal dagegen trifft die ausgesiedelten Juden? Niemand traut sich, danach zu fragen. Die Antwort würde wie das schrecklichste und brutalste Märchen klingen. Alle sind der festen Überzeugung, dass sie die ausgesiedelten Juden zur Vernichtung führen.[4] Und deshalb hat diese Verwaltungsanordnung

1 APŁ, 278/1099, Bl. 304–320. Teilweise abgedruckt in deutscher Übersetzung in: Singer, „Im Eilschritt durch den Gettotag ..." (wie Dok. 98, Anm. 1), S. 133–137. Das Dok. wurde neu aus dem Polnischen übersetzt.

2 Obwohl Singer Deutsch schrieb, liegt der folgende Text nur in einer vermutlich für die Chronik des Gettos angefertigten poln. Übersetzung vor; das deutsche Original ist verschollen.

3 Siehe Dok. 143 vom 4.9.1942.

4 Besonders während der Deportationen reichsdeutscher Juden im Mai 1942 hatten sich Gerüchte im Getto verbreitet, dass die Deportierten nicht in Arbeitslager gebracht, sondern ermordet würden.

solch maßlose Verzweiflung hervorgerufen, deshalb hat dem im Allgemeinen unempfindlichen Präses die Stimme versagt, die Beredtheit, als er gezwungen war, seinen Brüdern mitzuteilen, dass der Beschluss der Behörden unwiderruflich ist.

Die Leute, die während der Rede des Präses nicht anwesend waren, stürzten sich auf Bekannte: Was hat euer „Ältester" mitgeteilt? Kurze Antwort: „Unter zehn, über 65" „Haben Sie das mit eigenen Ohren gehört?" „Nein, das wurde mir erzählt."

Es stellte sich plötzlich heraus, dass niemand Zeuge der Ansprache gewesen sein wollte. In Wirklichkeit gab es mehrere Tausend Zuhörer, die sich einige Augenblicke später in alle Richtungen zerstreuten, denn fast jeder hatte in seiner Familie jemanden unter oder über diesen tragischen Altersgrenzen. Die Menschen liefen wie wahnsinnig herum, um ihre Liebsten vor der Hinrichtung zu verstecken. Niemand jedoch wusste, wer die Aktion leiten würde; die jüdische Polizei, die ins Getto abkommandierte Gestapo oder ein SS-Rollkommando.[5] Mit Einverständnis der deutschen Verwaltung (Biebow) beschloss der Präses, die Aussiedlung im eigenen Bereich (mit eigenen Kräften) durchzuführen.

Die jüdische Polizei sollte jüdischen Müttern ihre Kinder wegreißen, jüdischen Kindern ihre Eltern wegnehmen. Bei den bisherigen Aktionen hatte man sich von mehr oder weniger „logischen Kriterien" leiten lassen: Das Arbeitsgetto mussten asoziale Elemente verlassen, die von der Unterstützung lebten, Unbeschäftigte, Unerwünschte. Die persönliche Entscheidung lag in den Händen der Juden; die Aussiedlungskommission konnte sich bei der Auswahl der Aussiedler von Vernunft und sogenannter Gerechtigkeit leiten lassen. Auch diesmal hatte man eine Kommission gegründet, die sich bald als eine Fiktion erwies.

Es gab im Getto Einwohnerkarteien, ein Meldebüro, von den Hauswarten geführte Meldebücher; alle wurden nach Wohnvierteln, Straßen und Häusern registriert. Die Art und Weise der Anmeldung erinnerte an eine große westeuropäische Stadt.

Es war vorauszusehen, dass Eltern und Verwandte in dieser Situation eine Alterskorrektur [der Kinder] veranlassen wollten. Bis jetzt hatten Fehler und nicht berichtigte Ungenauigkeiten ihre Begründung. Das, was heute seine Daseinsberechtigung hat, kann morgen fatale Folgen haben. Es gab die Tendenz zur Erhöhung des Alters der Kinder, weil ein Kind ab dem zehnten Lebensjahr arbeiten und somit eine Suppe erhalten konnte. Andere Eltern setzten das Alter herab, weil ein kleineres Kind Chancen auf eine Milchzuteilung hatte. Gestern waren Suppe und Milch von großer Bedeutung, heute war es eine Lebensfrage. Auch das Alter der Greise wurde aus verschiedenen Gründen verschoben.

Es begann eine unglaubliche Wanderung zum Meldeamt. In der Registratur für Todesfälle spielten sich Szenen ab, die kein Tragiker wiederzugeben imstande wäre. Die Beamten versuchten, die Situation in den Griff zu bekommen. Sie arbeiteten ohne Pause Tag und Nacht. Der Andrang der Menschen von den Schaltern bis zu den Schreibtischen [wurde] immer größer. Die Antragsteller schreien, weinen, wüten. Jede Sekunde kann ein Urteil mit sich bringen, und ganze Stunden vergehen im Kampf entfesselter Leidenschaften. Jeder sucht einen Beschützer, um zu einem rettenden Schreibtisch zu gelangen. Neue Dokumente, alte vergilbte Papiere, aufgefundene Geburtsurkunden, Reisepässe, Legitimationen, echte und gefälschte, sollen beweisen, dass das Kind älter und der Greis jünger ist. Sich in diesem Chaos zu orientieren, war das Werk von Titanen.

5 Im Original deutsch.

Bereits am Samstag trat die Gestapo in Aktion, ohne sich um diese fieberhafte Arbeit zu kümmern, die am Kościelny-Platz vor sich ging. Alle hatten erwartet, dass der Ordnungsdienst versagen würde. Er sollte diese Henkersarbeit nicht allein verrichten. (Müttern ihre Kinder wegnehmen!)[6]
Der Präses demoralisierte die jüdischen Polizisten. Er garantierte ihren eigenen Kindern Sicherheit, damit sie voller Härte fremde Kinder aus der Umarmung ihrer Mütter wegreißen. Ja, das ist eine Entartung des Gettogeistes.
Jede Mutter wirft sich auf den Polizisten mit einem Messer, einer Axt in der Hand. Sie lässt sich eher selbst umbringen, als ihr Kind zu opfern. Sie halten die Kinder mit letzter Mühe, schlagen mit Fäusten auf die Polizisten ein, „gebt eure eigenen Sprösslinge dem Tod, ich gebe meine nicht her". Der Ordnungsdienst des Präses zeichnet sich nicht durch besondere Empfindlichkeit und Großherzigkeit aus, aber mancher von ihnen weint irgendwo in einem Winkel des Hofes: Es weinen Mutter, Kind und der Henker. Wo ist der Dichter, dessen Phantasie solche Klagen schaffen könnte?
Die auf den Wagen geladenen Kleinen verhalten sich ruhig, resigniert oder fröhlich – je nach Alter. Fast zehnjährige Jungen und Mädchen, Kinder des Gettos, sind schon erwachsene Menschen, die bereits Elend und Leid kennen. Die jungen Menschen schauen mit offenen Augen um sich und wissen nicht, was sie tun sollen. Sie befinden sich auf einem Wagen, zum ersten Mal in ihrem Leben auf dem Wagen, der von einem echten, einem wirklich echten Pferd gezogen wird. Ja, aus dieser Perspektive eine fröhliche Reise. Manch einer der Kleinen springt vor Freude auf die Pritsche des Lastwagens, so lange es noch Platz gibt, während seine Mutter[7] dem Wahnsinn nahe auf dem Straßenpflaster liegt und sich aus Verzweiflung die Haare ausreißt.
Es ist schwer, einige Tausend Mütter zu überzeugen, es fällt schwer, sie zu überzeugen, ihre Kinder freiwillig abzugeben und dem Tod zu überantworten, schwierig, die versteckten Alten aus engsten, dunklen Ecken hervorzuziehen. Das war vorauszusehen. Der Präses hat allgemeinen Arrest angeordnet, der am Sonntag um 5 Uhr nachmittags in Kraft trat. Opponenten drohte die Aussiedlung.
Die Stadt ist ausgestorben. Die Straßen belebt hier und da der patroullierende Ordnungsdienst, Feuerwehrleute, ein Arzt oder Apotheker. Unfassbare Stille, tiefer als auf dem Friedhof in Marysin. Etwas Schreckliches hängt in der Luft. Die Stadtteile des Gettos, mit Brücken und Durchgängen verbunden, sind nun hermetisch abgeschlossen. Die Polizei beginnt ihre tägliche Arbeit auf der anderen Seite der beiden Brücken. Häuserblock nach Häuserblock wird umzingelt, Ausgänge verschlossen, es findet eine Hausdurchsuchung statt. Unbeschreibliche Tragödien.
Nach einiger Zeit atmet der Stadtteil ein wenig auf. Einige Hundert Personen wurden mitgenommen, weggeführt. Pflegepersonal begleitet die Wagen. Eine hoffnungslose, stumpfe Ruhe in den Höfen. Nur das Weinen der Menschen, die verloren haben, was ihnen das Teuerste war, dringt durch die geschlossenen Türen und Fenster.
In den Abendstunden des Samstags verbreitete sich auf beiden Seiten der Brücken eine neue Nachricht: Die jüdische Polizei habe ihre Aufgabe nur unzureichend erfüllt. Die Deutschen würden die Sache nun in ihre eigenen Hände nehmen. Es gebe keine

6 Dieser Satz ist im Original durchgestrichen.
7 Aus unbekannten Gründen bricht in der Buchausgabe der Text hier ab; Singer, „Im Eilschritt durch den Gettotag …" (wie Anm. 1).

Altersgrenzen; Kranke, Erschöpfte, solche, die einen arbeitsunfähigen Eindruck machen – auf den Wagen!
Als der Ordnungsdienst im zweiten Revier (Alexanderhofstr., Zimmerstr., Blattbindergasse) „arbeitete", erschienen Männer von der Gettoverwaltung und der Gestapo zur Kontrolle der Aktion. Sie stellten fest, dass bei diesem Tempo und bei Anwendung menschlicher Methoden das Kontingent zum angekündigten Termin nicht erreicht werden könne. „Es besteht Gefahr (in Verzug) für das Getto", soll Biebow, der Chef des Gettos, gesagt haben. Und übernahm die Leitung der Aktion.
Der Ordnungsdienst wurde verstärkt durch die Feuerwehr und die sog. „Weiße Garde", das heißt Mitarbeiter der Kolonialwarenabteilung. Sie alle erhielten „eiserne Briefe", die ihnen die Sicherheit ihrer Kinder garantierten, und es begann der grausame Tanz bei lebendiger Begleitung. Unnötige Prozedur, Formalitäten, Kontrolle der Meldekarten, die deutsche Kommission, SS-Offiziere, Gewehre, automatische Pistolen, abgesperrte Straßen, zwei, drei Transportwagen, einige Schüsse in die Luft und der scharfe Befehl: „Alle raus" in den Hof, die Wohnungen offenlassen.
Ohne Gepäck, ohne Wechselwäsche kamen die Unglücklichen zum Sammelpunkt auf der Straße oder im Hof. „Mützen ab, Kopf hoch." Die Kopfbedeckung kann einen den Kopf kosten, eine schlechte Haltung ist ebenfalls gefährlich. Arme, alte Juden! Die erschöpften, gebrochenen, kranken Figuren des Gettos müssen steif aufgerichtet stehen. Mit brutalstem Griff zerrt der Deutsche die Aufgedunsenen, Kraftlosen, Schwachen aus den Reihen. Mit einem Nicken beendet er die Sortierung des Materials: die auf der rechten Seite bleiben, die auf der linken – auf den Wagen.
Niemand wehrt sich. Kein Protest der Angehörigen. Tödliche Stille, gestört nur von Schüssen. Ist es vorstellbar, dass die Mütter nicht in furchtbarem Zorn den Tätern an die Gurgel gehen, die Kinder nicht krampfhaft bis zum Schluss festhalten?
Unglückliche Frau, Du hast harte, scharfe Fingernägel, eine von der Arbeit harte Faust, warum schlägst Du sie nicht in das Gesicht des Peinigers? Mutter, Mutter, wie kannst Du dabei zuschauen, dass sie Deinen kleinen Wurm auf den Wagen heben, und Dich nicht unter das Rad, unter die Pferdehufe werfen? Dein Herz ist gebrochen, abgestumpft, es schlägt schwach. Gebrochen durch Hunger, das Erlebte, bist Du nicht fähig zu sterben für Blut von deinem Blut? Pater familias, Mann des Gettos, Du Stütze der Frau, Ehegattin und Mutter, wo warst Du mit Deiner Kraft?
Die Tragödie läuft ab wie ein Film, geführt durch den Willen eines Regisseurs. Es verblasst sogar alles, was in der Geschichte an Foltern, Inquisition und Austreibungen zu lesen ist. Die Leiden jener fernen Zeiten milderte der Glaube an den einen Gott der Väter. Worin findest Du, Jude von Litzmannstadt, heute an Neujahr (Rosch Haschana) Deinen Trost? Der Sammelpunkt Deiner Väter ist der Friedhof in Marysin. Es ruft Dich kein Buch der Weisheit mehr. Du lebst wie ein herrenloser Hund. Sie schlagen Dich nämlich, und Du hast nicht die Kraft, um zu bellen und zu beißen.
Im Getto wurden sechs Sammelpunkte eingerichtet für Lebewesen, die einmal Menschen gewesen waren. Zu diesem Zweck wurden zu Beginn die Krankenhäuser geräumt. Das im Laufe eines Tages gesammelte Menschenmaterial (3000 Personen) verbrachte dort die Nacht und wurde am darauf folgenden Tag in ein Auto geladen. Ein großer Lastwagen mit zwei Anhängern brachte die „Ausgesiedelten" nach Łódź. Fast 25 Minuten dauerte die Reise, bevor der nun leere Wagen zurückkehrte. Irgendwo am Stadtrand war offenkundig eine Art Lager …[8]

Besichtigung in der Zimmerstraße, vor der Schreinerei-Abteilung. Die Menschen sind blass wie die Wand, an die sie sich anlehnen. Die Vorsichtigeren, weiter Vorausschauenden sind besser gekleidet, sehen gesund aus, haben bessere Chancen. Die Wagen füllen sich jedoch schnell.
Eine kleine Episode: Die Ehefrau des Abteilungsleiters, eine hübsche Frau von 30 Jahren, wird eingeteilt „zum Wegwerfen". Das traurige Bild des Gettos – sie ist vorzeitig ergraut. Die Anwesenden waren schockiert: Ein paar graue Haare qualifizieren einen Menschen für den Tod? Die Situation rettet der anwesende Schwager der Verurteilten, da ihm als dem Leiter das Privileg obliegt, die Familie vorläufig zu erhalten. Die gerettete Frau bekam eine Strähne grauer Haare mehr, die Schicksale waren rasch besiegelt, mit einem Blick, mit einem Wink der Hand.
Wer diese Augenblicke erlebt hat, wird sie niemals mehr vergessen, sie nicht aus dem Gedächtnis löschen können. Die Parade in dieser Straße ging zu Ende. „Ruhige Rückkehr in die Häuser. Es ist verboten, sich am Fenster blicken zu lassen", lautete der Befehl. Gestern schossen einzelne Deutsche nach der Aktion von der Straße aus auf ein Fenster, andere aus den Fenstern der Parterrewohnungen auf die Straße.
In einigen Stadtteilen wurden nach der Methode der Warschauer Aktionen[9] ganze Häuserblocks, komplette Straßen ausgesiedelt. Unter denen, die aus den Häusern gezerrt wurden, waren auch Schwerkranke. Diese erhielten „Gnadenschüsse" (gütig). Anstatt ins Ungewisse wurden sie sofort auf den Friedhof in Marysin gebracht, wo man ihre Leiden abkürzte. Die Verängstigten besaßen keine Dokumente, die Erschossenen fotografierte man daher auf dem Friedhof zur Bestätigung ihrer Identität. Den Deutschen ging es allein um die Zahl, um die Kontingente, die Registrierung der Namen dagegen war ihnen egal.
Auf dem Marktplatz. Nach Beendigung der zweiten Revision herrschte in einigen Häuservierteln eine relative Ruhe. Gegen den schrecklichen Hunger ließ der Präses Kartoffeln austeilen. Auf dem Platz vor der Verteilerstelle standen Hunderte Menschen in langen Schlangen. Unerwartet fährt ein Rollkommando[10] heran, es fallen Schüsse in Richtung der ausgehungerten, halblebenden Menschen. Den einen gelang es in panischer Angst zu fliehen, andere sind schon auf die Wagen gepfercht, wieder andere wälzen sich in ihrem Blut.
Nach diesem Vorfall herrschte Hunger im Getto, niemand brachte nach dieser traurigen Erfahrung den Mut auf, sich erneut in eine Warteschlange einzureihen. Tausende Menschen stürmen verstohlen auf fremde Gartenparzellen (die in den vorangegangenen Wochen niemand bestellt und gepflegt hat). Getreide wird heraus-, Gemüse abgerissen und danach roh gegessen, weil es nichts gibt, womit gekocht werden könnte. Lange Monate hindurch hatten die Gartenbesitzer in der unfruchtbaren Erde des Gettos versucht, ihre Winterreserve heranzuziehen; im Laufe einiger Stunden sind die Früchte ihrer Arbeit geraubt.

8 Die Menschen wurden zum Güterbahnhof Radegast am Nordrand des Gettos gebracht und von dort weiter in das Vernichtungslager Kulmhof deportiert; siehe Einleitung, S. 35.
9 Gemeint sind die am 22.7.1942 begonnenen Massendeportationen aus dem Getto Warschau in das Vernichtungslager Treblinka.
10 Im poln. Original deutsch.

Die Aussiedler hatten oftmals aus Versehen ihre Bezugsscheine für bezahlte Kartoffeln oder Lebensmittelkarten ihrer Familien mit sich genommen. An den Sammelpunkten lagen Hunderte dieser unbezahlbaren Papiere herum. Niemand beeilte sich, sie aufzuheben.
In den Hinterhöfen, in den Häusern schwirren die Reste der auseinandergerissenen Familien umher. Die ohrenbetäubenden, nervtötenden Schreie sind verstummt. Die Stadt ist in eine grenzenlose Stumpfheit gefallen. Von Wohnung zu Wohnung wandeln menschliche Schatten, um sich hier und dort etwas Essbares zu borgen. Es gibt nicht viele, die etwas haben. Trotz der Leiden und der Angst beherrscht der Magen die Situation.
Das Fatum hängt weiterhin drohend über den Kindern des Gettos. Noch einmal begann die Furie zu wüten, noch einmal durchkämmt der germanische Henker jeden Stadtteil, jede Straße, jedes Haus. Wer zuvor das Glück gehabt hatte, sich verstecken zu können, ging nun zur Hinrichtung. Dieselben Szenen, dieselben Tragödien. Wer sich in diesem letzten Akt des Dramas gerettet hat, muss sich für ein Wrack halten, das eine gutmeinende Welle an Land geworfen hat; jedoch keine Freude in der Seele, das Herz gebrochen.[11]

DOK. 150

Der Polizeipräsident in Sosnowitz beschreibt am 16. September 1942 die Angst der Juden nach der ersten Deportationswelle[1]

Schreiben des Polizeipräsidenten in Sosnowitz, gez. i. V., Unterschrift unleserlich,[2] an den Regierungspräsidenten[3] vom 16.9.1942

Betrifft: Verhalten der Juden in Bendsburg.
Bezug: Fernmündliche Verfügung vom 16.9.1942.
Anlagen: 3 g. R.[4]
Gemäß der mir soeben erteilten fernmündl. Weisung überreiche ich die hier entstandenen Vorgänge.
Ich habe nicht die Wahrnehmung machen können, daß die jüdische Bevölkerung in Sosnowitz und Bendsburg in letzter Zeit eine unverschämt freche Haltung gegenüber den Deutschen eingenommen hat. Fast sämtliche Meldungen der einzelnen Dienststellen meiner Verwaltung lassen vielmehr erkennen, daß durch die Evakuierungs- und sonstigen staatspolizeilichen Maßnahmen der größere Teil der jüdischen Bevölkerung verschüchtert ist.

11 Im Folgenden skizziert Singer das Ende der Aktion und die Wiedereröffnung der Werkstätten im Getto.

1 APK, 119/2779, Bl. 10.
2 Polizeipräsident in Sosnowitz war Alexander von Woedtke.
3 Walter Springorum.
4 Liegen in der Akte. Es handelt sich um Berichte der NSDAP-Kreisleitung und des Kreisstabsamts in Bendsburg über ein angeblich freches Verhalten der jüdischen Bevölkerung; wie Anm 1, Bl. 6–9.

Gelegentliche Belästigungen werden sich kaum ganz vermeiden lassen. Die von dem Kreisschulungsleiter geschilderten Vorfälle[5] sind Gegenstand kriminalpolizeilicher Ermittlungen gewesen. Ich verweise insbesondere auf die Beamtenberichte vom 22. und 23.7.42,[6] nach denen sich die Vorfälle nicht so auffallend abgespielt haben, wie sie der Kreisschulungsleiter darstellt.

DOK. 151
Der Kommandant des KZ Auschwitz Rudolf Höß besichtigt am 16. September 1942 das Vernichtungslager Kulmhof[1]

Reisebericht über die Dienstfahrt nach Litzmannstadt,[2] gez. SS-Ustuf Dejaco,[3] Auschwitz, vom 17.9.1942

Reisebericht über die Dienstfahrt nach Litzmannstadt.
Zweck der Fahrt: Besichtigung einer Sonderanlage[4]
Abfahrt von Auschwitz erfolgte am 16.9.1942, 5 Uhr früh mit Pkw von Kommandantur des K.L. Auschwitz.
Beteiligte: SS-Obersturmbannführer *Höß*,[5] SS-Untersturmführer *Hößler*[6] und SS-Untersturmführer *Dejaco*.
Ankunft in Litzmannstadt um 9 Uhr früh. Es erfolgte eine Besichtigung des Gettos, anschließend Fahrt zur Sonderanlage. Besichtigung der Sonderanlage und Besprechung

5 Dabei handelte es sich um angebliche Übergriffe jüdischer Jugendlicher; NSDAP-Kreisstabsamt Bendsburg an den Polizeipräsidenten in Sosnowitz vom 13.7.1942; wie Anm. 1, Bl. 8 f.
6 Nicht ermittelt.

1 APMAB, ZBL, BW 30/28, Bl. 6 (Nbg. Dok. NO-4467), Kopie: RGVA, 502-1-336, Bl. 69.
2 Die Fahrtgenehmigung des WVHA (gez. Glücks) „zwecks Besichtigung der Versuchsstation für Feldöfen Aktion Reinhard" vom 15.9.1942; APMAB, Höss-Prozess, Bd. 12, Bl. 168.
3 Walter Dejaco (1909–1978), Architekt; 1933 Eintritt in die in Österreich illegale NSDAP und SS; von Juni 1940 an bei der SS-Neubauleitung in Auschwitz, maßgeblich an der Planung und Errichtung der Krematorien in Birkenau beteiligt, von 1943 an stellv. Leiter der Zentralbauleitung der Waffen-SS und Polizei Auschwitz; Aug. 1944 SS-Obersturmführer; bis 1950 in sowjet. Haft, vor dem Landgericht Wien 1972 wegen seiner Tätigkeit in Auschwitz angeklagt und freigesprochen.
4 Gemeint ist das Vernichtungslager Kulmhof, in dem zu dieser Zeit bereits Versuche stattfanden, die Leichen nicht mehr in Massengräbern zu verscharren, sondern zu verbrennen und damit die Spuren des Verbrechens zu verwischen.
5 Rudolf Höß (1901–1947), Landwirt; 1922 NSDAP-, 1933 SS-Eintritt; 1924 zu zehn Jahren Zuchthaus wegen Beteiligung an einem Fememord verurteilt, 1928 entlassen, 1934 Blockführer und 1936 Rapportführer in Dachau, 1938 Adjutant und 1939 Schutzhaftlagerführer in Sachsenhausen, Mai 1940 bis Nov. 1943 Kommandant in Auschwitz; Juli 1942 SS-Obersturmbannführer; von Nov. 1943 an mit Unterbrechungen Amtschef D I im SS-WVHA; 1947 in Warschau zum Tode verurteilt und hingerichtet.
6 Franz Hößler (1906–1945), Lichtbildner; 1932 NSDAP- und SS-Eintritt; von 1940 an im KZ Auschwitz, zunächst als Arbeitsdienstführer und Spezialist für Leichenverbrennungen, Aug. 1943 bis Anfang 1944 und Juni 1944 bis Jan. 1945 Schutzhaftlagerführer in Birkenau; April 1944 SS-Obersturmführer; Jan. 1945 in Mittelbau-Dora, April 1945 stellv. Kommandant in Bergen-Belsen; 1945 in Lüneburg zum Tode verurteilt und hingerichtet.

mit SS-Standartenführer *Blobel*[7] über die Ausführung einer derartigen Anlage.[8] Die bei der Firma Ostdeutsche Baustoffwerke, Posen, Wilhelm Gustloffstr., unter Sonderauftrag Staf. Blobel bestellten Baumaterialien sollen sofort für KL. Auschwitz geliefert werden. Die Bestellung geht aus dem beiliegenden Schreiben[9] vom W. V. H. hervor und soll[en] der Abruf und die Umleitung der bestellten Materialien im Einvernehmen mit Ostuf. Weber vom Amt C V/3[10] von der hiesigen Zentral-Bauleitung sofort erfolgen. Frachtbriefe in der angeforderten Anzahl sind der oben genannten Firma zu übersenden.
Unter Bezugnahme auf die Besprechung des SS-Staf. Blobel mit der Firma Schriever u. Co., Hannover, Bürgermeister Finkstr., soll die dort reservierte, bereits beiseite gestellte Kugelmühle für Substanzen für das KL Auschwitz zur Lieferung gelangen.
Rückfahrt erfolgte am 17.9.42, Ankunft in Auschwitz um 12 Uhr
Anlagen:
1 Durchschrift
1 Skizze[11]

DOK. 152
Ein Gutachten des Oberschlesischen Instituts für Wirtschaftsforschung geht im September 1942 vom baldigen Verschwinden aller jüdischen Zwangsarbeiter in der schlesischen Bekleidungsindustrie aus[1]

Gutachten (Nur für den Dienstgebrauch!) im Auftrage der Wirtschaftskammer Oberschlesien bearbeitet im Oberschlesischen Institut für Wirtschaftsforschung,[2] Kattowitz, September 1942

[...][3]
C.
Die Ansätze zur Entwicklung einer Bekleidungsindustrie in Oberschlesien.
Im Raume des neuen Gaues Oberschlesien sind zunächst nur Ansätze zur Entwicklung einer Bekleidungsindustrie vorhanden. Vor dem Kriege waren hier überhaupt nur wenige und kleinere Betriebe anzutreffen. Die bedeutendsten lagen in Bielitz und Oppeln. In

7 Paul Blobel (1894–1951), Architekt; Okt. 1931 NSDAP-, Jan. 1932 SS-Eintritt; von März 1933 an bei der Staatspolizei Düsseldorf, im Juni 1934 Wechsel zum SD; Juni 1941 bis Jan. 1942 Chef des Sk 4a, von Juni 1942 an mit der Beseitigung der Spuren des Judenmords beauftragt (Aktion 1005); 1948 vom US-Militärgerichtshof in Nürnberg zum Tode verurteilt, hingerichtet.
8 Blobels Aufenthalt in Kulmhof steht am Beginn der Experimente an verschiedenen Vernichtungsstätten, die Leichen zu exhumieren und zu verbrennen. Allerdings begann sein Sonderkommando 1005 erst im Juni 1943, als die Wehrmacht nach der Niederlage in Stalingrad nach Westen zurückgedrängt wurde, die Leichen der Mordopfer in den besetzten Ostgebieten systematisch auszugraben und zu verbrennen.
9 Liegt nicht in der Akte.
10 Rohstoffstelle Bau und Baulager im SS-WVHA.
11 Liegt nicht in der Akte.

1 APK, 142/267, Bl. 15–68, hier Bl. 23–33.
2 Das Oberschlesische Institut für Wirtschaftsforschung mit Sitz in Kattowitz war 1941 eröffnet worden.
3 Die Punkte A und B des Gutachtens skizzieren Aufgabenstellung und Standortfaktoren der oberschles. Bekleidungsindustrie.

West- und Ostoberschlesien wurden bis zum Ausbruch des jetzigen Krieges insgesamt etwa 800 Personen in diesem Industriezweig beschäftigt, ohne Berücksichtigung der kleineren, vorwiegend handwerklichen Betriebe. Eine besondere Stellung nehmen die Heimarbeiter des Städtchens Groß-Peterwitz bei Ratibor ein, die traditionsgemäß seit über 200 Jahren in der Bekleidungsindustrie tätig sind. Vor Kriegsbeginn waren hier etwa 250 Meister mit entsprechenden Hilfskräften am Werk. Die Aufträge erhalten die Peterwitzer Heimarbeiter im Verlagssystem von Firmen in Oppeln und Breslau. Während des Krieges ist ein großer Teil der Arbeitskräfte von Groß-Peterwitz eingezogen, ein anderer Teil ist dienstverpflichtet und in Betrieben zur Waffenproduktion eingesetzt.

Während des Krieges führte der große Bedarf der Wehrmacht zur Errichtung verschiedener neuer Fabrikationsbetriebe der Oberbekleidungs- und Wäscheindustrie in Oberschlesien. Eine besondere Rolle spielen hier die Sammelwerkstätten mit jüdischer Arbeiterschaft. Der größte Betrieb dieser Art ist die Schneidersammelwerkstatt des Reichsführers SS in Bendsburg mit rund 2900 Arbeitskräften und 1400 Nähmaschinen. Der nächstgrößte Betrieb mit jüdischer Belegschaft sind die Schlesischen Wäsche- und Bekleidungswerke Han[n]s Held K. G. in Sosnowitz mit einer Gefolgschaft von über 2000 Juden und rund 700 Nähmaschinen. Die in Sosnowitz gelegene Kammgarnspinnerei Dietel hat ebenfalls eine Konfektionsabteilung mit rund 1200 Juden und 185 Nähmaschinen aufgezogen. Mit ausschließlich jüdischer Belegschaft arbeitet ferner die Bendsburger Wäsche- und Berufskleidungsfabrik Leopold Michatz, die etwa 299 Juden beschäftigt. Unter der Leitung der Oberschlesischen Kautschuk- und Kautschukersatzwarenfabrik in Trzebinia sind zwei Zweigwerke, davon eins in Frauenstadt (Wadowitz) mit 900 Juden und in Krenau mit 1400 Juden errichtet worden.

In diesen sechs Werkstätten sind zur Zeit insgesamt rund 8750 Juden mit der Herstellung und Ausbesserung von Wehrmachtsbekleidung verschiedenster Art (Uniformen, Fliegerkleidung, Khaki-Anzüge, Tropenhemden, Militärhosen, Drillichanzügen usw.) beschäftigt. Da es sich bei diesen Sammelwerkstätten mehr um einen Masseneinsatz von Handwerkern als um ausgewogene Industriebetriebe handelt, kann die Fertigung nur in verhältnismäßig wenig rationeller Weise vor sich gehen. So werden z. B. Knopflöcher teilweise noch mit der Hand hergestellt, da die Maschinen zur Zeit nicht zu beschaffen, die jüdischen Arbeitskräfte andererseits billig sind. Die in diesen jüdischen Betrieben laufenden Nähmaschinen haben größtenteils keinen elektrischen Antrieb. Es sind einfache Gebrauchsmaschinen mit Fußantrieb. Eine wettbewerbsfähige Preisstellung ist nur auf Grund der besonders festgelegten Judenlöhne möglich. Die durchschnittliche Entlohnung der jüdischen Arbeitskräfte liegt bei etwa 70 RM im Monat für Männer und bei etwa 50 RM für Frauen. Die Löhne sind also nur etwa halb so hoch wie bei den arischen Arbeitskräften.

Mit rund 8750 Arbeitern, die zum Teil in drei Schichten eingesetzt wurden, stellten diese Betriebe trotz ihrer primitiven Arbeitsweise eine recht erhebliche Nähkapazität dar. Es ist zu erwarten, daß sämtliche jüdische Sammelwerkstätten noch im Laufe dieses Jahres stillgelegt werden, da die Juden in nächster Zeit ausgesiedelt werden sollen.

[…][4]

4 Der folgende Teil des Gutachtens befasst sich mit dem „Nachwuchs an weiblichen Arbeitskräften" sowie der Bedeutung der Lohnkostenhöhe.

DOK. 153
Der Reichsstatthalter im Warthegau fordert beim Reichsinnenminister am 2. Oktober 1942 einen jüdischen Arzt für eine private Tiefbaufirma in Posen an[1]

Schnellbrief (vertraulich!) des Reichsstatthalters im Warthegau (II/B 1 220/1–8), ungez., an Reichsminister des Innern vom 2.10.1942 (Entwurf)

Betrifft: Jüdische Krankenbehandler[2] für das Judenarbeitslager der Firma Heinrich *Exner* in Posen[3]
Bezug: Erlaß vom 11.9.1942[4] IV 2315/42
Berichterstatter: Medizinalrat Dr. habil. *Mayer*[5]
Anlagen: 3[6]
Unter Rückreichung obigen Erlasses und der beiden mit übersandten Anlagen wird berichtet, daß die Angaben der Firma *Exner* in Posen, Oststraße 17/18, gegenüber der Reichsärztekammer zutreffen. Sie unterhält ein kriegswichtiges Judenarbeitslager mit einer Belegschaftsstärke von z. Zt. etwa 800 Juden. Die Juden waren bisher bei dem Ausbau des Verschiebebahnhofs in Posen-Kreising eingesetzt und werden künftig zum Ausbau des Flughafens angesetzt.
Ein jüdischer Krankenbehandler ist zur Erhaltung der Arbeitskraft der Belegschaft, d. h. zur laufenden Behandlung auf dem Gebiet der kleinen Chirugie und inneren Medizin, vor allem aber auch zur Durchführung hygienischer Maßnahmen – Bekämpfung der Verlausung und damit Vorbeugung vor Fleckfieber – dringend erwünscht.[7]
In benachbarten derartigen Arbeitslagern kommen auch gegenwärtig vereinzelte Fleckfieberfälle vor, und es ist für die Lagerleitung wie für den Amtsarzt eine wesentliche Erleichterung, wenn die Durchführung der angeordneten seuchenhygienischen Maßnahmen unter ständiger Mitwirkung eines jüdischen Krankenbehandlers erfolgt, der dem Amtsarzt unmittelbar verantwortlich ist.
Ich bitte daher zu veranlassen, daß ein geeigneter jüdischer Krankenbehandler für die obengenannte Firma baldmöglichst in Marsch gesetzt wird.[8]

1 APP, 299/2034, Bl. 4 f.
2 Jüdischen Medizinern war zum 30.9.1938 die Approbation entzogen worden. Eine begrenzte Anzahl von ihnen wurde danach als sog. Krankenbehandler zur Versorgung jüdischer Patienten zugelassen; siehe 4. VO zum Reichsbürgergesetz vom 25.7.1938; RGBl., 1938 I, S. 969.
3 Das Tiefbauunternehmen Heinrich Exner in Posen beschäftigte zusammen mit anderen Firmen beim Bau des Militärflughafens Posen-Kreising jüdische Zwangsarbeiter und unterhielt hierfür ein eigenes Arbeitslager, u. a. für Juden aus dem Getto Litzmannstadt.
4 Der Erlass konnte nicht ermittelt werden; siehe aber Anm. 8.
5 Dr. med. habil. Mayer; Medizinalrat, bis 1942 medizinischer Sachbearbeiter des Regierungspräsidenten in Hohensalza, danach in der Reichsstatthalterei in Posen (Abt. II/2) tätig.
6 Liegen nicht in der Akte.
7 Siehe Dok. 54 vom 24.12.1941.
8 Mit Schreiben des RMdI an den Oberbürgermeister der Reichshauptstadt Berlin vom 9.10.1942 (IV 2315/42), gez. Dr. Krüger, wurde „Ernst Israel Hirschfeld, geb. 14. August 1899 in Berlin, wohnhaft in Berlin-Schöneberg, Innsbrucker Straße 20“ nach Posen beordert; wie Anm. 1, Bl. 7 f.

DOK. 154

Der Bürgermeister von Sosnowitz plant am 6. Oktober 1942 die Einrichtung eines Gettos für die noch in der Stadt lebenden 19 000 Juden[1]

Schreiben (vertraulich) des Oberbürgermeisters der Stadt Sosnowitz, Dienststelle Hauptamt (00 – G 8), gez. Schönwälder,[2] an den Regierungspräsidenten in Kattowitz vom 6.10.1942 (Durchschlag)

I. Allgemeiner Lagebericht.
1.) Allgemeine Lage in politischer und polizeilicher Hinsicht.
Hierzu ist aus dem Berichtszeitraum etwas Besonderes nicht zu melden, vergl. aber II.
2.) Kommunale Lage und Aufbau der Verwaltung.
Die Übernahme der elektrischen Straßenbahnen im Dombrowaer Gebiet durch die Stadtverwaltung Sosnowitz ist noch nicht abgeschlossen. Die Stadt steht noch immer in Verhandlungen mit der HTO. wegen der endgültigen Festsetzung des Kaufpreises. Von der HTO. wird der Vorschlag der Stadt noch durch Sachverständige nachgeprüft.
3.) Wirtschaftliche Lage.
Immer schwieriger gestaltet sich die Lage auf dem Arbeitsmarkt. Durch außerordentlich starken Abzug polnischer Kräfte nach dem Reich können insbesondere die Umsiedlerbetriebe kaum mehr mit polnischen Arbeitskräften versorgt werden. Die Lage verschärft sich noch durch die Evakuierungen der Juden. Die Inbetriebnahme des Hochofens der Katharinahütte ist infolge Mangels an Kräften fast nicht möglich gewesen. Es wird daher vorgeschlagen, zur Deckung des dringendsten Bedarfs polnische Kräfte aus dem Altreich zurückzuziehen. Hierbei denke ich auch insbesondere an weibliche polnische Arbeitskräfte, die zum Teil betriebsfremd im Reich eingesetzt sind und hier heute wertvollere Arbeit leisten können als im Altreich. Dort besteht auch noch die Möglichkeit, Kriegsgefangene oder Ostlandkräfte einzusetzen, die hier aus politischen Gründen nicht eingesetzt werden können.
4.) Ernährungslage.
Die Ernährungslage ist in der Zeit des aus den Schrebergärten und den Gärtnereien anfallenden reichlichen Gemüses nicht mehr so angespannt wie im Frühjahr des Jahres. Die Kartoffelversorgung für den Winter scheint nach den amtlichen Verlautbarungen gesichert und wird hier im wesentlichen über die Werke und Behörden durchgeführt. Die Werke und Großhändler klagen darüber, daß aus den offenen Kartoffelwaggons vielfach Kartoffeln während der Fahrt offenbar abhanden gekommen sind.
Fleisch kommt in annähernd genügender Menge herein, wird aber von Myslowitz[3] so spät zugewiesen, daß häufig eine Verteilung an den Verbraucher erst Sonnabendmittag möglich ist. Versuche, diesen Mangel abzustellen, waren bisher erfolglos.
Die Stadt leidet nach wie vor darunter, daß Mangelware nicht oder in nicht ausreichender Menge angeliefert wird. Während man in Kattowitz z. B. die gelegentlichen Zuteilungen

1 GStAPK, XVII. HA, Rep. 201e, Nr. 13, Bl. 126 f.
2 Franz-Josef Schönwälder (1897–1972), Steinmetz; 1922 NSDAP-, 1934 SS-Eintritt; von 1930 an MdR, Kreisleiter in Breslau, März 1933 bis Okt. 1940 Bezirksbürgermeister in Breslau, Jan. 1940 bis Jan. 1945 Bürgermeister von Sosnowitz; 1941 SS-Obersturmbannführer; nach 1945 als Architekt in Wesel tätig.
3 In Myslowitz befand sich der zentrale Schlachthof.

von Schokoladenerzeugnissen und Konfekt wirklich bekommt, hat Sosnowitz derartige Zuteilungen überhaupt noch nicht bekommen. Der Zuckerwirtschaftsverband gibt die fernmündliche Auskunft, daß für Sosnowitz kein Kontingent da ist. Wir leiden also nach wie vor darunter, daß die Stadt als noch nicht so recht zum deutschen Reich gehörend angesehen wird.

Aus dieser Tatsache ergibt sich auch, daß ich seit 2 Wochen die tägliche Zuteilung an Zigaretten von 6 auf 3 Stück habe herabsetzen müssen. Ich kann die bisherige Zuteilung selbstverständlich nicht aufrechterhalten, wenn beim Großhändler keinerlei ausreichende Bestände mehr vorhanden sind. Daß derartige Maßnahmen zu unliebsamen Erörterungen führen, ist selbstverständlich. Schuld ist auch hier der Wirtschaftsverband, der Sosnowitz nicht ausreichend beliefert. Die Tatsache, daß die Zuteilung von Rauchwaren in den einzelnen Kreisen verschieden gehandhabt wird, führt dann immer zu einer Abwanderung der Verbraucherschaft an den Ort, an dem sie die meisten Zuteilungen erhält, bis dann wieder die Lager entsprechend gefüllt sind und sich u. U. das umgekehrte Spiel wiederholt. Abhilfe kann hier nur die von den unteren Verwaltungsbehörden immer vorgeschlagene einheitliche Festsetzung der Mengen wenigstens in einer Provinz schaffen, eine Regelung, die ja bisher von den übergeordneten Stellen immer abgelehnt worden ist. Eine Verärgerung des kaufenden Publikums ist die Folge.

Das Verbot der Zuteilung von Nußkohle II für Heizzwecke führt dazu, daß nur Nuß III zugeteilt werden kann.[4] Für diese Kohlenart sind aber die meisten der hiesigen Öfen nicht eingerichtet. Die Roste sind zu klein, und eine nicht vorsichtige Beheizung führt oft zur Zerstörung der Heizanlagen. Da Nuß II vorhanden ist und auf Halden geschüttet wird, wäre eine Zuteilung dieser Kohlenart im hiesigen Gebiet durchaus möglich.

II. Allgemeines und Besonderes über die fremden Volksgruppen

Im Berichtszeitraum ist die Evakuierung von Juden in beschränktem Umfange fortgesetzt worden. Soweit ich unterrichtet bin, sind gegen 6000 Juden evakuiert worden, so daß die Zahl der noch hier ansässigen Juden etwas über 19 000 Personen beträgt.

Ich beabsichtige im Einvernehmen mit dem Herrn Polizeipräsidenten[5] und dem Sonderbeauftragten des RFSS und Chefs der Deutschen Polizei für den fremdvölkischen Arbeitseinsatz in Oberschlesien,[6] die Juden im Ortsteil Schrodel im Nordosten der Stadt anzusiedeln und etwa 7000–8000 Polen aus diesem Ortsteil in die bisher von Juden bewohnten Straßen zu nehmen, die für die Ansiedlung Deutscher nicht in Frage kommen. Es ist dies erforderlich, um durch Umsiedeln weiterer Polen den für die zuziehende deutsche Bevölkerung erforderlichen Wohnraum zu schaffen.

Auf eine neue Anweisung des Herrn Reichsministers für Ernährung und Landwirtschaft hin erhalten die Juden vom 19. Okt. ds. Js. ab Lebensmittel nur noch in sehr beschränktem Umfange.[7] Jede Zuteilung von Fleisch, Eiern und auf Sonderzuteilung ausgegebene Mangelwaren an Juden ist in Zukunft ausgeschlossen. Es fragt sich, ob unter diesen Umständen nicht mit allen Mitteln die weitere Evakuierung der Juden durchgeführt werden

4 Nuss II und Nuss III: Bezeichnung für Steinkohlegranulat in unterschiedlicher Körnergröße.

5 Alexander von Woedtke.

6 Albrecht Schmelt.

7 Mit Erlass des RMEL vom 18.9.1942 wurde die Versorgung von Juden mit Fleisch, Eiern und Milch komplett eingestellt; die Lebensmittelkarten von Juden mussten fortan gekennzeichnet sein.

sollte. Der Erlaß des Reichsministers bezieht sich auf das ganze Reich und hat im Altreich bei der geringen noch vorhandenen Zahl von Juden sicherlich keinerlei Bedeutung für die einzelne Gemeinde. Hier aber, wo die Juden in großem Umfange in den Arbeitsprozeß eingeschaltet sind, hat der Erlaß zur Folge, daß immer mehr Juden für den Arbeitsprozeß ausfallen müssen, der öffentlichen Wohlfahrt der Kultusgemeinden anheimfallen und als Seuchenträger, die vollkommen unterernährt der Krankheit keinen Widerstand mehr leisten können, die deutsche Bevölkerung in ganz erheblichem Maße gefährden.

Wie ich aus Kreisen der Industrie immer wieder erfahre, wirkt sich dort auch die Unterernährung der polnischen Arbeiter wegen der geringen Lebensmittelzuteilung immer weiter aus. Der Typhus, der glücklicherweise in diesem Jahre anscheinend in recht leichter Form auftritt, fordert unter den unterernährten Polen und Juden immer mehr Opfer. Die Stadt hat bereits ein Notkrankenhaus einrichten müssen. Die deutsche Bevölkerung kann von Glück sagen, daß sie bisher von der Seuche im wesentlichen verschont geblieben ist.

Ich weise also hier auf die sehr ernsthaften Probleme hin, die sich aus der immer mehr verschärften Verkürzung der Lebensmittelrationen und der sich daraus ergebenden Unterernährung der fremdvölkischen Bevölkerung ergeben müssen.

Es muß in diesem Zusammenhange auch festgestellt werden, daß durch die zu geringe Zuteilung an Lebensmitteln an die polnische Bevölkerung der Schleichhandel gefördert wird. Wer im Besitze der nötigen Geldmittel ist, wird, durch Hunger getrieben, immer wieder versuchen, Lebensmittel auf illegalem Wege zu erhalten. Bei einer besseren Versorgung auch der Polen mit den notwendigsten Nahrungsmitteln würde ein beträchtlicher Teil des Schleichhandels ausgeschaltet werden.

DOK. 155

Der Judenrat im Getto Białystok warnt am 11. Oktober 1942 vor drohenden Deportationen als Folge schlechter Arbeitsleistungen im Getto[1]

Protokoll der Sondersitzung des Judenrats im Getto Białystok vom 11.10.1942

Sonderversammlung im Saal der „Linas Hatsedek“ am 11. Oktober 1942

Eingeladen: Judenrat, Direktoren und Vizedirektoren der Unternehmen, Hausverwalter, Kommissare des Ordnungsdiensts und der Feuerwehr u. a.

Der Saal ist voll besetzt. Auf der Bühne der Judenrat.

Um 12.30 Uhr eröffnet Rabbiner Dr. Rozenman die Versammlung.

Die heutige Versammlung – sagt er – wurde extra zu Propagandazwecken einberufen im Zusammenhang mit dem Bacchanal,[2] das letztens im Getto getobt hat, wo man den Verordnungen nicht folgte, sich der Arbeitspflicht entzog, die zur Arbeit Angeforderten versteckte. Das führt zu starker Unzufriedenheit bei den Behörden und gegenüber

1 YVA, M.11/2, Bl. 112–119. Abdruck in: Blumenthal, Darko shel judenrat (wie Dok. 11, Anm. 1), S. 253–265; in deutscher Übersetzung: Anders/Stoll/Wilke (Hrsg.), Der Judenrat von Białystok (wie Dok. 11, Anm. 1), S. 144–150. Das Dokument wurde aus dem Jiddischen neu übersetzt.

2 Lat.: ausschweifendes Trinkgelage.

früher, als Białystok als Vorbild galt, auf das wir stolz waren, haben sich jetzt die Verhältnisse geändert.
Aber der Erfolg der Arbeitsfront hängt von Euch selbst ab, und Ihr müsst Euch anstrengen, normale Verhältnisse zu schaffen, nur dann können wir auf eine Zukunft und Existenzmöglichkeiten hoffen.
Das Wort erhält *Herr Ing. Barasz.*
Heute – sagt er – haben wir alle zur Versammlung gerufen, die mit uns zusammen die ganze Bürde und Last des Gettos tragen, um in ganz offenen Worten zu sprechen, wie wir in der Welt dastehen. Letztens sind im Bezirk und in der Stadt Białystok konkrete Gefahren aufgetreten, und wir müssen versuchen, Mittel zu finden, um die Gefahr abzuwenden, ihr auszuweichen oder zumindest ihr Ausmaß zu verringern. Leider ist unser Białystok in letzter Zeit das größte Getto nach dem in Łódź geworden, und hierin liegt eine große Gefahr. Die Blicke der Feinde sind auf uns gerichtet, und es bedürfte besonderer Gründe, wenn [gerade] uns das Unglück nicht treffen sollte. Im Osten wie im Westen wütet das Feuer und hat schon fast unseren Bezirk erreicht, von der östlichen Seite [reicht es] bis Dreczyn und von der westlichen Seite bis Malkin.[3] Damit es sich nicht weiter ausbreitet, müssen alle, und zuerst das Getto Białystok selbst, zu außergewöhnlichen Mitteln greifen. Unser Getto aber verhält sich gerade umgekehrt, genau so, als wollte man die Katastrophe absichtlich herbeiführen. Unser Getto ist in letzter Zeit einfach verkommen, demoralisiert. Wenn von 35 000 Einwohnern nur 14 000 arbeiten, müssen sogar wohlgesinnte Behörden die Frage stellen: Wo sind die übrigen Menschen? Es gibt, das ist wahr, verschiedene Rechtfertigungen, aber unter denen, die nicht arbeiten, gibt es eine Menge Arbeitsfähiger, vor allem Frauen. Und Ihr wisst doch, von wo die Vernichtung ausgeht, doch von denen, die nicht arbeiten. Außer denen, die sich hinter falschen Scheinen verstecken, gibt es 6000 nicht arbeitende Frauen.
Folgendes ist geschehen: Vor ein paar Wochen hat das deutsche Arbeitsamt 200 Frauen zur Arbeit angefordert, und man konnte unter den 6000 nicht die nötigen 200 finden. Das deutsche Arbeitsamt hat die Angelegenheit dem Kommandanten der Schutzpolizei übergeben, der uns die Forderung hat zukommen lassen, an einem bestimmten Morgen alle Arbeitslosen auf einem Platz antreten zu lassen! Erst unter dieser Drohung hat das Getto die ersten 200 Frauen herausgegeben! Und was hat sich dabei abgespielt! Wie hat sich das Getto verhalten! Es gab Szenen, man hat die Geforderten versteckt. Als gäbe es einen Kampf zwischen dem Judenrat und der Bevölkerung. Und als man sie abführte, lief man dem Wagen hinterher und schrie: „Shma Yisrael“![4] – Möge man mit diesem falschen „Shma Yisrael“ nicht den Tag heraufbeschwören, an dem man das wahre „Shma Yisrael“ rufen wird.
Wenn unsere Ordnungsdienst-Männer ihre Dienstaufgaben auf der Straße ausführen müssen, werden sie von der Bevölkerung so angesehen wie früher die „Greifer“, man hilft ihnen nicht, sondern behindert sie! Oft frage ich mich, sind die Menschen denn verrückt? Verstehen sie nicht, was vorgeht? – Es muss zu einer Wende in der Psychologie der Massen kommen, oder es wird sehr schlecht ausgehen. Das Getto meint, dass wir

3 Poln. Małkinia. Vermutlich handelt es sich um eine bewusste Anspielung auf das nur wenige Kilometer von Małkinia entfernte Vernichtungslager Treblinka.
4 Hebr.: „Höre, Israel!“, das wichtigste Gebet im Judentum, das jeden Morgen und Abend gebetet wird.

die Verordnungen machen. Man kommt zu mir mit Bitten: Mütter müssen bei ihren Kindern bleiben und Ähnliches. Natürlich müssen Kinder bei ihren Müttern sein, in normalen Zeiten. Jetzt aber besteht eine größere Gefahr – dass Mütter und Kinder zusammen umgebracht werden!
Auch Doktoren – ich rede hier von den ehrlichen – haben eine psychologische Einstellung wie in normaler Zeit. Sie attestieren, dass wer an Tuberkulose leidet, nicht arbeiten kann. Gewiss! Aber hier besteht die Gefahr, dass der Mensch nicht an Tuberkulose stirbt, sondern weil er nicht arbeitet!
All diese Vorstellungen einer normalen Zeit müssen aufhören! Wer nur eine Hand rühren kann, muss zur Arbeit gehen und so unsere Sicherheit erhöhen! Der Prozentsatz der 14 000 Arbeitenden gegenüber 35 000 Gettoeinwohnern, darin liegt die Gefahr. – Selbst wenn keine Arbeitsanforderung von den Behörden käme, müssten wir selbst nach allen Kräften in die Wirtschaft streben, damit, falls man uns vernichten würde, ein Loch in der Wirtschaft entstünde und man uns deshalb verschont. Dann kann man hoffen. Auf ihr Mitleid aber kann man, wie ich schon sagte, nicht zählen, schon gar nicht, wenn sie tagtäglich Forderungen stellen, die wir nicht erfüllen! Was für Konsequenzen das haben kann, könnt Ihr Euch selbst vorstellen.
Was für Szenen haben sich abgespielt, als man die Mädchen zur Kartoffelernte abgeführt hat! Völlig unverständlich! Alle wissen doch, was in Warschau, in Slonim passiert ist.[5] Heute kann man die Städte schon zählen, in denen die Katastrophe noch nicht eingetreten ist. Wo ist die Achtsamkeit sich selbst gegenüber? Warum verstehen sie nicht, dass es besser ist, nach Wołkowysk gebracht zu werden als nach Treblinka! Es ist an der Zeit, vom Reden zum Handeln zu kommen. Ich halte nichts von Propaganda. Man wird praktische Mittel ergreifen müssen. Aus unseren Ämtern werden Männer zur Arbeit gehen müssen, und ihren Platz sollen Frauen einnehmen. Man hat uns sowieso schon darauf hingewiesen, dass wir zu viele Beamte haben. Auch wird man eine große Frauenbrigade schaffen müssen, die ständig für Arbeit zur Verfügung steht, damit nicht wie jetzt anstatt 100 nur 20 hinausgeschickt werden. Wenn das noch zu wenig ist, werden auch ältere Kinder aus den Schulen arbeiten müssen. Eine ganze Reihe von Maßnahmen müssen ergriffen werden, und ich wende mich an Euch als Helfer und Führer verschiedener Bereiche.
Auch der Ordnungsdienst muss reorganisiert werden. Er wurde schon einmal gesäubert. Gewisse Elemente wurden beseitigt. Die jetzige Leitung ist sehr anständig. Es gibt aber noch einen Teil, der nicht hätte bleiben dürfen, und der ruiniert den Ruf der Übrigen. Das führt dazu, dass unsere Verordnungen manchmal nicht zu 100, sondern höchstens zu 50 Prozent erfüllt werden. Gerüchte über Bestechung sind im Umlauf. Faktisch muss ein Teil des Ordnungsdiensts ausscheiden und ausgetauscht werden. Wir haben schon versucht, Beamte, denen wir vertrauen, aufzufordern, in den Ordnungsdienst einzutreten. Sie haben jedoch abgelehnt. So etwas darf nicht vorkommen, das ist unzulässig, und wir werden es nicht länger dulden!
Wir müssen auch einen starken Kampf gegen Protektionismus aufnehmen. Der Judenrat ist eine noch junge Regierung, doch schon haben sich alte Fehler bei ihm eingenistet.

5 In Slonim wurden von 1941 bis 1943 in mehreren Massakern bis zu 25 000 jüdische Menschen ermordet.

Wegen der Zettelchen und Briefchen[6] kann keinerlei Aktion durchgeführt werden. Damit muss es ein Ende haben. Erhaltene Zettel muss man zerreißen, sogar wenn sie von mir sind – obwohl ich weniger auf diese Art sündige als andere. Wir haben die Frage noch nicht im Präsidium beraten, aber wer sich durch illegale Mittel vor der Arbeit drückt, soll wissen, dass eine schwarze Liste solcher Elemente zusammengestellt werden wird, die bei uns bereitliegt. Und wenn dann die Gefahr eintritt, sollen diese Leute die ersten Opfer sein. All diese Dinge sind sehr wichtig.

Der zweite Punkt von außergewöhnlicher Wichtigkeit sind die Fabriken. Sie haben wirklich etwas Kolossales geschafft. Unsere Feinde müssen sich vor ihnen verbeugen. Falls es Hoffnung gibt, dass Białystok der schrecklichen Gefahr entgeht, dann nur wegen der Fabriken. Aber die Fabriken können selbst die größte Gefahr über uns bringen, wenn sie nicht ordentlich arbeiten. Gerade hatten wir einen Fall in unserer Schneiderei, dass eine nicht gut geratene Arbeit abgeliefert wurde.

Der Redner verliest dazu einen Brief des Stadtkommissars (siehe unten).[7]

Man kann sich leicht vorstellen, wonach die Sache gerochen hat und noch jetzt riecht. Auch ist leicht zu verstehen, was droht, wenn es so weitergeht wie bisher. Es hat sehr viel Mühe gekostet zu erreichen, dass es vorläufig ruhig bleibt, dass man nicht reagiert. Wenn sich aber so etwas, Gott behüte, wiederholen sollte, werden wir nicht mehr hier stehen. Ich muss wieder auf die Psychologie eingehen. Der Judenrat baut keine Fabriken, das ist heute nicht der Punkt. Der Arbeiter darf den Judenrat nicht als Gegner sehen, so wie früher den Fabrikanten. Er muss wissen, dass er in erster Linie für sich, seine Frau und seine Kinder arbeitet. Wenn tatsächlich Sabotage vorkommt, wird man zuerst die Arbeiter der Fabrik erschießen. Ich bitte die Brigadeführer, dies den Arbeitern mitzuteilen, besonders den Schustern; denn angeblich sind die Schuster ein unwissendes Element. – Ich glaube das zwar nicht – sie sollen aber wissen, dass Arbeit ihr einziger Schutz ist.

Bei der Gelegenheit will ich auch die Schmuggler warnen, besonders die Viehschmuggler. Es ist schon so weit gekommen, dass man uns vorwirft, dass wir das Fleisch äßen. Der Ordnungsdienst darf nicht aufhören, [sie] auszuliefern. Solche Banditen darf man den Behörden ausliefern.

Wir unternehmen außergewöhnliche Anstrengungen, um die der Stadt und dem Bezirk Bialystok drohende Gefahr abzuwehren. Die Wehrmacht hat ein Interesse daran, uns zu erhalten. Sie wollen außerhalb des Gettos drei Fabriken aufmachen, in denen jüdische Fachleute arbeiten sollen. Eine bei Triling,[8] eine in der früheren Brotfabrik, und die dritte hält man noch geheim. Eine soll eine Autoreparaturwerkstatt sein, die zweite eine Fabrik für optische Geräte, und von der dritten kann ich es noch nicht sagen. Die Fabriken können erst dann eröffnet werden, wenn es eine genügend große Anzahl Facharbeiter gibt. Man wollte den Plan nicht umsetzen, bevor man sicher weiß, dass es genug

6 Gemeint sind vermutlich Bittschreiben, von der Einberufung zu Arbeitsdiensten und anderen Verpflichtungen ausgenommen zu werden.

7 Am 1.10.1942 hatte sich der Stadtkommissar beim Judenrat über die schlechte Qualität einer Lieferung von Winterbekleidung beschwert und im Wiederholungsfall mit „schwerwiegenden Konsequenzen" gedroht. Abdruck in Blumenthal (Hrsg.), Darko shel judenrat (wie Dok. 11, Anm. 1), S. 365; Anders/Stoll/Wilke (Hrsg.), Der Judenrat von Białystok (wie Dok. 11, Anm. 1), S. 150.

8 Textilfabrik Oswald Tril(l)ing und Sohn.

Arbeiter geben wird. Man erwartet meine Antwort, und ich habe zugesagt, ohne jemanden zu fragen. Wenn es in [der Stadt] Białystok nicht genug Arbeiter geben wird, werden wir im Bezirk suchen, und es ist die Pflicht jedes Einzelnen, der einen Fachmann kennt, dass er ihn meldet und uns nicht als Lügner dastehen lässt. Dadurch wird doch unser Gegendruck auf die Feinde erhöht, denn man wird die gelieferten Maschinen besser ausnutzen. – Wir müssen unsere Zusage einhalten.

Und zum Schluss: Wenn es bedrohliche Anzeichen gibt, heißt das noch nicht, dass man resignieren und die Hände in den Schoß legen muss. Im Gegenteil, weil es Bedrohungen gibt, weil die Gefahr besteht, müssen wir unsere Anstrengungen verstärken. Wir erleben große Momente, eine schreckliche Zeit, und das erfordert starke Menschen. Wir müssen stark sein! Zu 200 Prozent unsere Pflicht erfüllen! Wir werden stark sein! (Applaus).

Das Wort erhält *Herr Subotnik:*

Nach dem genauen Bericht, den Ing. Barasz in der letzten halben Stunde über die jetzige Lage gegeben hat, könnt Ihr Euch vorstellen, wie viel man tagtäglich erlebt, sogar mehrfach täglich, und was eine Person wie Ing. Barasz erlebt. Nachdem die Arbeit der 16 Monate gewissermaßen von Erfolg gekrönt war, möchte man die Last weiter tragen. Aber es wird schwerer und schwerer. Die Hauptfrage ist: Wie kann man der Masse im Getto bewusst machen, dass sie uns helfen soll? Erst gestern haben wir auf einer Ratssitzung nach Mitteln gesucht. Wir versuchten, Kommissionen für Propaganda zu bilden. Aber wir verlieren langsam die Hoffnung. Es fällt einfach schwer, die Klagen anzuhören. Und man überlegt: Wenn es bis jetzt nicht gelungen ist, die Masse aufzuklären, was kann man denn noch tun? Wenn es immer noch zu [Wein-]Krämpfen kommt, zu Geheul wegen eines Tischchens, eines Schränkchens, das jemandem weggenommen wird! Es wird sehr schwer zu führen. Und man überlegt: Sind die Juden in Białystok anders als alle anderen? Man droht uns mit Rache. Man sagt, der Judenrat gäbe Verordnungen heraus. Gerade gab es einen Erlass betreffend Pelze, da haben Menschen, die lesen und schreiben können, sogar gesellschaftliche Funktionäre, versucht sich zu entziehen: Vielleicht wird man mir erlauben, meinen Pelz zu tragen! – So ist die Beziehung zu uns! Sobald ein neuer Aufruf erscheint, sagt man: Gut, sie brauchen schon wieder Geld! Nach den 16 Monaten unserer Arbeit, nach allen erlebten Erschütterungen, sind wir zu dem Schluss gekommen, dass andere Mittel ergriffen werden müssen, wir müssen wenigstens der Führungsriege in den Arbeitsstätten sicher sein. Es müssen die besten Kräfte sein, die im Ernstfall auf Posten stehen sollen. Falls wir auch das nicht umsetzen, ist alles verloren! Bisher hat das alles nicht geklappt. Es genügt, auf wenige Fakten hinzuweisen: Wenn man die Aufgabe ernsthaft angegangen wäre, hätte es nicht passieren können, dass man die zur Arbeit nötigen 200 Frauen nicht fand und dass, als man dann 150 aufsuchte, 70 von ihnen nicht zu Hause waren. Das ist doch der deutlichste Beweis, dass die leitenden Organe damit zu tun haben und das auf ihr Gewissen nehmen müssen! Das haben doch die Anführer getan. Auch in den Fabriken, unseren einzigen Stützpunkten, finden sich verbrecherische Elemente, die glauben, sie kämpften für Lohn, als wären sie gewöhnliche Arbeiter und könnten dem Fabrikanten drohen! Hier werden aber andere Bilanzen geführt, nicht in Mark, sondern in Menschenleben. Jeder kleinste Sabotageakt gefährdet das ganze Getto! – Wir verheimlichen nichts vor Euch, ständig haben wir von lokalen Angelegenheiten geredet, heute haben wir über allgemeine geredet. Der verehrte Ing. Barasz stärkt uns regelmäßig mit seinem Optimismus. Die heutige Versammlung ist unser letzter Versuch. Noch haben wir große Hoffnungen, die Stadt und den Bezirk

Bialystok zu retten. Wir appellieren an Euch und sagen Euch, dass das Schicksal in Euren Händen liegt. Ihr wisst alles, und Ihr könnt helfen, dass es uns vergönnt sein möge, davon [später] in Freuden zu erzählen.

Das Wort erhält *Herr J. Goldberg:*

Die vorigen verehrten Redner haben sich nicht eingehend mit der Angelegenheit des Schmuggels befasst. Wir haben schon mehrmals deswegen von dieser Tribüne aus zu Euch gesprochen, aber ohne jeden Erfolg. Währenddessen scheint es, als hätten wir die entsprechenden Warnungen gegeben, später jedoch stellt sich heraus, dass gar nichts dabei herauskommt. Wie bei der Polizeistunde und wie bei der Verdunkelung. Unsere Worte kommen aus tiefstem Herzen, gehen aber nicht zu Herzen. Man geht und wischt sie mit der Hand fort. Das liegt daran, dass es uns zum Glück bis jetzt gelungen ist, dass alles ruhig abgelaufen ist. Daher bagatellisiert man alle unsere Drohungen, jetzt aber ist die Lage sehr ernst. Ich rede über Schmuggel, insbesondere von Kühen. Wie viele Opfer hat die Fleischfrage schon gekostet und [...].[9] Bedauerlicherweise aber ist alles, was man redet – umsonst. Weiterhin wird bei Tag und Nacht geschmuggelt. Erst gestern hat man von der deutschen Behörde einen Ochsen gestohlen, und die Spuren führten von Bagnówka[10] direkt ins Getto! Herausgefunden hat das unser Ordnungsdienst. Sie haben den Ochsen konfisziert und abgegeben, denn sie wissen Bescheid und können immer helfen! Wir haben angeordnet, die Läden zu schließen, die sich schon zu sehr ausgebreitet hatten, haben aber erlaubt, durch eine Hintertür weiter zu handeln unter der Bedingung, dass nur legale Waren verkauft werden dürfen und dass man sich daran hält! Gebäck von Weißmehl, Butter, Eier, Fleisch dürfen nicht verkauft werden. Unsere Anordnung nimmt man bedauerlicherweise nicht ernst genug. Der Ordnungsdienst muss uns das melden, denn jede Kleinigkeit kann einen Brand auslösen. Unsere Läden sind schon berühmt, man hat sie sogar schon fotografiert, und was dabei herauskommen kann, kann man sich leicht vorstellen. Es sind schon größere Sachen in einer Nacht von wenigen Menschen liquidiert worden und werden nicht mehr vorkommen. Aber es gibt auch Dinge, die nicht liquidiert werden, die man eine Zeitlang nicht vergessen darf und nicht bagatellisieren. Ob es die Arbeitsfrage, die Fabrik oder die Schmuggelfrage ist – alle sind außergewöhnlich wichtig. Vielleicht wird es durch unsere große Anstrengung gelingen, [das Getto] zu retten!

Rabbiner Rozenman hält das Schlusswort:

Ihr habt die Berichte über die Lage gehört, insbesondere vom verehrten Ing. Barasz, und ich möchte zum Schluss hinzufügen: Wir bitten immer und beten: Stom piyot mastineinu u'mikatrigeinu[11] – Möge Gott die Mäuler unserer Feinde und Ankläger schließen. Wir selbst aber mit unserem Verhalten öffnen ihre Mäuler. Wir müssen korrekt sein, damit man nicht sagt, dass die Juden eine Bande von Lügnern, Parasiten und Faulenzern seien. Wir müssen zeigen, dass wir arbeitsfähige und ehrliche Menschen sind, und dadurch wird uns geholfen werden.

9 Im Original ist der Text durch Wiederholung einer Zeile und Auslassung einer anderen unverständlich. In der hebr. Übersetzung steht an dieser Stelle: „[...] der Schmuggel mit Kühen hört nicht auf. Nur die jüdische Polizei [der jüdische Ordnungsdienst] hätte das verfolgen können."

10 Vorort von Białystok, in dem sich der neue jüdische Friedhof befand.

11 Im Original hebr. Zitat aus einem Gebet des Morgengottesdiensts.

DOK. 156

Der Verwaltungspräsident in Oberschlesien versucht am 11. Oktober 1942, einen psychisch kranken Juden aus Sosnowitz in die Anstalt Bendorf-Sayn verlegen zu lassen[1]

Schreiben des Oberpräsidenten,[2] Verwaltung des Oberschlesischen Provinzialverbandes, Kattowitz (50110/5), i. A. ungez., an die Heil- und Pflegeanstalt in Bendorf-Sayn,[3] Krs. Koblenz, vom 11.10.1942 (Abschrift)

In der mir unterstellten Landes-Heil- und Pflegeanstalt Loben[4] mußte am 3.8.1942 vorübergehend der Jude Judka Pergerycht, geb. am 20.7.1918, aus Sosnowitz/O.S. aufgenommen werden. P. wurde auf Veranlassung der Oberstaatsanwaltschaft Beuthen vom 22.7.42, Geschäftszeichen 7 A.R. 14/42, aus der Sicherungs- und Haftanstalt Abt. Strafgefangene Gr. Strehlitz O/S. Gogolinerstr. 2, der Landes-Heil und Pflegeanstalt Loben zugewiesen.
Wegen Übernahme der Kosten schweben z. Zt. Ermittlungen des Herrn Oberbürgermeister Sosnowitz[5] bei der Jüdischen Kultusgemeinde.
Können die Kosten aus dem etwaigen Vermögen des P. nicht bestritten werden, so wird Hilfsbedürftigkeit dem dortigen Landesfürsorgeverband gegenüber anerkannt. Ich bitte, die dort entstehenden Kosten über den zuständigen Fürsorgeverband bei mir anzufordern. P. muß gemäß Erlaß des Reichs- und Preußischen Ministers des Innern vom 12.12.1940 IV g 7123/40–5106, abgedruckt im Ministerial-Blatt d. Reichs- und Preußischen Ministeriums d. Innern Nr. 51 vom 18.12.1940,[6] in die dortige Anstalt überführt werden. Zum Pfleger für P. ist vom Amtsgericht Sosnowitz – Geschäftsnummer 6 VIII P 75 – der Chaim Israel Percik[7] in Sosnowitz, Marktstr. 8, bestellt worden.
Ich bitte um möglichst umgehende Nachricht, ob im Hinblick auf die infolge der Kriegslage für die Anstalten der Rheinprovinz wahrscheinlich durchzuführenden Maßnahmen auch jetzt noch Aufnahme weiterer Anstaltsinsassen in Frage kommt.[8]

1 BArch, R8150/759, Bl. 129.
2 Oberpräsident der Provinz Oberschlesien war Fritz Bracht.
3 Die 1869 gegründete Heil- und Pflegeanstalt für jüdische Nerven- und Gemütskranke Bendorf-Sayn unterstand der Leitung der Reichsvereinigung der Juden. Zwischen März und Nov. 1942 wurden die Patienten der Anstalt gemeinsam mit anderen Juden aus der Region in verschiedene Vernichtungslager deportiert.
4 Die Landesheil- und Pflegeanstalt sowie Jugendpsychiatrische Klinik in Loben (Oberschlesien) hatte zu Kriegsbeginn Platz für 1500 Patienten und wurde von der „Euthanasie"-Zentrale in Berlin Anfang 1941 in die „Euthanasie-Morde" einbezogen; von Spätherbst 1941 an umfasste Loben auch eine sog. Kinderfachabt.
5 Franz-Josef Schönwälder.
6 Der Erlass ordnete an, dass geisteskranke Juden fortan ausschließlich in der Heil- und Pflegeanstalt Bendorf-Sayn aufgenommen werden durften; siehe auch VEJ 6/124.
7 Vermutlich: Chaim Percik (*1895).
8 Pergerycht wurde auf Veranlassung des Oberpräsidenten Anfang Nov. in das Jüdische Krankenhaus Berlin überstellt und bereits am 29.11.1942 nach Auschwitz deportiert; Schreiben der Gesundheitsverwaltung der Jüdischen Kulturvereinigung zu Berlin, gez. Dr. Dr. Walter Israel Lustig, an Herrn Dr. Eppstein vom 30.11.1941; wie Anm. 1, Bl. 117.

DOK. 157

Der Inspekteur der Sicherheitspolizei und des SD im Reichsgau Wartheland erwähnt am 15. Oktober 1942 die Deportation von knapp 16 000 Juden aus dem Getto Litzmannstadt in das Vernichtungslager Kulmhof[1]

Schreiben (geheim) des Inspekteurs der Sicherheitspolizei und des SD (Tgb. Nr. 523/42g A d/We), Posen, gez. Damzog, an den Herrn Reichsstatthalter und Gauleiter, z. Hd. Herrn Amtsrat Passauer o. V. i. A., vom 15.10.1942

Betr.: Berichterstattung.
Vorg.: Bericht vom 15.9.1942.
[...][2]
II. Judentum.
Die Landkreise im Bereich der Staatspolizeileitstelle Litzmannstadt wurden durch Evakuierung im Monat August 1942 judenfrei. Im Monat September erfolgte eine Aussiedlung von rd. 15 700 kranken und arbeitsunfähigen Juden aus dem Getto Litzmannstadt. Durch diese letzte Aussiedlung ist der Bevölkerungsstand im Getto Litzmannstadt auf rd. 89 500 Juden herabgesunken. Bei diesen Juden handelt es sich durchweg um Arbeitsfähige, die fast sämtlich in den Arbeitsprozeß einbezogen worden sind. Der größere Teil dieser arbeitenden Juden ist nach wie vor für die Ausführung von Wehrmachtsaufträgen eingesetzt, während ein kleinerer Teil mit der Ausführung von Privataufträgen beschäftigt wird. Bei den Privatauftraggebern handelt es sich um größere Textil- und Schuhfirmen aus dem Altreichsgebiet.[3]
Die Sterbeziffer im Getto ist infolge der Aussiedlung der kranken und arbeitsunfähigen Juden im Berichtsmonat erheblich zurückgegangen. Es sind 648 Todesfälle gegen 1736 im Vormonat zu verzeichnen. Den Todesfällen stehen 29 Geburten gegenüber, darunter 2 Totgeburten. Im einzelnen entfallen von den 648 Todesfällen 13 auf Typhus, 52 auf Lungentuberkulose, 1 auf Ruhr, 221 auf Herzschwäche und 132 auf Unterernährung. Die restlichen Sterbefälle sind auf allgemeine Erkrankungen zurückzuführen.
Die Ernährungslage der Juden hat sich nach der Aussiedlung der Arbeitsunfähigen und Kranken merklich gebessert. Dieser Umstand trägt erheblich zur Besserung der Stimmung der arbeitenden Juden bei.
Trotz schärfster Maßnahmen in Bezug auf eine geordnete Lebensweise und die dadurch bezweckte Pflichtarbeitsdienstleistung der Juden ereignen sich immer wieder Fälle, die in jeder Weise den verbrecherisch veranlagten Judengeist erkennen lassen. Jede Minute wird ausgenützt, um sich an fremdem Gut zu bereichern, sei es durch Betrug oder Diebstahl. In der Berichtszeit waren 190 Strafvergehen, davon allein 130 Diebstähle, zu verzeichnen. Durch die angeordneten vorbeugenden Maßnahmen muß der Schmuggel als unterbunden angesehen werden. Der Jude hat jede Verbindung mit der Außenwelt verloren. Seine verbrecherische Veranlagung kann er nur im Getto selbst, zum Nachteil seiner Rassegenossen, ausüben.

1 IPN, Ld 1/281, Bl. 83–85. Teilabschrift in: AŻIH, 233/37, Bl. 6–8.
2 Der erste Teil des Berichts umfasst den Punkt „Der polnische Gegner".
3 Hierzu gehörten u. a. die Firmen Felina Mannheim, Josef Neckermann und das Hamburger Alsterhaus.

Nach dem Stand vom 1.10.1942 befinden sich im Bereich der Staatspolizeileitstelle Posen insgesamt 53 Judenarbeitslager, darunter 4 für Jüdinnen, mit insgesamt 6600 Juden. Die Zahl der Arbeitsunfähigen, die abgeschoben wurden, betrug rd. 1000. Nach Angabe der beaufsichtigenden Ärzte hat sich der Gesundheitszustand der Juden gebessert. Die Zahl der Todesfälle ist geringer geworden. Die Zahl der erkrankten Juden beläuft sich auf 10%. Eine große Anzahl der erkrankten Juden leidet an Zellengewebsentzündung, die ärztlicherseits auf schlechte Ernährung zurückgeführt wird.
Am 16.9.1942 wurde die 18jährige Jüdin Estera Bluma Blatt aus Saratow/Rußland durch die Staatspolizeileitstelle Posen festgenommen. Nach dem Einmarsch der deutschen Truppen flüchtete die Jüdin Blatt aus dem Getto in Litzmannstadt. Sie begab sich unter dem Namen Elsa Blatt nach Warschau, um sich dort einen Passierschein nach Bialystok zu verschaffen. In Warschau änderte sie ihr Vorhaben und reiste nach Ostrowo, wo sie sich als Deutsche ausgab und von der NSV nach Ostpreußen in Arbeit vermittelt wurde. Im Dezember 1939 fuhr sie nach Posen, wo sie bei verschiedenen Firmen als Bürohilfskraft tätig war. Im Januar 1940 stellte sie einen Antrag um Aufnahme in die Deutsche Volksliste. Im September 1940 wurde sie in der Gaufrauenklinik in Posen entbunden. Das Kind entstammt dem Verhältnis mit einem Deutschen. Nach ihrer Entbindung war die Blatt in dieser Anstalt als Amme für deutsche Kinder tätig. Ihr eigenes Kind wurde später in einem deutschen Säuglingsheim untergebracht. Dort befindet es sich heute noch. Ende 1941 erhielt die Blatt auf Grund einer vom Kreisamt für Rassenpolitik in Posen unternommenen rassebiologischen Untersuchung, bei der nicht-arische Merkmale nicht festgestellt wurden, den Ausweis der Deutschen Volksliste Gruppe 4. Im Juli 1942 verzog die Blatt nach Berlin, wo sie zunächst bei der Reitertruppe des Zirkus Sarassani und dann als Statistin am Nollendorftheater tätig war. Als sie Mitte September nach Posen kam, um ihr Kind zu besuchen, wurde sie auf Grund ihres jüdischen Aussehens von der Staatspolizeileitstelle Posen festgenommen. Nach längerem Leugnen legte sie ein umfassendes Geständnis ab. Ihren Angaben nach hat sie in den letzten Jahren fortgesetzt mit Angehörigen der Wehrmacht – Offizieren und Mannschaften – intimen Verkehr unterhalten. Vor ihrer Festnahme vermittelte ihr ein Rittmeister ein Zimmer im besten Hotel Posens. Seit dem 11.9.42 ist die Jüdin Blatt mit einem Angehörigen der Kriegsmarine verlobt. Die nach ihrer Festnahme durchgeführte Untersuchung auf Haft- und Lagerfähigkeit ergab, dass sie im letzten Stadium lueskrank[4] ist. Sonderbehandlung ist beantragt worden.
[…][5]

4 Gemeint ist Syphilis.
5 Es folgen die Punkte „III. Sicherheitspolizeiliche Maßnahmen gegen deutsche Volkszugehörige", „IV. Allgemeine Übersicht über kriminelle Verfehlungen und Festnahmen", „V. Einsatz aus besonderen Anlässen", „VI. Sonstiges".

DOK. 158
Der Oberbürgermeister von Litzmannstadt berichtet Reichsstatthalter Greiser am 16. Oktober 1942 von der wachsenden wirtschaftlichen Bedeutung des Gettos[1]

Schreiben des Oberbürgermeisters von Litzmannstadt (–90/94, Dr. Ma/Hb.), gez. Marder, an den Reichsstatthalter durch den Herrn Regierungspräsidenten in Litzmannstadt vom 16.10.1942 (Abschrift)[2]

Betr.: Steuerliche Behandlung der Judenarbeiten.
Bezug: Schnellbrief vom 17.8.1942 – I/21 b: 173/2 – 9. –[3]
Zu den Anregungen des Herrn Oberfinanzpräsidenten[4] bemerke ich folgendes:
1.) Die Struktur des Litzmannstädter Gettos hat seit dessen Einrichtung am 1. Mai 1940 grundlegende Wandlungen erfahren. Zunächst handelte es sich darum, aus polizeilichen, volkspolitischen, hygienischen und ernährungswirtschaftlichen Gründen die Litzmannstädter Juden in einem festumschlossenen Wohnviertel zusammenzufassen. Bis zu ihrer Evakuierung, die im Oktober 1940 beendet sein sollte, sollte nach Möglichkeit durch Ausnutzung der bei der Judenschaft vorhandenen Barmittel und Sachwerte eine Eigenfinanzierung erfolgen; nach Aufbrauchung der Eigenmittel wollte die HTO einspringen, die bis 25 Millionen RM. dafür zur Verfügung stellte. Es zeigte sich aber bereits im August 1940, daß die Evakuierung des Gettos nicht fristgemäß durchgeführt würde. Um die zu erwartende gewaltige finanzielle Belastung des Reiches (der HTO) abzufangen, wurde daher das bisherige Anhaltelager, als das man das Getto bezeichnen konnte, schrittweise in ein Arbeitsgetto umgewandelt. Angesichts der großen Zahl nichtarbeitsfähiger Juden und weiter der Unmöglichkeit, sofort genügend Fabrikationsstätten einzurichten, mußte ab Ende 1940 eine Kreditgewährung seitens der HTO und der Stadt erfolgen. Da alle Sachwerte aus dem Getto etwa in den ersten 6 Monaten seit Bestehen herausgeholt worden waren, blieben die Arbeitsleistungen der Juden und die Zuschüsse Angehöriger aus dem Reich und dem Ausland das einzige Aktivum zur Selbstfinanzierung. Auch als nun im Laufe des Jahres 1941 eine Vollausnutzung der jüdischen Arbeitskraft erreicht wurde, blieb die Notwendigkeit weiterer Kredite bestehen, und zwar als Betriebsmittelkredite, um die Zeit zwischen Auftragserteilung und Auftragsabrechnung zu überbrücken. Die finanzielle Lage des Gettos – die sich dank der Arbeitserträge und der Zuwendungen aus dem Reich und Ausland von Monat zu Monat besserte und eine ständig geringere Kreditaufnahme gestattete – wurde im Sommer 1941 durch äußere Einwirkungen vorübergehend verschlechtert. Die eingesiedelten reichsdeutschen Juden und Zigeuner nahmen Arbeitsräume in Anspruch und konnten nicht arbeitsmäßig eingesetzt werden. 1942 begann dann die Freimachung des Gettos von Nichtarbeitsfähigen und die Einsiedlung aller arbeitsfähigen Juden des Gaues in das Litzmannstädter Getto.[5] Am Schluß dieser Entwicklung steht als Ergebnis ein Getto, das als reines Arbeitsgetto

1 APP, 299/1739, Bl. 2–5.
2 Die mit Stempel der Reichsstatthalterei beglaubigte Abschrift wurde versehentlich auf den 16.9.1942 datiert; aus einem Begleitschreiben geht jedoch das korrekte Datum 16.10.1942 zweifelsfrei hervor, wie Anm. 1, Bl. 1.
3 Liegt nicht in der Akte.
4 Dr. Karl Gebhard.
5 Siehe Dok. 108 vom 20.–23.5.1942.

ein Wirtschaftsbetrieb großen Ausmaßes ist und dessen Beschäftigte nur noch zu *einem* Teil aus Litzmannstädter Juden bestehen. Die finanzielle Entwicklung ist allerdings nicht völlig zu übersehen, da die Arbeitsleistung des einzelnen Beschäftigten in absteigender Kurve sich befindet, die Arbeiten zum großen Teil unrationell (wegen mangelnder Maschinen) ausgeführt werden müssen und schließlich die bisherigen Zuwendungen aus dem Reich völlig aufhören.

2.) Solange die Finanzierung des Gettos durch Herausnahme der Sachwerte und ständig fortschreitenden Einsatz der Arbeitskräfte erfolgte, solange vor allem das Getto nur als kurzlebige Einrichtung angesehen werden durfte, mußte eine Besteuerung der Judenschaft als unzweckmäßig angesprochen werden. Sie hätte nur dazu geführt, die vorhandenen finanziellen Hilfsmittel schneller aufzuzehren, um damit die *unmittelbare* Belastung des Reiches früher herbeizuführen. Die sonst selbstverständlichen Belastungen wurden daher den Juden nicht auferlegt. Die HTO verzichtete auf Miete bzw. Pacht, die Stadt erhob keine Steuern. Nach Aufhebung der in der ersten Zeit von der Stadt eingezogenen Pauschalabgabe von 15 % der in das Getto hineingehenden Werte, die übrigens eine volle Kostendeckung nicht erbrachte (vergl. meinen Bericht vom 13.1.1941),[6] werden die Juden nur mit der Umsatzsteuer des Reiches (½ % der Umsätze) belastet. Außerdem tragen sie die unmittelbar auf das Getto entfallenden Kosten, d. h. die Personal- und Sachkosten der Gettoverwaltung, Straßenbeleuchtung und den anteiligen Polizeikostenbetrag.

3.) Nachdem das Litzmannstädter Getto ein Wirtschaftsbetrieb mit einem wesentlichen Anteil auswärtiger Juden geworden ist, die Wirtschaftslage des Gettos außerdem wahrscheinlich eine Besserung erfahren muß, ist eine Überprüfung des bisher eingenommenen Standpunktes auch meines Erachtens erforderlich, dies allein schon aus dem Grunde, um klare Wettbewerbsverhältnisse zu schaffen durch eine gleichmäßige Behandlung der privaten und der öffentlichen Wirtschaft. Der bisher maßgebliche Gesichtspunkt, die Besteuerung nicht durchzusetzen, um nicht die zur Unterhaltung der Judenschaft bestimmten Vermögenswerte in den Judenvierteln vorzeitig zu erschöpfen, hat angesichts der erfolgten Herausholung der Vermögenswerte keine Bedeutung mehr. Ich halte es jedoch für erforderlich, die Besteuerung in solchen Grenzen zu halten, daß der nachhaltige Ausgleich der Ausgaben und Einnahmen nicht wieder zerstört wird, wobei berücksichtigt werden muß, daß die Leistungsfähigkeit der einzelnen jüdischen Arbeitskraft und die unrationelle Arbeitsweise unmittelbare Wettbewerbsvergleiche und damit gleiche Belastungen mit der freien Wirtschaft nicht ermöglichen.

Der Vorschlag des Herrn Oberfinanzpräsidenten geht meines Erachtens weit über das tragbare Maß hinaus. Auch ich bin der Meinung, daß bei einer Besteuerung anstelle des komplizierten Steuerverfahrens eine Vereinfachung durch Pauschalierung treten muß. Diese Pauschalierung darf jedoch angesichts der erörterten Umstände keine höhere Belastung bringen als eine normale Veranlagung. Eine Lohnsteuer von durchschnittlich 7,5 % für die im Getto Arbeitenden würde den Ertrag normaler Besteuerung um ein Mehrfaches übersteigen, da das durchschnittliche Lohnaufkommen des arbeitenden Juden nur 14,– RM. monatlich beträgt und damit weit unter der Freigrenze und dem Existenzminimum liegt. Eine wesentliche Besserung ist nicht zu erwarten, und der Gesamtausgleich

6 Nicht ermittelt.

des Gettos wird durch den zunehmenden Fortfall der Zuwendungen aus dem Reich schwieriger werden, weil der Arbeitslohn die Kosten der Lebenshaltung nicht deckt. Nur ein kleiner Teil höher qualifizierter Beschäftigter würde eine Lohnsteuer nach deutschem Recht zu entrichten haben. Der Steuersatz würde nach meinen Feststellungen im günstigsten Falle auf 1–1 ½ % festgesetzt werden können. Die technische Durchführbarkeit einer derartigen Besteuerung liegt vor. Allerdings besteht dann die Abhängigkeit von den nicht kontrollierbaren Angaben des Judenältesten. Nach den bisherigen Erfahrungen wird sich aber eine sorgfältige Angabe der gezahlten Löhne durchsetzen lassen.
Der unmittelbare Träger der Lasten, die durch das Getto entstehen, ist aber nicht das Reich, sondern die Stadt Litzmannstadt. Wie ich in meinen früheren Berichten eingehend ausführte, sind es neben dem Steuerausfall eine Unzahl einzelner Belastungen, die mittelbar und unmittelbar durch die Existenz des Gettos hervorgerufen werden. Ich nenne nur zwei: erschwerte Verkehrsverhältnisse, städtehygienische Vorbeugungs- und Sicherungsmaßnahmen, bauliche Beschränkungen und Behinderungen aller Art. Ein mitten in der Stadt gelegener polizeilich abgeschlossener Raum in dem Ausmaß des Litzmannstädter Gettos muß notwendigerweise auf allen Lebensgebieten Erschwernisse und Ausgaben hervorrufen, die den normalen kommunalen Leistungen zumindest gleichkommen und die, wenn sie nicht finanziell ausgeglichen werden, die Leistung der Stadt für den Aufbau deutscher Verhältnisse einengt. Nachdem nun dieses Getto zum großen Teil auswärtige Juden beherbergt,[7] halte ich eine Entlastung der Stadt für noch unumgänglicher als bisher, hätte doch allein die Reduzierung der Zahl der Litzmannstädter Juden z. B. eine Verkleinerung des Gettos um etwa 2/3 ermöglicht und damit ein Mehraufkommen an Grundsteuern um mindestens 500 000,– RM. erbracht. Ich bitte daher, eine Besteuerung des Gettos auch durch die Stadt zu genehmigen, wobei ich darauf aufmerksam mache, daß keine gesetzlichen Vorschriften die Durchführung der Besteuerung hindern, sondern nur Zweckmäßigkeitsgesichtspunkte für die Aussetzung der ordnungsmäßigen Besteuerung sprachen. Im Interesse der Vereinfachung der Besteuerung schlage ich vor, neben der Umlegung der unmittelbaren, mit dem Getto zusammenhängenden Ausgaben auf das Getto die Bestimmungen über die Verwaltungskostenzuschüsse der fabrikmäßigen und fabrikähnlichen Reichsbetriebe gemäß § 8 des Reichsbesteuerungsgesetzes vom 10. 8. 25–7. 7. 30 zur Anwendung bringen zu dürfen. Die sachlichen Voraussetzungen dieses Gesetzes liegen in vollem Umfange vor, die praktische Durchführung ist wegen der Kopfpauschalierung verwaltungsmäßig denkbar einfach.
Ich bin mir darüber völlig klar, daß eine solche Beteiligung an den öffentlichen Lasten nur einen bescheidenen Teil der der Stadt durch das Getto entstehenden Gesamtaufwendungen deckt, andererseits halte ich im Augenblick eine stärkere Heranziehung durch Reich und Gemeinde nicht für tragbar, so daß der Ausgleich zugunsten der Stadt später vorgesehen werden muß. Hierzu bitte ich, als Ausgleich für die bisher entstandenen Ausfälle an Steuern und für die Minderbesteuerung bei Auflösung oder Verkleinerung des Gettos das betreffende Gebiet mit den darauf befindlichen Baulichkeiten und sonstigen Werten – soweit es sich um jüdisches und polnisches Eigentum handelt – sowie dem nach Abwicklung des Gettos etwa verbleibenden Liquidationserlös der Stadt unentgelt-

7 Hierfür gibt es keine statistische Grundlage, nachdem bis Okt. 1942 über 80 000 Juden aus dem Getto Litzmannstadt in das Vernichtungslager Kulmhof deportiert worden waren.

lich zu belassen. Diese Forderung ist umso berechtigter, als das Gettogebiet infolge seiner völligen baulichen Verwahrlosung und hygienischen Gefahren lange Zeit hindurch der allgemeinen Nutzung nicht überlassen werden kann. Sein Baubestand wird bis auf ganz wenige Ausnahmen völlig beseitigt werden müssen. Nach dem Wirtschaftsplan wird das Gebiet überwiegend nur den gemeinnützigen Zwecken, und zwar für Kleingärten und Erholungsflächen genutzt werden dürfen. Ich muß diese meine Forderung umso mehr erheben, als die HTO ja das wertvolle Vermögen der aus dem übrigen Litzmannstädter Gebiet in das Getto eingesiedelten Juden übernommen hat und die Lasten daraus auf die Stadt überwälzt worden sind. Wenn die HTO nur mit dem Vorteil der Beschlagnahme der Litzmannstädter Judenwerte aus dieser Gettobildung hervorgeht, so war dieser Vorteil für sie unerwartet, denn sie hatte selbst – wie unter 1.) ausgeführt – zu Beginn der Aktion einen großen Zuschußbetrag vorgesehen, dessen Nichtbenötigung entscheidend auf die städtische Initiative bei der Ausgestaltung des Gettos zurückzuführen ist.
Herrn Oberbürgermeister zur Unterzeichnung vorgelegt.
2) Abschrift erhält die Gettoverwaltung.
3) Wv. am 1.11.1942.

DOK. 159

Oskar Rosenfeld notiert in seinem Tagebuch zwischen dem 9. und 19. Oktober 1942 die im Getto Litzmannstadt kursierenden Gerüchte über die Vernichtung der Juden in Warschau[1]

Tagebuch von Rosenfeld im Getto Litzmannstadt, Heft F, Einträge vom 9. bis 19.10.1942[2]

9.X. Fürchterliche Nachricht: 600 000 sollen deportiert worden sein aus Warschau. 10 Menschen bereits hier angekommen. Näheres unbekannt. Hier Aufregung, da dasselbe befürchtet trotz Gleichgewicht im Getto, Arbeit und Produktenzuteilung. – Wir leben im Schatten des Todes seit 3 Jahren … schon im September 1939 wurden viele Juden von den Aschkenes erschossen … Viel erlebt … Was haben die Kleinigkeiten für einen Sinn angesichts des Todes, der immer vor der Tür steht!? Lächerliche Dinge! Ununterbrochen bedroht, jeder Augenblick kann Sterben bringen … weggejagt, erschossen, verhungert, zum Tode geprügelt tausend … Täglich neue Opfer … Je näher das Ende, desto größer die Gefahr … –
Evakuierung Warschau. Trüb, regnerisch, kühl … Bittere Enttäuschung über Ansagen des Endes … Heute 26 kg Kartoffeln für November und Dezember. – Neues aus Warschau. Von den noch gebliebenen 490 000 Juden sind in der letzten Zeit alle bis auf rund 30 000 evakuiert worden,[3] Familien völlig atomisiert, bewußt, vollständig. Auflösung

1 YVA, O.6/234/III-7, Bl. 12–16 (Typoskript). Abdruck in: Rosenfeld, Wozu noch Welt (wie Dok. 35, Anm. 1), S. 164–166.
2 Die sprachlichen Besonderheiten wurden beibehalten, die Rechtschreibung und Zeichensetzung behutsam korrigiert.
3 Die Zahl ist überhöht. Zwischen dem 22.7. und 21.9.1942 waren 280 000 Juden aus dem Warschauer Getto in das Vernichtungslager Treblinka deportiert worden, weitere 11 000 Juden gelangten in andere Lager.

dieses Jischuws.[4] Bis nun ziemlich freies Leben gewesen, in letzter Zeit Ressorts eingeführt, Ressortteilnehmer in geschlossenen Zirkeln gewohnt, von Leiter zur Arbeit geführt und zurückgebracht, Arbeitszeit 7 Uhr–18 Uhr. Allerdings freieres Leben: Geschäfte mit den Polen, Handel mit Gewinn, Unterhaltung, Café, Restaurant, Jiddisches Theater, polnisches Theater im Judenviertel, Bar, Tanz, elegante Frauen etc. Da scheinbar Situation verschärft. Befürchtung für Getto Łódź. 6 Menschen aus Warschau hiehergekommen. Alles hier bestürzt. Kundmachung Biebow, vom 9.X. Warnung: Ob sich's um kleine Diebstähle in Ressorts oder Lebensmittelressorts und so weiter handelt, ob gegen Kriegswirtschaft oder Lebensmittelversorgung, werde ich die strengsten Maßnahmen ergreifen. Gezeichnet: *Biebow.*
(Nachmittag erscheint Wohnungskommission! Befürchtung, daß Wohnung räumen muß! Fürchterlich, knapp vor Winter.)
N. I. K., *Najwyższa Instancja Kontrolna*[5] (vom Präses berufene Leute = Menschen, gegründet November 1940). H. K. K. = Höchste Kontrollkammer. a) Kontrolle der Tätigkeit aller Abteilungen, 2) aller Vorkommnisse des kollektiven Lebens der Bevölkerung im Getto.

11.X. Altkatholische Pfarrkirche in der Franziskanska[6] 27. Kürschner-Abteilung. Schmutzige alte Pelze, Ziegenfelle, verschimmelte Pelzkragen, Schafsfelle etc. aufgehängt, durch die alten romanischen Fenster sichtbar. Ringsum Polizeirevier, Küche, Wohnungsamt, daneben Gemüsegarten (Plantage), in freiem Verkehr Gemüseverkauf – Kälte, Regen, polnischer Herbst ... Stürme, fürchterliche Stimmung. Beamtenabbau, vielleicht Archiv aufgelöst ...

12.X. Plötzlich Wohnung räumen; Möbel weg, Bett in Küche, schlafe dort *heute* zum ersten Mal. Werde zur Hohen Brücke übersiedeln. Depression wie noch nie wegen Gerüchten: Maryshin Volkszählung?! Barackenbau für Kartoffeln oder für K. Z.? Ältester[7] soll eingeschränkt werden, das Ganze übernimmt Gettoverwaltung als deutsche Behörde.[8] Wird's besser? Arbeitsressorts erweitert für Kriegszwecke, andererseits Abbau von Beamten? – Werde alles verkaufen und essen! Heute dreimal Kartoffeln gekocht und gegessen.
Gesicht des Gettos. Kalter Herbst. Keine Sandalen mehr, keine nackten Füße. Lautes Geklapper: Holzschuhe ... Ziegenfelle, aber auch Sommerröcke ... Bettlergestalten, die nichts anzuziehen haben. Bald finster ... Alle Stiegengänge dunkel, weil nirgends Licht wegen Verdunkelung. Man geht durch Pfützen, Ausguß, Dreck ... Entsetzen in den Zügen, weil man wieder Entsetzliches erwartet ... Allmählich wieder die Gesichter des letzten Winters bleich, gelb, Mumie in Fetzen, Geklapper der Holzschuhe, gelbe Haut, grauschwarze Kleidung, schmutzig weißgraue Umgebung ...

4 Hebr.: Bezeichnung der gesamten jüdischen Einwohnerschaft Palästinas, hier im Sinne der gesamten jüdischen Bevölkerung Warschaus.
5 Richtig: Najwyższa Izba Kontrolna (Oberste Kontrollkommission).
6 Richtig: Franciszkańska-Straße.
7 Gemeint ist Mordechai Chaim Rumkowski.
8 Dies war nur ein Gerücht, formal blieb es bei der Scheinautonomie der jüdischen Verwaltung innerhalb des Gettos.

13.X. *Was denkt Henuschi?* 100 Waggons Kartoffeln angekommen, in Maryshin Unterstände hierfür gebaut, dadurch Gerüchte zum Teil hinfällig. Übersiedle demnächst Zgierzka[9] 24/4 in eine Küche mit Gas. Freund Natan und Frau kommen mit. Hoffentlich keine so große Klage mit Kochen und Waschen. Trotz guter „Psires“[10] von außen Stimmung hier nicht gebessert. Angst vor neuen „Geseres“[11] … Hunger gemildert durch Kohlrabi und Rettich, aber Preise schwarz noch immer hoch: Knoblauch 2 Chaimke,[12] Zwiebel 1,5, Brot 75, Quark 40. Hingegen Gemüse 30 Pfennig, Kartoffeln 3 Mark.

14.X. /Beamte?/ nach Maryshin zur Kartoffeln-Einlagerung berufen. Trüb, regnerisch, düster, melancholisch.
Brot: 2% Kartoffeln-Walzmehl, 25% Weizen-Brotmehl, 69% Roggenmehl und Roggenkleie.
Aus 100 kg Mehl = 69 Laibe = 138 kg Brot also 38% Wasser. Früher statt 25% Weizenmehl nur Kastanienmehl.

15.X. Wohnung, das ist in Zgierzka 24/4 vorläufig hinfällig, muß am 17. ds. [Mts.] zum Präses. – In Mauphin (Haltestation Radegast) Kartoffeln eingelagert. Menschen arbeiten dort. Schlafe und wohne in Küche. Fürchterliches Leben …
Gesetz in Getto. Was nicht sofort erledigt wird, wird *überhaupt nicht* erledigt.
Siehe: meine Wohnung! – Jeder will etwas haben. Für kleine Dienstleistung verlangt der Gettomensch *Revanche*, läßt nicht locker. Bietet sich zuerst an, dann verlangt er Honorierung, beziehungsweise großen Gegendienst. Lese Schiller, Prosa, bin hingerissen von diesem blendenden Erzähler.

16.X. *Hunger. Sterben. Brücke.*[13] Als sie gebaut wurde, dachten die Aschkenes nicht daran, wieviel Kräfte hier aufgewendet werden beim Übersteigen. Brücke schwächt den Menschen, zehrt, viele an die Leistung: Brücke zugrunde gegangen. Aber nicht als Perfidität ausgedacht, sonst die Brücke noch höher gebaut. Manche müssen Brücke täglich 6 Mal passieren, zum Teil mit schweren Lasten.

17.X. Erwartet [wird] eine deutsche Kommission zur Kontrolle in den Ressorts. Grauhaarige und Kinder sollen in den nächsten Tagen nicht auf die Gasse. Angst vor „Chappen“[14] und weggeschickt werden. Düstere Stimmung. Neue Zuteilung von Kartoffeln für Jänner, Februar, März = 39 kg auf Kredit (11,90 Chaimke).

18.X. Wieder verzweifelte Stimmung: In Maryshin Umzäunung von Juden unter der Aschkenes Leitung. Holzgitterart mit Stacheldraht, sehr dicht, elektrisch geladen, abgetrennt vom anderen Teil des Gettos. Niemand weiß etwas, und dazu kommt, daß ein

9 Richtig: Zgierska-Straße.
10 Jidd.: Nachrichten, Verlautbarungen, Neuigkeiten.
11 Jidd.: Unglück, Missgeschick, hier: unangenehme Anordnungen (der Deutschen).
12 Scherzhafte Bezeichnung für die Geldscheine der gettoeigenen Währung, auf denen Mordechai Chaim Rumkowski abgebildet war.
13 Durch das Getto verliefen zwei abgezäunte Straßen, in denen auch Straßenbahnen für die nichtjüdische Bevölkerung verkehrten. Faktisch bestand das Getto daher aus drei Teilen, die zunächst an bestimmten Übergängen, ab Sommer 1940 durch Holzbrücken miteinander verbunden waren.
14 Jidd.: schnappen, fangen, hier: verhaften und deportieren.

Teil der Friedhofsmauer durchgebrochen und in diesen Bau einbezogen wurde.[15] Angst vor Vorbereitung zu großer „Nekume“!![16] – Zeige mich nicht auf der Straße. – Kälte, Schüttelfrost, nehme Pulver, denke an Henuschi, Vilma, Erich ununterbrochen. Wann kommt das Ende. Wir alle sind wieder in Lebensgefahr. Alles zittert. Kinder und Alte werden für ein paar Tage aus den Ressorts nach Hause geschickt. – Ältester noch immer in alter Position. Gerüchte von Absagung scheinbar unbegründet. Habe ihm Brief wegen Wohnung übergeben lassen, Küche wohnen Qual – hier schlafen, kochen, essen, reinigen, studieren, schreiben, Kartoffeln einlagern etc. Dauer nicht abzusehen. Luftschutzübung unter deutscher Leitung, viele Gassen abgesperrt. – Hagel-Gewitter am Nachmittag. – Vor-Winter.

19.X. Kalter Tag. Sommeranzug. In Maryshin 100 Waggonen Kartoffeln eingegraben. 1. April 1943. Erst ausgegeben. Auch die Polen fahrend über Zgierzka,[17] sehr schlecht gekleidet, ernste Gesichter, manche blicken melancholisch auf die Menschen hinter dem Gitter. – Von Warschau wird erzählt: Innerhalb einer Woche 500 000 Juden evakuiert.[18] Jüdische Polizei umstellte Häuserblocks. Menschen, wie vorgefunden, gejagt, auf Lastautos für 300 Personen mitgenommen, weggeführt, wohin? Für Getto im Winter befürchtet. 8000 Menschen arbeiten jetzt im Stroh-Schuhressort (Strohumhüllung für Militärschuhe Fonje).[19] Winterfeldzug. Höchste Eile. – Luftschutzübung unter deutscher Oberleitung mit jüdischer Polizei und Feuerwehr, Teile des Gettos abgesperrt.

DOK. 160

Die Dresdner Bank in Kattowitz möchte am 23. Oktober 1942 von der Gestapo das Deportationsdatum zweier Mitarbeiter erfahren, um die Pensionszahlungen einstellen zu können[1]

Schreiben der Dresdner Bank, Filiale Kattowitz, gez. Jensen,[2] an die Geheime Staatspolizei, Straße der SA 49, Kattowitz, vom 23.10.1942 (Durchschlag)

Aus einem früheren Dienstverhältnis zahlten wir an die Juden
1) Ehrenhaus Curt, Israel[3]
wohnhaft in Krenau O/S., Quergasse Nr. 3,

15 Das Polen-Jugendverwahrlager der Sicherheitspolizei in Litzmannstadt wurde Ende Sept. 1942 in einem eigens hierfür abgezäunten Bereich des Gettos eingerichtet; ab Dez. 1942 waren hier unter der Aufsicht von SS und Kriminalpolizei überwiegend poln. Kinder und Jugendliche zwischen acht und 16 Jahren aus Kinderheimen und anderen Fürsorgeeinrichtungen untergebracht, zunächst einige Hundert, Ende 1943 beinahe 8000, und zu Zwangsarbeiten eingesetzt.
16 Jidd.: Rache.
17 Abgetrennte Straßenbahnlinie durch das Getto.
18 Siehe Anm. 3.
19 Nicht ermittelt.

1 APK, 320/87, Bl. 65.
2 Adalbert Jensen, Bankkaufmann; Leiter der für die im Sudetengau zuständige Reichenberger Gebietsdirektion der Dresdner Bank, nach 1939 Bankdirektor der Dresdner Bank-Filiale in Kattowitz; lebte nach dem Krieg in Frankfurt am Main, tätig für die Rhein-Main-Bank.

2) Cohn Arnold, Israel[4]
wohnhaft in Sosnowitz, Rybnikerstraße Nr. 12,
mit Genehmigung der zuständigen Behörden monatliche Pensionen, die an die Genannten am 15. eines jeden Monats mittels Postanweisung überwiesen wurden.
Die Pension für den Monat Oktober für den Juden Ehrenhaus erhielten wir heute über das Postscheckamt Breslau wieder gutgeschrieben; auf dem gleichen Wege gingen uns die Pensionsbezüge für Cohn für die Monate August, September und Oktober d. Js. zu. Auf den Abschnitten war der Vermerk angebracht: „unbekannt verzogen".
Um eine Kontrolle darüber zu haben, bis zu welchem Termin den Genannten die Pensionsbezüge noch ausgezahlt worden sind, erlauben wir uns die höfl. Anfrage, ob Sie uns vielleicht an Hand Ihrer Akten sagen können, wann der Wegzug der beiden Juden erfolgt ist.[5]
Indem wir Ihnen für Ihre Mühewaltung im voraus unseren verbindlichsten Dank sagen, zeichnen wir
Heil Hitler!

DOK. 161

Litzmannstädter Zeitung: Artikel vom 24. Oktober 1942 über die Festnahme eines versteckten Juden in einem polnischen Altenheim[1]

Als Jude erkannt.

Vor kurzem wurde im hiesigen Altersheim ein angeblicher Pole und früherer Berufsbettler, der im Alter von 65 Jahren steht, festgenommen und in das Polizeigefängnis eingeliefert, weil er des öfteren versucht hatte, das Aufsichtspersonal des Altersheimes zu schlagen. Bei der Durchführung des Personenfeststellungsverfahrens, das sich deshalb äußerst schwierig gestaltete, weil der Festgenommene taubstumm und des Schreibens unkundig war, ergab sich ein überraschendes Ergebnis. Aus einer vom Standesamt Osorkow herbeigezogenen Geburtsurkunde ergab sich nämlich eindeutig, daß der Festgenommene Volljude ist. Er hatte sich im Jahre 1930 katholisch taufen lassen und dadurch verstanden, sich in das hiesige Altersheim einzuschmuggeln. Jetzt wird er seinen Rassegenossen in das Getto folgen müssen.

3 Curt Ehrenhaus (1881–1942), Bankdirektor; 1901–1934 für die Dresdner Bank in verschiedenen Positionen tätig, in den 1920er-Jahren als Direktor der Filiale Kattowitz; im Herbst 1939 in das Generalgouvernement deportiert, musste dort Zwangsarbeit verrichten, 1940 Rückkehr nach Oberschlesien; im Okt. 1942 nach Auschwitz-Birkenau deportiert und dort umgekommen.

4 Arnold Cohn (1876–1942), Bankkaufmann; 1908–1928 als Buchhalter bei der Dresdner Bank tätig; im Juli 1942 nach Auschwitz-Birkenau deportiert und dort umgekommen.

5 Am 17.11.1942 teilte die Gestapo, Staatspolizeistelle Kattowitz (gez. Dreier), der Direktion der Dresdner Bank, Filiale Kattowitz, mit, dass Curt Ehrenhaus am 14.10.1942 und Arnold Cohn bereits am 24.7.1942 „umgesiedelt" worden seien; wie Anm. 1, Bl. 59. Einen Tag später sandte die Dresdner Bank an Ehrenhaus – der Brief ging als unzustellbar zurück – ein Schreiben, dass sie mit Rücksicht auf seine „Evakuierung" die Pensionszahlungen an ihn einstelle; wie Anm. 1., Bl. 63.

1 Litzmannstädter Zeitung, Nr. 296 vom 24.10.1942, S. 4. Abdruck in: Blumental (Bearb.), Słowa niewinne (wie Dok. 59, Anm. 1), S. 170.

DOK. 162

Der Forstmeister von Marcinkańce beschwert sich am 2. November 1942 darüber, dass der Gendarmerieposten bei der Räumung des Gettos zahlreiche friedfertige Juden erschossen habe[1]

Schreiben des Forstmeisters in Marcinkance, gez. Lehmann,[2] an den Herrn Kreiskommissar des Kreises Grodno[3] vom 2.11.1942

Betr. Räumung des Ghettos Marcinkance.
Obwohl das Forstamt Marcinkance nur mit 2 deutschen Beamten besetzt ist, erhielt ich zusammen mit meinem Revierförster Gemmer durch den Amtskommissar[4] Ihre Notdienstverpflichtung für die heutige Räumung des Ghettos. Die Amtsvorstände vom Zollkommissariat und Bahnhof Marcinkance waren dagegen befreit. Wir haben selbstverständlich trotzdem Folge geleistet und an der Aktion teilgenommen. Ich halte es aber für meine Pflicht, Sie über die Vorgänge am Ghetto Marcinkance, soweit ich sie selbst erlebt habe, in Kenntnis zu setzen:
Die Geheimhaltung war vollkommen gewahrt, als wir um 5 Uhr – zusammen etwa nur 15 Reichsdeutsche – das Ghetto umstellten. Die Juden waren ahnungslos. Einzelne Fluchtversuche bei Anbruch der Dämmerung konnten ohne Waffenanwendung leicht verhindert werden. Nachdem der Judenrat von der bevorstehenden Räumung in Kenntnis gesetzt worden war, machten sich alle Juden in aller Ruhe und Disziplin fertig und versammelten sich gegen 9 Uhr am Hauptausgang des Ghettos. Dort standen 2 Gendarmerie-Beamte, darunter der Hauptwachtmeister Witzke[5] aus Sobakince, der die Aktion leitete. Ohne jeden ersichtlichen Grund gaben plötzlich die beiden Gendarmen aus Maschinenpistole und Karabiner Feuer in die dicht gedrängte Menschenmenge. Alles stob in wilder Flucht auseinander, Tote und Verletzte zurücklassend. In panischem Schrecken versuchten nun natürlich die Juden, an verschiedenen Stellen durch den Zaun des Ghettos auszubrechen. Hier wurden sie von dem Feuer der Wachmänner außerhalb des Zaunes erfaßt, und es gab wieder Tote und Verwundete. Trotzdem gelang es in der allgemeinen Verwirrung und bei der sehr dünnen Postenkette einer erheblichen Anzahl von Juden, in den nahen Wald zu entfliehen. Die restlichen Juden versteckten sich nun in ihren Häusern und konnten später ohne weitere Zwischenfälle abtransportiert werden. – Meiner Überzeugung nach war die ganze Schießerei, bei der vor allem auch wir Deutschen selbst stark gefährdet wurden, vollkommen sinnlos und ohne jeden vernünftigen Grund. – Amtskommissar Czapons[6] war bei der Schießerei nicht zugegen, da er vorher das Ghetto verlassen hatte. – Nachdem Ruhe eingetreten war, habe ich meinen Revierförster Gemmer, der bei einem Handgemenge mit Juden erheblich verletzt wurde und wahrscheinlich längere Zeit arbeitsunfähig bleiben wird, nach Hause und in ärztliche Behandlung gebracht. Da mein Forstamt ohne jeden Beamten war, habe ich dort den

1 GAGO, 1-1-59, Bl. 1 f., Kopie: USHMM, RG 53 004m, reel 1, Bl. 1 f.
2 Hans Lehmann.
3 Dr. Dietrich von Ploetz (1909–1944); aus Lyck; 1934 persönlicher Referent von Erich Koch; Okt. 1941 bis März 1943 Landrat im Kreis Grodno.
4 Czapon.
5 Richtig: Albert Wietzke (*1894 oder 1895), Kaufmann.
6 So im Original.

Dienst wieder aufgenommen, zumal da es hier im Osten nicht meine Aufgabe als Forstamtsvorstand sein kann, Juden totzuschießen.
Heil Hitler!

Marcinkance, den 7.11.1942.[7]
Ich bleibe bei den von mir gemachten Angaben, die ich auch heute als der Wahrheit entsprechend aufrechterhalten muß. Ich war etwa 350 m von dem Eingang des Ghettos entfernt und konnte die Vorgänge selbst beobachten.

DOK. 163
Gauleiter Albert Forster befürwortet am 4. November 1942 die Strafverfolgung von Juden durch die Polizei, lehnt dies für Polen jedoch ab[1]

Schreiben des Gauleiters und Reichsstatthalters in Danzig-Westpreußen, gez. Forster,[2] an den Reichsminister der Justiz Otto Thierack[3] vom 4.11.1942

Sehr verehrter Herr Minister!
Ich bestätige den Empfang Ihres Schreibens vom 27. Oktober 1942,[4] demzufolge Sie den Erlaß einer Rechtsverordnung in Aussicht genommen haben, welche die bisher den Justizbehörden obliegende Strafverfolgung von Polen, Sowjetrussen, Juden und Zigeunern auf die Polizei überträgt. Ich nehme dazu, wie folgt, Stellung:
An der Ausübung der Justiz über Juden und Zigeuner durch die ordentlichen Gerichte habe ich kein Interesse. Soweit derartige unerwünschte Elemente vereinzelt im Reichsgau Danzig-Westpreußen noch vorhanden sind und strafbare Handlungen begehen, ist es mir gleichgültig, ob sie auf polizeilichem Wege oder durch die Justiz unschädlich gemacht werden.
Zahlenmäßig werden diese Fälle eine so geringe Rolle spielen, daß ihre Übertragung auf die Polizei der Rechtspflege keinen Abbruch tut. Auch hinsichtlich der Sowjetrussen, die hier ja nur vorübergehend zum Arbeitseinsatz gelangen, bin ich bereit, der Übertragung ihrer Aburteilung auf die Polizei zuzustimmen.
Einen grundsätzlich anderen Standpunkt muß ich jedoch hinsichtlich der sonstigen nicht-deutschen Bevölkerung in Danzig-Westpreußen einnehmen.

7 Die beschuldigten Angehörigen der Gendarmerie führten gegen Lehmann Beschwerde beim Amtskommissar, in deren Folge es zu einer mündlichen Anhörung kam; siehe Dok. 164 vom 6.11.1942.

1 BArch, R 3001/25013, Bl. 46–49.
2 Albert Forster (1902–1952), Bankbeamter; 1923 NSDAP- und SA-, 1926 SS-Eintritt; zunächst Ortsgruppen- und von 1928 an auch Bezirksleiter von Fürth und Mittelfranken, 1930 MdR und Gauleiter in Danzig, von Okt. 1939 an Reichsstatthalter des Reichsgaus Danzig-Westpreußen; im Juli 1946 an Polen ausgeliefert, im April 1948 zum Tode verurteilt und im Febr. 1952 hingerichtet.
3 Dr. Otto Thierack (1889–1946), Jurist; von 1921 an Staatsanwalt am Landgericht Leipzig; 1932 NSDAP- und 1934 SA-Eintritt; 1933 sächs. Justizminister, 1936 Präsident des Volksgerichtshofs, 1939/40 Soldat, von 1942 an RJM; 1945 in brit. Internierungshaft, nahm sich das Leben.
4 Der RMdJ hatte am 27.10.1942 mit textgleichen Schreiben die Gauleiter und Oberpräsidenten in den eingegliederten Gebieten um Stellungnahme zu einer geplanten VO gebeten, ferner die Oberlandesgerichtspräsidenten und Generalstaatsanwälte zu einer Sitzung am 13.11.1942 eingeladen; wie Anm. 1, Bl. 38–41.

Eine in die Augen springende Trennungslinie zwischen deutschem und polnischem Volkstum ist im früher polnischen Teilgebiet von Danzig-Westpreußen heute noch nicht vorhanden. Neben einem verhältnismäßig geringen Hundertsatz von Menschen rein deutschen oder rein polnischen Blutes gibt es hier eine zahlenmäßig sehr starke Mischbevölkerung, deren volkstumsmäßige Einordnung noch nicht geklärt ist. Ein Teil dieser Zwischenschicht ist bereits in die Deutsche Volksliste aufgenommen. Bei einem weiteren Teil werden die Erhebungen darüber, ob er dem einen oder dem anderen Volkstum zuzurechnen ist, noch längere Zeit beanspruchen. Zwischen den Angehörigen dieser Gruppen bestehen vielfache Bindungen, insbesondere verwandtschaftlicher Art, die zum Teil auch in das Altreich hinüberspielen. Nicht selten gehören Glieder derselben Sippe verschiedenen Volkstumsgruppen an. Schon mit Rücksicht auf diese Verzahnung innerhalb der Gesamtbevölkerung meines Gaues ist es untragbar, die Strafrechtspflege zwischen Justiz und Polizei aufzuspalten.

Darüber hinaus stehe ich als Reichsstatthalter und damit als Chef der Reichsjustizverwaltung für den Reichsgau Danzig-Westpreußen auf dem Standpunkt, daß die Aburteilung strafbarer Handlungen grundsätzlich Aufgabe der ordentlichen Justiz und nicht der Polizei ist. Die Gerichte des Reichsgaues sind ihrer Aufgabe bisher in jeder Beziehung gerecht geworden. Sie haben bei der Bekämpfung der polnischen Kriminalität die erforderliche Einsicht in die politischen Notwendigkeiten sowie Härte und Entschlossenheit gezeigt. Das gilt insbesondere von den Sondergerichten. Durch ihre Tätigkeit ist in verhältnismäßig kurzer Zeit ein erfreulicher Zustand der Befriedung erreicht worden. Die Strafrechtspflege bedarf gerade während der Zeit des Aufbaues des Reichsgaues der einheitlichen straffen Führung. Die einheitliche Ausrichtung der Gerichte ist mir bisher gelungen. Mit dem Oberlandesgerichtspräsidenten[5] und dem Generalstaatsanwalt[6] stehe ich in ständiger Fühlung, werde laufend unterrichtet und habe durch sie wie auch durch gelegentlichen unmittelbaren Meinungsaustausch Gelegenheit, den mir erforderlich erscheinenden Kontakt mit den Rechtswahrern zu halten. Auf diese eingespielte und bewährte Zusammenarbeit zu verzichten und die Rechtspflege zwischen Justiz und Polizei aufzuteilen, sehe ich keinen Anlaß. Polizei und Justiz aber mit ihren völlig verschiedenen Arbeitsgrundsätzen einheitlich auszurichten, halte ich für unmöglich. Fehlt es aber an der einheitlichen Ausrichtung, so daß auf dem Gebiet des Strafrechts auseinandergehende Entscheidungen ergehen, so muß in der Bevölkerung Unruhe und Verwirrung entstehen. Dies um so mehr, als die noch auf längere Zeit im Gange befindliche Eindeutschungsaktion zu dauernden Zuständigkeitszweifeln und damit zu Mißhelligkeiten Anlaß geben müßte.

Wie Ihnen der Oberlandesgerichtspräsident und der Generalstaatsanwalt berichtet haben, sind in den ersten 9 Monaten dieses Jahres im ehemals polnischen Teil des Reichsgaues nicht weniger als 69% der vor den Sondergerichten und 54% der vor den

5 Dr. Walter Wohler (1893–1968), Jurist; 1932 NSDAP- und 1934 SS-Eintritt; von Okt. 1918 an Richter am Landgericht Danzig, Febr. 1937 bis Dez. 1939 Präsident des Obergerichts Danzig, 1939–1945 Präsident des OLG Danzig-Westpreußen; SS-Obersturmbannführer, Gauführer des NS-Rechtswahrerbunds; lebte nach 1945 als Pensionär in Westdeutschland.

6 Dr. Kurt Bode (1895–1979), Jurist; 1933 NSDAP-Eintritt; Richter in Danzig, u. a. im Prozess gegen die Verteidiger der Polnischen Post 1939 (38 Todesurteile), von Febr. 1942 an Generalstaatsanwalt in Danzig-Westpreußen; 1945–1949 in sowjet. Kriegsgefangenschaft; 1955–1959 Senatspräsident am bremischen Staatsgerichtshof.

Amtsgerichten anhängig gewordenen Strafsachen gegen Polen gerichtet gewesen. Der Strafjustiz dieses Teilgebiets würde mithin der überwiegende Teil ihrer Aufgabe genommen werden. Die Bevölkerung würde dadurch zwangsläufig zu der Auffassung kommen, daß die Justiz versagt habe. Aus allen diesen Erwägungen habe ich s. Zt. in dem abschriftlich anliegenden Schreiben vom 29. Juli 1942 an den Reichsführer SS[7] der Einführung von polizeilichen Standgerichten für meinen Gau widersprochen. Als Reichsstatthalter, der gegenüber dem Führer die Verantwortung für das, was im Gau geschieht, trägt, muß ich die von Ihnen beabsichtigten Maßnahmen ablehnen. Die Verhältnisse mögen in anderen Gauen anders liegen. Bei der besonderen Lage in Danzig-Westpreußen kommt für mich eine andere Stellungnahme nicht in Frage. Vor allem solange nicht, solange nicht genau feststeht, wer Pole ist und wer Deutscher ist. Das heißt, solange das Volksliste-Verfahren in meinem Gau nicht abgeschlossen ist, werde ich mich mit allen mir zu Gebote stehenden Mitteln gegen die beabsichtigte Maßnahme zur Wehr setzen. Ich halte die Angelegenheit für so schwerwiegend, daß ich sie bei gegebener Gelegenheit unmittelbar dem Führer vortragen würde.
Ich darf mir vorbehalten, an der Besprechung am 13. November d. Js. persönlich teilzunehmen. Sofern ich nicht abkömmlich sein sollte, sind der Oberlandesgerichtspräsident und der Generalstaatsanwalt von mir beauftragt, die Ihnen vorstehend dargelegte Auffassung zum Ausdruck zu bringen.[8]

DOK. 164
Der Postenführer der Gendarmerie in Sobakince berichtet am 6. November 1942 von dem Verlauf und den Zwischenfällen bei der Räumung des Gettos in Marcinkańce[1]

Bericht des Gendarmerie-Postens Sobakince, Kreis Grodno, gez. Hauptwachtmeister der Gendarmerie und Postenführer Wietzke, an den Gendarmeriekreis in Grodno[2] (Eing. 7.11.1942) vom 6.11.1942[3]

Betrifft: Bericht über den Abtransport der Juden aus Marzinkance am 2.11.42.[4]
Bezug: Mündliche Anordnung d. Gend.-Kreises v. 5.11.42
Am 31.10.42 wurde ich mit Bez.-Obw. Olschewski vom Abteilungsführer für den 1.11.42 nach Porzecze befohlen. Dort fand am 1.11.42 15 Uhr in Gemeinschaft mit den Amtskommissaren Marzinkance und Porzecze eine Besprechung, unter dem Hinweis der Geheimhaltung, über die Aktion am 2.11.42 zum Arbeitseinsatz der Juden statt. Ich wurde als Führer der Aktion in Marzinkance bestimmt und erhielt folgenden Befehl. Am

7 Handschriftl. Randnotiz: „anbei". Liegt nicht in der Akte.
8 Nach der Sitzung am 13.11.1942 wiederholte Forster seine ablehnende Haltung zur geplanten VO in einem Schreiben an Bormann. Forster an Reichsleiter Bormann vom 16.11.1942 betr. Abgabe der Strafverfolgung gegen Polen, Sowjetrussen, Juden und Zigeuner; wie Anm. 1, Bl. 73 f.

1 GAGO, 1-1-59, Bl. 2–5, Kopie: USHMM, RG 53 004m, reel 1. Abdruck als Faksimile in: Klarsfeld (Hrsg.), Documents concerning the destruction of the Jews of Grodno (wie Dok. 81, Anm. 1), S. 172–175.
2 Leiter des Gendarmeriekreises Grodno war Leutnant Porzig.
3 Im Original handschriftl. Unterstreichungen.
4 Siehe Dok. 162 vom 2.11.1942.

2.11.42 wird das Ghetto in Marzinkance 5 Uhr umstellt. Dazu erhielt ich als Verstärkung 8 Zollbeamte und eine Anzahl notdienstverpflichtete Reichsdeutsche.[5] Die Anweisung vom Abteilungsführer Lt. Porzig lautete weiter dahin, daß jeder Fluchtversuch von Juden und jede Entziehung der Konzentrierung der Juden mit der Schußwaffe unterbunden wird. Eine Bekanntmachung, die sich in Händen des Amtskommissars befand, sollte dem Judenrat bei Beginn der Aktion mündlich bekanntgegeben werden. Weiter wurde ich auf die schlechte Lage des Ghettos, schlechte Umzäunung, nahes Waldgelände, vom Abteilungsführer hingewiesen. Diese Richtlinien gab ich allen Beteiligten am 2.11.42 4.30 Uhr bei Beginn der Aktion bekannt. Die Stärke betrug bei Beginn der Aktion 15 Mann. Die äußere Absperrung 14. Der Amtskommissar und ich begaben uns um 6 Uhr in das Ghetto. Wir ließen uns den Judenrat kommen und gaben diesem die Bekanntmachung zwecks Arbeitseinsatz der Juden bekannt,[6] mit dem Hinweis, daß sämtliche Juden 8 Uhr mit dem zulässigen Gepäck auf dem Stellplatz anzutreten haben. Gegen 8 Uhr waren schätzungsweise 80 Juden auf dem Stellpatz erschienen. Infolge der geringen Anzahl der Juden ließ ich mir den Judenrat nochmals kommen und forderte diesen auf, sämtliche Juden antreten zu lassen, damit eine pünktliche Abfahrt gewährleistet wird. Inzwischen war der Amtskommissar weggegangen, um die Gestellung der Wagen zu regeln. Der Amtskommissar kam aber nicht wieder, da er zu einem Selbstmord eines Zollbeamten gerufen wurde.[7] Ich rief den Bez.-Obw. Olschewski und beauftragte ihn, mit noch 2 Mann sämtliche Häuser im Ghetto zu durchsuchen und dafür Sorge zu tragen, daß sämtliche Juden antreten. Im gleichen Augenblick kam der Eisenbahner Fahsing[8] und meldete mir, daß er mit einem Juden an der Ghettogrenze eine Auseinandersetzung gehabt hätte.[9] Inzwischen waren etwa 150 Juden angetreten, und ich ordnete an, daß Olschewski dieselben in 6er-Reihe aufstellt. Im gleichen Augenblick stoben die Juden wie auf ein Kommando auseinander, versuchten zum Teil unter Zurücklassung ihres Gepäcks in den Wald, andernteils in die Häuser zu flüchten. Nach pflichtgemäßem Ermessen eröffnete ich aus eigenem Entschluß sowie Olschewski und Fahsing das Feuer aus der MP, um die Fluchtversuche zu verhindern. Vor dem war nicht ein einziger Schuß gefallen. Bei diesem Waffengebrauch wurden ungefähr 90 Juden beiderlei Geschlechts erschossen. Nach diesem Vorfall habe ich mit Olschewski, Fahsing und Marquardt[10] sämtliche Behausungen durchsucht, fanden noch einen Teil der Juden in den Wohnungen versteckt, weiter fanden wir unter den Dielen in 5 Häusern Bunker, in denen Juden hockten. Die Juden hatten die Dielen ausgesägt und nach Betreten dieser Bunker wieder darauf genagelt. Dies ist der Beweis dafür, daß die Juden die Verstecke schon lange Zeit vorbereitet hatten und daß sich ein großer Teil der Juden in den Bunkern verborgen

5 Siehe Notdienstverordnung vom 15.10.1938; RGBl., 1938 I, S. 1441, sowie erste DVO vom 15.9.1939; RGBl., 1939 I, S. 1775.

6 Im Nov. 1942 wurden zahlreiche Gettos im Bezirk Bialystok geräumt und etwa 25 000 Juden nach Treblinka und Auschwitz deportiert.

7 Nicht ermittelt.

8 Otto Fahsing (*1913).

9 Laut eigener Aussage forderte Fahsing einen am Zaun stehenden Juden auf, ins Getto zurückzugehen, da er sonst schießen würde. „Der Jude gab mir frech zur Antwort, es wäre kein Kunststück, auf wehrlose Menschen zu schießen." Daraufhin sei der Jude zu den anderen gegangen; wie Anm. 1, Bl. 9.

10 Emil Marquardt (*1902), Zollsekretär.

hielt. Kein Jude war zu bewegen, weder durch gütliches Zureden noch durch energisches Auffordern, sein Versteck zu verlassen, so daß nur Waffengewalt übrigblieb, um die angeordneten Maßnahmen durchzuführen und um uns durchzusetzen. Vor dem Durchsuchen der Häuser war inzwischen der Amtskommissar wiedergekommen, und der Forstmeister Lehmann hatte ohne Anordnung seinen Posten verlassen und kam zu uns und machte uns, das heißt, dem Amtskommissar und mir, Vorhaltungen, daß zwischen friedliche Juden geschossen worden wäre, seine Mission wäre erledigt. Obwohl Forstmeister Lehmann bis 11 Uhr notdienstverpflichtet war, hat er bereits 9 Uhr seinen Absperrposten verlassen, somit fahrlässiger oder vorsätzlicher Weise die Flucht der Juden begünstigt, und ist nach Hause gegangen, ohne vom Amtskommissar von seiner Notdienstverpflichtung entbunden zu sein. Der Forstmeister sagte mir außerdem, daß viele Juden bei ihm durch den Zaun geflüchtet sind. Ich habe in dieser Zeit keinen Schuß gehört, und Forstmeister Lehmann hat demzufolge trotz Anordnung die Fluchtversuche der Juden mit der Waffe nicht unterbunden. Es beweist somit, daß er in keiner Weise der Lage gewachsen war. Schon beim Antreten [um] 4.30 Uhr hatte ich den Forstmeister Lehmann darauf aufmerksam gemacht, daß es zweckmäßig ist, bei der Absperrung ein Gewehr mitzunehmen. Lehmann hat aber darauf nicht reagiert und seinen Posten ohne Gewehr bezogen. Dies zeugt von wenig Interesse an dieser Sache und bedeutet eine grobe Nachlässigkeit. Lehmann kann sich über diese Vorgänge überhaupt kein Urteil erlauben, er stand etwa 800 m vom Stellplatz der Juden hinter einer Höhe entfernt und kann weder was gesehen noch gehört haben, es sei denn, er hat seinen festgelegten Absperrplatz überhaupt nicht eingehalten. Es wurden insgesamt 132 Juden beim Fluchtversuch erschossen, der restliche Teil ist in die nahe gelegenen Waldungen geflüchtet. Es steht zweifelsfrei fest, daß mindestens 180 Juden bereits vor Beginn der Aktion nicht im Ghetto aufhältlich waren. Die erschossenen Juden wurden im Waldgelände eingegraben, sämtliche vorgefundenen Wertgegenstände wurden dem Amtskommissar übergeben. Ich versichere nochmals, daß der Waffengebrauch nicht nur von mir, sondern von allen Beteiligten nicht nur berechtigt, sondern Verpflichtung war, um die angeordneten Maßnahmen durchzuführen.

Schon die Lage des Ghettos begünstigte eine Flucht der Juden. Es ist vollkommen auseinandergezogen, mindestens 1000 m lang, 200 m breit, zum Teil von Wald umgeben, viele Durchlasse und schadhafter Bretterzaun. Es bestand somit überhaupt keine andere Möglichkeit, der flüchtenden Juden habhaft zu werden, deren Flucht wohl vorbereitet und gut organisiert war. Es muß festgestellt werden, daß alle Beteiligten mit Ausnahme des Forstmeisters Lehmann die Lage richtig erfaßt und die Nerven behalten haben. Jeder hat sein Bestes und Möglichstes getan, um zu verhindern, daß der Abschaum der Menschheit, die Juden, in den Wald flüchteten und die Banditen Unterstützung und Zuwachs erhielten. Mein sämtliches Tun und Handeln geschah auf Anordnung zufolge unserer Vorbesprechung am 1.11.42 meines Abteilungsführers, Übergriffe sind nicht vorgekommen, und die Verantwortung für das Pflichtgemäße wird von hier aus übernommen und getragen.[11]

11 Aus einer Niederschrift vom 15.12.1942 geht hervor, dass alle Beteiligten „alle gegenseitig erhobenen Vorwürfe als erledigt" betrachteten, um künftig eine reibungslose Zusammenarbeit zwischen Forstamt, Gendarmerie und den Amtskommissaren zu gewährleisten; wie Anm. 1, Bl. 22.

DOK. 165

Der Inspekteur der Sicherheitspolizei und des SD im Reichsgau Wartheland stuft am 15. November 1942 die Zustände in den Zwangsarbeitslagern für Juden als unannehmbar ein[1]

Bericht (Geheim!) des Inspekteurs der Sicherheitspolizei und des SD (Tgb. Nr. 659/42g. d/We), Posen, gez. Damzog, an den Herrn Reichsstatthalter und Gauleiter, z. Hd. Herrn Amtsrat Passauer o. V. i. A. (Eing. 20.11.1942), vom 15.11.1942

Betr.: Berichterstattung.
Vorg.: Bericht vom 15.10.42.
[...][2]
II. Judentum.
In den letzten beiden Monaten haben die Fälle der Lagerflucht im Bereich der Staatspolizeileitstelle Posen abgenommen. Dies muß einesteils auf die verhängte Postsperre zurückgeführt werden, zum anderen dürfte sich die bessere Verpflegung der Juden in dieser Hinsicht günstig ausgewirkt haben.
Jedoch wurde in der Berichtszeit von den Juden in den Lagern und auf den Baustellen ein schwunghafter Schleichhandel mit überzähligen Bekleidungsstücken und mit Lebensmitteln betrieben. In einem Falle verschacherte ein Jude einen getragenen Mantel für RM 180,– an einen Polen. An diesem Geschäft waren 5 Juden mit Gewinn beteiligt. Andere Juden ließen sich für eine Scheibe Brot und eine Mittagsmahlzeit 5,– bis 10,– RM zahlen. Zur Unterbindung des Schleichhandels und der Lagerflucht wurden in den letzten Wochen Überholungen der Judenlager durchgeführt und den Juden sämtliche Barmittel und Wertgegenstände abgenommen. Die eingebrachte Summe beträgt rd. RM 30 000,–.
Die mit der Aktion verbunden gewesene Besichtigung der Judenlager ergab, daß die durch die Stadtverwaltung Posen und die DAF betreuten Judenlager in hygienischer und organisatorischer Hinsicht als annehmbar anzusprechen sind. In diesen Lagern sind den Juden vor einiger Zeit die überzähligen Wäsche- und Bekleidungsstücke abgenommen worden, die nach erfolgter Reinigung in einer eigens hierfür hergerichteten Bekleidungskammer aufbewahrt werden. Dadurch wird in regelmäßigen Abständen von 8–14 Tagen der in hygienischer Hinsicht bedeutsame und unerläßliche Wäschewechsel ermöglicht.
Seitens der Lagerführer wird allgemein Klage darüber geführt, daß ihnen die Beschaffung des für Wäsche-, Bekleidungs- und Schuhinstandsetzung notwendigen Materials kaum möglich ist, weil das Wirtschaftsamt in der Regel Anträge auf Ausstellung der erforderlichen Bezugsscheine ablehnt. Des weiteren wurde von den Lagerführern bemängelt, daß ihnen in letzter Zeit nur noch selten Medikamente einfachster Art für die Behandlung kranker Juden geliefert werden. In den meisten Lagern sind weder Zellstoff, Mull oder Papierbinden noch Leukoplast vorhanden. Die Sanitäter oder jüdischen Betreuer sind deshalb nicht in der Lage, kleinere Behandlungen und Verbandswechsel vorzunehmen. Infolgedessen müssen Juden, die bei einfachster Behandlung zur Arbeit herangezogen werden könnten, im Lager zurückbleiben.

1 IPN, Ld 1/281, Bl. 116–118.
2 Der erste Teil des Berichts umfasst den Punkt „I. Der polnische Gegner".

Wie die Überprüfung ergab, befindet sich ein Teil der Judenarbeitslager in den Landkreisen, die den Landratsämtern, Amtskommissariaten oder anderen Behörden unterstehen, in einem äußerst schlechten Zustand. Die Juden solcher Lager waren durchweg verlaust oder mit anderem Ungeziefer behaftet. Die Bekleidung, Wäsche und das Schuhzeug der Juden bestand zumeist nur noch aus Lumpen. Darüber hinaus ist in einigen Lagern nicht einmal die Gelegenheit zum Waschen vorhanden. Die Lagerführer, meist Polen oder ältere Personen, dürften kaum zur ordnungsmäßigen Führung von Judenlagern befähigt sein. Einzelne Lager waren ohne jegliche Aufsicht. Die Juden des Lagers Buschdorf im Landkreis Posen,[3] das dem Amtskommissar in Rotental unterstellt ist und bislang nachts ebenfalls unbewacht blieb, verließen des Nachts mehrfach das Lager, um auf den in der Nähe gelegenen Feldern Feldfrüchte aller Art zu stehlen. U. a. wurden etwa 100 Ztr. Kartoffeln entwendet. Das Diebesgut wurde im Lager versteckt gehalten.
Die Jüdinnen des Lagers Luckland, Krs. Obornick,[4] wurden bislang nachts ebenfalls nicht unter Aufsicht gestellt. Die Jüdinnen dieses Lagers tragen noch langes Haar. Um Seuchengefahr vorzubeugen und zur Erschwerung der Lagerflucht, werden diesen Jüdinnen ebenfalls die Köpfe kahlgeschoren werden.
Die Stimmung der Gettobewohner in Litzmannstadt hat sich hinsichtlich der Ernährungslage zweifellos gebessert. Die Lebensmittelversorgung der Juden ist ausreichender geworden. – Wegen Mangel an Lagerräumen im Getto wurden für diesen Winter den Juden Erdfrüchte (Kartoffeln) für 6 Monate im voraus zugeteilt.
Noch immer gibt es Juden, die durch Hortung Lebensmittel vom Markt ziehen, um sie im Schleichhandel zu Wucherpreisen: 1 kg Kartoffeln 10 Gettomark, 1 kg Brot 120 GM usw. zu verkaufen. Jüdische Angestellte aus den Lebensmittelverteilungsstellen sind die Hauptlieferanten des schwarzen Marktes. Die Lebensmittel dazu gewinnen sie aus von ihnen begangenen Unterschlagungen.
Die Judenschaft hat sich über die letzte Evakuierung (Altersschwache und Kinder unter 10 Jahre) wieder beruhigt.[5] Die Sorge um ihre Angehörigen, von denen jegliche Nachricht ausbleibt, hält nach wie vor an. Bei dieser erwähnten Aussiedlung haben es viele Juden verstanden, ihre Kleinkinder und altersschwachen Familienangehörigen zu verbergen und dadurch der Umsiedlung zu entziehen.
Alle einsatzfähigen männlichen und weiblichen Juden sind im Getto zum aktiven Luftschutz herangezogen und für diesen Dienst ausgebildet worden. Der größte Teil der notwendigen Abwehrgeräte ist bereits angeliefert.
Der Oberbürgermeister von Litzmannstadt[6] plant die Durchführung einer neuen Straßenbahnlinie durch das Getto, um die Verbindung mit dem Stadtteil Stockhof aufrechtzuerhalten, wo immer mehr Deutsche in den Wohnungsneubauten ansässig werden.[7]

3 Das Zwangsarbeitslager Buschdorf (poln. Kicin) bestand zwischen Juli 1941 und Aug. 1943; die jüdischen Häftlinge wurden für Straßenarbeiten eingesetzt.
4 Das Zwangsarbeitslager Luckland (poln. Łukowo) bestand zwischen Frühjahr 1942 und Aug. 1943; die jüdischen Häftlinge mussten in der Landwirtschaft Zwangsarbeit leisten.
5 Bei der „Aktion Gehsperre" waren Anfang Sept. 1942 etwa 16 000 Juden aus dem Getto in das Vernichtungslager Kulmhof deportiert worden; siehe Dok. 147 vom 1.–15.9.1942 (Shlomo Frank).
6 Werner Ventzki.
7 Die Gartenstadt Stockhof (poln. Stoki) im Ostteil von Litzmannstadt wurde 1941 als prestigeträchtiges Neubauprojekt – zum Teil basierend auf poln. Vorkriegsplänen – für die deutsche Bevölkerung begonnen, bis Kriegsende aber nur in Teilen fertiggestellt.

Die Schienenstränge für diesen Straßenbahnverkehr durch das Getto werden instand gesetzt und dürften in kurzer Zeit betriebsfähig sein. Die geplanten Sicherungsmaßnahmen wegen des zu befürchtenden Verkehrs der Fahrgäste mit den Juden erscheinen als genügend.
Die Kriminalpolizeistelle Litzmannstadt hat im Getto in der Berichtszeit 179 Vorgänge verschiedener Art bearbeitet.
Bei 121 Durchsuchungen wurde jüdisches Vermögen: Pelze, Schmuck, Devisen, Lederwaren, Kristalle, Maschinen, Stoffe und Wirtschaftsartikel im Werte von RM 190 000,– sichergestellt.
Die Schutzpolizei meldete Schußwaffengebrauch gegen Juden in 4 Fällen. 2 Juden haben versucht, unberechtigt das Getto zu verlassen, und 2 ihre Wohnung nicht vorschriftsmäßig verdunkelt. Der Schußwaffengebrauch war berechtigt.
Vom Ältesten der Juden wurden 56 Strafverfahren wegen Diebstahls und 136 wegen anderer Vergehen durchgeführt.
Der Älteste der Juden meldete 751 Sterbefälle und 29 Geburten. Von den Todesfällen entfallen 144 auf Unterernährung, 129 auf Herzkrankheit, 79 auf Lungentuberkulose, 42 auf Typhus, 12 auf Ruhr und 14 auf Fleckfieber. 79 Fälle ansteckender Krankheiten (71 Bauchtyphus, 7 Fleckfieber und 1 Ruhr) wurden statistisch erfaßt.
Der Bevölkerungsstand im Getto Litzmannstadt ist in der Berichtszeit auf 88 834 herabgesunken. […][8]

DOK. 166

Dovid Lev berichtet von der Ermordung der Juden in Ciechanowiec vom 2. bis 15. November 1942[1]

Bericht von Dovid Lev, Zambrów, für das Mersik-Tenenbaum-Untergrundarchiv im Getto Białystok, o. D.[2]

Die Vernichtung von Ciechanowiec
erzählt von einem Flüchtling aus Zambrów
Dovid Lev war ein Dorfhändler in Ciechanowiec, der bei den Bauern Eier, Geflügel und dergl. aufkaufte und sie in den umliegenden Städtchen verkaufte.
Jetzt sitzt er vor mir,[3] mit einem hohen bäuerlichen Winterhut und einem sowjetischen Steppmantel. Glattrasiert mit gojischem Aussehen, erzählt er jedoch in reinem volkstümlichen, für Ciechanowiec typischen, etwas gedehnten Jiddisch und flucht häufig.

8 Der letzte Teil des Berichts umfasst die Punkte „III. Sicherheitspolizeiliche Maßnahmen gegen deutsche Volkszugehörige", „IV. Allgemeine Übersicht über kriminelle Verfehlungen und Festnahmen", „V. Einsatz aus besonderen Anlässen", „VI. Sonstiges".

1 AŻIH, 204/6, Bl. 1–5. Das Dokument wurde aus dem Jiddischen übersetzt.
2 Ähnlich wie das Oneg-Shabat-Archiv im Warschauer Getto sammelte auch die Untergrundbewegung im Getto von Białystok Dokumente des Judenmords im Bezirk. Im Herbst 1942 wurden die Gettos im Bezirk Bialystok sowie im Regierungsbezirk Zichenau geräumt und die meisten der noch lebenden Juden in das Vernichtungslager Treblinka deportiert. Der Bericht wurde im Getto Białystok vermutlich im Frühjahr 1943 aufgenommen.
3 Es ist unbekannt, wer Dovid Levs Aussage für das Untergrundarchiv protokollierte.

Ich ließ ihn zweimal, an zwei Abenden, berichten, damit er selbst kontrollieren konnte, ob alles wahrheitsgemäß sei. Es stimmte fast hundertprozentig überein.
Ciechanowiec ist ein typisches Städtchen, Altstadt und Neustadt, mittendrin ein Fluss, verschiedene Bethäuser, Rabbiner verschiedener Gruppierungen, verschiedene Arten von Menschen. Unter den Deutschen existierten zwei Gettos mit einem Judenrat mit dem Obmann Wolf Kagan.[4] Die [Bewohner der] Gettos arbeiteten viel als Schlosser, Tischler oder im Schuster-Artel. Von Bielsk brachte man mit Lastwagen Rohstoffe und holte fertige Produkte ab.
Zusammen mit den Juden, die aus Zaręby, Czyżew und Donir[5] dorthin gebracht worden waren, lebten in dem Doppelschtetl[6] ungefähr 4000 Juden, von denen 1000 arbeiteten.
Die Gerüchte über eine vorbereitete „Aktion" hatten uns nicht erreicht. Am Sonntag wusste man noch von gar nichts. Sonntagfrüh forderte der Bürgermeister 250 Arbeiter für das Dorf Pobikry, 14 Kilometer von Ciechanowiec, an, unter ihnen waren 35 Frauen. Unter den dafür Ausgewählten waren ich und mein Bruder. Meine Frau und mein kleines Kind blieben zu Hause.
Wir fuhren sogleich ab und kamen dorthin. Man schickte mich in die Küche. Unsere Arbeit sollte, wie man uns sagte, darin bestehen, Bäume zu roden. Wir taten aber an dem Sonntag gar nichts. Ich führte nur beim Essen Ordnung ein. Diejenigen, die Essen mitgebracht hatten, stellte ich auf die eine Seite, und die keines gebracht hatten, auf die andere. Diese Letzteren bekamen ihre Portionen aus dem Kessel als Erste, und die anderen mussten warten.
Die Arbeit sollte Montag beginnen. Morgens kochte ich Kaffee und verteilte ihn: jedem Brigadier für seine 20 Arbeiter. Plötzlich fuhren ein geschlossener Lastwagen und danach zwei Motorräder vor und bogen in den Hof ein. Wir hatten gleich ein ungutes Gefühl. Frauen schrien: Juden, wir sitzen in der Falle! Und dann ging es los.
Die Angekommenen drangen in die Häuser ein, schlugen mit Schlagstöcken auf den Kopf, jagten alle nach draußen und kesselten sie ein. Mit Schnüren wurden jeweils zwei an den Händen und am Hals zusammengebunden. Insgesamt 50 Paare, zwischen sie, wenn sie nur lose verbunden waren, schob man Frauen und weitere Männer. Dann befahl man ihnen zu laufen. Sie bekamen keine Luft, die Zungen hingen weit heraus, und sie liefen. Andere konnten es nicht ertragen und zerrissen – während sie liefen – die Schnüre. Auf diese schoss man von hinten und streckte über 100 tot nieder. Die Übrigen liefen auseinander.
Ich rettete mich vor den Fesseln. Ich nahm zwei Eimer, verdeckte meinen Flecken,[7] ging zum Brunnen, und wegen meines christlichen Aussehens ließ man mich gehen. So stand ich und sah der schrecklichen Szene zu, stellte danach die Eimer ab und floh querfeldein. Ich machte mich auf den Weg nach Czyżew, aber als ich näher kam, hielt mich eine mir bekannte Christin auf: Um Gottes Willen, lauf nicht in die Stadt, dort herrscht Chaos. Man tötet Menschen, viele wurden an Zäunen aufgehängt.

4 Wolf Kagan, Unternehmer; in den 1930er-Jahren Eigentümer eines Busfuhrunternehmens in Ciechanowiec; sein weiteres Schicksal ist unbekannt.
5 Diese Ortschaft konnte nicht identifiziert werden.
6 So im Original. Gemeint ist das Doppelgetto in Ciechanowiec.
7 Gemeint ist die gelbe Zwangskennzeichnung für Juden.

Später erfuhr ich, dass es an diesem frühen Morgen auch im Städtchen angefangen hatte. Man schlug, mordete, jagte alle ins Altstadt-Getto und brachte von da aus nach und nach alle zur Bahn und mit der Bahn zu jenem „Friedhof …“,[8] darunter auch meine Frau und mein Kind. Ich habe sie nie mehr gesehen.
Jetzt bin ich auf dem Weg nach Brańsk gelaufen, den ich als Händler oft gefahren bin. Im Dorf Kotset,[9] acht Kilometer von Ciechanowiec, traf ich ein Mitglied unseres Judenrats, Velvl Yakobtsiner. Ihm war Folgendes passiert: In Ciechanowiec war einer von seinem Arbeitsplatz geflüchtet. Der Kommandant meldete, dass er 30 Juden erschießen werde, wenn man den Entlaufenen nicht zurückbringe, und darüber hinaus forderte er 10 000 Mark Abgabe. Daher machte sich Yakobtsiner auf, um in den Städtchen nach dem Geflüchteten zu suchen.
An dem Tag begann in der ganzen Gegend die „Aktion“. Die Städtchen Czyżew, Bielsk, Wysokie und alle anderen waren schon eingekesselt, nur wussten die Juden des einen Städtchens nichts von den anderen. Nur vage Gerüchte liefen um. Als Yakobtsiner davon hörte, stellte er seine Suche ein und machte sich schleunigst auf den Heimweg nach Ciechanowiec. Als wir einander trafen, erzählte ich ihm meine Erlebnisse und was zu Hause geschehen war. Da wollte er nicht mehr dorthin.
Zwei Tage lagen wir bei einem christlichen Bekannten in der Scheune. Er versorgte uns dort mit Essen. Am dritten Tag meldete er uns, dass Gendarmerie kommen werde, um nach Flüchtlingen aus dem Dorf Pobikry zu suchen. Er hatte Angst, dass seine Frau uns verraten könnte, und verlangte, dass wir fortgehen.
So liefen wir in der Nacht nach Kastre,[10] sechs Kilometer weiter. Dort kamen wir zu einem christlichen Bekannten, bei dem ich immer geschossene Hasen gekauft hatte. Zwei Tage haben wir bei ihm verbracht. Dann musste er mit Zwiebeln nach Łomża. Er hatte Angst, seine Frau mit Juden allein zu lassen, und so mussten wir sein Haus verlassen. Ich trennte mich von Yakobtsiner, der einen anderen Weg einschlug. Wieder lag ich einen Tag in einem Dorf herum. Danach kam ich in eine Siedlung, wo schon acht Familien aus Ciechanowiec gestrandet waren – ungefähr 50 Menschen. Der Gastwirt, ein ortsansässiger Christ, hatte ihnen Gold abgenommen, Dollars, Seehundsfellmäntel, und als sie gänzlich ausgeplündert waren, schickte er seinen Sohn mit dem Fahrrad, um sie anzuzeigen. Der Bürgermeister kam, nahm alle fest und brachte sie fort. Ich bin gut davongekommen. Ich bekam von einem benachbarten Christen den Hut, der mich so gojisch aussehen lässt, suchte mir einen Partner und machte mich mit ihm davon. Er war fast nackt, hatte sich Stroh statt Kleidung um den Leib gebunden. So zogen wir über die Dörfer, bis ich auf zwei weitere Flüchtlinge aus Pobikry stieß. Wir „begrüßten“ uns voller Freude, als wären wir auf einem Fest. Sie erzählten mir, dass mein Bruder unter denen war, die man mit einer Schnur gefesselt hatte. Was aus ihm geworden ist, wussten sie nicht.
Wir quartierten uns im Dorf bei einem bekannten Christen, Vlastavski,[11] ein. Wir saßen im Stall und wärmten uns am „Parnik“,[12] wo das Fressen für die Schweine gewärmt

8 Gemeint ist das Vernichtungslager Treblinka.
9 Koce Borowe.
10 Vermutlich: Kostry-Śmiejki.
11 Richtig vermutlich: Włastowski.
12 Poln.: Dampf- bzw. Wasserkessel.

wird. Er redete brüderlich mit uns, aber hinter unserem Rücken zeigte er uns an, und plötzlich sahen wir uns einem Revolver gegenüber und hörten Geschrei: „Aufstehen", „Wie viele Leute seid Ihr?" Man führte uns aus dem Stall, setzte uns auf zwei Fuhrwerke, brachte uns auf das deutsche Amt nach Klikove[13] und setzte uns in den Knast. Man gab uns Brot und Kaffee und behandelte uns überhaupt gut. Es war warm. Wir schliefen die Nacht durch. Am nächsten Tag wurden wir mit zwei weiteren festgenommenen Frauen auf zwei Fuhrwerke gesetzt und nach Czyżew gebracht.
Die Juden von Czyżew hatte man schon früher deportiert. Im entleerten Getto hatten sich wieder verschiedene Flüchtlinge angesammelt. Andere wurden von den Deutschen dorthin gebracht. So waren um die 600 zusammengekommen.
Die Deutschen hatten diesbezüglich verlautbart, dass wer sich in einem leerstehenden jüdischen Haus einquartiere, das Recht habe, alles, was er dort vorfindet, an sich zu nehmen und zu verwenden.[14] Herausnehmen und in ein anderes Haus bringen dürfe man jedoch nichts, dafür werde man erschossen.
Als wir ankamen, bezogen wir ein Haus, in dem schon andere Flüchtlinge wohnten, die alles an sich genommen hatten. Grütze, Fett, Zucker, Bettzeug und Kleidung. Wenn wir sie um etwas baten, behaupteten sie, das alles gehöre ihnen und stamme nicht aus dem Haus. So hatten sie von allem, und wir blieben hungrig und nackt und schliefen auf der Erde. Wir blieben dort zwei Wochen. Täglich gingen wir zur Bahn und verluden Waren, wir gruben, trugen Steine und bekamen dafür ein paar Kartoffeln, die früher Juden gehört hatten. Eines Morgens wurde das Getto plötzlich eingekesselt, und man ließ keinen hinaus. Der Kommissar sagte an: „Ihr werdet in ein Lager gebracht. Hiesige Einwohner dürfen Gepäck mitnehmen, Fremde dürfen gar nichts mitnehmen."
Da wir fast alle herbeigelaufene Fremde waren, haben wir fast nichts mitgenommen. Wir wurden zu siebt auf ein Fuhrwerk gesetzt und auf der Landstraße nach Zambrów gebracht. Nach 22 Kilometern erreichten wir das Lager Zambrów. Dort ließ man uns absteigen. Im Lager hätte man noch leben können, denn die Deutschen gaben pro Person 300 Gramm Brot, ein Kilogramm Kartoffeln, 100 Kilogramm[15] Grütze. Der Judenrat aber ließ Brote zu 1,5 Kilo backen, die pro Person 14 Tage reichen sollten. Den gestohlenen Rest verteilten sie an die eigenen Leute oder verkauften ihn. Salz kostete fünf Mark der Löffel. 100 Gauner arbeiteten den ganzen Tag über bei den Kartoffeln. Man nahm das Dicke [aus dem Kessel] heraus, goss Wasser in die Kessel und ließ das Ganze kaum aufkochen, bevor man es portionsweise verteilte.
Wir schlugen Krach. Es half aber gar nichts.
Es waren 20 Fass eingelegte Tomaten vorhanden. Davon gaben sie niemandem etwas, nicht einmal einem geschwächten Kind. Erst als man davon sprach, dass das Lager aufgelöst werde, fingen sie an, von den Tomaten zu verkaufen.
Das Lager bestand aus Kasernen, die noch aus der zaristischen Zeit stammten. Einige Gebäude, eines neben dem anderen, alle mit Stacheldraht umzäunt. Von einem Haus in das andere konnte und sollte man nicht gehen.

13 Klukowo, etwa 30 km östlich von Ostrów Mazowiecka.
14 Eine solche VO konnte nicht ermittelt werden.
15 So im Original.

Der Judenrat bestand aus Judenräten der deportierten Städtchen Łomża, Ciechanowiec, Vitoke,[16] Wizna, Shniadow[17] und anderen.
Im Lager waren, so sagte man, 17 000 Menschen und etliche Hundert Kranke in einem Hospital.
Im Lager wurden uns Einzelheiten über die Zerstörung unseres Schtetls bekannt.
In Ciechanowiec gab es einen Juden namens Weiner, einen sehr klugen, der beim Bürgermeister angesehen war. Wenn er kam, nahmen der Deutsche[18] und seine Frau ihn auf, baten ihn, Platz zu nehmen, bezeugten ihm Respekt und unterhielten sich mit ihm.
An jenem Sonntag forderte der Bürgermeister Weiner auf, am nächsten Morgen, Montag um vier Uhr früh mit zwei weiteren Juden, Kutschern, Chauffeuren zu ihm zu kommen. Sie kamen zur bezeichneten Stunde. Der Bürgermeister fuhr mit ihnen im Auto zur Schupo und hat sie dort alle drei eigenhändig erschossen.
In jener Stunde fing „es" an.
Es wurde eine Anordnung herausgegeben, dass bis Sonntagnachmittag drei Uhr alle Juden aus der Neustadt ins Altstadt-Getto überzuwechseln hätten. Wer in der Neustadt angetroffen werde, werde erschossen. Ein chaotischer Umzug begann. Manche aber versteckten sich in Verschlägen, auf Dachböden, in Kellern. Bald wurden Durchsuchungen durchgeführt, und es wurde geschossen. An jenem Tag wurden dort 700 Menschen erschossen. Die Übrigen wurden später aus dem Altstadt-Getto nach Czyżew zur Bahn gebracht und von dort nach Małkinia zum „Friedhof".
Von allen 4000 aus Ciechanowiec sind nur 60 geflohen und haben sich über die Landstraße nach Zambrów gerettet. Sie haben uns dies berichtet.
Einer, Hershl Roshekhovitsh, floh aus der Bahn von Czyżew nach Treblinka, bei Małkinia. Er kam aus dem Lager Zambrów und ist jetzt in Białystok.
Eines Tages meldete uns der Chef, Bloch, ein Deutscher, dass das Lager aufgelöst werde und wir in ein anderes Lager überführt würden. Uns wurden zwei Tage gegeben, um uns vorzubereiten. Wir verstanden, dass das nach Treblinka riecht.
Die Auflösung erfolgte städteweise, eine nach der anderen. Alle wurden nach Czyżew zur Bahn gebracht.
Freitagabend bin ich geflüchtet.
Noch vor Beginn der Auflösung wurden täglich 30 Mann aus dem Lager geholt und in den Wald geführt, wo sie Gruben ausheben mussten.
Uns war gleich klar, dass man die Insassen des Hospitals an Ort und Stelle erschießen wird. Später, als alle abgeführt wurden, ließ man das Hospital außen vor, und wie ich feststellte, wurden tatsächlich alle Kranken im Wald erledigt und [ihre Leichen] in den Gruben verscharrt.
Ich machte mich über die Landstraße Ciechanowiec-Wysokie auf den Weg nach Białystok. Dank meines gojischen Huts und meines gojischen Aussehens – den Flecken hatte ich abgenommen – legten sich die Christen unterwegs nicht mit mir an. Deutsche vermied ich. Ich ging entlang der Eisenbahnstrecke, bis ich am Montag Białystok erreichte. Ich traf auf einen Waggon mit jüdischen Arbeitern, die mich in ihre Kompanie aufnah-

16 Gemeint ist womöglich Wysokie Mazowickie.
17 Śniadowo. Alle genannten Gettos wurden im Nov. 1942 aufgelöst und die Bewohner überwiegend in das Vernichtungslager Treblinka deportiert, das etwa 40 km weiter südlich lag.
18 Gemeint ist der Bürgermeister.

men, mich einen ganzen Tag mit sich arbeiten ließen und mich abends durch das Tor ins Getto brachten.
Von meiner Frau und meinem Kind, meinem Bruder und meiner Familie habe ich keinerlei Nachricht, nur dass von ihnen keiner mehr lebt.

DOK. 167
Der Chef des SD-Leitabschnitts Posen, Rolf-Heinz Höppner, informiert die Reichsstatthalterei am 16. November 1942 über die unter Polen verbreiteten Gerüchte über die Massenmorde an Juden[1]

Meldungen (geheim) aus dem Reichsgau Wartheland für die Zeit vom 8.11. bis 14.11.1942 des Sicherheitsdienstes des Reichsführers SS, SD-Leitabschnitt Posen (Tgb. Nr. 307/42), gez. SS-Sturmbannführer Höppner,[2] an die Reichsstatthalterei, z. Hd. von SS-Oberführer Dr. Mehlhorn, vom 16.11.1942 (Auszug)

[…][3]
4. Gerüchte über Massenhinrichtungen von Juden.
Nach hier vorliegenden Meldungen habe unter den Posener Polen ein Gerücht große Erregung hervorgerufen, das angeblich von polnischen Eisenbahnern verbreitet wird, wonach Tausende von Juden aus dem Altreich in entlegene russische Gebiete mit der Bahn gebracht werden. Noch im Zug erhielten die Juden, einschließlich Frauen und Kinder, Befehl, sich zwecks Entlausung zu entkleiden, worauf sie an bereits fertige Gräber gebracht und dort mit Maschinengewehren niedergeschossen würden. Die abgelegten Kleider würden nachher von Politischen Leitern nach Kostbarkeiten untersucht und in Wäschekörben davongetragen. Auf diese Weise sollen bei Minsk bereits 100 000 Juden hingerichtet worden sein.[4]
Unter den Polen hat dieses Gerücht große Angst ausgelöst, da sie befürchten, daß mit ihnen eines Tages dasselbe passieren werde.

1 Instytut Zachodni, I.Z. Dok. I–619.
2 Rolf-Heinz Höppner (1910–1998), Jurist; 1930 NSDAP-, 1931 SA- und 1934 SS-Eintritt; von 1939 an Leiter des Volkstumsreferats in der Reichsstatthalterei in Posen, 1940–1944 zugleich Leiter des SD-Leitabschnitts und der UWZ Posen, Juli 1944 Amtschef in der Reichsstatthalterei; 1945–1947 in brit. Gefangenschaft, nach Polen ausgeliefert, 1949 in Posen zu lebenslanger Haft verurteilt, 1957 entlassen, danach ORR im Bundesministerium für Wohnungsbau.
3 Es ist nur dieser Auszug überliefert, über die vorangehenden bzw. ggf. nachfolgenden Passagen lassen sich daher keine Aussagen treffen.
4 Im Nov. 1941 und zwischen Mai und Sept. 1942 waren in 24 Transporten ca. 25 000 Juden aus dem Reich nach Minsk bzw. nach Malyj Trostenec deportiert worden. Bis auf sehr wenige Überlebende wurden sie erschossen bzw. in Gaswagen ermordet.

DOK. 168

Shmerel Elman beschreibt im November 1942, dass sein Vater sich angesichts der bevorstehenden Deportation der Familie aus dem Getto von Prużany das Leben genommen hat[1]

Handschriftl. Tagebuch von Shmerel Elman,[2] Einträge vom 1. bis 20.11.1942

1.XI.1942, 6 Uhr früh
Das Getto wurde geschlossen. Die [Deutschen] sind über uns gekommen. Wo immer man sich im Getto auch hinwendet, begegnet man der kalten, mörderischen Gestalt des deutschen Wachpostens. Die Stimmung ist gedrückt. Menschen rennen herum wie vergiftete Mäuse, wissen nicht, was tun, denn jeder hat bereits sein Ende vor Augen. Dasselbe Ende wie in den Gettos, die schon an der Reihe waren. Und dabei will doch jeder leben. Gruppen von Jugendlichen sammeln sich an vielen Orten entlang des Stacheldrahts um das Getto. Jeder will sich retten. Jeder ist entschlossen, sich zu retten, aber jeder scheitert. Die Gestapoleute fahren in Taxen herum und [...][3] bereiten allen Vorbereitungen zur Flucht ein trauriges Ende. Tausende lebende Leichname, die schon wissen, dass sie jeden Moment getötet werden, bevölkern die Straßen und warten auf ein Wunder. Denn nur ein Wunder kann diese Tausende noch retten, die durch furchtbare Leiden umgebracht werden, nur weil sie den Namen Jude tragen. Der Chef der Gestapo kam in den Judenrat und erklärte dem Präses,[4] dass sich alle Juden marschbereit zu halten hätten und jederzeit evakuiert werden könnten. Das könne schon am nächsten Tag sein, sich aber auch noch um bis zu zwei Wochen verschieben. Fest steht aber, dass die Evakuierung stattfinden wird und alle sich bereithalten müssen. Diese Erklärung lässt das Blut in den Adern gefrieren. Einzelne Gruppen Jugendlicher organisieren Widerstand. Der Präses aber fordert auf, sich ruhig zu verhalten und abzuwarten, ob es vielleicht gelingt, die Evakuierung abzuwenden. Die Jugend wartet, dass es Nacht wird. In dieser Atmosphäre vergeht der Tag. Nachts werden die deutschen Wachposten verstärkt. Rings um das Getto hat man elektrische Beleuchtung angebracht, und ständig steigen am Gettozaun Leuchtraketen auf. In der Nähe der Drähte sammeln sich Gruppen, bis sie von Gewehrschüssen auseinandergetrieben werden, wobei Tote und Verwundete liegen bleiben. Viele haben es bereits aufgegeben, sich zu retten, und gehen auseinander. Nur die häufigen Schüsse am Gettozaun künden von weiteren Versuchen auszubrechen.

1 AŻIH, 302/36, Bl. 1–10. Abdruck in: Pinkas Pruzhane, Bereze, Maltsh, Shershev, Selts. Zeyer oyfkum, geshikhte un umkum, Buenos Aires 1958, S. 667–669. Das Dokument wurde aus dem Jiddischen übersetzt.

2 Shmerel, auch Shemaryahu Elman (*1919), stammte aus Prużany, lebte vor dem Krieg in Wilna; er floh aus dem Getto, schloss sich sowjet. Partisanen an und wurde im Juli 1944 von der Roten Armee befreit; nach 1945 lebte er in einem DP-Lager in Österreich und emigrierte später in die USA.

3 Zwei Worte unleserlich.

4 Vorsitzender des Mitte Juli 1941 gebildeten Judenrats in Prużany war Icchak Janowicz, Kaufmann; vor 1939 in der zionistischen Bewegung in Prużany aktiv; bei Auflösung des Gettos im Jan. 1943 vermutlich vor Ort ermordet oder nach Auschwitz deportiert.

2.XI.42
Dieselbe Stimmung. Aber da es unmöglich ist, aus dem Getto herauszukommen, fängt man jetzt an, unterirdische Verstecke zu graben. Als wäre eine Epidemie ausgebrochen, graben Jung und Alt getarnte Gruben. Jeder versorgt sich mit so vielen Vorräten, wie er kann. Obwohl alle das Schicksal solcher Verstecke schon kennen – dass sie sehr schnell von den deutschen Spezialisten des Todes entdeckt werden –, bildet jeder sich ein, dass gerade er nicht entdeckt werden wird. Trotz allem versuchen Einzelne noch immer, aus dem Getto herauszukommen, und bleiben erschossen am Gettozaun liegen.

3.XI.1942
Auf viele wirkt es beruhigend, dass sich die Evakuierung verschiebt, obwohl sie wissen, dass es unmöglich ist, gerettet zu werden. Man baut Verstecke, obwohl die Arbeit nicht von der Hand gehen will. Oft kommt die Gestapo in Lastwagen ins Getto. Denn inzwischen wurde dem Getto ein Nervenkrieg erklärt, in dem möglichst viele den Kopf verlieren sollen. Die sozialen Institutionen beraubt man der Mittel. Das alles beweist, dass das Ende sicher ist, unsicher ist allein das Datum.

4.XI.1942
Von früh an haben sich an den Toren des Gettos Massen von Christen versammelt, die schon ungeduldig darauf warten, dass der Massenmord beginnt und sie ihren Anteil an der Beute bekommen. Der Jude ist unrein, aber sein Besitz ist koscher. Das menschliche Mitgefühl ist den Versammelten schon abhandengekommen, und ihre Augen glänzen wie die gieriger Raubtiere.
Das Herz möchte zerspringen, wenn man sieht, wie diese Raubtiere sich frei bewegen, während ein Volk mit solchen Traditionen auf so entsetzliche Weise umgebracht wird! So vergeht ein Tag nach dem anderen. Die lebenden Leichname sind durch die Verzögerung zermürbt. Die Nerven sind schon aufgerieben. Bis zum 13.11.42 viele Fälle von Selbstmord.

13.XI.42
Ganz früh verbreitet sich die Nachricht, dass die Juden aus Bielsk bereits evakuiert wurden.[5] Ich bin gerade dabei, ein Versteck fertigzustellen. Als ich nach Hause komme, erfahre ich, dass mein Vater[6] zum Frühstück nicht dort war. Die Unsrigen suchen ihn überall. Meine Mutter hat schon einen Verdacht und kann sich nicht beruhigen. Ich und mein Bruder[7] haben aber keine Zeit für solche Nebensächlichkeiten. Wir haben beschlossen, unser Leben nur um einen hohen Preis herzugeben, uns wenn irgend möglich zu retten und an denen Rache zu nehmen, die das Blut der Unsrigen vergossen

5 In Bielsk Podlaski, 40 km südlich von Białystok und 50 km nordwestlich von Pružany, lebten vor Sept. 1939 etwa 2500 Juden. Im Aug. 1941 richteten die Deutschen ein Getto für 5000 Juden der Stadt und der Umgebung ein, Anfang Nov. 1942 wurde ein Teil der Gettobewohner in das Vernichtungslager Treblinka deportiert, die Übrigen Anfang 1943 in das Getto Białystok, bis das Getto im Febr. 1943 aufgelöst wurde.
6 Benjamin Elman.
7 Josef, auch Yosel Elman (*1922); flüchtete mit seinem Bruder aus dem Getto zu den sowjet. Partisanen; auch er überlebte und befand sich nach dem Krieg in einem DP-Lager in Österreich.

haben. Da es jetzt unmöglich ist, aus dem Getto auszubrechen, wollen wir die Evakuierung im Versteck abwarten und danach in den Wald gehen. Für unsere Verwandten ist das eine Narrheit, wir aber arbeiten energisch an diesem Weg. Abends kommt meine Schwester weinend zu uns gelaufen: Ihr seid hier, und wir suchen schon den ganzen Tag nach dem Vater und können ihn nirgends finden! In dem Moment gibt es mir einen Stich ins Herz, und mir kommt der Gedanke: Er hat sich aufgehängt. Eilends laufe ich nach Hause. Ich erfahre, dass man den Vater überall gesucht hat außer auf dem Dachboden, denn der ist abgesperrt, und den Schlüssel hat mein Vater. Keiner außer mir kam auf die Idee, ihn dort zu suchen. Ich krieche durch die Bodenluke. Innen ist es dunkel, nur durch einen Spalt kommt etwas Sonne herein und beleuchtet ein über den Boden gezogenes Seil. Mein Herz klopft hastig, mein Verdacht war berechtigt: Da hängt mein Vater, seine Beine baumeln. Ich öffnete die Tür von innen, lief in die Wohnung und schrie: Gebt mir ein Messer! Alle sehen mich erstaunt an. Ich nehme ein Messer, kehre auf den Boden zurück, zerschneide das Seil und trage den Körper meines heiß geliebten Vaters, der seinem Leben selbst ein Ende gemacht hat, auf der Schulter in die Wohnung. Er wollte nicht zusehen, wie seine geliebte Frau und seine Kinder umgebracht werden. Meine Mutter fiel in Ohnmacht. Beide Schwestern ebenfalls. Mein jüngerer Bruder verstummte, unfähig, ein Wort herauszubringen. So war es an mir, Trost zu spenden und die, die ohnmächtig geworden waren, zu beruhigen. Der Ort des Geschehens beweist, mit welcher Ruhe mein Vater, seligen Angedenkens, seine eigene Hinrichtung durchgeführt hat. Alles war darauf ausgerichtet, dass niemand Verdacht schöpfen und man ihn etwa noch lebend vom Galgen herunternehmen könnte. Das ist ihm gelungen. Er ist schon besser dran als wir und hat sein Leben beendet, während uns das Massaker noch bevorsteht. Das Begräbnis war am nächsten Tag. Fast die ganze Stadt gab ihm das Geleit, und alle meinten, er sei der Glücklichste unter ihnen.

15.XI.1942 2 Uhr mittags
Nach 14 Tagen Dunkelheit und Anspannung, nach 14 Tagen, in denen wir jederzeit den Tod erwarteten, kam die Erleichterung: Das Pruzhaner Getto wird noch bis zum Frühling kommenden Jahres erhalten bleiben. So bestimmen es Hitlers kalte Mörder. Die Nachricht wirkte erfreulich auf alle lebenden Leichname, und sie werden wieder lebendiger. Mein Vater hat diese Neuigkeit nicht abgewartet. Seinen Platz als Ernährer und Ratgeber der unglücklichen Familie nahm nun der älteste Sohn ein. Mir war klar, dass dies alles nur zeitweilig sein wird und der Tag unseres Endes bevorsteht. Denn inwiefern sollte es uns besser gehen als Tausenden Bewohnern anderer Städte und Shtetl, die bereits umgebracht wurden? Bei vielen Jugendlichen kam der Gedanke auf, sich zu bewaffnen und in die Wälder aufzubrechen, um als Partisanen gegen die deutschen Banditen zu kämpfen.
Vom 13.XI. bis 20.XI. Massenmord-Tage.[8]

8 Anfang Nov. 1942 lebten noch knapp 10 000 Juden im Getto von Pružany, das erst im Jan. 1943 aufgelöst wurde. Die meisten Bewohner, darunter auch Shmerel Elmans Mutter Tsirel sowie seine Schwestern Chajka und Sheindel, wurden nach Auschwitz deportiert und dort ermordet.

DOK. 169

Der Höhere SS- und Polizeiführer in Posen informiert die Treuhandstelle am 30. November 1942 über den Verbleib von Lederwaren der zuvor aus Lubranek deportierten Juden[1]

Schreiben des HSSPF beim Reichsstatthalter in Posen im Wehrkreis XXI, der Inspekteur der Sicherheitspolizei und des SD (Tgb. Nr. 1629/42 Mö/We.), gez. Damzog, an den Leiter der Treuhandstelle Posen (Eing. 2.12.1942) vom 30.11.1942[2]

Betr.: Ehem. jüdischen Besitz.
Vorg.: Dort. Schreiben vom 1.9.42 – G. Nr. A III 680/42 Dr. T[3]/Koe. – an den Höheren SS- und Polizeiführer und diess. Schreiben vom 24.9.42 – Tgb. Nr. 1472/42 –.[4]
Die Überprüfung in obiger Angelegenheit hat folgendes ergeben:
Nach der Aussiedlung der Juden aus Lubranek,[5] Krs. Leslau, gab ein Jude bei dem Aussiedlungskommando an, in dem von ihm ehemals bewohnten Hause einen Posten Leder versteckt zu haben. Angehörige des betreffenden Kommandos begaben sich daraufhin nach Lubranek und stellten fest, daß die Angaben des Juden der Wahrheit entsprachen. Sie beschlagnahmten das Leder und führten es der Gettoverwaltung Litzmannstadt zu. Allerdings entspricht die Menge des vorgefundenen Leders nicht der in Ihrem Schreiben[6] angegebenen Menge. Es wurde ein bedeutend kleinerer Posten vorgefunden. Weiter wurde festgestellt, daß seitens des Kommandos der Gettoverwaltung Litzmannstadt verschiedentlich Leder und Schuhzeug angeliefert wurden. Ob diese Waren aus Lubranek stammten, läßt sich nicht mehr feststellen. Das gesamte von dem Kommando angelieferte Leder wurde durch die Gettoverwaltung in den jüdischen Werkstätten sofort zu Schuhwerk verarbeitet, Schuhe ausgebessert und das übrige dem Handel zugeführt, der dann von sich aus den Verkauf vornahm. Nach der gemachten Feststellung dürfte es sich bei dem beschlagnahmten Posten Leder zweifellos um jüdisches Eigentum gehandelt haben, das gemäß Erlaß des Reichsstatthalters über Verwertung von jüdischem Vermögen[7] der Gettoverwaltung zugeführt werden

1 APP, 759/1697, Bl. 11 f.
2 Siehe Dok. 116 vom 10.6.1942.
3 Dr. Rudolf Toyka.
4 Wie Anm. 1, Bl. 19 f. und 16 (dort mit Datum vom 24.9.1942).
5 In Lubranek (poln. Lubraniec) lebten zu Beginn der deutschen Besatzung knapp 1000 Juden. Die meisten von ihnen wurden im Sept. bzw. Nov. 1941 in das Getto Litzmannstadt deportiert, die letzten verbliebenen ca. 100 Juden im Frühjahr 1942 ermordet.
6 Im genannten Schreiben ist die Rede von zahlreichen Ballen Leder sowie über 350 Paar Lederstiefel; wie Anm. 1, Bl. 19.
7 Zwei diesbezügliche geheime Anordnungen Greisers vom 18.3. und 1.5.1942 sind aus anderen Akten nur dem Inhalt nach, aber nicht wörtlich bekannt; siehe Michael Alberti, Die Verfolgung und Vernichtung der Juden im Reichsgau Wartheland 1939–1945, Wiesbaden 2006, S. 454, Anm. 417; Eisenbach (Hrsg.), Dokumenty i materiały (wie Dok. 45, Anm. 9), S. 209 f.

muß. Es wird hier die Ansicht vertreten, daß das beschlagnahmte Leder auch unter den Erlaß fällt.
Sollten dortseits irgendwelche geldlichen Ansprüche gestellt werden, so ist die Gettoverwaltung Litzmannstadt bereit, darüber zu verhandeln.[8]

DOK. 170
Die Polizei in Sosnowitz berichtet am 4. Dezember 1942 von der Niedergeschlagenheit der Juden nach den vorangegangenen Deportationen[1]

Lagebericht des 2. Polizeireviers (2. R. 6280/4.12.), gez. Kuhnerts, an das Schutzpolizei-Abschnittskommando I in Sosnowitz (Eing. 5.12.1942) vom 4.12.1942

Lagebericht.
I. 1) *Allgemeine Lage in politischer und polizeilicher Hinsicht.*
a) Die Stimmung unter den Reichs- und Volksdeutschen ist allgemein zuversichtlich und gut. Über die Dauer des Krieges ist man zu der Erkenntnis gekommen, daß die Niederwerfung eines seit 20 Jahren auf den Krieg hinarbeitenden Feindes nicht so ohne weiteres geschehen kann. Der Gedanke an den Endsieg ist unerschütterlich.
b) Bei den Polen besteht nach wie vor die Auffassung, daß Deutschland in diesem Ringen unterliegen wird und der polnische Staat wieder auferstehen werde. Durch die Massenlandung der amerikanischen und britischen Truppen in Afrika wird noch dieser Glaube bei den Polen gestärkt.
In politischer Hinsicht sind Veränderungen nicht zu verzeichnen.
c) Die jüdische Bevölkerung tritt politisch nicht in Erscheinung. Sie ist aber durch die vor kurzem in größerem Umfange durchgeführten Evakuierungen[2] in sehr gedrückter Stimmung, weil sie von ihren evakuierten Angehörigen noch keinerlei Nachricht erhalten haben.
2) *Kommunale Lage.*
Die Verkehrswege, Straßen und Gehbahnen im Bereich des 2. Reviers befinden sich zum großen Teil in einem schlechten Zustande. In mehreren Seitenstraßen ist noch keine Kanalisation vorhanden. Von den Anwohnern dieser Grundstücke wird das Schmutz- und Jauchewasser auf die Straßen geschüttet, wobei sich Seuchenherde bilden.
3) *Wirtschaftliche Lage unter besonderer Berücksichtigung der Preis- und Lohnverhältnisse und des Arbeitsmarktes.*
Allgemein wird sehr geklagt, daß die Löhne nicht den Lebensmittelpreisen entsprechen und zu niedrig sind.

8 Der HSSPF folgt in seiner Argumentation einem Schreiben der Gettoverwaltung an die Gestapo in Litzmannstadt vom 20.10.1942. Abgedruckt in: Josef Wulf, Lodz, das letzte Ghetto auf polnischem Boden, Bonn 1962, S. 70 f., in dem Biebow betont, dass alle Werte „bei der Evakuierung der Juden aus den Landgebieten" der Gettoverwaltung zustünden, auch weil diese „die Finanzierung des Sonderkommandos" im Vernichtungslager Kulmhof zu bestreiten habe.

1 APK, 807/334, Bl. 4–6.
2 Im Mai, Juni und Aug. 1942 waren insgesamt etwa 10 000 von den Deutschen als arbeitsunfähig kategorisierte Juden nach Auschwitz deportiert worden.

Erwerbslose sind nicht vorhanden. Alle Arbeitnehmer befinden sich in Dauerbeschäftigung, und es ist somit auch ein regelmäßiges Einkommen gesichert. Preiserhöhungen sind nicht eingetreten.

4) *Ernährungslage.*

Nach wie vor ist die Versorgung der Bevölkerung mit Lebensmitteln mangelhaft. Es müßte dafür gesorgt werden, daß die deutschen Familien hier entsprechend der Zuteilung im Altreich behandelt werden. Unangenehm wird empfunden, daß keine Zuteilung von Schweinefleisch erfolgt. Die Zuteilung von Fisch ist in diesem Gebiete sehr gering.

5) *Verschiedenes.*

Die im Bereiche des 2. Polizeireviers verkehrenden Straßenbahnen sind in den Früh- und Abendstunden, insbesondere Sonnabend nachmittags, so überfüllt, daß ein großer Teil der anstehenden Fahrgäste an den Haltestellen die öffentlichen Verkehrsmittel nicht benutzen kann. Weiter ist festgestellt, daß die polnische Bevölkerung mit [in] die Straßenbahnwagen der Deutschen einsteigt.[3] Eine diesbezügliche öftere Kontrolle wäre erwünscht. Ferner ist erforderlich, daß die Straßenbahndirektion die Straßenbahnbediensteten zur besonderen Höflichkeit ermahnt und die Grußpflicht gegenüber den deutschen Uniformträgern in Erinnerung bringt.

Die deutschen Hausfrauen führen Klage, daß in den für sie vorhandenen deutschen Geschäften zu wenig Bedienungspersonal zur Verfügung steht. Sofern die Waren zur Ausgabe gelangen, müssen sie oft stundenlang stehen. Weiterhin ist beobachtet worden, daß die Frauen der ehemals ortsansässigen Volksdeutschen ein allzu freundliches Verhältnis mit den Polen pflegen, in den Geschäften verlangen sie ihre Waren in polnischer Sprache.

II. 1) *Allgemeines über die Lage und Bestrebungen der fremden Volksgruppen und Slonsaken.*[4]

Mit den bestehenden Einrichtungen und Vorschriften ist die polnische Bevölkerung unzufrieden. Nur widerwillig gewöhnen sie sich an Ordnung und Sauberkeit.

In dem russischen Gemeinschaftshaus (Russische Straße 33) halten die ehemals emigrierten Russen dieser Volksgruppen ihre Versammlungen ab. Ihre Bestrebungen gehen dahin, wieder nach Rußland unter anderen Verhältnissen zurückzukehren. Sie sind deutschfreundlich eingestellt.

Allgemein kann gesagt werden, daß die fremden Volksgruppen wirtschaftlich nicht schlechter gestellt sind als die Deutschen. Slonsaken wohnen im Bereich des 2. Reviers nicht.

2) Von Jugenderziehung kann bei der polnischen Bevölkerung nicht gesprochen werden. Die Kinder lungern verwahrlost in den Straßen umher und versuchen durch Zeitungsverkauf Geld zu verdienen. Versteckte Vereinigungen der polnischen Jugend sind nicht wahrzunehmen.

3) In der Industrie werden zum größten Teil fremde Volksgruppen beschäftigt.

4) Im 2. Polizeirevier halten sich die Zu- und Abwanderungen in niedrigen Grenzen.

3 In den Straßenbahnen war der vordere Waggon für Deutsche reserviert und durfte von Polen nicht betreten werden; diese mussten den hinteren Waggon benutzen.

4 Nationale Minderheit in Oberschlesien, die sich bis heute sowohl von der deutschen als auch von der polnischen Bevölkerung abgrenzt. Anfang der 1930er-Jahre bezeichneten sich knapp 25 000 Personen als Slonsaken.

5) In den katholischen Kirchen ist der Besuch durch die polnische Bevölkerung sehr rege. Der Gottesdienst wird nur in polnischer Sprache abgehalten. In der letzten Zeit ist beobachtet worden, daß sich die polnischen Geistlichen der Kirche am Poggenweg sehr viel mit Kindern beschäftigen. Es besteht die Vermutung, daß Beichtunterricht abgehalten wird.

DOK. 171
Die polnische Untergrundbewegung meldet der Exilregierung am 10. Dezember 1942 den Massenmord im Vernichtungslager Kulmhof[1]

Rapport der poln. Untergrundbewegung für die Westgebiete Nr. 2 bis 10.12.1942 für die Polnische Exilregierung in London, o. D.

A. Großpolen und Wojewodschaft Łódź[2]
[...][3]
II. Terror und Vernichtung
1. Todesurteile und Hinrichtungen. – Die ganze „Rechtsprechung" steht in Bezug auf die Polen im Zeichen der Todesstrafe, derer man sich ausgesprochen ausschweifend ohne Rücksicht auf Alter, Geschlecht und Schuld bedient. Die roten Anschläge (Dokument),[4] die die Vollstreckung der Urteile bekanntgeben, verschwinden nicht von den Mauern der Stadt und werden ständig mit neuen ergänzt. Es kommt vor, dass nebeneinander gleichzeitig drei oder vier solcher Bekanntmachungen kleben. Die Anschläge sollen die polnische Bevölkerung terrorisieren. Ungeachtet solcher „erzieherischen" Absichten entspricht die Zahl der veröffentlichten Urteile nicht der Wahrheit. Die roten Anschläge, die in Posen geklebt wurden, informierten über den Tod von:
im Juli – 54 Personen (am 15.7. wurden auf einem Anschlag 29 Namen veröffentlicht);
im August – 36 Personen (darunter eine Frau);
im September – 59 Personen (darunter zwei Frauen; am 16.9. wurden auf einem Anschlag 36 Namen veröffentlicht);
im Oktober – 47 Personen (darunter zwei Frauen);
im November – 33 Personen (darunter sechs Frauen);
zusammen sollen also im Laufe von fünf Monaten nur 219 Todesurteile vollstreckt worden sein. Ein Maß für die Differenz zwischen der publizierten und der tatsächlichen Zahl können die folgenden Angaben sein: Im Zeitraum von April bis Mitte Juni dieses Jahres wurde in Posen die Vollstreckung von 70 Todesurteilen amtlich angezeigt. Aus vertrauenswürdiger Quelle erfahren wir jedoch, dass in derselben Zeit 400 Exekutionen stattgefunden haben. (Innerhalb von nur drei Wochen sollen 150 Personen hingerichtet worden sein!)

1 AAN, Delegatura Rządu na Kraj, 202 III 139, Bd. 1/2. Abdruck in: Raporty z ziem wcielonych do III Rzeszy (1942–1944). Pod redakcją Zbigniewa Mazura/Aleksandry Pietrowicz/Marii Rutowskiej, Poznań 2004, S. 19–34. Das Dokument wurde aus dem Polnischen übersetzt.
2 Der gesamte Bericht umfasst die Regionen A. Großpolen, B. Schlesien, C. Pommern und D. Zichenau.
3 Der erste Abschnitt des Berichts befasst sich mit der „Volkstumspolitik" der Deutschen.
4 Es ist unklar, ob dem Bericht ursprünglich ein Exemplar eines Plakats beigefügt war.

Die Urteile beziehen sich überwiegend auf „politische Verbrecher“ für die sog. Vorbereitung von Hochverrat. In nur einem Monat wurden hierfür in Posen 29 Personen verurteilt, und zwar:

am 13. Oktober	16 Personen
am 16. »	6 Personen
am 20. »	5 Personen (darunter Mag. Witold Weselik, Jadwiga Kurpiszówna, Halina Zaleska, Nowicki)
am 21. »	2 Personen.

Auf diese Weise stirbt das junge, wertvollste Element und wird die Gesellschaft in Westpolen des dort noch verbliebenen restlichen Führungspersonals beraubt. Daneben wurden im Berichtszeitraum Todesstrafen auch für illegalen Handel und Schlachtung, für Fluchtversuche in das sog. GG, für Verbrechen gegen Deutsche (z. B. Diebstahl von Geflügel, Ohrfeigen), Widerstand, Sabotage der Kriegswirtschaft verhängt. Für das letztgenannte „Verbrechen“ wurden am 4. November d. J. vier Arbeiter auf dem Gelände der Seidenspinnerzucht in Sędziejew[5] (Eigentum der Fabrik Rausch aus Pabianice) öffentlich gehängt.

2. *„Rechtsprechung“*. – Ein Sonderrundschreiben Greisers (vom 21.3. d. J. Nr. 372–18–18)[6] empfahl den deutschen Gerichten im „Warthegau“ das Prinzip, selbst den glaubwürdigsten Aussagen eines Polen keinen Glauben zu schenken; Polen wären dem Rundschreiben zufolge vollkommen unfähig, einen Eid zu leisten.

Entsprechend dem Strafgesetz für Polen vom 4.12.41[7] (RGBl. Teil 1 S. 759) haben Polen keine Möglichkeit, den Rechtsweg zu beschreiten oder sich einen Anwalt zu ihrer Verteidigung zu nehmen. Die Urteile, die neben der Todesstrafe über Polen verhängt werden, bestehen in der Regel in schärfsten Strafen und stehen in völligem Missverhältnis zur „Schuld“.

Einige krasse Beispiele: Eine Polin aus Ostrowa Wielkopolska wurde zu fünf Monaten Straflager verurteilt, weil sie auf der Straße vorbeigehende englische Kriegsgefangene anlächelte. – Ebenso viele Monate Straflager erhielt eine andere Frau aus Ostrowa dafür, dass sie einem Untersuchungsgefangenen ein Brötchen gab. – Für das Verschenken einer Zigarette an einen Gefangenen verurteilte ein Standgericht ein 15-jähriges Mädchen zu drei Monaten Straflager. – Ein Junge, der in einer Mineralwasserfabrik arbeitete, wurde für das Trinken während der Arbeit zu einigen Monaten Straflager verurteilt. Der Diebstahl von zweieinhalb Kilogramm Heu führte zu fünf Monaten Lager. – Ein Landarbeiter vom Gut Lisowice bei Lwówek[8] wurde vom Standgericht Litzmannstadt zu fünf Jahren Straflager verurteilt, weil er sein Kind verteidigt hatte, das von einer Deutschen geschlagen worden war. – Urteile lagen zwischen einem und sechs Jahren verschärftem Straflager.

Der ganze Zynismus der deutschen „Rechtsprechung“ in Bezug auf die Polen wird durch die folgenden zwei Beispiele treffend illustriert: Im Dezember wurde in einer großpolnischen Stadt eine Mutter verhaftet – eine Kindsmörderin polnischer Nationalität, die ihr Kind im Frost ausgesetzt hatte, so dass es starb. Die Kindsmörderin wurde nach zwei Tagen freigelassen, da der Staatsanwalt das Strafverfahren „wegen fehlenden öffentlichen

5 Etwa 40 km südwestlich von Litzmannstadt.
6 Nicht ermittelt.
7 Siehe Dok. 46 vom 4.12.1941.
8 1939 umbenannt in Neustadt bei Pinne, von Mai 1943 an Kirschneustadt, ungefähr 50 km westlich von Posen.

Interesses" eingestellt hatte. Der Staatsanwalt berief sich auf die Auslegung der „Bürgerlichen Rechtspflege" vom 25.9.41 RGBl. I S. 597.[9] Es ereignen sich ferner Fälle, dass nach Freisprüchen vor Gericht die Angeklagten von der Gestapo verhaftet und in Konzentrationslager eingewiesen wurden.

Charakteristisch sind auch die folgenden Zahlenangaben, die aus einem Landgerichtsbezirk in Großpolen stammen:

		1940	1941	1942 (bis 30.9.42)
Strafsachen		364	605	636
Weitere Ermittlungen		268	275	336
lt. Nationalität:	Polen	94,5%	88,58%	90,76%
	Deutsche	5,5%	11,42%	9,24%

3. *Lager für Juden.* – Auf dem Gelände einer staatlichen Domäne in der Nähe von Dąbie am Ner (Kreis Koło) befindet sich ein „Juden-Vernichtungslager".[10] Zwischen Dezember 1941 und Oktober dieses Jahres gelangten 250–300 000[11] Juden auf das Gelände und verließen es nicht mehr, die meisten von ihnen stammten aus der Wojewodschaft Łódź, zum Teil auch aus Deutschland. Wie bei allen Lagern dieser Art ist der Aufenthalt auf dem Gelände der Domäne und im weiten Umkreis der erbauten Baracken Polen und Zivilpersonen streng verboten.

4. *Verordnungen – Schikanen.* – Vor drei Wochen erschien eine Verordnung, die den Verkauf von Kinderspielzeug an Polen untersagt.[12] – Die Postämter haben Anweisung erhalten, keine Briefe ohne angegebene Absender zuzustellen. In den Ämtern werden verstärkt Zensoren beschäftigt. – Die Grußpflicht und die Pflicht, vom Bürgersteig auf die Straße zu treten,[13] bestehen weiter fort (insbesondere: Krotoszyn, Leszno, Kalisz, Września).

5. *Neunjährige Kinder bei der Arbeit.* – Im November d. J. wurden zehnjährige Kinder auf dem Lande, aber auch in Posen, zur Arbeit beim Sortieren von Kartoffeln etc. aufgerufen. In Poznań wurden Kinder u. a. auch im Oberschlesischen Turm[14] mit dem Sortieren von Gemüse beschäftigt.

Die Altersgrenze, oberhalb derer polnische Kinder ihre Arbeitskraft dem deutschen Staat zur Verfügung stellen müssen, sinkt immer weiter. Von Sommer letzten Jahres an rekrutierten die Arbeitsämter zwölfjährige polnische Kinder, die sie in Munitionsfabriken und die chemische Industrie schicken. Derzeit rufen sie schon neunjährige Kinder auf. Darüber wird uns aus den östlichen Amtsbezirken des Regierungsbezirks Posen (Kalisch, Kolo, Konin, Turek) berichtet.

[...][15]

9 Nach §5 der VO über die Bürgerliche Rechtspflege in den eingegliederten Ostgebieten (Ost-Rechtspflege-VO) vom 25.9.1941 konnte ein Verfahren ausgesetzt werden, wenn es „staatlichen oder völkischen Belangen" widersprach.

10 Im Original deutsch.

11 Die Zahl der in diesem Zeitraum in Kulmhof Ermordeten lag niedriger, siehe Einleitung, S. 36.

12 Nicht ermittelt.

13 Um entgegenkommenden Deutschen Platz zu machen, mussten Polen den Bürgersteig verlassen.

14 1911 errichtetes Gebäude auf dem Posener Messegelände, das auch als Markthalle genutzt wurde, 1945 zerstört.

15 Die weiteren Abschnitte – analog auch für die übrigen Regionen (siehe Anm. 2) – behandeln „Kirche und Bildung", „Wirtschaftsangelegenheiten", „Die deutsche Bevölkerung".

DOK. 172
Der Kreiskommissar von Grodno berichtet der Zivilverwaltung in Bialystok am 10. Dezember 1942, dass der Judenmord nur geringe Auswirkungen auf die Wirtschaftsleistung hat[1]

Schreiben des Kreiskommissars des Kreises Grodno, gez. von Ploetz, an den Oberpräsidenten der Provinz Ostpreußen,[2] Zivilverwaltung für den Bezirk Bialystok in Białystok, vom 10.12.1942

Betrifft: Wirtschaftliche Auswirkungen der Judenaktion. Verfügung vom 4. November 1942 – I J. –[3]
Die Konzentrierung von insgesamt 46 000 Juden in Grodno hat den Kreis vor die schwierige Aufgabe der Brennholzversorgung gestellt, da die Kochstellen mit Brennholz beliefert werden müssen. Insoweit muß von den Forstämtern des Kreises eine Erhöhung des Kontingents bewilligt werden. Im einzelnen berichte ich folgendes:
1.) Industrie:
a–c.) Beim Abtransport aller Juden würden die Gettobetriebe zum Stillstand kommen. Das Heeresbekleidungsamt, das in erster Linie als Auftraggeber auftritt, ist bereits bemüht, einen Ersatzbetrieb aufzubauen. Stillgelegt wurde die Lederfabrik in Skidel. Dies war aber auch vor der Judenaktion bereits geplant. Einschränkungen erfahren folgende Betriebe: die beiden Lederfabriken Apollo und Falura und das Industriewerk Grodno, da es nicht möglich ist, binnen kurzer Frist die Fachkräfte durch Anlernlinge zu ersetzen. Die Produktionseinschränkung wird aber nur vorübergehend sein bezw. überhaupt nicht eintreten, wenn die jüdischen Facharbeiter noch bis März oder April in Grodno bleiben dürfen.[4]
d.) Der Bedarf der Industrie wird auf Grund einer Rundfrage bei den Betrieben unter Berücksichtigung geplanter Produktionserweiterungen insgesamt 3–4000 Arbeitskräfte betragen, von diesen etwa 1500 Fachkräfte. Dieser Bedarf wird aus der Stadt bezw. dem Kreis Grodno gedeckt werden können. Sie werden, soweit sie vom Land hereingenommen werden, in den ehemaligen Gettos untergebracht werden. Die Herausziehung der erforderlichen Arbeitskräfte vom Land erfolgt durch 3 Maßnahmen:
1.) allgemeine Abschöpfung überzähliger Arbeitskräfte,
2.) Aussiedlung aus Gebieten, die nur zur Aufforstung geeignet sind, Aussiedlung von Grenzbauern, die durch die neue Grenzziehung den größeren Teil ihrer Ackernahrung verloren haben, Aussiedlung von Waldgehöften und Walddörfern, die erfahrungsgemäß den Banditen Unterschlupf bieten, unter Berücksichtigung der forstlichen Interessen.
3.) Aussiedlung von Bauern mit Kleinstbesitz bis zu 4 ha.

1 GAGO, 1-1-180, Bl. 1. Abdruck als Faksimile in: Klarsfeld (Hrsg.), Documents concerning the destruction of the Jews of Grodno (wie Dok. 81, Anm. 1), S. 244–246.
2 Erich Koch.
3 Liegt nicht in der Akte.
4 Zwischen dem 9. und 21.11.1942 waren etwa 4000 Juden aus dem Getto B nach Auschwitz deportiert worden; die Auflösung des Gettos A erfolgte in mehreren Phasen bis Mitte März 1943. Dabei kam es zu mehreren Massenerschießungen im Getto, Tausende Juden wurden nach Treblinka und Auschwitz deportiert.

Diese Umsiedlung ist soweit vorbereitet, daß nach Anforderung des Arbeitsamts und wenn die Bezugsmöglichkeit in den ehemaligen Gettos gewährleistet ist, der Umzug jederzeit stattfinden kann. Die Umsiedlung soll spätestens Anfang Januar anlaufen.
e.) Die deutsche Arbeitsfront hat ein Bauübungslager bereits in Betrieb genommen, das in je 2 Schichten in Kursen von 4 Monaten, die umschichtig alle 2 Monate einberufen werden, zunächst 50 und dann steigend bis 100 Bauhandwerker ausbilden wird, so daß ab 1. April 1943 alle 2 Monate 50–100 angelernte Bauhandwerker der Wirtschaft zugeführt werden können. In Vorbereitung ist ein Schulungslager für Elektriker, Installateure, eisenverarbeitende Industrie usw. In diesem Lager sollen in 2jährigen Kursen vollwertige Fachkräfte geschult werden. Ferner werden Schnellkurse für Elektriker und Installateure eingerichtet, die den dringendsten Bedarf decken sollen. Desgleichen wird ein Lehrgang für Schneider, Zuschneider usw. eingerichtet. Diese vorgenannten Lehrgänge sollen im Januar, spätestens Februar ihren Betrieb aufnehmen. Ferner beabsichtigt die DAF., eine Wagenbauwerkstatt verbunden mit Kursen für Hufschmiede einzurichten.
Daneben läuft unter Betreuung der DAF. die Anlernung von Fachkräften in weiteren industriellen Betrieben, z. B. Schuhfabrik, Möbelfabrik Ruppel und bei den Tabakwerken G.m.b.H.
2.) Gewerbe und Handwerk:
a und b.) Die Maßnahmen der DAF. sollen in gleicher Weise auch dem Handwerk und Gewerbe zugute kommen. Die Arbeitskräfte werden ebenso wie für die Industrie beschafft. Die reichsdeutschen Handwerksbetriebe in der Stadt Grodno haben bereits eine größere Zahl von Lehrlingen und Anlernlingen in ihre Betriebe aufgenommen. Diesem Vorgehen schließen sich auch die Werkstätten der Wehrmacht an. Durch diese Maßnahmen dürfte auf handwerklichem Gebiet in Kürze der Ausfall der jüdischen Fachkräfte ausgeglichen werden. In Bad Druskieniki[5] erfolgt der Ersatz für die jüdischen Bauhandwerker dadurch, daß das Bauschulungslager der DAF. von Grodno die für Außenarbeiten vorgesehenen 2 Monate Ausbildungszeit in Druskieniki ableisten läßt. Sowohl in Bad Druskieniki als auch an den Sitzen der Amtsbezirke werden von den Amtskommissaren Handwerksbetriebe eingerichtet, die Lehrlinge und Anlernlinge aufnehmen, so daß jeder Amtsbezirk seinen örtlichen Bedarf selbst deckt.
Abschließend kann ich die erfreuliche Feststellung treffen, daß die Judenaktion überraschend geringe Auswirkungen hat. Aus begreiflichen Gründen neigen deutsche Betriebsführer und Wehrmachtsdienststellen dazu, die entstandene Lage schlimmer darzustellen, als sie ist. Überall da, wo leistungsfähige und lebendige deutsche Betriebsführer stehen, ist zu erwarten, daß die Produktion, abgesehen von den unter 1a–c genannten Ausnahmen, nicht nur weiterläuft, sondern auch planmäßig gesteigert werden kann. Ich werde mich für die Entwicklung dieser Frage auf allen Gebieten persönlich interessieren und einsetzen.

5 Bekannter Kurort an der Memel (nach 1918 in Polen, heute in Litauen gelegen), etwa 40 km nordöstlich von Grodno.

DOK. 173

Der Oberbürgermeister von Litzmannstadt betont am 11. Dezember 1942, dass das Getto in allen Belangen der künftigen Stadtplanung untergeordnet ist[1]

Protokoll der Dezernentensitzung[2] der Stadtverwaltung Litzmannstadt vom 11.12.1942, gez. Oberbürgermeister Ventzki, gez. Schmidt, Städtischer Oberverwaltungsrat, Litzmannstadt, 17.12.1942

[...][3]
Punkt 2: *Getto* – Berichterstatter: Oberbürgermeister Ventzki
Der zu erwartende weitere Rückgang der Bevölkerungszahl im Getto läßt eine Verkleinerung des heutigen Gettoraumes in erreichbare Nähe rücken.[4] Darüber hinaus muß der Zeitpunkt einer endgültigen Auflösung des Gettos immerhin ernstlich in Betracht gezogen werden. Unabhängig von sich daraus etwa ergebenden Fragen des Eigentums und der Verwaltung des dann freiwerdenden Grundbesitzes sind im Augenblick rein städtebauliche Maßnahmen und Planungen erforderlich.[5]
Die Verlagerung von Betrieben innerhalb des Gettos, die Räumung bestimmter Gebiete im Getto, der Abbruch von Gebäuden, Verlegung von Straßenbahnlinien und dergleichen mehr hat ab sofort nicht nur noch nach den Gesichtspunkten der zweckmäßigen Wirtschaftsführung des Gettos zu erfolgen, sondern überwiegend nach den Gesichtspunkten der künftigen Entwicklung dieses Stadtgebietes. Stadtbaurat Freitag ist deshalb beauftragt worden, alle diesbezüglichen Planungen so vorzubereiten, daß zu gegebener Zeit Maßnahmen der angedeuteten Art ergriffen werden können. Die Gettoverwaltung ist angewiesen worden, in allen diesbezüglichen Fragen die Entscheidung des Stadtbaurates Freitag einzuholen.
Sachbearbeiter: Stadtbaurat Freitag.
Punkt 3: *Schaffung eines Arbeitslagers*
(Berichterstatter: Oberbürgermeister Ventzki)
Der Leiter der Geheimen Staatspolizei Dr. Bradfisch hat gebeten, ihn bei der beabsichtigten Schaffung eines Arbeitslagers zu unterstützen. Ein solches Lager bestehe bereits in Ostrowo.[6] Der Transport der Häftlinge dorthin sei aber zu umständlich, und daher ist beabsichtigt, in nächster Nähe Litzmannstadts ein solches Lager zu errichten. Die Unterbringung der Häftlinge erfolge in Baracken. Benötigt wird ein Gebäude als Verwaltungsgebäude. Gedacht sei etwa an 500 Mann. Die Stadt sei an der Schaffung eines solchen Lagers interessiert, weil diese Männer regelmäßig zu öffentlichen Bauvorhaben,

1 APŁ, 221/28551, Bl. 250–254. Teilweise abgedruckt in: Ventzki, Seine Schatten, meine Bilder (wie Dok. 99, Anm. 7), S. 75.
2 An der Sitzung nahmen neben den genannten Personen teil: Bürgermeister Dr. Marder, Stadtrechtsrat Thomas, Stadtschulrat Dr. Hürter, kommissarischer Stadtmedizinalrat Dr. Wiedenbrüg, die Oberverwaltungsräte von Reumont und Schmidt sowie der Stadtkämmereidirektor Eierdanz.
3 Punkt 1 behandelt die Entlohnung von Polen.
4 Ende 1942 stellte Gauleiter Greiser Überlegungen an, das Getto zu verkleinern oder ganz aufzulösen. Die Stadtverwaltung begann daraufhin umgehend mit Planungen, wie mit den Immobilien auf dem Gettogelände in Zukunft zu verfahren sei.
5 Siehe Dok. 165 vom 15.11.1942, Anm. 7.
6 In Ostrowo befand sich zwischen Okt. 1942 und April 1943 ein Arbeitserziehungslager für männliche Häftlinge, das der Staatspolizeileitstelle Litzmannstadt unterstand.

zu Straßenarbeiten usw. zur Verfügung gestellt werden könnten und gerade schwere körperliche Arbeiten verrichten müßten. Die Stadt könne also mit diesen Kräften Bauvorhaben durchführen, die heute infolge Fehlens geeigneter Arbeitskräfte sonst nicht mehr durchgeführt werden können.
Stadtbaurat Freitag wird beauftragt, gemeinsam mit dem Liegenschaftsamt zu prüfen, ob und gegebenenfalls welche Objekte für den genannten Zweck zur Verfügung gestellt werden können.
Sachbearbeiter: Stadtbaurat Freitag.
[…][7]

DOK. 174
Der Oberbürgermeister von Leslau fordert am 15. Dezember 1942 die Treuhandstelle auf, der Stadt kostenlos ein Grundstück der jüdischen Sportvereinigung Macabi zu überlassen[1]

Schreiben des Oberbürgermeisters der Stadt Leslau an der Weichsel, ungez.,[2] an den Kreisvertrauensmann der Treuhandstelle Posen für den Kreis Leslau, Herrn Moderegger,[3] Leslau, vom 15.12.1942 (Abschrift)

Betrifft: Grundstück Hindenburgstr. 35 in Leslau
Das obengenannte Grundstück gehörte zu polnischer Zeit der jüdischen Vereinigung „Macabi".[4] Das darauf stehende Gebäude muß im Zuge der späteren Ausgestaltung des Nürnberger Platzes abgebrochen werden. Ich stelle daher hiermit den Antrag, das Grundstück der Stadt zu verkaufen und es ihr bis zum Kaufabschluß zur Nutzung zu übertragen. Dabei mache ich darauf aufmerksam, daß nach §1 Abs. 2 des Erlasses des Führers vom 29.5.1941 über die Verwertung des eingezogenen Vermögens von Reichsfeinden (R.G.Bl. S. 303) Vermögen und Vermögensteile von Volks- und Reichsfeinden, soweit sie ihrer Natur nach der Erfüllung der Aufgaben der gebietlichen Selbstverwaltungskörperschaften dienlich sind, den Selbstverwaltungskörperschaften unentgeltlich zu übertragen sind. Laut Verordnung vom 14.8.1942 findet dieser Erlaß auch auf die eingegliederten Ostgebiete Anwendung.[5] Ich bitte daher, dies zu berücksichtigen.[6]

7 Die nachfolgenden Punkte umfassen die Einrichtung einer Lehrerbildungsanstalt, den Arbeitskräftebedarf in der Rüstungswirtschaft, Ortsnamenänderungen im Stadtkreis Litzmannstadt u. a.

1 APP, 759/1764.
2 Von 1941 an war die Stelle des Oberbürgermeisters von Leslau faktisch nicht besetzt. Hans Cramer (1904–1945), Bürgermeister von Dachau (März 1937 bis August 1940), der das Amt offiziell bekleidete, wurde 1941 als Gebietskommissar nach Kauen-Stadt abberufen, behielt formal jedoch die Stelle in Leslau. Als kommissar. Oberbürgermeister amtierte Reichsrevisor Schulz.
3 Vermutlich: Johann Moderegger (*1895), Kaufmann; 1933 NSDAP-Eintritt; nach 1939 als Kaufmann in Leslau tätig.
4 Jüdischer Sportverein.
5 VO über die Einziehung volks- oder reichsfeindlichen Vermögens in den eingegliederten Ostgebieten, RGBl., 1942 I, S. 514.
6 Das Grundstück wurde der Stadt überlassen, jedoch bis Kriegsende von der Treuhandstelle nicht verkauft.

DOK. 175

Der Präsident des Reichssippenamts bemüht sich am 15. Dezember 1942 darum, die jüdischen Personenstandsregister aus den aufgelösten Gettos in Zichenau und Białystok zu erhalten[1]

Briefentwurf (Eilt sehr!) des Reichssippenamts (III 3045), ungez.,[2] an den Reichsinnenminister, Berlin, vom 15.12.1942 (Durchschlag)[3]

Betrifft: Sicherstellung der jüdischen Personenstandsregister in den Ghettos des Reg.Bez. Zichenau und Bez. Bialystok.
Ohne Erlaß.
Berichterstatter: Kayser,
Keine Anlagen.
Die jüdischen Ghettos im Reg.Bez. Zichenau und im Bez. Bialystok werden zur Zeit aufgelöst.[4] Die in diesen Ghettos befindlichen Vermögenswerte sollten zunächst von den zuständigen Außenstellen des Sicherheitsdienstes und der Geheimen Staatspolizei sichergestellt werden, wie ich einer Mitteilung des Sachbearbeiters beim Chef der Zivilverwaltung in Bialystok, ORR. Dr. Lalla,[5] entnehme, die dieser gegenüber meinem mit der Sicherung der Kirchenbücher und Personenstandsregister in den genannten Gebieten beauftragten Herrn Dr. Blank[6] gemacht hat. Unter den sicherzustellenden Vermögenswerten befinden sich auch die von den jüdischen Gemeinden bisher geführten Personenstandsregister, die dem Vernehmen nach an das Reichssicherheitshauptamt weitergeleitet werden sollen. Eine derartige Maßnahme erscheint unzweckmäßig. Dem Reichssicherheitshauptamt stehen zur Zeit nicht genügend Kräfte zur Verfügung, um das eingehende Material zu sichten und zu ordnen. Ich muß damit rechnen, daß die Register, wenn sie mit dem übrigen sichergestellten Material an das Reichssicherheitshauptamt gelangen, in absehbarer Zeit nicht mehr greifbar sind, während sie für Zwecke des Abstammungsnachweises laufend gebraucht werden. Ich habe daher das größte Interesse daran, daß die jüdischen Personenstandsregister, die bei der Auflösung der Ghettos festgestellt werden, alsbald unmittelbar mir zugeleitet werden, damit ich sie mit den übrigen bei mir befindlichen jüdischen Personenstandsregistern vereinigen und in Bearbeitung nehmen kann. Das Reichssicherheitshauptamt ist hiermit einverstanden, wie ich in einer mündlichen

1 BArch, R 1509/1738.
2 Dr. Kurt Mayer (1903–1945), Historiker; 1923 NSDAP-Eintritt; 1929 für den Evangelischen Bund tätig; 1933 im Rasse- und Siedlungshauptamt der SS, 1935 Amtschef der Reichsstelle für Sippenforschung (ab 1940 Reichssippenamt), zuständig für die Erstellung von Ariernachweisen; nahm sich das Leben.
3 Im Original handschriftl. Ergänzung: „nicht abgegangen".
4 Siehe Einleitung, S. 54, 63 f.
5 Dr. Herbert Lalla (*1907), Jurist, 1927 NSDAP-Eintritt; ORR in der ostpreußischen Verwaltung, später im Bezirk Bialystok; lebte nach dem Krieg in Oldenburg, aktiv in der Landsmannschaft Ostpreußen.
6 Dr. Heinrich Blank.

Rücksprache mit SS-Standartenführer Dr. Ehlich[7] bezw. SS-Hauptsturmführer Woehrn[8] (Dienststelle Sturmbannführer Eichmann) feststellte.
Bei dieser Besprechung wies Hauptsturmführer Woehrn ausdrücklich darauf hin, daß dem Reichssicherheitshauptamt kein Bearbeiter für die Ausstellung von Urkunden aus den jüdischen Personenstandsregistern zur Verfügung stände und daß auch ihm die von mir vorgeschlagene Regelung die zweckmäßigste erschien.
Ich wäre daher dankbar, wenn der Regierungspräsident in Zichenau beschleunigt angewiesen würde zu veranlassen, daß die Personenstandsregister der Juden in den aufgelösten Ghettos mir alsbald zugeleitet werden und daß dem Chef der Zivilverwaltung in Bialystok ein Gleiches empfohlen wird. Eine Beschleunigung der Angelegenheit ist deswegen notwendig, weil die Sicherstellung der Vermögenswerte durch die zuständigen Außenstellen des SD und der GeStaPo bereits im Gange sind. Wenn die Bücher aber erst einmal in Kisten verpackt und nach Berlin zum Versand gebracht sind, wird es außerordentlich schwierig, wenn nicht unmöglich sein, sie in absehbarer Zeit wieder herauszusuchen. In Frage kommen sämtliche Ghettos im Reg.Bez. Zichenau und im Bez. Bialystok, u. a. Bialystok, Grodno, Rajgrod.

DOK. 176
Pariser Zeitung: Artikel vom 20. Dezember 1942 über die angeblich sehr guten Lebensbedingungen in den Gettos im besetzten Polen[1]

In einem Judenlager im Osten. Begegnung mit Juden aus Paris – Anschauungsunterricht gegen Roosevelts Greuelmärchen[2]

Unser Mitarbeiter in der Slowakei, Fritz Fiala,[3] *besuchte im Zuge der Judenaussiedlung aus dem slowakischen Staat die den europäischen Juden zugewiesenen neuen Wohngebiete im Osten und sendet uns über seine Erlebnisse, Eindrücke und Gespräche, die er u. a. auch mit verschiedenen Juden aus Frankreich führte, nachstehenden Bericht.*[4]

Die im Kampf auf Leben und Tod mit den judo-plutokratisch-bolschewistischen Mächten stehenden europäischen Staaten befreien sich mehr und mehr von den Juden im eigenen Lande. Das Reich nimmt sie ihnen ab, um sie in den besetzten Ostgebieten

7 Vermutlich: Dr. Hans Ehlich (1901–1991), Arzt; 1931 NSDAP- und 1934 SS-Eintritt; 1935 Rassereferent in der Gesundheitsabt. des Sächsischen MdI, Mitarbeiter des Rassenpolitischen Amts der NSDAP, 1937 im SD-Hauptamt Leiter der Abt. Rasse und Volksgesundheit (II 213); im Sept. 1939 in der Einsatzgruppe V in Polen, 1939 Leiter der Amtsgruppe Volkstum (III B) im RSHA, führend beteiligt am Generalplan Ost; 1945–1947 in brit. Internierungshaft, danach Arzt in Braunschweig.

8 Wahrscheinlich: Fritz Wöhrn (*1905), Polizist; 1933 NSDAP- und 1937 SS-Eintritt; 1940–1945 Sachbearbeiter im Judenreferat des RSHA; lebte nach Kriegsende als Handelsvertreter in Bad Neuenahr; beantragte 1963 seine Wiederaufnahme in den Polizeidienst, woraufhin seine Tätigkeit bei der Gestapo bekannt wurde, 1967 verhaftet und 1971 zu zwölf Jahren Haft verurteilt.

1 Pariser Zeitung, Kölner Ausgabe, 2 (1942), Nr. 350 vom 20.12.1942, S. 8. Teilweise abgedruckt in: Sybille Steinbacher, „Musterstadt" Auschwitz. Germanisierungspolitik und Judenmord in Ostoberschlesien, München 2000, S. 155 f. Die Pariser Zeitung erschien zwischen Jan. 1941 und Aug. 1944 in deutscher Sprache in Köln, in franz. Sprache in Paris.

anzusiedeln und sie produktiver Aufbauarbeit zuzuführen. Das diese verständigen und klaren Maßnahmen begleitende Wut- und Haßgeschrei der jüdisch regierten Feindmächte hat eine Greuelhetze entfacht, die der des verflossenen Weltkrieges würdig zur Seite gestellt werden kann, und ich bin daher besonders froh, die Erlaubnis erhalten zu haben, die Siedlungsgebiete der Juden im Osten zu besichtigen und die Tatsachen, die reine und absolute Wahrheit sprechen lassen zu können.

Der Judenälteste berichtet

Am Beginn meiner Reise durch die neuen Judengebiete habe ich zwei große Ghettos mit ihren Betrieben besichtigt. An meiner Seite geht der Judenälteste Moszek Merin und erläutert meine Beobachtungen. Aus beiden Städten wurde die arische Bevölkerung ausgesiedelt, was leicht war, da sie auch vor 1939 fast zur Gänze von Juden bewohnt waren.[5] Moszek Merin war schon vor dem Kriege hier Vorstand der jüdischen Kultusgemeinde. Die Erklärungen dieses Judenältesten habe ich stenographisch festgehalten und will sie hier im folgenden ohne die geringste Änderung wiedergeben.

„In meinem Gebiet wohnen jetzt etwa 70 000 Juden. Sie wurden mit ihren Familien in den beiden Städten einquartiert, und obwohl die Häuser dem Staat gehören, wohnen sie hier völlig privat und frei. Wir 70 000 Juden verwalten uns völlig selbst, und nur ich bin den zuständigen Reichsbehörden für die Ordnung in unserem Bereich persönlich verantwortlich. Mir zur Seite stehen 15 jüdische Ärzte, etwa 70 jüdische Polizisten, die den Ordnungsdienst, den Luftschutz und den Gesundheitsdienst besorgen. Die jüdische Bevölkerung wird mit Lebensmitteln ausreichend versorgt, die sie auch ebenso wie alle anderen Gebrauchsgegenstände in jüdischen Geschäften frei kaufen kann. Wir erhalten z. B. täglich, um nur eine Ration zu nennen, pro Kopf 250 Gramm Brot zugeteilt.

Der Großteil der jüdischen Familien bezw. zahlreiche Familienmitglieder arbeiten in den hier vom Reich eingerichteten wirtschaftlichen Betrieben. Für die Arbeit erhalten die Juden ein angemessenes Gehalt, mit dem sie völlig frei schalten können. Die mittellosen ebenso wie die erwerbsunfähigen oder alten Juden werden von der Judengemeinde

2 In der Pariser Ausgabe erschien der Artikel textgleich, allerdings ohne die Zwischenüberschriften, in Nr. 353 vom 23.12.1942 unter dem Titel „Une visite aux ghettos dans l'Est européen. Entretiens avec des juifs résidant autrefois à Paris". Der Artikel enthält auch drei Abbildungen mit den folgenden Bildunterschriften: „Juden im Lager. Der erste von links ist ein polnischer Jude aus Paris", „Seit 6 Monaten leben diese Jüdinnen, unter denen auch solche aus Frankreich sind, schon im Judenlager. Sie waren noch nie so gesund und sauber wie jetzt, und die ‚Marterqualen', die ihnen Roosevelt andichtet, sind ihnen keineswegs anzusehen", „Das Judenkaffee in einer Judenstadt des Ostens. Ein jüdischer Polizist läßt sich stolz photographieren".

3 Fritz Fiala (*1906), Mediziner und Journalist; 1938 NSDAP-Eintritt; von 1940 an Hauptschriftleiter der volksdeutschen, antisemitischen Zeitung Grenzbote in der Slowakei; 1946 an die Tschechoslowakei ausgeliefert, 1947 zu zehn Jahren Haft verurteilt, 1955 nach Westdeutschland entlassen, von 1957 an Redakteur der Saarbrücker Zeitung, zugleich Mitarbeiter des BND. Fiala hatte bereits im Nov. 1942 drei Artikel über das vermeintlich schöne Leben slowak. Juden nach ihrer Deportation in das KL Auschwitz publiziert, das er zuvor besucht hatte; siehe VEJ 13, Einleitung, S. 40.

4 Bereits im Juli 1941 hatte eine slowak. Regierungskommission Zwangsarbeiterlager in Oberschlesien inspiziert; siehe Dok. 3 vom 12.7.1941.

5 Gemeint sind Będzin (Bendsburg) und Sosnowiec (Sosnowitz), wo im Sommer 1939 jeweils ca. 24 500 und 28 000 Juden lebten. Ihr Anteil betrug insgesamt jedoch nur etwa 28 % der Ortsbevölkerung. Die nichtjüdischen Polen und Deutschen wurden nicht ausgesiedelt, vielmehr musste die jüdische Bevölkerung in einigen wenigen Straßen der beiden Städte leben; diese Stadtteile wurden 1942 in Gettos umgewandelt.

versorgt, die auch ein eigenes Krankenhaus und Ausspeisungsstellen erhält. Mit deutschen Behörden kommen die Juden fast überhaupt nicht in Berührung. Auch darüber, daß Juden nicht ohne Erlaubnis ihr Siedlungsgebiet verlassen, wacht jüdische Polizei. Wir haben bisher weder ansteckende Epidemien noch irgendwelche andere Zwischenfälle zu verzeichnen."

In den Ghettos

Während meines ausgedehnten Rundganges durch die Stadt finde ich diese Ausführungen des Judenältesten vollauf bestätigt. Mit Ausnahme herumflanierender Judenkinder, die in ständigem Konflikt mit der jüdischen Polizei zu leben scheinen, ist hier nichts besonders Auffälliges zu bemerken. Die Juden unterhalten auch eigene Kaffeehäuser, in denen Zeitungen ausliegen, und verbringen ihre Freizeit ganz nach ihrem eigenen Willen.

In den einzelnen Betrieben, die wir nun besuchen, herrscht Sauberkeit, und lediglich die überaus geschminkten und sichtlich herausgeputzten, im ganzen aber unsauberen Gesichter zahlreicher Jüdinnen bilden hier einen Kontrast, der sich ab und zu bis an die Magennerven des Besuchers heranschleicht. Die Löhne sind Akkordlöhne bei zehnstündiger Arbeitszeit. Die verschiedensten Ausrüstungs- und Bekleidungsstücke, aber auch jegliche Artikel des täglichen Bedarfs für die Juden selbst werden hier erzeugt. In den Straßenläden, in denen nur Juden einkaufen dürfen, erhält man alles zu Preisen, die die Judengemeinde kontrolliert und vorschreibt.

Die zwei Systeme

Dies ist die eine Unterbringungsart, die allerdings besonders die Gefahr eines Herds von Krankheiten und Seuchen, durch den Schmutz der Juden erhöht, in sich birgt. In einem anderen Gebiet, das mehrere 1000 Morgen groß ist, hat man daher eine andere und zweifellos bessere Methode der Unterbringung gewählt. Hier können Zehntausende angesiedelt werden, die nur von einer ganz geringen Anzahl Aufsichtspersonen beaufsichtigt werden, da im wesentlichen auch hier das System der jüdischen Schaffer und Vorarbeiter beibehalten wurde.

Hierbei allerdings mußte in der Vergangenheit wiederholt von der Aufsicht eingeschritten werden, da die krasse und völlig unverständliche Asozialität und Unkameradschaftlichkeit der Juden untereinander oft zu Überspitzungen der gewollten Ordnung geführt hat. Wie die sogenannten Judenpolizisten in den beiden zuerst erwähnten Städten ist hier der jüdische Aufseher, „Kapo", um den Preis, daß er infolge seiner Vorrangstellung weniger arbeiten muß, immer wieder zu fast perversen Übertreibungen im Kommandieren und Regieren „seiner Juden" geneigt.

Als wir des Lagers ansichtig werden, kann ich vorerst kaum glauben, daß es sich hier um eine Judensiedlung handelt. In Ziegel und Beton sind schmucke Gemeinschaftshäuser entstanden, die Lagerstraßen sind mit Bäumchen und Sträuchern bepflanzt, die Straßen selbst betoniert oder gekiest, kurz, man wähnt eher in einer riesigen deutschen Siedlung als in einer östlichen Judenstadt zu sein.

Ostjuden von der Seine

Ich treffe hier Juden aus den verschiedensten europäischen Staaten, auch eine Reihe von Juden aus Frankreich, die mir völlig frei, ohne daß ich in der Fragestellung oder sie in ihren Erwiderungen irgendwie behindert werden, Rede und Antwort stehen. Ich will im folgenden die Juden aus Frankreich selbst sprechen lassen.

Der erste Jude, den ich treffe, ist Max Motel-Wettstein, geboren in Polen, 1923 nach Frankreich gekommen, seit 19.1.1939 naturalisierter „Franzose". Er war als Maler in

Rouen in 74, Rue des Bons-Enfants beschäftigt. Sein Meister war André Duval; Wettstein selbst sagt von ihm, daß sein Meister wohl wenig Ursache hatte, mit ihm zufrieden zu sein. Er ist seit vier Monaten im Lager, arbeitet beim Neubau und Ausbau der Häuser und erklärt auf wiederholtes Befragen, daß er sich nie im Leben vorgestellt habe, von Deutschland derart gerecht und anständig behandelt zu werden.
Henri Schinasi, geboren in Vorderasien, ist mit seinem Vater nach dem Krieg nach Rouen gekommen und war dort beim Unternehmer Piquet Chauffeur. Er ist der typische asiatische Jude, aber auch er sagt: „Das Essen ist reichlich, ich arbeite hier, und ich war noch niemals einen Tag krank."

Gaston Matuszinski

Gaston Matuszinski ist mit seinen Eltern 1920 aus Minsk nach Paris gewandert. Die Eltern handelten zuerst, wie er sich ausdrückt: „mit allem Möglichen". Er wurde später Tapezierer, der Vater wurde Schuster, und der Jude Birmann ließ sie für sich arbeiten. „Birmann ist leider noch nicht hier", meint Matuszinski mit hängenden Lippen und erzählt so nebenbei, daß es in Paris wegen der amourösen Liaisons recht „nett" gewesen sei. Auf meine Gegenfrage, ob seine „Bräute" denn Jüdinnen gewesen wären, spitzt er abwehrend den Mund und macht eine verächtliche Geste mit der Hand. „Non, non", meint er, wobei sich sein Gesicht zu einer widerlichen Fratze verzieht.
Ein weiterer Bewohner des Lagers ist Riven Berkovics. Natürlich auch im Osten, in Polen geboren, kam er 1922 nach Paris, wurde bald darauf „französischer Bürger" und handelte mit Damentaschen. Schließlich einmal bodenständig geworden, ergaunerte er sich die Firma Richard u. Ales in Paris, 26, Faubourg du Temple. In seiner Fabrik beschäftigte er 27 französische Arbeiter. Er ist schon drei Monate lang hier, und als ich ihn frage, ob er meine, daß die Franzosen froh darüber seien, daß er nicht mehr in Paris sei, sagt er: „Jawohl, jawohl, sie haben gehabt eine Wut, meine Arbeiter, und am meisten hat mich gehaßt der Franzose Colon, mein letzter Geschäftsführer."
Alle Juden aus Frankreich, die ich hier sah, kamen aus dem Osten, sind polnische Juden, die nun wieder dorthin zurückgekehrt sind, woher sie dereinst ausgezogen waren, um nicht nur „Liaisons" mit französischen Mädchen, sondern auch mit echt jüdischen Praktiken auf dem Rücken des französischen Volkes ihre unsauberen und unsozialen Geschäfte zu machen. Die Liste dieser „französischen" Juden könnte ich noch beliebig fortsetzen.
Sie alle erklären übereinstimmend, daß sie genug zum Essen haben und gesund sind. Der weitere Rundgang durch die Lagerstadt wirkt manchmal grotesk in den Bildern, die man hier sieht. Die Schlafräume, die steinernen Badeanlagen und gekachelten Waschräume, die peinlich sauberen Aborte passen genau zu den gewaschenen Gesichtern und den sauberen Arbeitskleidern der Juden, die hier nach ihrer Ankunft ärztlich untersucht und je nachdem, was sie gelernt haben, eingesetzt werden.

Rundgang durch die Lagerstadt

Die Lebensmittelrationen der Juden hier entsprechen genau denen, die die deutsche Bevölkerung im Osten erhält. Schwerarbeiter erhalten außerdem pro Woche und Kopf die auch für Reichsangehörige üblichen Zugaben. Die Verpflegung geschieht aus der eigenen großangelegten Landwirtschaft, die mit vorbildlichen Ställen, Lägern, Silos und Kühlanlagen ausgestattet ist.
Geradezu verblüfft jedoch bin ich, als ich eine Jüdinnen-Abteilung betrete. Die peinliche Sauberkeit wird noch durch eine zweckmäßige saubere Kleidung, die sämtliche Jüdinnen erhalten, unterstrichen. Sie sind mit Arbeiten auf den Feldern und in Betrieben, in

Büros, Nähstuben, Wäschereien und Plättanstalten beschäftigt, und auch sie haben, wie sie alle ausdrücklich immer wieder betonen, keinerlei Beschwerden. Diese Abteilung wird ausschließlich von deutschen weiblichen Aufsichtskräften betreut. Der Zutritt von Männern ist allgemein verboten. Als ich die Frauen aufmerksam mache, daß sie in den Reden Roosevelts und anderer Menschheitsbeglücker nur als vergewaltigte, mißbrauchte und zu Tode gequälte Märtyrerinnen vorkommen, lachen sie wie nach einem guten Witz. Die 18jährige Jüdin Aranka Singer macht außerdem sofort darauf aufmerksam, daß hier nur weibliche Aufsichtspersonen beschäftigt sind und daß doch wohl auch Roosevelt wissen müßte, daß die Deutschen das Rasseschandegesetz eingeführt haben.
„Das können Sie in Frankreich sagen"
Im wahrsten Sinne des Wortes tief beeindruckt von dem Gesehenen verlasse ich diese Mustersiedlung. Die Juden, die ich in ihren neuen Siedlungen im Osten sprach, haben sich mit ihrem Schicksal voll abgefunden. Alle ihre Befürchtungen haben sich in die Erkenntnis umgewandelt, daß nichts von alledem wahr ist, was ihre eigene Propaganda ihnen eingeredet hat, und ein Jude sagte mir sogar:
„Ich möchte mir wünschen, daß die ganze Welt diese deutsche Leistung und diese deutsche Humanität kennenlernt. Wenn wir früher über die Errungenschaften des Nationalsozialismus gelacht haben, so sind wir heute längst eines Besseren belehrt worden. Wir leben ja hier sozusagen nach dem System ‚Schönheit der Arbeit', und wenn ich auch als Jude mir das so auslege, daß dies alles für uns letzten Endes im Interesse unserer guten Leistung geschieht, so sind wir doch glückliche Nutznießer dieses Systems, das wir uns nicht genug loben können.
Wenn wir überhaupt eine Ungerechtigkeit empfinden, so ist es höchstens die, daß wir hier sind – obzwar uns nichts Wesentliches abgeht und wir noch keinen Augenblick Hunger gelitten haben –, während noch so und so viele Juden in ihrer alten Umgebung geblieben sind. Seien Sie nicht böse, Herr Redakteur, aber wir Juden sind nun schon einmal so, und wir möchten deshalb, daß hier alle Juden ohne Ausnahme herkommen. Wenn das geschehen ist, dann, das können Sie auch in Frankreich sagen, fehlt uns hier wirklich nichts mehr: denn man kann sich beim besten Willen über die Behandlung und das Leben hier nicht beschweren."

DOK. 177

Der Regierungspräsident in Oberschlesien verbietet am 20. Dezember 1942 deutschen und polnischen Einzelhandelsgeschäften, Waren an Juden zu verkaufen[1]

Regierungspolizeiverordnung des Regierungspräsidenten Kattowitz[2] (I Wirt (P)) betr. wirtschaftlichen Verkehr mit Juden, ungez., vom 20.12.1942 (Abschrift)

Auf Grund der Verordnung des Chefs der Zivilverwaltung in Kattowitz vom 24.10.1939 über die Handhabung der Polizeigewalt (Verordnungsbl. 21)[3] wird mit Wirkung für die Landkreise Bendsburg, Krenau und Ilkenau sowie den Stadtkreis Sosnowitz verordnet, was folgt:

1 AŻIH, 233/28, Bl. 9.
2 Walter Springorum.

§1.
1. Deutsche und Polen sowie Angehörige eines sonstigen Volkstums dürfen als Inhaber von Einzelhandelsgeschäften Waren jeglicher Art an Juden nicht verkaufen. Desgleichen ist Juden jegliche Abgabe von Waren an Angehörige des deutschen, polnischen oder eines sonstigen nichtjüdischen Volkstums verboten.
2. Juden dürfen ausschließlich in für die Versorgung der jüdischen Bevölkerung ausdrücklich bestimmten Einzelhandelsgeschäften oder entsprechenden Einrichtungen der jüdischen Kultusgemeinde Waren jeglicher Art einkaufen. Desgleichen ist Deutschen, Polen sowie Angehörigen eines sonstigen nichtjüdischen Volkstums jeglicher Einkauf in den für die Versorgung der jüdischen Bevölkerung bestimmten Geschäften verboten.
§2.
Die Bestimmungen des §1 gelten entsprechend für Großhändler, jedoch mit der Maßgabe, daß die Jüdische Großverteilerstelle[4] bei allen im Gebiete zwischen der ehemaligen Polizeigrenze und der Verwaltungsgrenze gegenüber dem Generalgouvernement ansässigen Großhändlern Einkäufe tätigen darf.
§3.
Die für die Versorgung der jüdischen Bevölkerung bestimmten Geschäfte sind als solche äußerlich deutlich kenntlich zu machen.
§4.
Bei Zuwiderhandlungen gegen diese Bestimmungen kann ein Zwangsgeld bis zu 150,– RM im Einzelfalle und bei Nichtbeitreibbarkeit eine Zwangshaft bis zu 6 Wochen angeordnet werden, soweit nicht insbesondere in Verbindung mit der Polenstrafrechtsverordnung vom 4.12.1941 (RGBl. I S. 759)[5] eine höhere Strafe geboten erscheint.
§ 5.
Diese Verordnung tritt 8 Tage nach ihrer Verkündigung im Regierungsamtsblatt in Kraft.[6] Gleichzeitig tritt die Regierungspolizeiverordnung vom 23.11.1940 (Stück 43 des Regierungsamtsblatts)[7] außer Kraft.

3 VO über die Handhabung der Polizeigewalt vom 24.10.1939, in: Verordnungsblatt des Abschnitts Oberschlesien des Militärbereichs Oberschlesien, Chef der Zivilverwaltung, Nr. 21 vom 24.10.1939.
4 Die „Jüdische Großverteilerstelle für Lebensmittel und Gartenbauerzeugnisse für die jüdische Bevölkerung in Ostoberschlesien in Sosnowitz" war auf Antrag des „Leiters der Ältestenräte der jüdischen Kultusgemeinden in Ost-Oberschlesien", Moszek Merin, Ende Juli 1940 vom Regierungspräsidenten in Kattowitz genehmigt worden. Sie belieferte ausschließlich „jüdische Kleinhandelsgeschäfte", denen ihrerseits ein Warenerwerb nur von der Verteilerstelle und ein Warenverkauf ausschließlich an Juden erlaubt war.
5 Siehe Dok. 46 vom 4.12.1941.
6 Die VO wurde im Amts-Blatt des Regierungspräsidenten in Kattowitz nicht publiziert, sondern nur mittels Abschrift in der Verwaltung verbreitet.
7 Polizeiverordnung betr. wirtschaftlichen Verkehr mit Juden vom 23.11.1940, in: VO des Regierungspräsidenten in Kattowitz Stück 43 vom 30.11.1940, Nr. 344, S. 236.

DOK. 178

Das Inter-Allied Information Committee berichtet 1942 über religiöse Verfolgungen in den besetzten polnischen Gebieten[1]

Bericht des Inter-Allied Information Center auf der Grundlage eines Berichts des Inter-Allied Committee,[2] New York, 1942

Polen

Alle Berichte aus Polen stellen einhellig fest, dass sich die Verfolgung durch die Nazi-Behörden nicht nur gegen die Polen als solche richtet, sondern auch gegen sie als religiöse Gemeinschaft. Die große Mehrheit der Polen – über 90 Prozent – ist katholisch. Polen gilt als eine der frömmsten Nationen Europas, insbesondere was die Bauern anbelangt. Der polnische Klerus, der größtenteils dem bäuerlichen Milieu entstammt, genießt aufgrund seiner hohen moralischen Ansprüche und seiner patriotischen Haltung hohes Ansehen in der Bevölkerung.

Von Anfang an wurde bei der Besetzung Polens seitens der Deutschen gezielt und barbarisch gegen die katholische Kirche vorgegangen, besonders grausam in Westpolen, das heißt in dem Gebiet, das die Deutschen dem Reich einverleibt hatten. Die Besatzer zielten dort auf die komplette Auslöschung der katholischen Institutionen und des religiösen Lebens.

Den jüngsten Nachrichten zufolge sind sieben polnische Diözesen vollständig aufgelöst worden: Poznań, Gniezno, Włocławek, Płock, Pelplin, Łódź und Katowice, während viele andere nur noch teilweise existieren. Sieben Bischöfe wurden deportiert, 90 Prozent des Klerus sitzen im Gefängnis oder leben im Exil, die meisten Kirchen sind geschlossen.

Ein Beispiel ist die Erzdiözese Poznań und Gniezno, wo es vor September 1939 noch 828 Priester gab, von denen 86 ohne Gerichtsverfahren von der Gestapo ermordet, 451 eingesperrt und ins Konzentrationslager gebracht, während andere ins Generalgouvernement deportiert wurden. Heute sind in den beiden Diözesen nur noch 34 Priester übrig, die für eine Bevölkerung von etwa zwei Millionen Gläubigen zuständig sind. In Poznań, wo mehr als 250 000 Menschen leben, gab es früher einmal 30 Kirchen und 47 Kapellen. Heute stehen für die polnische Bevölkerung gerade einmal zwei Kirchen offen.

Folgende Bischöfe befinden sich gegenwärtig in Konzentrationslagern der Nazis: der Erzbischof von Wilno, Jalbrzykowski,[3] der Bischof von Lublin, Fulman,[4] der Bischof von

1 Religious Persecution in Occupied Countries (Based on a report issued by the Inter-Allied Committee, London). Inter-Allied Information Center, New York (1942), S. 19–22. Das Dokument wurde aus dem Englischen übersetzt.

2 Das im Sept. 1940 in New York gegründete Inter-Allied Information Center diente als erste Anlaufstelle für Informationen für die Länder, die sich mit Deutschland im Krieg befanden, und war der Grundstein der späteren „United Nations Information Organisation"; das Inter-Allied Committee wurde 1941 in London gegründet.

3 Romuald Jałbrzykowski (1876–1955), röm.-kath. Theologe; 1918–1925 Weihbischof in Łomża, 1925/26 Bischof von Łomża, 1926–1955 Erzbischof von Wilna, nach 1945 Apostolischer Administrator des Bistums Wilna in Białystok.

4 Marian Fulman (1866–1945), röm.-kath. Theologe; 1889–1918 Priester in Włocławek, 1894–1907 wegen patriotischer Aktivitäten in Warschau inhaftiert, 1918–1945 Bischof von Lublin; 1939/40 in Sachsenhausen, danach bis 1945 im Zwangsarbeitslager Neu Sandez inhaftiert; verstarb im Dez. 1945 in Lublin.

Łódź, Jasinski,[5] der Bischof von Płock, Wetmanski,[6] der Bischof von Włocławek, Kozal,[7] der Weihbischof von Lublin, Goral,[8] und der Weihbischof von Łódź, Tomaczek.[9]
Die Verfolgung der Deutschen richtet sich gegen den gesamten Klerus, von den Bischöfen bis hinab zu den Vikaren und zum Priesternachwuchs in den Kleinstädten und Dörfern. Viele Priester, insbesondere in den eingegliederten Gebieten, wurden hingerichtet oder einfach umgebracht, ohne jeden Gerichtsprozess und ohne den geringsten Rechtfertigungsversuch. Die Gesamtzahl der von der Gestapo hingerichteten oder in deutschen Gefängnissen oder Konzentrationslagern zu Tode gefolterten polnischen Priestern wird auf 800 geschätzt. Derzeit befinden sich etwa 3000 polnische Pfarrer in deutschen Konzentrationslagern.[10]
Im Folgenden einige Beispiele für die Methoden, auf die die Deutschen im Kampf gegen den katholischen Klerus in Polen zurückgreifen:
In Chocz in der Nähe von Kalisz wurde der 70-jährige Pastor Roman Pawlowski[11] verhaftet, weil in seiner Küche, in der Soldaten einquartiert worden waren, zwei leere Patronenhülsen gefunden wurden. Nachdem die Gestapo ihn so brutal zusammengeschlagen hatte, dass seine Kleidung vor Blut triefte, brachte man ihn nach Kalisz, wo er zum Tode verurteilt wurde. Man brachte ihn barfuß und ohne Soutane zum Hinrichtungsplatz, band ihn an einen Pfahl vor der Kirche und erschoss ihn vor aller Augen.
In Pommern und Poznań veranstaltete man ein regelrechtes Massaker unter den Geistlichen. Einige wurden, obwohl sie noch Lebenszeichen von sich gaben, begraben, wie etwa Pater Szarek in Bydgoszcz.
In Bydgoszcz sperrte man 5000 Männer in einen Stall, in dem es noch nicht einmal Platz gab, um sich auf die Erde zu setzen. Eine Ecke des Stalls war für die Notdurft der unglückseligen Gefangenen vorgesehen. Domherr Casimir Stepczynski,[12] Propst und Gemeindepfarrer in Bydgoszcz, war zusammen mit einem Juden mit der ekelhaften Aufgabe betraut, die Exkremente der 5000 Männer mit bloßen Händen zu entsorgen.

5 Włodzimierz Jasiński (1873–1965), röm.-kath. Theologe; 1930–1934 Bischof von Sandomierz; von Nov. 1939 an unter Hausarrest, 1941 zusammen mit Kazimierz Tomczak in einem Kloster in Biecz (südlich von Tarnów) interniert, 1944 Rückkehr in die Wojewodschaft Łódź; nahm sich das Leben.

6 Leon Wetmański (1886–1941), röm.-kath. Theologe; 1928–1941 Weihbischof von Płock; war 1939–1941 im KZ Soldau inhaftiert und kam dort um; er wurde 1999 seliggesprochen.

7 Michał Kozal (1893–1943), röm.-kath. Theologe; 1929–1933 Rektor des Priesterseminars in Gnesen, Aug. 1939 Weihbischof von Włocławek; Nov. 1939 durch die Gestapo verhaftet und im April 1941 nach Dachau überstellt, dort ermordet; er wurde 1987 seliggesprochen.

8 Władysław Goral (1898–1945), röm.-kath. Theologe; 1938–1945 Weihbischof von Lublin; im Nov. 1939 von der Gestapo verhaftet, von Dez. 1940 an im KZ Sachsenhausen inhaftiert und Anfang 1945 erschossen.

9 Kazimierz Tomczak (1883–1967), röm.-kath. Theologe; 1927–1967 Weihbischof von Łódź; von Nov. 1939 an unter Hausarrest, 1941 gemeinsam mit Włodzimierz Jasiński interniert, von 1943 an hielt er sich in Warschau auf; nach dem Krieg kehrte er nach Łódź zurück.

10 Von Ende 1940 an wurden alle inhaftierten Geistlichen im KZ Dachau untergebracht. Bei der Befreiung befanden sich noch 3700 Geistliche verschiedener Konfessionen und Nationalitäten im Lager. Die etwa 1780 poln. Priester bildeten die größte Gruppe unter den Geistlichen. 863 von ihnen kamen im Lager um.

11 Roman Pawłowski (1878–1939), röm.-kath. Theologe; Gemeindepfarrer in Chocz nordwestlich von Kalisz; am 18.10.1939 in Kalisch wegen angeblichen Waffenbesitzes öffentlich hingerichtet.

12 Kazimierz Stepczyński (1881–1939), röm.-kath. Theologe; seit 1932 Kanoniker in Gnesen; Anfang Sept. 1939 verhaftet und Ende Okt. oder Anfang Nov. in Bromberg ermordet.

Kaplan Adam Musial, der anbot, dem ehrwürdigen Pfarrer diese Aufgabe abzunehmen, wurde brutal mit einem Gewehrkolben niedergeschlagen.
Der ehrfürchtige Anthony Dobrzynski,[13] Kaplan von Żnin, wurde, mit Chorhemd und Stola bekleidet, von der Straße weg verhaftet, als er dabei war, einem Sterbenden das Heilige Abendmahl zu bringen. Man riss ihm die geweihten Gewänder vom Leib, entweihte das Sakrament und warf den bedauernswerten Priester unverzüglich ins Gefängnis.
In Mszczonów in der Nähe von Warschau wurden der Vikar Pacierkowski und seine beiden Kapläne im Pfarrhaus von der Gestapo erschossen, ohne dass eine Anklage oder ein Gerichtsprozess gegen sie angestrengt worden wäre.
Als Mitte Oktober 1940 der Bischof und die örtlichen Geistlichen in der Residenz des Prälaten in Lublin zusammenkamen, um den Jahrestag seiner Einsegnung zu feiern, stürmten Gestapobeamte das Gebäude und verhafteten Bischof Fulman, seinen Weihbischof Goral und den versammelten Klerus. Bischof Fulman wurde vorgeworfen, in Besitz eines Maschinengewehrs zu sein. Man durchsuchte den Garten des Hauses, das am Stadtrand gelegen ist, an öffentlich zugängliche Felder und Wiesen grenzend, und fand ein Maschinengewehr. Offensichtlich war es im Auftrag des Chefs der Bezirks-Gestapo,[14] bekannt als Spezialist für die Verfolgung von Geistlichen, dort deponiert worden.
Auf Grundlage dieser völlig aus der Luft gegriffenen Anschuldigung verurteilten die Deutschen später nicht nur Bischof Fulman zum Tode, sondern auch seinen Weihbischof und die übrigen Geistlichen. Das Urteil wurde später für alle in lebenslängliche Haft umgewandelt. Das Urteil erging im November 1940 und wurde von einem Sondergericht[15] gefällt. Die Verhandlung fand unter Ausschluss der Öffentlichkeit statt, und das Gericht gestand den angeklagten Geistlichen keine Verteidigung zu. Bischof Fulman war zu diesem Zeitpunkt 75 Jahre alt und schwer krank. Man brachte ihn und seine Begleiter ins Konzentrationslager Oranienburg in der Nähe von Berlin.[16]
Kürzlich wurden im westpolnischen Kurort Ciechocinek 70 ältere Pfarrer aus einem Heim für pensionierte Geistliche gezerrt, zuerst ins nahegelegene Kloster Lad gebracht und anschließend ins Konzentrationslager Dachau deportiert, berühmt-berüchtigt für die extrem grausame und menschenunwürdige Behandlung, die die Deutschen seinen Insassen angedeihen lassen. Das Alter der betroffenen Pfarrer lag zwischen 60 und über 80 Jahre.
Während der Aktionen im September 1939 wurden die Kirchen in Polen durch den Einsatz von Sprengstoff und Brandbomben erheblich beschädigt. Die darauf folgende Verhaftung des Klerus ging einher mit der systematischen Zerstörung und Schändung der

13 Antoni Dobrzyński (1911–1995), röm.-kath. Theologe; von 1938 an Vikar in Bromberg, im Nov. 1939 verhaftet, im Dez. freigelassen und in das Generalgouvernement deportiert; Tätigkeit als Pfarrer u. a. in Tschenstochau; nach 1945 Pfarrer in verschiedenen Gemeinden in Polen.

14 Walter Hans Liska (1899–1949), Kaufmann, Kriminalbeamter; 1931 Leiter des Kriminal- und Grenzkommissariats Lauenburg; 1933 NSDAP- und 1936 SS-Eintritt; 1935 Abwehrleiter der Staatspolizei Stettin, von Nov. 1935 an beim Gestapa Berlin; von Dez. 1941 an Leiter der Gestapo beim KdS in Lublin; 1943 SS-Sturmbannführer; nach 1945 in alliierter Haft; in Lublin zum Tode verurteilt und hingerichtet.

15 Im Original Deutsch in Klammern.

16 Gemeint ist das KZ Sachsenhausen.

schönsten Bauwerke der vergangenen Jahrhunderte, nur weil sie religiösen Zwecken gewidmet waren. Die alte Kathedrale von Pelplin in Pommern wurde zunächst geschlossen, dann in eine Autowerkstatt umgewandelt und zwischenzeitlich als Markthalle genutzt. Zuletzt wurde sie zu einem Konzertsaal umgebaut. Viele der von den Deutschen geschlossenen Kirchen wurden entweiht, darunter die Jesuitenkirche, die man in ein Lagerhaus umgewandelt hat, und die Kirche St. Michael im Viertel Łazarz,[17] die nun als Kino dient. Die wunderschöne Bernhardinerkirche wurde ebenfalls geschlossen. Heute nutzt die Nazi-Polizei die Kapelle des Erzbischöflichen Palais in Poznań als Hundezwinger.
Die zwischen dem 13. und 14. Jahrhundert errichtete und bis vor kurzem noch für Gottesdienste geöffnete gotische Kirche in Zawichost wird nun als militärisches Tanklager genutzt. Unter der polnischen Regierung war sie als bedeutendes historisches Monument perfekt restauriert und erhalten worden. Die Kirchen in Nasielsk, Mława und Pułtusk dienen inzwischen als Warenlager.
Auch in anderen besetzten Teilen Polens mussten viele Kirchen schließen, aber nicht in diesem Ausmaß wie in den „eingegliederten“ Gebieten. Die uralten Kathedralen von Gniezno und Poznań, auf das Engste verbunden mit der frühesten Geschichte Polens und voller wertvoller Reliquien und Kunstwerke, wurden ebenso wie neuere oder wieder aufgebaute Kirchen mit der Begründung geschlossen, dass sie ein Sicherheitsrisiko darstellen würden. Nach gelegentlichen Plünderungen während der Kriegshandlungen kam es unter der Besatzung zu einem systematischen Raub von wertvollen Kunstobjekten aus den Kirchen. Aus der Marienkirche in Krakau stahlen die Deutschen den berühmten, von Veit Stoß geschnitzten gotischen Altar und 19 wertvolle Gemälde von Hans Süß aus Kulmbach, die aus dem 16. Jahrhundert stammen. Die deutschen Beamten kamen während eines vierstündigen Gottesdienstes, um die Bilder abzuholen. Der Vikar, Pater Kulinowski, flehte die Deutschen an, zu warten, bis der Gottesdienst zu Ende ist. Seine Bitte wurde nicht erfüllt. Vielmehr marschierten die Deutschen mit Mützen in die Kirche, stellten Leitern auf und entfernten lärmend vor den empörten Gläubigen die Bilder.
Aber nicht nur die katholische Kirche leidet unter der Verfolgung. Ähnlich erging es auch der protestantischen Kirche. Zur Zeit der deutschen Besatzung zählte sie etwa 200 000 polnische Mitglieder. Die deutschen Behörden unterzogen auch die protestantischen Geistlichen in Polen einer brutalen Verfolgung. Fast alle wurden verhaftet und in Konzentrationslager gesperrt. Der große alte Mann der protestantischen Kirche, Generalsuperintendent Dr. Julius Bursche[18] aus Warschau, aufgrund seines Charakters und seiner Weisheit respektiert, wurde als beinloser Krüppel und im Alter von 80 Jahren in das berühmt-berüchtigte Lager Dachau deportiert. Augenzeugenberichten zufolge wurde er von den Lagerwachen gezwungen, vor ihnen in Habachtstellung immer wieder zu sagen: „Ich bin ein Polenknecht.“[19] Zudem nötigten sie ihn, Gebete zu parodieren und das Horst-Wessel-Lied zu singen. Am Ende fand er im Konzentrationslager, wo er die ihm zugefügten Quälereien und das Leiden nicht länger ertragen konnte, den Tod.

17 Stadtteil von Posen.
18 Dr. Juliusz Bursche (1862–1942), evang. Theologe; von 1937 an evang. Landesbischof von Polen; im Okt. 1939 verhaftet, von Jan. 1940 an im KZ Sachsenhausen; starb im Gefängnis Berlin-Moabit.
19 Im Original auf Deutsch in Klammern.

Pastor Rondthaller,[20] der lange Zeit als Direktor die nach Mikołaj Rej benannte und von der evangelischen Kirche in Augsburg betriebene Höhere Schule leitete, wurde ebenfalls ins Konzentrationslager deportiert, wo er später starb.
Im November 1939 deportierte man Pastor Dr. Edmund Bursche,[21] den Bruder des Superintendenten und Dekan der Fakultät für Evangelische Theologie an der Universität Warschau, ins Konzentrationslager Mauthausen, wo er umkam.
Eine ähnliche Behandlung wurde auch den Juden zuteil. Jüdische Rabbiner wurden Opfer größter Demütigungen, viele von ihnen erschossen oder anderweitig niedergemetzelt, zusammen mit einem beträchtlichen Teil der jüdischen Bevölkerung. Zahlreiche Synagogen wurden geschlossen, zerstört oder zu anderen Zwecken genutzt. Die Synagoge in Poznań, ein berühmtes Baudenkmal, wurde in ein Hallenbad für Mitglieder der Nazi-Partei umfunktioniert,[22] die Synagoge in Przemyśl ist nun ein Kraftwerk. In Grojec zwangen die Deutschen die Juden, ihre Synagoge anzuzünden. In Włocławek brannten die Deutschen die Hauptsynagoge selbst nieder und zwangen daraufhin die Vertretung der Juden, 600 000 Złoty „als Strafe für die Zerstörung eines öffentlichen Gebäudes" zu zahlen. In einer anderen Stadt wurde die Synagoge in einen Stall umgewandelt.
Nicht nur die Kirche wird in Polen verfolgt, auch eine Million polnischer Arbeiter, die man zur Zwangsarbeit nach Deutschland verbracht hat, dürfen ihre Religion nicht mehr ausüben. Nach der letzten Verordnung Himmlers[23] dürfen polnische Arbeiter zwar a) am ersten Sonntag des Monats am Gottesdienst teilnehmen, es ist ihnen b) aber verboten, auf Polnisch zu singen oder so die Beichte abzulegen; es ist ihnen c) auch untersagt, die Messen für Deutsche zu besuchen und umgekehrt; d) sind Polen kirchliche Hochzeiten verboten und e) ist auch der Religionsunterricht für Kinder polnischer Arbeiter untersagt. Grundsätzlich machen die Deutschen geltend, dass die Polen kein angestammtes Recht hätten, ihre religiösen Praktiken auszuüben und zurückstehen müssten, wenn die Arbeit es gebiete.
Die Berichte aus Polen stimmen alle darin überein, dass sich die Verfolgung durch die deutschen Behörden gegen die Religion im Allgemeinen richtet. Die Bösartigkeit, mit der die Deutschen religiöse Symbole vernichten, ist in höchstem Maße bezeichnend. Sie ist Ausdruck eines Kampfes, getragen von rassischem Heidentum, geboren aus Hass und gegen die geistigen Grundlagen unserer Zivilisation gerichtet.

20 Adolf Henryk Rondthaller (1875–1941), evang. Theologe, Lehrer und Publizist; von 1921 an Gymnasialdirektor; organisierte während der deutschen Besatzung geheimen Unterricht nach der Schließung der Schulen durch die Deutschen; er starb nicht im KZ, sondern in Warschau.

21 Dr. Edmund Bursche (1881–1940), evang. Theologe und Kirchenhistoriker; 1922–1939 Dekan der Theologischen Fakultät und 1929 Professor an der Universität Warschau; im Sept. 1939 von der Gestapo verhaftet, im KZ Sachsenhausen inhaftiert, später im KZ Gusen, dort umgekommen.

22 Siehe VEJ 4/103.

23 Schreiben des RFSS und Chefs der Deutschen Polizei (S IV D 2 c – 1056/42 –), gez. Müller, vom 26.7.1942 betr. Behandlung der im Reichsgebiet eingesetzten polnischen Zivilarbeiter – hier seelsorgerische Betreuung, Abdruck in: Documenta Occupationis, Bd. X: Praca przymusowa Polaków pod panowaniem hitlerowskim 1939–1945, hrsg. von Alfred Konieczny und Herbert Szurgacz, Poznań 1976, S. 88 f. Die genannten Verbote finden sich ferner in einem die vorangegangenen zahlreichen Erlasse zusammenfassenden Bereinigungserlass des RFSS und Chefs der Deutschen Polizei (S IV D 2 c – 2071/43), gez. Kaltenbrunner, vom 10.9.1943 betr. Behandlung der im Reichsgebiet befindlichen Arbeitskräfte polnischen Volkstums, I. E. 4.) Teilnahme an kirchlichen Handlungen; BArch, R 4701/14152/2.

DOK. 179

Moshe Maik aus Sokoły im Bezirk Bialystok notiert zwischen dem 21. Dezember 1942 und 3. Januar 1943 in seinem Tagebuch den eintönigen Tagesablauf in seinem Versteck[1]

Handschriftl. Tagebuch von Moshe Maik,[2] Sokoły (Bezirk Bialystok), Einträge vom 21.12.1942 bis 3.1.1943

21. Dezember 1942[3]
So liegen wir, bis Stasiek[4] uns Frühstück bringt. Wir frühstücken und legen uns wieder schlafen. So schlafen wir bis zum Abendessen. Beim Abendessen kommt Stasiek herunter. Er sagt, dass man heute eine Erdhütte[5] für die Gendarmerie[6] bauen könne. Wir essen auf. Nach dem Essen bestimmen wir einen Platz, wo wir die Erdhütte graben wollen. Nachdem der Platz festgelegt ist, bereiten wir Bretter und Pfähle vor und beginnen zu graben. Wir graben ein Loch von 2 mal 1,50 Meter. Danach wird es mit Stroh ausgelegt. [...][7] die Bretter, und wir schütten es zu. [...][8] wir ebnen das Feld ein. Am Tag, sagt Stasiek, wird er es umpflügen. Nachdem wir die Arbeit beendet haben, gehen wir zurück ins Loch. Es ist 3 Uhr. Wir beschließen, den Platz einzuebnen, wo sich unsere Erdhütte befindet, damit im Frühjahr kein Wasser eindringt. Wir schütten [...][9] Erde auf. Die Erde tarnen wir mit [...][10] Gras, und die Arbeit ist fertig. Nach der Arbeit legen wir uns schlafen.

22. Dezember 1942[11]
So liegen wir bis etwa 10 Uhr herum. Um halb elf wird uns Frühstück gebracht. Wir essen auf, und nach dem Essen legen wir uns wieder hin. Wir liegen bis zum Abendessen. Beim Abendessen kommt Stasiek herab. Er sagt, dass heute beim Überpflügen der Erdhütte die Erde an den Wänden abgerutscht wäre und das Pferd in die Erdhütte gefallen sei. Wir sagen ihm, das dies jemand verraten könnte. Nach dem Essen unterhalten wir uns bis um 11 Uhr. Danach gehen wir in die Erdhütte. Stasiek geht nicht mit, er geht schlafen.

1 AŻIH, 302/92, Bl. 1–3. Das Dokument wurde aus dem Jiddischen übersetzt.
2 Moshe Maik (1919–2013), Elektriker, Radiotechniker; arbeitete vor dem Krieg als Elektriker in Sokoły und Białystok, musste während der deutschen Besatzung für die Wehrmacht Radios reparieren; emigrierte nach Kriegsende zunächst nach Österreich, später nach Israel, betrieb in Netanya ein Radiogeschäft.
3 Zu diesem Zeitpunkt befanden sich vier Personen im Versteck: Moshe Maik, sein Vater Michael Maik sowie Abraham und Chaim Yehuda Goldberg, Cousins von Moshe Maik. Im April 1943 stieß mit Moniek Rosenmann noch eine fünfte Person dazu.
4 Stanisław Kalinowski, ein poln. Landwirt aus dem Dorf Bruszewo. Er kannte Moshe Maik durch die gemeinsame Tätigkeit im Untergrund und erlaubte ihm, sich mit seinen Verwandten in einer selbstgebauten Erdhütte nahe seinem Hof zu verstecken.
5 Im Original hier und im Folgenden russ. zemljanka mit hebr. Buchstaben.
6 Gemeint ist: um sich vor der Gendarmerie verstecken zu können.
7 Im Original fehlen hier einige Wörter, weil das Dokument an dieser Stelle beschädigt ist.
8 Im Original fehlen hier durch Beschädigung einige Wörter.
9 Ein Wort unleserlich.
10 Ein Wort unleserlich.
11 Die Seiten mit den Aufzeichnungen der folgenden zwei Tage sind beschädigt und nur teilweise lesbar.

Wir machen uns an die Arbeit. Das Loch wird wieder aufgegraben. Die Arbeit ist schlecht, weil die Erde mit Steinen vermischt und das Graben schwierig ist. Danach verteilen wir von oben mit […].[12] Danach schütten wir alles wieder zu. Vor dem Zuschütten […][13] Erdhütte die […][14] der Molkerei […][15] [Es fällt uns schwer,] sie zu halten, und wir stellen sie hinein. Dann schütten wir alles zu und ebnen den Platz ein. Nachdem wir die Arbeit beendet haben, kehren wir zurück ins Loch und legen uns schlafen.

23. Dezember 1942
So liegen wir wie gestern bis zum Frühstück. Stasiek bringt uns Frühstück. Kohl mit Kartoffeln, wir essen und legen uns wieder schlafen. So liegen wir bis um 17 Uhr. Gegen 17 Uhr schläft schon niemand mehr, weil die Luft knapp ist. Von Minute zu Minute fällt das Atmen schwerer. Die Lampe will nicht brennen […][16] zwei Stunden. Es ist schon sehr schwer, zu […] selbst den Deckel von der Lampe. Es geht aber […] bekommen alle mehr Luft. Nach einer Weile […] und bringt uns das Abendessen. Er erzählt […] Neuigkeiten. Er sagt, heute war er bei der […].[17] Sie sagt, sie habe keine Zeit gehabt, einen Brief zu schreiben, und dass heute […] uns ein Paket schicken wollte. […] Skak[18] ihm gemeldet […] hat alles gemerkt, und sie hat es der polnischen Polizei gemeldet. Die Polizei hat ihm das gemeldet, und er ist gekommen. In der Nacht nahm Nowakowski Rache. Aber er gab ihm […] in die Hand. Also […] er ihn entkommen. Nach der Flucht schoss er absichtlich in die Luft. Den Gendarmen gegenüber sagte er, Skak sei geflohen. Jetzt von meinen Sachen. Toybe[19] kam mit einem Gestapomann, um der Fałkowska[20] zwei Kilo Gold abzunehmen. Sie lief zur Gendarmerie, um das zu melden. Es kamen Gendarmen und nahmen Toybe und den Gestapomann fest. Toybe haben die Gendarmen geschlagen, sie solle zugeben, mit dem Gestapomann verbracht zu haben.[21] Sie sagte, das sei eine Lüge. Sie sei noch zu jung für solche Sachen. Am nächsten Tag wurden sie freigelassen, und ein paar Tage später kamen der Kommandant der Gestapo und der Gestapomann zu Fałkowska und forderten das Gold. Sie lief zur Gendarmerie. Die Gendarmen sagten, dass die Fałkowska wie eine Deutsche zu betrachten sei und den Behörden helfen würde. Aber es half nichts. Die Gestapoleute fragten, wie sie den Behörden helfen wolle, wenn sie jüdisches Gold verstecke, ohne die Behörden zu informieren. Sie gab das Gold ab, und die Gestapomänner und Toybe fuhren wieder fort.[22]

12 Mehrere Worte unleserlich.
13 Zwei Worte unleserlich.
14 Ein Wort unleserlich.
15 Zwei Worte unleserlich.
16 Bei diesem und den folgenden Auslassungszeichen sind ein oder mehrere Worte unleserlich.
17 Name unleserlich, vermutlich handelt es sich um die sowjet. Ärztin; siehe Eintrag vom 25.12.
18 Siehe auch Dok. 233 vom 7.11.1943.
19 Toybe Maik (1925–1942?), Tochter des Uhrmachers Israel Maik, des Onkels von Moshe Maik.
20 Janina Fałkowska, Christin und vor dem Krieg Mitglied der rechten und antisemitischen Endecja-Partei; sie war mit Israel Maiks Frau befreundet, so dass dieser einen Koffer mit Gold aus seiner Uhrmacherwerkstatt bei ihr verstecken konnte.
21 So im Original.
22 Nach einer anderen Aussage wurde Toybe Maik erschossen oder in das Vernichtungslager Treblinka deportiert.

Nachdem er die Neuigkeiten erzählt hat, geht Stasiek und sagt, wir sollten heute die Butter braten, die nicht mitgenommen werden soll. Chaim-Judl[23] und ich gehen hinein, um die Butter zu braten. Wir machen Feuer im Ofen, bereiten die Zwiebeln vor und stellen sie zum Braten auf. So braten wir drei Stunden, bis die Zwiebeln braun werden. Dann nehmen wir sie herunter und tragen sie ins Loch. Danach beschließen wir, die Federn und Köpfe der Gänse und der Truthähne zu vergraben. Wir nehmen eine Schaufel, gehen weit weg auf ein Feld neben der Mühle und vergraben alles. Nach dem Vergraben kehren wir zurück in die „gute Stube" und legen uns schlafen.

24. Dezember 1942
Wir liegen, bis uns Stasiek Frühstück bringt. Wir essen Borschtsch und legen uns wieder hin. So liegen wir bis zum Abendessen. Zum Abendessen gibt es Kartoffeln mit Mohn. Danach gehen wir das Stück Feld umgraben, wo wir die Erdhütte gebaut haben. Nach dem Umgraben kehren wir wieder zurück und legen uns schlafen. Es ist 2 Uhr.

25. Dezember 1942
Wir stehen um etwa 12 Uhr auf, Stasiek bringt uns Frühstück und auch ein Paket von der Ärztin.[24] Wir essen Nudeln mit Eiern und Kohl. Heute ist das Essen besser als sonst, weil heute bei ihnen[25] Feiertag ist. Nach dem Essen legen wir uns wieder hin. So liegen wir bis um 10 Uhr. Etwa um 10 kommt Stasiek herein. Abendessen bringt er uns nicht. Er sagt, er sei in der Kirche gewesen und spät zurückgekommen, so dass sie heute nicht gekocht hätten. Er gibt mir auch zwei Briefe von der Ärztin und ihrem Sohn. Sie schreibt, dass sie mir ein Paket und Geld schickt. Er schreibt mir, dass er nicht kommen konnte, weil er in Łapy war, aber er werde sich bemühen, zu kommen und sich möglichst bald mit mir zu treffen. Nachdem ich den Brief durchgelesen habe, stelle ich das Radio[26] auf Moskau ein. Sie melden, dass heute um 15 Uhr der Admiral Dar-Lan[27] ermordet worden sei, ein Franzose. Den Mörder habe man gleich gefangen genommen, einen 20-jährigen Franzosen. Sie berichten auch von der neuen starken russischen Offensive. Nachdem er sich das angehört hat, geht Stasiek. Als er weg ist, essen wir aus dem Paket, das die Ärztin uns geschickt hat, zu Abend. Nach dem Essen gehen wir eine Stunde spazieren. Als wir umkehren, ist es schon 4 Uhr. Wir unterhalten uns noch eine halbe Stunde und legen uns schlafen.

23 Chaim Yehuda Goldberg (gest. 2008?); Student einer Jeschiwa, dann Rabbiner und Schochet, Cousin von Moshe Maik; überlebte und emigrierte nach dem Krieg nach Australien.

24 Es handelt sich dabei um eine sowjet. Ärztin der Roten Armee, die auch nach dem deutschen Einmarsch mit ihrem Sohn Igor und der Tochter in Sokoły wohnen blieb. Nach Bekanntwerden des Massakers an den poln. Offizieren in Katyń im Frühjahr 1943 wurde sie von poln. Untergrundkämpfern erschossen; ihre beiden Kinder konnten fliehen und überlebten.

25 Gemeint sind die christlichen Polen.

26 Als Gegenleistung dafür, dass er in Kalinowskis Erdhöhle leben durfte, betreute Moshe Maik dessen illegalen Radioempfänger.

27 Richtig: François Darlan (1881–1942), Marineoffizier, Politiker; Ende 1940 stellv. Ministerratspräsident der franz. Regierung in Vichy, Nachfolger Philippe Pétains, 1942 von Pierre Laval abgelöst; nach der alliierten Landung in Nordafrika Hochkommissar Frankreichs in Afrika; wurde in Algier ermordet.

26. Dezember 1942
Wir stehen auf, als uns Stasiek Frühstück bringt. Wir essen Kohl. Nach dem Essen legen wir uns wieder hin. So liegen wir, bis Stasiek uns Abendessen und Kaffee bringt. Wir essen. Nach dem Abendessen waschen wir uns und wechseln die Wäsche. Daraufhin gehen wir im Wald spazieren. Nach dem Spaziergang legen wir uns schlafen.

27. Dezember 1942
So liegen wir bis zum Frühstück. Beim Frühstück schreibe ich einen Brief an die Ärztin und gebe ihn Stasiek. Wir essen Kartoffeln mit Suppe und legen uns wieder hin. So liegen wir bis zum Abendessen. Beim Abendessen kommt Stasiek und bringt uns Kaffee. Wir essen. Danach stelle ich das Radio auf England ein. Sie melden Einzelheiten von der großen russischen Offensive und auch, dass Darlans Mörder erschossen worden sei. Darlans Nachfolger ist Giraud.[28] Nach dem Radiohören gehen wir spazieren. Aber nicht lange, weil starker Frost herrscht. Nach dem Spaziergang gehen wir schlafen.

28. Dezember 1942
So schlafen wir bis zum Frühstück. Das Frühstück wird uns etwa um 10 Uhr gebracht. Wir essen Kohl und Kartoffeln, legen uns wieder hin und bleiben bis zum Abendessen liegen. Zum Abendessen bekommen wir Graupen mit Suppe. Wir essen auf, danach gehen wir im Wald spazieren. Es ist ziemlich frostig. Lange kann man nicht unterwegs sein, also kehren wir um und legen uns wieder schlafen.

29. Dezember 1942
So liegen wir bis zum Frühstück. Das Frühstück bekommen wir etwa um 9 Uhr. Wir essen es auf, sitzen eine Weile herum und legen uns wieder hin. So liegen wir bis um 10 Uhr [abends]. Stasiek erscheint und bringt uns Abendessen, das wir zu uns nehmen. Anschließend stelle ich das Radio auf New York ein. Es wird gemeldet, dass die Alliierten an allen Fronten vorrückten, und die Rede des Vizepräsidenten der Vereinigten Staaten[29] wird gesendet. Er spricht darüber, wie der kommende Frieden aussehen wird. Danach geht Stasiek weg, wir unterhalten uns noch ein wenig und legen uns schlafen.

30. Dezember 1942
Wir schlafen, bis Stasiek uns Frühstück bringt. Wir essen Kartoffeln mit Suppe und legen uns wieder hin. So liegen wir, bis Stasiek uns Abendessen bringt. Wir essen zu Abend, und Stasiek geht wieder. Ich stelle das Radio auf England ein. Sie melden, dass die polnische Luftwaffe innerhalb von zwei Jahren drei Millionen Bomben über Deutschland abgeworfen habe, und auch, dass der polnische Premier Sikorski in Mexiko sei und sich bei der mexikanischen Regierung dafür eingesetzt habe, dass sie die Ansiedlung von fünf Millionen polnischer Flüchtlinge in ihrem Land zulasse.[30] Außerdem wird gemel-

28 Henri Giraud (1879–1949), General; wurde am 19.5.1940 von der Wehrmacht gefangen genommen, floh aus der Gefangenschaft, später Oberkommandierender der franz. Streitkräfte in Nordafrika; nach Darlans Ermordung Hochkommissar Frankreichs für Afrika.

29 Henry A. Wallace.

30 Von den zahlreichen Flüchtlingen, die Polen nach 1939 verlassen hatten, gelangten etwa 10 000 nach Mexiko. Władysław Sikorski (1881–1943) besuchte das Land Mitte Dezember 1942.

det, dass die Russen die Stadt Kotelnikowo eingenommen hätten, 145 km von Stalingrad entfernt. Nachdem wir den Bericht gehört haben, schalte ich das Radio aus, und wir gehen spazieren. Nach dem Spaziergang legen wir uns wieder schlafen.

31. Dezember 1942
So liegen wir, bis Stasiek uns Frühstück bringt. Es ist schon halb elf. Wir essen. Nach dem Essen unterhalten wir uns ein wenig und legen uns wieder hin. So liegen wir, bis Stasiek uns Abendessen bringt. Nach dem Abendessen schalte ich das Radio ein, und wir hören zu. Heute senden alle, was sie während des Kriegsjahres erreicht haben. Nach dem Hören schalte ich das Radio aus, und Stasiek geht. Wir gehen eine Weile in den Wald zum Spaziergang. Wir sind eine Stunde lang unterwegs. Als wir umkehren, ist es schon 4 Uhr. Wir legen uns schlafen.

1. Januar 1943
So liegen wir bis zum Frühstück. Zum Frühstück bekommen wir Kartoffeln mit Suppe. Wir essen auf. Nach dem Essen reden wir über das neue Jahr, jeder von uns ist überzeugt, dass in diesem Jahr der Krieg enden wird. Im Anschluss legen wir uns wieder hin. So liegen wir, bis uns das Abendessen gebracht wird. Stasiek kommt herunter. Wir essen Zimmes[31] mit Leber und ich schalte anlässlich des neuen Jahres das Radio ein. Aus Russland wird ebenso wie aus England und Amerika berichtet, dass das neue Jahr für die Alliierten mit einer Offensive beginnt. An allen Fronten siegen die Alliierten. Sie sagen auch, das neue Jahr werde allen unterdrückten Völkern die Erlösung bringen. Der polnische Kościuszko-Sender[32] ruft das polnische Volk auf, sich zu vereinigen. Sie sagen, das Jahr 1942 sei das Jahr der Vorbereitungen gewesen, während 1943 ein Jahr des Kampfes werde, um den Besatzer vom polnischen Boden zu vertreiben. Nach der Sendung schalte ich das Radio aus, und Stasiek geht. Wir gehen für einen Spaziergang in den Wald. So gehen wir bis um 17 Uhr. Nach dem Spaziergang legen wir uns schlafen.

Samstag, 2. Januar 1943
Wir schlafen, bis Stasiek uns Frühstück bringt. Heute bringt er uns Borschtsch mit Kartoffeln. Wir essen und legen uns wieder hin. So liegen wir, bis wir das Abendessen bekommen. Wir essen Grütze mit Kartoffeln. Stasiek kommt zu uns herunter, er erzählt uns, heute seien Szmuel Fandre und Leibl Kaczan bei ihm gewesen. Sie haben ihm erzählt, dass sie das Herumgammeln nicht mehr ausstehen können. Sie wollen sich sicher den Deutschen ergeben, sie wollen vorher nur losgehen und sich in Sułka mit Berele Braches und Sralke, dem Deutschen, beraten. Er hat ihnen erlaubt, den Tag über im Stall zu sitzen, und bei Nacht sind sie verschwunden. Außerdem erzählt er, dass der Amtskommissar[33] alle Dörfer aussiedeln wolle, weil sie keine Milch abliefern wollen. Wir schlagen ihm vor, heute nach Sokoły zu gehen, um Bücher zu holen. Aber er will

31 Ein jüdisches Gericht aus Möhren und Honig.

32 Der Radiosender „Tadeusz Kościuszko“ (benannt nach dem Anführer der poln. Aufstände von 1794), dessen Chefredakteur der jüdische Kommunist Tadeusz Daniszewski (bürgerlich: Dawid Kirszbraun) war, sendete aus Moskau sowjet. Propaganda. Am 30.7.1944 rief er die Bevölkerung Warschaus zum Widerstand gegen die deutsche Besatzung auf.

33 Ein Mann namens Wessel oder Wesel.

davon nichts hören. Er bleibt bis 23 Uhr sitzen und geht. Nachdem er gegangen ist, beschließen wir, selbst in die Stadt zu gehen. Wir laden die Waffen, nehmen die Granate mit und gehen. Draußen weht ein starker Wind. Wir gehen durch die Stadt, bis wir unsere Wohnung erreichen. Wir lauschen eine Weile. Ringsum ist es still, man hört nur abgerissene Fensterläden und Türen im Wind klappern. Wir machen uns an die Arbeit. Abraham[34] steht Wache. Chaim-Judl und ich gehen in unseren Stall, um zu sehen, ob die vergrabenen Radios noch da sind. Wir beginnen zu graben. Die Radios sind da. Wir packen eines in einen Sack und gehen zu uns hinein, um Bücher zu suchen. Die Wohnung ist schon geplündert. Auf den Fußböden liegen nur noch jiddische Blätter und Bücher. Wir füllen einen Sack mit Büchern und gehen weiter. Chaim-Judl geht in unsere Schmiede, packt einen Sack Werkzeuge und geht hinaus. Wir nehmen die Säcke auf die Schultern und kehren zurück. Auf dem Rückweg gehen wir über den Pferdemarkt. Plötzlich hören wir Stimmen. Wir bleiben stehen und lauschen eine Weile. Dort schreien und singen betrunkene Deutsche bei einem Gelage. Wir gehen weiter. Ansonsten treffen wir niemanden auf dem Weg. Wir ruhen uns einige Male aus, bis wir ans Ziel kommen. Als wir ins Loch kommen, ist es schon 17 Uhr. Vater sagt, Gott sei Dank seien wir da. Er hat schon keine Erklärung mehr gehabt, hat sogar schon geweint. Wir packen die Säcke aus und verstauen alles. Über jede Kleinigkeit freuen wir uns. Wir essen und legen uns schlafen.

3. Januar 1943
So liegen wir, bis wir Frühstück bekommen. Wir essen Kohl mit Kartoffeln und legen uns wieder hin. So liegen wir, bis Stasiek uns Abendessen bringt. Dabei sagt er mir, dass er in Sokoły gewesen sei. Den Akkumulator hat der Sohn der Ärztin noch nicht aufgeladen. Ich bitte ihn um Petroleum, doch er sagt, dass wir kein Feuer machen dürften, wir dürften nur essen und im Dunkeln liegen. Wir essen Grütze. Wir wollen ein wenig lesen, doch was nützt es: Bücher haben wir, aber kein Petroleum. Wir entscheiden, Stasiek noch einmal zu bitten, wenn er sich weigert, müssen wir nach Sokoły oder Jaźwin gehen, um Petroleum zu holen. Außerdem beschließen wir, dass ab morgen einer von uns nicht essen soll, weil wir befürchten, vergiftet zu werden. Wir merken an seiner Stimmung, dass er uns loswerden will, weil es ihm schon lästig geworden ist, jeden Tag mit uns zu tun zu haben. Danach legen wir uns wieder schlafen.

34 Abraham Goldberg (1912–2008?), Zimmermann; Cousin von Moshe Maik; lebte nach dem Krieg in Israel.

DOK. 180

Die Gettoverwaltung in Litzmannstadt bedankt sich am 5. Januar 1943 beim Amtskommissar in Zelow für die gute Zusammenarbeit bei der Auflösung des dortigen Gettos[1]

Schreiben der Getto-Verwaltung Litzmannstadt (027/21/Se/L.), gez. Ribbe, an Amtskommissar Berger,[2] Zelow, Kreis Lask, vom 5.1.1943

Ich bestätige den Erhalt der mir am 21. Dezember 1942 mit Lastwagen übersandten, in Ihrem früheren Ghetto noch sichergestellten Textilien, Nähmaschinen und sonstigen Werte. Ich nehme an, daß es sich dabei wohl um die letzte Sendung handeln dürfte, und möchte nicht verfehlen, Ihnen bei dieser Gelegenheit meinen Dank und meine Anerkennung für die mir bei Aussiedlung der Zelower Juden[3] und Liquidierung des dortigen Ghettos geleistete Mitarbeit und Unterstützung auszusprechen. Ich kann ohne Übertreibung sagen, daß es nur dank Ihrer Mithilfe und Umsicht möglich war, alle vorhandenen und zum großen Teil versteckt gewesenen Werte so restlos zu erfassen, wie es kaum bei einem anderen der vielen geräumten Ghettos möglich war. Auch die Abrechnung der gegenseitigen Forderungen ging, dank der bei Ihnen vorgefundenen Ordnung, so reibungslos vonstatten, daß ich diese gemeinsame Zusammenarbeit stets in angenehmer Erinnerung behalten werde.
Heil Hitler!

DOK. 181

Der Gaubeauftragte für das Winterhilfswerk in Posen beschwert sich am 9. Januar 1943 über Kleidungsstücke mit Blutflecken aus dem Vernichtungslager Kulmhof[1]

Der Gaubeauftragte für das Winterhilfswerk des Deutschen Volkes in Posen (Da/Sp. Orga.), gez. Unterschrift unleserlich, an Gettoverwaltung in Litzmannstadt (Eing. 16.1.1943) vom 9.1.1943

Betr.: Abgabe von Spinnstoffwaren an die NSV durch die Gettoverwaltung.
In obiger Sache nehme ich Bezug auf die seinerzeitige Rücksprache meines Hauptstellenleiters, Parteigenossen Eichhorn,[2] und der späteren Verhandlung des Stellenleiters, Parteigenossen Koalick,[3] mit Ihnen, wonach der NSV tragbare und aufgearbeitete

1 Original nicht aufgefunden. Abdruck in: Blumental (Bearb.), Słowa niewinne (wie Dok. 59, Anm. 1), S. 173 (dort mit falscher Datumsangabe 5.1.1942).
2 Johannes Berger (*1898), Kaufmann; 1933 SA-, 1937 NSDAP-Eintritt; 1940–1944 Amtskommissar in Zelow; 1947 in Leipzig zu sieben Jahren Haft, im Berufungsverfahren 1951 wegen Beihilfe zum Mord an Juden aus Zelów und Bełchatów zu zwölf Jahren Haft verurteilt.
3 Im Dez. 1939 war in Zelow ein Getto eingerichtet worden; die ersten Deportationen fanden im März und April 1942 statt, bis Aug. 1942 wurden ca. 6000 Juden nach Litzmannstadt bzw. in das Vernichtungslager Kulmhof deportiert; das Getto wurde am 1.9.1942 aufgelöst.

1 Original nicht aufgefunden. Abdruck in: Dokumenty i materiały z czasów okupacji niemieckiej w Polsce. Bd. I: Obozy, Łódź 1946, S. 229 f.
2 Richtig: Eicheborn.
3 Siehe Dok. 99 vom 8.5.1942.

Anzüge, Kleider und Wäschestücke in *gereinigtem* Zustand, gegen entsprechende Begleichung der durch die Aufarbeitung und Reinigung entstandenen Kosten, überlassen werden sollten.
Die der Kreisamtsleitung Litzmannstadt-Land zugestellte erste Sendung von 1500 Anzügen entspricht in keiner Weise den seinerzeit in Augenschein genommenen Textilien, welche in Kulmhof zur weiteren Verfügung der Gettoverwaltung lagerten. Die von Ihnen gelieferten Anzüge sind in ihrer Qualität derart schlecht, daß sie zum größten Teil für Betreuungszwecke nicht verwendbar sind. Auch handelt es sich bei Ihrer Lieferung nicht um komplette Anzüge, sondern nur um zusammengestellte Einzelstücke. Ein großer Teil der Bekleidungsstücke ist stark befleckt und teilweise auch mit Schmutz und Blutflecken durchsetzt. Die Kragen der meisten Jacketts sind derartig speckig, daß eine nochmalige gründliche Reinigung notwendig ist.
Da die Kollis[4] von der Kreisamtsleitung Litzmannstadt-Land ungeöffnet an verschiedene Kreisamtsleitungen im Gaugebiet weitergesandt wurden, hat es sich erst später beim Öffnen der Kollis herausgestellt, daß z. B. bei einer Sendung an die Kreisamtsleitung Posen-Stadt von 200 Röcken an 51 Röcken die Judensterne noch nicht entfernt waren!
Da in den Kreislagern zum größten Teil polnische Lagerarbeiter verwendet werden müssen, besteht die Gefahr, daß die zur Betreuung im Winterhilfswerk vorgesehenen Rückwanderer[5] von der Herkunft der Sachen Kenntnis erhalten und das WHW somit in Mißkredit kommt.
Mehrere Hauptstellenleiter der Abteilung Gesundheit in den Kreisen lehnen aus ärztlichen und hygienischen Gründen eine Ausgabe der Bekleidungsstücke an unsere Betreuten vor einer gründlichen chemischen Reinigung der Textilwaren ab.
Ich habe daher angeordnet, daß die bereits an die Kreise versandten Anzüge nochmals auf ihre Tragfähigkeit geprüft und die für die Betreuung geeigneten Stücke chemisch gereinigt und aufgebügelt werden. Die nicht geeigneten Anzüge werden Ihnen in einiger Zeit geschlossen durch die Kreisamtsleitung Litzmannstadt-Land zurückgegeben.
Der Kreisbeauftragte von Litzmannstadt-Land Parteigenosse Renkenberger[6] und mein Mitarbeiter Parteigenosse Koalick wurden von mir beauftragt, sich mit Ihnen nochmals in Verbindung zu setzen, um eine Klärung in dieser Angelegenheit zu erreichen und mit Ihnen zu verhandeln, damit die zur Zeit noch in dem Lager der Kreisamtsleitung Litzmannstadt-Land befindlichen 1500 Anzüge und 1000 Frauenkleider nochmals von Ihnen auf ihre Verwendungsfähigkeit überprüft und aussortiert, gereinigt und ausgebügelt werden und daß – wenn möglich – komplette Anzüge zusammengestellt und geliefert werden.
Ich hoffe, daß Sie meine Beanstandungen anerkennen und einsehen, daß wir an unsere Rückwanderer keine solchen schlechten Bekleidungsstücke, sondern nur ordentliche Sachen ausgeben können.

4 Ein Kollo (Pl. Kolli) ist eine Warensendung bzw. ein Paket.
5 Gemeint sind die Auslandsdeutschen, die infolge bilateraler Abkommen zwischen dem Deutschen Reich, der Sowjetunion, Rumänien und den baltischen Staaten in den annektierten poln. Gebieten angesiedelt wurden.
6 Vermutlich: Godfrey Renkenberger (*1896), Kaufmann, 1931 NSDAP-Eintritt.

Wenn Sie für meine Wünsche eine befriedigende Lösung finden, helfen Sie damit gleichzeitig dem WHW in seiner großen Betreuungsaufgabe.
Heil Hitler![7]

DOK. 182
Die Gendarmerie in Kattowitz meldet am 20. Januar 1943 den Tod dreier Juden beim Abspringen von einem Deportationszug in Richtung Auschwitz[1]

Morgenmeldung Nr. 8/43 des Kommandeurs der Gendarmerie beim Regierungspräsidenten, Unterschrift unleserlich, Oberst und Kommandeur der Gendarmerie, Kattowitz,[2] vom 20.1.1943

1.) Am 18.1.1943, 9.05 Uhr, sind auf der Bahnstrecke Myslowitz-Auschwitz, Kreis Bielitz, mehrere Personen (Juden) aus einem Transportzug gesprungen und geflüchtet sowie getötet worden.
Getötet wurden durch das Abspringen vom Zuge:
1 12jähriges Kind, aufgefunden bei Kostow, Kreis Pless,
1 14jähriges Kind, aufgefunden bei Imielin, Kreis Pless,
1 45jährige weibliche Person, aufgefunden bei Gr.-Chelm, Kreis Pless.
Ausweispapiere waren nicht vorhanden, daher konnten auch die Personalien nicht festgestellt werden.
Ob noch andere Juden geflüchtet sind, konnte nicht festgestellt werden.
Die Staatsanwaltschaft und Kriminalpolizei wurden verständigt. Die Leichen wurden durch das Konzentrationslager Auschwitz abgeholt.

7 In einem Schreiben des Winterhilfswerks an die Gettoverwaltung vom 20.4.1943 schrieb der Leiter der Hauptstelle Organisation, Neitz, dass das WHW auf die zugesagte Lieferung der Anzüge nicht verzichten könne: „Wenn es auch nicht möglich ist, die vorhandenen Rostflecken zu beseitigen, so müssen aber die an den Anzügen teilweise noch vorhandenen Judensterne restlos entfernt werden"; wie Anm. 1, S. 231.

1 GStAPK, XVII. HA, Rep. 201e, Nr. 2, Bl. 55; dass. APK, RK 6266, Bl. 86.

2 Die Morgenmeldungen erhielten der Oberpräsident der Provinz Oberschlesien in Kattowitz, Gauamtsleiter Schuppe in Kattowitz, Reg.Direktor Dr. Frantz in Kattowitz, der HSSPF Südost in Breslau sowie der Inspekteur der Ordnungspolizei in Breslau.

DOK. 183
Die Reichsbahndirektion Minsk organisiert am 27. Januar 1943 vier Sonderzüge für die Deportation polnischer Juden aus dem Getto Pružany nach Auschwitz[1]

Bahndiensttelegramm der Reichsbahndirektion Minsk (33 Bfp 5 Bfsv)[2] an die zuständigen Bahnbetriebswerke vom 27.1.1943[3]

Bfe, Bm, Bw[4] von Oranczyce[5] bis Brest-Litowsk Hbf, Zl, Ba, Ma und Va[6] Brest-Litowsk, Bw Bereza-Kartuska, Ozl Minsk, nachr[ichtlich] Gedob Krakau,[7] GVD Osten Warschau[8] und Kommandeur der Sicherheitspolizei und des Sonderdienstes in Bialystok
Auf Bestellung der Sicherheitspolizei verkehren folgende Sonderzüge bestehend aus 1 Pwg[9] und 30 G[10] von Oranczyce nach Auschwitz. Zuggattung 60.3
PJ[11] 99 am 29., PJ 101 am 30., PJ 103 am 31. Januar und PJ 105 am 1. Februar
Oranczyce ab 0.59 im Plan M 86 Brest=Litowsk an 3.37 ab 6.55 und weiter nach Fahrplan der Gedob Krakau[12]
Der Bf Brest=Litowsk Ost überweist zu den genannten Tagen rechtzeitig einen reichsdeutschen Pwg zur Einstellung in die Zugmitte an den Bf Oranczyce. Lokgestellung nach Bespannungsplan. Zub[13] stellt Bf Brest=Litowsk Hbf. Die G=Wagen werden vom Wagenbüro zugeführt. Bf Oranczyce meldet Abfahrt, Anzahl der Personen, davon Kinder unter 10 Jahren, die Zahl der Begleitpersonen und die Achsenzahl an das Fahrplanbüro (Bfp 5)
RVD Minsk[14] 33 Bfp 5 Bfsv

1 NARB, 378/1/784, Bl. 1a, Kopie: USHMM, RG 53 002M, reel 2.
2 Das Referat 33 war zuständig für Sonderzüge und Reisezüge; Bfp = Fahrplansachbearbeiter Personenzugfahrplan, Bfsv = Betrieb, Fahrplan, Sonderzüge, Verwaltung.
3 Im Original handschriftl. Bearbeitungsvermerke und die Notiz „Brest 2/21 24.00 IQ 1/12".
4 Bfe = Bahnhöfe, Bm = Bahnmeisterei, Bw = Bahnbetriebswerk.
5 In Oranczyce, etwa 7 km südlich von Pružany, befand sich der dem Getto nächstgelegene Bahnhof.
6 Zl = Zugleitung, Ba = Betriebsamt, Ma = Maschinenamt, Va = Verkehrsamt.
7 Generaldirektion der Ostbahn Krakau.
8 Generalverkehrsdirektion Osten Warschau.
9 Personenwagen.
10 Güterwaggons.
11 Poln. Juden.
12 Mit den vier Zügen mit jeweils knapp 2500 Menschen wurden insgesamt 9161 Juden des Gettos Pružany, das die Besatzer Anfang Febr. 1943 auflösten, nach Auschwitz deportiert.
13 Zugbegleiter.
14 Reichsverkehrsdirektion Minsk.

DOK. 184
Moshe Maik beschreibt am 30. Januar 1943 in seinem Tagebuch, wie Deutsche ein benachbartes Versteck finden und die Juden ermorden[1]

Handschriftl. Tagebuch von Moshe Maik, Sokoły (Bezirk Bialystok), Eintrag vom 30.1.1943

Sonnabend, 30. Januar 1943
Wir liegen bis um 12 Uhr, dann zünden wir die Lampe an und essen etwas. Danach legen wir uns wieder hin. Etwa um 9 Uhr abends kommt Stasiek und öffnet das Loch. Ich krieche hinaus und bringe das Abendbrot herein. Währenddessen erzählt Stasiek, der Metzger Shepsl[2] sei heute bei ihm gewesen. Er hat genau erzählt, wie es war. Mit 18 Personen lagen sie in einer Erdhütte im Kalinowski-Wald. Am Montag hatten sie zwei Kinder ausgeschickt, die Brot bringen sollten. Die Kinder begegneten den Deutschen, die sie fragten, warum sie dort herumliefen. Es wäre doch besser, wenn sie ins Getto von Białystok gingen. Das Mädchen antwortete, dass sie ihren Vater suchten, doch der Junge sagte, sie hätten noch Bekannte. Dann schlugen die Deutschen die Kinder und befahlen ihnen zu zeigen, wo die anderen waren. Die Kinder führten die Deutschen zur Erdhütte. Die acht Deutschen befahlen allen, aus der Erdhütte herauszukriechen und ihre Sachen mitzunehmen, da man sie ins Getto bringen werde. Alle wurden auf einen Wagen gesetzt und zur Straße gebracht. Dann aber wendeten sie das Auto und brachten alle zurück in den Wald. Dann befahlen sie allen, wieder hineinzukriechen, und die Deutschen zogen ihre Waffen. Er [Shepsl] sah, dass das nicht mit rechten Dingen zuging, und ergriff die Flucht. Die Deutschen schossen ihm hinterher, trafen aber nicht. So lief er, bis er müde wurde und in den Schnee fiel. Dann hörte er eine Schießerei. Er blieb einige Stunden so liegen, bis es rundherum ruhig geworden war. Da kehrte er zur Erdhütte zurück, doch als er ankam, war dort niemand. Nun kroch er ins Loch hinein. Dort erkannte er die wirkliche Lage: Die Frauen und Kinder lagen erschossen durcheinander, eine Frau röchelte noch. Darunter waren seine Frau mit vier Kindern, Jankel Kruszewski mit seinem Sohn und seiner Tochter und andere. Als er das sah, wurde er ohnmächtig und lag zwischen den Leichen. Er lag dort, bis Christen aus Kalinowo kamen, um zu sehen, was passiert war. Als sie Shepsl sahen, fragten sie ihn, ob er noch lebe, dann befahlen sie ihm, von den Toten Geld und andere Dinge zu nehmen. Er wollte aber nichts mitnehmen, stieg halbtot aus dem Grab und läuft nun so herum. Diese Neuigkeiten ließen uns das Herz bluten, aber was soll man machen. Wir wissen nicht, über wen wir zuerst trauern sollen. Man muss stark sein, denke ich, um Rache nehmen zu können. Wir essen das Abendbrot zu Ende. Nach dem Abendessen beginne ich zu lesen, aber ich behalte nichts davon im Kopf. Dann legen wir uns hin.

1 AŻIH, 302/92, Bl. 30–32. Das Dokument wurde aus dem Jiddischen übersetzt.
2 Shepsl, auch Shaptil Złotko, lebte vor dem Krieg in Sokoły; während der deutschen Besatzung umgekommen.

DOK. 185

Speer lehnt am 1. Februar 1943 Himmlers Forderung ab, Baumaterialien für die geplante Umsiedlung von Weißruthenen in das leerstehende Getto Białystok zuzuteilen[1]

Reichsminister für Bewaffnung und Munition (GB. – II/B Gr. Außendienst), gez. Albert Speer, an Reichsführer SS, Pg. Himmler, Hauptamt – Persönlicher Stab, Berlin, vom 1.2.1943

Lieber Parteigenosse Himmler!
Wie mir berichtet wird, ist im Bezirk Bialystok eine größere Umsiedlungsaktion im Gange. Etwa 40 000 Juden sollen aus dem Ghetto Bialystoks evakuiert werden.[2] Um den in dem Urwaldgebiet von Bialowitze noch befindlichen Partisanen die letzten Stützpunkte zu nehmen,[3] sollen die dort lebenden Weißruthenen, hauptsächlich Kleinbauern – ebenfalls 40 000 Menschen – ausgesiedelt und in die in Bialystok freigewordenen Judenwohnungen überführt werden. Da dieselben aber für die ländliche Bevölkerung nicht ausreichen, entsteht ein zusätzlicher Wohnungsbedarf, der durch eine Holzhaus-Siedlung bezw. Baracken für 20 000 Menschen gedeckt werden soll.
Bei voller Würdigung der Notwendigkeit einer solchen Maßnahme erscheint es mir bei der augenblicklich sehr angespannten Baustofflage bedenklich, hierfür noch besondere Bauten zu errichten, da selbst Baracken und ähnliche Behelfsbauten in allererster Linie für die Unterbringung der Rüstungsarbeiter und der Bombengeschädigten benötigt werden. Eine zusätzliche Hergabe von kontingentierten Baustoffen ist nicht möglich.
Ich bitte deshalb zu veranlassen, daß der Raumbedarf ohne Inanspruchnahme von zusätzlichen kontingentierten Baustoffen erfüllt wird.[4]
Heil Hitler!

1 BArch, NS 19/131, Bl. 1 f. Abdruck als Faksimile in: Artur Eisenbach, Hitlerowska polityka zagłady Żydów, Warszawa 1961, Dokumentenanhang.

2 Im Zusammenhang mit der „Aktion Reinhardt" wurden zwischen dem 5. und 12. Febr. 1943 2000 der noch 40 000 Gettoinsassen erschossen, weitere 10 000 nach Treblinka deportiert. Im Aug. 1943 wurde das Getto aufgelöst. Speer suchte 1943 verstärkt nach Möglichkeiten, die jüdischen Zwangsarbeiter aus dem Getto Białystok durch nichtjüdische Arbeiter zu ersetzen, ohne der kriegswichtigen Produktion zu schaden.

3 Im Forst von Białowieża kämpften die Brigaden der Kirov-Partisanen, denen sich im Jan. 1943 etwa 200 Juden anschlossen, die zuvor aus dem Getto Pružany geflohen waren.

4 Himmler antwortete Speer am 9.2.1943, er habe seine Dienststellen angewiesen, „es bei dem vorhandenen Wohnraum bewenden zu lassen"; wie Anm. 1, Bl. 3. Zu Umsiedlungen weißruthen. Bauern kam es wegen der Kriegsentwicklung nicht mehr.

DOK. 186

Oskar Rosenfeld beschreibt in seinem Tagebuch zwischen dem 8. Januar und 12. Februar 1943 den Alltag und das tägliche Sterben im Getto Litzmannstadt[1]

Tagebuch von Oskar Rosenfeld im Getto Litzmannstadt, Heft G, Einträge vom 8.1. bis 12.2.1943

8.I. Talkie?[2] Pullawer,[3] Regisseur und Schauspieler, Kleinkunst, arbeitet im Altschuh-Ressort. Erzählt: In Schuhen von Ausgesiedelten – Gold, Schmuck, Brillanten, Pfunde, Dollars gefunden, Sonderpolizei übernimmt Sachen, übergibt sie Gettoverwaltung. Dollar notiert 1,20 Reichsmark, Geld gutgeschrieben und dafür Lebensmittel. Soviel wie Requisitionen. – 10 000 Tefillin ebenfalls von Ausgesiedelten übernommen, sortiert, Leder verwendet. Getto selbst entjüdischt sich. Jugend spricht polnisch. Jiddisch wird zitiert wie fremde Sprache. – Schnee Schneetreiben.
Hunger. Preise: Brot 160, Butter 6, Kohlrabi 8 „Chaimki" 1 kg. Die Waren selbst sind nicht zu bekommen. Ressortsuppe 6 „Chaimki", Kartoffeln 18 „Chaimki".

11.I. Noch immer nachts aus den Betten. Plötzlich fürchterlicher Winter 15 Grad. Hiesige (Maryshin) Zionisten. Täglich Suppe versprochen.
Talent im Getto. 11jähriger Step-Tänzer in Holzschuhen. 5jähriges Mädchen singt und spielt jiddisch und polnisch. – Mädchen in Holzschuhen tanzen. Rezitation. – Große Talente kommen nicht auf. Wollen nicht zum Theater. Arbeit in Ressorts. Musik. Wunderkinder.
Musik. Man spielt über Beethoven, Schubert, Wagner etc. Man singt Motive aus Beethoven etc.
Henuschi. Grieg: Ich will Deiner harren, gewiß Du bist mein … Ich hab es versprochen, ich harre treulich Dein …[4]

12.I.1943. Gettogerücht: Pogrom in Wilno gegen Polen und Juden (?!).[5] Was ist Wahres daran? Ist das Front-Folge? – Im ganzen bisher 180 und [bei] Nacht ausgehoben und weggeschickt.

14.I. Elend. Winterfrost hält an. – Neuralgie, Schmerzen, Abszeß auf Nacken, Diarrhöe, Muskelrheumatismus, fürchterliche Kälte im Zimmer, (Maryshin), nachts auf dreckige Latrinen … allein, morgen Freitag neuer Turnus.

1 YVA, O.6/234/III-8, Bl. 47–52 (Typoskript). Auszugsweise abgedruckt in: Rosenfeld, Wozu noch Welt (wie Dok. 35, Anm. 1), S. 178 f.
2 Siehe Dok. 138 vom 5.–15.8.1942, Anm. 2.
3 Richtig: Moshe Pulaver (1902–1984), Theaterregisseur und Schauspieler; lebte vor dem Krieg in Łódź, im Getto als Regisseur und Schauspieler tätig; er wurde im Aug. 1944 nach Auschwitz deportiert, 1945 im Lager Ebensee befreit und emigrierte später nach Israel; Autor von Erinnerungen über das Getto Litzmannstadt „Geven iz a geto" (1963).
4 Zitat aus Henrik Ibsens Solveigs Lied in der Übersetzung von Christian Morgenstern. Das Lied ist Teil von Edvard Griegs Peer Gynt Suite Nr. 2 op. 55.
5 Es handelte sich um ein unbestätigtes Gerücht.

15. I. Schöner Wintertag. Habe Aussicht, Iminol[6] zu bekommen. Klima angenehm. – Neues Sterben, Totenwagen kommen zahlreich nach Maryshin.[7]

17. I. Noch immer Angst wegen Wohnung. Henuschi – Geburtstag – Tut weh! Was macht Pimperl?

18. I. Krankheiten. Mangel an Fett, Blutarmut. Frauen ohne Periode, völliges Ersterben der Erotik, besonders unter Westjuden, daher auch keine Eheschließungen.

19. I. Neuer Frost, herrliche Winterszenen in Marysin. Noch immer keine Wohnung. Urlauber in Marysin, singen und pfeifen [den] ganzen Tag.[8]

21. I. 50 jüdische Arbeiter aus Berlin gekommen herein ins Getto. Erzählen angeblich von fürchterlichen Bombardierungen auf Berlin.[9] – Ferner angeblich 40 Tliahs[10] in Litzmannstadt für aschken. Kommun. aus Wolhyn. – Tauwetter plötzlich. – Meldung, daß Wohnung Dvoeska 1. bekomme.[11] – Abschied vom Heim.

22. I. Freitag. *Aussiedlung September.* Alle abgegangen. Bleibe allein mit Professor Caspari.[12] – Jüdische Polizei wirft Säuglinge durchs Fenster auf die Straße in den Pferdewagen. Von Kindern kein Laut. – Nachher Aschkenes gibt Kind schönen Apfel.

23. I. Sabbat. Tauwetter. Erste Frühlingsahnung. Herz stürmisch bewegt. Preise im Steigen. Brot 160, Zucker 1,30.
Aussiedlung 1942. *Februar.* Auch Tote wurden mitgenommen, in die Waggons geworfen.
Aschkenes. Aschkenes Soldat singt am Draht ein Soldatenlied. Kosakenlied nach Budjennys Reiterarmee.
Aussiedlung. Altersheim. Leute bei Rummel ausgeplündert von jüdischer Polizei. Koffer erbrochen, alles weggenommen. Einzelne von jüdischer Seite abseits gebracht, eingesperrt, gerettet. – Die […][13] vierten im Getto tragen Sterne aus gelbbraunem *Stoff*, nicht schlechtem Zeug.

25. I. Krankheiten. Aussiedlung. Augen tränen, mangels gewisser Vitamine, Nägel an den Zehen und Fingern sterben ab. –

6 Medikament gegen Asthma in Pulver- oder Tablettenform.

7 Im Stadtteil Marysin, der überwiegend zum Getto gehörte, befand sich auch der jüdische Friedhof.

8 Im Stadtteil Marysin hatte Rumkowski einige Heime einrichten lassen, in denen Arbeiter sich für kurze Zeit bei besserer Lebensmittelversorgung erholen konnten.

9 In der Zeit zwischen dem 16.1. und 30.3.1943 flogen die Alliierten zahlreiche Luftangriffe auf Berlin, bei denen u. a. die Hedwigs-Kathedrale und Teile der Berliner Universität, insgesamt etwa 20 000 Gebäude v. a. im Bezirk Tempelhof beschädigt oder zerstört wurden.

10 Hebr.: Galgen.

11 Richtig: Dworska-Straße.

12 Dr. Wilhelm Caspari (1872–1944), Arzt; ließ sich 1899 evang. taufen; von 1920 an Leiter der Abt. Krebsforschung in Frankfurt a. M.; im Okt. 1941 mit seiner Ehefrau nach Litzmannstadt deportiert, im Getto erneut als Mediziner tätig; im Jan. 1944 gestorben, seine Frau war bereits im Sept. 1942 nach Kulmhof deportiert und ermordet worden.

13 Es fehlt ein Wort.

Warschau – Aussiedlung von Polen mitten in der Nacht, Frauen, Kinder, Männer aus Betten, 20 Grad Kälte.
Angst. Aussiedlung junger Leute aus Getto irgendwohin zur Arbeit. Siehe früher aus Lask, Zduńska Wola, Pabianice, Brzezina (Orte unweit Lodź).[14]

27. I. Nachts Fliegeralarm, was geht vor? Fonje drängt,[15] Aschkenes[16] weicht – so erzählt man. – Schöner Wintertag. Soll bis auf weiteres im Heim bleiben.
Wolk Renia = Wokowna, Professorska.
Name: *Ewigkeit.*
Neues Ressort: *Kaufmännische Büro-Arbeit* für drüben, da dort scheinbar wegen Einberufung zu wenig Kräfte.
Friedhof. Die früheren Wege und Alleen, ebenso die Friedhofsgärtnerei, zu Gruben verwendet. – Tauwetter.
Arbeit. Seit 3 Jahren kein freier Tag. – Kein Sabbat, kein Sonntag. Jetzt soll 60 Stunden in 6 Tagen gearbeitet werden, Sonntag frei. – *Raub.* Kleider und Schuhe von Ausgesiedelten kommen von draußen herein. Die Kleider aufgetrennt, Schuhe aufgerissen. Es wurde nach Schmuck und Valuten gesucht. Hier im Getto werden die Dinge in den Ressorts repariert. –

30. I. Bleibe ständig im Heim, wohne mit Professor Caspari. Fürchterliche Erkältung. Nacht[s] husten …

31. I. Sonntag. Zum erstenmal freier Tag – also Sonntagsruhe nach 60 Stunden Wochenarbeit. – Nachts von Sonntag auf Montag den 1.II. Oststurm, früh alles ausgetrocknet. – Angebliche Registrierung der Wiener und Prager, allerdings seitens der jüdischen Verwaltung. Beginne über die weiteren Novellen nachzudenken. Mit welchen soll ich beginnen? Schwer, da der Stoff im ersten Buch direkt verwendet. Preise: Brot 150, Butter […],[17] Gemüse 18 Chaimki, Kartoffeln 15, Karotten 15, Öl 3,50, Zucker 1,30, Zünder 2,50.
Henuschi gedenken ununterbrochen, Träume – Mundpussi –

2. II. Mittag Sonne, Vorfrühlingsahnung. Angeblich drinnen in der Stadt Juden des Gettos als Führer der Elektrischen.[18] – Gefahr des Todes bei Verbreitung ungünstiger Nachrichten über das Reich. – Wie lang wird's noch dauern? Was gibt's draußen? Haben jene nicht auch schon genug? –

3. II. Gerüchte im Getto: Minor in the war! – Lustige junge Gesellschaft im Heim. Spielt Ziehharmonika laut singend neben Friedhofsmauer, an dessen Rand die Mützen der Leichenwagen-Führer vorüberziehen. –

14 Die genannten Gettos waren im Laufe des Jahres 1942 geräumt worden; die arbeitsfähigen Juden waren nach Litzmannstadt, die „Arbeitsunfähigen" in das Vernichtungslager Kulmhof deportiert worden.
15 Gemeint ist die Rote Armee.
16 Gemeint ist die Wehrmacht bzw. „die Deutschen".
17 Eine einstellige Zahl ist unleserlich.
18 Dabei handelte es sich um ein unzutreffendes Gerücht.

5. II. Abend Gesellschaft der Jugend. Erzähle Erlebnis. Große Spannung und Stimmung. Ich selbst erwarte für die nächsten Wochen keine Veränderung. – Tage vorher lustige Unterhaltung mit Präses in Jiddisch. Habe Hoffnung, bis Ende gut aufgehoben zu sein, falls keine Aussiedlung.
Leichenwagen fährt bei Heim vor. Auf dem Wagen ein Brett, darauf schwarzes Tuch. Die Formen des Toten, Kopf und halb aufgestellte Beine unter dem Tuch sichtbar. Leichenwagen voll.
Kartoffeln 20 Chaimki, Öl 3,5, Butter 5–6.
270 Juden, welche 2 Jahre in Deutschland gearbeitet, jetzt im Getto angekommen, in jämmerlichem Zustand angekommen; ausgepreßt; auf den Mist geworfen und in [der] Czarnieckiego[-Straße] untergebracht.[19]

6. II. Sturm. – Frühlingsahnung. Wieder einzelne Fachleute in der Stadt untergebracht. – Was ist mit den Janitscharen?[20] Heute Sabbat. Wieder Angst vor Aussiedlung.

7. II. 1943. Ein wenig Ruhe. – Aus Czarnieckiego 28 Tote in einer Nacht weggeführt. 40 ins Spital. Die meisten gewesene Arbeiter aus Deutschland wegen Unterernährung hierhergebracht. Sterben langsam im Gefängnis.

8. II. Seit einigen Tagen Plakat – Kundmachung: Wenn *mehrere* Personen, also eine Runde, Zeitung, lesen – Todesstrafe!

9. II. Neuer Winter. – Mädchen im Heim liest Original Zauberberg, Maurois „Disraeli", „Im Westen nichts Neues",[21] Penguin-Bücher etc.

11. II. Kinder-Aussiedlung. August 1942. Letzte Augustwoche 1942, vor allgemeiner Aussiedlung September 1942, wurden – hauptsächlich in Maryshin – Kinder ausgesiedelt. Aus Kinderheimen, Waisenheimen, Säuglingsheimen, Heimen für Jugendliche, auf Wagen geworfen, weggeführt – ungefähr 3000. Ihr Schicksal unbekannt wie das der anderen Evakuierten. *Pervers.* Die Elektrische vor der Stadt trägt: Eintritt nur für Deutsche. Polen Durchgang verboten = Jüdische Wagenführer (?!) aus dem Getto.

12. II. Typen: 18jähriger Schriftsteller liest in der Heim-Küche vor, Ausschau eines 12Jährigen. – Abend: Gesang: Schubert, Opern, Russisch, Wiener Operetten-Schlager. Glücklich, dirigiert zu werden. Morgen neues Repertoire, vielleicht literarische Vorlesung. Fürchterliche Aufregung im Getto: Ins Zentralgefängnis gebracht Juden aus Lublin und Bialystok, wo Aussiedlung und Pogrom. Vielleicht im Zusammenhang mit Front (?). Hier hat Getto-Verwaltung Konserven-Fleisch, das sie seinerzeit zuteilte, konfisziert. Schade, daß nicht früher ausgegeben. Wer hat schuld? –

19 Unter dieser Adresse befand sich das Zentralgefängnis im Getto.
20 Es ist unklar, wen Rosenfeld hiermit meint. Die Janitscharen waren eine Elitearmee im Osmanischen Reich, die 1826 aufgelöst wurde.
21 Gemeint sind Der Zauberberg von Thomas Mann (1924), Disraeli von André Maurois (1927) und Im Westen nichts Neues von Erich Maria Remarque (1929).

DOK. 187

Der Oberbürgermeister von Litzmannstadt berichtet Reichsstatthalter Greiser am 20. Februar 1943 über die Wirtschaftslage des Gettos[1]

Oberbürgermeister der Stadt Litzmannstadt (– 90 – Dr. Ma./Hb.), gez. Ventzki, an Herrn Reichsstatthalter in Posen[2] vom 20.2.1943 (Abschrift)[3]

Betr.: Steuerliche Behandlung der Judenarbeiten
Bezug: Dortiges Schreiben vom 13.12.1942 – I/13 : 022/150 –.[4]
Zu der Wirtschaftslage des Gettos im Hinblick auf eine etwa vorzunehmende Besteuerung berichte ich folgendes:
Nach der anliegenden Finanzübersicht nebst Anlage[5] hat die Wirtschaftslage des Gettos im Laufe des Kalenderjahres 1942 eine erhebliche Besserung erfahren.
Der Passiv-Saldo des Gettokontos betrug am 31.12.42 noch 1,8 Mill. RM. Im Kalenderjahr 1942 entstand ein Habensaldo von 1,5 Mill. RM, so daß der Passivsaldo des Gettokontos sich am 31.12.42 nur noch auf 344 638,44 RM belief.
Die Vermögensrechnung, d.h. die Einbeziehung der Forderungen, Schulden und Vermögenswerte ergab am 31.12.1942 einen Bestand an Forderungen und Werten von 2,3 Mill. RM, denen Schulden im Haben von 1,5 Mill. RM gegenüberstanden, so daß das Reinvermögen am 31.12.42: 877 374,10 RM betrug.
Die günstige Entwicklung der Gettoverwaltung im Kalenderjahr 1942 ist allerdings zu einem großen Teil darauf zurückzuführen, daß einmalige und in Zukunft kaum wiederkehrende Einnahmequellen in erheblichem Umfange flossen. Ich erwähne nur folgende:

Unterstützungen aus dem Altreich	4 614 411,93	RM
» » » Auslande	93 014,32	»
» » » Generalgouvernement	304 685,37	»
Reichsmarkablieferungen des Juden-Ältesten	1 803 570,76	»
Eingänge aus alten jüdischen Forderungen	57 257,11	»
Erlös für beschlagnahmte Waren	199 290,56	»
» » » Valuten	48 775,18	»
Lohnanteile von auswärts arbeitenden Juden	700 330,03	»
Erlös aus dem Verkauf beschlagnahmter Wertsachen	585 604,53	»
» » » » von Pelzen	1 302 344,51	»
» » » » abgelieferter Ware	62 069,79	»
» » » » » Valuten	55 689,62	»
Zuschüsse und Liquidierungserlöse im Jahre 1942	9 827 343,71	RM.

1 APŁ, AmŁ, Nr. 29 794, Bl. 18 f.

2 Arthur Greiser.

3 Zuvor hatte die Finanzabt. der Gettoverwaltung in Litzmannstadt, gez. Walter Genewein, Ventzki am 8.2.1943 einen fast textgleichen Bericht über die „Voraussichtliche, finanzielle Entwicklung der Gettoverwaltung im Wirtschafts- und Kalenderjahr 1943" vorgelegt; APŁ, AmŁ, Nr. 29 245, Bl. 11 f.; dass., APP, 299/1214, Bl. 22 f.

4 Reichsstatthalter (I/13 022/150), gez. Greiser, an Oberbürgermeister in Litzmannstadt vom 13.12.1942 betr. Steuerliche Behandlung der Judenarbeiten (Abschrift); wie Anm. 1, Bl. 27 f.

5 Gettoverwaltung an Oberbürgermeister Ventzki vom 8.2.1943 betr. Voraussichtliche finanzielle Entwicklung des Gettos für 1943; wie Anm. 1, Bl. 16 f.

Ein großer Teil dieser Beträge wird der Natur der Sache entsprechend nicht weiterfließen, insbesondere haben die Unterstützungen aus dem Altreich, dem Generalgouvernement und dem Ausland ständig nachgelassen und fast ganz aufgehört.
Die Finanzierung des Gettos muss daher im wesentlichen auf die Arbeitslöhne aufgebaut werden. Diese werden im Verhältnis zu den in das Getto aufzunehmenden Waren ständig steigen, da der Teil der nichtarbeitenden Bevölkerung von Monat zu Monat abgenommen hat. Im Verhältnis zum Konsum ist daher eine ständige finanzielle Steigerung der finanziellen Leistungsfähigkeit des Gettos eingetreten. Gleichzeitig zeigt die Entwicklung des Wareneingangs für Lebensmittel und sonstigen Unterhaltsmittel eine von Monat zu Monat absinkende Tendenz als Folge des ständigen Rückganges der Einwohnerzahl des Gettos.
Durch diese Entwicklungsreihen wird eine Deckung der Ausgaben gesichert, wobei berücksichtigt werden muß, daß das Getto mit der freien Wirtschaft konkurriert und dabei weder mit Steuern noch mit Mietzahlungen belastet wird. Da der nichtarbeitende Bevölkerungsanteil ständig zurückgeht, muß daher trotz der geringen Maschinenverwendung ein Überschuß verbleiben.
Ob dieser Überschuß allerdings ausreicht, um eine volle Besteuerung in dem am 15. Oktober 1942 beschlossenen Rahmen durchzuführen, läßt sich für längere Zeit noch nicht übersehen. Es war daher auch, wie aus der Niederschrift[6] zu ersehen ist – für diesen Fall vorgesehen, die Abgaben an das Reich wie an die Gemeinde – dann zu senken, wenn ein nachhaltiger Ausgleich der Ausgaben und Einnahmen nicht mehr möglich wäre. In der Niederschrift heißt es daher:
„Die Vertreter der Reichsfinanzbehörden und der Stadt sind sich darüber einig, daß die Gesamthöhe der Besteuerung des Gettos sich in solchen Grenzen zu halten hat, daß der nachhaltige Ausgleich der Einnahmen und Ausgaben des Gettos nicht wieder [ge]stört wird. Sollte die vorgesehene Höhe der Pauschalbesteuerung durch das Reich und die Stadt Litzmannstadt zu einer dauernden Unterbilanz der Wirtschaftsstelle Getto führen, soll eine Senkung der Abgabe an das Reich und die Stadt pro rata erfolgen."
Bei den hohen Umsätzen der Gettoverwaltung ist diese häufiger genötigt, da ihr Betriebsmittel nicht in größerem Umfange zur Verfügung stehen, auf Kassenkredite zurückzugreifen. Man könnte daher erwägen, zunächst der Ansammlung einer Betriebsmittelrücklage in einem Umfang der halben Höhe der monatlichen Umsätze nahezutreten und erst dann die Besteuerung durchzusetzen. Nach dem gegenwärtigen Zustand erhält allerdings allein das Reich steuerliche Leistungen, die im abgelaufenen Kalenderjahr den Betrag von 328 000,– RM ausmachten.

6 Niederschrift über die Besprechung im Rathaus in Litzmannstadt wegen Besteuerung des Gettos, gez. Ventzki, vom 15.10.1942 (Abschrift); APP, 299/1739, Bl. 6 f.

DOK. 188

Ein Jude namens Eliezer hält für das Untergrundarchiv des Gettos Białystok am 23. Februar 1943 die Ermordung der Juden in Grodno fest[1]

Handschriftl. Bericht von Eliezer, Białystok, vom 23.2.1943

Grodno.[2]
Die Säuberungsaktion im Getto von Grodno vom 13. bis 16. Februar 1943.
Unmittelbar nach dem Ende der Januar-Aktion (zwischen dem 18. und 22. [Januar 1943])[3] begann man, „Malinen" vorzubereiten, in denen man eine längere Zeit würde bleiben können. Es gelang mir, eine dieser „Malinen" zu besichtigen. Man begann mit ihrem Bau im vergangenen Jahr. Sie befindet sich in einer Bäckerei unter dem Ofen, und der Eingang ist ebenfalls unter dem Ofen. Dort saßen acht Personen beieinander, die Lebensmittelvorräte für zwei bis drei Monate lagerten, Strom und Wasser legten, eine Toilette sowie andere verschiedene Bequemlichkeiten einrichteten.
Die Größe der „Maline" betrug 24 Quadratmeter. Ein anderer Teil der [Getto-]Bevölkerung machte sich in den Wald auf. Eine jüdische Gruppe, die in den Wald ging, „bearbeitete" sogar das Reservelazarett in der Stadt und entwendete von dort Gewehre und militärische Kleidung. Einige der zahlreichen Gruppen waren bei ihrer Ankunft sehr groß. Auch unsere Leute hatten mit dem Bau einer „Maline" begonnen. Diese Maline baute man in einer Strohscheune auf dem Hof des Judenrats. Von innen wurde eine Hütte ausgebaut und das Ganze mit Stroh überdeckt. Dort wurden Nahrungsmittelvorräte für zwei Wochen angelegt. Nach dieser Zeit muss man, wenn sich eine günstige Gelegenheit bietet, in den Wald gehen. Alle im Getto verbliebenen Menschen waren derselben Meinung, dass bald eine zweite Aktion stattfinden werde. Die Sicherheitspolizei hingegen versicherte den Juden, dass die Juden von Grodno in jedem Fall ruhig sitzen bleiben könnten und nicht mehr zur Arbeit geschickt würden. Das Gleiche gab auch der jüdische Gestapomann, der Kommandant des Jüdischen Ordnungsdienstes Noach Srebernik, bekannt und bat, zur normalen Arbeit zurückzukehren.
Unmittelbar nach der Aktion wurde die Fläche des Gettos um die Hälfte reduziert. Offiziell waren im Getto 2500 Juden verblieben. Zusammen mit den Versteckten waren es jedoch 5200 Juden. Die Gettobetriebe erhielten die Anordnung, ihre Arbeit wie vor der Aktion wieder normal aufzunehmen und auch die Stadtarbeiter[4] an ihre Arbeitsplätze zurückkehren zu lassen. Sogar die illegal Verbliebenen[5] wurden herausgelassen.
Neue Brotkarten wurden verteilt, auf welche täglich 400 oder sogar 600 Gramm Brot ausgegeben wurden. Außerdem begann man damit, unter der Bevölkerung größere Portionen mit gutem Fleisch, Wurst, Kartoffeln, Graupen, darüber hinaus Zigaretten sowie weiteren Proviant zu verteilen, was zuvor nie ausgegeben worden war. Die Küche kochte

1 AŻIH, 204/13, Bl. 11–22. Das Dokument wurde aus dem Jiddischen übersetzt.
2 Das Getto Grodno wurde am 1.11.1941 eingerichtet und bestand aus zwei Teilen, die etwa 2 km voneinander entfernt waren. In Getto I waren zwischen 15 000 und 20 000 arbeitende Juden und in Getto II etwa 10 000 vermeintlich „arbeitsunfähige" Juden untergebracht.
3 Zwischen dem 20. und 24.1.1943 trafen in fünf Transporten mindestens 7500 Juden aus dem Getto Grodno in Auschwitz ein.
4 Gemeint sind Juden, die außerhalb des Gettogeländes arbeiten mussten.
5 Gemeint sind die nicht offiziell registrierten Juden, die sich noch im Getto aufhielten.

gutes Mittagessen mit Fleisch und Fett für die gesamte [Getto-]Bevölkerung. Die Stadtarbeiter konnten alles ohne jegliche Schwierigkeiten in das Getto hineintragen. Die Kontrollen am Gettotor, die allgegenwärtig gewesen waren, wurden abgeschafft, und das Leben im Getto normalisierte sich aufs Neue. Die Bewohner beruhigten sich allmählich und glaubten, dass nichts mehr geschehen würde. Juden, die sich in der Stadt versteckt hatten, kehrten in das Getto zurück. An einer Stelle entfernte man sogar die Polizeiwache, was ebenfalls dazu dienen sollte, dass sich die Bevölkerung beruhigen würde.
Zwei Wochen nach der Januar-Aktion wurde das Getto erneut verkleinert. Der Gettokommandant „Wiese"[6] begründete dies damit, dass die Juden nicht pünktlich zur Arbeit antreten würden. Am Freitag, den 10. Februar, sandte Wiese dem Präsidium des Judenrats ein Schreiben, wonach am nächsten Tag 400 Juden zur Arbeit in der Stadt benötigt würden.[7] Er rechnete aus, wie viele Personen durch das Arbeitsamt auf welche Firmen verteilt werden müssten. Die Arbeiter sollten sich am Schabbat um 7 Uhr morgens auf dem Marktplatz versammeln und warten, bis er selbst kam und die Genehmigung erteilte, in die Stadt zu gehen.
Da das Getto nicht über 400 arbeitsfähige Männer verfügte, mussten auch Frauen dazukommen, um diese Zahl zu erreichen. Die vorgenannte Anzahl war zur vorgegebenen Uhrzeit an jenem Ort. Um 8 Uhr morgens kamen zwei Gestapomänner ins Getto, Wiese und Strebelow,[8] beide mit Handgranaten und Maschinengewehr. Sie begaben sich zu jenem Platz, auf dem die Arbeiter versammelt waren. Sie befahlen, die übrigen Arbeiter aus dem Hof des Judenrats zu holen, die noch nicht in die Stadt hinausgegangen waren. Nachdem man sie auf den Platz gebracht hatte, wurden sie in Fünfergruppen abgeführt, und es wurde ihnen befohlen, in die Große Synagoge zu marschieren. Die Große Synagoge war bei früheren Aktionen der Sammelort gewesen, von dem aus man zur Bahn abtransportiert wurde. Damit begann die Säuberungsaktion vom 12. Februar 1943.[9]
Mit dieser Täuschung und List begannen sie. Niemand aus der Bevölkerung konnte sich vorstellen, dass es sich um einen raffinierten Trick handelte. Im Gegenteil: Die jüdische Bevölkerung war zufrieden, dass sie zur Arbeit gehen und etwas ins Getto hineinbringen konnte. Keiner hegte den Verdacht, dass die Freude bald in Tod, Trauer und in die Tötung Dutzender Menschen umschlagen würde. Bei allen früheren Aktionen in Grodno hatte man den Anfangstermin der Aktion herausfinden können. Diesmal blieb die Bevölkerung bis zur letzten Minute ruhig. Obwohl es Freitagabend war, d. h. einen Tag vor

6 Kurt Wiese (*1914), Friseur; 1937 SS-Eintritt; bis April 1939 in verschiedenen SS-Wachmannschaften, April 1939 Übernahme in SS-Grenzpolizei, Ende 1941 Abkommandierung nach Białystok und Versetzung zur KdS-Außenstelle Grodno, Kommandant des Gettos A, 1944 bei der Bekämpfung von Partisanen verwundet; 1964 Flucht vor Strafverfolgung nach Österreich, an die Bundesrepublik ausgeliefert, 1968 zu lebenslanger Haft verurteilt.

7 Nicht ermittelt.

8 Richtig: Otto Streblow (1909–1944), Kriminalbeamter; 1940 NSDAP-Eintritt; von 1941 an Gestapobeamter in Grodno, als Kommandant des Gettos B gemeinsam mit seinem Vorgesetzten Kurt Wiese an der ersten Massenmordaktion des Gettos Grodno beteiligt; wurde 1944 von Partisanen erschossen.

9 In der „Aktion 5000" wurden zwischen dem 13. und 16.2.1943 die meisten der noch im Getto verbliebenen Juden nach Treblinka deportiert und dort ermordet. Der Gettokommandant Kurt Wiese erschoss viele Juden, u. a. die Mitglieder des Judenrats, noch vor Ort; siehe Einleitung, S. 62.

der großen Aktion, standen schon die Wagen in Łosośna[10] bereit. Die Arbeitspflichtigen vom Platz waren fassungslos. Zu Tode erschrocken gingen sie in Richtung der Synagoge. Die Männer liefen voraus, und die Frauen schlossen die Reihen von hinten. Die Reihen waren von den Gestapomännern absichtlich so zusammengesetzt worden, da sie Angst hatten, dass die Männer von hinten fliehen könnten. Beide Gestapomänner gingen an der Spitze mit einem Finger am Abzug der Maschinenpistole und überwachten die Reihen der Männer. Die Frauen hingegen wurden weniger streng bewacht. Ihnen wurde bewusst, in welcher Situation sie sich befanden, und sie begannen die Flucht zu ergreifen, da sie ihren Tod nicht im Schlachthaus von Treblinka finden wollten, über das man bei uns im Getto verschiedene schaudererregende Geschichten gehört hatte.

In den Reihen der Frauen brach bei der Flucht eine schreckliche Panik und Gedränge aus. Als beide Gestapomänner erkannten, dass sich hinter ihren Rücken etwas bewegte, drehten sie sich um und bemerkten die davonlaufenden Frauen, woraufhin sie sofort zu schießen begannen. Einigen [der Frauen] gelang es dennoch, die Flucht zu ergreifen und sich vor den Gewehren zu retten.

Nach der Schießerei zählte man über hundert erschossene Frauen und viele Verwundete. Die Verwundeten wurden später in die Synagoge gebracht. Medizinische Hilfe wurde ihnen verwehrt. Dieser Ausbruch versetzte alle in Bewegung, und im Getto brach eine schreckliche Panik aus. Die Straßen, die in jener Zeit voller Juden waren, waren mit einem Mal wie ausgestorben.

Unmittelbar nach dieser Schießerei wurde der Hof des Judenrats abgesperrt und ein Gendarm stellte sich in den Korridor des Judenrats. Zwei andere bewachten das Präsidiumsbüro und das Sekretariat, ein weiterer das Arbeitsamt. Zwei Gendarmen postierten sich auf dem Hof mit Gewehr in der Hand und ließen keine Bewegung zu. Unmittelbar danach kam der Kommandant des jüdischen Ordnungsdienstes mit zehn Polizeimeistern und zwei gewöhnlichen Polizisten, die sämtliche Vorderhäuser und Treppen bewachten und die zu Tode erschrockenen Juden daran hinderten, sich zu verstecken, so dass sie wie dumme Mäuse wirkten, die von einer Ecke in die andere liefen.

Ich ging ans Fenster (ich wohnte auf demselben Hof) und beobachtete, was dort passierte. Die auf dem Hof stehenden Gendarmen hatten, abgesehen von den Gewehren in den Stiefeln, auch zwei Handgranaten. In dem Moment kamen Wiese und Strebelow, jene Gestapomänner, welche die Arbeiter zur Synagoge abgeführt hatten. Über ihrer militärischen Kleidung trugen sie schwarze Westen, die sie zu diesem Zweck einige Tage zuvor beim Judenrat bestellt hatten. Am Gürtel hingen bei beiden acht bis zehn Handgranaten und auf dem Brustkorb zwei Dynamitkästchen. Außerdem brachten sie Stinkbomben und sowjetische Maschinengewehre finnischen Typs mit. Auf dem Hof formierten sich bereits in Dreierreihen alle Beamten und Mitglieder des Judenrats zusammen mit dem Vorsitzenden David Brawer[11] und dem Verbindungsmann zur Gestapo Parnacki.[12] Gleich nach der Säuberung des Judenrats hatte man damit begonnen, alle Nachbarn ausnahmslos vom Hof abzuführen, ohne Rücksicht darauf, wo und bei wem sie beschäftigt waren. Ein jüdischer

10 Im Stadtteil Grodno-Łosośna befand sich der Güterbahnhof.

11 Dr. David Brawer (1892–1943), Lehrer; vor 1939 Schulleiter eines jüdischen Gymnasiums; Vorsitzender des Judenrats im Getto Grodno, wurde im Febr. 1943 während der „Aktion 5000" vom Gettokommandanten Kurt Wiese erschossen.

12 Gestapospitzel im Getto, wurde im Febr. 1943 erschossen.

Ordnungsmann, Abramow,[13] der einer der besten Ordnungsmänner war, bemerkte, dass man sich bei uns zu Hause in Malinen versteckte. Er warnte uns, wir sollten herauskommen, weil man uns sowieso entdecken würde. Er begab sich gleich zum Kommandanten des jüdischen Ordnungsdienstes und berichtete ihm darüber. Einer ging zu Wiese und informierte ihn. Wiese kam zum Eingang [des Verstecks] und legte dort eine Stinkbombe. Anschließend zerstörte er den Eingang mit einer Handgranate.
In der Maline herrschte dichter, erstickender Rauch. Die Kinder bekamen keine Luft und mussten erbrechen. Sechs Personen wurden leicht verwundet. Bei zwei Kindern liefen die Augen aus, nachdem sie von Splittern getroffen worden waren. Zu Tode erschrocken verließen alle sechzig Personen ihre Maline. Zum Schluss schoss Wiese noch einige Male in die Maline, um sich zu vergewissern, dass dort niemand lebend zurückblieb. Das Gleiche tat er auch in anderen Malinen auf demselben Hof, die die jüdischen Ordnungsmänner verraten hatten. Die Rolle, die der jüdische Ordnungsdienst bei dieser Aktion spielte, war besonders niederträchtig. Sie dienten der Gestapo als treue Wachhunde, Denunzianten und durch weitere ähnliche Dienste. Sie überwachten die Reihen und ließen niemanden abhauen, selbst wenn es eine günstige Gelegenheit dazu gab. Falls jemand aus den Reihen flüchtete, jagten sie stets den Leuten nach, umzingelten sie und riegelten alle Wege ab, schlugen sie mit Stöcken, bis sie bluteten, und führten sie schließlich zu Wiese ab. Wiese zögerte nicht lange: Er schoss ihnen eine Kugel in den Kopf, und wenn es nötig war noch eine weitere, damit der Erschossene nicht zu schwer mit dem Tode rang. Sie überwachten auch die Synagoge streng, damit eine Flucht unmöglich war. Sie taten das alles, weil Wiese ihnen versprach, sie bis zum Schluss zu führen.[14] Ausgezeichnet haben sich der Kommandant des jüdischen Ordnungsdienstes, Noach Srebernik, und die Ordnungsmänner Hayzszke Labandsch, Anas, Hilel Efron, Oyser Schwarz und andere. Als er wegfuhr, um die Gruppe abzuführen, entließ Wiese aus den Reihen den Verbindungsmann Parnacki und den Brigadier der Gestapo-Arbeiter mit seiner Familie. Die Übrigen wurden aufgefordert, sich gesondert aufzustellen, und nach einer halben Stunde wurde ein Teil von ihnen aus der Synagoge herausgelassen. Nur diejenigen, deren Familien nicht mehr als acht Personen zählten, wurden in eine Filzfabrik gebracht. Dort schuf man einen Isolationspunkt für die legalen Juden. Später richtete man einen ähnlichen Punkt in den Räumlichkeiten des Judenrats ein, wo die Angehörigen der jüdischen Polizei untergebracht wurden. Wichtig ist zu bemerken, dass fast alle in der Synagoge versammelten Männer Werkzeuge wie Hammer, Haken, Stoßeisen und verschiedene andere Geräte mitgebracht hatten. Alle waren der Meinung, dass man die Wagen aufbrechen und fliehen müsse. Es unternahm hingegen niemand einen Fluchtversuch, selbst als es hierfür günstige Momente gab. Um 10 Uhr entließ man den Präsidenten der Jüdischen Gemeinde, David Brawer, aus der Synagoge. Nach einigen Stunden wurde er zusammen mit seiner Familie zurückgebracht. Viele Gendarmen führten sich gegenüber der Bevölkerung in der Synagoge sehr wild auf. Sie kamen wiederholt und verkündeten, dass wenn Wiese käme, man unverzüglich aufstehen müsse. Die Jugendlichen begannen damit, Türen und Fenster aufzubrechen, und versuchten, die Flucht zu ergreifen. Nur leider waren alle von außen verschlossen und verriegelt.

13 Vermutlich: David Abramov (*1908), Kaufmann; Mitglied des jüdischen Ordnungsdienstes im Getto Grodno; sein weiteres Schicksal ist unbekannt.

14 Gemeint ist, dass die Angehörigen des jüdischen Ordnungsdienstes am Leben bleiben sollten.

Einem gelang es, aus drei Metern Höhe aus dem Fenster zu springen. Auf der anderen Seite stand der Ordnungsmann Labandsch, der ihn ergriff und in die Synagoge zurückbrachte. Andere begannen damit, sich in Schränken zwischen Büchern und an anderen Orten in der Synagoge zu verstecken. Um 12 Uhr entdeckte ich ein Loch und beschloss, die Toilettentür aufzubrechen. Ich brauchte dafür bis 2 Uhr, und zum Schluss gelang es mir, die Tür von unten anzuheben und aus den Angeln zu heben. Dutzende Menschen flüchteten durch dieses Schlupfloch, und sehr viele retteten auf diese Weise ihr Leben. Der Polizei fiel dies jedoch auf. Sogleich kam Wiese angelaufen und eröffnete das Feuer mit seinem Maschinengewehr. An der Tür blieben bis zu zehn Erschossene liegen. Die jüdische Polizei verriegelte die Tür und verbarrikadierte sie von außen mit Brettern und Steinen. In der Abenddämmerung führte man den Präsidenten Brawer aus der Synagoge ab und erschoss ihn.

Am Abend kamen die Arbeiter aus der Stadt zurück. Am Tor teilte man die Gruppen entsprechend einer Liste auf. Die Legalen wurden zu dem Isolationspunkt gebracht und die Übrigen in die Synagoge verschleppt. Um 10 Uhr abends befahl Wiese dem Krankenhauspersonal, auf den Hof herauszukommen und sich in einer Reihe aufzustellen, separiert in zwei Teile. Die eine Reihe wurde zur Arbeit zurückgeschickt und die andere in die Synagoge. Dabei schaute er auf keine Liste oder auf die Qualifikationen. Der Krankenhausverwalter, Dr. Birger,[15] lieferte alle in der Synagoge versteckten Personen aus und denunzierte zwei Gruppen von Menschen, die sich im Synagogengebäude in Malinen versteckten. Das Gleiche machte er auch während der Januar-Aktion, bei der er zwei Malinen mit über hundert Personen auslieferte. Die Gendarmen, die den Eingang der Synagoge bewachten, boten den Juden an, sich freizukaufen. Für eine Armbanduhr, einen goldenen Ring oder Geld ließen sie sie aus der Synagoge heraus. Die Gendarmen kamen mit prall gefüllten Hosentaschen voller wertvoller Sachen heraus. Andere brachten Juden für noch größere Summen aus dem Getto. Um 10 Uhr abends war man fertig, das gesamte Getto zu durchforsten, und die Durchsuchungen wurden vorübergehend unterbrochen. Um 3 Uhr bei Tagesanbruch brachte man die Versammelten aus der Synagoge heraus, von Gendarmen mit Gewehren und Granaten bewacht. Sie wurden in Fünferreihen aufgestellt und zur Bahn gebracht.

Die Alten, Kranken und Schwachen, die nicht gehen konnten, wurden auf Lastwagen gehievt. In der Stadt, auf der Brygidzka-Straße, kam es zu einer Panik. Massen von Menschen begannen wegzulaufen. Die Gendarmen eröffneten das Feuer. Zwölf Personen fielen, und etlichen Dutzenden gelang die Flucht.

Am Sonntag legten sie einen Ruhetag ein, eine Unterbrechung der Aktion. Nach dem Herausführen der ersten Gruppe verblieben in der Synagoge 200 Personen. 2500 Menschen wurden zur Bahn verbracht. Den Mitarbeitern der Küche, die noch eine Weile zurückblieben, gab man den Befehl, ein gutes Mittagessen mit Fett für die Mitglieder des jüdischen Ordnungsdienstes und deren Familien zu kochen. Für die Übrigen zu kochen wurde ihnen untersagt. Sämtliche auf der Straße angetroffenen Juden wurden auf der Stelle erschossen. Alle Erschossenen überführte man an jenem Tag auf den Friedhof, wo man sie ohne Begräbnis liegen ließ.

15 Vermutlich: Dr. Salomon Birger (1890 oder 1892–1943), Arzt; war im Getto als Krankenhausverwalter tätig; es ist unklar, ob er noch in Grodno umkam oder nach Treblinka bzw. Auschwitz deportiert wurde.

Am Montag kam eine größere Gruppe von Gendarmen in das Getto, die zusammen mit jüdischen Ordnungsdienstmännern Malinen aufspüren wollten. An jenem Tag wurden bis zu 200 Personen in Malinen gefunden. Zum größten Teil wurden die Menschen in den entdeckten Malinen durch den Ordnungsdienst verraten. Am Nachmittag wurde der Verbindungsmann N. Parnacki aus dem Isolationspunkt weggebracht und erschossen. Wiese sagte ihm, man erschieße ihn deshalb, weil er die übrigen zwei Verbindungsmänner Schulkes und Bass habe fliehen lassen. In der Abenddämmerung kam Wiese mit den Gendarmen zu den Isolationspunkten und führte alle Stadtarbeiter zusammen mit den Arbeitern der Filzstiefelwerkstatt in die Synagoge ab. Man ließ dort nur die drei Leiter der Filzstiefelwerkstatt zurück: Jankel Efron,[16] Lifschitz und Lichtenstein. Mit diesen Arbeitern trieb man ein böses Spiel, und dies war auch das Ende der legalen Juden. Sie wurden extra an solchen Punkten versammelt, damit man sie später nicht in Malinen würde suchen müssen. Es ist sehr wichtig zu bemerken, dass Wiese ihnen zugesagt hatte, sie gleich nach der Aktion nach Białystok zu überstellen. Darum entstand bei der Bevölkerung dieser Drang, sich in solche Zufluchtsorte hineinzuschleichen. Andere zahlten dem jüdischen Ordnungsdienst sogar große Geldsummen dafür. Der jüdische Ordnungsdienst machte dabei auch ein Geschäft: Er ließ diejenigen hinein, die dafür bezahlen konnten. Andere, die dies heimlich oder mit Gewalt durchsetzen wollten, wurden hingegen zu Wiese gebracht. Um 8 Uhr am Abend kam der Vertreter des Gestapokommissars Schrott[17] ins Spital für ansteckende Krankheiten – ein anderes Spital gab es im Getto nicht – und ordnete an, Kleider für die Kranken zusammenzustellen, denn in ein paar Stunden würden Lastwagen kommen und sie evakuieren. Alle waren dann der Meinung, dass im Laufe dieser Aktion Grodno judenrein gemacht werden sollte. Die Lastwagen kamen jedoch zum vorgesehenen Termin und auch überhaupt im weiteren Verlauf der Aktion nicht. Alle Kranken vom Spital zusammen mit einem Teil des Personals, das noch da war, blieben zurück. Um 3 Uhr bei Tagesanbruch in der Nacht von Montag auf Dienstag verließ ein zweiter Transport die Synagoge. Die Angehörigen des zweiten Transports waren schon derart müde und verzweifelt, dass sie keinen einzigen Fluchtversuch unternehmen wollten. Unter ihnen waren Menschen, die seit Beginn der Aktion in der Synagoge festsaßen, d. h. seit Samstagfrüh. Geschwächt nach drei Tagen ohne Essen, sahen sie seit etlichen Tagen ihrem Schicksal und dem Tun des deutschen grausamen Barbarismus und Sadismus ins Auge. Nach dem zweiten Transport verblieben in der Synagoge noch 200 Personen, die alle ausgeliefert und verschiedenen Torturen unterzogen wurden.

Dienstag in der Früh gingen jüdische Ordnungsmänner von Hof zu Hof und teilten allen, die sich noch in den Malinen versteckten, laut mit, dass sie sich freiwillig in die Synagoge begeben sollten. Dabei würde ihnen nichts [passieren]. Kämen sie der Aufforderung nicht nach, würde jeder in einer Maline Gefundene auf der Stelle erschossen. Kein einziger Mensch, nicht einmal Alte und Kinder, kamen aus ihren Löchern. Nicht deshalb, weil sie mutige Menschen waren, sondern ganz einfach: Der Tod durch eine Kugel war viel besser als die Torturen in der Synagoge und der furchtbare Gedanke an

16 Jankel Efron, Leiter der Versorgungsabt. im Getto Grodno.

17 Erich Schott (1899–1957), Polizist; 1933 NSDAP-Eintritt; 1935 Tätigkeit für Gestapo in Dortmund; SS-Untersturmführer; von 1942 an stellv., von 1943 an Leiter der KdS-Außenstelle in Grodno, 1944 Beförderung zum Kriminalinspektor; wurde 1950 in Dortmund zu sechs Jahren Haft verurteilt.

Treblinka. Als sie sahen, dass bis zum Mittag kein einziger Mensch herausgekommen war, und wissend, dass sich im Getto noch ca. 500 Juden versteckt hielten, erklärte der Gettokommandant die Aktion für beendet. Er fuhr ins Spital und gab bekannt, dass man wieder Kranke und Gesunde zurück zur Arbeit bringen könne. Die 200 in der Synagoge verbliebenen Personen ließ er frei und zog zusammen mit den anderen Gestapomännern und Gendarmen aus dem Getto ab.
Das war um 3 Uhr am Nachmittag. Die Fläche des Gettos reduzierte er erneut und teilte nur 16 Häuser zum Wohnen zu. Als sie fort waren, begannen allmählich die verbliebenen erschöpften Juden, ihre Verstecke zu verlassen. Keiner von ihnen kam, wie bei der Januar-Aktion, mit dem Gefühl heraus, sich gerettet zu haben.
Nun kam jeder Einzelne heraus und war der Meinung, dass sie heute oder morgen mit einer neuen Täuschung, mit einer anderen vorbereiteten Raffinesse die Bevölkerung in den Sack stecken würden. Ich kam aus meinem finsteren Loch heraus, das sich unter der Synagoge auf offener Straße befand. Überall, wohin ich blickte, sah ich erstarrte, erschossene Körper. In jedem Winkel war eine starke Rötung [von Blut] sichtbar. Ich lief schnell zum Eingang der Synagoge. Am Eingang war eine große Blutlache. Ich dachte mir, es sei ein Regen von Blut. Die gesamte Fläche des Gettos sah aus wie nach einem lang anhaltenden Blutbad. Noch schrecklicher war es in der Synagoge selbst. Der gesamte Fußboden war mit Büchern und verschiedenen Bündeln, Säcken und Rucksäcken übersät, die die Menschen mitgebracht hatten. Alles war mit Blut durchtränkt. Auf der Bühne lag eine Frau, der beide Augen durchschossen worden waren. Die Wände waren von Kugeln durchlöchert. Der gesamte Putz war abgefallen. An der Treppe, die zum Torahschrein führte, saß ein erschossener Jude, angelehnt an die Wand. Seine Kleidung leuchtete rot. Von seinem Kopf tropfte noch Blut, und unter ihm auf dem Fußboden war eine Blutlache, von der noch Dampf aufstieg. Die große Uhr, die unter der Bima[18] hing, war von Kugeln komplett durchlöchert, sie erinnerte an ein Netz. Nach dem Sammeln der Toten stieg ihre Zahl auf 300. Legal blieben im Getto nach der Aktion etwa 120 Typhuskranke, 25 Mitarbeiter der Küche, das Krankenhauspersonal, 25 Mann, die drei Leiter der Gettobetriebe, 20 Schuster, die Mitarbeiter des jüdischen Ordnungsdienstes mit ihren Familien, deren Zahl 60–70 betrug, und zwei Tischler, die für die Gestapo arbeiteten. Zusammen mit den Illegalen blieben im Getto 800 Personen; die Zahl wurde von Tag zu Tag kleiner.
Deswegen gab es eine Flut von Gruppen jüdischer Jugendlicher, die in den Wald gingen. Im Getto war eine Christin aus einem Dorf, die davon erzählte, dass sowohl tagsüber als auch nachts Gruppen von Juden durch ihr Dorf kämen, einige sogar mit Gewehren. Morgens kam Wiese ins Getto und befahl, das ganze Archiv des Judenrats abzutragen und zu verbrennen. Er selbst stand den ganzen Tag persönlich da und stellte sicher, dass kein wichtiges Dokument ausgelassen wurde. Auf diese Weise wurden die Blätter aus der Vergangenheit des jüdischen Lebens im Getto Grodno wie auch [die Unterlagen] des Judenrats vernichtet. Die Gewalt über die inneren Angelegenheiten im Getto übernahm der jüdische Ordnungsdienst mit seinem Kommandanten Noach Srebernik an der Spitze. Am Nachmittag kam ein Jude ins Getto, der dem Transport entkommen war. Er erzählte, dass man die Bahn gefährlich schnell fahren ließ und die Wagen von mit

18 Hebr.: auch als Almemor bezeichnetes, erhöhtes Podium in einer Synagoge, von dem aus während des Gottesdienstes aus der Torah gelesen wird.

Maschinengewehren und Handgranaten bewaffneten Gendarmen bewacht wurden. Bei jedem Versuch, aus dem Zug zu springen, wurde das Feuer eröffnet und derjenige erschossen. Viele Menschen, die aus dem Zug sprangen, wurden erschossen, noch bevor sie die Erde erreichten. Selbst diejenigen, die springen konnten, brachen sich die Beine, als sie schon unten waren, denn der Zug fuhr gefährlich schnell. An der Bahnlinie liegen viele Tote, die beim Sprung aus dem Zug angeschossen und dabei vermutlich getötet wurden. Ihm sei es gelungen, sich dadurch zu retten, dass er beim Sprung in eine Grube fiel. Ich beschloss auch, aus Grodno wegzukommen, und bei einer günstigen Gelegenheit verließ ich das Getto mit denen, die ebenfalls in den kommenden Tagen von dort hatten fliehen wollen.

DOK. 189

Mitglieder der zionistischen Jugendorganisation Dror im Getto Białystok beraten am 27. Februar 1943, wie sie auf die bevorstehende Auflösung des Gettos reagieren sollen[1]

Sitzungsprotokoll des Kibbuz und Aktivs des Snif,[2] Getto Białystok, vom 27.2.1943

Mordechaj: Erfreulicherweise ist zumindest die Stimmung gut, leider wird die Versammlung jedoch weniger fröhlich verlaufen. Die heutige Versammlung könnt Ihr historisch nennen, tragisch, sicherlich traurig. Wir, die wenigen hier Versammelten, sind die letzten Chaluzim in Polen, um uns herum nur Tote. Ihr wisst, was in Warschau geschehen ist, niemand ist am Leben geblieben.[3] Dasselbe in Będzin, Częstochowa und vermutlich überall. Wir sind die letzten. Das ist kein gutes Gefühl, vielmehr eine besondere Verantwortung. Wir müssen uns heute überlegen, was wir morgen tun werden. Sitzen und in Erinnerungen schwelgen macht keinen Sinn, zusammen als Kollektiv auf den Tod warten ebenso wenig. Was also sollen wir machen?

Wir können zwei Dinge tun: Bestimmen, dass wir mit der Deportation des ersten Juden aus Białystok den Gegenangriff beginnen, dass von morgen an niemand mehr in die Fabriken geht, dass es während der Aktion verboten ist, sich zu verstecken. Alle werden zur Mitarbeit mobilisiert. Wir können veranlassen, dass nicht ein einziger Deutscher mehr das Getto [lebend] verlassen kann, dass keine Fabrik mehr unbeschädigt bleiben soll. Es ist nicht ausgeschlossen, dass wir nach Erfüllung dieser Aufgaben noch am Leben sind.

Aber – wenn wir bis zum Letzten kämpfen, werden wir fallen. Wir können entscheiden, in den Wald zu gehen. Diese Möglichkeit sollten wir realistisch betrachten. Heute sind zwei Leute fortgegangen, um dort einen Ort vorzubereiten. Nach der heutigen Ver-

1 AŻIH, 204/41, Bl. 1–10. Abdruck in poln. Übersetzung in: Ruch podziemny w ghettach i obozach (Materiały i dokumenty), bearb. von Betti Ajzensztajn, Warszawa/Łódź/Kraków 1946, S. 141–148. Das Dokument wurde aus dem Jiddischen übersetzt.

2 Hebr.: Abteilung, hier: des Dror, hebr. Freiheit; Jugendorganisation der linkssozialistischen zionistischen Partei Poale Zion.

3 Dies bezieht sich auf die Deportationen aus dem Getto Warschau in das Vernichtungslager Treblinka im Sommer 1942, nicht aber auf die Ereignisse im Januar bzw. auf den Aufstand im April/Mai 1943; siehe VEJ 9/110, 119, 209 und 227.

sammlung wird militärischer Gehorsam eingeführt. Wir müssen uns jetzt entscheiden. Unsere Väter werden für uns nicht sorgen. Das ist ein Waisenhaus. Eine Vorbedingung gibt es: Unsere Vorgehensweise muss idealistisch sein, der Gedanke muss unserer Bewegung entsprechen. Wer glaubt, eine reale Chance auf ein Überleben zu haben, und diese Chance nutzen will, dem werden wir nach Kräften helfen. Möge jeder selbst über Leben und Tod entscheiden. Unsere Sache jedoch ist eine gemeinsame, und hier müssen wir kollektiv eine Entscheidung treffen. Ich möchte niemandem meine Meinung aufzwingen, deshalb enthalte ich mich für den Augenblick einer Stellungnahme.

Itzhak: Heute erwägen wir zwei Arten zu sterben. Der Aufstand bedeutet den sicheren Tod für uns, der zweite Weg – verschiebt den Zeitpunkt des Todes um zwei, drei Tage. Beide Wege müssen wir analysieren, vielleicht lässt sich etwas tun. Ich kenne keine näheren Details dieser Optionen, daher will ich sie von den erfahrenen Kameraden hören. Wenn die Kameraden denken, dass es Chancen gibt, am Leben zu bleiben, müssen wir darüber nachdenken.

Hershel: Es ist noch zu früh, Bilanz zu ziehen, was wir in den vergangenen eineinhalb Jahren erlitten haben.

Aber angesichts der schicksalhaften Entscheidung, vor der wir jetzt stehen, müssen wir uns über all das im Klaren sein. Im vergangenen Jahr wurden Hunderttausende Juden ermordet. Indem sich der Feind der raffiniertesten Methoden bediente, ist es ihm gelungen, uns zu verwirren und uns in dieser Situation wie Vieh in die Schlachthäuser von Ponary, Kulmhof, Belzec, Treblinka zu deportieren. Das historische Kapitel der Vernichtung der jüdischen Siedlungen in Polen wird nicht nur das tragischste in unserer Geschichte sein, sondern auch Zeugnis unserer Hilflosigkeit ablegen. Nicht einmal unsere Bewegung stand immer auf der Höhe der Aufgabe. Anstatt das Signal zu einem verzweifelten Widerstand zu geben, haben wir uns die Entscheidung nicht leicht gemacht. Auch in Warschau hätte der Widerstand anders ausgesehen, wenn er nicht am Ende, sondern zu Beginn der Liquidation begonnen worden wäre. Uns in Białystok ist es bestimmt, den letzten Akt dieser blutigen Tragödie zu erleben. Was können wir, was sollten wir tun? Meiner Einschätzung nach stellt sich die objektive Situation folgendermaßen dar: Die überwiegende Mehrheit der Gettobewohner sowie auch unserer Familien ist zum Tode verurteilt. Wir sind Verurteilte. Den Wald haben wir niemals als einen Ort zum Verstecken betrachtet. Der Wald ist für uns ein Ort des Kampfes und der Vergeltung.

Dutzende junge Leute, die in den Wald gehen, suchen dort keinen Platz zum Kämpfen, die Mehrheit sucht dort ein armseliges Leben und wird mit Sicherheit ein solches finden. Unter den aktuellen Bedingungen ist unser derzeitiges Schicksal ebenfalls ein Bettlerleben.

Es bleibt uns ein Ausweg: das Organisieren eines kollektiven Widerstands im Getto um jeden Preis, wir müssen im Getto unser Massada[4] sehen und ein würdiges Kapitel in der Geschichte der Juden von Białystok und unserer Bewegung schreiben.

Ich stelle mir vor, wie die natürliche Reaktion einer erstbesten normalen Person wäre, wenn man ihrer Familie das antäte, was man uns antut. Selbst der größte Grobian würde

4 Festung auf einem Berg in der Nähe des Toten Meers. Nach der Eroberung Jerusalems durch Kaiser Titus im Jahr 73 n.Chr. zogen sich jüdische Aufständische gegen die Römer nach Massada zurück und verteidigten die Festung drei Jahre lang, bevor sie sich in aussichtsloser Lage selbst das Leben nahmen. Massada gilt seitdem als das wichtigste Symbol für jüdischen Widerstand.

auf sein Leben spucken und dem Schuldigen ein Messer in den Rücken stoßen. Das einzige Gefühl, das ihn beherrschen würde, wäre Rache. Für uns ist klar: mit dem ersten [deportierten] Juden den Gegenangriff beginnen. Wenn es jemandem gelingt, dem Mörder das Gewehr abzunehmen und in den Wald zu gehen, ist es gut, ein junger bewaffneter Mensch wird im Wald seinen Ort finden. Falls uns noch Zeit bleibt, müssen wir den Wald vorbereiten als einen Platz von Kampf und Vergeltung.

Ich habe alles verloren, alle Verwandten, aber im Unterbewusstsein will ich doch leben. Es gibt aber keinen Ausweg. Würde ich eine Möglichkeit sehen, nicht nur einzelne, sondern 50–60 % der Juden zu retten, würde ich für den Weg der Bewegung die Losung ausgeben, um jeden Preis am Leben zu bleiben. Wir sind jedoch alle zum Tode verurteilt.

Sara: Kameraden! Wenn es um die Ehre geht, so haben wir diese schon lange verloren. An den meisten jüdischen Wohnorten verliefen die Aktionen ohne Gegenwehr. Es ist besser, wenn einer am Leben bleibt, als fünf Deutsche zu töten. Bei einem Gegenangriff sterben alle, im Wald dagegen überleben 40–50 % unserer Leute. Darin werden unsere Ehre und unsere Geschichte liegen. Wir werden noch gebraucht, sind noch nützlich. Und weil wir ohnehin keine Ehre mehr besitzen, ist es unsere Aufgabe, am Leben zu bleiben.

Henoch: Keine Illusionen. Uns erwartet die vollständige Liquidation. Wir haben zwei Todesarten zur Auswahl. Nicht der Wald und erst recht kein Aufstand im Getto verheißen Rettung. Es bleibt nur der Tod in Würde. Unsere Aussichten auf Widerstand sind gering. Ich weiß nicht, ob wir angemessene Mittel zum Kampf besitzen. Es ist unser aller Schuld, dass unsere Möglichkeiten so begrenzt sind, aber wir müssen mit dem auskommen, was wir haben.

Białystok wird vollständig liquidiert werden wie alle anderen jüdischen Städte auch.

Wenn bei der ersten Aktion die Fabriken ausgenommen wurden, so glaubt heute niemand mehr daran, dass sie diesmal auch verschont werden. Es versteht sich, dass im Wald bessere Möglichkeiten zur Rache bestehen, wir dürfen jedoch nicht dorthin gehen, um von der Gnade der Bauern zu leben, uns Nahrung und das Leben zu erkaufen.

In den Wald zu gehen – das bedeutet eine aktive organisierte Partisanenbewegung. Dafür brauchen wir eine angemessene Bewaffnung. Die Waffen, die wir besitzen, eignen sich nicht für den Wald. Wenn die Zeit es erlaubt, müssen wir uns um Waffen bemühen und in den Wald gehen.

Wenn uns die Aktion zuvorkommt, reagieren wir beim ersten jüdischen Opfer.

Chaim: Es gibt keine Juden mehr, nur Reste, es existiert keine Bewegung mehr, nur Überbleibsel. Von Ehre kann keine Rede sein. Wenn man sich retten kann, retten muss, ist es unwichtig, wie man uns beurteilen wird. Sich verstecken, in den Wald gehen (es folgen Zwischenrufe der Kameraden).

Mordechaj: Hätten wir den erklärten Willen und würden wir darin unsere Aufgabe sehen, könnten wir unseren Leuten bis an ihr Lebensende eine jüdische Existenz in Białystok sichern. Ich stelle eine drastische Frage: Glauben unsere „Wald"-Kameraden, dass man, um später in den Wald zu kommen, sich verstecken und bei der nächsten Aktion nicht reagieren sollte? (Stimmen von allen Seiten: nein, das nicht).

Es gibt zwei Ansichten: auf der einen Seite Sara und Chaim, auf der anderen Hershel und Henoch … Entscheidet Euch! Eines ist sicher: Wir werden nicht in die Fabriken gehen und Gott dort darum bitten, dass man die Juden aus den Verstecken nimmt, damit wir gerettet werden. Wir werden auch nicht aus dem Fenster schauen, wenn sie unsere Kollegen aus einer anderen Fabrik abführen.

Wir können abstimmen: Hershel oder Chaim.
Fania (Snif): Ich teile Henochs Meinung. Wir müssen auswählen, entweder eine einmalige große Tat an einem Ort oder eine Reihe kleinerer Taten, die in der Summe viel mehr bedeuten – das ist der Weg in den Wald. Da wir keine Möglichkeit haben, in den Wald zu gehen, und weil die Lage sehr ernst ist, müssen wir den Schwerpunkt auf den Gegenangriff an einem Ort legen und beim ersten jüdischen Opfer mit aller Konsequenz auftreten.
Wenn mehrere Wochen dazwischenliegen, unternehmen alle Anstrengungen auszubrechen.
Eliezer Puchadnicki (Snif): Kameraden! Meiner Ansicht nach sollten wir nicht in zwei Richtungen vorgehen. Der Wald ist eine schöne Idee, der Wald bietet eine gewisse Chance zu überleben, aber gegenwärtig, da die Aktion unmittelbar bevorsteht, ist der Wald eine Illusion. Wir schaffen das nicht, nicht einmal, wenn wir in drei bis vier Wochen das nötige Material vorbereitet hätten. Ich denke, uns bleibt nur der eine Ausweg, auf eine Aktion mit einem Gegenangriff zu reagieren. Ich denke, dass wir nur in diese eine Richtung handeln sollten, um angesichts unserer eingeschränkten Mittel eine angemessene Antwort geben zu können.
Jochewed: Weshalb wird so viel über den Tod gesprochen? Das ist unnatürlich. Der Soldat an der Front und der Partisan im Wald denken auch in größter Gefahr an das Leben. Wir wissen, wie die Lage aussieht, aber warum fürchten wir den Tod so sehr, wenn wir in den Wald gehen, falls das eine Möglichkeit ist, Gegenwehr zu leisten. Das bedeutet aber noch nicht, dass wir sterben müssen. Das, worüber wir sprechen, widerspricht dem primitivsten Überlebensinstinkt in uns.
Chaim: Ich bin nicht Jochewеds Ansicht. Man muss konsequent sein. Wir dürfen niemandem die moralische Erlaubnis zur Flucht erteilen. Das ist keine Akkordarbeit. Kämpfen heißt kämpfen bis zum Letzten, heißt kämpfen bis zum Tod. Ich denke, dass wir mehr erreichen, wenn wir am Leben bleiben, in den Wald gehen. Es wird vorgeschlagen, eine Maline außerhalb des Gettos einzurichten, um von dort aus auch nach der Aktion die Sabotagearbeit fortzusetzen.
Moyshel: Beim ersten jüdischen Opfer müssen wir mit der Gegenaktion beginnen. Falls möglich, bereiten wir uns auf den Wald vor. Heute muss jeder sprechen, auch wenn die Sitzung bis morgen früh dauert, denn davon hängt das Leben oder der Tod der Kameraden ab.
Chaim: Du willst alle zum Reden zwingen, damit die Sitzungsteilnehmer beschließen sollen zu gehen. Du selbst sagst ja und willst, dass alle sich dafür aussprechen. (Zwischenruf)
Dorke (Snif): Ich meine, dass wir den Standpunkt der Bewegung ausdrücken müssen. Wir sind Mitglieder der Bewegung, aufgeklärte Menschen, wir sind uns im Klaren darüber, was mit unseren Nächsten geschehen ist.
Wir wollen würdevoll sterben, aber es gibt im Wald mehr Möglichkeiten der Rache. Wir dürfen jedoch nicht als Bettler dorthin gehen, sondern als aktive Partisanen. Sich angemessen auf den Wald vorzubereiten, ist nicht mehr möglich, deshalb müssen wir unser aller Energie auf die Gegenwehr ausrichten.
Tsipora: Es fällt schwer sich zu äußern, es fällt schwer, die Art seines Todes zu wählen. Ich spüre ein Ringen in mir, ein Ringen zwischen Leben und Tod. Mir ist es nicht wichtig, ob ich oder jemand anderes am Leben bleibt. Nach all dem, was wir durchgestanden

und mit eigenen Augen gesehen haben, sollte uns die Frage nach Leben oder Tod vollkommen gleichgültig sein. Ich denke über diese Angelegenheit jedoch vom Standpunkt unserer Bewegung aus nach. Wir sind stolz darauf, dass unsere Bewegung in den schwersten Zeiten des polnischen Jischuw existiert hat. Ich und viele andere sind aus Wilna gekommen. Sicherlich gab es viele wertvollere Menschen, die man hätte retten müssen. Man hat Dich und mich nicht einfach hierhergeschickt, man hat uns für das Wohl der Bewegung gesandt. Und jetzt die Frage: Soll unsere Bewegung völlig verschwinden? Haben wir ein Recht dazu? Wir sind eine Bewegung des jüdischen Volkes. Es ist unsere Pflicht, zusammen mit dem Volk alle Schmerzen und Leiden zu tragen, und wir tragen sie wirklich.
Wenn es um das Recht auf Überleben geht, sage ich: Ja, wir haben ein volles Recht darauf. Womöglich wird unsere Bewegung die einzige sein, die – sobald der Moment da ist – das Wort wird ergreifen können. Nehmen wir zum Beispiel Warschau. In der Tat, ein heldenhafter Tod, ein schöner, menschenwürdiger Tod – aber zu keiner Zeit eine Tat der Bewegung. Die Aufgabe der Bewegung heißt: überdauern, leben nicht um des Lebens willen, sondern für unsere weitere Arbeit. Den Faden weiterspinnen, der selbst in den dunklen Tagen keinen Moment lang zerrissen wurde.
Die Auswege sind klein, minimal, aber beim Einsatz aller Kräfte kann es gelingen.
Shmulik: Das erste Mal im Leben beraten wir über den Tod. Wir gehen nicht zum Gegenangriff über, um Geschichte zu schreiben, sondern um in Würde zu sterben, wie es sich in diesem Moment für die jüdische Jugend gehört. Aber wenn es jemandem dabei gelingt, Geschichte zu schreiben, wird sie eine andere als die der spanischen Juden sein, die sich auf die Scheiterhaufen warfen mit dem Ruf „Schma Israel" auf den Lippen. Nun zur Aktion.
Wir wissen aus aller Erfahrung, dass wir den Deutschen nicht vertrauen dürfen, trotz aller Versicherungen, dass die Betriebe geschützt sind, dass nur Nichtarbeitende deportiert werden usw. Nur dank der Lügen und Desorientierung ist es den Deutschen gelungen, Tausende Juden in die Vernichtung zu führen. Dessen ungeachtet haben wir Möglichkeiten, uns bei der anstehenden Aktion zu retten.
Alle spielen auf Zeit, und auch wir müssen das machen. In der kurzen Zeit, die uns bleibt, müssen wir arbeiten, mehr Waffen besorgen, die wir in so geringer Zahl besitzen. Im Wald können wir eine doppelte Mission erfüllen. In diese Richtung müssen wir auch aktiv werden. Ich möchte nicht, dass meine Kameraden mich falsch verstehen und das Verstecken vor der Aktion im Wald als Feigheit auslegen.
Nein und abermals nein. Der Überlebensinstinkt des Menschen ist so stark, da muss man stark bleiben. Es lastet nicht auf unserem Gewissen, dass andere an unserer Stelle fallen. Wir beanspruchen das Leben viel mehr als andere, und mit Recht.
Wir haben uns ein Ziel im Leben gesetzt – um jeden Preis zu überleben. Sie haben uns aus Wilna geschickt, weil dort die Liquidation drohte und es Zeugen geben sollte, die am Leben bleiben. Auch aus diesem Grunde muss man mit aller Kraft, wenn es zunächst keine Liquidation geben sollte, abwarten und Zeit gewinnen.
Und wenn dann die Liquidation beginnt, müssen wir alle wie ein Mann zurückschlagen. „Meine Seele sterbe zusammen mit den Philistern.[5] "

5 Zitat aus der Torah: Ri 16,30.

Sara: Ich will, dass die Kameraden wissen, dass ich tun werde, was wir beschließen. Ich wundere mich jedoch, mit welcher Ruhe wir hierüber sprechen. Ich zittere am ganzen Körper, wenn ich einen Deutschen sehe. Ich weiß nicht, ob die Kameraden und insbesondere die Kameradinnen genügend Kraft dafür besitzen. Ich habe schon früher gesagt, dass ich nicht an meine eigenen Kräfte glaube.
Jochewed: Ich stimme nicht mit Sara überein. Im Angesicht des Todes mag man sehr schwach und abhängig sein. Wer jedoch nichts zu verlieren hat, kann sehr stark werden. Ich teile Shmuliks Auffassung, dass man mit dem Gegenschlag im Falle der endgültigen Auflösung des Gettos beginnen sollte.
Ethel: Konkret zur Sache: Wenn die Aktion in den nächsten Tagen beginnt, bleibt nur ein Ausweg – mit Gegenwehr zu antworten. Wenn uns jedoch mehr Zeit bleibt, bleibt auch mehr Zeit für Vorbereitungen, um in den Wald zu gehen.
Wäre ich nur imstande, die Aufgabe zu meistern, die Pflichten, die auf uns lasten. Womöglich gewinne ich im Laufe der Ereignisse an Kraft. Ich bin fest entschlossen, alles Nötige zu tun.
Hershel hat zu Recht gesagt, dass wir einem Verzweiflungsakt entgegengehen, dass unser Schicksal entschieden ist ungeachtet dessen, ob wir das wollen oder nicht. Von uns selbst hängt nur ab, welchen Tod wir wählen. Ich bin ruhig und kaltblütig.
Mordechaj: Der Standpunkt der Kameraden ist klar. Wir werden alles unternehmen, um so viele Menschen wie möglich zum Partisanenkampf im Wald zu bringen. Jeder von uns, der sich im Getto befindet, muss reagieren, sobald der erste Jude angetastet wird. Mit uns kann man nicht mehr um das Leben feilschen, wir müssen die objektiven Bedingungen begreifen. Das Wichtigste ist, bis zur letzten Minute das Ansehen und den Stolz der Bewegung zu bewahren.

DOK. 190

Die Chronik des Gettos Litzmannstadt dokumentiert am 28. Februar 1943 die Feierlichkeiten anlässlich des dreijährigen Bestehens des jüdischen Ordnungsdienstes[1]

Sonderbericht der Chronik des Gettos Litzmannstadt über das dreijährige Bestehen des Ordnungsdienstes, ungez., vom 28.2.1943

Drei Jahre Ordnungsdienst
Gründungsfeier am Sonntag, den 28. Februar 1943
Anläßlich des dreijährigen Bestandes des Ordnungsdienstes veranstaltete der Kommandant des OD, Leon Rosenblatt,[2] eine schlichte Feier, die sich in zwei Etappen abspielte. Zunächst fand in den Morgenstunden auf dem Hof des I. OD-Reviers eine Befehlsausgabe statt, deren Verlauf in Anwesenheit des Präses überaus würdig war. Außer dem Präses hatten sich eingefunden der Vorsitzende des Gerichts, Herr St. Jacobson,[3]

1 YIVO, RG 241, folder 899, Bl. 181 f. Abdruck in: Chronik des Gettos Lodz/Litzmannstadt 1943 (wie Dok. 93, Anm. 1), S. 65–68.
2 Richtig: Leon Rozenblat.
3 Stanisław Jakobson.

der Leiter des Zentralbüros des Arbeitsressorts, Herr Aron Jacobowicz,[4] der Chef der Sonderabteilung des OD, Herr Dawid Gertler,[5] mit dem administrativen Leiter der Sonderabteilung, Herrn M. Klygier.[6]
Ein schrilles Pfeifensignal kündigte an, daß der Präses kommt, und blitzartig formierten sich die Delegationen der einzelnen Reviere in einem Karree. Gegenüber dem Kirchenportal[7] standen Rednerpult und Fauteuil für den Präses. Das Wetter war schlecht. Ein kalter Vorfrühlings-Regenschauer störte die Stimmung. Der Präses begrüßte die Mannschaft mit einem militärischen: Guten Morgen, Brüder. Im Sprechchor antwortet die Mannschaft: Guten Morgen, Präses. Das Kommando führt Kommissar Berkowicz[8] vom I. Revier. Unter den üblichen militärischen Formen vollzog sich nun die Befehlsverlesung. (Text des Befehls liegt bei.)[9]
Sodann sprach Kommandant Rosenblatt einige knappe Worte: „Als ich vor drei Jahren zu Euch sprach", so führte er aus, „wollte ich nicht den Wahrsager spielen. Aber daß ich noch am Schluß des dritten Jahres zu Euch sprechen werde, das habe ich mir damals nicht gedacht. Schon damals sagte ich, daß die Autorität des OD-Mannes nicht auf dem Polizeiknüppel beruhe, und auch heute sage ich wieder, daß nur die eigene hohe Auffassung von Pflichterfüllung dem OD-Mann den notwendigen Respekt verschaffen muß. Nicht die Äußerlichkeit der Distinktion macht den OD-Offizier, sondern sein Beispiel in der Auffassung der ihm gestellten Aufgabe, Hüter der Ordnung und vor allem Hüter des Gemeingutes im Getto zu sein. Wenn Euch einmal beschieden sein sollte, ins bürgerliche Leben zurückzukehren, dann möge ein jeder von Euch das Bewußtsein mitnehmen, daß er in schweren Zeiten seine Pflicht gegen seine jüdischen Mitbürger wirklich erfüllt hat. Dieses Bewußtsein wird dann helfen, Euere glückliche Zukunft aufzubauen."
Diese von anständiger Gesinnung getragenen Worte machten auf alle Anwesenden einen entsprechenden Eindruck.

4 Richtig: Aron Josif Jakubowicz (1910–1981), Kaufmann; lebte vor dem Krieg in Łódź; im Getto zunächst kaufmännischer Angestellter der Gemeinde, dann Leiter des Zentralbüros der Arbeitsressorts und Stellv. des Judenältesten; im Aug. 1944 nach Auschwitz deportiert, im Okt. nach Sachsenhausen, weiter nach Königs Wusterhausen; wanderte nach dem Krieg in die USA aus.

5 Dawid Gertler (1911–1977), Textilarbeiter; im Getto Litzmannstadt von Mai 1940 an Informant der Gestapo, von März 1942 an Leiter der Sonderabt. bzw. des Sonderkommandos des jüdischen Ordnungsdienstes; im Juli 1943 Verhaftung und Deportation nach Auschwitz; lebte später in München.

6 Richtig: Marek, auch Mordechai Kligier (*1893 oder 1898), Textilmeister; im Getto Litzmannstadt von Sept. 1940 an Verwaltungsleiter der Sonderabt., von Juli 1943 an ihr Leiter; er wurde im Okt. 1944 nach Sachsenhausen und weiter in das Arbeitslager Königs Wusterhausen deportiert, dort befreit; 1947 vor einem jüdischen Ehrengericht wegen angeblicher Spitzeltätigkeit für die Gestapo angeklagt; nach dem Freispruch emigrierte er nach Südafrika.

7 Die Kirche zur Allerheiligsten Jungfrau Maria befand sich im Zentrum des Gettos und diente seit 1941 als Lagerraum und Sortierungsstelle für Federn und Daunen aus den aufgelösten warthieländischen Gettos, später auch als Lagerraum für fertiggestellte bzw. reparierte Waren.

8 Samuel Berkowicz (*1900), Kaufmann; im Getto Litzmannstadt 1940 Leiter des III., von 1941 an des I. Reviers des jüdischen Ordnungsdienstes, von März 1942 an Mitglied der Aussiedlungskommission, von April 1943 an stellv. Kommandant des Ordnungsdienstes.

9 Liegt nicht in der Akte; Tagesbefehl Nr. 80 vom 1.3.1943; YIVO, RG 241, folder 757. Abdruck in: Chronik des Gettos Lodz/Litzmannstadt 1943 (wie Dok. 93, Anm. 1), S. 68–71; wie Anm. 1.

Unmittelbar nach der Ansprache des Kommandanten Rosenblatt traten Delegierte der Reviere vor und überreichten ihrem Kommandanten einige Aufmerksamkeiten zur Erinnerung an diesen Jahrestag.
Sodann überreichten die Delegierten dem Präses ihre Geschenke. Während die Reviere mehr oder weniger wertvolle persönliche Geschenke überreichten, brachte Kommandant Zykmunt *Reingold*[10] die symbolischen Gaben der zur Mietenwache in Marysin[11] detachierten Mannschaftsgruppe. Kommandant Rosenblatt erhielt einen Korb täuschend ähnlicher Gemüseattrappen, während Reingold dem Präses ein geschmackvoll geziertes Modell einer Kartoffelmiete mit einer humorvollen Ansprache übergab. Der Präses war sichtlich erfreut über diese Aufmerksamkeit.
Erst jetzt ergriff der Präses das Wort. In seiner Art begann er wie immer mit einigen launigen Worten.
„Als ich vor drei Jahren ins Getto kam, habe ich von Polizei nicht viel gewußt und verstanden. Aber mit der Zeit habe ‚ich mich ausgelernt'.[12] Erst im Getto hat mich das Leben gelehrt, was eine Polizei zu leisten hat. Ich weiß, daß ein pflichtgetreuer Ordnungsdienst Leben und Gesundheit hergeben muß in diesem schweren Kampf, den wir hier führen müssen. Was bedeutet es schon, wenn Euch Rosenblatt eine ‚kropke' (Distinktion)[13] mehr oder weniger verliehen hat. Keine Beförderung kann den OD-Mann für die Leistungen entschädigen, die er inmitten dieser Tragödie erbringt. Denn hier geht es nicht um die bloße Aufrechterhaltung der Ordnung, hier geht es buchstäblich um das Wohl und Wehe des Gettos. Die große Zahl der Kameraden, die heute nicht mehr in unseren Reihen stehen, sind die Zeugen für die Last, die getragen werden mußte. Schwer waren die Tage, die wir hier verlebt haben, aber glaubt mir, Brüder, das ist noch eine Kleinigkeit im Verhältnis zu den künftigen Aufgaben. Ihr seid nicht nur die Soldaten des Gettos! Ihr seid die Knechte dieser Gemeinschaft. Ihr müßt das Vermögen hüten, das wir noch besitzen und auf dem unsere Existenz heute steht. Ihr seid mir die Garanten dafür, daß sich die Menschen in diesem Getto nicht selbst gegenseitig buchstäblich auffressen. Darum müßt Ihr hart sein wie kein anderer. Hart in der Erfüllung dieser Hüterpflicht, aber in dem Verständnis für das jüdische Leid im Getto. Wenn Ihr einmal, was wir hoffen, das Getto als freie Menschen verlassen solltet, um Euch eine bessere Zukunft aufzubauen, werdet Ihr ein Dokument in der Tasche haben, das Euch vor aller Welt am besten legitimieren wird; dort wird stehen, daß Ihr einmal in den schwersten Zeiten des Judentums für Eure Brüder ehrlich gearbeitet und schwer gedient habt. Ohne Euch hätten sich die Menschen im Getto in Tiere verwandelt, die sich selbst zerfleischt hätten. Euch und Euerem Kommandanten Rosenblatt gebührt der Dank der Gemeinschaft, und darum flehe ich den Segen Gottes für Euch herab für die Vergangenheit und für die noch schwerere Zukunft, die Euch noch größere Aufgaben bringen wird.

10 Zygmunt Reingold, auch Rajngold (1900–1992), Beamter; vor 1939 Prokurist in einer Handelsfirma in Łódź; 1939 Militärdienst und dt. Kriegsgefangenschaft; im Getto Litzmannstadt von Mai 1940 an Angehöriger des Ordnungsdienstes und Kommandant des 1. Reviers, von Jan. 1941 an in der Approvisationsabt., von März 1942 an Leiter des Wirtschaftsordnungsdienstes; er überlebte den Krieg und emigrierte 1949 nach Israel.
11 Im Stadtteil Marysin, der zum Gettogebiet gehörte, wurde in großem Umfang Gemüse angebaut; hier lagerten auch die Kartoffeln, die von den Deutschen geliefert wurden.
12 Jidd.: „Gelernt", hier im Sinne von „dazugelernt".
13 Österreich.: Rangabzeichen.

Erfüllt weiter Euere Pflicht wie bisher. Meine Wünsche für Euere Gesundheit begleiten Euch auf Euerem Wege."

Man fühlte die tiefe Bewegung, mit der der Präses sprach und die sich allen Anwesenden mitteilte. Der eisige Regenschauer hinderte ihn nicht, die schlichte Feier durch seine Anwesenheit zu heben. Sein Adjutant Kon[14] brachte nur einen warmen Übermantel, den der Präses während der Rede umlegte. Nach einigen scharfen Kommandorufen marschierten die Delegationen der Reviere nach ihren Standorten ab. Der Präses begab sich dann mit dem Stab des Ordnungsdienstes in die Räume des I. Reviers, wo ihm heißer Tee serviert wurde und wo er noch einige Zeit im Kreise der Offiziere und Gäste verbrachte. Daß bei dieser intimen Gelegenheit wohl auch die bei solchen Anlässen üblichen Beförderungen besprochen wurden, versteht sich von selbst.

Die Feier fand ihre Fortsetzung in den einzelnen Revieren und Abteilungen des OD. Die Mannschaften erhielten ein besonderes Abendessen, bestehend aus Suppe, Kartoffeln, Kraut und Wurst. Kommandant Rosenblatt ehrte seine Reviere durch seine Anwesenheit, indem er in den Abendstunden mit der Droschke von Revier zu Revier fuhr, um mit allen seinen Leuten ein Viertelstündchen zu verbringen. Bescheiden wie die Feier am Morgen war auch das „Bankett" am Abend. So sind eben die Feierlichkeiten im Getto. Ein Stückchen Wurst ist der Höhepunkt.

Wie weit der Präses den Kommandanten Rosenblatt und die Vorsteher der Reviere ehrte und belohnte, haben wir in der Chronik bereits erwähnt.[15]

DOK. 191

Die NSDAP-Gauleitung in Oberschlesien regt bei der Reichsleitung am 1. März 1943 eine schnelle Zerstörung jüdischer Friedhöfe an, da die meisten Juden schon deportiert worden seien[1]

Schreiben der NSDAP, Gauleitung Oberschlesien, Kattowitz (Der Leiter des Gauamtes für Kommunalpolitik, III – 1942/2 –), gez. i. V. Lorek, an die Reichsleitung der NSDAP, Hauptamt für Kommunalpolitik,[2] München, vom 1.3.1943

Betr.: Schließung von jüdischen Friedhöfen.

Bezug: Ohne Vorgang.

Durch die bereits schon jetzt weitgehende Absiedlung der Juden im Gau Oberschlesien wird in vielen Gemeinden eine weitere Belegung jüdischer Friedhöfe nicht mehr erfolgen. Ungeachtet dessen, daß diese Friedhöfe keine Kulturwerte darstellen und deren äußere Verwahrlosung unausbleiblich ist, nachdem in den meisten Fällen eine Pflege dieser Be-

14 Nicht ermittelt.

15 Tageschronik Nr. 44 vom 28.2.1943; APŁ, 278/1085, Bl. 40. Abdruck in: wie Anm. 1, S. 64 f.

1 BArch, NS 25/840, Bl. 216.

2 Karl Fiehler (1895–1969), Kaufmann, Beamter; 1923 NSDAP-Eintritt und Teilnahme am Hitler-Putsch, zu Festungshaft in Landsberg verurteilt; 1924–1933 ehrenamtl. Stadtrat von München; 1933 SS-Eintritt; vom 20.3.1933 an kommissar. Erster Bürgermeister und vom 20.5.1933 bis 1945 OB von München; 1933–1945 Leiter des NSDAP-Hauptamts Kommunalpolitik und Vorsitzender des Deutschen Gemeindetags; 1945–1949 in Haft, danach Geschäftsführer eines Bauunternehmens.

gräbnisstätten nicht mehr gewährleistet ist, bilden diese eine Störung und Verschandelung des gesamten Ortsbildes, und dies um so mehr, als vielerorts die jüdischen Friedhöfe mitten in der Gemeinde bzw. Stadt gelegen sind. Auch sonst dürfte ein menschliches Interesse an der Aufrechterhaltung dieser Begräbnisstätten nicht mehr bestehen.
Soweit ich unterrichtet bin, ist eine generelle Regelung dieser Frage seitens des RMdI. zunächst nicht zu erwarten, zumindest so lange nicht, bis die allgemeine Judenabschiebung abgeschlossen ist. Auf der anderen Seite besteht gerade im Gau Oberschlesien teilweise schon jetzt ein starkes Bedürfnis nach Schließung dieser Friedhöfe. Ich stehe auf dem Standpunkt, daß auch in dieser Frage nicht stur an den Paragraphen des Gesetzes festgehalten werden kann, sondern das getan werden muß, was unter Berücksichtigung der hiesigen Verhältnisse notwendig und zweckmäßig ist.
Um bis zu einer zentralen Regelung dieser Frage durch das RMdI. eine Lösung für den Gaubereich Oberschlesien zu erreichen, habe ich mich mit einer entsprechenden Anregung an den Oberpräsidenten der Provinz Oberschlesien gewandt, der nunmehr unter dem 24.2.1943 – I 4 a – an die Regierungspräsidenten der beiden Regierungsbezirke Kattowitz und Oppeln[3] folgende Anordnung erlassen hat:
„Eine Benutzung der vorhandenen jüdischen Friedhöfe kommt vielfach nach Absiedlung der Juden nicht mehr in Frage. Ich bin damit einverstanden, daß solche Friedhöfe geschlossen werden. Die Schließung kann durch die politische Gemeinde erfolgen, nachdem die verfügungsberechtigte Treuhandstelle ihr Einverständnis erklärt hat. Die Schließung bedarf der Genehmigung des Regierungspräsidenten als Landespolizeibehörde.
Ein geschlossener Friedhof kann sofort in eine Grünanlage umgewandelt werden. Eine anderweitige Benutzung bedarf der Genehmigung des Regierungspräsidenten als Landespolizeibehörde.
Ich bemerke, daß die Grundstücke der jüdischen Friedhöfe und die auf ihnen befindlichen Grabsteine durch die Treuhandstelle[4] verwaltet werden. Als Erwerber der Grundstücke kommen in erster Linie die politischen Gemeinden in Frage.“
Ich bitte, von dieser durch das Gauamt für Kommunalpolitik erreichten Lösung Kenntnis nehmen zu wollen.
Heil Hitler!

3 Walter Springorum und Albrecht Schmelt.
4 Treuhandstelle Kattowitz.

DOK. 192

Der Judenrat im Getto Białystok informiert die jüdische Bevölkerung am 5. März 1943 über die notwendigen Umsiedlungen bei der bevorstehenden Verkleinerung des Gettos[1]

Meldung Nr. 419 des Judenrats im Getto Białystok vom 5.3.1943[2]

Aufgrund der bevorstehenden Änderung der Gettogrenzen[3] wird ein Teil der Bewohner mehrerer Straßen umgesiedelt werden.

Im Zusammenhang damit teilt der Judenrat Folgendes mit:

1. Die Umsiedlung wird nach Häuserblöcken stattfinden, nach einem Plan, der jedes Mal bekanntgegeben werden wird.

2. Die erste Umsiedlung wird aus folgenden Straßen erfolgen:

Fabryczna	von	39 (einschließlich) bis 49
Ciepła	»	34 (einschließlich) bis 38
»	»	27 (einschließlich) bis 35
Wąska	»	7 (einschließlich) bis 13
Chmielna	»	15 (einschließlich) bis 19
»	»	10 (einschließlich) bis 12
Górna		12
Poleser	»	7 (einschließlich) bis 11A und 17

Die Wohnungsabteilung wird am Montag, den 8. März d. J., beginnen, durch die Hausverwalter Anweisungen an die Bewohner herauszugeben, sobald diese Quittungen über ihre Ausgaben für Wasser, Strom und Kaminkehren vorgelegt haben.[4]

3. Die Bewohner, welche umgesiedelt werden, sind verpflichtet, Erklärungen zu unterschreiben, die die Hausverwalter ihnen vorlegen werden, in denen sie sich verpflichten, die Wohnungen in ordentlichem Zustand zu verlassen und keinerlei Einrichtungsgegenstände wie Kochplatten, Türen, Herde, Toilettendeckel, Wasserhähne usw. mitzunehmen.

4. Alle, die Öfen oder Kochstellen mitnehmen wollen, werden zusätzlich Erklärungen unterschreiben, dass sie diese vorsichtig und ohne Beschädigung der Zimmeröfen herausnehmen und die Stelle nach dem Ausbau reinigen.

5. Es ist verboten, eigenmächtig irgendwelche Schuppen, Ställe, Toiletten oder Müllkästen abzubauen.

1 AŻIH, 204/37, Bl. 49, Kopie: YVA, M.11/1, Bl. 419. Abdruck in: Blumenthal, Darko shel judenrat (wie Dok. 11, Anm. 1), S. 535–537; in deutscher Übersetzung: Anders/Stoll/Wilke (Hrsg.), Der Judenrat von Białystok (wie Dok. 11, Anm. 1), S. 283 f. Das Dokument wurde aus dem Jiddischen neu übersetzt.

2 Im Original Stempel des Judenrats in Białystok in deutscher Sprache.

3 Zwischen dem 5. und dem 12.2.1943 fand die erste sog. Aktion statt, in deren Verlauf ca. 900 Juden erschossen und 10 000 Juden nach Auschwitz und Treblinka deportiert wurden, woraufhin die Stadtverwaltung die Verkleinerung des Gettos anordnete.

4 Alle Gettobewohner waren offiziell Mieter der Gettoverwaltung. Die Wohnungsabt. arbeitete mit Hausverwaltern zusammen, die auf Sauberkeit achteten, den Bewohnern Bezugsscheine für Lebensmittel und Anordnungen überbrachten sowie Steuern eintrieben.

6. Alle, die gegen die Punkte 3, 4, 5 verstoßen, werden nicht in den neuen Wohnungen angemeldet werden, keine Lebensmittel erhalten, und man wird ihnen den Arbeitsplatz entziehen.[5]
7. Die Anmeldung wird erfolgen, wenn eine Bestätigung der Wohnungsabteilung vorliegt, dass die verlassenen Wohnungen in einem ordentlichen Zustand gemäß den Punkten 3, 4 und 5 übergeben wurden.

DOK. 193
Die Sicherheitspolizei in Bialystok plant im Frühjahr 1943 das Fortbestehen des Gettos mit 30 000 jüdischen Fabrikarbeitern[1]

Zwei Vermerke der Sicherheitspolizei in Bialystok vom 19.2. und 10.3.1943 (Abschrift)[2]

1. *Vermerk.*
Am 19. Februar 1943 fand beim Kommandeur der Sicherheitspolizei[3] eine Besprechung über die Abgrenzung des Ghettos statt, an der Herren der Ordnungspolizei, u. a. Oberst Hirschfeld,[4] ebenfalls teilnahmen.
Der Vertreter des Kommandeurs der Sicherheitspolizei erklärte bei dieser Besprechung, daß mit einer weiteren Aussiedlung von Juden zunächst nicht zu rechnen sei. Es würde voraussichtlich bei dem Verbleib von 30 000 Juden im Ghetto bis Kriegsende bleiben. Mit dieser Tatsache muß von jetzt ab wirtschaftlich gerechnet werden, da eine Zustimmung des Reichssicherheitshauptamtes zu dieser Auffassung der hiesigen Sicherheitspolizei zu erwarten ist. Damit ergibt sich für den Arbeitseinsatz und die Erhaltung der wirtschaftlichen Leistungskraft ein neues Bild.
1. Das Ghetto bleibt mit neuen Grenzen, aber im wesentlichen in gleicher Größe bestehen.
2. Fabriken, die im Ghetto liegen, werden weiter betrieben, aber mit jüdischer Belegschaft.

5 Die Deutschen verlangten, dass alle Bewohner des Gettos registriert waren, und drohten im Falle von nicht angemeldeten Mietern mit Strafen. Die offizielle Registratur diente dem Judenrat auch als Grundlage für die Zuteilung von Lebensmitteln.

1 AŻIH, 204/67, Bl. 1 f.
2 Es handelt sich um Abschriften aus dem Archiv des Judenrats im Getto Białystok, die später außerhalb des Gettogeländes aufgefunden wurden.
3 Kommandeur der Sicherheitspolizei und des SD in Białystok war Dr. Karl Wilhelm Altenloh (1908–1985), Jurist; 1933 NSDAP-, 1935 SS-Eintritt; von Febr. 1935 an im Gestapa Berlin; von Febr. 1940 an Leiter der Gestapo in Allenstein, von Juni 1941 an auch der Außenstelle in Białystok, von Frühjahr 1942 an ebenda KdS, Mai 1943 bei der Stapo in Nancy, dann in Paris; 1946–1949 in Haft; 1967 vom Landgericht Bielefeld zu acht Jahren Gefängnis verurteilt; Haftverschonung aus gesundheitlichen Gründen.
4 Hans-Georg Hirschfeld (1893–1945), Polizist; 1937 NSDAP-Eintritt; 1938 Oberstleutnant der Gendarmerie in Oppeln, 1939 Abordnung in den Regierungsbezirk Aussig (Sudetengau), Juni 1942 Ernennung zum Oberst der Gendarmerie, von Okt. 1942 an in Białystok, bis April 1943 Kommandeur der Ordnungspolizei in Bialystok; bei Kriegsende in Prag eingesetzt, kam dort vermutlich im Mai 1945 um.

6.[5] Unabhängig von den zukünftigen Friedensaufgaben der Stadt muß aber als politisches und sicherheitspolizeiliches Ziel erreicht werden, daß in absehbarer Zeit die 4000 Juden außerhalb des Ghettos verschwinden und nur noch im Ghetto arbeiten …

10. März 1943
… Als neueste Forderung kommt aber hinzu, daß die Gestapo und die Schupo nunmehr aus Sicherungs- und Spionageabwehrgründen usw. dringend fordern, daß die z. Zeit noch außerhalb des Ghettos arbeitenden 4000 Juden sobald wie irgend möglich zu den Arbeitsstätten innerhalb des Ghettos zurückgeführt werden.
Es soll kein Jude mehr außerhalb arbeiten; auch die neue geradlin[ig]e Grenzführung des Ghettos erfolgt nur, um Bewachungsmannschaften zu sparen und festgestellte Sabotageakte und andere Delikte zu vermeiden.
Von [der] örtlichen Sicherheitspolizei ist beabsichtigt, das Ghetto vorläufig in gewissem Umfange bestehen zu lassen; beim Reichssicherheitshauptamt in Berlin soll über diese Frage endgültig im Laufe dieses Monats entschieden werden.[6]

DOK. 194
Mordechai Chaim Rumkowski betont in einer Rede am 13. März 1943, dass der systematische Arbeitseinsatz die Fortexistenz des Gettos garantiere[1]

Rede des „Ältesten der Juden im Getto Litzmannstadt“, Mordechai Chaim Rumkowski, vom 13.3.1943[2]

„Brüder und Schwestern! Ich mußte Euch sozusagen plötzlich zusammenrufen, um mich mit Euch auszusprechen, d. h. ich werde sprechen, und Ihr müßt eben zuhören. Das Getto hat nun einmal seine lebendige Mannigfaltigkeit und seine Überraschungen: Vor acht Tagen konnte ich noch nicht wissen, daß ich heute zu Euch werde sprechen müssen, und ich weiß heute nicht, welche Überraschungen der nächste Tag bringen kann.
Ihr wißt sehr gut, daß man von uns Arbeit verlangt. So haben wir uns eingerichtet. So schwer es auch war, wir haben uns an diese Lebensbedingungen einigermaßen gewöhnt. Es ist aber ein großer Unterschied zwischen einer allmählichen Anpassung an bestimmte Lebensformen und plötzlichen Änderungen, die sich aus gewissen Befehlen ergeben, die sofort ausgeführt werden müssen. Befehle der Behörde müssen immer sehr schnell ausgeführt werden, und sehr schnell heißt oft auch chaotisch. Machen wir uns nichts vor: Wir hatten einmal eine Autonomie, und solange ich das Recht gehabt habe, alles zu tun, wie ich es eben verstanden habe, konnte man sich doch vor gewissen Erschütterungen schützen. Aber diese Autonomie mußte sich von Zeit zu Zeit Amputationen gefallen lassen. Immer häufiger kamen diese kräftigen Schnitte, und mit der Zeit gab es eben nur noch Befehle. Das Schwerste aber ist, sich den Gedanken der anderen Seite anzupassen und Schritt zu halten.

5 So im Original.
6 Siehe Einleitung, S. 61 f.

1 APŁ, 278/1091, Bl. 12–14.
2 Es handelt sich um eine Mitschrift, die vermutlich für die Gettochronik angefertigt wurde.

Euch ist wohl bekannt, was sich die vergangene Woche ereignet hat.[3] Ihr wißt, daß ich plötzlich vor der fertigen Tatsache stand, eine gewisse Liquidation vorzunehmen, und Ihr wißt ebenso gut wie ich, daß die Folge davon chaotische Zustände sein könnten. Ich hätte mich vor dieser traurigen Arbeit drücken können. Aber ich mußte mir doch als verantwortungsbewußter Mensch sagen, daß damit das Problem nicht leichter, sondern eher schwieriger werden mußte, wenn ein anderer die Arbeit tut. Ich sagte mir in dieser entscheidenden Stunde, daß es doch vielleicht für unsere Gemeinschaft besser sein würde, wenn ich auch hier einspringe und die Last auf mich nehme mit dem ganzen gesellschaftlichen Verantwortungsbewußtsein, das ich nun eben einmal besitze. Ich muß diese meine Pflicht erfüllen, mag sie auch noch so schwer sein.

Es ist Krieg. Neue Fabriken müssen im Getto geschaffen werden, und neue Menschen müssen eben heran zur Arbeit. Und da muß man sich doch vor Augen halten: Es gibt hier Menschen, die durch drei Jahre in den Büros ein verhältnismäßig gutes Leben hatten, und wieder Menschen, die dieselben drei Jahre bei schwerer Arbeit ihre letzten Kräfte geopfert haben. Und der Büromensch ist 20 Jahre alt und der andere schon über 50. Das muß nun jetzt ausgetauscht werden. Die erschöpften Menschen werden nun die Möglichkeit haben, für einige Zeit bei leichteren Arbeiten in den Kanzleien auszuruhen, und sie werden damit sehr zufrieden sein. Dafür werden die andern, die aus den Büros herausmüssen, unzufrieden sein. Aber zeigt mir irgendwo in der Welt einen Ort, wo alle zufrieden sind. Wir leben doch in einem Lager. Der Übergang wird schwer sein. Aber wie würde das aussehen, wenn diese Aktion plötzlich ohne jeden Übergang rücksichtslos durchgeführt würde. An sich ist es ja kein Unrecht, was nun geschehen soll. Aber selbst wenn da oder dort jemandem Unrecht geschehen sollte, so ist es eben das Leben, es geht manchmal nicht ohne Unrecht. Und dann noch eine Sache: Es gibt Menschen in den Büros, die zu anderen Arbeiten oder Diensten fähig sind, und überdies sind es auch zu viel. Freilich, vom gesellschaftlichen Standpunkte gesehen, sind es nicht zu viel. Aber auch die Büros in den Fabriken werden durchgemustert werden. Junge Menschen müssen heraus, ältere müssen hinein. Erstens deshalb, weil neue Fabriken errichtet werden, und zweitens: Befehl ist eben Befehl! Und daß es hier nichts zu diskutieren gibt, wißt Ihr selbst. Der Zweck der heutigen Versammlung ist es, Euch aufzuklären, wie die Dinge liegen. Es gibt in den Büros eine Menge Fachleute, und es ist eine Sünde gegen die Gemeinschaft, wenn man sich als Fachmann, der in eine Fabrik gehört, in einem Büro versteckt. Die Altersgrenze für die Umschichtung ist augenblicklich 40 Jahre. Vorläufig bleiben alle die in dieser Aktion gemusterten Personen auf ihren bisherigen Plätzen in den Büros, aber sie bilden die Menschenreserve für die vollständige Mobilisation der Kräfte. Sie werden antreten müssen, wenn die Fabriken eröffnet werden. Die Büros werden eben weniger Menschen haben, oder es kommen ältere herein.

Ich bin mir darüber im klaren, daß hier auch noch ein anderes, ziemlich schwieriges Problem gelöst werden muß. Es ist eine entscheidende Wendung für den einzelnen, wenn er als Etatbeamter 90 M oder mehr verdient hat und jetzt plötzlich als Arbeiter in einer Fabrik auf den üblichen Lohn angewiesen sein wird. Aber ich will nicht, daß ihn zwei Schläge treffen sollen. Er soll Soldat sein, und daher muß auch für ihn gesorgt werden. Das ist eine Budgetfrage. Bei einem monatlichen Etat von 5 500 000 Mark wird

3 Biebow hatte im März 1943 angeordnet, alle Mitarbeiter der jüdischen Personalabt. zu entlassen und die Abt. mit dem Arbeitsamt zusammenzulegen.

die Gemeinde sich schon irgendwie zu helfen wissen. Und wir haben schon schwerere Fragen gelöst. Ihr dürft auch hierin volles Vertrauen zu mir haben. Wenn Arbeit sein wird und wenn die Menschen arbeiten werden, werde ich so manches tun können. Ihr wißt, daß ich, wenn ich eine Fabrik betrete, immer als erstes frage: Wieviel verdient der Arbeiter? Denn ich muß gestehen, daß ein paar Leute an verantwortlichen Stellen über diese Grundfrage nicht allzuviel nachgedacht haben. Andererseits haben wir unsere Finanzprobleme. Aber ich wiederhole, das ist nicht noch Eure Sorge. Wir haben ein sehr großes und gutes Material von älteren Menschen, die man so wird umschichten können, ohne daß die Fabriken leiden werden. Und andererseits muß die Jugend dazusehen,[4] daß die produktive Arbeit ordentlich geleistet wird. Ich habe mir als Mitarbeiter für diese Aktion Siennicki[5] genommen, denn er kennt die Menschen im Getto am besten, er kennt aber auch jeden Schwindel.
Brüder und Schwestern! Ihr müßt mich verstehen. Kommt die Behörde, so werden die Menschen einfach ausgezählt wie Nummern. Kommt aber der Vater, so schaut es doch ganz anders aus, das müßt Ihr Euch immer vor Augen halten.
Es hat mich sehr geschmerzt, daß bei den Musterungen in den Büros keine zehn Prozent die Antwort gegeben haben, zu der die Stunde verpflichtet hat: Präses, schickt mich, wohin Ihr wollt! Alle kamen sie mit verbitterten Mienen, als ob ihnen ein bitteres Unrecht geschähe. Leider muß ich Euch sagen, daß auch mich selbst die harte Notwendigkeit, diese Aktion durchführen zu müssen, seelisch zerbrochen hat. Nicht zerbrochen wegen der Last der Arbeit, sondern weil man mir nicht die Antwort geben will, die ich erwartet habe. Ich habe vielleicht manchen Fehler gemacht. Aber ich habe die Fehler gemacht, nicht weil ich nicht gearbeitet habe, sondern weil ich schwer gearbeitet habe. Und sollte es heute mein Leben kosten, um Eure Lage erleichtern zu können, wäre ich dazu bereit. Wo immer ich eine Erleichterung schaffen kann, wird es geschehen. Aber ich werde notfalls dem Leiter seine Sekretärin wegnehmen. Er wird zwar weinen, daß ich ihm seine rechte Hand abhaue, aber es wird sich gewöhnlich herausstellen, daß er noch weitere sechs rechte Hände hat. Heute sind es die bis Vierzig, aber eines Tages kommen auch die andern dran, wenn es nötig sein wird. Wo ein harter Befehl ist, können keine Ausnahmen gemacht werden.
Seht darin keine Tragödie, wo es nur um Arbeit geht. Ich habe einmal dem Oberbürgermeister gesagt: Den Befehl muß ich ausführen, aber es wird mir wohl erlaubt sein, eine möglichst milde Form der Ausführung zu finden. So will ich es auch jetzt halten."
Der Präses wendet sich jetzt dem Ernährungsproblem zu: „Ein schweres Problem im Getto ist die Ernährung. Ich habe mich verpflichtet, mit den Kartoffelvorräten bis Mai auszukommen. Ja, wenn ich heute den Leuten, die ich aus den Büros zur Arbeit schicken muß, 15 kg Kartoffeln in die Hand drücken könnte, vielleicht würden sie dann laufen. Aber man hat die Kartoffeln aufgegessen. Was ich bis jetzt an Kartoffeln zugegeben habe, das habe ich den Küchen weggenommen, und jetzt ist die Frage: Wie kommt man weiter? Man wird mich fragen. Wir haben unseren Leuten auch ein bestimmtes Quantum gegeben, und sie mußten damit haushalten, warum sind die Juden nicht ausgekommen.

4 So im Original.

5 Kiwa bzw. Akiba Siennicki, auch Sienicki (*1904), wohnte vor dem Krieg in Łódź; Leiter des Kulturhauses im Getto mit Orchester und Schauspieltruppe, von April 1942 an Leiter des Arbeitsamts und zuständig für die Arbeitsplatzvergabe im Getto; sein weiteres Schicksal ist unbekannt.

Was werde ich im April zu essen geben? Ich weiß es heute noch nicht. Aber ich werde mich wieder aufs Bitten verlegen, und das kann ich nur auf Grund geleisteter Arbeit. Darum müßt Ihr mir heute helfen, damit diese Arbeit geleistet werden könne. Deswegen müßt Ihr aus den Büros in die Fabriken. Vorläufig arbeiten wir nach einem Dreimonats-Plan. Was dann sein wird, wissen wir heute noch nicht. Ihr aber müßt Verständnis für das Gebot der Stunde haben. Schwindelt nicht, wo es um den Beruf geht oder um das Alter. Wie immer wird auch hier die Wahrheit der beste Schwindel sein! Versucht es auch nicht, politisch zu erkranken. Denn auch das wird nicht helfen.
Ich weiß. Ihr habt auch Sorge um Eure Kinder. Ich habe mein Versprechen in der Beziehung gehalten, und es sind bisher elfhundert Kinder in den Kinderkrippen bei den Fabriken untergebracht. Wo dies noch nicht geschehen ist, müßt Ihr dafür sorgen, daß sich diese Kinder nicht in den Straßen herumtreiben. Unterlaßt es soweit als möglich, die Straßen zu bevölkern. Diese Bewegung schadet uns. Noch einmal rufe ich Euch zu dem Thema meiner heutigen Rede zu: Helft mir, sagt die Wahrheit, wenn man Euch fragt, und ich werde gerecht sein auch gegen alle die, welche glauben, ‚Pleizes'[6] zu haben. Und wenn ich Euch hier schon so beisammen habe, möchte ich Euch noch ein paar wichtige Worte sagen: Vorsicht mit der Verdunkelung! Man droht mir mit den allerschwersten Strafen gegen Übertreter der Verdunkelungsvorschriften. Ich sage Euch das in einem kurzen Satz, mir wird das aber in einem sehr langen Satz gesagt. Achtet darauf, daß das Licht nicht brennt, wenn man die Wohnung verläßt oder gar das Büro. Und noch eines: Es werden aus der Stadt Kontrollen kommen, die die Elektrizitätswirtschaft im Getto prüfen werden. Kocher dürfen nicht verwendet werden! Ich wollte nicht versäumen, Euch bei dieser Gelegenheit diese wichtige Mahnung zuzurufen."

DOK. 195

Gauleiter Greiser lobt in einem Brief an Himmler vom 19. März 1943 das Sonderkommando Kulmhof für seine konsequente Pflichterfüllung[1]

Schreiben des Reichsstatthalters im Reichsgau Wartheland (P562/43), gez. Arthur Greiser, Posen, an Reichsführer-SS Heinrich Himmler (Eing. 22.3.1943) vom 19.3.1943

Reichsführer!
Ich habe vor einigen Tagen das frühere Sonderkommando Lange, das heute unter dem Befehl des SS-Hauptsturmführers Kriminalkommissar *Bothmann*[2] steht und als Sonderkommando in Kulmhof, Kreis Warthbrücken, seine Tätigkeit mit Ende d. Mts. einstellt, besucht und dabei eine Haltung der Männer des Sonderkommandos vorgefunden, die

6 Wörtlich poln./jidd. „Rücken", gemeint sind Beziehungen, Kontakte.

1 BArch, NS 19/2635, Bl. 4 f. Abdruck als Faksimile in: „Unser einziger Weg ist Arbeit" (wie Dok. 99, Anm. 1), S. 237.

2 Hans Bothmann (1911–1946), Polizist; 1933 SS-Eintritt; 1939 Stapo Leipzig, März/April 1942 bis April 1943 sowie Mai 1944 bis Jan. 1945 Kommandant des Vernichtungslagers Kulmhof; zwischen April 1943 und Mai 1944 mit dem Sonderkommando zur Waffen-SS-Division „Prinz Eugen" zur Partisanenbekämpfung in Jugoslawien abgestellt; SS-Hauptsturmführer; Jan. 1945 Flucht nach Westdeutschland, nahm sich im April 1946 in brit. Haft das Leben.

ich nicht verfehlen möchte, Ihnen, Reichsführer-SS, zur gefl. Kenntnis zu bringen. Die Männer haben nicht nur treu und brav und in jeder Beziehung konsequent die ihnen übertragene schwere Pflicht erfüllt, sondern darüber hinaus auch noch haltungsmäßig bestes Soldatentum repräsentiert.
So haben sie mir z. B. auf einem Kameradschaftsabend, zu dem ich sie eingeladen hatte, eine Spende von 15 150,– RM in bar übergeben, die sie am gleichen Tage spontan veranlaßt haben. Es bedeutet, daß jeder dieser 85 Männer des Sonderkommandos rund 180 RMk. aufgebracht hat. Ich habe das Geld dem Fonds zu Gunsten der Kinder ermordeter Volksdeutscher überwiesen, falls Sie, Reichsführer, nicht einen anderen oder besseren Verwendungszweck wünschen.
Die Männer haben mir weiterhin ihren Wunsch zum Ausdruck gebracht, unter ihrem Hauptsturmführer Bothmann möglichst geschlossen weiterhin eingesetzt zu werden. Ich habe den Männern versprochen, Ihnen, Reichsführer, diesen Wunsch zu übermitteln.
Ich bitte Sie, mir auch noch zu genehmigen, daß ich die Männer bei dem ihnen zustehenden Urlaub zum Teil als meine Gäste auf meine Landesgüter einlade und ihnen außerdem eine namhafte Beihilfe gewähre, die ihnen den Urlaub verschönen[3] soll.
Heil Hitler![4]

DOK. 196
Der stellvertretende Leiter der Stadtsparkasse Kalisch bittet die Gettoverwaltung in Litzmannstadt am 22. März 1943 um eine Armbanduhr für seinen Sohn[1]

Schreiben von Josef Költzen, stellv. Sparkassenleiter, Kalisch, an Getto-Verwaltung Litzmannstadt vom 22.3.1943

Sehr geehrter Herr Hämmerle![2]
Für meinen Jungen, der in den nächsten Wochen zur Luftwaffe einberufen wird – er hat seine Aufnahmeprüfung in München, Frankfurt und Wiesbaden hinter sich – suche ich eine gute Armbanduhr zu kaufen, da es nicht möglich ist, im Altreich eine solche zu bekommen. Seine Uhr ist beim Segelfliegen im NS-Fliegerkorps in Bruch gegangen und nicht mehr zu reparieren.
Nun ist mir noch bekannt, daß es möglich war, für Soldaten oder Einberufene zur Wehrmacht eine Uhr durch [die] Ghettoverwaltung zu bekommen. Wäre es möglich, daß ich eine Uhr für meinen Jungen bekommen könnte, und was soll diese kosten?

3 So im Original.
4 Himmler antwortete am folgenden Tag und bedankte sich bei Greiser für dessen Bemühen um das Sonderkommando Bothmann; wie Anm. 1, Bl. 8.

1 Original nicht aufgefunden. Abdruck in: Blumental (Bearb.), Słowa niewinne (wie Dok. 59, Anm. 1), S. 61; Léon Poliakov/Joseph Wulf (Hrsg.), Das Dritte Reich und die Juden. Dokumente und Aufsätze, Berlin 1955, S. 70.
2 Josef Hämmerle (*1905), Buchhalter; 1942 NSDAP-Eintritt; von 1939 an in München bei der Bezugsscheinverteilungsstelle tätig, von 1940 an in Litzmannstadt, dort Leiter der Finanzabt. in der Gettoverwaltung, zeitweise Stellv. Biebows.

Ich wäre Ihnen sehr zu Dank verbunden, wenn Sie mir behilflich sein könnten, daß mein Junge zu einer Uhr kommt.
Für eine recht baldige Antwort wäre ich Ihnen sehr dankbar und begrüße Sie mit
Heil Hitler!

DOK. 197
Die Treuhandstelle Bialystok regelt am 26. März 1943 die Verwendung der letzten Habseligkeiten der ermordeten Juden[1]

Rundschreiben der Treuhandstelle Bialystok, Abt. Lagerverwaltung, gez. i. A. Nickusch,[2] an die Herren Landräte, Bürgermeister, Amtskommissare, Herrn Bürgermeister der Stadt Bialystok, Herrn Bürgermeister der Stadt Grodno vom 26.3.1942

Betrifft: Judenaktion.
I Bettfedern i/Inletts sind abzugeben in den Kreisen Wolkowysk, Lomscha, Bielsk, Bialystok an die Kreissammelstellen der Firma Rohstoffverwertung Fritz Fink in den Kreisstädten. In den Kreisen Grodno, Grajewo u. Sokolka an die Rohstoffverwertung Kermee ebenfalls in den Kreisstädten.
II Kleidungsstücke und sonstiger jüdischer Nachlaß, soweit für Reichsdeutsche und deutsche Dienststellen geeignet, siehe unter 1 Absatz 2 meines Rundschreibens vom 19.12.42[3] an die Herren Landräte, Bürgermeister und Amtskommissare, können nach vorheriger Verständigung mit den Herren Kreiskommissaren abgegeben werden, sofern eine frühere Disposition nicht schon erfolgt ist.
(Siehe Tisch- und Bettwäsche f. d. Gaststätten- u. Beherbergungsbetriebe
Näh- und Steppmaschinen für die Firma Bekleidungsindustrie-Aufbau, Bialystok
Medizinische Instrumente, Krankenhaus-Einrichtungen u. ähnliches für Amtsärzte
Edelmetalle, Schmuck, Pelze, neue Stoffe, Leder, Teppiche an die Lagerverwaltung der Treuhandstelle-Bialystok, Schloßstr. 16 b
Ghetto-Handwerksbetriebe.[)]
Damit ist die letzte Disposition für den jüdischen Nachlaß gegeben.
Sollte ein Rundschreiben nicht angekommen sein, resp. noch irgend eine Unklarheit in der Disposition zur restlosen Verwertung des jüdischen Nachlasses bestehen, ersuche ich um sofortige Rückfrage.
Ich selbst benötige zur Rechnungslegung noch einige Angaben über frühere Ghetto-Handwerksbetriebe, und zwar:
1. In welchem Ghetto befand sich ein solcher.
2. Art.
3. Vorschlag über die Weiterführung oder Abdisponierung.
4. Liste der Einrichtungs-Gegenstände u. der Maschinen mit Preisvorschlag für die Berechnung.

1 GAGO, 1-1-335, Bl. 44. Abdruck als Faksimile in: Klarsfeld (Hrsg.), Documents concerning the destruction of the Jews of Grodno (wie Dok. 81, Anm. 1), S. 200.
2 Nicht ermittelt. Leiter der Treuhandstelle Bialystok war Horst von Einsiedel.
3 Nicht ermittelt.

Bisher sind folgende Rundschreiben zur Klarstellung der Sachlage ergangen:
am 19.12.42, am 13.1.43 m/Formblatt, am 22.2.43
am 1.3.43, am 10.3.43, am 13.3.43, am 26.3.43[4] – heutiges.
Die Herren Landräte werden gebeten, dieses Rundschreiben an sämtl. Herrn Bürgermeister bezw. Amtskommissare, in deren Amtsbezirk ein Ghetto unterhalten wurde, weiterzuleiten.

DOK. 198

Oskar Rosenfeld beschreibt in seinem Tagebuch zwischen dem 12. und 31. März 1943 den Alltag im Getto Litzmannstadt sowie die Deportation von 1000 Personen mit unbekanntem Ziel[1]

Tagebuch von Oskar Rosenfeld im Getto Litzmannstadt, Heft H, Einträge vom 12. bis 31.3.1943

12.III. Gerücht, daß zur Inspektion [des] Gettos Dr. Ley[2] kommt. Gewisse Vorbereitungen getroffen. – Ferner Gerücht, daß Ernährung verbessert wird. Angeblich Einheit von 36 Pfennig pro Tag auf 40 Pfennig erhöht (das heißt Quote der Ration).
Pikanterien: Jemand verständigt O. D.,[3] daß deutsche Mission ins Getto kommt. Daraufhin Reinigung der Höfe, Straßen, Fäkalien weggeputzt, weitere Hygiene. Anzeige falsch, aber hatte Erfolg.
Braut verständigt Polizei, daß dort und dort Mann verstorben. Polizei findet den Mann nicht tot, sondern in Agonie. Stellt sich heraus, daß Braut Testament vorweist, wonach der Kandidat ihr alles, Wohnung und Effekten, vermacht habe. Einsames Sterben. – 13jähriger Knabe macht Glaser-Arbeiten bei deutscher Polizei. Diese über Güte der Arbeit erstaunt. Aber kein Ausnahmsfall, da im Getto Kinder über 10 in Ressorts als Fach- und Handwerker beschäftigt.
Kohn Leopold – geboren 1.5.1891, gestorben 9. September 1942 (während der Aussiedlung?).
Kornfeld Paul – geboren 11.12.1889, gestorben 25. April 1942.
Mazzoth – noch nicht genehmigt!

14.III. Plötzlich Kälte-Einbruch. – Umschichtung im Gang: Von uns gehen Frl. Dubernowa und Ing. Ostrowski in Ressorts.

15.III. Kalter Frühlingstag. – Ungefähr 850 Mann aus Posen ins Getto, werden hier zu Abbruchsarbeiten verwendet. Vorläufig im Zentral-Gefängnis. Körperlich heruntergekommen, da dort bloß 1 Suppe und 20 dkg Brot (darunter 30 Frauen).

4 Nicht ermittelt.

1 YVA, O.6/234/III-8, Bl. 71–76 (Typoskript). Auszugsweise abgedruckt in: Rosenfeld, Wozu noch Welt (wie Dok. 35, Anm. 1), S. 199–201.
2 Robert Ley hatte zusammen mit Gauleiter Arthur Greiser im Dez. 1939 Lodz und den Stadtteil des späteren Gettos besucht.
3 Gemeint ist der jüdische Ordnungsdienst im Getto.

16. III. *Diverses:* Die Holzvorräte sind 10 Mill. kg., allerdings liegen sie in den zur Abtragung befindlichen Holzhäusern.
Innere Gettobilanz Januar 1943:
Außenbilanz keine Daten, das heißt Verhältnis Getto zur deutschen Behörde (Gettoverwaltung) völlig geheim. Kein Mensch bekommt Ziffern.

	Einnahmen:		Ausgaben:
Diätläden	350 000	Löhne	2 319 000
Kolonial	2 400 000	Gehälter	1 100 000
Fleischzentrale	190 000	Diverse	600 000
Gasküche	60 000	Unter Diverse =	160 000 „Chaimki“
Gemüseabteilung	92 000		Unterstützungen.
Kohlenabteilung	450 000	Normales Budget:	5,5 Mill. „Chaimki“.
Küchenabteilung	2500		
Molkereiabteilung	175 000		
Tabakabteilung	325 000		

Notiz: *Küchenabteilung* gering, da die ausgegebenen Suppen im Verrechnungsweg einkassiert werden.
Lohnauszahlung: macht 4 Mill. „Chaimki“ normal.
86 361 Menschen im Getto. 17 Todesfälle.
Präses erklärt im Kulturhaus, daß Autonomie-Getto auf Minimum reduziert wurde. Umschichtung notwendig,[4] da totale Mobilisierung. Glück, daß wir Umschichtung durchführen können ohne Chaos.

17. III. Zum erstenmal Ration in die neue Wohnung Dworska 1 gebracht. Fürchterliche Schmerzen in Rippen und Kniekehlen trotz *Vigantol.*[5] Knochenerweichung à la Rachitis mangels Kalk (Fett, Butter, frische Gemüse, Lebertran). Wie soll das enden?! Mann namens Stern hält im geheimen Henne, legt ihm Eier (25 Chaimki pro Stück), geht verloren. Findet in der Nähe vor Haustür Frau Schattens Hühnerfedern – erkennt sein Huhn daran. Tier gestohlen, beim Transport erstickt! Polizeiliche Anzeige! Wie wird Gericht entscheiden?
Verbot, *Bart* zu tragen, schon seinerzeit bei Errichtung des Gettos. Jetzt allmählich in Vergessenheit geraten. Man sieht da und dort Bärtchen sprießen, auch bei jungen Chassidim, Andeutungen von Pejes, einen Schimmer in den Augen, als würde die Schechina[6] (Gottes göttliche Einschöpfung) drin ruhen.

18. III. Große Schmerzen in den Beinen, entsetzliche Nacht, asthmatisches Husten, Rippen schmerzvoll.

19. III. Schmerzen, schlaflose Nächte; soll Calcium zum Vigantol nehmen. In „Misrach“[7] hellt es sich auf, vielleicht „jeschije“[8] früher als erwartet.

4 Gemeint ist die Deportation von Alten, Kranken und Kindern in der ersten Septemberhälfte 1942; siehe Dok. 144 vom 5.9.1942.
5 Ein Vitamin-D-Präparat.
6 Hebr.: Verweilen, Wohnen; Gegenwart Gottes unter den Menschen.
7 Hebr.: Osten; gemeint ist die Entwicklung an der Ostfront.
8 Jidd.: Erlösung.

21.III. Heller kalter Sonntag. Arzt konstatiert – statt Knochenerweichung – Neuralgie, Nervenentzündung. Noch immer schlaflose Nächte.

24.III. *Kranke. Sterben.* Neue Linie – Unterernährung, Tuberkulose. Sterben. Auch ältere Menschen.

25.III. Man wird auf der Gasse von jüdischer Polizei angehalten, wieso tagsüber auf der Gasse. Nachweis: Legitimation. Straßen leer. Man erwartet deutsche Behörde (Ley oder Greiser) aus der Stadt. *Aussiedlung? Ein schwerer Tag.* Der Donnerstag, der 25.III. ist ein schwerer Tag fürs Getto. Die Straßen verödet; die wenigen Menschen eilen, voll Sorge im Herzen. Stimmung wie in der September-Woche 1942.[9] Niemand weiß, wozu er angehalten und verhaftet wird. Deportation?
Houston Stewart Chamberlain. 1915. Wie weggefegt sind sie von der gewaltigen Erhebung; als Juden „nicht mehr auffindbar, denn sie tun ihre Pflicht als Deutsche vor dem Feind oder daheim"[10] (Weltkrieg).

28.III. Noch immer Schreck in den Gliedern. Ich ging [am] 25-ten auf der Straße vom Büro. Polizei: „Gehen Sie nach Hause." Ich: „Die Suppe holen!" Er: „Ich rate Ihnen gut. Bleiben Sie nicht auf der Straße."
Menschen werden abgefangen, besonders schlecht aussehende und gekleidete sogenannte „Klapsidres",[11] morsche, zusammengebrochene, krüppelartige Figuren! Wie es heißt, sitzen rund 1000 Menschen (darunter 850 aus Posen Zurückgekommene)[12] im Zentralgefängnis wartend auf Abtransport irgendwohin.
Also Aussiedlung. In der nächsten Zeit soll jüdische Kommission in die Ressorts gehen und ältere arbeitsunfähige Menschen ausmustern, aussiedeln; sogar in die Häuser. Denn das Getto ist „Arbeitslager". Interessant: die 850 Posener zuerst ausgepreßt, jetzt als arbeitsunfähig auf den Mist geworfen. So geht das Tel-machen der Ivrim[13] vor sich. Alles von Sonderabteilung des O. D. gemacht! Ungefähr 200 Menschen wurden durch Straßenrazzia stellig gemacht und werden zusammen mit den Posenern ausgesiedelt werden.
Humor: Früher aßen wir Enten und gingen wie Pferde; jetzt essen wir Pferde und gehen wie Enten.
Warum haben sie … schwache Beine? Weil sie schwache Plejzes (Ellenbogen) haben.
Für Aschkenes. O. D. bekam Befehl, im Sinn der Reichsanordnung vom 17.III.[14] alle eisernen Vergitter und Friedhofseinfassungen abzunehmen.
Wurst 10 dkg = 17 „Chaimki", Kartoffeln = 30 „Chaimki", Sauerkraut = 20 „Chaimki".

9 Gemeint ist die „Große Sperre" und die Deportation von über 15 000 Juden in der ersten Septemberhälfte 1942; siehe Dok. 144 vom 5.9.1942 und Dok. 147 vom 1.–15.9.1942.
10 Zitat aus Houston Stewart Chamberlain, England, in: ders., Kriegsaufsätze, 11. Auflage, München 1915, S. 46. Der Aufsatz stammt bereits von Sept. 1914.
11 Poln. klepsydra: Sanduhr, Todesanzeige. Gemeint ist, dass diesen Menschen äußerlich anzusehen war, dass sie wegen allgemeiner Erschöpfung, Unterernährung und Krankheit nicht mehr lange leben würden.
12 Gemeint sind jüdische Zwangsarbeiter, die aus den Lagern in und um Posen als „arbeitsunfähig" in das Getto Litzmannstadt zurückgeschickt worden waren.
13 Hebr./deutsch, das Aufschütten von Grabhügeln für Juden, gemeint ist das Sterben im Getto.
14 Nicht ermittelt.

Täglich 15 bis 27 Todesfälle. 87 984 Menschen im Getto!
Für Aschkenes. Aufträge für Fliegertruppe: Pulswärmer, Kniewärmer, Kopfschützer.
29. III. Noch immer 1000 im Zentralgefängnis. Vorläufig keine Ordre. Heute wird Präses von Gestapo Auftrag erhalten. Getto erregt, da möglich, daß weitere Aktionen ohne begrenzte Alters- und Berufskategorie folgen werden.
Literatur. J. F. Fries: „Über die Gefährdung des Wohlstandes und Charakters der Deutschen durch die Juden", Heidelberg 1816.

30. III. *Aussiedlung.* Nacht vom 29. auf 30. Bereitschaft des O. D. Ungefähr 100 Kranke (Lungentuberkulose) aus den Betten nach Czarnieckiego[15] geholt, zu den Posenern. Es sollen heute 1000 abgehen, dem Untergang entgegen. Fürchterliche Stimmung im Getto, Angst vor Aussiedlung, so wie im September. Wieviele Menschen werden daran glauben müssen? Wann Abschluß der Aussiedlungsaktion? Nur Alte und Kranke? Schreckliche Gettogerüchte. In der Nacht Getrampel vor meinem Fenster, Holzschuhe, Flüstern, Gemurmel.
31. III. Tatsächlich 20 Waggons für die rund 1000 Menschen, zahlreiche Lungenkranke, bereitgestellt. Unbekannt wohin. Entsetzliche Szenen in Czarnieckiego. Eine Gruppe jüngerer Leute, auf Wagen geladen und ins Sammellager geführt, Kidusch-ha-schem,[16] sangen die *Hatikwah* … In der höchsten Seelennot sangen sie sich aus der Seele ein Stückchen Hoffnung heraus. Autodafé ein Kinderspiel gegen diese Pein.

31. III. Regen, Kälte, Schauer – gestern 1000 Mann weggeführt, zu geringem Teil arbeitsfähige – verzweifelte Stimmung im Getto.[17]

DOK. 199

Die Angehörigen eines jüdischen Arbeitskommandos im Vernichtungslager Kulmhof verfassen am 2. April 1943 einen Abschiedsbrief für die Nachwelt[1]

Handschriftl. Notiz von 17 Juden im Vernichtungslager Kulmhof vom 2.4.1943

Diese Notiz wurde von Menschen verfasst, die nur noch wenige Stunden zu leben haben. Wer dieses Blatt liest, wird es kaum glauben können, dass es wahr ist! Es ist aber eine tragische Wahrheit, dass sich an diesem Ort Eure Brüder und Schwestern befinden, die schon derselbe Tod ereilt hat! Es ist dies ein Ort, der Koło heißt. In 12 Kilometer Entfernung gibt es dieses menschliche *Schlachthaus.*[2] Wir arbeiteten [hier] als Handwerker.

15 Das Zentralgefängnis des Gettos, das auch als Sammellager vor Deportationen genutzt wurde, befand sich in der Czarniecki-Straße.
16 Hebr.: Kidusch-ha-schem, Heiligung des göttlichen Namens.
17 Das Ziel dieses Transports ist unbekannt; die Opfer wurden jedoch nicht in das Vernichtungslager Kulmhof gebracht, das seinen Mordbetrieb in dieser Zeit bereits eingestellt hatte.

1 YVA, O.75/17, Bl. 1–3. Abdruck in deutscher Übersetzung aus dem Hebräischen: Dies sind meine letzten Worte … Briefe aus der Shoah, hrsg. von Walter Zwi Bacharach, Göttingen 2006, S. 216 f. Das Dokument wurde aus dem Polnischen neu übersetzt.
2 Gemeint ist das Vernichtungslager Kulmhof. Anfang April 1943 wurden die Morde in Kulmhof vorübergehend eingestellt und die jüdischen Funktionshäftlinge ermordet; siehe Einleitung, S. 36.

Unter uns waren Schneider, Schuhmacher und Schuster. Wir waren 17 Handwerker. Ich kann Euch ihre Namen nennen:
1. Pinkus Grün aus Włocławek
2. Jonas Lew aus Brzeziny
3. Szama Ika aus »
4. Zemach Szumiraj, Włocławek
5. Geszyp[3] Majer, Kalisz
6. Wachtel Symcha, Łęczyca
7. » Srulek, »
8. Beniek Jastrzębski, »
9. Nusbaum Aron, Skępe
10. Ojser Strasburg, Lutomiersk
11. Mosiek Płocker, Kutno
12. Felek », »
13. Josef Herszkowicz, »
14. Chaskel Zorach, Łęczyca
15. Wolf Judkiewicz, Łódź
16. Szyja Szłamowicz, Kalisz
17. Gecel, Turek.

Dies sind die Namen, das sind die Menschen, die ich hier aufführe. Es sind nur Vereinzelte aus Hunderttausenden, die hier gestorben sind!

DOK. 200

Der Kommandant der Jüdischen Kampforganisation im Getto Białystok fordert am 2. April 1943 eine stärkere Unterstützung von der polnischen Widerstandsbewegung[1]

Brief des Kommandanten der ŻOB in Białystok, gez. M. Tamaroff,[2] an die Führung der Walka Cywilna[3] im Bezirk Bialystok vom 2.4.1943

Kameraden!
Im Oktober des vergangenen Jahres traf sich der Verfasser dieses Briefes als Mitglied der Delegation des Jüdischen Nationalkomitees[4] in Warschau mit dem Referenten für jüdische Angelegenheiten beim Bevollmächtigten der Polnischen Regierung[5] in War-

3 Name schlecht lesbar.

1 GFHA, 120 (alt: 6998). Abdruck in: Ruch podziemny w ghettach i obozach (wie Dok. 189, Anm. 1), S. 139–141 (gekürzt um drei Sätze mit Bezug auf die Sowjetunion). Das Dokument wurde aus dem Polnischen übersetzt.
2 Pseudonym für Mordechai Tenenbaum; siehe Einleitung, S. 62.
3 Im Frühjahr 1941 von der poln. Regierungsdelegatur im Lande gegründete Widerstandsabt. (KWC) für den nichtmilitärischen Widerstand gegen die Besatzung; sie wurde im Juli 1943 unter dem Kommando der Heimatarmee zur Führung des Untergrundkampfes (KWP) umgewandelt.
4 Das Jüdische Nationalkomitee war Ende 1942 im Warschauer Getto als Vertretung der im besetzten Polen noch lebenden Juden gegründet worden; siehe VEJ 9/173.
5 Gemeint ist die Delegatur der poln. Exilregierung im Lande.

schau, dem Presse- und Propagandachef der Leitung der Walka Cywilna in Warschau und dem Vertreter der Polnischen Streitkräfte,[6] um die Bedingungen und Möglichkeiten einer aktiven Zusammenarbeit der Bürger der Republik Polen, die vom Okkupanten in Gettos eingeschlossen wurden, mit der Unabhängigkeitsbewegung im Lande zu besprechen. Nach mehreren Konferenzen erzielten wir bezüglich der Kampfmethoden gegen den Okkupanten Übereinstimmung sowie absolute Einmütigkeit, was den Aufbau und die Festigung der Unabhängigkeit des Landes anbelangt. Im Ergebnis der sich entwickelnden Zusammenarbeit wurden die Mitglieder der Parteien und Verbände, die dem Jüdischen Nationalkomitee angehören, in alle Bereiche der Bewegung aufgenommen, angefangen von der Verbreitung der Unabhängigkeitspresse bis zur Teilnahme an (oder der unabhängigen Ausführung von) zahlreichen Aufklärungs- und Sabotageakten auf dem Gebiet des sogenannten Generalgouvernements. Im Verlauf unserer Zusammenarbeit entwickelten sich zwischen uns kollegiale Beziehungen, die der Menschen würdig sind, die derselben Sache dienen.

Im Dezember letzten Jahres entsandte mich das Jüdische Nationalkomitee nach Białystok. Im Getto von Białystok wurde eine einheitliche Organisation von der äußersten Rechten bis zur Jüdischen Sozialistischen Partei „Bund" gegründet. In der Zwischenzeit ereigneten sich in Warschau die weitere Evakuierung der Juden sowie die heldenhafte Verteidigung des Gettos in den Tagen vom 19. bis 21. Januar 1943.[7] Alle Mitglieder unserer Zentrale in Warschau erlitten damals den Heldentod.

Dieser Akt der Verzweiflung wäre nicht so wirkungsvoll gewesen, wenn es keine Waffentransporte gegeben hätte, die wir unter anderem von Organen der Walka Cywilna und der Streitkräfte in Warschau erhalten hatten. Es war uns gelungen, unsere polnischen Kameraden zu überzeugen, dass wir uns in einer besonderen Situation befanden: Ständig im Angesicht der unmittelbaren Gefahr und des Todes müssen wir die Möglichkeit haben – falls es zu gegebener Zeit keinen anderen, positiveren Ausweg geben sollte –, in Würde zu sterben, uns bis zum Letzten zu verteidigen, ungeachtet dessen, dass wir von unserer physischen Niederlage überzeugt sind. In den zentralen Abteilungen der Bewegung fanden wir Verständnis für die besondere Problematik der Gettos und für die Überlegungen der Menschen, die – zum Tode verurteilt – dennoch bereit sind, alles aufzugeben und zu opfern für einen möglichst effizienten Kampf und für Rache, für einen möglichst *unmittelbaren, sofortigen* Kampf mit dem Okkupanten.

Ihr Kameraden habt Euch an uns gewandt mit der Bitte, dass wir Propagandamaterial liefern und bei der Weiterverbreitung von für die Deutschen vorgesehenen Publikationen[8] mithelfen. Das Material haben wir geliefert und sind bereit, es auch weiterhin zu liefern. Bei der Verbreitung haben wir geantwortet, dass wir bereit sind, uns auch damit zu befassen, jedoch kann dies aus taktischen Gründen keinen größeren Umfang annehmen. (Es macht keinen Sinn, dass die Deutschen ein solches Material aus … jüdischer Hand erhalten.)

6 Im Original Związek Walki Zbrojnej (Bund für den bewaffneten Kampf), der bereits im Febr. 1942 in Heimatarmee umbenannt worden war.

7 Siehe VEJ 9/209.

8 Unter der Bezeichnung „Akcja N" (das N steht für poln. Niemiec/niemiecki, Deutscher/deutsch) verbreitete die poln. Widerstandsbewegung von 1941 an eine Reihe deutschsprachiger Schriften, die sich direkt an Deutsche im besetzten Polen wandten und diese zum Teil äußerst subtil zum Umdenken über Besatzung und Krieg anzuregen versuchten.

Wir haben Euch seinerzeit einen Gegenvorschlag gemacht: Hilfe bei der Bewaffnung und dem Transport unserer Leute mit dem Ziel des direkten Kampfes gegen die Besatzer, vor Ort und unter von Vertretern der Bewegung festgelegten Bedingungen.
Auf diese Weise – zugegeben indirekt – wurde zwischen uns der Kontakt hergestellt. Nach einigen Tagen erhielt der Leiter des Jüdischen Nationalkomitees in Białystok eine Antwort in etwa folgenden Inhalts: „Es tut uns sehr leid, aber wir verfügen selbst nur über eine begrenzte Zahl Waffen. Freiwillige haben wir viele. Wir wissen, dass Ihr in Bezug auf die Deutschen denselben unversöhnlichen Standpunkt wie wir einnehmt, es bleibt dagegen die offene Sache der Sowjets …“[9]
Ich könnte – wenn die Zeit und die Bedingungen andere wären – Euch zeigen, dass ohne Ausnahme alle Organisationen, die im Jüdischen Nationalkomitee vertreten sind, in der Sowjetunion aufgelöst und verfolgt wurden; ihre Leiter wurden nach Sibirien verschleppt, und frühere Mitglieder erfreuten sich nicht des Vertrauens der Behörden. Aber das ist nicht entscheidend. Wir haben völliges Einverständnis in Warschau erreicht, warum nicht auch in Białystok? Und was die Freiwilligen anbetrifft – noch Willigere, noch Ergebenere, zu allem bereit, was die *Rache* befiehlt – werdet Ihr nicht finden, Kameraden! Ein polnischer Freiwilliger kann dem Land auf andere Weise dienen: Er kann noch warten auf den Tag, an dem ein Befehl der polnischen Regierung ergeht. Wir können nicht warten. Jeder Tag bedeutet die Möglichkeit der Deportation zur Hinrichtungsstätte. *Wir müssen sofort handeln.* Kameraden! Es ist nicht die Zeit, um miteinander politische „Verhandlungen“ zu führen. Wir wenden uns an Euch, an die Repräsentanten des Freien Polen als Bürger der Republik. Zweihundert Granaten, einige Dutzend Revolver sind nicht entscheidend für den Moment der nationalen Wiedergeburt. Sie können jedoch entscheiden über den letzten Tag im zweitgrößten Getto in Polen. Der zweite Ausweg: das Herausführen unserer Leute zum aktiven Kampf im Gebiet.
Zu diesem Ziel stellen wir der Bewegung das Maximum dessen, was – nach dem systematischen Raub durch die nazistischen Täter – im Getto noch geblieben ist, zur Verfügung.
Wir erwarten Eure Entscheidung. Wir leben in der Hoffnung, dass Ihr in dem Moment, in dem diese Entscheidung zu treffen ist, an Eure Verantwortung vor Gott und der Geschichte denken werdet.

9 Innerhalb der poln. Widerstandsbewegung gab es Vorbehalte gegen sozialistisch ausgerichtete jüdische Gruppierungen, hinzu kam das verbreitete Vorurteil, die jüdische Bevölkerung in Ostpolen habe die sowjet. Besatzung im Herbst 1939 überwiegend begrüßt.

DOK. 201

Der Bürgermeister von Bendsburg schildert am 5. April 1943 die Deportation der Juden als Beitrag zur Seuchenbekämpfung in der Stadt[1]

Bericht des Bürgermeisters der Stadt Bendsburg, ungez.,[2] mit je einem Exemplar an den Landrat, die Kreisleitung der NSDAP, Bendsburg, das Gauamt für Kommunalpolitik Kattowitz, Grundstücksgesellschaft, Zweigstelle Sosnowitz, Herrn Polizeipräsidenten in Sosnowitz, das Staatliche Gesundheitsamt, Bendsburg, und die Kreisamtsleitung der NSV, Bendsburg, vom 5.4.1943

Bericht über die Seuchenbekämpfung in der Stadt Bendsburg.

1.) Allgemeines.

Das Stadtgebiet von Bendsburg umfaßt mit rund 50 000 Einwohnern einen Flächenraum von 1558 Hektar. Die Personenstandsaufnahme vom 10. Oktober 1941 ergab eine Einwohnerzahl von 54 365. Auf diese Zahl entfielen damals

	2405	Deutsche,
	26 246	Polen und
	25 714	Juden.

Das Bild hat sich seitdem zugunsten des Deutschtums etwas verschoben. Die Verbesserung ist aber im Verhältnis zu den fremdvölkischen und fremdrassischen Einschlägen unwesentlich. Nach den heutigen überschlägigen Feststellungen sind hier etwa

	4000	Deutsche,
	25 000	Polen und
	22 000	Juden,
zusammen	51 000	Einwohner

vorhanden. Die Einwohnerzahl ergibt mithin im Verhältnis zur Flächengröße keine Vergleichsmöglichkeiten mit gleichen Städten des Altreichs. Die Flächengröße unserer Stadt würde im Altreich allenfalls eine Einwohnerzahl von 15–20 000 ergeben. Schon gleichgroße Städte im früheren Deutsch-Oberschlesien, bei denen bestimmt städtebaulich von keiner allzugroßen offenen Bebauung gesprochen werden kann, haben bei Einwohnerzahlen von rd. 50 000 weit größere Flächenräume; so hat z. B. die Stadt Oppeln bei einer Einwohnerzahl von 50 852 einen Flächenraum von 3091 Hektar und die Stadt Ratibor bei einer Einwohnerzahl von 53 000 sogar eine Flächengröße von 3900 Hektar. Die Verbesserung des Stadtbildes gehört neben der Lösung der Volkstumsfrage zu den ersten Sorgen der deutschen Verwaltung. Schon im Herbst 1939 wurden Maßnahmen in die Wege geleitet, um zunächst den Stadtkern judenfrei zu machen und die darin vorhandenen Straßen mit Judenbann zu belegen. Durch planvolle Aus- und Umsiedlungen konnte diese Maßnahme nach verhältnismäßig kurzer Zeit als abgeschlossen betrachtet werden. Die Schaffung von Grünanlagen und die Verbesserung der Straßen- und Wegeverhältnisse trugen dazu bei, das für Altreichsverhältnisse kaum vorstellbare Stadtbild wenigstens einigermaßen günstig zu beeinflussen.

1 BArch, NS 25/1122, Bl. 62–71.

2 Hans Kowohl (*1907), Kaufmann; 1928 NSDAP- und SA-Eintritt, 1930 NSDAP-Kreisleiter in Oppeln; 1933–1940 Bürgermeister von Krappitz (Oppeln), von Sept. 1939 an kommissar. Bürgermeister von Bendsburg.

Die Wohnverhältnisse sind im Vergleich zu Altreichsstädten unvorstellbar. Daß hier in verschiedenen Ortsteilen noch Erdlöcher als Wohnungen dienen, die in ihrer Bedachung nur einen primitiven Balkenbelag mit Steinen nachweisen,[3] gehört zu den Vermächtnissen echt polnischer Wohnkultur. Daß die Außenbezirke weder Kanalisation noch Wasserleitung nachweisen können, ist nach polnischen Verhältnissen ebenfalls als selbstverständlich anzusehen. Die Stadt weist insgesamt 1896 Grundstücke nach. Hierunter fallen:

	1019	Grundstücke, die von der Grundstücksgesellschaft verwaltet werden,
	807	Grundstücke, die wegen Minderwertigkeit der Eigentümernutznießung überlassen sind und
	70	Grundstücke, die Behörden, Organisationen, Umsiedlern usw. abgetreten wurden.
zus.:	1896.	

Die bebauten Grundstücke enthalten insgesamt 12 950 Wohnungen. Davon wurden gezählt:

	11 039	Ein- und Zweizimmerwohnungen (Küche als Zimmer gerechnet)
	1911	Drei- und Mehrzimmerwohnungen
zus.:	12 950	

Von diesen Wohnungen sind 90 % für die Unterbringung deutscher Familien überhaupt als ungeeignet zu betrachten. Es stehen somit etwa 10 % von 12 950 = 1295 geeignet erscheinenden Wohnungen zur Verfügung. Wobei wiederum zu bedenken ist, daß auch von den 1295 geeigneten Wohnungen noch etwa 40 % keine Badegelegenheit aufweisen. Über das Problem der Beschaffung ausreichenden Wohnraumes, das gerade in unserem seuchengefährdeten Gebiet eine erhebliche Rolle spielt, sprechen diese Zahlen eine eindringliche Sprache.

2.) Die Seuchengefahr und ihre Ursachen.

Am 14. Juli 1942 ist in einer mündlichen Verhandlung zwischen dem Vertreter des Staatlichen Gesundheitsamtes und dem Stellvertreter des Herrn Polizeipräsidenten die Notwendigkeit einer groß angelegten Entwesungsaktion zum Zwecke der Seuchenbekämpfung aus gesundheitspolizeilichen Gründen hervorgehoben worden. Zu dieser Zeit waren die Anfänge festzustellen von einer erst später in erschreckendem Maße in Erscheinung tretenden Typhus-Epidemie. Im Laufe der nun folgenden zwei Monate hat die Bekämpfung der Seuche die öffentlichen Dienststellen vor große Sorgen und schwierige Aufgaben gestellt. In der Stadt Bendsburg mußten neben der Erweiterung von Isolierstationen in zwei Krankenhäusern noch zwei Notkrankenhäuser errichtet werden. Die Anzahl der Typhusfälle wurde durch das Staatliche Gesundheitsamt in unserem Bezirk auf einige Tausend geschätzt. Die Epidemie hatte damit einen Umfang erreicht, der im Altreich nicht annähernde Vergleiche findet und auch für dieses Gebiet als einmalig bezeichnet werden mußte. Mit dem Absinken der Typhus-Epidemie begannen die ersten Fälle von Fleckfieber aufzutreten. Die Gefahr der Seuchenverbreitung wurde von den zuständigen staatlichen Stellen in folgenden Ursachen gesehen, und zwar:

a) in den äußerst unhygienischen Wohnverhältnissen und der unhygienischen Einstellung der jüdischen und polnischen Bevölkerung überhaupt,

3 So im Original.

b) in der schlechten Beschaffenheit des Wassers,

c) in den vielfach unzureichenden oder oft gar nicht vorhandenen Abortanlagen und

d) in der hier fast unvorstellbar in Erscheinung tretenden Ungezieferplage.

Es kann nicht außer acht bleiben, daß gerade die Stadt Bendsburg infolge ihrer starken Verjudung ganz besondere Möglichkeiten für die Entstehung und Verbreitung von Seuchen bietet. Das frühere Bendzin war weit und breit als ostjüdische Zentrale bekannt, die in der Systemzeit mit ihren unsauberen Elementen das Reich und die anderen europäischen Länder beglückte. Der im Osten lebende Deutsche weiß heute, daß selbst die im „Stürmer" veröffentlichten Judentypen von den hier lebenden Exemplaren dieser Rasse an Schmierigkeit, Unsauberkeit und Widerwärtigkeit bei weitem übertroffen werden. Der an sich schon enge Ostraum und die große Wohnungsknappheit ließ für die Judenunterbringung nur die allernotdürftigsten Möglichkeiten zu. In Wohnungen von Stube und Küche mit 20 qm Größe sind nicht selten 10 und mehr Personen untergebracht worden. Verlaust und verwanzt wurde hier das Dasein gefristet mit einer fast unglaublich erscheinenden Immunität gegen Krankheiten und Ansteckungen aller Art. Von sanitären Anlagen ist bei diesen Unterkünften keine Rede gewesen. Vielfach waren Abortanlagen überhaupt nicht vorhanden. Die menschlichen Exkremente sind dann mit Abfällen und Asche auf den engen Hof geschüttet worden. Die Brutstätten für Ungeziefer aller Art wurden damit buchstäblich gezüchtet.

Bei der primitiven polnischen Bevölkerung sind die hygienischen Verhältnisse vielfach nicht besser gewesen. Auch hier sind viele Grundstücke ohne Abortanlagen angetroffen worden. Der Abwurf der menschlichen Exkremente ist dann in derselben Weise wie bei den Juden erfolgt.

Bei den Polen kommt noch die durchweg vorhandene ablehnende Haltung gegen jede ärztliche Betreuung hinzu. In vielen polnischen Häusern haben erst Todesfälle in den Familien den Gesundheitsüberwachungsdienst auf die Spur ansteckender Krankheiten gebracht. Meldungen aus eigener Initiative sind sehr selten zu verzeichnen gewesen.

Diese kurzen Schilderungen, die einem Deutschen des Altreichs fast unglaublich erscheinen könnten und doch nur ungeschminkte Tatsachen darstellen, treten mit ihrer Forderung um Abhilfe ernst und zwingend in Erscheinung.

3.) Maßnahmen der Seuchenbekämpfung.

Die Stadt hat mit Unterstützung der zuständigen Stellen alle nur möglichen Präventivmaßnahmen ergriffen, um damit eine dem Leben und der Gesundheit der gesamten deutschen Bevölkerung drohende Gefahr zu beseitigen. Im einzelnen kann dazu folgendes ausgeführt werden:

Zu 2a) Unhygienische Wohnverhältnisse.

Die Schaffung eines geschlossenen Judenviertels ist nahezu vollzogen. Die hier noch vorhandenen 20 000 Juden werden im Stadtteil „Kamionka" und in „Klein-Schrodel" untergebracht. Der ihnen noch fehlende Wohnraum wird durch Erstellung von Notunterkünften aus altem Baumaterial durch die Juden selber vollzogen. Eine noch zu schaffende Umzäunung wird das Judenviertel von der gesamten übrigen Stadt abtrennen. Der eigentliche Stadtbezirk kann dann als judenfrei bezeichnet werden. Die polnische Bevölkerung kann auf diese Weise den Wohnbedarf erhalten, der für einigermaßen hygienische Verhältnisse unerläßlich notwendig ist und vorher einwandfrei entwest wird. Außerdem werden alle Polen beiderlei Geschlechts vor dem Einzug in die entwesten

Wohnungen entlaust. Auch die kostenlosen Schutzimpfungen sind für die polnische Bevölkerung eingerichtet worden. Die Juden haben auf Veranlassung der deutschen Verwaltung ihre Schutzimpfungen selber durchgeführt. Der Gesundheitsüberwachungsdienst ist in ständiger Fühlung mit der polnischen Bevölkerung. Die im Vorjahr überstandene Typhus-Epidemie hat die Mentalität der Polen in dieser Richtung etwas günstig beeinflußt.
In der Lockerung und Säuberung des Wohnraumes liegt die Beseitigung einer Gefahr, die mit am wesentlichsten zu den Maßnahmen einer erfolgreichen Seuchenbekämpfung zählt. Für alte und gebrechliche Polen, die alleinstehend sind und sich aus eigener Kraft nicht mehr unterhalten können, ist das Städtische Altersheim geschaffen worden.
Auch eine aus früherer Zeit bestehende Badeanstalt konnte noch umgestaltet und hergerichtet werden, um in einer deutschen und polnischen Abteilung den Bedürfnissen der Hygiene zu dienen. Ebenso konnte eine für Altreichsverhältnisse durchaus sehenswerte Sportanlage geschaffen werden, die den Zwecken der Leibesertüchtigung dient. Einen besonderen Raum in der Erfüllung gesundheitspolizeilicher Maßnahmen nahm die Verbesserung des städtischen Schlachthofes ein. Der aus polnischer Zeit übernommene Zustand bot keine Gewähr für eine einwandfreie Lagerung, Verarbeitung und Aufbewahrung von Fleisch. Die Instandsetzungen und Verbesserungen sind soweit vorwärtsgekommen, daß heute nach dem Gutachten der Sachverständigen in hygienischer Beziehung und aus gesundheitspolizeilichen Gründen ein einwandfreier Betrieb gewährleistet ist.
Zu 2b) Beschaffenheit des Wassers.
Die allgemein schlechte Wasserbeschaffenheit in unserer Stadt ist darauf zurückzuführen, daß die Wassergewinnung nicht im Wege der Bohrung, sondern durch die „Schwarze Przemsa"[4] vorgenommen wird. Das Wasser erhält durch Filteranlagen eine Reinigung und wird durch eine Pumpanlage, die nicht einmal im Eigentum der Stadt steht, dem Wassernetz zugeführt und daraus zum unmittelbaren Verbrauch entnommen. Durch laufende chemische und bakteriologische Untersuchungen wird die Beschaffenheit des Wassers einer ständigen Kontrolle unterzogen. Für diese Zwecke ist eine besondere Laborkraft eingestellt worden, die unter Aufsicht des Wasserchemikers Timmermann in unserem Wasserwerk arbeitet. Um ein bakterienfreies Wasser zu erhalten, ist in die Pumpanlage des Wasserwerks eine Chloranlage eingebaut worden, die eine sogenannte Vorimpfung des Wassers ermöglicht. Die nach dem Einbau dieser Chloranlage festgestellten Untersuchungsergebnisse haben eine absolut bakterienfreie Beschaffenheit des Wassers ergeben, obgleich durch die erhöhte Chlorzufuhr des Wassers im Geschmack etwas gelitten hat.[5]
Soweit die *ausreichende* Wasserversorgung in Betracht kommt, muß festgestellt werden, daß die aus polnischer Zeit vorhandene Pumpanlage bei weitem nicht den heutigen Bedürfnissen entspricht. Die Leistung der Anlage ist so schwach, daß normalerweise kaum die Bedürfnisse der Stadt gedeckt werden können. In der heißen Sommerzeit und bei überaus großem Bedarf der im kriegsentscheidenden Einsatz stehenden Industrie treten daher immer wieder Schwierigkeiten in der ausreichenden Wasserversorgung auf. Vor einigen Monaten ist eine Pumpergänzungsanlage in Auftrag gegeben worden, die die

4 Richtig: Czarna Przemsza, Fluss in Oberschlesien, der u. a. durch Bendsburg fließt.
5 So im Original.

größten Schwierigkeiten beseitigen wird. Außerdem wird zur Zeit die technische Möglichkeit einer Vereinigung der Pumpstationen der Städte Bendsburg, Dombrowa und der Parisgrube untersucht. Nach dem Gutachten des Wassersachverständigen würde eine solche Lösung durch die fortlaufende Inbetriebsetzung der Pumpstation (Tag- u. Nachtdienst) erheblich zur Gewähr einer ausreichenden Wasserversorgung für alle 3 Bedarfsträger beitragen.
Weiter soll untersucht werden, eine Verbindung mit dem Wassernetz der Stadt Sosnowitz zu erreichen, um in Notfällen im Wege der gegenseitigen Hilfe den erforderlichen Ausgleich zu schaffen. Die Stadt glaubt, auch durch die Schaffung eines bakterienfreien Wassers einen weiteren Beitrag zur Seuchenbekämpfung geleistet zu haben. Die Untersuchungen für die Möglichkeit der Verbesserung einer ausreichenden Wasserversorgung sind ständig im Gange.
Zu 2c) Ausreichende Abortanlagen.
Über die in dieser Richtung vielfach unglaublich erscheinenden Zustände ist schon unter Abschnitt 2) Näheres ausgeführt worden. In Verbindung mit dem Staatlichen Gesundheitsamt, der Gesundheitspolizei und der Grundstücksgesellschaft haben wiederholt örtliche Besichtigungen stattgefunden. Die erforderlichen Maßnahmen sind dabei im einzelnen festgelegt worden. Soweit Abortanlagen überhaupt nicht vorhanden sind, wurde der Bau solcher Anlagen bereits in die Wege geleitet. Außerdem wurden besondere Desinfektionstrupps aufgestellt, die durch tägliche Kontrollen und Kalkdesinfektionen für eine genügende und ausreichende Sicherheit im Rahmen der Seuchenbekämpfung sorgen sollen. Die Grundstücksgesellschaft hat die notwendigen Mittel zur Verfügung gestellt, um diese Maßnahmen durchführen zu können.
Die Schaffung der Abortanlagen wird in etwa 3–4 Wochen endgültig beendet sein.
Zu 2d) Ungezieferplage.
Daß die Ungezieferplage in den Ostgebieten eine erheblich größere als im Altreich ist, braucht nicht besonders hervorgehoben zu werden. In der Stadt Bendsburg hat sie infolge der zusammengedrängten Unterbringung der Juden geradezu erschreckende Formen angenommen. Vielfach konnte nachgewiesen werden, daß sogar in deutschen Wohnungen Wanzen von den Decken und aus den Wänden fielen. Einmalige Vergasungen waren absolut nutzlos, weil durch die Verseuchung der Nebenwohnungen und Nachbarhäuser der alte Zustand in kurzer Zeit wieder eingetreten war. Nicht selten hatten deutsche Familien ihre Wohnungen schon vier- bis fünfmal vergasen lassen, ohne den gewünschten Erfolg zu erzielen. Die vielen Klagen aus der deutschen Bevölkerung und die auftretende Gefahr der Verbreitung des Fleckfiebers haben schließlich der Stadt die Veranlassung gegeben, hier durch eine generelle Entseuchungsaktion einmal durchgreifend Änderung zu schaffen. Neben Wanzen, Flöhen, Schwaben, Russen,[6] sogenannten Weißfischen sind hier Ungezieferarten aufgetreten, die größtenteils unbekannt sind. Bei der Judenumsiedlung haben sich oft Bilder ergeben, die fast als unglaublich hingestellt werden können. Nach der Freimachung der Häuser waren Treppen und Flure von wanderndem Ungeziefer fast völlig übersät. Nach der Entwesung dieser Häuser mußte in den Wohnungen vielfach das Ungeziefer zusammengefegt und herausgeschafft werden. Selbst der die Entwesungsaktion leitende Oberdesinfektor erklärte, daß er in seiner jahrelangen Praxis

6 Mit Schwaben und Russen sind gleichermaßen Kakerlaken gemeint.

solche Bilder noch nicht gesehen habe, auch nicht bei seinen Arbeiten in den besetzten russischen Gebieten. Wenn in Betracht gezogen wird, daß es sich hier um Grundstücke handelt, die in der Innenstadt liegen und sich in unmittelbarer Nähe der deutschen Wohnungen befinden, so wird es erklärlich, daß Einzelvergasungen niemals zu einem Erfolg führen konnten.

Die Entwesungsaktion geht wie folgt vonstatten:

a) Das gesamte deutsche Wohnviertel wird entwest. Dazu auch die anliegenden von Polen bewohnten Häuser, um eine Zuwanderung des Ungeziefers auszuschließen.

b) Die von Juden frei gemachten Wohnungen werden ebenfalls vergast.

c) Es werden nicht nur die Wohnungen, sondern auch die Flure und Treppen, die Böden und Keller entwest.

d) Die Entwesungsaktion wird durchgeführt durch Asid-Serum-Institut Ostpreußen, Königsberg.[7] Die Leitung hat ein Oberdesinfektor, dem weitere fünf Desinfektoren zur Seite stehen. Die Vorbereitungsarbeiten führt ein aus 35 Personen bestehender Entseuchungstrupp durch.

e) Neben der Entwesung der Wohnungen wird die Entlausung der Polen durchgeführt, so daß also ungezieferfreie Wohnungen nur von ungezieferfreien Polen wieder betreten werden dürfen.

f) Während der Entwesung wird in der Unterbringung und Verpflegung von Familien mit Kindern im Wege der Nachbarhilfe Ausgleich geschaffen. Die Vergasung wird bei bewohnten Grundstücken mit einem Spezialgas durchgeführt, das nur eine durchaus wirkungsvolle Vergasungsdauer von 6–7 Stunden erforderlich macht. Eine Übernachtung der Familien außer Haus ist also nicht erforderlich.

g) Durch die Block- und Zellenleiter der Partei und durch die Hauspfleger ist die Aufklärungsarbeit über die Entseuchungsaktion in vorbildlicher Weise gelöst worden.

h) Schwierigkeiten sind bei der Durchführung nicht eingetreten. Anfängliche Bedenken verschiedener deutscher Bewohner sind nach den Entwesungsarbeiten in Anerkennung umgewandelt worden.

i) Die bisherigen Erfolge sind zweifellos und die Anerkennungen aus den Kreisen der Bevölkerung groß. Die entfernten Ungeziefermassen sind für deutsche Verhältnisse unvorstellbar.

4.) Schlußwort.

Der vorstehende Bericht will Anspruch auf Vollständigkeit nicht erheben. Er soll nur den Nachweis liefern, daß die Stadt in Verbindung mit den zuständigen staatlichen Stellen alles aufgewendet hat, um gegen die Seuchengefahr vorbeugend tätig zu werden. Es muß dabei anerkennend festgestellt werden, daß die beteiligten Dienststellen jedes nur mögliche Verständnis entgegengebracht haben, so insbesondere die Grundstücksgesellschaft bei der Bereitstellung von Mitteln. Die Rattenvertilgungsaktion ist in diesem Bericht besonders behandelt worden, weil es sich hier um eine allgemeine polizeiliche Maßnahme handelt.

Die Stadt hat in einem Film viele der Bilder, die hier zum Gegenstand des Berichtes wurden, festgehalten.[8] Wenn auch Lichtbilder die Verhältnisse nicht so wiederzugeben

7 Gesellschaft zur Entwicklung und für den Vertrieb von Impfstoffen, Sera und Schädlingsbekämpfungsmitteln.

8 Nicht ermittelt.

vermögen, wie sie das menschliche Auge sieht, so stellt dieser Film doch ein beredtes Zeugnis und ein Dokument dar, welches Erbe die deutsche Verwaltung aus polnischen Händen übernommen hat. In der Abwendung der dem Leben und der Gesundheit der deutschen Bevölkerung drohenden Gefahr ist die Stadt Bendsburg erfolgreich tätig gewesen.

DOK. 202
Der Oberstaatsanwalt beim Sondergericht Litzmannstadt erhebt am 7. April 1943 Anklage gegen Frieda Janz, weil sie sich kritisch über den Judenmord geäußert haben soll[1]

Anklageschrift des Oberstaatsanwalts (7 Sond. Js. 160/43), ungez.,[2] an das Sondergericht in Litzmannstadt, o. D. (Entwurf)[3]

Haft!
Anklageschrift.
Die Zeitschriftenwerberin *Frieda*, Erna, Martha *Janz* aus Berlin W 15, Düsseldorfer Straße 44/45, geb. am 26.7.1904 in Anklam/Pommern, Deutsche, evangelisch, ledig, in dieser Sache seit 18.2.1943 (Tag der vorläufigen Festnahme) in Polizei- bezw. Untersuchungshaft zur Zeit in der Untersuchungshaftanstalt Litzmannstadt, vorbestraft,
wird angeklagt,
im Januar 1943 in Litzmannstadt öffentlich gehässige, hetzerische und von niedriger Gesinnung zeugende Äußerungen über leitende Persönlichkeiten des Staates und der NSDAP. und über ihre Anordnungen gemacht zu haben, die geeignet sind, das Vertrauen des Volkes zur politischen Führung zu untergraben.
Vergehen nach §2 des Heimtückegesetzes vom 20.12.1934.[4]
Der Reichsminister der Justiz hat die Strafverfolgung angeordnet.
Beweismittel:
1) Bürogehilfe Woldemar Daniel, Litzmannstadt, Kurfürstenstr. 20,
2) Emma Daniel, Litzmannstadt, König-Heinrich-Str. 61,
3) Werberin Erna Tradowski, Berlin-Wilmersdorf, Brandenburgische Str. 43
als Zeugen (sämtlich Deutsche).

1 BArch, R 3001/158074, Bl. 2 f.
2 Dr. Hans Steinberg (*1891), Jurist; 1919/20 DNVP-Mitglied; 1922–1932 Staatsanwaltsrat am OLG Breslau, von 1932 an Erster Staatsanwalt ebenda; 1932 SS-, 1933 NSDAP-Eintritt; 1934–1939 Oberstaatsanwalt in Göttingen; Juni 1940 bis Dez. 1943 Oberstaatsanwalt in Litzmannstadt, von Jan. 1944 an Generalstaatsanwalt in Posen; 1942 SS-Hauptsturmführer; kam vermutlich im Jan. 1945 in Posen ums Leben.
3 Undatierte Entwurfsfassung, die dem RJM zur Kenntnisnahme übermittelt wurde. Das Datum vom 7.4.1943 ergibt sich aus dem Begleitschreiben an das RJM. Im Original handschriftl. Unterstreichungen.
4 Gesetz gegen heimtückische Angriffe auf Staat und Partei und zum Schutz der Parteiuniformen (RGBl. I, 1934, S. 1269). §2, Satz 1 entspricht fast wörtlich der obigen Anklageformulierung.

Wesentliches Ergebnis der Ermittlungen:
Die Angeschuldigte ist Reichsdeutsche. Sie reist seit März 1941 von ihrem Wohnsitz Berlin aus im Wartheland umher und wirbt im Auftrage einer Handelsfirma für Zeitschriften. Für ihre politische Haltung ist bezeichnend, daß sie mit dem Polen *Przybyl*, den sie 1941 auf diesen Reisen im Wartheland kennenlernte, ein mit Geschlechtsverkehr verbundenes Liebesverhältnis begann[5] und bis zu ihrer Festnahme fortsetzte. Wegen Verletzung von Anstand und Sitte erhielt sie gemäß §361 Nr. 6 StGB. im Jahre 1933 eine Vorstrafe von einem Tage Haft.
Im Januar 1943 kam sie in Litzmannstadt in ein politisches Gespräch mit den Zeugen Woldemar *Daniel* und Erna *Tradowski*. Sie erklärte dabei, es sei nicht richtig, daß man „die Juden, das ewige Volk, ausrotte". Ferner erzählte sie, man habe 30 000 Juden in Bialystok erschossen,[6] wobei sie hinzufügte, so könne es nicht weitergehen. Schließlich erwähnte sie noch, die Soldaten der in Stalingrad eingeschlossenen Armee würden noch leben, wenn man sie rechtzeitig zurückgezogen hätte.
Im Zusammenhang hiermit äußerte sie, der Führer sei ein Slawe, aber kein Deutscher. Sie bestreitet diese Äußerungen, mit Ausnahme der Bemerkung über die Ereignisse in Stalingrad, wird aber durch die beiden Zeugen *Daniels* widerlegt werden.
Mit der Bemerkung über den Führer wollte sie offenbar nicht eine Behauptung tatsächlicher Art aufstellen, sondern dem Führer deutsches Wesen absprechen und ihn damit in gehässiger Weise schmähen. Offensichtlich galten ihre sämtlichen obenangeführten Bemerkungen, die untereinander in einem untrennbaren Zusammenhang stehen, in gleicher Weise der *Person* wie dem *Werke* des Führers. Ihre Kritik an der Judenpolitik und an der Feldherrnkunst des Führers erfolgte deshalb aus der gleichen gehässigen und niedrigen Gesinnung heraus wie die Bemerkung über das Deutschtum des Führers.
Es handelt sich um eine *öffentliche* hetzerische Äußerung, auch wenn sie zunächst nur im engen Bekanntenkreis fiel. Denn wer so aufsehenerregende Äußerungen über den Führer macht, ist sich stets darüber klar, daß sein Gesprächspartner diese Äußerungen, sei es aus Empörung, sei es aus Mitteilungsbedürfnis, weitertragen wird.
Die Tat war geeignet, das Vertrauen des Volkes zur politischen Führung zu untergraben.
Ich beantrage:
a) die Hauptverhandlung vor dem Sondergericht Litzmannstadt anzuordnen.
b) Haftfortdauer zu beschließen.[7]

5 Im Original handschriftl. Ergänzung am Seitenrand: „Strafbar?"
6 Am 27.6.1941 begingen Angehörige des Polizeibataillons 309 die ersten Morde an Juden in Białystok. In den folgenden zwei Wochen wurden ca. 7000 Menschen ermordet. Obwohl das RSHA die Räumung des Gettos im Okt. 1942 anordnete, wurde diese auf den Febr. 1943 verschoben. Jedoch wurden im Nov. 1942 die meisten Gettos im Bezirk Bialystok aufgelöst, wobei es wiederholt zu Massakern kam. Zwischen dem 5. und 12.2.1943 wurden 10 000 Menschen aus dem Getto Białystok nach Auschwitz und Treblinka deportiert, weitere 900 direkt im Getto getötet.
7 Mit Urteil vom 10.8.1943 (gez. Landgerichtsdirektor Dr. Cramer, Landgerichtsrat Dr. Wex, Landgerichtsrat Schwarz) – 7 Sd. KMs. 4/43 – wurde Frieda Janz aus Mangel an Beweisen freigesprochen, da die Zeugen vor Gericht widersprüchliche Angaben über den Verlauf und genauen Inhalt des Gesprächs gemacht hatten.

DOK. 203

Der Kreisführer der Gendarmerie in Grodno schlägt seinem Vorgesetzten am 11. April 1943 vor, zur Vergeltung des Überfalls auf zwei Reichsdeutsche 500 Juden erschießen zu lassen[1]

Schreiben des Gendarmeriekreises Grodno, gez. Haag,[2] an den Kommandeur der Gendarmerie für den Bezirk Bialystok,[3] Białystok, vom 11.4.1943 (Abschrift)

Betr.: Antrag auf Durchführung einer Vergeltungsaktion wegen Erschießens von Reichsdeutschen durch Banditen.

In den letzten Wochen sind im ostwärtigen und nordostwärtigen Teil des Kreises Grodno wiederholt Banditen aufgetreten, die sich mehr oder weniger aus Juden zusammensetzten. Es kam bei diesem Auftreten auch mehrfach zur Ermordung von Reichsdeutschen. So ist die Ermordung des Reichsdeutschen Paul *Droehner* in Marsinkance[4] am 16.3.43 und die des Hilfszollbetriebsassistenten *Fahl* der Zollaufsichtsstelle Paramok im Walde bei Linnica, Amtsbezirk Marzinkance, am 3.4.1943 mit Sicherheit von Juden erfolgt. Fahl wurde hierbei auf das gräßlichste zugerichtet. Eine derartige sadistische Handlungsweise ist nur Juden zuzutrauen.

Am 8.4.43 ist der Oberw. der Gend. der Res. Otto *Krause* des Gend.-Postens Kobiele im Kampf mit Banditen gefallen. Es ließ sich hierbei nicht mit Sicherheit feststellen, ob sich unter den Banditen Juden befanden. Anzeichen sprechen jedoch dafür, daß auch unter diesen Banditen Juden waren. Aller Wahrscheinlichkeit nach war an diesem Tage ein Überfall auf den Gend.-Posten Kobiele geplant. Der Überfall sollte ein Racheakt für die erschossenen Juden sein, die sich bei der Konzentrierung ihrer Festnahme durch die Flucht entzogen hatten. Kobiele hatte sich bei der Erschießung dieser Juden sehr aktiv beteiligt.

Eine Vergeltung für die Ermordung des Krause in der Weise, daß aus der dortigen Bevölkerung eine Anzahl von Personen festgenommen wird, um sie als Geiseln zu erschießen, ist nicht angebracht. Die dortige Bevölkerung hat sich bei der Ermittlung und Bekämpfung der Banditen zum Teil aktiv eingesetzt und wird auch weiterhin das Mögliche tun, um dem Bandenwesen in der dortigen Gegend Herr zu werden. Ich schlage daher als Vergeltung vor, 500 Juden erschießen zu lassen.

1 GAGO, 1-1-277, Bl. 34. Abdruck als Faksimile in: Klarsfeld (Hrsg.), Documents concerning the destruction of the Jews of Grodno (wie Dok. 81, Anm. 1), S. 193.

2 Nicht ermittelt.

3 Vermutlich: Helmut Limpert (*1905), Hauptmann; 1937 NSDAP-Eintritt.

4 Richtig: Marcinkańce.

DOK. 204

Der Judenrat in Bendsburg erhält am 22. April 1943 die Mitteilung, dass acht Juden von der Gestapo in Sosnowitz zum Tode verurteilt und in Auschwitz erschossen worden sind[1]

Schreiben des Leiters der Ältestenräte der jüdischen Kultusgemeinden in Ost-Oberschlesien in Sosnowitz (Abt. Sekretariat, Cz. He. S-153/43),[2] gez. Fanny Sara Czarna, an den Ältestenrat in Bendsburg (Eing. 23.4.1943) vom 22.4.1943

Betrifft *Mitteilung.*
Nach Mitteilung der Geheimen Staatspolizei, Außendienststelle Sosnowitz, wurden nachfolgende Personen wegen Hochverrats durch Erschießen zum Tode verurteilt.
Das Urteil wurde am 29.3.1943 in Auschwitz vollstreckt.[3]
Auf Veranlassung obiger Behörde sind je 5 Personen aus dem Lebenskreis der Verurteilten vorzuladen und ihnen über die Vollstreckung des Urteils Mitteilung zu machen.
Die Sterbeurkunden können beim Standesamt in Auschwitz – unter Angabe aller nötigen Daten – angefordert werden.
Über die Erledigung ist der Zentrale Bescheid zukommen zu lassen.

1. Graubart Beer Isr.	geb.	13.7.1923 – Bendsburg,	wohn.	Bg.[4]	Marktstr. 19
2. Brodkiewicz Kalma Isr.	»	5.9.1912 – »	»	»	Burgstr. 44
3. Brajtbard Naftul Israel	»	15.9.1913 – Psary	»	»	Langer Weg 5
4. Jakobson Chaim Isr.	»	1915 – Żarnowiec	»	»	Burgstr. 42
5. Merin Aron Isr.	»	3.4.1917 – Bendsburg	»	»	A. Ring 26
6. Szenberg Israel Wolf	»	5.7.1916 – »	»	»	Dammweg 2
7. Szemberg Moszek Isr.	»	15.5.1895 – Żarki	»	»	Burgstr. 44
8. Zacharjasz Samuel Lajb Isr.	»	15.10.1920 – Dortmund	»	»	A. Hauptstr. 13

1 GFHA, 114 (alt: 4304). Abdruck als Faksimile in: Avraham Sh. Shtayn (Hrsg.), Pinkas Bendin, Tel Aviv 1959, S. 358.

2 Ein Teil des Aktenzeichens ist unleserlich.

3 Die Erschießungen nach Todesurteilen der Gestapo in Kattowitz fanden im Stammlager Auschwitz in der Regel vor der sog. Schwarzen Wand zwischen den Blöcken 10 und 11 statt.

4 Bendsburg.

DOK. 205
Der Reichsstatthalter in Danzig-Westpreußen versucht am 22. April 1943, beim Reichsjustizminister die Zuständigkeit für die verbliebenen Vermögen Danziger Juden zu erlangen[1]

Schreiben des Beauftragten für die Förderung und Sicherstellung der jüdischen Auswanderung beim Reichsstatthalter im Reichsgau Danzig-Westpreußen (V. I B 1049), Danzig, gez. Lt. Regierungsdirektor Hildebrandt,[2] an den Reichsjustizminister (Eing. 3.5.1943) vom 22.4.1943[3]

Betr.: Vermögen des Danziger Staatsangehörigen Juden Louis Israel Luchtenstein[4] *I B 1049.*
Hinsichtlich der Behandlung der Juden Danziger Staatsangehörigkeit, die das Gebiet Danzig und das Deutsche Reich verlassen haben, haben sich rechtliche Schwierigkeiten ergeben. Unstreitig findet hinsichtlich dieser Juden die 11. Verordnung zum Reichsbürgergesetz keine Anwendung, da sie zur Voraussetzung den Verlust der Deutschen Staatsangehörigkeit hat. Da die Danziger Juden nun nach dem Gesetz über die Wiedervereinigung der freien Stadt Danzig mit dem Deutschen Reich vom 1.9.39 Reichsgesetzblatt I Seite 1547 in Verbindung mit der ersten Verordnung über die Deutsche Volksliste vom 4.3.41 Reichsgesetzblatt I Seite 118, insbesondere aber der 2. Verordnung über die Deutsche Volksliste vom 31.1.42 Reichsgesetzblatt I Seite 51 die Deutsche Staatsangehörigkeit nicht erlangen, können sie sie auch nicht verlieren. Hierüber besteht mit sämtlichen sonstigen Ministerien Einigkeit. Darüber hinaus ist aber auch mit dem Reichsfinanzminister nach Besprechung auch im Reichswirtschaftsministerium zwischen dem Oberfinanzpräsidenten Berlin-Brandenburg und dem Oberfinanzpräsidenten Danzig-Westpr. sowie meiner Dienststelle Einigkeit darüber erzielt, daß die Akten und Vorgänge hinsichtlich sämtlicher Danziger Staatsangehörigen Juden an meine Behörde zur weiteren Bearbeitung abgegeben werden, ein Verfahren, das sich durchaus bewährt hat und vor allen Dingen zu einer schnellen Verwertung jüdischen Vermögens geführt hat. Es muß hierbei bemerkt werden, daß gerade hinsichtlich der praktischen Durchführung seitens des Rechnungshofes des Deutschen Reichs sowohl hinsichtlich der Art der Bearbeitung wie der Angemessenheit der erzielten Beträge festgestellt ist, daß die personelle und sachliche Leitung für gut anzusehen ist.
Schwierigkeiten haben sich nun in letzter Zeit daraus entwickelt, daß der Reichskommissar für die Beschlagnahme feindlichen Vermögens[5] die Auffassung vertritt, daß, soweit Danziger Juden ins Ausland gegangen seien, nunmehr er zuständig sei. Es sei notwendig,

1 BArch, R 3001/22819, Bl. 36–41.
2 Walter Hildebrandt (1892–1966), Jurist; 1933 NSDAP-Eintritt; von Frühjahr 1939 an zuständig für die Judenauswanderung beim Senat in Danzig, von Sept. 1939 an in der Wirtschaftsverwaltung Danzigs tätig, u. a. als Leiter der Treuhandstelle Danzig-Westpreußen, 1942 leitender Reg.direktor; 1951–1963 MdL Niedersachsen und Vorsitzender vom GB/BHE; 1960 Großes Bundesverdienstkreuz.
3 Im Original handschriftl. Bearbeitungsvermerke.
4 Louis Luchtenstein (*1886); in den 1930er-Jahren haitianischer Konsul in der Freien Stadt Danzig; vermutlich 1937 von der NSDAP zur Aufgabe seines Postens gezwungen; zusammen mit seiner Frau Margarete Flucht nach Dänemark, von dort Ende 1940 weiter nach Japan und in die USA ausgewandert.
5 Gemeint ist hier und im Folgenden der Reichskommissar für die Behandlung feindlichen Vermögens, Berlin.

diese Juden zu Staatsfeinden zu erklären, dann erst könne das Vermögen eingezogen werden. Der hiesige Oberfinanzpräsident war ursprünglich derselben Auffassung, hat diese Auffassung aber aufgegeben.
Die Danziger Judengesetzgebung,[6] die ja vor allem vom Reichsstatthalter und Gauleiter Forster durchgeführt ist, ist im Gegensatz zu der Gesetzgebung des Altreichs eine reine Rassegesetzgebung.[7] Die Organisation ist so durchgeführt, daß, ohne daß dieses besonders in Erscheinung tritt, doch das Vermögen beschlagnahmt wird. Es sind hierbei nach Möglichkeit öffentliche Bekanntmachungen, die nur die Aufmerksamkeit des Auslands erregen, vermieden worden. Es würde der Auffassung des Herrn Reichsstatthalters und Gauleiters Forster durchaus widersprechen, wenn entgegen der bisherigen Verfahren nunmehr im großem Umfange Danziger Staatsangehörige Juden nachträglich zu Staatsfeinden erklärt würden. Gerade dieses ist bisher immer vermieden worden.
Es besteht nun aber auch keine rechtliche Notwendigkeit, den Umweg über die Erklärung zu Staatsfeinden und die dadurch notwendig werdenden Veröffentlichungen im Deutschen Reichs- und Preußischen Staatsanzeiger zu wählen, weil die unmittelbare Anwendung der Danziger Verordnung zum Ziele führt.
Auszugehen ist hierbei von dem Gesetz über die Wiedervereinigung Danzigs mit dem Deutschen Reich vom 1.9.39.[8] Hier bestimmt §4, daß in der bisherigen freien Stadt Danzig ab 1.1.1940 das gesamte Reichsrecht und Preußische Landesrecht in Kraft tritt. Es ist nicht bestimmt, daß an diesem Tage kraft Gesetzes das Danziger Recht seine Gültigkeit verlieren sollte. Das hätte ja auch in vieler Hinsicht unerwünschte Folgerungen, denn ergänzend wird immer wieder das Danziger Landesrecht zur Anwendung gebracht werden müssen, wenn dieses Recht nicht mit dem Recht des Altreichs in Widerspruch steht oder wenn es lediglich eine Ergänzung oder eine Ausführung der Bestimmung des Altreichs enthält. Von diesen Gesichtspunkten ist auch der Herr Reichswirtschaftsminister in seinem Erlaß vom 16.3.40[9] ausgegangen. Bei dieser Sachlage wird zu prüfen sein, ob die Danziger Judengesetzgebung im Widerspruch zu den Judengesetzen des Altreichs steht. Hierbei ist von grundsätzlicher Bedeutung, daß die Einführung der Judengesetzgebung des Altreichs doch in keinem Falle nunmehr eine Besserstellung der Juden Danziger Staatsangehörigkeit gegenüber dem Rechtszustand vom 1.9.39 beabsichtigt. Es besteht kein Beschlagnahmerecht mehr, soweit der betreffende [Jude] nicht ausgewandert, sondern seinen Wohnsitz im Altreich oder in Danzig beibehalten hat. Während bis zum 1.9.39 diese Juden erfaßt werden konnten, wäre das in Zukunft nicht mehr der Fall,

6 VO zur Förderung und Sicherstellung der jüdischen Auswanderung aus dem Gebiet der Freien Stadt Danzig vom 3.3.1939; Gesetzblatt für die Freie Stadt Danzig 1939, S. 89; VO betreffend die Entjudung der Danziger Wirtschaft und des Danziger Grundbesitzes vom 22.7.1939; Gesetzblatt für die Freie Stadt Danzig 1939, S. 375. Beide VO sind als Abschrift in der Akte enthalten; wie Anm. 1, Bl. 50 f.

7 Es ist unklar, was gemeint ist. Die Gesetzgebung der Freien Stadt Danzig orientierte sich nach 1933 eng an den antijüdischen Maßnahmen und Gesetzen im Altreich.

8 RGBl., 1939 I, S. 1547.

9 Der Erlass des RWM vom 16.3.1940 bestimmte, dass die für das Deutsche Reich geltende Judengesetzgebung nicht auf Danzig anzuwenden sei, obwohl am 1.1.1940 das Reichsrecht und das Preußische Landesrecht in Danzig in Kraft getreten waren. Die deutschen Behörden sahen in Danzig jedoch keinen Anlass für die Anwendung der Gesetze gegeben, da sie von einer schnellen Vertreibung der Danziger Juden ausgingen; siehe VEJ 3/82.

besonders da die Judengesetzgebung des Altreichs zunächst sich in ihrer Anwendung auf die Juden Deutscher Staatsangehörigkeit beschränkt.
Es würde der Danziger Judengesetzgebung, vor allen Dingen aber der Auffassung unseres Gauleiters durchaus widersprechen, wenn eine Besserstellung der Danziger Juden Tatsache werden sollte und wenn in Großdeutschland Juden Danziger Staatsangehörigkeit im Besitz ihres Vermögens bleiben, während in Danzig selbst das gesamte Vermögen eingezogen ist. Bedenklich könnte im ersten Augenblick erscheinen, daß nach den Danziger Verordnungen das Beschlagnahmerecht auf das im Gebiet der früheren freien Stadt Danzig befindliche Vermögen beschränkt ist. Gesetz und Verordnungen sind nun sinngemäß ihrem Zweck und ihrer Tendenz entsprechend auszulegen. Die fragliche Bestimmung bedeutet keine örtliche Beschränkung, sondern eine sachliche Beschränkung dahingehend, daß das Beschlagnahmerecht gegeben wurde, soweit die Danziger Behörde zuständig war. In diesem Sinne ist die Bestimmung auch bisher von sämtlichen Deutschen Gerichten, die sich damit befaßt haben, ausgelegt worden. Kein Deutsches Gericht hat bisher einem Beschlagnahmerecht, das meine Behörde ausgeübt hat, rechtliche Bedenken entgegengesetzt. Auch außerhalb Danzigs sind die Beschlagnahmeanordnungen durchgeführt und ebenso mit Zustimmung der Gerichte die Verwertung des Vermögens. Auch aus dieser Praxis ersieht man, daß Deutsche Gerichte ebenfalls den Zweck und Sinn der Danziger Judengesetzgebung als reine Rassegesetzgebung erkannt und deswegen die Danziger Verordnungen durchgeführt haben.
Eine anderweitige Praxis würde zu einer absoluten Rechtsunsicherheit führen. Besonders da in vielen Fällen die Verwertung des im Altreich befindlichen Judenvermögens durchgeführt ist, ist eine Abrechnung dieser Fälle im einzelnen ebenso wie die Feststellung derselben so gut wie praktisch unmöglich. Sie würde aber auch die ganze Verwaltung erschüttern, da ja dann die früheren Verfahren gesetzwidrig gewesen wären.
Daß eine Auffassung, die den Danziger Juden größere Rechte gibt oder die nach außen hin Bekanntmachungen im größeren Umfange erfordert, nicht der Tendenz der Danziger Judengesetzgebung und der Auffassung des Herrn Reichsstatthalters und Gauleiters entspricht, ist bereits oben dargelegt.
Die Danziger Judengesetzgebung hat, wie festgestellt werden muß, zu einem vollen Erfolg geführt. Von den rund 13 000 Danziger Juden sind nur noch rund 64 in Danzig. In den seltensten Fällen sind Beschwerden, auch soweit es früher noch möglich war, aus dem Auslande über die Danziger Judengesetzgebung, die ja nicht ohne Fühlungnahme mit der Deutschen Behörde erlassen ist, erfolgt. Bei den vielfachen Verhandlungen ist immer wieder anerkannt, daß die Gesetzgebung als solche nicht angreifbar sei. Diese ganze Arbeit würde erschüttert werden, wenn nun plötzlich für die Danziger Juden der Umweg über den Reichskommissar für die Beschlagnahme feindlichen Vermögens gewählt werden müßte. Die Einziehung des Judenvermögens der Danziger Juden im befreiten Gebiet ebenso wie im Altreich ist bisher ohne jede Schwierigkeiten mit Erfolg durchgeführt. Die Haupttreuhandstelle Ost hat Vermögen, das sie erfaßt hatte, an mich ebenso abgeführt wie der Oberfinanzpräsident Berlin-Brandenburg, und es hat bisher eine völlig einheitliche Linie hier bestanden. Die besondere Erfahrung, die meiner Dienstbehörde zur Seite steht, ist bisher anerkannt worden, und sie hat zu außerordentlichen praktischen Erfolgen geführt, indem es z. B. hier in Danzig selbst nicht das geringste freie und unverwertete Judenvermögen mehr gibt und auch das bisher zur Kenntnis gekommene Vermögen im Altreich erfaßt und verwertet ist. Jetzt besteht die Schwierigkeit darin, daß

der Kommissar für die Beschlagnahme feindlichen Vermögens sein Beschlagnahmerecht ausübt, während andererseits auch durch meine Behörde, und zwar in den meisten Fällen auf Grund Abgabe seitens der zuständigen Behörde im Altreich, die Werte beschlagnahmt und verwertet werden. Dieser Zwiespalt muß auf jeden Fall beseitigt werden, und ich glaube, daß auf Grund obiger Ausführung und der Darlegung in meinem Schriftsatz vom 3.3.43[10] gerichtet an den Herrn Reichskommissar für die Behandlung feindlichen Vermögens in Berlin zu den Akten III 935/29/10 und von dort an den Herrn Reichsjustizminister abgegeben, die Auslegung, wie ich sie vertrete, als die richtige bezeichnet und beibehalten werden kann.[11]

DOK. 206

Das Stadtbauamt in Ozorków teilt dem Reichssippenamt am 23. April 1943 mit, dass die Grabsteine des örtlichen jüdischen Friedhofs für Bürgersteige verwendet wurden[1]

Schreiben des Bürgermeisters der Stadt Ozorków, Stadtbauamt, gez. i. A. unleserlich, an das Reichssippenamt, Berlin, über das Gausippenamt in Posen, Wilhelmstr. 8, Posen (Eing. 4779 vom 24.4.1943), vom 23.4.1943

Zum Schreiben vom 5.III.43 Abtl. III Nr. 5290/43/Arndt/Noe.[2]
Der hiesige jüdische Friedhof ist inzwischen von den Grabsteinen gesäubert. Eine Aufstellung der Grabsteininschriften konnte nicht beigefügt werden, da der hebräischen Sprache hier keine Person kundig ist.
Ich habe eine Aufnahme des Gesamtbildes sowie eine Einzelaufnahme eines besonders hervorstehenden Grabsteines beigelegt.[3]
In Erledigung des Schreibens des Gausippenamtes Posen A.Z. III D1 gebe ich hiermit von der Räumung des Friedhofes Mitteilung.
Die Grabsteine sind zur Bürgersteiglegung benutzt worden, da diese Arbeiten keinen Aufschub mehr dulden.

10 Liegt nicht in der Akte.
11 Die Auseinandersetzung zwischen dem Beauftragten für die Förderung und Sicherstellung der jüdischen Auswanderung in Danzig, dem Reichskommissar für die Behandlung feindlichen Vermögens und der Haupttreuhandstelle Ost wurde bis Kriegsende nicht mehr entschieden. Allerdings stellte sich das RFM auf denselben Standpunkt wie der Beauftragte, dass für Juden Danziger Staatsangehörigkeit eine Anwendung der 11. VO zum Reichsbürgergesetz bzw. eine Zuständigkeit des sog. Feindkommissars nicht gegeben sei.

1 APP, 801/70, Bl. 8.
2 Liegt nicht in der Akte. Der Bürgermeister von Ozorków hatte beim Gausippenamt am 20.11.1942 beantragt, den jüdischen Friedhof „abzuräumen"; das Reichssippenamt erhob mit Schreiben vom 21.12.1942 keine Einwände und bat lediglich, poln. und deutsche Grabsteininschriften zu dokumentieren; wie Anm. 1, Bl. 1 und 3.
3 Liegt nicht in der Akte. Handschriftl. Vermerk „befindet sich in der Sammlung von Ortsbildern, Abt. Grabsteine".

DOK. 207

Der Sicherheitsdienst in Kalisch schildert am 29. April 1943 die Reaktionen der polnischen Ortsbevölkerung auf den Aufstand im Warschauer Getto[1]

Stimmungsbericht des SD-Abschnitts Litzmannstadt, SD-Außenstelle Kalisch, ungez., vom 29.4.1943

Betrifft: Stimmung und Verhalten der polnischen Bevölkerung.
Das öffentliche Interesse der Polen wird immer noch überwiegend von den Ereignissen von Katyn[2] beherrscht. Hinzu kommt die Veröffentlichung durch die deutsche Presse und den Rundfunk über den Bruch Moskaus mit der polnischen Emigrantenregierung in London.[3] Zu letzterem konnten bisher nur wenige Äußerungen von Polen erfaßt werden, aber nach einstimmigen Meldungen der Agenten ist man in polnischen Kreisen der Ansicht, daß es tatsächlich zu einem Krach zwischen den Polen und Engländern gekommen sein muß, denn sonst hätte man auch den Antrag der polnischen Regierung, die Überprüfung der Ermordeten von Katyn durch das Internationale Rote Kreuz, nicht abgelehnt.[4] Ein ehemaliger polnischer Lehrer äußerte sich hierzu wie folgt: „Den Engländern traue ich alles zu, sie haben uns 1939 im Stich gelassen und werden uns auch jetzt verraten. In allen politisch denkenden polnischen Kreisen wird man diesen Verrat von England an den Polen nicht vergessen, und ich kann ohne weiteres sagen, daß in weiten Kreisen der Polen heute schon ein gewisser Haß gegen England besteht."
Ein anderer Pole, der jetzt als Angestellter bei einer deutschen Behörde tätig ist, äußerte folgendes: „Wissen Sie, die Engländer und auch die polnische Emigrantenregierung spielen doch nur Operetten-Theater. Sikorski[5] kann sich heute noch kaum [mehr] als Vertreter der Polen bezeichnen, denn er ist doch ein von London bezahlter Mann und muß das machen, was London wünscht."
Ferner konnte in den letzten Tagen die Beobachtung gemacht werden, daß auch neuerdings in polnischen Intelligenzkreisen an die Ermordung der Offiziere im Wald von Katyn geglaubt wird. Denn gerade aus diesen Kreisen wird sehr oft geäußert und bedauert, warum die deutsche Presse bisher nur zwei Listen mit Namen der Ermordeten veröffentlicht habe. Ein ehemaliger polnischer Feldwebel äußerte: „Auch hier bei uns leben viele Angehörige von diesen Offizieren, und alle leben jetzt in banger Sorge und wären den Deutschen sehr dankbar, wenn sie, soweit es möglich ist, alle Namen bekanntgeben

1 APP, 305/76, Bl. 51–53.
2 Im März 1940 ermordeten Einheiten des NKWD auf Anweisung des Geheimdienstchefs Lavrentij Berijas insgesamt über 20 000 kriegsgefangene poln. Offiziere in der Nähe des Dorfes Katyń und an anderen Orten. Anfang 1943 entdeckten Wehrmachtssoldaten im Wald von Katyń Massengräber mit mehreren Tausend Leichen. Die Exhumierung der Leichen nutzte Goebbels für eine breit angelegte Propagandakampagne über die Gefahr des vermeintlich jüdischen Bolschewismus.
3 Nach Bekanntwerden der Morde in Katyń brach die Sowjetunion die zuvor bereits angespannten diplomatischen Beziehungen zur poln. Exilregierung ab. Die Verantwortung für die Morde wies die sowjet. Regierung vehement zurück.
4 Nachdem die deutschen Nachrichten am 13.4.1943 über die Entdeckung von Massengräbern mit Tausenden poln. Opfern der sowjet. Geheimpolizei in Katyń berichtet hatten, forderte die poln. Exilregierung eine Untersuchung durch das IKRK. Diese kam aufgrund eines Vetos der Sowjetunion nicht zustande, doch gehörten der international besetzten Kommission, die Ende April 1943 die Funde untersuchte, auch Vertreter des Polnischen Roten Kreuzes (PCK) aus dem GG an.
5 Władysław Sikorski (1881–1943), Berufsoffizier; Sept. 1939 bis Juli 1943 Ministerpräsident der poln. Exilregierung, ab Nov. 1939 zugleich militärischer Oberbefehlshaber der Exilarmee.

würden, damit die Familienangehörigen doch endlich erfahren würden, was eigentlich los ist."

Zu der militärischen Lage wundert man sich in polnischen Kreisen allgemein darüber, daß Deutschland mit der Frühjahrsoffensive noch nicht begonnen habe. Die Polen verfolgen mit großem Interesse die täglich stattfindenden Truppentransporte und sind der Ansicht, daß Deutschland doch alle Vorbereitungen zu dieser Offensive bereits seit langem getroffen haben muß.

Zu der Lage in Tunesien äußerten sich mehrere Polen, daß es den Engländern kaum gelingen wird, die deutsch-italienischen Truppen restlos zu schlagen. Denn diese hätten sich jetzt ins Gebirge zurückgezogen, wo die Engländer und Amerikaner kaum noch vorwärtskommen würden. Auch würde sich Italien jetzt aktiv am Krieg beteiligen, denn es wären bereits 10 000de von Italienern, die bisher im Altreich auf Arbeit gewesen sind, nach Italien zurückbeordert worden und würden jetzt Soldat werden und sollen in Afrika bzw. zur Verteidigung Italiens eingesetzt werden.

Unter den Kalischer Polen wurde in den letzten Tagen ferner sehr stark das Gerücht verbreitet, daß im Warschauer Judengetto ein Aufstand ausgebrochen sei, der bis jetzt unerwartete Ausmaße angenommen hat.[6] Die Deutschen wären bereits gezwungen, Flugzeuge einzusetzen und müßten größere Truppenverbände ebenfalls einsetzen, um der Lage Herr zu werden. Die Juden würden erbitterten Widerstand leisten, verfügten zur größten Überraschung der Deutschen über die modernsten Waffen.[7] Dieser Aufstand soll dadurch zustande gekommen sein, daß man einen Teil der Juden auf speziellen Lastwagen aus dem Warschauer Getto entfernt hätte. Die Lastwagen mit einer Giftgaseinrichtung versehen wären und die Juden schon auf dem Transport vergiftet worden wären und dann in Massengräbern verscharrt wurden.[8] Dieses Gerücht wäre unter den sich noch im Getto befindlichen Juden bekannt geworden, und sie würden deshalb ganz erheblichen Widerstand leisten.

Nach Erzählungen von Polen aus dem Altreich, die hier in Urlaub waren, hätten in den letzten Tagen im Altreich sehr starke englisch-amerikanische Luftangriffe stattgefunden, und einzelne Städte in Westdeutschland wären dem Erdboden gleichgemacht. So hätten z. B. polnische Arbeiter, die zur Zeit in Rostock beschäftigt gewesen waren, erzählt, daß sie aus Rostock evakuiert worden wären und die Bevölkerung dort ungeheure Verluste gehabt habe, die Fabriken restlos zerstört sind und sie jetzt anderweitig eingesetzt worden sind.[9] Die Stimmung unter der deutschen Bevölkerung im Altreich wäre bereits sehr schlecht. Die Engländer und Amerikaner würden jetzt planlos alle Städte angreifen,

6 Der Aufstand im Warschauer Getto brach aus, als die Deutschen am 19.4.1943 die etwa 40 000 dort noch verbliebenen Juden deportieren wollten. Mit der Sprengung der Großen Synagoge am 16.5.1943 galt der Aufstand offiziell als beendet, einige Hundert Juden hielten sich jedoch weiterhin auf dem Gebiet des Gettos versteckt.

7 Die Widerstandskämpfer im Warschauer Getto verfügten nur über wenige und zumeist veraltete Waffen und wenig Munition.

8 Vermutlich vermischen sich hier Nachrichten über den Aufstand im Warschauer Getto mit Gerüchten über das Vernichtungslager Kulmhof, das sich 70 km nordöstlich von Kalisch befand. Hinzu kam, dass in und um Kalisch im Sommer 1941 übereinstimmenden Zeugenaussagen zufolge ein Wagen unterwegs war (das „schwarze Auto"), bei dem es sich vermutlich um einen Gaswagen des Sonderkommandos Lange handelte; siehe Einleitung, S. 18.

9 In der Nacht vom 20. auf den 21.4.1943 flog die Royal Air Force Luftangriffe auf Rostock, bei denen vor allem Industrieanlagen zerstört wurden.

um die deutsche Zivilbevölkerung mürbe zu machen und eine Revolution ähnlich wie 1918 herbeizuführen. Die Polen sind der Ansicht, daß, wenn der Engländer in diesem Ausmaße weiter angreift, es bald im Altreich so weit wäre.

DOK. 208
Die Abteilung Soziale Betreuung beim Ältestenrat in Dombrowa erhält am 10. Mai 1943 Anweisungen für den Betrieb der neuen Kinderkrippe[1]

Schreiben des Leiters der Ältestenräte der Jüdischen Kultusgemeinden in Ost-Oberschlesien, Abt. Soziale Betreuung (Sztr/Ma V/4417/43), gez. Lea Sara Sztrochlic,[2] an den Ältestenrat, Soziale Betreuung (Eing. Nr. 2218/43 12.5.43), Dombrowa, vom 10.5.1943[3]

Wir haben zur Kenntnis genommen, daß Sie bereits die Kinderkrippe eröffnet haben und geben Ihnen wunschgemäß hiermit einige Anleitungen bezüglich Führung dieser Anstalt:
Betr. Ernährung. Die Kuponabgabe und der Verbrauch in der Kinderkrippe pro Zuteilungsperiode stellt sich wie folgt:

	Kupons kg	*Verbrauch* kg
Brot	2,20	6,50
Weizenmehl	–	0,80
Fett	0,30	0,50
Nährmit.	0,30	0,84
Zucker	0,25	0,70
Marmelad.	0,20	0,52
Kartoffel	6,–	6,–

Den Kindern sind im Laufe des ganzen Tages regelmäßig 5 Mahlzeiten zu verabreichen, wobei auch das Abendbrot aus gekochten Speisen zu bestehen hat. – Eine entsprechende Speisenfolge wird von uns bearbeitet und lassen wir Ihnen diese Angaben demnächst zugehen. –
Säuglinge sind täglich zu baden, andere Kleinkinder zumindest zweimal wöchentlich. –
Vor der Aufnahme sind die Kinder ärztlich zu untersuchen und des weiteren zumindest zweimal im Monat von einem Kinderarzt betreuen zu lassen. –
Den Kindern soll während des Tages die Möglichkeit zum Schlafen gegeben sein, und [es] sind zu diesem Zwecke entsprechende Bettchen bezw. Schlafstellen einzurichten. –
Wir brauchen wohl nicht erst darauf aufmerksam zu machen, daß die Ernährung dem Alter der Kinder angepaßt sein muß und daß äußerste Sauberkeit und Einhaltung hygienischster Bedingungen wichtigste Grundlage zum Gedeihen der Kinder sind. –
In den nächsten Tagen wird Frau Sztrochlic sich nach Dombrowa begeben und Ihnen noch persönlich nähere Anweisungen erteilen.

1 APK, 1600/22, Bl. 110.
2 Lea Sztrochlic, geb. Szenwald (1904–1943); lebte vor und während des Krieges in Będzin; vermutlich im Aug. 1943 nach Auschwitz deportiert und dort umgebracht.
3 Im Original Stempel der Zentrale der Jüdischen Ältestenräte in Ost-Oberschlesien, Hauptabt. Soziale Betreuung.

DOK. 209
Die Schutzpolizei im Getto Litzmannstadt fordert am 17. Mai 1943 in Reaktion auf den Aufstand im Warschauer Getto die Befestigung des Gettozauns[1]

Der Polizeipräsident, Kommando der Schutzpolizei (– S.1a. (J.) –), Unterschrift unleserlich,[2] an Oberbürgermeister der Stadt Litzmannstadt, Getto-Verwaltung (Eing. 20.5.1943), vom 17.5.1943

Betr.: Instandsetzung des Gettozaunes.
Die Gettoumzäunung steht nunmehr über drei Jahre. In dieser Zeit sind laufend Ausbesserungen des Zaunes notwendig gewesen, da Beschädigungen in den Durchgangsstraßen – Hohensteiner- und Alexanderhofstraße[3] – in den meisten Fällen infolge der Enge der Fahrbahn, durch Fahrzeuge verursacht wurden. Weiterhin sind im Laufe der Zeit durch Witterungseinflüsse solche Schäden entstanden, daß die Umzäunung nicht mehr ihren Zweck erfüllen kann. Zur Befestigung der Bretter wurden zum größten Teil nur schwache Nägel verwandt, die nunmehr durch Rost zerstört dem Zaun keinen Halt mehr geben. An den wichtigsten Stellen ist die Stacheldrahtverspannung bereits zur Hälfte durch glatten Draht ersetzt worden. Dieser aus Mangel an Stacheldraht verwendete glatte Draht bildet jedoch, wie die auch in letzter Zeit noch vorkommenden Schmuggelfälle bewiesen, kein ausreichendes Hindernis. Auch der übrige Zaun um das gesamte Getto bedarf einer dringenden Überholung.
Durch die derzeitigen Abbrucharbeiten im Gettogebiet,[4] vor allem an der Franz- und Sulzfelderstraße, werden große Mengen brauchbares Material frei. Ein Teil davon würde ausreichen, um den Zaun in seinen ursprünglichen Zustand zu versetzen. Weiter findet man im Getto noch hier und dort Stacheldrahtverspannungen. Dieser Draht würde am Gettozaun bessere Verwendung finden.
In den Durchgangsstraßen steht der Gettozaun unmittelbar an der Bordkante des Gehweges. Die Gehwege werden nur von Juden benutzt. Zur Zeit ist die Stadtverwaltung damit beschäftigt, die Abflußrinnen der Fahrbahnen dieser beiden Straßen höherzulegen. Dadurch wird es allen Fahrzeugen möglich sein, noch näher am Gettozaun entlangzufahren. Beschädigungen des Zaunes werden dann, wie bereits an den fertiggestellten Stellen geschehen, in noch viel größerem Umfang erfolgen. Um diesem Übelstand für die Zukunft vorzubeugen, schlage ich vor, den Zaun in den beiden Durchgangsstraßen in seiner Gesamtlänge um 50 cm zurückzusetzen. Dadurch wäre einerseits der Zaun vor Beschädigungen geschützt, und andererseits wäre den Juden die Möglichkeit genommen, aus vorbeifahrenden Fuhrwerken Waren zu entwenden, was bis in die letzte Zeit immer wieder vorkommt. Wegen der lichten Aufstellung der Posten und des starken Fahrzeug-

1 APŁ, 221, Nr. 29 231, Bl. 9 f.
2 Kommandeur der Schutzpolizei war Walter Keuck.
3 Das Getto wurde durch zwei abgezäunte Durchgangsstraßen für Nichtjuden in drei Teile geteilt, was die Bewegung innerhalb des Gettos erschwerte. Im Sommer 1940 wurden mehrere Holzbrücken gebaut, über die die Bewohner diese Straßen überqueren konnten.
4 Von Jan. bis Sept. 1942 wurde die Hälfte der Gettobewohner, vornehmlich alte und schwache Menschen sowie Kinder unter zehn Jahren, im Vernichtungslager Kulmhof ermordet. Dabei wurde das Getto in mehreren Phasen verkleinert, und für Neubauprojekte wurden zahlreiche Häuser abgerissen.

verkehrs können die Posten in solchen Fällen von ihrer Schußwaffe keinen Gebrauch machen. Nach Versetzung des Gettozaunes wäre die Benutzung des Bürgersteiges durch die Juden noch in ausreichendem Maße gewährleistet.
Außer den beiden Durchgangsstraßen wären noch folgende Stellen des Gettozaunes besonders zu verstärken, weil dort bis in die letzte Zeit Schmuggler durch den Zaun durchschlüpfen konnten.
1) Die Gärtnerstraße vom Posten 1 bis 3 der Gettowache 4.
2) Der Feldweg zwischen der Reiterstraße und der Hohensteinerstraße.
3) Die Holzstraße ostwärts der Fabrik „Gama“[5] bis zum Straßenknick Richtung Fabrik Poznanski.[6]
Unter Hinweis auf die Vorkommnisse im Warschauer Getto[7] und die feindliche Einstellung der polnischen Bevölkerung sind die von mir umstehend geforderten Ausbesserungsarbeiten am Gettozaun als vordringliche Sicherungsmaßnahmen anzusehen. Es wird daher gebeten, diese Arbeiten baldmöglichst in Angriff zu nehmen und Einzelheiten wegen der Durchführung der Arbeiten unmittelbar mit dem Revierführer des 6. Polizeireviers festzulegen.
Um Bestätigung meines Schreibens darf ich bitten.[8]

DOK. 210

Der Bürgermeister von Bendsburg beklagt sich am 30. Mai 1943 beim Landrat und Polizeipräsidenten über die Aufräumarbeiten nach der Deportation der Juden[1]

Schreiben des Bürgermeisters der Stadt Bendsburg (– 003/1110 –), gez. Kowohl, an den Polizeipräsidenten in Sosnowitz und den Landrat in Bendsburg vom 30.5.1943 (Abschrift)

Betrifft: Reinigung der Höfe und Grundstücke in der Stadt Bendsburg.
Am 5. April 1943 habe ich einen Bericht über die Seuchenbekämpfung in der Stadt Bendsburg vorgelegt[2] und hierbei die Seuchengefahr und ihre Ursachen mit den zur Bekämpfung getroffenen Maßnahmen herausgestellt. Durch wiederholte Kontrollen habe ich festgestellt und feststellen lassen, daß in der Frage der Seuchenbekämpfung die Reinigung der Höfe und Grundstücke eine erhebliche Rolle spielt.
Schon früher habe ich nachgewiesen,[3] daß die Einwohnerzahl der Stadt (54 000) im Verhältnis zur Flächenlänge (1500 Hektar) keine Vergleichsmöglichkeiten mit gleichen

5 Gemeint ist die Firma Gama Chemische Industrie, von April 1943 an auch Chemische- und Waschmittel-Industrie, des deutschen Unternehmers Arnold Schöler.
6 Die Fabrik Poznanski zählte im 19. Jh. zu den größten Textilfirmen Europas und gehörte der jüdischen Unternehmerfamilie Poznański. 1942 wurde die Firma enteignet und in die AG der Baumwollmanufaktur Seidel und Weber Co. KG umgewandelt.
7 Gemeint ist der Aufstand im Warschauer Getto ab dem 19.4.1943.
8 Gettoverwaltung (027/2/Ri/Po, gez. Ribbe) an Kommando der Schutzpolizei Litzmannstadt, – S 1a (J) –, vom 31.5.1943; wie Anm. 1, Bl. 8.

1 BArch, NS 25/1122, Bl. 73–75.
2 Siehe Dok. 201 vom 5.4.1943.
3 Ebd.

Städten des Altreichs bietet. Die Folge davon ist, daß die enge Bauweise durchweg verhältnismäßig kleine Höfe nachweist und der enge Ortsraum verbunden mit der großen Wohnungsknappheit für die Unterbringung der fremdvölkischen und fremdrassigen Bevölkerungsschichten nur die allernotwendigsten Möglichkeiten zuließ.
Unrat und Abfälle sind seit langer Zeit mangels anderer Möglichkeiten in die engen Höfe geschüttet worden. Ganz wesentlich haben sich die Zustände verschlechtert durch die Aussiedlung der Juden. In den jetzt von Juden frei gemachten Häusern sind in den Höfen und in den Kellern und Böden oft Bilder vorzufinden, die einem Deutschen des Altreichs als unglaublich erscheinen würden. Neben Möbel- und Eisenstücken, neben Eimern und Geschirr befinden sich Stroh- und Holzwollreste, die durch Regenfälle in Fäulnis übergegangen sind, eng beieinander. In dem wüsten Durcheinander werden die Brutstätten für Ungeziefer aller Art buchstäblich gezüchtet.
Diesen Zuständen im Interesse der Seuchenbekämpfung ein Ende zu bereiten, gehört schon seit langer Zeit zu den Sorgen der deutschen Verwaltung. Seit 10 Tagen ist hier die Arbeit im Gange. Bis heute sind 1405 Fuhren Unrat und 600 Fuhren Fäkalien abgefahren worden. Die gesamte Marktstraße ist fast durchweg in ihren Häusern und Höfen frei von jeglichem Unrat. Am schlimmsten sind noch die Verhältnisse in den Straßen „Hinter dem Wall" und „Am Wasser". Um die ganze Stadt sauber zu bekommen, ist die Durchführung dieser Maßnahmen in folgender Weise organisiert worden:
a) Die Firma Muschik (Mülltransport) übernimmt die Abfuhr von Gerümpel und Abfällen aller Art. Sie stellt dafür 12 Gespanne mit 24 Fahrzeugen und 32 Arbeitskräften zur Verfügung. Das Gerümpel wird in den Höfen und auf den Straßen abfahrbereit aufbewahrt, so daß die Firma Muschik nur für die Abfuhr zu sorgen hat.
b) Die jüdische Kultusgemeinde stellt 36 Arbeitskräfte mit 6 Ordnern zur Verfügung, die die Aufgabe haben, die Häuser von den Kellern bis zu den Böden einschließlich der Höfe zu säubern. Die Ordner übernehmen die Überwachung.
c) Die Aufräumungstrupps (36 Juden) und der Abfahrdienst werden in 3 Gruppen eingeteilt, die straßenweise ihre Arbeit durchführen. Es soll damit erreicht werden, daß die am Tage zusammengetragenen Mengen von Gerümpel und Unrat bis zum Abend abgefahren sind.
d) Das bei den Säuberungsarbeiten aufgefundene Eisen- und Holzmaterial sowie die ungebrauchten Papiermengen werden besonders gesammelt. Hier ist für die Abfuhr die Firma Kessler eingeschaltet worden. Das für die Kriegswirtschaft wichtige Material wird auf diese Weise seiner Bestimmung zugeführt.
e) Die Hauspfleger sämtlicher Häuser sind zu einer besonderen Information zusammengezogen worden. Neben der Grundstücksgesellschaft hat der Vertreter in der Stadt eine ausreichende Aufklärung über die Ordnung und Sauberkeit in den Höfen und Grundstücken gegeben.
f) Zur ständigen Kontrolle dieser Maßnahmen wird die kommunale Restpolizei ständig eingeschaltet. Der Unterzeichnete wird bei der Durchführung der Maßnahmen selbst zugegen sein.
g) Der Abschluß der Maßnahme, der in der hier beschriebenen Organisation durchgeführt wird, beginnt am 7. Juni und soll am 12. Juni enden. Es wird erwartet, daß dann die gesamte Stadt sauber ist.
h) Die Kostenfrage wird noch zwischen der jüdischen Kultusgemeinde und der Grundstücksgesellschaft geklärt. Die Stadt kommt, weil es sich hier um die Beseitigung gesund-

heitspolizeilicher Maßnahmen handelt, als Kostenträger oder Kostenbeteiligter nicht in Betracht. Sie schaltet [sich] aktiv ein, um in der Abwendung der dem Leben und der Gesundheit der deutschen Bevölkerung drohenden Gefahr erfolgreich tätig zu sein.
j) Die Grundstücksgesellschaft hat sich bei der Durchführung der Maßnahmen aktiv eingeschaltet.
Ich werde nach Abschluß der Maßnahmen über den Erfolg berichten.
Soweit das Schreiben des Herrn Polizeipräsidenten vom 18.5.1943 – V – 33.71 – in Betracht kommt,[4] möchte ich feststellen, daß die Stadt bis jetzt folgende Notaborte geschaffen hat:

a) Talstraße 11	=	6 Aborte
b) Hüttenstraße 27	=	4 Aborte
c) Wallstraße 5	=	2 Aborte
d) Talstraße 98	=	4 Aborte
e) Hüttenstraße 35	=	2 Aborte
f) Gutsstraße 47	=	2 Aborte
g) Gutsstraße 41	=	4 Aborte
h) Talstraße 15	=	2 Aborte
Zusammen		26 Aborte

Diese Arbeiten sind seit längerer Zeit im Gange. Wenn ab und zu Verzögerungen eingetreten sind, so lag das an den Schwierigkeiten, genügend Arbeitskräfte zu erhalten. Trotz allem werde ich in allernächster Zeit auch über die Beendigung dieser Arbeiten berichten können.

DOK. 211

Die Polizei in Sosnowitz merkt am 5. Juni 1943 an, dass die Umsiedlung der Juden in das Getto Schrodel von der deutschen Bevölkerung begrüßt wird[1]

Lagebericht des 2. Polizeireviers, Unterschrift unleserlich, Revier-Leutnant der Schutzpolizei und Revier-Führer, an das Schutzpolizei-Abschnittskommando I in Sosnowitz vom 5.6.1943

Lagebericht.
I. 1.) *Allgemeine Lage in polizeilicher und politischer Hinsicht:*
a) Die allgemeine Stimmung der Reichs- und Volksdeutschen im Revierbereich ist gut und zuversichtlich. Obwohl die Ereignisse in Afrika[2] lebhaft erörtert wurden und aus der Lage an der Südfront Mutmaßungen über die weiteren Operationen des Feindes angestellt werden, stehen derzeitig doch die von unserer Seite zu erwartenden Operationen im Vordergrund. In diesem Zusammenhang finden die kürzlich in der Presse gemachten Angaben über die durch feindliche Luftangriffe im Westen eingetretenen Schäden und hierbei geäußerte Pressestimmen, daß für so viel Schuld die Vergeltung furchtbar sein wird, stärkste Beachtung. Nach wie vor ist die feste Überzeugung vorhanden, daß dieser

4 Nicht ermittelt.

1 APK, 807/334, Bl. 58–60.
2 Der Afrikafeldzug endete am 13.5.1943 mit der Kapitulation der Heeresgruppe Afrika unter Generaloberst Hans-Jürgen von Arnim bei Tunis.

Krieg, den das internationale Judentum durch jahrelange systematische Vorbereitung gegen den Nationalsozialismus entfesselt hat, durch unsere starke Führung und den planmäßigen totalen Kriegseinsatz auf jeden Fall gewonnen wird.
Allgemein herrscht die Auffassung vor, daß der Krieg noch in diesem Jahre in ein entscheidendes Stadium eintreten wird.
b) Die Polen zeigen gleichfalls ein steigendes Interesse an dem weiteren Kriegsverlauf. Nach den von uns aufgedeckten Massenmorden in Katyn[3] sind sie allgemein nüchterner und zurückhaltender geworden. Der größte Teil der Polen wünscht ja auch nicht einen Sieg des Bolschewismus, sondern ein selbständiges Polen unter eigener Führung. Diese Tatsache ist bei den Polen immer noch unverkennbar.
c) Die Aussiedlung der Juden nach dem Ghetto Schrodel[4] und die kürzliche Ungültigkeitserklärung sämtlicher bisher an Juden ausgegebenen Straßenausweise hat sich günstig ausgewirkt. Auch im Straßenbild des 2. Reviers treten Juden – mit Ausnahme der geschlossenen Arbeitskolonnen – so gut wie gar nicht mehr in Erscheinung, was auch von der deutschen Bevölkerung begrüßt wird.
2.) *Kommunale Lage:*
Einzelne Straßen, hauptsächlich Nebenstraßen, und Gehbahnen im Bereich des 2. Reviers sind immer noch in einem mangelhaften Zustande. Durch die fehlende Kanalisation in verschiedenen Nebenstraßen wird von den Anwohnern Schmutzwasser usw. einfach in die Rinnsteine der Straßen gegossen. Dies bedeutet in Verbindung mit der in den Sommermonaten zu erwartenden Fliegenplage eine erhöhte Seuchengefahr. Obwohl sich die Reinlichkeit durch ständige polizeiliche Aufsicht schon gebessert hat, ist z. Zt. mangels Kräften eine wirksame Überwachung durch den Straßenaufsichtsdienst nicht möglich. In Zukunft dürfte sich die derzeitig durchgeführte Einsetzung von Hausmeistern, die für Ordnung und Reinlichkeit verantwortlich gemacht werden, günstig auswirken. Hinsichtlich der Müllabfuhr ist die Grundstücksgesellschaft immer noch sehr säumig, so daß Auflagen an sie erforderlich scheinen.
3.) *Wirtschaftliche Lage unter besonderer Berücksichtigung der Preis- und Lohnverhältnisse und des Arbeitsmarktes:*
In letzter Zeit häufen sich die Fälle wegen Arbeitsvertragsbruches der Polen. Augenscheinlich ist diese Tatsache auf die von den Polen geführte Klage über zu geringe Löhne zurückzuführen. Trotzdem das Schmuggeln unter exemplarische Strafen gestellt ist, wird die Schmuggelei von den Polen stark betrieben. Es werden erfahrungsgemäß hierbei Preise gezahlt, die in keinem Verhältnis zu dem Verdienst der Polen stehen. Der Tauschhandel wird immer noch als das beste Geschäft angesehen.
4.) *Ernährungslage:*
Im allgemeinen kann die Ernährungslage als ausreichend und gesichert angesehen werden. Der Abzug von 100 Gramm Fleisch in der Woche ohne die in Aussicht gestellte

3 Siehe Dok. 207 vom 29.4.1943, Anm. 2.
4 Von Okt. 1942 an wurden die ca. 15 000 noch in Sosnowitz lebenden Juden im nördlichen Stadtteil Schrodel (poln. Środula) zusammengefasst. Das Getto grenzte an das Getto von Bendsburg und wurde im März 1943 abgeriegelt, beide Gettos wurden in mehreren Phasen zwischen Juni und Aug. 1943 aufgelöst, die meisten Juden nach Auschwitz deportiert; siehe Dok. 154 vom 6.10.1942 und Dok. 201 vom 5.4.1943.

Erhöhung der Fett- und Brotration hat unter der deutschen Bevölkerung Enttäuschung hervorgerufen.
Im 2. Revier ist bei 4800 deutschen Volksgenossen kein Fischgeschäft vorhanden. Alle deutschen Fischempfänger, die im 2. Revier wohnen, müssen daher zum Einkauf der geringen, aber des öfteren zugeteilten Fischportion erst nach der Innenstadt zum Fischgeschäft Hauptstr. (Nähe des Bahnhofs) fahren, wo oft ein längeres Anstellen notwendig ist. Diese Tatsache hat bei der deutschen Bevölkerung des 2. Reviers schon oft Mißfallen erregt. Die Eröffnung von mindestens einer Fischfiliale im Bereich des 2. Reviers ist dringend erforderlich.
5.) *Verschiedenes:*
Die Beförderungsmöglichkeiten mit der Straßenbahn sind nach wie vor unzureichend. Dies tritt insbesondere vor Arbeitsbeginn, nach Arbeitsschluß und in der Hauptgeschäftszeit nachmittags in Erscheinung. Auch fallen gerade auf der Strecke Bendsburg-Poggenweg des öfteren Wagen aus. Ob dies an einer mangelhaften Ausbildung und Bedienung durch die Straßenbahnführer liegt, ist nicht bekannt. Ferner ist vornehmlich die Straßenbahnlinie Sosnowitz-Bendsburg und umgekehrt am Tage durch Deutsche, die zum Teil von ganz Oberschlesien nach Sosnowitz und weiter nach Bendsburg kommen, um hier noch Mangelware usw. einzukaufen, stark belastet.
Von deutschen Volksgenossen sind Klagen laut geworden, daß den Buchenländern[5] Grundstücke und Gärten zugewiesen werden, die zum Teil bereits 2 Jahre und länger in Pacht von Deutschen sind. Durch viele Arbeit und Mühe haben sich diese Deutschen die Gärten hergerichtet, daß von ihnen jetzt Gemüse und anderes geerntet werden kann. Die Tatsache, daß diese Deutschen dann von ihren Gärten von den Buchenländern verdrängt werden, hat unter den betreffenden Deutschen starke Verbitterung hervorgerufen.
II.) *Allgemeines über die Lage u. Bestrebungen der fremden Volksgruppen und Slonsaken:*[6]
Die Disziplin und der Ordnungssinn lassen bei der polnischen Bevölkerung noch viel zu wünschen übrig.
In der Industrie werden zum größten Teil fremde Volksgruppen, vornehmlich Polen, beschäftigt.
Zu- und Abwanderungen im Revierbereich halten sich in normalen Grenzen.
Die Teilnahme der Polen am Gottesdienst ist stets sehr rege.

5 Auch als Buchenlanddeutsche bezeichnete Gruppe von 90 000 Volksdeutschen, die im Rahmen eines deutsch-sowjet. Abkommens im Herbst 1940 aus der Bukowina im Reich bzw. überwiegend in den eingegliederten Ostgebieten angesiedelt wurden.
6 Siehe Dok. 170 vom 4.12.1942, Anm. 4.

DOK. 212

Moshe Maik schreibt zwischen dem 23. Mai und 10. Juni 1943 in seinem Tagebuch über den Warschauer Gettoaufstand und darüber, wie ein Pole versteckte Juden an die Deutschen verrät[1]

Handschriftl. Tagebuch von Moshe Maik, Sokoły (Bezirk Bialystok), Einträge vom 23.5. bis 10.6.1943

Sonntag, 23. Mai 1943
Eine ganze Woche lang keine besonderen Neuigkeiten. In der Nacht kommt Stasiek herunter und liest uns aus einer Untergrundzeitung vor, in der geschrieben steht, dass die Deutschen Ende April das Warschauer Getto eingekesselt hätten, um die übriggebliebenen 80 000 Bewohner nach Treblinka zu deportieren. Aber sobald die Deutschen versuchten, die erste Gruppe Juden gefangen zu nehmen, stießen sie auf bewaffneten Widerstand seitens der Juden. Es gab Maschinengewehrfeuer, und die Juden steckten alle deutschen Warenlager im Getto in Brand, indem sie Granaten hineinwarfen. Die Deutschen haben im Kampf gegen die Juden Panzer und auch Flugzeuge eingesetzt. Sie zündeten das Getto an, doch ungeachtet dessen verteidigten die Warschauer Juden ihre Ehre. Nach drei Tagen Kampf wurde der organisierte jüdische Widerstand gebrochen, einzelne Gruppen kämpfen aber noch, auch das Getto brennt noch immer.[2] Außerdem richtet sich die Zeitung mit der Aufforderung an die Polen, dass es eine Christenpflicht sei, den geflohenen Juden zu helfen. Die ganze Zeit haben die Zeitungen zur Ausrottung der Juden geschwiegen, nun, da es keine Juden mehr gibt, rufen sie zur Hilfe auf. Das ist nun einmal das Schicksal der Juden. Traurig, aber stolz sehen wir Stasiek an, da wenigstens die letzten Gettos bewiesen haben, dass die Juden heldenhaft sind.

Sonntag, 30. Mai 1943
Diese Nacht kommt Stasiek herunter und erzählt uns, dass Deutsche nach Mazury gekommen seien und einen gewissen Wróblewski geschnappt hätten, der ihnen sagen sollte, wo sich die Banden aufhalten. Er antwortete, dass er von Banden nichts wisse, dafür aber von Juden, und führte die Deutschen in den Wald von Mazury. Dort waren 15 Juden in einer Höhle. Die Deutschen erschossen die Juden und den Christen ebenfalls. Danach liest er uns eine Zeitung vom 17. Mai vor, die von der Bedeutung Afrikas für Europa handelt und auch davon, dass die Warschauer Juden sich noch verteidigen. Dann schalte ich das Radio ein. Es werden Bombardierungen gemeldet, und dass Roosevelt gesagt habe, man werde so lange auf Italien einschlagen, bis die Italiener Mussolini und seine Bande von allein vertrieben. Das sind die Neuigkeiten einer ganzen Woche.

Sabbat, 5. Juni 1943
Heute beschließe ich mit Chaim-Judl, in die Kornfelder hinauszugehen. Wir nehmen Waffen, etwas zum Lesen und den Dynamo zum Reparieren mit. Vor Sonnenaufgang kriechen wir aus unserem Loch und gehen tief in die Kornfelder hinein. Nachdem wir sieben Monate im Loch gelegen haben, sehen wir zum ersten Mal den Sonnenschein.

1 AŻIH, 302/92, Bl. 25–27. Das Dokument wurde aus dem Jiddischen übersetzt.
2 Siehe Dok. 207 vom 29.4.1943, Anm. 6.

Der Tag ist schön, die Sonne scheint, aber nicht für uns. Die Vögel spielen uns einen Trauermarsch. Die Ähren schütteln sich, als ob sie für die Hunderttausenden unschuldig gestorbenen Juden Kaddisch[3] sagen wollen. Uns wird wehmütig ums Herz. Von weitem hören wir, wie die Hirten die Kühe auf die Weide treiben und wie ein Fuhrwerk fährt. Alle sind beschäftigt, und wir müssen versteckt liegen. Warum? Als die Sonne schon am Himmel steht, beginne ich, den Dynamo zu reparieren. Chaim liest währenddessen ein Buch. Nach der Reparatur wasche ich mir die Hände und fange auch an zu lesen. Beim Lesen vergisst man ein bisschen die Lage, in der wir uns befinden. Als es gerade dunkel wird, kehren wir in unser Loch zurück. Ich schalte das Radio ein. Es wird berichtet, dass in Argentinien eine Revolution stattfinde, der alte Präsident sei geflohen.[4] Damit endet der heutige Tag.

Donnerstag, 10. Juni 1943
Vier Uhr morgens. Wir ziehen uns aus und bereiten uns zum Schlafen vor. Plötzlich fängt der Hund laut an zu bellen. Ich gehe zum Loch und lausche. Mein Herz setzt aus: Ich höre deutsche Stimmen, dabei ist das Loch noch nicht getarnt. Aber schnell beruhige ich mich. Ich berichte meinen Kameraden die Neuigkeit. Wir ziehen uns alle leise an. Wir bereiten die Gewehre und Granaten vor und sind bereit zum Kampf. Wir beschließen, uns nicht lebend zu ergeben und bis zur letzten Kugel zu kämpfen. Doch fünf Minuten später wird es still. Stasiek kommt erschrocken angelaufen und tarnt das Loch. Er bringt hervor, dass es fünf Deutsche waren, die schon wieder weg sind, und verschließt das Loch. Wir ziehen uns wieder aus und legen uns schlafen. Aber so bald können wir nicht einschlafen, die Nerven sind zerrüttet. Also liegen wir da und reden … So wollten wir uns verteidigen. Schließlich aber schlafen wir ein. Nachts berichtet Stasiek, die Deutschen hätten Banditen gesucht, endlich aber ein paar Eier genommen und wären abgezogen. Sie haben die ganze Umgebung durchforstet. Nach dem Abendessen schalte ich das Radio ein. Heute vor drei Jahren ist Italien in den Krieg eingetreten. Die Ironie des Schicksals hat dafür gesorgt, dass man von den gleichen Kolonien aus, die Italien einst gehörten, heute Italien bombardiert. Das ist die Zusammenfassung des heutigen Tages.

3 Gebet, das im Judentum unter anderem als Totenklage gesprochen wird.
4 Am 4.6.1943 war der argentin. Präsident Ramón Castillo von einer Gruppe faschistisch orientierter Militärs abgesetzt worden.

DOK. 213

Die Geheime Staatspolizei in Posen schlägt am 16. Juni 1943 vier Angehörige des Sonderkommandos Kulmhof für die Verleihung des Kriegsverdienstkreuzes vor[1]

Vorschlagsliste Nr. …[2] der Geheimen Staatspolizei, Staatspolizeileitstelle Posen, für die Verleihung des Kriegsverdienstkreuzes II. Klasse mit Schwertern, gez. Unterschrift unleserlich,[3] vom 16.6.1943

Lfde. Nr. 4722 Hiecke-Richter, Herbert,[4] [geb. in] Königsberg [am] 2.8.1911, SS-Oberscharführer, Kriminalassistent, Staatspolizeistelle Posen

Lfde. Nr. 4782 Burmeister, Walter,[5] [geb. in] Ahlbeck/Seebad [am] 2.5.1906, SS-Rottenführer, Kommandierter der Waffen-SS, Staatspolizeistelle Posen

Lfde. Nr. 4795 Hering, Oskar,[6] [geb. in] Augustfehn [am] 25.7.1903, SS-Oberscharführer, Kriminalangestellter (K), Staatspolizeileitstelle Posen. Heimatdienststelle: Reichssicherheitshauptamt Berlin

Lfde. Nr. 4801 Laabs, Gustav,[7] [geb. in] Eleonorenhof [am] 20.12.1902, SS-Hauptscharführer, Kriminal-Angestellter (K), Staatspolizeileitstelle Posen. Heimatdienststelle: SD-Leitabschnitt Stettin

Der SS-O'scharf. KA. Hiecke-Richter	gehörte	vom	10.6.1942–5.4.1943,
Der SS-Rottf. KdW-SS Burmeister	»	»	Juli 1941–5.4.1943,
Der SS-O'scharf. KAng. (K) Hering	»	»	8.12.1941–5.4.1943
Der SS-H'scharf. KAng. (K) Laabs	»	»	8.12.1941–5.4.1943

dem SS-Sonderkommando Kulmhof an.

Ihre Tätigkeit bei diesem Sonderkommando, die in der unmittelbaren Bekämpfung und Vernichtung von Staatsfeinden bestand, erfolgte unter ständigem Lebenseinsatz und erforderte in ganz besonderem Maße eine mannhafte und starke seelische Haltung. Die Tätigkeit der Genannten war mit von entscheidender Bedeutung für die Lösung eines der wichtigsten völkischen Probleme.

1 BArch, R 601/2445, Bl. 64.

2 Nicht angegeben bzw. im Formular nicht ausgefüllt.

3 Leiter der Staatspolizeileitstelle Posen war Dr. Karl-Heinz Stossberg.

4 Herbert Hiecke-Richter (1911–1945), Gärtnergehilfe; 1932 NSDAP-Eintritt; in beiden Lagerphasen beim Sonderkommando Kulmhof, Transportleitung und zuständig für die den Opfern abgenommenen Wertsachen; 1943/44 bei der SS-Division „Prinz Eugen" in Kroatien, SS-Hauptscharführer; im Febr. 1945 Festnahme durch die Rote Armee, 1945 für tot erklärt.

5 Walter Burmeister (*1906), Installateur; 1933 SS- und 1937 NSDAP-Eintritt; Fahrer der Kommandanten des Sonderkommandos Kulmhof, in der ersten Lagerphase auch Fahrer eines Gaswagens, Leiter der Küche; SS-Unterscharführer; 1943 bei der SS-Division „Prinz Eugen" in Kroatien, im Frühjahr 1944 Rückkehr nach Kulmhof; im Jan. 1945 in einer Funkstation in Berlin-Wannsee; bis Okt. 1947 in Neuengamme interniert, lebte anschließend in Flensburg; vom Landgericht Bonn 1963 zu 13 Jahren Gefängnis verurteilt.

6 Oskar Hering (1903–1944); SS-Oberscharführer; Fahrer eines Gaswagens im Vernichtungslager Kulmhof zwischen Dez. 1941 und April 1943; beim Einsatz der SS-Division „Prinz Eugen" in Jugoslawien umgekommen.

7 Gustav Laabs (*1902), Melker und Kraftfahrer; 1932 NSDAP- und SS-Eintritt; von 1938 an beim SD in Stettin; von Dez. 1941 an beim SS-Sonderkommando Kulmhof, dort Fahrer eines Gaswagens bis April 1943 sowie im Juni/Juli 1944; SS-Hauptscharführer; 1944 bei der SS-Division „Prinz Eugen" in Kroatien; nach dem Krieg von den US-Streitkräften bis 1946 interniert, von 1947 an wieder als Kraftfahrer in Niedersachsen tätig; vom Landgericht Bonn 1963 zu 13 Jahren Gefängnis verurteilt.

Die zu lfd. Nummer 1–4 Genannten sind der Auszeichnung in jeder Beziehung würdig. Ein Straf- oder Disziplinarverfahren schwebt gegen sie nicht.
Befürwortet:
Der Inspekteur der Sicherheitspolizei und des SD Posen
Damzog[8]
SS-Oberführer und Oberst der Polizei.

DOK. 214
Der Abhördienst des Reichsluftfahrtministeriums meldet am 22. Juni 1943, dass die Morde im Vernichtungslager Kulmhof Anfang April beendet worden seien[1]

Fernschreiben der Forschungsstelle A des Forschungsamtes (Geheime Reichssache!), Litzmannstadt, gez. i. V., Unterschrift unleserlich, an FA 5 A 4[2] (Eing. 0936 vom 22.6.1943) vom 22.6.1943

MzA[3] *Litzmannstadt Nr. 406*
Betr.: Zur Auflösung des Judenlagers Kulmhof
Wie durch NL[4] 7299 vom 25.3.43 bereits berichtet wurde, ist das Lager Kulmhof Post Eichstädt Kreis Warthbrücken, in das hauptsächlich nicht arbeitseinsatzfähige Juden aus dem Warthegau, insbesondere aus dem Litzmannstädter Getto seiner Zeit laufend überführt wurden, zum 1.4.43 aufgelöst worden. Aus zuverlässiger Quelle wurde der Forschungsstelle nun bekannt, daß die dortigen Wachmannschaften der Polizei nachträglich die in einem Wäldchen bei Kulmhof begrabenen Juden wieder exhumieren und diese in eigens gefertigten Öfen verbrennen mußten. – Nach Gewährung eines längeren Erholungsurlaubes wurden diese Schutzmannschaften zum Fronteinsatz abkommandiert. Wie jetzt verlautet, werden diese Kräfte nunmehr wieder herausgezogen, um in Graz für einen gleichartigen Einsatz im Südosten ausgerüstet zu werden.[5]

8 Ernst Damzog.

1 YVA, O.51/13, Bl. 260.
2 Nicht ermittelt.
3 Meldung zu Auswertefrage.
4 Nachrichtenlage.
5 Die Angehörigen des Sonderkommandos Bothmann wurden zwischen April 1943 und Mai 1944 zur Waffen-SS-Division „Prinz Eugen“ zur Partisanenbekämpfung in Jugoslawien abkommandiert; siehe auch Dok. 195 vom 19.3.1943.

DOK. 215
Oberschlesische Zeitung (Kattowitz): Artikel vom 2. Juli 1943 über den bewaffneten Raubüberfall eines Juden in Bendsburg[1]

Flüchtiger Verbrecher gesucht[2]

Am 23. und 24. Juni wurden in Bendsburg in den Wohnungen zweier Reichsdeutscher Raubüberfälle mit Waffen verübt. Ein Täter, der 21jährige jüdische Elektriker Harry Lothar Israel Blumenfrucht aus Bendsburg,[3] ist bereits festgenommen worden. Sein Mittäter, angeblich ein Pole, ist noch flüchtig. Beschreibung des flüchtigen Täters: Etwa 25 Jahre alt, 1,76 Meter groß, untersetzt, breitschultrig, hellblondes, an manchen Stellen dunkelblond durchsetztes Haar, gesunde Gesichtsfarbe, ovales Gesicht, kurze breite Nase, sogenannte Boxernase, blaue Augen, bartlos. Bekleidung: Dunkelgrauer Filzhut, Krempe nach unten gebogen, dunkler Satinstaubmantel, dunkles Jackett, lange dunkle Hose, schwarze Halbschuhe. Wer hat beide Täter am 23. Juni gegen 14 Uhr im Getto in Bendsburg gesehen? Wem begegneten die Täter gegen 16 Uhr am Steinbruch in Bendsburg? Am 24. Juni trugen beide Täter schwarze Wettermäntel. Wer hat die Täter in der Zeit zwischen 6 und 10 Uhr am Steinbruch in Bendsburg gesehen? Wem sind die Täter auf dem Wege vom Steinbruch bis zur Feldstraße in Bendsburg begegnet? Der festgenommene Jude war mit langen schwarzen Schaftstiefeln bekleidet. Wer hat die Täter auf der Flucht von der Feldstraße in Bendsburg bis zur Xawerkolonie gesehen? Sachdienliche Angaben, die auf Wunsch vertraulich behandelt werden, nimmt die Kriminalabteilung in Sosnowitz oder jede andere Polizeidienststelle entgegen.[4]

1 Oberschlesische Zeitung, Nr. 180 vom 2.7.1943. Nach Sept. 1939 wurden die Kattowitzer Zeitung und weitere Tageszeitungen zur Oberschlesischen Zeitung zusammengelegt, die als Organ der NSDAP-Kreisleitung bis Jan. 1945 erschien.

2 Laut Bericht des Oberstaatsanwalts Beuthen als Leiter der Anklagebehörde beim Sondergericht Kattowitz an den Reichsjustizminister, z. Hd. von MinR. Dr. Karl Günther Joël, vom 30.6.1943 hatten ein Jude zusammen mit einem Polen angesichts der bevorstehenden Auflösung der oberschlesischen Gettos in Sosnowitz und Bendsburg geplant, ins Generalgouvernement zu flüchten und sich zu diesem Zweck Waffen zu besorgen. Die genannten Überfälle auf zwei Häuser fanden offenbar ohne Waffen statt, vielmehr waren diese lediglich die Beute; BArch, R 3001/162572, Bl. 1.

3 Harry Lothar Blumenfrucht (1922 oder 1924–1943), geb. in Wien; 1939 in Bendsburg, während der Besatzung Zwangsarbeiter in der Schuhfabrik Braune; Angehöriger der Widerstandsgruppe Hanoar Hazioni, für die er vermutlich Waffen beschaffen wollte; nach seiner Verhaftung und mehrwöchiger Gestapohaft ermordet.

4 Am 20.8.1943 berichtete der Oberstaatsanwalt Beuthen an den Reichsjustizminister, dass zwei Juden, der eine davon Blumenfrucht, dem Polizeistandgericht überstellt worden seien; wie Anm. 2, Bl. 3.

DOK. 216

Die Dresdner Bank in Bendsburg berichtet am 3. Juli 1943 über die Störung in den Produktionsbetrieben durch die Deportation der oberschlesischen Juden[1]

Schreiben der Dresdner Bank, Zweigstelle Bendsburg (G/H), Unterschrift unleserlich, an Filiale Kattowitz, Direktion (Eing. 4.7.1943), vom 3.7.1943[2]

Betr.: Bericht über die Wirtschaftslage des hiesigen Bezirkes und die Geschäftsentwicklung der Zweigstelle Bendsburg.

Die im hiesigen Bezirk durchgeführten Schließungen bzw. Zusammenlegungen von Geschäfts- und Handwerkerbetrieben haben bei den Firmen eine gewisse Zurückhaltung sowohl im Einkauf – als auch im Verkauf zur Folge gehabt, zumal die Schließungsaktion noch nicht vollkommen durchgeführt ist.[3] Diese abwartende Einstellung tritt insbesondere bei den Großhandlungen in Erscheinung.

Im Juni wurden von den in Bendsburg ansässigen 18.' Juden ca. 6' ausgesiedelt.[4] Hierdurch sind die hiesigen Großbetriebe, in der Hauptsache Schneider- und Schustergroßwerkstätten, die fast ausschließlich für die Wehrmacht beschäftigt sind, stark betroffen worden. Aber auch bei den sonstigen Betrieben ist durch die erfolgte Aussiedlung ein Mangel an Facharbeitern eingetreten, den man durch Anlernung von polnischen Arbeitern und Jugendlichen zu beheben versucht, da die Zuweisungen von Fachkräften durch das Arbeitsamt den Anforderungen in keiner Weise entsprechen. Gleichzeitig mit der erfolgten Aussiedlung ist den Kaufleuten die weitere Beschäftigung von Juden mit sofortiger Wirkung untersagt worden.

Die dem Sonderbeauftragten des Reichsführers SS[5] unterstellten Schneider- und Schustersammelwerkstätten (Kto. bei unserer Filiale Sosnowitz) mit einer Belegschaft von ca. 6' Juden haben inzwischen die Genehmigung erhalten, ihre Betriebe weiterzuführen, müssen sie jedoch in die Nähe von Auschwitz verlegen,[6] während die Fa. Braune, Werkstätten für die Verarbeitung von Leder- u. Filzabfällen, ihre Betriebsstätte nach dem Getto Schrodel (Ortsteil von Sosnowitz) verlegen muß. Da die Firma außer Wehrmachtsaufträgen größere Bestellungen der DAF für die Gefolgschaft der Großindustrie aufzuarbeiten hat, ist ihr eine Frist von 4–6 Monaten für den Verbleib in Schrodel zugebilligt worden.[7] Nach Ablauf dieser Frist muß sie ihren Betrieb ebenfalls in die Nähe von Auschwitz verlegen. Die Beschäftigung von Juden ist den angeführten Unternehmen bis Kriegsende zugestanden. Bezüglich der übrigen Großbetriebe ist eine Entscheidung noch nicht ergangen.

1 APK, 320/114, Bl. 1 f.
2 Im Original handschriftl. Bearbeitungsvermerke.
3 Im Zuge der Umstellung auf den Totalen Krieg waren im Frühjahr 1943 zahlreiche Betriebe geschlossen worden, um vermehrt wehrfähige Männer einziehen zu können.
4 Das bedeutet 18 000 und 6000.
5 Albrecht Schmelt.
6 Eine solche „Verlegung" von Betrieben fand nicht statt.
7 Diese Frist wurde nicht gesetzt, da im Aug. 1943 die letzten ostoberschles. Gettos aufgelöst und die Juden nach Auschwitz deportiert wurden.

Trotzdem sich die angeführten Maßnahmen ungünstig auf die Wirtschaftslage und die Beschäftigung der mittleren Industrie sowie Handel und Wirtschaft unseres Bezirkes auswirken, ist es uns gelungen, die Umsätze unserer Zweigstelle zu steigern.
Ferner konnten wir, trotzdem Kreditrückzahlungen erfolgten, durch Neukredite und Krediterhöhungen ein Anwachsen der Debitoren erzielen. An Neukrediten und Krediterhöhungen wurden im I. Semester 1943

St. 17 mit	RM 459.'	Barkredite
	» 25.'	Avalkredite[8]

genehmigt.
Auf Grund eines bereits früher genehmigten Kredites legten wir eine weitere Bürgschaft in Höhe von RM 150.' hinaus.
In vorstehenden Beträgen sind die genehmigten und nicht wirksam gewordenen Kredite (Kokotek, Hamacek) und die inzwischen zur Rückzahlung gelangten Kredite nicht enthalten.
Nachstehend geben wir Ihnen eine Übersicht über den Stand unserer Zweigstelle am 30. Juni 1943:

Debitoren	RM 1782.'	Kreditoren	RM 1561.'
		Spar-Kto.	» 218.'
			RM 1779.'

	Debet	*Kredit*	
Konto-Korrent Ums. im Juni 43	4064.'	4255.'	
Gesamtumsatz lt. kl. Tagesbilanz	8103.'	8 4274.'[9]	
Konto-Korrent-Konten	293		
Beamte	4		
Interne	11		
Banken	1		
	309		
Spar-Konten	126		
Depot-Konten	10		
	445	Zuwachs I. Sem. 43	261

Wir hoffen durch Einschaltung bei in nächster Zeit zum Abschluß kommenden Verkäufen von mittleren und größeren Unternehmen und durch weitere intensive Werbung unsere Geschäftsbasis zu erweitern und eine weitere Belebung zu erreichen.
Heil Hitler!

8 Bürgschafts- bzw. Garantiezusage eines Kreditinstituts zugunsten eines Kunden.
9 So im Original.

DOK. 217
Jakub Poznański notiert in seinem Tagebuch Ende Juni/Anfang Juli 1943 das Geschehen im Getto Litzmannstadt[1]

Handschriftl. Tagebuch von Jakub Poznański,[2] Einträge vom 30.6. bis 6.7.1943

30. Juni 1943
Heute endet der 46. Kriegsmonat. Wenige Leute haben geglaubt, dass der Krieg so lange dauern würde. Wer sich aber ein genaues Bild der Situation gemacht hat, wer das Ziel des Krieges verstanden hat, wer in diesem Krieg einen Krieg gesellschaftlich-politischer Systeme gesehen hat, wer angemessen die Macht Deutschlands eingeschätzt hat und wer die schlechte Vorbereitung seiner Gegner kannte – der hat verstanden, dass der Krieg Jahre dauern würde. Natürlich konnte und kann auch ein verständiger Mensch nicht das genaue Ende des Krieges bestimmen, aber deshalb glaube ich nicht, dass der Präses in dieser Woche in einem Ressort gesagt haben soll, dass der Krieg im November beendet sein werde. Er ist zu klug, um es so zu sagen.
Aufgrund vieler Symptome kann man behaupten, dass uns vom Kriegsende ein relativ kurzer Zeitraum trennt. Dennoch glaube ich, dass das Kriegsende für die Nichteingeweihten – und dazu zählen die Juden im Getto unbedingt – völlig unerwartet kommen wird, dass wir es überhaupt nicht vorhersagen können. „Der Friede wird kommen, wie ein Dieb in der Nacht und unerwartet",[3] schrieb Goebbels vor einigen Monaten in einem seiner Artikel für das „Reich",[4] und genau so wird es sein. Die Völker sind müde, aber noch nicht in dem Maße, um dem Schlachten ein Ende zu setzen.
Gestern sprach ich mit einem, der im vergangenen Jahr aus Pabianice eingesiedelt wurde. Mitte Mai vergangenen Jahres wurden alle Juden aus dem Getto in Pabianice ausgesiedelt, zurück blieben 180 Personen, davon 20 Frauen.[5] Die Ausgesiedelten wurden in zwei Gruppen aufgeteilt: Junge Männer und solche mittleren Alters sowie einige wenige Frauen wurden nach Łódź geschickt, die Kinder, Alten und Frauen wurden in unbekannte Richtung verschickt, wie man heute sagt, ins Ungewisse. Natürlich spielten sich dabei danteske Szenen ab: das Wegreißen der Kinder von ihren Müttern, das Werfen von Kindern über den Gettozaun, schreckliche Prügel, das Foltern von Menschen, es gab auch Fälle, in denen Menschen erschlagen und mit Revolvern und Karabinern erschossen wurden etc. etc.

1 Original in Privatbesitz. Abdruck in: Jakub Poznański, Tagebuch aus dem Ghetto Litzmannstadt. Aus dem Polnischen übersetzt und hrsg. von Ingo Loose, Berlin 2011, S. 119–123. Das Dokument wurde aus dem Polnischen übersetzt.
2 Jakub Poznański (1890–1959), Ingenieur, Chemiker; von Febr. 1940 bis Febr. 1945 im Getto Litzmannstadt, führte dort ein Tagebuch; überlebte zusammen mit seiner Frau und seiner Tochter und lebte nach dem Krieg erneut in Łódź.
3 Im Original deutsch.
4 Nicht ermittelt.
5 In Pabianice gab es von Frühjahr 1940 an ein Getto für ca. 9000 Juden, die insbesondere in Textilfabriken arbeiteten; im Frühjahr 1942 wurde dort ein zentrales Warenlager für den Besitz der im Vernichtungslager Kulmhof getöteten Menschen eingerichtet, bis das Getto im Mai 1942 aufgelöst und mehrere Tausend Bewohner in Kulmhof ermordet, die Übrigen in das Getto Litzmannstadt deportiert wurden. Siehe auch Dok. 108 vom 20.–23.5.1942.

Die zurückgebliebenen 180 Menschen wurden in zwei Häusern untergebracht und sollten das Getto von allen jüdischen Sachen säubern. Das Aufräumen fand in der Weise statt, dass alle auf Gruppen aufgeteilt wurden. Jede Gruppe erhielt einen Abschnitt, in dem sie alle Wohnungen abgehen musste. In jeder Wohnung wurden die Möbel zerschlagen und das Holz durch die Türen und Fenster auf die Straße geworfen, wo ortsansässige Tischler es einsammelten. Matratzen wurden aufgeschlitzt, die Federn herausgeworfen, Rosshaar wurde ebenfalls von ortsansässigen Ariern gesammelt, wahrscheinlich sowohl Polen als auch Deutschen. Das Bettzeug: Kissen, Decken und Federn wurden gut durchsucht und zusammen mit Kleidung und ebenfalls durchsuchter Unterwäsche an die Getto-Verwaltung[6] geschickt, und diese gab alles weiter ins Getto [Litzmannstadt] zum Umarbeiten.
Hier wurde in der Christuskirche auf dem Kościelny-Platz ein besonderes Magazin eingerichtet. Die Kirche wurde auf besonderen Wunsch der Besatzungsbehörden gewählt, die hierfür eigens ins Getto kamen. Die in den Wohnungen gefundenen Wertsachen, Geld etc. mussten unter Mitarbeit der jüdischen Polizei[7] einer besonderen deutschen Kommission übergeben werden, die hier tätig war. Die Lebensmittel durften sie für sich nehmen, das heißt für das ganze Kollektiv, da es von den Behörden nur Brot erhielt, der Rest des Essens aber von diesen Produkten stammte. Tatsächlich erzählen sie, dass sie Essen in Hülle und Fülle hatten, da in den jüdischen Wohnungen umfangreiche, verschiedenartigste Lebensmittelreserven gefunden wurden, ganz zu schweigen von Wertsachen. Die Säuberung dauerte ganze drei Monate. Danach wurde die ganze Gruppe von 180 Menschen nach Litzmannstadt ins Getto geschickt. Selbstverständlich blieben den Juden Knüppel und andere Schlagwaffen nicht erspart, auch wurden sie wie Sklaven gejagt.
Ähnliche Szenen spielten sich auch in anderen Kleinstädten ab, mit dem Unterschied, dass die Mannschaften dort nicht blieben, sondern nach einigen Tagen nach Litzmannstadt zurückkehrten.

6. Juli 1943
Schon sind zehn Tage vergangen, seit ich das letzte Mal geschrieben habe. Viel ist in der Zwischenzeit nicht passiert. Ins Getto kamen Arbeiter, Juden aus verschiedenen Lagern, vor allem aus Jędrzejów.[8] Manchmal setzen sich diese Transporte aus Leuten zusammen, deren äußerer Anblick von den Leiden zeugt, die sie durchlitten haben. Es sind dies kranke Menschen, so dass ich vulgär „Ramsch"[9] sage, das heißt solche, die schon keinerlei Arbeit mehr verrichten können und für die Deutschen keinen Wert mehr haben. Ein anderes Mal schicken sie vollkommen gesunde Menschen, die gut aussehen, gut genährt sind, so dass wir neidisch auf sie sind. In diesen Fällen geht es vermutlich um die Liquidation irgend eines Arbeitslagers, oder andere Gründe leiten die, die diese Sache kon-

6 Im Original deutsch.
7 Jüdischer Ordnungsdienst im Getto.
8 In Jędrzejów (Generalgouvernement, Distrikt Radom, ca. 150 km südlich von Łódź) hatte sich von Sommer 1942 bis Frühjahr 1943 ein Zwangsarbeitslager für etwa 150 Juden befunden. Womöglich ist jedoch das unweit gelegene Arbeitslager in Skarżysko-Kamienna gemeint, in dem mehrere Tausend Juden in der Rüstungsindustrie arbeiten mussten.
9 Im Original deutsch.

trollieren, denn es sind wirklich vollkommen arbeitsfähige Menschen, die nicht immer froh in unsere Gettobedingungen zurückkehren, unter denen es ihnen nicht so gut gegangen war.
Gestern habe ich erfahren, dass die Gemüsekarten schon vorbereitet seien, die zusammen mit den Brotkarten verteilt werden. Warum aber gab es dann im letzten Jahr die Einführung von Gemüsekarten und ihren späteren Austausch gegen neue? Mit einer guten, entsprechenden Kartei sind die Gemüsekarten unnötig, der Ausweis genügt völlig, in den man alle Rationen mit einem Durchschlag würde eintragen können, wie es die jüngste Ausgabe von Ausweisen vorgesehen hatte.
Ebenfalls gestern verbreitete sich das Gerücht, dass die Frau des Gerichtsvorsitzenden ihren Mann in flagranti mit seiner Sekretärin erwischt habe und mit einer Beschwerde zum Präses gestürmt sei. Dabei muss man sagen, dass beinahe jeder unserer Würdenträger, mit kleinen Ausnahmen (aber Ausnahmen bestätigen meistens die Regel), eine Geliebte hat. Es kursiert sogar die Redewendung, derzufolge ein Leiter drei Attribute haben müsse: hohe Schuhe, [die Vorliebe für das] Kartenspiel und eine Geliebte. Und beinahe jeder hält sich daran, unabhängig vom Alter. Das Beispiel hat leider Schule gemacht.
Die Zweiwochenrationen sind praktisch ohne Änderung. Wenn es Veränderungen gibt, dann negative. Weniger Mehl, weniger Marmelade. Wir bekommen nur wenig Gemüse: Mangold, Petersilie, Kohlrabi, Hülsenfrüchte, Kohl etc. Es gibt keine Kartoffeln. Gerechterweise muss man sagen, dass die Verteilung, das heißt die Aufteilung der einkommenden Gemüsemengen, in diesem Jahr sehr viel gerechter verläuft als im vergangenen. Vermutlich muss man das der Kontrolle der Sonderabteilung[10] zuschreiben, das heißt Gertler, über den ich schon früher geschrieben habe.
Ein paar Worte über mich. In letzter Zeit fühle ich mich ein wenig geschwächt und habe (manchmal) ein Stechen in der Herzgegend. Gestern war ich beim Ressortarzt, der bestätigte, dass ich ein sehr geschwächtes Herz und Puls 52 habe. Das ist um ein Drittel weniger als normal im Getto und für mein Alter. Ich muss etwas für meine Gesundheit tun, um den Krieg zu überleben.
An den Fronten beinahe keine Veränderungen. Nur weiterhin starke Bombardierungen deutscher und mehr noch italienischer Städte. Ob dieses Bombardement zu etwas führt? Das ist die Frage, die wir uns hier stellen und auf die wir keine vernünftige Antwort geben können. Gestern kam die Nachricht von General Sikorskis Flugzeugkatastrophe, bei der er umgekommen ist. Es gibt Gerüchte, dass das keine Katastrophe gewesen sei, sondern ein Anschlag oder Selbstmord.[11]

10 Im Original deutsch.
11 Sikorski war am 4.7.1943 bei einem Flugzeugabsturz vor Gibraltar ums Leben gekommen; siehe Dok. 207 vom 29.4.1943, Anm. 5.

DOK. 218
Frumka Płotnicka und andere jüdische Widerstandskämpfer in Bendsburg schildern am 17. Juli 1943 den Massenmord im Generalgouvernement und den eingegliederten polnischen Gebieten[1]

Auslandsbriefprüfstelle Wien (Gruppe VIII – Ach/D, Br.-Nr. 16 455/43 off),[2] Wien, gez. Gross, Oberstleutnant und Dienststellenleiter, an ZABP Berlin (Zentralauswertung), Berlin,[3] vom 6.9.1943[4]

Absender: S. Mandelblatt, Galat, Istanbul, Yazici Sokak Viktorya, Türkei.
Empfänger: Dr. Ch. Pozner, Genf, 8 Rue Petitot, Schweiz.
Briefdatum: Beyoglu,[5] 6.VIII.43.
Anlagen: 1 (Übersetzung hebräischer Ausdrücke) (1 Blatt)[6]
Originalbrief: hebräisch[7]
Auswertungsergebnis: *Politik*
1. in Stichworten: Irrläufer – *Generalgouvernement*: Vernichtung der Juden.
2. in kurzer Fassung: Dem belanglosen Brief des Absenders liegt ein in Vervielfältigung hergestelltes Schreiben (vom 17. Juli) von Juden aus Bendsburg über die Vernichtung der Juden im Generalgouvernement bei. Es hat folgenden Wortlaut: … Nach langem Warten haben wir erst heute mit gewaltiger Freude Euren Schaliach[8] und den Brief bei uns aufgenommen. Euer Schaliach ist leider etwas zu spät gekommen; wir haben Jahre davon geträumt, eine Gelegenheit zu finden, von unserem Leben und Kampf zu berichten. In den ersten 1 ½ Jahren Krieg haben wir ein riesiges Hachscharah-Netz[9] ausgebaut, außerdem starke Jugendbewegungen, viel stärker und schöner wie in normaler Zeit. Leider wurde jedoch jede normale Arbeit vor ca. 1 ½ Jahren unterbrochen. Nach dem Zeitraum, in dem die Ghettos organisiert wurden, hat die planmäßige Vernichtung angefangen. Der Anfang wurde im Warthegau (Lodzer und Posenkreis) gemacht. Ca. 80 000 Juden wurden dort durch Gas vernichtet (Formell heißt das Aussiedlung).[10] In Lodz selbst ist ein kleiner, hermetisch abgeschlossener Kibbuz[11] geblieben, von ca. 40 000 [Juden], der durch Hunger und Schwindsucht sicher ausstirbt. Augenblicklich haben wir keinerlei Nachricht von dort. Der Ort der Vernichtung heißt Chelmo.[12] Später folgte die Vernichtung des litaui-

1 YVA, O.6/490, Bl. 1 f., Kopie: IfZArch, G01, Nr. 1108. Teilweise abgedruckt in: Longerich/Pohl (Hrsg.), Die Ermordung der europäischen Juden (wie Dok. 73, Anm. 1), Dok. 88, S. 225–227.
2 Die Auslandsbriefprüfstelle mit mehreren Niederlassungen unterstand dem Amt Ausland/Abwehr des OKW als Abt. III (Spionageabwehr), Gruppe III N.
3 Nachrichtlich an „OKW Ausland I (D) (H. Oberst Steinhäuser) 2-fach, OKW Abw. III (F), AST XVIII".
4 Das jidd. Original des Briefes konnte nicht ermittelt werden. Abdruck in: Froyen in di getos. Zamlbukh. Redagirt fun L. Spizman. New York 1946, S. 110–112.
5 Beyoğlu: Stadtteil auf der europäischen Seite Istanbuls.
6 Liegt nicht in der Akte.
7 Ursprünglich auf Jiddisch verfasst, wurde der Brief vor seiner Weiterleitung nach Palästina offenbar ins Hebräische übersetzt; diese Fassung ist nicht erhalten.
8 Hebr.: Gesandter, Emissär.
9 Hebr.: Vorbereitung. In vorbereitenden Kursen für die Einwanderung nach Palästina konnten sich Juden u. a. nötige Kenntnisse und Fertigkeiten für die Arbeit in der Landwirtschaft aneignen.
10 Bis zu diesem Zeitpunkt waren im Vernichtungslager Kulmhof etwa 145 000 Juden mit Giftgas ermordet worden.
11 Gemeint ist das Getto Litzmannstadt.

schen Judentums durch Erschießen in Bonari;[13] geblieben sind in Wilna, Kowno und Schallu[14] zusammen 20 000 Juden; seit einigen Monaten haben wir von dort auch keine Nachricht. Höchstwahrscheinlich ist es judenrein. Wir haben Vorbereitungen zu Hagana[15] gemacht, leider jedoch ohne Hazlecho.[16] Im sogenannten Gouvernement (Warschau, Lublin, Tschenstochau, Krakau und Umgebung) befinden sich heute keine Juden mehr. Die Vernichtung ging in Bremblinki[17] bei Malkinie durch Dampf vor sich. Das ist ein berühmter Vernichtungsort, nicht nur für das polnische Judentum, sondern auch für Juden aus Holland, Belgien usw. ... Das schönste Kapitel vom Kampf war in Warschau, organisiert haben wir die Hagana (Cywia und Josef K. mit den Kindern). Im Ghetto sind furchtbare Kämpfe vorgekommen, leider sind bloß einige Hundert Ssonim[18] gefallen (ca. 800).[19] Das Resultat war, alle Juden vernichtet und das Ghetto restlos vernichtet. Im Gouvernement existiert schon kein jüdischer Jischuw,[20] außer 3 Zwangsarbeitslagern (Travniky,[21] Ponietow[22] b. Warschau u. Prokocin[23] b. Krakau) mit zusammen 30 000 Menschen. In ein paar Wochen wird auch davon nichts [mehr] sein. In Warschau sind zwischen den Gojim[24] unlegal auf der arischen Seite einige tausend Juden geblieben; zwischen ihnen: Cywia, Jizchak, Geller, von Jaari's Familie niemand. Tosia, Chanja, Lea Perlstein, Josef Kaplan, Mordchai Anielewicz[25] und hunderte unserer Nächsten sind tot ... Alle Adressen kann ich nicht angeben. Ukraine, Polesie sind judenrein. In Byalistok sind um 20 000 Juden in verhältnismäßig besseren Bedingungen geblieben.[26] Der Lubliner Kreis ist durch Gas in Belstec und Sobiepor[27] umgebracht worden. Der letzte jüdische Jischuw, der verhältnismäßig in guten Bedingungen gelebt hat, ist Ost-Oberschlesien. Vor 3 Wochen sind 7000 Juden ausgesiedelt worden. Sie werden vernichtet in Ostwiecim (Auschwitz). Sie werden

12 Gemeint ist das Vernichtungslager Kulmhof.

13 Richtig: Ponary, die zentrale Erschießungsstätte für lit. Juden in der Nähe von Wilna; siehe VEJ 7, Einleitung, S. 59–61; VEJ 7/48, 7/223, 7/269.

14 Gemeint ist Schaulen.

15 Hebr.: Verteidigung, hier ist der Aufbau einer jüdischen Widerstandsbewegung gemeint.

16 Hebr.: Erfolg.

17 Gemeint ist das Vernichtungslager Treblinka.

18 Hebr.: Feinde.

19 Diese Zahl ist stark überhöht. Die deutschen Verluste betrugen laut Abschlussbericht des SSPF Jürgen Stroop einschließlich der Wachmänner aus dem Ausbildungslager der SS in Trawniki 16 Tote (darunter ein poln. Polizist) und 85 Verwundete; VEJ 9/243.

20 Hebr.: Bezeichnung der jüdischen Einwohnerschaft Palästinas.

21 In Trawniki südöstlich von Lublin errichtete die Wehrmacht im Herbst 1939 ein Auffanglager für poln. Kriegsgefangene, im Sommer 1941 wurden dort sowjet. Kriegsgefangene gesammelt. Später diente es als Arbeitslager für Juden sowie als Ausbildungslager für sog. fremdvölkische Hilfskräfte, die auch bei den Mordaktionen eingesetzt wurden.

22 Richtig: Poniatowa.

23 Gemeint ist das Zwangsarbeitslager Prokocim (Julag II), ein Außenlager von Plaszow bei Krakau mit über 2000 jüdischen Häftlingen.

24 Hebr./jidd. Bezeichnung für Nichtjuden.

25 Mordechaj Anielewicz (1919–1943), Aktivist des Jugendbunds Haschomer Hazair aus Warschau; 1941/42 Redakteur des Untergrundblatts Neged Hazerem und Ausbilder in einem Kibbuz im Warschauer Getto, Mitte 1942 bereiste er die Gettos Będzin und Sosnowiec; von Nov. 1942 an Kommandeur der ŻOB, am 19.4.1943 war er bei den Straßenkämpfen in der Hauptgruppe der Kämpfer, später im Bunker in der Miła-Straße 18, wo er sich am 8.5.1943 beim Angriff der Deutschen das Leben nahm.

26 Das Getto Białystok wurde Mitte Aug. 1943 aufgelöst; siehe Dok. 223 vom 15.8.1943.

27 Gemeint sind die Vernichtungslager Belzec und Sobibor.

dort vernichtet durch Erschießen und Verbrennen. In den allernächsten Wochen wird das hiesige Gebiet auch judenrein sein.
Wenn Ihr diesen Brief erhalten werdet, wird von uns schon niemand mehr am Leben sein. Von allen Pässen, die wir durch die Schweiz erhalten haben, sind nur einige wenige Menschen interniert worden, darunter allerdings niemand von uns. Heute werden durch die Macht große Schwierigkeiten gemacht, und keinerlei Internierungen finden statt. Der letzte Transport ist abgegangen, ohne daß wir bis heute Nachricht von jemand erhalten haben, im Gegenteil: Wir wissen heute bestimmt, daß er nach Auschwitz gekommen ist. Eine sofortige Intervenz bei der Schutzmacht ist die dringendste Notwendigkeit. Ich schicke nicht das gewünschte Material, da Du die Bilder und alle Daten von Nathan und Silb erhalten kannst. Ich war in allen Gebieten persönlich, über die ich Dir berichtet habe, und war selbst Zeuge aller Vorgänge der Vernichtung. Hier befinden sich vorläufig noch Herschel, schreibt aber nicht auf seine Adresse, da er mit Sziltanowicz böse ist. Ich selbst lebe mit ihm auch nicht sehr gut. Wir suchen einen Weg nach Ungarn und bitten, uns dabei, soweit es Euch möglich ist, zu helfen. Tut, was Ihr könnt, aber ich zweifle, ob Ihr uns noch werdet helfen können, bevor es zu spät ist, da wir unseren allerletzten Tagen entgegensehen. Alle Jugendbewegungen zählen heute zusammen nur noch einige hundert Menschen, einschließlich unserer und des Kinder-Kibbuzes. (Die Kibbuzim Ziler rschunijim). Unsere Hoffnung, sich mit Moletet[28] zu treffen, wird leider nicht verwirklicht werden … Wir schreiben den Brief in größter Eile, da der Schaliach keine Zeit hat. Wir haben schon keine Kraft und Geduld, Euch alles zu schreiben, was unbedingt nötig und unser Wunsch wäre … Hiermit bestätigen die Unterzeichneten den Erhalt von RM 50 000 (wörtlich: fünfzigtausend RM).
Hersch Springer[29]
Frumka Plotnicka[30]
Szlama Lerner[31]
Zwi Brandys[32]
Israel Kosch[33]
Bendsburg, den 17.7.1943.
Liebe Chawerim, Mit Simcha gedolah[34] haben wir erhalten Euer muos derech den Schaliach ein doar. Wir bitten zu senden den Schaliach noch einmal, den (Metuschtasch)[35]

28 Hebr.: Heimat, gemeint ist Erez Israel.

29 Herszel Springer (gest. 1943), geb. im Wolbrom, zionistischer Aktivist; leitete zusammen mit Frumka Płotnicka den Dror in Bendsburg, Gründer und einer der Anführer der Jüdischen Kampforganisation in Będzin; er wurde im April 1943 nach Auschwitz deportiert und kam dort um.

30 Frumka Płotnicka (1914–1943); Mitglied der jüdischen Jugendorganisationen Hechaluz und Dror, Organisatorin des Hachschara-Lagers im Warschauer Getto; Kurierin der jüdischen Widerstandsbewegung mit den Gettos in Białystok, Wilna sowie in Polesie und dem Warthegau; von Sept. 1942 an im Getto von Bendsburg-Sosnowitz, um dort den Widerstand zu organisieren; umgekommen beim Aufstand der Jüdischen Kampforganisation im Getto von Bendsburg.

31 Szlama Lerner, Mitglied der Gordonia, einer der Anführer der Jüdischen Kampforganisation in Będzin; er wurde von einem Gestapoagenten verraten und Anfang Aug. 1943 ermordet.

32 Zwi Brandys (gest. 1943), in der Zwischenkriegszeit Gründer eines Kibbuz in Żarki, Aktivist des Hashomer Hatzair, einer der Anführer der Jüdischen Kampforganisation; bei einem Ausbruchversuch aus dem zerstörten Getto in Bendsburg von den Deutschen ermordet.

33 Richtig: Israel Kożuch, vor dem Krieg Aktivist der zionistischen Jugendbewegung in Sosnowiec; Gründer und einer der Anführer der Jüdischen Kampforganisation in Będzin; umgekommen beim Aufstand Anfang Aug. 1943.

lotof[36] und er kann nicht warten unser michtawim[37] bis morgen da schneller. Werd werden[38] geholfen umso mehr Jehudim werden tun einen Nes.[39] Die scheimalafim wechameschmeoth[40] Ziwjoth haben wir erhalten. Glaubt uns mir können nicht sagen, wer ist noch lebendig morgen … Man hat uns überbracht Euere Nachricht durch den Schaliach. Was hat uns gegeben sogar Tikwar.[41] Und die chetbetalafim mechamschmeoth[42] RM und ich werde diese weiterleiten zu Abraham Wahrmann in Lwow, was ich werde versichern durch a guten Schaliach, was ist einer wie Euerer. Wie ich habe gehört, daß Euer Schaliach ist auch hier gewesen um Isi's wird tun hier viel für Euch. Tisch ist geworden ein schwacher und er ist im Zweifel, was ist zu Joker und jetzt wohnen in Makom[43] und leitet (metuschtasch)[44] der Machnot. Aber er ist nicht mehr ein guter Chawer.[45] Wir brauchen nichts so stark Mezuman, wir brauchen Medikamente, Lebensmittel, Mehl und Öl. Hier sind viele Jehudim in Machnot. Ich habe gesprochen mit Tisch, er sagt, daß er will nicht schreiben Briefe und er will nicht geben Zahlen, über Polens Jehudim, weil man spricht in England über die Jehudim in Polen. Schreibet uns durch den Schaliach, was soll sein mit Tisch, da er doch arbeitet mit die Memschalah.[46]

DOK. 219

Eine Jüdin namens Natke schreibt am 23. Juli 1943 aus Dąbrowa Górnicza an ihre Schwester, dass sie ihre Tochter Scheindel bei einem christlichen Polen hat verstecken können[1]

Handschriftl. Brief von einer unbekannten Jüdin Natke, Dąbrowa Górnicza, an ihre Schwester und ihren Schwager vom 23.7.1943 (Abschrift)[2]

Meine Lieben, mit gebrochenem Herzen setze ich mich hin und schreibe Euch ein paar Worte. Möglicherweise ist das schon mein letztes Schreiben an Euch.
Meine Teuren, ich weiß nicht, ob Ihr den Brief jemals erhalten werdet, aber solltet Ihr ihn erhalten, werdet Ihr immerhin wissen, wohin es Eure Verwandten verschlagen hat. Mein teurer Andrzej, anfangen möchte ich mit unserer gottseligen Mutter. Unsere

34 Hebr.: mit großer Freude.
35 Hebr.: verwischt, unleserlich.
36 Hebr.: nicht gut, schlecht.
37 Hebr.: Briefe.
38 So im Original.
39 Hebr.: Wunder.
40 Hebr.: 2500.
41 Hebr.: Hoffnung.
42 Hebr.: 82 500.
43 Hebr.: Ort.
44 Wie Anm. 35.
45 Hebr.: Genosse, Gefährte.
46 Hebr.: Regierung.

1 Original nicht aufgefunden. Abdruck in: Sefer kehilat jehudi dombrowa gornicza ve-churban, Tel Aviv 1971, S. 427 f. Das Dokument wurde aus dem Jiddischen übersetzt.
2 Den Brief übergab der darin erwähnte Herr Turkin 1945 dem Jüdischen Komitee der Holocaust-Überlebenden. Józef Piwniczny, ein Komiteemitglied, fertigte eine Abschrift an.

gottselige Mutter ist verstorben. Gott sei Dank starb sie eines natürlichen Todes. Das geschah im Jahr 1942 – am sechsten Tag des Monats Tammus nach jüdischem Kalender.[3] Davon solltest Du Kenntnis haben, um den Jahrestag des Todes unserer lieben Mutter zu begehen. Drei Monate später kam unser Vater durch die Hände der Mörder ums Leben. Aus unserer ganzen Familie ist leider niemand mehr da. Von Żurik gibt es keine Spur. Jetzt befinden wir uns in einer neuen Gefahr.
Sei stark, Andrzej, und halte mit allen Kräften durch. Es ist keine Rede davon, dass wir das überleben werden. Und eines solltest Du erinnern: Du sollst Rache nehmen, wenn Du kannst. Wir wissen uns keinen Rat. Man kann sich nicht mehr retten, weil man nirgendwohin weglaufen kann. Wir sind von allen Seiten eingeschlossen. Mehr will ich Euch nicht schreiben, um Euch keine Schmerzen zu bereiten. Der liebe Wowtsche, die liebe Mutter und Hela mit ihrem Mann und Kind sind, Gott sei Dank, bisher noch am Leben. Meine Teuren, wenn wir länger am Leben bleiben, werden wir weiterhin und mehr schreiben.
Seid gesund
Eure Schwester Natke[4]
Meine liebe Schwester, mein lieber Schwager, ich schreibe Euch für den Fall, dass Ihr den Brief jemals bekommen solltet. Von Itsche weiß ich nicht, wie es ihm geht. Er war in einem Lager, ich höre von ihm überhaupt nichts. Scheindele ist es gelungen, bei Herrn Turkin Unterschlupf zu finden. Herrn Turkin habe ich erst vor ein paar Monaten kennengelernt. Also ich sage Euch, er und seine Frau sind sehr anständig. So etwas Feines gibt es überhaupt nicht. Sie haben Scheindele in ihre Obhut genommen. Andrzej und Wowtsche, Ihr solltet also wissen, wenn Ihr eine Nachricht von Herrn Turkin bekommt, solltet Ihr mein Kind in eure Obhut nehmen. Ihr solltet ihr gute Eltern sein. Meine Teuren, ich schreibe schon über die letzten Tage hinweg. Ich bin mit Welwele und Nochele zusammen. Den Tod erwarten wir jede Minute, wohl wissend, was für ein Tod uns erwartet. Meine Lieben, ich bin schon drei Jahre ohne Itsche. Mich und meine Kinder ernährte ich von meiner Arbeit. In einer Werkstatt arbeitete ich zehn Stunden am Tag, kam dann nach Hause und arbeitete weiter privat, ernährte mich und überstand vier Jahre. Und unser Ende ist bitter und traurig. Immerhin lernte ich, Gott sei Dank, Herrn Turkin kennen. Er ist ein Engel. Ich finde keine Worte über ihn und seine Frau. Von der ganzen Familie wird Euch niemand mehr erhalten bleiben außer meinem Kind Scheindele. Ich hoffe, dass sie am Leben bleiben wird. Ich bin mir sicher, dass sich Herr Turkin zusammen mit seiner Frau um mein Kind kümmern wird. Meine Lieben, ich bin nicht in der Lage, eine derartige Angelegenheit mit dem Herrn zu regeln und übergebe sie euch, meine Lieben. Ihr solltet ihm kein Unrecht tun. Andrzej, Du solltest Herrn Turkin verstehen, glauben und genügend zufriedenstellen, weil mein Kind bei Dir bleiben wird. Ich weiß und bin mir schon sicher, dass ich bereits den Todesengel vor Augen habe. Ich glaube nicht, dass solche Wunder geschehen können, dass wir am Leben bleiben werden. Ganz und gar nicht, so etwas kann nicht passieren. Meine Lieben, Ihr solltet nur wissen,

3 21.6.1942.

4 Das Getto in Dąbrowa Górnicza war bereits knapp vier Wochen zuvor geräumt worden. Etwa 5500 Juden waren nach Auschwitz deportiert, einige wenige in das Getto von Sosnowitz gebracht worden. Die Briefschreiberin muss sich zu diesem Zeitpunkt bereits in einem Versteck aufgehalten haben; ihr weiteres Schicksal ist unbekannt.

dass wir, ich zusammen mit Welwele und Nochele, die Letzten sind, die zu Opfern werden. Aharon mit Scheindel und dem Kind sind auch noch am Leben. Moischeles Frau mit Kind sind auch noch am Leben.
Meine Teuren, ich schreibe den Brief mit Blut anstatt mit Tinte. Ich bin aufgewühlt, aber eines lastet weniger schwer auf dem Herzen, wenn ich sehe, dass meine Scheindele gerettet wird und ich sie bei guten Menschen abgebe. Meine Lieben, ich weiß mir selbst nicht mehr zu helfen. Andrzej und lieber Wowtsche, Ihr solltet gesunde Eltern für Eure Kinder und für meine Scheindele sein. Ich kann den Moment in Euren Herzen nachfühlen, wenn Ihr diesen Brief bekommt. Ihr solltet das Schicksal akzeptieren. Es ist nicht unsere Schuld, wir fallen unschuldig. Es ist verloren. Es kann nicht mehr anders kommen.
Meine Lieben, Ihr solltet unseren Onkeln in New York von allen berichten. Seid gegrüßt und geküsst. Ich könnte Euch noch viel schreiben, so dass das Papier ausgehen würde, nur bin ich dazu leider nicht in der Lage. Ich drehe mich im Kreis wie eine Verrückte.
Meine Lieben, es ist sehr schwer, wenn man bei klarem Verstand stirbt und den Todesengel vor Augen hat. Ich grüße und küsse Euch, meine Teuren, sowie Eure Kinderlein, Eure Schwester – Eure immer unvergessene Schwester Teyvele. Meine Lieben, es tut mir weh und zerreißt mir das Herz, dass ich einen solchen Brief schreiben muss.

DOK. 220
Der Bürgermeister von Sosnowitz beschwert sich am 2. August 1943 beim Regierungspräsidenten, dass die jüdischen Handwerker der Stadtverwaltung deportiert wurden[1]

Schreiben des Oberbürgermeisters von Sosnowitz, Haupt- und Personalamt, gez. Schönwälder, an den Regierungspräsidenten in Kattowitz[2] vom 2.8.1943 (Durchschlag)

Betr.: Jüdische Bautrupps für die Stadt Sosnowitz.
Auf Anregung der Kreisleitung der NSDAP in Bendsburg[3] hat die Stadt Sosnowitz zu Beginn des Monats Juni 1943 eine Reihe von jüdischen Handwerkern benannt, die namentlich erfaßt der Kreisleitung in einer Liste[4] mitgeteilt wurden. Die Stadt benötigte für Bauarbeiten insgesamt etwa 200 Mann. Es handelte sich vor allem um Arbeiten, die im Interesse der Instandsetzung von Wohnungen für Deutsche und Polen im ehemaligen Ghetto durchgeführt werden mußten,[5] zum anderen aber waren vor allem kriegswichtige Arbeiten wie Müllabfuhr, Fäkalienabfuhr durchzuführen. Des weiteren war die

1 APK, 776/5834, Bl. 41.
2 Walter Springorum.
3 Kreisleiter der NSDAP in Bendsburg war Dr. Gerhard Krüger (1908–1994), Diplomat; 1926 SA- und 1928 NSDAP-Eintritt; 1931–1933 Führer der deutschen Studentenschaft, 1941 Kulturattaché in Paris, von 1942 an in der kulturpolitischen Abt. des AA, später Einberufung zur Wehrmacht; 1945–1948 in brit. Haft, von 1949 an in der neonazistischen Sozialistischen Reichspartei und der Deutschen Reichspartei aktiv.
4 Liegt in der Akte; wie Anm. 1, Bl. 9–14.
5 Die Deportationen hatten Anfang Juni 1943 begonnen, dennoch wurden die Gettos in Sosnowitz und Bendsburg erst Anfang August 1943 endgültig geräumt und die letzten Bewohner nach Auschwitz deportiert; siehe Einleitung, S. 39.

Aufstellung eines Entseuchungstrupps dringend erforderlich, da durch Auflage des Herrn Regierungspräsidenten in gesundheitspolizeilicher Hinsicht zur Vermeidung von Epidemien diese Arbeiten unbedingt durchgeführt werden mußten.
Bei allen mündlichen Verhandlungen mit der Kreisleitung und auch der Gestapo wurde nun immer in Aussicht gestellt, daß diese von der Stadt benannten jüdischen Arbeiter der Stadt Sosnowitz als Bautrupps erhalten bleiben sollten. Lediglich wurde von seiten der Gestapo einmal darauf hingewiesen, daß evtl. nicht alle von mir namentlich benannten Juden zur Verfügung gestellt werden würden.[6] Es hieß aber immer, daß die zur Durchführung der obengenannten Arbeiten erforderlichen Juden auf jeden Fall der Stadt belassen würden.
Heute morgen muß ich bei der Arbeitsaufnahme feststellen, daß im Zuge der Judenaussiedlung sämtliche jüdischen Arbeiter meinen Betrieben ferngeblieben sind. Meine telefonischen Anrufe an die verschiedensten Stellen blieben ohne Erfolg, da ich nirgendwo eine sachliche Aufklärung erhalten konnte. Ich bin unter den genannten Umständen nicht in der Lage, die obenangeführten Arbeiten noch weiter durchzuführen, und muß vor allem im Interesse der Bevölkerung und der Hygiene darauf hinweisen und hiermit melden, daß ich mit dem heutigen Tage die Arbeiten der Müllabfuhr usw. einstellen muß.
Ich bitte nunmehr von dort die im Interesse der Bevölkerung erforderlichen Maßnahmen einzuleiten, da für mich bei der gespannten Arbeitsmarktlage keine Möglichkeit besteht, Ersatz für diese jüdischen Arbeiter zu bekommen. Ein innerbetrieblicher Ausgleich ist mir auch nicht möglich, da die Arbeiter der Müllabfuhr kräftige Menschen sein müssen. Solche sind unter meinen polnischen Gefolgschaftsmitgliedern nicht mehr vorhanden. Das trifft um so mehr zu, als das Arbeitsamt schon verschiedene Durchkämmungen unter meinen polnischen Gefolgschaftsmitgliedern vorgenommen und mir bei dieser Gelegenheit die besten und kräftigsten Arbeiter entzogen hat. Im übrigen hat auf heutigen telefonischen Anruf das Arbeitsamt Sosnowitz noch ausdrücklich erklärt, daß es nicht in der Lage sei, irgendeinen Ersatz für die festgehaltenen jüdischen Arbeiter zu stellen. Diese Erklärung des Arbeitsamtes erstreckt sich auch ausdrücklich auf den Sektor der Ostarbeiter, welche ich notfalls als Ersatz für meine Müllabfuhr angefordert hatte. Hier wurde mir erklärt, daß ein Einsatz von Ostarbeitern nicht möglich sei.
Nachdem alle meine Bemühungen auf Erhaltung der jüdischen Bautrupps gescheitert sind, muß ich jede Verantwortung für die Durchführung der kriegswichtigen Maßnahmen der Stadtverwaltung Sosnowitz hiermit ausdrücklich ablehnen und bitte um aufsichtsbehördliches Einschreiten des Herrn Regierungspräsidenten.[7]

6 Diese Verhandlungen wurden lediglich telefonisch durchgeführt; Schreiben Schönwälders an Gestapo Kattowitz vom 28.6.1943 betr. Bau- und Entrümpelungstrupp; wie Anm. 1, Bl. 6.

7 In Reaktion auf das Schreiben erbat Regierungspräsident Springorum am 6.8.1943 vom Oberpräsidenten die Abordnung poln. Arbeitskräfte nach Sosnowitz; wie Anm. 1, Bl. 43.

DOK. 221

Der Polizeipräsident von Sosnowitz meldet am 7. August 1943 die Deportation von 30 000 Juden aus dem Getto Sosnowitz nach Auschwitz[1]

Bericht des Polizeipräsidenten von Sosnowitz (S. 1a 6222/7.8), gez. v. Woedtke, an den Herrn Inspekteur der Ordnungspolizei im Wehrkreis VIII,[2] Breslau 18, Hohenzollernstraße 153, über den Herrn Regierungspräsidenten in Kattowitz (Eing. 8.8.1943) vom 7.8.1943

Betr.: Judenaktion.
Beginn mit äußeren Absperrung der Juden-Ghettos[3] schlagartig am 1.8.1943, 2,30 Uhr.

Kräfte:	Kompanie Sosnowitz	2/112
	Kompanie Maczki	3/149
	Kompanie Kattowitz	2/112
	Kompanie Beuthen-Gleiwitz	2/112
	Pol.-Schule f. Reit- und Fahrwesen Bendsburg	4/ 92
	Reiterstaffel Sosnowitz	–/ 25
	Kraftfahrstaffel Sosnowitz	3/ 51
		16/651
	Einsatz zur Durchkämmung der Betriebe in Sosnowitz, Bendsburg und Dombrowa nach Juden aus dem Revier-Einzeldienst	–/ 85
	Einsatzreserve (Kommandostab u. Preisüberwachung)	6/ 39
		22/775[4]

Abtransportiert bis 7.8.1943: rund 30 000 Juden (Männer, Frauen und Kinder).
Erschossen wegen Fluchtversuchs oder Widerstands: rund 400 Juden.
Festgenommen wegen Plünderns: 1 Deutscher, 2 Polen.
Getötet: 1 SS-Mann von einem Juden erschossen.
Verletzt: Einem Angehörigen der Pol.-Schule für Reit- und Fahrwesen Bendsburg 2 Finger einer Hand verletzt. Schuldfrage noch nicht geklärt.
Gestorben: Ein Angehöriger der Kompanie Kattowitz. Todesursache noch nicht festgestellt.
Sichergestellt: Große Mengen an Gold, Wertgegenständen und Lebensmitteln, u. a. 1½ Waggon Butter und 1½ Waggon Margarine, die der Gestapo bezw. Kreisbauernschaft Bendsburg übergeben wurden.

1 APK, 119/4146, Bl. 15–18. Abdruck in: Zofia Boda-Krężeł/Jadwiga Osojca, Dokumenty o eksterminacji Żydów Zagłębia Dąbrowskiego, in: BŻIH 43–44, 1962, S. 113–116, hier S. 115 f. Abdruck als Faksimile in: Shmuel Ron, Die Erinnerungen haben mich nie losgelassen. Vom jüdischen Widerstand im besetzten Polen, Frankfurt a. M. 1998, S. 162–164.

2 Karl Georg Grussendorf (1888–1945), Polizist; von 1920 an Polizeihauptmann in Leipzig; 1936 Chef der Polizeiführerschule Hosterwitz; 1937 NSDAP-, 1940 SS-Eintritt; von April 1940 bis Sept. 1943 Inspekteur bzw. BdO im Wehrkreis VIII in Breslau; Jan. 1942 SS-Brigadeführer, Febr. 1942 Generalmajor der Polizei; am 23.5.1945 nach Krankheit gestorben.

3 Die aneinandergrenzenden Gettos von Sosnowitz und Bendsburg wurden im Aug. 1943 zeitgleich aufgelöst.

4 22 Offiziere und 775 Mannschaftsdienstgrade.

Verpflegung: Die Beschaffung der Verpflegung ging anfangs nur langsam vonstatten, weil die Fleischereien über Sonnabend/Sonntag keine Bestände hatten. Kochstellen sind ausreichend vorhanden. Unentgeltliche Verpflegung für die Zeit vom 1.–8.8.1943 durch Fs. Nr. 154 v. 5.8.43 – IdO. W Nr. 16–25/43 genehmigt.[5]
Kräfte-Abbau: Ab 5.8.1943 wurden alle Angehörigen der Pol.-Schule für Reit- und Fahrwesen Bendsburg, der Reiterstaffel Sosnowitz und ein Teil der Kraftfahrstaffel Sosnowitz ihren Dienststellen wieder zur Verfügung gestellt.
Am 7.8.1943 wurden im Laufe des Tages die Kompanien Kattowitz und Beuthen-Gleiwitz nach ihren Heimatstandorten in Marsch gesetzt.
Aktion nicht abgeschlossen. Juden-Ghettos von Sosnowitz und Bendsburg wurden am 5.8.1943 dem Oberbürgermeister von Sosnowitz übergeben. (Hauptsache Sicherstellung von Möbeln und Bekleidung für Bombengeschädigte.)
Kompanie Sosnowitz und Ausbildungskompanie Maczki bleiben zur Sicherung der Ghettos und Abwickelung der Aktion noch voraussichtlich bis 16.6.1943[6] im Einsatz.
Bemerkungen:
Auf eine derartige Aktion waren die Juden von langer Hand vorbereitet, nur der Tag blieb geheim. Ein großer Teil von ihnen hielt sich außerhalb der Wohnungen in Bunkern, gut getarnten Erdlöchern oder vermauerten Kellern versteckt und konnte erst nach und nach festgenommen werden. Ein Teil der Juden mußte, entgegen den bestehenden Anordnungen, wonach sie hätten im Ghetto sein müssen, aus den Betrieben herausgeholt werden.
Teilweise versuchten die Juden unter Waffenanwendung Widerstand zu leisten. In zwei Fällen wurden Polizeistreifen von Juden aus Verstecken beschossen. Die Täter konnten erst im Feuerkampf überwältigt werden.
In der Nacht vom 2. zum 3. August 1943 wurden die um das Judenghetto Sosnowitz aufgestellten Absperrketten aus mehreren Häusern des Ghettos beschossen. Unter Führung eines Offiziers drang ein mit Handgranaten bewaffneter Stoßtrupp in den Häuserblock ein und holte 27 Juden – darunter 2 Tote – heraus.

DOK. 222

Abraham Zaif notiert am 12. August 1943 im Lager Konin seinen letzten Willen[1]

Handschriftl. Aufzeichnung von Abraham Zaif[2] vom 12.8.1943[3]

Konin, den 12.8.43
Mein letzter Wille: Ich bitte zu benachrichtigen: 1) Meinen Bruder Uriel Zaif, Gymnasial-Professor in Tel Aviv, 2) Meine Schwester Maria (Mariela), verheiratet mit Heinrich Blok, in Jerusalem, 3) Meine Schwägerin Dr. Celine Stater, geborene Motyl, Zahnärztin in Haifa.

5 Nicht ermittelt.
6 Richtig: 16.8.1943.

1 GFHA, Nr. 1821. Abdruck als Faksimile in: Y. M. Biderman (Hrsg.), Pinkas Gostynin. Yizkor-bukh, New York u. a. 1960, S. 309 f. Das Dokument wurde aus dem Jiddischen übersetzt.

Meine Lieben: Ich will, dass ihr erfahrt, wie ich mit meiner Familie umgekommen bin: Am 9. März 1942 bin ich aus dem Leben gerissen und zusammen mit anderen aus Gostynin hierher ins Arbeitslager deportiert worden, wo bisher mehr als die Hälfte der Deportierten auf Grund der Arbeit umgekommen ist. Viele wurden erschossen, weil sie sich ein paar Kartoffeln oder Ähnliches nehmen wollten. In der Nacht vom 16./17. April 1942[4] ist meine liebe Frau Minia[5] mit der kleinen 4-jährigen Ilana Naomi[6] und meiner Schwiegermutter, Sala Motyl, nächtens zusammen mit der ganzen jüdischen Siedlung Gostynins[7] in den Tod transportiert worden. Wir wissen jedoch, dass man sie nach Kraschniewitz[8] brachte und von dort aus, so nehmen wir an, sind sie zur Schlachtbank nach Chelmno, nicht weit von Koło, geführt worden. Ich habe nichts mehr von ihnen gehört. Meine geliebten Kinder Imanuel und Shulamit[9] flohen am Tag der Deportation aus Gostynin zu David und Rebekka[10] nach Warschau. Mein Schwiegervater, Nute Motyl, verstarb am 4.11.41 in Warschau. Ende Juli 1942 ereignete sich das Unglück in Warschau. Rebekka ist am 6.8.42 in den Tod transportiert worden. Am 19.1.[1943] wurde David deportiert. Es gelang ihm jedoch, zu flüchten und nach drei Tagen ins Warschauer Getto zurückzukehren. Er rettete sogleich meine lieben Kinder. Er übergab sie in die Obhut eines Polen, wo sie bis Juli 1943 lebten. David gelang allein die Flucht aus dem Getto im März 1943. Sein letzter Brief erreichte mich Anfang Mai. In allen Einzelheiten schilderte er mir den heroischen Kampf unserer Brüder in Warschau, die an Pessach 1943 umkamen.[11]

2 Abraham Zaif (1899–1944), Industrieller; geb. in Radziejów, aufgewachsen in Gostynin, Besuch des dortigen Gymnasiums, lebte vor dem Krieg in Danzig; nach Sept. 1939 mit seiner Familie im Getto Gostynin, wo er als Zionist aktiv war, danach Zwangsarbeit in Konin, nahm sich nach Abfassen seines letzten Wunsches das Leben.

3 Die Aufzeichnungen entstanden vor der endgültigen Auflösung des Zwangsarbeitslagers in Konin am 28.8.1943, wurden einem Polen übergeben und gelangten nach dem Krieg in die Hände von Zaifs Schwägerin in Israel.

4 Das Getto war bereits am 7.4.1942 aufgelöst worden; siehe Anm. 7.

5 Minia Zaif (1903–1942), Rechtsanwältin; geboren in Gostynin als Tochter von Nute und Sala Motyl, lebte in Danzig, bevor sie ins Getto von Gostynin und später nach Konin deportiert wurde; im Vernichtungslager Kulmhof ermordet.

6 Ilana Naomi Zaif (1938–1942); geboren in Danzig, im Vernichtungslager Kulmhof ermordet.

7 Ende 1940 wurden alle Juden Gostynins, ca. 2250 Personen, darunter 650 Flüchtlinge, in einem Getto zusammengepfercht, das aus nur 25 Gebäuden bestand. Im Sommer 1941 wurde das Getto vollständig abgeriegelt und eingezäunt und am 7.4.1942 aufgelöst. Zu diesem Zeitpunkt befanden sich dort hauptsächlich nur noch Mütter mit ihren Kindern, Alte sowie Kranke. Wenige Bewohner kamen in das Getto Litzmannstadt, die meisten wurden in das Vernichtungslager Kulmhof deportiert und dort ermordet.

8 Vermutlich: Krośnice.

9 Imanuel Zaif (1927–1943) und Shulamit (Zulia) Zaif (1929–1943).

10 Möglicherweise David Motyl und Rebekka (Rivke) Motyl.

11 Zwischen Juli und Sept. 1942 deportierten die Deutschen mehr als 240 000 Juden aus Warschau in das Vernichtungslager Treblinka. In der Nacht zum 19.4.1943, dem Tag des Pessachfestes, umstellten SS- und Polizeieinheiten erneut das Warschauer Getto. Jüdische Untergrundorganisationen leisteten jedoch erbitterten Widerstand, so dass weitere Deportationen zunächst verhindert werden konnten. Am 16. Mai erklärte der SS- und Polizeiführer Jürgen Stroop (1895–1952) die Kämpfe, bei denen mehr als 56 000 Juden getötet oder in Konzentrations- und Vernichtungslager deportiert wurden, jedoch für beendet.

Am 14.7.43 bekam ich von meinen Kindern plötzlich eine Notiz, dass sie sich zusammen mit Ausländern in einem Hotel in Warschau[12] befänden und sie in Kürze nach Israel abfahren sollen. Mit ihnen zusammen waren Binem Motyl[13] mit seiner Frau sowie Tasha Bressler. Am 16.7.43 kam die letzte Postkarte meiner geliebten Tochter Shulamit (Zulia) an. Sie schreibt, dass sie aus Frankfurt an der Oder nach Berlin fahre. Von meinem Sohn ist sie getrennt worden. Weiter schreibt sie, dass Imanuel mit dem zweiten Transport nachkommen soll. Seit damals erhielt ich keinerlei Informationen von ihnen. Wer weiß, ob sie noch leben. Falls sie diese Zeilen lesen werden, sollen sie wissen, dass ich bis zum letzten Augenblick an sie gedacht habe.
Hier im Lager sind von 687 Männern nur noch 60 am Leben. Unser Schicksal ist besiegelt. Morgen früh sollen die Gestapoleute kommen, um uns in den Tod zu führen. Wir haben beschlossen, unserem Leben ein Ende zu setzen. Wir werden alles verbrennen und Selbstmord begehen. Ach Erde, bedecke mein Blut nicht![14]

DOK. 223

Die Widerstandsbewegung im Getto von Białystok ruft am 15. August 1943 dazu auf, sich dem Massenmord zu widersetzen[1]

Aufruf der Widerstandsorganisation im Getto Białystok an alle Juden vom 15.8.1943

Brüder Juden!
Schreckliche Tage haben uns ereilt. Nicht nur das Getto und der gelbe Flicken, Hass und Feindschaft, Beleidigung und Erniedrigung – der Tod steht uns bevor!
Vor unseren Augen werden unsere Frauen und Kinder zur Ermordung verschleppt, Väter und Mütter, Brüder und Schwestern. Tausende sind schon fort, Zehntausende werden noch weggeführt.
In diesen furchtbaren Stunden, die über unser Sein und Nichtsein entscheiden, wenden wir uns an Euch mit den folgenden Worten:
Seid Euch bewusst – fünf Millionen Juden aus Europa sind bereits von Hitler und seinen Henkern ermordet worden. Vom polnischen Judentum sind nur noch zehn Prozent am Leben. In Chelmno und in Belzec, in Auschwitz und in *Treblinka*, in Sobibor und in anderen Todeslagern haben über drei Millionen polnische Juden auf unterschiedlichste Weise einen schrecklichen Tod gefunden.
Seid Euch bewusst: *Alle Deportierten werden getötet*!

12 Gemeint ist das Hotel Polski in Warschau. Die Besatzungsbehörden nahmen die jüdischen Bürger aus neutralen und feindlichen Drittstaaten in Warschau im Allgemeinen von den Massenmorden aus; 1943 wurden sie im Hotel Polski festgehalten und später in das Lager Bergen-Belsen oder nach Vittel, 1944 dann zumeist weiter nach Auschwitz-Birkenau deportiert.

13 Simcha Binem Motyl (*1909); war im KZ Bergen-Belsen, vermutlich dort umgekommen.

14 Zit. nach Hiob 16,18: Ach Erde, bedecke mein Blut nicht! und mein Geschrei finde keine Ruhestätte!

1 GFHA, 70-011C (alt: 7004), S. 1–3. Abdruck in engl. Sprache in: I. Shmulewitz (Hrsg.), The Bialystoker memorial book, New York 1982, S. 90. Das Dokument wurde aus dem Jiddischen übersetzt.

Glaubt nicht der provokanten Gestapo-Propaganda mittels angeblicher Briefe der Deportierten, *das ist eine zynische Lüge*: Der Weg der Deportierten führt zu riesigen Krematorien und Massengräbern in den Tiefen der polnischen Wälder. Jeder Einzelne von uns ist ein zum Tode Verurteilter.
Wir haben nichts mehr zu verlieren!
Glaubt nicht, dass die Arbeit Euch retten wird. Nach der ersten Aktion wird es eine zweite geben und eine dritte – *bis zum letzten Juden*! Die Teilung des Gettos in verschiedene Kategorien ist nur ein raffinierter Trick der Gestapo, uns zu belügen und sich durch verschiedene Illusionen die Arbeit zu erleichtern.
Juden: *Man bringt uns nach Treblinka*! Wie räudige Tiere wird man uns vergasen und anschließend im Krematorium verbrennen.
Lasst uns nicht wie die Schafe zur Schlachtung gehen! Auch wenn wir zu schwach sind, unser Leben zu verteidigen, sind wir doch stark genug, um unsere jüdische Ehre und menschliche Würde zu verteidigen und die Welt wissen zu lassen, *dass wir gefesselt, aber nicht gefallen sind*!
Geht nicht freiwillig in den Tod – kämpft bis zum letzten Atemzug um Euer Leben! Mit Zähnen und Fingernägeln, mit Äxten und Messern, mit Säure und Eisen begrüßt die Henker, soll der Feind bezahlen *mit Blut für Blut, mit Tod für den Tod*!
Werdet Ihr Euch in Mäuselöchern verstecken, während Eure Nächsten zur Schändung und zum Tod geschleppt werden?
Werdet Ihr für ein paar weitere Wochen sklavischen Lebens Eure Ehefrauen und Kinder verkaufen, Eure Eltern, Eure Seele?
Lasst uns dem Feind auflauern, ihn töten, entwaffnen, Widerstand gegen die Mörder leisten und, wenn es nötig ist, *nicht sterben, sondern wie Helden fallen und sterben*!
Außer unserer Würde *haben wir nichts mehr zu verlieren*!
Verkauft Euer Leben nicht zu billig! Nehmt Rache für die Vernichtung der jüdischen Gemeinden und zerstörten Siedlungen! Wenn Ihr das Zimmer verlasst – *zündet die Wohnungen an, demoliert die Fabriken. Sollen die Henker nichts von unserem Besitz übernehmen*!
Jüdische Jugend! Nehmt Euch ein Beispiel an Generationen jüdischer Kämpfer und Märtyrer, von Träumern und Erbauern, von Pionieren und Aktivisten – *geht hinaus in den Kampf*!
Hitler wird den Krieg verlieren, die Achse der Knechtschaft und des Massenmords wird vom Antlitz der Erde vertilgt werden. Die Welt wird gesäubert und geläutert werden. Dieser hellen Zukunft der Menschheit zuliebe – *Du darfst keinen hündischen Tod sterben*, ab in den Wald, zu den Partisanen!
Fliehe nicht aus dem Getto – ohne Waffe bist Du verloren. Sobald Du Deine nationale Pflicht erfüllt hast, geh bewaffnet in den Wald. Waffen kannst Du jedem Deutschen im Getto abnehmen.
Seid stark!
Białystok
Jeden Moment werden wir die Gegenaktion ausrufen.

DOK. 224
Die polnische Untergrundbewegung schildert am 15. August 1943 die Auflösung der oberschlesischen Gettos[1]

Lagebericht der polnischen Untergrundbewegung für die Westgebiete Nr. 6 bis 15.8.1943 für die Polnische Exilregierung in London, o. D.

Oberschlesien[2]
[…][3]
II. Terror und Vernichtung
1. Auschwitz. Makabre Einzelheiten über die Zahlen der bis dato in Auschwitz ermordeten Polen enthalten die Anlagen Nr. 7, 8 und 9.[4] Es handelt sich um den Rapport eines SS-Manns aus der Lagerverwaltung, der auf Dokumenten basiert. Die in diesem Bericht angeführten Angaben sind in vielen Punkten überprüft und bestätigt worden. Der Bericht ist absolut genau. Achtung: Der Verfasser dieses Berichts arbeitet weiterhin für uns, bei der Publikation der Angaben darf also die Quelle nicht genannt und müssen die Zahlen leicht gerundet werden. Am 25. Mai gelangten vier Waggons mit Polen, Polinnen und Jüdinnen nach Auschwitz, zusammen etwa 160 Personen. Am 7. Juni traf ein Transport mit 1700 Polen aus dem Generalgouvernement ein. Zwei Tage später, am 9. Juni, wurden 1400 Häftlinge aus Lublin, Radom und Kielce überführt.[5]
In letzter Zeit gelangen in das Lager Auschwitz Transporte mit Zigeunern, die sofort in die Gaskammern und Krematorien von Birkenau (Vernichtungslager Birkenau)[6] geführt werden.
2. Die Vernichtung der Gebrechlichen. Zur Masse der deutschen Verbrechen ist ein neues hinzugekommen: die Ermordung der Alten, Behinderten und Gebrechlichen. Diese Aktion ist noch im Anfangsstadium,[7] es wurden jedoch bereits erste Schritte unternommen, und das Ausmaß der Vorbereitungen deutet darauf hin, dass die *Deutschen die Absicht verfolgen, die Gesamtheit der arbeitsunfähigen Polen zu ermorden*, insbesondere die gebrechlichen Alten, Behinderten, Verwachsenen, Unterentwickelten, geistig Behinderten u. a. Im Bezirk von Będzin in Bobrowniki, Wojkowice und in einer Reihe anderer Ortschaften wurden Transporte mit Gebrechlichen zusammengestellt und nach Auschwitz deportiert.[8] Aus dem Bezirk Jaworzno wurden sie in unbekannte Richtung wegge-

1 AAN, Delegatura Rządu na Kraj, 202 III 139, Bd. 1/2. Abdruck in: Raporty z ziem wcielonych do III Rzeszy (1942–1944). Pod redakcją Zbigniewa Mazura, Aleksandry Pietrowicz, Marii Rutowskiej, Poznań 2004, S. 186–214. Das Dokument wurde aus dem Polnischen übersetzt.
2 Der gesamte Bericht behandelt die Regionen Großpolen, Pommern, Oberschlesien, Teschener Schlesien/Olša-Gebiet.
3 Der erste Abschnitt des Teilberichts zu Oberschlesien befasst sich mit der „Volkstumspolitik" der Deutschen.
4 Liegen nicht in der Akte.
5 Am 8.7.1943 traf in Auschwitz ein Transport mit 1500 Jüdinnen und Juden aus dem KZ Lublin-Majdanek ein, ein weiterer Transport mit 1331 Jüdinnen und Juden, ebenfalls aus Lublin, erreichte am 11. Juli Auschwitz.
6 Im Original deutsch.
7 Die Morde an poln. Psychiatriepatienten begannen bereits Ende 1939/Anfang 1940; siehe Einleitung, S. 15, 18.
8 Nicht ermittelt.

bracht. In Będzin selbst untersucht der Amtsarzt Gebrechliche, die er anschließend in ein Sammellager bringen lässt. Bislang wurden von dort noch keine Transporte gemeldet, was aber jeden Augenblick geschehen kann. Aus Sosnowiec wurden zwischen dem 4. und 20. Juni Alte ausgesiedelt, die angeblich zur Arbeit ins Reich (Sammeln von Beeren, Pilzen etc.) gebracht wurden. Nach der bestialischen Ermordung der geistig Behinderten in den psychiatrischen Anstalten kann es jedoch keinerlei Illusionen über die derzeitigen deutschen Pläne geben.

3. *Todesurteile und Verhaftungen.* Die Deutschen haben aufgehört, vollstreckte [Todes-] Urteile öffentlich bekannt zu geben. Es hat sich jedoch bestätigt, dass zum Beispiel im Gefängnis von Katowice 10–20 Personen pro Woche mit der Guillotine hingerichtet werden. Die Exekutionen finden einmal wöchentlich statt, meistens am Donnerstag. Die Leichen werden in das Lager Auschwitz zur Verbrennung im Krematorium gebracht.

Zuletzt wurde die Meldung bestätigt über die Hinrichtung des Politikers und schlesischen Wissenschaftlers Paweł Musioł,[9] der im Februar d. J. im Gefängnis von Katowice mit der Guillotine exekutiert wurde.

Verhaftungen finden ohne Unterlass statt. Die Kontrollen in den Zügen wurden verstärkt. Die Gendarmerie führt immer genauere Durchsuchungen durch und prüft Ausweise auf ihre Echtheit auf der Suche nach Juden, die sich mit Hilfe falscher Papiere verstecken, und nach Flugblättern sowie konspirativer Presse, die sie als „Hetzschriften"[10] bezeichnet.

Energisch wird auch der illegale Handel mit Lebensmitteln bekämpft. Während solcher Durchsuchungen kommt es regelmäßig zu Verhaftungen.

Am 18. und 19. Mai haben die Preisbehörden zusammen mit der Kriminalpolizei auf Anordnung der Verwaltung in Kattowitz zahlreiche Durchsuchungen durchgeführt, bei denen sie größere Mengen unterschiedlicher Waren des täglichen Gebrauchs sowie Alkohol entdeckten und konfiszierten. Der Eigentümer der beschlagnahmten Ware wurde unmenschlich geschlagen und in das Gefängnis von Mysłowice gebracht.

Am 6. Mai kam es auf dem Güterbahnhof von Sosnowiec zu einem Diebstahl u. a. von Saccharin aus einem Güterwagen mit Lebensmitteln. In diesem Zusammenhang wurden elf Bahnarbeiter verhaftet. Den Verhafteten konnte nichts nachgewiesen werden, weder der Diebstahl, noch eine Beteiligung daran. Dennoch wurden sie im Zuge der Ermittlungen im Gefängnis von Mysłowice so dermaßen geschlagen und gefoltert, dass sie bei einer Gegenüberstellung nicht wiederzuerkennen waren.

Am 10. und 11. Mai wurden im Stadtteil von Sosnowiec Abisynia[11] unter Kommunisten zahlreiche Verhaftungen vorgenommen. Ganze Familien wurden verhaftet und in unbekannte Richtung abtransportiert. In den ersten Maitagen erhielten die Familien, die von den Mitte Februar d. J. erfolgten Verhaftungen betroffen waren, Mitteilungen über vollstreckte Todesurteile in Auschwitz.

9 Paweł Musioł (1905–1943), Literaturhistoriker und Politiker; in den 1930er-Jahren Hrsg. und Redakteur verschiedener schlesischer Kulturzeitschriften, u. a. Kuźnica (1935–1937), von 1935 an Anhänger der Radikal-Nationalen Bewegung „Falanga"; nach 1939 Kommandant der poln. Widerstandsbewegung Związek Walki Zbrojnej im Bezirk Teschen; er wurde 1941 von der Gestapo verhaftet.

10 Im Original deutsch.

11 Bezeichnung für eine Elendssiedlung im Süden der Stadt, nach 1945 aufgelöst.

Im Zuge der Aufdeckung einer organisierten Aktion, die Häftlinge mit zusätzlichen Lebensmitteln zu versorgen, verhafteten die Deutschen zahlreiche Personen in den an das Lager Auschwitz grenzenden Gemeinden. Verhaftet wurden überwiegend Frauen.
Die Polen, die in der Nähe des Lagers Auschwitz beschäftigt sind, unterliegen einer unausgesetzten Kontrolle. Die Gestapo nimmt von Mal zu Mal Durchsuchungen vor, bestellt sie zu Verhören und verdächtigt sie der Zusammenarbeit mit „Banditen" (Partisanen). In gewisser Weise finden diese Verdächtigungen ihre Berechtigung in der ständigen Flucht von Auschwitzhäftlingen. Am 21. Mai flohen drei Ingenieure, die im Bergwerk Brzeszcze[12] arbeiteten, mit Hilfe von außen. Der Wachhabende, der die Häftlinge beaufsichtigte, wurde mit einem Schlafmittel betäubt, das in Alkohol aufgelöst worden war. Die Aktion leitete ein Häftling, der unter dem Pseudonym „Ingenieur Jurek" in der ganzen Umgebung bekannt war. Die geflohenen Häftlinge wurden mit Zivilkleidung und Geld versorgt. Offenbar nahmen sie detaillierte Pläne des Lagers mit, die sie zuvor für die Lagerleitung angefertigt hatten. Infolge dieser Flucht fanden in der Umgebung erneut Verhaftungen statt.
Die fortgesetzten Verhaftungen, Exekutionen, Durchsuchungen usw. und vor allem der Anblick der unaufhörlich rauchenden Schornsteine der Krematorien von Auschwitz rufen unter der ortsansässigen polnischen Bevölkerung Niedergeschlagenheit hervor, können jedoch nicht den Freiheitsgedanken unterdrücken.
Um den polnischen Untergrund zu bekämpfen, haben die Deutschen einen Kursus für die Volksdeutschen organisiert, die polnisch sprechen. Die Teilnehmer wurden zu Provokateuren ausgebildet, deren Aufgabe es ist, polnische Untergrundorganisationen zu enttarnen. Die Aktion dieser Provokateure soll zwei Monate dauern. Vermutlich halten sie sich schon in der Gegend auf.
4. Die Liquidation der Gettos. Schon seit längerer Zeit deuteten verschiedene Zeichen darauf hin, dass das Schicksal der jüdischen Bevölkerung in den schlesischen Gettos besiegelt sei. Die jüdische Bevölkerung, die die vorangegangenen Pogrome überlebt hatte, vegetierte unter schrecklichen Bedingungen und erwartete ihr unausweichliches Ende.
Die erste umfangreiche Aktion begann am 19. Mai d. J. An diesem Tag lösten die Deutschen das dortige Getto auf. Nach Durchführung einer Selektion wurden etwa 3000 Juden in das Getto von Sosnowiec gebracht, die zurückgebliebenen Menschen jedoch – Alte, Kinder und Arbeitsunfähige – wurden in unbekannte Richtung abtransportiert, höchstwahrscheinlich nach Auschwitz zu ihrer Ermordung. Am selben Tag wurde im Getto von Sosnowiec eine Säuberung durchgeführt, etwa 5000 arbeitsunfähige Juden wurden zusammen mit ihren Kindern in das Lager Auschwitz deportiert.
Am 20. Mai wurden 2000 der gesündesten Juden ausgewählt und zur Arbeit ins Reich deportiert. Nach diesen Aktionen waren im Getto etwa 12 000 Juden zurückgeblieben, die in verständlicher nervöser Erregung und von einem Tag auf den nächsten lebten. Im Bezirk Chrzanów wurden die Gettoliquidationen fast zeitgleich und in identischer Weise durchgeführt. Das gesunde Element wurde nach Sosnowiec gebracht, die übrigen Juden in den Gaskammern von Auschwitz vergiftet.

12 Beim Kohlebergwerk Brzeszcze befand sich zwischen Aug. 1942 und Jan. 1945 das Außenlager Jawischowitz, das zum KZ Auschwitz gehörte.

Am 21. Juni begann die Liquidation des Gettos in Sosnowiec. In mehreren Schüben findet das sog. „Durchkämmen das Getto“[13] statt – die Deportation eines Teils der Juden nach Auschwitz. Zeitgleich wurde das Getto in Dąbrowa Górnicza liquidiert. Die Auflösung des Gettos in Będzin fand zwischen dem 24. und 27. Juni statt. Mit einem stark gesicherten Begleitkommando wurden etwa 2500 Juden nach Auschwitz deportiert. Während der Liquidation wurden auf den Straßen des Gettos in Będzin 200–300 Juden erschossen. Vor der Aktion flüchteten etwa 300 Juden, die in großen städtischen Schneiderwerkstätten für Wehrmachtsuniformen gearbeitet hatten. Die Juden zogen sich Uniformen an und flüchteten. Ein Teil der Geflohenen wurde ergriffen. Die Deutschen behaupten, dass diese Flucht die Auflösung des Gettos verursacht habe. Diese Begründung gehört natürlich in das Reich der Märchen.
Während der Fahrt aus dem Dąbrowa-Gebiet nach Auschwitz versuchten die Juden zu fliehen. Das Begleitkommando des Zuges beschoss die Flüchtigen, einem Teil jedoch gelang es zu entkommen und sich zu verstecken. Auf der Strecke Mysłowice–Auschwitz fand daraufhin eine Razzia in den umliegenden Wäldern statt. An dieser Razzia nahm sogar die Hitler-Jugend teil. Als der Zug in Bieruń Nowy an einem Signal hielt, wurden 17 Juden bei dem Versuch zu fliehen erschossen. In Auschwitz selbst schossen die Deutschen auf der Eisenbahnrampe während des Ausladens der Juden aus Maschinenpistolen in die dichte Menge.
Die Deutschen verschonten nicht einmal die Juden, die für ihre prodeutschen Sympathien bekannt waren oder sich sogar um das Deutschtum verdient gemacht hatten. In Auschwitz ermordet wurde unter anderem die Witwe eines Arztes, eine Leiterin des Volksbunds,[14] ausgezeichnet mit dem Verdienstkreuz. Nach Auschwitz geschickt wurde unter anderem auch der Inhaber eines Zigarettengeschäfts aus Katowice – der Jude Minzer, der bis dato durch den deutschen Kommissar in Sosnowiec Eljasz[15] geschützt worden war. Ihre Bekanntschaft stammt aus der Zeit des Schlesischen Aufstands, als Minzer wie sein Kamerad Eljasz auf deutscher Seite an den Kämpfen bei Annaberg teilnahmen.[16]
[...][17]

13 Im Original deutsch.
14 Gemeint ist vermutlich der Volksbund für das Deutschtum im Ausland, der sich in der Zwischenkriegszeit für die Belange der Auslandsdeutschen eingesetzt hatte und 1938 der Volksdeutschen Mittelstelle unterstellt wurde.
15 Es ist unklar, wer gemeint ist. Gestapokommissar in Sosnowitz war Hans Dreier.
16 Als Teil des Dritten Schlesischen Aufstands fand die Schlacht um den St. Annaberg im Mai 1921 statt.
17 Die weiteren Abschnitte – analog auch für die übrigen Regionen (siehe Anm. 2) – behandeln „Kirche und Bildung“, „Wirtschafts- und soziale Angelegenheiten“, „Die polnische Bevölkerung“, „Die deutsche Bevölkerung“.

DOK. 225

Der Landrat des Kreises Lissa informiert das Kreisbauamt am 17. August 1943, dass die Juden in den Arbeitslagern des Warthegaus endgültig deportiert werden[1]

Schreiben des Landrats des Kreises Lissa (L 2–146-08/5), gez. Olsen,[2] an das Kreisbauamt des Landkreises Lissa (Eing. 19.8.1943, Tgb. Nr. 320 K. 8) vom 17.8.1943[3]

Nach den hiesigen Unterlagen unterhalten Sie in Buchenhof – Amtsbezirk Luschwitz – ein jüdisches Arbeitslager mit einer Lagerstärke von 15 Mann.
Durch Erlaß des Reichsführers SS und Chefs der Deutschen Polizei vom 2.8.1943[4] sind die im Warthegau noch außerhalb des Ghettos Litzmannstadt in Arbeitslagern geschlossen zur Arbeit eingesetzten Juden nunmehr endgültig abzutransportieren.[5]
Ich empfehle, die in Angriff genommenen Arbeiten, soweit möglich, beschleunigt zum Abschluß zu bringen.
Die dadurch erforderliche Ersatzgestellung von Arbeitskräften für die Juden bleibt Aufgabe der Arbeitsämter. Das Landesarbeitsamt in Posen ist unterrichtet.
Ich ersuche, die in dem von Ihnen unterhaltenen Arbeitslager untergebrachten Juden ab 20. August 1943 zum Abtransport bereitzuhalten. Der Abtransport wird in der Zeit vom 20.8. bis 1.9.1943 erfolgen. Über den genauen Tag des Abtransportes erfolgt weiterer Bescheid; der Transport erfolgt vom Bahnhof der Kreisstadt Lissa in Sonderwagen (G-Wagen).[6]
Der Transport der Juden von dem jeweiligen Lager bis zum Bahnhof ist von der örtlichen Polizei bezw. Gendarmerie durchzuführen. Die Polizeiorgane werden von hier aus entsprechend in Kenntnis gesetzt. Es ist dafür Sorge zu tragen, daß die Juden rechtzeitig am Bahnhof zum Verladen eintreffen, damit die Sonderwagen dem planmäßigen Regelzug angehängt werden können.
Die Bewachung beim Verladen der Juden und die weitere Bewachung übernimmt die Gefangenen-Transportabteilung in Posen. Der einzelne Jude darf an Gepäck höchstens bis 25 Pfund mitnehmen.
Von der Lagerleitung ist den Juden eine Verpflegung von zwei Tagen mitzugeben.
Falls im Ort des Lagers Veränderungen eingetreten sind, bitte ich um *sofortige* Meldung, da ich den zuständigen Gendarmerieposten umgehend zu benachrichtigen habe.

1 BArch, R 138 II/5, Bl. 17.
2 Dr. Erwin Olsen, geb. als Erwin Olschewski (*1907), Jurist; 1929 NSDAP-Eintritt; bis Sept. 1939 Personalchef im Danziger Senat, danach Landrat in Rawitsch und in Lissa.
3 Handschriftl. Vermerk: Zur Kenntnis genommen, G. Lürk, Lissa, 19/8.43.
4 Der Erlass ist nicht überliefert und wird nur hier sowie in einem weiteren Dokument mit abweichendem Datum vom 9.8.1943 erwähnt; siehe Peter Klein, Die „Gettoverwaltung Litzmannstadt" 1940 bis 1944. Eine Dienststelle im Spannungsfeld von Kommunalbürokratie und staatlicher Verfolgungspolitik, Hamburg 2009, S. 608 f.
5 Bis Ende Aug. 1943 wurden in drei Sammeltransporten über 5000 jüdische Zwangsarbeiter aus dem Warthegau nach Auschwitz deportiert.
6 Die noch in Arbeitslagern des Kreises Lissa untergebrachten Juden wurden zusammen mit 44 Juden aus Gostingen am 28.8.1943 deportiert; Schreiben der Gestapo Posen an den Landrat des Kreises Lissa vom 27.8.1943 (Abschrift) betr. Evakuierung der Juden; wie Anm. 1, Bl. 16.

DOK. 226

Die Reichsbahndirektion Königsberg kündigt am 17. August 1943 fünf Deportationszüge mit Juden aus Białystok in das Vernichtungslager Treblinka an[1]

Telegrammbrief der Deutschen Reichsbahn, Reichsbahndirektion Königsberg (33 Bfp 9 Bfsv.),[2] Unterschrift unleserlich, vom 17.8.1943

Fahrplananordnung Nr. 290
An BA 1, MA, VA Zl, GA[3] und Hbf Bialystok, Bialystok Industriebf, Dienststellen von Bialystok bis Malkinia, Bf Treblinka, OBD[4] 33 Warschau
– nach besonderem Verteiler –
Zur Abbeförderung von Aussiedlern verkehren folgende Sonderzüge von Bialystok nach Malkinia Ziel Treblinka.[5]

Am 21.8.43 a) Pj[6] 207, Bialystok ab 7,00 Plan 95 828 Malkinia an 9,43 ab 9,50 Treblinka an 9,58.
Lp[7] Pj 1207 (Wagenzug aus 207) Treblinka ab 11,36 Malkinia an 11,43 ab 12,30 Plan 93 894 Bialystok an 15,18.
b) Pj 208, Bialystok ab 12,00 Plan 91 850 Malkinia an 14,43 ab 14,50 Treblinka an 14,58.
Lp Pj 1208, Treblinka ab 16,58 Malkinia an 17,05 ab 17,30 Plan 93 869 Bialystok an 20,18.

Am 22.8.43 Pj 209 und Lp Pj 1209 wie vor unter a)
Pj 210 und Lp Pj 1210 wie vor unter b).

Am 23.8.43 Pj 211 und LP Pj 1211 wie am 21.8. unter a).

Für jeden Zug sind 38 G[8] für Insassen und zwei M[9] für Begleiter zu stellen. Die Leerzüge sind von Treblinka zurückzuführen. Bespannung und Zub[10] für alle Züge durch Bw[11] bezw. Hbf Bialystok. Zugg:[12] für Vollzüge 30,9, für Leerzüge 30,11.

1 IPN, GK 196/70, Bl. 21. Abdruck als Faksimile in: Raul Hilberg, Sonderzüge nach Auschwitz, Mainz 1981, S. 228.
2 Das Referat 33 war zuständig für Sonderzüge und Reisezüge; BfP = Betriebsabteilung Fahrplanbüro; Bfsv = Betrieb, Fahrplan, Sonderzüge, Verwaltung.
3 BA = Betriebsamt, MA = Maschinenamt, VA = Verkehrsamt, Zl = Zugleitung, GA = Güterabfertigung.
4 OBD = Ostbahndirektion.
5 Jeder dieser Züge transportierte vermutlich bis zu 2500 Juden nach Treblinka. Ein Bahndiensttelegramm vom 18.8.1943 von der Ostbahndirektion Warschau an die Bahnhöfe Malkinia und Treblinka kündigte das Eintreffen eines Zuges aus Bialystok „mit etwa 2500 Umsiedlern" für den darauf folgenden Tag an; zit. nach Adam Rutkowski, Męczeństwo, walka, zagłada Żydów w Polsce 1939–1945, Warszawa 1960, Abb. 273.
6 Pj = poln. Juden.
7 Lp = Leerzug.
8 Güterwaggons.
9 Personenwaggons.
10 Zugbegleiter, Zugbegleitpersonal.
11 Bahnbetriebswerk.
12 Zuggattung.

Die Wagen sind rechtzeitig in Bialystok Industriebhf bereitzustellen und nach Bialystok Hbf zum Anschluß an die angegebenen Pläne zu überführen. Besteller: Kommandeur der Sicherheitspolizei und des SD in Bialystok.[13]

DOK. 227

The Manchester Guardian: Artikel vom 26. August 1943 über die Situation reichsdeutscher Flüchtlinge in Polen und deren angebliche Unterbringung in zuvor aufgelösten Gettos[1]

Ängste deutscher Flüchtlinge in Polen. Bombardierungen und Feindseligkeit der Bevölkerung
Von unserem Sonderkorrespondenten

Stockholm, 25. August.
Inzwischen liegen weitere Informationen über die Evakuierung von Institutionen und Menschen aus Berlin und anderen Zentren Deutschlands vor.
Der neu eingesetzte Reichsinnenminister Himmler[2] scheint einen Teil des Ministeriums, einschließlich der zentralen Dienststellen der Gestapo, nach Prag verlegen zu lassen. Das Außenministerium soll nach Wien verlagert werden. Der Umzug soll bereits begonnen haben, aber es ist nicht bekannt, ob der letzte Besuch, den unsere Bomber der Wiener Neustadt abgestattet haben, zu einer Änderung der Pläne geführt hat. Das Bildungsministerium soll nach Posen und das Arbeitsministerium nach Krakau umziehen.[3] Die Mehrheit der Berliner Schulen wird samt Lehrer nach Polen, insbesondere in die Bezirke Łódź und Posen, umgesiedelt. Polen soll neben den baltischen Staaten und Österreich auch einen Großteil der evakuierten Bevölkerung aufnehmen.
Aktuellen Meldungen zufolge sind schon über eine halbe Million Berliner in Polen angekommen, meist im sogenannten Generalgouvernement,[4] während ein großer Teil der aus Hamburg Evakuierten vor allem nach Pommern verschickt wurde. Diese umfangreiche Bevölkerungsverschiebung verläuft in beide Richtungen, da die Deutschen mit Hilfe einer recht einfachen Methode ihren eigenen Flüchtlingen Lebensraum verschaffen: Sie treiben Esten, Letten, Litauer und Polen zusammen und schicken sie „freiwillig" oder zur „Zwangsarbeit" nach Deutschland, wodurch Wohnraum für die Neuankömmlinge frei wird.

13 Die Deportationen der Juden aus dem Getto Białystok in das Vernichtungslager Treblinka, nach Auschwitz-Birkenau und nach Lublin-Majdanek dauerten vom 16.–23.8.1943.

1 The Manchester Guardian vom 26.8.1943, S. 6: „Fears of German Refugees in Poland. Bombing and Hostility of the People". Das Dokument wurde aus dem Englischen übersetzt.
2 Am 20.8.1943 folgte Himmler Wilhelm Frick in das Amt des Reichsinnenministers.
3 Zu den genannten Verlegungen von Ministerien nach Wien, in den Warthegau oder das Generalgouvernement kam es nicht.
4 Im Sommer 1943 kam es zur Verschickung mehrerer Tausend Berliner Bombengeschädigter in den Warthegau, der zu dieser Zeit noch nicht als luftkriegsgefährdetes Gebiet galt. Allerdings gab es keine Evakuierungen von Deutschen in das Generalgouvernement.

Nutzung der Gettos
Die flüchtende deutsche Bevölkerung sucht sogar im Warschauer Getto Zuflucht, das nach den jüngsten Kampfhandlungen und dem Massaker an allen dort lebenden Juden nun aufgeräumt wird, um die Flüchtlinge aufzunehmen. Ähnlich sieht es in den Gettos anderer Städte aus.[5] Viele Flüchtlinge meiden jedoch selbst in Polen die größeren Städte, nachdem in der deutschen Presse zu lesen war, dass Danzig in der vergangenen Woche erneut bombardiert worden ist, einmal durch die Briten und zweimal durch die Russen. Viele zeigen eine Abneigung, sich überhaupt nach Polen zu begeben.
Einige Berliner haben sich sogar schlichtweg geweigert, nach Polen zu ziehen, weil sie sich offenbar um ihre Zukunft sorgen, während andere, die bereits dorthin umgesiedelt wurden, versuchen, irgendwohin zu fliehen, wo die politische Stimmung besser ist und wo sie sich in der Endphase des Krieges eine größere Sicherheit erhoffen. Die deutschen Behörden in Polen versuchen, dies zu unterbinden, und haben schärfste Verordnungen erlassen, die es den Flüchtlingen untersagen, ihren Wohnsitz selbst zu bestimmen.[6]
Einige Deutsche haben auch in Norwegen und anderen Gebieten außerhalb des Reiches eine sicherere Zuflucht gefunden, auch wenn sich derzeit unmöglich etwas über den Umfang sagen lässt.
Nicht nur bei flüchtenden Privatpersonen, sondern auch bei deutschen Behörden offenbart sich, dass sie den bevorstehenden Tag der Abrechnung fürchten. Daher treffen sie Vorkehrungen, um die Spuren ihrer Verbrechen zu verwischen oder die Schuld auf andere abzuwälzen. Es gibt zum Beispiel glaubwürdige Berichte darüber, dass in Polen in einer großangelegten Aktion Massengräber, von denen sich besonders viele in der Region rund um Lublin befinden, geöffnet und die Überreste der Leichname beseitigt werden.[7]
Ein Trick der Deutschen
Vor einigen Monaten ging man zu einem besonders heimtückischen Vorgehen über, das inzwischen aber zum normalen Repertoire gehört. Unter der Bevölkerung der besetzten Länder wird verbreitet, dass die vielen Grausamkeiten, insbesondere die Hinrichtungen, gar nicht von den Deutschen verübt worden seien, sondern von Angehörigen besetzter Staaten – vornehmlich Tschechen, Letten, Polen, Litauer, Ukrainer und Weißrussen –, die sich jenseits ihrer Heimatländer als Polizisten in deutschen Diensten verdingt hätten. Um dem eine gewisse Plausibilität zu verleihen, sorgen die Nazis dafür, dass entsprechende Polizisten nach der Absolvierung einer Spezialausbildung im Ausland nicht mehr in ihre Heimat zurückkehren. Sie werden vielmehr auf verschiedene Einsatzorte verteilt, wo ihre sichtbare Präsenz die unter der einheimischen Bevölkerung gestreuten Gerüchte, diese hätten etwas mit den Gräueltaten der Deutschen zu tun, bestärken.
Den Menschen in Belgien wird nun erzählt, dass die auf der Straße in deutscher Uniform patrouillierenden Sondereinheiten in dem einen Gebiet Letten oder Polen seien und im anderen Litauer oder Ukrainer. Ähnlich falsche Behauptungen kursieren anderswo in Bezug auf Tschechen, Polen, Esten und andere Staatsangehörige.

5 Einquartierungen von Deutschen in aufgelöste Gettos gab es nicht.
6 Nicht ermittelt.
7 Von Juni 1942 an war unter der Leitung von Paul Blobel das Sonderkommando 1005 (Aktion 1005) damit befasst, die Spuren der von den Deutschen verübten Massenmorde zu verwischen, vor allem indem Gräber geöffnet und die Leichen unter freiem Himmel verbrannt wurden; siehe auch VEJ 7/275.

Kürzlich bekam ein Transport mit litauischen Polizisten auf dem Weg nach Deutschland kurz vor der Grenze Wind von diesen Absichten. Daraufhin brachten sie den Zug in ihre Gewalt und kehrten in ihre Heimatorte zurück. Es ist bemerkenswert, dass auf diesen besonderen „Aufstand" keinerlei Vergeltungsmaßnahmen folgten; zumindest ist darüber nichts bekannt geworden.[8]

DOK. 228
Die polnische Untergrundbewegung berichtet über die Auflösung der Gettos im Dąbrowa-Revier und in Oberschlesien im August 1943[1]

Meldung des Jüdischen Komitees in Krakau für die Innenabt. der Regierungsdelegatur, Warschau, für den Zeitraum Juli und August 1943[2]

[…][3]

II. Dąbrowa-Revier und Schlesien

Noch vor einem halben Jahr beneideten nicht nur die polnischen Juden, sondern die gesamte polnische Bevölkerung die Juden im Dąbrowa-Revier um ihre guten Lebensbedingungen. Wie es dazu kam, ist nicht bekannt. Möglicherweise brauchten die Deutschen die dort vorhandenen jüdischen Handwerker oder Händler. Vielleicht wollten die Deutschen aus Rücksicht auf die direkte Nachbarschaft zu einem von Deutschen bewohnten Gebiet hier nicht auf die gleiche radikale Weise wie in anderen Gebieten Polens die Juden liquidieren. Allgemein hat sich jedoch die Überzeugung durchgesetzt, dass dies ein Verdienst des Judenratsvorsitzenden, des vor dem Krieg wenig bekannten Sosnowitzer Rechtsanwalts Meryn,[4] sei. Um diesen Menschen ranken sich die verschiedensten fantastischen Gerüchte, zum Beispiel, er wäre der Liebhaber von Frau Göring bzw. von Himmlers Schwester gewesen. Wahrscheinlicher ist jedoch, dass er dank eines kolossalen Lösegelds an die Deutschen sowie durch Bestechung des sogenannten Bevollmächtigten für jüdische Angelegenheiten[5] so geschickt manövriert hat, dass die Juden außer verhältnismäßig kleinen Einschränkungen in ihrer Bewegungsfreiheit völlig ruhig leben konnten und im vergangenen Winter sogar vorübergehend höhere Lebensmittelzuteilungen bekamen als die Polen.
Im Frühjahr jedoch änderte sich die Situation schlagartig. Es begann mit kleinen Abtransporten, Aussiedlungen, der Zusammenziehung von Handwerkern und Verboten von individueller Arbeit. Im Juni errichtete man schließlich in Sosnowiec-Środula sowie

8 Nicht ermittelt.

1 AAN, 1325/202/II-21, Bl. 90–93, hier Bl. 92 f. Das Dokument wurde aus dem Polnischen übersetzt.
2 Die Meldung war möglicherweise bestimmt für Henryk Woliński, Deckname Wacław (1901–1986), Jurist; in den 1930er-Jahren in der Warschauer Stadtverwaltung tätig; von Febr. 1942 an Referent für jüdische Angelegenheiten in der Nachrichten- und Propagandastelle beim Oberkommando des Bunds für den Bewaffneten Kampf (später Heimatarmee); nach 1945 Rechtsanwalt in Kattowitz; 1974 von Yad Vashem als Gerechter unter den Völkern geehrt.
3 Der vorangegangene Abschnitt befasst sich mit der Judenverfolgung im Generalgouvernement.
4 Richtig: Moszek Merin.
5 Vermutlich ist hiermit Albrecht Schmelt, der Sonderbeauftragte der SS für den fremdvölkischen Arbeitseinsatz in Oberschlesien, gemeint.

in Będzin ein geschlossenes Getto, trieb die letzten Juden aus Chrzanów nach Sosnowiec und die Juden aus Dąbrowa, Strzemieszyce, Gołonog und Ząbkowice nach Będzin. In diesem Zeitraum sank die Zahl der Juden von 65 000 auf 40 000. Der Rest wurde in Auschwitz vernichtet bzw. kleinere Gruppen wurden zu Straßen- und Eisenbahnbauarbeiten nach Schlesien gebracht, zum Teil bis nach Opole und Breslau. Am 1. August begann man völlig überraschend mit der Liquidierung der zwei letzten verbliebenen Gettos, das heißt der Gettos von Sosnowiec und Będzin. Innerhalb von fünf Tagen ermordete man über 1000 Menschen, die passiven Widerstand geleistet hatten, indem sie ihre Wohnungen nicht verließen (übrigens nur wenige), sowie Alte und Kinder. Über 20 000 wurden nach Auschwitz abtransportiert.[6] Die eintreffenden Transporte wurden – so sagt es Korrespondenz aus dem Lager Auschwitz – direkt in die Gaskammer geführt. Nur ein geringer Teil aus diesen Transporten blieb im Lager, ungefähr 1000 Personen.
Die in Sosnowiec und Będzin verbliebenen Juden (ihre genaue Zahl ist unklar, denn die Ausgangszahl von 40 000 ist ungenau und stammt aus deutschen Quellen) brachte man zur Arbeit ins Reich. In den Gettos blieben lediglich 100 bis 200 Personen für Aufräumarbeiten zurück. Die Zahl der versteckten Juden ist vermutlich gering, denn das dichte Polizeinetz und die große Zahl von Deutschen machen jegliches längeres Untertauchen in diesem Gebiet unmöglich. Ziemlich groß sind hingegen die Gruppen von polnischen und ausländischen Juden, die entlang der großen Trassen, besonders der Eisenbahnlinien, verteilt wurden. In Trzebinia, Mysłowice, Bytom und Zebrzydowice sieht man einige Dutzend, manchmal sogar einige Hundert Juden im Arbeitseinsatz. Teilweise wohnen sie in diesen Orten in streng bewachten Baracken, teilweise werden sie aus größeren Zentren, wahrscheinlich sogar aus Auschwitz, herangefahren.
In Auschwitz wurde auf dem Gelände des allgemeinen Lagers ein spezielles Lager für Juden errichtet. Die Zahl der dort untergebrachten Juden schwankt aufgrund ständiger Liquidationen und Antransporte aus verschiedenen Teilen Polens und des Auslands. Zurzeit sollen sich etwa 10 000 Personen dort befinden. Sie arbeiten in den örtlichen Werkstätten und auch außerhalb des Lagers, wie in der Kohlengrube in Brzeszcze. Die Deutschen verlangen von ihnen, dass sie in Briefen schreiben, dass es ihnen gut geht, dass sie gesund sind und man ihnen Pakete an die Adresse „Arbeitslager Birkenau" schicken soll. Auch machen sie häufig Fotos von ihnen und schicken diese an ausländische Zeitungen, um zu beweisen, dass die Juden nicht ausnahmslos umgebracht werden.
Im Berichtszeitraum fanden vier Versammlungen des Jüdischen Komitees statt, auf denen man weitergehende Pläne einer allgemeinen – statt der bisher sporadischen – Hilfe für Juden ausarbeitete und ihre technische Durchführung vorbereitete. Neben diesen Versammlungen stehen die Mitglieder des Komitees in ständigem Kontakt zueinander, um sich zu verständigen und akute sowie laufende Aufgaben zu erledigen, die sich aus der Situation und dem aktuellen Bedarf ergeben. Da sich auf dem Gebiet von Krakau etwa 7500 Juden (die Zahl verändert sich) befinden, die in einem Lager mit einer prekären Lebensmittel- und medizinischen Versorgung untergebracht sind, beschloss man, die Hilfsaktion auszuweiten. Nun wird monatlich eine entsprechende Menge Mehl auf das Lagergelände geliefert, das zumindest in bescheidenen Mengen für alle reicht, die sich im Lager befinden. Die vorgesehene Menge beträgt mehr oder weniger 5000 kg

6 Siehe Dok. 221 vom 7.8.1943.

monatlich. Außerdem soll das Lager mit Medikamenten versorgt werden. Die ganze Hilfsaktion wird durch die Verteilung von Mitteln, die dem Komitee zur Verfügung stehen, möglich. Nur einmal konnte sie aufgrund fehlender Gelder nicht stattfinden. Außerdem wird weiterhin für etwa 100 Personen sporadische Hilfe geleistet, die vorübergehend und in verschiedenen Formen jenseits der ständigen finanziellen Hilfe stattfindet. Da während der letzten Aktionen in den jüdischen Vierteln einer großen Zahl von Juden die Flucht gelang, müssen nun mehr Personen finanziell unterstützt werden. Kürzlich erhielten wir die Information, dass es den Juden nicht erlaubt sei, Lebensmittel von außerhalb des Lagers anzunehmen. Jeder, der beim Hereinbringen von Lebensmitteln in das Lager erwischt wird, würde auf der Stelle erschossen. Aufgrund dieser Anordnung hat sich die Ernährungssituation im Lager deutlich verschlechtert. Eine Hilfe für das Lager ist unbedingt nötig. Neben dem Krakauer Lager richtete man die Aufmerksamkeit auf den ganzen Bezirk, also auf alle jüdischen Zentren. Über eine Kontaktaufnahme mit jüdischen Zentren in anderen Orten sollen Erkundigungen zu den dortigen Verhältnissen, der Zahl und Zusammensetzung der Juden, den Lebensbedingungen, der allgemeinen Ausstattung und der gesellschaftlich-organisatorischen Aufstellung der Juden eingeholt werden. Erst wenn man all das in Erfahrung gebracht hat, kann man im Rahmen unserer Möglichkeiten eine Hilfe von außen etablieren sowie eine Propagandaaktion vorbereiten, um aktiven Widerstand gegen die bedingungslose Vernichtung der Juden durch die Deutschen zu initiieren.

DOK. 229

Rachel Falk beschreibt ihr Leben im Versteck nach der Auflösung des Gettos in Białystok im Sommer 1943 und ihre anschließende Deportation nach Auschwitz[1]

Bericht von Rachel Falk, Białystok, o. D.[2]

Im Keller

„Mama, es wird geschossen! Ich habe Angst! Wir wollen uns rasch im Keller verstecken!“, sagt die dreijährige Tochter zu ihrer Mutter Rachel Falk. Dies geschah[3] in dem Moment, als 30 000 Juden kurz davor standen, nach Auschwitz und Majdanek deportiert zu werden,[4] aber auch als 2000 junge jüdische Helden des zweiten Transports einen Kampf mit den deutschen Besatzern begannen.[5]

„In diesem Augenblick“, erzählt Frau Falk, „fasse ich den festen Entschluss: Zur ersten Gruppe will ich nicht gehen, der zweiten Gruppe kann ich mich nicht anschließen, weil ich viel zu schwach bin, und so entscheide ich mich, in meine ‚Maline‘ hinunterzugehen, ich, mein Mann und mein Kind sowie noch etliche Bekannte mit ihren Frauen und

1 Das Original konnte nicht aufgefunden werden. Abdruck in: Dawid Klementinowski, Lebn un umkum in bialistoker geto, New York 1946, S. 75–85. Das Dokument wurde aus dem Jiddischen übersetzt.

2 Rachel, auch Rukhl, Falk-Rozenboym; lebte vor 1941 in Grajewo (70 km nordwestlich von Białystok) und war dort im Haschomer Hatzair aktiv; sie überlebte den Krieg und verfasste nach der Befreiung einen Bericht über ihre Erlebnisse, den Klementinowski wörtlich übernahm; wie Anm. 1, S. 12.

3 Tempuswechsel hier und im Folgenden wie im Original.

Kindern. Wir haben keine Mühe gescheut und kein Geld gespart, um das Versteck vorzubereiten. Schon vor Monaten hatten wir unsere Festung errichtet.
Es handelte sich um einen Keller von ungefähr vier Metern Länge. In den Keller gelangten wir durch einen Herd. Dort konnten wir uns in ein Rohr hinablassen, durch das man in ein kleines Zimmer kam, in dem es Licht und Wasser gab. Wir saßen dort – 9 Erwachsene und 5 Kinder. Liegen oder stehen konnte man nicht, man musste die ganze Zeit über im Sitzen verharren. Die ersten 24 Stunden saßen wir in absoluter Stille. Für die Kinder hatten wir Brot und kaltes Wasser. Wir hörten, wie man über uns in der Wohnung umherlief und sie durchsuchte, wiederholt waren Schüsse zu hören.
Nach zwei Tagen beschlossen wir, spät in der Nacht einmal hinauszugehen, um zu sehen, wie die Lage im Getto ist. Wir öffnen unser Versteck und gehen hinaus auf den Hof. Dort ist nichts zu erkennen. Er liegt voller Packen, die die Menschen weggeworfen haben, weil der Tag der Evakuierung sehr heiß war und ihnen die Kräfte fehlten, ihr letztes Hab und Gut mitzuschleppen. Wir betraten unsere Wohnung, kochten Essen für die Kinder und kehrten darauf sofort zurück in unsere ‚Festung'. Und so pflegen wir jede Nacht hinauszugehen, um uns zu waschen und Essen zu kochen, bei Tag dagegen schliefen wir im Sitzen. Der Schlaf wurde jedoch oft gestört von den schweren Tritten der Plünderer, die die Wohnung durchsuchten. Die Kinder begriffen die Gefahr und hielten den Atem an.
So lebten wir zwei Wochen lang. Wenn wir nachts hinausgingen, trafen wir andere Menschen, die ebenfalls aus ihren Verstecken gekommen waren, um in den leeren Wohnungen nach Lebensmitteln zu suchen. Man erfuhr Neuigkeiten: In einer ‚Maline' in der Jurowiecka-Straße 26 lebte der kleine Jitzhak, ein aus dem Wilnaer Getto stammender Chalutz,[6] der am Aufstand teilgenommen hatte. Er war zugleich Baraszs Adjutant gewesen und erzählte Neuigkeiten aus dem Getto. Und so verbreiteten sich die Nachrichten von einem zum anderen über das ganze Bialystoker unterirdische Leben in der Finsternis trauriger Nächte.
Wir wussten alles. Wir wussten, dass die Deutschen für die paar Hundert übriggebliebenen Juden ein kleines Getto errichtet hatten.[7] Wir hatten auch gehört, dass das kleine Getto in diesen Tagen ebenfalls liquidiert werden würde. Es gab einen Moment, in dem wir überlegten, ins Freie zu gehen, um mit dem letzten Transport mitzufahren. Aber

4 Vom 17.–23.8.1943 wurden ca. 7600 Juden nach Treblinka, 4000 nach Auschwitz und 15 000 Juden zur Zwangsarbeit in den Distrikt Lublin deportiert; am 24.8. wurden weitere 1200 Kinder sowie 60 Ältere nach Theresienstadt transportiert, von wo sie im Okt. nach einem gescheiterten Austausch gegen deutsche Kriegsgefangene nach Auschwitz gebracht und dort ermordet wurden.

5 Im Getto von Białystok gab es zwei Widerstandsbewegungen: Die im Aug. 1942 gegründete Front A umfasste eine Teilgruppe des Bund, Haschomer Hatzair sowie die Kommunisten; im Jan. 1943 formierte sich unter Mordechai Tenenbaum die Front B, der Dror, Betar, Hanoar Hatzioni sowie einige Bund-Mitglieder und Haschomer Hatzair angehörten. Ende Juli 1943 kam es zu einem Zusammenschluss beider Organisationen.

6 Hebr.: Pionier, Angehöriger der zionistischen Jugendorganisation.

7 Nach der Auflösung des Gettos im Aug. 1943 brachten die Deutschen ca. 700 bis 1000 Juden in einem kleineren Teil des Gettos, dem sogenannten „kleinen Getto", unter, um die Habseligkeiten der Deportierten einzusammeln. Am 8.9.1943 wurde auch dieses Getto aufgelöst. Die Bewohner, darunter Mitglieder des Judenrats, wurden überwiegend nach Lublin-Majdanek deportiert. Die Deutschen durchkämmten das Getto anschließend jedoch noch wochenlang, um versteckte Juden aufzufinden und zurückgelassene Besitztümer nach Deutschland zu transportieren.

zum Schluss hat der Wille zum Leben doch gesiegt. Wir beschlossen, uns nicht zu ergeben, sondern denselben unterirdischen Kampf fortzuführen …
Und so verließ man wieder jede Nacht das Versteck, um ein bisschen Essen zu beschaffen, um die Kinder am Leben zu erhalten. Um Wasser zu holen, mussten wir einen weiten Weg bis zum Garten des Judenrats zurücklegen. Eines Nachts hörten wir plötzlich eine Schießerei und dann Schritte. Wir schafften es noch, schnell in den Keller zurückzulaufen. Danach war uns jedoch bewusst, dass man eine unserer geschlossenen ‚Malinen' entdeckt haben musste. So verließen wir einige Nächte nicht mehr unser Versteck, um zu kochen. Die Kinder aßen stattdessen trockenes Brot und tauchten es in kaltes Wasser, das wir unter höchster Lebensgefahr beschafften. Nicht einmal mit Regenwasser konnten wir Essen kochen.
Unter diesen Bedingungen wurde ich einmal jedoch schwer krank – berichtet Frau Falk weiter. – 2 Wochen lag ich mit 41 Grad Fieber im Bett. Ich erhielt keinerlei Hilfe. Alle glaubten, dass ich im Sterben läge. Wie ich genas und am Leben blieb, weiß ich nicht. Das ganze Leben im Untergrund war ein Wunder. Jeder Tag war ein neues Wunder.
Einmal hörten wir, wie jemand über unseren Köpfen in unserer Wohnung die Sachen und Möbel entfernte. Wir verfielen in Schockstarre und hofften, dass zu allem Überfluss nicht noch ein Kind zu weinen beginnen würde. Unglücklicherweise traf es sich, dass eine Maus ein schlafendes Kind in sein Ohr biss. Unten hörten wir, wie oben eine Christin sprach: – ‚Oh, Jesus, eine Kinderstimme'.[8]
Die Deutschen begannen sogleich, die Dielen aufzubrechen. Da sie nur auf Sand stießen, suchten sie nicht weiter und gingen weg. In der Nacht brachen vier von uns auf, um Brot in einem zweiten Versteck zu backen. Wir warteten die ganze Nacht auf sie. Nur zwei von ihnen kehrten zurück. Eine Patrouille hatte sie entdeckt. Mein Schwager Shlomo Rozenboym und ein Mädchen namens Zina Kosowska sprangen mutig aus dem dritten Stock und konnten sich somit retten und zurückkehren. Die anderen zwei brachte man weg. Von einem der zwei blieben in der ‚Maline' die Frau und zwei Kinder zurück. Die Familie wird kleiner, und die zwei verlorenen Männer fehlen uns.
Wir verlassen die ‚Maline'
Unter solchen Bedingungen lebten wir bis 2. November 1943. Eines Nachts, es war die Nacht von Schabat auf Sonntag, verließen mein Mann und mein Schwager das Versteck, um Essen zu kochen. Nach zehn Minuten hören wir einen Schuss und einen Flüchtenden. Wir hören deutlich, wie Schritte unseren Hof verlassen. Einige Minuten später geht mein Schwager hinaus, um nachzusehen, was geschehen war und ob möglicherweise jemand verwundet oder gar tot herumliegt, aber er findet niemanden. So verblieben im Versteck vier Frauen, ein Mann und fünf Kinder. Mut und Kraft, um weiterzukämpfen, waren verschwunden. Das Wasser, das wir als Reserve hatten, ging auch zur Neige. Essen, das den Kindern zugedacht war, war bereits aufgebraucht. Wir lehnten es ab, dass der letzte verbliebene Mann unser Leben beendete, und beschlossen, uns stattdessen alle in der Nacht aus dem Getto zu stehlen. Möglicherweise würden uns gute Christen aufnehmen.
An einem glücklichen Tag, einem Dienstag, verließen wir unsere ‚Festung'.
– Mama, geh nicht! – flehte mich das Kind an.
Aber wir hatten keine andere Wahl. Der Schwager nahm eine Hacke mit, um die Gettomauer zu durchbrechen. Der Abend war dunkel und finster, aber sogar in der Finsternis

8 Original poln. mit jidd. Übersetzung in Klammern.

sahen wir die schreckliche Zerstörung im Getto. Fenster und Türen weit geöffnet und zerbrochen. In den Häusern selbst ist alles zerstört. Das Bild des Pogroms zusammen mit der Finsternis macht uns Angst. Endlich sind wir am Zaun. Am Zaun, den wir vor zwei Jahren selbst zu errichten halfen. Wir brechen ein Brett heraus und glauben, bereits außerhalb des Gettos zu sein. Doch zu unserer großen Überraschung stellt sich heraus, dass es lediglich ein Zaun eines umzäunten Platzes ist, wo sich eine medizinische Station der Deutschen befand. Wir hören Schüsse. Erst jetzt stehen wir vor einer Mauer und können nicht hinüber. Mit einem Esslöffel beginnen wir so lange ein Loch unter der Mauer zu graben, bis es groß genug ist, dass wir die Kinder hindurchzwängen konnten. Wir Erwachsenen klettern über den Zaun und sind außerhalb des Gettos. Um nicht in einer so großen Gruppe gemeinsam zu laufen, teilen wir uns in zwei Gruppen auf. Wir laufen über christliche Straßen. Mit starkem Herzklopfen öffnen wir die erstbeste Tür einer Wohnung. Es war so sauber und gemütlich, wohlige Herzlichkeit umfängt uns. Es sollen sich die Kinder wenigstens ein paar Minuten aufwärmen können.

– Auf das Verstecken von Juden steht die Todesstrafe! – sagte die Christin.

Und so gehen wir weiter. Wir erspähen einen offenen Abort. Wir stehlen uns hinein, damit uns niemand bemerkt. Dort sitzen wir die ganze Nacht. Die Kinder essen friedlich ein Stückchen Brot und weichen es mit ein bisschen kaltem Wasser auf, das bereits zu frieren beginnt. Es tut weh, die kleinen Kinder zu betrachten. Sie verstehen die Lage, sind ernst, und sehr oft vernimmt man ihre tiefen, von Herzen kommenden Seufzer.

Im Angesicht des Feindes

Bei Tagesanbruch entdeckt uns der Hauswart und befiehlt uns, schnell zu verschwinden. Wir ziehen weiter. Bald schon erreichen wir die Bahn. Wir wollen versuchen, zu meiner Straße, der Mazowiecka-Straße zu gehen, wo mich alle kennen. Vielleicht wird uns dort jemand aufnehmen. Es ist 6 Uhr morgens. Wir sehen schon die Polen zur Arbeit gehen, verharren jedoch am Platz, so dass man uns zu bemerken beginnt. Unsere Gesichter sind gelb, auf uns liegt die Schwärze der Nacht. Man starrt uns an, als ob wir Menschen aus einer anderen Welt seien. Der Tag verspricht schön zu werden. Die helle, strahlende Sonne geht auf, aber für uns wird es von Minute zu Minute unangenehmer. Die Kinder betteln, sich ein wenig ausruhen zu dürfen. Wir sind auf dem Platz des Hl. Rochus. Plötzlich erblicken wir den Feind in der Ferne, einen Deutschen und einen Weißrussen.

– Hände hoch, ihr seid Juden!

Wir geben uns natürlich gleich zu erkennen. Die Kinder spüren die Gefahr und beginnen schrecklich zu weinen.

– Mama, sag ihm, dass ich ein gutes Mädchen bin, ich will leben – fleht meine Tochter mich an.

Bei den Banditen weckt dies einen Moment von Menschlichkeit. Einer beginnt sodann das Kind zu beruhigen und führt uns auf das Polizeirevier. Die Kinder erhalten dort Essen und heißen Kaffee. Es tut gut, im Warmen zu sitzen. Ein Radio spielt. Durch das Fenster sehe ich Spaziergänger, die strahlende Sonne, und auf einmal erscheint die Welt so schön. Der Weißrusse vertraut uns ein Geheimnis an:

– Ihr werdet gleich ins Gefängnis gebracht. Bei Nacht werdet ihr erschossen werden.

Ich bin zufrieden. Ich wünschte, dass es schon vorbei wäre.

Nach mehreren Stunden des Wartens wird ein Protokoll angefertigt, man befiehlt uns, unsere Habseligkeiten zu nehmen, und führt uns irgendwo hin. Zwei Jahre ist es schon her, dass ich die Straßen von Białystok gesehen hatte. Alles erschien mir so fremd. Auf

dem Platz der Stadtuhr stehend, sah ich den Wald aus der Ferne. Alles ist weg, verschwunden. Wir gehen, und um uns herum beginnen sich einige Menschen zu sammeln, herausgeputzte Frauen und lachende Kinder.
– Juden, Juden![9] Wo sind die denn noch aufgetaucht? – hört man sie sich wundern.
Man führte uns in die Zamenhof-Gasse. Die Gasse ist nicht wiederzuerkennen. Bloße Ruinen. Die Menge läuft uns nach. Der Deutsche zieht jedoch seinen Revolver, um die Menge zu vertreiben. Wir kommen auf einen Platz, wo früher einmal das Hotel Ostrowski gestanden hat. Heute befindet sich dort das Gestapo-Haus. Man befiehlt uns, uns mit dem Gesicht zur Wand zu stellen. Sie hieß ‚Die Tränenwand'. Dorthin bringt man Juden, die mit arischen Papieren aufgegriffen werden. Dort werden sie erschossen oder stehen so lange nackt, bis sie erfrieren. Der Ukrainer erhob gegen uns die Waffe.
– Mama, ich will leben! – schreit mein Kind.
Ich erwarte bereits den Schuss. In diesem Moment hatte ich einen Wunsch, nämlich dass die erste Kugel mich treffen solle. So stehen wir zehn Minuten lang, und jede Sekunde erwarten wir den Tod. Plötzlich befiehlt er uns umzudrehen und ihm zu folgen. Er führt uns in einen Keller. Auf der Erde liegt ein Strohsack. Sofort fielen wir alle todmüde um und schliefen ein. Ich aber konnte keinen Schlaf finden. Dort bleiben wir, bis es dunkel wird. Der Ukrainer nimmt uns 500 Mark ab und bringt dafür Essen für die Kinder. Anschließend kommt ein Deutscher herein und fordert uns auf, ihm unser letztes bisschen Geld zu überlassen.
– Mama, gib ihm alles, wir dürfen das nicht behalten.
Im Gefängnis und weiter …
Man befiehlt uns herauszutreten. Überall stehen Deutsche mit Gewehren herum, als ob es sich bei uns um die größten Verbrecher handelt. Ein Lastauto wartet bereits auf uns. Man führt uns weg. Wir sind sicher, dass man uns aus der Stadt zum Erschießen bringt, aber man entlässt uns auf den Hof des großen Gefängnisses von Białystok. Man durchsucht uns, nimmt uns alles weg und bringt uns in eine finstere Zelle. Eine Zelle, in der normalerweise Schwerverbrecher untergebracht werden. Wir fallen auf harte Bretter und schlafen die ganze Nacht. Um 6 Uhr morgens werden wir geweckt. Man bringt uns schwarzen Kaffee mit Brot. Die Kinder stürzen sich sofort auf das Essen und bitten um mehr. Plötzlich öffnet sich die Tür, ich trete aus meiner Zelle, ein Wächter kommt auf mich zu und schaut mir ins Gesicht:
– ‚Ah, du bist auch hier?' – Er hat mich wiedererkannt und erzählt, dass sich mein Mann in einer anderen Zelle befinde. Für die Kinder gab er mir Brot und andere Nahrungsmittel. Abends führt er mich in die Zelle, wo ich meinen Mann wiedersehe. Die Freude hielt einige Minuten an. Ich erfahre, dass im Gefängnis schon viele Juden vor uns waren, die man in ihren ‚Malinen' aufgespürt hatte. Man pflegt sie dort einige Tage festzuhalten, bis sich eine größere Zahl zusammengefunden, dann bringt man sie alle zusammen, nackt, nach Pietrasze[10] bei Białystok, wo man sie mit Maschinengewehren erschießt. Jede Nacht erwarteten wir dasselbe Ende. Bei jedem Geräusch des Schlüssels waren wir bereit, den letzten Weg, den Weg in den Tod zu gehen.

9 Im Original poln.
10 Waldgebiet, ca. 3,5 km vor der Stadt gelegen, in dem deutsche Einheiten bereits im Juli 1941 erste Massaker an insgesamt mehreren Tausend Juden verübten; später wurden dort auch Polen und Weißruthenen erschossen.

Im Gefängnis waren wir zwei Wochen lang. Am Morgen des 14. November 1943 befahl man uns, unsere Sachen zu packen und herauszutreten. Auf dem Korridor traf ich meinen Mann wieder. Ich war überglücklich, wieder mit meinem Mann und meinem Kind vereint zu sein. Komme, was wolle, Hauptsache zusammen. Unser Glück dauerte jedoch nicht lange. Plötzlich erschien vor uns ein Deutscher mit etlichen polnischen Frauen im Schlepptau und nahm uns die Kinder weg. Ich verstand die Situation nicht rasch genug und konnte mich nicht einmal mehr von meinem Kind verabschieden. Sie ist schon in fremden Händen, weit weg von mir. Ich kann noch einen letzten Blick meiner Tochter erhaschen. Ich beginne zu schreien, erhalte jedoch einen Schlag mit dem Gewehr, mein Kind ist nicht mehr da.
Auf dem Gefängnishof hält der Oberinquisitor, Obersturmführer Friedel,[11] eine Rede, in der er bedauert, dass wir uns versteckt hätten und deshalb so viel Peinigung und Kummer im Gefängnis hätten durchmachen müssen. Wir hätten das doch alles vermeiden können. Wir hätten doch schon längst dort, wo unsere Brüder und Schwester sind, sein können. Eine Minute später trennt man mich auch von meinem Mann. Zwei Menschen, die mir alles bedeuteten, verlor ich für immer.
Wir verlassen das Gefängnis, und man beginnt uns die Chaussee entlang zu treiben. Vor uns sehen wir die Waggons. Wir werden aufgeladen. Männer in einen Waggon, Frauen – in einen zweiten.
Wir fahren in Richtung der Krematorien."

DOK. 230

Der Oberstaatsanwalt beim Sondergericht Posen erhebt am 6. September 1943 Anklage gegen Charlotte Ladewig, weil sie den Mord an den Juden kritisiert haben soll[1]

Schreiben des Oberstaatsanwalts in Posen[2] (Sd. 4 Js. 271/43), ungez., an das Sondergericht in Posen, o. D.[3]

Haft!
Anklageschrift!
Die Ehefrau Charlotte Ladewig, geb. Schmidt, gesch. Gemmel aus Sandhofen, Krs. Samter, geboren am 24.4.1904 in Neu Lübbenau bei Berlin, verheiratet,

11 Fritz Gustav Friedel (1891–1952), Kaufmann; 1933 NSDAP- und SS-Eintritt; von 1934 an bei der Gestapo in Ostpreußen, von Okt. 1942 an in Bialystok, von Jan. 1943 an auch für das Getto zuständig; bis Juli 1944 Kommandeur der Sipo und des SD in Bialystok; SS-Obersturmführer; im Aug. 1945 verhaftet und im Aug. 1948 an Polen ausgeliefert, im Okt. 1949 zum Tode verurteilt und im Nov. 1952 hingerichtet.

1 BArch, R 3001/158095, Bl. 2–4.
2 Dr. Max Heise (1883–1956), Jurist; 1937 NSDAP-Eintritt; 1922–1934 Staatsanwalt in Schneidemühl, dann in Stettin, von 1937 an Oberstaatsanwalt in Köslin, von April 1940 an am Oberlandesgericht Posen; April 1943 SA-Hauptsturmführer.
3 Undatierte Entwurfsfassung für den RJM, das Datum vom 6.9.1943 ergibt sich aus dem Begleitschreiben an das RJM; wie Anm. 1, Bl. 1. Das Dokument enthält handschriftl. Unterstreichungen und Anmerkungen.

in dieser Sache am 18.8.1943 vorläufig festgenommen und auf Grund Haftbefehls des Vorsitzenden des Sondergerichts I in Posen vom 1.9.1943 in der Untersuchungshaftanstalt Posen in Untersuchungshaft, wird angeklagt, Anfang August 1943 in Sandhofen, Krs. Samter, böswillig gehässige, hetzerische und von niedriger Gesinnung zeugende Äußerungen über den Führer, seine Anordnungen und die von ihm geschaffenen Einrichtungen gemacht zu haben, die geeignet sind, das Vertrauen des Volkes zur politischen Führung zu untergraben, wobei sie damit rechnen mußte, daß die Äußerungen in die Öffentlichkeit dringen würden.
Vergehen nach § 2 des Heimtückegesetzes.[4]
Beweismittel:
I.) Einlassung der Angeschuldigten.
II.) Zeugen:
1.) Liesa Lüderitz, Samter, Bismarckstr. 12,
2.) Helene Schadrin, Sandhofen, Krs. Samter,
3.) Anastasia Schadrin, Sandhofen, Krs. Samter.
Der Herr Reichsminister der Justiz hat durch Erlaß vom[5] die Strafverfolgung angeordnet.
Wesentliches Ergebnis der Ermittlungen:
Die Angeschuldigte hat ihren ständigen Wohnsitz in Berlin. Sie ist Anfang August 1943 wegen zu erwartender Fliegerangriffe auf Berlin durch Vermittlung der NSV mit ihrem 2jährigen Kinde bei der im Jahre 1939 aus Lettland in den Warthegau umgesiedelten Familie Schadrin in Sandhofen, Krs. Samter, untergebracht worden.
Gleich nach ihrer Ankunft fragte sie Frau Schadrin, ob hier auch die englischen Sender abgehört würden, in Berlin hörten alle die Auslandssender ab. Sie meinte dann, man lebe hier im Warthegau im Dunkeln und wisse nicht, was in der Welt vorgehe. Deshalb wisse man hier auch nicht, daß dem Führer so wie vorher Mussolini ein Ultimatum von 14 Tagen zur Abdankung gestellt worden sei. In den folgenden Tagen machte sie bei jeder sich bietenden Gelegenheit abfällige Äußerungen über die Staatsführung. Sie erzählte, daß in Hamburg nur 7 Häuser heilgeblieben seien.[6] Auch Stettin werde evakuiert werden. Sie beklagte sich insbesondere über die lange Kriegsdauer und erklärte, wenn der Führer nicht wäre, wäre alles anders, man müsse das Brandenburger Tor öffnen, die Juden, Polen und Russen hereinlassen, dann werde es anders sein. Es würde kein[en] Krieg mehr geben, wenn sich diese Völker vermischen würden. Den Führer nannte sie einen „verfluchten Hund". Als sich Frau Schadrin dies verbat und darauf hinwies, sie sei Blockfrau, sagte die Angeschuldigte höhnisch: „Blockfrau? Was ist das eigentlich, so etwas kennen wir in Berlin gar nicht." Die Juden bezeichnete sie als Prachtmenschen und meinte, es sei ein Fehler des Führers gewesen, die Juden herauszuschaffen. Sie habe unter den Juden viele Bekannte gehabt und damals gut gelebt. Sie habe Sahne, Kleider

4 § 2 des Heimtückegesetzes (RGBl., 1934 I, S. 1269) drohte Haft unbestimmter Dauer für „öffentlich gehässige, hetzerische oder von niedriger Gesinnung zeugende Äußerungen über leitende Persönlichkeiten des Staates oder der NSDAP" an.
5 So im Original.
6 Gemeint ist die „Operation Gomorrha", bei der die US-amerik. und die brit. Luftwaffe in mehreren Angriffen zwischen dem 25.7. und dem 3.8.1943 weite Teile Hamburgs durch Flächenbombardements zerstörten.

und überhaupt alles gehabt. Den deutschen Gruß beantworte sie mit „Guten Morgen“ und meinte, in Berlin sage man nur „Guten Morgen“ und niemals „Heil Hitler“. Die Angeschuldigte bestreitet zwar alle wesentlichen Äußerungen. Sie wird aber durch die Aussagen der Zeugen in vollem Umfange überführt.
Die Bemerkungen stellen sich in ihrer Gesamtheit als eine böswillige Hetze gegen den Führer und seine Politik dar und sind geeignet, das Vertrauen des Volkes zur politischen Führung zu untergraben. Wenn sie auch nicht öffentlich getan sind, so mußte die Angeschuldigte doch damit rechnen, daß sie von den Zeugen weitererzählt und so in die Öffentlichkeit getragen werden würden. Sie hat sich daher eines Vergehens nach § 2 des Heimtückegesetzes schuldig gemacht.
Es wird beantragt, die Hauptverhandlung vor dem Sondergericht in Posen anzuordnen und Haftfortdauer zu beschließen.[7]

DOK. 231
Die Chronik des Gettos Litzmannstadt dokumentiert am 3. Oktober 1943 die Tagesnachrichten und Meldungen aus den Arbeitsressorts[1]

Chronik des Gettos Litzmannstadt, Tageschronik Nr. 260, ungez., vom 3.10.1943

[…][2]
Selbstmordversuch: Am 2.10.43 versuchte Schnuller Martha, geb. 18.6.05 in Wattenscheid,[3] wohnhaft Matrosengasse 57, durch Einnehmen eines Schlafmittels Selbstmord zu begehen. Die Genannte wurde durch die Rettungsbereitschaft ins Krankenhaus überführt.

Tagesnachrichten.
Trauungen.
Der *Präses* hat heute in Marysin, im Heim an der Karola Miarki[-Straße], 15 Paare getraut.

Im Getto keine Ereignisse von Belang.
Disziplinierungen im Ordnungsdienst.
Der Vorsteher des Ordnungs-Dienstes eliminierte einige Ordnungsdienstmänner, die einiger Schmuggeleien verdächtig waren. Einige wurden aus dem O. D. überhaupt eliminiert und kamen strafweise zu den Fäkalien,[4] andere wieder wurden intern diszipliniert und dürfen keinen Dienst entlang den Drähten ausüben.

7 Das Sondergericht I in Posen verurteilte Charlotte Ladewig am 5.11.1943 zu vier Jahren Gefängnis; wie Anm. 1, Bl. 15 f.

1 APŁ, 278/1085, Bl. 420 f. Abdruck in: Die Chronik des Gettos Lodz/Litzmannstadt 1943 (wie Dok. 93, Anm. 1), S. 475–477.
2 Zu Beginn der Tagesnachrichten werden stets das Wetter, Sterbefälle und Geburten, der Bevölkerungsstand im Getto sowie herausragende Einzelereignisse, an diesem Tag ein Brand, dokumentiert.
3 Richtig: Martha Schüler, geb. Guttenberg (1905–1944); am 22.10.1941 aus Köln nach Litzmannstadt deportiert; sie wurde im Juni 1944 in das Vernichtungslager Kulmhof deportiert und dort ermordet.
4 Gemeint ist der Dienst der Fäkalienabfuhr im Getto.

Einige Personen, die an solchen Schmuggeleien beteiligt waren, hauptsächlich Hauswächter an der Hohensteinerstraße, wurden nach Abschluß der Untersuchung von der Kriminalpolizei nach der Stadt gebracht.
Da es sich hauptsächlich um den Schmuggel von Saccharin aus der Stadt ins Getto handelte, was man so ziemlich als liquidiert betrachten muß, stiegen die Preise für Saccharin. Sie schwanken zwischen 2 und 3 Tabletten für 1,– Mk.

Approvisation.
Die Kartoffelzufuhr hat sich in den letzten Tagen wesentlich gebessert. Am 30. 9. kamen 127 000 kg, am 1. 10. ca 79 000 kg und am 2. 10. ca 135 000 kg herein. Ungewöhnlich groß ist die Einfuhr von Kürbis. Es kamen an den genannten 3 Tagen insgesamt 58 000 kg herein. Man erwartet daher eine Kürbisration. Unbefriedigend ist nach wie vor die Gemüseeinfuhr, an den 3 Tagen kamen 16 400 kg Petersilie, 35 500 kg Rettich, 1310 kg Sellerie, 5000 kg Kohlrabi, 1870 kg Spinat, 3660 kg Weißkohl herein.
Fleischeinfuhr einigermaßen gebessert, insgesamt kamen 7680 kg herein.
Lebensmittelbezug ohne Karten.
Es gibt insgesamt nur 3 Familien, die jetzt ihre Lebensmittel auf Grund besonderer Talons, die vom Präses selbst ausgestellt sind, beziehen, u. z. die Familie des Präses, die Familie Jakubowicz[5] und Fräulein Dora Fuchs.[6]

Ressortnachrichten.
Reduktion von Jugendlichen im Metall-Ressort I.
Über Auftrag des Amtsleiters Biebow wurde ein Teil der jugendlichen Arbeiter im Metall-Ressort I, Hanseatenstraße 63, reduziert. Es handelt sich um 200 Knaben bis 16 Jahre, für die augenblicklich keine ausreichende Beschäftigung vorliegt. Diese Jugendlichen wurden der Umschichtungs-Abteilung zur Verfügung gestellt, die die Aufteilung dieser jugendlichen Arbeiter auf verschiedene Ressorts sofort durchführte. An diese Maßnahme knüpften sich allerhand Gerüchte. Sofort nach der Reduktion in diesem Betriebe erzählte man sich im Getto, daß die jugendlichen Arbeiter aus den Betrieben herausgezogen werden und daß das Metall-Ressort I mit dieser Aktion begonnen habe. Aber schon am nächsten Tage waren diese Jugendlichen den verschiedenen Betrieben zugeteilt, die einen Zuschuß an solchen Kräften brauchen konnten.
Die Arbeit an den Neujahrs-Feiertagen.
Das Getto hat an den Rosch-Haschanah-Feiertagen[7] normal gearbeitet. Dennoch hat es in verschiedenen Betrieben eine Anzahl von Arbeitern, in manchen Betrieben sogar ganze Gruppen, gegeben, die an diesen 2 Tagen nicht arbeiteten. Diese Arbeiter haben dann am heutigen Sonntag den Produktionsausfall wieder eingeholt, so daß hierdurch kein Ausfall in der gesamten Produktion zu verzeichnen ist.

5 Aron Josif Jakubowicz.
6 Dora Fuchs (*1914), Sekretärin; arbeitete im Getto als Sekretärin und Dolmetscherin des Judenältesten Rumkowski; im Aug. 1944 nach Auschwitz deportiert; sie wanderte 1945 in die USA, dann nach Palästina aus, leitete in Tel Aviv ein Beratungsbüro für jüdische Überlebende, die sich um Entschädigungen von Deutschland bemühten.
7 Das jüd. Neujahrsfest fiel 1943 auf den 30. 9./1. 10.

Fürsorgewesen.
Kräftigungs-Küchen.
Der Präses hat die Frequenz in den Kräftigungs-Küchen gesteigert. Die Konsumentenzahl wurde um etwa 200 pro Küche erhöht. Die beiden Küchen, an der Mühlgasse und Steinmetzgasse, sind jetzt sehr überlastet. In beiden Küchen kommt die letzte Schichte[8] erst nach 10 Uhr, das Personal ist außerordentlich angestrengt. Deshalb betreibt der Präses die Eröffnung seiner weiteren Küchen, insbesondere in der Masarska[-Straße] 10. Diese Frequenzsteigerung hängt zusammen mit der Kassierung der Talone B III und CP.[9] Bis jetzt haben die beiden ob[en]genannten Kräftigungsküchen die Mahlzeiten von 17–21 Uhr verabreicht, während die Küche für jugendliche Arbeiter, an der Hohensteinerstraße 26, mit der Ausgabe des Essens schon um 2 Uhr nachmittags beginnt.

Sanitätswesen.
Die heute gemeldeten ansteckenden Krankheiten:
keine Meldungen
Die Todesursache der heutigen Sterbefälle:
7 Lungentuberkulose, 3 Tuberk[ulöse]. Gehirnhautentzündung, 1 Typhus und Lungentuberkulose, 1 Herzkrankheit, 1 Brustkrebs, 1 Ödemkrankheit.

DOK. 232

Das in den USA publizierte „Schwarzbuch des polnischen Judentums“ schildert im Oktober 1943 detailliert den Mord im Vernichtungslager Kulmhof durch Giftgas[1]

Systematische Vernichtung in der Gaskammer von Kulmhof
Szmul Zygielbojm beschrieb auf der Grundlage von Untergrundberichten aus Polen die Situation folgendermaßen:[2] „Im November und Dezember 1941 begann der Massenmord an den Juden in den westlichen, unrechtmäßig ins Reich eingegliederten Provinzen Polens, im sogenannten ‚Warthegau‘. Der Massenmord wurde mit Gas bewerkstelligt. Zu diesem Zweck kam ein spezieller Gaswagen zum Einsatz, in den 90 Personen gleichzeitig hineingepfercht wurden. Die Opfer wurden in besonderen Gräbern auf Lichtungen des Waldes von Lubartów verscharrt. Jeden Tag wurden durchschnittlich 1000 Menschen vergast. In Chełmno wurden zwischen November 1941 und März 1942 alle Juden aus Koło, Dąbie, Bugaj, Izbica, etwa 5000 insgesamt, zusammen mit 35 000 aus dem Getto in Łódź sowie eine Anzahl Zigeuner vergast.“[3]
Eine der fürchterlichsten Beschreibungen des äußerst kaltblütigen und berechnenden Vorgehens bei der Vernichtung ist der folgende Augenzeugenbericht, der von der polnischen Exilregierung veröffentlicht wurde:

8 Österreich. für Schicht.
9 Gutscheine für zusätzliche Mahlzeiten, wobei B III für Leiter der Arbeitsressorts, CP für Schwer(st)arbeiter vorgesehen waren.

1 The Black Book of Polish Jewry. An Account of the Martyrdom of Polish Jewry Under the Nazi Occupation. Edited by Jacob Apenszlak et al., New York 1943. Nachdruck hrsg. von Arno Lustiger, Bodenheim 1995, S. 115–118. Das Dokument wurde aus dem Englischen übersetzt.
2 Siehe auch Dok. 136 vom 2.8.1942.
3 Die Morde mittels mehrerer Gaswagen begannen in Kulmhof am 8.12.1941.

„Am 15. Januar 1942 trafen in der Stadt Chełmno Gruppen von Juden ein, die aus dem Getto Łódź deportiert worden waren. Die erste Gruppe bestand aus 750 Familien, insgesamt 3000 Personen. Viele Tausend Juden kamen so nach Chełmno, Männer und Frauen jeglichen Alters, vom Kleinkind bis zum Greis, Gesunde und Gebrechliche.
Offiziell wurden die Deportationen und die räumliche Konzentrierung nie begründet, aber es kursierten von den Deutschen in die Welt gesetzte Gerüchte, wonach Chełmno nicht mehr war als ein Durchgangslager, von dem aus die Juden in den Bezirk Pinsk in Ostpolen gebracht würden.
Unabhängig von den umgehenden Gerüchten gibt es wenig Zweifel daran, dass die Wachen wussten, worum es ging. Sonst gab es niemanden, der wusste, was mit den nach Chełmno transportierten Juden passierte. Bekannt war nur, dass man sie vor Ort in das ‚Schloss'[4] brachte und danach, in Gruppen aufgeteilt, in den nahegelegenen Wald, wo sie wahrscheinlich der Tod erwartete. Mittlerweile ist die bittere Wahrheit trotz aller Vorsichtsmaßnahmen der Deutschen bei der Vorbereitung und Durchführung und trotz größter Geheimhaltung schonungslos enthüllt worden.
Jede Gruppe wurde nach ihrer Ankunft zuerst zur Kirche von Chełmno gebracht, wo sie ihr Reisegepäck zurücklassen musste, und von dort aus ging es weiter zum ‚Schloss', einem halb verfallenen einstöckigen Gebäude.
Die Gegend rund um die Kirche und das ‚Schloss' wurde von einem großen Aufgebot uniformierter Gestapoleute und Beamter in Zivil überwacht, so dass keine nicht autorisierte Person auch nur in deren Nähe gelangen konnte. Nicht ein einziges Mal sind sich zwei Gruppen von Opfern direkt begegnet.
Bei ihrer Ankunft wurden die Juden sehr zuvorkommend behandelt, insbesondere von einem etwa 60-jährigen Deutschen in Zivilkleidung. Man führte sie in eine große geheizte Scheune,[5] die wie ein Baderaum wirkte. Eine Treppe führte auf einen Flur, an dessen Ende sich eine Laderampe befand mit Türen zu kleinen zellenartigen Räumen. Hier sprach der ältere Deutsche, ein SS-Mann, die in Empfang genommenen Juden an und erklärte, sie würden nach Łódź ins Getto gebracht werden,[6] wo man die Männer in der Industrie, im Handel oder im Handwerk beschäftigen würde und die Frauen sich um den Haushalt und die Kinder, die dort wieder zur Schule gehen könnten, kümmern würden. Vor ihrer Abreise müssten sie jedoch alle noch ein Bad nehmen und ihre Kleider desinfizieren lassen.
So brachte man sie dazu, sich auszuziehen, die Frauen entkleideten sich bis auf die Unterwäsche und die Männer bis auf Unterhemd und Hose. Man nahm ihnen ihre Ausweispapiere und persönlichen Sachen ab, damit ‚diese nicht beschädigt' würden. Dann schubste man sie die Treppen zum Flur hinunter in Richtung Badezimmer, wie sie annahmen, in Wahrheit aber ging es den Korridor entlang Richtung Rampe. Das war der Zeitpunkt, da alle Masken fielen und sich der höfliche Umgang als Farce entpuppte. Die Deutschen setzten Gewehrkolben und Knüppel ein, mit denen sie die angsterfüllten und verzweifelten Juden, die laut zu beten begannen, als sie ihr nahes Ende erkannten, in die Mordfahrzeuge trieben. Es handelte sich um zwei große graue Lastwagen mit luftdicht

4 Gemeint ist das sog. Schlosslager in Kulmhof; zum Weiteren siehe Einleitung, S. 26 f.
5 Gemeint ist das Herrenhaus bzw. das „Schloss".
6 Diese Information erhielten nur Juden, die nicht selbst gerade aus dem Getto Litzmannstadt deportiert worden waren.

verschließbaren Klappen, die im Inneren mit Stahlblech ausgekleidet und wo unter den Holzbrettern auf dem Boden die mit Drahtnetz umwickelten Schlauchenden deutlich zu sehen waren. Diese waren mit einer außen angebrachten Gasapparatur verbunden, die vom Fahrer bedient wurde.[7]
Die voll beladenen Lastwagen wurden dann etwa sieben Meilen in den nahegelegenen Wald gefahren und hielten auf einer Lichtung, die von mit Maschinenpistolen ausgerüsteten Polizisten umstellt war. Im rechten Winkel zur Straße hatte man eine 4,5 Meter tiefe Grube ausgehoben, oben mit einem Durchmesser von etwa 4,5 Metern und 1,50 Metern unten. Ungefähr dreißig deutsche Gestapo- und SS-Männer und Zivilisten und einige Juden als Totengräber standen herum.
Die Lastwagen blieben knapp einhundert Meter von der Grube entfernt stehen. Die Fahrer, uniformierte SS-Männer, bedienten die Gasschalter und verließen daraufhin die Wagen, aus deren Innern man deutlich Weinen und Getrommel gegen die Wände hören konnte.
Nach fünfzehn Minuten, als alle Geräusche erstorben waren, gingen die Fahrer zurück zu den Lastwagen und leuchteten mit Taschenlampen in die Gaskammern hinein. Wenn sie alle Opfer für tot hielten, fuhren sie an das Grab heran und warteten noch einmal fünf Minuten, bis der diensthabende SS-Offizier, ein brutaler Sadist, der den Spitznamen ‚die Peitsche' trug,[8] weil man ihn nie ohne zu Gesicht bekam, den Befehl erteilte, die Hecktüren zu öffnen.
Während ein strenger Gasgeruch ausströmte,[9] begannen acht der Totengräber ihre Arbeit. Vier von ihnen zerrten die Leichen vom Lastwagen, zwei warfen sie in das ausgehobene Grab und zwei weitere schichteten die Körper nebeneinander in Reihen.
Der Blick in den Laderaum der Lastwagen war abscheulich. Obwohl die Opfer so aussahen, als würden sie schlafen, waren sie von ihren eigenen Exkrementen beschmutzt, Folge der fürchterlichen Panik oder Auswirkung des Gases.
Ein weiteres abscheuliches Ritual war Teil des Vergrabens. Deutsche Zivilisten durchsuchten die Leichen nach Wertsachen.[10] Sie rissen Eheringe von den Fingern. Sie brachen Goldzähne aus den Mündern und schreckten auch nicht davor zurück, das Rektum und die weiblichen Genitalorgane nach versteckten Wertsachen zu durchsuchen.
Die auf diese Weise schamlos geplünderten und geschändeten Leichen wurden dann nach den Anweisungen eines SS-Mannes in der Grube platziert, der mit einem Stock auf die Stellen wies, wo sie abgelegt werden sollten. Man arrangierte die Leichen so, dass immer Kopf und Füße nebeneinander lagen, in die Lücken wurden die Körper von Kindern gezwängt. Eine Lage bestand aus etwa 200 Körpern, die man mit Sand bedeckte, bevor man mit der nächsten Schicht weitermachte. Später wurde das Grab mit Chlorkalk bestreut. Zwischen sechs und neun solcher Ladungen wurden täglich begraben. Nach jeder Fuhre wurden die Wagen wieder sauber geschrubbt.
Zeugen dieser wahnsinnigen Mordorgie waren neben den Deutschen allein die Totengräber. Diese armen Kerle waren im Keller des ‚Schlosses' untergebracht. Jeden Morgen um 7 Uhr erhielten sie eine Tasse lauwarmen Ersatzkaffee und ein Stück trockenes Brot,

7 Siehe Dok. 74 vom Febr. 1942.
8 Wilhelm (Willi) Lenz; siehe auch Dok. 74 vom Febr. 1942, Anm. 13.
9 Kohlenmonoxid ist geruchlos.
10 Jüdische Funktionshäftlinge untersuchten die Leichen; siehe Einleitung, S. 27.

das aus den Essenspaketen der Opfer stammte. Danach wurde die dreifach gesicherte Tür aufgeschlossen, und ein SS-Mann befahl: ‚Juden heraustreten!' Die SS-Leute achteten streng darauf, nie die Räume der Totengräber zu betreten, aus Angst, die Ärmsten könnten sie in einem Akt der Verzweiflung angreifen. Nachdem man sie zweimal sorgfältig gezählt hatte, wurden sie in einen Wagen geladen und zum Ort ihrer grässlichen Tätigkeit gefahren. Sie mussten von 8.30 Uhr bis etwa 12.00 oder 13.00 Uhr mittags arbeiten. Dann erhielten sie wieder kalten Ersatzkaffee und trockenes Brot. Diejenigen, die in den ausgehobenen Gruben tätig waren, durften diese nicht verlassen, sondern mussten ihren Kaffee (Brot erhielten sie nicht) dort trinken, wo sie waren.
Am Ende des Tages befahl man ihnen, sich mit dem Gesicht nach unten auf die Leichen zu legen, wo sie von den Wachen mit einem Kopfschuss getötet wurden. Die Übrigen mussten weiterhin die Gräber füllen und wurden gegen 17.00 Uhr in ihren Kellerraum zurückgebracht. Manchmal, etwa wenn große Gruppen von Juden aus Łódź eintrafen, mussten sie bis in den späten Abend hinein im Scheinwerferlicht arbeiten.
Von dem Moment an, in dem sie ihre Kellerräume verließen, bis zu ihrer Rückkehr standen die Totengräber ständig unter strenger Bewachung von SS-Männern mit Maschinenpistolen. Zeigten sie Anzeichen von Erschöpfung, wurden sie entweder ausgepeitscht oder erschossen. Manchmal mussten die Totengräber die Leichen ihrer eigenen Freunde und Verwandten unter die Erde bringen. Einer namens Ajzensztab aus Kłodawa begrub seine Frau und seine einzige Tochter, die 15 Jahre alt geworden war, ein anderer namens Chrzastkowski aus Kłodawa seinen 14-jährigen Sohn. Ein weiterer namens Podchlebnik[11] begrub seine Eltern, seine Frau und seine beiden Kinder und einer mit dem Namen Rosenthal seinen 60-jährigen Vater.
‚Die Peitsche' war häufig betrunken und schlug erbarmungslos auf die Totengräber ein. Fast täglich tauchten SS-Männer auf dem Hinrichtungsplatz auf und lobten seine Fähigkeiten und sein Organisationstalent.
Einmal kam es vor, dass ein winziger Säugling auf einem Kissen das Gas überlebt hatte. Als sie das entdeckten, brachten sie ihn mit dem Maschinengewehr um. An einem anderen Tag wurde aus Versehen ein Deutscher im Gaswagen eingeschlossen, und obwohl er schrie und gegen die Wände schlug, wurde die Tür nicht wieder geöffnet. Er wurde einfach in einem anderen Grab beerdigt. Vielleicht sah man darin eine gute Möglichkeit, einen Zeugen loszuwerden.
Die Totengräber gehen davon aus, dass sie alle umgebracht werden. In ihrem stinkenden, dunklen und eisigen Verlies, in das man sie eingesperrt hat, beweinen und beklagen sie ihr Schicksal, aber es gibt nichts, was sie tun könnten. Ihre Wachen zwingen sie dazu, im Chor zu singen: ‚Wir Juden danken Adolf Hitler für unser Essen' und andere Blasphemien. Es gab zahllose Fluchtversuche, und insbesondere während der frühen Stadien des Massenmords bemühte man sich, die Außenwelt über das zu unterrichten, was dort vor sich ging. Mindestens drei Totengräbern[12] ist es gelungen zu fliehen, und dies ist die Geschichte, die sie dann erzählen konnten. Bei ihrer Flucht halfen ihnen Polen, die sehr freundlich und hilfsbereit waren."

11 Michał Podchlebnik.

12 Für die erste Mordphase von Kulmhof (Dez. 1941 bis April 1943) waren dies neben Michał Podchlebnik noch Szlamek Winer und Mordechai Żurawski; siehe auch Dok. 74 vom Febr. 1942.

DOK. 233

Moshe Maik beschreibt am 7. November 1943 in seinem Tagebuch, wie Partisanen versteckte Juden ausrauben und sich in der Umgebung Lebensmittel beschaffen[1]

Handschriftl. Tagebuch von Moshe Maik, Sokoły (Bezirk Bialystok), Eintrag vom 7.11.1943

Sonntag, 7.11.1943
Montag vor einer Woche hat uns Stasiek erzählt, dass die Deutschen, die in Racibory und anderen Stellen an den Toren standen, den Befehl erhielten, an die Front zu gehen, und daraufhin alle flohen. Außerdem erzählt[2] er uns, dass in der Gegend von Jabłonowa, Wnory usw. eine Bande von zwei Russen, Sergej und Serjoschka, sowie drei Polen, Janek Surmaczewski, Zejkowiak aus dem Dorf Mojsiki und ein gewisser Pogorzelski, ihr Unwesen getrieben hat. Die Bande hat 150 Juden aus Sokoły ausgeraubt, und ohne sie würden Dutzende Juden heute noch leben. Moniek[3] haben sie auch überfallen. Gewöhnlich ziehen sie ihre Opfer nackt aus. Solange es noch Juden gab, begnügten sie sich damit, die Juden auszurauben, und als bei Juden schon nichts mehr zu holen war, begannen sie, Bauern zu überfallen, bis sie einem gewissen Skaradziński aus Wnory ein Pferd stahlen. Der junge Skaradziński, der eine wichtige Position in der geheimen Partei PZP[4] innehat, beschloss, die Bande aus dem Weg zu räumen. In einer Nacht im Juni dieses Jahres postierte sich ein Mann neben einem Wäldchen, und als die Bande vorüberkam, eröffnete er plötzlich das Feuer aus einer Maschinenpistole. Die beiden Russen und Janek wurden erschossen, während die anderen beiden Polen fliehen konnten. Zu den zwei geflohenen Banditen, erzählt Stasiek weiter, gesellte sich noch einer, und zu dritt lungerten sie weiter herum und beschlossen, an Skaradziński Rache zu nehmen. Vergangene Woche hatten sie schließlich ausgekundschaftet, wo sich Skaradziński aufhielt, überraschten ihn abends und erschossen ihn und noch vier Männer, die sich gerade im Zimmer befanden.
Am Dienstag fährt Stasiek nach Łapy,[5] nachts erzählt er mir, dass er sich mit Igor getroffen und mit ihm über meine Sachen gesprochen habe. Igor habe gesagt, die Sachen seien bei Madzi, der sie jederzeit weggeben könnte. Am Mittwoch gibt es eine finstere Nacht, und der Wind weht. Wir beschließen, in die Stadt zu gehen, um ein Schwein zu finden. Gleich nach dem Abendessen gehen wir hinaus. Vater muss ich anlügen, dass ich zu Stasiek löten gehe,[6] denn er würde mich auf keinen Fall gehen lassen. Auf dem Weg bis zum Wald kommen wir gut voran und verirren uns nicht. In der Stadt ist es totenstill, hier und da leuchtet ein kleines Feuer. Wir schleichen still an die Fleischerei heran. Wir erkennen sie fast nicht wieder, denn dort stehen schon neue Ställe und

1 AŻIH, 302/92, Bl. 34 f. Das Dokument wurde aus dem Jiddischen übersetzt.
2 Tempuswechsel hier und im Folgenden wie im Original.
3 Moniek Rosenmann (*1918); Sohn der Zahnärztin Ida Rosenmann und Stiefsohn des Lederhändlers Alter Gindsburg; im Getto Białystok gemeinsam mit seinen Eltern verhaftet, Flucht aus dem Deportationszug, konnte sich einen Platz in der Erdhütte erkaufen, in der auch Moshe Maik sich versteckte.
4 Polski Związek Powstańczy (Polnische Widerstands-Vereinigung), eine Tarnbezeichnung für die poln. Heimatarmee (Armia Krajowa).
5 Ortschaft etwa zehn km östlich von Sokoły.
6 Gemeint sind Reparaturarbeiten an Radioempfängern.

Schuppen aufgebaut, aus jüdischem Eigentum und mit jüdischer Arbeit. Die Ställe sind gut mit Stangen verschlossen. Wir öffnen den Stall neben der Fleischerei und wollen hineingehen, als plötzlich aus der Erde ein Mensch hervorwächst und schreit: „Kto tam?“[7] Abraham ruft „Stoj!“,[8] doch der Mann geht weiter. Abraham schießt in die Luft, der Wächter fällt vor Schreck hin. Moniek schreit, er solle sich zum Teufel scheren, und wir gehen langsam zurück. Davon, ein Schwein mitzunehmen, ist keine Rede mehr, und wir kehren mit leeren Händen zurück. Donnerstag beschließen wir, noch einmal zu gehen und unser Glück zu versuchen, doch Stasiek gibt uns abends eine Kanne Wasser herunter, damit wir uns waschen können. Deshalb verschieben wir den Gang auf Freitag. Freitagabend ist sogar ruhiges Wetter, und außerdem ist es nicht so dunkel. Trotzdem beschließen wir zu gehen, weil die hellen Nächte schon beginnen. Gleich nach dem Essen schleppen wir uns hinaus. Wir vermeiden die Stadt und kommen hinten herum zu den Ställen von Shlomo Lejb Iczkowski. Die neuen Hausherren haben sich in dem jüdischen Besitz gut eingerichtet, er ist rundherum eingezäunt. Wir reißen den Zaun auf und bewegen uns langsam zu den Ställen. Ich stelle mich mit der Büchse auf die Wache, der Front des Hofes zugewandt. Die Stube mit Blick auf das Dorf ist schon abgebrochen worden. Moniek sichert nach hinten, auf der Seite, von der wir gekommen sind. Abraham und Chaim arbeiten an den Ställen, und im Stall steht ein großes Schwein. Sie binden ihm einen Strick ans Hinterbein und treiben es aus dem Stall. Anfangs kommt es mit, doch sobald wir das Feld erreichen, stellt sich das Schwein stur und will überhaupt nicht laufen. Es bringt auch nichts, es zu schlagen, dann treten ihm alle mit den Füßen in den Bauch, aber auch das hilft nicht. Das Schwein beginnt zu grunzen. Ein Hund aus der Nähe antwortet darauf mit Gebell. Wir lassen das Schwein los, legen uns ein Stück entfernt hin und warten, bis es ruhig wird. Als wir sehen, dass es mit dem Schwein nichts wird, beschließen wir, wenigstens nicht mit leeren Händen zurückzukehren und Feuer zu legen. Wir begeben uns wieder zu den Ställen, Abraham zündet einen Holzstapel an, und wir weichen schnell zurück. Wir gehen ein Stück und sehen uns um, man sieht aber überhaupt kein Feuer. Wir bleiben stehen und überlegen, dass sicher jemand das Feuer bemerkt und gelöscht hat, oder man hätte das Holz mit Petroleum begießen müssen. Während wir so reden, schlägt plötzlich eine Flamme hervor. Wir freuen uns und beschleunigen unsere Schritte. Der Himmel wird rot und ringsum hell. Wir laufen bis zum Wald und bleiben dort stehen. Wir sehen uns wieder um, die ganze Stadt ist beleuchtet. Die Feuersirene ertönt. Wir geraten alle in gehobene Stimmung und mit dem Gedanken, dass wir sie zum Jahrestag unserer Katastrophe[9] daran erinnert haben, dass das jüdische Blut nicht ruht, kehren wir in unser Loch zurück. Als wir ankommen, ist es schon gegen drei Uhr. Ich rufe Vater heraus, er solle einen Blick auf den Himmel werfen. Er kriecht heraus, blickt auf den Himmel und macht eine saure Miene. Er sagt, er habe verstanden, dass wir unterwegs waren, und habe die ganze Nacht Angst gehabt. Abends am Sabbat erzählt Stasiek, in Sokoły habe

7 Poln.: „Wer da?“

8 Poln. stój: „Bleib stehen!“

9 Dies bezieht sich vermutlich darauf, dass im Herbst 1942 Einheiten der Sicherheitspolizei damit begonnen hatten, die Gettos des Bezirks Bialystok aufzulösen und die Juden der Region im Vernichtungslager Treblinka zu ermorden.

es gestern gebrannt, wobei die Ställe des Metzgers Henoch abgebrannt seien. Nach dem, was Stasiek erzählt, ist der Schaden, den wir angerichtet haben, nicht so groß. Gleichzeitig sagt er, dass er schon Batterien gekauft habe. Nach dem Essen gehe ich zu Stasiek hinein, um die Batterien zu löten. Sonntag teste ich die Radios, sie funktionieren alle. Wir hören gemeinsam einen Bericht aus England, sie melden, dass die Russen Kiew eingenommen haben.[10]

DOK. 234

Das Jüdische Nationalkomitee berichtet am 15. November 1943 über die Massenmorde an Juden in Warschau, Białystok und andernorts[1]

Bericht des Jüdischen Nationalkomitees,[2] Warschau, vom 15.11.1943 (Zusammenfassung)[3]

„Im vergangenen Monat bezifferten wir die Zahl der Juden im gesamten polnischen Gebiet noch auf 250 000 bis 300 000. In einigen Wochen werden nicht mehr als 50 000 von uns übrig sein. Im letzten Augenblick vor unserem Untergang appellieren wir, die noch Überlebenden des polnischen Judentums, an die ganze Welt, uns zu helfen. Das vergossene Blut von 3 000 000 Juden in Polen wird nicht nur an den Hitler-Bestien gerächt werden, sondern auch an denjenigen, die Versprechen gemacht, aber nichts getan haben, um ein Volk zu retten, das von den Nazi-Mördern zur Ausrottung verdammt worden ist. Soll die ganze Welt diesen unseren vielleicht letzten Aufschrei aus dem Abgrund hören."

In den ersten Novembertagen 1943 wurden die 25 000 Juden in den beiden größten Konzentrationslagern in Polen vollständig ausgelöscht.[4]

Am Mittwoch, den 3. November wurden die 10 000 Juden im Lager von Trawniki ins Freie getrieben, umzingelt und mit Maschinengewehren erschossen. Frauen und Kinder wurden auf 50 Lastwagen getrieben, zum Hinrichtungsplatz geschafft und dort mit Maschinengewehren getötet.

Am Freitag, den 5. November wurden mehrere Tausend Juden im Bezirk Lublin auf ähnliche Weise hingemetzelt.

Am Montag, den 8. November begann das Massaker an den 15 000 Juden in Poniatowa. Die Schlächterei dauerte bis Mittwoch, den 10. November, bis schließlich alle 15 000 Menschen ermordet waren. Ihre Leichen verbrannte man an Ort und Stelle. Viele wurden bei lebendigem Leib verbrannt.

10 Kiew wurde am 6.11.1943 von der Roten Armee eingenommen.

1 TNA, Foreign Office Archives (FO) 371–42775, Bl. 31 f. Das Dokument wurde aus dem Englischen übersetzt.

2 Das Jüdische Nationalkomitee wurde im Warschauer Getto als Vertretung der noch am Leben gebliebenen Juden in den poln. Gebieten gegründet; nach dem Aufstand im Getto im April 1943 operierte es außerhalb der Gettogrenzen.

3 Das Dokument gelangte über die poln. Exilregierung in London am 10.2.1944 an das brit. Außenministerium.

4 „Aktion Erntefest" war die Tarnbezeichnung für den koordinierten Massenmord an mehr als 43 000 Juden in den Lagern Trawniki, Poniatowa und dem KZ Majdanek; siehe VEJ 9/276–277.

Zu derselben Zeit (in den ersten Novembertagen) begannen die Deutschen damit, die jüdischen Lager in der Nähe der Frontlinie im östlichen Małopolska/Galizien zu „liquidieren". Im Lager Lemberg wurden 2000 von 7000 Juden „selektiert" und in Piaski, der Massenhinrichtungsstätte, umgebracht.
In anderen Teilen des Landes leisteten die Juden angesichts des bevorstehenden Massenmords heroischen und verzweifelten Widerstand. Am 17. August 1943 begannen die Deutschen mit der „Liquidierung" des Gettos von Białystok. Während der ersten drei Tage gingen sieben Transporte mit Juden ins Todeslager Treblinka.[5] Außerdem verließ ein Personenzug mit Kindern Białystok. Bevor diese umgebracht wurden, so wird angenommen, nutzte man ihr Blut für Transfusionen bei verwundeten deutschen Soldaten.[6] Am vierten Tag griffen jüdische Jugendliche in Białystok ihre Peiniger mit Handgranaten, Brandbomben und einigen Maschinengewehren an und töteten bzw. verletzten mehrere Hundert Deutsche und Ukrainer.[7] Die Deutschen fuhren wie in Warschau Feldartillerie und Panzer mit 1000 bewaffneten Polizisten und SS-Leuten sowie vielen ukrainischen Einheiten auf. Sie zündeten das Getto von allen Seiten an. Die Kämpfe dauerten acht Tage lang. Danach legten die Juden Feuer und zerstörten das berüchtigte Todeslager Treblinka in der Nähe von Malkina[8] und das Lager Sobibor in der Region Chełm-Lublin.[9] Die Juden bildeten Kampfgruppen, griffen Deutsche und Ukrainer an, entwaffneten sie und brachten die meisten um. Sie brannten die Gaskammern und Krematorien nieder, die Überlebenden flohen in die benachbarten Wälder.
Ähnliche Kampfhandlungen mit den deutschen Unterdrückern fanden in Czestochow,[10] Bendzin,[11] Wilno, Tarnow und anderen kleineren Zentren statt.
Die vollständige „Liquidation" des Gettos in Tarnow fand zwischen dem 1. und 3. September 1943 statt. Man steckte die Juden in mit Karbid und Kalk gefüllte Becken (150 in jeden Tank). Die Lastwagen wurden dann versiegelt, unter Wasser gesetzt und ihre menschliche Fracht erstickt. Nachdem man alle Kinder des Gettos in einem Gebäude zusammengetrieben hatte, wurde es in die Luft gesprengt.[12]
Im Dokument heißt es weiter: „Wir sind eine Gruppe von Anführern, die überlebt und trotz der überwältigenden Gefahren und Schwierigkeiten die Aufgabe übernommen haben, die Übriggebliebenen der gequälten jüdischen Bevölkerung zu unterstützen. Wir sind entschlossen, dieser Aufgabe nachzukommen trotz aller Schwierigkeiten und Hindernisse – bis zum Ende. Neben bewaffneten Aktionen konzentrieren sich unsere Bemühungen darauf, den sich noch in den Lagern befindlichen oder in arischen Wohnvierteln versteckten Juden Hilfe zukommen zu lassen. Wir versuchen mit all unserer

5 Siehe VEJ 9/227 und 9/278.
6 Hierfür gibt es keine Belege.
7 Siehe Dok. 223 vom 15.8.1943; siehe auch VEJ 9/277.
8 Richtig: Małkinia.
9 Der Aufstand in Treblinka am 2.8.1943 war der erste bewaffnete Aufstand in einem Vernichtungslager, es folgten am 14.10.1943 ein weiterer Aufstand und eine Massenflucht aus dem Vernichtungslager Sobibor.
10 Richtig: Częstochowa (Tschenstochau).
11 Siehe Dok. 221 vom 7.8.1943 und Dok. 224 vom 15.8.1943.
12 Die Besatzer lösten beide Gettos (Getto A und B) in Tarnow, in denen im Sommer 1943 noch ca. 11 000 Juden am Leben waren, Anfang Sept. 1943 auf und deportierten etwa 2000 Juden nach Plaszow und 7000 nach Auschwitz.

Kraft, wichtige Persönlichkeiten zu retten, und es ist uns gelungen, einige Führungspersonen und Gelehrte zu retten. Wir unterstützen versteckte Juden mit Geld und versorgen sie mit Papieren."

„Unsere Kämpfer kommen aus allen Bewegungen, darunter aus der Jugend von Hechaluz, Hashomer, Poale Zion und des Bunds. Sie sind vereint in ihrem Kampf nicht für das Leben, sondern für die Toten. Für die Ehre und Würde des jüdischen Volks. Seit etwa einem Jahr verfolgen wir diese Aktivitäten als Jüdisches Nationalkomitee, das sich zusammensetzt aus den Allgemeinen Zionisten, den Poale-Zionisten, Hechaluz, Hashomer Hatzair, Dror, Akiba[13] und Gordonia.[14] Das Jüdische Nationalkomitee und der Bund bilden zusammen das Jüdische Koordinationskomitee, das die Verteidigung und die humanitäre Hilfe koordiniert. Das Jüdische Nationalkomitee steht in enger Verbindung mit der polnischen Untergrundarmee."

In dem Dokument wird dazu aufgerufen, größtmögliche finanzielle Hilfe zu leisten. Es gibt einen detaillierten Überblick über die Gelder, die das Jüdische Nationalkomitee in den letzten sechs Monaten des Jahres 1943 erhalten hat, und es wird hinzugefügt: „Angesichts der Lage und der enormen Summen, die benötigt werden, um Verteidigungsmaßnahmen und humanitäre Hilfe in eine Massenaktion zu verwandeln, waren diese Beträge wie ein Tropfen auf den heißen Stein. Leider kam für viele unserer Brüder auch diese Hilfe zu spät. Wir hoffen allerdings, dass es uns mit diesen Mitteln möglich sein wird, viele wertvolle Leben vor der Vernichtung zu retten und Tausenden von Juden in ihrer schwierigen und bedrohlichen Lage zu helfen. Weitere sehr umfangreiche finanzielle Unterstützung von Ihrer Seite ist unverzichtbar."

Das Dokument nennt die Namen vieler namhafter, aus allen Bereichen des jüdischen Lebens bekannter Juden, die ermordet wurden, und schließt folgendermaßen:

„Die jüdische Kampforganisation sendet kämpferische Grüße an alle jüdischen Soldaten, die an allen Fronten der Welt für die Befreiung von Hitler und vom Faschismus kämpfen."

13 Ende der 1920er-Jahre in Krakau gegründete jüdische Jugendorganisation.

14 Zionistischer Jugendbund.

DOK. 235
Die Verwaltung des Konzentrationslagers Auschwitz fordert die Gettoverwaltung Litzmannstadt am 29. November 1943 auf, den Gegenwert des Gettogelds deportierter Juden zu überweisen[1]

Schreiben der Verwaltung des Konzentrationslagers Auschwitz (GEV, Az. 14/KL/11.43./Kr./W.), gez. Der Leiter SS-Obersturmführer, Unterschrift unleserlich,[2] an die Ghetto-Verwaltung in Litzmannstadt (Eing. am 2.12.1943) vom 29.11.1943

Betr.: Judengeld.
Bezug: Rücksprache mit der Kreissparkasse Bielitz, Hauptzweigstelle Auschwitz.
Das im April ds. Js. von einem dortigen Transport[3] mitgebrachte Lagergeld in Höhe von RM 2181,50 wurde am 27.4.42[4] der hiesigen Kreissparkasse zum Einzug übergeben. Nach letzter Rücksprache bei der hiesigen Sparkasse wurde dieses Lagergeld von der dortigen Verwaltung festgehalten.
Da es sich in diesem Falle um Gelder handelt, die bereits gemäß § 2 Zi. 1a der Verordnung von Vermögen der Angehörigen des ehemaligen polnischen Staates vom 17.9.40 (RGBl. Teil I v. 28.10.40 – Nr. 170) in das Verfügungsrecht des Staates übergegangen sind, wird um umgehende Gutschrift und Überweisung des Betrages von *RM 2181,50* auf das Konto Nr. 246 bei der Kreissparkasse Bielitz, Hauptzweigstelle Auschwitz, gebeten.[5]

DOK. 236
Jewish Telegraphic Agency: Artikel vom 7. Dezember 1943 über die Lage in den schlesischen Zwangsarbeitslagern für Juden[1]

Detaillierter Bericht über die Juden in den schlesischen Arbeitslagern

New York, 6. Dez. (JTA) –
Der Jüdische Weltkongress hat über seine Vertretung in einem neutralen Land einen detaillierten Bericht über das Schicksal von Tausenden von Juden erhalten, die von den Deutschen aus ihrer Heimat in Frankreich, Holland und Belgien vertrieben wurden. Die

1 APŁ, 221/29605, Bl. 168.
2 Karl Möckel (1901–1948), Bücherrevisor; 1925 NSDAP-, 1926 SS-Eintritt; von Okt. 1933 an im SS-Verwaltungsamt, von Nov. 1935 an beim Stab des Reichsführers SS, von April 1939 an im Hauptamt Verwaltung und Wirtschaft, von Febr. 1942 an Leiter des Amtes W III Ernährungsbetriebe im WVHA; von April 1934 bis Jan. 1945 Leiter der Standortverwaltung Auschwitz; im Krakauer Auschwitzprozess im Dez. 1945 zum Tode verurteilt und hingerichtet.
3 Am 8.4.1943 waren 107 Juden aus dem Getto Litzmannstadt, am 17.4. weitere 97 Juden nach Auschwitz deportiert worden.
4 Richtig: 27.4.1943.
5 In ihrem Antwortschreiben vom 4.12.1943 verwies die Gettoverwaltung Litzmannstadt darauf, dass das Gettogeld kein reguläres Zahlungsmittel sei, die Reichsmarkbestände der Juden bereits beschlagnahmt worden seien und ein Umtausch deshalb nicht in Frage komme; wie Anm. 1, Bl. 127.

1 Jewish Telegraphic Agency: „Detailed Report on Jews in the Silesian Labor Camps", 7.12.1943, S. 3. Das Dokument wurde aus dem Englischen übersetzt.

Informationen kommen aus Oberschlesien, wo die betroffenen Juden in den dortigen Arbeitslagern die schlimmsten Torturen erleiden müssen.
Das schrecklichste Lager befindet sich dem Bericht zufolge in Myslowitz.[2] Von den 5000 Juden, die man dorthin verbracht hat, wurden 800 aus Frankreich und Belgien deportiert. Die Hälfte von ihnen schuftet in den umliegenden Kohlebergwerken. Die Mehrheit der Zwangsarbeiter kommt ursprünglich aus dem besetzten Polen. Die Lebens- und Arbeitsbedingungen sind unglaublich schockierend, und die Sterblichkeitsrate ist sehr hoch.
3000 jüdische Zwangsarbeiter werden täglich in Königshütte gequält.[3] Bei den meisten handelt es sich um Deportierte aus Frankreich. Kinder im Alter von 14 und 15 Jahren wurden aus ihrem Zuhause gerissen und hierher verschleppt. Die Unglücklichen leben in unterirdischen Bunkern. Jeden zweiten Sonntag ist es ihnen gestattet, ihre Verschläge zu verlassen, um ein wenig an die Sonne und frische Luft zu kommen und zugleich die verordneten Leibesübungen zu absolvieren.
Von den 600 Juden, die in Brieg in der Nähe von Breslau leben,[4] ist etwa die Hälfte aus ihren Häusern und Wohnungen in Paris verschleppt worden. Man hat nur arbeitsfähige Männer hergebracht, um sie im Straßenbau einzusetzen. Sie beginnen ihre Arbeit morgens um 7 Uhr, sind jedoch gezwungen, schon um 4 Uhr aufzustehen, weil sie für den Fußweg zur Arbeit zwei Stunden benötigen. Viele Juden aus Westeuropa arbeiten in einer Fabrik an der Straße von Beuthen nach Gleiwitz, in der Straßenbahnen gebaut werden. Man hat auch Jüdinnen hierher gebracht, damit sie für die Männer Mahlzeiten zubereiten.
In den Bezirken von Myslowitz, Chrzanów [Krenau] und Trzebinia leben schätzungsweise 9000 Juden, von denen die Hälfte aus der Tschechoslowakei sowie aus den Niederlanden und Frankreich deportiert wurden. Von den Letzteren stammen die meisten aus Paris. Die Zwangsarbeiter sind in riesigen Baracken untergebracht. Jüdischen Handwerkern ist es erlaubt, ihre jeweiligen Berufe auszuüben.
In den Bezirken von Kattowitz, Birkenau und Wadowice existieren 14 Arbeitslager, in die man Juden aus Westeuropa gebracht hat. Die Baracken der jüdischen und christlichen Zwangsarbeiter sind durch eine Straße getrennt. Die Beziehungen zwischen Juden und Nichtjuden sind allerdings ausgezeichnet. Sie arbeiten zusammen im Straßenbau. Die Arbeit ist anstrengend und das zur Verfügung gestellte Essen unzureichend. Das größte Arbeitslager mit 22 000 Internierten – ein Drittel Juden, der Rest Polen – befindet sich in Gleiwitz.[5]

2 Gemeint ist das KZ Fürstengrube in Wesoła (heute ein Stadtteil von Mysłowice), ein Außenlager von Auschwitz, in dem von Sommer 1943 an mehrere Hundert bis max. 1400 (Sommer 1944) KZ-Häftlinge aus Auschwitz Kohle fördern mussten; dabei handelte es sich überwiegend um Juden, die zuvor aus zahlreichen aufgelösten Gettos nach Auschwitz deportiert worden waren.

3 In der Umgebung von Königshütte (Chorzów) befanden sich zwei Außenlager des KZ Auschwitz: Das Lager für Juden in Königshütte bestand von Jan. 1940 bis März 1943, ein weiteres befand sich von Jan. 1943 bis Mitte 1944 in Bismarckhütte.

4 In verschiedenen Zwangsarbeitslagern in Brieg (Brzeg) in Niederschlesien, u. a. auf dem dortigen Flughafen, wurden 9000 Arbeiter und Kriegsgefangene 1943/44 überwiegend zum Straßenbau und bei Kanalarbeiten eingesetzt.

5 In verschiedenen Zwangsarbeitslagern in Gleiwitz, u. a. Reichsbahnausbesserungswerk, Deutsche Gasrußwerke, die überwiegend erst 1944 eingerichtet wurden und Außenlager des KZ Auschwitz waren, arbeiteten zeitweise 17 000 Arbeiter, die Minderheit davon waren Juden.

DOK. 237

Die Chronik des Gettos Litzmannstadt dokumentiert am 30. Dezember 1943 eine Rede Chaim Rumkowskis über die Versorgungs- und Auftragslage im Getto[1]

Chronik des Gettos Litzmannstadt, Tageschronik Nr. 348, ungez., vom 30.12.1943

Das Wetter: Morgens 4 Grad, starker Nebel, naß. Später 7 Grad Wärme.
Sterbefälle: 5, *Geburten:* 2/männl.
Festnahmen: Diebstahl 1, Verschiedenes 1
Bevölkerungsstand: 85 136.
Brand: Am 30.12.1943 wurde die Feuerwehr um 2 Uhr 20 nach der Hohensteinerstraße Ecke Kirchplatz alarmiert, wo ein Kabel der elektrischen Straßenbahnleitung in Brand geraten war. Die deutsche Feuerschutzpolizei, die an Ort und Stelle erschien, benachrichtigte die Straßenbahnbereitschaft in Litzmannstadt, welche nach ihrer Ankunft den Strom ausschaltete.

Tagesnachrichten:
Der Präses spricht heute in der ehemaligen Kräftigungsküche, Hohensteinerstraße 26. Um 6 Uhr abends versammelten sich die Leiter der Ressorts und Abteilungen sowie die Arbeiter-Delegierten in diesem Saale. Die Einladungen zu dieser Versammlung wurden vom Baluter Ring (Zentralbüro des Arbeits-Ressorts), Frau Burstin,[2] ausgegeben. Etwa vierhundert Personen waren anwesend. Auf dem Podium nahmen der Präses, A. Jakubowicz,[3] Frl. Fuchs[4] und der Vorsteher des Ordnungsdienstes, Rozenblat,[5] Platz.
Der Präses eröffnete die Versammlung und gab die Tagesordnung bekannt:
1.) Probleme des Gesundheitswesens, besonders Typhusbekämpfung, worüber Dr. Stillermann[6] von der Gesundheitsabteilung referieren wird,
2.) Inventuraufnahme in allen Ressorts und Abteilungen bezw. Richtlinien für die Sparmaßnahmen im Papierverbrauch und die Vereinfachung der Buchhaltungen, worüber Herr Mieczyslaw Rozenblat[7] vom FUKR[8] sprechen wird,
3.) Die Frage der Langarbeiterzuschläge,
4.) Allgemeine Fragen, über die der Präses selbst zu sprechen beabsichtigt.
Sodann erteilte der Präses das Wort Herrn Dr. Stillermann.
Der Redner befaßte sich ausführlich mit allen Maßnahmen, die im Zusammenhang mit der Flecktyphusgefahr stehen.

1 APŁ, 278/1085, Bl. 594–597. Abdruck in: Chronik des Gettos Lodz/Litzmannstadt 1943 (wie Dok. 93, Anm. 1), S. 655–659.
2 Dora Burstin (*1906 oder 1908), Sekretärin; stammte aus Czernowitz, lebte vor 1939 in Łódź; im Getto Litzmannstadt als Sekretärin im Arbeitsressort tätig; ihr weiteres Schicksal ist unbekannt.
3 Aron Josif Jakubowicz.
4 Dora Fuchs.
5 Leon Rozenblat.
6 Richtig: Dr. Salomon Sztilerman (*1910), Arzt; lebte vor dem Krieg in Łódź; im Getto in der Gesundheitsabt. der jüdischen Gettoverwaltung tätig; sein weiteres Schicksal ist unbekannt.
7 Mieczysław Rozenblat (1893–1944), Industrieller; vor dem Krieg Unternehmer in Łódź; im Getto Leiter der Zentralbuchhaltung und Mitglied des Fach- und Kontrollreferats; im Aug. 1944 nach Auschwitz deportiert und dort umgekommen.
8 Fach- und Kontrollreferat.

Die größte Gefahr – so führte Dr. Stillermann aus – liegt natürlich in der Übertragung durch Läuse. Dementsprechend muß der Reinhaltung der Einwohner des Gettos sowie der Arbeitsstätten größte Aufmerksamkeit zugewendet werden. Er gab den Leitern genaue Instruktionen und empfahl im Interesse der Gesundheit des Gettos höchste Energieanwendung gegenüber der Lässigkeit der verantwortlichen Organe.[9]

Dr. Stillermann betonte die Notwendigkeit der gruppenweisen Führung der Belegschaften in die Badeanstalten und besprach sodann die Notwendigkeit der Quarantäne von Familien, in denen sich Typhusfälle ereigneten. In Zusammenarbeit mit der Sanitätspolizei müssen alle Maßnahmen getroffen werden, um einer Ausweitung der Epidemie zu begegnen. Er verlangte von Ärzten und Sanitätspersonal in den Ressorts strengste Durchführung aller hygienischen Maßnahmen. Dasselbe gilt für die Friseure und Friseusen, die sich weniger der Kosmetik als dem Kampf gegen die Läuse zu widmen hätten.

Dr. Stillermann gab weiters bekannt, daß eine Anzahl von Rayonskontrolleuren eingeführt werden wird, die wieder von zwei Oberkontrolleuren überwacht werden sollen, daß eine weitere Badeanstalt eingerichtet werden und für die Reinigung der Leibwäsche der Bevölkerung gesorgt werden wird. Die Leistungen der Wäschereien werden gesteigert werden. Die hygienische Fürsorge für die Belegschaften in den Ressorts wird sich in drei Kategorien, je nach der besonderen Anfälligkeit der Ressorts, gestalten. Ressorts, in welchen die Arbeiter einer besonderen Verunreinigung ausgesetzt sind, werden in erster Linie berücksichtigt. Den Seifenmangel im Getto wird die Gesundheitsabteilung durch erhöhte Zuteilung von Seifenpulver aus der Wäscherei Grawe bekämpfen.

Die Ausführungen Dr. Stillermanns zeigten deutlich den Ernst der Lage, und es ist zu hoffen, daß sich die verantwortlichen Stellen der schweren Pflichten gegenüber der Allgemeinheit bewußt werden. –

Als zweiter sprach Mieczyslaw Rozenblat über die Änderungen im Buchhaltungssystem. Sämtliche Leiter hatten ein Merkblatt des FUKR erhalten, in welchem alle Fragen der Neuregelung erörtert sind.

Hierauf unterbrach der Präses die Tagesordnung. In der Pause ließ er den Versammlungsteilnehmern einen Imbiß reichen, bestehend aus zwei Wurststullen.

Nach der Pause eröffnete der Präses den zweiten Teil der Tagesordnung mit einer kurzen Einleitung:

Wir haben – so sagte er – bis jetzt autonom gewirtschaftet. Nun aber geht alles auf Befehl der vorgesetzten Behörde. Ich habe mich nur bestrebt, unser Leben den spezifischen Bedingungen des Gettos anzupassen. Diese Ära ist vorbei. Wir werden uns daran gewöhnen müssen. Die erste Zeit wird natürlich sehr schwer sein. Vielleicht werde ich in einiger Zeit Wege finden, um die neuen uns auferlegten Härten abzuändern. Augenblicklich haben wir keinen Rat. Die Ernährung ist nun einmal aus der Kompetenz des Gettos genommen. Wir müssen uns aber sagen, daß wir schon schwerere Augenblicke erlebt haben, so werden wir auch das durchhalten: denn Not bricht Eisen! Sicher ist es heute sehr schwer zu leben, wenn man nicht satt ist. Bitter ist es für mich, all den Menschen, die die ganze Verantwortung tragen, nicht das geben zu können, was ihnen gebührt. Aber ich habe die sichere Hoffnung, daß man einen geraden (koscheren) Weg

9 Gemeint ist, dass energisch gegen die Nachlässigkeit der Verantwortlichen vorgegangen werden müsse.

finden wird, um auch hier Abhilfe zu schaffen. Es wird bestimmt der Augenblick kommen, wo ich den maßgebenden Herren werde sagen können, daß der verantwortliche Leiter nur dann ruhig arbeiten kann, wenn er zu essen hat.
Es hat mir viel Schmerz verursacht, daß es so gekommen ist und daß es gerade die getroffen hat, die mir geholfen haben, unser Getto aufzubauen. Aber es ist Krieg, ich habe mich unterwerfen müssen. Wie immer aber wird man sich eines Tages am grünen Tisch über die Notwendigkeiten einigen, die nun einmal das Leben mit sich bringt.[10]
Freilich wird jetzt das Bild im Getto ein anderes sein. Früher habe ich wenigstens für die Leiter, die den Behörden gegenüber die volle Verantwortung tragen, einigermaßen sorgen können, und auch ihre Familien waren versorgt. Früher kam Rumkowski in die Ressorts und verteilte Talone und Kolacjes[11] an die Arbeiter, die es notwendig hatten. Man mag über die Kolacjes denken, wie man will, ob sie besser oder schlechter waren, man mag sagen, daß die Talone unbedeutend waren, aber das war wenigstens da, und ich hatte freie Hand. Wohl ist die Ration etwas, etwas besser. Es ist etwas mehr Mehl, mehr Zucker und anderes darin. Leider kann ich, was die Hauptnahrung des Gettos betrifft, die Kartoffeln, keine Hoffnung geben. An Kartoffeln haben wir nicht genug.
Und so habe ich an euch, die ihr hier versammelt seid, eine Bitte: Es ist die Pflicht eines jeden im Getto, der für andere zu sorgen hat, so schnell als möglich alle Formalitäten zu erledigen, die mit der Neuordnung zusammenhängen. Spätestens Freitag oder Samstag müssen die Listen der Schwer- und Langarbeiter am Baluter Ring vorliegen, damit die Woche nicht verlorengeht. Jedes Stückchen Brot oder Fett, das später ausgegeben wird, wäre ein empfindlicher Verlust für den Arbeiter, für das ganze Getto. Jeder von euch ist verantwortlich für die Gemeinschaft. Daher müssen die Aufstellungen sorgfältig und richtig gemacht sein, damit wir keinen Anstand[12] haben und damit keine Verzögerung eintritt.
Ich hoffe, daß ihr eure Aufgabe verstehen werdet. Ihr habt heute abend die Richtlinien der deutschen Behörde für die Aufstellung der Lang- und Schwerarbeiter erhalten, und wir wollen nun an Hand dieser Listen die Angelegenheit genauer besprechen.
Der Präses beauftragt sodann Fräulein Dora Fuchs, die Listen vorzulesen und zu erläutern. (Die Listen im Anhang.)[13]
Nachdem Frl. Fuchs geendet hatte, beantwortete der Präses alle Anfragen aus dem Plenum und wiederholte, worin die Zusatzration für die Lang- und Schwerarbeiter bestehen wird: pro Woche 60 dkg Brot, 2 dkg Fett, 10 dkg Fleisch. „Ich habe“ – so bemerkte er – „der Behörde den Vorschlag gemacht, uns für 40 000 Langarbeiter Zusatzrationen zu bewilligen, mit dem Bemerken, daß wir selbst einen entsprechenden Verteilungsschlüssel finden werden. Diesen Vorschlag hat die Behörde abgelehnt und verlangt genaue Listen im Sinne der hier vorliegenden Aktennotiz. Wo Unklarheiten bestehen, wird man am Baluter Ring schon Rat wissen. Ist irgendeine Kategorie von Arbeitern ausgelassen, die nach Ansicht des betreffenden Leiters als Lang- oder Schwerarbeiter qualifiziert

10 So im Original.
11 Poln./jidd.: Essensgutscheine und Bons für eine Abendmahlzeit.
12 Österreich.: Schwierigkeiten, Ärger.
13 „Akten-Notiz betr. Lang-, Schwer- und Nacharbeiterzulage“ vom 28.12.1943 sowie „Auszug aus den Bestimmungen für Lebensmittelzulagen für gewerbliche Arbeiter“; APŁ, 278/141, Bl. 113–119. Abdruck in: Chronik des Gettos Lodz/Litzmannstadt 1943 (wie Dok. 93, Anm. 1), S. 659–668.

sind, so ist dies in den Ressortaufstellungen einfach zu verzeichnen, und wir werden sehen, was sich machen läßt."

Sodann besprach der Präses in seiner gewohnten Sprunghaftigkeit alle aktuellen Probleme des Gettos. Er nahm Bezug auf die Ausführungen Dr. Stillermanns bezüglich des neuen Spitals und ermahnte auch seinerseits die Leiter, in Bezug auf Hygiene ein verschärftes Regime einzuführen. Er kritisierte mit scharfen Worten das in den Ressorts herrschende Protektionssystem in Bezug auf die Aufräumerinnen, von denen er weiß, daß sie in Wirklichkeit nichts tun. Er wandte sich mit warnenden Worten an die Ressortärzte und sagte, daß sie sich darauf beschränken, Befreiungen zu geben. „Der Arzt", so meinte er, „müsse in einem höheren Sinne das ihm anvertraute Ressort betreuen und sich sozusagen als dessen Vater fühlen. Arbeitsbefreiungen dürfen wirklich nur im äußersten Notfall gegeben werden. Ich habe", so sagte er, „auf der Straße ein hübsches Mädchen aufgegriffen und sie gefragt, was sie um diese Zeit auf der Straße tue. Sie verantwortete sich recht verlegen damit, daß sie vom Bürochef eine Befreiung erhalten habe. Seit wann, so fragte ich, darf ein Bürochef Befreiungen geben?

Ich habe die Hanseatenstraße gegenüber dem Baluter Ring sperren müssen, um wenigstens an dieser Stelle den Straßenverkehr einzudämmen. Es ist mir unbegreiflich, wieso noch immer soviel Leute auf den Straßen sind. Ich warne die Leiter und die Ärzte sowie alle für diesen Unfug verantwortlichen Personen vor den etwaigen Folgen dieses Zustandes. Ich verwarne noch einmal die Herren Wirte in den Ressorts, es ist nicht ihre Tätigkeit, dazu zu schauen, wieviel Suppe sie verkaufen können, sondern ihre Pflicht, wirklich Ordnung zu halten.

Ein besonderes Kapitel ist die Frage der etatisierten physischen Arbeiter. Ich habe seinerzeit, als ich die Beamten aus den Büros in die Produktion führen mußte, die Schärfe mildern wollen und habe angeordnet, daß diese Leute ihr Etat behalten.[14] Aber diese meine guten Absichten wurden mißverstanden. Ich hebe hiermit diesen Modus auf, und es gibt von heute an keine etatisierten physischen Arbeiter mehr. Sie müssen im Akkord arbeiten bezw. in der ersten Zeit im Taglohn.

Ich ermahne auch die Leiter, bei der Anforderung von Arbeitern gewissenhaft zu sein und nur das anzufordern, was sie wirklich brauchen. Ich fordere sie aber auch auf, sofort das Personal herauszugeben, das sie nicht brauchen. Macht endlich Schluß mit der Protektion!

Bei dieser Gelegenheit ermahne ich auch die hier anwesenden Vertreter der Approvisation, mit dem Leergut entsprechend sorgfältig umzugehen, denn dem Leergut gilt die besondere Aufmerksamkeit der Behörden." –

Zum Schluß seiner Ausführungen gab der Präses ein Resümee der Tagesordnung und endete mit der Ermahnung an die Leiter und alle anderen Einwohner des Gettos, sich gegenseitig in dieser schweren Zeit zu helfen.

Die heutige Veranstaltung machte einen ausgezeichneten Eindruck. Man hatte das Gefühl, in einer normalen, vorkriegsmäßigen Veranstaltung zu sein, in einem anständigen Saal mit einer Estrade, auf der ein Präsidium saß mit zwei Protokollführern (Frau Schifflinger-Jelin und ein Beamter vom Baluter Ring).

14 Gemeint ist ein festes Gehalt, wohingegen die übrigen Arbeiter im Getto nach Arbeitszeit bzw. Stückzahl entlohnt wurden.

Die Liste (Aktennotiz betreffend Lang-, Schwer- und Nachtarbeiterzulage) wurde von der deutschen Kommission ausgearbeitet, und zwar im Sinne der im Reich geltenden Normen. Eine Abschrift dieser Aktennotiz mit den Bemerkungen liegt dem heutigen Tagesbericht bei.[15]

Sanitätswesen.
Die heute ansteckenden Krankheiten: 1 Bauchtyphus, 10 Flecktyphus, 1 Keuchhusten, 2 Tuberkulose.

DOK. 238
Die Berliner Ärztin Dr. Edith Freund beschreibt ihren medizinischen Einsatz in mehreren Zwangsarbeitslagern für Jüdinnen in Posen 1942 und 1943[1]

Bericht von Dr. med. Edith Freund[2] über die Arbeitslager für Jüdinnen in Posen 1942/43, Anfang Mai 1945[3]

Fort Radziwill[4]
Im Juni *1942* erhielt ich in meiner Praxis – ich war zugelassene Ärztin für Juden – die Benachrichtigung, daß ich sofort nach Posen zu fahren habe. Dieser Befehl kam vom Polizeipräsidium Berlin. Es wurde mir mitgeteilt, daß es sich um ärztliche Leistungen im Rahmen des Arbeitsdienstes handle, die ich im Interesse der Zivilbevölkerung ausführen müsse. Ich habe mich in Posen bei der Deutschen Arbeitsfront vorzustellen, die mich beim Städt. Tiefbauamt als Ärztin einsetzen würde, der Aufenthalt in Posen würde wahrscheinlich nicht länger als einige Wochen dauern, versicherte man mir. Mein Wohnsitz bliebe Berlin, und meine Praxis ruhe nur. So packte ich meinen Koffer mit wenigen Sommersachen und fuhr ab. Als ich in *Posen* den Zug verließ, bemerkte ich die elektrischen Straßenbahnen, deren Triebwagen die Aufschrift „nur für Deutsche" aufwies, während der Anhänger ein Plakat „nur für Polen" zeigte. Man sah mich erstaunt an, denn die Posener Bevölkerung war nicht gewohnt, Juden ohne SS oder wenigstens polnische Wachmannschafts-Begleitung anzutreffen.
Auf der *Deutschen Arbeitsfront* (DAF) stellte ich mich dem Gauarzt, der gleichzeitig die jüdischen Lager betreute, vor. Er erklärte mir, daß es in Posen im ganzen 12 Arbeitslager für Juden gab mit insgesamt 12 000 Personen, von denen ich die drei weiblichen Lager

15 Siehe Anm. 13.

1 YVA, M.20/151, Bl. 1–11. Abdruck in: Die Judenausrottung in deutschen Lagern. Augenzeugenberichte: Posen – Kratzau – Auschwitz – Bergen-Belsen – Theresienstadt, Genf [Juni] 1945, S. 1–17.

2 Dr. Edith Freund, geb. Liebeck, verh. Kramer (*1899), geb. in Königsberg; Ärztin; eigene Praxis in Berlin bis 1938, danach als „Krankenbehandlerin" zugelassen, 1942 delegiert in den Warthegau zur Betreuung von Jüdinnen in Zwangsarbeitslagern, am 4.8.1943 nach Theresienstadt deportiert; sie gelangte am 5.2.1945 in die Schweiz.

3 Im Original handschriftl. Korrekturen. Es handelt sich um ein Korrekturexemplar zur Vorbereitung des Drucks.

4 Zwangsarbeitslager für Jüdinnen im Fort Radziwill, einem Teil der Festungsanlagen der Stadt Posen.

ärztlich versorgen müsse. Die Lager bestünden seit einem halben Jahr. Bisher wären die Frauenlager ohne ärztliche Versorgung geblieben, nur er habe die Lager alle paar Wochen besuchen können. Die männlichen Lager hatten schon teilweise einige Ärzte erhalten.[5] Vor allem solle ich mich in das Lager „Fort Radziwill" begeben, das augenblicklich wegen der vielen Flecktyphus-Erkrankungen [in] Quarantäne sei. Doch sollte ich später die beiden anderen Lager übernehmen, die wegen der enormen Zunahme der T. B. C. dringend ärztlicher Hilfe bedürfen. Er versicherte mir, daß ich seiner sowie der Unterstützung der deutschen Behörden gewiß sein könne, weil ein Interesse vorläge, die Seuchen nicht auf die deutsche Bevölkerung übergreifen zu lassen.

Von der Endhaltestelle der Straßenbahn erblickte ich einen mittelalterlichen Festungsturm am Ufer der Warthe, der von einem tiefen Festungsgraben umgeben war. Hinter dem hohen Stacheldraht, der das Gebäude ziemlich eng begrenzte, sah ich Frauen jeden Alters auf der Erde hocken, die nicht nur, wie die deutschen Juden, einen Stern auf der linken Brustseite angenäht hatten, sondern auch einen zweiten auf der rechten Schulter trugen. Als sie mich bemerkten und als Jüdin erkannten, sprangen sie alle auf, um die erwartete Ärztin freudig zu begrüßen.

Über die Zugbrücke betrat ich das Lager und wurde von den Wachen sofort zu dem Lagerführer gebracht. Dieser war ein Volksdeutscher namens *Wappner*, der noch vor kurzem *Wapniezky* geheißen hatte, als er in der polnischen Armee diente. Er war ein großer, kräftiger Mann von Ende dreißig Jahren, der außerordentlich brutal aussah, ein Eindruck, der mich nicht täuschte, wie ich später feststellen konnte. Er wollte sich bei den Deutschen beliebt machen und war ein skrupelloser Ausbeuter und Sadist.

Im Lager waren 350 Frauen im Alter von zwölf bis sechzig Jahren untergebracht, die erst vor vier Wochen in den kleinen Städten und Dörfern Westpolens als freiwillige Arbeiterinnen ihren Familien entrissen wurden. Ihre Verwandten hatte man in andere Lager verschleppt. Selten waren mehrere Angehörige einer Familie zusammengeblieben. Es kam vor, daß Ehepaare in Posen, aber in verschiedenen Lagern waren, und es galt als besondere Vergünstigung, wenn sich diese alle paar Monate am Stacheldraht unter Aufsicht einige Minuten unterhalten durften.

Schon beim Betreten des Lagers war mir ein intensiver Lysolgeruch aufgefallen, der sich noch verstärkte, als ich den inneren Hof, der zu dem eigentlichen Wohnlager führte, betrat. Die Räume des im Rundbau aufgeführten Forts waren nur wenig durch die vergitterten Fenster erhellt. Die Säle waren vollgepfropft mit dreistöckigen Bettgestellen, die für Stühle, Tische und Schränke keinen Platz mehr ließen. Jedes Mädchen besaß nur eine dünne Strohmatratze und zwei leichte Baumwolldecken, eigenes Bettzeug hatten nur die allerwenigsten. Um sich gegenseitig zu erwärmen, krochen immer zwei Mädchen unter vier Decken. Dies erklärt die ungeheure Verbreitung der Krätze und anderer Krankheiten.

Die Flecktyphuskranken waren in einem besonderen Raum untergebracht, der noch dunkler und von den übrigen isoliert war. Es bestand keine Möglichkeit, den hochfieberhaften Schwerkranken auch nur eine bescheidene Bequemlichkeit angedeihen zu lassen. Sie lagen genauso auf Stroh ohne Bettwäsche wie alle anderen. Zur Verrichtung ihrer Notdurft mußten sie über den Hof gehen und einen besonderen Abtritt benutzen.

5 Siehe Dok. 54 vom 24.12.1941.

Die wenigen Genesenden erholten sich bei der mangelhaften Kost sehr langsam und waren nicht imstande, wieder zu arbeiten. Diese wurden in die sogenannten Rücktransporte eingeteilt, auf die ich später noch zurückkommen werde.
Bei den Reihenuntersuchungen entdeckte ich bei 80% der Mädchen eine ausgedehnte unbehandelte Krätze. Bei diesen Untersuchungen der nackten Mädchen wollte unbedingt der Lagerführer, Herr Wappner, zugegen sein, was ich mir aber energisch verbat. Nicht alle Mädchen erschienen, und als ich die Säumigen holen ließ, entdeckte ich bei einigen von ihnen mehrere blutunterlaufene Stellen am Rücken, Gesäß, Oberschenkel und Brüsten, die offenbar von Stockschlägen herrührten. Sie wagten deshalb nicht zur Untersuchung zu kommen, da sie die Anwesenheit des Lagerführers vermuteten. Aber auch mir wollten sie anfangs keine Auskunft über die Herkunft der Striemen und Wunden geben. Schließlich erfuhr ich von anderen Mädchen, daß der Lagerführer an den Mädchen im Turmzimmer, das hoch über allen anderen Räumen gelegen war, die Mißhandlungen selbst vorgenommen hatte. Die Gründe waren kleine Vergehen, Briefschmuggel, Anzeigen der Vorarbeiter über angebliche Faulheit u. s. w. Es war dem Herrn Lagerführer direkt ein Vergnügen, solch kleine Vergehen entdecken zu können, um seine Macht zu zeigen und seinen Lüsten freien Lauf zu lassen.
Die Unterbringung der übrigen Kranken war genauso primitiv. Auch hier lagen die Kranken in Stockbetten in drei Schichten übereinander. Ein dunkler Winkel war den Krätzekranken reserviert, ein anderer Teil des Raumes nahm die übrigen Kranken auf, die an Lungenentzündung, Scharlach, Ruhr und anderen, meist hoch fieberhaften Krankheiten litten. Sehr verbreitet war auch die Wundrose. In diesem verpesteten Raum, in dem sich Dutzende von Schwerkranken befanden, mußte ich auch noch die Ambulanz abhalten und Operationen durchführen. Als Behelfsmittel hatte ich lediglich einen Tisch und eine Holzpritsche als Operationstisch zur Verfügung. Die Operationen mußte ich immer *ohne Narkose* durchführen, da für Juden keine Narkotika zur Verfügung standen. Man kann sich einen Begriff davon machen, wie sehr die Schwerkranken unter dem Schreien der Operierten litten und unter was für schwierigen Bedingungen die Arbeit vor sich ging, um jedem Kranken gerecht zu werden. Eine Möglichkeit, Instrumente auszukochen, bestand nicht, erst nach einiger Zeit fand ich Gelegenheit, einen elektrischen Kocher anzuschaffen, um die Instrumente zu sterilisieren. Da die Mädchen wegen der Quarantäne nicht arbeiten gehen durften, nahm ich die Gelegenheit wahr, eine allgemeine Krätzekur vorzunehmen. Dies war umso notwendiger, als die Mädchen bereits an schweren Eiterinfektionen litten. Während der Gauarzt die notwendigen Salben zuließ, lehnte der Apotheker die Hälfte der Krätzesalbe ab mit dem Bemerken, daß man nicht dazu da sei, die Jüdinnen zu heilen. So konnte ich der Krankheit nicht Herr werden, bis ich später auf Umwegen die Salbe auf eigene Kosten verschaffen konnte.
Der ältere deutsche Kreisarzt (Gauarzt) besuchte unser Lager öfters wegen der Flecktyphusfälle, er bekümmerte sich auch um die Verpflegungsverhältnisse und ließ sich von mir eine Aufstellung der Kalorienzahlen übergeben. Wegen Differenzen mit der SS wurde er bald abgelöst durch einen jungen SS-Mediziner, dem es weniger auf das Wohl der Lagerinsassen als auf die Füllung seiner eigenen Taschen ankam. Er ordnete auch sofort die Kahlscherung der Mädchen an, was diesen viele Tränen und Kummer bereitete.
Neue Flecktyphusfälle traten nicht mehr auf, und so konnte die Quarantäne aufgehoben werden.

Die Verpflegung.
Zum Frühstück erhielten die Mädchen dünnen Ersatzkaffee ohne Milch und Zucker, mittags eine Gemüsesuppe, die widerlich roch und aus ungeschälten Kartoffeln, Kohl oder Rüben bestand. Als Abendessen gab es eine ähnliche, etwas dickere Suppe. Dazu wurden täglich 200 gr. Brot verabreicht, wöchentlich 60 gr. Margarine und alle paar Wochen ungefähr 150 gr. Marmelade. Ab und zu wurde auch Zucker in ganz kleinen Mengen (ca. 50 gr.) abgegeben. Gulasch aus Pferdefleisch oder notgeschlachtetem Vieh wurde sonntags als Mittagsmahl ausgegeben. Insgesamt enthielt die Nahrung ca. 800 Kalorien, eine Ernährung, die binnen wenigen Wochen zu schweren Störungen des Organismus führen mußte. Den Kranken wurde bis zu meiner Ankunft kein Abendessen verabfolgt, mit der Begründung, daß sie keinen Anspruch darauf hätten. Die Abendmahlzeit war eine freiwillige Zuwendung des Arbeitgebers (der polnischen Firma), da im Verpflegungsprogramm der Deutschen *kein Nachtmahl* vorgesehen war. Um die „Arbeitskraft" zu erhalten, hatten sich die polnischen Firmen entschlossen, den Arbeitenden eine Abendsuppe kochen zu lassen, an denen die Nichtarbeitenden (Kranken) keinen Anteil hatten. Auf meine Intervention wurde dieser besonders krasse Mißstand abgestellt.
Ursprünglich war den arbeitenden Juden die gleiche Lebensmittelmenge wie den Polen zugedacht (ca. 1400 Cal.), doch veruntreute die D. A. F. (Deutsche Arbeitsfront), die zunächst die Judenlager bewirtschaftete, einen Großteil der Lebensmittel, oft auch im Einvernehmen mit dem Lagerführer. Leider fanden sich auch einzelne jüdische Lagerälteste, die mit den Deutschen gemeinsame Sache machten, von den Betrügereien und Diebstählen profitierten und so ihre Leidensgenossen skrupellos dem Hungertod preisgaben. Sie selbst (jüd. Lagerleiter) lebten im Übermaß, erfreuten sich jedoch dieses Schlemmerlebens meist nicht lange, da ihre deutschen Kumpane sie fallen ließen. Bei vorgenommenen Lageruntersuchungen fand man die *erwarteten verbotenen Sachen* bei ihnen, und sie wurden sofort erhängt. So ereignete es sich eines Tages, daß mehrere Säcke Zucker im Einverständnis mit den Deutschen ins Lager geliefert wurden. Beim Abladen des Zuckers erschien die SS, umstellte das Lager, beschlagnahmte die Ware und exekutierte sofort 17 beteiligte Juden „wegen verbotenen Schleichhandels".
Um die karge Kost aufzubessern und den Hunger zu stillen, verschlangen die Leute rohe Kartoffeln, Graupen und Hülsenfrüchte, da es streng verboten war, im Lager zu kochen. Sie suchten sich auf ihrem Arbeitsweg Kräuter, Wurzeln und andere ungenießbare Dinge, wenn sie nicht gar an die Abfallgruben gingen und sich da die halbverfaulten Gemüsereste und Kartoffelschalen herausklaubten. Dieses alles hatte wieder schwere Durchfall-Erscheinungen zur Folge.

Die Lagerbewachung.
Unbewaffnete Mannschaften der Posener Wach- und Schließgesellschaft, meist ehemalige polnische Soldaten, führten die Bewachung der Judenlager aus. Ihre Einstellung zu den Juden war fast immer *feindlich*. Der Wachmannschaft lag auch die Aufgabe ob, die jüdischen Arbeitskräfte zur Arbeitsstelle zu begleiten und während der Arbeit zu beaufsichtigen, sofern dies nicht die polnischen Firmen selbst übernahmen. Beide – sowohl die polnischen Firmen als auch die polnische Wachmannschaft – mißhandelten die Juden und versuchten, das Letzte aus ihnen herauszuholen. Ein Wachmann rühmte sich besonders, mehrere Juden erschlagen zu haben.

Das Lager Antonienhof[6]
Nach Aufhebung der Quarantäne im Fort Radziwill wurde ich in das Lager Antonienhof versetzt. Dieses bestand aus einem ehemals polnischen Gutshaus im Osten der Stadt. Noch vor Wochen war es von der polnischen Familie St. bewohnt, die plötzlich einen Räumungsbefehl erhielt, mit der Erlaubnis, ihr Mobiliar mitzunehmen. So waren die Räume ganz leer, als die 500 Mädchen anlangten. Der Wohnraum und die sanitären Verhältnisse waren für eine größere Familie vorgesehen, aber nicht für Hunderte von Menschen. Wären nicht der hohe, dichte Stacheldraht gewesen, der das Haus ziemlich eng umschloß, und das Schild am Eingang des Parkes „Eigentum der Stadt Posen, Betreten oder Stehenbleiben strengstens untersagt", so hätte nichts daran erinnert, daß dieses polnische Herrenhaus, das von einem alten Park umgeben war, ein Judenlager sei.
Ganz in der Nähe der jüdischen Lager befanden sich auch Militär-Gefangenenlager. Es kam zuweilen vor, daß englische Gefangene den jüdischen Mädchen auf der Straße begegneten oder in die Nähe der Lager kamen. Mit großer Vorsicht und Geschicklichkeit verstanden sie es, die heißbegehrten Cigaretten, Schokolade und kleine Zettel den Jüdinnen zuzustecken, auf denen z. B. stand „unseren Schwestern".

Gesundheitliche Verhältnisse.
Ich war vom Gauarzt schon darauf vorbereitet worden, daß der Gesundheitszustand in diesem Lager viel schlechter sein würde als in Fort Radziwill. Obgleich ich schon auf allerhand gefaßt war, überstieg doch der Gesamteindruck meine schlimmsten Befürchtungen. Die Mädchen, auch alle kahlgeschoren, waren in einem jämmerlichen Zustand, bis zum Skelett abgemagert, bleich, mehr als die Hälfte hatte geschwollene Füße und Eiterinfektionen. Von der T. B. C. waren fast alle befallen, ruhrartige Durchfälle waren sehr verbreitet und vor allem Hungerödeme, die schon bei ganz jungen Mädchen, die kaum der Kindheit entwachsen waren, auftraten. Diese abgezehrten Körper waren jeder Infektion ausgesetzt, es wurde aus der kleinsten Verletzung, die sie sich an Händen und Füßen bei der Arbeit zuzogen, ein schweres Krankheitsbild. So bildete die kleine Chirurgie das Hauptgebiet meiner ärztlichen Tätigkeit. Größere Operationen konnten aus Mangel an Assistenz und Hilfsmitteln nicht ausgeführt werden. So mußte ich tatenlos zusehen, wie ein junger Mensch an Blinddarmentzündung zugrunde ging, weil ich keinen Patienten in ein Krankenhaus überweisen durfte. Eines der Lager war zwar als sogenanntes Krankenhaus eingerichtet und beherbergte die Kranken aus allen Lagern, unterschied sich aber in nichts von diesen, was Verpflegung, Wartung und Unterbringung anlangte. Operationen konnten auch hier nicht durchgeführt werden infolge Mangel an Instrumenten, Narkotika und Sterilisierungsmöglichkeiten. Die anfänglichen Versuche, Operationen unter den unsterilen Verhältnissen durchzuführen, sind alle kläglich gescheitert. Die Assistenz der einzelnen Lagerärzte untereinander war so erschwert, daß sie praktisch undurchführbar war. Es waren alles verlorene Kranke, die in dem sogenannten „Spital" ankamen, und nur selten kehrte einer in sein ursprüngliches Lager zurück. So sträubten sich die Kranken, ihr Lager zu verlassen, und zogen es vor, in ihrer gewohnten Umgebung zu sterben.

6 Gemeint ist nicht das Lager Antonienhof bei Kolmar (60 km nördlich von Posen), sondern das im Ostteil der Stadt Posen gelegene Zwangsarbeitslager Neuhütte für Jüdinnen (poln. Poznań-Antoninek), eingerichtet im Frühjahr 1942, aufgelöst Ende Aug. 1943.

Da es keine zahnärztliche Behandlung in den Lagern gab, blieb nichts anderes übrig, als die schmerzenden Zähne zu ziehen. Weil die Zähne infolge der Kalkarmut der Nahrung schnell schadhaft wurden, kam es vor, daß ganz junge Mädchen schon große Lücken in ihren Gebissen aufwiesen. Es geschah oft, daß schwangere Frauen aus dem Ghetto Litzmannstadt zu uns kamen. Als ihr Zustand entdeckt wurde, wurden sie dem sogenannten Rücktransport (siehe Seite 12) zugeteilt. Eines dieser Mädchen, 17 Jahre alt, war schwanger, verbarg aber aus Scham und Furcht vor Strafe seinen Zustand. Trotz ihrer Beschwerden arbeitete sie schwer mit den anderen, doch die eingeweihten Kameradinnen sorgten in vorbildlicher Weise für sie. Sie teilten ihr von den geringen Essensrationen noch etwas zu, suchten sie bei der Arbeit in jeder Hinsicht zu entlasten und verbargen sie [vor] den Blicken der Deutschen. Ich bewunderte die Haltung dieser völlig entrechteten und versklavten Geschöpfe aufs höchste und versuchte, die werdende Mutter bei jeder Gelegenheit zu schonen. Schließlich mußte ich sie ganz von der Arbeit befreien und sollte nun auftragsgemäß (ich haftete mit meinem Kopf dafür) die Schwangerschaft der Gestapo melden, worauf diese den Abtransport sofort veranlaßt hätte. Der Meldung zuvor kam eine Frühgeburt zur Welt, die nach zehn Tagen starb. Es gelang mir, der Gestapo gegenüber den Fall als Totgeburt zu deklarieren, und dadurch wurde dem Mädchen die Deportation erspart.

Täglich mußte der Krankenstand in den einzelnen Lagern der Gestapo gemeldet werden, unerlaubt war die Diagnose „Hungerödem, Schwäche“ oder dergleichen, was als Greuelmärchen galt. Infolge meiner anfänglichen Unkenntnis dieser Vorschriften wurde ich einmal mit drei Tagen Arrest bestraft, da in einem Tagesbericht das Wort „Hungerödem“ vorkam. Der Krankenstand durfte nicht höher als 5% sein, ein Prozentsatz, der noch viel zu niedrig war, wenn man den desolaten Allgemeinzustand der Mädchen berücksichtigte. Die Lagerärzte, die den vorgeschriebenen Prozentsatz überschritten, galten als „Saboteure der Arbeit“ und wurden nach dem Osten deportiert.

Um die drei Frauenlager, die weit auseinander lagen, ärztlich versorgen zu können, erhielt ich vom Städtischen Tiefbauamt ein Fahrrad zur Verfügung gestellt. Ich durfte zwar nur die bezeichneten Straßen benutzen, die mir die Gestapo vorschrieb, war aber die einzige jüdische Person in Posen, die sich ohne Wachmann außerhalb des Lagers frei bewegen durfte.

Herkunft der Lagerinsassinnen.

Die Mädchen und Frauen kamen aus dem Ghetto Litzmannstadt und befanden sich bereits seit einem halben Jahr in Posen. Anfang November 1941 wurde in Litzmannstadt bekanntgegeben, daß sich freiwillige Arbeiter und Arbeiterinnen zur Arbeit nach Deutschland melden könnten. Es ginge in eine Zuckerfabrik, so hieß es, man bekäme sogar Gehalt und könne dieses nach Litzmannstadt zurückschicken. Da die Lebensbedingungen in Litzmannstadt unerträglich waren – nur ganz wenige hatten Arbeit und verdienten etwas über die Lagerkost hinaus, die anderen kommen vor Hunger um –, meldete sich eine Anzahl junger Menschen, die sich auf diese Weise zu verbessern hofften. Wo es Arbeit gibt, so sagten sie sich, da wird man auch genügend zu essen bekommen. Die Leute wurden nach der Meldung gesammelt und dann zu ihrer Überraschung in Gefängnisse geführt, wo sie ohne Stroh und Decken tagelang hausen mußten. Vor der Abreise wurden sie gebadet, wobei sich die SS während des Frauenbades damit belustigte, die nackten Mädchen mit Peitschenhieben zu traktieren. In Viehwagen wurden

sie dann nach Posen gebracht und die tausend Frauen in zwei Lager verteilt. Auf Familienzusammengehörigkeit wurde keine Rücksicht genommen. So langten mit der Zeit 12 000 Männer und 1500 Frauen in Posen an, worunter auch einige hundert aus kleinen Städten und Ghettos Westpolens [waren].
Von den 500 Mädchen im Lager Antonienhof waren die meisten Polinnen, nur wenige Deutsche, Österreicherinnen und Tschechinnen waren darunter, die schon durch das Ghetto Litzmannstadt gegangen waren.

Aufbau des Lagers.
Gleich bei der Ankunft der Mädchen in Posen erschien ein Gestapomann, hieß die Jüdinnen antreten und hielt ihnen eine Ansprache: Sie würden hier arbeiten lernen und bei zufriedenstellender Leistung gut behandelt werden. Sogar Geld werden sie erhalten.
Der Posten der Judenältesten war außerordentlich wichtig, und das Wohl und Wehe des ganzen Lagers hing zum großen Teil von dieser Person ab. Sie war Verbindungsglied zwischen der jüdischen Belegschaft und dem deutschen Lagerführer, sie hatte mitzubestimmen über die Verteilung der Verwaltungsposten wie Küche, Waschküche und Polizei. Glücklicherweise waren gerade in den Frauenlagern sehr geeignete, moralisch gefestigte Frauen an der Spitze, die gerecht und unbestechlich ihr Amt verwalteten. Es soll nicht unerwähnt bleiben, daß sich leider in einigen Männerlagern skrupellose Subjekte an die Spitze drängten, die bereits SS-Manieren angenommen hatten und von den eigenen Leuten gerade so gehaßt wurden wie die SS.
An zweiter Stelle standen die Polizeiältesten, die für Ruhe und Ordnung im Lager zu sorgen hatten. Die von der Arbeit nach Hause kommenden Arbeiterinnen mußten zum Essensempfang in Schlangenreihen stehen, und es war die Hauptaufgabe der Lagerpolizei, hierbei die Disziplin aufrechtzuerhalten. Sie waren auch verantwortlich für die Sauberkeit in den Räumen und auf dem Hof. Sie mußten Tag und Nacht Dienst machen und wurden bei Fluchtversuchen zur Verantwortung gezogen. Trotz dieses schweren Dienstes waren es begehrte Posten, denn alle diese Innenposten hatten den großen Vorteil, den Wetterunbilden nicht ausgesetzt zu sein, wie es die anderen Kameradinnen waren, die den ganzen Tag im Freien arbeiten mußten.

Außenarbeit.
Die jüdischen Arbeitskräfte wurden lediglich zu Erdarbeiten eingesetzt, teils dem städtischen Tiefbauamt, teils einer Eisenbahnbau-Firma und einer städtischen Gärtnerei zur Verfügung gestellt. Fast alle Straßenreparaturen, Weganlagen, Verschönerungen in Posen in den Jahren 1941 bis 1943 wurden von Juden ausgeführt. Die Mädchen mußten die gleichen Arbeiten wie die Männer verrichten. So verlangte man von ihnen, daß sie nasse Gruben ausschachteten, die schwere Erde in Loren füllten, die sie dann fortziehen mußten. Es galt als Mindestmaß, daß je vier Mädchen 25 Loren täglich füllten. Nur die ältesten und schwächsten wurden zu Feldarbeiten eingeteilt. Bei jedem Wetter wurde gearbeitet. Im kalten Winter 1942/43 mußten die Mädchen ohne Handschuhe arbeiten, die Folge waren unzählige abgefrorene Finger, die ich amputieren mußte. Auf meine Meldung bei den deutschen Stellen erhielt ich die Antwort, daß ja auch die deutschen Soldaten bei zwanzig Grad Kälte exerzieren müßten.
Die polnischen Firmen, die die Jüdinnen beschäftigten, hatten von den deutschen städtischen Behörden ziemlich große Aufträge erhalten, zu deren Erfüllung sie sich verpflich-

tet hatten. Die Stadtverwaltung selbst durfte keine Juden beschäftigen. Aus Akten, die mir zufällig in die Hände fielen, ging hervor, daß die Gestapo diese jüdischen Häftlinge der Deutschen Arbeitsfront Posen zur Verfügung gestellt hatte, die diese weiter an polnische Firmen vermietete. Es wurde den polnischen Firmen zugesagt, daß es sich um kräftige junge Menschen handle.
Beim Durchlesen der Akte glaubte man, in die Zeit der Sklaverei versetzt zu sein. Die halb verhungerten jüdischen Arbeitskräfte waren außerstande, die ziemlich großen Anforderungen zu erfüllen. Rücksichtslos trieben aber die polnischen Vorarbeiter, die Prämien erhielten, die Juden mit Drohungen und Schlägen zur Arbeit an. Oft kamen die Mädchen weinend nach Hause und wiesen Spuren grober Mißhandlung auf. Einige dieser polnischen Vorarbeiter zeichneten sich durch besondere Roheit aus. Es kam nicht selten vor, daß sie die Mädchen mit Faustschlägen zu Boden schlugen und sie dann mit ihren benagelten Stiefeln derart bearbeiteten, daß sie ihnen schwere Quetschungen, innere Blutungen und selbst Knochenbrüche beibrachten. Einem zwanzigjährigen Mädchen wurden bei so einer Gelegenheit das Nasenbein zertrümmert und mehrere Zähne ausgeschlagen, einer anderen das Trommelfell eingerissen. Dabei verfuhr man bei den Frauen noch glimpflich. Die Männer nahmen zur Arbeit Tragbahren mit, da sie fast täglich zu Krüppel Geschlagene oder Totgeschlagene nach Hause bringen mußten. Die Deutschen schoben die Schuld dieser Verbrechen in zynischer Weise auf die Polen, mit Bemerkungen über die Minderwertigkeit dieser Nation.

Entlohnung.
In den ersten Monaten ihres Aufenthaltes in Posen erhielten die jüdischen Arbeiter Lohnauszahlungen. Es wurde ihnen 30 Pf. die Arbeitsstunde berechnet, für Essen und Wohnen wurden ihnen monatlich 45 RM abgezogen, für den Rest durften sie sich in der Lagerkantine markenfreie Artikel kaufen oder das Geld nach Litzmannstadt senden. Die arbeitsunfähigen Kranken kamen auf diese Weise in ein Debet, das ausschlaggebend war bei der Einteilung in die „Rücktransporte". Nach einiger Zeit wurde jedoch die Lohnzahlung eingestellt.

Tageseinteilung.
Um ½ 5 Uhr war Tagwache. Es folgte das Bettenbauen, im Winter im Dunkeln, da es kein elektrisches Licht gab. Waschen am Hof an der Pumpe oder in den wenigen Waschschüsseln, wozu es in zwei Monaten ein Stück Ersatzseife gab. Um 5 Uhr Anstellen zum Kaffee, ½ 6 Uhr Appell auf dem Hof mit Abzählen, ¾ 6 Uhr Abmarsch mit Bewachung zur Arbeitsstelle. Dauer des Weges eine Stunde, um 7 Uhr Arbeitsbeginn bis 12 Uhr. Um diese Zeit wurde die vom Lager geholte Suppe, die meist kalt ankam, verabreicht. 20 Minuten Mittagspause, selbstverständlich ohne Möglichkeit, einen Raum aufzusuchen, auch nicht im Winter oder bei schlechtem Wetter. Um 5 Uhr Arbeitsschluß, Heimweg und Abendappell mit nochmaligem Abzählen. Anschließend erfolgte das Anstellen zum Empfang der Abendsuppe, des Brotes und etwaiger Extragaben, was sich oft bis in die späten Abendstunden hinzog. In manchen Lagern gab es nachts noch sogenannte Ordnungsappelle. Dies war eine besondere Spezialität des Lagerführers vom Fort Radziwill, der, wenn er gegen ein Uhr nachts angetrunken nach Hause kam, die Schlafsäle revidierte, wobei die Mädchen bei seinem Betreten Hab-Acht-Stellung einnehmen mußten. Beim geringsten wahrgenommenen Versehen ließ er alle nachts eine Stunde lang

am Hof stehen, ohne ihnen Zeit zu lassen, sich zu bekleiden. Gewöhnlich badete am Samstag nachmittag die ganze Belegschaft in großen hölzernen Waschfässern. Dasselbe Wasser wurde für vier Mädchen verwandt, weil es kübelweise vom Fluß heraufgefahren werden mußte. Sehr oft mußte auch sonntags gearbeitet werden, so daß sie kaum Zeit fanden, ihre Kleider und Wäschestücke auszubessern.
Abends saßen die Mädchen beisammen und sangen polnische, russische und jiddische Volkslieder oder auch solche, die sie selber verfaßt hatten und die recht anschaulich und oft noch, bei allem Elend, humoristisch das Lagerleben schilderten. Eine von mir aufgeschriebene Sammlung dieser Lieder und Theaterstücke ist leider mit meinem Gepäck verlorengegangen.

Die deutsche Verwaltung der Judenlager.
Nachdem die DAF im Winter 1941/42 durch ihre Mißwirtschaft und grobe Betrügereien Tausende von Juden teils verhungern, teils den Seuchen anheimfallen ließ, übernahm im Frühjahr 1942 die Stadt Posen selbst die Verwaltung. Nicht aus Menschenfreundlichkeit, sondern um die bereits knappen Arbeitskräfte zu erhalten, da mit neuen Arbeitern nicht zu rechnen war, entschloß man sich, die jüdischen Arbeiter etwas besser zu ernähren. Eine Zeitlang überwog das Interesse an der Erhaltung der jüdischen Arbeitskraft die bekannten Ausrottungsprinzipien der Gestapo. Es gab in diesem Punkt nicht selten Meinungsverschiedenheiten zwischen der SS und dem Arbeitsamt. Für den wichtigen Posten des Lagerführers wählte man verdiente Parteigenossen, SS-Männer, Volks- und Auslandsdeutsche, die „Heim ins Reich" gekommen waren. Von ihrer Willkür oder ihrem guten Willen hing das Schicksal der Lagerinsassen ab, irgendwelchen Kontrollen waren sie nie ausgesetzt. Einer Baltendeutschen aus Riga hatte man den Posten einer Lagerführerin in Antonienhof angeboten. Als Befähigungsnachweis zur Führung eines Judenlagers genügte die Behauptung bei der Gestapo, sie sei Antisemitin. Tatsächlich verstand sie von verwaltungstechnischen Angelegenheiten überhaupt nichts, doch zu meiner Überraschung erklärte sie gleich bei meiner Ankunft im Lager, daß sie Anti-Nazi wäre und von Hitler unter falschen Vorspiegelungen aus ihrer Heimat gelockt worden sei. Sie arbeitete in dem Jahr meiner Anwesenheit in Übereinstimmung mit der Judenältesten und mir, so daß so manches Leben gerettet werden konnte.

Post- und Paketverkehr.
Den Lagerinsassen war es gestattet, alle vier bis sechs Wochen eine Karte zu schreiben, und sie erhielten auch Antwort von ihren Angehörigen meist aus Litzmannstadt, Österreich und Deutschland. Die Post wurde selbstverständlich streng zensuriert. Als jedoch im Herbst 1942 Fluchtversuche unternommen wurden, wurde jede Postverbindung untersagt. Auch der Verkehr zwischen den einzelnen Posener Lagern war streng unterbunden. Es kam zum Beispiel vor, daß erst nach einem Jahr ein Familienmitglied vom Tode seines nächsten Verwandten Kenntnis erhielt, obwohl beide in derselben Stadt, nur in verschiedenen Lagern lebten. In manchen Lagern für Männer war den Leuten angesagt worden, sie sollten von ihren Verwandten Pakete und Geld anfordern, was auch die Leute bereitwillig taten. Als die verlangten Eßwaren und Geld ankamen, verbot der Lagerführer einfach den Empfang und beschlagnahmte beides, jedoch mußten die Leute den Empfang quittieren.

Rücktransporte.
Alle paar Wochen wurde ich aufgefordert, eine Liste aller derjenigen anzufertigen, die nicht mehr schwer arbeiten konnten oder die binnen kurzer Zeit nicht mehr dazu imstande sein würden. Diese Liste mußte mit den von mir täglich abgegebenen Krankenmeldungen der drei Lager übereinstimmen und war mir eine Mindestzahl der Transportteilnehmer angegeben. Es handle sich, so hieß es, um Rücktransporte nach dem Ghetto Litzmannstadt. Dies klang einleuchtend und beruhigend, denn in Litzmannstadt befand sich zu dieser Zeit eine Uniformschneiderei, in der schon viele Verwandte der Mädchen arbeiteten, wie aus Nachrichten hervorging. Es meldeten sich anfangs viele freiwillig zum Rücktransport: um wieder mit ihren Angehörigen vereint zu sein und die schweren Erdarbeiten nicht mehr leisten zu müssen. Die Abwandernden versprachen sofort zu schreiben; man machte geheime Stichworte aus, ja selbst illegale Verbindungen durch gefällige Polen wurden verabredet. Als jedoch von mehreren Transporten keine Lebenszeichen kamen, sogar Nachrichten aus Litzmannstadt an die *Abtransportierten* ankamen, wurden wir mißtrauisch. Gerüchte sickerten durch, daß die Transporte gar nicht nach Litzmannstadt gingen, sondern vorher schon auf ein Nebengleis geführt wurden. Einzelne Polen der Begleitmannschaft erzählten vertraulich, daß sie, bevor der Zug auf das Nebengleis geführt wurde, umkehren mußten. Sie hatten von der polnischen Bevölkerung gehört, daß sich an einer kleinen Station Baracken befanden, die niemand betreten durfte, außer den Juden und der SS. Es hieß, es seien Badebaracken, doch wurde damals schon behauptet, es seien Gaskammern. Die umliegende Bevölkerung hatte beobachtet, daß nach den ankommenden Transporten Schornsteine tagelang rauchten. Diese Erzählungen klangen aber so fantastisch, daß man sich sträubte, ihnen Glauben zu schenken. Immerhin wurde ich mit meinen Meldungen sehr vorsichtig und bemühte mich, die Zahl auf diejenigen unbedingt zu beschränken, deren Leben auch sonst verloren war. Auch die Mädchen versuchten sich den Transporten dadurch zu entziehen, daß sie einige Tage vor diesem Termin zu arbeiten anfingen, obwohl dies weit über ihre Kräfte ging und sie nach Abgang der Transporte erst recht zusammenbrachen. Andere versteckten sich im Lager und kamen erst später zum Vorschein. Die meisten aber waren durch ihre körperliche Schwäche schon völlig apathisch und ließen sich teilnahmslos auf die Leiterwagen heben, die zur Abholung bereitstanden. Selten war jemand aus eigener Kraft imstande, auf den Wagen zu steigen. Die begleitenden SS-Männer schlugen auf die Ärmsten ein, wenn sie nicht schnell genug hinaufkletterten. So sind Tausende von Juden aus den Posener Lagern auf Nimmerwiedersehen verschwunden, und teils durch Tod, teils durch Deportation von ursprünglich 12 000 jüdischen Menschen nach einem Jahr nur noch 1200 geblieben.
Die Posener Bevölkerung hatte keine Ahnung von den Vorgängen im Lager, wie ein kleiner Vorfall beleuchtete. Ein neuer Lagerführer hatte in Unkenntnis statt der befohlenen Transportlisten die Mädchen selbst zur Gestapo geschickt. Auf dem Wege dorthin brachen einige vor Schwäche zusammen, wodurch ein Auflauf von Menschen entstand. Ein Mädchen jammerte laut und rief den Umstehenden auf polnisch zu: „Ihr Leute, helft mir doch, man will mich fortschicken, man will mich ermorden, ich habe doch immer fleißig gearbeitet." Einige Passanten waren gerührt und wollten Näheres wissen, aber Deutsche riefen gleich nach der Polizei, die die Menschen zerstreute. Der schuldige Begleitwachmann und der Lagerführer erhielten strenge Strafen.

In diesem Zusammenhang möchte ich noch erwähnen, daß ab und zu merkwürdige Lieferungen von getragenen, mit Judensternen benähten Kleidungsstücken ankamen, die angeblich von Verstorbenen aus dem Ghetto stammten. Man vermutete, daß dies die Kleider der aus Litzmannstadt „Umgesiedelten" seien, da deren Koffer nach Litzmannstadt zurückkamen, während die Menschen verschollen blieben. So erzählten jüdische Transportarbeiter aus Litzmannstadt, die jetzt in Posen beschäftigt waren.

Fluchtversuche.
Trotz scharfer Bewachung im Lager und auf der Arbeitsstätte wurden doch häufig Fluchtversuche unternommen, die jedoch selten von Erfolg gekrönt waren. Zu sehr fielen die abgezehrten, kahlgeschorenen Männer und Frauen auf, auch wenn es ihnen gelang, sich gute Kleider zu verschaffen. Die meisten hatten die wenigen ganzen Sachen aus dem Ghetto schon gegen Lebensmittel umgetauscht und trugen total zerrissene Kleider und Wäschestücke. Sie besaßen keine warmen Sachen, mußten selbst bei starker Kälte in zerlumpten Sommerkleidern ohne Strümpfe im Freien arbeiten. Lederschuhe hatten die wenigsten. Sie trugen schlecht gearbeitete Holzschuhe, und schon an dieser mangelhaften Fußbekleidung scheiterte mancher Fluchtversuch. Auf Fluchtversuch stand Todesstrafe, außerdem wurde das ganze Lager summarisch bestraft: Essensentzug, Strafarbeiten, Prügelstrafe für jeden Zehnten, stundenlanges Stehen auf dem Hof bei jedem Wetter. Die meisten Flüchtlinge wurden schon in der Nähe der Lager aufgegriffen und zur Gestapo gebracht. Vielen wurde das Fehlen von Ausweispapieren zum Verhängnis, so hofften zwei Schwestern von 16 und 18 Jahren bei einem Bauern Arbeit zu finden, wurden aber abgewiesen und stellten sich schon am gleichen Abend wieder im Lager ein. Die Gestapo holte sie ab und machte nach Wochen quälender Ungewißheit bekannt, daß die beiden Jüdinnen wegen Fluchtversuches erschossen worden seien. Die im Lager verbliebene älteste Schwester, die sich für die jüngeren verantwortlich fühlte, wurde wahnsinnig. Männer mußten von ihren eigenen Lagergenossen für die gleichen Delikte erhängt werden.
Nur einmal gelang es einer Gruppe von drei Mädchen, nach dem Ghetto Litzmannstadt zu entkommen. Sie schrieben von dort, daß keine der „Rücktransportierten" jemals dort angekommen sei.[7] Die Fluchtversuche wurden durch das Verhalten der *polnischen Bevölkerung* fast unmöglich gemacht, da sie Flüchtlinge, die sie als Juden erkannten, zur Polizei brachten.

Der 5. Oktober 1942
Da man häufig bei den Flüchtlingen Geld fand, dachte sich die Gestapo eine Methode aus, um den Juden alles Geld mit einem Schlag abzunehmen. Am 4. Oktober wurde sämtlichen Lagerführern die telephonische Botschaft durchgegeben, dass alle Lagerinsassen, ob krank oder gesund, am nächsten Tag abmarschfertig mit Gepäck auf dem Hof zu stehen haben.
Selbstredend brach größte Panik aus, denn wir erwarteten, daß wir nun alle den Weg in die Gaskammern gehen werden. Es kamen Selbstmordversuche vor, und niemand fand Schlaf in dieser Nacht. Nach stundenlangem Stehen auf dem Hof erschien dann schließ-

7 Die angeblichen Rücktransporte von arbeitsunfähigen jüdischen Zwangsarbeitern führten in Wahrheit ins Vernichtungslager Kulmhof.

lich die Gestapo nicht mit den gefürchteten Lastwagen, sondern in Privatautos. Sie hielten uns eine Ansprache, daß jeder sich freiwillig melden solle, der Geld oder Wertsachen besäße. Einige lieferten freiwillig das verlangte Geld ab, so daß ca. 150 RM zusammenkamen. Bei vorgenommenen Stichproben wurde nichts gefunden, so daß die Mädchen wieder abtreten konnten und wir diesmal noch mit dem bloßen Schrecken davonkamen. – In den Männerlagern verlief der Vorgang nicht so glimpflich. Bei der Leibesvisitation kam noch Geld zum Vorschein, worauf die Gestapo ihre Drohung wahr machte und die Betreffenden am nächsten Baum aufknüpfte.

Die Totenbestattung.
Der Totenwagen kam öfter als der Brotwagen. Ein Pferdewagen erschien mit einer länglichen, roh gezimmerten Kiste, in die man die Leiche hineinwarf. Oft kam der Wagen von anderen Lagern und hatte schon seine traurige Last aufgeladen, zu der dann die neue Leiche geworfen wurde. Alle Toten hatten das gemeinsame Merkmal der völligen Abmagerung auf Haut und Knochen. Nach behördlicher Vorschrift zur Verhütung der Seuchengefahr mußten alle Leichen völlig entkleidet, gewaschen und rasiert werden und mußten nackt, ohne Totenhemd, dem Fuhrmann übergeben werden. Die Mädchen gaben den Toten bis zum Lagerausgang das letzte Geleit. Der Tod war im Lager kein Schrecken, wurde oft nur als Erlösung von allzu hartem Leben empfunden.
Das *Lager Sedan*[8] war das dritte Frauenlager, das ich zu betreuen hatte. Die Verhältnisse dort waren ähnliche wie in Antonienhof und Fort Radziwill.

Die Männerlager in Posen
Wenn man schon die Unterbringung der Frauen in Posen als menschenunwürdig bezeichnen kann, so waren die Verhältnisse bei den Frauen noch paradiesisch gegenüber denen der Männer. In Ställen und baufälligen Scheunen hausten die Männer auf der Erde, ohne Decken und ohne Stroh. Selbstredend verbreiteten sich in diesen schmutzstarrenden, für Menschen gänzlich ungeeigneten Stätten nicht nur das Ungeziefer, das die übermüdeten Menschen nachts nicht schlafen ließ, sondern auch Seuchen aller Art. Die Arbeitsanforderungen an die Männer waren noch größer als die, die an die Frauen gestellt wurden, während die Verpflegung die gleich mangelhafte war. Entsprechend war die Sterblichkeitsziffer ganz enorm, und manche Lager starben vollständig aus.
Verglichen mit den Frauenlagern war das Strafmaß noch viel härter, und das geringste Versehen wurde grausam bestraft. Vergehen wie Briefschmuggel, Fluchtversuche, Diebstahl wurden mit Erhängen geahndet. Die Hinrichtungen wurden im Sportstadion vollzogen, dem größten Männerlager, im Beisein von Abordnungen aller anderen Lager. Auch die Frauen hatten Vertreterinnen zu stellen, wobei die Mädchen gezwungen wurden, nach der Exekution den Leichnam am Galgen zu umtanzen. Die Verurteilten gingen in vorbildlicher Haltung in den Tod. Bei einer Exekution, der ich beiwohnen mußte, riefen junge Burschen am Galgen, bevor die Schlinge um den Hals gelegt wurde: „Rächt uns."

8 Von 1939 an Zwangsarbeitslager im Nordwesten der Stadt Posen (poln. Strzeszyn) für Juden und brit. Kriegsgefangene, von 1942 an auch für Jüdinnen, die als Zwangsarbeiterinnen beim Aufforsten und im Straßenbau eingesetzt wurden.

Meine Abreise.
Anfang Juli 1943 erhielt ich mitten in einer Operation den Befehl, mich sofort mit Gepäck im Gestapohaus zu stellen. Bei meiner Ankunft erblickte ich bereits einige meiner Kollegen, die bisher die männlichen Lager versorgten. Sie machten einen sehr verstörten Eindruck, der Kopf war kahlgeschoren, und ihr Anblick ließ nichts Gutes erhoffen. Ich wurde zunächst in eine Stehzelle gebracht, in der ich einige Stunden zubringen mußte. Das Gepäck war mir schon vorher abgenommen worden. Ich wurde sodann mit meinen Kollegen ins Bureau geführt, wo uns ein Beamter mitteilte, daß man uns sofort im Auto nach Berlin bringen würde, da man uns dort in einem anderen Lager als Ärzte anforderte. Der Beamte begleitete uns zur Garage, von der die Fahrt abgehen sollte. Zu unserem Erstaunen führte er uns direkt ins Polizeigefängnis. Das Gefängnis war überfüllt, so daß ich keine Pritsche bekommen konnte, was ich nicht bedauerte, da es vor Wanzen wimmelte und an ein Schlafen nicht zu denken war. Nach einigen Tagen Aufenthalt wurden wir im Gefängniswagen nach Berlin überführt. Meinen Kollegen wurden beim Aussteigen Handschellen angelegt. Auch in Berlin kamen wir wieder ins Gefängnis, ich wurde in das Verteilungslager Bessemerstraße eingeliefert,[9] das bereits mit Fremdarbeiterinnen und Jüdinnen vollgepfropft war. Dort war ein ewiges Kommen und Gehen. Täglich wurden Frauen aufgerufen, die in das K. Z. Ravensbrück oder in ein anderes Zwangsarbeitslager transportiert wurden, andere kamen von dort, um wieder in ein anderes K. Z. verbracht zu werden. Sie erzählten von ihren körperlichen und seelischen Qualen so erschütternd, daß es unglaubwürdig geklungen hätte, wenn nicht ihre Körper Spuren der Mißhandlungen aufgewiesen und ihre Erzählungen nicht übereingestimmt hätten. Auch ich erwartete täglich den Aufruf für eines dieser Lager. Schließlich erhielt ich zu meiner Überraschung die Entlassung; die Freude hierüber war jedoch verfrüht, ich wurde in ein jüdisches Sammellager gebracht. Meine ehemalige Wohnung durfte ich nicht mehr betreten. Sie war auch schon in meiner Abwesenheit an einen verdienten SS-Offizier mitsamt meiner Einrichtung und allen Kleidern etc. vermietet worden, obwohl ich das ganze Jahr die Miete bezahlt hatte.
Zunächst wurde ich für den Polentransport registriert, doch im letzten Augenblick gelang es mir, in den Transport nach Theresienstadt eingereiht zu werden. Alle anderen Kollegen aus dem Posener Lager sind nach dem Osten verschickt worden, zwei hiervon waren auch kurz in Theresienstadt und wurden von hier weitergeschickt.
Die *Liquidation der Posener Lager* erfuhr ich aus zwei Karten aus Birkenau, deren Inhalt mir über Berlin nach Theresienstadt berichtet wurde. Seit Ende 1943 bekam ich keinerlei Nachrichten mehr von den überlebenden Frauen der Posener Lager.

9 Frauengefängnis in einer ehemaligen Fabrik unweit des Flughafens Tempelhof.

DOK. 239

Das in den USA 1943 publizierte Yizkor-Buch für die Juden in Łódź berichtet von den Zuständen im Getto und dem Massenmord im Vernichtungslager Kulmhof[1]

Auszug aus dem Yizkor-Buch, hrsg. vom Vereinigten Rettungskomitee für die Stadt Łódź, New York 1943

[...][2]

3. *Die Polen in Łódź und das jüdische Getto*

Zu einem Überblick über das Leben der Juden im Getto Łódź gehört die Frage, wie sich die Polen in Łódź gegenüber den Juden im Getto verhalten haben. Auf der Grundlage zahlreicher Informationen und Berichte, die uns aus verschiedenen Quellen vorliegen, ergibt sich folgendes Bild:

Es ist wahr, dass sich der Abschaum der polnischen Bevölkerung dazu bewegen lässt, Juden zu schlagen und zu berauben, besonders wenn der böse Geist der Nazi-Agitation sich bemüht, Einfluss auf gewisse Elemente der polnischen Massen oder der Jugend zu nehmen, auf die er es abgesehen hat. Für die Nazis ist es auch wichtig, Konflikte und Kämpfe zwischen den beiden Bevölkerungsgruppen, Polen und Juden, zu initiieren, und eine Gruppe gegen die andere aufzuhetzen.

Die primitiven polnischen Elemente, die man im Namen der katholischen Kirche mobilisieren kann, sind von den Nazis regelrecht dazu benutzt worden, ein Pogrom gegen die Juden im Getto Łódź zu verüben. Die Nazis ließen eine Gruppe jüdischer Zwangsarbeiter eine katholische Kirche abreißen und wählten absichtlich Juden mit Bärten dafür aus, um die heiligen Kirchenbilder in den Dreck zu werfen. Gleichzeitig benachrichtigten die Deutschen die Polen, die Juden hätten eine Kirche überfallen und würden die heiligen katholischen Bilder demolieren. Dabei hetzten die Nazis gegen die Juden, und obwohl die Gettotore ständig streng bewacht werden, „gelang“ es den Polen, ins Getto einzudringen und dort drei Stunden lang zu randalieren. Acht Juden wurden dabei getötet, über 200 verletzt, und auch die Häuser wurden geplündert. Es kam so weit, dass die Nazis selbst merkten, dass sie das Pogrom beenden mussten, doch keiner der beteiligten Polen wurde verhaftet. Die Nazis wollten sich „rechtfertigen“, also erschien in der offiziellen „Litzmannstädter Zeitung“ eine Erklärung, in der die Schuld geschoben wurde auf ... die Juden: „Die Juden haben die Polen provoziert“.[3]

Andererseits lässt sich jedoch auch anhand Dutzender Fakten die gewaltige Sympathie und sogar Hingabe beweisen, die Polen den Getto-Juden gegenüber an den Tag legen. Gerade in Łódź, wo die PPS[4] über eine starke Arbeiterbewegung verfügte und enge

1 Lodzsher Yizkor-bukh. Aroysgegebn fun fareyniktn retungs-komitet far der shtot lodzsh, New York 1943, S. 174–181. Das Dokument wurde aus dem Jiddischen übersetzt.

2 Die vorangegangenen Artikel behandeln die Gesamtgeschichte der Juden in der Stadt Łódź seit dem 19. Jahrhundert; der Artikel über die Ermordung der Juden unter nationalsozialistischer Besetzung wurde von Jakob Kirshboym (1885–1946) verfasst; wie Anm. 1, S. 164–184.

3 Nicht ermittelt.

4 Polska Partia Socjalistyczna (Polnische Sozialistische Partei), 1892 in Paris nach dem Vorbild der SPD gegründet und eine der einflussreichsten Parteien der Zweiten Republik. 1906 spaltete sie sich in einen revolutionären Flügel mit Józef Piłsudski und einen reformistischen Flügel.

solidarische Beziehungen zwischen polnischen und jüdischen Arbeitern im gemeinsamen Kampf für die polnische Freiheit bestanden, wird die Zusammenarbeit auch im Kampf gegen die Besatzer in gemeinsamem Leid und gemeinsamem Hass fortgesetzt. Hunderte Polen sind trotz der strengen Augen der Nazis fortwährend damit beschäftigt, Nahrungsmittel ins Getto zu schmuggeln. Viele Polen wurden dafür zu unterschiedlich langen Gefängnisstrafen verurteilt und einige erschossen, aber trotzdem lässt sich der Schmuggel von Lebensmitteln nicht verhindern.
Ein Korrespondent einer belgischen Zeitung[5] berichtete Anfang 1940 (als Belgien noch ein neutrales Land war) aus Łódź: Während die Gestapo durch die Straßen von Łódź eine Gruppe Juden mit ihren „gelben Flicken" führte, damit die anderen Bevölkerungsgruppen, vor allem die Deutschen, sie auslachen konnten, wurden sie von einer großen Menge Polen begleitet, die ihr Mitgefühl mit den leidenden Juden ausdrückten. Die große Masse des polnischen Volkes sagt ganz offen, sie wisse, dass alles, was heute den Juden zugefügt werde, morgen mit ihr geschehen werde. Polen helfen Juden auch bei der Flucht, „wenn es nötig ist".
In den Jahren 1940 und 1941 existierten geheime, gut organisierte polnische Gruppen von Bauern und Arbeitern aus den Städten, die Lebensmittel und Stoffe für Kleidung ins Getto Łódź schmuggelten. Die Nazi-Zeitungen schlugen deswegen fortwährend Alarm und drohten, dass die Schuldigen streng bestraft würden. Die Nazis verhafteten 345 Polen, von denen 200 streng bestraft wurden. In einigen Fällen wurden sogar Deutsche verhaftet, weil sie den jüdischen Opfern des Gettos Sympathie und Hilfe entgegenbrachten. Diese Deutschen waren Mitglieder der deutschen „Bibel-Gesellschaft".[6] Einer der Leiter der illegalen deutschen „Bibel-Gesellschaft" erhielt eine Gefängnisstrafe von zwei Jahren.
Außerdem wurden die Mitglieder einer gemeinsamen Gruppe von 48 Polen und 22 Juden zu je sieben Jahren Gefängnis verurteilt. Zunächst hatten sie alle zwei Jahre bekommen, doch die Gestapo protestierte, die Strafe sei zu gering, so dass jeder noch eine zusätzliche Strafe von fünf Jahren erhielt.

Todesstrafe für das Schmuggeln
Als die Gestapo feststellte, dass die verschiedenen Gefängnisstrafen den Schmuggel ins Getto Łódź nicht verhinderten, gab der Gouverneur von Łódź Arthur Greiser[7] einen scharfen Befehl heraus, in dem es hieß, dass jeder Pole, den man beim Schmuggeln von Lebensmitteln oder anderen Waren ins Getto Łódź erwische, mit dem Tode bestraft werde. Auch die in Częstochowa erscheinende Nazi-Zeitung[8] (vom 3. Juli 1941) warnt die Bauern, die „von gefährlichen Sympathien gegenüber dem Judengesindel getrieben werden, Waren schmuggeln und diese [an Juden] sogar zu billigeren Preisen verkaufen als an ihre polnischen Brüder", dass gegen sie die schärfsten Maßnahmen angewendet würden.

5 Nicht ermittelt.
6 Gemeint sind Anhänger einer der verschiedenen Bibelforscher-Vereinigungen.
7 Greiser war Gauleiter und Reichsstatthalter im Reichsgau Wartheland.
8 Gemeint ist die Zeitung Kurier Częstochowski, die die deutschen Besatzungsbehörden in erster Linie für die Belange der christlichen Bevölkerung gegründet hatten.

Es scheint aber, dass sich nicht alle Polen vom Erlass der Todesstrafe beeindrucken ließen. Im Jahr 1942 wurden die Polen Ignacy Witesek, der beschuldigt wurde, Fleisch ins Getto Łódź geschmuggelt zu haben, und Franciszek Walasz mit dem Tod bestraft. Ein dritter Pole, Aleksander Szret, wurde für das Schmuggeln von Textilwaren nach Bałuty[9] erschossen. Die beiden Brüder Barański wurden für das Einschmuggeln von Lebensmitteln zum Tode verurteilt, und drei Polen aus Kutno wurden erschossen, weil sie Butter an die Juden im Getto verkauft hatten. Darüber hinaus erhielten acht Polen je acht Jahre Gefängnis und einer fünf Jahre „Besserungslager". Wie in einem Bericht dargestellt wird, der uns aus einer Quelle des Untergrunds erreicht hat, hat Gouverneur Greiser die Polen in einer Rede deutlich ermahnt, den Schmuggel ins Getto Łódź zu unterlassen, da er auch vor den strengsten Mitteln nicht zurückschrecken werde, und dass nicht nur der Schmuggler, sondern auch alle seine Mithelfer erschossen würden.[10]

Eine Hungerwoche im Getto Łódź

Die Nazis erkannten außerdem, dass sich mit dem Kampf gegen die polnischen Schmuggler auch die Möglichkeit bot, ein wenig mit den Juden im Getto abzurechnen, und meinten, dass die Probleme, unter denen Letztere litten, noch nicht gravierend genug seien. Die Gettobewohner müssten noch ausgehungert werden. Dazu veröffentlichte die „Litzmannstädter Zeitung" einen Befehl, in dem es verboten wurde, im Laufe einer ganzen Woche, vom 27. Januar bis 2. Februar 1942, irgendwelche Lebensmittel zum Gebrauch durch die Juden ins Getto Bałuty einzuführen.[11] Indem sie die jüdische Bevölkerung von Łódź eine Woche lang hungern ließen, wollten die Nazis die polnischen Schmuggler abschrecken. Gleichzeitig erschien eine neue Anordnung, dass jeder Jude, der in irgendeiner Form Kontakt mit einer Person außerhalb des Gettos habe, erschossen werde. Zudem werde bald jeder Pole erschossen, der sich der Gettomauer oder den Drahtzäunen des Gettos auf mehr als 50 Fuß nähere.[12] Außerdem wurde die Verteilung jeglicher Lebensmittelpakete aus den anderen besetzten Ländern eingestellt, wie z. B. aus Dänemark, von wo aus viele Pakete nach Łódź gesandt wurden. Auch der Versand und die Annahme von Briefen im Getto Łódź wurden komplett eingestellt, nicht nur ins und aus dem neutralen Ausland, sondern auch im Verkehr mit den anderen Städten des Krakauer Generalgouvernements.

Die Hungerwoche traf vor allem alte und kranke Menschen sowie kleine Kinder, die auf jeden Fall die nötige Menge Nahrung bekommen müssen, und die Gemeinde bemühte sich, sie irgendwie am Leben zu erhalten.

4. Organisierter Massenmord an den Juden in Łódź

Mit Beginn des Jahres 1942 trat, wie in den anderen polnischen Gettos, auch für das Leben des Gettos in Łódź eine gefährliche Krise ein. Mit den organisierten Massenmorden an der jüdischen Bevölkerung realisierte man die Ankündigung Hitlers in seiner

9 Gemeint ist der Stadtteil Bałuty in Łódź, in dem sich das Getto Litzmannstadt befand.

10 Nicht ermittelt.

11 Ein solcher Befehl konnte in der Litzmannstädter Zeitung im Jan./Febr. 1942 nicht ermittelt werden.

12 Seit Abschließung des Gettos im Frühjahr 1940 schoss das deutsche Wachpersonal von Polizei und Wehrmacht am Gettozaun bereits auf Juden, wenn diese sich dem Zaun auch nur näherten.

Rede vom 30. Januar 1942, in den von ihm eroberten Ländern alle Juden auszurotten.[13] Auch aus Łódź kamen schreckliche Andeutungen, die wirklich kaum zu glauben waren. Wie andere Städte besuchte der Massenmörder Himmler auch Łódź mit der Ausrede, er sei gekommen, um die „jüdischen Guerillas und die kommunistischen Spione" zu bekämpfen.[14] Zu diesem Zweck schuf er in Łódź ein spezielles Kommissariat der Gestapo, das nicht den örtlichen Behörden unterstellt ist, sondern ihm, Himmler, selbst.[15] Dieses „Schwarze Korps" machte sich bald an die Arbeit. Man begann, ganze Gruppen aus dem Getto zu verschleppen, und niemand weiß, wohin sie gekommen sind. In Łódź wurde auch eine Abteilung des nationalsozialistischen *Instituts zur Erforschung der Judenfrage*[16] eröffnet. Diese „Forscher" liefen ständig durch die Gassen des Gettos, wo sie Juden einzeln und in Gruppen fotografierten. Viele mussten sich ganz nackt fotografieren lassen, Männer ebenso wie Frauen.

Die Massen-Gasvergiftungen
Die jüdische Bevölkerung von Łódź wurde in drei Kategorien eingeteilt. Die erste Gruppe besteht aus den Arbeitsprivilegierten, also aus den qualifizierten, gesunden und jungen Arbeitern, die in den Berufen arbeiten, die für die Versorgung des deutschen Militärs wichtig sind. In der zweiten Kategorie befinden sich diejenigen, die im Getto in Schneidereien und anderen Heimbetrieben arbeiten, und zu der dritten Kategorie zählen alte Leute, Männer und Frauen, Kranke und Kinder, d. h. im Allgemeinen diejenigen, die nicht selbst arbeiten und sich damit ihr Essen verdienen können. Sie schweben in der größten Gefahr, deportiert zu werden, und das bedeutet – den sicheren Tod. Jede einzelne der drei Kategorien muss neben dem „gelben Flicken" auch die Nummer der Kategorie tragen, zu der er gehört, damit die Gestapoleute, die nach Opfern zum Deportieren jagen, wissen, wen sie fangen müssen.[17]
Bereits im Januar 1942 ist im Getto Łódź etwas geschehen, das uns das Blut in den Adern gefrieren ließ, als uns die Nachricht erreichte. Ein Dokument aus dem Untergrund, das in Amerika eintraf, abgeschickt vom jüdischen Mitglied des polnischen Nationalrats in London, Sz. Zygelboim,[18] informiert über den Märtyrertod von Juden aus Łódź, die von den Hitler-Mördern in eigens dazu eingerichteten Gas-Vergiftungskammern ermordet wurden.
Nahe dem Dorf Chełmno in der Gegend von Posen (Westpolen) steht eine halb eingestürzte Ruine, die einst der Palast eines reichen Adeligen war und schon während des Ersten Weltkriegs zerstört wurde. Im Keller genau dieses „Palasts" wurden 40 000 Juden aus Łódź umgebracht – Männer, Frauen und Kinder, und sie wurden in unbekannten Wäldern und Feldern begraben.[19]

13 Hitler hatte aus diesem Anlass seine „Prophezeiung" vom 30.1.1939 wiederholt, dass ein erneuter Weltkrieg die „Vernichtung der jüdischen Rasse in Europa" bedeuten würde; VEJ 2/248.
14 Himmler hatte das Getto Litzmannstadt am 6.6.1941 besichtigt.
15 Gemeint ist das SS-Sonderkommando Kulmhof, das im Spätsommer 1941 vom SSPF Posen aufgestellt wurde.
16 Siehe hierzu Dok. 134 vom 29.7.1942.
17 Es gab im Getto neben der allgemeinen Kennzeichnungspflicht keine weitere, die die genannten Kategorien angegeben hätte.
18 Richtig: Szmul Mordechaj Zygielbojm.
19 Diese Angabe entspricht der Zahl der bis Ende März/Anfang April 1942 in Kulmhof Ermordeten.

Der von Trauer und Zorn gesättigte tragische Bericht wurde bereits von der New Yorker Repräsentanz der Polnischen Sozialistischen Partei und der Vereinigung der polnischen Juden in Amerika veröffentlicht. Im Gedenken an unsere Märtyrer veröffentlichen wir hier den Text im Wortlaut:[20]

Vom 15. Januar an trafen in Chełmno Transporte mit Juden ein, die aus dem Getto Łódź verschleppt worden waren. Tausende Juden – Männer, Frauen, alte Leute und Kinder – gingen nach Chełmno. Danach waren sie spurlos verschwunden. Es kursierten noch Gerüchte, die Deportierten würden in den örtlichen „Palast" getrieben, und von dort bringe man sie in großen Gruppen in die umliegenden Wälder. Die ganze Gegend war streng von Gestapo-Abteilungen bewacht. Der „Palast" war von Gendarmen umstellt. Es wurde auch darauf geachtet, dass niemals zwei Gruppen von Opfern aufeinandertrafen und dass außer den Unglücklichen selbst niemand bei ihrer Ermordung anwesend war.

Die dorthin gebrachten Juden wurden mit ungewöhnlicher Höflichkeit behandelt. Vor allem ein älterer Hitler-Mann in Zivilkleidung zeigte sich höflich. Die eingetroffenen Juden wurden in einen großen, gut geheizten Raum geführt, wo dieser Hitler-Mann vor ihnen eine Rede hielt. Er sagte, alle würden ins Getto Łódź zurückgeschickt werden, wo die Männer Arbeit bekämen, die Frauen in ihre Haushalte zurückkehren und die Kinder wieder in die Schule gehen könnten …

Danach befahl man ihnen, sich auszuziehen und alle Dokumente sowie die Kleinigkeiten, die sie mit sich führten, zurückzulassen, damit „sie nicht beschädigt werden". Die Ausgezogenen wurden eine Treppe hinuntergeführt. Die Leute glaubten, dass man sie in ein Bad führe. In Wahrheit aber gelangten sie durch einen langen, unterirdischen Korridor hinaus auf einen Weg im Freien, und in diesem Moment endete die „deutsche Höflichkeit".

Mit Schlägen und Fußtritten trieben die Deutschen die erschrockenen Juden in zwei große Lastwagen, die kurz darauf verschlossen wurden. Die Wände der Aufbauten waren von innen mit Metall ausgekleidet. Auf dem Fußboden lag eine Leiter,[21] unter der sich die Öffnungen von Rohren befanden, die mit einem Netz bedeckt und mit einem außen angebrachten Gas-Apparat verbunden waren. Der Fahrer bediente den Apparat. Nachdem die Unglücklichen in die Autos getrieben und darin eingesperrt worden waren, wurden sie durch die umliegenden Wälder auf ein Feld gefahren, sieben Meilen vom „Palast" entfernt. Das Feld war von Gendarmen umstellt, die mit Maschinenpistolen bewaffnet waren. Am Weg war eine lange, tiefe Grube ausgehoben. Etwa 30 Gestapoagenten und SS-Männer sowie zivile Deutsche und Totengräber standen bei der Grube und warteten. Nicht weit von der Grube hielt das Auto an. Der Fahrer ließ den Gas-Apparat laufen und stieg aus dem Wagen. Der Fahrer des Wagens war immer ein uniformierter Gestapoagent. Aus dem Lastwagen heraus ertönte in diesem Moment ein verzweifeltes Geschrei, Weinen und Klopfen gegen die Wände. Das giftige Gas begann zu wirken.

Nach 15 Minuten hatte sich alles „beruhigt". Danach kehrte der Fahrer an seinen Platz zurück und stellte den Gas-Apparat ab. Er öffnete kurz den Aufbau und sah hinein, ob sich auch niemand mehr rührte. Dann fuhr er zu der Grube und wartete noch ein paar Minuten.

20 Siehe hierzu Dok. 74 vom Febr. 1942.

21 Gemeint ist ein Gitterrost.

Der Gestapo-Offizier, der die furchtbare Mordaktion leitete – ein Sadist, der sich durch besondere Grausamkeit auszeichnete –, gab dann den Befehl, den Lastwagen zu öffnen. Ein schrecklicher Gasgeruch strömte heraus. Acht [jüdische] Totengräber machten sich an die Arbeit. Vier von ihnen warfen die Leichen aus dem Wagen, zwei beförderten die Leichen in die Grube, und die übrigen zwei legten sie in das Massengrab hinein.
Als der Wagen geöffnet wurde, bot sich innen ein schauderhaftes Bild. Obwohl die Toten natürlich aussahen, wie schlafend, waren sie über und über mit Exkrementen bedeckt, wahrscheinlich durch die Wirkung des Gases und den Schock. Nun gingen die Deutschen in Zivil zu den toten Körpern. Sie begannen, die Ringe von den Fingern zu reißen, die Goldzähne herauszubrechen und verschonten auch die Geschlechtsorgane der Frauen bei ihrer Suche nach versteckten Kostbarkeiten nicht. Die gefledderten Leichen wurden in die Grube gelegt, unter der Aufsicht eines SS-Mannes, der mit einem langen Stock zeigte, wohin und wie jede gelegt werden sollte. Der Kopf jeder Leiche musste neben den Füßen seines Nachbarn, dem nächsten Opfer, liegen. Die ermordeten Kinder wurden in die freien Stellen zwischen die Leichen gelegt. Jede „Schicht" bestand aus etwa 200 Leichen. So haben die Hitler-Mörder täglich von 6 bis 9 Uhr Lastwagen herangefahren und Juden ermordet. Diese Massenmord-Tragödie wurde auch von anderen politischen Einrichtungen bestätigt. Die amerikanische Vertretung des „Bund" veröffentlichte in ihrer Zeitschrift „*Undzer Tsait*" (Oktober 1942) einen Bericht, den sie aus einer Quelle des Untergrunds in Polen erhalten hatte. Wörtlich heißt es darin zur Lage in Łódź: „Łódź ist ein großes Konzentrationslager, in dem Juden hermetisch von der Außenwelt und vom Rest der Stadt abgeschlossen sind; sie sterben auf schreckliche Weise, systematisch werden Tausende Familien von dort deportiert und verschwinden spurlos. Sie werden mit Gas vergiftet."
In einem telegrafischen Bericht der Vertretung der polnischen Juden in Palästina an deren amerikanische Abteilung beim Jüdischen Weltkongress in Amerika, der am 11. Dezember 1942 veröffentlicht wurde,[22] wird dieser schauderhafte Gasmord durch Protokolle von Zeugen bestätigt, die sich aus Polen nach Palästina retten konnten.
Diese schreckliche Massenmord-Tragödie in den Gas-Vergiftungskellern wurde auch in dem Memorandum über die Massaker an Juden ausführlich geschildert, das die Delegation des amerikanischen Judentums am 7. Dezember 1942 Präsident Roosevelt übergab.[23] Auch die polnische Regierung in London erhielt authentische Berichte von ihren geheimen Vertretern im besetzten Polen, in denen u. a. vom Märtyrertod der Juden aus Łódź die Rede ist, denn „innerhalb von 50 Tagen wurden in Chełmno 40 000 Juden vergiftet. Die Opfer wurden gezwungen, die Massen zu begraben, die man vorher ermordet hatte. In Berichten von Menschen, die selbst dabei waren und fliehen konnten, finden sich die Namen der Opfer, die gezwungen wurden, ihre eigenen Frauen, Kinder oder Eltern zu begraben. In denselben Berichten wird auch beschrieben, wie Mütter mit

22 New York Times vom 11.12.1942, S. 8: „Poles ask Allies to Halt Slaughter; Report Germans Have Slain One-Third of 3,130,000 Jewish Population; End of Nation Is Feared; Note Charges Extermination of Entire Polish People Is Nazis' Objective".

23 Das Treffen der Delegation des amerik. Judentums mit Präsident Roosevelt fand am 8.12.1942 statt. Das dabei überreichte Memorandum enthielt neben allgemeinen Angaben zu den Gräueltaten der Nationalsozialisten an den europäischen Juden keinen direkten Bezug zum Vernichtungslager Kulmhof.

ihren Säuglingen an der Brust in die Gaskammern geworfen wurden." Zudem veröffentlichte die polnische Regierung einen Bericht von Mitte Juni 1942, dem zufolge in Łódź ebenso wie in Wilna, Lemberg und Jasło ein schauderhaftes Pogrom stattgefunden hatte.[24] In den genannten vier Zentren des Judentums starben 90 000 Juden.
Das polnische Konsulat veröffentlichte einen Bericht, den es in den letzten Tagen des Februar 1943 erhalten hatte, laut dem die Deutschen gemäß dem ausdrücklichen Befehl des Gestapo-Chefs Himmler von Oktober 1942 100 000 Juden aus Łódź vertrieben haben.[25] Dieser Bericht ließ die jüdische Gemeinschaft in Palästina erzittern, weil man nur zu gut wusste, was das bedeutete …
Die offizielle polnische Telegrafenagentur veröffentlichte einen alarmierenden Bericht, den die polnische Regierung aus verdeckten Quellen erhielt, dass die Nazis vom 13. bis 15. März 1943 ein Pogrom im Ghetto Łódź durchgeführt hätten.[26] Die Juden aus Łódź werden mit Lastwagen nach Ozorków bei Łódź gebracht, wo sie umgebracht werden. Außerdem wurden viele Juden aus Łódź in das traurig berühmte Lager Oświęcim[27] gebracht, wo die Hitlerhenker ihre Opfer mit besonders sadistischen Methoden quälen. Dort haben sie auch Gaskammern und Krematorien gebaut, um die Körper der unglücklichen jüdischen Opfer zu verbrennen.

Deportationen aus Westeuropa nach Łódź und aus Łódź ins „Unbekannte"
Außer den oben bereits geschilderten Verbrechen durch Morde mit Gas führte die Gestapo auch andere Massentötungen durch, um die jüdische Bevölkerung in Łódź zu liquidieren. Die schwedische Zeitung „Svenska Dagbladet" aus Stockholm veröffentlichte einen Bericht,[28] dem zufolge alle Juden aus Westpolen, die noch in den ans Dritte Reich angeschlossenen Städten lebten, ebenso wie die Juden aus dem Getto Łódź in entfernte russische Gegenden zur Zwangsarbeit geschickt würden.[29] Im August 1942 wurden schon die ersten 10 000 Juden aus dem Getto Łódź deportiert. Wohin sie gekommen sind, weiß niemand. Die Menschen im Getto sind verzweifelt.
Niemand weiß, wer morgen an der Reihe ist. Die Deportationen haben sich zu einer planmäßigen Methode entwickelt, mit der die Juden ausgerottet werden. 30 Prozent der Deportierten erleben nicht mehr die Ankunft am Bestimmungsort. Wird im Getto bekannt, dass die Transporte in die „russischen Gebiete" geschickt werden, dann bedeutet das: kaltblütigen Mord. Außerdem werden alle liquidiert, die zu der obengenannten dritten Kategorie gehören, d. h. die einfach „unnütze Esser" sind und keine Sklavenarbeit für das Militär leisten können. Die Deutschen massakrieren Kinder zwischen einem und zwölf Jahren, genauso wie alte Leute und Kranke.

24 Siehe VEJ 9/89.
25 Es ist unklar, ob damit womöglich Himmlers Zusage an Greiser gemeint ist, 100 000 Juden im Warthegau zu ermorden; bis Ende März 1943 wurden im Vernichtungslager Kulmhof 145 000 Juden getötet.
26 Dabei handelte es sich um ein unbestätigtes Gerücht.
27 Gemeint ist das KZ Auschwitz.
28 Nicht ermittelt.
29 Neben der Deportation einiger Tausend jüdischer Arbeiter in Zwangsarbeitslager im Warthegau wurden Juden aus dem Getto Litzmannstadt 1942 nur in das Vernichtungslager Kulmhof deportiert.

Die Gestapo achtet genau darauf, dass die Anzahl an Menschen, die aus dem Getto herausgenommen wird, auch wieder hineinkommt – neue Opfer aus den westeuropäischen Ländern: Belgien, Frankreich und Holland,[30] ganz abgesehen von Deutschland und Tschechien. In den traurig berühmten geschlossenen „Güterwaggons“ unter der Leitung eines speziellen Gestapobeamten treffen jede Woche solche Transporte in Łódź ein. Sie lassen die Juden im Getto erschaudern, weil man weiß, dass jedes neu angekommene Opfer einen zuvor „Liquidierten“ ersetzt. Das ständige Halbverhungert-Sein, die Angst vor der Zukunft und die große Enge im Getto haben neue Epidemien mit sich gebracht, und auf dem Friedhof von Łódź gibt es bereits keine Gräber mehr für einzelne Personen, sondern nur für ganze Gruppen.

Łódź wird judenfrei!
Die offizielle Nazi-Zeitung in Łódź, die „Litzmannstädter Zeitung“, veröffentlichte Mitte März 1943 eine offizielle Erklärung, nach der das Getto in Łódź, das zweitgrößte in Polen, am 1. April aufgelöst werde; die jüdische Gemeinde von Łódź werde offiziell am 1. Mai 1943 aufgelöst.[31]

Die schwedische Presse über das Getto Łódź
Bekanntlich ist Schweden einer der wenigen neutralen Staaten, in dem ein ausgesprochen demokratischer Geist herrscht. Es ist selbstverständlich, dass die schwedischen Korrespondenten und Industriellen, die jüdische Zentren im Polen unter Hitlers Herrschaft besuchen, objektive Berichte über die tragische Situation der polnischen Juden veröffentlichen. Wir möchten daher an dieser Stelle zwei schwedische Presseberichte über das Getto Łódź wiedergeben.
Ein bekannter schwedischer Industrieller hat Polen besucht, insbesondere die Städte Łódź, Warschau, Krakau und Lemberg. Die Gettos hat er nicht besucht, weil die Gestapo es nicht erlaubte, aber er hat in den aufgeführten Städten Gespräche mit höheren deutschen Regierungsbeamten geführt, aus denen er den wirklichen Zustand der jüdischen Gettos erfuhr. Wieder zurück in Schweden, gab er dort in der Presse einen Bericht ab, in dem er über Łódź schrieb, dass die Lage dort viel schlimmer sei als in den anderen Gettos, weil sich die Stadt im Dritten Reich befinde und die Nazis entschlossen seien, die Juden auf dem Gebiet des Dritten Reichs auszurotten, genau wie in Berlin und Wien. Die Lage in Łódź sei hoffnungslos: Massenhafter Hunger und Epidemien grassierten, Sklavenarbeit, und Exekutionen würden systematisch ohne jegliches Mitleid ausgeführt. Die Deportationen der westeuropäischen Juden nach Łódź würden verstärkt fortgesetzt. All diese Unglücklichen, sogar Kinder, würden sterilisiert.[32] Sehr schlecht sei die Lage einer Gruppe von tausend belgischen Juden.[33] Sie befänden sich in einem Zwangsarbeiterlager unter direkter Aufsicht des Militärs. Ihre Arbeit bestehe im Nähen von Uniformen für deutsche Soldaten.

30 Aus Belgien, den Niederlanden und Frankreich gab es keine Transporte nach Litzmannstadt.
31 Eine solche Meldung gab es nicht, auch wurde das Getto 1943 nicht aufgelöst.
32 Im Getto wurden keine Zwangssterilisationen durchgeführt.
33 Es gab keinen Transport belg. Juden in das Getto Litzmannstadt. Womöglich sind die im Okt. 1941 aus Luxemburg deportierten Juden gemeint, von denen jedoch 1943 nur noch sehr wenige am Leben waren.

Auch die schwedische Zeitung „Kuriren" in Stockholm hat einen ausführlichen Bericht über die tragische Lage der Juden im Getto Łódź veröffentlicht.[34] Nachdem über alle Sorgen berichtet wurde, die die Juden in Łódź durchmachen, endet der Bericht mit einer Lobeshymne auf die polnischen Juden, auf ihr stolzes Heldentum, ihren moralischen Widerstand und ihre Ausdauer. Der Korrespondent beendet seinen Bericht mit folgenden Worten:
„Ein Volk, das so stolz leiden kann und unter solchen Umständen leben kann, die schlimmer sind als der Tod, verdient die Bewunderung der Welt!"
[...][35]

DOK. 240
Das Finanzamt in Krenau fordert die oberschlesischen Gemeinden am 7. Januar 1944 auf, ihr Interesse am Kauf von Grundstücken jüdischer Friedhöfe mitzuteilen[1]

Rundschreiben des Finanzamts Krenau, Oberschlesien, gez. ORR Kohlisch,[2] vom 7.1.1944[3]

Betrifft: Veräußerung von jüdischen Friedhofsgrundstücken.
Auf Grund eines Erlasses des Reichsministers der Finanzen vom Januar 1944[4] bin ich angewiesen, die jüdischen Friedhöfe den Gemeinden zum Ankauf anzubieten.
Ich habe noch nicht festgestellt, ob dieser mir zugegangene Erlaß auch für das eingegliederte Ostgebiet gilt oder ob hier die HTO den Verkauf zu übernehmen hat. Ich bitte mir jedoch sogleich mitzuteilen, ob sich in der Stadt ein jüdischer Friedhof befindet und ob sie am Kaufe dieses Friedhofs Interesse haben.
An die HTO bzw. Grundstücksgesellschaft wende ich mich gleichzeitig zur Klärung der Frage, ob Sie oder die Reichsfinanzverwaltung den Verkauf zu übernehmen hat.

34 Nicht ermittelt.
35 Das letzte Kapitel des Aufsatzes befasst sich mit dem Vereinigten Lodzer Rettungskomitee.

1 Original nicht aufgefunden. Abdruck in: Blumenthal (Bearb.), Słowa niewinne (wie Dok. 59, Anm. 1), S. 207.
2 Curt Kohlisch, Jurist; lebte nach dem Krieg in Reinbek bei Hamburg.
3 Beglaubigt durch Zajan, Angestellter Bürgermeister der Stadt Schakowa O/S.
4 Am 8.1.1944 hatte der Reichsfinanzminister angeordnet, den Gemeinden die jüdischen Friedhöfe zum Kauf anzubieten. Vorangegangen war ein Erlass des RFM vom 3.8.1943, durch den dieser das Vermögen der Reichsvereinigung der Juden in Deutschland beschlagnahmt und seiner Verwaltung unterstellt hatte.

DOK. 241
Die Stadtverwaltung in Sosnowitz befürwortet am 11. Januar 1944 den Antrag einer Firma, die Löhne ihrer deportierten jüdischen Zwangsarbeiter einzubehalten[1]

Brief des Oberbürgermeisters der Stadt Sosnowitz, Dienststelle Ghetto-Abwicklung (E./Ba.), gez. i. A. Unterschrift unleserlich, an den Leiter der Treuhandstelle Kattowitz vom 11.1.1944

Betrifft: *Judenlöhne der Firma „Werkst. für Verarbeitung von Leder- und Filzabfällen, Inh. R. Braune, Sosnowitz".*
Bezug: *Ihr Schreiben vom 8.I.1944 BIII/SR/8151/Fr. - Ba. Sammelakte 13/39863 - Fr. M.*[2]
Als Anlage[3] überreiche ich einen Antrag der Firma Werkstätten für Verarbeitung von Leder- und Filzabfällen, Inh. R. Braune, Sosnowitz, auf Niederschlagung der für Juli 1943 noch nicht ausgezahlten Lohnbeträge.
Der Fall Braune verdient eine besondere Behandlung. Braune ist von allen Betriebsinhabern, die jüd. Werkstätten unterhielten, am schwersten getroffen worden bezw. hat die Firma durch die Judenaussiedlung[4] den größten wirtschaftlichen Schaden erlitten. Während z. B. Skopek und Goretzki[5] rechtzeitig ihre Betriebe auf polnisches Personal umstellen konnten und nach wie vor noch immer ansehnliche Belegschaften haben, arbeitet Braune, der früher gegen 3000 Arbeitskräfte beschäftigte, zur Zeit nur noch mit ca. 30 Juden im Ghetto Schrodel.[6]
Im Juni, also kurz vor der Judenaussiedlung, wurde Braune durch die zuständige Stelle angehalten, seinen Betrieb nach Sosnowitz-Schrodel zu verlegen. Durch die Herrichtung der Räume und die Betriebsverlegung sind beträchtliche Unkosten, die mit 25 000,– RM nicht zu hoch berechnet sind, entstanden, für die Braune jetzt einzutreten hat.
Nicht unerwähnt soll auch bleiben, daß durch die Aussiedlung und wiederholten Umzüge der Betriebsstätte Braune erhebliche Materialverluste durch Diebstahl erlitten hat.
Der Antrag auf Abstandnahme der Einziehung der nicht erheblichen Judenlöhne für Juli 1943 wird von hier aus befürwortet.
Ich bitte, über das Veranlaßte mir seinerzeit Nachricht zukommen zu lassen.

1 APK, 124/5471, Bl. 37 f.
2 Der Unternehmer Rudolf Braune ließ von Frühjahr 1943 an in drei „Werkstätten" in Dombrowa, Sosnowitz und Bendsburg zeitweise mehrere Tausend jüdische Zwangsarbeiter auch für das KZ Auschwitz produzieren. Die Betriebe gehörten zu den letzten, die mit der Deportation der bis zu jenem Zeitpunkt in Sosnowitz verbliebenen Juden im Aug. 1943 nach Auschwitz auf Zwangsarbeiter im Rahmen der „Organisation Schmelt" verzichten mussten.
3 Liegt nicht in der Akte.
4 Siehe Dok. 224 vom 15.8.1943.
5 Blech- und Holzwarenfabriken Josef Skopek & Co. in Strzemieszyce und Sosnowitz; Korbfabrik Wilhelm Goretzki, Bürsten- und Taschenerzeugung, Flechterei und Bürsterei in Sosnowitz.
6 Schrodel (poln. Środula) war der Stadtteil von Sosnowitz, in dem sich 1943 das Getto befand.

DOK. 242

Der Geschäftsführer der Ostindustrie GmbH, Max Horn, plädiert am 24. Januar 1944 dafür, das Getto Litzmannstadt in ein Konzentrationslager umzuwandeln, um es rentabel zu machen[1]

Bericht (geheim) von Dr. Max Horn,[2] Geschäftsführer der Ostindustrie G.m.b.H. (Dr. H/Kz., Tgb. Nr. 19/44g), Lublin, an SS-Obergruppenführer und General der Waffen-SS Oswald Pohl,[3] SS-Wirtschafts-Verwaltungs-Hauptamt, Berlin, vom 24.1.1944[4]

Betr.: Betriebe des Ghettos Litzmannstadt

Obergruppenführer!

In Ergänzung des gemeinsamen Berichts von SS-Obersturmbannführer Eichmann und mir über die Betriebe des Ghettos Litzmannstadt habe ich erst in diesen Tagen das von der Ghettoverwaltung Litzmannstadt angeforderte Zahlenmaterial erhalten.

Auf Grund dieses – immer noch ungenauen – Zahlenmaterials, das ich an Ort und Stelle nachprüfte, ist immerhin möglich, festzustellen, daß die Betriebe des Litzmannstädter Ghettos unwirtschaftlich sind. Die mir nunmehr möglich gewesenen Feststellungen habe ich zur Schaffung einer Verhandlungsgrundlage in dem beiliegenden Vorbericht „Die Betriebe des Ghettos Litzmannstadt und die Ostindustrie GmbH." zusammengefaßt.[5]

Durchschriften dieses Vorberichts überlasse ich – Ihre Zustimmung voraussetzend – gleichzeitig SS-Oberführer Baier[6] und SS-Hauptsturmführer Dr. Volk.[7]

Heil Hitler!

1 Anlage!

1 BArch, NS 3/30, Bl. 9–14. Abdruck als Faksimile in: Eisenbach, Hitlerowska polityka zagłady Żydów (wie Dok. 185, Anm. 1), Dokumentenanhang.

2 Dr. Max Horn (1904–1989), Wirtschaftsprüfer; 1933 NSDAP- und SS-Eintritt; von 1937 an Steuerberater in Hamburg, 1939 Kriegsteilnahme, von 1942 an im WVHA tätig, von Febr. bis Nov. 1943 gemeinsam mit Odilo Globocnik Leiter der Ostindustrie GmbH in Lublin (Osti); 1945–1950 in sowjet. Kriegsgefangenschaft; als Mitläufer entnazifiziert, danach selbständiger Wirtschaftsprüfer und Steuerberater.

3 Oswald Pohl (1892–1951), Schiffsoffizier; 1926 NSDAP- und SA-, 1934 SS-Eintritt; Verwaltungschef des SS-Hauptamts, von 1938 an Leiter der SS-Betriebe und Vorsitzender des Verwaltungsrats des DRK, von 1942 an forcierte er als Leiter des WVHA der SS die Zwangsarbeit in den Konzentrationslagern; nach Urteil im Nürnberger WVHA-Prozess hingerichtet.

4 Im Original handschriftl. Vermerk „z.d.A. B[aier]." und weitere Anmerkungen.

5 Oswald Pohl gründete im März 1943 auf der Grundlage von beweglichen Vermögenswerten ermordeter Juden die Ostindustrie GmbH (Osti), um im Generalgouvernement Rüstungsbetriebe der SS zu errichten und andere zu übernehmen; die Ausbeutung der rund 10 000 jüdischen Zwangsarbeiter in acht Werken erbrachte Gewinne, doch wurde das Unternehmen schon acht Monate später wieder aufgelöst, nachdem die Häftlinge ermordet worden waren; siehe VEJ 9/268.

6 Johannes Heinrich (Hans) Baier (1893–1969), Marinezahlmeister; 1921–1935 Tätigkeit für die Reichsfinanzverwaltung; 1933 NSDAP-, 1937 SS-Eintritt; Aug. 1943 Stabschef der Amtsgruppe W (Wirtschaftsunternehmen) im SS-WVHA; Nov. 1943 SS-Oberführer; 1947 zu 10 Jahren Haft verurteilt, 1951 vorzeitig aus der Haft entlassen.

7 Dr. Leo Narziß Volk (1909–1973), Jurist; 1933 NSDAP- und SS-Eintritt; 1937–1940 für den Deutschen Gemeindetag, von 1940 an für das Verwaltungsamt der Waffen-SS tätig, später Leiter der Abt. Recht des Stabes W im SS-WVHA, 1942 Persönlicher Referent von Oswald Pohl; Nov. 1942 SS-Hauptsturmführer; im März 1945 zur Wehrmacht; 1947 im Prozess gegen Oswald Pohl u. a. zu 10 Jahren Haft verurteilt, 1952 vorzeitig aus der Haft entlassen, als Rechtsanwalt tätig.

Tgb. Nr. 16/44g
22. Januar 1944
Die Betriebe des Ghettos Litzmannstadt und die Ostindustrie GmbH.
I. Vorbemerkungen:
1. In dem rd. 7,5 qkm großen Ghetto Litzmannstadt befinden sich 80 062 Juden.
2. In den 99 Textil-, Leder-, Holz-, Eisen- und sonstigen Betrieben sind 60 200 Juden beschäftigt.
3. Die Ghettobetriebe sind unwirtschaftlich, die Durchschnittsleistungen je Arbeitstag und -kraft minimal und die abgeführten Überschüsse nur Scheingewinne.
4. Eine leistungsmäßige und finanzielle Wirtschaftlichkeit der Ghettobetriebe läßt sich durch die Osti nur nach Erfüllung der unter IV genannten Voraussetzungen erreichen.
5. Die Übernahme und Weiterführung der Ghettobetriebe durch eine Einrichtung des SS-Wirtschafts-Verwaltungs-Hauptamtes (Osti) wäre lediglich im Hinblick auf die angespannte Lage unserer Kriegswirtschaft zu rechtfertigen.
Bei aller persönlichen Einsatzbereitschaft und bei allem Können der mit der Betriebsführung Beauftragten bedeutet die Übernahme der Ghettobetriebe ein erhebliches finanzielles Wagnis.

II. Das Ghetto Litzmannstadt
1. Im Ghetto befinden sich nach dem Stand vom 11.1.44

	80 062 Juden	
davon	5365 Kinder	unter 10 Jahren.

Abgang durch Tod: 500 monatlich = 6000 jährlich.
Eine Zählung der Juden seitens des SD. oder einer anderen Dienststelle hat nie stattgefunden. Der SD. besitzt kein namentliches Verzeichnis der Juden. Das Personenverzeichnis (Personenregister) über die Ghettoinsassen wird ausschließlich von der jüdischen Eigenverwaltung des Ghettos geführt.
2. Das *Ghetto* ist rd. 7,5 qkm groß und hat einen Umfang von 22 km.
Das Ghetto erstreckt sich über den Nordostteil Litzmannstadts fast von der Stadtmitte bis zum Stadtrand und besitzt eigenen Eisen- und Straßenbahnanschluß.
3. Die *Bauten* des Ghettos sind nicht einheitlich. Ein großer Teil der heute als Judenwohnungen verwendeten Häuser sind einstöckige Holzbauten, die sich fast durchweg in einem – an deutschen Verhältnissen gemessen – schlechten Zustand befinden. Daneben befinden sich eine Reihe von massiven Bauten, die vor allen Dingen öffentlichen Zwekken in Form von Krankenhäusern, Schulen usw. dienten.
Wasserleitungen, Gas, *Kanalisation* fehlen. Die Wasserversorgung erfolgt mittels Brunnen.

III. Ghetto-Betriebe
1. Im Ghetto Litzmannstadt befinden sich 99 Betriebe, in denen 60 200 Juden, und zwar

5317	im Eisensektor
4463	im Holzsektor
11 570	im Ledersektor
28 754	im Textilsektor
10 096	in anderen Betrieben [arbeiten].

Die Zahl der Arbeitskräfte in den Betrieben schwankt zwischen 5 und 1975, sie beträgt im Durchschnitt rd. 600.
Die restlichen Juden entfallen auf:

a)	den inneren Ghettobedarf (Feuerwehr, Ordnungsdienst usw.) sowie Vorbereitungen und Aufbau neuer Werkstätten	13 943
b)	Kinder unter 10 Jahren	5305
c)	vorübergehend nicht Beschäftigte (Kranke)	614

2. Unter den Betrieben befinden sich 14 mit 10 921 Beschäftigten, die mit der Herstellung von Teppichen aus Lumpen, Fellresten usw. beschäftigt sind, keine kriegswichtige Arbeit leisten und infolgedessen sofort geschlossen werden können; ebenso kann die Arbeit für den inneren Ghettobedarf von der Hälfte der eingesetzten Juden, also von 6500 geleistet werden, so daß von vornherein, ehe überhaupt an eine Intensivierung der Leistungen der einzelnen Betriebe herangegangen wird, eine Freistellung von .... 17 500 Beschäftigten erfolgen kann.
3. Der *größere* Teil der Betriebe ist *arbeitsintensiv*; nur *einige Fabriken*, beispielsweise *Weberei*, sind *maschinenintensiv.*
Die Einrichtung der Betriebe ist – gemessen an deutschen Verhältnissen – nicht modern, kann jedoch in den meisten Fällen als befriedigend bezeichnet werden.
4. Der Aufbau der Betriebe läßt die betriebswirtschaftlich notwendige Raumplanung vermissen, weil

a) die Unterbringung der Betriebe nicht abhängig war von dem jeweiligen betrieblichen Raumbedarf, sondern von den im ganzen Ghetto zerstreut liegenden geeigneten, ursprünglich für ganz andere Zwecke bestimmten Bauten und

b) die Übernahme der einzelnen Fertigungen offenbar nach Maßgabe der vom betriebswirtschaftlichen Standpunkt aus willkürlich an die Ghettoverwaltung herangetragenen neuen Aufträge erfolgte.

Die Folge davon ist, daß sich die 99 Betriebe auf das ganze rd. 7,5 qkm große Ghetto verteilen. Die Entfernung der beiden am weitesten auseinanderliegenden Betriebe beträgt 3 ½ km Luftlinie. Eine lediglich äußere Besichtigung der 99 Betriebe erfordert allein schon einen Marschweg von 25 km.
5. Dieses Fehlen einer betriebswirtschaftlichen Planung ist im übrigen auch historisch bedingt. Die Ghettobetriebe hatten zunächst lediglich die Aufgabe, den Unterhalt der Ghettoinsassen und den sonstigen Ghettobedarf zu decken. Wohl führte der gesteigerte Bedarf der Kriegswirtschaft zu einer stärkeren Anspannung der jüdischen Arbeitskraft des Ghettos. Trotzdem blieb die Tendenz: In erster Linie Ghettobedarfsdeckung … und dann erst Beitrag zur Kriegswirtschaft.
Zum Beweis der Richtigkeit dieser Behauptungen wird festgestellt, daß trotz beachtlicher Einzelleistungen die Gesamtleistungen im Verhältnis zu den im Ghetto vorhandenen Arbeitskräften katastrophal niedrig sind.
Eine Zusammenfassung der Umsätze Februar/April, September/Oktober 1943 ergibt für die angeblich produktiv eingesetzten Arbeitskräfte Umsatzleistungen von RM. 2,– bis RM. 2,50 je Arbeitskraft und -tag, während die Gesamtzahl der im Ghetto Untergebrachten (produktive und unproduktive) eine Umsatzleistung von kaum RM. 1,50 je Arbeitskraft und -tag aufzuweisen hat.

6. Die niedrigen Durchschnittsleistungen je Arbeitskraft und -tag sind:

a) Durch die Art des Entstehens der Ghettobetriebe bedingt.

Die Tatsache, daß die Betriebe lediglich zunächst Bedarfsdeckungseinrichtungen für das Ghetto waren, haftet letzten Endes den Betrieben heute noch an. Man möchte fast sagen, der Jude hat bei der heutigen Organisation gar kein Interesse, mehr zu leisten, als er braucht, um den Bedarf des Ghettos zu decken.

b) Durch die besonderen Verhältnisse.

Da eine großzügige Industrieplanung im Ghetto von vornherein unmöglich war, vielmehr die vorhandenen Bauten ohne Rücksicht auf ihren Standort als Fertigungsstätten eingerichtet werden mußten, konnte das betriebswirtschaftlich wichtige Problem der Herabsetzung der Transportwege in und außerhalb der Betriebe auf ein Minimum nicht gelöst werden. 1/3 der eingesetzten Arbeitskraft, die der Produktion dienen sollte, geht durch das ungelöste Transportproblem verloren.

c) Durch die Arbeitsorganisation, die im Ghetto herrscht (Juden als Betriebsführer!).

Die Betriebe im Ghetto werden ausschließlich von Juden geführt. Arische Betriebsführer fehlen. Damit fehlt jegliche Kontrolle der zum Einsatz kommenden Arbeitskräfte und deren Leistungen. Wohl melden die jüdischen Betriebsführer beachtliche Einzelleistungen. Papier ist jedoch geduldig! Die Gesamtleistung, d. h. „Umsatz: eingesetzte Juden × Arbeitstage“ ist katastrophal gering. – Die arische Ghettoverwaltung beschäftigt wohl heute noch 126 arische Kräfte, davon kommen jedoch aus Sicherheitsgründen nur 3 oder 4 ins Ghetto. Alle anderen sind lediglich mit der Annahme und Weiterleitung der Aufträge des Ghettos und deren Abrechnung beschäftigt. Der Jude übernimmt Auftrag und Rohstoff und liefert das Fertigfabrikat ab. Auf dem Weg vom Rohstoff bis zum Fertigfabrikat fehlt jedoch jegliche Kontrolle!

IV. Arbeiten die Ghettobetriebe wirtschaftlich?

1. Die Auffassung des zuständigen Gaues, wonach die Ghettobetriebe wirtschaftlich und gewinnbringend seien, ist falsch. In der Rechnung der Ghettoverwaltung fehlen:

a) den Leistungen entsprechende Arbeitslöhne (die Ghettoverwaltung gibt durchschnittlich je Arbeitskraft und -tag RM. 0,75 aus, während die Arbeitsleistungen bei Anlegung von KL-Maßstäben[8] mit RM. 2,50 bis RM. 5,– bewertet werden müßten).

b) *Miete* für die Betriebsräume.

c) *Steuern* (es wird lediglich eine Steuerablösung bezahlt, die etwa der Höhe der zu zahlenden Umsatzsteuer entspricht).

d) *Aufwendungen* für einen Teil der zur Verarbeitung kommenden Roh- und Hilfsstoffe, die unentgeltlich aus Ghettobeständen entnommen werden, an und für sich Reichseigentum sind und eigentlich dem Reich bezahlt werden müßten.

2. Würden diese Kosten, vor allem Arbeitslöhne (mindestens RM. 2,50 je Arbeitskraft und -tag), bezahlt werden, so wären die Ghettobetriebe Verlustbetriebe.

Ein Organisationswert ist nicht vorhanden. Die Betriebe arbeiten nur deshalb mit „Gewinn“, weil nur die Kosten für einen Teil der Betriebsleistungen bezahlt wurden, während ein erheblicher Teil der Leistungen unbezahlt blieb. Was an den Gau abgeführt

8 Gemeint sind die Löhne, die Firmen bei der Beschäftigung von KZ-Häftlingen von der SS in Rechnung gestellt wurden.

wird – es waren dies im Jahre 1943 4 Mill. RM.! – ist kein Gewinn, sondern in Gewinnform gekleidete Arbeits-, Miet- und sonstige Kosten.
Würde man je Arbeitskraft und -tag im Jahre 1943 unter Zugrundelegung von 60 000 täglich eingesetzten Arbeitskräften und 300 Arbeitstagen auch nur RM. 1,75 Arbeitslohn berechnen, so würde sich nach Abzug von RM. 0,75 Durchschnittsaufwendungen im Jahre 1943 allein ein unbezahlter Arbeitslohn von 18 Mill. RM. ergeben haben. Die abgeführten 4 Mill. RM. können also nur einen Bruchteil des Arbeitslohnes darstellen. Selbst wenn im Jahre 1943 für 6 Mill. RM. Investierungen vorgenommen worden sind, was mangels Unterlagen nicht ermittelt werden konnte, so hätten die Ghettobetriebe bei Bezahlung des geringen Arbeitslohnes von RM. 1,75 8 Mill. RM. Verlust ausweisen müssen.
3. Eine etwaige Weiterführung der Betriebe unter normalen betriebswirtschaftlichen Voraussetzungen seitens der Osti muß in den ersten 6 bis 12 Monaten – nämlich so lange, bis die Betriebe auf eine normale wirtschaftliche Basis umgestellt sind – zu ganz erheblichen Verlusten führen.
Bei einer Übernahme der Betriebe durch die Ostindustrie GmbH. können deshalb auf keinen Fall normale Häftlingslöhne, sondern zunächst höchstens RM. 0,75 je Arbeitskraft und -tag bezahlt werden.
4. Die oben angestellten Berechnungen beruhen auf Zahlen, die gemeinsam von der Ghettoverwaltung und Angehörigen der Osti ermittelt wurden. Die Ghettoverwaltung besitzt lediglich eine einfache kameralistische Einnahmen- und Ausgabenrechnung. Das Rechnungswesen der Ghettoverwaltung läßt jegliche Berücksichtigung betriebswirtschaftlicher Erwägungen vermissen. Ohne zeitraubende Untersuchungen ist es unmöglich beispielsweise festzustellen, wie groß der Betriebsumsatz war, wie groß die Investierungen sind oder wie groß die Abschreibungen hätten sein müssen.
Ganz unmöglich ist es festzustellen, welche Roh- und Hilfsstoffe unentgeltlich in den Betrieben verarbeitet wurden.
Es ist infolgedessen ebenfalls unmöglich, genau zu ermitteln, mit welchem Ergebnis die Ghettoverwaltung bei Bezahlung sämtlicher Leistungen in der Vergangenheit hätte abschließen müssen.
Auf Grund der möglichen Feststellungen läßt sich jedoch einwandfrei wiederholen, daß bei Bezahlung aller Leistungen die Ghettobetriebe durchweg mit Verlust hätten abschließen müssen.

V. Übernahme der KL-Betriebe durch die Osti?
1. Die Weiterführung der Ghettobetriebe in Litzmannstadt ist nur im Hinblick auf die Kriegswirtschaft vertretbar. Die Leistungskapazität der Betriebe ist zweifellos nicht ausgenutzt. Die seitherigen Leistungen lassen sich bei entsprechender Führung mindestens verdoppeln, wenn man nicht gewillt ist, die bisherigen Leistungen mit der halben Belegschaft durchzuführen.
Die Leistungssteigerung und die wirtschaftliche Gestaltung der Betriebe in finanzieller Hinsicht ist eine Frage der Organisation und geeigneter Führungskräfte. Werden diese beiden Fragen unzureichend gelöst, müßte die Übernahme der Betriebe des Litzmannstädter Ghettos ein teures Experiment werden.
Für den Fall, daß die Osti die Ghettobetriebe mit Aussicht auf Erfolg in leistungsmäßiger und finanzieller Hinsicht übernehmen soll, bedarf es der Erfüllung folgender Voraussetzungen:

1. Das Litzmannstädter Ghetto muß KL. werden![9]
2. Die Osti darf die Betriebe frühestens im Zeitpunkt der Errichtung des KL. übernehmen, da die sonst zweifellos sich ergebenden örtlichen Schwierigkeiten die Osti in ihrer Aufbauarbeit wesentlich hindern würden.
3. Es muß für den Weiterbestand der seitherigen Ghettobetriebe auf absehbare Zeit eine gewisse Sicherheit gegeben sein.
4. Die Übernahme und Weiterführung der seitherigen Betriebe durch die Osti ist nur möglich, wenn
a) das gesamte Personal der Ghettoverwaltung mit Ausnahme des Leiters und seines Stellvertreters von der Osti übernommen werden kann,
b) das Verwaltungsgebäude der Ghettoverwaltung mit sämtlichen Büromöbeln und Maschinen und Wohnungseinrichtungen der Osti überlassen werden,
c) der gesamte Fuhrpark der Ghettoverwaltung der Osti überlassen wird.
5. Die bei der Osti offenen Personalfragen müssen im Hinblick auf die Größe der Aufgabe sofort gelöst werden.
Es müssen
a) der zweite Geschäftsführerposten sofort besetzt werden,
b) mindestens 25 arische betriebliche Führungskräfte – darunter je ein überragender Leder- und Holzfachmann – in kurzer Frist eingestellt werden.
Da die Ostindustrie GmbH. in ihrer Lubliner Belegschaft nur über 12 betriebliche Führungskräfte verfügt und aus dem Personalbestand der Ghettoverwaltung höchstens 13 weitere zur Führung eines Betriebes befähigte Personen ausscheiden kann, fehlen an den mindestens notwendigen 50 Führungskräften 25; dabei könnte selbst bei kurzfristiger Einstellung von 25 arischen Führungskräften zunächst nur jeder zweite Betrieb mit einer Führungskraft besetzt werden.
6. Zur Erreichung einer einigermaßen vertretbaren Arbeitsdisziplin der Juden sind bei der geringen Zahl der deutschen Führungskräfte mindestens 200 reichsdeutsche Kapos, die aus anderen KLs. abgestellt werden müßten, notwendig.
7. Für die Finanzierung der Ghettobetriebe müssen unter Zugrundelegung der von der Ghettoverwaltung Litzmannstadt gemeldeten, bisher nicht kontrollierten, angeblich vorhandenen Maschinen und Rohstoffwerte
a) 5 Mill. RM. für Maschinen und Werkzeuge
b) 10 Mill. RM. für Vorräte an Roh- und Hilfsstoffen (vor allem Holz und Eisenbleche) [bereit gestellt werden].
Hinzu kommen noch
c) 5 Mill. RM. für zusätzliches Umlaufvermögen (Finanzierung der Häftlingslöhne, laufende Betriebsunkosten für 3 Monate)
zusammen also .... 20 Mill. RM.,
die durch Erhöhung des Eigenkapitals der Ostindustrie GmbH., Reichskredite oder Bankkredite aufgebracht werden müssen.

9 Dazu kam es nicht mehr, weil Himmler und Reichsstatthalter Arthur Greiser sich in den darauffolgenden Wochen erst auf die Umwandlung in ein Gaugetto, später dann auf die vollständige Auflösung des Gettos Litzmannstadt verständigten; siehe Dok. 244 vom 14.2.1944; Einleitung, S. 36 f.

Bemerkt wird, daß die Osti noch über ein restliches Reichsdarlehen in Höhe von 2,75 Mill. RM. verfügt, das jedoch zum größten Teil in Zloty vorhanden ist und infolge der im Generalgouvernement geltenden Devisenbestimmungen nicht ohne weiteres vom GG. nach dem Reichsgebiet verbracht werden kann.

DOK. 243
Der Oberste Prüfungshof für Volkszugehörigkeitsfragen genehmigt am 31. Januar 1944 die Aufnahme von Gustav Klusak in die Deutsche Volksliste[1]

Protokoll des Obersten Prüfungshofs für Volkszugehörigkeitsfragen in den eingegliederten Ostgebieten beim Reichskommissar für die Festigung deutschen Volkstums, Stabshauptamt, Feldkommandostelle (C-6/8-6 (174 149/43)), gez. Reichsführer-SS Heinrich Himmler,[2] SS-Gruppenführer Staatssekretär Dr. Wilhelm Stuckart,[3] SS-Obergruppenführer Dr. Ernst Kaltenbrunner,[4] am 31.1.1944 (Abschrift)

In dem Verfahren zur Feststellung der Volkszugehörigkeit des Dr. jur. Gustav Klusak[5] in Posen, Hohenzollernstr. 24, und seiner Eltern, des Direktors Gottlieb Klusak[6] in Bielitz, Schießhausstr. 25, und dessen Ehefrau Hermine Klusak, geb. Linnemann, hat der Oberste Prüfungshof für Volkszugehörigkeitsfragen in den eingegliederten Ostgebieten in seiner vierten Sitzung am 10. Dezember 1943, an der teilgenommen haben:
Der *Reichsführer-SS* als Vorsitzender,
SS-Gruppenführer *Greifelt* als stellv. Vorsitzender,
SS-Gruppenführer, Staatssekretär *Stuckart*,
SS-Brigadeführer, Staatssekretär Dr. *Klopfer*,[7]

1 BArch, R 58/7228, Bl. 30–32; dass. in: BArch, R 69/690, Bl. 11 f.

2 Heinrich Himmler war am 7.10.1939 zum RKF ernannt worden und in dieser Eigenschaft zugleich Vorsitzender des Obersten Prüfungshofs für Volkszugehörigkeitsfragen in den eingegliederten Ostgebieten.

3 Dr. Wilhelm Stuckart (1902–1953), Jurist; 1922 NSDAP- und 1936 SS-Eintritt; von Juni 1933 an StS im preuß. Unterrichtsministerium, von 1935 an StS im RMdI (zuständig für Abt. I Verfassung und Gesetzgebung), 1942 Teilnehmer der Wannseekonferenz; 1945–1949 interniert, 1949 im Wilhelmstraßen-Prozess verurteilt (Strafe galt durch seine Haft als verbüßt), 1950 bei der Entnazifizierung als Mitläufer eingestuft.

4 Dr. Ernst Kaltenbrunner (1903–1946), Jurist; 1930 NSDAP- und 1931 SS-Eintritt; 1934/35 in Österreich in Haft, von 1936 an Leiter der SS in Österreich, von 1938 an HSSPF Donau in Wien, 1940/41 dort zugleich Polizeipräsident, von Jan. 1943 an Leiter des RSHA und Chef der Sicherheitspolizei; 1946 nach Urteil im Nürnberger Hauptkriegsverbrecherprozess hingerichtet.

5 Dr. Gustav Klusak (1903–1987), Jurist; 1928–1937 Leiter der Rechts- und Steuerabt. der Westpolnischen landwirtschaftlichen Gesellschaft e.V., ab 1937 hauptamtliches Vorstandsmitglied; 1941 Justitiar des Verbands deutscher Genossenschaften Wartheland e.V. in Posen; 1945/46 in sowjet. Kriegsgefangenschaft; 1953–1968 Generalanwalt des Deutschen Raiffeisenverbands in Bonn.

6 Gottlieb, auch Bogusław, Klusak, von 1909 an Bauingenieur und Architekt in Bielitz.

7 Dr. Gerhard Klopfer (1905–1987), Jurist; 1933 NSDAP- und SA-Eintritt, 1935 SS-Eintritt; 1933 beim RMEL, 1934 bei der Preuß. Gestapo, von April 1935 an persönlicher Referent von Martin Bormann im Stab der Dienststelle StdF, später StS und Leiter der Abt. III für staatliche Aufgaben, Führer im SD-Hauptamt; 1946 interniert, 1949 zu einer Geldstrafe und drei Jahren auf Bewährung verurteilt, von 1956 an als Rechtsanwalt in Ulm tätig.

SS-Gruppenführer, Staatssekretär Dr. *Conti*,[8]
SS-Obergruppenführer Dr. *Kaltenbrunner*,
SS-Obergruppenführer *Hildebrandt*,[9]
SS-Oberführer Dr. *Kohnert*,[10]
SS-Oberführer „*Wiesner*“[11] als Beisitzer,
folgende Entscheidung gefällt:
Der Dr. jur. Gustav Klusak wird in Abteilung 2 der Deutschen Volksliste aufgenommen. Seine Ehefrau verbleibt in Abt. 1 DVL, seine Mutter Hermine Klusak geb. Linnemann wird in Abt. 2 der DVL aufgenommen. Die Aufnahme seines Vaters Gottlieb Klusak in die Deutsche Volksliste wird abgelehnt, Gottlieb Klusak erhält zunächst eine Bescheinigung über die Nichtzugehörigkeit zum polnischen Volkstum auf Grund des Runderlasses des RMdI vom 14.11.1940[12] und wird für die Anerkennung als privilegierter Schutzangehöriger vorgemerkt.
Begründung
Dr. jur. Gustav Klusak ist jüdischer Mischling 2. Grades, da seine Mutter rein deutscher Abstammung und sein Vater deutsch-jüdischer Mischling 1. Grades ist. Die besonderen Verdienste, die Gustav Klusak sich an führender Stelle im Volkstumskampf erworben hat, rechtfertigen es, ihn, obwohl er Mischling 2. Grades ist, in Abt. 2 der Deutschen Volksliste aufzunehmen. Die von der Zweigstelle vollzogene Aufnahme in Abt. 1 DVL konnte nicht gebilligt werden, da die Abt. 1 DVL denjenigen aktiven Volkstumskämpfern vorbehalten bleiben muß, die auch abstammungsmäßig die Voraussetzungen für die Aufnahme in die NSDAP erfüllen. Gegen ein Verbleiben der in Abt. 1 DVL eingestuften rein deutschstämmigen Ehefrau des Dr. Gustav Klusak, Frau Edda geb. v. Sierek, bestehen keine Bedenken. Auch die rein deutschstämmige Mutter des Gustav Klusak, Frau Hermine Klusak geb. Linnemann, konnte in Abt. 2 DVL verbleiben, in die sie bereits durch die Zweigstelle aufgenommen war.

8 Leonardo Conti (1900–1945), Arzt; 1927 NSDAP-, 1930 SS-Eintritt; 1923 Aufbau des SA-Sanitärdienst- und 1929 des NSDAP-Ärztebunds; 1933 PrMdI, 1936 Stadtmedizinalrat Berlin, April 1939 bis Aug. 1944 StS und Chef der Abt. Gesundheitswesen im RMdI und im PrMdI, war an der Planung und Durchführung der „Euthanasie-Aktion“ beteiligt; 1944 SS-Gruppenführer; Mai 1945 Verhaftung, nahm sich das Leben.

9 Richard Hildebrandt (1897–1952), Kaufmann und Politiker; 1922 NSDAP-, 1930 SA-Eintritt, 1931 Wechsel zur SS; 1938 Ernennung zum HSSPF Rhein, Okt. 1939 bis April 1943 HSSPF in Danzig-Westpreußen, von April 1943 an Leiter des Rasse- und Siedlungshauptamts; 1949 in Polen zum Tode verurteilt und hingerichtet.

10 Dr. Hans-Joachim Kohnert (1905–1972), Diplomlandwirt und Jurist; von 1935 an Leiter der Deutschen Vereinigung in Westpolen (DVW); von 1941 an Landesbauernführer Wartheland in Posen; Abt.leiter der Reichsstatthalterei im Warthegau; SS-Oberführer; nach 1945 Hauptgeschäftsführer des Verbands deutscher Fleischwarenfabriken, 1956–1960 Bundessprecher der Landsmannschaft Westpreußen.

11 Rudolf Ernst Wiesner (1890–1973), Bauingenieur; 1935 Senator der deutschen Minderheit und Vizebürgermeister von Bielitz; 1939 in der Hauptabt. Innere Verwaltung im Generalgouvernement; 1940 NSDAP- und SS-Eintritt; von Apr. 1940 an MdR; lebte bis 1965 unter falschem Namen in Österreich, danach als Ingenieur in Fritzlar (Hessen) tätig.

12 Runderlaß des RMdI betreffend Bescheinigungen über die Nichtzugehörigkeit zum polnischen Volke vom 14.11.1940; Ministerialblatt des RMdI 1940, Sp. 2111. Abdruck in: Karol Marian Pospieszalski (Hrsg.), Hitlerowskie „prawo“ okupacyjne w Polsce. Wybór dokumentów, Teil 1: Ziemie „wcielone“, Poznań 1952, S. 118 f.

Dagegen konnte der halbjüdische Direktor Gottlieb Klusak trotz seines Einsatzes für die deutsche Sache in die Deutsche Volksliste nicht aufgenommen werden, da jüdische Mischlinge 1. Grades regelmäßig abzulehnen sind. Zu einer Ausnahmeentscheidung lag ein hinreichender Grund nicht vor.
Es ist jedoch grundsätzlich nicht angängig, jüdische Mischlinge durch vorbehaltlose Ablehnung in das Polentum abzudrängen und dem Polentum damit neue Führungskräfte zuzuführen. Es wäre auch ungerecht, den bereits 70 Jahre alten Gottlieb Klusak, der sich sein Leben lang als Deutscher gefühlt und bekannt hat, den besonderen Beschränkungen zu unterwerfen, denen Schutzangehörige polnischen Volkstums unterliegen. Dem Gottlieb Klusak ist deshalb zunächst eine Bescheinigung über die Nichtzugehörigkeit zum polnischen Volkstum auszustellen. Nach Erlaß der näheren Vorschriften ist Gottlieb Klusak als privilegierter Schutzangehöriger anzuerkennen.
Die vorstehenden Entscheidungen sind dem Gottlieb Klusak durch den Leiter der Zweigstelle Bielitz persönlich bekanntzugeben. Bei dieser Gelegenheit ist dem Gottlieb Klusak die besondere Anerkennung für seine Verdienste im Volkstumskampf auszusprechen.

DOK. 244

Reichsstatthalter Greiser schreibt am 14. Februar 1944 an SS-Obergruppenführer Oswald Pohl vom WVHA über das weitere Schicksal des Gettos Litzmannstadt[1]

Schreiben (Geheime Reichssache!) des Reichsstatthalters im Reichsgau Wartheland, Posen (P. 386/44), gez. Arthur Greiser, an SS-Obergruppenführer und General der Waffen-SS Oswald Pohl, SS-Wirtschafts-Verwaltungs-Hauptamt, Berlin, vom 14.2.1944 (Abschrift)[2]

Lieber Parteigenosse Pohl!
Anläßlich des vorgestrigen und gestrigen Besuches des Reichsführers-SS in Posen hatte ich Gelegenheit, folgende zwei Fragen, die Ihr Arbeitsgebiet betreffen, zu besprechen und zu klären. Die erste Frage ist folgende:
Das Ghetto Litzmannstadt soll nicht in ein KL umgewandelt werden,[3] wie es die von Ihrer Dienststelle in meinem Gau entsandten SS-Oberführer Baier und SS-Hauptsturmführer Dr. Volk in ihrer bei meiner Behörde, der Reichsstatthalterei in Posen, gehabten Besprechung am 5. Februar betont haben. Der Erlaß des Reichsführers-SS vom 11. Juni 1943[4] wird insofern nicht mehr zur Ausführung kommen. Ich habe mit dem Reichsführer folgendes vereinbart:
a) Das Ghetto wird personell auf ein Mindestmaß verringert und behält nur so viel Juden, wie sie unbedingt im Interesse der Rüstungswirtschaft erhalten werden müssen.

1 BArch, NS 3/30, Bl. 5. Abdruck in: Faschismus – Getto – Massenmord (wie Dok. 114, Anm. 1), S. 369 f.
2 Beglaubigte Abschrift für SS-Oberführer Baier und SS-Hauptsturmführer Dr. Volk.
3 Noch Anfang Febr. 1944 bestand in Verhandlungen zwischen Reichsstatthalter Arthur Greiser und dem WVHA die Absicht, das Getto Litzmannstadt in ein Konzentrationslager umzuwandeln; Aktenvermerk des Persönlichen Referenten SS-Hauptsturmführer Dr. Volk vom 9.2.1944 betr. „Besprechung bei dem Reichsstatthalter"; wie Anm. 1, Bl. 7 f. Siehe auch Dok. 242 vom 24.1.1944.
4 Himmler hatte am 11.6.1943 die Auflösung aller Gettos im besetzten Polen bis Jahresende befohlen.

b) Das Ghetto bleibt damit ein Gau-Ghetto des Reichsgaues Wartheland.
c) Die Verringerung wird durch das im Gau schon früher tätig gewesene Sonderkommando des SS-Hauptsturmführers Botmann[5] durchgeführt werden. Der Reichsführer wird Befehl erteilen, den SS-Hauptsturmführer Botmann mit seinem Sonderkommando aus seinem Einsatz in Kroatien herauszuziehen und dem Gau Wartheland wieder zur Verfügung zu stellen.[6]
d) Die Verfügung und Verwertung der Inventarien des Ghettos bleibt eine Angelegenheit des Reichsgaues Wartheland.
e) Nach Entfernung aller Juden aus dem Ghetto und nach Auflösung desselben soll der gesamte Grundbesitz des Ghettos der Stadt Litzmannstadt zufallen. Der Reichsführer wird die Haupttreuhandstelle Ost alsdann mit entsprechender Weisung versehen.
Ich darf Sie bitten, mir hierzu alsbald Ihre Vorschläge zu übermitteln.[7]
Mit kameradschaftlichen Grüßen und Heil Hitler!

DOK. 245
Der Polizeipräsident von Sosnowitz beschwert sich am 23. Februar 1944 beim Oberbürgermeister über die Überlastung der Polizei beim Schutz vor Plünderungen des aufgelösten Gettos[1]

Schreiben des Polizeipräsidenten (PP), gez. Woedtke, an den Oberbürgermeister in Sosnowitz[2] vom 23.2.1944 (Durchschlag)

Betr.: Ghettowache, Ihr Schreiben vom 22.2.1944[3]
Von einer Verfügung des Herrn Regierungspräsidenten, daß die Polizei das Judengut im Ghetto bis zur Verwertung zu bewachen habe, ist mir nichts bekannt. Es bedeutet auch eine Überspannung der polizeilichen Aufgaben, wenn die Polizei mit der dauernden Bewachung von Vermögenswerten beauftragt würde. Vielmehr sind für die Sicherung des Vermögens im Ghetto die Haupttreuhandstelle Ost und die Stadtgemeinde Sosnowitz als verwertende Stelle verantwortlich.
An diesen Tatsachen ändert nichts, daß anläßlich der Aussiedlung der Juden am 1.8.1943 22 Offiziere und 775 Mann Polizei zur Verfügung gestellt worden sind. Wegen der durch die Aussiedlung nicht erfaßten und sich verborgen haltenden Juden und wegen Plünderungsgefahr habe ich auch weiterhin starke Kommandos in den Ghettos in Sosnowitz und Bendsburg eingesetzt. Am 15.8.1943 waren noch 4 Offiziere und 215 Mann als Ghettowache abkommandiert.

5 Richtig: Bothmann.
6 Hans Bothmann traf mit seinem Kommando aus Norditalien erst im April bzw. Mai 1944 in Kulmhof ein.
7 Pohl schrieb Greiser am 16.2.1944, dass „das SS-Wirtschafts-Verwaltungshauptamt mit der Sache nicht[s] mehr zu tun“ habe. BArch, NS 19/82, Bl. 3.

1 APK, 119/2921, Bl. 3–5.
2 Franz-Josef Schönwälder.
3 Liegt nicht in der Akte.

Bereits Anfang September 1943 wies ich Sie darauf hin, daß eine schnelle Abwicklung der Aussiedlung und der Vermögensverwertung unbedingt notwendig sei. Ich habe ferner vorgeschlagen, die letzten am östlichen Ghettorand liegenden Häuser ohne Verzug auszuräumen, damit ein Anreiz zum Plündern aus der Welt geschafft wird. Anstatt daß aber die Liquidation mit besonderer Beschleunigung betrieben würde, gewannen nicht nur ich, sondern auch die Öffentlichkeit den Eindruck, daß die Verwertung des Judenvermögens wegen des langsamen und unzweckmäßigen Vorgehens überhaupt nicht in absehbarer Zeit zu erwarten sei. Die Juden hatten es zwar fertiggebracht, ihre Sachen innerhalb von etwa 14 Tagen aus dem Innern der Stadt Sosnowitz nach dem Ghetto in Schrodel zu schaffen. Die Verwertung des jüdischen Vermögens, die zu einem wesentlichen Teil darin besteht, daß private Unternehmer große Vermögensmassen zur Verwertung übernehmen, dauert nun tatsächlich 7 Monate und scheint noch lange nicht zu Ende gehen zu wollen.

Obwohl die Stellung von Wachtkommandos[4] während dieser verhältnismäßig langen Zeit für die Polizei eine starke zusätzliche personelle Belastung darstellte und obwohl in dieser Zeit die Unsicherheit in und außerhalb Sosnowitz zunahm und die Kriminalität anwuchs – ich erinnere an die zahlreichen Morde und Raubüberfälle sowie Einbrüche –, habe ich von Mitte August bis Ende Dezember 1943 noch 2 Offiziere und über 100 Mann und dann 2 Offiziere und 70 Mann für die Ghettos in Sosnowitz mit Bendsburg eingesetzt. Ich habe wiederholt wegen der angespannten allgemeinen Lage und der schwierigen Personalverhältnisse auf die Notwendigkeit hingewiesen, die Polizeikommandos aus dem Ghetto zurückziehen zu müssen. Die Liquidation des Ghettovermögens erfuhr keine ersichtliche Beschleunigung. So wurden z. B. die jüdischen Arbeitskommandos von mehreren 100 Mann, die eigens für die Aufräumungsarbeiten bei der Verwertung des Ghettos in Sosnowitz zurückblieben, nicht diesem Zweck zugeführt, sondern in Schneiderwerkstätten und sonstwie beschäftigt.

Ich habe schließlich Mitte Januar 1944 angekündigt, daß ich die Polizeikommandos in den Ghettos zurückziehen werde, und darauf hingewiesen, daß die Haupttreuhandstelle Ost und die Stadt Sosnowitz für die Sicherung des noch vorhandenen Vermögens in Schrodel selbst Sorge tragen müßten, während die Polizei nur noch – allerdings im verstärkten Maße – Streifen einsetzen würde. Am 18.1.1944 habe ich für beide Ghettos nur noch 1 Offizier und 16 Mann eingesetzt und schließlich, nachdem ich sah, daß eine zweckmäßige und einigermaßen beschleunigte Abwicklung des Ghettos in Schrodel immer noch nicht eintrat, vielmehr der Eindruck sich verstärkte, daß die Ausforschung von Wertgegenständen immer noch im Vordergrund stehe, am 7.2.1944 nur noch durch verstärkten Streifendienst für die öffentliche Sicherheit in den Ghettos gesorgt. Damit ist der erforderliche polizeiliche Schutz gewährleistet; die Sicherung der noch vorhandenen Werte ist nicht meine Angelegenheit, sondern Aufgabe der Haupttreuhandstelle Ost und für Schrodel der Stadtverwaltung Sosnowitz. Eine genügende Anzahl von Wächtern, die im Bedarfsfalle jederzeit die in der Nähe liegende Wach-Komp. und die eingesetzten Streifen zum Schutz in Anspruch nehmen können, würde innerhalb Ihrer Zuständigkeit eine ausreichende Maßnahme gegen das Abhandenkommen von Vermögen und Vermögensstücken bilden.

4 So im Original.

Wie unter Berücksichtigung der dargelegten Verhältnisse und der mindestens ausreichenden Unterstützung durch die Polizei von einer „mangelhaften Sicherung durch die Polizei" gesprochen werden kann, ist mir unverständlich.[5]

DOK. 246
Reichsstatthalter Greiser meldet Hitler am 7. März 1944 die beinahe vollständige Ermordung der Juden im Reichsgau Wartheland[1]

Fernschreiben des Reichsstatthalters im Reichsgau Wartheland, Posen (fs. nr. 351 1345; ak. zch. grosz p 650/44 –), gez. Arthur Greiser, an Reichsführer-SS Heinrich Himmler, Feldkommandostelle, vom 7.3.1944

reichsfuehrer![2] ich melde ihnen, dasz ich heute nachstehende vollzugsmeldung[3] an den fuehrer abgegeben habe. dafuer, dasz sie mir durch ihre jederzeitige grosze unterstuetzung und ihre hilfsbereite kameradschaft diese stolze meldung an den fuehrer ermoeglicht haben, moechte ich ihnen, reichsfuehrer, ganz besonders herzlich danken.
heil hitler!
ihr ihnen stets dankbarer
arthur *greiser.*

„mein fuehrer!
ich melde ihnen, dasz heute im zuge der jetzt laufenden umsiedlungsaktion von schwarzmeerdeutschen in den reichsgau wartheland die zahl von 1 million deutscher erreicht worden ist. wir haben im september 1939 mit rund 250 000 deutschen begonnen, haben dann durch das verfahren der deutschen volksliste in muehevoller kleinarbeit das deutsche blut dieses landes mit weiteren 150 000 menschen erfaszt, dann haben wir altreichsdeutsche aus allen gauen des groszdeutschen reiches in dem aufbau von partei, staat und wirtschaft verankert und alsdann mehr als die haelfte aller deutschen ruecksiedler aus den siedlungszonen europas aufgenommen und in die lebens- und schicksalsgemeinschaft unseres volkes ueberfuehrt. voll stolz und freude darf ich ihnen deshalb, mein fuehrer, als ersten erfolg dieses echten verdeutschungsprozesses melden, dasz heute die millionenzahl erreicht ist. mit dem abschlusz der jetzt laufenden umsiedlung der schwarzmeerdeutschen wird der deutsche bevoelkerungsanteil des gaues wartheland auf rund 1,1 millionen steigen.
im gleichen zuge ist das judentum bis auf einen ganz geringen rest ganz verschwunden, und das polentum von ehemals 4,2 millionen auf 3,5 millionen menschen zurueckgedraengt worden. –

5 Der Oberbürgermeister von Sosnowitz beschwerte sich beim zuständigen Regierungspräsidenten in Kattowitz, der jedoch mit Schreiben vom 14.3.1944 betr. Polizeiliche Bewachung des dortigen Gettos mitteilte, dass die Entscheidung dem Polizeipräsidenten überlassen bleiben müsse; wie Anm. 1, Bl. 8 f.

1 BArch, R 9361-III 527 260, Bl. 139.
2 Sprache und Schreibweise wie im Original.
3 Das an Hitler gesandte Fernschreiben konnte außer in der vorliegenden Abschrift für den Reichsführer-SS im Original nicht ermittelt werden.

heil hitler mein fuehrer!
arthur *greiser*
gauleiter und reichsstatthalter
im reichsgau wartheland"

DOK. 247

Die Reichsstatthalterei in Posen informiert am 25. März 1944 das Gesundheitsamt, dass ein jüdischer Arzt nach Eintreffen zurückgeschickt wurde, da die Juden im Zwangsarbeitslager bereits deportiert worden waren[1]

Schreiben des Reichsstatthalters im Reichsgau Wartheland (II B 210/7), ungez.,[2] an das Städtische Gesundheitsamt in Posen vom 25.3.1944 (Entwurf)[3]

Betrifft: Notdienstverpflichtung des jüdischen Behandlers Conrad Israel *Fränkel* aus Berlin.[4]

Der Obengenannte wurde am 3.8.1943 von dem Oberbürgermeister der Reichshauptstadt Berlin zum langfristigen Notdienst für ein Judenlager im Reichsgau Wartheland herangezogen. Er wurde Ihnen durch Erlaß vom 16. August 1943 zur Beschäftigung im Judenlager Gutenbrunn[5] zugewiesen. Einen anderweitigen Einsatz hatte ich mir ausdrücklich vorbehalten. Wie ich von dem Oberbürgermeister der Reichshauptstadt Berlin erfahre, ist Fränkel von der Firma Hochtief in Posen-Gutenbrunn wieder nach Berlin zurückgeschickt worden, weil sämtliche Juden abtransportiert waren. Ich ersuche um umgehenden Bericht, ob diese Rückbeorderung auf Ihre Veranlassung oder mit Ihrem Wissen geschehen ist. Förmlich besteht die Notdienstverpflichtung zur Zeit noch zu Recht.

Es ist auch zu berichten, ob zur Zeit das Bedürfnis für einen anderweitigen Einsatz des Fränkel besteht.

2.) *Vermerk.*

Falls der Jude Fränkel nicht auf Weisung des Gesundheitsamtes nach Berlin zurückgekehrt ist, kommt eine Erstattung der Reisekosten nicht infrage. Von einer Bestrafung wegen eigenmächtigen Handelns soll jedoch abgesehen werden.[6]

1 APP, 299/1939, Bl. 5 f.

2 Die Paraphe stammt von Dr. Oskar Gundermann (1894–1968), Mediziner; 1933 NSDAP-Eintritt, Kreisamtsleiter im Amt für Volksgesundheit der NSDAP und NS-Ärztebund, 1939 Medizinaldezernent in Kalisch und Łódź, 1940 Leiter der Medizinalabt. beim Reichsstatthalter in Posen, Abteilungsleiter der Gauselbstverwaltung Warthegau; nach 1945 MinR., Leiter der Medizinalabt. im Sozialministerium Niedersachsen.

3 Im Original Bearbeitungsvermerke und handschriftl. Ergänzung: „Bestrafung [?] nicht weiter bearbeiten ZdA 220/7–15 14/6 G."

4 Dr. med. Konrad (auch: Conrad) Fraenkel (1891–1957), Arzt; 1916 Assistenzarzt; von 1919 an Arzt für Allgemeinmedizin, im Aug. 1943 „Krankenbehandler" im Zwangsarbeitslager für Juden in Gutenbrunn (Posen); Okt. 1945 Allgemeinpraktiker, 1946 Internist, Chefarzt im Auguste-Viktoria-Klinikum in Berlin-Friedenau.

5 Zwangsarbeitslager für Juden, 1939–1945 betrieben von der Reichsbahn in Posen-Gutenbrunn.

6 Am 8.4.1944 antwortete das Gesundheitsamt beim OB der Gauhauptstadt Posen, Fränkel sei von der Gestapo sofort wieder nach Berlin zurückgeschickt worden, „da der Abtransport der Juden schon im Gange war"; wie Anm. 1, Bl. 7.

DOK. 248

Das Landesernährungsamt in Kattowitz untersagt am 13. April 1944 jegliche Sonderzuteilungen an Juden[1]

Mitteilung des Landesernährungsamts, Abt. B (– 296/298 – Nr. 96), beim Oberpräsidenten in Kattowitz, gez. i. A. Dr. Pietsch, an die Herren Landräte und Oberbürgermeister, Ernährungsamt Abt. B, nachrichtlich an den Herren Oberpräsidenten Abt. I, an das Landesernährungsamt Abt. A, an die Landesprüfstelle, an die Herren Regierungspräsidenten, vom 13.4.1944

Betr.: Sonderzuteilungen.
Da Sonderzuteilungen grundsätzlich nur für deutsche Volksgenossen vorgesehen sind, werde ich in Zukunft die Tatsache, daß Polen von der in Frage kommenden Zuteilung ausgeschlossen sind, nicht mehr besonders erwähnen.
Wenn also in künftigen Veröffentlichungen oder Rundschreiben meines Amtes bei Sonderzuteilungen die Polen nicht genannt werden, so werden sie auch nicht berücksichtigt. Nur wenn Polen eine Zuteilung erhalten sollen, werde ich das besonders hervorheben.
Eine Sonderzuteilung an Juden kommt praktisch und grundsätzlich nicht mehr in Frage. Diese werden also in Zukunft weder mit Sonderzuteilungen bedacht noch von mir erwähnt.

DOK. 249

Los Angeles Times: Artikel vom 25. April 1944 über die Räumung des Gettos Białystok und den bewaffneten Widerstand der Juden[1]

Bericht über Todeszahlen vom polnischen Untergrund weitergeleitet

Washington, 24. April (AP)
In einem vom polnischen Untergrund stammenden Dokument[2] wird behauptet, es sei belegbar, dass die Vernichtungspolitik der Nazis in Polen die jüdische Bevölkerung von 3,5 Millionen Menschen vor dem Krieg auf 50 000 dezimiert habe. Der Inhalt des Berichts wurde von John W. Pehle,[3] dem geschäftsführenden Vorstand des War Refugee Board, an die Öffentlichkeit gebracht.

Die Liquidation der Gettos
In dem Bericht aus dem Untergrund heißt es: „Im vergangenen Monat (Oktober) [1943] schätzten wir die Zahl der noch in Polen verbliebenen Juden auf 250 000 bis 300 000. Wir denken, dass es in ein paar Wochen nur noch 50 000 sein werden …

1 APK, 117/2305, Bl. 11.

1 Los Angeles Times vom 25.4.1944, S. 8: „Story of Death in Poland Relayed by Underground“. Die Tageszeitung Los Angeles Times erscheint seit 1881. Das Dokument wurde aus dem Englischen übersetzt.

2 Gemeint ist vermutlich das Schreiben des Jüdischen Nationalkomitees in Warschau an Ignacy Schwarzbart in London vom 15.11.1943; VEJ 9/277.

3 John W. Pehle (1910–1990), Jurist; stellv. Staatssekretär im US-Finanzministerium, von Jan. 1944 an Direktor des War Refugee Board.

Am 17. August [1943] begann die Liquidierung des einzigen großen Gettos im Osten Polens, Białystok, wo noch etwa 40 000 Juden lebten.[4] Während der ersten drei Tage dieser Aktion gab es sieben Transporte in das Todeslager Treblinka. Darüber hinaus verließ ein Personenzug mit Kindern Białystok. In beiden Waggons fuhren jeweils zwei jüdische Krankenschwestern mit.
Man ist allgemein der Überzeugung, dass die Kinder vor ihrem Tod noch Blut für verwundete deutsche Soldaten liefern sollten."[5]

„*Die Deutschen setzten alles in Brand*
Am vierten Tag der Liquidierung begann der Kampf. In einigen Straßen fanden blutige Gefechte statt. Genau wie in Warschau drangen die Deutschen mit gepanzerten Lastwagen und ausgerüstet mit Feldartillerie in das Getto ein. Mit dabei waren 1000 Polizisten und SS-Männer sowie einige ukrainische Einheiten.
Die Juden wehrten sich meist mit Granaten und Brandbomben; sie verfügten auch über einige wenige Maschinengewehre. Mehrere Hundert Deutsche und Ukrainer starben bei diesem Angriff oder wurden verletzt.
Um den Aufstand niederzuschlagen, griffen die Deutschen zum gleichen Mittel wie in Warschau: Sie setzten das Getto in Brand."
Während die Deutschen noch versuchten, den Aufstand in Białystok zu beenden, so fährt der Bericht fort, fand Anfang September „die endgültige Vernichtung des Gettos in Tarnów statt".[6]

Das eigene Grab geschaufelt
„Alle Kinder wurden in einem Gebäude zusammengetrieben", heißt es in dem Bericht. „Man sagte ihnen, dass man sie alle in ein Kinderheim bringen würde. Daraufhin wurde das Gebäude hermetisch abgeriegelt und in die Luft gesprengt."
Zwei Monate später, am Mittwoch, 3. November um 6 Uhr morgens, erhielten alle Männer in Trawniki (Konzentrationslager)[7] den Befehl anzutreten, um angeblich Luftschutzgräben auszuheben. Nach zwei Stunden wurden sie von Männern mit Maschinengewehren eingekreist und alle ohne Ausnahme erschossen. In der Zwischenzeit fuhren 50 Lastwagen ins Lager. Mit ihnen wurden alle verbliebenen Frauen und Kinder zu einem Hinrichtungsplatz gebracht, wo man sie zwang, sich zu entkleiden, und wo sie dann ebenso wie die Männer niedergemäht wurden. Nach diesem Massaker brachte man 3000 italienische Juden in das Lager,[8] die das gleiche Schicksal erwartete.

4 Siehe Einleitung, S. 63 f. und Dok. 226 vom 17.8.1943.
5 Dafür gibt es keinen Beleg.
6 Anfang Sept. 1943 lebten etwa 10 000 Juden im Getto Tarnów, die kurz darauf nach Auschwitz sowie in die Lager Plaszow und Szebnie abtransportiert wurden.
7 Siehe Dok. 218 vom 17.7.1943, Anm. 21. Am 3./4.11.1943 wurden in der sog. „Aktion Erntefest" ca. 43 000 Juden in den Lagern Trawniki, Poniatowa und dem KZ Majdanek ermordet.
8 Dafür gibt es keinen Beleg.

DOK. 250

Das Sondergericht Litzmannstadt verurteilt am 2. Mai 1944 zwei Polen wegen Mordes an drei von ihnen zuvor versteckten Juden zum Tode[1]

Urteil des Sondergerichts I beim Landgericht in Litzmannstadt (8 Sd KLs 31/44 PoV), gez. Landgerichtsdirektor Dr. Stahlberg,[2] Landgerichtsrat Dr. Wex,[3] Landgerichtsrat Gaigal[4] vom 2.5.1944 (Abschrift)

Im Namen des Deutschen Volkes!
Strafsache gegen
1. die Ehefrau Eleonora *Wilczynski* geb. Iwanowski in Firlej, Kreis Lask, geboren am 21. Februar 1888 in Widawa, Kreis Lask, verheiratet, Polin,
2. den Landwirt Marian *Wilczynski* in Firlej, Kreis Lask, geb. am 3. Januar 1918 in Kuszczyce, ledig, Pole,
3. den Müller Josef *Wilczynski* in Firlej, Kreis Lask, geb. am 30. Dezember 1867 in Balucz, verheiratet, Pole,
sämtlich in der Untersuchungshaftanstalt Litzmannstadt in Untersuchungshaft, *wegen* Mordes an Juden u. a.
Das Sondergericht I beim Landgericht in Litzmannstadt hat in der Sitzung vom 2. Mai 1944, an der teilgenommen haben:
Landgerichtsdirektor Dr. Stahlberg als Vorsitzer,
Landgerichtsrat Dr. Wex,
Landgerichtsrat Gaigal als beisitzende Richter,
Erster Staatsanwalt Sommer[5] als Beamter der Staatsanwaltschaft,
Justizangestellte Eckhardt als Urkundsbeamter der Geschäftsstelle,
für Recht erkannt:
Die Angeklagten haben 3 Juden 7 Monate in einem Schuppen ihres Gehöftes verborgen und beköstigt. Danach haben die Angeklagten Eleonora und Marian Wilczynski mit einem anderen Polen gemeinschaftlich aus Angst vor Entdeckung des gewährten Unterschlupfes diese Juden getötet.

1 BArch, R 3001/158738, Bl. 2–8. Die Prozessakten befinden sich im APŁ, Sondergericht Litzmannstadt, Nr. 2752, passim. Der Prozess ist dokumentiert bei Dorota Siepracka, Mordercy Żydów przed nazistowskim Sądem Specjalnym, in: Pamięć i Sprawiedliwość 2004, Nr. 6, S. 233–246.

2 Dr. Wolfgang Stahlberg (*1895), Jurist; 1933 NSDAP-Eintritt; von Aug. 1940 an Richter am Sondergericht Frankfurt/Oder, von Jan. 1941 an am Landgericht Hohensalza, dort Vorsitzender des Sondergerichts II, Aug. 1942 Ernennung zum Landgerichtsdirektor, von Okt. 1943 an zum Sondergericht in Litzmannstadt abgeordnet.

3 Dr. Theodor Wex (*1901), Jurist; 1933 NSDAP-Eintritt; 1936 Regierungs- und Medizinalrat am Erbgesundheitsgericht Düsseldorf, von Febr. 1941 an beim Landgericht Litzmannstadt, dort auch am Sondergericht; von 1948 an in Arnsberg, dort 1952 Landsgerichtsdirektor, 1960 Anklage wegen „Euthanasie"-Morden, nach Einstellung des Verfahrens vorzeitig im Ruhestand.

4 Rudolf Gaigal (*1892), Jurist; Jurastudium in Moskau; von Okt. 1923 an Zivilrichter am Bezirksgericht Riga, 1940 NS-Reichskriegerbund-, NSRB- und NSV-Eintritt; von April 1940 an Richter beim Landgericht Litzmannstadt, von März 1941 an Landgerichtsrat ebenda.

5 Vermutlich: Karl Sommer (*1903), Jurist; 1933 NSDAP-Eintritt; vor 1945 Erster Staatsanwalt beim Sondergericht Litzmannstadt, nach 1945 Erster Staatsanwalt in Düsseldorf.

Die Angeklagten werden deshalb auf Grund der Polenstrafrechtsverordnung[6] wegen Schädigung des Wohles des deutschen Volkes, die angeklagten Eleonora und Marian Wilczynski auch wegen Mordes zum *Tode*, der Angeklagte Jozef Wilczynski zu 2 – zwei – Jahren Straflager verurteilt.
Die Angeklagten haben die Kosten des Verfahrens zu tragen.
Gründe:
Die Angeklagten gehören dem polnischen Volkstum an. *Eleonora Wilczynski* ist auf dem 7 Morgen großen Anwesen ihrer Eltern im Kreise Lask aufgewachsen und hat keine Schule besucht. Sie kann weder lesen noch schreiben. Bis zum 25. Lebensjahre blieb sie bei ihren Eltern. Dann heiratete sie im Jahre 1913 ihren jetzigen Ehemann, den Angeklagten Josef Wilczynski, der 21 Jahre älter ist als sie und mit ihr in zweiter Ehe lebt. Die Angeklagte Eleonora Wilczynski hat 3 Kinder aus ihrer Ehe, aus der ersten Ehe ihres Mannes entstammen 4 Kinder. Ihr Ehemann hat sich mit Rücksicht auf sein Alter von den Arbeiten auf dem Hofe zurückgezogen, so daß Eleonora Wilczynski zusammen mit ihrem mitangeklagten Sohn Marian Wilczynski das 20 Morgen große landwirtschaftliche Anwesen in Firlej Kreis Lask bewirtschaftete. Die zu dem Hof gehörige Mühle ist zur Zeit geschlossen.
Marian Wilczynski ist ledig und hat vom 7. bis 11. Lebensjahre die Volksschule besucht. Anschließend war er bis zu seiner Festnahme auf dem Anwesen seines Vaters beschäftigt. *Josef Wilczynski* ist von Beruf Müller, hat keine Schule besucht und kann weder lesen noch schreiben. Aus einer im Jahre 1895 geschlossenen Ehe waren 6 Kinder hervorgegangen, von denen 4 noch leben. Aus seiner zweiten Ehe stammen 3 Kinder. Josef Wilczynski übernahm seit dem Tode seines Vaters im Jahre 1912 dessen Landwirtschaft und kaufte 1921 die Mühle in Firlej hinzu. Diese wurde aber 1939 stillgelegt. Seit einigen Jahren hat sich dieser Angeklagte wegen seines Alters von der Arbeit zurückgezogen und die Bearbeitung der Ländereien seiner Frau und seinem Sohn Marian überlassen.
Die Angeklagte Eleonora Wilczynski kannte von früher her den Juden Herszlik Brajtbart, der als Zahntechniker in Sellau (Zelow) tätig war. Eines Tages kam Brajtbart auf die Aussiedlung der Juden zu sprechen und fragte die Eleonora Wilczynski, ob er auf ihrem Anwesen Unterkunft finden könnte. Die Eleonora Wilczynski war damit einverstanden. Nach der Aussiedlung der Juden in Sellau[7] begaben sich verschiedene Mitglieder der Familie Brajtbart ins Generalgouvernement, kehrten aber Ende 1942, kurz vor Weihnachten, in den Kreis Lask zurück, wo sie sich an die Angeklagte Eleonora Wilczynski wandten. Diese nahm den jüdischen Zahntechniker Herszlik Brajtbart, dessen Verwandten, den Schuhmacher Mortka Brajtbart, und die Frau des Zahntechnikers Brajtbart namens Hela Brajtbart in ihrem Anwesen auf. Dort wurde in einem Anbau der Scheune ein Unterschlupf unter Heu und Stroh bereitet, wo sich die Juden in der Folgezeit aufhielten und nur von Zeit zu Zeit aus ihrem Versteck hervorkamen. Herszlik Brajtbart erzählte der Eleonora Wilczynski, daß er in England eine große Familie habe und daß er sie – die Angeklagte – nach dem Kriege reichlich belohnen würde. Am zweiten Tage ihres Aufenthalts gab ihr Herszlik Brajtbart 30 Papier-Dollar. Nach einiger Zeit erhielt die Eleonora

6 Siehe Dok. 46 vom 4.12.1941.
7 Einige Tausend Bewohner des Gettos von Zelów wurden in mehreren Deportationen von Mitte Juni 1942 an in das Getto Litzmannstadt, die meisten jedoch in das Vernichtungslager Kulmhof gebracht und dort ermordet. Das Getto wurde am 14.9.1942 endgültig aufgelöst.

Wilczynski wiederum 30 Papier-Dollar, um dafür Lebensmittel einzukaufen. Im Laufe der Zeit gaben die Juden der Eleonora Wilczynski folgende Sachen: 50 Papier-Dollar, 4 engl. Papier-Pfund, 10 Rubel in Gold, 5 Rubel in Gold, 3 Brillantringe, 3 Uhren, 1 Damenuhr, 1 goldenen Ring, 1 Skunkskragen, 2 Anzüge, 2 Mäntel, 2 Kleider und sonstige Gebrauchsgegenstände. Weiter gaben die Juden insgesamt etwa 500 Reichsmark zum Ankauf von Lebensmitteln.

Im Januar oder Februar 1943 gebar die Jüdin Hela Brajtbart im Pferdestall des Anwesens einen Sohn. Über diesen Zuwachs der Familie Brajtbart war der Angeklagte Marian Wilczynski ungehalten. Er schimpfte mit den Juden und sagte, sie müßten zusehen, daß sie das Kind loswürden. Daraufhin nahm Herszlik Brajtbart das Kind mit auf den Hof und erwürgte es. Das Kind wurde dann vergraben, die Leiche konnte später von der Polizei aufgefunden werden. Die Juden blieben bis zum Sommer 1943 in ihrem Versteck und wurden fortlaufend von der Eleonora Wilczynski mit Lebensmitteln versorgt. Von Zeit zu Zeit nahmen sie das Abendessen in der Küche der Familie Wilczynski ein.

Im Juni 1943 nahm der Pole Stanislawski an einer Nähmaschine eine Reparatur auf dem Hofe vor und entdeckte bei dieser Gelegenheit die Juden in ihrem Versteck. Er machte der Eleonora Wilczynski Vorwürfe und erklärte, daß das ganze Dorf wegen der Unterbringung der Juden Unannehmlichkeiten haben könne. Gleichzeitig bemerkte er, daß die Juden entfernt werden müßten. Marian Wilczynski erklärte nun den Juden, daß sie nicht mehr länger auf dem Anwesen bleiben dürften, sie sollten weggehen. Die Juden sagten daraufhin, sie wüßten nicht, wo sie unterkommen könnten, ihnen sei alles gleich. Nun beschlossen die Eleonora und Marian Wilczynski sowie Stanislawski, die Juden zu beseitigen. Sie verabredeten am 17. Juli 1943, die Juden mit einem Holzscheit niederzuschlagen und dann aufzuhängen. Am 19. Juli 1943 legte die Eleonora Wilczynski 2 Holzscheite und 3 Stricke zurecht. Dann rief sie die beiden Juden Herszlik und Mortka Brajtbart aus ihrem Versteck, um ihnen angeblich eine gute Nachricht zu erzählen. In diesem Augenblick stürzten sich Marian Wilczynski und Stanislawski auf die beiden Juden. Marian Wilczynski schlug mit dem Holzscheit den Mortka Brajtbart und Stanislawski den Herszlik Brajtbart nieder. Sie legten darauf beiden Juden die Stricke um den Hals und hingen sie im Pferdestall unter der Decke auf. Die Eleonora Wilczynski rief dann die Jüdin Hela Brajtbart aus ihrem Versteck, die von Stanislawski mit einem Holzscheit zu Boden geschlagen wurde. Dann legte ihr die Eleonora Wilczynski eine Schlinge um den Hals und hängte sie mit Hilfe des Stanislawski entweder an einem Zaun oder einer in der Nähe stehenden Leiter auf. Nachdem die Juden ungefähr 20 Minuten gehangen hatten, lösten die Täter die Stricke und zogen die Leichen zu einem inzwischen hergestellten Loch, wo sie sie ungefähr 150 m von dem Anwesen in dem Acker verscharrten. Dort konnten die Leichen nach Entdeckung der Straftat von der Polizei aufgefunden werden.[8] Sie waren nur mit Hemd und Hose bekleidet. Die übrigen Kleidungsstücke und Schuhe versteckte die Eleonora Wilczynski in einer Scheune. Sie will sie später dem Vater des Herszlik Brajtbart, der sich nach seinem Sohn erkundigte, ausgehändigt haben. Einen Teil der von den Juden erhaltenen Wertgegenstände vergrub die Eleonora Wilczynski in kleinen Flaschen in der Nähe ihres Anwesens. Sie konnten später von der Polizei aufgefunden und sichergestellt werden.

8 Aus der Akte geht nicht hervor, auf welche Weise das Verbrechen entdeckt wurde.

Josef Wilczynski war zwar nicht mehr auf dem Anwesen tätig, er hielt sich im Winter im Hause auf, ging aber in der wärmeren Jahreszeit auf dem Hof umher. Ihm war bekannt, daß die Juden in dem Anbau zur Scheune versteckt waren.
Dieser Sachverhalt beruht auf den Einlassungen der Angeklagten in Verbindung mit ihrem glaubwürdigen Geständnis vor dem Ermittlungsrichter und den Bekundungen des Zeugen Kriminalsekretär Jensch.
Obschon die Eleonora Wilczynski vor dem Ermittlungsrichter angegeben hat, in der oben geschilderten Weise an der Mordtat beteiligt gewesen zu sein, bestritt sie in der Hauptverhandlung jede unmittelbare Beteiligung. Sie will sich zur Zeit der Tat in ihrer Küche aufgehalten haben und lediglich bei der Wegschaffung der Leichen beteiligt gewesen sein. Daß sie die Juden aus der Scheune gelockt hat, gibt sie allerdings zu.
Eleonora Wilczynski war damit einverstanden, daß die Juden nach einem vorbesprochenen Plan erschlagen und dann erhängt werden sollten. Zu diesem Zwecke hat sie die Juden aus ihrem Versteck gelockt und den beiden Mittätern in die Hände gespielt. Damit hat sie sich unmittelbar an der Tat beteiligt und gemeinsame Sache mit den Mördern gemacht. Das Gericht ist aber auch davon überzeugt, daß sie, wie sie vor dem Ermittlungsrichter gestanden hat, der Hela Brajtbart eine Schlinge um den Hals gelegt und diese erdrosselt hat.
Marian Wilczynski ist im Sinne der obigen Feststellungen glaubwürdig geständig.
Der weitere Mitbeteiligte Stanislawski ist inzwischen bei einem Feuergefecht, nachdem er an der Ermordung eines Gendarmerieoberwachtmeisters beteiligt war, durch einen Schuß schwer verletzt worden und kurz darauf verstorben.
Der Angeklagte Josef Wilczynski bestreitet, den Juden Unterschlupf gewährt, überhaupt von der Anwesenheit der Juden auf dem Hofe Kenntnis gehabt zu haben. Diese Einlassung ist unglaubwürdig. Nach der Darstellung der Eleonora Wilczynski haben die Juden von Zeit zu Zeit abends in der Küche des Anwesens gegessen, so daß dem Josef Wilczynski in der kleinen Behausung von 2 Zimmern und Küche die Anwesenheit nicht verborgen geblieben sein kann. Hinzu kommt noch, daß sich die Juden mindestens 7 Monate lang bis in dem Sommer 1943 hinein in ihrem Versteck aufgehalten haben und öfters hervorkamen. Auch bei dieser Gelegenheit muß Josef Wilczynski die Juden gesehen und ihre Anwesenheit geduldet haben. Das Gericht ist auch davon überzeugt, daß die Eleonora Wilczynski ihrem Ehemann Kenntnis gegeben hat und dieser nicht gegen die Unterbringung der Juden eingeschritten ist. Bei den engen räumlichen Verhältnissen mußte Josef Wilczynski unbedingt auf die Juden stoßen, zumal der Aufenthalt über ein halbes Jahr gedauert hat.
Nach dem festgestellten Sachverhalt haben sich die Angeklagten als Polen in den eingegliederten Ostgebieten nicht entsprechend den deutschen Gesetzen und der für sie ergangenen Anordnungen der deutschen Behörden verhalten. Ihnen war bekannt, daß die Juden in geschlossenen Wohnbezirken untergebracht wurden und ihnen der sonstige Aufenthalt im Warthegau verboten war. Dieser Anordnung haben sämtliche drei Angeklagten zuwidergehandelt und den Juden Unterschlupf gewährt. Dadurch haben sie das Wohl des deutschen Volkes geschädigt und gegen Ziffer I Abs. 3 der Polenstrafrechtsverordnung verstoßen. Das Verbergen von Juden außerhalb geschlossener Wohngebiete stellt eine große Gefahr für die öffentliche Sicherheit dar und muß unter allen Umständen energisch bekämpft werden. Es hat sich herausgestellt, daß gerade solche Juden Banden gebildet und den Rechtsfrieden in ländlichen Gegenden gefährdet haben.

Da die Angeklagten drei Juden gegen Entgelt Unterschlupf gewährt haben, war ein minderschwerer Fall bei den für die Wirtschaft verantwortlichen Angeklagten Eleonora und Marian Wilczynski nicht gegeben. Diese waren daher schon deshalb wegen Schädigung des Wohles des deutschen Volkes nach Ziffer I 3 der Polenstrafrechtsverordnung zum Tode zu verurteilen.

Dem Josef Wilczynski war allerdings zugute zu halten, daß er bereits 76 Jahre alt ist und sich infolge seines vorgerückten Alters nicht sehr um sein Anwesen kümmern konnte. Er hatte auch keinen großen Einfluß mehr auf den Hof, den er seinem Sohn und seiner Ehefrau überlassen hatte. Deshalb ist ihm ein minderschwerer Fall zuzubilligen. Immerhin mußte zur Abschreckung auf eine empfindliche Freiheitsstrafe erkannt werden, die auf zwei Jahre Straflager festgesetzt worden ist.

Außerdem haben die Angeklagten Eleonora und Marian Wilczynski gemeinsam mit dem inzwischen verstorbenen Stanislawski die Juden Herszlik Brajtbart, Mortka Brajtbart und Hela Brajtbart getötet, um eine Straftat, nämlich die verbotene Unterbringung von Juden, zu verdecken. Daß sie aus Habgier die Juden getötet haben, konnte nicht festgestellt werden, da sich die Angeklagten bereits vor dem Tode der Juden deren Wertsachen verschafft hatten. Daß die Angeklagten bei der Tat selbst heimtückisch oder grausam vorgegangen sind, war nicht ohne weiteres festzustellen, obschon sie eine gewisse List angewandt und die Juden in roher Weise getötet haben. Die Angeklagten Eleonora und Marian Wilczynski waren aber schon deshalb als Mörder gemäß § 211 StGB anzusehen, weil sie Menschen getötet haben, um eine Straftat zu verdecken.

Der Mörder wird nach § 211 Abs. 1 StGB grundsätzlich mit dem Tode bestraft. Nur in besonderen Ausnahmefällen, wo die Todesstrafe nicht angemessen ist, ist auf lebenslanges Zuchthaus zu erkennen. Ein solcher besonderer Ausnahmefall liegt aber nicht vor. Die Angeklagten Eleonora und Marian Wilczynski haben besonders gemein gehandelt. Nachdem die Juden ihnen nach und nach ihre Wertsachen ausgehändigt hatten, wurden sie ihrer überdrüssig und planten ihre Beseitigung. Demgemäß sind diese beiden Angeklagten auch nach §§ 211, 47 StGB in Verbindung mit der Polenstrafrechtsverordnung zum Tode zu verurteilen.[9]

Die Kostenentscheidung beruht auf § 465 StPO.

DOK. 251

Shmerel Elman beschreibt zwischen dem 2. und 5. Mai 1944 im Bezirk Białystok seine Beziehung als jüdischer Partisan zu den ortsansässigen Bauern[1]

Handschriftl. Tagebuch von Shmerel (Shemaryahu) Elman, Einträge vom 2. bis 5.5.1944

2.5.1944

Der Tag ging still vorüber. Abwechselnd muss jeder von uns 4 Stunden am Tag und 4 Stunden in der Nacht Wache stehen. In der freien Zeit lese ich ein Buch, das ich zufällig gefunden habe. Ich vermeide es, mich in Gespräche mit den Bauern des Dorfes einzulassen, die

9 Das Urteil wurde am 22.5.1944 vollstreckt; wie Anm. 1, Bl. 1+RS.

1 AŻIH, 302/36, Bl. 16–21. Abdruck in: Pinkas Pruzhane (wie Dok. 168, Anm. 1), S. 670–674. Das Dokument wurde aus dem Jiddischen übersetzt.

sehr antisemitisch eingestellt sind. Sie haben mitangesehen, was die Deutschen mit den hiesigen Juden getan haben. Überhaupt brenne ich ständig vor Scham, wenn von Juden die Rede ist, weil sich die jüdische Jugend wie eine Herde Schafe hat zur Schlachtung führen lassen und mir das ständig vorgehalten wird.

4.5.1944
Ruhige Tage. Da ich eine solche Art Leben nicht gewohnt bin, zieht sich mir der Tag sehr lang hin, und meine freie Zeit verbringe ich mit Grübeln. Das erste Mal in der ganzen Zeit meines Partisanendaseins ist es mir möglich, so ruhig zu leben. Wir essen sehr gut und tun buchstäblich nichts. Im Laufe eines Tages steht jeder 8 Stunden Wache, und die übrige Zeit vergeht sehr langsam. Meinen christlichen Kameraden geht es sehr gut, sie amüsieren sich und schleppen mich mit, damit ich mich auch amüsiere. Aber wie soll ich tanzen, wenn es mir unmöglich ist? Die Bäuerin, bei der wir einquartiert sind, ist um mich bemüht und bedient mich, obwohl ich das nicht von ihr verlange. Sie ist ständig um mich herum und weiß nicht, wie sie mir helfen kann. Ich kenne den Grund dafür: Sie hat gesehen, was man mit meinesgleichen getan hat, mit jenen, die den Namen Jude tragen, und sie hat Mitleid mit mir. Oft erzählt sie mir, dass sie viele jüdische Bekannte gehabt habe und mit ihnen sehr gut ausgekommen sei. Sie wundert sich, dass so wenig junge Menschen wie ich gerettet wurden. Ich bleibe ihr die Antwort immer schuldig und gehe dann aus dem Haus. Solcherlei Christen gibt es nur wenige, und ich bin zufrieden, dass ich gerade bei solchen einquartiert bin. Ihre Familie besteht noch aus dem Mann und 2 Kindern, einem Sohn und einer Tochter im Alter zwischen 18 und 20 Jahren.

5.5.1944
Kazlav, der Wachmann, weckt uns. Man hört Maschinengewehrschüsse und Minenwerfer am anderen Ufer der Schtschara, aber weit von uns entfernt. Es stellt sich heraus, dass der Feind Pieshtsanke,[2] das benachbarte Dorf am anderen Ufer der Schtschara, angreift. Wir gehen in Stellung und schicken einen Boten ins Lager, um zu erfragen, was dort vorgeht. Die Kameraden fangen an, ein Frühstück zuzubereiten, denn unsere Hauswirtin und ihre Familie sind schon vor Schreck in den Wald geflohen. Die übrigen Christen sind in einen Graben gesprungen und warten darauf, den Feind zu empfangen. Der aber zeigt sich nicht. Dagegen sieht man Flammen und Rauchfahnen. Der Feind hat das Dorf in Brand gesetzt. Die Bauern sind alle ins Hinterland geflohen. Der Feind kam in geringer Anzahl, bis zu 300 Mann, was für uns eine Kleinigkeit ist. Unsere Einheit setzte sogleich auf das andere Ufer der Schtschara über, zwei Kilometer rechts von Pieshtsanke, und zog von dort aus in den Rücken des Feindes. Wir bekamen dann Befehl, das Feuer auf das brennende Dorf zu eröffnen und den Feind so zurückzutreiben. Eine Abteilung setzt über die Schtschara, zieht dem Feind entgegen und eröffnet den Kampf mit ihm. Nachdem die Deutschen ihre Arbeit erledigt haben und das Dorf abgebrannt ist, verlassen sie ihre Deckung, und die anderen kehren zurück. Nach einer Pause von einer Stunde geraten sie nichtsahnend in einen Sturmangriff. Feuer aus allen Arten von Infanteriegewehren von den hinter ihnen liegenden Partisanen. Ohne sich zu verteidigen, flüchten sie in Panik

2 Vermutlich: Pieszczanki, Ortschaft ca. 30 km östlich von Białystok.

und lassen dabei ihre Fuhrwerke mit dem Raub und Dutzende Tote zurück. Nachdem wir ihre Fuhrwerke an uns genommen und die toten Deutschen splitternackt ausgezogen hatten, kehrten wir zurück, ohne einen einzigen Mann verloren zu haben. Die Bauern erhielten ihr Hab und Gut wieder, hatten aber keine Häuser mehr und lebten im Wald. Nach und nach kehren auch die Moskolyer Bauern aus dem Wald zurück und beruhigen sich. Des Abends tummelt sich die Jugend von Moskolye wie sonst.

DOK. 252

Legationsrat Eberhard von Thadden im Auswärtigen Amt skizziert am 5. Mai 1944 das Vorhaben Großbritanniens, die Ausreise von 5000 jüdischen Kindern aus dem Getto Litzmannstadt zu erreichen[1]

Aufzeichnung der Abt. Inland II im Auswärtigen Amt (Inl. II A 874 g.), gez. Eberhard von Thadden,[2] zur Vorlage über den Staatssekretär[3] beim Reichsaußenminister[4] vom 5.5.1944

Gesandter *Feldscher*[5] hat am 2. Mai 1944 den Leiter der Rechtsabteilung erneut auf die Angelegenheit der Ausreise von 5000 Judenkindern angesprochen und brachte bei dieser Gelegenheit eine neue Präzisierung des britischen Standpunktes dahin zum Ausdruck, daß die britische Regierung diese Judenkinder „in dem britischen Reich außer Palästina und dem Nahen Orient" aufnehmen wolle.[6] Die Frage sei nunmehr für die deutsche Regierung, ob sie die Judenkinder mit dieser Maßgabe ohne Gegenleistung abzugeben bereit wäre.[7]
Deutscherseits war die Übernahme nach England selbst gefordert worden, um, sofern es zu einer positiven Erledigung der Angelegenheit kommen sollte, durch die Zuwanderung von Juden einen wachsenden Antisemitismus in England zu erzielen.

1 PAAA, R 100 854, Bl. 330 f. Abdruck in: Akten zur deutschen auswärtigen Politik, Serie E, Bd. VIII: 1. Mai 1944 bis 8. Mai 1945. Göttingen 1979, S. 19 (Dokument Nr. 9).

2 Dr. Eberhard von Thadden (1909–1964), Jurist und Diplomat; 1933 NSDAP- und SA-, 1936 SS-Eintritt; von 1937 an Mitarbeiter im AA, seit 1941 als Legationsrat, 1941/42 Soldat an der Ostfront, von April 1943 an Judenreferent im AA; 1945–1949 Haft, dann als kaufmännischer Angestellter tätig, später im Vorstand eines Stahlbauwerks.

3 Dr. Gustav Adolf Steengracht von Moyland (1902–1969), Jurist und Diplomat; 1933 NSDAP- und SA-Eintritt; 1936–1938 Deutsche Botschaft in London, von 1938 an als Legationssekretär im AA, 1940–1943 im Persönlichen Stab Ribbentrops, ab März 1943 StS im AA; 1949 im Wilhelmstraßen-Prozess zu siebenjähriger Haft verurteilt, 1950 entlassen, danach Rechtsanwalt.

4 Joachim von Ribbentrop.

5 Dr. Peter Anton (Pierre Antoine) Feldscher (1889–1979), Jurist; von 1917 an Mitarbeiter des Evangelischen Pressedienstes, Abt. für Äußeres; 1942–1945 Leiter des Dienstes für fremde Interessen an der Schweizer Botschaft in Berlin; 1946–1955 Schweizer Gesandter in Österreich.

6 Der als Feldscher-Aktion bekannt gewordene Versuch, 1943/44 die Ausreise von 5000 jüdischen Kindern in das brit. Mandatsgebiet Palästina zu ermöglichen, scheiterte im Juli 1944 endgültig. Angesichts der öffentlichen Aufmerksamkeit hatte das AA von 1943 an aus propagandistischen Gründen zwar Verhandlungen geführt, stellte der brit. Regierung jedoch unerfüllbare Bedingungen, die das Scheitern der Aktion bezweckten.

7 Im Original handschriftl. Randbemerkung Wagners, des Gruppenleiters Inland II im AA: „wohin 5000 Kinder, Gegenleistung, jüdische Araber."

Vertraulich wurde vom Reichssicherheitshauptamt mitgeteilt, daß 5000 Judenkinder, die für eine Ausreise in Betracht kämen, nur noch in dem Ghetto von Litzmannstadt zur Verfügung stünden. Dieses Ghetto würde jedoch auf Weisung des Reichsführers-SS demnächst aufgelöst werden.[8]

Hiermit
über Herrn Staatssekretär
dem Büro RAM
mit der Bitte vorgelegt, Inland II zu gegebener Zeit von der Entscheidung des Herrn RAM über die von Herrn Staatssekretär erfolgte Vorlage in der Feldscher-Angelegenheit zu verständigen.[9]

DOK. 253

Ein unbekannter Bewohner des Gettos Litzmannstadt notiert am 5. und 15. Mai 1944 in seinem Tagebuch, wie er seiner Schwester die Brotration gestohlen hat[1]

Handschriftl. anonymes Tagebuch[2] aus dem Getto Litzmannstadt, Einträge vom 5. und 15.5.1944

5.5.1944 Litzmannstadt. Getto.
Ich habe beschlossen, ein Tagebuch zu führen, obwohl es dafür fast ein wenig zu spät ist. Es ist völlig unmöglich, die vergangenen Ereignisse kurz zusammenzufassen, daher beginne ich mit der Gegenwart. Ich habe diese Woche nämlich etwas getan, das am besten veranschaulicht, wie entmenschlicht wir geworden sind: Ich aß meinen Laib Brot innerhalb von nur drei Tagen auf, so dass ich am Montag nichts mehr [zu essen] hatte und bis zum nächsten Samstag warten musste, bis ich einen neuen zugeteilt bekam. Ich hatte fürchterlichen Hunger und die Aussicht, mich nur von den Ressort-Suppen,[3] die aus drei Kartoffelstückchen und zwei Dekagramm Mehl bestehen, ernähren zu müssen. Ich lag am Montagmorgen recht niedergeschlagen auf meinem Bett, und da lag der halbe Brotlaib meiner geliebten Schwester „vor meinen Augen". Um es kurz zu machen: Ich konnte der Versuchung nicht widerstehen und aß ihn vollständig auf. Und nachdem ich getan hatte, was heutzutage ein schreckliches Verbrechen ist, überkamen mich schlimme Gewissensbisse und eine noch größere Wut, weil ich nicht wusste, was meine Kleine in

8 Zu diesem Zeitpunkt war das Sonderkommando Bothmann bereits nach Kulmhof zurückgekehrt und bereitete die Wiederinbetriebnahme der Gaswagen zur Ermordung von Juden aus dem Getto Litzmannstadt vor.

9 Am 27.5.1944 notierte Wagner, Ribbentrop habe verfügt, in dieser Angelegenheit nichts weiter zu unternehmen; wie Anm. 1, Bl. 335.

1 YVA, O.33/1032. Abdruck in: Hanno Loewy/Andrzej Bodek (Hrsg.), „Les Vrais Riches" – Notizen am Rand. Ein Tagebuch aus dem Ghetto Łódź (Mai bis August 1944), Leipzig 1997, S. 35–37 (auch als Faksimile). Das Dokument wurde aus dem Englischen übersetzt.

2 Seine Tagebucheinträge notierte der unbekannte Verfasser am Rand des franz. Romans „Les vrais riches" (1892) von François Coppée. Der Schreiber wurde im Aug. 1944 zusammen mit den letzten ca. 68 000 Juden aus Litzmannstadt nach Auschwitz deportiert, das Tagebuch wurde später dort gefunden.

3 Suppen, die am Arbeitsplatz der einzelnen Gettobetriebe (Ressorts) ausgegeben wurden und zumeist einen sehr niedrigen Nährwert besaßen.

den nächsten Tagen essen sollte. Ich kam mir wie ein erbärmlicher und hilfloser Krimineller vor, wurde aber aus dieser schrecklichen Lage befreit, als ich einen B-Talon[4] erhielt. Ich leide nun sehr darunter, vortäuschen zu müssen, ich wüsste nicht, wo das Brot geblieben ist, und ich hasse es zu behaupten, es sei von einem rücksichts- und mitleidlosen Dieb gestohlen worden. Um den Schein zu wahren, muss ich den Dieb verfluchen und Sätze sagen wie: „Hätte ich ihn erwischt, dann hätte ich ihn eigenhändig aufgeknüpft" oder andere heuchlerische Phrasen. Zurzeit bin ich aber zu nervös und zu erschöpft für literarische Anstrengungen. Ich kann nur sagen, dass mich die Erinnerung an diese „edle" Tat wohl ewig belasten wird und ich mich immer dafür tadeln werde, dass ich mich so schamlos und leichtfertig verhalten habe – dass ich mich [stellvertretend für den] Teil der „Menschen" verachten werde, die ihren „Mit"-Menschen ein so teuflisches Leid zufügen konnten.

15.5.1944
Schon manches Mal habe ich beschlossen und sogar damit angefangen, meine Erinnerungen festzuhalten, ein Tagebuch zu führen, aber nach einigen wenigen Einträgen ließ ich es wieder sein – der Grund dafür ist ein absoluter Mangel an geistiger und körperlicher Kraft. Alles, was ich mir momentan vom Leben wünsche, ist reichlich zu essen. Unlängst habe ich geäußert, unsere menschenunwürdige Geistesverfassung sei vielleicht am besten daran zu ermessen, dass es für jemanden aus dem Getto schlimmer sei, wenn man ihm ein halbes Brot vorenthielte, als wenn seine Eltern sterben würden. Dass menschliche Wesen jemals auf so tragische Weise erniedrigt sind, dass sie von derart tierischen Hungergelüsten erfasst werden können, ist wohl nur dem kunstfertigen Sadismus der Deutschen zu verdanken. Niemand, der es nicht selbst erlebt hat, wird es glauben wollen. Mir geht es wirklich zu schlecht und mir ist zu elend zumute, um mich zu bemühen, es genauer zu beschreiben. Heute ist ein außergewöhnlicher Tag aufgrund der ausgelieferten Zuteilung.

Meine Gedanken werden immer wirrer. Unter diesen teuflischen Bedingungen zerbreche ich mir den Kopf und kann mich nicht entscheiden. Welch ein Narr ich doch bin! Ich sollte nach Palästina gehen oder bleiben, wo ich bin. Ich sehe mich als sozialistischer Kosmopolit und habe dennoch viele Bedenken, was die Verwirklichung der Vereinigten Staaten der Welt in der näheren Zukunft angeht. Aber das gute alte Hebräisch und das historische Palästina üben eine unwiderstehliche Faszination auf mich aus, trotz meines starken Argwohns gegenüber jedem Nationalismus, den die barbarischen Deutschen und ihre Übertreibungen ausgelöst haben. Manchmal werfe ich mir selbst vor, „partikularistisch" und „engstirnig" zu sein, aber es ist wohl eher unwahrscheinlich, dass, sagen wir, die Polen über Nacht ihren jahrhundertelangen Hass auf Menschen, die Juden genannt werden, aufgeben, nur weil es neuerdings das Versprechen einer neuen „Gesellschaft" gibt. Was die ganze Sache besonders aussichtslos macht, ist, dass ich ein Mann bin, der in der Falle der Deutschen sitzt, der entkommen zu können sich nicht einmal der Tod sicher sein kann.

4 Lebensmittelgutschein.

DOK. 254

Zwei jüdische Arbeiter schildern, wie sie zwischen dem 16. August 1943 und 15. Mai 1944 in der Umgebung von Białystok ermordete Juden exhumieren und verbrennen mussten[1]

Bericht von Šimon Amiėl' und Zalman Ėdel'man für den Major des Medizinischen Dienstes der Roten Armee, Nochum Polinovskij, o. D.

Wir werden die dunklen Tage des Gettos nicht vergessen. Man kann den Anblick der von Stacheldraht umgebenen Straßen von Białystok – die Kupiecka-, Jurowiecka-, Częstochowska-, Fabryczna-Straße und viele andere –, über denen drei lange Jahre der Tod schwebte, nicht vergessen. Gegen Ende des Jahres 1943 verödeten die Straßen des Gettos: Mehr als 50 000 seiner Einwohner waren in den Gaskammern und Öfen von Majdanek und Treblinka, den „Vernichtungslagern" in der Umgebung von Białystok, zu Tode gekommen.

Am 16. August 1943 wählten die Deutschen unter den letzten Bewohnern des Gettos 43 Männer aus. Zu ihnen gehörten auch wir – zwei Arbeiter aus Białystok.

Die Ausgesonderten wurden im Gefängnis untergebracht. Am folgenden Tage befahl man uns, Ketten von zwei Metern Länge und einem Gewicht von zwölf Kilogramm für uns zu schmieden. Wir blieben bis zum 15. Mai 1944 im Gefängnis.

Drei Monate vor diesem verhängnisvollen Tag wurden wir einem besonderen Regime unterworfen. Man brachte uns jeden Tag irgendwohin und inszenierte das Ganze so, als wäre es eine Art Vorbereitung auf die Hinrichtung. Doch allmählich verlosch die Todesangst. Jede Hoffnung auf Rettung war verflogen.

Wir wurden die ganze Zeit verspottet und geschlagen. Schlema Gelbort und Abraham Kljatschko erlitten einen Nervenzusammenbruch. Sie verweigerten die Nahrung (eineinhalb Liter stinkender Plörre), litten unter Halluzinationen und starben schließlich nach zehn Tagen. Ungeachtet der Tatsache, dass beide schon tagelang nicht mehr zurechnungsfähig waren, wurden sie von den Deutschen geschlagen und gequält und der Simulation bezichtigt. Alle anderen verfielen in tiefe Stumpfsinnigkeit. Jeder hatte einen solchen Tod vor Augen.

Drei Monate später hatten die Todgeweihten jegliches menschliche Aussehen verloren. Eines Tages erschien frühmorgens der stellvertretende Gestapo-Chef Macholl[2] im Gefängnis. Er befahl uns, andere Kleidung anzulegen. Auf unseren neuen Anzügen leuchteten weiße Streifen an den Knien und ein großer weißer Balken auf dem Rücken. Diese

1 GARF, 8114/1/961, Bl. 321–327, Kopie: USHMM RG-22.028M, reel 242. Abdruck in: Černaja kniga. O zlodejskom povsemestnom ubijstve evreev nemecko-fašistskimi zachvatčikami vo vremenno okkupirovannych rajonach Sovetskogo Sojuza i v lagerjach Pol'ši vo vremja vojny 1941–1945 gg. Vilnius 1993, S. 187–189; in deutscher Übersetzung: Das Schwarzbuch. Der Genozid an den sowjetischen Juden, hrsg. von Wassili Grossman und Ilja Ehrenburg, deutsche Ausgabe von Arno Lustiger, Reinbek bei Hamburg 1994, S. 396–400. Das Dokument wurde aus dem Russischen übersetzt.

2 Waldemar Macholl, eigentlich Macpolowski (1900–1949), Beamter; 1937 SS- und 1940 NSDAP-Eintritt; von Aug. 1941 an Chef der Gestapo Bialystok, später Leiter des Ref. IV A 3 (Widerstandsbewegung) beim KdS Bialystok, im Herbst 1943 zuständig für die Exhumierung der Ermordeten im Bezirk; im Nov. 1946 verhaftet und von den USA an Polen ausgeliefert, im März 1949 in Białystok zum Tode verurteilt und im Okt. hingerichtet.

Streifen waren auf 500 Meter Entfernung zu erkennen. Das Klirren der Kette (von zwei Meter Länge) an Händen und Füßen erinnerte uns daran, dass jeder Fluchtversuch aussichtslos war.
Man verlud uns in einen „Todeswagen“ (vom Typ Duschegubki)[3] und fuhr mit uns in Richtung Augustów.[4] Dann hielt das Fahrzeug. Als wir aus dem Wagen krochen, wurde uns befohlen, Aufstellung zu nehmen. Wir waren von 50 Gendarmen umzingelt, die mit Maschinenpistolen, Pistolen und Handgranaten ausgerüstet waren.
Macholl hielt eine Rede; er sagte, dass wir zu Bauarbeiten eingesetzt werden, die auf drei Jahre berechnet seien. Wenn die Arbeiten ordentlich ausgeführt werden, würde niemand von uns erschossen werden. Fluchtversuche seien wegen der Ketten sinnlos, sollte es aber dennoch jemandem gelingen zu fliehen, würden alle anderen auf der Stelle erschossen werden. Dann führte man uns unter Bewachung der Gendarmen tiefer in den Wald zu einem Hügel, den wir abtragen sollten.
Wir bekamen Spitzhacken, Spaten und andere Werkzeuge ausgehändigt. Als wir begannen, die Erde abzutragen, stießen wir nach etwa 15 Zentimetern auf menschliche Leichname. Man befahl uns, die Leichen mit Haken herauszuziehen und auf zwei Meter hohe Holzstapel zu schichten. Das Aufschichten vollzog sich folgendermaßen: eine Schicht Leichen – eine Schicht Holzscheite (das Holz sägten wir selbst im Wald zurecht). Wenn der Scheiterhaufen dann eine Höhe von drei Metern erreicht hatte, wurde das Holz mit Kerosin oder Benzin begossen – manchmal kamen auch noch Brandsätze zwischen die Schichten – und das Ganze in Brand gesetzt. Schon nach einer Stunde konnte man sich dem Scheiterhaufen nicht mehr nähern, da die Kleidung bereits auf einen Meter Entfernung versengt wurde. Das Verbrennen eines Leichenstoßes nahm zwölf bis achtzehn Stunden in Anspruch. Dann wurden die Knochen aus der Asche herausgelesen und in großen Mörsern zu Staub zermahlen. Die Asche wurde gesiebt, um geschmolzene Zahnkronen oder anderes Gold und Silber, das die Ermordeten bei sich getragen hatten, sicherzustellen.
Die Asche schütteten wir in die gleichen Gruben, aus denen wir die Leichen zum Verbrennen herausgeholt hatten. Die Gestapo befahl uns, die Erdhügel über den Gruben einzuebnen. Die zugeschütteten Gruben wurden mit Bäumen und Blumen bepflanzt.
Es herrschte ein strenges Regime. Die Deutschen fürchteten, dass irgendjemand von uns „Brennern“ fliehen könnte, und bewachten uns mit Argusaugen. Im Verlaufe eines Tages kontrollierte die Gestapo mehrmals, ob alle „Brenner“ – so nannten sie diejenigen, die die Leichen einäschern mussten – noch anwesend sind.
Es war verboten, sich zu unterhalten. Wir wurden um sechs Uhr morgens geweckt und dann zum jeweils nächsten Ort der Leichenausgrabung und Verbrennung gebracht.
Die ersten drei Gruben bei Augustów bargen etwa 2100 Leichen. Die Menschen waren vorwiegend durch Schüsse aus Maschinenpistolen oder Karabinern ermordet worden. Die Leichen waren bekleidet, die Kleidung war vermodert oder verfault. Die Leichen selbst, vor allem die oberen Schichten, verwesten bereits.
Die Leichen wurden mit Haken, die an Seilen befestigt waren, herausgezogen. Ein oder auch zwei Haken wurden in die Grube geworfen und in die Leichen verkrallt.

3 Russ.: eigentlich Würger, Mörder (durch Erdrosseln), später Bezeichnung für Gaswagen.
4 Augustów liegt etwa 90 km nördlich von Białystok; zwischen beiden Städten befindet sich ein ausgedehntes Waldgebiet.

Die Deutschen achteten darauf, dass alles, was sich in der Grube befand, vollständig vernichtet wurde.
Bereits in den ersten Tagen hatten wir entschieden, Vorkehrungen zu treffen, damit das, was sich dort ereignete, später der ganzen Welt zur Kenntnis gebracht werden könnte. Einmal sagte einer von den Deutschen zu mir: „Ihr werdet ohnehin nicht überleben, doch wenn ihr am Leben bleiben solltet und darüber berichtet, so wird es euch niemand glauben." Diese Äußerung hat mich stark beeindruckt, und ich entschloss mich, alles in meinen Kräften Stehende zu tun, um Spuren unserer Tätigkeit zu hinterlassen. So beobachtete ich aufmerksam die uns umzingelnden Gendarmen, um den Moment abzupassen, in dem ihre Aufmerksamkeit irgendwie abgelenkt war: In diesem Augenblick zog ich mit dem Haken den Arm einer Leiche, eine Rippe oder einen Schädel zu mir heran, warf es unbemerkt in die Grube und bedeckte es mit Sand. Meine Kameraden machten es ebenso. Wir glaubten fest daran, dass jemand von uns am Leben bleiben würde und einem Gericht all das Schreckliche, das wir hier erleben mussten, beweisen könne.
Von Augustów brachte man uns in Dörfer, die zumeist von Weißrussen bewohnt waren. In der Nähe eines jeden Dorfes erhob sich ein Hügel, unter dem die umgebrachten Juden eingescharrt lagen. Es war unmöglich, diese Gräber zu zählen. Wir verbrannten von Morgen bis zum späten Abend 200 bis 300 Leichen und schütteten die Asche in die Gruben. Bei Grodno, nahe der alten Festung, verbrannten wir einige Tausend Leichen. Besonders viele verbrannten wir etwa 14 Kilometer von Białystok entfernt, bei den Ortschaften Nowochilowka und Skidl.[5]
Unweit von Białystok öffneten wir eine Grube, in der 700 Frauen begraben waren. Man kann sich vorstellen, was die Unglücklichen vor ihrem Tode durchlebt hatten. Die Leichen waren völlig nackt. Vielen Opfern hatte man die Brüste abgeschnitten, die ebenfalls in der Grube lagen.
Michel Perelstein aus der Ortschaft Jedwabne[6] – einer, der sich retten konnte –, hat mir erzählt, dass er an jenem Tag im Getto gewesen sei, als 700 junge, arbeitsfähige Frauen ausgewählt und angeblich zur Arbeit in eine Fabrik für Strickwaren abgeführt wurden. Man zwang sie dann, in den Wald abzubiegen und sich zu entkleiden; nach schrecklichen Misshandlungen wurden sie erschossen.
Nahe Łomża räumten wir im Dorf Giełczyn[7] vier Gruben, jede fünf Meter breit und vier Meter tief. Mir gelang es, dort einige Beinknochen, einen Schädel und mehrere Rippen zu verstecken. Die Deutschen waren nervös, ihren Gesprächen entnahmen wir, dass die Rote Armee nahe war. Die Eile, die von den Deutschen an den Tag gelegt wurde, machte uns klar, dass unsere Tage, vielleicht sogar Stunden, gezählt waren. Unsere Bewachung lockerte sich etwas, doch an Flucht zu denken, war müßig, da uns 60 bis an die Zähne bewaffnete Gendarmen umzingelt hielten.
Dann kam jener frühe Sommermorgen, der sich mir bis in alle Ewigkeit eingeprägt hat. Wir räumten seit dem Morgengrauen eine große Grube. Noch waren wir mit dem Ausgraben nicht fertig, als Macholl erschien und den Obersturmführer Lika, Sturmführer Schulz und, wie wir ihn nannten, den Hauptbanditen Tiefensohn zu sich rief und

5 Richtig: Chodorówka Nowa und Skidlewo, 15 km nördlich von Białystok.
6 Etwa 60 km nordwestlich von Białystok.
7 Drei km südlich von Łomża, 60 km westlich von Białystok gelegen.

begann, mit ihnen über irgendetwas zu beraten. Wir begriffen augenblicklich, dass sich etwas Ernstes ereignet hatte. Macholls nervöser Tonfall und einige aufgefangene Worte des Gesprächs sagten uns, dass unser Ende nahte. Gudaiski[8] und Paul trieben uns mit Knüppeln zur Seite und befahlen uns, eine Grube von vier Metern Breite und zwei Metern Tiefe auszuheben. Uns wurde klar, dass wir diesmal unser eigenes Grab schaufelten. Jeder von uns dachte darüber nach, wie er sich wohl aus den Klauen des Todes herauswinden könnte. Miteinander zu sprechen, uns zu beraten, gelang uns nicht. Das kleinste, selbst geflüsterte Wort wurde mit „Gummis", d. h. Schlägen mit dem Gummiknüppel, bestraft. Als die Grube fertig war, kontrollierten sie uns und ließen uns an deren Rand, mit dem Gesicht zur Grube, Aufstellung nehmen. Macholl winkte mit dem Handschuh, und Zugwachtmeister Wacht gab den Befehl: „In die Grube!" Ich rief: „Rettet Euch, lauft weg, aber nach verschiedenen Seiten!" Unter schrecklicher Nervenanspannung schrien alle gellend auf und stürmten davon. Dann ertönten MP-Salven, die viele von uns niederstreckten, doch selbst die Verwundeten versuchten noch, tiefer in den Wald einzudringen, der etwa 200 Meter von der Grube entfernt lag. Gegen Abend trafen ich und Edelman im Wald aufeinander. Wir irrten dort drei Tage und Nächte umher, ernährten uns von Wurzeln und Blättern, tranken Wasser aus Pfützen und fürchteten uns, den Wald zu verlassen. Am vierten Tag erreichten wir Grabowka, unweit von Białystok, und erfuhren, dass die Roten die Stadt am Morgen erobert hatten. Unsere Herzen erbebten in unbändiger Freude, wir begriffen, dass wir gerettet waren. Von unserer Gruppe sind neun Personen am Leben geblieben: ich, Edelman, Rabinowitsch, Gerszuni,[9] Felder, Wróbel, Abram Lew, Schiff und Lipez. Elf Tage später waren wir bereits alle wieder in Białystok. Es ist schwer zu beschreiben und wiederzugeben, was wir empfunden haben, als wir den Boden betraten, den die Rote Armee befreit hatte. Doch noch heute klingt in unseren Ohren – und so wird es wohl unser ganzes Leben lang bleiben – jener Befehl, der unmittelbar vor unserer Exekution erschollen war: „In die Grube, marsch!" – „Ins Grab, marsch!"

DOK. 255

Gauleiter Greiser versucht am 9. Juni 1944 bei Himmler zu erreichen, dass die Juden aus Litzmannstadt nicht als Zwangsarbeiter beschäftigt, sondern deportiert werden[1]

Fernschreiben (Geheim!) des Reichsstatthalters im Reichsgau Wartheland (Az. gros p 188/44 g.), gez. Greiser, (fs nr. 968)[2] an Reichsführer-SS Heinrich Himmler, Feldkommandostelle, vom 9.6.1944[3]

reichsfuehrer!
gegenueber der von ihnen befohlenen raeumung des ghettos in litzmannstadt werden seitens der ruestungsinspektion erhebliche gegenvorstoesse unternommen. reichsmini-

8 Richtig: Sylwester Gudański.
9 Siehe Dok. 267 vom 6.9.1944.

1 BArch, NS 19/82, Bl. 5. Abdruck als Faksimile in: Eisenbach, Hitlerowska polityka zagłady Żydów (wie Dok. 185, Anm. 1), Dokumentenanhang.
2 Durchgegeben: adjutantur des gauleiters/hoffmann, angenommen: BT qsl/ greipel buwd +.
3 Sprache und Schreibweise wie im Original.

ster *speer* hat am 5.6. nachts durch den offizier vom dienst der ruestungsinspektion die zahl der im ghetto in den einzelnen fertigungen beschaeftigten personen, ihre woechentliche arbeitszeit sowie die woechentliche fertigung in den einzelnen produktionszweigen angefordert, um angeblich diese ziffern beim fuehrer vorzutragen. da ich mit den vorbereitungen für die raeumung des ghettos fertig bin und die ersten evakuierungen desselben vorgenommen habe,[4] mache ich pflichtgemaess auf diesen vorstoss zur durchkreuzung ihrer anordnungen aufmerksam.[5]
heil hitler

DOK. 256
Die in ihrem Haus in Kalisch eingeschlossene Gusta Edelsztajn bittet am 24. Juni 1944 ehemalige Parteigenossen um Unterstützung[1]

Handschriftl. Brief von Gusta Edelsztajn, Kalisch, an unbekannte Empfänger vom 24.6.1944

Genossen!
Ich bin die Frau von Nuchem Edelsztajn aus Kalisz, der ein aktives Parteimitglied der P. C. L.[2] war und für diese eine Reihe von Jahren im Stadtrat von Kalisz saß, beruflich war er bei der Sozialversicherung tätig. Daneben war er Vorsitzender des Berufsverbands der nichthandwerklichen Arbeiter und im Vorstand der Borochow-Schule.[3]
Seit 15 Monaten habe ich die Wohnung nicht verlassen, für die ich monatlich 5000 Złoty zahle. Alle Gegenstände, die irgendeinen Wert haben, habe ich bereits verkauft und bin nun ohne alle Mittel zum Leben. Ich bitte daher um Unterstützung.

4 Zu diesem Zeitpunkt hatten noch keine Deportationen aus Litzmannstadt stattgefunden. Zwischen dem 23.6. und 14.7.1944 wurden in insgesamt zehn Transporten 7176 Juden in das Vernichtungslager Kulmhof deportiert und dort in Gaswagen ermordet, im August 1944 wurden dann weitere ca. 68 000 Juden aus Litzmannstadt in das KZ Auschwitz deportiert.
5 In einem Fernschreiben vom 10.6.1944 bat Himmler Greiser, die Vorbereitungen zur Auflösung des Gettos Litzmannstadt fortzuführen; wie Anm. 1, Bl. 6.

1 GFHA, Nr. 5719. Das Dokument wurde aus dem Polnischen übersetzt.
2 Vermutlich ist die Poalej Syjon – Lewica (PSL) gemeint, eine im Polen der Zwischenkriegszeit starke zionistisch-sozialistische Partei, die auf eine weitgehende Autonomie jüdischer Institutionen setzte und Anhänger vor allem in der jüdischen Industriearbeiterschaft besaß.
3 Allgemeinbildende jüdische Schule in Kalisz, 1923 gegründet, von der PSL betrieben und benannt nach Ber Borochow (1881–1917), dem Mitbegründer des sozialistisch-zionistischen Weltverbands der Poalej Zion. Nachum Edelsztajn gehörte zu den Gründern der Schule.

DOK. 257

Sarah und Yehiel Gerlitz aus Bendsburg schreiben am 7. Juli 1944 einen Abschiedsbrief an ihre sechsjährige Tochter, die sie zuvor bei einem polnischen Freund versteckt haben[1]

Handschriftl. Brief von Sarah und Yehiel Gerlitz an ihre Tochter Yehudit,[2] Bendsburg, vom 7.7.1944

Mein teures, geliebtes Kind, als ich Dich zur Welt brachte, meine Liebe, konnte ich mir nicht vorstellen, dass ich Dir nach sechseinhalb Jahren einen Brief dieses Inhalts schreiben werde. Das letzte Mal habe ich Dich an Deinem sechsten Geburtstag gesehen, am 13. Dezember 1943. Ich habe mich getäuscht, dass ich Dich vor der Abfahrt noch sehen werde, aber jetzt weiß ich, dass das nicht passieren wird. Ich will Dich nicht in Gefahr bringen. Wir fahren am Montag, und heute ist Freitagabend. Wir – Papa, Pola und ich zusammen mit noch 51 Landsleuten – fahren ins Ungewisse. Ich weiß nicht, mein liebes Kind, ob ich Dich noch einmal sehen werde. Was ich mitnehme, ist Dein geliebtes Bild von zu Hause, Dein liebes Gebrabbel, den Duft Deines unschuldigen kleinen Körpers, den Rhythmus Deines unschuldigen Atems, Dein Lachen und Weinen … Mit mir nehme ich die Furcht in Deinen Augen, die große, panische Angst, die mein mütterliches Herz nicht zu beruhigen vermocht hat. Mit mir nehme ich das letzte Bild vom 13. Dezember 1943, Deinen vorzeitig gereiften Blick, den Geschmack Deiner kindlich-süßen Küsse und die Umarmungen Deiner Ärmchen. Das ist es, was ich auf den Weg mitnehmen werde. Vielleicht wird die Vorsehung erlauben, diesen Alptraum zu überleben und Dich, meinen Schatz, wiederzusehen? Wenn dies geschieht, werde ich Dir dann viele Dinge erklären, die Du nicht verstehst und die Du vermutlich niemals wirst verstehen können, da Du in einem anderen Umfeld und in einer Atmosphäre der Freiheit erzogen sein wirst. Mein kleines Kind! Ich möchte, dass Du dies liest, wenn Du, falls der gute Gott es will, schon groß sein wirst und fähig, unser Verhalten Dir gegenüber zu kritisieren. Ich wünsche mir, mein liebes, teures Kind, dass Du uns nicht verurteilen wirst, dass Du unser Andenken lieben wirst sowie unser ganzes [von vielen] gehasstes Volk, dem Du entstammst. Mein Kindchen, ich möchte, dass Du Dich Deiner Herkunft nicht schämst und sie nicht verbirgst. Du sollst wissen, dass Dein Vater ein Mensch war, wie es sie auf der Welt nur wenige gibt, und dass Du stolz auf ihn sein kannst. Sein ganzes Leben lang war er für die Menschen da, um ihnen Gutes zu tun, möge Gott jeden seiner Schritte segnen, ihn behüten und Dich zu ihm zurückbringen! Mein geliebter Schatz! Du bist die ganze Welt Deines Vaters, sein einziges Ziel, die einzige Belohnung für alle Leiden und Qualen. Deshalb möchte ich, dass Du ihm ein gutes Andenken bewahren wirst, wenn das Schicksal uns nicht gnädig sein wird … Ich wünsche mir, dass Du Dich Deiner hochverehrten Großväter und Großmütter, Deiner Tanten und Onkel und Dei-

1 YVA, O.33/2129, Bl. 1–4. Abdruck in deutscher Übersetzung aus dem Hebräischen in: Dies sind meine letzten Worte … (wie Dok. 199, Anm. 1), S. 297–299. Das Dokument wurde aus dem Polnischen neu übersetzt.

2 Sarah Gerlitz, geb. Weissbrot (1913–1993), und Yehiel Gerlitz (1911–1984) überlebten beide den Krieg. Sarah Gerlitz wurde im KZ Bergen-Belsen befreit, Yehiel Gerlitz überlebte einen Todesmarsch von Buchenwald nach Dachau; beide kehrten nach Katowice zurück, wurden mit ihrer Tochter Yehudit Gerlitz (1937–1997), vereint und wanderten später nach Israel aus.

ner ganzen Familie erinnern wirst. Behalte uns in Erinnerung und klage uns nicht an! Und mir, Deiner Mutter, verzeih … Verzeih mir, mein liebes Kind, dass ich Dich geboren habe … Ich hatte Dich zu Deiner und unserer Freude auf die Welt bringen wollen, aber dass es anders gekommen ist, ist nicht unsere Schuld. Ich flehe Dich daher an, mein teures, einziges Kind, klage uns nicht an. Versuche gütig zu sein wie Dein Vater und Deine Vorfahren. Liebe Deine Ersatzeltern[3] und ihre Familie, die Dir sicherlich von uns erzählen werden. Ich möchte, dass Du das Opfer Deiner Ersatzeltern zu schätzen weißt und dass Du ihr Stolz sein wirst, damit sie niemals einen Grund haben werden zu bereuen, Dich freiwillig zu sich genommen zu haben. Noch von einer Sache sollst Du wissen: dass Deine Mutter ein stolzer Mensch war, ungeachtet dessen, dass unsere Feinde uns so erniedrigt haben, und wenn ich sterbe – dann ohne Jammern und Weinen, vielmehr mit einem Lächeln der Verachtung für die Feinde auf den Lippen!
Ich drücke und küsse Dich heiß und segne Dich mit der Kraft eines mütterlichen Herzens und mütterlicher Liebe.
Deine Mutter
Was kann ich meinem einzigen, wirklich teuersten Kind auf der Welt schreiben? Man müsste mein Herz öffnen und hineinsehen – keine Feder kann das wiedergeben, was dort gerade passiert. Aber ich glaube fest daran, dass wir alle überleben und unsere Herzen einander zurückgeben werden.
Dein Vater

3 Die Eltern hatten ihre Tochter Yehudit im Dez. 1943 einem nichtjüdischen Bekannten der Familie, Teodor Florczak, übergeben, der zusammen mit seiner Frau Jarosława das Kind in Kattowitz bis zum Ende des Krieges in seine Familie aufnahm. 2010 wurden beide von Yad Vashem als Gerechte unter den Völkern geehrt.

DOK. 258
Szymon Grynszpan bittet die zuständige Kommission im Getto Litzmannstadt am 10. Juli 1944, ihn wegen seines schlechten Gesundheitszustands von der Deportation auszunehmen[1]

Handschriftl. Gesuch von Szymon Grynszpan[2] an die Ressortübergreifende Kommission[3] im Getto Litzmannstadt vom 10.7.1944[4]

Gesuch.
Durch mein Ressort „Betrieb J" wurde ich auf die Liste der Personen gesetzt, die der Pflicht zur Arbeit außerhalb des Gettos unterliegen,[5] wodurch ich außerordentlich benachteiligt werde, und das aus folgenden Gründen:
Wegen schwerer, tragischer Erlebnisse während der gesamten Dauer des Krieges bin ich geschwächt, zog mir verschiedene Krankheiten zu, weshalb ich völlig unfähig zu schwerer, physischer Arbeit wurde, deshalb auch zu einem Transport. Ich bin 52 Jahre alt, und das Leben hat mir viele Schläge erteilt. Ich habe die Aussiedlungen überlebt, meine Familie wurde zerstört, meine Frau und zwei Kinder wurden mir während der „Sperre" genommen.[6] Im Falle einer Verschickung werde ich aus diesen Gründen und unter neuen Bedingungen nicht lange überleben.
Deshalb wende ich mich mit der nachdrücklichen Bitte an die geehrte Kommission, sich meiner zu erbarmen und mich am Leben und bei meinen Brüdern, den Juden, zu lassen. Zugleich ersuche ich um die Befreiung meines minderjährigen Sohnes, 14 Jahre alt, Grynszpan Kopel, von der Verschickung außerhalb des Gettos. Er ist ebenfalls seit längerem krank, leidet an der Lunge und allgemeiner Körperschwäche. Dabei betone ich, dass mein genannter Sohn auf die Liste gesetzt wurde, weil ich auf ihr stand, in einer Zeit, als kein jugendlicher Schüler durch mein Arbeitsressort, in dem er jetzt arbeitet, in die Liste aufgenommen wurde. Anlagen:[7] 2 ärztliche Bescheinigungen.[8]

1 APŁ, 278/1315, Bl. 10 f. Abdruck als Faksimile in: Andrzej Strzelecki, Deportacja Żydów z getta łódzkiego do KL Auschwitz i ich zagłada, Oświęcim 2004, S. 191 f. Das Dokument wurde aus dem Polnischen übersetzt.
2 Szymon Grynszpan (*1884), Schneider; lebte vor dem Krieg in Łódź; im Getto tätig im Schneideressort Nr. 7; seine Ehefrau Szajndla, geb. Gerszt, und zwei seiner drei Kinder wurden im Sept. 1942 im Vernichtungslager Kulmhof ermordet; im Aug. 1944 nach Auschwitz, Anfang Sept. 1944 weiter nach Dachau deportiert, im Okt. 1944 als arbeitsunfähig aus dem Lager Kaufering IV (Außenlager von Dachau) nach Auschwitz deportiert, dort vermutlich umgekommen.
3 Die Ressortübergreifende Kommission (poln. Międzyresortowa Komisja) im Getto Litzmannstadt wurde am 24.6.1944 unter Leitung von Aron Jakubowicz eingerichtet und war dafür zuständig, die von den Deutschen angeforderte Zahl zu deportierender Juden zu stellen, da sich zuvor nur wenige Juden freiwillig gemeldet hatten. Angeblich sollten die Juden außerhalb des Gettos zur Arbeit eingesetzt werden, die Transporte gelangten vom 23.6.1944 an jedoch in das Vernichtungslager Kulmhof; siehe Einleitung, S. 37.
4 Im Original Stempel und Bearbeitungsvermerke.
5 Einem Stempelabdruck zufolge war Grynszpan offenbar am 6.7.1944 auf eine Deportationsliste für das Vernichtungslager Kulmhof gesetzt worden.
6 Siehe Einleitung, S. 35.
7 Wie Anm. 1, Bl. 12 f.
8 Einem Stempel „Positiv" zufolge wurde Grynszpans Gesuch befürwortet und er von dem Transport nach Kulmhof ausgenommen.

DOK. 259

Paja Pavlowskaja aus Schaulen berichtet von ihrem Aufenthalt im KZ Stutthof von Mitte Juli 1944 an und dem anschließenden Evakuierungsmarsch[1]

Handschriftl. Protokoll der Aussage von Paja Pavlowskaja,[2] Schaulen, bei der Jüdischen Historischen Kommission in Łódź, o. D.[3]

Frau Pavlowskaja Paja aus Schaulen. 50 Jahre alt. Bis zum 15. Juli 1944 war ich in verschiedenen Lagern in der Nähe von Schaulen, litauische Sowjetrepublik. Am 15. Juli hat man uns nach Stutthof evakuiert.[4]

Ich befand mich drei Wochen lang in Stutthof. Dort litten wir Hunger und Not und bekamen Schläge. Wir aßen Gras. Ganz besonders wurden wir von den deutschen „Blitzmädels"[5] gequält, die wie die Tiere waren. Sie schlugen uns und dachten sich allerlei Strafen aus. Oft zwangen sie uns auf die Knie und schlugen uns mit einem Riemen auf den Kopf und ins Gesicht. Unter den Blitzmädels waren auch ein paar jüdische.[6] Abends, wenn wir uns alle in der beengten Baracke befanden, befahlen uns die Blitzmädels zu singen. Oft sangen wir im Chor ein bekanntes jüdisches Lied. Ganz besonders gequält hat uns die polnische Gefangene Maryla aus Łódź.

Jeden Tag wurden die Schwachen und Kranken abgeführt. Offiziell hieß es, man bringe sie zu leichter Arbeit. Später, als wir sahen, dass sie in Richtung Krematorium[7] geführt wurden, haben wir schon verstanden, was leichte Arbeit bedeutet. Anfang August habe ich Folgendes beobachtet: Aus dem dritten Block, der für die Kranken vorgesehen war, wurden 25 Frauen hinausgeführt. Unter ihnen befanden sich eine Bekannte aus Litauen, die Krankenschwester Frau Lewiton und ihre Schwester, Frau Rosa Abramowitsch, Frau A[...],[8] Frau Hafenberg. Hinter ihr gingen ihre junge Tochter, die Frau des Rabbiners Nachumowski, Frau Beus, Frau Kert mit ihrer Tochter, die wie Hafenberg ihrer Mutter selbst im Krematorium nicht von der Seite weichen wollte, und Frau Minor, eine Schneiderin aus Schaulen. Im Gebäude der Gaskammer[9] nahm Frau Minor Goldmünzen aus dem Schuhabsatz und gab sie den Posten, um von ihnen freigelassen zu werden. Diese

1 AŻIH, 301/323, Bl. 1–10. Das Dokument wurde aus dem Jiddischen übersetzt.

2 Paja Pavlovskaja (*1895 oder 1896); traf am 19.7.1944 mit einem Transport der Sicherheitspolizei Kaunas mit insgesamt 1095 Jüdinnen und zahlreichen Kindern in Stutthof ein und erhielt die Häftlingsnummer 48 067; mit ihr zusammen wurden auch Rosa Pavlovskaja (*1924) und Golda Pavlovskaja (*1922), vermutlich ihre Töchter, nach Stutthof deportiert.

3 Die Aussage, die wahrscheinlich in der ersten Jahreshälfte 1945 entstand, wurde von Mindla Jeruszalim protokolliert und von Paja Pavlovskaja autorisiert.

4 Siehe auch VEJ 7/184.

5 Im Original deutsch.

6 Es ist unklar, was mit jüdischen Blitzmädels gemeint ist. Vermutlich handelte es sich um eine lagerinterne Bezeichnung für Funktionshäftlinge, unter denen sich in der zweiten Jahreshälfte 1944 auch Jüdinnen befanden.

7 Am östlichen Rand des KZs Stutthof bestand von 1942 an ein Krematorium, in dem die Leichen verstorbener Häftlinge verbrannt wurden.

8 Name unleserlich.

9 Neben dem Krematorium wurde 1944 ein (noch heute existierendes) kleines Gebäude errichtet, das als Gaskammer zu Desinfektionszwecken, später jedoch auch zur Ermordung von Häftlingen mit Zyklon B verwendet wurde; siehe Einleitung, S. 51.

nahmen das Gold und schoben sie beiseite. Sie wurde Zeugin, wie die 25 Frauen zusammen mit 15 anderen aus einem weiteren Transport in die Gaskammer gestoßen und ihre toten Körper nach wenigen Minuten auf einem Wagen ins Krematorium gebracht wurden. Ihr Retter versetzte ihr einen Stoß mit einem [...][10] und befahl ihr, zurück zur Baracke zu laufen. Der Befehlshaber und Leiter dieser und aller anderen Aktionen war ein SS-Mann namens Sigmunt.

Es wurden besonders viele ungarische Frauen verbrannt.[11] Täglich fanden in den Baracken ca. 25 bis 30 Selektionen statt. Von dort waren herzzerreißende Laute zu hören. Während der gesamten Zeit, in der ich in Stutthof war, sind fast alle Frauen aus dem Schaulener Getto verbrannt worden. Aus den Männerbaracken erreichte uns die Nachricht, dass alle Ärzte aus Schaulen[12] verbrannt worden sind: Doktor Peysachowitsch[13] (wird mehrmals im Gedenkbuch der Jüdischen Gemeinde Schaulen[14] erwähnt als jemand, der das Getto von Epidemien befreite, indem er alle mit teuren Medikamenten versorgte, und der das Krankenhaus, dem er vorstand, in ein Erholungsheim und Sanatorium für Kranke verwandelte; u. a. befand sich dort eine Station für Lungenkranke, wo man täglich 300 Gramm Fett, Eier, Fleisch und Weißbrot sowie zwei Mal am Tag eine warme Mahlzeit bekam), Dr. Direktorowitsch,[15] Dr. Blecher,[16] Frau Dr. Direktorowitsch,[17] Frau Dr. Fein und zusammen mit ihnen ein großer Teil der Schaulener Intelligenz.

Mitte August wurde ich zu einem Bauern auf einen Gutshof geschickt, wo ich unter verhältnismäßig guten Bedingungen lebte. Am 5. November erhielt der Gutsbesitzer den Befehl, mich und alle anderen jüdischen Frauen nach Stutthof zurückzuschicken. Wir wurden zu einem Sammelpunkt geführt und mussten von dort durch Schnee, Regen und Kälte 180 Kilometer zu Fuß nach Stutthof zurücklaufen. Dort fanden wir ein leeres Lager vor.[18] Außer den Kranken und uns, die wir aus den Dörfern zurückgeholt worden waren, war kein Insasse mehr übriggeblieben. Unsere Arbeit bestand darin, die riesigen Bestände an Kleidung und Schuhen zusammenzutragen und zu verbrennen. Wochenlang verbrannten wir teure Kleidung, Schuhe und gute Nahrungsmittel. Wir häuften alles zu hohen Stapeln auf dem Hof an, gossen Benzin darüber und zündeten es an.

Das Krematorium war jedoch noch in Betrieb. In den Baracken lagen noch zahlreiche Frauen, vor allem ungarische, die in Stutthof und anderen Lagern gelitten hatten und

10 Ein Wort unleserlich, sinngemäß: Knüppel o. ä.

11 Jüdinnen aus Großungarn waren vor allem im Aug. 1944 aus Auschwitz nach Stutthof deportiert worden.

12 Siehe auch VEJ 7/266.

13 Volf Peysakhovitsh (*1905).

14 Es ist unklar, auf welches Gedenkbuch sich Pavlovskaja hier bezieht, denn die zwei für die Jüdische Gemeinde Schaulen vorliegenden Gedenkbücher datieren von 1949 (München, jidd.) und 1958 (Jerusalem, hebr.). Möglicherweise war bereits im Getto eine Dokumentation in Arbeit; siehe Azoy zaynen mir geshtorbn, München 1949, S. 211–228.

15 Dr. Hersh Direktorovitsh (*1889), Arzt; im Juli 1944 in das KZ Stutthof, dann weiter nach Dachau deportiert, dort 1945 befreit.

16 Dr. Kalmanas Blecheris, auch Blekher (1887–1944), Arzt und Apotheker; praktizierte in der Zwischenkriegszeit in Schaulen; er wurde 1944 erst in das KZ Stutthof, dann nach Dachau deportiert, dort im Aug. 1944 ermordet.

17 Dr. Esther Direktorovitsh.

18 Die Räumung von Stutthof, in deren Folge 11 000 Häftlinge das Lager verlassen mussten, begann erst am 25.1.1945.

darauf warteten, an die Reihe zu kommen. Jeden Tag wurde ein Teil von ihnen in Baracke 30 versammelt, hinausgebracht und verbrannt. Eines Tages ging der Ofen kaputt. Unsere Freude währte jedoch nicht lange, denn nach kurzer Zeit war er repariert, und der Betrieb ging weiter. Zum Schluss trieb man fast alle alten und kranken Frauen in die Baracken 25 und 30 und zündete sie zusammen mit denen, die darin eingeschlossen waren, an.

Übrig blieben wir, der letzte Transport und hundert kranke Frauen in einer der Baracken. Um den 15. November 1944[19] herum mussten wir zur Evakuierung antreten. Den ganzen Tag standen wir neben dem Tor. Besorgt schauten wir auf die Baracke, in der die hundert Kranken zurückgeblieben waren. Unter ihnen gab es ein junges Mädchen, Rachel Leah Goldblatt. Blutjung, gesund und bildschön. Alle aus dem Transport versuchten sie zu überreden, die Baracke zu verlassen und sich zu denen zu stellen, die für den Abtransport vorgesehen waren. Sie hatte sich aber dafür entschieden, bei ihrer kranken Mutter zu bleiben, der schon sieben Kinder genommen worden waren. Die Deutschen übergossen die Baracke mit Benzin und brannten sie vor unseren Augen mitsamt ihren Insassen ab.

Wir marschierten los. Unsere Situation verschlechterte sich nun wesentlich durch Hunger, Kälte und Schmutz. Als wir das Lager verließen, sahen wir überall auf dem Weg erschossene Männer mit Gepäck auf den Schultern liegen. Die Schuhe waren ihnen abgenommen worden. Dasselbe Schicksal sollte auch viele aus unserem Transport ereilen. Frauen, die keine Kraft mehr aufbrachten, um weiterzugehen, wurden geschlagen. Half das nicht, wurden sie erschossen. Auf diese Weise kam Frau Gets-Vizhansk aus Schaulen ums Leben. Der Wachmann schlug ihr mit einem Knüppel auf den Kopf. Sie lag ein paar Tage und ist dann gestorben. Auch ihre Tochter kam durch Schläge um. Ein Blitzmädel hat noch den Ring von ihrem Finger gezogen. Auch Frau Ovits aus T[…][20] und L[…][21] aus Schaulen starben. Einmal haben die Wachen alle Entkräfteten in eine Scheune geführt, ihnen vor dem Abmarsch die Schuhe und Oberbekleidung ausgezogen und sie halb nackt in der Kälte zurückgelassen. Später haben wir erfahren, dass sie alle erschossen worden sind. Frau Abramson hat von dort fliehen können. Aus einer Decke hat sie sich zwei […][22] für ihre nackten Füße gemacht und sich bis zum Lager durchgeschlagen […][23] Nach langem Fußmarsch machten wir Halt an einer Scheune nahe dem Dorf Kniewen.[24] In der Scheune lagen wir sehr beengt. Der Dreck war unerträglich. Wir waren von oben bis unten mit Läusen übersät. Eine Frau schüttelte die Läuse von sich ab und ließ sie in eine Essschüssel fallen, die sich bis zum Rand füllte. Ich war zu der Zeit magenkrank. Als ich die volle Schüssel sah, dachte ich, es sei Kümmel, und habe sie gebeten, es mir als Medizin zu geben …

Zu essen gab es ein wenig Brot und einmal täglich eine Suppe. Zu trinken hatten wir nichts, so dass wir den Durst mit Schnee stillen mussten. Schnee war jedoch nicht leicht

19 Siehe Anm. 18.
20 Ein Wort unleserlich.
21 Name unleserlich.
22 Ein Wort unleserlich.
23 Etwa zehn Wörter unleserlich. Die vorangegangenen drei Sätze sind in kleineren Buchstaben am Seitenrand hinzugefügt.
24 Gemeint ist wahrscheinlich das Dorf Kniewenbruch (poln. Kniewo), Landkreis Lauenburg/Pommern, ca. 30 km nordwestlich von Gdynia.

zu bekommen, da der Posten niemanden aus der Scheune hinausließ. Die Privilegierten haben ein paar Schüsseln mit Schnee hineingebracht und gegen die Brotration getauscht. Man wurde auch nicht hinausgelassen, um seine Notdurft zu verrichten. Einige konnten sich gar nicht mehr bewegen und haben dorthin gemacht, wo sie lagen, so dass wir schlimmer hausten als Vieh. Einmal haben wir uns alle schrecklich den Magen an einer Suppe verdorben. Der Lagerführer ließ einen Arzt kommen, der uns untersuchte und uns rohen Kohl und rohe Kartoffeln als Medizin gab sowie einen Wagen Stroh als Unterlage. Auf diese Art haben wir sechs Wochen in der Scheune dahinvegetiert, bis uns die Rote Armee aus unserem Elend befreite.

DOK. 260
Das Sondergericht Zichenau verurteilt den polnischen Landwirt Kazimierz Szkop am 26. Juli 1944 zum Tode, weil er zwei Juden auf seinem Hof versteckt haben soll[1]

Urteil des Sondergerichts beim Landgericht in Zichenau (7 KLs. 38/44), gez. Amtsgerichtsdirektor Kühne,[2] vom 26.7.1944 (Abschrift)

Im Namen des Deutschen Volkes!
Strafsache gegen
1.) die polnische Landwirtin Sofia Szkop geb. Antczak aus Neu-Nacpolsk, Kreis Plöhnen, geb. am 10. März 1894 ebenda, verwitwet, r.kath., nicht vorbestraft,
2.) den polnischen Landwirtssohn Kazimierz Szkop aus Neu-Nacpolsk, Krs. Plöhnen, geb. am 1. November 1917 ebenda, ledig, r.-kath., nicht vorbestraft,
beide z. Zt. im Strafgefängnis in Schröttersburg in Untersuchungshaft,
wegen Kriegswirtschaftsverbrechens, begangen durch Schwarzschlachtung.

Das Sondergericht bei dem Landgericht in Zichenau hat in der Sitzung vom 26. Juli 1944 in Schröttersburg, an der teilgenommen haben:
Amtsgerichtsdirektor Kühne als Vorsitzer,
Gerichtsassessor Dr. Rigoll[3] als beisitzender Richter,
gem. Art. 1 d. VO. v. 29.5.1943[4] ohne 2. beisitzenden Richter,

1 BArch, R 3001/154711, Bl. 2 f.

2 Dr. Hellmuth Kühne (*1905), Jurist; 1934 SA-, 1937 NSDAP-Eintritt; von 1933 an Gerichtsassessor in Berlin, Jan. 1938 bis Juli 1942 Amtsgerichtsrat in Nikolaiken (Ostpreußen), von Juli 1942 an Amtsgerichtsdirektor in Schröttersburg; Nov. 1949 bis Dez. 1953 Richter im OLG-Bezirk Celle, von Febr. 1954 an bis zu seinem Ruhestand im Juli 1962 Amtsgerichtsrat in Hannover.

3 Dr. Alfred Rigoll (1903–1945), Jurist; 1922/23 Freikorpskämpfer und bei der Schwarzen Reichswehr; 1937 NSDAP-Eintritt; 1922–1924 Kaufmannslehre, von 1933 an Gerichtsassessor am Amtsgericht Berlin, 1937 Abteilungsleiter bei der Reichskraftsprit GmbH, Berlin-Charlottenburg, Jan. 1940 Hilfsrichter am Amtsgericht Berlin, von Aug. 1940 an Gerichtsassessor am Land- und Amtsgericht Zichenau; vermutlich gefallen.

4 VO zur weiteren Kräfteersparnis in der Strafrechtspflege vom 29.5.1943; RGBl., 1943 I, S. 346. Art. 1 der VO sah vor, dass Urteile einer Strafkammer am Sondergericht von nur noch einem Richter und Beisitzer gesprochen werden konnten.

Staatsanwalt Dr. A. Schlüter als Beamter der Staatsanwaltschaft,
Justizangestellte Hühnerbein als Urkundsbeamter der Geschäftsstelle,
für Recht erkannt:
Der Angeklagte Kazimierz Szkop hat zwei Schweine und zwei Kälber schwarzgeschlachtet, fortgesetzt schwarzgebrannt und zwei Juden von November 1942 bis Februar 1944 gegen Entgelt beherbergt und verpflegt.
Die Angeklagte Sofia Szkop hat ihm dabei geholfen.
Der Angeklagte Kazimierz Szkop wird wegen Kriegswirtschaftsverbrechens, fortgesetzter Monopolhinterziehung und wegen Beherbergung von Juden zum Tode verurteilt.
Die Angeklagte Sofia Szkop wird wegen Beihilfe dazu zu drei Jahren Straflager verurteilt.
Die Kosten des Verfahrens fallen den Angeklagten zur Last.
Gründe.
Die Angeklagte Sofia Szkop ist Inhaberin eines landwirtschaftlichen Grundstücks. Der Angeklagte Kazimierz Szkop, ihr Sohn, wirtschaftet mit ihr zusammen. Dieser hat mit ihrem Einverständnis im Jahre 1943 zwei Schweine im Gewicht von etwa je 50 kg und zwei Kälber von etwa je 30 kg schwarzgeschlachtet. Die Angeklagte Sofia Szkop hat davon gewußt und ihr Grundstück dazu zur Verfügung gestellt.
Kazimierz Szkop hat außerdem etwa achtmal schwarzgebrannt und jedes Mal etwa 5 Liter Branntwein gewonnen.
Schließlich hat Sofia Szkop auf ihrem Grundstück von November 1942 bis zum Februar 1944, also in einer Zeit, in der die Juden aus diesem Gebiet ausgesiedelt wurden, zwei Juden beherbergt und verpflegt. Sie hat dafür 1800,– RM. und einige Kleidungsstücke als Entgelt erhalten. Kazimierz Szkop ist den Juden dabei behilflich gewesen, unter dem Viehstall einen Unterstand zu bauen, in dem die Juden sich die ganze Zeit über aufgehalten haben. Der Eingang dazu befand sich unter einer Futterkiste vollständig getarnt. Er konnte nur dadurch aufgefunden werden, daß der eine Jude verhaftet wurde, als er sich außerhalb des Unterstandes befand und den Aufenthalt des anderen Juden verriet.
Der Angeklagte Kazimierz Szkop ist des Kriegswirtschaftsverbrechens schuldig (§1 Kriegswirtschaftsverordnung). Er hat zwei Schweine und zwei Kälber der Ernährungswirtschaft entzogen und dadurch die Bedarfsdeckung der Bevölkerung an Fleisch gefährdet. Seine Behauptung, die Schweine seien etwas krank gewesen, ist durch nichts begründet. Es besteht kein Zweifel daran, daß das Fleisch im wesentlichen zur Beköstigung der Juden benötigt wurde, denn die Angeklagten haben für das Jahr 1942/1943 Ende November 1942 und für das Jahr 1943/1944 im Dezember 1943 genehmigte Hausschlachtungen durchgeführt.
Kazimierz Szkop ist außerdem der fortgesetzten Monopolhinterziehung schuldig (§119 ff. Branntweinmonopolgesetz).
Schließlich hat er durch das Beherbergen und Verpflegen der Juden das Wohl des deutschen Volkes geschädigt und dadurch gegen I Abs. 1 u. 3 der Polenstrafrechtsverordnung verstoßen.[5]
Die Angeklagte Sofia Szkop hat ihm zu allen Taten Beihilfe geleistet (§49 RStGB.).
Die Taten der Angeklagten zeugen von einer äußerst niedrigen Gesinnung und einer gegen das Deutschtum feindlichen Einstellung. Besonders verwerflich war es, daß sie

5 Siehe Dok. 46 vom 4.12.1941.

der Ernährungswirtschaft erhebliche Fleischmengen entzogen, um sie Juden zukommen zu lassen. Bei dem Haupttäter Kazimierz Szkop liegt ein besonders schwerer Fall des Kriegswirtschaftsverbrechens vor. Er mußte daher zum Tode verurteilt werden. Außerdem ist auf eine Geldstrafe von 5000,– RM, ersatzweise 50 Tage Straflager erkannt worden.
Ohne die Zustimmung der Angeklagten Sofia Szkop wären diese Taten nicht möglich gewesen. Sie trifft eine erhebliche Verantwortung daran. Bei ihr konnte allerdings von der Todesstrafe abgesehen werden. Eine Freiheitsstrafe von drei Jahren Straflager erschien ausreichend.
Die Kostenentscheidung folgt aus § 465 StPO.

DOK. 261

Ein unbekannter Bewohner des Gettos Litzmannstadt notiert am 3. August 1944 seine Gedanken angesichts der bevorstehenden Auflösung des Gettos[1]

Anonymes Tagebuch[2] aus dem Getto Litzmannstadt, Eintrag vom 3.8.1944

3/8 1944
Ich schreibe diese Zeilen in einem schrecklichen Gemütszustand – wir alle müssen das Getto innerhalb einiger Tage verlassen. Als ich zum ersten Mal davon hörte, war ich mir sicher, dass dies das Ende unseres unerhörten Martyriums bedeuten würde, ebenso das Ende unseres Lebens, denn wir waren uns sicher, dass wir auf ihre[3] bekannte Art und Weise vernichtet[4] würden. Die Menschen bereuten, nicht schon am ersten Tag des Krieges gestorben zu sein. Wofür fünf Jahre lang unter einem Ausrottungs„kampf"[5] leiden? Hätten sie uns nicht gleich zu Beginn den *„coup de grâce"*[6] geben können?
Aber offenkundig muss ein gewisser Druck seitens der siegreichen Alliierten Einfluss auf die Banditen ausgeübt haben, und sie wurden nachsichtiger – und Biebow, der deutsche Getto-Chef, hielt eine Rede vor den Juden, dessen Inhalt war, dass sie diesmal keine Angst davor zu haben bräuchten, genauso behandelt zu werden wie all die anderen Ausgesiedelten – wegen einer Veränderung der Bedingungen des Krieges, „und damit das Deutsche Reich den Krieg gewinnt, hat unser Führer befohlen, jeden Bestand auszunutzen".[7]
Augenscheinlich ist das einzige Recht, das uns erlaubt, unter demselben Himmel mit den Deutschen zu leben, wenn auch als die niedrigsten Sklaven, das Privileg, für ihren Sieg zu arbeiten, viel zu arbeiten und nichts zu essen. In der Tat: Sie sind in ihrer teuflischen Grausamkeit noch abscheulicher, als sich der menschliche Verstand vorstellen kann.

1 YVA, O.33/1032. Abdruck in: „Les Vrais Riches" – Notizen am Rand (wie Dok. 253, Anm. 1), S. 99 f. (auch als Faksimile). Das Dokument wurde aus dem Englischen neu übersetzt.
2 Zur Überlieferung des Tagebuchs siehe Dok. 253 vom 5.–15.5.1944.
3 Gemeint sind die deutschen Täter.
4 Im Original deutsch.
5 Im Original deutsch.
6 Franz.: Gnadenstoß.
7 Im Original deutsch; die Rechtschreibung wurde behutsam korrigiert.

Er sagte außerdem, „wann Zwang anwenden müsste, dann wird ihr nicht leben!“[8] … Er fragte die (jüdische) Menge, ob sie bereit wäre, treu für das Reich zu arbeiten, und alle antworteten „Jawohl“[9] – Ich dachte an die Niederträchtigkeit einer solchen Situation! Was für Menschen sind doch die Deutschen, dass sie es geschafft haben, uns in solch niedrige, kriecherische Kreaturen zu verwandeln, die Jawohl[10] sagen? Ist das Leben wirklich so viel wert? Ist es nicht besser, nicht in einer Welt zu leben, in der es 80 Millionen Deutsche gibt? Ist es nicht eine Schande, als ein Mensch auf der gleichen Erde wie die Deutschen zu leben? O armseliger, elender Mensch, deine Gemeinheit wird deine Wichtigkeit stets übertreffen!
Wenn ich meine kleine Schwester Amy ansehe, schmilzt mein Herz. Hat das Kind nicht genug gelitten? Sie, die sie in den letzten fünf Jahren so heldenmütig gekämpft hat? Wenn ich unseren gemütlichen kleinen Raum betrachte, den das junge, intelligente Wesen in Ordnung gehalten hat, werde ich traurig bei dem Gedanken, dass sie und ich bald den besten Teil unseres Heims verlassen müssen! Stoße ich auf Gegenstände, die die Zeit unversehrt überdauert haben, werde ich traurig bei dem Gedanken, mich von ihnen zu trennen – denn sie sind, versklavt wie wir, Begleiter unseres Elends. Jetzt, wo wir unsere Häuser verlassen müssen, was werden sie mit unseren Kranken machen? Mit unseren Alten? Mit unseren Jungen? O Gott im Himmel, warum hast du Deutsche erschaffen, damit sie die Menschheit zerstören? Ich weiß nicht einmal, ob es mir erlaubt sein wird, mit meiner Schwester zusammenzubleiben. Ich kann nicht mehr schreiben. Ich bin furchtbar resigniert und verzweifelt.

DOK. 262
Der Leiter der deutschen Gettoverwaltung in Litzmannstadt kündigt am 7. August 1944 die bevorstehende Räumung des Gettos an[1]

Maschinenschriftl. Zusammenfassung einer Rede von Amtsleiter Biebow, Gettoverwaltung Litzmannstadt, vom 7.8.1944

Rembrandt[-Straße] 16,[2] 7.8.44. 16 Uhr 45, Rede des Amtsleiters Biebow
Der Präses spricht einige erklärende Worte und sagt, daß H. B.[3] zur Verlagerung des Gettos sprechen wird. Biebow sagt:
Arbeiter des Gettos,
Ich habe schon verschiedentlich das Wort ergriffen und hoffe, daß das, was ich bisher gesagt habe, von Ihnen zu Herzen genommen wird. Die Lage in Litzmannstadt hat sich erneut verändert, u. zw. ab heute mittag. Es kommt zu einer totalen Evakuierung der Frauen und Kinder deutscherseits. Das heißt, sämtliche Volksdeutsche[4] müssen den

8 So im Original.
9 Im Original deutsch.
10 Im Original deutsch.

1 GFHA, 355.
2 In der Rembrandt-Straße 16 im Getto befand sich eine große Schneiderei.
3 Hans Biebow.
4 Gemeint sind vermutlich die Juden des Gettos Litzmannstadt, denn ein Räumungsbefehl für den Warthegau wurde erst im Jan. 1945 ausgegeben.

hiesigen Platz verlassen. Wer sich einbildet, daß das Getto nicht einer totalen Auflösung entgegengeht, irrt sich gewaltig. Bis zum Letzten muß jeder fort und wird fortkommen. Es werden einige glauben, daß es besser ist, als letzte zu bleiben. In der Nähe von Litzmannstadt sind schon Bomben gefallen, wären sie im Getto gefallen, wäre kein Stein mehr auf dem anderen.

Die Verlagerung des Gettos sollte in Ruhe, Ordnung und Güte durchgeführt werden, und es ist ein Wahnsinn, wenn die Betriebe 1 u. 2 nicht zustellen: Infolgedessen zu Zwangsmaßnahmen zwingen ... 4 ½ Jahre zusammengearbeitet, immer bemüht gewesen, das Beste zu tun etc. Ich gebe Ihnen die Versicherung, daß wir uns alle Mühe geben werden, auch weiter das Beste zu leisten und durch die Verlagerung des Gettos Ihr Leben zu erhalten.

Jetzt im Kriege, wo Deutschland um sein Letztes ringt, ist es nötig, die Arbeitskräfte zu verlagern, da auf Grund der Anordnung Himmlers tausende Deutsche aus den Betrieben an die Front geschickt werden, diese müssen ersetzt werden. Ich sage es zu Ihrem Besten und nehme an, daß die Betriebe 3 u. 4 sich einmütig am Bahnhof einfinden werden.

Im Anschluß daran gehen Mühlg[asse] und Neustadt 8, das sind nach den Angaben des Ältesten 1000 Mann, mit den Familienangehörigen mindestens 2000 Mann. Wenn also die Frau in der Schneiderei arbeitet, der Mann z. Z. im Teppichressort, so geht er mit. Die Familien gehen geschlossen an die verschiedenen Lager, werden neu aufgestellt, es werden Fabriken errichtet. Der Tand wie hier, Teppichknüpferei usw. ist endgültig zu Ende.

Bei Siemens, A-G Union, Schuckert Werken, überall, wo Munition gemacht wird, braucht man Arbeiter. In Czenstochau, wo die Arbeiter in den Munitionsfabriken arbeiten, sind sie sehr zufrieden, und auch die Gestapo ist mit ihren Leistungen sehr zufrieden. Sie wollen doch Leben und Essen, und das werden Sie haben. Ich stehe doch nicht hier wie ein dummer Junge, halte Reden und kommt keiner.[5] Wenn Sie zu Zwangsmaßnahmen zwingen, dann wird es eben Tote und Verwundete geben.

Es wird dafür gesorgt, daß Lebensmittel in die Waggons kommen, die Fahrt wird ca. 10–16 Stunden dauern. An Gepäck nehmen Sie bis 20 kg. mit. Wenn einer in einem späteren Schneidereibetrieb arbeitet und er will, so reist er schon jetzt mit, da habe ich auch nichts dagegen. Aber die Sauerei und Nachlässigkeit muß ein Ende nehmen, das eine sage ich Ihnen. Ich bin kein Wanderredner und brause durchs Getto. Wenn Sie nicht Vernunft annehmen, tritt die Gettoverwaltung ab, und es werden Zwangsmaßnahmen ergriffen. Ich ersuche Sie deshalb, Vernunft anzunehmen und meinen Worten Gehör zu schenken und zu folgen, sonst habe ich dem nichts mehr hinzuzusetzen. Heute morgens mußte man aus dem ZG.[6] die Leute in die Waggons stopfen, die Maschinen stehen, und es sind keine Arbeiter dazu da.

Sie werden in den Lagern in deutschen Reichsmark ausgezahlt erhalten, die Leiter der Betriebe sind Deutsche. Die Betriebsleiter und Instrukteure gehen mit, sie sind die er-

5 Biebow bezieht sich auf den geringen Besuch seiner dem Inhalt nach ähnlichen Ansprachen in verschiedenen Arbeitsressorts am selben Tag bzw. in den Tagen zuvor; siehe auch Dok. 266 vom 2.–26.8.1944.

6 Zentralgefängnis, das auch als Sammellager für die Vorbereitung von Transporten und Deportationen genutzt wurde.

sten, die sich zu stellen haben. Morgen nach 12 Uhr im ZG, wenn zu wenig Platz ist in der Schneidergasse oder wie die Stellen sonst heißen.
In den Waggons ist Platz genug. Maschinen sind genügend verlagert. Kommen Sie mit Ihren Familien, nehmen Sie Töpfe, Trinkgefäße und Eßbestecke, solche haben wir in Deutschland nicht, da sie an die Bombengeschädigten verteilt werden. Ich versichere Ihnen nochmals, daß für Sie gesorgt wird. Packen Sie und stellen Sie sich zu. Wenn nicht und dann Mittel ergriffen werden, kann ich nicht mehr helfen.[7]

DOK. 263
Eine unbekannte Jüdin aus dem Getto Litzmannstadt notiert vor ihrer Deportation nach Auschwitz am 12. August 1944 ein letztes Lebenszeichen[1]

Handschriftl. Notiz einer unbekannten Jüdin im Getto Litzmannstadt vom 12.8.1944[2]

Der letzte Tag unserer Existenz im Getto Litzmannstadt, wo wir Kummer, Hunger, Not und Elend erlitten haben. Wir waren gezwungen, alles zurückzulassen, wir liefen nachts um 12 Uhr fort in das kleine Getto, ohne die Lebensmittelrationen erhalten zu haben. Es gibt nicht genug Papier im Getto, um [das] alles aufzuschreiben. Seit vorgestern sind 20 000 Menschen weniger …
Helena Sz[…]ern[3]
Litz. Getto 12.8.44

23. Menachem Av 5704[4]

7 Bis Ende des Monats wurden etwa 68 000 Menschen aus dem Getto Litzmannstadt nach Auschwitz deportiert, nur etwa 800 Juden blieben als Aufräumkommando zurück, weitere ca. 250 konnten sich auf dem Gelände des Gettos bis zur Befreiung im Jan. 1945 verstecken.

1 GFHA, 21 405, S. 2. Das Dokument wurde aus dem Jiddischen übersetzt.
2 Die Notiz befindet sich auf der Innenseite eines Buches von David Frischmann: Bamidbar, Ma'asiot bibliot, sipurim ve-agadot [Das Buch Numeri. Biblische Geschichten, Erzählungen und Legenden], Berlin 1923.
3 Der Nachname ist unleserlich.
4 Das Datum ist mit hebr. Buchstaben geschrieben. Menachem Av ist eine alternative Bezeichnung des Monats Av, des fünften Monats im hebr. Kalender.

DOK. 264
Ein zwölfjähriges Mädchen schildert in ihrem Tagebuch zwischen dem 1. Juli und 15. August 1944 die letzten Tage vor der Auflösung des Gettos Litzmannstadt[1]

Anonymes, handschriftl. Tagebuch eines Mädchens im Getto Litzmannstadt, Einträge vom 1.7. bis 15.8.1944

1. Juli 1944
Litzmannstadt Getto
Am Sonntag, den 25. Juni, wurde mit der Verschickung zur Arbeit außerhalb des Gettos begonnen.[2] Gefordert wurden 9000 Personen, einige Tage später weitere 25 000. Die Arbeitsressorts reichten Listen mit den Personen ein, die fahren sollten. In den Ressorts und Abteilungen wurde nicht gearbeitet. Es herrschte eine schreckliche Anspannung. Auf dem Kościelny-Platz verkauften diejenigen, die einen Abfahrtsbescheid erhalten hatten, ihre Möbel, Bettzeug, Geschirr und verschiedene andere Sachen. Am Dienstag, den 27., fuhr die erste Gruppe ab. Fuks (ein Deutscher)[3] hielt eine Rede: Er sagte, die Leute sollten keine Angst haben, da sie zur Arbeit führen. Sie fuhren sehr geordnet ab. Zu je 30 Personen in einem Waggon, in jeden Waggon stellten sie einen Kessel mit Kaffee. Wenn ein Familienmitglied einen Bescheid erhalten hatte, konnte die ganze Familie, sofern sie es wünschte, mit ihm zusammen fahren. In unserem Haus erhielt nur Franciszka einen Bescheid, sie wurde aber zurückgestellt.
Juli Sonntag, 2. VII.
Ich war bei Giena. Heniek hat einen Bescheid bekommen. Renia Kozłowska ist bei uns im Ressort auf der Liste. Ich traf Luba aus der Nr. 8, die man in der Nacht mit ihrer Tante in die Czarniecki-Straße[4] gebracht hatte. Sie erzählte mir, dass sie drei Suppen und 35 Dekagramm Brot erhalten. Mit einem Passierschein können sie auch nach draußen. Aber sie haben keinen Ort zum Schlafen, sie schlafen auf Stroh auf dem Fußboden.
Montag, 3. VII.
Renia Kozłowska hat heute einen Bescheid erhalten.
Donnerstag, 6. VII.
In allen Ressorts gibt es Listen für die Verschickung. Bei uns zu Hause ist Gott sei Dank alles in Ordnung. Bei Mama sind Różka Rozen, Cesia aus der Gruppe, Ala Najman und Estera. Bei uns Frau Pola, Frau Sonia, Frau Saba. In den Ressorts, eigentlich wird nirgendwo gearbeitet. Es gibt Geschrei und Tränen. Zu den Leitern wird man nicht vorgelassen, denn jeder, der auf der Liste ist, will, dass man ihn von ihr streicht. Stefa Wolborska ist angegeben, Hanka und Bluma Trawińska, Andrzia Nowomiejska sind befreit.
Freitag, 7. VII.
Ich habe mich geirrt, Ala Najman ist nicht auf der Liste, nur Cela.

1 AŻIH, 302/9, Bl. 1–15. Das Dokument wurde aus dem Polnischen übersetzt.
2 Die Juden fuhren nicht zur Arbeit außerhalb des Gettos, sondern wurden in das Vernichtungslager Kulmhof deportiert und dort ermordet. Zur zweiten Phase von Kulmhof siehe Einleitung, S. 36 f.
3 Gemeint ist Günter Fuchs.
4 In der Czarniecki-Straße befand sich das Zentralgefängnis des Ältesten der Juden, das auch als Sammelpunkt für bevorstehende Deportationen aus dem Getto verwendet wurde.

Dienstag, 11.VII.
Ach wie leicht ist es, auf jemanden einen Verdacht zu lenken (2 Zusatzkarten,[5] Fela Rydzyńska, Hanka Rajchman). Wie abscheulich, etwas zu erzählen, ohne es mit eigenen Augen gesehen zu haben, und das noch, wenn jemand umkommt. Heute war im Ressort der Tag des Jüngsten Gerichts. Reniusia hat 50 Mark und einen Zusatz verloren, Fela zwei. Gutka ist 11 Jahre alt geworden.
Donnerstag, 13.VII.
Tag und Nacht ist höchste Alarmstufe. Heute griffen sie auf der Straße jeden auf, den sie antrafen. Mich wollten sie auch einer Gruppe anschließen, aber ich flüchtete zurück in das Haustor. Die Gruppe wurde zum Platz in der Łagiewnicka-Straße 10 gebracht. Die Leute saßen dort den ganzen Tag. Erst am Abend wurde überprüft, wer einen Abfahrtsbescheid besaß und nicht nach Hause entlassen werden durfte. Wenn Warteschlangen vor den Kooperativen und Diätläden[6] stehen, kommt die Geheimpolizei und nimmt diejenigen aus den Läden mit, die eine Bescheinigung haben. Deshalb geht man ohne Rucksack und ohne überhaupt irgendetwas zu den Kooperativen. Zosia Goldman ist heute nicht zur Arbeit gekommen. Als ich nach Hause lief, ging ich bei ihr vorbei. Im Haus sagte man, dass sie um 12 Uhr weggegangen sei, und sie war noch nicht zurückgekehrt.
Renia hat gesperrte Lebensmittelkarten. Wir haben für sie jeder ein Dekagramm gesammelt und bringen es ihr heute vorbei. Es kursieren Gerüchte, dass sie die Leute heute häuserblockweise zum Transport holen. Und morgen nehmen sie die Leute in gleicher Weise aus den Arbeitsressorts mit. Wer weiß, was bis morgen passieren wird.
Samstag, 15.VII.
O wie wundervoll! Phantastisch! Die Aussiedlung wurde beendet. Wie unerwartet das kam. Die Lebensmittelkarten werden entsperrt, die Leute aus der Czarniecki-Straße entlassen. Die Menschen küssen sich auf den Straßen. Was für eine Freude. An der Einmündung der Czarniecki-Straße geben sie 75 Dekagramm Brot und vier Zusatzkarten aus. In den Kooperativen verteilen sie die ausstehenden Brote und Rationen. Man erhält je 7, 8 Brotlaibe und zwei Rationen. Aber der Verbund der Familien wurde zerstört. Es stellten sich drei bis vier Personen, weil die Hälfte der Familie weggefahren und die andere Hälfte geblieben ist. Aber trotz allem ist es gut, dass das aufgehört hat. 10 Transporte sind abgefahren.[7]
Dienstag, 18.VII.
Dieser Tag war schon ruhig. Jetzt sprechen die Leute wieder davon, dass alle Männer zwischen 16 und 60 Jahren zur Arbeit außerhalb des Gettos benötigt werden.
Mittwoch, 19.VII.
Ich bin für den Sozialismus, das heißt für die Einheit auf der ganzen Welt, aber ohne Revolution auf dem Weg dorthin.
Freitag, 21.VII. Ein Attentat auf Hitler. Er wurde nur verletzt.[8]

5 Im Original cuzace. Gemeint sind Berechtigungskarten für zusätzliche Mahlzeiten oder Lebensmittel.
6 Im Original dietladeny.
7 Die Deportationen in das Vernichtungslager Kulmhof wurden am 15.7.1944 vorübergehend eingestellt; insgesamt waren zwischen dem 23.6. und 14.7.1944 beinahe 7200 Juden aus dem Getto deportiert und ermordet worden; siehe Anm. 2.
8 Am 20. Juli 1944 verübten Angehörige des militärischen Widerstands ein Attentat auf Hitler.

Samstag, 22. VII.
Was für eine Ironie des Schicksals. Für zwei Wochen gibt es 20 Dekagramm Olivenöl pro Person, und die Leute freuen sich, als würden sie ein Kilo bekommen. So haben sie uns das Fett abgewöhnt.
Sonntag, 23. VII.
Auf dem Platz liegt eine Menge Kohl und fault schon. Beim Gehen entlang den Gräben, in die man den Müll kippt, sah ich eine Fuhre verfaulter Kohlblätter. Die Menschen stürzten sich wie Heuschrecken auf die Blätter, als ob es ein Schatz wäre. So haben die Deutschen es uns gelehrt.
Dienstag, 25. VII.
Es ist politisch vermutlich so gut, wie es besser nicht sein kann. Warschau soll eingenommen worden sein.[9] Jeder Tag ist ein Schritt in Richtung Befreiung. Es gibt eine Ration mit Käse, Wurst, Schmalz, Sülze, Karotten. Angeblich sind auch Beeren, Kirschen und Schokolade eingetroffen.
Samstag, 29. VII.
Sie[10] sind etwa 80 km von Łódź entfernt. Ich hoffe, dass am Samstag der kommenden Woche alles vorbei sein wird. Wir haben jede Nacht einen Luftangriff, gestern wurde sogar tagsüber bombardiert.
August Dienstag, 1. VIII.
Von Donnerstag an soll das gesamte Getto evakuiert werden. Die Deutschen riefen Rumkowski zu sich und teilten ihm mit, dass mit Blick auf die sich nähernde Front Łódź menschenleer werden müsse. Hier im Getto werde man nach Ressorts verschicken, zugleich mit den Maschinen. Wenn Angehörige mit der ganzen Familie fahren möchten, könnten sie sich ihnen anschließen. Einen Tag zuvor hatte man auf der Straße behauptet, die Transporte seien abgesagt. Die Menschen hatten sich auf der Straße geküsst. Und jetzt ist es still, ich denke, dass das Propaganda war. Es wäre ein zu großer Schritt gewesen.
Mittwoch, 2. VIII.
Sie evakuieren das Getto. Für morgen 7 Uhr früh müssen sich zwei Ressorts stellen. Betrieb[11] 1/Łagiewnicka-Straße 45, Betrieb[12] 2/Łagiewnicka-Straße 36. Beides Schneidereibetriebe.
Donnerstag, 3. VIII.
Niemand aus den zwei Ressorts hat sich gemeldet. Die Deutschen sind außer sich. Die Züge sind bereitgestellt, aber es gibt keine Leute. Sie wollten zuerst die Menschen und dann die Maschinen verschicken, nun schicken sie erst die Maschinen, weil sonst niemand da ist. Biebow und der Präses haben schon einige Ansprachen gehalten, damit die Leute sich früher melden. Sie sagten, dass es dort, wohin man führe, besser sei als hier, man solle sich melden, weil es schlechter werde.

9 Warschau wurde erst im Jan. 1945 vollständig von der Roten Armee befreit. Am 1. 8. 1944 erhoben sich Einheiten der poln. Heimatarmee und leisteten zwei Monate lang Widerstand gegen Verbände von Wehrmacht und SS, wobei Letztere Massaker an der poln. Zivilbevölkerung mit mehreren Zehntausend Toten zu verantworten hatten.

10 Gemeint ist die Rote Armee.

11 Im Original deutsch.

12 Im Original deutsch.

Freitag, 4. VIII.
Schon den dritten Tag gehen wir nicht zur Arbeit. Es ist furchtbar unruhig. Jeden Moment hört man sagen Sperre, Verhaftung blockweise, Verhaftung nach Ressorts. Man könnte verrückt werden.
Samstag, 5. VIII.
Am Dienstag sollen sich Betrieb[13] 3/Łagiewnicka-Straße 53 und Betrieb[14] 4/Żabia 13 stellen. Chaimek arbeitet in der Łagiewnicka-Straße 53. Wir erwarten, dass wir fahren werden. Unterdessen haben wir in unsere Rucksäcke und Beutel alles gepackt, was nur hineinging. Wir hetzen und mühen uns so gut wir können.
Sonntag, 6. VIII.
Heute müht Mama sich seit dem frühen Morgen. Nichts ist erledigt. Heute gibt es zum ersten Mal seit fünf Jahren eine Essensration 15 Dekagramm Heringe.
Dienstag, 8. VIII.
Wir sind nicht zu Hause. Nachts sitzen wir auf Stühlen, und so schlafen wir. Um 2 Uhr nachts kam die Polizei mit einem Foto von Chaimek, um uns mitzunehmen. Gut, dass wir nicht zu Hause waren.
Mittwoch, 9. VIII.
Heute schlafen wir auch nicht zu Hause. Aber wir haben unvergleichlich besser als gestern geschlafen. Dort lebte eine sechsköpfige Familie. Fünf Personen waren nicht zu Hause, weil man sie schon mitgenommen hatte, und ein Junge von 15 Jahren blieb in seinem Arbeitsressort. Wir hatten dort Bettzeug für fünf Betten. Man hätte wunderbar schlafen können, es war im Parterre mit Fenster zur Straße. Wir wussten nicht, weshalb es die ganze Nacht über Verkehr gab. Wagen knirschten, Kinder weinten, Rufe, Schreien. Wegen des Verkehrs habe ich die ganze Nacht hindurch nicht geschlafen.
Donnerstag, 10. VIII.
Am frühen Morgen stehen wir auf, ziehen uns an. Mama ging nach Hause, um noch etwas von dort mitzunehmen. Nach einigen Minuten kehrt sie zurück. Neue Aushänge: Die Ressorts wurden liquidiert. Alle von der anderen Seite der Brücke müssen auf unsere Seite wechseln.[15] Von heute an dürfen auf der anderen Seite keinerlei Lebensmittel mehr ausgegeben werden. Die „Schupo“ ist im Getto. Sie umstellen Wohnblöcke und holen die Leute aus den Wohnungen. Wo geschlossen ist, brechen sie die Türen auf.
Freitag, 11. VIII.
Heute um 8 Uhr begann die Aktion. Um 9 Uhr kamen sie zu unserem Haus. Rufe „Alles raus“. Wir nahmen die Rucksäcke und Beutel, die Taschen in der Hand und standen in der Ecke. Was für furchtbare Stunden durchlebten wir. Die Deutschen klopfen, und wir tun nichts, sitzen lautlos, und das Herz zerspringt. Bei sämtlichen Nachbarn brachen sie die Türen auf, um zu sehen, ob sich keine Leute dort versteckten. Sie schauten in die Bäume, ob sich dort nicht jemand versteckte. Sie schreien, befehlen herauszukommen. Die jüdische Polizei stiehlt, was das Zeug hält. Was sie sehen und was sich irgendwie

13 Im Original deutsch.
14 Im Original deutsch.
15 Durch das Getto verliefen zwei abgezäunte Straßen, in denen auch Straßenbahnen für die nichtjüdische Bevölkerung verkehrten. Faktisch bestand das Getto daher aus drei, nach späteren Verkleinerungen aus zwei Teilen, die zunächst an bestimmten Übergängen, von Sommer 1940 an durch Holzbrücken miteinander verbunden waren.

mitnehmen lässt, sammeln sie ein. Zwischen 9 und 12 Uhr standen wir so und rührten uns nicht vom Fleck. Lieber Gott, wer weiß, was aus uns wird. Überall Raubaktionen. Die ganze Kartoffelmiete wurde leergeräumt. Die Polizei trug körbeweise weg. Es gab Tausende rücksichtslose Egoisten. Sie rauben die Kooperativen aus. In den Schrebergärten gibt es überhaupt nichts mehr, alles wurde gestohlen. Anarchie.
Samstag, 12. VIII.
Heute versuchte ein Fuhrmann, den Diätladen in der Łagiewnicka-Straße 18 auszurauben. Dort fuhr gerade der Präses vorbei und bemerkte, dass der Fuhrmann in den Laden gelangen wollte. Er sprang von der Kutsche und lief zu ihm, riss ihm die Kleidung herunter und prügelte mit einem Stock so dermaßen auf seinen Rücken ein, dass das Blut spritzte. Danach fesselte er ihn mit seinem eigenen Hemd, und drei Polizisten führten ihn über den Baluter Ring zur Czarniecki-Straße ab. Jetzt hängen Plakate, dass der, der irgendetwas zu stehlen wagt, genauso öffentlich verprügelt werden wird wie dieser Fuhrmann, Jankiel Cyncynatus.
Sonntag, 13. VIII.
Heute hätte ein Soldat beinahe Heniek erschossen. Auf dem Gelände an der Leśno-/ Majowa-Straße. Topcia wurde mit Mama und der Schwester fortgeschickt.
Montag, 14. VIII.
Es gibt keine Kooperativen mehr. Die Leiter der Ressorts haben die Ausgabe der Lebensmittel übernommen. Es hängen Plakate aus, dass sich von heute an alle Unterabteilungen von Glazer[16] melden sollen. Für den Moment melden wir uns nicht. Überhaupt hat sich praktisch niemand gemeldet.
Dienstag, 15. VIII.
Heute sitzen wir eingeschlossen seit dem frühen Morgen. Es gab heute eine Aktion in der Mickiewicz-Straße, die durch unser Fenster zu sehen war. Łódź wurde am 20. Januar 1945 befreit.[17]

DOK. 265

Die Gettoverwaltung in Litzmannstadt stellt am 24. August 1944 einen Plan für die Räumung und Verwertung des Gettogeländes auf[1]

Aktennotiz der Gettoverwaltung Litzmannstadt, ungez., vom 24.8.1944

Arbeitsplan für die Räumung und Verwertung des Gettogebietes.[2]
1. Für die Räumung und Verwertung des Gettogebietes, solange eine Ausdrahtung noch nicht erfolgt ist, ist federführend zuständig das Stadtbauamt, und zwar der Baudezernent

16 Gemeint ist die von Jan. 1941 an in der Matrosengasse im Getto Litzmannstadt tätige Textilfabrik unter der Leitung von Leon bzw. Lajb Glazer (*1905). An später mehreren Standorten wurden zeitweise über 1500 Menschen beschäftigt, darunter auch Kinder, für die ein heimlicher Schulunterricht angeboten wurde.
17 Der letzte Satz ist abgesetzt und größer, aber in derselben Handschrift wie das Tagebuch geschrieben, stammt also von der Verfasserin, die die Besatzung und das Getto damit überlebte.

1 BArch, R 138 II/18.
2 Zur Räumung des Gettos siehe Einleitung, S. 37 f. und Dok. 262 vom 7.8.1944, Anm. 7.

mit dem Amt 610 (Stadtplanungsamt). Das Stadtbauamt hat jeweils die übrigen beteiligten Verwaltungen einzuschalten, soweit dies nach dem Stand der Maßnahmen erforderlich ist. Neben dem Stadtplanungsamt kommen außer der Gettoverwaltung infrage:
1) Das Liegenschaftsamt hinsichtlich der Eigentumsverhältnisse an Grund und Boden.
2) Die Finanzverwaltung hinsichtlich des beweglichen Inventars.
3) Das Amt für Raumbewirtschaftung hinsichtlich der Feststellung der Gebäude und Gebäudeteile, die weiterhin Wohnzwecken dienen sollen, gemeinsam mit der Bauverwaltung und dem Gesundheitsamt.
2. *Die Durchführung der Räumung und Verwertung.*
a) *Grobsäuberung.*
Die Gettoverwaltung läßt das jeweils bestimmte noch eingedrahtete Gebiet des Gettos durch eine Judenkolonne grob säubern, d. h. innerhalb der einzelnen Wohnungen eine oberflächliche Ordnung durchführen wie Beseitigung von Speiseresten, Unrat und dergleichen. Alle Gegenstände bleiben in den Wohnungen liegen.
b) *Nach Aussonderung der verwertbaren Gebäude.*
Nach der Grobsäuberung wird gemeinschaftlich vom Bauamt, Amt für Raumbewirtschaftung und Gesundheitsamt an Ort und Stelle festgelegt, welche Gebäude für Wohnzwecke erhalten bleiben sollen. Die Auswahl erfolgt nach dem Gesichtspunkt, daß es sich zumindest um Polenwohnraum handeln muß, der Bauzustand derart ist, daß bauliche Maßnahmen, die über den Rahmen der Selbsthilfe [hinaus]gehen, nicht erforderlich sind und daß gesundheitliche Bedenken gegen die Beziehbarkeit der Gebäude nicht bestehen. Hierbei ist besonders auch die Frage der Fäkalienabfuhr zu klären. Die als Wohngebäude benutzbaren Gebäude werden am Eingang mit einem großen roten Kreis gekennzeichnet, die Abbruchsgebäude werden mit einem roten Kreuz markiert.
c) *Benachrichtigung von Gas- und Elektrizitätswerk.*
Bevor Abbruchinteressenten in das Getto hineingelassen werden, ist dem Gas- und Elektrizitätswerk Gelegenheit zu geben, aus den Gebäuden die ihnen gehörigen Gegenstände herauszunehmen, wobei auf die zukünftige Verwendungsbestimmung des Grundstücks hinzuweisen ist.
d) *Auswertung der Gebäude.*
Nach Festlegung des Abrißplanes gemäß b) wird der Vomi[3] nach einem mit der Bauverwaltung abzuschließenden Vertrag gestattet, aus den für Wohnzwecke vorgesehenen Gebäuden die Einrichtungsgegenstände herauszunehmen. Der Vomi wird dabei kostenlos überlassen, alles, was für den Umsiedlerbedarf infrage kommt, dagegen muß sie alle Dinge an die Bauverwaltung abliefern, die einer Verwertung durch dritte Stellen unterliegen (Stoffe, Fertigwaren und Rohprodukte). Das Betreten des Gettogebietes ist nur gestattet mit einer schriftlichen Genehmigung, die der Polizeipräsident (Hauptmann Fliese) erteilt, und die Namen der Personen, für die die Erlaubnis angefordert wird, sind 610 (Baurat Hein) mitzuteilen.
Die übrigen Gebäude sind nach den Weisungen der Stadt auszuwerten. Der Vertrag sieht vor die völlige Beseitigung der Holzhäuser und die Ausräumung der übrigen Gebäude bis auf die Grundmauern.

3 Volksdeutsche Mittelstelle.

e) Nach Beendigung der Arbeiten von a) bis d) ist der Zaun zurückzusetzen, sowie das Bauamt im Einvernehmen mit dem Gesundheitsamt und dem Polizeipräsidenten die Freigabe des Geländes für zulässig hält.
3. Nach erfolgter Ausdrahtung übernimmt das Liegenschaftsamt von der Bauverwaltung den ausgedrahteten Teil in städtische Verwaltung. Das ehemals jüdische und polnische Eigentum ist Eigentum der Stadt, während das ehemals deutsche Eigentum diesen Eigentümern rechtlich verbleibt, jedoch schon vorher festzulegen ist, daß ein Naturalausgleich erfolgen soll. Bis zu dem Zeitpunkt der Durchführung des Naturalausgleichs wird den deutschen Eigentümern eine Mietausfallentschädigung gezahlt, falls nicht die deutschen Eigentümer eine Barentschädigung vorziehen.
4. Das Liegenschaftsamt teilt nach Übernahme der Gebäude dem Amt für Raumbewirtschaftung die freistehenden Wohnungen mit, so daß diese verwertet werden können.

DOK. 266
Jakub Poznański beschreibt in seinem Tagebuch im August 1944 die Auflösung des Gettos Litzmannstadt und die Deportationen ins KZ Auschwitz[1]

Handschriftl. Tagebuch von Jakub Poznański, Einträge vom 2. bis 26.8.1944

2. August 1944
Gestern platzte erneut eine „große Bombe“ im Getto. Um 15 Uhr verbreitete sich die Nachricht von der Evakuierung des gesamten Gettos zusammen mit der Stadt Litzmannstadt. Aber ich will alles der Reihe nach erzählen, wie sich die Ereignisse abgespielt haben.
Gestern um 13 Uhr wurden Kligier,[2] Rumkowski und Jakubowicz[3] zum VI. Polizeirevier (die deutsche Polizei, die die Gettogrenzen bewacht) auf dem Baluter Ring gerufen. Dort wurde ihnen mitgeteilt, dass am Donnerstag, den 3. d. Mts., die Evakuierung der Stadt Litzmannstadt und des Gettos beginnen werde.[4] Das Getto müssten täglich 5000 Personen verlassen, zusammen mit den Maschinen und Waren. Ihnen wurde aufgetragen, einen entsprechenden Plan auszuarbeiten. Rumkowski soll angeblich gesagt haben, dass er die schwierigsten Aufgaben für die deutschen Behörden erledigt habe, dass er einen solchen Plan aber nicht vorlegen werde. Darauf wurde ihm wohl geantwortet, dass man ihm in diesem Falle am Mittwoch um 12 Uhr einen Plan vorlegen werde.
Diese Neuigkeit verbreitete sich blitzartig im ganzen Getto, die Menschen liefen aus den Ressorts und wie besinnungslos auf den Straßen umher. Aber das hielt nur sehr kurz an, denn bald beruhigte man sich und verstand, dass hier kein Plan helfen wird, dass man in

1 Original in Privatbesitz. Abdruck in: Poznański, Tagebuch aus dem Ghetto Litzmannstadt (wie Dok. 217, Anm. 1), S. 247–268. Das Dokument wurde aus dem Polnischen übersetzt.
2 Marek Kligier.
3 Aron Jakubowicz.
4 Eine Evakuierung der deutschen Bevölkerung aus Litzmannstadt war zu diesem Zeitpunkt nicht geplant, sie erfolgte überstürzt und unvollständig im Jan. 1945, unmittelbar vor dem Einmarsch der Roten Armee in Łódź. Allerdings sorgte der Ausbruch des Warschauer Aufstands am 1. August 1944 – Warschau liegt 130 Kilometer von Łódź entfernt – für Panik unter der deutschen Bevölkerung.

so kurzer Zeit keine so große Stadt evakuieren kann, wenn die Front in unmittelbarer Nähe verläuft. Die Menschen begannen zu lachen und Witze über das Thema zu machen.
Für 18 Uhr berief Rumkowski eine Sitzung der Ressort- und Abteilungsleiter sowie jeweils dreier Vertreter der Belegschaften ein, Menschen, die – wie er sich ausgedrückt haben soll – nüchtern denken können. Ihnen erzählte er vom Verlauf der genannten Konferenz. Alle Anwesenden verstanden sehr gut, dass es nichts Unverrückbares gebe, dass dieser Donnerstag kein Donnerstag sein muss, dass der Beginn auch am Freitag sein kann, am Sonnabend, am Sonntag (seine genauen Worte), dass es Pausen geben kann usw., dass wir uns im Kriegsgebiet befinden, dass einer der Behördenvertreter sich geäußert habe, dass uns nur 120 Kilometer von der Front trennen, also keine Zeit zu verlieren sei usw. Um 19 Uhr verbreitete sich die Nachricht, dass die Evakuierung um 20 Tage verschoben worden sei, später dann, dass die Maschinen und Waren abgehen, die Menschen aber bleiben. Es sind dies ungeprüfte Nachrichten, die einen wahren Kern haben können. Meiner Meinung nach wird daraus nichts. Dieser ganze Plan ist undurchführbar. Außerdem kommt diese dritte Person ins Spiel, die darüber entscheiden kann, ob der Plan ausgeführt wird.[5]
Heute Morgen kam ich wie gewöhnlich ins Ressort. Leider haben unsere Leiter den Kopf verloren, viele von ihnen kamen nicht. Die Menschen kamen zum Teil, zum Teil auch nicht.
Ich glaube, dass sie es dem Präses nicht so gesagt haben, wie er die Angelegenheit dargestellt hat. Er stellte sie absichtlich in den schwärzesten Farben dar, um den Leuten auf diese Weise ihre Ruhe zu nehmen und ihnen keine Gelegenheit zu bieten, sich auf einen Regimewechsel vorzubereiten.
Bezeichnend ist auch eine andere Tatsache. Gestern wurde eine Bekanntmachung mit Rumkowskis Unterschrift über das Verhalten der Bevölkerung bei Luftalarm ausgehängt. Die Bekanntmachung ist in deutscher, polnischer und jiddischer Sprache gedruckt, und seit drei Jahren wurde in Bekanntmachungen kein Polnisch verwendet. Dies ist wert, notiert zu werden.

4. August 1944
Seit drei Tagen herrscht große Panik im Getto. Bis zum 2. August um 12 Uhr mittags gab es für das Getto keinen Evakuierungsplan. Für 13 Uhr wurden alle Leiter und Kommissare des Schneider- und der Metallressorts in Biebows Büro bestellt, wo sich der Chef der Gestapo Litzmannstadt Stiller,[6] Biebow, Czarnulla[7] von der Gettoverwaltung und ein junger Mann befanden, der sich als Vertreter des *Reichsrüstungskommandos* vorstellte.[8] Dieser teilte den Anwesenden mit, dass der Stand des Krieges eine Verlagerung der Ressorts erforderlich mache, in erster Linie der Metall- und Schneiderressorts (die Tischlereiressorts haben für eine Woche einen Auftrag für besondere Behälter),

5 Nicht ermittelt.
6 Leiter der Gestapo in Litzmannstadt war Dr. Otto Bradfisch.
7 Erich Victor Czarnulla (1902–1948), Kaufmann; Angestellter der deutschen Getto-Verwaltung in Litzmannstadt, Leiter der beiden Metallabt. und der Beschaffungsabt. für Wehrmachtsaufträge; im Nov. 1946 von den USA an Polen ausgeliefert, in Łódź im Okt. 1947 zum Tode verurteilt und im März 1948 hingerichtet.
8 Gemeint ist vermutlich das Rüstungskommando Litzmannstadt.

weg von der Front und ins Innere des Reichs. Der erste Transport soll am Donnerstag, 3. August 1944, um 7 Uhr früh abgehen, der zweite am Mittag, insgesamt sollen 5000 Menschen täglich abfahren. Am Donnerstag sollte das Metallressort los, aber angesichts der Erklärung des Leiters des Metallressorts I, dass er nicht fertig sein könne, hat Czarnulla beschlossen, dass Betrieb 1 und Betrieb 2 fahren, das heißt die Schneiderzentrale in der Łagiewnicka-Straße 45 und das Schneiderressort in der Łagiewnicka-Straße 34/36, die einschließlich der Familien 5000 Personen ausmachen. Hinsichtlich der Maschinen wurde angeordnet, die mit elektrischem Antrieb mitzunehmen, die hand- oder fußbetriebenen jedoch zurückzulassen. Die Waren sind mitzunehmen. Für Freitag und Sonnabend wurden weitere Schneiderressorts bestimmt, am Sonntag soll eine Pause sein und am Montag sollen die Metallressorts I und II gehen. Ein darüber hinausgehender Plan wurde nicht erstellt. Wie ich gestern schon geschrieben habe, sollte Biebow am Mittwoch einen Evakuierungsplan vorstellen. Die Druckerei hatte das Papier vorbereitet und wartete bis 19 Uhr 30 auf den Text, als der Text einer Bekanntmachung mit Rumkowskis Unterschrift eintraf, dass Betrieb 1 und Betrieb 2 am Donnerstag abführen. Es gab keine weitergehenden Pläne und keine Sanktionen, falls man sich nicht einfindet. Noch am Dienstag hatte ich gesagt, dass aus der ganzen Geschichte nichts werde. Dass es meine Überzeugung sei, dass vielleicht ein oder zwei Transporte abführen, von einer vollständigen Evakuierung jedoch nicht die Rede sein könne. Das alles seien Symptome, dass die Deutschen völlig den Kopf verloren haben. Dass ich in der ganzen Evakuierung nur das private Interesse von Biebow und seinen Konsorten sehe. Die wollen jetzt nicht an die Front, wo der Krieg zu Ende geht, wollen vielmehr ihren Laden mitnehmen und weiterführen.

Es war abzusehen, dass der ganze Plan nicht glücken kann, undurchführbar ist. Für die Fahrt der Menschen sind 100 Waggons nötig, die mindestens zwei bis drei Tage gebraucht werden, und die Waggons für Waren und Maschinen? Woher nehmen sie die? Deshalb behaupte ich auch, dass der Plan nicht realisiert wird. Die Menschen haben mich wie einen Dummkopf oder Irren angesehen. Sie bewunderten meine Ruhe und konnten mich nicht verstehen. Jetzt kann man die Geschichte dieser wenigen Tage weitererzählen. Für uns sind das historische Tage, von denen jeder später anders berichten wird. Am Mittwoch nach dem Mittagessen wurden beim Papierressort 300 Bögen Papier für das Verpacken der Maschinen angefordert. Mit der Demontage der Maschinen befasst sich das Ressort *Nähmaschinenreparatur*. Am Donnerstagmorgen erschienen auf dem Bahnhof Radegast einige Dutzend Menschen, aber auch die konnten nicht abfahren, da es keine Waggons gab.

Noch am Mittwochnachmittag hielt Biebow im Metallressort I eine Rede, in der er sich an die Anwesenden wandte, nicht mit einem Appell, sondern mit der eindringlichen Bitte, dass die Juden auf ihn hören mögen und ins Reich führen, das tue man zu ihrem Besten, da hier Kriegsgebiet sei etc. Alles sah nach einem Flehen auf Knien aus. Die Juden konnten hier ihren ersten „Triumph“ davontragen.

Am Donnerstag um 12 Uhr hielt Präses Rumkowski auf dem Feuerwehrplatz eine Rede, in der er ebenfalls um Gehorsam gegenüber den deutschen Behörden bat. Nach ihm sprach der Oberbürgermeister von Litzmannstadt, Bradfisch,[9] der die Juden einfach bat, dass sie mitfahren sollen. Und Biebow hielt am Donnerstag in mehreren Ressorts Ansprachen, in denen er auf seinen und den guten Willen der Deutschen hinwies, die Juden zu retten, und sie bat, dass sie mit ihm gemeinsam führen.

8. August 1944
Seit Sonnabend/Sonntag hat sich nichts im Getto verändert. Biebow versucht weiterhin, die Menschen zu überreden, das Getto zu verlassen, aber mit geringem Erfolg. Die Menschen stellen sich widerwillig. In der Nacht zum 7. d. Mts. drang die jüdische Polizei zum ersten Mal in Wohnungen ein und führte Menschen ab. Es ist bislang nicht bekannt, aufgrund welcher Listen man die Leute aus den Betten geholt hat. Aus verschiedenen Ressorts, nicht nur den Schneiderressorts, sondern auch aus dem Korsagen-, Metall-, Tischler-, Pelzressort etc. Schwierig sich zurechtzufinden in der Flut der Gerüchte, die im Getto kursieren.
Wahrscheinlich hat man die Menschen aufgrund der von den Ressorts zuletzt angefertigten Liste ausgesucht, für den letzten Transport, über den ich vor einigen Wochen berichtet habe. Bemerkenswert ist die Tatsache, dass Lebensmittel in großen Mengen eintreffen, wenn auch sehr chaotisch. Es kommen riesige Mengen Kohl herein, seit einigen Tagen Kartoffeln.
Gestern wurden 5 kg pro Kopf ausgegeben, und übermorgen soll es eine neue Ration geben, erneut 5 kg pro Person. Dagegen gibt es bei der letzten (das heißt laufenden) Ration keine Marmelade. Sie fehlt in der Approvisationsabteilung. Ebenso wenig gibt es Mehl (es gab nur 20 dkg), verteilt wurden dagegen 50 dkg Roggenflocken.
Ich komme auf die allgemeine Lage zurück. Gestern sprach Biebow zweimal. Die Quintessenz seiner Ansprachen ist, dass sich die Situation grundlegend geändert habe, dass im Laufe der kommenden 48 Stunden alle, sogar die „Volksdeutschen", Litzmannstadt verlassen müssten. Daher würde er den Juden raten, freiwillig die Stadt zu verlassen. Das Nahen der Front könne für sie nichts Gutes bringen. Obwohl die gestrigen Reden in einem etwas schärferen Tonfall gehalten waren, so enthielten sie doch keine offene Drohung.
In der vergangenen Nacht wurden wieder Menschen aus den Betten geholt, aber wohl nur etwa 250, und gestern stellten sich im Laufe des Tages nur 14 Personen freiwillig. Aus diesem Grund herrscht heute eine große Nervosität. Ich jedoch bin der Meinung, dass daraus nichts wird. Die Herrschaft der Deutschen gelangt bei uns schon an ihr Ende oder ist schon beendet. Rozenblat soll sich in seiner Rede an Oberbürgermeister Bradfisch gewandt haben, dass er die Verantwortung für die Gestellung von Leuten nicht übernehmen könne, denn die Juden könnten kein Vertrauen zu den Deutschen haben, und warum, fragte er, sollten sie dies haben. Wenn das wahr ist, hat er beachtlichen Mut gezeigt. Reingold von der Approvisationsabteilung verschickt an seine Leute weiterhin große Päckchen mit Vorräten. Um auch den kleinen Leuten den Mund zu stopfen (den Untergebenen), versucht man, auch ihnen etwas zu geben, aber ein Teil hat die Annahme verweigert.

9. August 1944
Ich muss jetzt über die Erlebnisse des gestrigen Tages schreiben. Trotz mehrfacher Aufrufe Biebows kamen für den gestrigen Transport, wie erwähnt, nur wenige Menschen

9 Dr. Otto Bradfisch (1903–1994), Jurist; 1931 NSDAP-, 1938 SS-Eintritt; von 1937 an bei der Gestapo, SS-Obersturmbannführer; 1941 Kommandoführer des EK 8 der Einsatzgruppe B der Sicherheitspolizei und des SD in Weißrussland, das bis Frühjahr 1942 über 60 000 Juden ermordete; von April 1942 an Leiter der Staatspolizeileitstelle Litzmannstadt, von Sommer 1943 an auch kommissarischer OB von Litzmannstadt; 1963 zu 13 Jahren Haft verurteilt, 1969 entlassen.

freiwillig. Man muss hervorheben, dass die Menschen sich ungern stellen und noch nicht einmal die elenden Schlafstätten verlassen möchten, die sie hier besitzen. Um sie einzuschüchtern und zum freiwilligen Erscheinen zu zwingen, wurde gestern gegen 11 Uhr eine Razzia veranstaltet. Ungefähr um diese Uhrzeit fuhr von der Franciszkańska-Straße/Ecke Smugowa-Straße die deutsche Feuerwehr ins Getto, mit einem ihrer Fahrzeuge (Busse) ohne Löschausrüstung, aber mit Karabinern bewaffnet, und umstellte den Block: Łagiewnicka-, Zawisza-, Młynarska- und Brzezińska-Straße. Der Block wurde von der jüdischen Polizei durchsucht, und alle Bewohner wurden auf den Hof gebracht, danach auf den Łagiewnicka-Platz 1/3. Je nach Naturell der Polizisten wurde mehr oder weniger gründlich durchsucht, die verschlossenen Wohnungen wurden überwiegend nicht geöffnet.

Für die Geschichtsschreibung sei angemerkt, dass das Haus in der Berek-Joselewicz-Straße 16, in dem die höchsten Würdenträger des Gettos wohnen, angeblich überhaupt nicht angerührt wurde. Das ist sehr gut möglich und bezeichnend. Vom Platz, auf dem wohl über 2000 Menschen zusammengedrängt waren, wurden diese mit Straßenbahnen zum Kino in Marysin[10] abtransportiert. Gut unterrichtete Personen berichten, dass über 700 Personen auf dem Weg flüchteten, so dass nur knapp 1300 Personen beim Kino ankamen. Ein Teil von ihnen wurde wohl noch am gestrigen Tag auf einen Transport geschickt.

Alles das sind Gerüchte, die gegenwärtig schwer zu überprüfen sind. Die ganze Aktion dauerte von 16 bis 17 Uhr. Während der Aktion waren die Läden natürlich geschlossen, die Menschen in anderen Stadtteilen gingen sehr nervös [durch die Straßen], denn während der Aktion drangen die verschiedensten Gerüchte nach außen. Wenn ich diese ganze Aktion beurteilen soll, muss ich sagen, dass das auf mich den Eindruck eines Affentheaters macht, bei dem das Prestige der deutschen Behörden oder auch der private Krempel des Herren Biebow et consortes gerettet werden sollte. Ein Teil der Leute, mit denen ich sprach, sehen das auch so, ein Teil nimmt die Angelegenheit sehr ernst und meint, dass man heute wieder so eine Razzia in einem anderen Häuserblock durchführen werde, solange die Schneider sich weiterhin nicht freiwillig stellen. Ich glaube nicht an die Möglichkeit, dass sich eine solche „Komödie“ noch einmal wiederholt, denn anders kann man es nicht nennen, obwohl es für den Einzelnen eine Tragödie bedeutet. Ich glaube nicht an die Möglichkeit einer vollständigen Evakuierung des Gettos, das liegt weder im Interesse der deutschen Behörden noch im Rahmen der heutigen technischen Möglichkeiten.[11] In der Tat wird ein Teil fahren müssen; ob die, die bleiben, besser daran tun, ob ihnen nichts passiert?

So sieht die Lage aus. Meine Frau und meine Tochter[12] gingen heute zur Abteilung meiner Frau und ich in mein Ressort. In unser Ressort haben unsere lokalen Würdenträger ihre Familien und ihren Plunder gebracht. Angeblich gibt es heute eine scharfe Polizeibereitschaft, und man plant eine neuerliche Aktion. Das glaube ich nicht. In einigen Stunden werden wir es wissen.

10 Ehemaliges Kino, das 1944 als Gebäude zur Musterung von Gettobewohnern genutzt wurde, die zur Zwangsarbeit das Getto verlassen bzw. im Aug. 1944 nach Auschwitz deportiert werden sollten.

11 Siehe Einleitung, S. 37 f.

12 Poznańskis Ehefrau war Felicja Poznańska, geb. Torończyk (gest. 1980), ihre gemeinsame Tochter Hanna Poznańska, verh. Poznańska-Linde (*1927).

10 Uhr morgens. In der Nähe waren Schüsse aus Karabinern zu hören, erst einer, dann ein zweiter, dritter, vierter und immer häufiger. Wir erfuhren, dass eine neue Aktion begonnen hatte und dass der Block betroffen war, in dem sich unser Papierressort befindet, in dem auch ich mich in diesem Augenblick aufhielt. Frau und Tochter waren um diese Uhrzeit bereits in der Abteilung meiner Frau (Evidenz) auf dem Kościelny-Platz 4. Vom dritten Stockwerk des Ressorts aus konnte ich gut die Aktion im benachbarten Haus beobachten.

Der von der Aktion betroffene Häuserblock war begrenzt von der gradzahligen Seite der Żydowska-Straße, der gradzahligen Franciszkańska-, der ungradzahligen Brzezińska- und der gradzahligen Kościelna-Straße. Zu diesem Block gehören das Gebäude und der Garten der *Kripo*, wie schon erwähnt unser Ressort und noch einige weitere Ressorts. Man muss der Energie und dem Mut des Leiters Z. Ejbuszyc[13] Gerechtigkeit widerfahren lassen, der die Sache so zu wenden vermochte, dass das Ressort nicht betreten wurde, als er meldete, dass hier Menschen arbeiteten. Tatsächlich verlangten nur die jüdischen Organe Einlass, obwohl Czarnulla auf der Straße vor dem Ressort und Biebow in der Nähe standen.

Die Aktion verläuft in der Weise, dass die deutsche Polizei (man sagt, die städtische Feuerwehr) den zur Evakuierung vorgesehenen Block umstellt und dabei zur Abschreckung einige Schüsse abgibt. Ihnen folgend geht die jüdische Polizei zusammen mit der jüdischen Feuerwehr und den Schornsteinfegern hinein und ruft, dass alle nach unten kommen müssten. Nach einigen Minuten dringen sie in einzelne Wohnungen ein und prüfen, dass sich niemand mehr darin aufhält. Und natürlich hängt es vom einzelnen Polizisten oder Feuerwehrmann ab. Verschlossene Wohnungen werden selten geöffnet, aber es gibt viele Fälle, dass Türen aufgebrochen werden. Es kommt aber auch häufig vor, dass der Polizist, der hinter einer Tür jemanden hört, so tut, als sei dort niemand. Nach Beendigung dieser Revision und dem Abtransport der entdeckten Menschen zur Straßenbahn oder zu einem Sammelpunkt wird ein solches Haus sehr oberflächlich von den deutschen Behörden durchsucht.

Die ganze Aktion steht unter dem Zeichen von Geschrei und Angst. Für normale Menschen, die abseits standen und sich das Ganze ansehen konnten, muss das den Eindruck einer Menschenjagd gemacht haben. In vermutlich ähnlicher Weise (durch die Umstände modifiziert) jagte der weiße Mann den schwarzen Sklaven. Schrecklich! Und hier ist der Jude der Sklave dieser Gesellschaft (Biebow und der anderen), die ihn in unglaublicher Weise ausbeutet. Wären wir nicht Zeugen dieser ganzen Geschichte, hätte ich heute nicht diese Aktion gesehen, würde ich nicht glauben, dass sich so etwas im 20. Jahrhundert zutragen kann. Wenn wir nach dem Krieg einmal unsere Erlebnisse werden erzählen wollen, werden die Zuhörer ihren Ohren nicht trauen, aber ich kann ihnen versichern, dass dies die reinste Wahrheit ist. Gegen 12 Uhr endete die Aktion in der Żydowska-Straße, um 14 Uhr schon im ganzen Häuserblock, und wurde auf die andere Seite der Brücke verlegt, zum Häuserblock Wesoła-, Lutomierska-, Rybna- und Limanowski-Straße. Dort wird sie wohl in derselben Weise wie hier durchgeführt.

13 Nuta Zyszo Ejbuszyc (*1914), Trikotmeister in Łódź; im Getto Litzmannstadt einer der Leiter der Abt. für Papiererzeugnisse, in der Poznański arbeitete.

12. August 1944
Wir haben schreckliche Tage erlebt, waren aber durch die aktuellen Dinge so beschäftigt, dass ich keine Zeit hatte, hier[14] hineinzuschauen.
Am Mittwoch zwischen 20 und 21 Uhr erreichte uns die Nachricht, dass die Druckerei eine Bekanntmachung über die Schließung aller *Betriebe* und über die Umsiedlung der Bevölkerung von Donnerstag an vom westlichen Teil des Gettos zum östlichen drucke. Die Menschen wussten schon davon und flüchteten massenweise von jener auf diese Seite. Bis 2.30 Uhr früh haben wir Rucksäcke gepackt und waren noch nicht fertig, als um 3.30 Uhr ein uns bekannter Polizist klingelt und darum bittet, seine Mutter und Schwester mit ihren Sachen aufzunehmen, die von der anderen Seite geflüchtet sind.
Um 5 Uhr stand ich auf und ging auf die Straße, um den Verkehr in Augenschein zu nehmen, den ich durchs Fenster gehört hatte. Es stellt sich heraus, dass es in unserer Straße eine Aktion geben wird und man massenweise von hier mit Rucksäcken flüchtet. Andererseits flüchtet die Bevölkerung von der anderen auf diese Seite des Gettos. Angesichts dessen beschlossen wir, uns im Ressort zu verstecken, schon um 5 Uhr trug ich einen Teil der Sachen dorthin. Ich traf dort schon zahlreiche Menschen an, die sich dort versteckten:
Koplowicz und Perelman, meine Kompagnons auf der Parzelle,[15] beide in meinem und im benachbarten Zimmer. Ich veranlasste auch, dass meine Familie, das heißt meine Frau und meine Tochter, kommen sollten. Ich kehrte nach Hause zurück, nahm erneut einen Teil der Sachen und brachte sie ins Ressort. So pendelte ich vier, fünf Mal.
Um 7 Uhr erhielten wir die Nachricht, dass die Aktion begonnen habe, dass man die ungradzahlige Seite der Wschodnia-Straße umstellt habe. Gut, dass meine Familie schon im Ressort war. Vergleichsweise lange war jedoch nichts zu sehen, vielmehr wurden Menschen angehalten, die von der anderen Seite kamen, zu für sie bereitstehenden Straßenbahnen gebracht und zum Bahnhof Radegast gefahren, wo man sie vermutlich sofort in Waggons verfrachtet hat. Die auf der Straße Geschnappten fuhren wohl unter schlechteren Bedingungen als Vieh.
Gegen 13 Uhr wurde die Aktion beendet und eine Pause angeordnet. Nach dem Mittagessen, das heißt um 15 Uhr, begann die Aktion erneut auf dieser Seite, eingenommen wurde namentlich der Block Zawisza-Straße gradzahlig, Franciszkańska-, Dworska- und Łagiewnicka-Straße. Es wurden recht viele Menschen ausgesucht. Zwischen 17 und 18 Uhr wurde die Aktion beendet. Die Bevölkerung, die sich während der Aktion in ihren Schlupflöchern verkriecht, auch dort, wo es keine Aktion gibt, beginnt, aus den Löchern hervorzukommen. Einige Kooperativen wurden geöffnet, auf den Plätzen wurde wieder Kohl ausgegeben usw., das Getto erwachte wieder zum Leben. So verging der Donnerstag.
Müde von der durchwachten Nacht und den Erlebnissen den ganzen Tag über waren wir glücklich, als wir uns gegen 21, 22 Uhr schlafen legen konnten. Unsere Schlafstätte richteten wir uns im Arbeitssaal aus Bänken ein, auf die wir kleinere Päckchen der großen Taschen legten, die uns als Matratzen dienen sollten. Bis 5 Uhr morgens lagen wir in tiefem Schlaf. Um 5 Uhr morgens standen wir auf. Anzumerken ist, dass ungeachtet

14 Gemeint ist Poznańskis Tagebuch.
15 Poznański hatte zusammen mit zwei Bekannten eine kleine Fläche im Norden des Gettos gepachtet, auf der sie zur Verbesserung der Lebensmittelversorgung Gemüse anbauten.

der Ankündigung, dass im Ressort nur zehn Personen bleiben können, die Ressortleitung sich sehr tolerant gegenüber denen verhielt, die sich hier hatten verstecken wollen. Schon während der Nacht und mehr noch am Morgen kamen Menschen ins Ressort. Das Ressort sieht aus wie ein Gasthof. Um 6 Uhr erreicht uns die Nachricht, dass die Aktion begonnen hat, namentlich im Häuserblock Łagiewnicka-, Dolna-, Zgierska-Straße und Baluter Ring.
Ich habe vergessen zu erwähnen, dass die Herren Kopfer und Ejbuszyc, die beiden Leiter unseres Ressorts, ihre gesamte nähere und entferntere Verwandtschaft noch am Mittwochnachmittag und teilweise Donnerstagnacht hierher gebracht haben. Familie Ejbuszyc, das heißt die Eltern und Geschwister des Leiters, flüchteten noch am Donnerstag am späten Nachmittag aus dem Ressort, ohne zuvor jemandem etwas gesagt zu haben. Zunächst war unbekannt, wohin, aber Freitagfrüh erfuhr ich, dass sie zum Ressort Łagiewnicka-Straße 36 sind.

18. August 1944
Erst sechs Tage ist es her, dass ich die letzten Zeilen geschrieben habe, und so viele Dinge sind seitdem passiert, so viele Veränderungen, dass man sich gut erinnern muss, um sie ordentlich zu notieren. Also der Reihe nach.
Am Sonnabend dauerte die Aktion nur den halben Tag, vermutlich weil viele Menschen in den Lehmhütten der Ziegelei gefasst wurden. Und so konnte sich die Gettobevölkerung am Sonnabendnachmittag und den ganzen Sonntag über von diesem Alptraum erholen.
Ich muss ergänzen, dass wir gemeinsam mit Koplowicz und Perelman ein besonderes Versteck im Dachgeschoss gefunden haben, wo wir mit unseren Familien die Zeit während der Aktion verbracht haben. Die Fenster des Verstecks gehen nach vorne, so dass wir zwar nichts sehen konnten, da wir wegen der Gefahr, entdeckt zu werden, nicht an die Fenster gehen durften, aber den Verlauf der Aktion auf der Żydowska-Straße immer gut hören konnten. Man muss hinzufügen, dass in dieser Straße auch die Familien von Polizisten und Feuerwehrleuten wohnen, die ständig in Bereitschaft waren, um ihre Familien zu beschützen. Zu vermerken ist auch, dass die Menschenjagd den Eindruck macht, als würde man ein Tier auf der Jagd hetzen. Die Schreie und Rufe der Verhafteten, das Betteln, sie nach Hause zu entlassen, um zuvor vorbereitete Rucksäcke und Brotbeutel holen zu können, hinterlassen einen schrecklichen Eindruck und bedürfen der guten Feder eines Schalom Asch[16] oder eines anderen geeigneten Schriftstellers, um dieses Bild zu Papier zu bringen.
Gleichzeitig haben die Gettobehörden völlig den Kopf und die Kontrolle über die Gesamtheit des Gettolebens verloren. Die Gemüseplätze, Gemeindeläden, Bäckereien, Apotheken und alle anderen Gemeindeeinrichtungen sind schon am Donnerstagabend gründlich ausgeraubt worden. Die Polizei war nicht in der Lage, den Sturm der Menge auf diese Einrichtungen aufzuhalten. Das von Rumkowski ausgegebene Geld hat seinen Wert vollständig verloren, sein Wert beträgt Null. Nichts kann man mit dem Geld kaufen. Es gibt kein Brot in den Läden, denn niemand ist da, der es anliefern könnte.

16 Schalom Asch (1880–1957), jüdischer Schriftsteller und Autor zahlreicher Romane und Theaterstücke; verhalf der jidd. Literatur als einer der Ersten zu weltweiter Popularität.

Wie sah die Straße während der Aktion aus? Sobald bekannt wurde, dass die deutsche Polizei oder Feuerwehr im Getto war, verließen die Menschen nur in Ausnahmefällen ihre Häuser. Sie stehen höchstens in den Hauseingängen und gehen zur nächsten Gasküche, die notabene ihren Kunden ihre Dienste, wie überall jetzt im Getto, kostenlos anbietet, denn es gibt weder Kommissar noch Kassierer. Entlang der Straße und an den Ecken steht die jüdische Polizei, entweder weil das abgestellte Wachen sind oder weil die Polizisten und Feuerwehrleute sich dort aufstellen, wo sie möchten, überwiegend um ihre Familien zu beschützen.

Wenn sich das Fahrgeräusch des Traktors nähert, der zwei Anhänger hinter sich herzieht, oder wenn der Lärm von Rollwagen näherkommt, flieht alles in die Toreinfahrten, und jeder verkriecht sich in seinem Versteck. Wenn die deutsche Polizei auftaucht, gibt sie zur Abschreckung einige oder auch mehr Schüsse ab, springt aus dem Auto und nimmt die Posten ein, um einen bestimmten, zuvor bestimmten Häuserblock zu umstellen. Sie jagt die jüdische Polizei, damit diese die Wohnungen und Verstecke der Juden durchsucht und diese dort herausholt. Häufig geht an der Spitze der Polizei Biebow selbst oder Czarnulla oder eine andere Figur und ermuntert die deutschen Polizisten, die Wohnungen und ganze Häuser selbst zu durchsuchen. Wie ich schon angemerkt habe, macht diese ganze Aktion einen unfassbaren Eindruck, wie eine Tierjagd.

Die auf diese Weise gefangenen Menschen, manchmal mit Rucksack, manchmal ohne Sachen, schicken sie zu Fuß zur nächstgelegenen Straßenbahn oder setzen sie auf Autos und Wagen und transportieren sie nach Radegast ab. So sieht in groben Zügen der Verlauf einer Aktion aus, als Begleitmusik der Lärm zertrümmerter Türen und zerschlagener Scheiben. Aber wenn die deutsche Polizei abfährt und einen anderen Häuserblock umstellt, kehrt die Straße nicht zur Normalität zurück. Jeder hat Angst davor, dass sie zurückkehren.

Und das passierte am Montag oder Dienstag, als sie nach halbstündiger Pause in die Żydowska-Straße zurückkamen, als man schon gesagt hatte, sie hätten den Baluter Ring verlassen und seien in die Stadt zurückgefahren. Und dann hatten sie einen opulenten „Fang“, weil sie nicht nur die Żydowska-Straße säuberten, sondern auch den danebenliegenden Marktplatz, die Wschodnia-Straße und andere. Das Leben kehrt zur Norm zurück, sobald bekannt wird, dass die Aktion beendet ist. Darüber informieren sich die Polizisten[17] gegenseitig.

Genau so oder ähnlich vergingen der Montag, Dienstag und Mittwoch. Mitunter gab es für zwei Stunden eine Mittagspause gegen 12, 13 Uhr, manchmal jedoch wurde, wie beispielsweise am Mittwoch, ohne Pause von 6 Uhr morgens bis 7.30 Uhr abends „gearbeitet“. Gleichzeitig erschienen Bekanntmachungen des Präses, die dazu aufriefen, sich freiwillig in der Czarniecki-Straße im Zentralgefängnis oder in der Krawiecka-Straße einzufinden, um einem Transport zugeteilt zu werden und auf diese Weise Unannehmlichkeiten zu vermeiden. Die einen behaupten, dass sich auf diese Aufrufe hin viele einfanden, obwohl doch die Deutschen Menschen fingen, andere sagen, dass nur wenige kamen und man sie deshalb einfangen musste.

Bei der Lebensmittelversorgung herrscht ein großes Chaos. Die Läden verwüstet, Brot geben einige Bäckereien aus, vor denen lange Schlangen stehen. Sie geben für den Le-

17 Gemeint sind Angehörige des jüdischen Ordnungsdienstes.

bensmittelabschnitt 48 ein halbes Kilo statt eines Zweikilolaibes, aber das soll nur vorübergehend sein. Ich sehe aber, dass viele Menschen auch ganze Brote erhalten, andere bekommen Brot ganz ohne Karte usw. Die eine Bäckerei zieht die Lebensmittelkarte ein, die andere schneidet nur den Abschnitt heraus. Keine besitzt eine Registratur.
Dasselbe passiert mit anderen Lebensmitteln. Die Menschen „organisieren" in verschiedener Weise. Zum Beispiel erhielt unser Ressort 700 kg Fleisch für unsere Arbeiter zur gerechten Verteilung. Während die Leitung und eine kleine Gruppe sich jeweils einige Kilogramm nahmen, und zwar vom Besten, erhielt die Allgemeinheit entweder Abfälle oder überhaupt nichts. Dasselbe mit Quark. Eine noch schönere Affäre gab es mit Kartoffeln. Die Gemüseabteilung teilte jeweils fünf Kilo pro Gemüsekarte zu, die vorgelegt werden musste. Bei uns wurden 1039 Karten eingesammelt, und man erhielt eine Zuteilung von 5000 kg Kartoffeln. Am Donnerstag jedoch, am späten Abend, nahmen 43 Kasernierte[18] auf dem Platz Żydowska-Straße 8 die ganze Menge ab und teilten erneut denen, die im Ressort wohnten, nur sehr kleine Mengen zu, das heißt 10 bis 20 kg pro Familie.
Am Donnerstag gegen 12 Uhr wurde an die Gettomauern ein Plakat mit der Unterschrift der Gestapo geklebt, dass mit diesem Tag das Getto verkleinert werde und die folgenden Straßen ausgegliedert würden: Wolborska-Straße, Nad Łódką, der Alte Marktplatz, Zgierska-Straße, Kościelny-Platz, Baluter Ring, Zgierska- bis Dolna-, Dolna- bis Łagiewnicka-Straße, Łagiewnicka-Straße am Baluter Ring vorbei bis Kościelny-Platz, Brzezińska- bis Franciszkańska-, Franciszkańska- bis Smugowa-Straße (beide Seiten) und bis zum Gettozaun. Wer ab Freitag, d. 18., die Schwelle dieses Gebietes übertrete, werde mit dem Tode bestraft. Es begannen Lamento und Weinen. Die Menschen fürchteten, ihre Verstecke zu verlassen, denn gleichzeitig lief die Aktion, und es war leicht, in die Hände der deutschen Polizei zu geraten.
Mit Einbruch der Dunkelheit jedoch begann eine riesige Prozession derer, die nach viereinhalb Jahren wieder einmal ihre Wohnungen und ihre Schlafstätten verlassen mussten und nur so viel mitnahmen, wie sie tragen konnten. Es war dies ein bewegendes Bild des entsetzten Menschen. Mit der Morgendämmerung vergrößerte sich die Zahl der Menschen noch. Die Mehrheit derer, die nun ihre Stätte verließen, begab sich freiwillig zur Czarniecki- oder Krawiecka-Straße, um sich – Rumkowskis Rat gehorchend – zu den Evakuierungstransporten zu melden.
Für einen Moment unterbreche ich den Erzählfaden, um anzumerken, dass man seit zwei, drei Tagen eine gewisse Normalisierung bei der Brotausgabe feststellen kann. Seit gestern wird Brot auf eine Mittagessenkarte ausgegeben, ein Kilo pro Kopf, wobei sie den ersten Oktobertag ausschneiden. Für meine Familie und mich gelang es mir gestern, ein Brot anstelle von eineinhalb Laiben zu bekommen. Für wie lange, ob für vier Tage, das weiß niemand. Angeblich hat man Reingold und Szczęśliwy[19] aus der Approvisationsabteilung

18 Ähnlich wie bei den schon zuvor entstandenen Sammelpunkten, die in Vorbereitung auf die Deportationen eingerichtet worden waren, gingen die Deutschen jetzt dazu über, die Belegschaften der noch arbeitenden Ressorts einschließlich der Familien in einzelnen oder angrenzenden Häusern zusammenzufassen. Im Getto entstand gewissermaßen eine Reihe von kleineren Internierungslagern, deren Insassen Poznański als „Kasernierte" bezeichnet. Allerdings überwog nun die Hoffnung, auf diese Weise besser vor den Deportationen geschützt zu sein.

19 Awigdor Mendel Szczęśliwy (*1887); neben Zygmunt Reingold Leiter der Approvisationsabt. im Getto.

entfernt, und auf ihren Posten haben Kligier, Kaufmann[20] (Wachtmeister) und Rozenblat (Kommandant) die Leitung der ganzen Aktion übernommen. Das heißt *Sonder*kommando, Feuerwehr und Polizei. Und tatsächlich, auf dem Platz stellte neben dem Sonderkommando auch die Feuerwehr eine Wache auf, die die Leute von der Sonderabteilung beobachtet, und Letztere beobachtet die Getreidehändler und Kommissare.
Bei uns im Ressort wurde eine Liste mit zehn kasernierten Familien zusammengestellt. Natürlich war ich nicht darunter. Auf Bitten meiner Tochter und meiner Frau sowie mit Zustimmung eines der Leiter beschlossen wir daher, nicht zu gehen und uns stattdessen im Ressort zu verstecken und hier die Ankunft der Bol'ševiki abzuwarten. Die ganze Nacht hindurch wurde gepackt. Wir mussten vor den Nachbarn aus dem Versteck so tun, als würden wir auch gehen, um im letzten Augenblick doch zu bleiben.
Bis 8 oder 9 Uhr morgens gab es einen enormen Evakuierungsverkehr, der dann völlig aufhörte. Aber zwei Stunden später kehrten Menschen zurück, um etwas zu holen, das sie vergessen hatten. Dieser Verkehr dauerte den ganzen Tag über, ungeachtet der Androhung der Todesstrafe. Außerdem ist anzumerken, dass in vielen Wohnungen Menschen zurückblieben, die sich in der einen oder anderen Weise versteckten. Um 18 Uhr kam einer der kasernierten Kollegen in mein Versteck und erzählte mir, dass man ihn zusammen mit seiner Frau von der Liste gestrichen habe. Ich war sehr zufrieden, dass jemand gekommen war, da ich vor Langeweile beinahe verrückt wurde. Er sagte auch, dass sich viele Menschen wegen der 5 kg Kartoffeln melden und die Leitung ihre Schulden auch bereitwillig zahle. Brot bekommen von heute an wohl nur die Kasernierten, und die Allgemeinheit? Jeder Kasernierte erhält 25 dkg Brot, 9 dkg „Kolonialki“ (Mehl, Zucker, Flocken), 30 dkg Kartoffeln, drei Suppen täglich (nicht aus Kohl) und ½ kg Fleisch pro Woche. Eine sehr hübsche Ration.

20. August 1944, Sonntag
Ich muss nun auch den Wochentag notieren, um nicht zu vergessen, welchen Tag wir gerade haben, weil wir andernfalls den Überblick verlieren. Der gestrige Sonnabend verlief völlig ruhig. Im Getto gab es keine Aktion. Auf der Żydowska-Straße, die aus dem Getto ausgegliedert worden ist und auf die die Fenster meines Verstecks hinausgehen, war den ganzen Tag über mit kleinen Pausen Verkehr. Die Menschen gingen in ihre Wohnungen, um den Rest ihrer Habe zu holen, auf den Gemüseplatz (Żydowska-Straße 8) oder in unser Ressort, um Kartoffeln abzuholen. Gegen 11, 12 Uhr vormittags kam ein Wagen mit Luftreifen und sammelte die Kranken aus dem ganzen Stadtteil ein. Aus unserer Straße wurden einige Frauen mitgenommen. Um 18 Uhr fuhr der Wachtmeister und Leiter der Getto-Feuerwehr Kaufmann zur Inspektion der Posten auf einem Motorrad vorbei.
Wir schränken uns beim Essen sehr ein, damit die Vorräte so lange wie möglich ausreichen. Wir essen nur dreimal am Tag. Außerdem stellt die Besorgung von Wasser ein ernstes Problem dar, wir trinken daher auch wenig. Das Versteck befindet sich unter dem Dach, weshalb es sehr heiß und stickig ist. Wir haben eine elektrische Kochplatte, auf der wir kochen. Da mein Arbeitskamerad den ganzen Tag über nicht bei mir war, ging ich um 23.30 Uhr zu ihm. Niemand sah mich auf dem Weg. Es stellte sich heraus,

20 Henryk Kaufman(n) (1896–1944), Kommandant der jüdischen Feuerwehr im Getto Litzmannstadt.

dass er krank ist, Bauchschmerzen hat und schon schlief. Auch brachte ich nur wenig von ihm in Erfahrung. Seine Angelegenheit ist noch nicht erledigt, und der Leiter und der Bürochef waren schon bei ihm mit der Bitte, er möge im Laufe des gestrigen Tages zusammen mit seiner Familie das Ressort verlassen. Es stellte sich dabei heraus, dass sich bei ihm auch die Schwester seiner Frau, deren Mann und eine Schwägerin verstecken. Wir schlossen eine Abmachung, dass er mich am Sonntag (d. h. heute) um 11–12 Uhr besuchen kommt.

Da ich den ganzen Tag alleine sitze und über verschiedene Probleme nachdenke, komme ich immer stärker zu der Überzeugung, dass mir Gesellschaft fehlt, so schwer lastet auf meiner Psyche, dass ich mich mit niemandem unterhalten und verabreden kann. Ich muss wohl nicht daran erinnern, dass ich keine politisch-militärischen Nachrichten von draußen habe, dass ich keine Ahnung davon habe, wie sich die militärische Lage entwickelt.

Aus dem Fenster meines Verstecks kann man beobachten, dass sich in vielen Häusern noch immer Menschen befinden, die nicht daran denken, sie zu verlassen. Einige verbergen sich noch nicht einmal besonders.

Heute Morgen erwachte ich von dem ungeheuren Lärm des Verkehrs auf der Straße. Wie lange er schon anhielt, kann ich nicht sagen. Der Verkehr war entstanden, weil auf dem Gemüseplatz (Żydowska-Straße 8) erlaubt worden war, sich Kartoffeln und Kohl zu nehmen (oder sie wurden auch ausgegeben), und jeder kam und bediente sich. Dieser verstärkte Verkehr dauerte bis 10 Uhr, nahm danach ein wenig ab und kam während der Mittagsstunden fast zum Erliegen. Tatsächlich kam um 11.30 Uhr mein Arbeitskollege, bei dem ich gestern Nacht war, und erzählte mir die Geschichte, wie er von der Liste der Kasernierten gestrichen worden sei. Es stellt sich heraus, dass dies ein Streit zwischen den Leitern Bajgelman und Ejbuszyc ist.

Bei der Gelegenheit erfuhr ich, dass sich außer uns (das heißt meiner Familie und mir) noch andere Menschen im Ressort verstecken. Der Hausmeister und der Bürochef haben die Anordnung erhalten, sie hinauszuwerfen. Angeblich hat Bajgelman ihnen auch meine Anwesenheit verraten, so dass sie auch mich besuchen kommen sollten, aber bislang war niemand bei mir.

21. August 1944, Montag

Heute ist der vierte Tag unseres freiwilligen Gefängnisses. Schon gegen 8 Uhr waren die Stimmen jüdischer Polizisten und Feuerwehrleute zu hören, die mit Brechstangen, Äxten und Hämmern verschlossene Wohnungstüren und Fenster aufbrachen. Nach einiger Zeit gingen zwei deutsche Polizisten durch das Haus und durchsuchten nur oberflächlich die vorderen Parterrewohnungen. Nach ihrem Weggang brachen die jüdischen Polizisten und Feuerwehrleute für einige Zeit weiter verschlossene Wohnungen auf. Damit war die ganze Aktion in unserem Straßenviertel beendet. Den ganzen Tag über war es sehr ruhig, sehr wenig Verkehr. Es war aber zu sehen, dass diejenigen, die auf der Straße gingen, aus jenem Gebiet[21] kamen. Ich weiß nicht, ob es heute überhaupt eine „Werbeaktion" für den Abtransport gab.

21 Gemeint ist der Teil des Gettos, der nur über eine Holzbrücke erreichbar war, über die die Gettobewohner die nicht zum Getto gehörige Zgierska-Straße passieren konnten.

Die nicht kasernierte Gettobevölkerung erhält weder Lebensmittel noch Brot und muss nach den theoretischen Berechnungen des Herrn Rumkowski von der Luft zum Atmen leben. Dagegen erhalten die Kasernierten etwas bessere Rationen als gewöhnlich. Heute soll die Schwachstrom-Abteilung unter besseren Bedingungen abgefahren sein, in Personenwaggons, mit großem Gepäck und direkt nach Berlin. Es haben sich verschiedene Monteure und Elektromonteure angeschlossen, sogar Feinmechaniker.
Gestern Abend kam gegen 20 Uhr der Hausmeister des Ressorts zu mir und sagte, dass er mich im Namen aller Kasernierten bitten wolle, mit meiner Familie das Ressort zu verlassen. Als ich ihm sagte, dass wir das stille Einverständnis des Leiters haben, uns hier zu verstecken, bat er mich, dass ich mich darüber mit dem Bürochef verständigen möge, was ich gegen 23 Uhr nachts auch tat, vollkommen incognito. Die Sache ist noch nicht definitiv entschieden, aber auf gutem Wege.
Zu erinnern ist hier an zwei Affären, die der Hausmeister bei uns im Ressort zu verantworten hat, und das wahrscheinlich mit dem Wissen und der Billigung der Ressortleitung.
Anfang der letzten Woche gab die Fleischzentrale 750 kg Fleisch für das ganze Ressort. Eine gewisse Personengruppe (Meister, Leiter, ihre Angehörigen, der Bürochef und vielleicht noch zwei, drei weitere Personen) nahm das Gros des Fleisches für sich und verteilte den Rest nach eigenem Gutdünken. Zur Vertuschung der Affäre wurden der Küche für die Suppen 120 kg Fleisch und außerdem 70 kg Knochen abgegeben. Natürlich begehrten die Arbeiter und Angestellten auf, aber das half wenig. Man warf sie einfach zur Tür und in den Hof des Ressorts hinaus. Man nutzte die Gelegenheit und meldete der Fleischzentrale, dass 70 kg Fleisch gefehlt hätten. Die Zentrale lieferte die Differenz, die am Freitag abgeholt wurde, als auf dem Gelände niemand mehr sein durfte, und erneut teilte man unter sich.
Das Ressort sammelte von 1039 Personen die Gemüsekarte für Kartoffeln ein. Über diese Affäre habe ich schon geschrieben. Ein unbedeutender Teil der Kartoffeln wurde verteilt, den Rest, ca. 35–40 Säcke, teilte man wieder unter sich auf.
Jetzt beschreibe ich ein wenig das Versteck. Dies ist im Dachgeschoss, vergleichsweise groß, aber sehr schwül, mit Fenstern zur Straße. Den ganzen Tag herrscht eine ungeheure Hitze. Der Schweiß läuft in Strömen an uns herunter. Meine Tochter liegt den ganzen Tag über nackt.
Wir haben Strom, eine elektrische Kochplatte und können uns Essen kochen. Wir schlafen auf Betten aus Kartons, auf die wir Decken gelegt haben. Als Stühle dienen uns umgedrehte Papierkörbe, als Tisch dagegen ein Hocker. Das Dachgeschoss hat am Fenster eine Höhe von 130–140 cm, auf der gegenüberliegenden Seite etwa von zwei Metern und diente vor dem Krieg als Wohnung, wovon die an der Tür angenagelte Mesusa zeugt.
Ich muss ergänzen, dass ich am Dienstag vergangener Woche gegen 23 Uhr mit dem Kochgeschirr und den Suppen aus der Küche kam und im Dunkeln die Kellertreppe hinunterstürzte. Dabei goss ich mir heiße Suppe ins Gesicht, auf die linke Hand und die Kleidung und habe mich dabei ordentlich verbrannt. Das Gesicht beginnt schon zu verheilen, die Hand jedoch eitert.
Gestern habe ich erfahren, dass die Ostfront an dem für uns interessantesten Abschnitt, Warschau – Warka, überhaupt nicht vorgerückt ist. Unsere ganze Hoffnung setzen wir auf eine rasche Einnahme Warschaus und die Ankunft der Russen in Łódź. Dass dies nur so rasch wie möglich passiere.

23. August 1944, Mittwoch
Der sechste Tag im freiwilligen Gefängnis. Im Laufe der vergangenen zwei Tage ist nichts Wichtiges passiert. Offenbar gab es gestern Vormittag eine Aktion. Gestern auf dem Gebiet Brzezińska-, Franciszkańska-, Dworska-Straße, heute der Kościelny-Platz, Zgierska-Straße, Baluter Ring, Łagiewnicka-Straße – ein Häuserblock, der ursprünglich aus dem Getto ausgegliedert werden sollte, aber, wie sich herausstellt, bis zu den Wohnungen noch zugänglich ist.
Was nun unsere Ernährung angeht, so setzt sie sich gegenwärtig aus 7–8 kg alten Brotes zusammen (halbe Viertellaibe für drei Personen und ca. 30 dkg Kartoffeln pro Person täglich). Manchmal kommt noch ein Stückchen aus Mehl und Kaffee dazu, manchmal ein paar Rüben. Wir haben recht viel echten Tee und Kaffee und verbrauchen dies auch. Aus dem kann man ersehen, dass wir sehr elend leben. Wir haben aber ausgerechnet, dass uns das 24–25 Tage lang reichen wird, doch so lange wird die Geschichte sicherlich nicht dauern.
Gestern Abend fegte ein Gewitter mit Wolkenbruch über die Stadt hinweg, viel Wasser lief auch uns durch das Dach, und wir mussten einerseits das Bett retten, andererseits auch Proviant und die Habseligkeiten. Das war ein wenig beängstigend, aber es gab nur sehr wenige Schäden.
Im Verlauf des Tages ist die Straße ruhig, sehr wenig Verkehr. Erst gegen Abend kommen die Menschen heraus, aber wohin sie weshalb gehen, weiß ich nicht. Viele Menschen tragen kleine Taschen, womit?
Ich muss hier anmerken, dass die an das Ressort angrenzenden Häuser, Żydowska-Straße 14, 16 und 18 und ihre Pendants Brzezińska-Straße 3, 5 und 7, in Kasernen für die Fäkalien- und Müllfahrer umgewandelt wurden. Das nazistische System – die einen hinauswerfen, die anderen einsiedeln. Viele menschliche Errungenschaften, viele nationale Reichtümer gehen so vor die Hunde.
Solche Kasernierungspunkte sind im Getto mehrere eingerichtet worden, womöglich einige Dutzend. Die Transportabteilung für sich, die Polizei, Feuerwehrleute, die sogenannte Weiße Garde (Träger der Approvisationsabteilung), Jakubowicz' Garde (Fuhrleute und Eskorte des Baluter Rings), einige Abteilungen und einzelne Ressorts. Außerdem wurden einige sogenannte Sammellager geschaffen, wo man die Menschen für den Transport konzentriert. Łagiewnicka-Straße 36 und 63, Ärzte, Bäcker, Apotheker usw. Aber diese Gruppen haben durchaus nicht die Absicht wegzufahren, zumindest nicht für den Moment.

26. August 1944, Sonnabend
Der neunte Tag unseres freiwilligen Gefängnisses. Der Donnerstag verlief ohne größere Veränderungen. Die Aktion dauert an. Menschen werden eingefangen und abtransportiert. Auch einige Ressorts (Kasernierte) sind schon gefahren. So wurden angeblich aus Metall I die Nichtfachleute ausgesucht, und davon gab es recht viele, einflussreiche Personen, die von außen gekommen waren, wie Wizel und Rozenson von der Fleischzentrale etc. Und genau solche Personen sind gefahren. Man spricht auch von der Verschickung der Transportleute, man hat ihnen die Rucksäcke abgenommen und die Leute sind ohne Gepäck abgefahren, die Rucksäcke sollten hinterhergeschickt werden.
In unserem „versteckten" Leben ist eines der wichtigsten Probleme, Wasser hinaufzutragen und die Fäkalien fortzuschaffen. Beides muss nachts passieren, und die Nächte sind

jetzt dunkel. Zu allem Überfluss ist der Motor defekt, so dass das Pumpen aus dem Brunnen wegen seiner Tiefe und des raschen Versickerns des Wassers recht lange dauert und viel Kraft erfordert.
So verlief für uns der Donnerstag. Am Abend erfuhr ich von der Zerschlagung der Wehrmacht in Frankreich, dem Fall von Paris und der Kapitulation Rumäniens.[22]
Es kam der Freitag mit einem gewöhnlichen Morgen, das heißt wir aßen gegen 10 Uhr unsere 7–8 dkg und entschieden, das Mittagessen zweizuteilen, den ersten Teil um 13 Uhr, den zweiten gegen 16 Uhr. Wir machen uns gerade an die erste Portion, diesmal roter Barszcz mit Kartoffeln, als wir regen Verkehr auf der Straße hören. Wir schauen aus unserer Mansarde und sehen, wie die Menschen in Richtung Wolborska-Straße laufen und von dort mit Broten beladen zurückkommen, jeder mit vier, sechs oder acht Laiben, einige mit ganzen Säcken. Wir sind traurig, dies anzusehen, aber wir können uns nicht vom Ort bewegen, insbesondere weil ich glaube, dass die Deutschen heute bei uns die Waren der Firma Nestler, Hamburg, abgeholt haben.
Nach kurzer Zeit hören wir, dass mich jemand leise ruft: „Herr Doktor, Herr Doktor." Ich erkenne die Stimme des Ressortleiters Lichtenstein und laufe zur Tür. Ich sehe seine entsetzte Miene und frage, was passiert sei. Er ist zu bewegt und kann nicht erzählen, schiebt nur zwei Brote durch die zerbrochene Scheibe und sagt: Essen Sie und Ihre Familie, so viel wie Sie wollen. Sie bekommen Mehl, Kartoffeln und Brot. Wir wollen uns heute Abend verständigen. Ich trug die Brote ins Zimmer, und man stelle sich das Erstaunen meiner Damen vor. Wir entschieden, nicht erst den zweiten Teil unseres Mittagessens abzuwarten, sondern ein zusätzliches Stück Brot und gleich im Anschluss noch einmal die Tagesration (7–8 dkg) zu nehmen. Das war erst eine Freude! Besonders freute sich meine Tochter, die zugab, schon seit Tagen hungrig zu sein. Aber damit waren die Überraschungen noch nicht zu Ende.
Nach einer Stunde kommt Koplowicz und erzählt, dass sie viel Brot aus der Bäckerei in der Wolborska-Straße ins Ressort gebracht haben, die Bäckereien seien von den Bäckern verlassen worden, und die Menschen würden sich das Brot nehmen. Wir schwankten lang, ob wir am helllichten Tage unsere Anwesenheit im Ressort verraten sollten, aber eingedenk dessen, dass uns einen Tag zuvor die Smoleńska bemerkt hatte, außerdem recht viele andere Menschen, wissen vermutlich alle von meiner Anwesenheit im Ressort, und ein zweites Mal würde sich eine Gelegenheit, an Brot zu kommen, nicht bieten. Wir beschlossen zu dritt, dass ich hinuntergehe und mein Glück versuche.
Schon in der Toreinfahrt traf ich einige Kollegen aus dem Ressort (Amsterdam, L. Lichtenstein, Rosencwajg, Perelman) sowie P. Lichtenstein und Kupfer, den Sohn des Leiters, die sich gerade mit einem Wagen auf den Weg machten. Von den in der Toreinfahrt Stehenden riet mir Perelman, nicht hinauszugehen, er sagte, sie hätten viele Laibe auch für mich, aber Amsterdam drängte mich zu gehen. Ich entschied mich und wollte mich denen anschließen, die für den nächsten Transport mit dem Wagen zur Bäckerei fuhren. Plötzlich fährt ein deutscher Lastwagen vor, um Waren abzuholen, und sie müssen beide bleiben, um beim Aufladen zu helfen. Ich dachte nicht lange nach, griff mir einen großen

22 Am 25.8.1944 war General de Gaulle in Paris eingezogen. In Rumänien ließ König Michael II. unter dem Eindruck des sowjet. Vormarsches am 23.8.1944 Marschall Antonescu verhaften und bildete eine neue Regierung. Am 25.8.1944 erklärte Rumänien dem Deutschen Reich den Krieg; siehe VEJ 13, Einleitung, S. 72 f.

Sack und huschte an der Portiersfrau vorbei auf die Straße. Leider kam ich zu spät an der Bäckerei an, Brot gab es schon nicht mehr, aber Mehl war noch da. Ich nahm 10 bis 15 Kilogramm Mehl und lief damit zurück.
An der Portiersloge traf ich mit den hinauskommenden deutschen Fahrern zusammen, die mich nur ansahen, aber nichts sagten. Ich trug das Mehl nach oben, zögerte recht lange, ob ich ein zweites Mal gehen solle, der Laster stand noch immer im Hof. Meine Frau gab mir einen Kissenbezug, und ich traute mich ein zweites Mal. In der Wolborska-Straße gab es jedoch nichts mehr. Ich rannte zur Jakub-Straße 4, wo ich erneut nur Mehl bekam. Ich nahm 15–20 kg Mehl und lief nach Hause. Der Laster stand noch im Hof. Für ein drittes Mal fehlten mir die Kräfte.
In der Zwischenzeit hatten meine Frau und meine Tochter Plätzchen gemacht und erfreuten mich mit einer leckeren Vesper. Kurze Zeit später, vielleicht nach einer Stunde, hörte die Pilgerschaft zur Wolborska-Straße auf, offenkundig waren die Mehlvorräte in beiden Bäckereien erschöpft. Ich muss ergänzen, dass die Mehlsäcke einfach aufgerissen wurden und viel Mehl verdarb. Ich stand bis zu den Knöcheln in Mehl, aber niemand achtete darauf. Bei dieser Gelegenheit war zu sehen, dass viele Wohnungen in der Żydowska-Straße sich belebten, dass dort Menschen waren, die sich verstecken. Aber damit waren die Überraschungen an diesem Tag noch nicht zu Ende. Natürlich war meine Anwesenheit verraten worden, und ein weiteres Verstecken vor den Kasernierten machte keinen Sinn mehr, zumal viele mich mit dem Mehl gesehen hatten.
Abends erfuhr ich, dass Bulgarien offenbar dem Beispiel Rumäniens gefolgt ist.[23] Wenn das wahr ist, dann wird sich vielleicht ein rasches Kriegsende vorhersagen lassen, nach Bulgarien wird sicherlich auch der Rest der Vasallen folgen, das heißt Ungarn, die Slowakei, Kroatien und Finnland – und anschließend Deutschland selbst. Für uns, die wir hier auf einem Vulkan sitzen, wäre es das Beste, wenn wir durch die Frontlinie gingen, das heißt dass beide kämpfenden Armeen über uns hinweggehen. Das ist verbunden mit einem großen […].[24]

DOK. 267

Mojżesz Gerszuni sagt am 6. September 1944 über seine Arbeit bei der Leichenverbrennung in Białystok aus[1]

Protokoll der Zeugenaussage von Mojżesz Gerszuni vor der Wojewodschaftskommission zur Untersuchung deutscher Verbrechen in Białystok vom 6.9.1944[2]

Eine Gruppe von Juden, die zur Leichenverbrennung eingesetzt wurde
Protokoll vom 6. Juni 1944, angefertigt in den Räumlichkeiten des Wojewodschaftskomitees zur Erforschung deutscher Verbrechen in Białystok, in Anwesenheit des Komiteevorsitzenden Rechtsanwalt Jackowski, des Gerichtsmitglieds Wiktor Popławski und

23 Am 26.8.1944 erklärte Bulgarien seine Neutralität und den Rückzug aus dem Krieg.
24 Satz unvollständig.

1 AŻIH, 301/547, Bl. 1–4. Das Dokument wurde aus dem Polnischen übersetzt.
2 Abschrift der Jüdischen Historischen Wojewodschaftskommission Białystok vom 15.7.1945.

Dr. Szymon Datner[3] mit dem vom Vorsitzenden aufgerufenen Zeugen Gierszuni Mojszen,[4] geboren am 6.7.1910 in Białystok, von Beruf Schlosser, wohnhaft Starobojarska-Straße 32. Nachdem ihn der Vorsitzende darauf hingewiesen hat, ausschließlich die Wahrheit zu sagen, gibt der Zeuge Folgendes zu Protokoll:
Während der deutschen Okkupation wohnte ich in Białystok. Seit der Errichtung des Gettos bis zu seiner Auflösung Mitte August 1943 wohnte ich im Getto. Nach meiner Flucht vom Transport versteckte ich mich zwei weitere Monate auf dem Gettogelände in der Ciepła-Straße 2 oben (in einer Kammer) zwischen der Decke und dem Dach. Zusammen mit mir versteckten sich dort auch meine Cousins Abraham und Chana Gottlieb. Auf dem Hof dieses Grundstücks versteckten sich weitere sechs Personen, überwiegend Frauen. Die Liquidierung des Gettos begann um 0:30 in der Nacht des 10. August 1943. Es erschienen viele Deutsche auf Motorrädern. Um 5 Uhr morgens verkündeten sie, dass sie das Getto auflösen und die Bewohner nach Lublin bringen. Bis 9 Uhr hatten sich ausnahmslos alle in den Straßen Jurowiecka, Ciepła, Fabryczna, Nowogrodzka, Chmielna und Górna aufzustellen. Um 9 Uhr fuhren 50 Lkws und drei Panzer vor die Räume des Judenrats, schlossen ein Feldtelefon an und begannen, in die Menge zu schießen. Es gab mehrere Tausend Tote.[5] Auch die Juden verwendeten Waffen, vor allem Revolver, und einige Deutsche kamen ums Leben. Um sich zu retten, brannten die Juden einige Häuser und Zäune nieder, die das Getto an der Górna- und der Ciepła-Straße begrenzten, um im Chaos zu fliehen. Jedoch konnten sie die Postenkette nicht durchbrechen, die das Getto umstellte. Die Mitglieder der Partisanenorganisationen besaßen Waffen. Polen belieferten die Juden, die sich versteckt hielten, mit Revolvern und Munition. Ich versteckte mich oben und lag tagsüber im Versteck; am meisten quälte uns der Wassermangel. Das Wasser holte ich aus einem etwa 300 Meter entfernten Teich, der von Deutschen bewacht wurde. Dort starben viele Menschen. Ich versuchte, im Keller nach Wasser zu graben, aber ich stieß auf Sand. Nachts kochte ich auf einer Elektroplatte und zog dazu das Kabel aus dem Zähler, der von den Deutschen kontrolliert wurde. Lebensmittel holten wir uns aus den verlassenen Wohnungen des Grundstücks. Die Situation verschlechterte sich erheblich, als Weißrussen und Ukrainer in die Wohnungen der Juden einzogen. Sie stellten Fallen auf, das heißt, sie ließen auf dem Fußboden Gegenstände herumliegen oder schufen Hindernisse, um sich zu vergewissern, ob sich Juden auf dem Grundstück versteckten. Ich beschloss, das Getto zu verlassen. Deshalb begab ich mich zu einem geheimen Fach unter dem Fußboden, um einige unentbehrliche Sachen zu holen. Das war am Abend des 17. Oktober. Einige Tage zuvor hatten jedoch die Deutschen das Versteck im Hinterhof mit drei Personen entdeckt und diese ins Gefängnis gebracht. Als ich das Versteck gerade verließ, hörte ich plötzlich die Schritte von Deutschen und ging zurück auf den Dachboden, versteckte mich in einer Ecke auf dem Boden und gab den anderen ein Zeichen, dass sie die Petroleumlampe

3 Dr. Szymon Datner (1902–1989), Historiker; vor 1939 Lehrer am Hebr. Gymnasium in Białystok; während der deutschen Besatzung im Untergrund; 1944–1946 Leiter des Zentralkomitees der Juden in Polen (Centralny Komitet Żydów w Polsce, CKŻP) in Białystok, der offiziellen Vertretung der jüdischen Überlebenden gegenüber den staatlichen Behörden; später tätig im Jüdischen Historischen Institut in Warschau sowie in der Hauptkommission zur Untersuchung von NS-Verbrechen in Polen.

4 So im Original.

5 Siehe Einleitung, S. 60 f.

löschen sollen. Ein Deutscher kam auf den Dachboden, entdeckte mich und fragte, ob ich eine Waffe besäße. Ich antwortete, dass er nicht mehr am Leben wäre, wenn ich eine Waffe besäße. Er fragte weiter nach Gold, einer Uhr und Geld. An der Treppe stand ein zweiter Deutscher und fragte nach weiteren versteckten Juden. Nachdem sie mir versichert hatten, dass sie mich nach Lublin zur Arbeit schicken werden, brachten sie mich in das Gettorevier, wo sie mich nach einer gründlichen Durchsuchung im Arrest festsetzten. Nach dem Frühstück untersuchten sie mich erneut, um eventuell noch etwas zu finden, und brachten mich zurück ins Getto, wo ich ihnen, um sie auf die falsche Spur zu bringen, ein kleines, bereits verlassenes Ein-Personen-Versteck zeigte und als mein bisheriges Versteck ausgab. Sie begannen, dort zurückgelassene Sachen herauszuziehen. Auf der Suche nach Gold nahmen sie drei oder vier Wintermäntel mit und führten uns dann auf den Dachboden, wo sie mich am Vortag aufgegriffen hatten. Ich versuchte, durch mein Verhalten die Gottliebs zu warnen. Die Deutschen durchsuchten den Dachboden gründlich. (Der Eingang zum Versteck war mit einem Schrank in Form einer Säule getarnt.) Daraufhin brachten sie mich zum Revier zurück und danach zur Gestapo in die Sienkiewicz-Straße 15. Dort wurde ich gefesselt und in eine Zelle gebracht.
Dort sah ich die Kleidung der am Vortag festgenommenen Juden. In der Zelle waren noch drei Polen – einer war wegen Plünderung im Getto verhaftet worden. Schließlich wurden wir Gefesselten zu zweit in das Gefängnis gebracht. Dort erfuhr ich, dass sich hier 80 Juden befinden, die als Spezialisten in verschiedenen Gestapo-Einheiten eingesetzt waren. Sie trugen ein Kreuz auf dem Rücken und waren in fünf Zellen untergebracht. Einen von ihnen kannte ich. Durch ein Schmiergeld an den Schließer kam er in meine Zelle. Von ihm erfuhr ich, dass bereits mehr als 1000 Juden, die sich versteckt hatten, festgenommen worden waren. Im Lauf des Tages kamen noch zwei weitere Juden in meine Zelle. Mein Bekannter bemühte sich, für mich eine Arbeit zu besorgen, und ich begann, im Gefängnisbereich als Schlosser zu arbeiten. Am 17. November kam die Gestapo ins Gefängnis. Alle Juden (Männer) wurden auf den Hof gerufen. Hauptsturmführer Machoł[6] fragte nach dem Revier und teilte Gruppen ein. Eine bestand aus 40, die andere aus 20 Männern. Als noch ein Schmied gesucht wurde, gab ich mich als solcher aus und kam als Letzter in die Gruppe mit 40 Männern. Sie fertigten eine Liste der Gruppe an und wiesen an, die Bedingungen zu verbessern. Die restlichen Juden (mit Ausnahme der Kinder) wurden zur Bahn gebracht und abtransportiert. Die Kinder wurden unter Aufsicht einer Polin gewaschen und nach zwei Wochen mit einer Gruppe Juden, die in der Zwischenzeit im Gefängnis eingetroffen war, zur Erschießung in die Umgebung gebracht. Ich folgerte dies aus den Umständen des Abtransports und dem Fakt, dass ihre Kleidung nach einer halben Stunde zurückgebracht wurde.
Wir, die wir im Gefängnis verblieben waren, arbeiteten weiter sporadisch im Gefängnisbereich. Mitte März [1944] kam Friedel[7] ins Gefängnis und suchte Fassbinder. Sie meldeten einen Zimmermann und noch einen, die von unserer Gruppe in die Gruppe mit 20 Männern versetzt wurden. An ihrer Stelle kamen zwei in unsere Gruppe der 40. Die Gruppe der 20 fuhr ab, ich weiß nicht, wohin. Im April kam Machoł, der Hauptsturmführer der Gestapo – alle waren angeschwollen vor Hunger, aber er behauptete, dass wir

6 Richtig: Waldemar Macholl.
7 Fritz Gustav Friedel.

gut aussähen –, und befahl, uns zur Arbeit einzusetzen. Aus der Gruppe der 40 arbeiteten zehn Tischler für die Gestapo in der Möbelanfertigung. Der Rest machte Ketten, 40 Stück, zwei Meter lang, sowie Eisenstangen mit Handgriffen, 20 Stück. Am 7. April 1944 bereitete man einen Transport für die Erschießung vor; er setzte sich aus Polen zusammen. Darüber hinaus rief Friedel einzelne jüdische Häftlinge auf und fügte von den zwischenzeitlich Eingetroffenen zwölf Juden hinzu (zwei Gebrechliche sowie Frauen und Kinder). Die verbliebenen zehn Juden wurden in unsere Gruppe eingegliedert. Vor Abfahrt des Transports befahl man den Abzutransportierenden, ihre Oberbekleidung und Schuhe auszuziehen. Friedel schlug einige. Am 15. Mai fuhr eine Gruppe Spezialisten ab, die aus 20 Personen bestand. Wir waren dann noch 30, darunter die zehn Tischler. In dieser Gruppe befand auch ich mich. Das heißt, es fuhren 20 ab. Die Ketten und Pakete legte man in ein Auto. Wir fuhren zur Gestapo in die Sienkiewicz-Straße 15. Machoł versicherte uns, dass wir nicht erschossen, sondern zu einer schweren Arbeit gebracht würden. Wir hätten zu arbeiten und zu schweigen. Wir fuhren die Chaussee entlang. Unterwegs hielten wir zweimal an. Draußen begleitete uns eine starke Eskorte von etwa 50 Deutschen, die mit einem zweiten Auto gekommen waren. Wir fuhren bis Augustów, wo wir die Gruppe von Häftlingen trafen, die am 15. bzw. 17. Mai abgefahren war.

Am Morgen des zweiten Tages fuhren wir einige Kilometer in den Wald (den Ort würde ich erkennen, den Weg dahin weiß ich nicht) und begannen zu graben. Nach 1 ½ m stießen wir auf Leichen. Sechs Leute wurden bestimmt, um Holz zu schlagen, darunter ich. Zwölf Bretter mit einer Länge von 6 m wurden in Form eines Fasses angeordnet. Die Wachen waren betrunken, sie trieben uns auf unmenschliche Weise an. Man befahl uns, die ausgegrabenen Leichen auf den Bretterstapel zu legen (zum Herausheben der Leichen benutzten wir übrigens die im Gefängnis gefertigten Eisenstangen). In drei Gruben, die etwa 30 m lang, 2 m breit und 1 ½ m tief waren, befanden sich 900 Menschen. Auf Befehl der Deutschen wurden sie gezählt. Eine weitere Grube enthielt 20 Leichen. Wir arbeiteten drei Tage lang zwölf Stunden am Tag. Die Leichen in den Gruben lagen meist in drei Schichten, eine direkt über der anderen. Der Haufen brannte 1 ½ Tage. Asche und Knochen wurden gesiebt. Die Knochen wurden gesammelt und wieder in den Gruben vergraben, die danach zugeschüttet und oberflächlich mit Sträuchern getarnt wurden. Sie suchten Gold und fanden welches. In den Gruben lagen vor allem die Leichen von Männern. Man fand dort auch religiöse Gegenstände und sowjetische Militärkleidung. Es waren Juden, Polen und Sowjets.

Nach drei Tagen brachte man uns von Augustów aus in die andere Richtung, wieder in die Nähe von Wald und Eisenbahngleisen. Dort waren sieben gleichgroße Gruben. Die Leichen befanden sich bereits im Zustand des völligen Verfalls. Es waren vor allem Männer, etwa 2000 Leichen. Während der Arbeit kam ein Lkw, der zwölf noch blutige Leichen mit Einschusswunden von Maschinengewehren in der Gegend des Kopfes und der Oberkörper enthielt. Die Toten waren vollkommen nackt. Es handelte sich um zehn Frauen, die mit einer Ausnahme jung waren, und zwei Männer aus der Stadt. Diese Leichen wurden zusammen mit den ausgegrabenen Toten verbrannt. An einem anderen Platz wurden zwei kleinere Scheiterhaufen errichtet, die etwa acht Stunden brannten. In Augustów dauerte die Arbeit an beiden Orten zwei Wochen. Von Augustów fuhren wir nach Grodno, wo die Arbeit etwa drei Wochen dauerte. Wir gruben an zwei Orten: an der Chaussee nach Sopoćkinie[8] und beim Fort I in einem Wäldchen etwa 15 Minuten

Autofahrt von der Stadt entfernt. Die Gruben waren meist drei Meter tief. Die Arbeitsmethoden waren die gleichen. Wir holten an beiden Orten etwa 10 000 Leichen heraus. Die Leichen waren völlig frisch, die Gesichtszüge noch deutlich erkennbar. Ein Teil der Körper war völlig nackt, es gab viele Frauen und Kinder. Ein Teil der Leichen hatte verbundene Hände und Augen. In einer Grube befanden sich einige Hundert Leichen von Juden. Wir erkannten das an den Flicken, die sich an ihrer Bekleidung befanden. Manche von den Deutschen aufgezeigte Stellen entpuppten sich nach der Aushebung als leer: Vermutlich hatte die örtliche Bevölkerung die Leichen weggebracht. In einigen Gruben fanden wir sowjetische Patronen. In einer separaten Grube stießen wir auf die Leichen zweier polnischer Soldaten, nicht gut erhalten, in vollständiger Uniform. Machoł kannte die Gruben genau, denn er wusste, welche Leichen sich an der Oberfläche befinden mussten. Wir waren während unseres Aufenthalts bei der Gestapo in Grodno untergebracht, man kümmerte sich von Anfang an um unseren gesundheitlichen Zustand. Die Ernährung war gut, sie gaben Zigaretten aus, und schließlich begannen sie, Wodka auszuteilen. Von Grodno fuhren wir nach Skidlo und Łuna.

In der Nähe jedes dieser Städtchen befahl man uns, auf einem Feld bei den Fundamenten eines zerstörten Hauses Gruben zu öffnen. Die Gruben waren kleiner, aber 2 ½ Meter tief, in zehn Schichten. Insgesamt gruben wir in beiden Orten 2000 bis 2500 Leichen aus. Ich erinnere mich, dass die eine Grube 500 und die andere 350 Leichen enthielt; vor allem Frauen und kleine Kinder. Nach der Rückkehr nach Grodno hatten wir eine Woche Ruhe, wahrscheinlich weil die Deutschen befürchteten, an den Orten, an denen Ausgrabungen stattfinden sollten, auf Partisanen zu treffen.

Die Vernehmung wurde hier unterbrochen und am 7.9.1945[9] wieder aufgenommen.

Am 21. Juni 1944 kehrten wir von Grodno nach Białystok zurück. Man brachte uns in den Heimatfront-Baracken am Hauptbahnhof unter. Am dritten Tag brachten sie uns zur Arbeit in die Nähe des Dorfes Dzikie bei Narwa, nicht weit von der Chaussee und der Eisenbahn entfernt. In der Nähe befand sich ein kleines Haus. Wir öffneten 21 Gruben unterschiedlicher Größe. Die Gestapomänner erinnerten sich genau, welche Leichen sich in den einzelnen Gruben befanden. Einer von ihnen suchte nach der Leiche einer Frau, die ein Armband getragen hatte. Es wurden etwa 5000 Leichen ausgegraben und verbrannt. Einige Leichen waren in einem guten Zustand, andere bereits im fortgeschrittenen Zerfallsstadium. Es waren Tote unterschiedlicher Nationalität, Christen und Juden, Männer, Frauen und sowjetische Kriegsgefangene. Auf einige Gruben hatte die örtliche Zivilbevölkerung gut sichtbar Kreuze aufgestellt. Die Deutschen spotteten über die Kreuze und befahlen einem der Juden, einen anderen Juden zum Spaß mit dem Kreuz zu schmücken.

Der nächste Arbeitsplatz war beim Dorf Bacieczki, in der Nähe eines Wäldchens. Wir arbeiteten dort drei oder vier Tage. Es wurden fünf Gruben geleert, die 15 bis 20 m lang, 5 m breit und 1 ½ m tief waren. Es waren größtenteils die Leichen von Frauen und Kindern, insgesamt etwa 500, in gutem Zustand. Die übrigen kleineren Löcher enthielten 50 bis 100 ebenfalls in gutem Zustand. Insgesamt waren es also etwa tausend. In einem Loch ließen wir – indem wir die Unaufmerksamkeit der Bewacher ausnutzten – eine Schicht Leichen liegen. Überall bemühten wir uns, Leichen zurückzulassen, was uns aber nur in

8 Heute Sapockin in Weißrussland.
9 Richtig: 7.9.1944.

Grodno gelang, weil wir erwarteten, am Leben zu bleiben. Durch das Zurücklassen der Leichen wollten wir Spuren der deutschen Verbrechen bewahren. In Bacieczki überwogen Leichen aus Gefängnissen. Juden in Kleidung mit Flicken. Von diesen Orten brachten sie uns dann nach Białystok, in Baracken an der Kraszewski-Straße, die von uns neu erbaut worden waren. Das Grundstück grenzte an ein Haus, in dem weißrussische und ukrainische Hilfsabteilungen der Gestapo kaserniert waren. Von dort fuhren wir zum Dorf Grabówka. Hier arbeiteten wir vier bis fünf Tage. Fünf Gruben wurden ausgegraben und nur die Körper von dreien verbrannt. Die Löcher befanden sich im Wald. Eine der Gruben war von einem bisher nicht gesehenen Ausmaß, nämlich 40 Meter lang, zwei Meter breit und 1 ½ Meter tief. Die Körper waren völlig nackt. In dieser Grube befanden sich 700 Leichen. So viel gaben auch die Deutschen an, und es stellte sich als richtig heraus. Die Körper waren in einem guten Zustand. Die übrigen Gruben waren 15 bis 20 Meter lang. Aus den übrigen zwei Gruben verbrannte man etwa 800 Leichen.
An einem Donnerstag Anfang Juli, ich weiß nicht welcher, kamen wir zur Arbeit. Auf den Straßen sah man deutsche Truppen auf dem Rückzug. Sie trugen uns auf, zwei aufgegrabene Löcher mit Leichen und zwei von Leichen geleerte Löcher zuzuschütten. Eine der leeren Gruben sollte offenbleiben. Außerdem befahlen sie uns, die Tragen, die wir zur Arbeit benutzt hatten, zu verbrennen. Schließlich befahlen sie, uns in Reih und Glied aufzustellen und in einer Kolonne in Richtung der verbliebenen, nicht zugeschütteten Grube zu gehen. Von drei Seiten bewachten uns Posten mit jeweils zwei Polizisten. Insgesamt waren es 40 Polizisten. Als wir sahen, dass sie uns in den Tod treiben wollten, begannen wir, uns laut zur Flucht aufzufordern, und flohen in verschiedene Richtungen. Es gelang mir, den Wald zu erreichen, wo ich mich elf Tage versteckte und von Beeren ernährte. Neun von uns waren übriggeblieben, die anderen starben durch die Kugeln. Die Deutschen durchsuchten den Wald, aber konnten mich nicht entdecken. Nach vier oder fünf Tagen verließ ich den Wald und ging in eine nahegelegene Siedlung, wo ich Brot und Milch bekam. Dort erfuhr ich, dass bereits fünf von uns wegen Lebensmitteln dorthin gekommen waren. Der Eigentümer der Kolonie wusste nicht, für welche Arbeit man uns benutzt hatte. Vier Tage nach der Flucht fand ich im Wald die Kleidung einiger Kameraden, die sie offensichtlich während der Flucht weggeworfen hatten. An unserem letzten Arbeitstag waren zwei aus unserer Gruppe krank und in den Baracken geblieben, wie auch zwei Frauen, die Machoł […][10] sich um uns kümmerten. Auf Bitten des Ehemanns der einen und des Bekannten der zweiten […][11] teilte er sie als Köchinnen unserer Gruppe zu. Wie ich später erfuhr, […] wurden unsere Decken und Sachen auf dem Hof bei der Baracke verbrannt und die zwei Männer und die zwei Frauen in unbekannte Richtung abtransportiert. Wie ich schon erwähnte, war Machoł während der ganzen Zeit, die die Arbeit dauerte, außergewöhnlich gut […]. Wenn jemand krank war, wies er an, Hilfe zu leisten und Medizin auszuteilen; die Verpflegung war mehr als üppig. In Grodno bereiteten wir 30 kg Fleisch am Tag zu und später gaben sie uns auf unsere Bitte auch Fett. Brot in beliebiger Menge. An jenem Donnerstag brachte Machoł den Befehl für unsere Hinrichtung, blieb aber selbst an der Straße zurück. Er ließ den Befehl durch seinen Chauffeur ausrichten. In unserer Gruppe befand sich noch ein Junge, ungefähr zwölf Jahre alt. Er war der Bruder einer der bei uns beschäftigten Jüdinnen. Er wurde auch am Arbeitsplatz erschossen. Nach elf Tagen

10 Hier fehlt ein Textstück infolge der Beschädigung des Durchschlags.

11 Hier und im Folgenden fehlen jeweils ein oder zwei Wörter.

im Wald trieb mich der Hunger nach Białystok, wo ich noch Deutsche antraf. Ich versteckte mich in der Starobojarska-Straße 32. In diesem Versteck auf dem Dachboden gelang es mir auszuharren, bis die Deutschen abgezogen waren. Außer mir retteten sich Berko Felder, Szymon Amiel,[12] Tewel Wróbel, Abram Lew und Schiff (alle wohnhaft in der Mazowiecka-Straße 1), Ingenieur Rabinowicz und Zalman Edelman, die derzeit in Białystok leben.

DOK. 268
Das Gettokommissariat der Kriminalpolizei in Litzmannstadt berichtet am 27. September 1944, dass die Auflösung des Gettos ohne Zwischenfälle verlief[1]

Gettokommissariat (K.II/5), gez. Kriminalsekretär W. Naumann, Litzmannstadt, an G.St. I[2] vom 27.9.1944

Betrifft: Vierteljahresbericht.
Bezug: RKPA – A 1 Nr. 2093/43 v. 23.7.1943 –[3]
KPL – Stelle Posen Tgb. Nr. K – 493/43 v. 28.7.1943.[4]
I. *Allgemeine Übersicht über Stand und Bewegung der Kriminalität.*
Mit dem Abschluß des letzten Vierteljahresberichtes (23.6.44) wurde ordnungsgemäß die allgemeine Evakuierung der Juden aus dem Getto durchgeführt und nahm seinen Ausgang am 27.6.1944.[5] Mit dieser Aufgabe indirekt betraut, ergaben sich neue Richtlinien für die Erfüllung des gegebenen Auftrages. Insbesondere wurde die Einstellung und das Verhalten der Juden zur allgemeinen Evakuierung beobachtet. Abgesehen von kleineren Zwischenfällen verlief die Evakuierung termingemäß und reibungslos. In einem Falle bemächtigten sich ein großer Teil der Juden der Gemüseernte (Plünderung), die auf den Feldern im Getto reichlich vorhanden war, und schafften[6] sich dadurch, aus unerklärlichen Gründen, Lebensmittelvorräte. Durch Gebrauch der Schußwaffe konnte die Fortsetzung der strafbaren Handlung unterbunden werden. Andere Juden hatten sich durch Versteckthalten in leerstehenden Wohnhäusern der Evakuierung entzogen. Der größte Teil konnte durch Fahndungsstreifen aus ihren Verstecken aufgestöbert und festgenommen werden. Interne Straftaten, vorwiegend Lebensmitteldiebstähle unter Juden, wofür kein öffentliches Interesse vorliegt, haben den Stand der Vormonate nicht erreicht.
II. *Aktuelle Fragen.*
1.) *Ausländerkriminalistikstelle:*
Die straffälligen Personen setzen sich ausschließlich aus Juden zusammen.
2.) *Erfahrungen und Erfolge auf dem Gebiete der Fahndung:*
Die Überwachung des Gettogebietes innerhalb und außerhalb des Gettos wird auch nach erfolgter Evakuierung durch Beamte der Schutzpolizei und des Gettokommissariats

12 Siehe Dok. 254 vom 16.8.1943–15.5.1944.

1 APŁ, 203, Nr. 63, Bl. 3 f.
2 Otto Bradfisch.
3 Nicht ermittelt.
4 Nicht ermittelt.
5 Gemeint ist die Wiederaufnahme der Deportationen in das Vernichtungslager Kulmhof.
6 So im Original.

fortgesetzt. Hierdurch konnten bisher mehrere Polen festgenommen und der Plünderung von Judengut überführt werden. Zwecks Vorbeugung dieser strafbaren Handlung wurde dem Herrn Kommandeur der Sicherheitspolizei in Litzmannstadt in Vorschlag gebracht, Warnschilder aufstellen zu wollen.

III. *Bemerkenswertes über sonstige Kriminalität.*

Während der zeitweiligen Unterbrechung der allgemeinen Evakuierung[7] wurde im Berichtszeitraum die Erfassung von Judengut fortgesetzt. Es konnten in kurzer Zeit vom Gettokommissariat 170 000,– Reichsmark in Bargeld und für ca. 15 000,– Reichsmark an Sachwerten erfaßt und zu Reichsgunsten beschlagnahmt werden. Die radikale rücksichtslose Bekämpfung des Schmuggels in der Vorzeit hat sich derart abschreckend ausgewirkt, daß in der Berichtszeit nennenswerter Schmuggel nicht zu verzeichnen war.

Im Zuge der zeitweiligen Umgestaltung des Gettoraumes zum allgemeinen Wohngebiet ist das Kommissariat beauftragt, die Sicherung des unbewohnten Gettoraumes (insbesondere Überwachung der lagernden Heeresbestände) und die Beaufsichtigung der Arbeiterkolonnen[8] in krimineller und politischer Hinsicht durchzuführen.

IV. *Zusammenarbeit mit anderen Behörden und Stellen.*

Die Zusammenarbeit der für das Getto verantwortlichen Behörden (Der Kommandeur der Sicherheitspolizei in Litzmannstadt Abtlg. I u. V, Kommando der Schutzpolizei in Litzmannstadt und der Gettoverwaltung) spielt sich im besten Einvernehmen ab.

DOK. 269

Der Rotarmist A. Rozen schildert Il'ja Ėrenburg am 2. Oktober 1944 die Ermordung der letzten Juden aus dem Getto Białystok[1]

Handschriftl. Brief von A. Rozen (Feldpost 47 763) an Il'ja Grigor'evič Ėrenburg,[2] Moskau, vom 2.10.1944

Sehr geehrter Il'ja Grigor'evič!

Wie versprochen, sende ich Ihnen zum privaten Gebrauch oder für das „Schwarzbuch"[3] die Aufzeichnungen, die ich in einer Zelle im Gefängnis von Białystok entdeckt habe.

7 Gemeint ist wahrscheinlich der Zeitraum zwischen der Beendigung der Deportation von Juden in das Vernichtungslager Kulmhof am 14. Juli 1944 und den Deportationen in das KZ Auschwitz-Birkenau Anfang August.

8 Zum jüdischen Aufräumkommando auf dem ehemaligen Gettogelände siehe Einleitung, S. 37 f.

1 YVA, P.21/176, Bl. 4–6. Das Dokument wurde aus dem Russischen übersetzt.

2 Il'ja Grigor'evič Ėrenburg (1891–1967), Schriftsteller und Journalist; von 1906 an in bolschewistischen Untergrundgruppen aktiv, seit 1908 im franz. Exil, im Juli 1917 Rückkehr nach Russland, von 1921 an u. a. in Berlin und Paris, seit 1932 Korrespondent der Izvestija, 1940 Rückkehr in die UdSSR, von Juni 1941 an Korrespondent für die Armeezeitung Krasnaja Zvezda; Autor u. a. von „Tauwetter" (1953), einer Parabel auf das Ende des Stalinismus.

3 Im Sommer 1943 hatte das von Ėrenburg mitbegründete Jüdische Antifaschistische Komitee in der Sowjetunion mit einer Dokumentation nationalsozialistischer Verbrechen an den Juden in den besetzten Ländern begonnen; bearbeitet zunächst von Ėrenburg und dann von Vasilij Grossman, wurde das Schwarzbuch 1947 fertiggestellt, konnte aber in der Sowjetunion nicht mehr erscheinen; es enthält in der vollständigen Fassung (russ. 1993, deutsch 1994) 118 Dokumente von Überlebenden aus Ost(mittel)europa.

Nachdem die Deutschen alle Juden, an die 50 000 Personen, aus dem Getto Białystok in den Gasöfen von Majdanek und Treblinka ermordet hatten, sperrten sie 50 zuvor aus der Masse ausgesonderte Juden ins Gefängnis. Das war am Tag, als das Getto liquidiert wurde – am 16. August 1943.[4]
Am folgenden Tag nahm ein Gestapomann, Hauptsturmführer Macholl, die Gefangenen in Augenschein und erklärte, dass sie zum Arbeitseinsatz geschickt würden. „Arbeit" bekamen sie tatsächlich, allerdings erst ein halbes Jahr später – im Mai 1944. 40 Juden wurden abgestellt, um die Leichen derer zu verbrennen, die von den Deutschen zuvor in Grodno, Wołkowysk, Białystok, Augustów usw. erschossen worden waren. (Über diese „Arbeit" und über das Getto Białystok besitze ich sehr ausführliche Unterlagen. Wenn Sie möchten, kann ich Ihnen die gesamte Korrespondenz überlassen.)
Nachdem die Deutschen damit begonnen hatten, die Stadt zu evakuieren, beschlossen sie am 13. Juli 1944, diese 40 Menschen[5] ebenfalls zu erschießen. Es fand sich jedoch ein mutiger Mann, Šimon Amiel',[6] der sich wenige Minuten vor der Erschießung an seine Kameraden wandte: „Kameraden, lasst uns weglaufen!"
Die Deutschen, die mit einem solchen Finale nicht gerechnet hatten, waren überrascht, doch schon Minuten später flogen den Flüchtenden Maschinengewehrkugeln hinterher. Neun der 40 blieben am Leben. Mit zwei von ihnen – Šimon Amiel' und Izrail' Fel'der – habe ich mich getroffen und gesprochen. (Ihre Adressen lauten: Š. Amiel': Białystok, Sosnowa 31; I. Fel'der: Białystok, Mazowiecka 1.)
Die zehn im Gefängnis Verbliebenen wurden am 16. Juli 1944 von den Deutschen erschossen. Mit ihnen kamen auch weitere zehn Juden aus Grodno, die in den Wäldern gefangen genommen worden waren, ums Leben.
Anbei nun die Notizen, die an der Wand der erwähnten Gefängniszelle in Białystok entdeckt wurden. Sie sind in jiddischer Sprache verfasst.
... Ich wurde 1921 in Bielsk Podlaski geboren. Meine gesamte Familie ist umgekommen. Ich war der letzte Jude im Gefängnis: Gofman Genach. Ich sehe dem Tod erhobenen Hauptes entgegen. Ich grüße meine Freunde: die Brüder Okun' und Poznanskij. Rächt Euch für mich. 15. Juli 1944

... Wir gehen dem Tod sehr ruhig entgegen. Wir sind wehrlos. Rächt Euch für uns: Ein Einwohner Białystoks – Samol'skij Eel.[7]
Rächt Euch für uns: Einwohner Białystoks – Abram Bočkovskij, Berl Bočkovskij,[8] Jankel' Stel'mach; Einwohner Grodnos: Kiršenbojm,[9] Kul'kin,[10] die drei Brüder Lipces, Prussak Meer.
Rechnet an unserer statt mit ihnen ab, tut ihnen mehr an, als sie uns Juden angetan haben.
Der letzte Tag unseres Lebens: 15.07.1944

4 Siehe Dok. 223 vom 15.8.1943.
5 Zehn waren im Gefängnis verblieben, siehe im Dokument weiter unten.
6 Siehe Dok. 254 vom 16.8.1943–15.5.1944.
7 Joel Samolski (1914–1944), geb. in Białystok.
8 Abram Boczkowski (1915–1944) und Berl Boczkowski (1913–1944), Kaufmann; beide geb. in Białystok.
9 Chaim-Ber Kirszenbojm (1910–1944), geb. in Grodno.
10 Yitzchak Kulkin (1920–1944), Polsterer; geb. in Grodno.

Rächt euch für uns!
Aufgeschrieben von Chaim-Berja Kiršenbojm aus Grodno.

… Und so verbringen die am Leben gebliebenen 20 Juden, Einwohner Białystoks und Grodnos, ihre letzte Nacht.
Wir erleben die letzten Minuten. Wir erwarten den Tod, heute am 15. Juli 1944.
… Icchok Kul'kin ist im Gefängnis von Białystok dafür ums Leben gekommen, dass er Jude war.
Übt Vergeltung …
Das ist alles, was ich Ihnen, verehrter Il'ja Grigor'evič, mitteilen wollte.
Grüße!

DOK. 270

Der Abhördienst des Reichsluftfahrtministeriums notiert am 20. Oktober 1944, wie Biebow mit der Reichsstatthalterei Posen über das Raubgut im Vernichtungslager Kulmhof verhandelt[1]

Fernschreiben (Geheime Reichssache!) der Forschungsstelle A des Forschungsamts beim Reichsluftfahrtministerium (Id./Mü), NL 10 415, ungez., vom 20.10.1944

Verwaltungsstelle Getto, Litzmannstadt
Über die Verwertung des aus dem Lager Kulmhof bei Eichstädt (Wartheland) anfallenden Materials
Der Leiter der Abteilung I beim Reichsstatthalter in Posen, Oberregierungsrat *Reischauer*,[2] ersucht am 20.10. *Biebow* um Auskunft, wohin die aus dem zu räumenden Lager Kulmhof anfallende Reißwolle verkauft werde. Biebow entgegnet, soweit ihm bekannt sei, habe *Bothmann*[3] die Reißwolle in Posen unterbringen wollen. Die Abrechnung würde über die Gettoverwaltung in Litzmannstadt laufen, und die Beträge würden dann auf das Sonderkonto abgeführt. Reischauer erklärt, es sei grundsätzlich so, daß man sämtliche „dort" (FA:[4] im Lager Kulmhof?) anfallenden Sachen nicht den Reichsstellen zukommen lassen wolle. *Weißker* (FA: Leiter der Abteilung Wirtschaft beim Reichsstatthalter) habe ausdrücklich angeordnet, daß alles, was anfalle, über das Landeswirtschaftsamt im Gau Wartheland verarbeitet werden müsse. Biebow wendet ein, daß sich dies bei bestimmten Sachen, z. B. bei Bettfedern, schlecht durchführen lasse, da jede Firma, die Bettfedern aus dem Getto erhalte, verpflichtet sei, der Reichsstelle zu melden, wieviel Bettfedern sie auf Lager genommen habe. Reischauer stellt die Frage, ob es denn keine

1 YVA, O.51/13, Bl. 170 f.
2 Dr. Herbert Reischauer (*1909), Jurist; 1932 NSDAP- und SS-Eintritt; von 1933 an im Gaurechtsamt Hessen-Nassau der NSDAP, von 1936 an Referent im Stab StdF; Teilnehmer an Folgekonferenzen der Wannsee-Konferenz im März und Okt. 1942; 1942 SS-Obersturmbannführer; von Dez. 1943 an Leiter der Abt. I beim Reichsstatthalter in Posen, zuständig auch für Judenangelegenheiten; vermutlich im Febr. 1945 gefallen.
3 Im Original befindet sich hier eine Fußnote: „(FA: SS-Hauptsturmführer Hans Bothmann vom Sonderkommando in Kulmhof)".
4 Forschungsamt beim RLM, von dem die Ergänzungen in Klammern stammen.

andere Möglichkeit gebe, etwa in der Form, daß das ganze Material nicht einer Firma angedient werde, sondern einfach dem Landeswirtschaftsamt über den Kreiswirtschaftsberater. Reischauer betont nochmals, daß der ganze Anfall von Kulmhof an Weißker gehen müsse. Er ersucht Biebow, auch Bothmann entsprechend zu unterrichten. Als Reischauer bemerkt, er habe von Weißker erfahren, daß doch schon etwas aus dem Gau hinausgegangen sei, erwidert Biebow, von den Bettfedern seien – soweit ihm bekannt sei – 2 Waggons im Gau geblieben. Reischauer meint, an den Bettfedern sei man gerade am wenigsten interessiert. Schließlich ersucht Reischauer Biebow, auch die Verwertung der im Litzmannstädter Getto anfallenden Reißwolle nur im Einvernehmen mit dem Vertreter des Landeswirtschaftsamtes vorzunehmen.

DOK. 271

E. Shteyman beschreibt einen Tag im Zwangsarbeitslager für Jüdinnen in Guttau bei Thorn im Oktober 1944[1]

Bericht von E. Shteyman über ihre Haft im Zwangsarbeitslager Guttau, Reichsgau Danzig-Westpreußen, im Oktober 1944, vom 26.4.1945

Ein Tag wie jeder andere …
Kurze Beschreibung des Lagerlebens, erzählt von E. Shteyman aus Schaulen, Litauen, erlebt in einem Lager bei Gutowo[2]

Ein langer Pfiff und das anschließende Brüllen „Aufstehen!"[3] zerreißen die morgendliche Stille, den Schlaf der Frauen jedoch nicht. Sie konnten die ganze Nacht nicht schlafen vor Kälte auf dem nassen Stroh, aufgrund der Erschöpfung ihrer übermüdeten Glieder und wegen der Gedanken und Erinnerungen an ihre Familien, aus denen sie einen nach dem anderen an den verschiedenen „Donnerstagen", „Sonn-" und „Dienstagen" verloren. Lange lagen sie wach, nickten für ein paar Minuten ein und schreckten immer wieder auf: Sie haben geträumt, dass man schon „Aufstehen!" rufe.
Als das Brüllen nun tatsächlich zu hören ist, kommt Bewegung ins Zelt. In einem runden Finnenzelt mit furnierten, durchnässten Wänden leben, wenn man das überhaupt leben nennen kann, ungefähr 100 Frauen. Zu ebener Erde, ohne Fußboden auf Stroh befindet sich die untere Etage. Die obere Etage liegt auf blanken Brettern, von denen das Stroh durch die Ritzen nach unten auf die aus der „ersten Etage" fällt. Diese wiederum kriechen auf Knien in ihr Loch wie Hunde in eine Hütte, in der sie nur sitzen können. Die aus der „zweiten Etage" klettern auf ihre Holzpritschen und haben über dem Kopf das nasse Dach des Zelts und hinter ihrem Rücken offene Löcher, die als Luftzufuhr gelassen wurden. Jede Frau füllt den Platz nach oben und unten mit ihrem Körper vollständig aus.

1 AŻIH, 301/147, Bl. 1–3. Das Dokument wurde aus dem Jiddischen übersetzt.
2 Guttau (poln. Gutowo), Zwangsarbeitslager der Organisation Todt für Jüdinnen zum Ausheben von Schützengräben in der Nähe von Thorn, von Sept. 1944 an Außenlager des KL Stutthof, am 15.1.1945 geräumt, die Häftlingsfrauen wurden auf ihrem Todesmarsch am 22.1. befreit.
3 Alle Zitate der Wachmannschaft in direkter Rede sind im Originaltext auf Deutsch in jidd. Umschrift wiedergegeben.

Nachts müssen alle Nachbarinnen in der gleichen Position schlafen, sonst liegen sie sich gegenseitig auf dem Bauch oder auf den Beinen. Die sogenannte Habe liegt am oberen Kopfende im Stroh. Es handelt sich dabei um aufbewahrte Brotstückchen, Tücher, die von der eigenen Decke abgeschnitten wurden, oder am Arbeitsplatz gefundene Lappen, die nun als Handtücher dienen. Die Kleidung – ein dünner, schäbiger Mantel, ein zerfetztes Kleid und ein paar Lumpen, die man um die Füße wickelt – zieht man vor dem Schlafengehen aus und legt sie ebenfalls neben sich ab.
Wenn zum Aufstehen gepfiffen wird, ist es draußen noch dunkel und im Zelt vollständig finster. Die Frauen beginnen sich anzuziehen. Man könnte eigentlich meinen, sie würden schnell fertig werden, da sie ja so gut wie keine Kleidung haben, aber in der Dunkelheit sehen sie einfach nichts. Alle fangen an, im Stroh herumzutasten, wühlen am Kopfende der Nachbarin. Vielleicht hat man es dort im Dunkeln abgelegt. Vielleicht ist in der Nacht alles unter dem Stroh verschwunden, oder hat es gar die Nachbarin weggenommen? Zeter und Mordio brechen aus: „Wo ist denn mein Tuch? Ich habe es doch gestern hier hingelegt. Wo kann es nur sein?“ „Oh, nein! Meine Schuhe sind weg! Wer ist nachts mit meinen Schuhen rausgegangen? Gebt sie mir wieder!“ „Was soll ich nur tun? Gleich holt uns der Posten ab, und ich habe das Band noch nicht an den Füßen?! Frauen, er wird mich doch schlagen, helft mir suchen!“ Aber es kann ihr niemand helfen, denn alle sind mit ihrer eigenen Suche beschäftigt.
Als schließlich alle Tücher und Bänder zusammengesucht und die noch von gestern nassen Lumpen umgewickelt sind, gehen sie hinaus, um Kaffee zu trinken. Jede Blockälteste [erhält] Kaffee aus einem Kessel für ihre Gruppe. Das Frühstück, bestehend aus heißem, schwarzem Wasser und einem Bissen trockenen Brots, belebt und stärkt die frierenden Frauen.
Als es pfeift, treten alle zum Appell an. Aus den Zelten strömt eine Vielzahl von ausgehungerten, knochigen Gestalten mit faltigen, gealterten Gesichtern und erloschenen, verweinten Augen. Ihre Kleidung ist abgewetzt; an mancher hängt der Mantel in Fetzen herab. Einige haben die Flicklappen notdürftig mit Fäden zusammengenäht, die sie aus der eigenen Decke herausgezogen haben. Wieder andere tragen eine kurze, dünne Jacke und sind in eine Decke anstatt in Kleider gehüllt, weil diese bei der Arbeit in den Gräben zerrissen sind. Bei fast allen sind die Schuhe keine Schuhe mehr, sondern nur Latschen, zerschlissen vom Schlamm, in dem man den ganzen Tag watet, und von den vielen Kilometern, die täglich zu marschieren sind. Diejenigen, die Holzpantinen tragen, können sich glücklich schätzen, obwohl sie davon eitrige Wunden an den Füßen bekommen und kaum laufen können.
Alle Frauen treten mit Schaufeln auf den Schultern zum Appell an, jeweils fünf in einer Reihe, Kolonne neben Kolonne. Verhalten und apathisch warten sie auf den Lagerführer. Vielleicht wird man ja heute nicht zur Arbeit gehen, denn es sieht so aus, als ob es gleich regnen würde. Sie haben jedoch kein Glück. Die ganze Nacht regnete es zwar, aber gerade jetzt zum Appell hat es aufgehört. Die Frauen ahnen, dass mit Arbeitsbeginn auch der Regen wieder einsetzen und sie durchnässen wird.
Der schwarze Scharführer kommt mit den Wachen an und verteilt sie auf die verschiedenen Kolonnen entsprechend den Arbeitsplätzen. Dann geht der Scharführer in Begleitung der jüdischen Lagerältesten und der Ärztin durch die Reihen und kontrolliert die Gesamtzahl und die Anzahl der Kranken. Die Glücklichen, die als krank gelten, haben beiseite zu treten. Die meisten von ihnen müssen sich jedoch wieder in die Kolonne

einreihen. „Frau Doktor, schauen Sie sich meinen Fuß an. Ich kann nicht mal mehr auftreten." „Frau Doktor, meine Hand ist voller Eiter. Ich kann nicht arbeiten." Eine von ihnen hat Fieber und eine andere ist ein Skelett, das kaum noch kriechen kann. Aber der Scharführer hat für alle nur eine einzige Antwort: „Erst, wenn ihr halb tot seid, kriegt ihr Urlaub."

Ertönt das Pfeifen ein drittes Mal, marschiert der Einsatz ab. Der lange Zug von rund 1000 Frauen schleppt sich die schlammigen, schmutzigen Wege entlang über die kahlen Felder. Es scheint, als weine die Natur mit ihnen. Die Wolken hängen tief über ihren Köpfen. Die Luft ist voller Nebel. So schleppen sich die in Lumpen gekleideten, barfüßigen und erschöpften Frauen Tag für Tag, Woche um Woche dahin. Aber die Wachen gehen über das Elend der Frauen hinweg, indem sie sie unablässig anschreien, beschimpfen und mit eigens für unterwegs mitgebrachten Stöcken schlagen, falls eine der Frauen, einer großen Pfütze ausweichend, zu sehr aus der Reihe ausschert oder zu weit hinter der Kolonne zurückbleibt, weil ihre kranken Füße sie nicht schnell genug tragen können. „Wir haben jetzt keine Zeit, uns mit euch zu beschäftigen. Wir müssen den Krieg gewinnen! Die Panzergräben müssen fertig sein!"

Am Arbeitsplatz kommt den Frauen eine ganze Truppe von [Schacht]meistern, Meistern, Vorarbeitern u. a. entgegen. Alle scheinen es sehr eilig damit zu haben, den Krieg zu gewinnen, und stehen mit Stöcken hinter den Rücken der Frauen. Unter ihnen befinden sich sehr viele Polen, die den Deutschen dasselbe wünschen wie die Frauen. Mitunter helfen sie, indem sie den Frauen Dinge wie z. B. ein Stück Brot, eine Nadel, ein Messer oder ein paar zerrissene Socken zustecken. Sie müssen sich aber vor den Schwarzen[4] in Acht nehmen: Auf Hilfe für jüdische Frauen steht für Polen Konzentrationslager.

Die Frauen werden auf ihre Arbeitsplätze verteilt. Was sie tun müssen, ist unbeschreiblich. Alle Schützengräben haben die Form eines Trapezes, sind fünf Meter hoch, in der Tiefe einen Meter breit und ziehen sich kilometerweit in die Länge. Zudem sind die Gräben voller Wasser und Schlamm. Die Wachen interessiert das nicht, denn schließlich sind es die Frauen, die arbeiten müssen. Sollen sie doch das Wasser heraus- und von einer Seite auf die andere schöpfen und dazu den Schlamm von unten nach oben hinausschippen. Mit Gebrüll und durch Anwendung von Gewalt stoßen sie die Frauen in den Dreck. Hinabzugehen ist so gut wie unmöglich, denn der Graben ist breit und tief. Allein vom Hinunterschauen wird den Frauen schwindlig im Kopf. Sie müssen sich die matschigen Wände hinuntergleiten lassen, so dass der Mantel noch schmutziger und abgenutzter wird. Kaum sind sie unten angekommen und haben sich mit den zerrissenen Schuhen in den Matsch gestellt, geht das Gebrüll weiter: „Du sollst eine volle Schaufel nehmen, du verfluchtes Vieh! Du kriegst heute kein Mittagessen." Und die 50-jährige Frau, nur noch Haut und Knochen, mit nassen Füßen und vor Kälte steifen Fingern, muss ohne Unterlass schwere, schlammige Erde anderthalb Meter in die Höhe hieven. Hält sie kurz inne oder macht nicht die ganze Schippe voll, taucht plötzlich der Todesengel auf, schreit und droht entweder damit, dem Scharführer ihre Nummer zu melden, denn sie hat ja keinen Namen, oder sie mit Hunger zu bestrafen. Er zögert auch nicht, in den Graben hinabzusteigen. Ihm fällt es sicherlich leichter als den unglücklichen Frauen, und seine Füße werden auch nicht nass. Er stößt sie so stark, dass sie mit dem

4 Gemeint ist das deutsche Aufsichtspersonal in zumeist schwarzer Uniform.

Gesicht in den Matsch fällt. Sie fällt und schweigt: Was soll sie sagen und zu wem? Es gibt Momente, in denen sie sich den Tod wünscht, aber dann wiederum möchte sie so sehr leben, so sehr den Moment der Rache erleben!
Der dichte Nebel geht in einen leichten, herbstlichen Nieselregen über. Die Frauen stehen in den kilometerlangen Panzergräben in Matsch und Wasser, schaufeln mit letzter Kraft Erde nach oben. Unaufhörlich fällt der Nieselregen auf sie herab, durchnässt ihre zerlumpte Kleidung und zehrt ihre erschöpften Körper aus. Die SS-Leute, in imprägnierte Decken gehüllt, stört das nicht. Sie hören nicht damit auf zu brüllen: „Los, bewegt Euch! Ihr faule Bande!“ und etliche Frauen immer wieder mit dem Stock zu schlagen.
Es gibt zwar einen Befehl, dass bei Regen nicht gearbeitet werden soll, aber erstens muss es wie aus Eimern gießen, und zweitens muss aus dem Lager die Anweisung kommen, die Arbeit zu beenden. Bis diese den Arbeitsplatz erreicht, sind die Frauen schon vollständig durchnässt und Dutzende von ihnen werden zu Kandidatinnen für Lungenentzündung oder Typhus.
Im Nieselregen, der alle halbe Stunde für fünf Minuten aufhört, stehen die Frauen zehn Stunden lang mit einem Stückchen trockenen Brots. Aber selbst das haben nicht alle, falls sie am vorangegangenen Abend ihren Hunger nicht beherrschen konnten und die ganze Portion bereits aufgegessen haben. Körper und Seele zerbrechen. Es scheint, als ob alle Kraft aufgebraucht ist. Eines jedoch ist noch immer vorhanden: der Wille zum Leben! Das ist eine große Sache. Das hält aufrecht.
Eine von ihnen fällt auf dem Platz in Ohnmacht. Sie ist schon krank zur Arbeit gekommen. Die Nächste bekommt Schüttelfrost. Eine Weitere erleidet einen Schwächeanfall. Ins Lager aber dürfen sie nicht zurückgehen. Die Wachen erlauben ihnen lediglich, sich in den Matsch zu setzen. Schöpft er [der Wachmann] den leisesten Verdacht, dass eine von ihnen simuliert, sorgt er schon für Krankheiten, indem er so auf sie einschlägt, dass sie seiner auf immer gedenken wird. Mit Einbruch der Dunkelheit kehrt der ganze Zug zurück. Sie gehen denselben Weg durch dieselben Schlammlöcher. Nur sind die Frauen noch erschöpfter und ihre Kleidung ist noch nasser. Dem Zug hinterdrein schleppt sich die Gruppe von neuen Kandidatinnen für die Krankenstation – ein Atrium, zum Himmel hin weit offen.
Im Lager angekommen, bleibt es ihnen verwehrt, sich hinzusetzen und auszuruhen. Der Pfiff ertönt: „Antreten zum Abendbrot!“ Wer zu spät kommt, wird geschlagen. Eile ist geboten.
Den Schlägen ist dennoch schwerlich zu entkommen: Entweder stehst du nicht gerade in der Reihe, hältst das Geschirr nicht richtig oder die Wache hat einfach Lust, eine „verfluchte Jüdin“ zu schlagen.
Mit dem Topf voll heißem Wasser mit Kartoffeln, geschält oder ungeschält, ein wenig schwarzem Mehl oder Gerstengraupen, eilt man ins Zelt. Dort hockt man sich auf das feuchte Stroh in das finstere Loch und wärmt sich am heißen Suppentopf. Nach dem Essen beginnt das Gedränge um den kleinen eisernen Ofen in der Mitte des Zelts.
Es ist stockfinster, die Luft ist kalt, feucht und stickig. Alle stolpern übereinander. Es ist einfach nicht möglich, dass 100 Frauen gleichzeitig zu einem kleinen Ofen mit nur einem Rohr gelangen, um ihre Sachen zu trocknen. Sie schreien, schimpfen, drängeln, wollen ihre Verzweiflung an den anderen Frauen auslassen. Doch selbst wenn sie die ganze Nacht dort säßen, würden die Sachen nicht trocknen. Durch die Drängelei im Finstern verbrennt man sich höchstens den Mantel, das Tuch oder das einzige Hemd.

Müde und erschöpft, resigniert und hoffnungslos legen sich die Frauen allmählich schlafen. Sie kriechen in die dunklen Löcher, liegen noch lange wach, werfen sich von einer Seite auf die andere. Jedes einzelne der müden Glieder schmerzt, insbesondere auf dem harten Boden und im nassen Stroh. Der Kopf ist wie betäubt. Kein Lichtstrahl bricht sich durch die Finsternis Bahn.
Wieder ist ein Tag vorüber, ein Tag, der allen anderen Tagen gleicht. Und morgen beginnt ein weiterer Tag, der so sein wird wie alle anderen Tage …

DOK. 272
Das Reichskommissariat für die Festigung deutschen Volkstums plant am 15. November 1944 den Abbruch und die Verwertung der Häuser im aufgelösten Getto Litzmannstadt[1]

Aktenvermerk des RKF, Amt Bauten (VII-2/Ost-20/Gre/Kg.), gez. Grehl,[2] Schweiklberg, vom 15.11.1944[3]

Betr.: Ghetto-Abbruch-Litzmannstadt.
Bezug: Besichtigung am 10.11.44 durch SS-Obersturmführer Grehl
1.) *Vermerk:*
Auf Anordnung des Hauptamtschefs[4] fand am 10.11.44 eine Besprechung und eine Besichtigung der von der Dienststelle des Beauftragten des Reichskommissars f. d. F. d. V. in Litzmannstadt durchgeführten Abbruchmaßnahmen im Litzmannstädter-Ghetto statt.
An der Besichtigung und anschließenden Besprechung nahmen teil:
SS-Sturmbannführer *Hirschböck*[5] von der Dienststelle des Beauftragten des Rk.
SS-Obersturmführer *Bastian* von der Bauinspektion der Waffen-SS und Polizei Reich-Ost – Posen
SS-Obersturmführer *Grehl* vom Reichskommissar f. d. F. d. V. – Stabshauptamt – Schweiklbg.
SS-Sturmbannführer *Hirschböck* teilte mit, daß er von SS-Standartenführer *Hübner*[6] mit der Durchführung des Abbruchs beauftragt sei und die Abbrucharbeiten Anfang Oktober in Angriff genommen wurden. Mit den reinen Abbrucharbeiten werden z. Zt. etwa

1 BArch, R 49/2649.
2 Georg Grehl (*1906), Architekt und Hochbautechniker; 1933 NSDAP- und SS-Eintritt; von Aug. 1943 bis Febr. 1945 im RKF; Nov. 1944 SS-Obersturmführer; von Febr. 1945 an bei der Bauinspektion der Waffen-SS und Polizei „Reich Süd".
3 Im Original handschriftl. Bearbeitungsvermerke.
4 Ulrich Greifelt.
5 Eduard Hirschböck (1903–1964), Apotheker, Polizist; 1923–1926 Leutnant in der Landespolizei Bayern; 1932 NSDAP- und 1933 SS-Eintritt; von Sept. 1936 bis April 1941 SS-Oberabschnitt Main, von Nov. 1941 an beim RKF.
6 Herbert Hübner (*1902), Bankkaufmann; Teilnahme am Hitler-Putsch im Nov. 1923; 1931 NSDAP-, 1932 SS-Eintritt, 1942 SS-Standartenführer; von 1936 an im RuSHA tätig, von 1940 an Leiter des SS-Ansiedlungsstabs in Posen sowie der Dienststelle des RKF beim HSSPF Wartheland; im März 1948 im RuSHA-Prozess zu 15 Jahren Haft verurteilt, Anfang 1951 vorzeitig entlassen, danach als Kaufmann in Bonn tätig.

45 Arbeiter beschäftigt. Es handelt sich hier um polnische Arbeiter der Litzmannstädter Baufirma *Seifert*, die vom Arbeitsamt Litzmannstadt zur Verfügung gestellt wurden. Zum Räumen der Haushaltungs- und Wohnungseinrichtungsgegenstände wurden ferner 25 polnische Arbeiter und Arbeiterinnen vom Arbeitsamt Litzmannstadt zur Verfügung gestellt. Diese Arbeiter wurden gleichfalls der Firma Seifert zugewiesen, um Lohnverrechnungen bei der Dienststelle des Beauftragten des Rk. zu vermeiden.

Dem Beauftragten des Rk. ist von der Stadtverwaltung ein bestimmter Bauabschnitt zum Abbruch zugewiesen. Bisher sind etwa 14 zwei- bis viergeschossige massive Wohnhäuser und 4 einstöckige Holzhäuser abgebrochen. Bei den Abbrucharbeiten werden lediglich die Holz- und Eisenteile ausgebaut. Das Mauerwerk bleibt bestehen und soll später besonders abgetragen werden. Hierbei fallen Holzbalken, Bretter, Fenster und Türen und z. T. Treppenteile an. Das Holzwerk wird auf der Straße gestapelt. Aufgrund polizeilicher Anordnung darf dieses Holz wegen Seuchengefahr nicht vor einer Überwinterung Verwendung finden.

Da bei der augenblicklichen Situation im Bezirk Litzmannstadt ein Bauholzbedarf für Neubauten oder größere Instandsetzungen nicht vorliegt und ein Abtransport in andere Bezirke nicht durchführbar ist, empfiehlt es sich nicht, diese Abbrucharbeiten durch den Reichskommissar f. d. F. d. V. direkt durchführen bezw. finanzieren zu lassen. Es wurde daher mit der Bauinspektion der Waffen-SS und Polizei Reich-Ost vereinbart, daß diese die laufenden Abbruchmaßnahmen übernimmt und auf Rechnung des SS-Wirtschaft-Verwaltungshauptamtes weiterführt, da die Baudienststellen der Waffen-SS und Polizei für laufende Befestigungsanlagen das Baumaterial verwenden können. Soweit Baumaterial für Zwecke des Reichskommissars f. d. F. d. V. benötigt wird, wird dieses von der Bauleitung der Waffen-SS und Polizei gesondert in Rechnung gestellt. Es wurde vereinbart, daß die Bauinspektion der Waffen-SS und Polizei Reich-Ost sofort einen entsprechenden Befehl an die Bauleitung der Waffen-SS und Polizei Litzmannstadt erteilt.

Unabhängig von diesen Abbruchmaßnahmen werden die Arbeiten der Räumung der Haushalts- und Einrichtungsgegenstände von SS-Sturmbannführer *Hirschböck* weitergeführt bezw. wurden in dieser Angelegenheit keine Vereinbarungen getroffen. Z. Zt. sind etwa in den vom Beauftragten des Rk. gemieteten Lagerräumen Einrichtungsgegenstände für 300–400 Haushaltungen gelagert, Einrichtungsgegenstände von 600–700 Haushaltungen an Sammelpunkten zusammengezogen bezw. in kleineren Lagern zusammengestellt. Für die gebrauchsfertige Zurichtung der gewonnenen Gegenstände, d. h. Wohnungseinrichtungen, Textilien, Öfen und dgl. (desinfizieren, Transport, Instandsetzung und Lagerung) sind 65 Männer und Frauen und täglich 12–15 Fuhrwerke eingesetzt.

Als Verrechnung ist von der Stadt für den cbm umbauten Raum RM 0,50 in Rechnung gestellt. Die Möbel und Hausratsgegenstände aus den übrigen Ghettoteilen, die nicht abgebrochen werden, sind zu einem von der Stadt festzusetzenden Schätzpreis zu erwerben. SS-Sturmbannführer *Hirschböck* teilt hierzu ergänzend mit, daß er dem Gauleiter vorschlagen will, daß die Stadt Litzmannstadt die gesamten Werte des Ghettos, d. h. der jüdischen Haushaltungen, kostenlos zur Verfügung stellt und die Umsiedler die Gebrauchsgegenstände im Rahmen des RM 600,--Erlasses[7] durch die Ansiedlungsstäbe

7 Volks- und reichsdeutsche Siedler konnten in den eingegliederten Ostgebieten bei den Arbeitsämtern eine einmalige „Neuansiedlungsbeihilfe“ in Höhe von 600,– RM erhalten.

zugewiesen bekommen. Die entstehenden Unkosten sollen als verlorener Zuschuß zu Lasten des Reichskommissars f. d. F. d. V. gehen.
Zusammenfassend kann hierzu gesagt werden, daß die bei der Besichtigung gezeigten Einrichtungsgegenstände nicht gerade für Umsiedlerzwecke besonders geeignet waren, ganz abgesehen davon, daß die Möbel stark abgenutzt und in ihrer Art zu einem bäuerlichen Haushalt nicht passen, kommt hinzu, daß auch bei den übrigen Einrichtungsgegenständen meist die notwendigsten Sachen fehlen. Bei Geschirr z. B. waren Tassen und tiefe Teller kaum vorhanden, dafür in Unmengen Bratenplatten, Bonbonieren, Saucieren usw. Die von SS-Standartenführer *Hübner* als Erfolg versprechende Ankündigung der Ofenausbeute wird kaum nennenswerte Ergebnisse zeitigen, da der Zustand der Öfen bezw. des Ofenmaterials in den meisten Fällen eine lohnende Instandsetzung kaum zuläßt. Die bisherige Ofenanforderung für den Bezirk Litzmannstadt über das Amt III muß daher aufrechterhalten bleiben, was von SS-Sturmbannführer Hirschböck bestätigt wurde.
Hinzu kommt, daß die durch die Lagerung entstehenden Unkosten unverhältnismäßig hoch sind. Das Lager in der Krefelderstr. 64 mit einem etwa 7000 qm großen Flächeninhalt kostet beispielsweise RM 35 000,– Miete.

DOK. 273

Olia Goldfein informiert am 15. November 1944 ihre Tante Paulina Neydus in New York über ihre Flucht aus Pružany und ihr Versteck in einem katholischen Kloster[1]

Brief von Olia Goldfein,[2] Moskau, an ihre Tante Paulina Neydus, New York, vom 15.11.1944

Ich versuche, Dir einen kurzen Überblick zu verschaffen: Zuallererst hielt man uns 19 Monate lang im Getto von Pružany gefangen.[3] Dort mussten wir mit ansehen, wie Menschen gepeinigt wurden, bis sie an ihren Wunden oder vor Hunger starben. Vom 28. bis 30. Januar 1943 herrschte bitterer Frost, und man führte uns allesamt zur Bahnstation in Linowo. Die Nazis benötigten ganze drei Tage, um uns in die zur Deportation an einen „unbekannten Ort" bereitstehenden Waggons zu pferchen.[4] Es ist unmöglich zu beschreiben, welche Tragödien sich abspielten, als man Männer, Frauen und Kinder wie Tiere in die Waggons stopfte. Mir fehlen die Worte, um die Gewalt und Grausamkeit

1 Original in Privatbesitz. Abdruck in: Pinkas Pruzhane (wie Dok. 168, Anm. 1), S. 741 f. Das Dokument wurde aus dem Jiddischen übersetzt.
2 Dr. Olia, auch Olga Goldfein (1889–1964), Ärztin; im Ersten Weltkrieg in einem Moskauer Krankenhaus tätig, 1917 Rückkehr nach Pružany, nach 1939 Direktorin des städtischen Krankenhauses und Abgeordnete im weißruss. Parlament; Jan. 1943 Flucht aus Transport nach Auschwitz, später medizinische Unterstützung der Roten Armee; von Nov. 1945 an in Frankreich, 1948 Übersiedlung nach Israel, dort medizinische Betreuung von jüdischen Überlebenden aus Europa.
3 Die Deutschen ließen im Juli 1941 ein Getto in Pružany einrichten, in das im Herbst Tausende Juden aus Białystok und Umgebung deportiert wurden. Im Nov. 1942 lebten dort noch knapp 10 000 von ihnen, nachdem zuvor viele heimlich in ihre Heimatorte zurückgekehrt waren; siehe auch Dok. 11 vom 8.9.1941 und Dok. 19 vom Herbst 1941.
4 Nach Auflösung des Gettos zwischen 28.1. und 2.2.1943 wurden die Juden in vier Transporten nach Auschwitz deportiert.

auszudrücken, die uns angetan wurden. Möglicherweise wurde Dir bereits ein Bild von der Brutalität der Nazis durch die Presse vermittelt. Etliche Minuten, bevor die Nazis unsere Waggons für die Abfahrt verriegelten, schaute ich mich um. Ich konnte keinen Wächter sehen. Also sprang ich vom Zug herunter. Ich lief, bis ich ein polnisches Kloster erreichte. Dort gab man mir die Kleider einer Nonne zum Anziehen. 18 Monate in Folge wanderte ich mit einer polnischen Nonne[5] von einem Ort zum nächsten und gab vor zu „beten". Wo wir ein Kloster fanden, hegte der Feind keinen Verdacht, dass ich keine echte Nonne sein könnte.[6]
Ja, ich spielte meine Rolle mit Erfolg. Ich äußerte kein einziges Wort, das einen Verdacht in Bezug auf meine wahre Identität erregt hätte. – Aber die tiefen Wunden in meinem Herzen wollten nicht nur nicht heilen, sondern wurden immer schmerzhafter. Es ist mir unmöglich, Dir mitzuteilen, was unsere Juden alles durchmachen mussten und was ich mit meinen eigenen Augen sah. Mir gelang jedoch die Flucht. Aber mein Herz lässt mich nicht vergessen. Wenn Ihr einmal Dantes „Hölle"[7] gelesen habt, so könnt Ihr Euch dennoch nicht vorstellen, was mit uns geschah. Ich war mit ihnen seit dem Tag, als man uns im Getto einsperrte, bis zu jenem Moment zusammen, wo ich vom Zug absprang. Ich bin mir sicher, dass sie ihr Ende entweder in Treblinka oder Majdanek ereilt hat, aber mehr darf ich Euch nicht sagen …
Am 28. Juni 1944 bin ich von meinen Leiden erlöst worden.[8]
Am 6. September kehrte ich nach Pružany zurück. Alles war abgebrannt. Alles verschwand mit dem Nazi-Reich. Niemand blieb zurück. Ich kann mich keinen einzigen Moment von den Blicken meiner Brüder und Schwestern, Freunde, Verwandten und Nachbarn befreien, die mich insgeheim auffordern, Rache zu nehmen …
Meine lieben Freunde! Es ist Eure Pflicht, an denen, die unsere Juden ausgerottet haben, Rache zu nehmen. Seht zu, dass die Nazis für unsere verdammten Leben und den grausamen Tod zur Rechenschaft gezogen werden. Ich bin die einzige lebende Zeugin der Leiden der Juden unserer Stadt, und mein Herz ist verwundet wie das Herz einer Mutter angesichts ihres kranken und leidenden Kindes. Bevor ich diese Erfahrungen machte, war ich ein ganz durchschnittlicher Mensch. Aber die Leiden setzten mir zu, machten mich aber auch ein bisschen zu einer Heldin. Hingegen konnten einige Männer unserer Stadt dies alles nicht ertragen und begingen Selbstmord. Tränen sind vergebens. Weint nicht, meine Lieben. Wir im Getto haben auch keine Tränen vergossen. Nicht einmal unsere kleinen Kinder weinten. Ich bin ganz allein. Ich habe meinen Mann verloren, meinen Bruder, meine Neffen und Nichten, meine anderen Verwandten und Freunde fürs Leben sowie alle anderen in meiner Geburtsstadt, wo ich als Ärztin arbeitete. Ich und ein paar andere Juden – jene, die Partisanen waren, sind lebendig zurückgekehrt.
Einmal hatte ich die Möglichkeit, Jagdausflüge zu sehen, aber so bestialische Menschenjagden sind nur schwer vorstellbar. Hitler hängte Schilder auf mit der Aufschrift, dass

5 Sr. Dolorosa, bürgerlich Genowefa Czulak.

6 Sr. Dolorosa und Olia Goldfein wanderten nach Olszyny, wo die Familie der Nonne den beiden für 15 Monate Unterschlupf gewährte. Als ihre wahre Identität entdeckt zu werden drohte, flohen die beiden Frauen ostwärts, um sich der näher rückenden Roten Armee anzuschließen.

7 Gemeint sind die ersten 34 Gesänge von Dante Alighieris „Göttlicher Komödie".

8 Gemeint ist vermutlich ihre Befreiung durch die Rote Armee.

wir Juden nicht zur Menschenrasse gehörten, wodurch unsere Peinigung legitimiert wurde.
Der weltberühmte Kriegsberichterstatter Ilja Ehrenburg holte mich nach Moskau. Ich übergab ihm etliche [Schilderungen von] Episoden von dem, was ich gesehen und mitgemacht hatte.[9] Aber um Euch zu berichten, wie unsere Lieben gepeinigt wurden, müsste ich ein ganzes Buch für Euch verfassen.

DOK. 274

Der Obmann der Nationalsozialistischen Kriegsopferversorgung im Warthegau beschwert sich am 29. November 1944, dass die bei Juden beschlagnahmten Pelze zu teuer verkauft werden[1]

Bericht des Kommissarischen Kreisberufsobmanns der Nationalsozialistischen Kriegsopferversorgung im Landkreis Kempen, gez. Faber, an NSDAP-Gauleitung, Gauamt für Kriegsopfer, Posen, vom 29.11.1944 (Durchschlag)

Betr. Pelzmäntelverkauf an Kriegsversehrte
Die Gettoverwaltung in Litzmannstadt hat eine größere Anzahl von Juden beschlagnahmter Pelzmäntel zum Verkauf an Kriegsversehrte freigegeben, und zwar u. a. auch durch die Firma Rajmund Schindler, Litzmannstadt, Adolf Hitlerstr. 165.
Diese Pelzmäntel wurden nicht ohne weiteres an alle Interessenten abgegeben, sondern es wurde vorerst geprüft, ob der Kriegsversehrte tatsächlich infolge seiner Versehrtheit den Pelzmantel benötigte. Zu diesem Zweck wurden die diesbezüglichen Akten beim Kreisfürsorgeamt für Kriegsversehrte eingehend durchgesehen. Erst dann, nachdem dortseits die Feststellung getroffen war, daß aus Gründen der Versehrtheit der Pelzmantel dringend benötigt wurde, erfolgte durch das Kreiswirtschaftsamt die Ausstellung eines Bezugsscheins. Soweit mir bekannt ist, kamen für den Kreis Kempen 12 Bezugsscheine in Betracht. Von der Firma Rajmund Schindler kauften 6 Kameraden einen Pelzmantel. Der hierfür aufzuwendende Betrag war selbst für einen Laien schon auf den ersten Blick zu hoch.
Infolgedessen beantragten mehrere Kameraden eine Schätzung. Ich wandte mich dementsprechend an den Kreiswirtschaftsberater, der über das Amt des Gauwirtschaftsberaters und über die Wirtschaftskammer in Litzmannstadt 2 Schätzer benannte, und zwar waren dieselben von der Wirtschaftskammer Litzmannstadt angegeben worden, 1. ein Herr Cywinski in Fa. Tädi Cywinski, Pelzwarengeschäft in Litzmannstadt, Adolf-Hitlerstr. 46, und 2. Herrn Hans Spiegel in Fa. Kaufhaus Spiegel aus Reichtal, Kreis Kempen, Ring 16. Auf mein Ersuchen hat Herr Spiegel aus Reichtal die Schätzung vorgenommen. Hierbei kam er zu folgendem Resultat:

9 Ein ausführlicher Bericht von Olia Goldfein über das Getto in Prużany findet sich auch im sog. Schwarzbuch; Das Schwarzbuch (wie Dok. 254, Anm. 1), S. 337–345.

1 APP, 299/491, Bl. 3–5.

Käufer	*Kaufpreis*	*Schätzungspreis*
Zwarg	RM 575,–	RM 120,–
Brock	» 575,–	» 150,–
Faber	» 805,–	» 220,–
Brinnig	» 575,–	» 220,–
Jusinger	» 590,–	» 220,–
Leymann	» 950,–	» 260,–

Die von Herrn Spiegel durchgeführte Schätzung ist zum mindesten für den Verkäufer sehr wohlwollend gewesen, da Feststellungen der Kameraden ergeben haben, daß verschiedene Mäntel entweder bereits schon gewendet waren oder aber geflickt wurden oder aber auch bis zum äußersten aushaaren. Bei den 6 durchgeführten Pelzschätzungen handelt es sich ohne Ausnahme um bereits seit längerer Zeit im Gebrauch gewesene Mäntel.
Es ist klar, daß sich bei den Kameraden der stärkste Unwille bemerkbar macht.
Selbstverständlich wollen dieselben einen angemessenen Preis zahlen. In diesen Fällen aber ergeben die Differenzen eine Übervorteilung, die an und für sich schon unverständlich ist. Wenn hierbei noch in Betracht gezogen wird, daß es sich bei den Käufern um Schwerversehrte handelt, so ist die Tatsache der Übervorteilung derselben als übelste Geschäftemacherei anzusehen oder gar aber an Betrug grenzend. Es steht wohl ohne weiteres fest, daß die Gettoverwaltung die Pelzmäntel unentgeltlich oder aber für einen sehr geringen Preis erworben hat. Wenn nun wirklich noch eine angemessene Verwaltungsgebühr hinzugerechnet wird, woher kann dann der hohe Kaufpreis resultieren? Die Frage, die immer wieder an mich gestellt wird, und zwar: Sind wir Kriegsversehrten Ausbeutungsobjekt?, erscheint mir berechtigt zu sein.
Ich würde es dankbar begrüßen, wenn Sie die Angelegenheit einer Prüfung unterziehen würden und veranlaßten, daß die übersetzten Preisspannen zur Rückzahlung kommen. Ein Teil der Kameraden vertritt sogar die Meinung, daß die Erhebung einer Verwaltungsgebühr allein schon ausgereicht hätte, weil die Dringlichkeit des Erwerbs infolge der Versehrtheit nachgeprüft worden ist und zu guter Letzt die Gettoverwaltung einen Verdienst überhaupt nicht rechtfertigen könnte. Ob nun die Gettoverwaltung die Schuld an dem hohen Preis trägt oder aber die Firma Rajmund Schindler, läßt sich von hier aus nicht beurteilen. Jedenfalls aber ist eine Schuldfrage bei einem der Beteiligten zu bejahen.
Ein Kamerad hat sich mit der Absicht getragen, den ganzen Fall dem Schwarzen Korps[2] zu berichten. Ich habe gebeten, hiervon Abstand zu nehmen, weil ich der Auffassung bin, daß Sie von sich aus eine Bereinigung erzielen werden. Lediglich dem Kreiswirtschaftsberater habe ich eine Abschrift dieses Schreibens zur Kenntnis gegeben.
Ihrer alsbaldigen Rückäußerung sehe ich gern entgegen.
Heil Hitler!

2 Das Schwarze Korps, Organ der Reichsführung SS, erschien von März 1935 bis 1945 und publizierte regelmäßig denunziatorische Zuschriften an die Redaktion.

DOK. 275

Das Regierungspräsidium in Litzmannstadt drängt den Reichsstatthalter in Posen am 4. Dezember 1944, deutsche Eigentümer von Grundstücken auf dem Gebiet des Gettos Litzmannstadt zu entschädigen[1]

Schreiben des stellv. Regierungspräsidenten Litzmannstadt (I K: 1731/00–10), gez. Rüpe, an den Reichsstatthalter (Eing. 7.12.1944) vom 4.12.1944

Betrifft: Entschädigung für den Mietausfall volksdeutscher Eigentümer von Grundstükken im Getto.
Ohne Erlaß; letzter Bericht vom 5.7.1944 – I K: 1731/00–10 –[2]
Berichterstatter: Regierungsrat *Schlobach*
Mit dem vorstehend näher bezeichneten Bericht vom 5.7.1944 habe ich unter Bezugnahme auf eine mit dem Referenten für den Finanzausgleich im Reichsministerium des Innern, Ministerialrat Dr. Heinrichs, stattgefundene Besprechung erneut um Entscheidung der Frage gebeten, welche Stelle die volksdeutschen Grundstückseigentümer dafür entschädigen soll, daß durch die Einrichtung des Gettos ihre Grundstücke einer normalen Nutzung entzogen wurden. Auf diesen Bericht ist bisher eine Entscheidung noch nicht ergangen. Diese Entscheidung ist nunmehr aus den verschiedensten Gründen vordringlich. Einmal häufen sich in letzter Zeit die Anträge der volksdeutschen Grundstückseigentümer von Gettogrundstücken in erheblichem Umfange. Hinzu kommt, daß die Grundstücksgesellschaft[3] seit dem 1.1.1944 die Erstattung von jedem Mietausfall ablehnt. Da viele der betreffenden Grundstückseigentümer auf diese Mieteinnahmen angewiesen sind, ist die Frage vordringlich und auch von nicht geringem volkspolitischen Interesse. In einigen Fällen hat sich die Stadt aus fürsorgerechtlichen Gründen der Sache angenommen und ca. 60 v.H. der Bruttomieteinnahmen der betreffenden volksdeutschen Eigentümer als Unterhaltsbetrag gezahlt, vorbehaltlich späterer Abrechnung mit der dafür zuständigen Dienststelle. Die beteiligten Grundstückseigentümer haben in diesen Fällen ihre Ansprüche gegen das Deutsche Reich aus der Inanspruchnahme ihres Grundstückes für Gettozwecke in öffentlich beglaubigter Form an die Stadt abgetreten. Auch aus einem anderen Grunde ist die Entscheidung nunmehr vordringlich und unaufschiebbar. Bekanntlich ist das Getto aufgelöst. Soweit sicherheitspolitische, planerische und sonstige Gründe dies zulassen, werden Teile des Gettos ausgedrahtet. Die darin liegenden Grundstücke der volksdeutschen Grundstückseigentümer könnten an sich den Eigentümern wieder zur Verfügung gestellt werden. Da die Grundstücke sich meist in einem nicht bewohnbaren Zustande befinden, andererseits ein Bedürfnis zur Bewohnbarmachung solcher Grundstücke durchaus besteht, sind einige dringende Instandsetzungsarbeiten erforderlich. Die Grundstückseigentümer können diese in vielen Fällen deswegen nicht durchführen, weil ihnen die nötigen Mittel fehlen, da sie seit langer Zeit ohne Einnahmen aus dem Grundstück waren. Aus diesem Grunde bitte ich um eine vordringliche Entscheidung dieser Frage.

1 APP, 299/1739, Bl. 22.
2 Liegt nicht in der Akte.
3 Gemeint ist die Grundstücksgesellschaft der HTO.

DOK. 276
Ein Artikel der Enzyklopädie des Gettos Litzmannstadt schildert 1944 das Leben der eingesperrten Familien[1]

Artikel der sog. Getto-Enzyklopädie,[2] verfasst in der Statistischen Abt. in der Verwaltung des Ältesten der Juden[3] im Getto Litzmannstadt, 1944

Familienleben

Das jüdische Familienleben, das verdientermaßen Weltruf genießt, hat im Getto eine schwere Probe zu bestehen. Schon die Familie an sich, wie sie sich im engen Raum des Gettos konstituiert, ist in Frage gestellt. Ein Großteil ihrer Mitglieder ist meist voneinander getrennt, durch rechtzeitige Flucht oder Aussiedlung, so daß die einzelnen Mitglieder nicht einmal wissen, ob und wo ihre nächsten Angehörigen leben. Das wirft natürlich einen tiefen, bedrückenden Schatten auf diejenigen, die sich in der Enge der Gettostuben zusammenpressen. Hier aber sind sie meistens nicht einmal in dem dürftigsten Wohnraum nur unter sich, sondern teilen ihn mit anderen gleich Unglücklichen, die als Fremdkörper unzählige Reibungsflächen bieten. Daß die Intimität der Beziehungen der Lebensgefährten dadurch leidet, ist einleuchtend. Hiezu kommt, daß der Hauptzweck der Ehe, die Fortsetzung im Kindersegen, besonders große Schwierigkeiten bietet, wodurch die Natalität auf das denkbare Minimum zurückgeht. Aber auch für die Kinder, die schon da sind, ist der absolute Mangel an Privatleben aller Betroffenen nichts weniger als ein Segen. Das sociale Milieu einer durch und durch geregelten Wirtschaft, in der jeder einzelne in gleicher Weise seine Rechte und Pflichten zugeteilt erhält, schwächt die Autorität der Eltern so weit, daß von einer geregelten Erziehung kaum mehr die Rede sein kann. Wie oft kommt es vor, daß unmündige Kinder wirtschaftlich für die Erhaltung des Familienkollektivs wichtiger sind als die Eltern![4] Wie sollte da im Allgemeinen der Gehorsam und die Achtung vor den Älteren gedeihen, ohne die das Gebot: Ehre Vater und Mutter – zur leeren Phrase wird. Not und vor allem Hunger leisten ihre zerstörende Arbeit. So kommt es häufig zu Zuständen, die in ihrer grausigen Wirklichkeit alles, was Phantasie ausmalen kann, übertreffen.

Doch nun zur Ehrenrettung muß jener nicht seltenen Fälle gedacht werden, wo die alle Schwierigkeiten überwindende Liebe lauterstes Herzensgold aufleuchten macht. Eltern und Kinder, Geschwister und fernere Anverwandte opfern ihre Gesundheit, ja ihr Le-

1 APŁ, 278/1103, Bl. 64–66; zwei weitere, textgleiche Abschriften ebd., Bl. 83–85, 86–88. Abdruck in poln. Übersetzung: Encyklopedia getta. Niedokończony projekt archiwistów z getta łódzkiego. Łódź 2014, S. 66 f.

2 Im Laufe des Jahres 1943 entwickelten die Mitarbeiter des Gettoarchivs das Konzept für eine umfangreiche Enzyklopädie für Begriffe und Phänomene, wie sie spezifisch für das Leben von Juden in der Zwangsgemeinschaft Getto waren. Von Frühjahr 1944 an wurden zahlreiche Einträge verfasst, bis zur Auflösung des Gettos im Sommer 1944 aber nicht mehr abgeschlossen. Zu einem ähnlichen Projekt im Getto Theresienstadt siehe VEJ 11/263 und VEJ 11/287.

3 Mordechai Chaim Rumkowski.

4 Von 1942 an wurden vermehrt auch Kinder und Jugendliche in den Werkstätten und Betrieben des Gettos beschäftigt, umso mehr infolge der Deportationen mehrerer Zehntausend „arbeitsunfähiger" Gettobewohner in das Vernichtungslager Kulmhof 1942.

ben, einer für den anderen, umso tragischer, daß es häufig erfolglos geschieht. Ganze Familien – und eine Unzahl von solchen – sind so ausgerottet worden. Es gilt hier eben dasselbe wie für alles menschliche Leid: Der Schwache geht an ihm seelisch zu Grunde, der Starke wird durch die Überwindung im Geiste stahlhart, wenn auch leider die körperliche Hülle der furchtbaren Belastung häufig nicht Stand hält. Und so liegt es im Auge des Beschauers, ob er sich aus der bedrückenden Fülle des Materials solches auswählt, das dem jüdischen Familienleben in der unnatürlich künstlichen Atmosphäre des abgesperrten Gettos zu höchstem Ruhme gereicht, oder zu tiefer niederdrückenden Schande. Die edelste Tragödie und die fratzenhafte Verzerrung stoßen hart an und ineinander wie überall im Getto.
P.W.[5]

DOK. 277
The Jewish Advocate: Artikel vom 18. Januar 1945 über die Flucht eines unbekannten Juden aus Warschau über Sosnowitz bis nach Frankreich[1]

Von Warschau bis Paris – eine tragische Odyssee. Von Meyer Levin (Kriegsberichterstatter der Jewish Telegraphic Agency)[2]

Paris – Er kam zu mir ins Hotel und sagte, er suche nur jemanden, der sich seine Geschichte anhört. Er müsse sie jemandem erzählen. Er war auf den ersten Blick ein sehr selbstbewusster Mann. Er war in den Vierzigern, gepflegt, das gewellte, graue Haar sorgfältig gekämmt, und von so kultiviertem Auftreten, dass einem sein abgetragener Anzug, der ausgebeulte Pullover und das fadenscheinige Hemd nicht auffielen, bis er selbst darauf aufmerksam machte, nicht um sich zu entschuldigen, mehr aus Objektivität, so als wolle er auf seine gesamte Verfasstheit, geistig wie nervlich, aufmerksam machen, ganz objektiv, wie jemand, der sich selbst beobachtet. „Sie sehen ja, es ist unvermeidlich, dass meine Kleidung jeden Tag schlimmer aussieht, ich habe ja keine andere."
Ich kann seinen wahren Namen nicht preisgeben, da seine Frau zuletzt in den Händen der Feinde war. Es besteht immer noch ein Funken Hoffnung, dass die Deportierten noch am Leben sind.

5 Dr. Peter Wertheimer (1890–1944), Unternehmer und Philologe; stammte aus Pardubice; am 21.10.1941 aus Prag in das Getto Litzmannstadt deportiert, dort Mitarbeiter des Archivs bzw. der Gettochronik; im Aug. 1944 nach Auschwitz deportiert und dort umgekommen. Die Signatur P.W. findet sich nur auf den beiden textgleichen Abschriften des Dokuments; wie Anm. 1, Bl. 85 und 88.

1 The Jewish Advocate vom 18.1.1945, S. 7, 14: „Warsaw to Paris – A Tragic Odyssey". Die jüdische Wochenzeitung The Jewish Advocate erscheint seit 1902 in Boston. Das Dokument wurde aus dem Englischen übersetzt.

2 Meyer Levin (1905–1981), Schriftsteller und Journalist; schrieb seit den 1920er-Jahren für die Jewish Telegraphic Agency, Autor sozialkritischer Romane mit Bezug zum Judentum; während des Zweiten Weltkriegs in der Psychological Warfare Division der US-Streitkräfte und Kriegskorrespondent der JTA; in den 1950er-Jahren führte er in den USA einen langwierigen Rechtsstreit um seine Bühnenfassung des Anne-Frank-Tagebuchs.

Aber sein Name ist in der Welt der hebräischen Gelehrsamkeit bekannt; Professor Salo Baron[3] von der Columbia-Universität zum Beispiel kennt ihn gut. Nennen wir ihn Dr. Licht.
Im Jahr 1939 lehrte Dr. Licht an einer jüdischen Hochschule in Lodz, einem der wichtigsten jüdischen Zentren Polens. Er hatte eine Frau und ein Kind, Raya, ein zehnjähriges Mädchen. Nach dem Überfall auf Polen floh er mit seiner Familie nach Warschau, im Glauben, in dieser großen Stadt sicherer zu sein. Sie erlebten die Belagerung Warschaus und die folgenden zwei Jahre, in denen die Deutschen begannen, das Leben im Getto zu zerstören.
Dr. Licht erzählt[4] seine Geschichte mit zahlreichen Unterbrechungen: In Bruchstücken purzelt sie aus ihm heraus, mit minutiösen Schilderungen. Er erzählt auch noch das winzigste Glied in der Verkettung von Umständen, an denen sein Leben hing; jeder Augenblick, jede Handlung erscheint auf geheimnisvolle Weise gesteuert, um ihn zu retten. Es geht ihm darin wie allen anderen, die diesen unstillbaren Drang verspüren, zu erzählen, ihre Geschichte immer wieder von Neuem Revue passieren zu lassen. Es ist das Gegenstück zu der Obsession, mit der die dem Untergang Geweihten die Gründe untersuchen, die zu ihrer Vernichtung führten: Denn für diese Juden, die gerettet wurden, scheint das Wunder ihrer Rettung so groß, dass es nur geschehen konnte, weil sie eine Bestimmung hatten. Wieder und wieder gehen sie ihre Erlebnisse durch und stellen sich die Frage: Warum war es mir gegeben, in jenem Augenblick, bei jener Wendung der Ereignisse gerettet zu werden? Es muss einen Grund geben. Es muss eine Bedeutung haben. Wenn alle anderen dahingerafft wurden und ich nicht. Wenn alle anderen ermordet wurden und ich nicht.
Während sie die Verkettung der Umstände, die zu ihrer Rettung geführt haben, betrachten, verfallen sie immer wieder in Schweigen. Aufgrund schierer geistiger Erschöpfung verlieren sich ihre Betrachtungen in verwirrten Träumereien, laufen ins Leere.
Auch Dr. Licht kennt diese Momente. Nach jeder Pause des Schweigens merkt er mit gefasster und kultivierter Stimme an: „Sie sehen ja, wie es um mich steht. Sie sehen ja, wie sehr ich geschwächt bin. So wie ich in Momenten der Krise Dinge geleistet habe, heldenhafte, wagemutige Dinge, derer ich mich selbst nie für fähig gehalten hätte, so als hätte ich eine Energie besessen, die nun unglaublich erscheint, genauso bin ich nun schwächer, als ich es jemals für möglich gehalten hätte."
Wenn du einigen dieser Menschen zugehört hast, fragst du dich, was es in dir selbst ist, das diesen kurzen Kontakt fast unerträglich macht. Vielleicht ist es ein Gefühl von Schuld, in einer Welt zu leben, in der solche Dinge geschehen. Dann gibt es das unbewusste Ressentiment gegenüber demjenigen, der dieses Schuldgefühl auslöst, und damit vermischt das Wissen, dass er sich in seiner Feinfühligkeit dieser komplexen Gemengelage bewusst ist. Und dass er, um sich dieses kleine Stück menschlicher Sympathie zu sichern, auf das er so dringend angewiesen ist, und um jemanden zu haben, der seiner Geschichte zuhört, die Reste seiner abebbenden Energie mobilisieren muss, um das Ressentiment zu bekämpfen und zu überwinden, das immer zwischen dem Gesunden und dem Kranken steht.

3 Salo W. Baron (1895–1989), Rabbiner und US-amerik. Historiker poln. Herkunft; lehrte von 1930–1963 jüdische Geschichte an der Columbia Universität in New York, sagte 1961 als Gutachter im Eichmann-Prozess in Jerusalem aus; Autor von „A Social and Religious History of the Jews" (27 Bde.).

4 Tempuswechsel im Folgenden wie im Original.

Quoten, die erfüllt werden müssen

Er fährt mit seiner Geschichte fort. Er erzählt vom Juli 1942, als die Razzien im Warschauer Getto begannen. Jeden Tag gab es Massenverhaftungen. Zwischen sieben- und zehntausend Juden wurden regelmäßig auf den Straßen, in den Läden, in ihren Wohnungen aufgegriffen, geschlagen, getreten, manchmal erschossen, schließlich zusammengetrieben und zu den Zügen gebracht. „Durch die Züge wussten wir, wie viele deportiert werden sollten. Ob es sieben- oder zehntausend sein würden, hing davon ab, wie viele Züge verfügbar waren. Früh, ganz früh am Morgen gingen die Menschen nach draußen und zählten die Züge, die bereitstanden. Dann verbreitete sich die Nachricht im Getto – wie viele an diesem Tag deportiert werden würden."

Und sie verschlossen ihre Türen, versteckten sich und warteten, versteckt und eingeschlossen, und jede Familie hoffte, dass sie nicht zu denen gehören würde, die an diesem Tag aufgegriffen wurden, um in die Schlachtpferche oder zur Sklavenarbeit abtransportiert zu werden. Nachts, wenn die Quote erfüllt war – denn die Deutschen operierten stets mit einer Quote in der Größenordnung eines Schlachthauses –, kamen die Überlebenden aus ihren Kellern und Kammern, zogen Bilanz und schauten, wer fehlte.

Dr. Licht erlebte diese systematische Dezimierung über Wochen hautnah mit. Er selbst hatte ein gutes Versteck. Zweihunderttausend Juden wurden in jener Zeit aus dem Getto verschleppt. Tag und Nacht gab es endlose Diskussionen. Wohin konnte man fliehen? Konnte man innerhalb kurzer Zeit Tschenstochau erreichen? Stimmte es, dass Einwanderungszertifikate für Palästina ausgestellt wurden, um Massen polnischer Juden zu retten? Ja, es wurden Briefe geschrieben, die amerikanischen Juden schickten Telegramme, ja, in einem Tag, in einer Woche – oder vielleicht nach Russland? War es wahr, dass Rabbi Schorr[5] mit einer ganzen Gruppe die Flucht nach Russland gelungen war? Und was ist mit dem Rabbi von Pińczów? Angeblich hat er einen Pass mit Transit durch die Schweiz bekommen, einen guten Pass, einen gültigen Pass, für ein südamerikanisches Land. Welches Land? Ist egal. Einen gültigen Pass, mit Visum. Chile, oder Venezuela – eines jener Länder. … Wenn du nur zwei Tage wartest, wird sicher eine Antwort auf das Kabel nach London kommen, auf die Telegramme, die nach Jerusalem gesendet wurden.

Unvorstellbare Kraft

Jeder Tag des Wartens war nun ein Tag schrecklicher Gefahr. Dr. Licht entschied sich, nach Tschenstochau zu fliehen. Doch dann konnte er nicht aufbrechen, weil sein Kind Raya krank wurde.

Im Warschauer Getto gab es praktisch keine ärztliche Versorgung. Die verbliebenen Ärzte trauten sich tagsüber nicht nach draußen, um Hausbesuche abzustatten. Außerdem verfügten sie über keine Medikamente. Doch eines Nachts kam ein Arzt. Er sagte, Raya habe Meningitis.

Und dann kam die erste große Kraftanstrengung, die weit jenseits dessen lag, was sich Dr. Licht bisher zugetraut hätte: „Sie können sich nicht vorstellen, wie das ist, wenn die

5 Moses bzw. Mojżesz Schorr (1874–1941), Rabbiner, Historiker, Sprachwissenschaftler; Studium in Wien, Berlin und Lemberg, dort 1910 Professor, 1918 Rabbiner an der Großen Synagoge in Warschau, 1926 Professor in Warschau, 1928 Mitbegründer des Instituts für Judaistische Studien, 1935 vom Staatspräsidenten ernannter Senator; Anfang Sept. 1939 Flucht nach Ostpolen, dort unter sowjet. Herrschaft zu fünf Jahren Zwangsarbeitslager verurteilt, in sowjet. Haft gestorben.

alles verschlingende Bestie jeden Tag näher herankommt. Sie sind wie hypnotisiert, Sie sind unfähig zu fliehen. Und da liegt das kranke Kind und kann sich nicht fortbewegen. Es verlangte eine ungeheure Kraft, die ich mir selbst im Traum nicht hätte vorstellen können, um das Kind zu nehmen und fortzugehen …"

Mit dem fiebernden Kind flohen Dr. Licht und seine Frau nach Tschenstochau, in das bis dahin noch intakte Getto. Hier gelang es ihnen, medizinische Versorgung für Raya zu organisieren. Aber noch während das Kind sich erholte, nahte die Welle der Zerstörung.[6] „Diesmal folgten sie bei den Razzien im Getto einem genauen System. Ich beobachtete, wie sie vorgingen. Jeden Tag nahmen sie sich einen weiteren Abschnitt vor und arbeiteten sich so durch das Getto vor wie eine schwarze Welle auf einer Leinwand. Ich wohnte in der letzten Straße und wusste so, dass mir noch ein paar Tage zur Flucht blieben. Ich rannte umher und versuchte so viel Essbares wie möglich für mein Kind aufzutreiben, damit es genug Kraft schöpfen konnte, um aufzubrechen. Ich wartete, bis sie drei Straßen von uns entfernt waren, damit das Kind noch den letzten Moment nutzen konnte, um sich zu stärken. Bis zu dem Augenblick hatten sie fünfzigtausend aus Tschenstochau deportiert. Wir liefen, auf und davon nach Sosnowitz."

Er hält wieder inne. Es ist, als ob alle paar Minuten seine Lebensenergie erschöpft wäre und er warten müsse, bis ihm neue Energie zufloss.

Die Pässe kommen an

In Sosnowitz versteckten sie sich zwei Monate lang. Die ganze Zeit ging der verrückte Kreislauf weiter, die Briefe, die Telegramme, um Pässe, Visa, Genehmigungen, um einen Weg nach draußen zu finden. Das ist für mich das wahre Wunder in der Geschichte von Dr. Licht und all jener, die in seiner Situation waren. Sie hörten nie auf, ihre unglaublich *schwachen* Mittel einzusetzen: Sie schrieben, sie stellten Nachforschungen an, sie schickten Telegramme ins Ungewisse. Und eines Tages kam von einem Mann in Genf, einem Dr. Silverstein,[7] ein Päckchen an, das hundert Pässe enthielt.

Es waren Pässe für einige südamerikanische Länder. „Ich erinnere mich nicht einmal an den Namen. Eins dieser kleinen Länder. Es waren echte Papiere, gute Papiere. Aber Sie wissen ja, wie es mit den Deutschen ist. Sie spielten mit uns in diesen Dingen. Manchmal erkannten sie die Pässe an, manchmal nicht. Sie akzeptierten schließlich zwanzig der hundert Pässe."

Dr. Licht und seine Familie waren unter denen, die für den Augenblick gerettet schienen. Mit diesen Papieren in der Hand konnten sie ihre Reise in die Freiheit beginnen.

Die Deutschen erlaubten ihnen, bis Vittel[8] zu reisen, einem Internierungslager in Frankreich, wo sie auf den Weitertransport nach Südamerika warten sollten. In Vittel wurden

6 Die Auflösung des Gettos in Tschenstochau begann im Sept. 1942, in den folgenden Wochen wurden etwa 40 000 Juden in das Vernichtungslager Treblinka deportiert. 4000 bis 5000 Juden verblieben im „kleinen Getto", das im März 1943 aufgelöst wurde. Die meisten jüdischen Zwangsarbeiter blieben jedoch im Rüstungsbetrieb Hasag zurück und überlebten.

7 Richtig: Dr. Abraham (auch Adolf Henryk) Silberschein (1882–1951), Jurist; in den 1920er-Jahren führender Politiker der Partei Poale Zion-Hitachduth in Ostgalizien, 1922–1927 Sejm-Abgeordneter, später Mitbegründer des Jüdischen Weltkongresses, 1939 in Genf Gründer und Leiter der Hilfsorganisation RELICO, die u. a. Lebensmittel- und Medikamentenpakete in die Gettos im besetzten Polen schickte; veröffentlichte 1944/45 die mehrbändige Dokumentation „Die Judenausrottung in Polen"; siehe VEJ 6/164.

sie in einem alten Hotel eingesperrt. Sie waren nicht schlecht untergebracht, aber nun von Stacheldraht umgeben. Wochen vergingen, und sie konnten das Hotel nicht verlassen. Eine frösteln machende Unruhe machte sich in ihnen breit. Vielleicht waren die südamerikanischen Pässe doch noch für ungültig befunden worden. Vielleicht war es doch besser zu versuchen, nach Palästina zu gelangen.
Mit Hilfe der französischen Anwohner von Vittel schmuggelten sie Briefe, Botschaften nach draußen; sie schrieben an die Jewish Agency in Palästina.[9] Vielleicht waren die Einwanderungszertifikate, die sie von Warschau, von Tschenstochau, von Lodz, von Sosnowitz aus beantragt hatten, ja angekommen.
Und dann, eines Tages, wussten sie, dass mit ihren südamerikanischen Papieren etwas nicht stimmte. Denn der betagte Rabbi Rappaport, der unter ihnen war, erhielt von „außerhalb" die dringende Aufforderung, jede Anstrengung zu unternehmen, um auf der Stelle in die Schweiz zu entkommen. Es waren Vorkehrungen getroffen worden, um ihn draußen zu treffen und zu begleiten. Der Rabbi entschied, dass er zu alt sei, um durch Schnee und über Stacheldraht zu fliehen; er zitierte den Talmud, um zu beweisen, dass er bleiben und sich in sein Schicksal fügen solle. Mittlerweile waren alle Insassen des Lagers Vittel über alle Maßen besorgt und aufgeregt. Etwas stimmte nicht mit ihren Pässen, so viel stand fest.
Und dann kam die Nachricht. Die Deutschen hatten entschieden, ihre Pässe nicht anzuerkennen. Sie würden nach Drancy transportiert werden, dem gefürchteten Sammellager in der Nähe von Paris.[10] Was von dort aus ihr Schicksal sein würde, wussten sie. Von Drancy aus wurden die Juden nach Osten deportiert, nach Polen, in die Sklavenlager, vor denen sie sich sicher geglaubt hatten, in die Gaskammern, denen sie wähnten entkommen zu sein.

Ein Fluchtweg
Sie waren auf ihrer Flucht so weit gekommen, aber in Wirklichkeit gab es in ganz Europa kein Entkommen. Sie würden zurückgebracht werden.
Aber es gab ein Leben, das Dr. Licht nicht aufgeben würde. Er scharrte an den Wänden von Vittel, er grub, er bestach, und schließlich fand er ein kleines Schlupfloch, einen Fluchtweg für ein Kind. Es gab eine Frau in Vittel, eine Französin, die das Kind aufnehmen würde.

8 Im deutsch besetzten Frankreich gelegenes Internierungslager für Staatsangehörige von Feindstaaten, ein mit Stacheldraht umgebenes Areal mit mehreren nebeneinanderliegenden Hotels, das von Frühling 1941 an existierte. Die Lagerinsassen wurden für einen Austausch gegen deutsche Staatsbürger in Feindstaaten zur Verfügung gehalten.

9 Die 1929 auf dem 16. Zionistenkongress in Zürich ins Leben gerufene Jewish Agency for Palestine war die im Völkerbundsmandat für Palästina vorgesehene Vertretung der Juden, repräsentierte die in Palästina lebenden Juden und diente der britischen Mandatsmacht als Ansprechpartner. Sie bildete im Mai 1948 die provisorische Regierung Israels.

10 Im April 1944 wurden 166 Personen, darunter 40 Kinder, aus Vittel nach Drancy deportiert. Die meisten von ihnen waren im Jan. und Mai 1943 aus dem Warschauer Getto nach Frankreich gebracht worden, weil sie brit. oder (süd-)amerikan. Pässe bzw. Immigrationspapiere besaßen. Die Verhandlungen über einen Austausch scheiterten Ende 1943, da viele Staaten die meist käuflich erworbenen Papiere nicht anerkannten. Am 29.4.1944 wurde die Gruppe von Drancy weiter nach Auschwitz deportiert; siehe VEJ 12/331.

So nahmen Dr. Licht und seine Frau eines Nachts Abschied von ihrer Tochter. Sie schmuggelten sie aus dem Lager. Die Französin wartete. Das Kind war in Sicherheit. Die Mutter und der Vater tranken in derselben Nacht Jodtinktur.
Dr. Licht macht eine Pause, um darüber nachzudenken, wie es war: Ob es gut oder schlecht war, dass der Tod ihn betrogen hatte. Aber wenn man einen so weiten Weg zurückgelegt hat, ist es schwierig zu entscheiden, ob eine neue Wendung die Dinge besser oder schlechter machte. Alles schien vom Schicksal vorherbestimmt; auch der Mangel an Jod war ein Wunder. Es gab nicht genug Gift, um sich umzubringen. Sie lebten in Erwartung der geschlossenen Lastwagen. Bevor die zur Deportation Bestimmten einstiegen, wurden sie von den Wachen auf einer Liste abgehakt. Sie hielten Dr. Licht an. „Wo ist das Kind?"
„Das Kind? Sie ist weggelaufen. Sie ist verschwunden. Vielleicht versteckt sie sich irgendwo im Lager."
Und das Wunder geschah, die Wachen waren zu faul, um Jagd auf ein jüdisches Kind zu machen. Der Lastwagen wurde geschlossen, und in dem fensterlosen, dunklen Lkw begann ihre Rückreise, quer durch Europa.
Von dem Lastwagen ging es weiter in einem bewachten Zug, und sie wussten, dass die letzte Tür der Falle zuschnappen würde, wenn der Zug Drancy erreichen würde. Eine letzte Fluchtmöglichkeit gab es nur vom Zug aus. Und mit dieser eigenartigen, wilden Kraft, die Wunder zu bewirken vermag, hatten sie sich Tage zuvor auf eine solche Gelegenheit vorbereitet. Sie hatten ihr letztes polnisches Geld in Franken umgetauscht. Für den Fall, dass jemandem die Flucht gelingen sollte.
„Während des ganzen Tages und der ganzen Nacht, die wir im Zug verbrachten, redeten meine Frau und ich über die Flucht. Einer von uns musste versuchen zu überleben, für das Kind. Die ganze letzte Nacht suchten wir nach einer Gelegenheit, aber es ergab sich keine Chance, und wir wussten, dass wir schon in der Nähe von Paris waren. Dann war ich auf der Toilette, und der Zug verlangsamte seine Fahrt, und ich sah meine Chance. Es musste unverzüglich geschehen. Durch das kleine Fenster. Wenn ich zurückgehen würde, um meine Frau zu holen, würde es zu spät sein." Er lässt den Moment noch einmal Revue passieren. „Wir hatten uns bereits voneinander verabschiedet, für den Fall, dass sich eine solche Gelegenheit ergeben sollte." Er stürzte sich durch das Fenster nach draußen.

Trennung
Damit begann für Dr. Licht der größte Schrecken von allen. Er war allein. Bis jetzt hatte es in Warschau, in Sosnowitz, in Vittel die Wärme der anderen, der eigenen Leute gegeben, es hatte immer die Gelegenheit zum Gespräch, zur Diskussion gegeben, die Hoffnung, dass jemand, irgendjemand einen Ausweg finden würde, dass jemand helfen könnte. Nun war er ganz auf sich allein gestellt, mit blauen Flecken übersät, geschlagen, zerkratzt und blutend, in der Dunkelheit, in einem fremden Land, dessen Sprache er nicht sprach, in einem Land voller Soldaten, Polizei, Gestapo.
Er humpelte zum nächstgelegenen Gebäude; dort gab es einen Haufen Fässer, hinter denen sich Dr. Licht bis zum Morgengrauen versteckte. Dann bemerkte er, dass er in einer Lagerhalle war. Bald würden die ersten Arbeiter kommen. Er schlich hinaus auf eine Straße. Er befand sich in den Außenbezirken von Paris. Er ging los.
So stand es also um den Gelehrten, den Professor, den kleinen Mann der Bücher, der sich plötzlich in der Lage sah, aus einem bewachten Zug zu springen. „Jetzt war ich zum ersten Mal wirklich in Panik. Ich war schmutzig, blutverschmiert, unrasiert; jeder Polizist

würde mich festnehmen. Ich hätte meine letzte Barschaft, schlichtweg alles gegeben, nur um mich waschen zu können. Ich versuchte schließlich, mich zu beruhigen, und fragte eine alte Frau, indem ich mich durch Gesten verständlich machte, wo ich mich waschen könne. Sie sah mich an und lief weg. Ich war so verzweifelt, dass ich mich im nächsten Moment dem erstbesten Polizeibeamten, dem ich begegnet wäre, ergeben hätte."

Das Wunder
„Und dann geschah das Wunder. Ich erinnerte mich, dass meine Frau im Zug die Adresse eines entfernten, in Paris lebenden Verwandten aufgeschrieben hatte. Sie hatte sie in meine Jackentasche gesteckt. Ich griff hinein, und da war sie. Es handelte sich um einen Mann namens Levinson und um den Namen einer Straße, und da stand ‚Vincennes', ich dachte, dass es Teil des Straßennamens sei.
Ich zeigte das Stück Papier einem Passanten, und dieser versuchte, mir den Weg zu zeigen, aber ich konnte ihn natürlich nicht verstehen. Ich wusste nicht, dass die Adresse eine Vorstadt bezeichnete, und als sie versuchten, es mir zu erklären und mir schließlich eine Richtung zeigten, begann ich, in diese Richtung zu laufen. So irrte ich umher, den halben Tag lang, und wurde immer verzweifelter und panischer. Es schien hoffnungslos. Ich war so weit gekommen und sollte nun an der simpelsten Hürde scheitern. Ich konnte eine Straße nicht finden. Dann kam mir plötzlich – ich weiß nicht, warum – eine Idee: Ich könnte einen Reiseführer für Paris kaufen."
Angesichts der Einfachheit seines Gedankens und der Schwierigkeit, auf ihn zu kommen, hielt er für einen Moment inne. Stellen Sie sich nur vor, er wäre nicht auf den Gedanken mit dem Reiseführer gekommen! Wegen so einer banalen Sache wäre er verloren gewesen!
„Ich ging in einen Laden und bekam den Reiseführer. Ich wusste, dass mein Leben davon abhing, ob ich den Namen der Straße im Index finden würde. Er war da. Und auf dem Stadtplan entdeckte ich schließlich, dass Vincennes eine Vorstadt war. So fand ich Levinson, und er versteckte mich in seinem Haus, bis für mich falsche Papiere hergestellt worden waren."
Das ist die Geschichte. Sie unterscheidet sich nicht so sehr von hundert, von tausend anderen Geschichten. Und sie ist noch nicht zu Ende. Sie geht weiter. Weil es immer diesen Moment geben wird, diesen Augenblick, der ihn auf immer begleiten wird, in dem er in dem Zug war und sich entschied, zu springen und seine Frau zurückzulassen, um der Chance willen, seine Tochter vielleicht lebend wiederzufinden.
Und was ist nun mit Dr. Licht? Wie lebt er in Paris? Ein Jude hat in Paris zum jetzigen Zeitpunkt nicht gerade eine Adresse, unter der er gefunden werden kann. Er hat Freunde, hier, dort, ein Sofa, auf dem er schlafen kann. Und während des Tages die Straßen. Manchmal im Laufe des Tages, wenn einen das Gefühl überfällt, sich völlig aufzulösen, völlig leer zu sein – beschleicht einen die Sehnsucht, einen Platz zu haben, einen Ruheort in einer Ecke, die einem selbst gehört, wo man still sitzen kann, bis das Leben in den Körper zurückkehrt …
„Und Ihre Tochter?"

Der Triumph
In diesem Augenblick hat er alles überlebt: Er ist konzentriert, lebendig, klar, scharfsinnig, lächelt sogar vor Glück. Dies hat er erreicht. Dies hat alle Entscheidungen

gerechtfertigt. Dies ist sein Triumph, über Warschau und Tschenstochau, über die Gestapo in Sosnowitz, über die Meningitis, über die Wachen in Vittel, über den verschlossenen Zug und über den schrecklichen Zweifel, als er seine Frau in dem Zug zurücklassen musste, über die Straßen der fremden Stadt, auf denen ihn jederzeit jemand ergreifen konnte, über die Jodtinktur, über den Zweifel an seinem eigenen Mut. „Meine Tochter ist hier! Ja, ich habe einen Weg gefunden, sie nach Paris zu bringen. Ich habe einen Ort gefunden, wo sie bleiben kann, es ist ein guter Ort, ein Zuhause mit guten Menschen, etwas außerhalb der Stadt. Ich besuche sie jede Woche ein paar Mal. ... Wenn Sie ein Kind sehen wollen, das der Stolz aller Juden ist, ein wunderbares, lebhaftes Kind, dann ist das meine Tochter Raya!"
Dies ist der Sieg, den er zu erzählen hat. Das Kind lebt und gedeiht.

DOK. 278
Moszek Merin beschreibt sein Leben im Versteck nach der Auflösung des Gettos in Bendsburg bis zum 27. Januar 1945[1]

Protokollierte Aussage von Moszek Merin, Sosnowiec, vom 10.5.1945

Gespräch mit einer Person, die sich versteckte und deshalb überlebte.[2]
Ich heiße nur rein zufällig wie unser Leiter,[3] Merin Moszek,[4] geb. am 10.11.1914 in Będzin. Der Vorname meines Vaters lautet Tobiasz Hersz, der meiner Mutter Brajndla, geb. Paryzer. Ich bin Junggeselle, vor dem Krieg arbeitete ich in meinem eigenen Betrieb in der Metallbranche. Bis 1943 war ich zusammen mit meiner Familie, d.h. mit zwei Schwestern und drei Brüdern, im Betrieb von Rossner[5] beschäftigt.
Zu Beginn der Liquidation des Gettos am 1. August 1943 verbargen wir sechs uns in einem Versteck im Getto, wo wir fünf Wochen verbrachten. Wir lebten völlig ohne Wasser,[6] in der Nacht brieten wir Kartoffelpuffer, tranken Regenwasser mit Würmern. Nach fünf Wochen spürten uns die Polizei und unsere Ordner[7] auf. Einer von ihnen war unser Bekannter, und als sie schon in der Nähe waren, sagte er: „Komm, wir trinken einen Schnaps, wir werden sie noch schnappen."[8] Wir nutzten ihre Ablenkung und liefen in der Nacht in die Stadt. Einen Tag lang verbrachten wir auf unserem Dachboden, in einer Bruchbude. Tags darauf ging meine Schwester zu einer Bekannten, um für uns sechs ein Versteck zu erbitten, doch sie war nur widerwillig einverstanden, gab einen halben Laib Brot und Kaffee, was uns sehr erfreute. Wir kamen überein, dass drei in der ersten Nacht über die Felder gehen sollten, die anderen drei in der nächsten Nacht. Sie brachte uns

1 AŻIH, 301/119, Kopie: YIVO, RG 720, Box 2, Nr. 135. Das Dokument wurde aus dem Polnischen übersetzt.
2 Die Aussage wurde vermutlich von einem Mitarbeiter der Jüdischen Historischen Kommission in Sosnowitz protokolliert.
3 Wort im Original deutsch.
4 Gemeint ist der Leiter der Ältestenräte der jüdischen Kultusgemeinden Ost-Oberschlesien.
5 Zu Rossner siehe Dok. 51 vom 11.12.1941, Anm. 8.
6 Gemeint ist ohne Waschgelegenheit.
7 Gemeint ist der jüdische Ordnungsdienst im Getto.
8 Satz im Original deutsch.

in einem Gartenhaus unter, da sie Angst davor hatte, uns im Haus zu haben. Dort verbrachten wir ein halbes Jahr, gegen Bezahlung brachte sie uns Essen. Eines Tages geschah etwas Trauriges. Ihr Sohn stahl Dinge aus dem Getto und verkaufte sie in der Stadt. Als er einmal vor dem Haus spielte, schnappte ihn ein „Schupo“[9] und fand bei ihm 100 Zigaretten. Er führte ihn in die Wohnung, nahm eine Durchsuchung vor, fand verschiedene Sachen und verhaftete die Mutter. Wir blieben ohne Betreuung, aber dann kam ihre angebliche Schwiegertochter, die uns Essen bringen sollte. Sie betrog uns fürchterlich, wir spürten, dass es uns schlecht ergehen würde, und so geschah es.
Am 17. März 1944 unternahm eine Bande von Bauern der Umgebung, denen sie unser Versteck verraten hatte, einen Überfall auf uns, schlug uns schrecklich mit Eisenstangen und Rohren und nahm uns alles weg, Wäsche und Lebensmittel, wir mussten flüchten mit dem, was wir auf der Haut trugen. Wir kehrten zu unserem Dachboden zurück, wo wir schon einmal übernachtet hatten. Wir waren ohne jede Hilfe, ganz auf uns gestellt und gingen in die Stadt, um Lebensmittel zu kaufen, aber alles war umsonst. Der März war schrecklich kalt, wir rückten eng zusammen, wurden auch krank. Nachts gingen wir auf einen Kaffee zu Bekannten, aber länger als einen Monat hielten wir es dort nicht aus. Im April begannen die Kinder, auf den Dachböden Gespenster zu spielen, so dass wir befürchteten, sie könnten uns entdecken. Wir wechselten daher am 8. April auf einen anderen, steilen Dachboden, aber auch dort hielten wir es nicht länger als einen Monat aus. Am 8. Mai 1944 bemerkten spielende Jungen, dass dort jemand ist, und entdeckten uns. Sie machten eine Räuberleiter und kamen auf den Dachboden, so dass wir diesen Ort unverzüglich verlassen mussten. Meine Schwester und ich flohen als Erste, die Übrigen zerstreuten sich, aber in der Nacht kamen wir an einem zuvor verabredeten Ort zusammen. Zwei Stunden nachdem wir den Dachboden verlassen hatten, führten die Jungen die Polizei auf den Dachboden, so dass wir verloren gewesen wären. Wir beschlossen, zu dem Polen zu gehen, der uns Lebensmittel gebracht hatte. Unser Angebot nahm er nur ungern an, wir begannen ihn zu küssen und anzuflehen, uns irgendwo unterzubringen, wir waren völlig verzweifelt. Er führte uns zu seiner Geliebten, die einen Dachboden von 80 cm Höhe besaß. Wir schlüpften dort hinein und erwarteten schrecklich beengt und erschöpft unser weiteres Schicksal. Es war furchtbar heiß, schwül, eng, nur mit Mühe hielt man es dort aus. Anfangs gab sie uns zu essen, später bekam sie Angst, um schließlich ganz vor uns zu flüchten und uns alleine zu lassen. Wir liefen zu ihm,[10] damit er uns rette, dies war in den Tagen der russischen Invasion. Wir wollten leben und glaubten, dass das Ende nahe sei, und so konnten wir auch ihn überzeugen. Er sagte uns, dass er uns womöglich bei seiner zweiten Geliebten unterbringen könne, die in Brzozowice lebte. Er ging zu ihr, wir ihm nach und baten sie, uns aufzunehmen. Als wir ihre Abneigung sahen, nahm mein Bruder seine Uhr der Marke Doxa heraus, meine Schwester ihre Kleider, viel besaßen wir selbst nicht mehr. Endlich willigte sie ein. Sie trat uns eine kleine Kammer von mikroskopischen Ausmaßen ab. Sie war 1,50 m hoch, 90 cm breit und 2,40 m lang. Dort blieben wir zu sechst vom 7. Juni 1944 bis zum 27. Januar 1945. Während dieser sieben Monate waren wir ohne Heizung und ohne schmackhaftes Essen. Wir legten während dieser Zeit weder die Kleidung noch die Unterwäsche ab, und so lagen wir tagsüber und in der Nacht. Unsere Nahrung bestand aus

9 Wort im Original deutsch.
10 Gemeint ist der Pole, der das Versteck vermittelt hatte.

trockenem Brot, Salzkartoffeln und bitterem, schwarzem Kaffee. Von der Decke tropfte uns Wasser auf den Kopf, unsere Versorgung war fatal, man gab uns kein Tuch, mit dem man sich hätte zudecken können.
Und unter diesen Bedingungen hielten wir bis zum 27. Januar 1945 aus, bis zum Einmarsch der rettenden russischen Armee. Mit erleichtertem Seufzen verließen wir diesen Ort, an dem wir sieben lange Monate hindurch gelitten hatten.

DOK. 279
Angehörige des jüdischen Häftlingskommandos im Vernichtungslager Kulmhof verfassen im Januar 1945 einen Aufruf an die Nachwelt[1]

Schreiben des Stellv. Oberkommandierenden der 7. Abt. der GlavPURKKA,[2] gez. B. Sapožnikov,[3] an das Jüdische Antifaschistische Komitee, Genosse Epštejn,[4] vom 10.3.1945

Anbei sende ich Ihnen die Übersetzung eines polnischen Notizbuchs,[5] das private Aufzeichnungen von Häftlingen eines Todeslagers im Landkreis Koło enthält. Es wurde von einem der Häftlinge einem polnischen Bauern übergeben, der es bis zur Ankunft der Roten Armee im Landkreis Koło aufbewahrt hat.
Anlage: 17 Seiten
Stellvertretender Leiter der Hauptpolitverwaltung der Roten Arbeiter- und Bauernarmee[6] (B. Sapožnikov)

10. März 1945
Achtung!!![7]
Du glücklicher Mensch, der Du dieses Notizbüchlein gefunden hast. Wir bitten Dich, es aufmerksam durchzulesen und die Öffentlichkeit von all dem in Kenntnis zu setzen und darüber hinaus alle überlebenden Familienmitglieder zu benachrichtigen, die sich fern dieser furchtbaren Tragödie (im Ausland) befinden.

1 GARF, 8114-1-959, Bl. 11–28, Kopie: YVA, M.35/21, Bl. 9–26. Abdruck in deutscher Übersetzung: Manfred Struck (Hrsg.), Chelmno/Kulmhof. Ein vergessener Ort des Holocaust? Bonn u. a. 2001, S. 129–141. Das Dokument wurde neu aus dem Russischen übersetzt.
2 Glavnoe Političeskoe Upravlenie Račočo-Krest'janskoj Krasnoj Armii: Politische Hauptverwaltung der Roten Arbeiter- und Bauernarmee.
3 Boris Grigor'evič Sapožnikov (1907–1986), Soldat und Historiker; von 1929 an in der Roten Armee, 1943–1949 stellv. Leiter der Sonderpropagandaabt. der Politischen Hauptverwaltung der Roten Armee, 1945 Generalmajor; nach dem Krieg Hochschullehrer für Militärgeschichte und internationale Beziehungen an verschiedenen sowjet. Universitäten und Militärakademien.
4 Šachno Epštejn (1883–1945), Publizist und Politiker; von 1903 an Mitglied im Bund; lebte 1909–1917 und 1921–1929 in den USA, danach in der Sowjetunion; Redakteur mehrerer jidd. Zeitungen; von 1942 an Sekretär des Jüdischen Antifaschistischen Komitees und Chefredakteur der Zeitschrift Eynikayt.
5 Das Original des Notizbuchs ist seit Kriegsende verschollen. Offenkundige Schreibfehler von Namen und Orten, die überwiegend schon aus der Übersetzung vom Polnischen ins Russische resultierten, wurden stillschweigend korrigiert, eindeutig poln. und deutsche Namen erscheinen nach der poln. bzw. deutschen, nicht der russ. Orthographie.
6 Wie Anm. 2.

Am 15. September[8] 1944 erging ein Befehl des Gettoleiters der Stadt Łódź, H. Biebow, betr. die Abreise zweier Schneidermeister, Mordkowicz Abram und Oberferszt Berek. Sie sollten, so hieß es, acht Tage lang noch vier weitere Schneider begleiten: Mordkowicz Ljuzer, Micenmacher Abram, Wajnblum Szaja und Oberferszt Noach.[9]
Wir fuhren mit dem Auto aus (unleserlich geschrieben)[10] Łagiewnicka[-Straße] 6 zum „Schneider-Ressort" Łagiewnicka[-Straße] 36, dort setzten sie die Familie des Arztes Mendelson zu uns ins Auto. Sie bestand aus fünf Personen: Ehemann, Ehefrau und drei Kinder. Vom Baluter Ring auf der Limanowska-Straße fuhren wir in Richtung Aleksandrów. Hinter uns saßen zwei Gendarmen. Wir fuhren also über drei Stunden in diesem mit einer Lkw-Plane versehenen Auto, ohne zu wissen, wohin und in welche Richtung es uns führte. Schließlich hielten wir an. Die Lkw-Plane wurde geöffnet, und ein Mann aus der SS-Brigade mit einer Mördervisage kam zum Auto und rief: „Alle Schneider steigen aus, nur die Familie Mendelson bleibt." (Anm. des Übersetzers: Im Original ist das auf Deutsch in polnischer Transkription geschrieben.) Befehl ist Befehl, und so stiegen wir aus dem Auto und nahmen unsere Nähmaschinen mit. Nur die Familie Mendelson blieb im Wagen zurück und fuhr weiter in Richtung Wald. Wir alle, d. h. sechs Personen und der deutsche Leiter, betraten den Hof durch ein Tor und trauten unseren Augen nicht: Waren das zivilisierte Menschen oder Wilde? Wir kamen näher und sahen, dass es sich um ganz normale, aber gefesselte Menschen handelte, die Pakete und andere Dinge trugen. Nach einigen Minuten blieben wir stehen. Der Lagerführer befahl uns, unsere Taschen zu leeren und nur die Taschentücher zu behalten. War einer anständig gekleidet, musste er seine guten Sachen ablegen und alte, zerrissene anziehen. Schließlich legten sie uns, das ist das Wichtigste, Fußfesseln an, und der Kommandant ergriff das Wort und erklärte, dass dies ein Arbeitslager sei und dass jeder, der nicht arbeiten oder sich vor der Arbeit drücken würde, erschossen werde. Jedes seiner Worte bohrte sich wie eine Kugel in unsere Brust. Er sagte, dass wir arbeiten müssten, um den Deutschen zu helfen, den Krieg zu gewinnen, weil wir, die Juden, ihn gewollt hätten. Stellt Euch unsere Gefühle vor: Um uns herum die Totenköpfe[11] und die uns bewachende Polizei.
Nach dieser Zeremonie wurden wir in einen Raum geführt, der sich im Erdgeschoss eines kleinen Hauses befand, mit kleinen verhängten Fenstern, ohne Licht und ohne Schlüssel, die Tür war nur von außen zu verriegeln. In dem Raum befanden sich acht Schneider, fünf Schuster, ein Schäftemacher, zwei Schreiner und vier junge Männer, die in der Küche arbeiteten. Die Bewohner forderten uns auf, es uns bequem und uns keine Sorgen zu machen, sie boten uns Essen an und sagten, dass wir unsere Herzen stählen und uns

7 Übersetzt vom Übersetzer der 7. Abt. der Politverwaltung der 1. Weißrussischen Front Leutnant Aizenman.
8 Richtig: August.
9 Abram Mordkowicz oder Mordkiewicz, Berek Oberferszt (1906–1945), Leizer Mordkowicz oder Mordkiewicz, Abram Micenmacher aus Bełchatów, Szaja Wajnblum (1914–1945) aus Tomaszów Mazowiecki, von 1942 an im Getto Litzmannstadt; 1944 in das Vernichtungslager Kulmhof deportiert und dort dem jüdischen Häftlingskommando zugeteilt, und Noach Oberferszt (1915–1945), lebte vor 1939 in Łódź; sie alle gehörten zu den letzten 50 Häftlingen, die im Jan. 1945 vom SS-Sonderkommando in Kulmhof ermordet wurden.
10 Anmerkung des Übersetzers Aizenman der Roten Armee.
11 Gemeint sind SS-Männer in Uniformen mit Totenkopf an Mütze und Kragenspiegel.

vorstellen sollten, dass alles, was wir hier zu sehen und zu hören bekämen, nur ein Traum sei. Sie erkundigten sich nach dem Getto und nach ihren Familien und fragten, wohin die Menschen aus dem Getto geschickt würden. Nach wenigen Minuten erfuhren wir, in welcher Art Lager wir uns befanden, und dass die Personen, die vor einigen Wochen aus dem Getto Łódź angeblich zum Arbeiten nach Leipzig und München geschickt worden waren, in dieses Lager gelangt waren. Die Gegend heißt Kungof,[12] unweit von Konin, Koło und Dąbie. Die Deutschen sammelten die vorgeblich zum Arbeiten Abkommandierten in einer Kirche und ließen sie dort übernachten. Morgens erschienen Gestapomänner in der Kirche und befahlen den Anwesenden, in Gruppen auf die Straße zu treten, wo sie auf Lkw verladen wurden. Man brachte sie in einen dichten Wald, wo sich Baracken befanden, in denen Männer, Frauen und Kinder gemeinsam untergebracht werden sollten. Man befahl ihnen, sich völlig zu entkleiden. Stellt Euch, meine Lieben, dieses Bild vor: Unter vorgehaltenen Maschinenpistolen und Riemenpeitschen wurde diesen Menschen angekündigt, dass sie ins Bad gebracht werden würden. Schließlich zwang man sie, in ein großes Auto zu steigen, unter dessen sorgsam geschlossenem Kastenaufbau es dunkel und stickig war. Noch während alle Insassen mit von außen eingeleitetem Gas erstickt wurden, fuhr das Auto schon in Richtung der beiden Öfen, die sich nicht weit entfernt von den Baracken befanden. In diese aus Zement bestehenden, in den Waldboden eingelassenen Öfen wurden die Leichen geworfen und verbrannt. Dieses Schicksal ereilte jede Gruppe, die sich auf den Weg zur Arbeit nach Leipzig oder München machte. Und noch etwas. In den Baracken mussten sie alle vorher noch Postkarten an ihre Familien im Getto schreiben, in denen stand, dass es ihnen gut gehe, sie eine ordentliche Arbeit bekommen hätten und gut versorgt würden usw. Die Familien, die eine solche Postkarte erhielten, freuten sich, dass der Vater, Sohn oder Bruder sich gut eingerichtet hatte, und dachten gar nicht daran, dass in dem Moment, in dem die Karte sie erreichte, keine Spur mehr von ihrem Angehörigen existierte. Die Propaganda im Getto bewirkte, dass jeder zum Arbeiten fortgebracht werden wollte, um den Hunger, der im Getto herrschte, gegen bessere Lebensbedingungen einzutauschen. Niemand ahnte, dass es sich bei dieser Arbeit um ein Todesurteil handelte, das auf grausamste Weise exekutiert wurde.

Dies alles erfuhren wir innerhalb weniger Minuten, während wir mit unseren Kameraden an den Werkbänken saßen. Die Fenster unseres Raums gingen auf den Hof, von dem aus man die Kirche, die Straße und alle ankommenden Transporte sehen konnte. Die Autos mit dem [den Juden] abgenommenen Gepäck kamen zu uns ins Lager, und speziell ausgewählte jüdische Arbeiter sichteten den kompletten Inhalt, sortierten die Gegenstände, und häufig passierte es, dass ein Arbeiter den Rucksack seines Vaters, seiner Mutter, des Bruders, der Schwester oder von Verwandten fand. Aber was konnten wir tun? Wir waren schwach, hinter Stacheldraht eingesperrt und von Gewehrläufen umstellt. Niemand kann sich unsere Qualen vorstellen! Wenn uns jemand aus dem Ausland so sehen könnte, würde er wahrscheinlich sagen, noch nie Menschen wie uns gesehen zu haben, Menschen mit Nerven aus Stahl: Eigenhändig warfen wir unsere Väter, Mütter, Schwestern, Brüder, sogar unsere Kinder, die uns vom Herzen weggerissen worden waren, unsere geliebten Frauen in den Ofen; und auf all das blickten wir so gleichgültig, als berührte es uns nicht. Was wird man denn über uns sagen? Wir stellen uns unausgesetzt diese Frage, finden aber keine Antwort.

12 Gemeint ist Kulmhof.

Zwei Stunden später kam das Auto, das uns hergebracht hatte, wieder zurück und wurde entladen. Die Arbeiter teilten uns mit, dass es sich um die Habseligkeiten der Familie Mendelson handelte. Diese Nachricht erschütterte uns so sehr, dass wir lange nicht zu uns fanden. Die Nacht brach an. Der Boden diente uns als Lager. Wir legten Decken unter, mit denen wir uns auch zudeckten. Um sechs Uhr früh gab es das Signal zum Aufstehen und Frühstücken. Um sieben Uhr arbeiteten wir bereits in der Nähwerkstatt, die übrigen Genossen waren mit anderen Arbeiten beschäftigt, und ein Teil des sogenannten „Wald-Kommandos" [...][13] fuhr in den Wald, wo es Brennholz für die Öfen hackte, in denen Menschen verbrannt werden.
Mitten am Tag des 31. August erreichte ein Fahrzeug mit neuen Insassen das Lager. Wir wussten nicht, um wen es sich handelte. Nach einer kurzen Pause wurden sie in den Wald gebracht, und erst nachdem das Auto mit ihren Sachen zurückgekehrt war, stellten wir fest, dass das unsere Frauen und Kinder gewesen waren. Stellen Sie sich diese Tragödie vor! An diesen 1. September, den Tag, an dem unsere Familien verbrannt wurden, werden wir uns unser ganzes Leben erinnern. Uns erwartet dasselbe Schicksal, doch wann diese schreckliche Minute anbrechen wird – das wissen wir nicht. Wir leben in der Hoffnung, dass Gott dafür sorgt, dass wir es noch erleben, unsere Lieben, die unserem Herzen entrissen wurden, zu rächen. Wir bitten alle, dies für uns zu tun, weil wir vorerst nichts unternehmen können und auf die Befreiung warten.

17...... 1944.[14] Es schreibt Jakob Szlamkowicz.[15] Die Geschichte ist folgendermaßen: Am 24. August 1942 wurde ich aus Sieradz ins Getto Łódź umgesiedelt. Bei mir waren mein Bruder Genek[16] und mein Vater,[17] während meine Schwestern Kazia und Estera und Esteras drei Kinder in der Kirche in Sieradz zurückgeblieben waren. Ein paar Tage später erfuhr ich, dass alle Menschen aus der Kirche in den Wald zwischen Koło und Dąbie gebracht worden waren, wo sie mit Gas erstickt und später in großen, eigens dafür gebauten Öfen verbrannt wurden. Ein paar Wochen später gab es im Getto Łódź eine „Szpera" (Anm. d. Übers.: „Sperre" – Razzia),[18] und es wurden 20 000 Menschen in diesen Wald gebracht, erstickt und verbrannt. Unter ihnen befand sich auch mein Vater. Ähnliches ereignete sich in allen anderen Provinzstädten. Nach zwei Jahren war der Friedhof im Getto – und Sie wissen ja selbst, wie die Ernährung dort aussah und dass

13 „Wald-Kommando" im Original auf Deutsch. Ausgelassen wurde die entsprechende Anmerkung des russ. Übersetzers in Klammern samt einer Übersetzung von Wald-Kommando ins Russische.
14 So im Original.
15 Jakob Szlamkowicz (1915–1945), Schneider; er wurde am 10.6.1944 nach Kulmhof deportiert und dort dem jüdischen Häftlingskommando zugeteilt; er gehörte zu den letzten 50 Häftlingen, die im Jan. 1945 vom SS-Sonderkommando in Kulmhof ermordet wurden.
16 Vermutlich: Herszel Szlamkowicz (1892–1944), Schäftemacher; lebte vor dem Krieg in Sieradz; im Aug. 1942 aus dem Getto Sieradz nach Litzmannstadt gebracht; am 10.6.1944 nach Kulmhof deportiert und mit seinem Bruder dem jüdischen Häftlingskommando zugeteilt; er wurde vermutlich im Waldlager von Kulmhof vom SS-Kommando erschossen.
17 Vermutlich: Rywen Szlamkowicz (1880?–1942), Schneider; lebte vor dem Krieg in Sieradz; im Aug. 1942 nach Litzmannstadt, im Sept. 1942 weiter in das Vernichtungslager Kulmhof deportiert und dort ermordet.
18 Die Anmerkung stammt vom russ. Übersetzer; das Wort „Sperre" ist auf Deutsch mit kyrillischen Buchstaben wiedergegeben und bezeichnet eher ein Ausgehverbot, mit dessen Hilfe zur Deportation vorgesehene Personen leichter gefunden werden konnten.

die Menschen starben wie die Fliegen – von Leichen übersät, ungefähr hunderttausend unschuldige, aller Möglichkeiten der Selbstverteidigung beraubte Menschen.[19]
Wir erfuhren hingegen, um was für eine „Arbeit" es sich handelte. Mein Bruder und ich befinden uns im Lager: Ich arbeite als Schneider, aber mein Bruder konnte die Torturen, die im Wald an der Tagesordnung waren, nicht ertragen und starb. Ich habe einen weiteren Bruder in Russland. Er heißt Abram Szlamkowicz, aber ich habe meine Zweifel, dass ich ihn noch einmal wiedersehen werde. Ich habe an die Menschen, die dieses Notizbüchlein finden, eine kleine Bitte. Sie sollen den Bewohnern von Sieradz Zielinskij, Kožickij, Olender und Stodul'skij ein paar Worte ausrichten, damit sie meinem Bruder, falls er aus Russland zurückkehrt, erzählen können, was mit uns geschah, und Gott wird ihnen dafür danken. Ich selbst kann nichts tun, da wir hier gefesselt sind.
Jakob Szlamkowicz

Am 28. Juli 1944 habe ich mit dem 10. Transport das Getto verlassen, wie man mir sagte, zum Arbeitseinsatz. Im Getto zurück ließ ich meine Frau und zwei Kinder. Ich wurde aus dem Transport ausgesondert und als Schuster beschäftigt, während alle anderen in den Ofen kamen. Ich muss mir das alles mit ansehen, aber was kann ich tun, ich bin ein schwacher, wehrloser Mensch, genau wie alle anderen, die in den Tod geschickt werden. Einige Tage nach meiner Ankunft im Lager wurden alle Juden aus dem Getto Łódź ausgesiedelt, darunter auch meine Frau und meine Kinder.[20] Nun bin ich alleine, ohne meine liebe Familie, was soll ich tun? Ich frage jeden, aber keiner kann mir darauf eine Antwort geben. Vor dem Krieg habe ich in Łódź in der Zawadzka-Straße 14 gelebt. Von Beruf bin ich Schuster. Mein Onkel Gabriel' Himelfarb wohnte in der Masarska-Straße und mein Schwager Kopel' Berkovič in der Lipowa-Straße 36. Nun sind sie in Russland, und ich bitte darum, ihnen all das hier mitzuteilen, und Gott wird es Euch danken.
Berek Himelfarb[21]

21. September 1944. Hier schreibt der Sohn der Familie Berek Zytenfeld,[22] der im Getto in der Ceglana-Straße 28 gelebt hat. Die Geschichte verlief folgendermaßen:
Am 15. Mai 1944[23] wurde ich aus dem Getto in das sogenannte Arbeitslager gebracht, aber es muss genauer benannt werden: ein Vernichtungslager. Ich musste meine Mutter, meine Schwester und meinen Bruder im Getto zurücklassen.[24] Seit Kriegsbeginn sind drei meiner Brüder und eine Schwester nach Russland geflüchtet, während ich und meine Familie im Getto blieben. Nach zwei Jahren starb mein Vater[25] an Hunger, und mein

19 Im Getto Litzmannstadt starben zwischen 1940 und 1944 knapp 44 000 Menschen an Unterernährung und Krankheiten.

20 Ita Himelfarb (1903–1944), Hausfrau, und ihre Kinder Chaim Majer Himelfarb (1932 oder 1933–1944), Schüler; Chaja Himelfarb (1938–1944); Szaja Lajb Himelfarb (1940–1944); sie wurden alle am 14.7.1944 aus dem Getto Litzmannstadt in das Vernichtungslager Kulmhof deportiert und dort ermordet.

21 Boruch Ber Himelfarb (1907–1945), Schuster, lebte vor 1939 in Łódź; im Juli 1944 in das Vernichtungslager Kulmhof deportiert und dort dem jüdischen Häftlingskommando zugeteilt; er gehörte zu den letzten 50 Häftlingen, die im Jan. 1945 vom SS-Sonderkommando in Kulmhof ermordet wurden.

22 Ber, auch Berek Zytenfeld (1928–1945), Schüler; im Juni oder Juli 1944 in das Vernichtungslager Kulmhof deportiert und dort dem jüdischen Häftlingskommando zugeteilt; als einer der letzten 50 Häftlinge im Jan. 1945 vom SS-Sonderkommando in Kulmhof ermordet.

anderer Bruder wollte sich mit seiner Frau durch Flucht retten, doch sie kamen nicht durch und mussten ins Getto zurückkehren. Dann wurde er ausgesiedelt, wohin, versteht Ihr sicher gut, und ich blieb alleine zurück, ohne meine Familie, meine Lieben und Verwandten. Es zerreißt mir das Herz, wenn ich sehe, was hier geschieht. Ich bin erst 16 Jahre alt. Als der Krieg ausbrach, war ich 11. Im Laufe der fünf Jahre im Getto habe ich viel ertragen müssen und konnte meinen lieben Eltern überhaupt nicht helfen. Es schmerzt zuzusehen, wie der Vater den Hungertod stirbt, und ihm nicht helfen zu können. Stellt Euch meine Gefühle vor! Nun, wo ich sehe, wie so viele Tausend unschuldige Juden und Polen sterben und auf welch grausame Weise, blutet mir das Herz, und ich will mich für sie alle rächen. Aber da ist nur der 16-jährige Junge in Fußfesseln wie ein Verbrecher und von allen Seiten von Gewehrläufen umgeben, was kann er tun? Ich will Euch um etwas bitten, und bitte weist mich nicht ab. Benachrichtigt meine Brüder Icek, Lajzer und Motek und meine Schwester Chawa Zytenfeld, die sich in Moskau befinden. Ich habe noch eine Schwester Regina (Mädchenname: Zytenfeld) in Armenien, aber ich habe nach der Heirat ihren Nachnamen vergessen. In Łódź hat sie entweder in der Nowa Zgierska-Straße oder in der Ceglana-Straße 28 gewohnt. Informiert meine Familie über mich, das ist meine letzte Bitte vor meinem Tod. Ich befinde mich im Lager bei Uniejów,[26] nicht weit von Koło und Konin entfernt. Ich komme zum Ende und bitte Euch alle in Freiheit und alle Truppen, die durch dieses Gebiet kommen, dass sie die Wahrheit erzählen und alle unschuldigen, auf grausamste Weise Ermordeten rächen, da ich selbst nichts tun kann. Gott wird es Euch danken.
Berek Zytenfeld, der sich im Vernichtungslager befindet

Es schreibt Zygelman Izrael,[27] der in Łódź in der Wółczańska-Straße 159a gelebt hat und später im Getto in der Wróbla-Straße 13.
Meine Geschichte ist die folgende:
Im Februar 1940 wurde ich mit meiner Frau,[28] meinen drei Kindern und meinem Schwiegervater ins Getto umgesiedelt. Meine Eltern wurden aus Rzgów bei Łódź ins Protektorat[29] nach Piotrków ausgesiedelt. Von meinem Vater, meiner Mutter, meinen acht Brüdern und meiner Schwester erhielt ich keinerlei Nachrichten, aber das lag an der Postzensur, und ich musste mich damit abfinden. Jedenfalls wurde ich von meiner Familie getrennt. Wie viel Mühe hatte es sie gekostet, mich großzuziehen bis zu jener Zeit, als sie schon von mir hätten Hilfe bekommen sollen. Nun gibt es sie nicht mehr.

23 Gemeint ist vermutlich der 15.6.1944, da die Deportationen nach Kulmhof kurz darauf wieder begannen. Möglich ist aber, dass Zytenfeld mit anderen jüdischen Funktionshäftlingen bereits im Mai nach Kulmhof kam und dem Sonderkommando bei der Wiederherrichtung des Vernichtungslagers behilflich sein musste.

24 Chaja Zytenfeld (1885–1944), Hausfrau, und ihre Kinder Aron Zytenfeld (1923–1944), Lehrling; Chana Laja Zytenfeld (1914–1944), Hausfrau; sie alle wurden im Juni oder Juli 1944 aus dem Getto Litzmannstadt in das Vernichtungslager Kulmhof deportiert und dort ermordet.

25 Godel Zytenfeld (1882–1942), Weber; lebte vor 1939 in Łódź.

26 Uniejów liegt etwa 20 km südlich von Kulmhof.

27 Izrael Icek, auch Iser Zygelman bzw. Zygielman (1914–1945), Schneider; auch ihn ermordete das SS-Sonderkommando in Kulmhof als einen der letzten Häftlinge.

28 Helena Zygelman, geb. Feterman (*1909 oder 1910), Arbeiterin; vermutlich wurde sie im Aug. 1944 aus dem Getto Litzmannstadt nach Auschwitz deportiert und kam dort um.

29 Gemeint ist das Generalgouvernement.

Man hat uns getrennt und unsere Herzen mit einem Dolch durchbohrt. Und wer wird unsere Qualen beschreiben? Ich wurde zusammen mit meiner Frau und den beiden Kindern im Getto untergebracht. Das sieben Monate alte Kind starb an Hunger,[30] und ich hatte keine Möglichkeit, es zu retten. Voller Schmerz verlor ich mein Kind. So lebte ich zwei Jahre lang im Getto. Am 17. September 1942 gab es im Getto eine Razzia.[31] Am helllichten Tag rissen Gestapomänner und die jüdische Polizei mir mein zweites Kind[32] weg, meinen Schatz, das Wertvollste, was wir im Leben hatten. Leute! Stellt Euch diesen Schmerz vor, diese Qualen, aber ich konnte nichts tun als mir einzureden, dass dem Kind nichts geschehen werde. Doch ich hatte an nichts mehr Freude. Mein Leben war zerstört, und alles war mir gleichgültig geworden. Meine Frau versuchte, mich zu beruhigen, aber ich interessierte mich für nichts mehr und träumte nur davon, irgendwohin fortzufahren. Aber wohin hätte ich fahren können, da wir von Stacheldraht umgeben waren? Am 14. Juli 1944 wurde ich schließlich zur Arbeit in dieses Lager gebracht. Als sich meine Frau von mir verabschiedete, sagte sie: „Vielleicht begegnet dir irgendwo ein Kinderlager und du siehst unser geliebtes Kind wieder …", als würde sie ahnen, dass ich tatsächlich den Spuren unseres Kindes folgen würde.
Im Lager arbeite ich als Schneider, und eigentlich geht es mir nicht schlecht, weil ich mich satt essen kann, doch alles ist wie Gift, denn wir leben in einem Todeslager. Vor zwei Jahren wurden alle Kinder aus dem Getto Łódź hergebracht, mit Gas erstickt und verbrannt. Und was sagt Ihr? Ich habe hier tatsächlich Spuren meines Kindes gefunden. Vor einigen Wochen wurden alle Gettobewohner ausgesiedelt[33] und, wie man immer sagte, zum Arbeiten geschickt. Nun bin ich alleine, ohne Frau und ohne Kinder. Und mir wurden wie einem Verbrecher Fußfesseln angelegt. Früher litt ich und heute muss ich leiden, weil ich Jude bin. Wofür, fragt man sich? Was habe ich Schlechtes getan, meine Frau oder mein unschuldiges Kind, das einen so schrecklichen Tod gestorben ist? Könnt Ihr, freie Menschen, das alles ansehen, ohne zu reagieren? Niemand gibt mir eine Antwort, einen Rat, und mein Hirn arbeitet Tag und Nacht auf der Suche nach einer Lösung, doch leider konnte ich keine finden. Ich habe eine Bitte: Benachrichtigt die Schwester meiner Frau über mein Schicksal; sie lebt mit ihrem Mann und ihrem Kind in Schanghai (China), der Name des Mannes ist Ljamranc Abram und ihr Mädchenname Feterman Estera aus Łódź, Wółczańska-Straße 159. Sie ist die Einzige aus meiner Familie, die am Leben geblieben ist, weil sie im Ausland lebt, weit weg von schmutzigen Pfoten.[34] Ich warte auf den schrecklichen Tag, der auch meiner harrt. Man kann nichts machen! Ich würde gerne bei meiner Familie sein. Wir haben mit der amerikanischen und der englischen Regierung nur Mitleid; wenn sie wollten, könnten sie diesen Weltverbrecher[35] stürzen und verhindern, dass hunderttausend Juden einen solchen Tod sterben

30 Chaim Zygelman (Dez. 1939 bis Juli 1940).

31 Da die Aktion der „Großen Gehsperre" im Getto Litzmannstadt zu diesem Zeitpunkt bereits beendet war, ist vermutlich der 7.9.1942 gemeint.

32 Hersz Józef Zygelman (1934–1942), Schüler; er wurde am 7. oder 8.9.1942 nach Kulmhof deportiert und dort ermordet.

33 Im Juni/Juli 1944 wurden knapp 7200 Juden aus dem Getto Litzmannstadt nach Kulmhof deportiert, die Morde wurden in Kulmhof danach eingestellt, die übrigen 68 000 Juden aus dem Getto nach Auschwitz deportiert; siehe auch Einleitung, S. 37.

34 Die Bedeutung dieser Formulierung ist unklar. Möglicherweise ist die Arbeit des jüdischen Arbeitskommandos in Kulmhof gemeint.

müssen. Und wofür? Ich wäre jetzt gerne ein Vöglein, das in die weite, helle Welt fliegt, um ihnen persönlich all das zu erzählen, was hier geschieht und was sie zu tun haben. Im selben Moment, in dem in diesen glücklichen Ländern Orgien gefeiert werden, Wein, Champagner und Whiskey in Strömen fließen und Lampen [ihr Licht verbreiten], fließt bei uns Benzin in den Ofen, und es wird Holz nachgelegt, damit Menschen, unter anderem auch Eure Verwandten, ordentlich verbrennen. So! Das geschieht hier! Aber ich kann nur träumen und sonst nichts. Ich weiß nicht, was ich tun würde, wenn Bobi nicht hier bei mir wäre. Das ist ein Junge, der auch in diesem Notizbuch schreibt. Ich habe ihn lieb gewonnen wie ein eigenes Kind, weil auch er mich sehr liebt. Wir teilen unsere Qualen. Ich muss aufhören, weil meine Augen bereits vom Weinen schmerzen und ich mich nun auf den harten Boden zum Schlafen legen muss. Ich bitte Euch, Ihr glücklichen Leute, rächt Euch für uns und unsere Familien an diesen Bestien.
Izak Zygelman.

Es schreibt Zawek Srebrnik,[36] der im Getto zunächst in der Lutomierska-Straße 17/32 lebte und später in der Lutomierska-Straße 21/84. Meine gesamte Familie wurde hier in Dąbie in der Nähe von Koło und Konin mit Gas ermordet. Ich will sie rächen, aber ich habe keine Möglichkeit dazu. Tag und Nacht denke ich an Rache. Ich arbeite als Schuster. Mein Bruder wurde aus dem Getto Łódź zum Arbeiten verschickt, ich weiß nicht, wohin, aber ich denke, dass es ein ähnlicher Ort ist wie hier. Mein Blut gibt mir keine Ruhe, verlangt nach Rache, aber was kann ich schon tun? Ich bin zu schwach, dazu verurteilt, zu sterben und mein Geheimnis mit ins Grab zu nehmen. Wohin ich auch blicke, von allen Seiten blicken mich Gewehrmündungen an. Das ganze jüdische Volk ruft Euch zur Rache auf für den Tod dieser Unschuldigen.
Srebrnik Šmul'.[37]
Srebrnik Zavek.[38]

Es schreibt Bocian Lajb,[39] der in der Stadt Łódź in der Podrzeczna-Straße 11 und später im Getto in der Marysińska-Straße 63 gewohnt hat.
Hier ist meine Geschichte: Ich lebte im Getto zusammen mit meiner Mutter, drei Schwestern und einem Bruder,[40] und wie das Leben im Getto aussah, ist allgemein bekannt. Ich wurde mit einem Transport ins Lager nicht weit von Uniejów gebracht, in der

35 Gemeint ist Adolf Hitler.

36 Zawel Srebrnik (1921–1945), Arbeiter; lebte vor dem Krieg in Łódź; während der Besatzung für einige Zeit in einem Zwangsarbeitslager für Juden im Regierungsbezirk Posen, am 14.6.1944 nach Kulmhof deportiert und dem jüdischen Häftlingskommando zugeteilt; er gehörte zu den letzten 50 Häftlingen, die das SS-Sonderkommando im Jan. 1945 ermordete.

37 Szmul Hersz Srebrnik (*1912), Fleischerarbeiter; lebte vor dem Krieg in Łódź, wurde offenbar noch im Mai 1944 aus dem Getto Litzmannstadt deportiert, sein weiteres Schicksal ist unklar. Nicht identisch mit Szymon Srebrnik (1930–2006), siehe Anm. 61.

38 Es ist unklar, warum Zawel Srebrnik seinen Eintrag im Singular verfasste und für seinen Bruder mit unterzeichnete. Es handelt sich zweifelsfrei um zwei verschiedene Personen.

39 Lajb, auch Lajbus Bocian (1925–1945), Schüler; am 17.6.1944 nach Kulmhof deportiert und dem jüdischen Häftlingskommando zugeteilt; wurde ebenfalls im Jan. 1945 vom SS-Sonderkommando in Kulmhof ermordet.

40 Fajga Bocian (*1897), Wäschenäherin; Malka Bocian (*1915), Kosmetikerin; Brandla Bocian (*1917), Schneiderin; Sara Bocian (*1922), Verkäuferin; Abraham Chaskiel Bocian (*1925), Schneider; der Vater Samuel Bocian (1891–1942), Schneider, war bereits im Getto gestorben.

Nähe von Dąbie und Konin. Das Lager wird als „Arbeitslager" bezeichnet, tatsächlich ist es aber ein Todeslager. Die Menschen, die hierher gebracht werden, werden mit Gas vergiftet und danach in einem Ofen verbrannt, der eigens dafür gebaut wurde. Auf diese Weise wurden mehrere Tausend Menschen umgebracht; einige Wochen nach meiner Ankunft im Lager wurden alle Juden aus dem Getto Łódź ausgesiedelt, ihnen wurde gesagt, sie würden zum Arbeiten nach Deutschland, nach Leipzig und München, geschickt werden. Ich weiß, dass dieses München und Leipzig ebensolche Lager bedeuten wie das, in dem ich mich befinde. Zur selben Zeit wurde auch meine Familie aus dem Getto geholt. Nun bin ich als Einziger übriggeblieben, ohne Familie, ohne meine nächsten Verwandten, wie ein Mensch, den niemand mehr braucht. So lebe ich und warte auf den Tag, da auch ich zu meiner Familie gehe. Ich habe eine Bitte an freundliche Menschen: Benachrichtigt meinen Schwager, der in Russland lebt, über mein Schicksal. Er heißt Volkovič Wol'f. Das ist alles.
Bocian Lajb.

Da das Lager bald aufgelöst wird, die Arbeit hier zu Ende geht, schaffe ich es nicht, die Geschichten eines jeden von uns aufzuschreiben, und deshalb notiere ich in dieses Notizbüchlein nur die Namen und Nachnamen, die Adressen vor dem Krieg und im Getto – um den Familien zu helfen, sich zu orientieren.

Pasalski Szmul.[41] Vor dem Krieg lebte er in Osieków in der Gemeinde Wielun. Im Getto lebte er in der Łagiewnicka-Straße 30.

Gliksman Bendyt.[42] Vor dem Krieg wohnte er in Szczerców, im Getto in der Lutomierska-Straße 42. Meine Familie befindet sich im Ausland. Ihre Adresse: Chil' Majer, Gliksman, London.

Rapoport Natan und Rapoport Icek[43] haben in Łódź in der Pomorska-Straße 32 gelebt und im Getto in der Łagiewnicka-Straße 43. Unsere Schwester befindet sich in Russland. Sie heißt Felja Rapoport.

Es schreibt Akin Calel',[44] der vor dem Krieg in Łódź in der Podrzeczna-Straße 20 und im Getto in der Piwna-Straße 5 gewohnt hat. Meine gesamte Familie, nämlich Akin Mojše, Akin Ajzyk und Pomeranc Chenach, befindet sich in Russland.

41 Szmul Pasalski (1902–1945), Schuster; gelangte 1942 ins Getto Litzmannstadt; er wurde am 14.6.1944 nach Kulmhof deportiert und dem jüdischen Häftlingskommando zugeteilt; auch er gehörte zu den letzten 50 Häftlingen, die im Jan. 1945 vom SS-Sonderkommando in Kulmhof ermordet wurden.

42 Bendet, auch Bendyt Gliksman (1921–1945), Schneider; er wurde am 26.6.1944 nach Kulmhof deportiert und dem jüdischen Häftlingskommando zugeteilt; er gehörte zu den letzten 50 Häftlingen, die im Jan. 1945 vom SS-Sonderkommando in Kulmhof ermordet wurden.

43 Natan, auch Nusen Rapaport (1923–1945) und Icek Rapaport (1924–1945); wurden am 30.6.1944 nach Kulmhof deportiert und dem jüdischen Häftlingskommando zugeteilt; sie wurden im Jan. 1945 vom SS-Sonderkommando ermordet.

44 Boruch Calel Akin (1904–1945); im Sommer 1945 nach Kulmhof deportiert und dem jüdischen Häftlingskommando zugeteilt; wurde im Jan. 1945 ermordet.

Es schreibt Srul Jakubowicz,[45] Tischler aus Bełchatów. Eine meiner Schwestern lebt in Palästina, sie heißt Merla Przemysławska, die andere, Estera Londa,[46] in Argentinien.

Es schreibt Dawid Bendkowski,[47] der in Łódź in der Brzezińska-Straße 25 wohnte. Meine Schwester Felja Krasn (Mädchenname: Bendkowska) lebt in Montevideo. Mein Bruder Izrail' Bendkowski lebt in Russland.

Es schreibt Żurawski Mordka[48] aus Włocławek, Łęgska-Straße 63. Meine gesamte Familie wurde aus Włocławek ausgesiedelt, während ich, mein Vater und mein Bruder in ein Lager in Poznań geschickt wurden. Nach zwei Jahren wurde ich ins Getto Łódź gebracht, während mein Vater und mein Bruder, die nach der Arbeit im Lager sehr schwach waren, in einen „Rückzug",[49] d. h. ins Vernichtungslager geschickt wurden. So blieb ich der Einzige, der im Getto arbeitete. Im Juli 1944 ging es zum Arbeiten nach Leipzig und München. Mit mir zusammen haben siebentausend Menschen das Getto verlassen.[50] Ich wurde vom Leiter dieses Lagers ausgesondert, und so arbeite ich hier bis zum heutigen Tag. Alle Menschen aus den Transporten, die mit mir zusammen losgefahren sind, wurden vernichtet, während die Gettobewohner annahmen, sie würden tatsächlich zum Arbeiten fahren und es dort gut haben. Nun bin ich alleine [übrig] geblieben und warte auf den Tag, an dem ich in den Himmel komme. Ich habe an Euch, liebe Leute, eine einzige Bitte: Benachrichtigt meine Schwestern, meinen Bruder und meine beiden Schwager, die sich in Russland befinden. Die Nachnamen meiner Schwestern und meines Bruders: Żurawski aus Włocławek, Łęgska-Straße 63. Meine Schwager heißen Najman Szaja und Wajntraub Jakob aus Włocławek.

Ich will diese Tragödie beenden, weil meine Nerven das nicht mehr aushalten. Heute ist der 9.1.1945, und ich kann selbst nicht glauben, dass wir noch leben. Das Lager ist bereits aufgelöst worden, und wir sind nun völlige Einzelkämpfer. Ich habe polnische Frauen getroffen, die bei den Schützengräben arbeiten. Sie haben mir erzählt, dass sie bei diesem Frost in Scheunen übernachten und dass kein Tag vergehe, an dem nicht einige von

45 Srul Hersz Jakubowicz (1902–1945), Tischler; von 1942 an im Getto Litzmannstadt; wurde offenbar schon Ende 1944 nach Kulmhof deportiert und dort später dem jüdischen Häftlingskommando zugeteilt; im Jan. 1945 ermordet.

46 Vermutlich: Linda.

47 Dawid Bendkowski (1920–1945), Schneider; lebte vor dem Krieg in Łódź; wurde am 26.6.1944 nach Kulmhof deportiert und dort dem jüdischen Häftlingskommando zugeteilt; er wurde im Jan. 1945 ermordet.

48 Mordka, Mordechai oder Mieczysław Żurawski (1910–1989), Schneider; stammte aus Włocławek und gelangte erst 1942 in das Getto Litzmannstadt; wurde im Sommer 1944 nach Kulmhof deportiert und dem jüdischen Häftlingskommando zugeteilt; er gehörte zu den letzten 50 Häftlingen des Aufräumkommandos; beim Aufstand im Jan. 1945 konnte er (als Einziger neben Szymon Srebrnik) flüchten und überlebte; Rückkehr nach Włocławek, sagte in mehreren Prozessen in Polen aus (u. a. gegen Arthur Greiser 1946); emigrierte in den 1950er-Jahren nach Israel, wie Srebrnik sagte auch er 1961 im Eichmann-Prozess in Jerusalem sowie vor dem Bonner Landgericht 1963 als Zeuge aus.

49 Im Original deutsch mit kyrillischen Buchstaben.

50 Gemeint ist auch hier die zweite Mordphase des Vernichtungslagers Kulmhof, bei der den Gettoinsassen in Litzmannstadt erzählt wurde, sie würden nach Leipzig bzw. München zur Arbeit gebracht.

ihnen erfrören. Genauso werden wir alle bald erledigt sein. Wenn Ihr irgendwo eine Spur von Deutschen findet, dann macht sie dem Erdboden gleich, so wie sie das mit uns tun. Im Namen von 47 Kameraden bitten wir Euch, die Ihr am Leben bleibt, Euch für unsere und Eure Frauen und Kinder und alle unschuldigen Menschen, die auf grausamste Weise getötet worden sind, zu rächen. Tötet und verbrennt ihre Frauen und Kinder, so wie sie die unseren ermordet und verbrannt haben. Ich flehe Euch an und bitte Euch zum letzten Mal, unsere Bitte zu erfüllen, da dies unsere letzte Bitte vor dem Tod ist.
Izrael Zygelman,
der in Łódź in der Wółczańska-Straße 159 gelebt hat.
Erfüllt unsere Bitte, und Gott wird Euch helfen. Amen.

Liebe Kameraden, Chiler Belchatowski und Mendel' Belchatowski! Wahrscheinlich werdet Ihr erfahren wollen, wo Eure Familie im September 1944 getötet wurde. Ich, [...][51] Kołton,[52] wurde erst 1944 aus dem Getto Łódź in dieses Lager transportiert. Aus Bełchatów wurden täglich 1000 Menschen hergebracht und in der Kirche bei Warthbrücken eingesperrt, 12 Kilometer von Konin entfernt. Von dort wurden sie in den Wald gebracht, vergast und verbrannt. Nun warte auch ich auf den Tod. Ich habe selbst gesehen, wie meine Brüder Moszek Kolton und Zelik Szmul[53] (Euer Schwager) hierher gebracht wurden, Moszek blieb vorläufig zum Arbeiten bei uns, aber Zelik Menuše[54] Gol'dbert und Abram Moszek Kołton[55] wurden mit Gas vergiftet. Das war im August 1944. Wir arbeiten immer noch hier. Denkt daran! Wenn Ihr noch am Leben seid, so rächt Euch für Eure Brüder. Wo auch immer Ihr einen Deutschen seht, tötet ihn. Ich kann nichts tun, weil ich gefesselt bin. Wenn ich Euch alles beschreiben wollte, so könnte ich das in zehn Jahren nicht tun. Bleibt gesund.
[...][56] Kołton
Vergesst nicht, Euch zu rächen.

Ich bitte, diese beiden Blätter meinen Brüdern zu übergeben, die vor 1940 in Polen in Bełchatów in der Pabianicka-Straße 24 gelebt haben. 1940 oder 1941 zogen sie nach Russland. Sie heißen Hilel und Mendel Bełchatowski.
Mendel! Ich kenne Dich gut und bin mir sicher, dass Du herkommen und Dir diese Kirche und diesen Wald ansehen wirst. Der Wald befindet sich sieben Kilometer entfernt von hier.
Israel Bełchatowski

51 Der Vorname ist unleserlich.

52 Im Original werden die Schreibweisen Koltoin bzw. Koltoun uneinheitlich verwendet. Vermutlich: Icek Kołton (1918–1945), Schneider aus Zduńska Wola; am 14.6.1944 in das Vernichtungslager Kulmhof deportiert und dort dem jüdischen Häftlingskommando zugeteilt; er gehörte zu den letzten 50 Häftlingen, die im Jan. 1945 vom SS-Sonderkommando in Kulmhof ermordet wurden.

53 Moszek Kołton (1908–1944) und Szmul Zelek Kołton (1914–1944), beide Schneider aus Bełchatów; sie wurden am 14.7.1944 aus dem Getto Litzmannstadt in das Vernichtungslager Kulmhof deportiert und dort ermordet.

54 Vermutlich: Menasze.

55 Abram Moszek Kołton (1924–1944), Schneider aus Bełchatów; im Juni oder Juli 1944 aus Litzmannstadt nach Kulmhof deportiert und ermordet.

56 Der Vorname ist unleserlich.

(Anm. d. Übersetzers: Auf Jiddisch steht da: Das ist Warthbrücken bei Konin.)
(Anm. d. Übersetzers: Dem Notizbuch liegt eine Liste von Soldaten und Offizieren bei, die an der Verfolgung der Juden in der Stadt Chełmno teilgenommen haben.)

Deutsche Offiziere, die an der Verfolgung der Juden in der Stadt Chełmno teilgenommen haben
1. Bothmann Hans - Hauptsturmführer
2. Piller Walter[57] - Bothmanns Stellvertreter
3. Häfele Max[58] - Leutnant aus Karlsruhe (bester Schauspieler)[59]
4. Richter Herbert - Hauptscharführer (Leiter der Kammer)[60]
5. Lenz Wilhelm - Leiter im Wald (Hauptscharführer)
6. Runge Johann - Leiter und Werkmeister des Ofens (Hauptscharführer)
7. Kretschmer Erich - Unterscharführer (Runges Stellvertreter)
8. Laabs Gustav - Hauptscharführer (Gaswagenfahrer)
9. Burmeister Walter - Unterscharführer und Goldverwalter
10. Görlich Wilhelm - Sturmscharführer - Goldexperte
11. Schmidt [Erwin] - Hauptscharführer - Kantinenleiter
12. Gilow Hermann - Hauptscharführer - Gaswagenfahrer
13. Bürstinger [Erwin] - Hauptscharführer - für Benzin und alle Gaswagen zuständig

Soldaten
1. Bartel - Wachtmeister
2. Hann[es] - Oberwachtmeister
3. Kraus Oskar - Oberwachtmeister
4. Schefler Wilhelm - Wachtmeister
5. Schneider - Oberwachtmeister
6. Bollmann - Unterwachtmeister
7. Zimmermann - Wachtmeister
8. Ross - Wachtmeister
9. Ruvemich - Revierwachtmeister
10. Blensch - Wachtmeister
11. Sliwke - Wachtmeister
12. Daniel - Oberwachtmeister
13. Israel Bruno - Oberwachtmeister
14. Karzer Mois- Oberwachtmeister

57 Walter Piller (1902–1948), Kriminalsekretär; stellv. Kommandant des SS-Sonderkommandos im Vernichtungslager Kulmhof; nach dem Krieg in Polen zum Tode verurteilt und hingerichtet.

58 Richtig: Alois Häfele (1893–1966), Bäcker; von Dez. 1939 an bei der Schutzpolizei in Litzmannstadt; 1940 NSDAP- und SS-Eintritt; SS-Untersturmführer; von Jan. 1942 an beim Sonderkommando Lange in Kulmhof, führte von Aug./Sept. 1942 an die Aufsicht über die im Schloss untergebrachten jüdischen Arbeiter, von April 1944 an erneut in Kulmhof; lebte nach dem Krieg in Karlsruhe, 1963 zu 13 Jahren Zuchthaus verurteilt.

59 Beim Eintreffen der nach Kulmhof Deportierten wurden die Opfer von einem Angehörigen des SS-Sonderkommandos zumeist mit der Versicherung beruhigt, nach einem Bad und der Registrierung der persönlichen Habe würden sie in ein Arbeitslager weitertransportiert.

60 Richtig: Herbert Hiecke-Richter.

Aussagen
Bothmanns Frau lebte in Poznań in der Dietfurter Straße. Bothmann fragte oft den zurückgebliebenen Juden Szymon Srebrnik,[61] wenn dieser sich auf den Spaten gestützt ausruhte, ob er müde sei. Dieser antwortete, er sei nicht müde, und würde er antworten, er sei müde, würde Bothmann ihm sagen, dass er in den Wald fahren würde, dort gäbe es … (Anm. d. Übersetzers: undeutlich geschrieben) und den Arzt Lenz:
Wenn jemand langsam lief, fragte Bothmann, ob er nicht schneller laufen könne, und zwang ihn, zu rennen und sich auf einen Fingerzeig hin auf den Boden zu legen.
2.[62] Häfele erzählte: … (Anm. d. Übersetzers: unvollendet und einige Worte sind undeutlich geschrieben)
3. Richter tötete jeden, der während der Arbeit ein Stück Brot aß.
4. Lenz tötete im Wald (undeutlich). Das war seine Tätigkeit.
Die entkleideten Juden legten sich mit dem Gesicht zum Boden, und jedem wurde ins Genick geschossen. Wenn es wenige Tote gab, wurden sie in der Erde vergraben. Wenn die Gruppe groß war, wurden alle Leichen zusammengelegt, eine Schicht Holz darauf gestapelt und angezündet.
Runge hatte eine schlechte Arbeit: Er tötete mit der Axt.
Kretschmer auch.
Laabs vergiftete mit Gas.
Burmeister war Finanzminister.
Görlich war Goldexperte.

Finkelštejn, ein Jude aus Pabianice, wurde, während die vergasten Menschen in den Ofen geworfen wurden, von seiner eigenen Schwester erkannt, die noch lebte. Sie rief: „Mein Bruder! Ich bin noch am Leben. Mein eigener Bruder wirft mich ins Feuer!“

61 Szymon Srebrnik (1930–2006), Schüler; wurde zusammen mit seiner Familie im Sommer 1944 nach Kulmhof gebracht und dort kurz darauf dem jüdischen Häftlingskommando zugeteilt; beim Aufstand im Jan. 1945 konnte er flüchten und überlebte; er emigrierte später nach Israel und sagte als Zeuge im Eichmann-Prozess in Jerusalem sowie im Kulmhof-Prozess vor dem Landgericht Bonn aus. Nicht identisch mit Szmul Srebrnik, siehe Anm. 37.

62 Die Nummerierung beginnt mit 2.

DOK. 280
Der Revierförster Heinrich May berichtet im Februar 1945 über den Judenmord in Kulmhof[1]

Bericht von Heinrich May[2] unter dem Titel „Die große Lüge". Der Nationalsozialismus, wie ihn das deutsche Volk nicht kennt. Ein Erlebnisbericht, Februar 1945 (Typoskript)[3]

[...][4]
III. Kapitel
Der große Judenmord!
Im Herbst 1941 teilte mir der in der Försterei Ladorudz stationierte Revierförster *Staegemeir*[5] mit, daß in Kulmhof (Chelmno) ein Sonderkommando eingetroffen sei, welches Brennholz beantragt habe. Staegemeir machte bei der Mitteilung ein merkwürdig ernstes Gesicht, was ich zunächst nicht weiter beachtete. Da der Reichsmarschall Göring zu einer Treibjagd in den Kreis Kolo kommen sollte, nahm ich an, es handele sich um ein zum Schutze des Reichsmarschalls eingetroffenes Kommando. Ich sagte dem Beamten, er solle das Brennholz abgeben.
Einige Zeit später fuhr ich mit dem Landrat und Kreisleiter *Becht*[6] von Kulmhof nach Kolo. Als wir durch den Wald fuhren, sagte Becht, mit der Hand nach der Abteilung 77 deutend: Bald werden Ihre Bäume besser wachsen. Als ich ihn darauf fragend ansah, antwortete er, die Juden geben einen guten Dung. Ich wollte Näheres wissen, Becht tat aber sehr geheimnisvoll und fing ein anderes Gespräch an. Ich habe lange über die geheimnisvollen Andeutungen nachgedacht, fand aber keine Erklärung dafür.
Einen aufdämmernden Verdacht, daß hier eine furchtbare Aktion gegen die Juden durchgeführt werden solle, wies ich vor mir selbst zurück, da der gesunde Menschenverstand hier nicht mitmachen konnte. Mir fiel wieder das Benehmen des Revierförsters Staegemeir bei der Meldung ein, aber ich fand keinerlei Erklärung dafür und versuchte, die Sache zu vergessen. Ich kannte ja noch nicht das nationalsozialistische Regime in seiner ganzen Brutalität und Grausamkeit.

1 YVA, JM 3775, S. 34–44; dass. IPN, GK 165/19/2, Bl. 56–66. Mit redaktionellen Änderungen abgedruckt bei Struck (Hrsg.), Chelmno/Kulmhof (wie Dok. 279, Anm. 1), S. 99–111.
2 Heinrich May (*1894), Forstbeamter; 1926 NSDAP-, 1933 SS-Eintritt, 1936 SS-Hauptsturmführer; von Jan. 1940 an Forstmeister und Kreisjägermeister in Warthbrücken/Koło (Reichsgau Wartheland); Führer der 78. SS-Standarte, Austrittsgesuch aus der SS im Juni 1942 (abgelehnt), von Juli 1942 an Führer der 114. SS-Standarte im Oberabschnitt Warthe; lebte nach 1945 in Bergnassau-Scheuern.
3 Im Original handschriftl. Korrekturen des Verfassers.
4 Ausgelassen wurden die S. 1–33 des Berichts mit den Kapiteln „Wie ich Nationalsozialist wurde" und „Meine Erlebnisse in Polen". Aus dem Vorwort geht hervor, dass May die Absicht verfolgte, angesichts der unausweichlichen Kriegsniederlage mitzuhelfen, den kriminellen Charakter des NS-Regimes bloßzustellen.
5 Hans Staegemeir, auch Staegemeier (*1889), Revierförster; 1936 NSDAP-Eintritt; lebte nach dem Krieg in Paderborn.
6 Vermutlich: Dr. Walter Becht (*1909); 1931 NSDAP-Eintritt; von Juni 1940 an kommissar., von Juni 1941 an NSDAP-Kreisleiter und Landrat von Warthbrücken.

Einige Wochen später kam mein jüngster Sohn von der Schule auf Urlaub. Ich nahm ihn auf einer Dienstfahrt, welche über Kolo und Kulmhof führte, mit. Bei dem Jagen 77 (die Straße führt an der Nordgrenze des Jagens vorbei) lag ein großer, verschlossener Lastkraftwagen im Graben. Ein zweiter Wagen war davorgehängt und versuchte, den Wagen wieder auf die Straße zu ziehen. Die Straße war hierbei gesperrt. Mein Sohn stieg aus dem Wagen und ging zu den Männern, welche in Polizeiuniform gekleidet mit den Fahrzeugen beschäftigt waren. Ich hörte kurz darauf, daß mein Sohn von den Beamten angeschnauzt wurde, stieg aus und begab mich ebenfalls zu den Fahrzeugen. Der im Graben liegende Wagen war ein etwa 4 m langer und 2 m hoher, auf der Rückseite mit einer eisernen Schiene und einem Vorhängeschloß verschlossener Wagen. Ein eigentümlicher, unangenehmer Geruch strömte von dem Wagen und den Männern aus. Auf meine Frage, ob die Straße bald wieder frei sein würde, wurde mir in unfreundlicher Weise geantwortet, sie würden mit dem Fahrzeug etwas zur Seite fahren, und ich solle sehen, daß ich weiterkomme.

Einige Tage später war mein Sohn in Kolo. Bei seiner Rückkehr sagte er mir, dort würden die Juden durch Gendarmerie-Beamte zusammengetrieben und mit Lastwagen weggefahren.[7] Mir fiel sofort wieder die Äußerung von Becht ein, und ich hatte nun keinen Zweifel mehr, daß sich im Walde von Ladorudz jenes Furchtbare abspielen würde, was ich bei dem ersten auftauchenden Verdacht nicht glauben konnte.

Auf eine sofortige telefonische Anfrage bei dem Revierförster Staegemeir, was in seiner Försterei los sei, sagte mir der Gendarmerie-Beamte, das Jagen 77 sei durch Gendarmerie vollkommen abgesperrt. Als er bei einem Dienstgang in die Nähe der Posten gekommen sei, haben ihm diese bedeutet, sofort umzukehren und diesen Ort zu verlassen, da er anderenfalls mit Erschießung zu rechnen habe. Die Posten hatten den Auftrag, auf jeden Menschen, der sich der Abteilung 77 nähere, zu schießen. Weiter konnte mir Staegemeir am Telefon nichts sagen. Ich forderte ihn auf, zu Hause zu bleiben, und fuhr sofort mit meinem Wagen zu seiner Dienststelle. Auf der Straße sah ich weitere verschlossene Wagen, welche gerade in die Abteilung 77 einbogen. – Bei der Abteilung 77 handelt es sich um einen dichten Kiefern-Jungbestand von etwa 12 bis 15 Jahren.

Staegemeir erklärte mir, daß in Kulmhof eine starke Gendarmerieabteilung untergebracht sei. Das an dem Westausgang von Kulmhof stehende alte Schloß sei mit einem hohen Bretterzaun umgeben worden. Am Eingang stünden Gendarmerie-Posten mit Gewehr. Ununterbrochen führen Lastautos mit Juden in den Hof des Schlosses, und in gleicher Reihenfolge führen wieder diese hohen, völlig verschlossenen Wagen von dem Schloß nach dem Jagen 77.

Auf meine Frage, was dieses denn alles zu bedeuten habe, zuckte Staegemeir mit den Achseln und sagte, er wisse es nicht. Ein Gerücht laufe um, daß in diesem Schlosse Juden mit Gas vergiftet und in der Abteilung 77 begraben würden. Es sei dieses ein Gerücht. Ob es der Wahrheit entspreche, wisse er nicht, bat mich aber dringend, über die Sache zu keinem Menschen zu sprechen, da jeder, der davon rede, sofort erschossen würde.

Auf der Rückfahrt zum Forstamt fuhr ich über Kulmhof und fand die Angaben Staegemeirs bezüglich des Bretterzaunes und der Posten bestätigt. In Kulmhof selbst standen hintereinander mehrere Lastwagen, welche mit Tüchern provisorisch verkleidet waren.

7 Die Juden aus dem Getto in Koło (Warthbrücken) gehörten vom 8.12.1941 an zu den ersten Opfern im Vernichtungslager Kulmhof.

Auf den Wagen befanden sich dicht gedrängt Männer, Frauen und auch Kinder. Als ich einen Augenblick verhielt, kam sofort ein Gendarm auf mich zu und sagte im groben Ton, das Halten sei verboten, ich solle sofort weiterfahren. Die Beamten machten keinen guten Eindruck, sie sahen roh und grausam aus.
Bei meinem kurzen Halten hatte ich gesehen, daß der vordere der Lastwagen an den Bretterzaun fuhr, worauf die beiden Posten das Tor öffneten. Der Wagen verschwand im Schloßhof, unmittelbar darauf verließ ein anderer verschlossener Wagen den Hof und fuhr in der Richtung nach dem Wald, worauf die beiden Posten das Tor sofort wieder verschlossen. Es bestand nun nicht mehr der geringste Zweifel, daß sich hier etwas in der Menschheit noch nie dagewesenes Grauenvolles abspielte.
Viele Nächte konnte ich nicht schlafen. Ich hatte auch keinen Menschen, mit dem ich mich darüber unterhalten konnte. Soviel war mir klar, daß Becht über diese Vorgänge unterrichtet war. Er würde auch als Zeuge wichtige Aussagen machen können.
Ich war empört darüber, daß man einen Teil meines Forstamtes absperrte, ohne mich zu fragen oder auch mir überhaupt nur eine Mitteilung davon zu machen, und teilte dieses dem Inspektionsbeamten bei seiner nächsten Anwesenheit im Forstamt mit. Auch er fand dieses Verhalten empörend und riet mir, mich beim Landrat zu beschweren. Er selbst wolle die Sache dem Landesforstmeister in Posen vortragen.
Ich selbst sah von einer Beschwerde beim Landrat ab, da ich mir nach der stattgefundenen Unterhaltung keinerlei Erfolge davon versprach. Ich wartete vielmehr ein Einschreiten des Landesforstamtes ab. Aber auch von dort hörte ich nichts mehr. Ich war mir klar, daß das, was hier geschah, von hohen Dienststellen veranlaßt war.
Bei seiner nächsten Anwesenheit in der Försterei Ladorudz unterhielt ich mich eingehend mit Staegemeir über die Vorgänge und fragte ihn, ob er noch etwas erfahren habe. Staegemeir teilte mir mit, daß der Sekretär des Amtskommissars von Kulmhof (das Gebäude befand sich in der Nähe des alten Schlosses) von dem Kommando verhaftet und spurlos verschwunden sei.[8] Er solle von den Vorgängen etwas in einem Brief geschrieben haben.
Ich fuhr auf dem Rückweg wieder durch Kulmhof, obwohl dieses für mich einen Umweg bedeutete, und sah im Vorbeifahren, daß die Türen der neben dem Schlosse gelegenen katholischen Kirche weit geöffnet waren und in der Kirche große Haufen von getragenen Kleidungsstücken lagen. Das übrige Bild war dasselbe, wie ich es vorher gesehen hatte. In Kulmhof selbst eine Reihe von Omnibussen vollgepfercht mit Menschen und auf der Straße nach dem Walde die verschlossenen großen Lastkraftwagen. Überall lag in der Luft der gleiche widerliche Geruch, den ich zuerst bei dem umgestürzten Wagen wahrgenommen hatte. Wie ich viel später erfuhr, war es ein Schutzmittel gegen Flecktyphus.

Um das Schloß herum und in Kulmhof selbst wohnten deutsche und polnische Bauern, welche ihrer Arbeit nachgingen und die geheimnisvollen Vorgänge täglich beobachteten. Das Gebäude des Amtskommissars war inzwischen geräumt und von einem Teil des Sonderkommandos bezogen worden.

8 Stefan Kaczyński (1903–1942), Beamter; von 1928 an Sekretär in der Kreisverwaltung Chełmno; 1934 Gründungsmitglied der lokalen Abt. der poln. paramilitärischen Organisation Liga Obrony Powietrznej i Przeciwgazowej (LOPP), Anfang 1942 von den Deutschen ermordet, nachdem er versucht hatte, die poln. Widerstandsbewegung über die Morde in Kulmhof zu informieren.

Bei dieser zweiten Fahrt durch Kulmhof sah ich vier junge Menschen, welche an den Knöcheln mit dünnen Stahlketten gefesselt waren und von einem Gendarmerie-Beamten mit Gewehr begleitet wurden. Die vier Menschen waren abgemagert und trotteten mit stumpfsinnigem Gesicht über die Straße.
In der Bevölkerung sprach man über das, was sich im Innern des alten Schlosses abspielte, kein Wort, und doch war es ein öffentliches Geheimnis geworden, was sich hier abspielte.
Von dem Sonderkommando wurden große Saufgelage durchgeführt. Schnaps und Cognac floß in Strömen.
Es wurden zunächst die im Kreise Kolo befindlichen Juden umgebracht. Viele flüchteten in andere Kreise, aber dem grauenvollen Schicksal entgingen ja nur wenige, da ja ein Kreis nach dem anderen an die Reihe kam. Zugleich wurden die im Lager in Lodz zusammengepferchten Juden, welche flecktyphuskrank oder verdächtig waren, nach Kulmhof gebracht. Als sich in den umliegenden Kreisen keine Juden mehr befanden, erfolgte der Antransport mit der Vollspurbahn bis Kolo. Von dort ging es im Fußmarsch zu einem alten Gebäude bei dem Gutswald Powierzy,[9] von wo die Juden mit Lastkraftwagen nach Kulmhof befördert wurden.

In dem strengen Winter 1941/1942 gab es grauenvolle Bilder. Ich sah einen Zug dieser unglücklichen Menschen durch Kolo marschieren. Männer, Frauen, Kinder und Greise. Hinter der Kolonne fuhr ein Pferdewagen, welcher anscheinend die Marschunfähigen aufnehmen sollte. Ich sah in der Nähe des Postamtes, wie eine Frau, die ein kleines, anscheinend erst wenige Monate altes Kind auf dem Arme trug, ausglitt und hinfiel. Das Kind war wohl schon halb erfroren, denn ich hörte kein Schreien. Ein Mann von der Begleitmannschaft packte das Kind an einem Bein und schleuderte es wie ein Stück Holz auf den Wagen. Einige, denen vor Angst und Kälte die Knie schlotterten und [die] mit dem Zuge nicht mehr richtig Schritt halten konnten, wurden von rohen Kolbenstößen vorwärtsgetrieben.
Ich sah zwei hübsche, gutgekleidete Mädel, welche eine abgemagerte Frau in ihre Mitte genommen hatten. Es war wohl ihre Mutter. Die beiden Mädel schleppten die Frau mühsam weiter. Als es nicht mehr ging und die Frau auf der Straße zusammenbrach, bemühten sich die beiden Mädel, um sie wieder auf die Beine zu bringen. Dabei blieben sie etwas hinter dem Zuge zurück. Einer der begleitenden Gendarmen sprang sofort auf die Gruppe zu und schrie: „Dreckiges Judenpack, ihr wollt wohl gefahren sein."
Viele Nächte wälzte ich mich ruhelos auf meinem Lager. Ich konnte nicht schlafen. Immer wieder stand dieses furchtbare Bild vor meinen Augen.
Stumm stehen die Menschen an den Straßen und sehen diesem traurigen Zuge nach. Deutsche und Polen. Ich kann es nicht verstehen, daß diese Menschen nicht alle aufschreien in wilder Empörung und diese Bestie auseinanderschlagen.
Aber habe ich ein Recht, mich darüber zu wundern? Ich selbst tue ja auch nichts. Ein falsches Wort bedeutet den Tod. Eine Rechtsprechung hat im Warthegau aufgehört. Der Betreffende wird von dem Sonderkommando geholt und bleibt für alle Zeiten ausge-

9 Powiercie liegt auf halber Strecke zwischen Warthbrücken (Koło) und Kulmhof. Die Opfer übernachteten in der dortigen Mühle, bevor sie am nächsten Tag weiter nach Kulmhof gebracht wurden.

löscht. Aber eines weiß ich, ich werde nie mehr an einen Herrgott glauben, wenn dieses Regime diesen Krieg gewinnen sollte.
Später wurden, wohl um der Öffentlichkeit diese Bilder zu entziehen, die Menschen von dem Bahnhof Kolo aus mit der Kleinbahn bis zu dem Gut Powierzy gefahren, hier ausgeladen und in das vorher erwähnte, einsam gelegene Haus gebracht.
Als ich einmal dienstlich bei der Gutsverwaltung Powierzy zu tun hatte, ging ich durch den Gutspark zu der Ausladestelle der Kleinbahn und beobachtete das Treiben, hinter einer Hecke stehend, einige Zeit. Die Menschen wurden auf einem Feldweg hinter dem Gut zu einem Zuge zusammengestellt. Einige Kranke lagen neben dem Kleinbahngeleise im Gras. Sie wurden von anderen betreut, die ihnen etwas zu trinken brachten und versuchten, ihnen Erleichterung zu schaffen. Als der Zug zusammengestellt war, erschienen zwei Gendarmeriebeamte und trieben die Kranken mit Kolbenstößen auf. Einer, welcher sich um die Kranken bemüht hatte, ruft empört: „So geht man ja nicht mit Vieh um." An der Sprache hörte ich, daß es ein Deutscher war. Der eine Beamte hebt die Pistole gegen den Rufenden. Ich denke, er will ihm Angst machen, aber da fällt auch schon der Schuß. Der Mann fällt zusammen. Er versucht, sich wieder zu erheben, fällt aber wieder um und bleibt mit dem Kopf auf dem Geleise ruhend, liegen. Hellrotes, schaumiges Blut quoll aus seinem Mund. Entsetzt raffen sich die Kranken auf und wanken zu dem Zuge. Einer schafft es nicht und fällt wieder hin. Wieder ein Schuß, auch er erhebt sich nicht mehr. Die Beamten holen vier Juden aus dem Zug. Sie müssen die beiden Erschossenen auf einen dabeistehenden Lastkraftwagen laden. Ich höre, wie der eine Beamte sagt: „Drekkige Schweine."

Im Frühjahr 1942 wurde ich dienstlich an das Landesforstamt Posen beordert. Dort wurde mir mitgeteilt, ich solle mich in der Reichsstatthalterei bei SS-Oberführer Dr. Mehlhorn melden. Ich begab mich dorthin. SS-Oberführer Dr. Mehlhorn sagte mir, ich wisse ja wohl, was in Kulmhof gemacht würde. Zugleich wies er mich nochmal auf strenge Geheimhaltung hin, da im anderen Falle die Todesstrafe unvermeidlich sein würde. Dann sagte er mir, daß der Leiter des Sonderkommandos, SS-Sturmbannführer *Bothmann*, beauftragt sei, sich mit mir in Verbindung zu setzen zwecks Aufforstung der in der Abteilung 77 angelegten Gräberfelder. Mehlhorn sagte mir, diese Gräber müssen unter allen Umständen sicher getarnt werden. Er setzte noch hinzu: „Im schlimmsten Falle müssen wir auch *die* noch als ermordete Volksdeutsche ausgeben."
Aus diesem Ausspruch wird mir klar, wie Goebbels zu den ermordeten 60 000 Volksdeutschen gekommen ist.[10] Bei den Photographien und in den illustrierten Zeitungen veröffentlichten Bildern von erschossenen Volksdeutschen hat es sich zum größten Teile wohl um Polen und Juden gehandelt, welche man in den Wäldern erschossen hat. Oberforstmeister Kranold[11] vom Landesforstamt in Posen erzählte mir einmal, daß in den Waldungen seiner Inspektion 30 000 Polen erschossen worden seien.

10 Anfang Sept. 1939 kam es in Bromberg und andernorts verschiedentlich zu Übergriffen auf Volksdeutsche, in Bromberg mit etwa 300 Todesopfern. Die NS-Propaganda griff diese Ereignisse auf und behauptete, Polen hätten in den Tagen nach dem deutschen Angriff auf Polen 58 000 Volksdeutsche ermordet.

11 Julius Kranold (*1892), Oberforstmeister; 1937 NSDAP-Eintritt; im Juli 1942 Versetzung zum Landesforstamt Posen.

Mehlhorn sagte mir noch, das Jagen 77 müsse mit einem Stangenzaun umgeben werden. Die ganze Tarnung eile sehr und müsse sofort durchgeführt werden. Die Anweisung kam scheinbar von höherer Stelle. Vielleicht steht sie im Zusammenhang mit Katyn.[12] Es ist dieses jedoch nur eine Vermutung von mir.
Nach einigen Tagen erschien der Leiter des Sonderkommandos, SS-Sturmbannführer Bothmann, bei mir, um die Durchführung der Tarnungsarbeiten zu besprechen. Ich sehe, daß Bothmann das Kriegsverdienstkreuz I. Klasse mit Schwertern trägt. Ich fahre mit Bothmann zusammen nach dem Jagen 77 und betrete mit Grauen zum ersten Male diese furchtbare Stätte.
Auf einer Blöße, welche durch Abholzung erweitert war, sehe ich zunächst ein Grab von etwa 200 Meter Länge und 5 Meter Breite. Das Grab ist mit einem etwa 2 Meter hohen Erdaufwurf bedeckt. Etwas weiter befindet sich ein gleiches Grab von etwa 50 Meter Länge. Auf einer anderen, etwa 50 Meter abseits gelegenen Blöße befindet sich ein Grab von etwa 150 Meter Länge. Dieses Grab war etwa ¾ seiner Länge bedeckt. Das mir abgewandte Ende war noch offen. Ich wagte nicht, dorthin zu gehen und einen Blick hineinzuwerfen. Bald darauf erschien wieder ein verschlossener Wagen, welcher an die offene Stelle des Grabes fuhr und rückwärts bis dicht an das Grab heranstieß.
Der Wagen wurde geöffnet, und ich sah einen Haufen nackter Menschenleiber herauskollern. Ich stand etwa 80 Meter von dem Wagen entfernt. Unter Führung eines Beamten eilten eine Anzahl beschäftigter Arbeiter mit nacktem Oberkörper hinzu, um die Leichen in das Grab zu werfen. Bothmann sagte mir, daß sie genau geschichtet würden, da sonst zu wenig hineingingen. Senkrecht zu diesem Grab arbeitete ein Bagger mit Motorantrieb und Förderband an der Ausschachtung eines weiteren Grabes. Das Abdekken der Gräber erfolgte ebenfalls mit einem durch Motor angetriebenen Förderband.
Auf dem Platz arbeiteten etwa 30 Menschen jungen und mittleren Alters. Sie arbeiteten alle mit entblößtem Oberkörper.
Bothmann sagte mir, daß er jede Woche die Arbeiter auswechsle. Sie würden „umgelegt“, und er suche sich immer wieder neue Arbeitskräfte aus den neuantransportierten Juden. Die Arbeiter waren mit dünnen Stahlketten an den Knöcheln so gefesselt, daß sie gehen, aber nicht schnell laufen konnten.
Bothmann sagte, es komme öfter vor, daß Menschen schon nach einem oder mehreren Tagen sagen würden, sie könnten die Arbeit nicht weiter ausführen und bäten um ihre Erschießung. Er mache ihnen mit einem Rotstift ein Kreuz auf den Rücken. Das sei für die Wachmannschaft ein Zeichen, dieselben abends zu erschießen. Sie müßten sich mit dem Gesicht der Erde zugewandt auf den Boden legen und würden mit einem Kopfschuß von hinten erledigt. Ein Kreuz bekämen auch von ihm dieselben, welche nicht fleißig arbeiteten. Ich sah die Arbeiter während einer Pause trockenes Brot essen. Mit Stöcken wurden sie nach Beendigung der Pause wieder zur Arbeit getrieben.
Über den Platz kam noch ein Mann in Hauptmannsuniform hinzu und nannte seinen Namen. Ich habe ihn nicht behalten. Der Mann hatte das aufgedunsene Gesicht eines

12 Dieser Zusammenhang ist nicht sehr wahrscheinlich. Als die poln. Opfer in Katyń im Frühjahr 1943 aufgefunden wurden, war die erste Mordphase einschließlich der Öffnung der Massengräber und Verbrennung der Leichen abgeschlossen, d. h. die Spuren weitgehend verwischt. Die von May im Folgenden geschilderten Ereignisse müssen daher früher, wie er selbst weiter unten schreibt, vermutlich im Sommer 1942, stattgefunden haben.

Säufers und Wüstlings. Er trug ebenfalls das Kriegsverdienstkreuz I. Kl. mit Schwertern. Bothmann sagte mir, derselbe sei für die „Arbeit" im Schloß verantwortlich. Er, Bothmann, habe die Leitung des Ganzen.
Der Polizeihauptmann erzählte, daß er strenge Anweisung gegeben habe, die Wagen vor der Ausfahrt aus dem Schloß mit einem Vorhängeschloß zu verschließen. Unterwegs seien die rückwärtigen Türen aufgegangen, und die „warmen Brötchen" seien auf die Straße gefallen. Man habe die Straße sofort abgesperrt, aber die Zivilbevölkerung habe doch Verschiedenes gesehen, und dadurch sei manches in die Öffentlichkeit gekommen.
Auf den Blößen standen überall Posten mit Gewehr[en] und Maschinenpistolen. Bothmann sagte mir, es seien hervorragende Schützen. Er sagte weiter, es sei mehrmals vorgekommen, daß welche versuchten wegzulaufen. Aber sie seien nicht weit gekommen, da habe sie die Kugel dieser sicheren Schützen erreicht. Einmal habe abends beim Abmarsch bei der Abzählung einer gefehlt. Die Posten behaupteten, niemand sei weggelaufen. Nach langem Suchen habe man entdeckt, er habe unter einem Reisigbündel gelegen. Er sei selbstverständlich sofort umgelegt worden.
Ich bestellte bei einer Samenhandlung eine größere Menge Ginstersamen, um den Platz damit einzusäen. Dazwischen sollten Kiefern und Birken gepflanzt werden.
Ich konnte mich nicht enthalten, meiner Frau von dem Gesehenen und Gehörten zu erzählen. Sie sagte mir am nächsten Tage, warum hast du mir das erzählt, jetzt kann ich nachts nicht mehr schlafen. Es tat mir leid, daß ich nicht geschwiegen hatte. Aber ich mußte zu irgendeinem Menschen einmal über die Dinge sprechen.
In der Begleitung von Bothmann befand sich noch ein Mann in der Uniform eines Hauptwachtmeisters namens *Plaate*,[13] welcher einen sehr ungünstigen und verschlagenen Eindruck machte.

Als ich bei der Herstellung eines Stangenzaunes im Sommer 1942 mit Bothmann zusammen die Grabstätten wieder sah, lag über dem ganzen Platz ein widerlicher süßlichstarker Geruch. Ich mußte mir die Nase zuhalten und verließ so schnell wie möglich wieder den Platz.
Bothmann zeigte mir noch große runde Wülste, die sich auf den langen Gräbern gebildet hatten, aus diesen sah man im Sonnenschein bei genauem Hinsehen einen hellen Dunst aufsteigen. Bothmann sagte mir, daß 250 000 dort begraben seien. Es gingen aber noch mindestens 100 000 auf den Platz.
Eines Tages erschien Bothmann auf dem Forstamt und sagte mir, er habe von hoher Stelle Anweisung, sämtliche Leichen zu verbrennen. Er habe einen Teil der Gräber bereits freilegen lassen und versucht, die Leichen mit Thermit-Bomben zu verbrennen. Er wolle nun versuchen, die Sache mit Brennholz durchzuführen, und forderte große Mengen Brennholz. Bei dem Abbrennen mit Thermit-Bomben wurde ein Waldbrand verursacht, bei dem ein Stück der das Gräberfeld umgebenden Dickung abbrannte. Die verkohlten Bestände durften nicht abgeholzt werden, da sonst ein Einblick auf das Gräberfeld von der Straße her möglich gewesen wäre.

13 Richtig: Albert Plate (1903–1944), Kriminalsekretär; 1933 NSDAP-Eintritt, SS-Hauptscharführer; 1942 bis März 1943 stellv. Kommandoführer im Vernichtungslager Kulmhof, danach zur Partisanenbekämpfung nach Jugoslawien versetzt; kam im Okt. 1944 bei einem Partisanenangriff ums Leben.

Wegen Abgabe des beantragten Brennholzes wandte ich mich an das Landesforstamt, wo mir bedeutet wurde, das Holz abzugeben. Ich ließ erst alle nur möglichen Jungbestände durchforsten und lieferte große Mengen Stangen und Astreisig. Dieses reichte jedoch nicht aus, und ich mußte Derbholz liefern. Der Verbrauch wurde schließlich so groß, daß ich dazu überging, Kahlschläge in älteren Beständen durchzuführen. An hoher Stelle legte man auf die schnelle Durchführung allem Anschein nach den größten Wert, da die Verbrennung bei Tag und Nacht durchgeführt wurde.
Über der ganzen Umgebung lag monatelang ein furchtbarer Geruch. Bei Westwind konnte man den widerlichen Geruch bis zum Forsthaus Bilice wahrnehmen. Dieses liegt etwa 15 km Luftlinie von den Grabstätten entfernt.
Bei der Herstellung des Stangenzaunes unterhielt ich mich einmal mit einem Gendarmerie-Hauptwachtmeister. Wenn ich mich recht entsinne, hieß er Lenz.[14] Derselbe machte den Eindruck eines einfachen, biederen Mannes. Es interessierte mich zu erfahren, wie er, der seit vielen Monaten bei dieser furchtbaren Beschäftigung tätig war, zu der ganzen Sache stünde. Er sprach von diesem Dienst so, als ob er die anständigste und ehrlichste Arbeit verrichte. Er erzählte mir unter anderem, daß in dem ersten strengen Winter 1941/42 es sehr schwer gewesen sei, da damals die Erde sehr tief gefroren war und man noch keinen Bagger und Motor hatte. Zuerst seien damals die Fleckthyphuskranken beseitigt worden.[15] Zum Ausladen der Leichen habe man diese Kranken nicht verwenden können, da sie zu schwach waren. Es sei nichts anderes übriggeblieben, als zuletzt Jungen von 14 bis 16 Jahren dazu heranzuziehen. Sie hätten wegen Übertragung der Krankheit ohne Kleidung auf dem Platz arbeiten müssen. Es wurden zu der Zeit Temperaturen von 20 Grad Kälte und darunter gemessen. Bei der Öffnung der Wagen seien die halberstarrten Jungen in den Wagen geklettert und haben sich auf die warmen Leichen gelegt, um Wärme zu finden!!! Mit einem Stock habe er sie heraustreiben müssen.
Der Laie wird vielleicht glauben, die Niederschrift eines Wahnsinnigen vor sich zu haben. Aber ich kann nur versichern, daß ich bereit bin, sämtliche Aussagen unter Eid zu wiederholen.
Bei meinem zweiten Betreten der Grabstätte nahm ich einen kleinen Fotoapparat mit, um auf dem Platz verstohlen einige Aufnahmen zu machen. Es war mir jedoch unmöglich, mein Vorhaben durchzuführen, da man, ganz gleich wo man stand, von einem Scharfschützen beobachtet wurde und die Durchführung unweigerlich den Tod bedeutet hätte. Ich dachte an den Sekretär von Kulmhof.[16]
Ich hatte lange Zeit geglaubt, daß Hitler von diesem furchtbaren Verbrechen keine Kenntnis habe, bis er sich dann in einer Reichstagsrede vor aller Welt brüstete, die Juden in ganz Europa ausgerottet zu haben bzw. noch ausrotte.[17] Es ist wohl noch nie in der Menschengeschichte ein Verbrecher von solchem Ausmaß über die Erde gegangen.

14 Wilhelm (Willi) Lenz.

15 Zu den ersten Opfern in Kulmhof gehörten ca. 4300 (von ursprünglich 5007) burgenländische Roma und Sinti, die Anfang Nov. 1941 in das Getto Litzmannstadt deportiert worden waren; in dem ihnen zugewiesenen „Zigeunerlager" brach noch im Nov. eine Typhusepidemie aus, was die deutsche Gettoverwaltung vermutlich bewog, sie als erste Opfergruppe aus Litzmannstadt nach Kulmhof zu deportieren.

16 Siehe Anm. 8.

17 In seiner Reichstagsrede am 30.1.1939 hatte Hitler mit der Vernichtung der europäischen Juden gedroht und diese Prophezeiung während des Krieges mehrfach wiederholt; siehe VEJ 2/248.

In Kolo in der Gaststätte „Riga“ wurden einige Male Kameradschaftsabende des Sonderkommandos durchgeführt, bei denen Gauleiter Greiser persönlich anwesend war.[18] Der Alkohol floß dabei in Strömen. Rauchwaren waren unbeschränkt. Greiser gab Sonderurlaub und jedem eine größere Geldsumme für den Urlaub.
Die Durchführung der Leichenverbrennungen erfolgte nach mancherlei Versuchen in einem etwa 3 Meter tiefen kreisrunden Erdloch von etwa 4 Meter Durchmesser, welches rundum mit Steinen ausgemauert war. In dem Loch wurde ein starkes Feuer errichtet und die Leichen einfach hineingeworfen. Die nicht verbrannten Röhrenknochen wurden herausgeholt und auf einer in einer errichteten Holzbaracke aufgestellten Knochenmühle mit Motorantrieb zu Staub vermahlen. Wohin dieses Knochenmehl verbracht wurde, ist mir nicht bekannt. Es müssen große Mengen gewesen sein.
Bei meiner letzten Anwesenheit auf dem Gräberfeld, bei welcher die Aussaat des Ginstersamens durchgeführt wurde, zeigte mir Bothmann die Knochenmühle. In der Baracke standen eine Anzahl gefüllter Säcke. Bothmann sagte zu einem der dort gefesselt beschäftigten Männer: „Izig, hol mal eine Hand voll Mehl aus dem Sack.“ Der ältere Mann eilte zu einem Sack und brachte zwei Hände voll schneeweißes, feingemahlenes Knochenmehl. Bothmann sagte zu ihm: „Weißt du auch, was das ist?“ Der Mann schwieg, und Bothmann sagte ihm: „Das sind deine Rassegenossen.“ Der Mann sagte still und ergeben: „Nun, was kann man machen.“ Ich hörte an der Stimme, daß auch er ein Deutscher war.
Während dieser Unterhaltung hörte ich am anderen Ende des Platzes, wo sich das Feuer noch befand, einige Pistolenschüsse. Als ich nachher dort vorbeikam, lagen neben dem Feuerloch 5 soeben erschossene Menschen. Sie lagen mit dem Gesicht nach oben. Quer über das Gesicht lief ein dünner Blutstreifen. Sie waren durch Kopfschuß getötet.
Bei dem Verbrennen der Leichen in den offenen Gruben sprang, vielleicht vom Wahnsinn befallen, einer von den Männern, welcher die Leichen in das Feuer werfen mußte, plötzlich von dem Rand der Grube aus in das Feuer. Einer von den umstehenden Beamten schrie auf „Schießen, schießen.“ Vielleicht war es einer, der noch ein winziges Fünkchen von Menschlichkeit besaß. Ein anderer schrie „Nicht schießen, wir wollen sehen, wie lange er schreit.“ Mit der Uhr in der Hand stellte man fest, wie lange der Mann schrie, bis er verstummte. (Eigene Aussage von Bothmann; Zeuge: Landrat und Kreisleiter Becht.)
Alle diese vertierten Rohlinge, anders kann man sie unmöglich bezeichnen, sind doch wohl einmal ordentliche Menschen gewesen. Sie haben doch wohl einmal als Kinder unter Anleitung ihrer Mutter zum Herrgott gebetet, haben Religionsunterricht gehabt und sind konfirmiert worden. Was hat der Nationalsozialismus aus ihnen gemacht?
In dem alten Schloß in Kulmhof erfolgte der Mord an 250 000 Menschen des deutschen und polnischen Staates. Die Sache spielte sich wie folgt ab: Die Menschen wurden nach Geschlechtern getrennt in einen mit Brettern verkleideten Raum gebracht und ihnen gesagt, sie sollten sich entkleiden und zum Baden fertig machen. Nachdem sie sich entkleidet hatten, wurden sie in einen nebenan befindlichen kleinen Raum getrieben, in dem eine kleine elektrische Birne brannte. Dicht zusammengepfercht wurden sie in den Raum geschoben. Darauf wurden die beiden Türen des Raumes verschlossen, und das

18 Siehe Dok. 195 vom 19.3.1943.

elektrische Licht verlosch. Dieser kleine Raum war nichts anderes als der für diesen Zweck spezial gebaute Lastwagen. In dem Wagen waren Flaschen mit Kohlenoxydgas angebracht, welches nach Öffnen von einem Ventil durch enge Röhren in das Innere des Wagens strömte.[19]
Die ersten Menschen waren, als sie diesen kleinen Raum betraten, wohl wirklich der Meinung, einen primitiven Baderaum zu betreten. Den später angekommenen war es jedoch wohl bekannt, was ihnen bevorstand. Nach einer Aussage von Plaate mußten sie manchmal mit Stöcken in den Raum getrieben werden.
Bothmann sagte einmal, daß sie in Zeiten des Hochbetriebes täglich 3000 Menschen „erledigt" hätten. Ob diese Menschen auch alle wirklich tot waren, als sie in die Grube gelegt wurden? Niemand kann diese Frage beantworten.
Als die Gruben alle geleert waren und von den arbeitenden Juden der Ginstersamen gesät, die Kiefern- und Birkenpflanzen gesetzt waren, wurden diese restlichen Menschen ebenfalls „umgelegt" und verbrannt. Das Sonderkommando rückte daraufhin bis auf wenige Männer ab. Das alte Schloß in Kulmhof wurde gesprengt und dem Erdboden vollkommen gleichgemacht. Die Steine wurden weggebracht und der Schutt so eingeebnet, daß ein Uneingeweihter niemals auf den Gedanken kommen kann, daß dort ein größerer Bau gestanden hat. Vielleicht wird an dieser Stätte, an welcher eine Viertel Million unschuldiger Menschen ihr Leben ließ, ein Mal errichtet werden, das an eines der furchtbarsten Geschehen der Menschengeschichte erinnert.

Im Frühjahr 1944 tauchte plötzlich Bothmann mit dem Sonderkommando wieder auf und forderte erneut größere Brennholzmengen. Die Opfer wurden nunmehr mit der Kleinbahn nach Wiederherstellung einer gesprengten Kleinbahnbrücke bis in die unmittelbare Nähe der Grabstätten gefahren. Die Vergasung erfolgte auf dem Platz selbst. Einzelheiten hierüber sind mir nicht mehr bekannt, da ich keinen Zutritt zu dem Platz hatte. Das Kommando führte, wie aus dem Kopf vorgedruckter Briefbogen hervorging, nicht mehr die Bezeichnung Sonderkommando Kulmhof, sondern Sonderkommando Bothmann.
Eine Begebenheit, welche sich bei der Vergiftung auf dem Gräberfeld im Jahre 1944 abspielte und die ganze tierische Roheit des Bothmann beleuchtet, möchte ich noch erwähnen. Eine junge Frau, welche den Vergiftungsraum betreten soll, bricht in wilde Schreie aus und ruft immer wieder: „Ich will nicht ersticken, ich will lieber erschossen werden." „Das kannst du haben, Mädchen," sagt Bothmann, er hebt die Pistole und schießt sie nieder.
Eine ältere Frau mit ihrer Tochter bittet, vor Grauen und Entsetzen aschgrau im Gesicht, sich selbst umbringen zu dürfen. Sie bat um einen Strick. Bothmann warf ihr aus einem herumliegenden Kleiderbündel einen Büstenhalter zu. Die Tochter legt sich auf die Erde, während ihr die Mutter die Bänder um den Hals schlang. Als die Mutter nun zuzog, schreit die Tochter entsetzt auf, und die Mutter ließ wieder los. Mit diabolischem Grinsen sahen Bothmann und seine Henkersknechte dem Vorgang zu. „Nicht wahr, da sind wir doch humaner, also nichts wie rein in den Wagen", sagte er. (Eigene Aussagen des Bothmann; Zeuge: Landrat und Kreisleiter Becht.)

19 Zur Funktionsweise der verschiedenen Typen von Gaswagen in Kulmhof siehe Dok. 74 vom Febr. 1942 und Einleitung, S. 27.

Der unmittelbare Leiter und Ausführer des Sonderkommandos war, wie bereits erwähnt, Bothmann. Sein Dienstvorgesetzter und Hauptverantwortlicher war der SS-Oberführer Ramzoch.[20]

Ich habe öfter versucht, in Kreisen höherer Beamter die Sprache auf dieses grauenvolle Vernichtungswerk zu bringen. Unbegreiflich war mir die stets zur Schau getragene Gleichgültigkeit, mit der man darüber hinwegging. Vielleicht war die Gleichgültigkeit auch nur Maske, und dahinter stand die Angst, sich zu verraten und selbst dort gerichtet zu werden. Jedes Recht hatte ja im Warthegau längst aufgehört. Es gab nur ein Recht, und dieses waren die Anordnungen von Greiser und seinen Henkersknechten.

[...][21]

DOK. 281

New York Times: Artikel vom 17. März 1945 über die Entscheidung des Judenältesten Rumkowski im Getto Litzmannstadt, zusammen mit seinem Bruder deportiert zu werden[1]

Der Leiter des Gettos wählte die Fahrt in den Tod. Der Älteste der Juden in Łódź[2] bat die Nazis um Erlaubnis, seinen Bruder[3] begleiten zu dürfen. Von C. L. Sulzberger[4]

Über Funk an die New York Times.

Moskau, 16. März – Hier folgt das Epitaph des „perfekten Gettos" von Litzmannstadt: Litzmannstadt[5] liegt in Łódź in Zentralpolen; zwischen 1939, als die Nazis in Łódź einfielen, und ihrem Abzug 1944[6] war es germanisiert.

In Litzmannstadt hatten sie aufgebaut, was sie selbst als das „perfekte Getto" bezeichneten. Es diente drei Zwecken: der Außenwelt zu demonstrieren, dass Deutschland keineswegs so barbarisch ist, wie immer dargestellt, der Herstellung von Wehrmachtsuniformen und der Liquidierung der Juden.

20 Gemeint ist der Inspekteur der Sicherheitspolizei und des SD in Posen, Damzog.

21 Im Kapitel IV. „Der Rückzug" (wie Anm. 1, Bl. 67–85) beschreibt May die Situation im Reichsgau Wartheland im Herbst 1944, die Evakuierung der Deutschen sowie seine Flucht nach Westen im Jan. 1945.

1 New York Times vom 17.3.1945, S. 4: „Official of Ghetto Chose Death Trip. Oldest Jew in Lodz Asked Nazis to Allow Him to Go With His Brother." Die Tageszeitung The New York Times erscheint seit 1851. Das Dokument wurde aus dem Englischen übersetzt.

2 Mordechai Chaim Rumkowski.

3 Józef Rumkowski (1884–1944), Unternehmer; bis 1939 Inhaber eines Textilbetriebs in Łódź; im Getto Litzmannstadt Leiter der Fabrik für Kleider und Unterwäsche, ferner Leiter der Obersten Kontrollkammer; im Aug. 1944 nach Auschwitz deportiert und dort ermordet.

4 Cyrus Leo Sulzberger (1912–1993), Journalist; Neffe von Arthur Hays Sulzberger, dem Herausgeber der New York Times (1935–1961); von 1939 an Auslandskorrespondent der NYT, Autor mehrerer Bücher, Pulitzerpreisträger 1951.

5 Mit Litzmannstadt ist hier offenkundig nur das Getto gemeint, nicht die im April 1940 umbenannte Stadt Łódź.

6 Litzmannstadt wurde erst im Jan. 1945 von den Deutschen geräumt.

Deshalb ernannten sie in Litzmannstadt einen jüdischen Führer.[7] Es handelte sich dabei um den 72-jährigen Mordechai Chaim Rumkowski, der den offiziellen Titel „Judenältester von Litzmannstadt“ trug. Seine Aufgabe bestand darin, sich an dem sadistischen Abschlachten [der Juden] durch die Nazis zu beteiligen, indem er der Gestapo dabei half, die Schafe von den Ziegen zu scheiden.

Er erhielt auf Deutsch, Polnisch und Hebräisch ausgestellte Dokumente, um sie an diejenigen zu verteilen, die auserkoren waren, in dem „perfekten Getto“ zu leben. Die Deutschen gaben ihm auch speziell für das Getto hergestellte Münzen und Briefmarken.[8]

Rumkowski und seine besondere Prüfungskommission, denen die Gestapo im Nacken saß, setzten diese Gefälligkeiten gezielt ein. Sie bemühten sich insbesondere um gut ausgebildete Fachkräfte, Schneider, Näherinnen und Tuchmacher, die in der Abgeschiedenheit von Litzmannstadt Uniformen für ihre deutschen Herren herstellten.

Im „perfekten Getto“ lebten in seinen Hochzeiten um die 200 000 Juden. Täglich erhielt Rumkowski von einem deutschen Beamten eine Liste mit 800 bis 2000 Namen.[9] Diese Personen wurden aufgefordert, sich „für den Abtransport in Sonderarbeitslager“ zu melden. Alle wussten, dass „Sonderarbeitslager“ die Schlachtbank bedeutete.[10]

Zu Beginn des Jahres 1944 überbrachte der deutsche Beamte[11] Rumkowski wie üblich seine Liste. Zu diesem Zeitpunkt waren im „perfekten Getto“ nur noch 50 000 Bewohner übriggeblieben.[12] Als er die Liste durchging, stieß Rumkowski auf den Namen seines 70-jährigen Bruders. Daraufhin sagte er zu dem deutschen Beamten:

„Ich möchte Sie um etwas bitten. Ich möchte Sie darum bitten, den Namen meines Bruders von der Liste der Personen zu streichen, die für den Transport in die Sonderarbeitslager vorgesehen sind. Sollte dies nicht möglich sein, möchte ich um die Erlaubnis bitten, ihn begleiten zu dürfen.“

Der deutsche Beamte stutzte für einen Moment. Dann antwortete er: „Ich fürchte, es wird nicht möglich sein, den Namen ihres Bruders von der Liste zu streichen. Aber wenn Sie darauf bestehen, können wir sicher Vorkehrungen treffen, damit sie ihn begleiten können.“ So verließ Rumkowski das „perfekte Getto“ und meldete sich zusammen mit seinem Bruder zur „Sonderarbeit“.

7 Wort im Original deutsch.

8 Die im Sommer 1940 eingeführten Markquittungen dienten in erster Linie dazu, die Gettobewohner dazu zu zwingen, versteckte Reichsmark- und Devisenbeträge zu verkaufen.

9 Während der Deportationen 1942 und 1944 nannte die Gestapo Rumkowski lediglich die Zahl der zu Deportierenden. Die Opfer musste er zumeist selbst auswählen.

10 Obwohl es wenige Transporte aus dem Getto in Zwangsarbeiterlager gab, führte die große Mehrheit der Deportationen in das Vernichtungslager Kulmhof, im Aug. 1944 dann nach Auschwitz.

11 Gemeint ist vermutlich der Leiter der deutschen Gettoverwaltung Hans Biebow.

12 Das Getto wurde erst im Aug. 1944 aufgelöst, als ca. 68 000 Juden nach Auschwitz deportiert wurden.

DOK. 282

Jakub Poznański notiert in seinem Tagebuch zwischen Januar und März 1945 die Erlebnisse unmittelbar nach der Befreiung des Gettos Litzmannstadt durch die Rote Armee[1]

Tagebuch von Jakub Poznański, Einträge vom 17.1. bis 22.3.1945

17. Januar 1945, Mittwoch

Heute Morgen gab es einen gewöhnlichen, aber sehr verspäteten Appell. Es erschienen wenige Deutsche, da die meisten unserer Aufseher zum sogenannten *Volkssturm* einberufen worden sind. Dennoch wurden alle unsere Gruppen zur Arbeit geschickt.

Im Laufe des Tages gab es zwei Luftangriffe. Die Repräsentanten des *Herrenvolkes* kommen[2] nicht mehr zur Ruhe. Sie laufen blass und niedergedrückt herum, fahren ständig in die Stadt und zurück. Augenscheinlich packen sie ihre Siebensachen …

Gegen 18 Uhr kam Kommandant Bruder[3] ins Lager[4] und gab bekannt, dass am Donnerstag auf Befehl der Behörden ein Generalappell stattfinden werde. Anwesenheit sei zwingend erforderlich, nicht nur der Bewohner des Lagers, sondern auch der Telefonistinnen und Fuhrleute außerhalb des Lagers.

Wir schlossen aus diesen Worten, dass etwas Schlimmes bevorstehe. Schon eine Stunde später verließen die Leute in Scharen das Lager. Wir folgten ihrem Beispiel, das sagte uns der gesunde Menschenverstand und Selbsterhaltungstrieb. Die Erfahrung der letzten Monate hat uns gelehrt, dass nur der gewinnt, der sich versteckt.[5]

Wir verstecken uns in einem Keller in der Żydowska-Straße 10. Unser neues Verlies ist zwölf Meter tief. Noch im Sommer haben wir Bänke und Tische und sogar Bettwäsche hierhergebracht. Eine einzige Glühbirne, die mit der Hauptleitung verbunden ist, gibt ein wenig Licht.

Dies ist ein Versteck, das wir im August vorigen Jahres hatten benutzen wollen, bevor wir uns entschieden, einen Unterschlupf im Papierressort zu suchen. Wir sind nicht alleine hier. Uns begleitet eine große Gesellschaft – mehr als vierzig Menschen. Wir alle klappern mit den Zähnen vor Angst und Kälte, obwohl jeder von uns mindestens zwei Schichten Kleidung und doppelte Unterwäsche trägt. Uns ist klar, dass die Deutschen vorhaben, uns vor ihrem Auszug aus Łódź zu massakrieren.

In unserem Verlies herrscht Totenstille. Wir schlafen abwechselnd. Nacht. Zehn Uhr.

18. Januar 1945, Donnerstag

Wir saßen den ganzen Tag über auf einem Koffer, den wir noch im November ins Verlies gebracht hatten, kurz bevor wir ins Lager zogen. Wir haben einen Wasservorrat – etwa 600 Liter. Wir haben beschlossen, dass jeder von uns drei Glas Wasser pro Tag erhält.

1 Original in Privatbesitz. Abdruck in: Poznański, Tagebuch aus dem Ghetto Litzmannstadt (wie Dok. 217, Anm. 1), S. 328–347. Das Dokument wurde aus dem Polnischen übersetzt.

2 Tempuswechsel wie im Original.

3 Lajb Bruder, von Herbst 1944 an Kommandant des jüdischen Ordnungsdienstes im Getto Litzmannstadt.

4 Zu den Lagern auf dem Gelände des Gettos Litzmannstadt siehe Dok. 266 vom 2.–26.8.1944, Anm. 18.

5 Im Poln. ist dies ein Reim: Kto się ukrywa, ten wygrywa.

In unseren gemeinsamen Vorrat ist auch all unser Fett gekommen: Öl, Butter und Margarine. Morgens verteilen wir die „Lebensmittelrationen" für den ganzen Tag.
Unsere Nervosität übersteigt die Grenze des menschlich Erträglichen. Ständig scheint es uns, dass die Deutschen im Hof sind und uns suchen. Natürlich haben wir unseren eigenen Nachrichtendienst: einige flinke Jungen. Im Morgengrauen zogen sie zur Jakub-Straße 16 und trieben 18 Brote auf.
Wasser tropft von den Verlieswänden herunter. Ein Streichholz erlischt sofort – ein Hinweis, dass es zu wenig Sauerstoff im Versteck gibt. Wie lange werden wir es hier aushalten?!
In diesem Moment kamen die Jungen zurück und waren sehr verängstigt. Sie waren ein zweites Mal im Lager gewesen und hatten Lastwagen auf den Platz fahren sehen.
Unseretwegen ...
Sie belauschten ein Gespräch der Deutschen. Sie wollen uns zum Jüdischen Friedhof bringen, wo sie vor einer Woche neun große Gräber haben ausheben lassen[6] – jedes für hundert Menschen ...
Jeden Moment wird die Suche beginnen ...
Wenn sie unser Versteck finden, werde ich diese Hefte im Verlies zurücklassen – vielleicht wird das unsere letzte Spur sein ...

19. Januar 1945, Freitag
Heute um elf Uhr vormittags kam der ersehnte Moment: Wir sind frei!

20. Januar 1945, Sonnabend
Gestern (meine Uhr zeigte genau elf Uhr) hob plötzlich jemand die Klappe hoch, die unser Verlies verdeckte, und wir hörten den freudigen Ruf: „Meine Herren! Es lebe Polen!" Wir trauten unseren Ohren nicht. Die Misstrauischen riefen, dass das eine Provokation sei. Der Rufer jedoch nannte einige von uns beim Namen. Wir überwanden unsere Angst, kletterten die Leiter hinauf und kamen an die Oberfläche. Nur die Männer. Die Frauen blieben im Keller.
Das Tageslicht blendete uns. Danach eine wahrhaft unbändige Freude. Umarmungen und Küsse – vielfach mit fremden Menschen.
Wir laufen die Franciszkańska Straße entlang. Das Gettotor steht sperrangelweit offen. Plötzlich ertönen Stimmen: „Sie kommen, sie kommen!" Am Ende der Smugowa-Straße taucht ein sowjetischer Panzer auf. Er bewegt sich langsam, begrüßt von Ovationen der Bevölkerung. Einige Minuten später folgen zwei Militärfahrzeuge, eine Reiterabteilung sowie eine Gruppe Infanteristen.
[...][7] Ein Personenwagen hält an der Ecke. Ich gehe heran, weil ich denke, jemand möchte nach dem Weg fragen, und da ich Russisch beherrsche, werde ich es besser erklären können. Der im Auto sitzende Offizier im Rang eines Generals sagt, dass die Republik Polen eine Unabhängige Demokratische Regierung habe, an der Spitze des Staates stehe

6 Ein jüdisches Aufräumkommando sollte erst die Spuren des Gettos beseitigen und dann selbst ermordet werden. Hierfür wurden auf dem Jüdischen Friedhof insgesamt neun Massengräber ausgehoben, die noch heute zu sehen sind.
7 Einige Wörter unleserlich.

Präsident Bierut,[8] Ministerpräsident sei Morawski,[9] Kriegsminister der Militärbefehlshaber Rola-Żymierski.[10] In der Regierung vertreten seien alle Parteien, und er bitte darum, dass ich das für die Allgemeinheit ins Polnische übersetzen solle, was ich unverzüglich tat. Unbeschreiblich war der Enthusiasmus, der alle ergriff. Der General erhielt stürmischen Beifall und Rufe, Vivat und „Er lebe hoch". Dann fuhr der General weiter in Richtung Stadt. Ich hatte etwa 600–700 Zigaretten bei mir, die ich sofort unter den Leuten und den Soldaten aufteilte. Die Bevölkerung umringte uns, denn hinter mir verließen noch einige das Getto und überschütteten mich mit Fragen. Wie viele von uns gerettet worden seien, wovon wir lebten usw.

Gegen 14 Uhr ging ich mit meiner Frau und meiner Tochter zu unserer alten Wohnung in der Andrzej-Straße. Wir gingen die Kiliński-, die Pomorska-, Wschodnia-, Południowa-, Piotrkowska-, Andrzej-Straße und zurück über die Wółczańska-, Legions-, Piotrkowska-Straße, den Freiheitsplatz, Pomorska- und Kiliński-Straße. Ich muss sagen, dass sich in der Bevölkerung eine Unentschlossenheit zeigte, da man nicht glaubte, dass die Deutschen so plötzlich die Stadt verlassen hätten. Jeder fürchtete ihre Rückkehr. Da niemand meinem Beispiel folgte, war ich der Erste und Einzige, der begann, alle deutschen Aufschriften auf der Straße abzureißen und auf die Erde zu werfen. Ich verhielt mich herausfordernd, weil ich so die Stimmung der Menschen heben wollte, aber es war vergeblich. Ostentativ gingen wir mit den Sternen auf der Brust und waren die ersten Juden, die auf diese Weise in der Stadt erschienen. In der Andrzej-Straße kam eine Frau auf uns zu und fragte auf Deutsch, woher wir kämen, worauf ich sie auf Polnisch fragte, ob sie kein Polnisch verstünde. Sie verneinte, darauf begann ich, sie mit den heftigsten Schimpfwörtern zu belegen, natürlich auf Deutsch, damit sie es versteht. Als Antwort sah ich, wie mir aus einer anderen Straße ein Herr mit wilhelminischem Schnurrbart mit einem Knüppel drohte. In der Andrzej-Straße und allgemein in der Stadt waren nicht viele Deutsche zu sehen.

In der Nähe unseres Hauses traf ich einige Bekannte. In unserem Haus arbeitet noch immer dieselbe Hauswartin, die sich sehr freute, uns zu sehen. Die Wohnung fand ich leer vor, die dort zuletzt wohnenden Postbeamten waren weg. Die Hauswartin erzählte, dass unsere Möbel abtransportiert worden seien, und hereingestellt worden sei schäbiges Gerümpel.

Wir kehrten ins Lager zurück. Es stellte sich heraus, dass noch nicht alle zurückgekehrt waren, viele fehlten. Von den 877 sind es vielleicht 600 Menschen, der Rest ist noch nicht gekommen. Im Lager sind schon russische Soldaten. Man geht aufs Ganze. So verlief der Freitag.

8 Bolesław Bierut (1892–1956), Politiker der Kommunistischen Partei Polens; während des Zweiten Weltkriegs in der Sowjetunion, von 1943 an in Warschau; 1944 Vorsitzender der Provisorischen Polnischen Regierung, von 1947 an Staatspräsident, 1952 Ministerpräsident, starb während des 20. Parteitags der KPdSU in Moskau.

9 Edward Osóbka-Morawski (1909–1997), Politiker der Polnischen Sozialistischen Partei; zwischen 1944 und 1947 Ministerpräsident der Provisorischen Regierung.

10 Michał Rola-Żymierski (1890–1989), poln. Offizier; während des Zweiten Weltkriegs oberster Befehlshaber der Polnischen Volksgarde bzw. Volksarmee (Armia Ludowa), des bewaffneten Arms der kommunistischen Polnischen Arbeiterpartei PPR; zwischen 1945 und 1949 Verteidigungsminister.

Am Sonnabendmorgen ging ich nach dem Frühstück zu Fuß zur Siedlecka-Straße zur Firma Haessler.[11] Hier fand ich einige ältere Arbeiter vor, und so sagte ich ihnen, dass man sich an die Bewachung der Firma machen solle, damit nichts gestohlen oder zerstört werde. Die Besitzer waren weggefahren und hatten niemanden zurückgelassen. Haessler selbst ist zusammen mit seiner Familie in der Nacht von Mittwoch auf Donnerstag in einem zweispännigen Planwagen abgefahren. Mit ihm sind alle Frauen gefahren. Er selbst fungierte als Kutscher. Sie fuhren Richtung Zduńska Wola. Er hinterließ einen Brief an Preiss, aus dem zu ersehen war, dass er die Absicht hatte, Teile der Dampfmaschine abzutransportieren, ohne die man sie kaum hätte in Betrieb nehmen können. Zum Glück geriet der Brief nicht in die Hände des Empfängers, die Maschine wurde nicht demontiert, und die Teile blieben am Platz.
Zusammen mit Filipiak begab ich mich zum 15. Kommissariat, und der Kommissar trug mir auf, die Fabrik kommissarisch zu übernehmen, eine Inventur zu machen und die Fabrik vor Plünderung zu schützen. Ich entgegnete, dass dies alles schon erledigt sei, und er war damit zufrieden. Ich kehrte zur Fabrik zurück, wo sich immer mehr Arbeiter eingefunden hatten, und wurde von ihnen frenetisch begrüßt. Jeder fragte mich aus, wie ich habe überleben und aus dieser Hölle herauskommen können. Sie baten mich auch inständig, Haesslers Wohnung zu übernehmen. Dasselbe sagte auch die zurückgebliebene polnische Haushälterin.
Gegen 14 oder 15 Uhr ging ich nach Hause ins Lager. An der Ecke Przejazd und Kiliński-Straße hielten mich russische Soldaten in einem Lkw an und fragten nach dem Weg zum Bahnhof. Da sie meine Erklärung nicht verstanden, baten sie, ich möge einsteigen und ihnen den Weg zeigen. Es stellte sich heraus, dass sie einen Zug suchten, der auf freier Strecke stehen sollte und verschiedene Sachen wie Mehl, Konserven, Wodka usw. geladen hätte. Nach langem Suchen fanden wir den Zug hinter Andrzejów.[12] Es war schon nichts mehr darin. Die Bevölkerung der Umgebung und die durchfahrenden Militäreinheiten hatten den Zug fast völlig leer geräumt. Die Soldaten gaben auch mir eine Fleischkonserve, ein halbes Kilo Margarine, eine Flasche Cognac, eine Flasche Wodka und eine Konservendose mit Spargel, die allerdings schon geöffnet war.
Ich war ihnen für das alles dankbar, denn nach solchen Dingen hatten wir großen Appetit. Wie sie versprochen hatten, brachten sie mich zurück zum Lager, und ich versprach meinerseits, ihnen jemanden zum Kalischer Bahnhof mitzugeben, wo ihre Batterie lag. Als wir zum Lager kamen, wollten die Offiziere unbedingt sehen, wie die Juden im Lager lebten. So mussten wir sie zu uns in den dritten Stock führen. Hier traf ich zu meiner großen Überraschung, das heißt in der Abteilung für Frauen, Kostek Gajewski, Zygmunts Bruder, und zwei seiner Kollegen an. Sie hatten von der Hauswartin in der Andrzej-Straße erfahren, dass wir hier seien, und waren sofort gekommen. Mitgebracht hatten sie viel, viel Wodka und Gläser mit sehr guter Konfitüre. Kostek ist ein sehr anständiger Mensch, von unseren Erzählungen über die Leiden, die wir im Getto durchlebten, konnte er gar nicht genug hören. Er konnte die Dinge, die wir ihm erzählten, kaum glauben. Viele Nachbarn besuchten uns, jeder erzählte etwas, und jeder trank ein Gläschen. Es herrschte eine allgemeine Freude über die Befreiung. Die Offiziere saßen recht lange mit uns, wobei einer von ihnen mir zuflüsterte, dass er ein Mischling, ein Halbjude sei.

11 Fa. Alfred Haessler, Poznańskis früherer Arbeitgeber.
12 Bahnstation einige Kilometer östlich von Łódź an der Strecke nach Warschau.

Wenn ich aus der Perspektive einiger Tage auf das Ganze zurückblicke, dann ist es schwer zu verstehen, wie sie[13] Łódź in so kurzer Zeit, so blitzartig hat einnehmen können. Die Stadt hat sehr wenige Schäden erlitten. Nur einige Häuser stehen in Ruinen, recht viele Scheiben gingen zu Bruch (etwa ein Drittel aller Scheiben), die Fabriken sind erhalten geblieben. Die Deutschen sind überstürzt geflohen, das heißt sie sind nicht geflohen, sondern verstecken sich. Viele von ihnen wurden sofort entdeckt.
Schon am Sonnabend oder Sonntag wurde Sutter[14] von der *Kripo* mit einem Gewehr in der Hand und mit dem Abzeichen eines Milizionärs am Ärmel gefangen. Festgenommen hat ihn Piks Vater, der auf dem Baluter Ring arbeitete und ihn zu „Gosobrona"[15] in der Legions-Straße brachte. Von dort wurde er in die Kiliński-Straße 152 überführt. Zwei Männer gingen mit einem Sergeant von „Gosobrona" zu seiner Wohnung in der Limanowski-Straße 90, wo sie seinen Bruder Max verhafteten. Angesichts jedoch des sehr wohlwollenden Zeugnisses der anderen Mieter im Haus sah „Gosobrona" keinen Grund, ihn festzuhalten, und ließ ihn wieder frei. Ihr Vater nahm sich aber das Leben, indem er sich auf dem Dachboden erhängte.
Aufgespürt wurden viele andere Deutsche, die eine große Rolle im Getto gespielt hatten. Verhaftet wurden Kramp, Miller, Meyer, angeblich sogar Schmidt und Biebows Frau, da er, Biebow, wie schon erwähnt, zehn Tage zuvor dienstlich ins Reich gefahren war. Ich selbst war bei Herbst in der Piotrkowska-Straße 182, Wohnung Nr. 8, traf ihn aber nicht mehr zu Hause an. Wie der Hauswart bestätigte, war er am Mittwochmittag zu Pferde abgereist. Auf welche Art und Weise? Sicherlich wird er sich hier irgendwo verstecken.
Im Lager herrschte Jubel. Einige russische Soldaten und Offiziere sind im Lager, es wird viel getrunken, man ist ausgelassen.
Der Abschaum und Bodensatz der Gesellschaft nutzt solche Gelegenheiten aus. Beispielsweise gab es im Lager einen gewissen Friedman Nachman, ein früherer Polizist der Untersuchungsabteilung und bekannt für die Folterung dort inhaftierter Menschen. Dieser Herr begab sich sofort in den ersten Tagen zu „Gosobrona". Er erhielt einen Laster, lud seine Sachen auf und verschwand aus der Stadt. Die Behörde „Gosobrona" hatte ihn nicht durchschaut. Ebenso Jankiel Ast, der sich dazu bekannt hatte, Dr. Weiskopf[16] verraten und seine Flucht vereitelt zu haben; er floh ebenfalls auf einem Laster. C'est la vie!
Von Sonntag auf Montag brachen die ersten Feuer im Getto aus. Es begann am Baluter Ring, wo die Baracken auf dem Ring angezündet wurden. Dort hatten die Deutschen gearbeitet.
Warum ausgerechnet diese Baracken angesteckt wurden und von wem, konnte bislang nicht festgestellt werden, in jedem Falle zeigen die Fakten, dass man es für einen Sabotage- oder Racheakt halten muss.

13 Gemeint ist die Rote Armee.
14 Alfons Sutter war Kriminalangestellter des sog. Gettokommissariats der Kriminalpolizei in Litzmannstadt.
15 Aus dem Russ. übernommene Bezeichnung für die Staatsschutzbehörde.
16 Dr. Daniel Weiskopf, Arzt im Getto Litzmannstadt; versteckte sich nach der Auflösung des Gettos im Sommer 1944, wurde verraten und im Nov. 1944 erschossen; wie Anm. 1, Eintrag vom 19.11.1944 (S. 319).

Ich muss hier hinzufügen, dass schon am Sonnabend und Sonntag die Transportabteilung, das heißt die Fuhrleute mit ihren Familien, der Veterinär usw. in die Ställe umgezogen sind, namentlich in die Häuser Zgierska-Straße 15 und 17, die sich neben den Ställen befinden. Am Sonntag zogen mehrere andere Familien in das Haus Zgierska-Straße 15, unter anderem der in unserem Saal lebende Kron mit seiner Frau und zwei Kindern. Er nahm alle seine Habseligkeiten und ging schon am Sonntag zum Übernachten dorthin. Einige Minuten nach Mitternacht hören wir schreckliches Geschrei und Heulen in unserem Treppenhaus. Es vergingen wieder einige Minuten, dann kommt Kron mit einem Kind auf dem Arm in den Saal, Momente später seine Frau mit dem jüngeren Kind. Die Kinder allein in Hemdchen, die Eltern kaum angezogen, ohne Mantel und Kopfbedeckung. Ihr Gestammel ist schwer zu verstehen. Es stellt sich heraus, dass man die Zgierska-Straße 15 im Parterre angezündet hat, auf der Treppe war Stacheldraht ausgelegt worden, um die Flucht zu erschweren. Nur durch Zufall wurde das Feuer recht schnell entdeckt, und die Menschen konnten sich retten, auch wenn das Gebäude komplett abbrannte. Eine halbe Stunde später bemerke ich gegen ein Uhr nachts ein Feuer im Haus Kościelna-Straße 4, das Feuer wird rechtzeitig entdeckt und gelöscht. Alle diese Feuer wurden von Banden deutscher Diversanten, die in der Stadt geblieben sind, sowie von polnischen Helfershelfern gelegt. Der Montag verlief für mich mit verschiedenen Angelegenheiten meiner neuen Tätigkeit. Ich war in der früheren Industrie- und Handelskammer, wo jetzt der Bevollmächtigte des Industrieministers seinen Sitz hat. Ich wurde als kommissarischer Leiter bestätigt, und mir wurde die Inbetriebnahme der Fabrik aufgetragen. Ich muss sagen, dass Kostek Gajewski am Sonntag erneut bei uns war und ein Stück geräucherten Schinken mitbrachte. Wir hatten Schinken sicherlich fünf Jahre lang nicht gesehen. Wir freuten uns sehr über das Geschenk. In der Nacht von Montag auf Dienstag brachen erneut Feuer im Gettogebiet aus. Es brannten Häuser an der Ecke Nowomiejska-Straße und Altmarkt, in der Brzezińska-Straße 21 und 23 und noch an zwei weiteren Orten. Ohne Feuerwehr und Wasser kann man das Feuer nicht löschen und muss diese Häuser also ihrem Schicksal überlassen.

Am Dienstag endlich zog ich in die Siedlecka-Straße in die Fabrikwohnung von Alfred Haessler. Ich muss sagen, dass sie die Wohnung von allem leer geräumt und nur die schlechteren Möbel zurückgelassen haben. Ich habe den Eindruck, dass sie die besseren Möbel noch im Juli nach Wien und Leipzig ausgeführt haben.

Die Nacht von Dienstag auf Mittwoch verbrachten wir nach fünf Jahren Herumirren endlich in anständigen Betten. Vermutlich wird uns niemand glauben, dass wir im Laufe dieser fünf Jahre auf „Bett-Surrogaten“ geschlafen haben, eng und kurz, hart und unbequem. Und angesichts dessen, dass ich in dieser Zeit stark abgemagert bin, konnte ich niemals länger auf einer Seite liegen. „Mein Vaterland, wer dich verloren hat, hat dich kennengelernt“, lautet ein bekannter Vers von Mickiewicz.[17] Wer nicht auf verschiedenen „Betten“ lag, der versteht nicht, welchen Luxus es bedeutet, in einem normalen Bett zu liegen.

Am Mittwoch war ich erneut im Lager. Zu meiner großen Freude habe ich erfahren, dass sich die ganze Familie von Ingenieur Gutman[18] und andere bislang versteckte Ka-

17 Leicht verändertes Zitat aus dem poln. Nationalepos „Pan Tadeusz“ von Adam Mickiewicz (1798–1855): „Ile cię trzeba cenić, ten tylko się dowie,/ Kto cię stracił.“ („Wie sehr man dich lieben muss, weiß nur, wer dich verloren hat.“)

meraden aus dem Lager eingefunden haben. Niemand fehlt mehr. Die deutschen Täter haben keinen von ihnen in die Hände bekommen. Die Gutmans wussten zwar von der Befreiung, aber als sie aus ihrem Versteck Menschen mit roten Armbinden sahen, dachten sie, dass dies Provokateure der Gestapo seien, deren Aufgabe es wäre, sie aus ihrem Versteck zu locken. Erst am Mittwochmorgen, als die Nerven schon nicht mehr mitspielten, gingen sie auf die Straße, auf das Schlimmste gefasst, und erfuhren, dass die Rote Armee Łódź schon vor fünf Tagen von den Deutschen befreit hatte.
Im Lager gibt es nichts Neues, unsere Kameraden im gemeinsamen Unglück ziehen langsam in die Stadt um. Es stört sie nur der Umstand, dass es so wenige Juden gibt und dass der eine weit entfernt vom anderen wohnen wird. Deshalb bemühen sie sich, Wohnungen in einem Stadtteil zu bekommen. Jeder versucht, Bekannte in das Haus zu holen, das er sich ausgesucht hat. Der von Juden am häufigsten bewohnte Stadtteil wird die Zachodnia-Straße sein, von der anderen Seite die Żeromski-Straße beim Grünen Markt, der zuletzt zu polnischen Zeiten Boerner-Platz hieß. Auch im Haus Sienkiewicz-Straße 49 haben mehrere Familien Platz gefunden. Es gibt aber auch solche wie mich, die sich eine Wohnung genommen haben, ohne darauf zu achten, ob man es weit zu den Glaubensbrüdern haben wird. Dieser Antrieb zusammenzubleiben ist eine Folge des fünfjährigen Gettolebens.
Die Arbeit an der Organisation des Wirtschaftslebens macht schnelle Fortschritte. Alle Fabriken machen sich an die Arbeit, aber das wichtigste Problem ist der Kohlenmangel. Aus diesem Grund hat Ingenieur Weinberg, der heutige Direktor des Kraftwerks, große Probleme. Auch das Gaswerk ist wegen Kohlenmangels nicht in Betrieb, und das Gas in den Vorratsbehältern haben die Deutschen vor der Aufgabe von Łódź entweichen lassen. Ob das ein Akt der Vorsicht sein sollte oder ein Versuch, dem Leben der Stadt bei ihrem Übergang in die Hände der Polen und Russen zu schaden, weiß ich nicht.
Die christlichen Polen plündern weiterhin das Eigentum des Gettos. Aus den noch nicht leer geräumten jüdischen Wohnungen holen sie nicht nur Kleidungsstücke heraus, Möbel und andere Haushaltswaren, sondern plündern auch die Ressorts und Magazine mit verschiedenen Reichtümern, wie die Łagiewnicka-Straße 63, Dworska-Straße 2, Żydowska-Straße usw. Es gibt keine Kraft, die die Leute in Zaum halten könnte. Hätte ich darüber vor einem, eineinhalb Jahren gesprochen, als ich seinerzeit unseren maßgeblichen Instanzen im Getto prophezeite, dass, wenn die Deutschen die Stadt verlassen, es einen großen Raub von Eigentum geben wird, das in keinem Falle Privateigentum, sondern Eigentum der Stadt bzw. des Staates sein müsse, hätte man mich ausgelacht.
Als ich am ersten Tag, nachdem die Deutschen die Stadt verlassen hatten, das heißt am Freitag, den 19. Januar 1945, der Miliz ein wenig half, nicht zuließ, dass etwas durch das Gettotor abtransportiert wird, und anordnete, alles an der Ecke Jakub- und Franciszkańska-Straße abzuladen, verstanden die jüdischen Milizionäre meine Absichten nicht, waren nicht mit mir einverstanden und erlaubten den Abtransport. „Herr Doktor", sagten sie, „was geht Sie das an, das ist doch nicht Ihres und Sie nehmen es nicht, und wenn es nicht dieser tut, dann nimmt es ein anderer." Alle Erklärungen halfen nicht, sie wollten mich nicht verstehen.

18 Izaak, auch Ignacy Gutman (1900–1972), Architekt, Ingenieur; lebte mit Frau und Tochter im Getto und überlebte im Versteck; nach 1945 im Städtischen Projektbüro Łódź tätig, emigrierte 1958 nach Israel.

28. Januar 1945, Sonntag

Am Donnerstag und Freitag war ich nicht im Lager, dagegen fuhr ich am Sonnabend, das heißt gestern, hin und wurde Zeuge, als die ganze Gruppe der derzeitigen Lagerleitung verhaftet wurde, die niemand gewählt und die die Macht usurpiert hatte. Die Verhaftung erfolgte jedoch nicht aus diesem Grund, sondern wegen irgendwelcher anderen Vergehen, denn festgesetzt wurde nur ein Teil der Leitung, in erster Linie alle früheren Milizionäre oder, wie sie selbst sich nannten, Gettopolizisten und einige andere, wie ein gewisser Kruglański, vermutlich Dr. Eliasberg und Dr. Mazur. Den Grund für die Verhaftung kennt niemand. Verhaftet wurden sie von einem Oberst der Roten Armee, einem Offizier der polnischen Armee und einigen Milizionären, die sie sofort abführten. Die Unordnung, die vorher geherrscht hatte, wurde dadurch nur weiter vergrößert. Es gab niemanden, der eine kompetente Antwort hätte geben können. Es melden sich viele Menschen im Lager, da sie es für eine Art jüdisches Zentrum halten, Massen von Leuten, offizielle und private, die Informationen über unser Leben erhalten möchten. Außerdem melden sich alle bzw. – besser gesagt – fast alle Juden, die nach Łódź zurückkehren, im Lager, um sich registrieren zu lassen und ihre Adresse anzugeben. Deshalb musste es eine sehr elastische Organisation geben, aber die „Jugend", die an die Spitze drängte und die jetzt verhaftet wurde, konnte das nicht leisten, weil sie hierfür keinerlei Qualifikationen besaß.

Dieselbe Clique teilte den Bunker mit uns, der, wie ich schon geschrieben habe, zunächst für uns vorbereitet war und später von ihnen fertiggestellt wurde. Wir gingen damals zusammen mit ihnen hinunter, obwohl alles danach aussah, als würden sie uns betrügen wollen. Sie sagten uns, wir sollten uns in der Toreinfahrt Brzezińska-Straße 5 einfinden, während sie in die Żydowska-Straße gingen, und als die Sache auf des Messers Schneide stand, mehr noch durch einen Zufall, trafen wir sie nachts auf der Straße, und so nahmen sie auch uns mit. Wir, die wir anfangs diesen Bunker vorbereitet haben, das heißt die Bajgelmans und wir, deponierten dort beim Verlassen unseres Bunkers im November 1944 eine Reihe wertvoller Sachen, die wir im Lager nicht gebrauchen konnten. Beim Verlassen des Bunkers am Freitag wurden diese schweren Koffer und Wagen[19] zurückgelassen, weil die Zeit nichts anderes erlaubte und es auch niemanden gab, der sie hätte wegtragen können. Die Männer, die als Letzte herauskamen, nahmen die sieben Meter lange Leiter und versteckten sie irgendwo, um es auf diese Weise unmöglich zu machen, dass jemand hinabsteigt. Dreimal war ich im Lager, um gemeinsam mit ihnen hinzufahren, sämtliche drei Male waren wir verabredet, und niemals kamen sie. Jetzt ist unklar, was werden wird. Wann werden sie sie herausgeben? Es gibt dort Unterwäsche und Kleidung, die bei der Feuchtigkeit verrotten kann.

Am Dienstag wurde ich auch vom Bevollmächtigten des Industrieministers auf meinem derzeitigen Posten bestätigt.

Angeblich soll die Regierung komplett nach Łódź umziehen, zumindest teilweise das Industrieministerium und das Ministerium für Markt und Landwirtschaft und wohl sicher noch zwei weitere.

Vor drei Tagen traf ich Janek Urbach, den früheren Mitinhaber des „Głos Poranny", und seinen Redakteur sowie Ewa Kronman. Von ihnen erfuhr ich viel über meine Familie,

19 So im Original.

die in Warschau war. Weder mein Cousin noch seine Familie sind noch am Leben. Viele Bekannte traf dasselbe Schicksal. Er, das heißt Janek, soll heute zum Mittagessen kommen, er wird uns sicherlich viele interessante Dinge erzählen. Auch traf ich einen Kollegen meines Schwagers, Unteroffizier der Polnischen Streitkräfte, Owsiak, der versprach, vorbeizukommen. Gestern traf ich Kornacki, der mit uns in der Andrzej-Straße gewohnt hatte, er kam aus Skierniewice zurück, auch er wollte heute zum Mittagessen kommen. Er sagte mir, dass Jerzy Salamonowicz nicht mehr lebt. Seine Frau und sein Sohn leben in Sandomierz unter einem anderen Namen. Ganz allgemein hatte sich das Annehmen polnischer Namen durch Juden stark verbreitet. Angeblich wollen jetzt einige diese Namen nicht mehr mit ihren vorherigen tauschen.
Gestern wurde mir in der Fabrik von einer Spezialeinheit eine Militärwache zur Verfügung gestellt. Was diese Wache für ein Ziel hat und was sie beobachten soll, weiß ich noch nicht. Heute wurde auch ein Milizposten aufgestellt. Wer soll wen überwachen?

11. Februar 1945
Zwei Wochen habe ich nicht in dieses Heft geschaut, und viele Dinge haben sich verändert. Ein Teil der Verhafteten, hauptsächlich frühere Polizisten bzw. Angehörige des Sonder-Kommandos, und Eliasberg wurden heute nach Łęczyca[20] geschickt. Es war nicht in Erfahrung zu bringen, welche Vorwürfe ihnen gemacht wurden. Endlich ließen sie Mazur, Mozelsio und Mietek Zajbert frei. Der Rest sitzt [in Haft].
Das Lager ist vor etwa zehn Tagen in eine andere Baracke umgezogen, namentlich in des Quergebäude des Hauses Narutowicz-Straße 32 (alte Nummer). Dort befinden sich nur Büros und Lagerräume des Lagers, weil die Vorräte, die sich in der Jakub-Straße 16 befunden hatten, auch hierher gebracht worden sind.
Aus Lublin ist ein Abgesandter eingetroffen, und einige Tage später kam der leitende Gesandte aus Lublin, mein alter Bekannter Dr. Filip Friedman,[21] Historiker und Lehrer am Jüdischen Gymnasium in Łódź.
Mit jedem Tag vergrößert sich die Zahl der Juden in Łódź. Anfangs kamen zunächst die kleineren und größeren Würdenträger aus Lublin und Warschau nach Łódź, danach verschiedene Partisanen und solche, die sich zuvor unter falschen Namen von Ariern oder als Arier versteckt gehalten hatten.[22] Schließlich kommen seit einigen Tagen auch solche Juden nach Łódź, die Häftlinge der Lager in Auschwitz, Blechhammer[23] usw. gewesen waren. Es kommen auch verschiedene Typen, die behaupten, in Majdanek gewesen zu sein, in Treblinka oder Auschwitz, aber das sind überwiegend Aufschneider, obwohl man zugeben muss, dass Einzelne darunter sind, die aus diesen Todeslagern zurückgekehrt sind, vor allem aus Auschwitz.

20 Gemeint ist die Haftanstalt in Lentschütz.
21 Dr. Filip Friedman (1901–1960), Historiker aus Lemberg; nach 1945 arbeitete er an der Universität Łódź und war zugleich Leiter der Zentralen Jüdischen Historischen Kommission, die Zeugnisse von Holocaustüberlebenden sammelte; er emigrierte 1948 in die USA.
22 In Polen war es während der Okkupation üblich, auch die nichtjüdische poln. Bevölkerung als Arier zu bezeichnen. Gemeint sind hier also nichtjüdische Polen, keine „Arier" im Sinne der nationalsozialistischen Rassenlehre.
23 Im schles. Blechhammer entstand seit 1942 ein Lagerkomplex, darunter auch Lager für jüdische Häftlinge, die vor allem beim Bau mehrerer chemischer Fabriken für die I.G. Farbenindustrie eingesetzt wurden.

Diese Leute erzählen schreckenerregende Dinge. Ein kultivierter Mensch kann einfach nicht glauben, dass es im 20. Jahrhundert ein [solches] Volk gibt, das sich selbst zu den hochstehenden Völkern rechnet, das für das zivilisierteste der europäischen Völker gehalten wird [und dennoch solche Verbrechen zu verantworten hat]. Lange wollte ich nicht glauben, dass diese Dinge, die man im Getto und nachher im Lager erzählte, über die Gräuel in Koło (Kulmhof), Auschwitz und anderen Lagern die Wahrheit sind, real sind. Aber jetzt, nachdem ich persönlich mit Leuten gesprochen habe, denen die Flucht aus dieser oder einer anderen Hölle gelungen ist, muss ich feststellen, dass die menschliche Einbildungskraft zu schwach ist, dass der Geist normaler Menschen diese ganzen Gräuel nicht fassen kann, die sich dort abspielten. Die Menschen der uns nachfolgenden Generationen werden nicht glauben wollen, dass diese Gräuel möglich sind, und erschrocken und geschockt werden sie die Beschreibungen von Szenen aus Majdanek, Treblinka und Auschwitz lesen. Und wird unser eigenes Lodscher Radegast wenig zu erzählen haben? Allein das, was sich dort am Donnerstag, den 18. Januar 1945 zutrug, reicht aus, um das ganze deutsche Volk für diese Vorfälle verantwortlich zu machen.[24]

Der Krieg ist nicht zu Ende, und deshalb sollte ich dieses Tagebuch weiterhin führen. Das Leben in der Stadt hat noch keine normalen Züge angenommen. Die Geschäfte funktionieren noch nicht, da sie nichts zum Verkaufen haben, nur die Bäckereien und Fleischereien, Letztere aber nicht allgemein. Irgendwie funktionieren sie nicht schlecht. Die Straßenbahnen verkehren nur auf der Piotrkowska-Straße und wohl nur mit fünf Zügen. Licht gibt es nicht überall und auch nicht den ganzen Tag.

Heute fand eine allgemeine Versammlung der Juden in Łódź statt. Es stellt sich heraus, dass es insgesamt etwa 3000 sind, davon eine große Zahl Zugereiste, die nicht in Łódź bleiben werden. Die Versammlung war sehr blass, noch schlimmer verliefen die Wahlen zum Ortskomitee, in das Leute gewählt wurden, die völlig unbekannt und meines Erachtens ungeeignet sind.

Menschen, die mit dem täglichen Leben zu kämpfen haben, bestätigen, dass, obwohl in den höheren Regierungsstellen viele Juden und Freunde von ihnen sitzen, der Antisemitismus, der über fünf Jahre hinweg vom Okkupanten beigebracht wurde, sich an der Basis sehr empfindlich bemerkbar macht. – So wurde der Smoleńska[25] angeboten, sich taufen zu lassen, dann könnte sie die Leitung der Volksschule übernehmen. Sogar bei der Vergabe von Wohnungen fühlen sich Juden als Juden.

25. Februar 1945

Der Arbeitsanfall erlaubte es mir zwei Wochen lang nicht, in dieses Heft hineinzuschauen. Hin und wieder habe ich nachts darüber gebrütet, ob ich mit dem Schreiben aufhören oder das Tagebuch weiterführen solle. Es gibt Augenblicke, die für ein Ende sprechen, andere wiederum verlangen weiterzumachen.

24 In der Nacht vom 17. auf den 18.1.1945, einen Tag, bevor die Deutschen die Stadt Łódź verließen, wurde das Erweiterte Polizeigefängnis Radegast mitsamt seinen ca. 1500 Häftlingen niedergebrannt. Gefangene, denen die Flucht nach draußen gelang, wurden von deutschen Polizeieinheiten erschossen. Nur etwa 30 Häftlinge überlebten das Massaker.

25 Helena Smoleńska, Kindergärtnerin und Leiterin einer Schule in einem Arbeitsressort im Getto Litzmannstadt.

In Łódź sind schon 4500 Juden registriert worden. Ein großer Teil von ihnen ist nur auf der Durchreise in Łódź und geht weiter nach Warschau und über die Weichsel; das sind die, die aus den Lagern kommen oder Gefangene waren. Eine andere Gruppe geht nach Westen, die, die auf jener Seite waren und jetzt in ihre Heimatstädte zurückkehren wollen.

Das vor zwei Wochen gewählte Komitee funktioniert und weitet seine Zuständigkeiten aus. Es ist in die Śródmiejska-Straße 32 umgezogen, die Vorratslager sind in der Narutowicz-Straße geblieben. Ich habe vergessen zu erwähnen, dass vor zwei bis drei Wochen ein besonderes Büro eröffnet worden ist, das das Gettoeigentum auflöst. An die Spitze dieses Büros wurde Bajgelman gestellt. Ein solches Büro hätte man ganz am Anfang einrichten sollen, wie ich es schon Ende Januar Hauptmann Diamant vorgeschlagen hatte, der Leiterin der Operativgruppe Łódź. An die Spitze eines solchen Büros hätte man aber nicht Bajgelman setzen dürfen, der immer und überall nur an sich denkt. Das Resultat war, dass er vor einer Woche zur Industrieabteilung zitiert und des Amtes enthoben wurde, wobei ihm als Grund hierfür mitgeteilt wurde, dass er zu sehr an sich gedacht und für sich gesorgt habe, nicht aber für die Allgemeinheit. Die weitere Liquidation des Gettos wurde dem Jüdischen Komitee übertragen. Wir werden sehen, wer diese Sache wie weit noch voranbringen wird.

Meine Frau ist zur Leiterin der Abteilung des Standesamts für nichtchristliche Konfessionen ernannt worden. Warum es bei dem heutigen demokratischen System im Standesamt eine Trennung in Christen und Nichtchristen geben muss, konnte meiner Frau niemand erklären. Eine völlig unverständliche Anordnung! Aber das nur am Rande. Hinsichtlich ihrer Stellung wandte sich meine Frau, das heißt eigentlich das Standesamt, an das Jüdische Komitee betreffend die Einrichtung des Friedhofs, die Regulierung von Hochzeitsangelegenheiten usw. Das Komitee lehnte eine Begutachtung dieser Angelegenheiten ab und betonte, dass diese in die Kompetenzen einer Gemeinde fielen, es jedoch keine Gemeinde, sondern nur ein Komitee sei, das Juden helfen will. Schöne Beziehungen.

Zwischenzeitlich werden Verstorbene auf dem Friedhof ohne jede Formalität beerdigt, wobei die ganze Beerdigung von den Verwandten und Freunden des Verstorbenen ausgerichtet werden muss, denn auf dem Friedhof gibt es weder Verwaltung noch Arbeiter. Dasselbe bei Hochzeiten. Es gibt eine Menge Ehen, die während der Okkupation geschlossen wurden, nur rituelle Hochzeiten. Darüber hinaus begeht sehr oft der eine oder der andere Partner, manchmal beide, vom rechtlichen Standpunkt her Bigamie und setzt sich den Folgen dieses Verbrechens aus.

Auf Schritt und Tritt mangelt es an Arbeitskräften. Allgemein keine Intelligenz. Und dennoch, oder gerade deshalb, haben sich in den Behörden – und zwar nicht auf den unteren Diensträngen – viele Nationaldemokraten, Christdemokraten und andere Elemente eingenistet, die der jetzigen Ordnung gegenüber feindlich eingestellt sind. Es muss eine rücksichtslose Säuberung stattfinden. Viele Deutsche haben sich weiß-rote Schleifen angesteckt, mimen Polen und besetzen Posten in den Ämtern. Obwohl zwei Sicherheitsbehörden tätig sind, eine russische und eine polnische, passieren solche Dinge.

Die nächste Angelegenheit sind Diebstähle. Wer will und Lust dazu hat, nimmt sich einen, manchmal sogar mehrere polnische oder russische Soldaten, betritt die erstbeste Wohnung, zeigt auf die erstbesten Gegenstände, versichert, dass sie sein Eigentum seien,

und fordert unter Drohung polnischer Gewehre ihre Herausgabe. Das ist gewöhnlicher Diebstahl.
Angeblich wurden auch mehrere Juden verhaftet, die keine Ausweise besaßen. Hier nun muss man die ganze Schuld dem Komitee zuschreiben, das sich im Einvernehmen mit den Behörden die Angelegenheit hätte zu eigen machen sollen, die aus den Lagern zurückkehrenden oder versteckt lebenden Juden mit entsprechenden Ausweisen zu versehen. Aber sie denken nur an sich. Bietet man den Beamten des Komitees die eine oder andere Stelle an, lehnen sie ab und sagen, dass sie hier genug haben und genügend zu essen, und der Rest gehe sie nichts an.
Der Umtausch des Geldes ist sehr demütigend für die allgemeine Bevölkerung. Wir wechseln nur 300 Reichsmark in 250 Złoty um. Warum nicht im Verhältnis von eins zu eins?
Hinsichtlich der Menge umlaufenden Geldes spielt das keine Rolle, und die Menschen wären nicht brüskiert. Andererseits habe ich nicht geglaubt, dass die Menschen noch so viel Geld haben. Ich vermute jedoch, dass das Geld der Deutschen ist, denen man es nicht tauscht. Angeblich nimmt man für den Umtausch 25 bis 30 Prozent [Gebühren].
Es gibt viel zu beschreiben, aber mir fehlt die Zeit, vielleicht bin ich unter der Woche ein wenig freier.

27. Februar 1945
Gestern hat das Jüdische Komitee auf Bajgelmans Posten einen neuen Leiter zur Auflösung des Gettos ernannt; es ist Mietek Zajbert, der frühere Leiter der Wirtschaftsabteilung im Getto. Offenbar hat er schon das Einverständnis des Ministers H. Golański von der Industrieabteilung. Ob Zajbert diese Liquidation zustande bringt oder sich so verhalten wird wie bei der Vergabe von Parzellen im Getto, wird die Zukunft zeigen.
Gestern kam bzw. fuhr mein Cousin Leon vor, der Arzt ist. Er kam aus Gor'kij (Nižnij Novgorod) und hat sich zur polnischen Armee gemeldet, in der Hoffnung, hier seine Frau und seine zwei Töchter zu finden. Seine Frau, die der Abstammung nach Arierin ist, hatte die Töchter taufen lassen und behauptet, von ihrem Mann geschieden zu leben. Auf diese Weise konnte sie in Warschau außerhalb des Gettos leben. Aber das half ihr wenig, denn nach dem Aufstand waren ihre beiden Töchter nach Deutschland in ein Arbeitslager gebracht worden und befinden sich angeblich bei Berlin. Ob seine Frau auch dort ist, konnte er bislang nicht feststellen.
Die Arbeit in Łódź pulsiert. Allerdings sieht man, dass überall rassistische und faschistische Elemente durchkommen. So spielen beispielsweise in der Ärztekammer heute Ärzte die Hauptrolle, die vor dem Krieg zu einem rassistischen Verband gehörten und ganz offen eine antisemitische und faschistische Politik verfolgten. Warum toleriert man sie, und warum haben sie selbst keine Angst? Muss man nicht annehmen, dass etwas faul ist im „Staate Dänemark"? Überall sieht man in den Ämtern frühere Endecja-Leute und die von der ONR.[26] Aber niemand reagiert darauf.

26 Die „Nationaldemokratie" (Endecja) war eine von Roman Dmowski gegründete nationalkonservative Partei in Polen mit starken antisemitischen Tendenzen. Nach Verbot der Endecja 1933 setzte das radikal antisemitische „Nationalradikale Lager" (Obóz Narodowo-Radykalny, ONR) ihre Arbeit fort, wurde jedoch bald wieder verboten und operierte, auch während der nationalsozialistischen Besatzung Polens, im Untergrund.

Auf der anderen Seite ist eine ganze Reihe wichtiger Posten mit unpassenden oder wenig verantwortungsvollen Leuten besetzt worden. Nicht immer passiert das wegen Personalmangels, sondern oft deshalb, weil diese Leute gute Beziehungen und Protektion haben. Beispielsweise ist in der Vereinigung der Färbereien und Zurichtereien des Bezirks Łódź weder die Direktion noch das Personal den Aufgaben gewachsen und findet sich überhaupt nicht zurecht – weder in der Situation noch in den Funktionen. Obwohl das Büro dieser Vereinigung heute 26 Beamte umfasst, herrscht dort großes Durcheinander, und niemand versteht irgend etwas. Und findet sich dort ein verständiger Mensch, so flieht er sofort von dort. Wahrscheinlich ist es in anderen Institutionen nicht besser.

22. März 1945, Donnerstag
Schon fast einen Monat habe ich nicht mehr in dieses Heft gesehen. Also gibt es viel zu erzählen.
Nach zweiwöchigem Aufenthalt fuhr mein Cousin an die Front. Es gibt keine Nachricht von ihm. Ich habe an seinen älteren Bruder nach Moskau geschrieben und gebeten, mir die Adresse seiner Division mitzuteilen, aber bislang habe ich keine Antwort erhalten. Die Schwester einer Kollegin meiner Frau ist zu uns gekommen und sitzt hier schon fast vier Wochen lang. Sie bekommt drei Renten, denn obwohl ihr Mann nicht mehr lebt, nimmt sie auch seine Renten entgegen, indem sie seinen Tod vor den Behörden verbirgt.
Die Fabrik ist in Betrieb. Ich habe sehr viel Arbeit. Das Genehmigungssystem hat zur Folge, dass man ohne Papiere nichts erreicht, aber auch so hapert es an allem, vor allem bei der Lebensmittelversorgung. Die einen Fabriken bekommen mehr, andere weniger. Warum, vermag niemand zu sagen. Die Arbeiter sind aus diesem Grunde sehr verbittert, und das zu Recht.
Allgemein muss man sagen, dass unsere Zentralbehörden, das heißt der Zentralverband der Textilindustrie und die Vereinigung der Färbereien und Zurichtereien, nicht auf der Höhe sind und sich nicht an die gegenwärtige Zeit und Bedingungen anpassen können. Während Einzelne sich auf diesem oder jenem Posten in der jetzigen Lage gut zurechtfinden, interessiert sich ihr Personal allgemein überhaupt nicht für die Arbeit, sondern denkt an Zuteilungen und schafft sogenannte Portionen beiseite. Als Beispiel können die an mich gerichteten Fragen dienen, wie ich sie sehr oft höre: „Was haben Sie davon, viele Zuteilungen? Und was für ein Gehalt bekommen Sie, wissen Sie das schon?" usw. Und wenn ich darauf antworte, dass die Arbeit als solche, die große Verantwortung, die auf mir lastet, für mich eine ausreichend große Genugtuung bedeuten, sehe ich Achselzucken und erstaunte Gesichter, als würden sie sagen: „Er ist ein Dummkopf oder naiv." So ist der Großteil unserer Gesellschaft. Leider. Sie kann nicht verstehen, dass die Arbeit allein einen Menschen zufriedenstellen und ihm eine aufrichtige Befriedigung sein kann. So war ich immer, so werde ich auch immer bleiben.
Meine politischen und wirtschaftlichen Ansichten decken sich nicht nur heute, sondern schon seit dreißig und mehr Jahren mit dem Programm der heutigen PPR,[27] aber niemals gehörte ich einer Partei an (abgesehen von meiner Schülerzeit, als ich der

27 Polska Partia Robotnicza, die im Jan. 1942 von der poln. Untergrundbewegung im besetzten Warschau gegründete Polnische Arbeiterpartei, aus der 1948 dann die Polnische Vereinigte Arbeiterpartei (PVAP, poln. PZPR) hervorging.

Schülerorganisation der SDKPiL[28] angehörte), weil ich nicht von der Parteidisziplin eingeschränkt werden wollte. Und bei meinen Ansichten über Pflichten hätte ich die Parteistatuten nur sehr selten eingehalten. Deshalb trete ich auch jetzt der PPR nicht bei, obwohl ich das politische und soziale Programm dieser Partei weiterhin völlig teile.

Juden, denen ich begegne, erzählen mir immer häufiger, dass in der polnischen Gesellschaft Antisemitismus spürbar sei. Diese Bewegung ist eine Erscheinung des Faschismus und gehört wie dieser rücksichtslos bekämpft. Jedoch muss man leider zugeben, dass die Mehrheit der Gesellschaft, abgesehen von den Führenden der heutigen Regierung, sehr feindlich gegenüber ihren Mitbürgern eingestellt ist, die der jüdischen Konfession angehören oder, vielleicht kann man das so allgemein formulieren, semitischer Herkunft sind. Obwohl nur sehr wenige Juden in Polen übriggeblieben sind – die einen schätzen 30 000, die anderen 50 000 oder 100 000, im letzteren Falle mit den Flüchtlingen aus der UdSSR, sieht die allgemeine Bevölkerung in ihnen doch Konkurrenten. Was für welche? Kann diese kleine Gruppe, die im besten Fall 1–3 % der früheren Zahl an Juden in Polen und nicht mehr als 0,1–0,4 % (!) der heutigen Gesamtbevölkerung ausmacht, Konkurrenzangst auslösen? Aber der Antisemitismus ist in der Bevölkerung so verwurzelt, dass sogar diese kleine Zahl stört – alles arme Leute, die nur für ihr Auskommen sorgen wollen. Auch aus diesem Grund will die Mehrheit der Juden heute Polen verlassen, der eine nach Palästina, der nächste nach England, ein weiterer nach Amerika. Dann werden noch weniger hier im Land bleiben.

Wer die Beschreibung der „Fabriken“ in Auschwitz oder Majdanek oder Treblinka liest, möchte als kultivierter Mensch nicht glauben, dass es so etwas im 20. Jahrhundert hat geben können, und doch gab es das! Als man uns im Getto über diese Exzesse der Nationalsozialisten erzählte, wollte ich es nicht glauben, aber jetzt muss ich beschämt zugeben, dass ich mich geirrt habe. Das alles ist die Wahrheit. Umso erstaunlicher und dümmer erscheint mir der Schrei der Deutschen, dass die Engländer und Amerikaner aus der Luft unschuldige Frauen, Kinder und wehrlose Alte bombardieren und töten.

Was aber taten die Deutschen mit vollkommen unschuldigen Menschen? Schließlich haben sie angefangen und ein Beispiel dafür gegeben, wie man mit dem Feind kämpfen und ihn vernichten soll. Eine Bande von Schurken und Dummköpfen. Tiere, aber keine Menschen. Was die Alliierten auch immer mit den Deutschen gemacht haben, es reicht nicht an alle die „Exzesse“ heran, die die Deutschen in diesem Krieg in ganz Europa und vor allem in Polen, insbesondere an den Juden, begangen haben. Welche Rache die Völker auch nehmen würden, nichts wäre imstande, die Juden für den Schaden an Eigentum und Moral, für den Schmerz und das Leid dieser fünf Kriegsjahre zu entschädigen, wie sie die Welt noch nicht gesehen hat. Alles wäre zu wenig!

28 Socjaldemokracja Królestwa Polskiego i Litwy („Sozialdemokratie des Königreiches Polen und Litauen“).

DOK. 283
Freies Deutschland: Artikel vom 4. Mai 1945 über das Getto Litzmannstadt und die Ermordung von Juden im Vernichtungslager Kulmhof 1942[1]

Gefreiter A. Mengst[:] *„Lebensraum Litzmannstadt"*

Am 27. März 1940 kam ich als Kraftfahrer zum Städtischen Fuhrpark in Litzmannstadt. Bis 1941 fuhr ich für die Litzmannstädter Baupolizei, deren Leiter Oberbaurat Frobenius war. Zum 1. Mai 1940 ließ er das Getto mit Brettern und Stacheldraht einschließen und den sogenannten „Feuergürtel" rings um das Getto in einer Breite von einem halben bis zwei Kilometer umbrechen. In diesem Zusammenhang wurden auch die drei Synagogen gesprengt, und zwar von der Technischen Nothilfe im Auftrage der Gestapo. Auf meine Frage, wozu denn dieser Feuergürtel notwendig sei, wurde mir gesagt: „Wenn es einmal im Getto brennen sollte, kann das Feuer nicht auf die Stadt übergreifen." Überhaupt interessierte sich die Gestapo ganz besonders für den Feuergürtel, sie fuhr oftmals mit und gab eigene Ratschläge. Anfang 1941 wurde Pg. Ventzky[2] als Oberbürgermeister in Litzmannstadt eingesetzt, und ich wurde Kraftfahrer beim neuen Oberbürgermeister.
Ventzky war 36 Jahre alt, Reichsredner der NSDAP, bisher Leiter der NSV Warthegau und – was das Wichtigste ist – Freund des Gauleiters Greiser. Auch der Regierungspräsident von Litzmannstadt, Pg. Uebelhör, und dessen Stellvertreter Pg. Moser waren seine Freunde. So wurde er Oberbürgermeister.
Wenn „hoher Besuch" kam, wie zum Beispiel Himmler, Conti, Dr. Ley[3] oder auch Gauleiter Artur Greiser und andere Hoheitsträger aus Posen oder Berlin, so wurde stets dasselbe Programm abgewickelt, das mit der Besichtigung des Gettos endete. Zur Zeit der Einzäunung des Gettos waren dort 240 000 Juden.[4] Im Herbst 1941 waren es nur noch 90 000.[5]
Tatsächlich hätte die Einwohnerzahl des Gettos aber erheblich wachsen müssen, da es ständig mit deutschen Juden aufgefüllt wurde.[6] Auf meine Fragen wurde mir gesagt, ein Teil sei bei den Erdarbeiten der Reichsautobahn beschäftigt, und im übrigen habe das Fleckfieber viele Juden hingerafft. Man sprach damals viel von dem Verschwinden der Juden, und dabei fiel immer wieder das Wort „Himmelfahrt". Aber etwas Genaues konnte ich nicht erfahren. Bis ein Zufall mir die Augen öffnete und ich einen – wenn auch kleinen – Einblick in die Gestapomethoden erhielt. Es war im Februar 1942, als ein Lkw, der nicht der Stadtverwaltung gehörte, von vier angeheiterten SS-Leuten der Gestapo in den Städtischen Fuhrpark eingeschleppt wurde.

1 Freies Deutschland. Organ des Nationalkomitees Freies Deutschland, Moskau, 3 (1945), Nr. 18 vom 4.5.1945, S. 4. Das Nationalkomitee Freies Deutschland (NKFD) wurde im Juli 1943 nahe Moskau von kriegsgefangenen Wehrmachtsoldaten und Mitgliedern der Exil-KPD gegründet. Das Freie Deutschland war das Zentralorgan des Komitees.
2 Richtig: Werner Ventzki.
3 Dr. Robert Ley (1890–1945), Chemiker; 1921–1927 in der Fa. Bayer bzw. I.G.-Farben AG tätig; 1925 NSDAP- und SA-Eintritt, mehrere Freiheits- und Geldstrafen wegen antisemitischer Hetze, von 1933 an Reichsleiter der DAF; 1945 angeklagt im Nürnberger Prozess, nahm sich das Leben.
4 Tatsächlich waren es 160 000 Juden.
5 Die Zahl stimmt annähernd für Ende 1942, d. h. nach den großen Deportationen in diesem Jahr.
6 Gemeint sind die Deportationen aus dem Reich, Prag und Luxemburg 1941.

Sie hatten – so erzählten sie – einen „schweren Tag" hinter sich und anschließend „etwas gefeiert", und dabei sei dann auch der Motor eingefroren und der Zylinderblock geplatzt.[7] Anstatt den Wagen zur Werkstätte der Gestapo oder zur Regierungspräsidentengarage abzuschleppen, brachten ihn die vier Gestapoleute in ihrer Betrunkenheit zum Städtischen Fuhrpark. Er sah aus wie ein Möbelwagen mit geschlossenem Aufbau. An sich war nichts Besonderes daran, außer daß im Führersitz vier eingebaute Stahlflaschen waren, die man auch als Flaschengas für den Motorantrieb ansehen konnte.[8] Es war tatsächlich nichts an dem Lkw zu bemerken. Ich hätte auch nichts bemerkt, wenn die vier SS-Leute von der Gestapo mir gegenüber nicht damit geprahlt hätten, daß sie es „von täglich 5000 auf 8000" gebracht hätten. Es war der Wagen, in dem die Juden vergast wurden![9]
An verschiedenen unbewohnten Orten, 50 bis 70 km von Litzmannstadt entfernt, hatte die Gestapo auf Waldlichtungen kleine Baracken errichten lassen. Dorthin wurden die Opfer gefahren. Den Juden wurde gesagt, daß sie in andere Gettos oder zur Arbeit bei der Reichsautobahn, Reichsbahn usw. kämen; ihr ganzes Hab und Gut mußten sie mitnehmen. In den Baracken angekommen, mußten sie sich partieweise, zu 50 bis 60 Personen (Männer, Frauen, Kinder), „zum Baden und Entlausen" ausziehen und nackt in den „Badewagen" steigen.
Sofort wurden die Türen geschlossen, und der „Badewagen" setzte sich in Bewegung. Er fuhr zu den Massengräbern. Wenn er ankam, waren die Unglücklichen schon tot. Dort wurden sie in die fertigen Gruben gestürzt, mit einer stark ätzenden Flüssigkeit begossen und mit Erde zugeworfen. Später wurden die Gräber mit Jungholz bepflanzt.
Bei diesen Aktionen wurden die SS- und Gestapo-Leute stets unter Alkohol gehalten. Während einer großen Orgie, bei der es besonders hoch herging, flüchteten zwölf Juden. Sieben der Unglücklichen wurden wieder eingefangen. Es war harter Winter. Zur Abschreckung wurden die sieben vor den Augen der übrigen Leidensgenossen in Löcher, die schnell geschlagen wurden, hineingesteckt; dort froren sie bei lebendigem Leibe ein.
Später hörte ich in dem von mir gesteuerten Wagen Gespräche mit an, die der Oberbürgermeister Ventzky mit dem Leiter des Wirtschaftsamtes von Litzmannstadt, Dr. Moldenhauer,[10] einem ganz besonderen Säufer und Wüstling, und dem wirtschaftlichen Leiter der Gettoverwaltung, Pg. Ribow[11] aus Bremen, führte. Dabei war die Rede davon, daß die „Massenvergasungen jetzt aufhören sollen, da man sonst die laufenden Aufträge für die Wehrmacht nicht ausführen kann". Im Litzmannstädter Getto wurde nämlich Wehrmachtskleidung hergestellt. So kam es, daß das Getto zum Rüstungsbetrieb „erhoben" wurde und daß die überlebenden 90 000 Juden, jedenfalls bis zu meiner Einberufung zur Wehrmacht (29. Mai 1943), nicht vergast wurden.
Das Getto hatte eigenes Geld, das sogenannte Gettogeld, das einseitig bedruckt und nur im Getto im Umlauf war.[12] 1940 kamen aus Amerika ziemlich viel kleine Päckchen und Geldsendungen, Dollars, Pfunde usw.; sie mußten sofort in Gettogeld umgetauscht werden.

7 Siehe hierzu auch Dok. 112 vom 5.6.1942.
8 Ähnliche Angaben finden sich auch in Szlamek Winers Bericht; siehe Dok. 74 vom Febr. 1942.
9 Das Sonderkommando in Kulmhof setzte insgesamt drei Gaswagen ein.
10 Dr. Johann Moldenhauer; bis Mai 1940 Leiter der Ernährungs- und Wirtschaftsstelle Getto und damit Biebows Vorgänger, danach Stadtoberverwaltungsrat und Leiter des Wirtschaftsamts in Litzmannstadt.
11 Gemeint ist Amtsleiter Hans Biebow.
12 Siehe Dok. 45 vom 1.12.1941, Anm. 20.

Lebensmittel, sogar Kartoffeln, mußten die Juden mit geleisteter Arbeit vergüten, da diese aber nie „langte“, mit Manufakturwaren, Gold- und Schmucksachen. Im Winter 1941 konnte man bei der Gettoverwaltung Pelze, Mäntel, Uhren, Ringe und andere Schmucksachen kaufen, die die Litzmannstädter Gettoverwaltung den Juden „als Bezahlung für gelieferte Lebensmittel“ abgenommen hatte. Die Preise lagen weit unter dem Wert, ein Persianermantel mit Kapuze und Muff im Werte von 4500 RM. kostete zum Beispiel 600 RM. Frau Frobenius kaufte sich einen solchen Persianermantel und ließ ihn im Getto in einer Schneiderei am Baluter Ring umarbeiten, da ihr der Mantel etwas zu weit war. Ich fuhr mit ihr mindestens sechsmal ins Getto.

Die Parteibonzen und höheren Angestellten und deren Sekretärinnen kauften sich und ihren Angehörigen Mäntel und Schmucksachen. Oberbürgermeister Ventzky ließ sich Anfang 1942 für einen braunen Ledermantel einen Pelz zum Einknöpfen von der Gettoverwaltung schenken und seiner Frau gleichfalls einen Pelz und Brillanten im Werte von 20 000 RM. Im Sommer 1941 hatte er schon seiner Frau anläßlich der Geburt des dritten Kindes, eines Jungen, einen Ring aus dem Getto geschenkt. Auch der Schauspielerin Wimmer[13] schenkte er einen schönen Pelz aus dem Getto. Oberbürgermeister Ventzkys Leidenschaft war nämlich das Theater. Ins „Deutsche Theater“ in der Moltkestraße fuhr er mindestens zweimal in der Woche; das Programm spielte dabei keine Rolle; Hauptsache war, daß Frau Wimmer, die Frau des Spielleiters [Ino] Wimmer, auftrat. Nach der Vorstellung ließ er sich von mir in ihre Wohnung in der Ulrich-von-Hutten-Straße fahren, wo ich meist bis 4 und 5 Uhr morgens draußen in bitterer Kälte warten mußte.

Die Herren in Litzmannstadt schenkten gerne und viel Sachen aus dem Getto. Neben dem Wirtschaftsamt in der Hermann-Göring-Straße war ein Lager mit Sachen aus dem Getto: Porzellan, Kristall, Lampen, Kronleuchter, Pelze, Anzüge usw. Auch mit Ölgemälden beschenkte man sich gerne, besonders aber mit Teppichen aller Art.

Anfang 1941 wurde innerhalb des Gettos ein besonderes Getto für 5000 Zigeuner gebaut.[14] Berühmt war die wunderbare Musikkapelle von rund 30 Mann. Bei einer Besichtigung, die Oberbürgermeister Ventzky kurz nach seinem Amtsantritt 1941 im Getto machte, ließ er sich auch die Kapelle vorspielen. Nach zwei Monaten war in dem ganzen Zigeunergetto kein einziger Zigeuner mehr vorhanden. Auch sie wurden vergast. Und in der Gettoverwaltung kamen die Musikinstrumente zum Verkauf! Außer fünf Steinergeigen war eine Stradivari darunter, die Barnabas von Ghezi bei seinem Konzert in der Sporthalle 1942 vom Oberbürgermeister Ventzky geschenkt bekam.[15]

Pg. Ventzky hatte vor seiner Ernennung zum Oberbürgermeister von Litzmannstadt in Posen gewohnt. Also wurde er zunächst in einer „Behelfswohnung“ untergebracht, und zwar im Palast von Posnanski,[16] wo sich die Musikschule von Litzmannstadt befand. Die Möbel wurden aus verlassenen polnischen Wohnungen zusammengeschleppt. Teppiche,

13 Möglicherweise: Maria Wimmer (1911–1996), Schauspielerin; von 1937 an am Hamburger Schauspielhaus.

14 Das „Zigeunerlager“ wurde im Okt. 1941 für die Anfang Nov. aus dem Burgenland eintreffenden 5007 Roma und Sinti eingerichtet.

15 Barnabás von Géczy (1897–1971), Violinenvirtuose und Orchesterleiter ungar. Herkunft; Gründer und Leiter mehrerer Kapellen in den 1920er- und 1930er-Jahren; von 1938 an Professor; gab von Mitte März 1942 an mehrere Konzerte in Litzmannstadt.

16 Gemeint ist das noch heute erhaltene Wohnhaus des Textilindustriellen Izrael K. Poznański (1833–1900).

Ölgemälde, Vasen, Büsten und andere Kunstgegenstände wurden aus der Gettoverwaltung „bezogen". Winter 1942 legte er sich eine eigene Villa in Litzmannstadt, Ostpreußenstr. 15, zu. Ich bekam hier einen Begriff davon, was solch ein Oberbürgermeister im Staat des „deutschen Sozialismus" an eßbaren Waren in Vorrat hatte. Hunderte von eingemachten Saft- und Marmeladentöpfen, mindestens dreißig 2- und 3- Pfund-Gläser mit eingewecktem Geflügel, geräuchertem Speck, Dauerwurst und einen ganzen Sack Gurken fuhr ich in meinem Pkw aus Posen nach Litzmannstadt. Nicht zu vergessen Zigaretten, Zigarren und Spirituosen, Wein, Likör, Kognak usw., obwohl er sich brüstete, Antialkoholiker und Nichtraucher zu sein.

Ich habe mit Oberbürgermeister Ventzky viele Städte besucht, wo er als Propagandaredner auftrat. Seine Reden waren alle gleich, und die Reisen waren alle nur ein Mittel zum Zweck. Denn damals, schon 1941, war Benzin sehr knapp. Ich bekam für den Wagen des Oberbürgermeisters 40 Liter im Monat. Es war ein 2-Liter-BMW Modell 326 mit Radio. Eine Fahrt nach Posen aber verbrauchte 55 bis 60 Liter hin und zurück. Er fuhr neun Monate lang – und zwar bis zu seiner Übersiedlung von Posen nach Litzmannstadt – diese Strecke zweimal, mindestens aber einmal in der Woche. Um diese Fahrten mit Benzin zu decken, rief er seine Freunde im Propagandaamt König-Heinrich-Straße an, und schon hatte er eine Rede in einem Ort auf der Strecke nach Posen in der Tasche sowie Tankscheine für 60 und mehr Liter Benzin.

Den größten Luxus aber gab es, wenn „hoher Besuch" gemeldet wurde. Dann wurde schon eine Woche vorher alles auf die Beine gebracht. Entweder kam der Besuch auf dem Flugplatz von Litzmannstadt oder per Auto an. Dann fuhren die höheren Dienststellen vor: Regierungspräsident mit drei Wagen, Stadtverwaltung mit drei Wagen, Propagandaamt mit zwei Wagen, der Polizeipräsident mit einem Wagen usw. Vor allem aber die Gestapo mit sechs Wagen, wobei zwei schwer bewaffnet waren. Die Polizeisirenen heulten, die Motoren heulten; an jeder Straßenecke stand ein Polizist in Galauniform, jeglicher Verkehr – Straßenbahn, Autos, Pferdefuhrwerke und Fußgänger – blieb stehen. Das Ziel war immer dasselbe, und zwar Hotel General Litzmann, früher Grand-Hotel. Dort war das ganze Quartal für den Verkehr gesperrt; die Straßenbahn durfte im Sperrgebiet nicht stehenbleiben. Das Hotel wurde für Privatbesuch gesperrt. Zwei SS-Posten in Galauniform mit weißen Handschuhen standen Ehrenposten. Nach einem Frühstück ging die Besichtigungsfahrt los. Zuerst immer zur AG. Zellgarn, dann nach Scherblos und Grohmann[17] und zum Schluß obligatorisch ins Getto. Im Getto besichtigten sie einige Möbelfabriken, eine Strohschuhfabrik und den Balaturing.[18] Dort hatte auch der Judenälteste, ein alter Mann, seinen Amtssitz. Nach fünf Minuten Gespräch mit dem Judenältesten war der erste Teil der Visite zu Ende.

Der zweite Teil begann am Abend und fing im Goldenen Saal im Hotel General Litzmann an. Es begann mit Essen und Trinken, Reden usw., und endete auch mit Essen, noch mehr Trinken und Singen. Damit war der offizielle Teil zu Ende; um elf Uhr verschwanden die Spitzen und fuhren zum Regierungspräsidenten Uebelhör in dessen Villa, wo es „im vertrauten Kreise" weiterging bis morgens vier, fünf und sechs Uhr, je nachdem, wie die Stimmung war.

17 Zellgarn AG. und Scheibler & Grohmann waren die zwei größten Textilfabriken in Litzmannstadt.
18 Richtig: Baluter Ring (poln. Rynek Bałucki).

In der ersten Zeit wurden wir Kraftfahrer in der Küche untergebracht. Aber dort konnten wir sehen, was aufgetragen wurde, und auch einiges von den Gesprächen und den Liedern aufschnappen. 1941 wurde also neben der Villa speziell ein Wachhaus für die Polizei und ein Wartezimmer für die Kraftfahrer gebaut. Die Villa blieb frei von uns kleinen Geistern; aber uns genügte es, wenn wir unsere Herren zum Wagen bugsieren mußten und während der Heimfahrt die Gespräche anhörten, denen wir mehr entnehmen konnten, als wir gewöhnliche Sterbliche hören sollten.
Wir fuhren oft zu einem Gute namens Puschnikow, das von der G.m.b.H. Ostland verwaltet wurde. Da frühstückten die Herren erst, dann tanzten sie. Wenn unsere Herren genügend angetrunken waren und es zum allgemeinen Aufbruch kam, so erwiesen sich unsere Autos als zu klein; denn es wurden „kleine Gaben" mitgenommen: Landbrot, Schinken, Gänse, Hühner, Butter, Speck, Rauchwurst usw. Der Pole, der ein paar Kilo Kartoffeln oder Mehl vom Lande holte, wurde eingesperrt. Vor den Wagen aber mit den Standarten auf den Kotflügeln standen die Gendarmen und Polizisten stramm, grüßten und fragten nicht nach dem Fahrbefehl, der übrigens gefälscht war und nach der Fahrt vernichtet wurde.
Am 20. Februar 1942 erhielt ich meine Versetzung als Lagerverwalter im Städtischen Fahrdienst. Am 1. Juni 1943 wurde ich eingezogen. Vom 27. Dezember 1944 bis zum 17. Januar 1945 war ich auf Urlaub in Litzmannstadt. Am 15. Januar 1945 traf ich den Fahrer Jurschak und fragte ihn, was das Getto mache. Er sagte mir: „Jetzt sind dort nur noch 1500 Juden; die sind bei Aufräumungsarbeiten tätig."[19]

DOK. 284
Die elfjährige Halina Hoffman schildert dem Jüdischen Komitee in Krakau am 7. Mai 1945 ihre Odyssee durch verschiedene Arbeitslager in Schlesien und Westpreußen[1]

Protokollierte Aussage von Halina Hoffmann[2] vor dem Jüdischen Komitee in Krakau, aufgezeichnet von M.,[3] 7.5.1945

Aussagen.
Kinder.
(Mit arischen Papieren)
Krenau – Myslowitz (Lager) – Pogrzebień (Lager) – Liski bei Rybnik (Lager) – Oderberg (Lager) – Potulice in Pommern (Lager)

19 Gemeint ist das jüdische Aufräumkommando, das von Sept. 1944 an etwa 800 Personen umfasste.

1 AŻIH, 301/405, Bl. 1 f. Der Text wurde aus dem Polnischen übersetzt.
2 Halina Hoffman, auch Hoffmann (*1934); sie gelangte 1947 mit dem Flüchtlingsschiff Al Tafchidunu zunächst nach Zypern, 1948 dann nach Israel und nahm dort den Namen Khana Aloni an; sie lebt in der Nähe von Tel Aviv.
3 Maria Hochberg-Mariańska, später Miriam Peleg (1913–1996), Schriftstellerin und Journalistin; lebte nach 1939 unter falscher Identität im Generalgouvernement, von Juli 1943 an Mitglied des Rats für Judenhilfe (Deckname „Żegota") in Krakau; nach 1945 Leiterin der Kinderfürsorge beim Jüdischen Wojewodschaftskomitee in Krakau, 1947 Mitbegründerin des Jüdischen Historischen Komitees, von 1949 an in Israel, 1963–1978 Leiterin des Büros von Yad Vashem in Tel Aviv.

Hoffmann Halina geb. 19.III.1934 in Krenau
Vater: Izydor[4] – Mutter: Regina Bochenek[5] – Eigentümer eines Seidentextilgeschäfts, wohnhaft Chrzanów, Krzyska-Straße 15.
Ich erinnere mich nicht an das Datum, wann sie Vater ins Lager gebracht haben, ich weiß, dass er nierenkrank war und vermutlich gestorben ist, aber Mama weinte allein und wollte mir nicht die Wahrheit sagen, damit ich mich nicht ängstige. Aber ich habe es auch so gespürt. Sie haben uns alles genommen: das Geschäft und die Wohnung, nur Bündel durfte man mitnehmen. Meine Tante haben sie im Gefängnis erschossen. So haben es uns die Leute erzählt. Aber ich erinnere mich nicht an das Datum, wann das alles passiert ist. Als sie damit begannen, alle auszusiedeln, versteckte Mama mich auf dem Dachboden, aber nur für einen Tag. In der Nacht gingen wir hinunter. Ich erinnere mich, dass es im Sommer war,[6] die Sterne und der Mond schienen. Wir gingen leise und schnell. Mama führte mich zu einer Polin, die bei uns die Wäsche wusch, zu Frau Hanuś, und ließ mich dort zurück. Mama sagte, sie selbst müsse sich in einem Lager melden, und mich könnten sie dort erschießen, weil ich noch zu klein zum Arbeiten sei. Mama hat geweint und mich gebeten, brav zu sein, dass ich Frau Hanuś gehorchen solle und dass sie zu mir zurückkommen werde. Aber sie kam nicht zurück. Ich habe auch geweint und wollte mit Mama gehen, aber sie erlaubten es mir nicht. Mama ging sehr früh am Morgen weg, sie verabschiedete sich nicht einmal von mir, da ich noch schlief. Und dann habe ich Mama nie wieder gesehen.
Bei der Frau blieb ich acht Monate lang. Ich saß stets im Verborgenen, im Zimmer und tagsüber im Keller, weil es nur einen Raum gab. Eines Tages in der Früh um 4 Uhr morgens kam die deutsche Polizei und nahm uns alle mit: die Frau [Hanuś], ihren Mann, die vierzehnjährige Tochter Anda, den sechs Monate alten Sohn Mietek und mich. In Chrzanów verhafteten sie damals viele Polen. Sie trennten uns sofort voneinander, die Kinder Anda, Mietek und ich fuhren zusammen mit anderen Kindern nach Mysłowice. Glücklicherweise kannte mich niemand. In Mysłowice blieben wir drei Tage lang in einem Durchgangslager, danach schickte man uns nach Pogrzebień.[7] Das war ein Lager, und dort war es sehr schlecht. Es gab viele Kinder, aber ich erinnere nicht mehr, wie viele. Einige Kinder hänselten mich und riefen mir nach: Jüdin, aber Anda schrie, dass ich ihre Kusine sei, ich hieße genauso Hanuś wie sie auch. Wir blieben dort vier Monate. Es herrschte Hunger – sie gaben uns [täglich] eine Brennnesselsuppe und zwei dünne Scheiben Brot.
Danach fuhren wir nach Liski[8] bei Rybnik. Dort gab es ein Lager[9] für Ältere, nur 39 Kinder waren dort. Es gab besseres Essen, wir arbeiteten auf dem Hof. Ich jätete Quecke

4 Izydor, auch Yitzkhak Hoffmann (*1906 oder 1908), Schneider; stammte aus Siersza und lebte vor dem Krieg in Chrzanów.
5 Regina, auch Rywka Hoffmann, geb. Bochenek (1915–1943); stammte aus Chrzanów, wurde 1943 nach Auschwitz deportiert und kam dort um.
6 Da das Getto in Krenau (Chrzanów) Mitte Febr. 1942 aufgelöst wurde, ist zu vermuten, dass sich Hoffmanns Familie in einem der größeren Gettos wie Sosnowitz oder Bendsburg befand, deren letzte Bewohner im Aug. 1943 nach Auschwitz deportiert wurden.
7 In einem Palast in der Ortschaft Pogrzebin (Pogrzebień) unweit von Ratibor befand sich seit Anfang der 1940er-Jahre zunächst ein Durchgangslager für Bessarabien- und Bukowinadeutsche, später dann unter der Bezeichnung „Polenlager 82" ein Lager für poln. Kinder.
8 Richtig: Polenlager 56 in Lissek (poln. Lyski), etwa 10 km westlich von Rybnik.

vom Acker. In Liski waren wir drei Monate, und danach wurden alle Kinder mit Fuhrwerken in das Lager in Oderberg[10] gebracht. In Oderberg war es am besten. Es gab zu essen und Pflegerinnen, die für uns nähten und wuschen. Oft aßen wir Nudeln und Pferdefleisch. Es war mit Abstand das Beste (wörtlich).[11] Wir blieben dort acht Monate. Von dort fuhren wir zwei Tage und zwei Nächte mit dem Zug nach Potulice[12] in Pommern. In diesem Lager waren viele Menschen, man sagte, es seien 7000. Kinder waren etwa 250 da. Die Älteren gingen zur Arbeit außerhalb des Lagers, und wir blieben im Lager. Erneut war es sehr schlecht mit dem Essen, am schlechtesten [von allen Lagern]. Sie gaben uns gekochte Brennnesseln und Wasser mit Kohl und verfaulte Rüben. In jedes Essen schütten sie irgendein Pulver.[13] Die Menschen, die dort wohnten, nannte man Kaschuben, und sie sprachen sehr komisch.[14] Sie waren nicht gut, gaben [uns] niemals etwas ab, sie schrien und schlugen nur. Wir hörten, wie die Russen näherkamen. Die Deutschen wollten uns zusammen mit dem Lager verbrennen, überschütteten die Baracken schon mit Benzin, schafften es aber nicht mehr, da die Russen zu schießen begannen. Daraufhin öffneten die Deutschen das Tor und sagten: Wer will, soll gehen. Unsere Pflegerin blieb bei uns, weil wir ihr leidtaten, und so blieben wir drei Monate in diesem Lager zusammen mit den Sowjets. Ich sah, wie die Deutschen flüchteten, wie sie ihre Gewehre wegwarfen. Auf dem Weg lagen getötete Deutsche – die, die über uns im Lager geherrscht hatten.
Danach wurden wir nach Hause geschickt, uns kam der ältere Sohn von Frau Hanuś abholen, der erfahren hatte, wo wir sind. Er nahm uns mit nach Chrzanów. Frau Hanuś kehrte auch aus einem anderen Lager zurück, aber ihr Mann kam nicht mehr zurück, sie schrieben, er sei gestorben. Wir warteten, ob nicht jemand mich holen käme, aber es gab niemanden. Deshalb konnte Frau Hanuś mich nicht länger behalten, weil alle schon über sie lachten und sie arm war. Man brachte mich zum Komitee, nach Krakau, und ich habe sehr geweint und sie auch. Denn obwohl Anda anderen erzählte, dass ich Jüdin sei, allerdings erst dann, als die Russen schon da waren, war ich trotzdem traurig, von ihnen fortzugehen. Sie weinten auch meinetwegen, weil sie sich an mich gewöhnt hatten.

9 Im Original deutsch.
10 Das Internierungs- und Polenlager in Oderberg (tschech. Bohumín) befand sich 60 km südwestlich von Kattowitz.
11 So im Original.
12 Das Lager Potulitz (1942 in Lebrechtsdorf umbenannt), 20 km westlich von Bromberg, war zwischen 1941 und 1945 ein Arbeits- und Internierungslager für zeitweise fast 7000 Häftlinge; von 1943 an ein Außenlager des KZ Stutthof, diente es auch als Ostjugendverwahrlager für poln. und sowjet. Kinder, von denen bis zur Befreiung im Jan. 1945 etwa 580 starben.
13 Es ist unklar, worum es sich gehandelt haben könnte.
14 Kaschubisch ist eine westslawische Sprache, die v. a. westlich und südlich von Danzig gesprochen wird, zahlreiche Ähnlichkeiten mit dem Poln. aufweist, durch die etwas anderen Betonungsregeln jedoch für Sprecher des Poln. oftmals seltsam bzw. amüsant klingt.

DOK. 285
Eine polnische Untersuchungskommission besichtigt am 28. Mai 1945 erstmalig das Gelände des ehemaligen Vernichtungslagers Kulmhof[1]

Protokoll der polnischen Kommission zur Untersuchung deutscher Verbrechen in Polen vom 28.5.1945

Bericht der Kommission zur Erforschung der deutschen Verbrechen in Polen von der ersten Exkursion auf das Gelände des Vernichtungslagers in Kulmhof

Die Exkursion der Kommission fand am 26. Mai 1945 in einer Zusammensetzung statt, wie sie im Schreiben an das Justizministerium vom selben Tag angegeben ist.[2] Die erste Etappe der Kommission war die Ortschaft Poddębice. An diesem Ort besichtigte die Kommission eine Kirche, in der die Deutschen ihre Opfer vor dem Abtransport in das Vernichtungslager festhielten. Im Ort wohnt eine Reihe von Bürgern, die Augenzeugen der damaligen Ereignisse waren. Von ihnen sollten insbesondere folgende Bürger befragt werden:
Feuerwehrkommandant Walenty Chadowicz, Kościuszko-Platz 17, Ortsbürgermeister Jan Kryniewicz, Kościuszko-Platz 24 sowie Küster Edward Kołata, Sienkiewicz-Straße 29.
Laut Aussagen der oben erwähnten Zeugen trieben die lokalen deutschen Behörden sowie der SS-Sudetengau Ende März oder Anfang April 1942 die gesamte jüdische Bevölkerung des Ortes in einer Zahl von 1500 Personen in die Kirche, in die man zusätzlich noch alle Juden aus Łęczyca brachte.
Die Festgehaltenen lebten unter schrecklichen Bedingungen, denn die Größe des Gotteshauses war nicht dazu geeignet, so eine große Menge aufzunehmen. Die Menschen hatten keinen Platz, sich auf den Fußboden zu legen, und mussten die ganze Zeit stehen. Von der Enge zeugt deutlich ein von den Zeugen angeführtes Detail, dass einige Frauen im Stehen Kinder zur Welt brachten. Während der ersten drei Tage war die Kirche abgeschlossen, und die Häftlinge wurden nicht herausgelassen. In dieser Zeit konnte man sie nicht einmal mit Wasser und Nahrungsmitteln versorgen. Man ließ sie auch nicht hinaus, um ihren physiologischen Bedürfnissen nachzukommen. So war der Kirchenfußboden schon bald bis zu den Knöcheln mit menschlichen Exkrementen bedeckt, die sich später bei Öffnung der Kirchentüren in Strömen nach draußen ergossen. Nach drei Tagen lenkten die Deutschen ein, öffneten die Kirchentüren und ließen eine Versorgung mit Wasser zu. Dies geschah, indem die örtliche Bevölkerung eine Kette zum Brunnen bildete und den Gefangenen gefüllte Behältnisse mit Wasser zukommen ließ. Das war immer nur dann möglich, wenn die lokale Polizei, die sich aus einigen örtlichen Volksdeutschen zusammensetzte, Wache hielt. Jeden zweiten Tag kamen SS-Einheiten zur Kontrolle. Die gefangenen Juden waren sich darüber im Klaren, welches Schicksal sie

1 AŻIH, 301/6696. Das Dokument wurde aus dem Polnischen übersetzt.
2 Zur Untersuchungskommission gehörten neben dem Untersuchungsrichter Władysław Bednarz u. a. auch die Schriftstellerin Zofia Nałkowska, der Vorsitzende des Obersten Gerichts Wacław Barcikowski sowie die Historiker Filip Friedman, Nachman Blumental und Józef Kermisz; IPN, GK 165/19/1, Bl. 15.

erwartete. Das Grauvolle der Situation steigerte sich aufgrund des Umstandes, dass sich in der Kirche zusammen mit den Lebenden über Tage hinweg ein Dutzend Leichen von Menschen befanden, die an Erschöpfung gestorben waren. Im linken Kirchenschiff wurde der Ort gezeigt, an dem eine jüdische Frau stehend ein Kind geboren hatte. Während der ganzen Zeit, in der sich die Juden in der Kirche befanden, gab es nur einen Fluchtversuch. Er endete unglücklich, denn SS-Männer ergriffen den Flüchtling und schlugen ihn tot. In der gleichen Zeit brachte man Menschen aus anderen Orten nach Poddębice. Einmal fand eine Exekution statt, bei der sechs Männer erhängt wurden, die aus Łódź deportiert worden waren.[3]

Vor dem Krieg zählte die Stadt insgesamt 4000 Bewohner, darunter 1500 Juden. Jetzt sind von ihnen nur noch sieben am Leben.

Es muss erwähnt werden, dass die Deutschen nach dem Einmarsch in Poddębice in dieser Kirche 80 Polen festgesetzt hatten, die später erschossen wurden. Der örtliche Pfarrer wurde auch sofort abtransportiert. Das Gotteshaus wurde in ein Getreidelager umgewandelt. Noch heute kann man eine Inschrift „Landwirtschaftliche Kontrolle“ an der Wand lesen. Die Kirche diente darüber hinaus viele Male als Arrest für Polen, die bei Razzien aufgegriffen worden waren.

Danach fuhr die Kommission in die kleine Stadt Uniejów.

Dort lebten vor dem Krieg 4000 Menschen, darunter 450 jüdische Familien. Hier schaute sich die Kommission vier kleine jüdische Häuser in der sogenannten Altstadt an, in die im Jahr 1942 die gesamte jüdische Bevölkerung der Stadt getrieben worden war. Die Häuser waren mit Stacheldraht umzäunt und von deutschen Wachposten bewacht worden. Unter normalen Bedingungen boten die vier Häuser Platz für einige Dutzend Personen. Dieses umzäunte Getto bestand knapp zwölf Tage. Danach wurden die Bewohner in die Gemeinde Kowale Pańskie umgesiedelt, wohin man die Juden aus dem gesamten Bezirk brachte. Nach drei Monaten führte man dort eine „Selektion“ durch. Nach einem Jahr wurde das Getto aufgelöst. Die polnische Bevölkerung verhielt sich den Ausgesiedelten gegenüber wohlwollend, konnte ihnen aber keine wirksame Hilfe erteilen, da die Deutschen jeglichen Kontakt mit den Juden verboten hatten.[4]

Aus Poddębice begab sich die Kommission nach Dąbie. Vor dem Krieg zählte das Dorf etwa 5000 Einwohner, darunter 220 jüdische Familien. Diese wurden im Dezember 1941 alle nach Kulmhof gebracht.

Vor Ort gab der Bürger Zenon Zbierzyński (Kościuszko-Straße 3) der Kommission einige Erläuterungen. Seinen Ausführungen zufolge war die Kirche während der gesamten Besatzungszeit geschlossen. In ihr richteten die Deutschen ein Depot für die geraubten Sachen der Juden und anderer Häftlinge ein, die durch das Lager in Kulmhof gingen, danach wurde es ein Heuschober. Die in der Kirche untergebrachten Sachen bestanden überwiegend aus Kleidung, die von den in Kulmhof vergasten Juden stammte. Täglich wurden aus Kulmhof Juden zur Arbeit gebracht, die während der Arbeit ständig mit Fußfesseln gekettet waren, die mit Schnüren am Gürtel befestigt waren. Regelmäßig änderten die Deutschen die Zusammensetzung der Häftlingsgruppen. Aus Kulmhof

3 Siehe auch Dok. 132 vom 23.7.1942.

4 Die folgende, dritte Seite des Berichts fehlt in der Akte und wurde ergänzt aus einer leicht überarbeiteten Berichtsfassung, die vermutlich einige Tage später entstand; IPN, GK 165/19/1, Bl. 15–24, hier Bl. 17 f.

brachte man längere Zeit mit Lastwagen Kleidung nach Dąbie, die anschließend allmählich nach Łódź gebracht wurde.

Chełmno/Kulmhof

Bei Kulmhof befand sich ein Restgut, das nach der Parzellierung eines größeren Landguts übriggeblieben war und sich im Besitz der Kreises Koło befand. Das Gelände dieses Restguts wählten die Deutschen als Ort des Massenmords. Das Arbeitslager[5] wurde am 9. Dezember 1941 in Betrieb genommen, das heißt in dem Moment, als der erste Transport mit Häftlingen eintraf.

Die hierhergebrachten Menschen wurden in den Palast[6] geführt. Über einer der Eingangstreppen befand sich eine große Aufschrift „Zum Badezimmer".[7] Den Ankömmlingen hielt ein deutscher Offizier eine allgemeine Rede und informierte sie darüber, dass sie zur Arbeit hierhergebracht worden seien, wobei er wiederholt den Namen des Landgutes nannte, zu dem die Häftlinge angeblich zur Arbeit gebracht würden. Anschließend wurden die Häftlinge in einen großen Saal gebracht, in dem sie sich nackt ausziehen sollten – angeblich vor dem Baden. Die Entkleideten wurden in einen nächsten Saal geführt, und die Kleidung wurde unverzüglich von Arbeitern aufgesammelt, die sich ebenfalls aus Häftlingen rekrutierten.

Diese Arbeiter wechselten häufig, wobei in der Regel diejenigen, die eine längere Zeit [hier] gearbeitet hatten, ermordet wurden. Die Entkleideten wurden durch eine kleine Tür in einen Korridor getrieben, an dessen beiden Seiten bewaffnete SS-Männer Spalier standen. Sie schlugen erbarmungslos die ankommenden Häftlinge und trieben sie durch diesen Korridor zu einer weiteren Treppe an der gegenüberliegenden Seite des Eingangs, durch den die Häftlinge das Gebäude betreten hatten. Vor dieser Eingangstreppe warteten auf die Opfer spezielle Fahrzeuge,[8] in die jeweils zwischen 75 und 100 Personen passten. Die Autos waren komplett abgedichtet. Nachdem die Wagen beladen worden waren, schlug man die Türen zu, setzte den Motor in Bewegung und erstickte die im Wagen Eingeschlossenen mit den Abgasen. Zeugen berichteten von Schreien und Jammern, das aus dem Inneren des Wagens nach außen drang.

Das Ersticken fand wahrscheinlich mit Hilfe der Abgase des Verbrennungsmotors statt. Dafür spricht die Feststellung der zur Reparatur eingesetzten Mechaniker, dass diese Autos auf 100 km 75 (!) Liter Benzin verbraucht hatten. Mit der Zeit verbesserte man die Funktionalität der Vernichtungsanlage und tötete die Opfer während der Autofahrt[9] vom Palast in den nahegelegenen Wald, in dem die Leichen der Ermordeten verbrannt wurden.

Beim Palast war eine aus Juden zusammengestellte Arbeitsbrigade eingesetzt. Zehn von ihnen waren mit dem Sammeln und Verladen der Kleidung der Opfer beschäftigt. 30 weitere arbeiteten im Wald beim Abladen der Leichen von den Autos und dem Ver-

5 Gemeint ist das sog. Schlosslager; hierzu und zur Datierung der ersten Mordaktion im Dez. 1941 siehe Einleitung, S. 26 f.

6 Gemeint ist das ehemalige Herrenhaus auf dem Gelände des Schlosslagers.

7 Im Original deutsch.

8 Ab hier folgt die Übersetzung wieder dem ursprünglichen Text; wie Anm. 1, S. 4 ff.

9 Die Ermordung mit Abgasen während der Fahrt ist nicht belegt. Vielmehr wurden die Opfer noch auf dem Gelände des Schlosslagers getötet, bevor die Lastwagen mit den Leichen ins Waldlager fuhren.

brennen der Körper. Es kam vor, dass diese Arbeiter gezwungen waren, die Leichen ihrer Angehörigen zu begraben oder die Verstorbenen in die Öfen[10] zu werfen.
Das kleinste Zeichen von Faulheit oder Nachlässigkeit bei der Arbeit wurde mit dem Tod bestraft. Das Lager wurde mit dem Vorhaben errichtet, dort die größtmögliche Zahl an Opfern zu vernichten. Schon in der ersten Phase der Tätigkeit des Lagers umzäunte man auf dem Gelände des nahegelegenen, etwa acht Kilometer entfernten staatlichen Waldes eine Parzelle Nr. 76, 77 und teilweise auch Nr. 74 und 75. Das umzäunte Territorium war insgesamt etwa 750 Meter lang und etwa 250 m breit. In der ersten Phase der Lagerexistenz brachte man die Opfer an diesen Platz und erschoss sie dort,[11] woraufhin sie in Massengräbern begraben wurden. Vom Ausmaß der hier durchgeführten Exekutionen zeugt der Umstand, dass eine Gruppe von 30 Totengräbern aus den Arbeitskommandos die zugewiesene Arbeit nicht bewältigen konnte, so dass die Notwendigkeit bestand, zu diesem Zweck einige mechanische Grabmaschinen (Bagger) einzusetzen. Nach einigen Monaten veränderte man die Prozedur dahingehend, dass die Vernichtung mittels Vergasung erfolgte, so dass in den Wald nur noch Autos mit Leichen fuhren. Natürlich kam es vor, dass sich unter den Vergasten noch lebende Opfer befanden. Man warf sie zusammen mit den Toten in die Öfen. An der Stelle befanden sich zwei bis vier Öfen. Nachdem sie ihre Aufgabe erfüllt hatten, sprengte die Besatzung sie in die Luft. Die Kommission fand dort Roste, die von zwei Öfen übriggeblieben waren. Überhaupt bemühten sich die Deutschen mit einer speziellen Systematik, jegliche Spuren des Lagers in Kulmhof zu beseitigen. Sobald das Lager nicht mehr in Verwendung war, exekutierte man die Juden und Angehörige anderer Nationalitäten, die zur Bedienung des Lagers eingesetzt gewesen waren, sprengte den Palast und zerstörte die Krematorien. In einem der gemauerten Gebäude auf dem Gelände richtete man eine Schuhmacher- und eine Schneiderwerkstatt ein, in der etwa 45 Personen beschäftigt wurden. Als sich die sowjetischen Truppen Chełmno näherten, brachten die Deutschen die zur Arbeit eingesetzten Häftlinge in Fünferreihen hinaus und erschossen sie vor dem Gebäude. Unter den zum Äußersten getriebenen Häftlingen brach ein Aufstand aus, sie töteten einen der Gestapomänner. Als Antwort darauf bewarfen die Gestapomänner das Gebäude mit Handgranaten, begossen es mit Benzin und zündeten es an. Von den Eingeschlossenen gelang nur zweien die Flucht, die Übrigen starben in den Flammen. Anwohner und sowjetische Soldaten fanden die verkohlten Leichen und begruben sie.[12]
Auf dem Gelände des Waldes Zuchów I,[13] auf dem sich die erwähnten Parzellen Nr. 74, 75, 76 und 77 befinden, entdeckte die Kommission einige Massengräber, in denen sich menschliche Leichen befanden. Aus den Erklärungen der vor Ort anwesenden Vertreter der örtlichen Bewohnerschaft geht hervor, dass auch Einwohner von Chełmno und der umliegenden Ortschaften hier begraben sind, die von den Deutschen erschossen

10 Die Leichenverbrennung fand zunächst auf offenen Stößen statt, später kamen zwei Feldkrematorien zum Einsatz.
11 Hierfür gibt es keine Belege. In Kulmhof wurden für die Massenmorde von Beginn an nur die umgebauten Lastwagen eingesetzt.
12 Siehe hierzu Dok. 279 vom Jan. 1945.
13 Richtig: Rzuchów.

wurden.[14] In der ersten Phase der Lagerexistenz hatte man die Leichen in Massengräbern begraben. Im Frühjahr stellte sich heraus, dass die Leichen in zu geringer Tiefe begraben waren und die zerfallenden Körper Gestank verbreiteten. Damals ordneten die Deutschen eine Exhumierung an, und man begann, die Leichen der Ermordeten massenweise zu verbrennen. Die Kommission fand vor Ort große Mengen an Knochenmehl (die Knochenreste wurden laut Zeugenaussagen an Ort und Stelle zerkleinert). Einzelne menschliche Knochen sowie einige Sachbeweise wie zum Beispiel der Teil einer Streichholzschachtel mit einer griechischen Aufschrift bestätigen die Berichte, dass an diesem Ort eine Hinrichtungsstätte von Menschen aus fast allen Ländern Europas errichtet worden war. Etikette der Firma Solex Kraftstoffpumpen, Deutsche Vergaser Gesellschaft, Solex Vergaser Berlin NW 40, Heidestraße 52 sowie ein Etikett mit der Aufschrift „Der Älteste der Juden in Litzmannstadt Apotheke".[15] Die Anwohner berichten, dass der Wind monatelang den Gestank von verbrannten menschlichen Körpern aus dem Wald mitbrachte, der die Luft verpestete. Der Zugang zum Wald sowie das Benutzen der umliegenden Straßen und Wege waren streng verboten. Wer dieses Gebot nicht befolgte, wurde von den Deutschen erschossen.
Zu den wichtigsten Zeugen, die unbedingt zu vernehmen sind, gehören: Bürger Józef Kłonowski aus dem Dorf Przybyłów, Gemeinde Chełmno, zweitens Michał Podchlebnik, Koło, Krzywa-Straße 4, Józef Piaskowski, Koło, Blizna-Straße 3 sowie Bronisław Halerowski, Koło, Sienkiewicz-Straße 39.
Außerdem sind bei den Vertretern der lokalen Behörden Adressen einer Reihe von Personen aus der örtlichen Bevölkerung notiert, deren Verwandte in Chełmno ermordet wurden und die in diesem Zusammenhang vor der Kommission aussagen wollen. In Koło zeigte man der Kommission auf dem Gelände der Ostrowski-Fabrik ein umgebautes Fahrzeug, das zuvor als Möbeltransporter genutzt wurde. Die Maße des Wagens betrugen 5 × 2,20 × 2,40. Die Innenwände des Autos sind mit Blech isoliert. An der linken Seitenwand befand sich ein kleines, mit einer dichten Filzschicht abgedichtetes Fenster, an der rechten Seitenwand eine runde Öffnung mit einem Durchmesser von etwa zwölf cm, die vermutlich aus einer Zeit stammt, als sich das Auto bereits nicht mehr im Gebrauch des Lagers Kulmhof befand. Den Erklärungen der Mechaniker zufolge, die in den Autowerkstätten der Ostrowski-Fabrik eingesetzt sind, wurde dieses Fahrzeug eine Zeitlang dazu benutzt, die Opfer aus Kulmhof in den Wald Zuchów I zu bringen. Die Befunde aus diesen Umständen erfordern unter anderem die Durchführung von technischen Fachexpertisen. Das Auto ist ein Fabrikat Magirus Ulm A/D Baujahr 1939.[16]

Schlussfolgerungen
Erstens: Das Lager in Kulmhof war das zeitlich erste Vernichtungslager auf polnischem Boden und überhaupt in Europa.

14 Gemeint ist vermutlich die Erschießung von 56 poln. Geiseln aus der Umgebung im Nov. 1939 auf dem Gelände des sog. Waldlagers des späteren Vernichtungslagers Kulmhof.

15 Deutsch im Original.

16 Im Abschlussbericht der Untersuchungskommission finden sich mehrere Fotografien des Fahrzeugs, die bis heute unkritisch als Fotos eines vermeintlichen Gaswagens gelten, obwohl der Bericht zu dem Ergebnis gelangt, dass dieses Fahrzeug in Kulmhof zwar verwendet worden sein kann, aber keine Umbauten vorhanden waren, die auf eine Verwendung als Gaswagen hindeuteten; IPN, GK 165/271/5, Bl. 19 f.

Zweitens: Vom ersten Augenblick der Lagerorganisation an hatten die Deutschen ein klar formuliertes Ziel. Es ging ihnen darum, ein Vernichtungszentrum im großen Maßstab zu schaffen, das danach anderen Vorhaben dieser Art als Vorbild dienen könnte.
Drittens: Es besteht die Notwendigkeit, so schnell wie möglich gegenständliche Beweise zu sichern, die im Zusammenhang mit der Existenz des Lagers stehen, denn es besteht die Befürchtung, dass diese in nicht ferner Zukunft zerstört werden könnten. Das betrifft vor allem die Inschriften in der Kirche in Chełmno sowie der Synagoge in Koło, in der Menschen vor ihrem Abtransport zum Vernichtungsort festgehalten wurden.[17] Der Wald Zuchów I, wo die Krematoriumsöfen standen und auf dessen Gelände sich Massengräber befinden, ist derzeit für alle zugänglich. Es tauchen dort Expeditionen auf, die auf eigene Faust versuchen, die Massengräber auszuheben sowie massenhaft Gegenstände mitnehmen, die Beweismittel zur Darstellung der Lagertätigkeit darstellen. Auf diese Weise verschwand zum Beispiel ein Teil des Rostes der Krematoriumsöfen vom Gelände.
Viertens: Es halten sich derzeit in einem verhältnismäßig kleinen Radius einige Personen auf, die aus dem Lager geflohen sind. Ihre Aussagen werden ein unersetzbares Ermittlungsmaterial darstellen. In naher Zukunft könnten sie sich im gesamten Land verstreuen, so dass ihr Auffinden und ihre Befragung mit weitaus höheren Kosten und Schwierigkeiten verbunden sein werden.
Auf Grund dieses Sachstands hält die Kommission die sofortige Abordnung eines Ermittlungsrichters und eines Staatsanwalts durch das Justizministerium für unabdingbar, die die Beweismittel sichern und die nötigen Ermittlungsschritte einleiten.[18]
In Anbetracht der Tatsache, dass das Lager in Kulmhof Ausgangspunkt der deutschen Vernichtungsaktionen gegenüber polnischen sowie auf polnisches Gebiet gebrachten Bürgern mehrerer anderer Staaten war und die Materialien, die auf die Tätigkeit dieses Lagers verweisen, außergewöhnlich reichhaltig sind, hält es die Kommission für angezeigt, dass weitere Forschungsaktivitäten unter Beteiligung der Vertreter des Internationalen Roten Kreuzes sowie in Anwesenheit von Vertretern der ausländischen Presse durchgeführt werden.

17 Die Inschriften der Opfer in der später abgebrochenen Synagoge von Koło finden sich fotografisch dokumentiert im Abschlussbericht der Untersuchungskommission.

18 Die Leitung der im Mai 1945 formierten Ermittlungskommission übernahm kurz darauf der Bezirksstaatsanwalt Władysław Bednarz. Er sicherte Spuren vor Ort und Dokumente, befragte zahlreiche Zeugen und konnte auch einige der Täter aufspüren. Zwei Angehörige des Sonderkommandos waren bereits zuvor in sowjet. Kriegsgefangenschaft geraten. Der neunbändige Abschlussbericht der Bednarz-Kommission von Herbst 1945 befindet sich heute im IPN in Warschau. Aufbauend auf den Ergebnissen der Kommission begannen in der Bundesrepublik Ende der 1950er-Jahre Ermittlungen zu den Verbrechen in Kulmhof. Zwischen Nov. 1962 und März 1963 mussten sich insgesamt zwölf ehemalige Angehörige des Sonderkommandos vor dem Landgericht Bonn verantworten. In zweiter Instanz wurden 1965 acht von ihnen wegen gemeinschaftlich begangener Beihilfe zum Mord zu teils langjährigen Gefängnisstrafen verurteilt.

Glossar

„Aktion Erntefest“
: Tarnname für den koordinierten Massenmord an den noch lebenden polnischen Juden in den Lagern Trawniki, Poniatowa und dem KZ Majdanek. Die Erschießung von 43 000 Juden am 3. November 1943 sollte die „Aktion Reinhardt“ beenden.

„Aktion Reinhardt“
: Tarnname für die Deportation und Ermordung von mehr als zwei Millionen Juden aus dem Generalgouvernement und dem Bezirk Bialystok in den Vernichtungslagern Belzec, Sobibor und Treblinka in der Zeit vom Frühjahr 1942 bis zum Sommer/Herbst 1943. Der Name sollte an Reinhard Heydrich erinnern, der am 4.6.1942 nach einem Attentat starb.

Algemeyner Yidisher Arbeter Bund in Lite, Poyln un Rusland (jidd.)
: Allgemeiner Jüdischer Arbeiterbund in Polen, Litauen und Russland, abgekürzt: Bund
: sozialistische Vereinigung, die 1897 in Wilna nach dem Vorbild des Allgemeinen Deutschen Arbeitervereins gegründet worden war. Sie war die bedeutendste jüdische sozialistische Partei in Polen; siehe VEJ 4/1.

Approvisation
: Lebensmittelversorgung.

Artel
: Landwirtschaftliche Produktionsgenossenschaft in der Sowjetunion mit der Möglichkeit privaten Eigentums und privater Bewirtschaftung.

Aschkenes (hebr.)
: Deutsche; gemeint sind in der Regel die deutschen Besatzer.

Bund/-isten
: Siehe Algemeyner Yidisher Arbeter Bund.

Chaluzim
: Siehe Hechaluz.

Dienststelle Schmelt
: auch Organisation Schmelt, die zwischen 1940 und 1943 den Zwangsarbeitereinsatz von Juden in Oberschlesien und im Sudetenland organisierte. Sie war nach dem SS-Brigadeführer Albrecht Schmelt benannt.

Dror-Frayhayt
: 1926 gegründeter zionistischer, sozialistischer Jugendbund, der Kinder und Jugendliche aus dem Arbeitermilieu auf die Auswanderung nach Palästina vorbereitete; organisatorisch verbunden mit der Partei Poale Zion(-Rechte) und der Mapai in Palästina; von 1931 an Teil der internationalen Hechaluz-Bewegung, wurde Dror-Frayhayt Teil der 1934 gegründeten Weltorganisation Dror; er hatte 1936 in Polen 18 000 Mitglieder. 1939 nach Vereinigung mit Hechaluz Hazair: Dror-Hechaluz Hazair, abgekürzt: Dror.

Deutsche Volksliste (DVL)
: 1939 wurde die Deutsche Volksliste in den eingegliederten Ostgebieten eingeführt. Sie teilte die vermeintlich deutschstämmige Bevölkerung in anfangs fünf, später vier

Gruppen ein, die mit unterschiedlichen Rechten ausgestattet waren. Sogenannte Schutzangehörige des Deutschen Reiches gehörten keiner dieser vier Gruppen an und litten deshalb in besonderer Weise unter den Repressalien und der Entrechtung.

Hatikva (hebr.)
Hebr.: Hoffnung; Nationalhymne des Staates Israel.

Haschomer Hatzair (hebr.)
Junge Wächter, Ziele der vor dem Ersten Weltkrieg gegründeten, ältesten jüdischen, sozialistisch-zionistischen Jugendorganisation waren die Auswanderung nach Palästina und die Gründung von Kibbuzim. Die Bewegung war von der Pfadfinderidee beeinflusst und propagierte einen kollektiven Lebensstil.

Haupttreuhandstelle Ost (HTO)
im Herbst 1939 gegründete Dienststelle des Vierjahresplans; zu den Aufgaben der HTO gehörten die Erfassung, Verwaltung und Verwertung des Vermögens des poln. Staates und der poln. Staatsangehörigen zum Zweck der ökonomischen Germanisierung Polens.

Hechaluz (hebr.)
Der Pionier. 1917 gegründeter internationaler Zusammenschluss zionistischer Jugendorganisationen, die Chaluzim (Pioniere) auf das Leben in Palästina vorbereitete. Ein deutscher Landesverband bestand seit 1922.

Jeschiwa (hebr.)
Höhere jüdische theologische Lehranstalt (Talmudschule) zur Ausbildung von Rabbinern und jüdischen Religionsgelehrten.

Joint
American Jewish Joint Distribution Committee (JDC). US-amerikanische Hilfsorganisation, die Juden in Osteuropa bis zum Beginn des Kriegs zwischen Deutschland und den USA finanziell und materiell unterstützte.

Maline
Als Maline (eigentlich poln. Himbeere) werden in zahlreichen Berichten jüdischer Überlebender die Verstecke in Kellern, Erdlöchern etc. bezeichnet, in denen sich die Juden während und nach der Auflösung der Gettos zu verstecken versuchten.

Marysin
Stadtteil im Norden des Gettos Litzmannstadt, in dem sich nicht nur der jüdische Friedhof, sondern auch der Güterbahnhof Radegast befand, von dem aus die Gettobewohner in das Vernichtungslager Kulmhof deportiert wurden.

Matze bzw. Mazze, Plural Mazzot
Ungesäuertes Brot, das anlässlich des jüdischen Pessachfestes verzehrt wird.

Oneg Schabbat (hebr.)
Freude am Schabbat; Tarnname für das Untergrundarchiv im Warschauer Getto unter der Leitung von Emanuel Ringelblum.

Poale Zion
Die Arbeiterpartei Poale Zion (Arbeiter Zions) entstand um die Wende vom 19. zum 20. Jahrhundert aus marxistisch-zionistischen Zirkeln in verschiedenen russ. Städten. Sie orientierte sich an den Schriften von Ber Borochov über den proletarischen Zionismus. Der Weltverband Poale Zion spaltete sich 1920 in zwei selbständige Parteien. Die Poale Zion-Linke (poln. Poalej Cyjon-Lewica) war tonangebend in

Polen: Sie sympathisierte mit der bolschewistischen Revolution in Russland, förderte entschieden die jidd. Sprache und beeinflusste führende jüdische Intellektuelle Polens. Die Poale Zion-Rechte erhielt Zuspruch von der Mehrheit der Mitglieder in Palästina, Großbritannien sowie den USA und schloss sich der zweiten Sozialistischen Internationale an. In Polen unterhielt sie die kleine Schulorganisation Shul-Kult, und sie verband sich mit dem Jugendbund Dror-Frayhayt. 1932 begründete sie in Danzig einen neuen Weltverband.

Präses

Gebräuchliche Bezeichnung für den sog. Ältesten der Juden bzw. Vorsitzenden des Judenrats im Getto Litzmannstadt, Mordechai Chaim Rumkowski.

Radegast

Güterbahnhof am nördlichen Rand des Gettos Litzmannstadt, wo die Deportationszüge ankamen bzw. in das Vernichtungslager Kulmhof abfuhren.

Ressorts

Arbeitswerkstätten, Manufakturen und sonstige Produktionsstätten im Getto Litzmannstadt.

Sonderabteilung/Sonderkommando (im Getto Litzmannstadt)

Bei dem Sonderkommando (vom 31.10.1942 an Sonder-Abteilung) handelte es sich um eine besondere Abt. des jüdischen Ordnungsdienstes im Getto, die sich vor allem mit Wirtschaftskriminalität (Schmuggel, illegaler Handel) befasste.

Sukkot

Laubhütten-Fest, das fünf Tage nach Jom Kippur beginnt und eine Woche dauert. Es wird anlässlich der Obst- und Weinernte gefeiert, und ein wichtiges Ritual ist dabei das Wohnen in einer eigens errichteten Laubhütte.

Tefillin (hebr.)

Gebetsriemen aus Leder, die von jüdischen Männern beim alltäglichen Gebet um den Arm und die Hand gewickelt werden. In dazugehörigen Gebetskapseln befinden sich Texte aus der Thora, welche während des Gebets in der Nähe des Herzens und der Stirn getragen werden.

Trawniki-Männer

Nicht-deutsches Hilfspersonal, das im Ausbildungslager der SS in Trawniki geschult wurde, um bei der Ermordung der Juden im Generalgouvernement, etwa bei der Bewachung der Vernichtungslager, eingesetzt zu werden.

ŻOB (poln. Żydowska Organizacja Bojowa)

Poln. Abkürzung für die Jüdische Kampforganisation; sie wurde am 28.7.1942 durch Vertreter von Haschomer Hazair, Dror und Akiba in Warschau gegründet, später traten Gordonia und Noar Zioni bei, und im Herbst schlossen sich ihr auch der Bund, die Partei Poale Zion und die PPR an. Im April und Mai 1943 war sie die wichtigste Kraft beim Warschauer Getto-Aufstand.

Abkürzungsverzeichnis

Die Archivkürzel finden sich im Archivverzeichnis.

Abb.	Abbildung
Abt.	Abteilung
Anm.	Anmerkung
Az.	Aktenzeichen
Batl.	Bataillon
BCh	Bataliony Chłopskie (Bauernbataillone)
Betr.	Betreff
BDM	Bund Deutscher Mädel
BdO	Befehlshaber der Ordnungspolizei
BdS	Befehlshaber der Sicherheitspolizei und des SD
BIP	Biuro Informacji i Propagandy (Nachrichtendienst der poln. Heimatarmee)
BMI	Bundesministerium des Innern
BND	Bundesnachrichtendienst
ca./cca	circa
CdZ	Chef der Zivilverwaltung
CENTOS/ Centos	Centralne Towarzystwo Opieki nad Sierotami i Dziećmi Opuszczonymi (Zentralverband der jüdischen Waisen- und Kinderfürsorgevereine)
CKŻP	Centralny Komitet Żydów Polskich (Zentralkomitee der Polnischen Juden)
DAF	Deutsche Arbeitsfront
DAW	Deutsche Ausrüstungswerke
DEK	Deutsche Evangelische Kirche
DNSAP	Deutsche Nationalsozialistische Arbeiterpartei (in Österreich bzw. in der Tschechoslowakischen Republik)
DNVP	Deutschnationale Volkspartei
DUT	Deutsche Umsiedlungs-Treuhandgesellschaft mbH
DVL	Deutsche Volksliste
DVO	Durchführungsverordnung
Dr.	Doktor
DRK	Deutsches Rotes Kreuz
d. J./ds. Js.	dieses Jahres
d. M.	dieses Monats
EAK	Jüdisches Antifaschistisches Komitee (russ. Еврейский антифашистский комитет)
EWZ	Einwandererzentralstelle
FOP	Front Odrodzenia Polski (Front für die Wiedergeburt Polens)
franz.	französisch
FUKR	Fach- und Kontrollreferat im Getto Litzmannstadt
Gedob	Generaldirektion der Ostbahn
Gestapa	Geheimes Staatspolizeiamt
Gestapo	Geheime Staatspolizei
gez.	gezeichnet

GG	Generalgouvernement
GHTO	Grundstücksgesellschaft der Haupttreuhandstelle Ost mbH
GPU	Gosudarstvennoe političeskoe upravlenie (Staatliche Politische Verwaltung, sowj. Geheimpolizei)
gRs	geheime Reichssache
G. s. D./GsD	Gott sei Dank
GV	Getto-Verwaltung (in Litzmannstadt)
GVD	Generalverkehrsdirektion Osten
HA	Hauptabteilung
HJ	Hitler-Jugend
hauptamtl.	hauptamtlich
HSSPF	Höherer SS- und Polizeiführer
HTO	Haupttreuhandstelle Ost
IDO	Institut für Deutsche Ostarbeit
Ikor	Yidishe Kultur Organizatsye (Jüdische Kulturorganisation)
IKRK	Internationales Komitee vom Roten Kreuz
J. D. C.	American Jewish Joint Distribution Committee
jidd.	jiddisch
Joint	American Jewish Joint Distribution Committee
JTA	Jewish Telegraphic Agency
KdO	Kommandeur der Ordnungspolizei
KdS	Kommandeur der Sicherheitspolizei und des SD
KL/KZ	Konzentrationslager
Kr.	Kreis/Kreise
KWC	Kierownictwo Walki Cywilnej (Führung für den Zivilen Kampf)
KWP	Kierownictwo Walki Podziemnej (Führung für den Untergrundkampf)
LFA	Landesfinanzamt
LG	Landgericht
LS	Luftschutz
MdI	Ministerium des Innern
MdL	Mitglied des Landtags
MdR	Mitglied des Reichstages
Min.Dir.	Ministerialdirektor
Mob.-Abteilung	Mobilmachungs-Abteilung
NSDAP	Nationalsozialistische Deutsche Arbeiterpartei
NSKK	Nationalsozialistisches Kraftfahrkorps
NSRB	Nationalsozialistischer Rechtswahrerbund
NSV	Nationalsozialistische Volkswohlfahrt
OB	Oberbürgermeister
Oberreg.Rat./ORR	Oberregierungsrat
Oblt.	Oberleutnant
o. D.	ohne Datum
OD	Ordnungsdienst
O.F.K.	Oberfeldkommandantur
OFP	Oberfinanzpräsident
OKW	Oberkommando der Wehrmacht
OLG	Oberlandesgericht

OLG	Ostdeutsche Landbewirtschaftungsgesellschaft mbH (Ostland)
ORR	Oberregierungsrat
O/S	Oberschlesien
Ostuf.	SS-Obersturmführer
OUN	Orhanizacija Ukraïns'kich Nacionalistiv (Organisation Ukrainischer Nationalisten)
oViA /o. V. i. A.	oder Vertreter im Amt
PCK	Polski Czerwony Krzyż (Polnisches Rotes Kreuz)
pgg.	Pressedienst des Generalgouvernements
Pol.	Polizei
Pol.Batl.	Polizeibataillon
PPR	Polska Partia Robotnicza (Polnische Arbeiterpartei)
PrMdI	Preußisches Ministerium des Inneren
PPS	Polska Partia Socjalistyczna (Polnische Sozialistische Partei)
POW	Polska Organizacja Wojskowa (Polnische Kampforganisation)
PSL	Poalej Syjon – Lewica (zionistisch-sozialistische Partei im Polen der Zwischenkriegszeit)
RAB	Reichsautobahn
Reichskommissar f. d. F. d. V./ RKfdFdV	Reichskommissar(iat) für die Festigung deutschen Volkstums
RdF	Reichsminister der Finanzen
Red.	Redaktion
Reg.Bez.	Regierungsbezirk
Reg.Rat	Regierungsrat
Relico	Committee for the Relief of the War-stricken Jewish Population (Komitee zur Hilfeleistung für die kriegsbetroffene jüdische Bevölkerung)
Res.Pol.Batl.	Reserve-Polizei-Bataillon
RFSS	Reichsführer-SS
RF	Reichsführer
RFM	Reichsfinanzministerium
RGBl.	Reichsgesetzblatt
R. G. O.	Rada Główna Opiekuńcza (Polnischer Hilfsausschuss)
RFR	Reichsforschungsrat
RJM	Reichsjustizminister/-ium
r.kath.	römisch-katholisch
RKF	Reichskommissar(iat) für die Festigung deutschen Volkstums
RM	Reichsmark
RMEL	Reichsministerium für Ernährung und Landwirtschaft
RMdI	Reichsminister/-ium des Innern
RMdJ	Reichsminister/-ium der Justiz
RS	Rückseite
RSHA	Reichssicherheitshauptamt
RuSHA	Rasse- und Siedlungshauptamt der SS
RWM	Reichswirtschaftsministerium
SA/S. A.	Sturmabteilung
Schupo/ SchP.	Schutzpolizei
SD/SD.	Sicherheitsdienst der SS

Sipo	Sicherheitspolizei
SK	Sonderkommando
SPD	Stronnictwo Polskiej Demokracji (Partei der Polnischen Demokratie)
Sr.	(Ordens-)Schwester
SS	Schutzstaffel
SSPF	SS- und Polizeiführer
stellv.	stellvertretend
StS	Staatssekretär
Tgb.	Tagebuch
TOZ	Towarzystwo Ochrony Zdrowia Ludności Żydowskiej (Gesellschaft für Gesundheitsschutz der jüdischen Bevölkerung)
UdSSR	Union der Sozialistischen Sowjetrepubliken
ul.	ulica (poln.: Straße)
UStS	Unterstaatssekretär
unpag.	unpaginiert
UWZ	Umwandererzentralstelle
u. z.	und zwar
VEJ	Die Verfolgung und Ermordung der europäischen Juden durch das nationalsozialistische Deutschland 1933–1945
v. H.	vom Hundert
VOBl.GG	Verordnungsblatt des Generalgouvernements
VO	Verordnung
VoMi	Volksdeutsche Mittelstelle
WJC	World Jewish Congress
Wv.	Wiedervorlage
WVHA	Wirtschaftsverwaltungs-Hauptamt der SS
YIVO	Yidisher Visnshaftlekher Institut (Jiddisches Wissenschaftliches Institut)
ZABP	Zentrale Auslandsbriefprüfstelle, Berlin
zl/Zl./Zł.	Zloty/Złoty
Zl	Zugleitung
ŻOB	Żydowska Organizacja Bojowa (Jüdische Kampforganisation)
ZWZ	Związek Walki Zbrojnej (Bund für den bewaffneten Kampf)

Verzeichnis der im Dokumententeil genannten Archive

Archiwum Akt Nowych (AAN, Archiv Neuer Akten), Warschau
Archiwum Państwowe w Poznaniu (APP, Staatsarchiv Poznań)
Archiwum Państwowe w Gdańsku (APG, Staatsarchiv Gdańsk)
Archiwum Państwowe w Katowicach (APK, Staatsarchiv Katowice)
Archiwum Państwowe w Łodzi (APŁ, Staatsarchiv Łódź)
Archiwum Państwowego Muzeum Auschwitz-Birkenau (APMAB, Archiv des Staatlichen Museums Auschwitz-Birkenau), Oświęcim
Archiwum Żydowskiego Instytutu Historycznego (AŻIH, Archiv des Jüdischen Historischen Instituts), Warschau
Bundesarchiv (BArch), Berlin/Koblenz/Freiburg i. Br.
Geheimes Staatsarchiv Preußischer Kulturbesitz (GStAPK), Berlin
Ghetto Fighters House Archive (GFHA), Israel
Gosudarstvennyj Archiv Grodnenskoj oblasti (GAGO, Staatsarchiv Grodno)
Gosudarstvennyj Archiv Rossijskoj Federacij (GARF, Hauptstaatsarchiv der Russischen Föderation), Moskau
Institut für Zeitgeschichte/Archiv (IfZArch), München
Instytut Pamięci Narodowej (IPN, Institut für Nationales Gedenken), Warschau
Landesarchiv Berlin (LAB)
Landeshauptarchiv Schwerin (LHAS)
Nacional'nyi Archiv Respubliki Belarus (NARB, Nationalarchiv der Republik Belarus), Minsk
National Archives and Records Administration (NARA), College Park, Maryland
Politisches Archiv des Auswärtigen Amtes (PAAA), Berlin
Studium Polski Podziemnej – The Polish Underground Movement Study Trust (SPP/PUMST), London
The National Archives (TNA, Nationalarchiv des Vereinigten Königreichs), Kew (London)
United States Holocaust Memorial Museum (USHMM), Washington, D.C.
Yad Vashem Archives (YVA), Jerusalem
YIVO Institute for Jewish Research, New York

Systematischer Dokumentenindex

Die angegebenen Zahlen beziehen sich auf die Nummern der Dokumente.

Register der Institutionen, Firmen und Zeitschriften

Zeitungen und Zeitschriften sind ins Register nur aufgenommen, wenn der Text Informationen über die Zeitung/Zeitschrift als Institution enthält (z. B. Erscheinungszeitraum, Herausgeber), nicht, wenn sie lediglich erwähnt oder als Quelle genannt werden.

Ortsregister

Orte, Regionen und Länder sind i. d. R. nur verzeichnet, wenn sie Schauplätze historischen Geschehens sind, jedoch nicht, wenn sie nur als Wohnorte erwähnt werden.
Die Namen größerer Orte, bei denen auch eine deutsche Form gebräuchlich ist, werden auf Deutsch verzeichnet, bei anderen in den Dokumenten eingedeutschten Namen wird der jeweils 1941 völkerrechtlich gültige Name in Klammern hinzugefügt (dies gilt analog für russische, jiddische etc. Namensvarianten). Taucht ein Ortsname in den Dokumenten in mehreren Varianten auf – einschließlich der völkerrechtlich gültigen –, werden diese im Register durch Schrägstriche getrennt aufgelistet und der völkerrechtlich gültige Name an erster Stelle genannt. Unterscheiden sich die Varianten nur marginal (z. B. durch das Fehlen von Sonderzeichen), werden sie nicht alle aufgeführt; ist die Diskrepanz wesentlich, wird jeweils auf die völkerrechtlich gültige Schreibweise verwiesen. Sonderzeichen werden den betreffenden Buchstaben des Alphabets zugeordnet (also steht ą bei a, ć bei c, ł bei l usw.).

Personenregister

In Fällen, in denen der Vorname unbekannt ist, folgt in Klammern eine Angabe zu Beruf bzw. Funktion oder Rang, wenn diese nicht bekannt sind, eine Ortsangabe.

Die eingegliederten Gebiete in Polen von 1941–1945